人物書誌索引
2001-2007

中西 裕 編

日外アソシエーツ

An Index
to
Personal Bibliographies

2001-2007

Compiled by
©Yutaka NAKANISHI

Nichigai Associates, Inc.
Printed in Japan

●編集担当● 吉本 哲子

まえがき

　本書は1979年、1994年、2003年にそれぞれ刊行されてきた、人物に関する「書誌の書誌」である『人物書誌索引』の最新版である。今回は2001年から2007年に発表された個人書誌（著作目録・参考文献・年譜などを含む）を収録している。

　毎年発表される主な書誌は『書誌年鑑』に収録されるが、毎年のそれを一冊ずつ見てゆく労力はたいへんなものであろう。そこで7年間分の人物に関わる書誌を集めて『人物書誌索引』として刊行する次第である。

　日本における「書誌の書誌」は天野敬太郎氏が先鞭をつけたが、『人物書誌索引』は天野氏の仕事を継承した深井人詩氏および一時共同作業に当った渡辺美好氏によって刊行が続けられてきた。

　今回は中西の編集として刊行することとなった。本書が扱う年代の最初の頃は深井氏の力によっている。本来は深井氏の名も掲げるべきであるが、ご本人が辞退されたことにより、やむを得ずこの形となったことをあえて記しておきたい。

　さて、欧米では名高い人名事典が過去に刊行されてきた。たとえば、イギリスにおける"Oxford Dictionary of National Biography"を見るとき、利用者はその精緻さに圧倒される。この事典はあらゆる分野で活躍した人物を収めているが、各分野の専門事典でも事情は同じで、人物をとりあげての記述は実に詳しくできている。一例を挙げれば、"Dictionary of Literary Biography"しかり、『ニューグローヴ世界音楽大事典』しかりである。

　いっぽう目を日本に転じてみると、これらに匹敵する人名事典が思い浮かばない。近代になる前の日本には書誌・索引のたぐいはなかったとの言挙げは誤解だと考えるが、本格的な人名事典の方は存在しなかったのではないだろうか。

　では、日本では人物研究自体が貧しい状態であったのかといえば、けっしてそんなことはない。人物を研究することはむしろ非常に盛んに行われてきた。ところがそれを事典に書き込む機会が少ないのである。なぜなのだろう。この違いはおもしろいが、理由は定かではない。

　ひとつだけ言えるのは、だからこそ本書の存在意義があるのではないかということである。研究文献自体、あるいは研究の成果を集成した文献リストへと導く本書のような道具が必要になるゆえんである。

本書のもととなった『書誌年鑑』には深井氏に協力しながら、若くして亡くなった山本純絵さんの尽力があったことを記しておかなければならない。また、編集スタッフとしていつも支えていただいている日外アソシエーツの皆さんには改めてお礼を申し述べたい。

　2009年7月

中西　裕

凡　例

1．編集概要
　（1）『人物書誌索引』（深井人詩編・1966—1977年収録）、『人物書誌索引78/91』（深井人詩・渡辺美好共編・1978—1991年収録）、『人物書誌索引1992—2000』（深井人詩編・1992—2000年収録）のあとに続く、2001—2007年に発表された個人書誌を収録する。
　（2）『書誌年鑑2002—2008』に収められた個人書誌を累積し、全体を三編に改編した。

2．収録点数
　個人書誌9,269人分、14,123点を収録した。（別に、参照人名107件を収録）

3．構　成
　（1）目次
　　　日本人・東洋人・西洋人に分け、人名項目の五十音順。
　（2）本体
　　　日本人・東洋人・西洋人に分け、人名項目の五十音順。
　（3）原綴索引
　　　混合配列。ABC順。

4．人名区分
　（1）日本人　外国籍の日本人、主に日本で活動する外国人を含む。
　（2）東洋人　中東以東の人々。
　（3）西洋人　日本人・東洋人以外の人々。

5．見出項目
　（1）見出項目の人名表記は、一般的なものを採用した。
　（2）日本人名の読みは、現代仮名遣いで表記した。
　（3）韓国・朝鮮人名の読みは、可能な限り原音読みを採用し、必要に応じて日本語読みから参照を入れた。西洋人名の片仮名表記には異なるものが多いので、見あたらない場合は、附録の「原綴索引」を参照してもらいたい。
　（4）漢字は、原則として常用漢字を使用した。

6．参照人名
　次のような場合は、筆名・雅号を参照人名として、見出項目へ案内した。
　　　（例）釈　迢空しゃく・ちょうくう
　　　　　　→折口　信夫（おりくち・しのぶ）を見よ

（1）収録文献に見出し人名項目とは異なる筆名・雅号・通称などが記載してある場合、その名称。
（2）各種事典や人名録の見出しまたは参照見出し・索引などに表示された名称が、本書の見出し人名と異なる場合、その名称。

7．見出項目の配列

姓と名の読みをそれぞれ一単位として、姓の読みの五十音順に配列、同じ姓が続くときは、名の読みの五十音順に配列した。
ぢ→じ、づ→ず、として配列した。

8．記載形式

（1）見出項目
1）人名が漢字表記の場合は、その読みを平仮名（東洋人は片仮名）で、片仮名表記の場合は、原綴を記載した。必要に応じて、筆名・雅号・通称などを付記した。
2）生没年は、西暦で記した。没年不明のものがある。
3）東洋人・西洋人は、国籍または居住国名を記した。漢字国名が知られている国については、凡例の１１．「国籍略字表」により、略字で示した。
4）次に、職業名または専門分野を簡単に記した。

（2）書誌事項
1）図書と雑誌とがはっきり区別できるように、下記の記号を各文献記述の冒頭に付した。
　　　　図書→◎　　　　　　　雑誌→○
2）記述順序
　①図書一冊
　◎「書名」（編者名）　出版者（叢書名）　発行年月　頁数
　　判型　価格
　②図書記事（図書の一部）
　◎題名（編者名）　「書名」（著者名）　出版者（叢書名）
　　発行年月　掲載頁
　③雑誌記事
　○題名（編者名）　「誌名　巻号」（出版者）　発行年月
　　掲載頁

3）頁記述
　p:page　f:front　b:back　r:random
　pf：前付部分に書誌があって、頁付がない場合。
　pb：後付部分に書誌があって、頁付がない場合。
　p1-3f：前付部分に書誌があって、頁付がある場合。

　　　　p1-3b：後付部分に書誌があって、頁付がある場合。
　　　　prr：各章節末に書誌がある場合。
　　　　p78」は第78頁の1頁のみに書誌がある場合。

　　4）判型（A判、B判以外のもの）
　　　　46s：四六判　ks：菊判

９．書誌配列
　（１）見出し人名項目のもとに、該当人物の関係書誌を配列した。
　（２）同一人物に複数の書誌がある場合は、図書と雑誌を混配して、発表年月順に配列した。

１０．原綴索引
　（１）ABC順に配列した。
　（２）原綴のあとに、見出し人名項目を示した。

１１．国籍略字表

アメリカ	米	オランダ	蘭	中国	中
イギリス	英	カナダ	加	ドイツ	独
イタリア	伊	ギリシア	希	フランス	仏
インド	印	スペイン	西	ロシアまたは	
オーストラリア	豪	大韓民国	韓	ソビエト連邦	露
オーストリア	墺	台湾	台		

人 名 目 次

日本人

【あ】

相浦 義郎 ……… 3
相生垣 瓜人 ……… 3
相川 治子 ……… 3
相川 政行 ……… 3
相澤 啓三 ……… 3
会津 八一 ……… 3
会田 綱雄 ……… 3
相田 みつを ……… 3
相葉 有流 ……… 3
相原 求一朗 ……… 3
饗庭 篁村 ……… 3
青井 秀夫 ……… 3
青池 保子 ……… 3
亜欧堂 田善 ……… 3
青木 栄一 ……… 3
青木 昆陽 ……… 3
青木 繁 ……… 3
青木 淳 ……… 3
青木 春岱 ……… 3
青木 次生 ……… 3
青木 はるみ ……… 3
青木 博 ……… 3
青木 正樹 ……… 4
青木 美智男 ……… 4
青木 満男 ……… 4
青木 木米 ……… 4
青島 幸男 ……… 4
青竹 正一 ……… 4
青沼 龍雄 ……… 4
青柳 洋治 ……… 4
青山 治郎 ……… 4
青山 二郎 ……… 4
青山 太郎 ……… 4
青山 延寿 ……… 4
青山 秀彦 ……… 4
赤井 岩男 ……… 4
赤池 弘次 ……… 4
赤岡 功 ……… 4
赤川 菊村 ……… 4
赤川 元章 ……… 4
赤木 知之 ……… 4
赤座 憲久 ……… 4
赤沢 英二 ……… 4

赤沢 昭三 ……… 4
明石 海人 ……… 4
明石 元二郎 ……… 4
赤瀬 雅子 ……… 4
赤瀬川 原平 ……… 4
縣 敏夫 ……… 5
赤塚 紀子 ……… 5
赤塚 不二夫 ……… 5
赤羽 末吉 ……… 5
赤羽 淑 ……… 5
赤羽根 義章 ……… 5
赤堀 勝彦 ……… 5
赤松 啓介 ……… 5
赤松 月船 ……… 5
赤松 ますみ ……… 5
赤松 良子 ……… 5
赤嶺 健治 ……… 5
阿川 弘之 ……… 5
阿川 文正 ……… 5
安藝 皎一 ……… 5
秋田 明満 ……… 5
秋田 雨雀 ……… 5
秋田 周 ……… 5
秋田 實 ……… 5
秋野 不矩 ……… 5
秋葉 四郎 ……… 5
秋元 松代 ……… 5
秋元 律郎 ……… 5
秋山 清 ……… 5
秋山 怜 ……… 5
秋山 真之 ……… 6
秋山 駿 ……… 6
秋山 庄太郎 ……… 6
秋山 喜文 ……… 6
阿久 悠 ……… 6
芥川 比呂志 ……… 6
芥川 也寸志 ……… 6
芥川 龍之介 ……… 6
阿久津 久 ……… 6
阿久津 喜弘 ……… 6
暁烏 敏 ……… 6
明智 光秀 ……… 6
赤穂 浪士 ……… 7
浅井 あい ……… 7
浅井 圓道 ……… 7
浅井 愼平 ……… 7
浅井 忠 ……… 7
浅井 成海 ……… 7

朝枝 善照 ……… 7
朝尾 直弘 ……… 7
浅香 勝輔 ……… 7
安積 艮斎 ……… 7
朝河 貫一 ……… 7
浅川 巧 ……… 7
浅川 伯教 ……… 7
浅草 弾左衛門 ……… 7
浅倉 久志 ……… 7
朝倉 義景 ……… 7
朝倉 隆太郎 ……… 7
朝倉氏 ……… 7
麻島 昭一 ……… 7
麻田 貞雄 ……… 8
浅田 次郎 ……… 8
朝田 善之助 ……… 8
阿佐田 哲也 ……… 8
浅田 福一 ……… 8
浅田 實 ……… 8
浅沼 稲次郎 ……… 8
浅野 阿久利 ⇒瑤
　泉院
あさの あつこ ……… 8
浅野 三平 ……… 8
浅野 雅巳 ……… 8
浅野 裕司 ……… 8
朝野 洋一 ……… 8
浅羽 遼二 ……… 8
浅羽 亮一 ……… 8
浅原 健三 ……… 8
麻原 雄 ……… 8
麻原 美子 ……… 8
旭 覚 ……… 8
旭 太郎 ……… 8
朝日文左衛門 ……… 8
朝日 稔 ……… 8
浅見 公子 ……… 8
浅見 徹 ……… 8
浅輪 幸夫 ……… 8
足利 直冬 ……… 8
足利 義教 ……… 8
足利 義政 ……… 8
足利氏 ……… 9
芦川 澄子 ……… 9
芦川 豊彦 ……… 9
芦沢 幸男 ……… 9
芦田 恵之助 ……… 9
安次富 哲雄 ……… 9

蘆名氏 ……… 9
蘆原 英了 ……… 9
芦原 睦 ……… 9
芦辺 拓 ……… 9
飛鳥 高 ……… 9
飛鳥井 雅道 ……… 9
飛鳥井 雅世 ……… 9
飛鳥田 一雄 ……… 9
東 清和 ……… 9
吾妻 ひでお ……… 9
東 洋 ……… 9
東 文彦 ……… 9
東 隆眞 ……… 9
安住 敦 ……… 9
安積 仰也 ……… 9
畦地 梅太郎 ……… 9
畦森 宣信 ……… 9
麻生 建 ……… 9
麻生 三郎 ……… 9
麻生 太吉 ……… 9
麻生 宗由 ……… 9
安達 美代子 ……… 10
安達 泰盛 ……… 10
熱田 公 ……… 10
渥美 清 ……… 10
渥美 東洋 ……… 10
厚見 博 ……… 10
厚谷 襄児 ……… 10
阿刀田 高 ……… 10
穴井 太 ……… 10
姉崎 正治 ……… 10
姉崎 義史 ……… 10
阿波根 昌鴻 ……… 10
阿部 彰 ……… 10
阿部 浅之助 ……… 10
安部 磯雄 ……… 10
阿部 和厚 ……… 10
阿部 清司 ……… 10
阿部 耕一朗 ……… 10
安部 公房 ……… 10
阿部 定 ……… 10
阿部 慈園 ……… 10
阿部 周造 ……… 10
阿部 純二 ……… 10
阿部 志郎 ……… 10
阿部 次郎 ……… 10
安倍 晋三 ……… 11
阿部 真也 ……… 11

安部 大成 …… 11	荒井 退造 …… 13	庵逧 巖 …… 15	飯田 隆昭 …… 18
阿部 竹松 …… 11	新井 白石 …… 13	安藤 明 …… 15	飯田 蛇笏 …… 18
安部 宙之介 …… 11	新井 満 …… 13	安藤 金男 …… 15	飯田 亘之 …… 18
阿部 照哉 …… 11	あらえびす ⇒野村胡堂	安藤 紀一 …… 16	飯田 裕康 …… 18
あべ 弘士 …… 11		安藤 喜久雄 …… 16	飯田 文彌 …… 18
安部 文彦 …… 11	新垣 進 …… 13	安藤 幸 …… 16	飯田 瑞穂 …… 18
阿部 正昭 …… 11	荒川 昭 …… 13	安藤 重治 …… 16	飯田 稔 …… 18
阿部 正弘 …… 11	新川 明 …… 13	安藤 司文 …… 16	飯田 素州 …… 18
阿部 正美 …… 11	荒川 義子 …… 13	安藤 修平 …… 16	飯田 龍太 …… 18
阿部 泰隆 …… 11	荒川 紘 …… 13	安藤 昌益 …… 16	飯野 和好 …… 18
安倍 能成 …… 11	荒川 洋治 …… 13	安堂 信也 …… 16	飯野 君子 …… 18
阿部 喜任 …… 11	荒木 郁 …… 13	安藤 高行 …… 16	飯野 靖四 …… 18
阿部 米太郎 …… 11	荒木 金男 …… 14	安東 次男 …… 16	飯原 慶雄 …… 18
安倍 晴明 …… 11	荒木 繁 …… 14	安藤 鶴夫 …… 16	飯村 丈三郎 …… 18
阿倍 仲麻呂 …… 11	荒木 誠之 …… 14	安藤 哲生 …… 16	家崎 宏 …… 18
網干 善教 …… 11	荒木 経惟 …… 14	安藤 仁介 …… 16	家田 足穂 …… 18
天井 一夫 …… 11	嵐 徳三郎(7代目) …… 14	安藤 信正 …… 16	家永 三郎 …… 18
天池 清次 …… 11		安藤 久次 …… 16	五百城 文哉 …… 18
甘粕 正彦 …… 12	新城 康弘 …… 14	安藤 広重 …… 16	五百旗頭 博治 …… 18
天川 晃 …… 12	荒田 洋 …… 14	安藤 洋美 …… 16	五百澤 智也 …… 18
尼子 哲男 …… 12	荒牧 和子 …… 14	安藤 美華代 …… 16	猪飼 隆明 …… 18
天野 清 …… 12	荒牧 重雄 …… 14	安藤 満生 …… 16	筏津 安恕 …… 18
天野 敬太郎 …… 12	荒牧 典俊 …… 14	安藤 元雄 …… 16	猪谷 六合雄 …… 18
天野 光三 …… 12	新正 卓 …… 14	安東氏 …… 16	五十嵐 敏夫 …… 18
天野 重知 …… 12	荒又 重雄 …… 14	安徳天皇 …… 16	五十嵐 美智 …… 19
天野 隆雄 …… 12	新家 健精 …… 14	アントニオ猪木 …… 16	五十嵐 賢友 …… 19
天野 武 …… 12	有泉 貞夫 …… 14	安野 光雅 …… 16	伊狩 章 …… 19
天野 忠 …… 12	有川 貫太郎 …… 14	安野 モヨコ …… 17	猪狩 誠也 …… 19
天野 太郎 …… 12	有川 哲夫 …… 14	安部 元雄 …… 17	井狩 彌介 …… 19
天野 貞祐 …… 12	有島 武郎 …… 14	安保 一郎 …… 17	井川 一宏 …… 19
天納 伝中 …… 12	有田 和夫 …… 14		郁 達夫 …… 19
天野 洋一 …… 12	有田 和正 …… 14	【い】	生田 邦夫 …… 19
天利 長三 …… 12	有田 嘉伸 …… 14		生田 正庵 …… 19
網野 善彦 …… 12	有福 孝岳 …… 14	李 起昇 …… 17	生田 富夫 …… 19
網屋 喜行 …… 12	有馬 源内 …… 14	李 正子 …… 17	井口 克己 …… 19
雨宮 敬子 …… 12	有馬 実成 …… 14	李 恢成 …… 17	井口 省吾 …… 19
雨宮 敬次郎 …… 12	有馬 頼寧 …… 15	李 美子 …… 17	井口 武夫 …… 19
雨森 勇 …… 12	有光 教一 …… 15	李 良枝 …… 17	生熊 長幸 …… 19
雨森 芳洲 …… 12	有本 章 …… 15	李 龍海 …… 17	池井 優 …… 19
雨宮 雅子 …… 12	有元 利夫 …… 15	井伊 玄太郎 …… 17	池上 洵一 …… 19
雨宮 眞也 …… 12	有元 正雄 …… 15	伊井 孝雄 …… 17	池上 禎造 …… 19
雨宮 義直 …… 12	有吉 佐和子 …… 15	井伊 直弼 …… 17	池口 史子 …… 19
飴山 実 …… 12	有吉 義弥 …… 15	伊井 春樹 …… 17	池沢 克夫 …… 19
アメリカ彦蔵 …… 13	有賀 喜左衛門 …… 15	飯尾 憲士 …… 17	池澤 夏樹 …… 19
天羽 康夫 …… 13	阿波 研造 …… 15	飯尾 孟秋 …… 17	池島 宏幸 …… 19
綾辻 行人 …… 13	安房 直子 …… 15	飯岡 透 …… 17	池田 瑛子 …… 19
綾見 謙 …… 13	泡坂 妻夫 …… 15	飯岡 秀夫 …… 17	池田 英俊 …… 19
鮎川 哲也 …… 13	淡路 剛久 …… 15	飯島 耕一 …… 17	池田 英泉 …… 19
鮎川 信夫 …… 13	粟津 潔 …… 15	飯島 伸子 …… 17	池田 温 …… 19
鮎沢 成男 …… 13	粟津 則夫 …… 15	飯島 晴子 …… 17	池田 謙斎 …… 19
荒 憲治郎 …… 13	阿波野 青畝 …… 15	飯島 匡孝 …… 17	池田 玄斎 …… 19
荒 松雄 …… 13	安栄 鉄男 …… 15	飯塚 成彦 …… 17	池田 弘一 …… 19
新井 奥邃 …… 13	安齋 育郎 …… 15	飯塚 博和 …… 17	池田 紘一 …… 20
洗 建 …… 13	安斎 千秋 …… 15	飯田 謙一 …… 17	池田 晃淵 …… 20
荒井 献 …… 13	安西 徹雄 …… 15	飯田 繁 …… 17	池田 末則 …… 20
荒井 章三 …… 13	安西 幹夫 …… 15	飯田 十基 …… 17	池田 大作 …… 20

井下田 猛 …………… 20	石上 善応 …………… 22	石田 浩 …………… 24	泉館 智寬 …………… 27
池田 勉 …………… 20	石川 啓 …………… 22	石田 比呂志 …………… 24	井関 隆子 …………… 27
池田 哲也 …………… 20	石川 明 …………… 22	石田 洵 …………… 25	井関 義久 …………… 27
池田 敏雄 …………… 20	石川 一禎 …………… 22	石谷 行 …………… 25	伊勢田 史郎 …………… 27
池田 利夫 …………… 20	石川 喜一 …………… 22	伊地智 均 …………… 25	伊勢屋 忠右衛門 …… 28
池田 敏子 …………… 20	石川 教張 …………… 22	石堂 清倫 …………… 25	磯崎 新 …………… 28
池田 知久 …………… 20	石河 清 …………… 22	石堂 功卓 …………… 25	磯田 熙文 …………… 28
池田 寛 …………… 20	石川 清之 …………… 22	石ノ森 章太郎 …………… 25	石上 露子 …………… 28
池田 信 …………… 20	石川 賢作 …………… 22	石橋 重雄 …………… 25	磯部 啓三 …………… 28
池田 正孝 …………… 20	石川 幸志 …………… 22	石橋 正二郎 …………… 25	磯部 四郎 …………… 28
池田 満寿夫 …………… 20	石川 三四郎 …………… 22	石橋 泰助 …………… 25	磯部 忠正 …………… 28
池田 彌三郎 …………… 20	石川 滋 …………… 22	石橋 湛山 …………… 25	井田 照一 …………… 28
池田 勇諦 …………… 20	石川 淳 …………… 22	石橋 忍月 …………… 25	井田 輝敏 …………… 28
池田 善昭 …………… 20	石川 純一郎 …………… 22	石橋 秀雄 …………… 25	井田 博 …………… 28
池田 良二 …………… 20	石川 丈山 …………… 22	石橋 秀野 …………… 25	井田 真木子 …………… 28
池波 正太郎 …………… 20	石川 捷治 …………… 22	石畑 良太郎 …………… 25	板垣 保 …………… 28
池西 言水 …………… 20	石川 啄木 …………… 22	石原 全 …………… 25	板垣 弘子 …………… 28
池端 雪浦 …………… 20	石川 武美 …………… 23	石原 明 …………… 25	板倉 宏 …………… 28
池間 誠 …………… 20	石川 忠雄 …………… 23	石原 莞爾 …………… 25	板津 邦夫 …………… 28
池宮 正治 …………… 20	石川 忠久 …………… 23	石原 邦雄 …………… 26	伊谷 純一郎 …………… 28
池谷 仙之 …………… 20	石川 達三 …………… 23	石原 定和 …………… 26	板橋 郁夫 …………… 28
生駒 幸運 …………… 20	石川 敏男 …………… 23	石原 純 …………… 26	伊丹 十三 …………… 28
井坂 洋子 …………… 20	石川 友紀 …………… 23	石原 淳一 …………… 26	伊丹 潤 …………… 28
諌山 正 …………… 21	石川 稔 …………… 23	石原 昭平 …………… 26	板谷 波山 …………… 28
伊沢 多喜男 …………… 21	石倉 洋子 …………… 23	石原 慎太郎 …………… 26	一魁斎 芳年 …………… 28
石 南国 …………… 21	石黒 忠篤 …………… 23	石原 武 …………… 26	市川 海老蔵（11代目） …………… 28
石井 昭夫 …………… 21	石黒 信由 …………… 23	石原 武政 …………… 26	
石井 修 …………… 21	石黒 英男 …………… 23	石原 司 …………… 26	市川 和子 …………… 28
石井 光太郎 …………… 21	石黒 昌幸 …………… 23	石原 友明 …………… 26	市河 寛斎 …………… 28
石井 光楓 …………… 21	石毛 忠 …………… 23	石原 喜文 …………… 26	市川 繁 …………… 28
石井 十次 …………… 21	石坂 荘作 …………… 23	石原 吉郎 …………… 26	市川 新之助（7代目） ⇒市川 海老蔵
石井 修三 …………… 21	石坂 直行 …………… 23	石部 明 …………… 26	
石井 縄齋 …………… 21	石坂 洋次郎 …………… 24	井島 ちづる …………… 26	市川 竹女 …………… 29
石井 四郎 …………… 21	石崎 東国 …………… 24	石丸 晶子 …………… 26	市川 団十郎 …………… 29
石井 伸一 …………… 21	石崎 等 …………… 24	石丸 和人 …………… 26	市川 団十郎（2代目） …………… 29
石井 進 …………… 21	石島 英 …………… 24	石丸 煕 …………… 26	
石井 誠士 …………… 21	石島 弘 …………… 24	石光 亨 …………… 26	市川 房枝 …………… 29
石井 敏夫 …………… 21	石津 謙介 …………… 24	伊志嶺 恵徹 …………… 26	市川 正明 …………… 29
石井 信生 …………… 21	石塚 尊俊 …………… 24	伊志嶺 博志 …………… 26	市川 佳宏 …………… 29
石井 柏亭 …………… 21	石塚 友二 …………… 24	石牟礼 道子 …………… 27	市川 雷蔵 …………… 29
いしい ひさいち …… 21	石塚 晴通 …………… 24	石本 正 …………… 27	市来 努 …………… 29
石井 英朗 …………… 21	石塚 博司 …………… 24	石本 平兵衛 …………… 27	市毛 勲 …………… 29
石井 啓雄 …………… 21	石塚 喜明 …………… 24	石本 泰雄 …………… 27	市毛 勝雄 …………… 29
石井 大 …………… 21	石田 晃 …………… 24	石元 泰博 …………… 27	市古 貞次 …………… 29
石井 博 …………… 21	石田 衣良 …………… 24	石本 隆一 …………… 27	市島 春城 …………… 29
石井 漠 …………… 21	石田 榮一 …………… 24	石森 延男 …………… 27	一条 忠衛 …………… 29
石井 筆子 …………… 21	石田 英一郎 …………… 24	石森 史郎 …………… 27	一条天皇 …………… 29
石井 政之 …………… 21	石田 勝彦 …………… 24	伊集院 静 …………… 27	櫟田 礼文 …………… 29
石井 桃子 …………… 22	石田 敬起 …………… 24	石渡 利康 …………… 27	市野 和夫 …………… 29
石井 林響 …………… 22	石田 宏二 …………… 24	出渕 敬子 …………… 27	一之瀬 泰三 …………… 29
石岡 雅憲 …………… 22	石田 忠彦 …………… 24	出淵 博 …………… 27	一ノ瀬 秀文 …………… 29
石踊 達哉 …………… 22	石田 徹也 …………… 24	泉 鏡花 …………… 27	一原 有徳 …………… 29
石垣 忠吉 …………… 22	石田 伝吉 …………… 24	出海 渓也 …………… 27	一万田 尚登 …………… 29
石垣 春夫 …………… 22	石田 敏子 …………… 24	泉 宏昌 …………… 27	市村 真一 …………… 29
石垣 りん …………… 22	石田 梅巌 …………… 24	泉 正義 …………… 27	市村 尚久 …………… 29
石上 玄一郎 …………… 22	石田 波郷 …………… 24	和泉式部 …………… 27	市村 緑郎 …………… 29

一楽 信雄 …… 29	伊藤 博文 …… 32	井上 勝也 …… 34	今井 清 …… 37
イチロー …… 30	伊藤 宏見 …… 32	井上 清 …… 34	今井 邦子 …… 37
五木 寛之 …… 30	伊藤 誠 …… 32	井上 清実 …… 34	今井 けい …… 37
一休 宗純 …… 30	伊藤 雅子 …… 32	井上 健 …… 34	今井 駿 …… 37
一色 直朝 …… 30	伊東 正則 …… 32	井上 毅 …… 34	今井 武夫 …… 37
一遍 …… 30	伊藤 昌哉 …… 32	井上 修一 …… 34	今井 俊満 …… 37
井手 勝美 …… 30	伊藤 正義 …… 32	井上 俊 …… 34	今井 宏 …… 37
井出 喜胤 …… 30	伊藤 まつを …… 32	井上 井月 …… 34	今石 元久 …… 37
糸井 仙之助 …… 30	伊藤 基道 …… 32	井上 青龍 …… 34	今泉 吉晴 …… 37
糸井 通浩 …… 30	伊藤 康雄 …… 32	井上 多喜三郎 …… 34	今尾 哲也 …… 37
伊藤 秋男 …… 30	伊藤 嘉昭 …… 32	井上 赳 …… 34	今川 健 …… 37
伊藤 亞人 …… 30	伊藤 喜栄 …… 32	井上 長三郎 …… 35	今川 義元 …… 37
伊藤 永之介 …… 30	伊藤 嘉房 …… 32	井上 哲次郎 …… 35	今川氏 …… 37
伊藤 嘉一 …… 30	伊藤 隆二 …… 32	井上 伝蔵 …… 35	今田 正 …… 37
伊藤 義教 …… 30	糸賀 一雄 …… 32	井上 敏明 …… 35	今鷹 眞 …… 37
伊藤 熹朔 …… 30	糸川 英夫 …… 33	井上 延茂 …… 35	今竹 七郎 …… 37
伊藤 公一 …… 30	伊奈 忠次 …… 33	井上 治典 …… 35	今谷 明 …… 37
伊藤 敬一 …… 30	伊奈 信男 …… 33	井上 久子 …… 35	今出 孝運 …… 37
伊藤 圭介 …… 30	稲垣 栄三 …… 33	井上 ひさし …… 35	今永 巌 …… 37
井東 憲 …… 30	稲垣 滋子 …… 33	井上 宏 …… 35	今中 利昭 …… 38
伊藤 憲一 …… 30	稲垣 足穂 …… 33	井上 博嗣 …… 35	今西 錦司 …… 38
伊藤 玄三 …… 30	稲垣 稔次郎 …… 33	井上 文雄 …… 35	今西 浩子 …… 38
伊東 弘文 …… 30	稲川 方人 …… 33	井上 雅彦 …… 35	今橋 盛勝 …… 38
伊藤 佐一 …… 31	稲田 実次 …… 33	井上 光貞 …… 35	今光 廣一 …… 38
伊東 静雄 …… 31	稲田 俊志 …… 33	井上 光晴 …… 35	今村 昌平 …… 38
伊藤 昭治 …… 31	稲葉 一郎 …… 33	井上 靖 …… 35	今村 泰二 …… 38
伊藤 信吉 …… 31	稲葉 岩吉 …… 33	井上 康文 …… 35	今村 奈良臣 …… 38
伊藤 仁斎 …… 31	稲葉 京子 …… 33	井上 有一 …… 35	今村 源 …… 38
伊藤 真乗 …… 31	稲葉 君山 …… 33	井上 祐司 …… 35	今村 秀樹 …… 38
伊東 深水 …… 31	稲葉 正則 …… 33	井上 裕 …… 35	今村 均 …… 38
伊東 祐亨 …… 31	稲葉家 …… 33	井上 良雄 …… 35	今村 宏 …… 38
伊藤 進 …… 31	稲畑 汀子 …… 33	井上 亮 …… 35	今村 幸生 …… 38
伊藤 整 …… 31	稲別 正晴 …… 33	井上 良二 …… 35	井村 順一 …… 38
伊藤 晴雨 …… 31	稲村 勲 …… 33	井上 亮淳 …… 35	井村 勤 …… 38
伊藤 善市 …… 31	稲元 萌 …… 33	稲生 幹雄 …… 35	井村 哲夫 …… 38
伊藤 草白 …… 31	稲本 洋之助 …… 33	井之川 巨 …… 36	伊豫 軍記 …… 38
伊藤 高義 …… 31	乾 昭三 …… 33	井口 昌平 …… 36	伊良子 清白 …… 38
伊藤 武夫 …… 31	犬養 廉 …… 33	猪熊 弦一郎 …… 36	入江 建次 …… 38
伊藤 武 …… 31	犬養 毅 …… 33	猪熊 葉子 …… 36	西表 正治 …… 38
伊藤 千秋 …… 31	犬飼 徹夫 …… 33	猪本 隆 …… 36	入沢 康夫 …… 38
伊藤 長七 …… 31	犬養 木堂 ⇒犬養 毅	伊波 敏男 …… 36	入谷 仙介 …… 38
伊藤 千代子 …… 31	犬木 瑛子 …… 33	伊波 南哲 …… 36	入野田 真右 …… 38
伊藤 紀彦 …… 31	犬塚 堯 …… 33	伊波 普猷 …… 36	入船亭 扇橋(9代目) …… 38
伊東 富太郎 …… 31	犬塚 昭治 …… 33	井原 西鶴 …… 36	色川 武大 …… 38
伊東 倫厚 …… 31	犬塚 伝也 …… 33	井原 健雄 …… 36	色川 三中 …… 39
伊藤 虎丸 …… 31	稲永 明久 …… 33	井原 正純 …… 36	岩井 宏実 …… 39
伊藤 成彦 …… 31	井野 碩哉 …… 34	茨木 のり子 …… 36	岩井川 幸生 …… 39
伊藤 野枝 …… 32	井 真成 …… 34	茨木 雅子 …… 36	岩内 亮一 …… 39
伊藤 延男 …… 32	伊能 嘉矩 …… 34	井深 大 …… 36	岩城 淳子 …… 39
伊藤 博 …… 32	伊能 忠敬 …… 34	井深 八重 …… 36	岩城 克明 …… 39
伊藤 柏翠 …… 32	稲生 典太郎 …… 34	伊吹山 徳司 …… 36	岩城 見一 …… 39
伊藤 颯夫 …… 32	井上 円了 …… 34	伊福部 昭 …… 37	岩城 完之 …… 39
伊藤 治夫 …… 32	井上 馨 …… 34	井伏 鱒二 …… 37	岩城 宏之 …… 39
伊藤 ハンニ …… 32	井上 和衞 …… 34	井部 哲 …… 37	岩倉 具視 …… 39
伊藤 彦造 …… 32	井上 和子 …… 34	井部 正之 …… 37	岩佐 憲一 …… 39
伊藤 洋 …… 32	井上 一馬 …… 34	今井 勝郎 …… 37	

岩佐 昌章 …… 39	上島 鬼貫 …… 41	植村 直己 …… 43	内山 尚三 …… 46
岩佐 又兵衛 …… 39	上島 法博 …… 41	上村 政彦 …… 43	内山 節 …… 46
岩崎 昶 …… 39	植條 則夫 …… 41	植村 正久 …… 43	内山 倫史 …… 46
岩崎 恵美子 …… 39	上杉 景勝 …… 41	植村 和堂 …… 44	内山 浩道 …… 46
岩崎 勝海 …… 39	上杉 景虎 …… 41	植屋 春見 …… 44	内山 光雄 …… 46
岩崎 憲次 …… 39	上杉 謙信 …… 41	上山 春平 …… 44	宇都宮氏 …… 46
岩崎 播子 …… 39	上杉 佐一郎 …… 41	上山 大峻 …… 44	内海 健一 …… 46
岩崎 卓爾 …… 39	上杉 喬 …… 41	上山 安敏 …… 44	内海 隆一郎 …… 46
いわさき ちひろ …… 39	上杉 千年 …… 41	魚住 忠久 …… 44	宇波 彰 …… 46
岩崎 信彦 …… 39	上杉 鷹山 …… 41	魚住 昌良 …… 44	宇野 浩二 …… 46
岩崎 正也 …… 39	上杉氏 …… 42	魚谷 増男 …… 44	宇野 弘蔵 …… 46
岩崎 弥太郎 …… 39	上田 秋成 …… 42	元 秀一 …… 44	宇野 精一 …… 46
岩崎 彌之助 …… 39	上田 章 …… 42	宇賀 博 …… 44	宇野 千代 …… 46
岩沢 孝雄 …… 40	上田 勝美 …… 42	鵜飼 康 …… 44	宇野 善康 …… 46
岩下 俊作 …… 40	上田 邦夫 …… 42	宇垣 纏 …… 44	右原 彫 …… 46
岩下 正弘 …… 40	上田 耕夫 …… 42	浮田 和民 …… 44	馬川 千里 …… 46
岩瀬 悉有 …… 40	上田 五千石 …… 42	右近 健男 …… 44	厩戸皇子 ⇒聖徳太子
岩瀬 忠震 …… 40	植田 寿蔵 …… 42	宇佐美 繁 …… 44	海勢頭 豊 …… 47
岩瀬 充自 …… 40	植田 正治 …… 42	宇佐美 寛 …… 44	海原 徹 …… 47
岩瀬 克夫 …… 40	上田 征一 …… 42	牛木 理一 …… 44	梅 謙次郎 …… 47
岩瀬 作兵衛 …… 40	上田 静一 …… 42	牛島 春子 …… 44	梅岡 義貴 …… 47
岩瀬 専太郎 …… 40	植田 高司 …… 42	牛島 秀彦 …… 44	梅川 文男 …… 47
岩田 正 …… 40	上田 傳明 …… 42	牛島 義友 …… 44	梅木 達郎 …… 47
岩田 藤七 …… 40	上田 博 …… 42	牛場 大蔵 …… 44	梅棹 忠夫 …… 47
岩田 宏 …… 40	上田 敏 …… 42	牛見 章 …… 44	梅崎 春生 …… 47
岩田 裕 …… 40	上田 本昌 …… 42	牛山 積 …… 44	梅沢 孝 …… 47
岩田 昌征 …… 40	植田 政孝 …… 42	宇治山 哲平 …… 45	梅沢 文雄 …… 47
岩田 美津子 …… 40	上田 三四二 …… 42	臼田 甚五郎 …… 45	楳図 かずお …… 47
岩立 広子 …… 40	上武 健造 …… 42	宇田 正 …… 45	埋田 昇二 …… 47
岩垂 邦彦 …… 40	植竹 晃久 …… 42	宇田川 玄真 …… 45	梅田 祐喜 …… 47
岩邊 晃三 …… 40	上田氏 …… 42	宇田川 洋 …… 45	梅原 猛 …… 47
岩野 茂道 …… 40	上野 格 …… 42	歌川 広重 ⇒安藤 広重	梅原 弘光 …… 47
岩野 俊逸 …… 40	上野 市三郎 …… 42	宇田川 正夫 …… 45	梅村 敏郎 …… 47
岩野 泡鳴 …… 40	上野 英信 …… 43	宇田川 榕庵 …… 45	梅村 光弘 …… 47
岩淵 匡 …… 40	上野 喬 …… 43	打海 文三 …… 45	梅本 克己 …… 47
岩淵 泰郎 …… 40	上野 田鶴子 …… 43	内ヶ崎 作三郎 …… 45	梅本 守 …… 47
岩間 一雄 …… 40	上野 恒雄 …… 43	内川 正夫 …… 45	浦上 玉堂 …… 47
岩松 了 …… 40	上野 輝孝 …… 43	内田 あぐり …… 45	浦上 晃一 …… 47
岩見 恒典 …… 40	上野 俊樹 …… 43	内田 武彦 …… 45	浦上 正則 …… 47
岩本 次郎 …… 41	上野 白浜子 …… 43	内田 忠男 …… 45	浦田 賢治 …… 47
岩本 素白 …… 41	上野 彦馬 …… 43	内田 淑子 …… 45	浦野 起央 …… 47
岩本 正次 …… 41	上野 久徳 …… 43	内田 百閒 …… 45	浦野 晴夫 …… 47
伊和家 小米 …… 41	上野 正男 …… 43	内田 文昭 …… 45	浦野 平三 …… 48
尹 敏哲 …… 41	上橋 菜穂子 …… 43	内田 又夫 …… 45	浦辺 鎮太郎 …… 48
犬童 一男 …… 41	上畑 恵宣 …… 43	内田 満 …… 45	卜部 亮吾 …… 48
	植原 悦二郎 …… 43	内田 康夫 …… 45	浦本 昌紀 …… 48
【う】	上原 輝男 …… 43	内田 義彦 …… 45	浦山 重郎 …… 48
	上原 與盛 …… 43	内田 良平 …… 45	瓜谷 長造 …… 48
宇井 純 …… 41	植松 健郎 …… 43	内田 魯庵 …… 46	瓜生 浩朗 …… 48
植木 枝盛 …… 41	植松 正 …… 43	内野 順雄 …… 46	瓜生津 隆真 …… 48
植木 哲 …… 41	上村 貞美 …… 43	内野 光子 …… 46	上井 久義 …… 48
植木 敬夫 …… 41	上村 松園 …… 43	内間 直仁 …… 46	海野 一隆 …… 48
植木 迪子 …… 41	上村 松篁 …… 43	内村 鑑三 …… 46	海野 幸徳 …… 48
植木 行宣 …… 41	植村 清二 …… 43	内村 剛介 …… 46	海野 弘 …… 48
植草 甚一 …… 41	植村 鷹千代 …… 43	内山 勝利 …… 46	
植草 益 …… 41	上村 雄彦 …… 43		

【え】

瑛九 …………… 48
栄沢 幸二 …………… 48
叡尊 …………… 48
江頭 憲治郎 …………… 48
江川 潤 …………… 48
江川 孝雄 …………… 48
江川 太郎左衛門 …… 48
江口 きち …………… 48
江口 圭一 …………… 48
江口 清三郎 …………… 48
榎坂 浩尚 …………… 48
江崎 晃幸 …………… 48
江崎 達彦 …………… 48
江崎 光男 …………… 48
江沢 太一 …………… 49
江島 其磧 …………… 49
江島 惠教 …………… 49
江代 充 …………… 49
恵心 ⇒源信
枝村 茂 …………… 49
枝吉 神陽 …………… 49
江渡 狄嶺 …………… 49
江戸 雪 …………… 49
江藤 恭二 …………… 49
江藤 淳 …………… 49
衛藤 瀋吉 …………… 49
江藤 新平 …………… 49
江藤 文夫 …………… 49
江藤 价泰 …………… 49
江戸川 乱歩 …………… 49
江夏 豊 …………… 49
榎並 洋介 …………… 49
榎倉 康二 …………… 49
榎倉 省吾 …………… 50
榎本 和子 …………… 50
榎本 健一 …………… 50
榎本 重男 …………… 50
榎本 弥左衛門 …… 50
江畑 實 …………… 50
江林 英基 …………… 50
海老沢 敏 …………… 50
海老澤 美廣 …………… 50
海老名 弾正 …………… 50
江守 五夫 …………… 50
恵良 宏 …………… 50
円空 …………… 50
円地 文子 …………… 50
遠藤 彰子 …………… 50
遠藤 章 …………… 50
遠藤 瑛子 …………… 50
遠藤 一久 …………… 50
遠藤 高璟 …………… 50
遠藤 三郎 …………… 50
遠藤 周作 …………… 50
遠藤 力 …………… 51
遠藤 恒吉 …………… 51
遠藤 智夫 …………… 51
遠藤 宏一 …………… 51
遠藤 浩 …………… 51
遠藤 信 …………… 51
遠藤 光暁 …………… 51
遠藤 実 …………… 51
遠藤 祐純 …………… 51
遠藤 楽 …………… 51
円爾 ⇒聖一
円仁 …………… 51
役 小角 …………… 51

【お】

呉 林俊 …………… 51
小穴 喜一 …………… 51
及川 英子 …………… 51
及川 順 …………… 51
及川 良治 …………… 51
生沼 郁 …………… 51
王 硯農 …………… 51
王 長徳 …………… 51
王 義郎 …………… 51
扇畑 忠雄 …………… 52
逢坂 卓郎 …………… 52
近江 栄 …………… 52
大海人皇子 ⇒天武天皇
大井 浩二 …………… 52
大井 康暢 …………… 52
大家 重夫 …………… 52
大石 五雄 …………… 52
大石 嘉一郎 …………… 52
大石 貞男 …………… 52
大石 準一 …………… 52
大石 順教 …………… 52
大石 慎三郎 …………… 52
大石 直正 …………… 52
大石 宣雄 …………… 52
大石 理玖 …………… 52
大泉 黒石 …………… 52
大岩 弘和 …………… 52
大内 和臣 …………… 52
大内 力 …………… 52
大内 初夫 …………… 52
大浦 暁生 …………… 52
大浦 一郎 …………… 52
大浦 慶 …………… 52
大江 健三郎 …………… 52
大江 晃 …………… 52
大江 善男 …………… 53
大江 千里 …………… 53
大江 広元 …………… 53
大江 匡衡 …………… 53
大榎 茂行 …………… 53
大岡 玲 …………… 53
大岡 昇平 …………… 53
大岡 忠相 …………… 53
大岡 信 …………… 53
大賀 正喜 …………… 53
大金 宣亮 …………… 53
大川 五兵衛 …………… 53
大川 周明 …………… 53
大川 健嗣 …………… 53
大川 忠三 …………… 53
大川 瑞穂 …………… 53
大木 市蔵 …………… 53
大木 啓次 …………… 53
大木 昭一郎 …………… 53
大木 正義 …………… 53
大木 喬任 …………… 53
大木 英夫 …………… 53
大木 雅夫 …………… 53
大来 佐武郎 …………… 53
正親町家 …………… 53
大串 章 …………… 54
大串 夏身 …………… 54
大口 勇次郎 …………… 54
大国 隆正 …………… 54
大久保 貞義 …………… 54
大久保 利通 …………… 54
大久保 治男 …………… 54
大久保 博 …………… 54
大久保 廣行 …………… 54
大熊 一夫 …………… 54
大隈 言道 …………… 54
大熊 榮 …………… 54
大隈 重信 …………… 54
大熊 信行 …………… 54
大熊 守 …………… 54
大熊 由紀子 …………… 54
大隈 義和 …………… 54
大蔵 公望 …………… 54
大倉 邦彦 …………… 54
大倉 燁子 …………… 54
大蔵 永常 …………… 54
大蔵 雄之助 …………… 54
大河内 正敏 …………… 54
大社 淑子 …………… 54
大窄 佐太郎 …………… 54
大澤 吉博 …………… 55
大島 末男 …………… 55
大島 隆雄 …………… 55
大島 利治 …………… 55
大島 眞 …………… 55
大島 正徳 …………… 55
大島 通義 …………… 55
大島 康正 …………… 55
大島 良雄 …………… 55
大島 芳材 …………… 55
大島 良行 …………… 55
大城 立裕 …………… 55
大須賀 明 …………… 55
大須賀 慶 …………… 55
大杉 栄 …………… 55
大杉 光生 …………… 55
大住 栄治 …………… 55
大隅 和雄 …………… 55
大関 篤英 …………… 55
大関 増裕 …………… 55
大関 氏 …………… 55
大曽 美恵子 …………… 55
大空 博 …………… 55
太田 悦生 …………… 55
太田 覚眠 …………… 55
太田 勝洪 …………… 55
太田 邦昌 …………… 55
太田 耕三 …………… 56
太田 省吾 …………… 56
太田 青丘 …………… 56
太田 大八 …………… 56
太田 辰幸 …………… 56
太田 次男 …………… 56
太田 道灌 …………… 56
太田 道真 …………… 56
太田 知行 …………… 56
太田 南畝 …………… 56
太田 白雪 …………… 56
太田 巴静 …………… 56
太田 花子 …………… 56
太田 英茂 …………… 56
太田 博太郎 …………… 56
太田 冨貴雄 …………… 56
太田 正雄 ⇒木下 杢太郎
太田 水穂 …………… 56
太田 幸男 …………… 56
太田 良博 …………… 56
大田垣 蓮月 …………… 56
大滝 伊久男 …………… 56
大滝 真 …………… 56
大竹 伸朗 …………… 56
大嶽 秀夫 …………… 56
大谷 巖 …………… 56
大谷 晃一 …………… 56
大谷 光照 …………… 57
大谷 幸夫 …………… 57
大谷 禎之介 …………… 57
大谷 眞忠 …………… 57
大谷 長 …………… 57
大谷 森繁 …………… 57
大谷 善博 …………… 57
大津 英敏 …………… 57
大津 仁昭 …………… 57
大塚 明敏 …………… 57
大塚 和夫 …………… 57

大塚 楠緒子 ……… 57	大橋 頼摸 ……… 59	小笠原 茂 ……… 61	岡部 長職 ……… 63
大塚 定徳 ……… 57	大橋 良介 ……… 59	小笠原 省三 ……… 61	岡部 仁 ……… 63
大塚 聡 ……… 57	大橋家 ……… 59	小笠原 登 ……… 61	岡部 平太 ……… 64
大塚 智 ……… 57	大濱 徹也 ……… 59	小笠原 弘親 ……… 61	岡部 光明 ……… 64
大塚 徳郎 ……… 57	大林 太良 ……… 59	小笠原 好彦 ……… 61	岡部 六弥太 ……… 64
大塚 初重 ……… 57	大林 宣彦 ……… 59	岡田 朝雄 ……… 61	岡松 和夫 ……… 64
大塚 久雄 ……… 57	大林 洋五 ……… 59	緒方 郁蔵 ……… 61	岡光 一浩 ……… 64
大塚 布見子 ……… 57	大原 富枝 ……… 59	岡田 恵美子 ……… 62	岡村 重夫 ……… 64
大塚 盈 ……… 57	大原 幽学 ……… 59	岡田 脩 ……… 62	岡村 順子 ……… 64
大槻 和夫 ……… 57	大樋 長左衛門 … 59	岡田 和喜 ……… 62	岡村 堯 ……… 64
大槻 健 ……… 57	大藤 幹夫 ……… 59	岡田 喜秋 ……… 62	岡村 忠夫 ……… 64
大槻 磐渓 ……… 57	大淵 寛 ……… 59	岡田 清 ……… 62	岡村 博文 ……… 64
大槻 宏樹 ……… 57	近江谷 幸一 ……… 60	岡田 啓介 ……… 62	岡本 韋庵 ……… 64
大槻 裕子 ……… 57	大三輪 龍彦 ……… 60	尾形 乾山 ……… 62	岡本 一平 ……… 64
大辻 隆弘 ……… 57	大村 主計 ……… 60	岡田 健蔵 ……… 62	岡本 磐男 ……… 64
大坪 徳次 ……… 57	大村 鉱次郎 ……… 60	緒方 洪庵 ……… 62	岡本 かの子 ……… 64
大手 拓次 ……… 57	大村 しげ ……… 60	岡田 孝一 ……… 62	岡本 監輔 ……… 64
大伴 公馬 ……… 58	大村 はま ……… 60	岡田 幸三郎 ……… 62	岡本 帰一 ……… 64
大友 徳明 ……… 58	大村 益夫 ……… 60	岡田 幸三 ……… 62	岡本 綺堂 ……… 64
大伴家 ……… 58	大村 能弘 ……… 60	緒方 貞子 ……… 62	岡本 恵徳 ……… 64
大伴 旅人 ……… 58	大森 郁之助 ……… 60	岡田 三郎 ……… 62	岡本 サエ ……… 64
大伴 家持 ……… 58	大森 一彦 ……… 60	緒方 春朔 ……… 62	岡本 秋暉 ……… 64
鳳 逸平 ⇒山川 亮	大森 荘蔵 ……… 60	岡田 尚三 ……… 62	岡本 清一 ……… 65
大鳥 圭介 ……… 58	大森 曹玄 ……… 60	岡田 桑三 ……… 62	岡本 精一 ……… 65
大西 巨人 ……… 58	大森 弘 ……… 60	岡田 孝夫 ……… 62	岡本 隆 ……… 65
大西 五郎 ……… 58	大森 正昭 ……… 60	緒方 竹虎 ……… 62	岡本 太郎 ……… 65
大西 民子 ……… 58	大家 勝彦 ……… 60	岡田 武彦 ……… 62	岡本 登太郎 ……… 65
大西 鐵之祐 ……… 58	大谷 實 ……… 60	岡田 武世 ……… 62	岡本 伸之 ……… 65
大西 文行 ……… 58	大矢 息生 ……… 60	岡田 徳次郎 ……… 62	岡本 昇 ……… 65
大貫 松三 ……… 58	大藪 和雄 ……… 60	岡田 刀水士 ……… 62	岡本 典子 ……… 65
大野 喜久之輔 … 58	大藪 春彦 ……… 60	小方 直幸 ……… 62	岡本 昌夫 ……… 65
大野 郡右衛門 … 58	大山 郁夫 ……… 60	岡田 紀子 ……… 62	岡本 勝 ……… 65
大野 順一 ……… 58	大山 柏 ……… 60	岡田 靖夫 ……… 62	岡本 幹輝 ……… 65
大野 耐一 ……… 58	大山 俊彦 ……… 60	岡田 英男 ……… 63	岡本 三夫 ……… 65
大野 篤一郎 ……… 58	大山 倍達 ……… 60	岡田 弘 ……… 63	岡本 祐次 ……… 65
大野 直枝 ……… 58	大山 道廣 ……… 60	岡田 博 ……… 63	小川 アンナ ……… 65
大野 浩 ……… 58	大山 儀雄 ……… 60	小片 富美子 ……… 63	小川 一乗 ……… 65
大野 正男 ……… 58	大呂 義雄 ……… 60	岡田 茂吉 ……… 63	小川 英次 ……… 65
大野 眞義 ……… 58	大輪 靖宏 ……… 60	岡田 泰男 ……… 63	小川 国夫 ……… 65
大野 道夫 ……… 58	大脇 錠一 ……… 61	岡田 八千代 ……… 63	小川 恵一 ……… 65
大野 道邦 ……… 58	岡 潔 ……… 61	岡田 ゆき ……… 63	小川 修三 ……… 65
大野 光彦 ……… 59	岡 熊臣 ……… 61	岡田 至雄 ……… 63	小川 徹太郎 ……… 65
大庭 昭博 ……… 59	岡 俊孝 ……… 61	岡田 芳朗 ……… 63	小川 登 ……… 65
大羽 綾子 ……… 59	岡 晴夫 ……… 61	岡堂 哲雄 ……… 63	小川 英晴 ……… 65
大庭 脩 ……… 59	岡 祐記 ……… 61	岡野 加穂留 ……… 63	小川 浩 ……… 65
大場 國彦 ……… 59	岡 亮二 ……… 61	岡野 磨瑳郎 ……… 63	尾川 浩 ……… 65
大場 淳 ……… 59	岡井 隆 ……… 61	岡野 光雄 ……… 63	小川 雅敏 ……… 65
大場 恒明 ……… 59	岡倉 覚三 ⇒岡倉	岡野 行秀 ……… 63	小川 未明 ……… 65
大場 秀章 ……… 59	天心	岡上 菊栄 ……… 63	小川 洋子 ……… 66
大庭 みな子 ……… 59	岡倉 天心 ……… 61	岡藤 良敬 ……… 63	小川 龍 ……… 66
大場 寥和 ……… 59	岡崎 勝彦 ……… 61	岡部 伊都子 ……… 63	小川原 良征 ……… 66
大橋 勝男 ……… 59	岡崎 敬 ……… 61	岡部 栄信 ……… 63	沖 一峨 ……… 66
大橋 巨泉 ……… 59	岡崎 涼子 ……… 61	岡部 和雄 ……… 63	小木 新造 ……… 66
大橋 佐平 ……… 59	岡澤 宏 ……… 61	岡部 祥平 ……… 63	荻 太郎 ……… 66
大橋 俊雄 ……… 59	小笠原 和幸 ……… 61	岡部 達味 ……… 63	沖田 総司 ……… 66
大橋 泰二 ……… 59	小笠原 賢二 ……… 61	岡部 鐵男 ……… 63	荻田 保 ……… 66

荻仲 美枝 …… 66	尾崎 秀樹 …… 68	尾辻 克彦 ⇒赤瀬	尾吹 善人 …… 73
荻野 アンナ …… 66	尾崎 秀実 …… 68	川原平	表 樟影 …… 73
荻野 正子 …… 66	尾崎 まゆみ …… 68	音川 實 …… 71	表 秀孝 …… 73
荻野 昌利 …… 66	尾崎 翠 …… 68	尾中 普子 …… 71	小谷部 全一郎 …… 73
沖野 安春 …… 66	尾崎 ムゲン …… 69	小那覇 舞天 …… 71	小山 正孝 …… 73
荻野 喜弘 …… 66	尾崎 行雄 …… 69	小西 大東 …… 71	小山氏 …… 73
荻村 伊智朗 …… 66	尾崎 芳治 …… 69	鬼塚 光政 …… 71	小山田 与清 …… 73
荻生 茂博 …… 66	長田 夏樹 …… 69	小沼 丹 …… 71	織笠 昭 …… 73
荻生 徂徠 …… 66	長田 弘 …… 69	おね ⇒高台院	折口 信夫 …… 73
荻原 重秀 …… 66	長田 雅喜 …… 69	小野 旭 …… 71	折橋 徹彦 …… 73
荻原 井泉水 …… 66	長田 三男 …… 69	小野 梓 …… 71	お龍 …… 73
荻原 洋太郎 …… 66	尾佐竹 猛 …… 69	小野 磐彦 …… 71	小和田家 …… 74
奥 雅博 …… 66	小山内 薫 …… 69	小野 一一郎 …… 71	遠田 裕政 …… 74
奥泉 清 …… 66	小山内 時雄 …… 69	小野 和人 …… 71	恩田 陸 …… 74
奥崎 裕司 …… 66	長部 日出雄 …… 69	小野 鵞堂 …… 71	女西行 …… 74
奥島 孝康 …… 66	大佛 次郎 …… 69	小野 清之 …… 71	
奥田 和彦 …… 66	小澤 勝美 …… 69	小野 幸二 …… 71	【か】
奥田 元宋 …… 66	小澤 清 …… 69	小野 耕世 …… 71	
奥田 久子 …… 67	小澤 健二 …… 69	小野 茂 …… 71	甲斐 規雄 …… 74
奥田 道大 …… 67	小沢 治郎 …… 69	小野 州一 …… 72	櫂 未知子 …… 74
奥田 靖雄 …… 67	小沢 征爾 …… 69	小野 昌延 …… 72	甲斐 和里子 …… 74
奥田 泰弘 …… 67	小沢 豊功 …… 69	小野 二郎 …… 72	開高 健 …… 74
奥平 信昌 …… 67	小澤 實 …… 69	小野 忠明 …… 72	貝塚 啓明 …… 74
奥平 洋子 …… 67	小沢 康人 …… 69	小野 忠重 …… 72	海達 公子 …… 74
奥谷 多作 …… 67	押川 春浪 …… 69	小野 哲郎 …… 72	貝原 益軒 …… 74
奥津 文夫 …… 67	押川 方義 …… 69	小野 十三郎 …… 72	海保 真夫 …… 74
お国 …… 67	押田 雅次 …… 69	小野 直広 …… 72	カウフマン 東子 …… 74
奥野 信太郎 …… 67	忍足 欣四郎 …… 69	小野 寛 …… 72	各務 支考 …… 74
奥野 誠亮 …… 67	小島 弘道 …… 70	小野 浩 …… 72	鏡島 元隆 …… 74
奥野 他見男 …… 67	尾島 典孝 …… 70	小野 浩 …… 72	加賀谷 熙彦 …… 74
奥野 中彦 …… 67	小津 安二郎 …… 70	小野 正和 …… 72	香川 孝三 …… 74
小熊 秀雄 …… 67	尾末 奎司 …… 70	小野 松二 …… 72	香川 孝雄 …… 74
奥村 彪生 …… 67	尾関 忠雄 …… 70	小野 迪雄 …… 72	賀川 豊彦 …… 74
奥村 郁三 …… 67	織田 完之 …… 70	斧 泰彦 …… 72	香川 紘子 …… 74
奥村 皓一 …… 67	織田 作之助 …… 70	小野 弓郎 …… 72	香川 義雄 …… 74
奥村 三策 …… 67	小田 宅子 …… 70	オノ ヨーコ …… 72	蠣崎 波響 …… 74
奥本 大三郎 …… 67	織田 信長 …… 70	小野 蘭山 …… 72	柿本 人麻呂 …… 74
奥山 康治 …… 67	小田 富士雄 …… 70	小野 隆二 …… 72	加来 昭隆 …… 74
小倉 欣一 …… 67	小田 実 …… 70	尾上 菊五郎 …… 72	加来 祥男 …… 75
小倉 武一 …… 68	小田 迪夫 …… 70	尾上 柴舟 …… 72	覚王院 義観 …… 75
小倉 学 …… 68	小田 三月 …… 70	尾上 尚子 …… 72	角田 敏郎 …… 75
小栗 上野介 ⇒小	小田 基 …… 70	小野木 重勝 …… 72	角田 光代 …… 75
栗 忠順	小田 義久 …… 70	小野坂 弘 …… 72	覚鑁 …… 75
小栗 忠順 …… 68	尾高 煌之助 …… 70	小野田 維 …… 72	角山 元保 …… 75
小栗 友一 …… 68	愛宕 松男 …… 70	小野寺 悦子 …… 73	角瀬 保雄 …… 75
小栗 風葉 …… 68	小田切 秀雄 …… 71	小野寺 健 …… 73	筧 利夫 …… 75
小栗 虫太郎 …… 68	小田桐 弘子 …… 71	小野 小町 …… 73	掛川 源一郎 …… 75
桶谷 秀昭 …… 68	小田桐 光隆 …… 71	小畠 郁生 …… 73	掛川 トミ子 …… 75
小此木 啓吾 …… 68	織田家 …… 71	小幡 篤次郎 …… 73	影佐 禎昭 …… 75
尾崎 昭美 …… 68	尾竹 紅吉 …… 71	小畠 雅敏 …… 73	陰里 鉄郎 …… 75
尾崎 喜八 …… 68	小田中 聰樹 …… 71	小幡 酉吉 …… 73	筧 敏生 …… 75
尾崎 久仁博 …… 68	越智 隆夫 …… 71	小汀 利得 …… 73	筧 泰彦 …… 75
尾崎 紅葉 …… 68	越知 春美 …… 71	小原 国芳 …… 73	掛谷 宰平 …… 75
尾崎 左永子 …… 68	落合 淳隆 …… 71	小原 信 …… 73	影山 僖一 …… 75
尾崎 庄太郎 …… 68	落合 誠一郎 …… 71	小原 喜雄 …… 73	影山 好一郎 …… 75
尾崎 放哉 …… 68	落合 正勝 …… 71	小尾 郊一 …… 73	景山 春樹 …… 75

景山 英子 ⇒福田 英子	片桐 旦元 …… 77	加藤 二郎 …… 79	金子 鷗亭 …… 82
影山 裕子 …… 75	片桐 石州 …… 77	加藤 信朗 …… 79	金子 寛哉 …… 82
加古 宜士 …… 75	片桐 洋一 …… 77	加藤 セチ …… 79	金子 喜一 …… 82
鹿児嶋 治利 …… 75	片野 彦二 …… 77	加藤 蘭子 …… 79	金子 きみ …… 82
笠井 昭次 …… 75	片山 左京 …… 77	加藤 多一 …… 80	金子 堅太郎 …… 82
葛西 勵 …… 75	片山 誠一 …… 78	加藤 大道 …… 80	金子 貞吉 …… 82
笠井 敏男 …… 75	片山 武 …… 78	加藤 高明 …… 80	金児 暁嗣 …… 82
河西 宏之 …… 75	片山 享 …… 78	加藤 孝男 …… 80	金子 茂 …… 82
笠井 昌昭 …… 75	片山 徳治 …… 78	加藤 高 …… 80	金子 潤 …… 82
笠貫 尚章 …… 76	片山 晴賢 …… 78	加藤 隆 …… 80	金子 準二 …… 82
笠原 和夫 …… 76	片山 広子 ⇒松村 みね子	加藤 敬弘 …… 80	金子 章 …… 82
笠原 成郎 …… 76		加藤 卓男 …… 80	金子 兜太 …… 82
笠原 俊彦 …… 76	片山 豊 …… 78	加藤 武 …… 80	金子 智一 …… 82
笠原 伸夫 …… 76	片山 義弘 …… 78	加藤 千晴 …… 80	金子 浩昌 …… 82
笠間 啓治 …… 76	可知 正孝 …… 78	加藤 登一 …… 80	金子 ふみ子 …… 82
加地 伸行 …… 76	勝 海舟 …… 78	加藤 敏雄 …… 80	金子 文子 …… 82
加地 宏江 …… 76	勝 國興 …… 78	加藤 壽延 …… 80	兼子 仁 …… 82
梶井 基次郎 …… 76	勝井 三雄 …… 78	加藤 直樹 …… 80	金子 みすゞ …… 82
加地氏 …… 76	かつお きんや …… 78	加藤 晴康 …… 80	金子 光晴 …… 82
樫原 朗 …… 76	カッケンブッシュ 知念 寛子 …… 78	加藤 久雄 …… 80	金子 之史 …… 82
梶原 完 …… 76	葛飾 北斎 …… 78	加藤 秀俊 …… 80	金沢 貞顕 …… 82
柏原 幸生 …… 76	勝田 有恒 …… 78	加藤 泰義 …… 80	兼重 護 …… 82
香島 明雄 …… 76	勝田 和學 …… 78	加藤 雅 …… 80	兼城 英夫 …… 82
加島 祥造 …… 76	勝田 吉太郎 …… 78	加藤 みどり …… 80	金田 元成 …… 83
鹿島 昇 …… 76	勝野 尚行 …… 78	加藤 盛弘 …… 80	金田 平一郎 …… 83
梶本 隆夫 …… 76	勝村 哲也 …… 78	加藤 有次 …… 80	金田 昌司 …… 83
梶山 純 …… 76	桂 歌丸 …… 78	加藤 祐三 …… 80	金田 道和 …… 83
梶山 季之 …… 76	桂 教一 …… 78	加藤 祐三 …… 80	金田 良治 …… 83
梶山 雄一 …… 76	桂 小五郎 ⇒木戸 孝允	加藤 義喜 …… 80	金山 等 …… 83
柏木 義円 …… 76		加藤 良三 …… 80	鹿野 忠雄 …… 83
柏木 隆夫 …… 76	桂 小文吾 …… 78	加藤 林太郎 …… 81	狩野 永岳 …… 83
柏木 隆雄 …… 76	桂 三枝 …… 78	角川 源義 …… 81	狩野 永徳 …… 83
柏木 哲夫 …… 76	桂 太郎 …… 78	角川 春樹 …… 81	叶 和夫 …… 83
柏谷 嘉弘 …… 76	桂 信子 …… 78	門前 正彦 …… 81	狩野 亨吉 …… 83
柏原 兵三 …… 77	桂 文治（10代目）…… 79	角田 直一 …… 81	加能 作次郎 …… 83
柏原 啓佐 …… 77	桂 米朝 …… 79	角松 正雄 …… 81	嘉納 治五郎 …… 83
梶原 一騎 …… 77	桂 正孝 …… 79	楫取 魚彦 …… 81	狩野 芳崖 …… 83
梶原 寿 …… 77	桂 米團治 …… 79	門脇 彰 …… 81	加納 光於 …… 83
春日 寛 …… 77	桂木 健次 …… 79	門脇 延行 …… 81	狩野 光信 …… 83
春日 真木子 …… 77	嘉手苅 千鶴子 …… 79	金井 昭雄 …… 81	椛島 成治 …… 83
春日 行雄 …… 77	加藤 郁乎 …… 79	金井 直 …… 81	鏑木 清方 …… 83
春日井 建 …… 77	加藤 いつみ …… 79	金井 広 …… 81	下保 昭 …… 83
香月 不二夫 …… 77	加藤 榮一 …… 79	金井 杜男 …… 81	鎌田 章 …… 83
香月 泰男 …… 77	加藤 景範 …… 79	金柿 宏典 …… 81	鎌田 慧 …… 83
和宮 …… 77	加藤 克巳 …… 79	仮名垣 魯文 …… 81	鎌田 茂雄 …… 83
霞 流一 …… 77	加藤 勝康 …… 79	金沢 嘉市 …… 81	鎌田 正 …… 83
粕谷 進 …… 77	加藤 清正 …… 79	金沢 庄三郎 …… 81	鎌田 浩 …… 83
粕谷 宏紀 …… 77	加藤 邦興 …… 79	金沢 弘 …… 81	加美 和照 …… 83
片尾 周造 …… 77	加藤 三郎 …… 79	金丸 輝男 …… 81	上 笙一郎 …… 83
片岡 了 …… 77	加藤 静雄 …… 79	金光 洋一郎 …… 81	加美 宏 …… 84
片岡 宏一郎 …… 77	加藤 周一 …… 79	要 弘 …… 81	上岡 国夫 …… 84
片岡 球子 …… 77	加藤 秀治郎 …… 79	金森 通倫 …… 81	神木 哲男 …… 84
片岡 鶴太郎 …… 77	加藤 楸邨 …… 79	金山 行孝 …… 81	神坂 雪佳 …… 84
片岡 寛光 …… 77	加藤 純章 …… 79	可児島 俊雄 …… 81	上島 武 …… 84
片桐 昭泰 …… 77	加藤 正俊 …… 79	金子 晃 …… 81	上條 彰次 …… 84
		金子 暁実 …… 81	上条 信山 …… 84

上條 末夫 …… 84	河井 寛次郎 …… 86	川崎 洋 …… 88	姜 德相 …… 90
神谷 国弘 …… 84	河合 研一 …… 86	川路 聖謨 …… 88	菅 豊彦 …… 90
神近 市子 …… 84	川合 健二 …… 86	川路 利良 …… 88	菅 英輝 …… 90
上司 永慶 …… 84	川井 正一 …… 86	川路家 …… 88	姜 範錫 …… 90
上司 小剣 …… 84	河合 伸一 …… 86	河島 幸夫 …… 88	神吉 賢一 …… 90
上寺 久雄 …… 84	河合 曾良 …… 86	川島 重成 …… 88	神作 光一 …… 91
雷門 小福 …… 84	川合 隆男 …… 86	川島 誠一郎 …… 88	神沢 杜口 …… 91
上村 勝彦 …… 84	川井 健 …… 86	河島 博 …… 88	観世 寿夫 …… 91
上村 哲彦 …… 84	河井 繼之助 …… 86	川島 廉子 …… 88	観世 榮夫 …… 91
上村 直己 …… 84	河合 隼雄 …… 86	川島 芳子 …… 88	神田 修 …… 91
神谷 修 …… 84	河合 雅雄 …… 86	河津 八平 …… 89	神田 喜一郎 …… 91
神谷 伝造 …… 84	河井 道 …… 86	川瀬 一馬 …… 89	神田 孝夫 …… 91
紙屋 敦之 …… 84	河井 迪男 …… 86	河瀬 豊 …… 89	神田 孝夫 …… 91
神谷 治美 …… 84	川井 克倭 …… 86	川瀬 和敬 …… 89	神田 日勝 …… 91
神谷 美恵子 …… 84	川石 酒造之助 …… 86	河田 羆 …… 89	神田 信夫 …… 91
神山 茂夫 …… 84	河井田 研朗 …… 86	川田 秀雄 …… 89	神田 善弘 …… 91
上山 草人 …… 84	川内 康範 …… 87	川田 龍吉 …… 89	神立 春樹 …… 91
神山 敏雄 …… 84	川内 克忠 …… 87	河竹 登志夫 …… 89	管野 須賀子 …… 91
神山 美代子 …… 84	河岡 武春 …… 87	河竹 黙阿弥 …… 89	菅野 雄 …… 91
上領 英之 …… 84	川勝 昭平 …… 87	河内 昭圓 …… 89	菅野 正 …… 91
亀井 理 …… 84	川上 明日夫 …… 87	河内 司 …… 89	菅野 正彦 …… 91
亀井 俊介 …… 85	河上 和雄 …… 87	河鍋 暁斎 …… 89	桓武天皇 …… 91
亀井 南冥 …… 85	川上 宏二郎 …… 87	河波 昌 …… 89	冠 松次郎 …… 91
亀井 正義 …… 85	川上 貞奴 …… 87	川並 弘昭 …… 89	
亀倉 雄策 …… 85	川上 正秀 …… 87	川西 田鶴子 …… 89	【き】
亀谷 是 …… 85	川上 澄生 …… 87	河音 能平 …… 89	
亀山 三郎 …… 85	川上 誓作 …… 87	河野 正輝 …… 89	木内 喜八 …… 91
加茂 紀子子 …… 85	川上 壮一郎 …… 87	川畑 篤輝 …… 89	木内 孝 …… 91
加茂 利男 …… 85	川上 武 …… 87	川端 治 …… 89	木内 半古 …… 91
加茂 雄三 …… 85	川上 忠雄 …… 87	川端 俊男 …… 89	菊岡 久利 …… 91
蒲生 氏郷 …… 85	河上 肇 …… 87	川端 康成 …… 89	菊岡 倶也 …… 91
蒲生 重章 …… 85	川上 弘美 …… 87	川原 紀美雄 …… 89	規工川 佑輔 …… 91
蒲生 俊文 …… 85	川上 貢 …… 87	川原 慶賀 …… 90	菊田 幸一 …… 91
鴨川 卓博 …… 85	川上 美那子 …… 87	河原 之純 …… 90	菊田 守 …… 91
加守田 章二 …… 85	川上 徳明 …… 87	河東 碧梧桐 …… 90	菊竹 淳一 …… 91
鴨 長明 …… 85	川岸 繁雄 …… 87	河邉 宏 …… 90	菊地 明 …… 92
鴨野 幸雄 …… 85	川北 長利 …… 87	川辺 平八郎 …… 90	菊池 寛 …… 92
加舎 白雄 …… 85	川喜田 半泥子 …… 87	川又 邦雄 …… 90	菊池 光造 …… 92
萱嶋 泉 …… 85	河北 倫明 …… 87	川村 和夫 …… 90	菊池 山哉 …… 92
茅原 華山 …… 85	河口 慧海 …… 87	河村 一知 …… 90	菊池 城司 …… 92
香山 末子 …… 85	川口 顯弘 …… 88	川村 驥山 …… 90	菊地 武男 …… 92
唐 十郎 …… 85	川口 順一 …… 88	川村 慶子 …… 90	菊池 德 …… 92
柄井 川柳(1代目)	川口 ちあき …… 88	河村 孝道 …… 90	菊池 俊彦 …… 92
…… 85	川口 弘 …… 88	河村 貞枝 …… 90	菊地 成孔 …… 92
柄井 川柳(9代目)	川口 洋 …… 88	河村 錠一郎 …… 90	菊池 英雄 …… 92
…… 85	川口 松太郎 …… 88	川村 二郎 …… 90	菊池 雅子 …… 92
唐木 圀和 …… 85	川口 義博 …… 88	河村 隆司 …… 90	菊地 昌実 …… 92
唐木 順三 …… 85	川越 哲志 …… 88	河村 秀根 …… 90	菊地 正幸 …… 92
唐沢 敬 …… 86	河越氏 …… 88	河村 博文 …… 90	菊地 元一 …… 92
柄澤 齊 …… 86	川崎 正蔵 …… 88	川村 嘉夫 …… 90	菊池氏 …… 92
柄谷 行人 …… 86	川崎 隆司 …… 88	川本 謙一 …… 90	菊永 謙 …… 92
唐渡 興宣 …… 86	川崎 長太郎 …… 88	川本 幸民 …… 90	菊畑 茂久馬 …… 92
狩谷 棭斎 …… 86	川崎 展宏 …… 88	瓦吹 堅 …… 90	菊本 義治 …… 92
仮屋崎 省吾 …… 86	川崎 ナヲミ …… 88	韓 義泳 …… 90	菊谷 栄 …… 92
川合 章 …… 86	川﨑 信定 …… 88	姜 在彦 …… 90	私市 元宏 …… 92
河合 栄治郎 …… 86	川崎 春彦 …… 88	菅 季治 …… 90	如月 小春 …… 92

岸 勇 …………… 92	北畠 八穂 …………… 94	金 重明 …………… 97	清田 幾生 …………… 99
貴志 康一 …………… 92	北畠氏 …………… 94	金 太中 …………… 97	清永 敬次 …………… 99
岸 武雄 …………… 92	北原 淳 …………… 94	金 泰生 …………… 97	清成 忠男 …………… 99
岸 信介 …………… 92	北原 敦 …………… 94	金 東勲 …………… 97	清原 道寿 …………… 99
岸 英司 …………… 92	北原 白秋 …………… 95	金 鶴泳 …………… 97	清水 六兵衛 …………… 99
岸井 貞男 …………… 92	北御門 二郎 …………… 95	金 英達 …………… 97	桐野 利秋 …………… 99
岸上 大作 …………… 93	北村 巌 …………… 95	キム・リジャ …………… 97	桐野 夏生 …………… 99
岸上 晴志 …………… 93	喜田村 寛治 …………… 95	木村 明生 …………… 97	桐生 直彦 …………… 99
岸田 孝弥 …………… 93	北村 季吟 …………… 95	木村 晟 …………… 97	桐生 悠々 …………… 99
岸田 貞夫 …………… 93	北村 公彦 …………… 95	木村 伊兵衛 …………… 97	木脇 啓四郎 …………… 100
岸田 俊子 …………… 93	北村 けんじ …………… 95	木村 英造 …………… 97	金 鶴泳 ⇒ "キム・ハギョン"
岸田 典子 …………… 93	北村 四郎 …………… 95	木村 清孝 …………… 97	
岸田 理生 …………… 93	北村 晴朗 …………… 95	木村 蒹葭堂 …………… 97	金 吉浩 …………… 100
岸田 劉生 …………… 93	北村 想 …………… 95	木村 憲二 …………… 97	金 嬉老 …………… 100
岸辺 成雄 …………… 93	北村 太郎 …………… 95	木村 衡 …………… 97	金 若静 …………… 100
木島 始 …………… 93	北村 透谷 …………… 95	木村 修三 …………… 98	金 思燁 …………… 100
来嶋 靖生 …………… 93	北村 徳太郎 …………… 95	木村 誠志 …………… 98	金 正年 …………… 100
岸本 完司 …………… 93	北村 初雄 …………… 95	木村 定三 …………… 98	金 史良 ⇒ "キム・サリャン"
雉本 朗造 …………… 93	北村 秀人 …………… 95	木村 哲三郎 …………… 98	
岸本 尚毅 …………… 93	北森 嘉蔵 …………… 95	木村 東吉 …………… 98	金 石範 ⇒ "キム・ソクポム"
木津 隆司 …………… 93	北山 克彦 …………… 96	木村 直司 …………… 98	
木津川 計 …………… 93	北山 清太郎 …………… 96	木村 秀明 …………… 98	金 達寿 ⇒ "キム・ダルス"
木月 道人 …………… 93	吉瀬 征輔 …………… 96	木村 弘道 …………… 98	
北 一輝 …………… 93	吉家 清次 …………… 96	木村 敏 …………… 98	金 真須美 …………… 100
木田 金次郎 …………… 93	吉川 経夫 …………… 96	木村 雅昭 …………… 98	金城 辰夫 …………… 100
木田 宏 …………… 93	木戸 孝允 …………… 96	木村 正中 …………… 98	金城 哲夫 …………… 100
きだ みのる …………… 93	城戸 幹 …………… 96	木村 真佐幸 …………… 98	金城 夏子 …………… 100
北 杜夫 …………… 93	城戸 喜子 …………… 96	木村 實 …………… 98	金城 嘉昭 …………… 100
喜多 靖郎 …………… 93	鬼頭 金剛 …………… 96	木村 素衛 …………… 98	金田一 京助 …………… 100
北 昤吉 …………… 93	紀仲 晋 …………… 96	木村 八重子 …………… 98	金田一 春彦 …………… 100
喜多尾 道冬 …………… 93	衣笠 安喜 …………… 96	木村 保茂 …………… 98	銀林 浩 …………… 100
北大路 魯山人 …………… 93	衣笠 洋輔 …………… 96	木村 雄偉 …………… 98	金原 左門 …………… 100
北垣 郁雄 …………… 93	絹谷 幸二 …………… 96	木村 義雄 …………… 98	金原 理 …………… 100
北垣 宗治 …………… 94	杵屋 正邦 …………… 96	木村 利人 …………… 98	金原 正彦 …………… 100
北方 心泉 …………… 94	紀 貫之 …………… 96	木村 龍治 …………… 98	金原 實 …………… 100
北川 彰宏 …………… 94	木下 光一 …………… 96	喜安 朗 …………… 98	金原 明善 …………… 100
北川 重男 …………… 94	木下 茂幸 …………… 96	木山 捷平 …………… 98	
北川 宗蔵 …………… 94	木下 順庵 …………… 96	牛 軍 …………… 98	【く】
北川 泰三 …………… 94	木下 順二 …………… 96	久曾神 昇 …………… 98	
北川 尚史 …………… 94	木下 宗七 …………… 96	及能 正男 …………… 98	空海 …………… 100
北沢 恒彦 …………… 94	木下 忠司 …………… 96	許 南麒 ⇒ "ホ・ナムギ"	空也 …………… 101
北沢 方邦 …………… 94	木下 俊昌 …………… 96		陸 羯南 …………… 101
北島 克一 …………… 94	木下 豊房 …………… 96	姜 在彦 ⇒ "カン・ジェオン"	陸 正 …………… 101
北嶋 雪山 …………… 94	木下 尚江 …………… 96		九鬼 周造 …………… 101
北島 平一郎 …………… 94	木下 広次 …………… 96	行基 …………… 99	九鬼 隆一 …………… 101
北住 炯一 …………… 94	木下 杢太郎 …………… 96	京極 高宣 …………… 99	日下 浩次 …………… 101
北爪 利世 …………… 94	木原 孝久 …………… 97	京極 為兼 …………… 99	久坂 葉子 …………… 101
北園 克衛 …………… 94	君村 昌 …………… 97	京須 偕充 …………… 99	草刈 思朗 …………… 101
喜谷 美宣 …………… 94	義民伝左衛門 …………… 97	今日泊 亜蘭 …………… 99	草野 心平 …………… 101
北野 昭彦 …………… 94	金 史良 …………… 97	清岡 卓行 …………… 99	草野 靖 …………… 101
北野 信彦 …………… 94	金 在南 …………… 97	清河 八郎 …………… 99	草場 又三郎 …………… 101
北野 弘久 …………… 94	金 時鐘 …………… 97	曲亭 馬琴 ⇒ 滝沢 馬琴	草間 時彦 …………… 101
北野 勇作 …………… 94	金 鍾漢 …………… 97		草間 秀三郎 …………… 101
北政所 ⇒ 高台院	金 石範 …………… 97	清沢 洌 …………… 99	草間 弥生 …………… 101
北畠 潤一 …………… 94	金 達寿 …………… 97	清沢 満之 …………… 99	草山 友一 …………… 101
北畠 親房 …………… 94	金 蒼生 …………… 97	清田 明夫 …………… 99	久慈 次郎 …………… 101

久志 芙沙子 …… 101	久保田 英夫 …… 104	栗本 鋤雲 …… 106	【け】
串田 孫一 …… 101	久保田 文次 …… 104	栗山 久策 …… 106	
具島 兼三郎 …… 102	久保田 万太郎 …… 104	栗山 次郎 …… 106	景行天皇 …… 108
九条 政基 …… 102	久保山 愛吉 …… 104	栗山 規矩 …… 106	継体天皇 …… 108
鯨岡 勝成 …… 102	隈井 清臣 …… 104	栗生 武夫 …… 106	慶徳 進 …… 108
鯨岡 峻 …… 102	熊谷 彰矩 …… 104	久留島 武彦 …… 106	慶谷 寿信 …… 108
楠田 丘 …… 102	熊谷 武至 …… 104	来栖 三郎 …… 106	芸林 民夫 …… 108
楠木 しげお …… 102	熊谷 達也 …… 104	久留間 鮫造 …… 106	源空 ⇒法然
楠木 繁夫 …… 102	熊谷 直治 …… 104	車谷 長吉 …… 106	玄月 …… 108
楠木 正成 …… 102	熊谷 元一 …… 104	胡桃沢 友男 …… 106	源氏 …… 108
楠 恭雄 …… 102	熊谷 守一 …… 104	呉 茂一 …… 106	源承 …… 108
葛原 妙子 …… 102	熊沢 寛道 …… 104	呉屋 永徳 …… 106	玄仍 …… 108
楠原 佶子 …… 102	熊沢 誠 …… 104	黒井 千次 …… 106	源信 …… 109
楠本 憲吉 …… 102	熊田 精華 …… 104	黒岩 重吾 …… 106	剣持 勇 …… 109
久須本 弘熙 …… 102	熊野 聰 …… 104	黒岩 涙香 …… 106	玄侑 宗久 …… 109
楠本 宏 …… 102	隈部 直光 …… 104	黒川 康 …… 107	建礼門院右京大
楠山 修作 …… 102	久米 栄左衛門 …… 104	黒川 勉 …… 107	夫 …… 109
久世 光彦 …… 102	久米 邦武 …… 104	黒川 恒雄 …… 107	
百済 康義 …… 102	粂 幸男 …… 104	黒川 剛 …… 107	【こ】
久津見 蕨村 …… 102	倉阪 鬼一郎 …… 104	黒川 春村 …… 107	
久手堅 憲一 …… 102	倉澤 康一郎 …… 104	黒川 真頼 …… 107	高 史明 …… 109
クーデンホーフ	倉島 節尚 …… 104	黒木 国昭 …… 107	呉 天降 …… 109
光子 …… 102	藏下 勝行 …… 104	黒木 淳吉 …… 107	顧 明耀 …… 109
宮藤 官九郎 …… 102	倉田 潮 …… 104	黒崎 裕一郎 …… 107	呉 林俊 ⇒"オ・イ
工藤 俊作 …… 102	倉田 葛三 …… 105	黒澤 明 …… 107	ムジュン"
工藤 芝蘭子 …… 102	倉田 三郎 …… 105	黒沢 英典 …… 107	小池 榮一 …… 109
工藤 進思郎 …… 102	倉田 卓次 …… 105	黒澤 雄三郎 …… 107	小池 一夫 …… 109
工藤 恒夫 …… 102	倉田 亨 …… 105	黒島 伝治 …… 107	小池 和男 …… 109
工藤 秀幸 …… 102	倉田 百三 …… 105	黒須 敦子 …… 107	小池 重喜 …… 109
工藤 父母道 …… 102	倉田 保雄 …… 105	黒田 硫黄 …… 107	小池 清治 …… 109
工藤 雅樹 …… 102	倉智 恒夫 …… 105	黒田 寛一 …… 107	小池 辰雄 …… 109
国井 和郎 …… 103	倉地 幹三 …… 105	黒田 喜夫 …… 107	小池 長 …… 109
国木田 独歩 …… 103	倉戸 ヨシヤ …… 105	黒田 清 …… 107	小池 毅 …… 109
国定 忠次 …… 103	倉富 勇三郎 …… 105	黒田 清隆 …… 107	小池 英光 …… 109
国司 華子 …… 103	倉場 富三郎 …… 105	黒田 源次 …… 107	小池 正博 …… 109
国重 純二 …… 103	倉橋 由美子 …… 105	黒田 重太郎 …… 107	小泉 明 …… 109
國嶋 一則 …… 103	倉松 功 …… 105	黒田 直 …… 107	小泉 一太郎 …… 109
國武 輝久 …… 103	倉持 保男 …… 105	黒田 清輝 …… 107	小泉 勝雄 …… 109
國友 義久 …… 103	倉盛 一郎 …… 105	黒谷上人 ⇒法然	小泉 喜美子 …… 109
久邇宮 …… 103	栗城 寿夫 …… 105	黒羽 英二 …… 108	小泉 三申 …… 109
国吉 康雄 …… 103	栗木 安延 …… 105	黒羽 清隆 …… 108	小泉 周二 …… 109
久野 統一郎 …… 103	栗栖 継 …… 105	黒丸 寛之 …… 108	小泉 純一郎 …… 109
久野 豊彦 …… 103	栗須 公正 …… 105	黒柳 徹子 …… 108	小泉 淳作 …… 110
久布白 落實 …… 103	栗須 七郎 …… 105	畔柳 二美 …… 108	小泉 信三 …… 110
久保 和雄 …… 103	栗田 樗堂 …… 105	桑沢 洋子 …… 108	小泉 武夫 …… 110
久保 欣哉 …… 103	栗田 寛 …… 105	桑田 繁 …… 108	小泉 保 …… 110
久保 栄 …… 103	栗林 慧 …… 105	桑野 貢三 …… 108	小泉 苳三 …… 110
窪 徳忠 …… 103	栗林 忠男 …… 105	桑原 莞爾 …… 108	小泉 智英 …… 110
久保 紘章 …… 103	栗林 忠道 …… 105	桑原 善作 …… 108	小泉 秀雄 …… 110
久保 正幡 …… 103	栗原 彬 …… 106	桑原 公徳 …… 108	小泉 八雲 ⇒《西洋
窪添 慶文 …… 103	栗原 敦雄 …… 106	桑原 寿二 …… 108	人》ハーン,L.
久保田 晃 …… 103	栗原 健 …… 106	桑原 治雄 …… 108	小泉 芳子 …… 110
窪田 空穂 …… 103	栗原 貞子 …… 106	桑山 玉洲 …… 108	小磯 良平 …… 110
久保田 収 …… 103	栗原 成郎 …… 106	桑山 正進 …… 108	小出 達夫 …… 110
久保田 諄 …… 103	栗原 豪彦 …… 106		小出 楢重 …… 110
窪田 章一郎 …… 104	栗村 英二 …… 106		小出 詞子 …… 110

高 長虹 …………… 110	小菊 喜一郎 ……… 112	小谷 汪之 ………… 114	小林 一三 ………… 117
耕 治人 …………… 110	小木曽 基弌 ……… 112	小谷 正一 ………… 114	小林 一茶 ………… 117
黄 福涛 …………… 110	五喜田 正巳 ……… 112	児玉 花外 ………… 114	小林 一俊 ………… 117
郷 正文 …………… 110	国司 仙吉 ………… 112	児玉 源太郎 ……… 114	小林 一博 ………… 117
興教大師 ⇒覚鑁	黒正 巌 …………… 112	児玉 幸多 ………… 115	小林 一三 ………… 117
光玄 ……………… 110	國府 剛 …………… 112	児玉 隆也 ………… 115	小林 一美 ………… 117
郷古 潔 …………… 110	国分 直一 ………… 112	児玉 徳美 ………… 115	小林 清晃 ………… 117
香西 茂 …………… 110	小暮 得雄 ………… 113	児玉 昇 …………… 115	小林 裃裟治 ……… 117
香坂 順一 ………… 110	小暮 政次 ………… 113	兒玉 正憲 ………… 115	小林 憲二 ………… 117
高坂 鉄雄 ………… 110	古溪 宗陳 ………… 113	児玉 幹夫 ………… 115	小林 堅太郎 ……… 117
高坂 正顕 ………… 110	古結 昭和 ………… 113	児玉 誉士夫 ……… 115	小林 康助 ………… 117
光宗 ……………… 110	古今亭 志ん生 …… 113	小寺 武久 ………… 115	小林 古径 ………… 117
高乗 勲 …………… 110	古在 由重 ………… 113	小寺山 亘 ………… 115	小林 標 …………… 117
駒城 鎮一 ………… 110	小坂 奇石 ………… 113	後藤 昭雄 ………… 115	小林 貞夫 ………… 117
神代 尚志 ………… 111	小坂 機融 ………… 113	後藤 明 …………… 115	小林 清市 ………… 117
高祖 保 …………… 111	小坂 多喜子 ……… 113	後藤 勇 …………… 115	小林 清治 ………… 117
幸田 文 …………… 111	小櫻 義明 ………… 113	後藤 和民 ………… 115	小林 孝亘 ………… 117
幸田 延 …………… 111	小澤 基弘 ………… 113	後藤 紀一 ………… 115	小林 隆久 ………… 117
幸田 露伴 ………… 111	古志 太郎 ………… 113	湖東 京至 ………… 115	小林 多喜二 ……… 117
高台院 …………… 111	古軸 隆介 ………… 113	後藤 啓一 ………… 115	小林 惟司 ………… 118
河内 宏 …………… 111	小侍従 …………… 113	後藤 貞夫 ………… 115	小林 多津衛 ……… 118
幸徳 秋水 ………… 111	越野 立夫 ………… 113	後藤 寿庵 ………… 115	小林 龍夫 ………… 118
幸徳 幸衛 ………… 111	小柴 昌俊 ………… 113	後藤 昭八郎 ……… 115	小林 提樹 ………… 118
河野 稠果 ………… 111	腰原 哲朗 ………… 113	後藤 新平 ………… 115	小林 照子 ………… 118
河野 昭三 ………… 111	腰原 久雄 ………… 113	後藤 瑞巌 ………… 115	小林 天渕 ………… 118
河野 大機 ………… 111	小島 烏水 ………… 113	後藤 純男 ………… 115	小林 利雄 ………… 118
河野 多恵子 ……… 111	児島 和人 ………… 113	後藤 総一郎 ……… 115	小林 登美枝 ……… 118
河野 仁昭 ………… 111	児島 惟謙 ………… 113	後藤 暢 …………… 116	小林 虎三郎 ……… 118
河野 兵市 ………… 111	児島 新 …………… 113	後藤 延子 ………… 116	小林 直樹 ………… 118
河野 護 …………… 111	小島 孝之 ………… 113	後藤 弘 …………… 116	小林 信雄 ………… 118
河野 元昭 ………… 111	小島 武司 ………… 113	五島 昌明 ………… 116	小林 信彦 ………… 118
河野 保雄 ………… 111	児島 虎次郎 ……… 113	後藤 實 …………… 116	小林 信也 ………… 118
孝橋 正一 ………… 111	小島 信夫 ………… 113	後藤 明生 ………… 116	小林 功芳 ………… 118
弘法大師 ⇒空海	児島 襄 …………… 114	後藤田 正晴 ……… 116	小林 ハル ………… 118
好村 富士彦 ……… 111	小島 憲之 ………… 114	後鳥羽上皇 ……… 116	小林 英夫 ………… 118
孝明天皇 ………… 111	小嶋 秀夫 ………… 114	小西 国友 ………… 116	小林 秀雄 ………… 118
高山 岩男 ………… 111	小島 満 …………… 114	小西 重直 ………… 116	小林 宏晨 ………… 119
古浦 敏生 ………… 111	小島 康裕 ………… 114	小西 唯雄 ………… 116	小林 宏 …………… 119
高良 とみ ………… 112	小嶋 悠司 ………… 114	小西 友七 ………… 116	小林 宏 …………… 119
高力 猿猴庵 ……… 112	小島 淑男 ………… 114	小西 政継 ………… 116	小林 惇 …………… 119
肥塚 隆 …………… 112	小島 禄琅 ………… 114	小西 正捷 ………… 116	小林 正敏 ………… 119
郡 定也 …………… 112	小清水 漸 ………… 114	小西 康生 ………… 116	小林 充 …………… 119
郡 荘一郎 ………… 112	後白河院 ………… 114	小西 行長 ………… 116	小林 保治 ………… 119
古賀 昭典 ………… 112	小杉 商一 ………… 114	小西 嘉幸 ………… 116	小林 よしのり …… 119
古賀 公治 ………… 112	小杉 武久 ………… 114	小西 来山 ………… 116	小林 芳規 ………… 119
古賀 謹一郎 ……… 112	小杉 雅之進 ……… 114	小沼 進一 ………… 116	小林 典郎 ………… 119
古賀 十二郎 ……… 112	後崇光院 ………… 114	小沼 大八 ………… 116	小林 立 …………… 119
古賀 節子 ………… 112	御勢 久右衛門 …… 114	近衛 篤麿 ………… 116	小林 良二 ………… 119
古賀 武陽 ………… 112	小関 熙純 ………… 114	近衛 家熙 ………… 116	小林 礫斎 ………… 119
古賀 春江 ………… 112	古関 裕而 ………… 114	近衛 秀麿 ………… 116	小林 和作 ………… 119
古賀 秀男 ………… 112	古瀬村 邦夫 ……… 114	近衛 文麿 ………… 116	小檜山 博 ………… 119
古賀 政男 ………… 112	後醍醐天皇 ……… 114	小早川 欣吾 ……… 116	後深草院二条 …… 119
古賀 允洋 ………… 112	小高 剛 …………… 114	小早川 捷子 ……… 117	小船 幸次郎 ……… 119
小海 永二 ………… 112	小鷹 信光 ………… 114	小早川 義則 ……… 117	小堀 杏奴 ………… 119
小苅米 清弘 ……… 112	木谷 恭介 ………… 114	小林 昭 …………… 117	小堀 郁夫 ………… 119
粉川 昭平 ………… 112	小谷 宏三 ………… 114	小林 勇 …………… 117	小堀 遠州 ………… 119

小堀 桂一郎 …… 119	近藤 勇 …… 121	西東 三鬼 …… 124	酒井 憲二 …… 126
駒井 哲郎 …… 119	近藤 益雄 …… 122	斎藤 茂男 …… 124	酒井 健治郎 …… 126
駒井 正一 …… 119	近藤 邦康 …… 122	斎藤 茂 …… 124	坂井 幸三郎 …… 126
小牧 実繁 …… 119	近藤 啓吾 …… 122	齋藤 十一 …… 124	堺 鉱二郎 …… 126
小松 慶也 …… 119	近藤 啓太郎 …… 122	斎藤 昌三 …… 124	坂井 定雄 …… 126
小松 光三 …… 120	近藤 健二 …… 122	齋藤 信治 …… 124	酒井 シヅ …… 126
小松 左京 …… 120	近藤 浩一路 …… 122	斉藤 末弘 …… 124	酒井 七馬 …… 126
小松 茂美 …… 120	近藤 弘二 …… 122	斎藤 誠毅 …… 124	坂井 修一 …… 126
小松 俊雄 …… 120	近藤 禎夫 …… 122	斉藤 誠二 …… 124	坂井 秀吉 …… 126
小松 勝 …… 120	近藤 暹 …… 122	斎藤 宗次郎 …… 124	酒井 抱一 …… 126
小松 隆二 …… 120	近藤 喬一 …… 122	さいとう・たかを	坂井 正広 …… 126
小松崎 茂 …… 120	近藤 剛 …… 122	…… 124	酒井 泰弘 …… 126
小松原 曉子 …… 120	近藤 哲生 …… 122	斎藤 隆夫 …… 124	坂井 雄吉 …… 126
五味 太郎 …… 120	近藤 篤山 …… 122	齊藤 隆夫 …… 124	酒井 吉栄 …… 126
五味 百合子 …… 120	近藤 徳太郎 …… 122	斎藤 忠 …… 124	坂井 好郎 …… 126
小湊 繁 …… 120	近藤 信行 …… 122	斎藤 達三 …… 124	酒井田 柿右衛門 … 127
小南 一郎 …… 120	近藤 典彦 …… 122	斎藤 忠誠 …… 124	坂上 昭一 …… 127
小宮 隆太郎 …… 120	近藤 秀麿 …… 122	斎藤 徳元 …… 124	阪上 順夫 …… 127
五無斎 ⇒保科 百助	近藤 文男 …… 122	斎藤 利雄 …… 124	榊 泰純 …… 127
小村 衆統 …… 120	近藤 政美 …… 122	斎藤 俊哉 …… 124	榊山 潤 …… 127
小村 寿太郎 …… 120	近藤 康男 …… 122	齊藤 豊治 …… 124	坂口 安吾 …… 127
小室 金之助 …… 120	近藤 豊 …… 122	斎藤 規夫 …… 124	坂口 謹一郎 …… 127
小室 善弘 …… 120	近藤 ようこ …… 122	斎藤 一 …… 125	阪口 直樹 …… 127
米須 興文 …… 120	近藤 芳美 …… 122	斉藤 寿 …… 125	坂口 博一 …… 127
米谷 雅之 …… 120	近藤 良一 …… 122	斉藤 博 …… 125	阪口 弘之 …… 127
小森 健太朗 …… 120	金野 宏治 …… 122	齋藤 弘道 …… 125	坂口 康 …… 127
小森 俊介 …… 120	紺野 敏文 …… 123	斎藤 弘行 …… 125	坂口 裕英 …… 127
小森 澄憲 …… 120	今野 睦夫 …… 123	斎藤 史 …… 125	坂口 洋一 …… 127
小森 星児 …… 120	今野 喜清 …… 123	斎藤 正夫 …… 125	坂崎 利一 …… 127
小森 瞭一 …… 120	金春 善竹 …… 123	斎藤 優 …… 125	坂詰 秀一 …… 127
子安 峻 …… 120		齋藤 悳 …… 125	坂田 喜代 …… 127
小柳 公洋 …… 120	【さ】	斎藤 稔 …… 125	酒田 利夫 …… 127
小柳 守弘 …… 120		斎藤 壬生雄 …… 125	阪田 寛夫 …… 127
小谷野 錦子 …… 121	蔡 温 …… 123	斎藤 茂吉 …… 125	坂出 祥伸 …… 127
小山 逸雄 …… 121	崔 華國 …… 123	斎藤 弥九郎 …… 125	阪中 正夫 …… 127
小山 一成 …… 121	崔 龍源 …… 123	齊藤 靖子 …… 125	坂西 八郎 …… 127
小山 清 …… 121	西園寺 公一 …… 123	斉藤 由美子 …… 125	坂上 郎女 …… 128
小山 皓一郎 …… 121	西園寺 公望 …… 123	斎藤 祥男 …… 125	坂巻 清 …… 128
小山 貞夫 …… 121	西行 …… 123	齋藤 美雄 …… 125	酒巻 俊雄 …… 128
小山 勉 …… 121	三枝 茂智 …… 123	斎藤 静敬 …… 125	坂本 明子 …… 128
小山 冨士夫 …… 121	三枝 充悳 …… 123	斎藤 緑雨 …… 125	坂本 一成 …… 128
小山 靖憲 …… 121	西郷 菊次郎 …… 123	西原 理恵子 …… 125	坂本 九 …… 128
小山 揚子 …… 121	西郷 隆盛 …… 123	佐伯 有清 …… 125	坂本 清 …… 128
御領 謙 …… 121	西郷 頼母 …… 123	佐伯 一麦 …… 126	坂本 圭右 …… 128
是枝 柳右衛門 …… 121	西光 万吉 …… 123	佐伯 彰一 …… 126	坂本 重雄 …… 128
是永 純弘 …… 121	西條 凡児 …… 123	佐伯 静治 …… 126	坂本 多加雄 …… 128
今 官一 …… 121	西條 八十 …… 123	佐伯 晴郎 …… 126	坂本 肇 …… 128
今 和次郎 …… 121	最澄 …… 123	佐伯 美智一 …… 126	坂本 繁二郎 …… 128
金光 鑑太郎 …… 121	齋藤 榮二 …… 123	佐伯 泰英 …… 126	坂本 正弘 …… 128
権上 康男 …… 121	斉藤 英三 …… 123	佐伯 祐三 …… 126	酒本 雅之 …… 128
権田 愛三 …… 121	斎藤 和明 …… 124	早乙女 勝元 …… 126	坂本 實 …… 128
権田 金治 …… 121	斎藤 勝弥 …… 124	早乙女 忠 …… 126	坂本 龍馬 …… 128
紺田 千登史 …… 121	斎藤 義重 …… 124	佐賀 健二 …… 126	相楽 半右衛門 …… 128
権田 萬治 …… 121	斎藤 喜博 …… 124	坂 幸恭 …… 126	相良氏 …… 128
紺谷 浩司 …… 121	齊藤 憲 …… 124	酒井 淳 …… 126	佐川 幸義 …… 128
近藤 東 …… 121	斎藤 香村 …… 124	坂井 勇 …… 126	鷺 只雄 …… 128

佐木 隆三 …… 128	佐々木 宏 …… 131	佐藤 重夫 …… 133	眞田 芳憲 …… 135
向坂 逸郎 …… 128	佐々木 宏茂 …… 131	佐藤 志満 …… 133	真田氏 …… 135
鷺沢 萠 …… 129	佐々木 不可止 …… 131	佐藤 勝一 …… 133	實方 謙二 …… 135
崎山 ゆかり …… 129	佐々木 幹郎 …… 131	佐藤 昌一郎 …… 133	佐野 晃 …… 135
佐久間 重男 …… 129	佐々木 康之 …… 131	佐藤 彰子 …… 133	佐野 勝次 …… 135
佐久間 象山 …… 129	佐々木 雄司 …… 131	佐藤 昌介 …… 133	佐野 進策 …… 135
佐久間 隆史 …… 129	佐佐木 幸綱 …… 131	佐藤 慎一郎 …… 133	佐野 常民 …… 135
佐久間 勉 …… 129	佐々木 洋一 …… 131	佐藤 信淵 …… 133	佐野 晴夫 …… 135
佐久間 賢 …… 129	佐々木 六戈 …… 131	佐藤 眞典 …… 133	佐野 眞 …… 135
佐久間 盛政 …… 129	佐々木氏 …… 131	佐藤 輔子 …… 133	佐野 正巳 …… 135
佐久間 柳居 …… 129	笹倉 鉄平 …… 131	佐藤 宗諄 …… 133	佐野 護 …… 135
佐久間氏 …… 129	笹田 友三郎 …… 131	佐藤 惣之助 …… 133	佐橋 法龍 …… 135
佐倉 惣五郎 …… 129	笹森 卯一郎 …… 131	佐藤 隆広 …… 133	佐原 真 …… 135
桜井 克彦 …… 129	笹山 晴生 …… 131	佐藤 武義 …… 133	佐保 雅子 …… 135
桜井 清 …… 129	佐治 圭三 …… 131	佐藤 正 …… 133	佐保田 鶴治 …… 135
桜井 孝一 …… 129	佐治 實然 …… 131	佐藤 保 …… 133	三溝 信 …… 135
桜井 貞夫 …… 129	佐治 守夫 …… 131	佐藤 忠吉 …… 133	寒川 光太郎 …… 135
櫻井 琢巳 …… 129	佐多 稲子 …… 131	佐藤 忠良 …… 133	更科 源蔵 …… 135
櫻井 忠剛 …… 129	貞木 展生 …… 131	佐藤 朝山 …… 133	沢 悦男 …… 135
櫻井 徳太郎 …… 129	佐竹 元一郎 …… 131	佐藤 司 …… 133	佐波 宣平 …… 135
櫻井 英博 …… 129	佐竹 曙山 …… 131	佐藤 恒雄 …… 133	沙和 宋一 …… 135
桜井 寛 …… 129	佐竹 靖彦 …… 131	佐藤 哲三 …… 133	沢木 欣一 …… 135
櫻井 雅夫 …… 129	佐竹 義躬 …… 131	佐藤 篤士 …… 133	沢田 英史 …… 135
櫻井 通晴 …… 129	佐竹氏 …… 131	佐藤 俊夫 …… 133	沢田 教一 …… 136
桜井 好朗 …… 129	左田野 修 …… 131	佐藤 俊子 ⇒田村 俊子	澤田 正太郎 …… 136
桜沢 如一 …… 129	貞政 研司 …… 131		澤田 徹郎 …… 136
桜林 誠 …… 129	佐々 成政 …… 131	佐藤 甫 …… 133	澤田 はぎ女 …… 136
櫻部 建 …… 129	佐々 学 …… 131	サトウ ハチロー … 133	澤田 裕之 …… 136
桜本 富雄 …… 130	佐藤 愛子 …… 132	佐藤 八郎 …… 134	澤田 ふじ子 …… 136
佐合 紘一 …… 130	佐藤 愛之介 ⇒《西洋人》サトウ,E.M.	佐藤 春夫 …… 134	澤田 政廣 …… 136
迫野 虔徳 …… 130		佐藤 長 …… 134	沢田 美喜 …… 136
左近允 孝之進 …… 130	佐藤 亜紀 …… 132	佐藤 秀夫 …… 134	澤田 泰紳 …… 136
笹井 均 …… 130	佐藤 彰 …… 132	佐藤 博信 …… 134	沢野 実 …… 136
笹川 良一 …… 130	佐藤 井岐雄 …… 132	佐藤 房儀 …… 134	澤本 徳美 …… 136
佐々木 薫 …… 130	佐藤 伊久男 …… 132	佐藤 文哉 …… 134	澤柳 大五郎 …… 136
佐々木 嬉代三 …… 130	佐藤 勇 …… 132	佐藤 正英 …… 134	澤柳 政太郎 …… 136
佐々木 月樵 …… 130	佐藤 一郎 …… 132	佐藤 正之 …… 134	三田谷 啓 …… 136
佐々木 宏幹 …… 130	佐藤 市郎 …… 132	佐藤 正好 …… 134	山東 京山 …… 136
佐々木 交賢 …… 130	佐藤 一斎 …… 132	佐藤 勝 …… 134	三本木 孝 …… 136
佐々木 孝憲 …… 130	佐藤 栄一 …… 132	佐藤 宗弥 …… 134	三遊亭 円朝 …… 136
佐々木 小次郎 …… 130	佐藤 栄作 …… 132	佐藤 泰志 …… 134	三遊亭 圓楽 …… 136
佐佐木 茂美 …… 130	佐藤 鬼房 …… 132	佐藤 幸夫 …… 134	
佐々木 丞平 …… 130	佐藤 和彦 …… 132	佐藤 洋二郎 …… 134	【し】
佐々木 史朗 …… 130	佐藤 一子 …… 132	佐藤 良雄 …… 134	
佐々木 仁 …… 130	佐藤 勝彦 …… 132	佐藤 嘉一 …… 134	椎名 武雄 …… 136
佐々木 享 …… 130	佐藤 喜子光 …… 132	佐藤 義美 …… 134	椎名 麟三 …… 136
佐々木 隆雄 …… 130	佐藤 喜代治 …… 132	佐藤 良純 …… 134	椎野 禎文 …… 137
佐々木 敏郎 …… 130	佐藤 惠一 …… 132	佐藤 緑葉 …… 134	塩路 耕次 …… 137
佐々木 土師二 …… 130	佐藤 圭四郎 …… 132	里上 讓衛 …… 134	塩瀬 宏 …… 137
佐々木 直井 …… 130	佐藤 健 …… 132	里見 軍之 …… 134	塩田 冥々 …… 137
佐々木 允臣 …… 130	佐藤 健士 …… 132	里見 賢治 …… 134	塩出 英雄 …… 137
佐佐木 信綱 …… 130	佐藤 謙三 …… 132	里見 弴 …… 134	塩野 直通 …… 137
佐々木 肇 …… 130	佐藤 公一 …… 132	里見 甫 …… 135	塩野 宏 …… 137
佐々木 久春 …… 130	佐藤 幸治 …… 132	里美家 …… 135	塩原 友子 …… 137
佐々木 宏 …… 130	佐藤 紅緑 …… 132	里村 紹巴 …… 135	塩見 昇 …… 137
佐々木 宏 …… 130	佐藤 佐太郎 …… 132	真田 幸村 …… 135	志賀 謙 …… 137

氏名	頁	氏名	頁	氏名	頁	氏名	頁
志賀 重昂	137	柴田 翔	140	島田 虔次	142	下澤 洋一	144
志賀 志那人	137	柴田 昌吉	140	島田 修一	142	下地 良男	144
志賀 直哉	137	芝田 進午	140	島田 修二	142	下田 次郎	144
四賀 光子	137	柴田 信也	140	島田 隆司	142	霜田 史光	144
志垣 澄幸	137	柴田 陽弘	140	島田 紀夫	142	下田 義寛	144
しかた しん	137	柴田 勵	140	島田 晴雄	142	下谷 政弘	144
信楽 香雲	137	柴田 稔彦	140	島田 陽子	142	下平尾 勲	144
鴫沢 秋生	137	柴田 光彦	140	島根 国士	142	下宮 忠雄	144
式子内親王	137	柴田 満	140	島野 卓爾	142	下村 湖人	144
敷田 年治	137	柴田 よしき	140	島袋 伸三	142	下村 寅太郎	144
直原 利夫	137	柴田 量平	140	島袋 善光	142	ジャガタラお春	144
重田 信一	137	新発田氏	140	島袋 忠雄	142	釈迢空 ⇒折口 信夫	
重田 澄男	137	柴谷 方良	140	島袋 鉄男	142	寂蓮	144
重田 實	138	柴沼 晶子	140	島村 衛吉	142	社本 修	145
重松 一義	138	柴野 昌山	140	島村 志津摩	142	秋艸道人 ⇒会津 八一	
重見 周吉	138	柴野 栗山	140	島村 高嘉	142	宿澤 広朗	145
重光 葵	138	芝原 宏治	140	島村 東太郎	143	首藤 定	145
重森 三玲	138	柴山 寿二郎	140	島村 利正	143	首藤 基澄	145
茂山 千作	138	渋江 長伯	140	清水 昶	143	城 市郎	145
次重 寛禧	138	渋川 驍	140	清水 巖	143	鍾 清漢	145
志筑 忠雄	138	渋川 玄耳	140	清水 かつら	143	城 常太郎	145
時節庵 八亀	138	渋川 春海	140	清水 希益	143	城 ノブ	145
志田 明	138	渋沢 彰	140	清水 賢一	143	庄 政志	145
志田 延義	138	渋沢 栄一	140	清水 征樹	143	聖一	145
下森 定	138	渋沢 敬三	140	清水 多嘉示	143	城生 佰太郎	145
七戸 長生	138	渋沢 孝輔	141	清水 隆房	143	庄垣内 正弘	145
十返舎 一九	138	澁澤 龍彦	141	清水 多吉	143	松花堂 昭乗	145
幣原 喜重郎	138	渋谷 忠章	141	清水 猛	143	昭憲皇太后	145
慈道 裕治	138	渋谷 達紀	141	清水 乞	143	聖光上人 ⇒弁長	
持統天皇	138	島 秋人	141	清水 直	143	東海林 邦彦	145
品川 孝次	138	島 久平	141	志水 辰夫	143	東海林 太郎	145
篠 弘	138	島 左近	141	清水 達雄	143	庄司 肇	145
篠崎 龍雄	138	島 成郎	141	清水 俊彦	143	成尋	145
篠塚 慎吾	138	島 成園	141	清水 敏允	143	正田 彬	145
篠田 知和基	138	島 比呂志	141	清水 哲之	143	正徹	145
篠田 一士	138	しま・ようこ	141	清水 教好	143	聖徳太子	145
篠田 基行	138	島尾 敏雄	141	清水 春樹	143	庄野 潤三	146
篠田 義明	138	嶋岡 晨	141	清水 比庵	143	笙野 頼子	146
篠原 有司男	139	島岡 丘	141	清水 寛	143	笑福亭 松鶴(6代目)	146
篠原 壽雄	139	島川 勝	141	志水 宏行	143	聖武天皇	146
篠原 鳳作	139	島木 赤彦	141	清水 房雄	143	庄谷 邦幸	146
四戸 英男	139	島木 健作	141	清水 誠	143	正力 松太郎	146
芝 義太郎	139	嶋口 充輝	141	清水 正	143	昭和天皇	146
斯波 義信	139	島崎 翁助	141	清水 正徳	143	諸喜田 茂充	146
司馬 遼太郎	139	島崎 こま子	141	清水 睦	144	蜀山人 ⇒大田 南畝	
斯波 六郎	139	島崎 藤村	141	清水 凱夫	144	ジョセフ・ヒコ ⇒アメリカ彦蔵	
柴垣 和夫	139	嶋崎 裕志	142	清水 嘉治	144		
柴川 林也	139	島崎 光正	142	清水 義弘	144	ジョン 万次郎 ⇒中浜 万次郎	
柴崎 聰	139	島崎 稔	142	清水 次郎長	144		
柴崎 嘉之	139	島地 黙雷	142	志村 源太郎	144	白井 浩司	146
柴田 晃	139	島津 斉彬	142	志村 ふくみ	144	白井 新平	147
柴田 治	139	島津 久光	142	志村 正順	144	白井 晟一	147
芝田 和子	139	島津 秀典	142	下井 隆史	144	白井 透	147
柴田 勝家	139	島田 叡	142	下岡 蓮杖	144	白石 昭臣	147
柴田 敬	139	島田 悦子	142	下河部 行輝	144	白石 実三	147
柴田 悟一	140	島田 謹二	142	下郷 羊雄	144		

白石 太一郎 …… 147	末広 鉄腸 …… 149	杉本 文雄 …… 151	鈴木 峻 …… 153
白石 高義 …… 147	末松 謙澄 …… 149	杉本 文太郎 …… 151	鈴木 隆史 …… 153
白石 壽文 …… 147	末松 寿 …… 149	杉本 まさを …… 151	鈴木 威 …… 153
白川 静 …… 147	末吉 耕造 …… 149	椙元 紋太 …… 151	鈴木 忠士 …… 153
白川 英樹 …… 147	須賀 敦子 …… 149	杉森 幹彦 …… 151	鈴木 辰紀 …… 153
白川 昌生 …… 147	絓 秀実 …… 149	杉山 和 …… 151	鈴木 主税 …… 153
白河天皇 …… 147	菅 浩江 …… 149	杉山 金夫 …… 151	鈴木 恒男 …… 153
白倉 一由 …… 147	菅井 勝雄 …… 149	椙山 喜代子 …… 151	鈴木 輝二 …… 153
白洲 次郎 …… 147	菅江 真澄 …… 149	杉山 茂丸 …… 151	鈴木 東蔵 …… 153
白洲 正子 …… 147	菅沼 晃 …… 149	杉山 滋 …… 151	鈴木 亨 …… 153
白杉 剛 …… 147	菅沼 悖 …… 149	杉山 二郎 …… 151	鈴木 利章 …… 154
白土 三平 …… 147	菅野 雅雄 …… 149	杉山 太郎 …… 151	鈴木 としお …… 154
白鳥 庄之助 …… 147	菅原 克夫 …… 149	杉山 徳三郎 …… 152	鈴木 敏夫 …… 154
白畑 孝太郎 …… 147	菅原 克己 …… 149	杉山 平一 …… 152	鈴木 敏和 …… 154
調 佳智雄 …… 147	菅原 民生 …… 150	杉山 平助 …… 152	鈴木 利治 …… 154
しりあがり 寿 …… 147	菅原 道真 …… 150	菅野 盾樹 …… 152	鈴木 敏弘 …… 154
白水 隆 …… 147	杉 亨二 …… 150	助廣 剛 …… 152	鈴木 登 …… 154
代田 昇 …… 147	杉 みき子 …… 150	寿崎 雅夫 …… 152	鈴木 範久 …… 154
城山 三郎 …… 147	杉 靖三郎 …… 150	壽里 順平 …… 152	鈴木 博信 …… 154
辛 基秀 …… 148	杉浦 克己 …… 150	図師 雅脩 …… 152	鈴木 肇 …… 154
秦 行正 …… 148	杉浦 茂夫 …… 150	鈴江 璋子 …… 152	鈴木 ハツヨ …… 154
新海 竹太郎 …… 148	杉浦 茂 …… 150	鈴木 勇 …… 152	鈴木 春男 …… 154
神功皇后 …… 148	杉浦 智紹 …… 150	鈴木 いづみ …… 152	鈴木 春信 …… 154
神西 清 …… 148	杉浦 明平 …… 150	鈴木 英一 …… 152	鈴木 英子 …… 154
信生 …… 148	杉江 徹 …… 150	鈴木 薫 …… 152	鈴木 兵二 …… 154
新庄 節美 …… 148	杉江 雅彦 …… 150	鈴木 勝男 …… 152	鈴木 宏哉 …… 154
進藤 榮一 …… 148	杉岡 華邨 …… 150	鈴木 克彦 …… 152	鈴木 牧之 …… 154
新藤 兼人 …… 148	杉岡 仁 …… 150	鈴木 貫太郎 …… 152	鈴木 真砂女 …… 154
新堂 幸司 …… 148	杉田 久女 …… 150	鈴木 公雄 …… 152	鈴木 正久 …… 154
進藤 敦丸 …… 148	杉田 秀夫 ⇒瑛九	鈴木 教司 …… 152	鈴木 正裕 …… 154
真藤 恒 …… 148	杉田 弘子 …… 150	鈴木 國弘 …… 152	鈴木 三重吉 …… 154
進藤 晔 …… 148	杉藤 忠士 …… 150	鈴木 庫三 …… 152	鈴木 道雄 …… 154
真如親王 ⇒高丘親王	杉野 要吉 …… 150	鈴木 啓三 …… 152	鈴木 満 …… 154
陣内 朽索 …… 148	杉野 義信 …… 150	鈴木 敬夫 …… 152	鈴木 満 …… 154
新保 弼彬 …… 148	杉之尾 宜生 …… 150	鈴木 幸一 …… 152	鈴木 みどり …… 154
神保 菘 …… 148	杉之原 正純 …… 150	鈴木 康司 …… 152	鈴木 宗男 …… 154
新保 雅浩 …… 148	杉原 荘介 …… 150	鈴木 覚 …… 152	鈴木 六林男 …… 155
神保 全孝 …… 148	杉原 高嶺 …… 150	鈴木 繁次 …… 152	鈴木 安昭 …… 155
新堀 通也 …… 148	杉原 千畝 …… 150	鈴木 重胤 …… 152	鈴木 康之 …… 155
新間 進一 …… 148	杉原 敏彦 …… 150	鈴木 茂嗣 …… 153	鈴木 幸夫 …… 155
神武天皇 …… 148	杉原 泰雄 …… 150	鈴木 重成 …… 153	鈴木 幸久 …… 155
新明 正道 …… 148	杉村 邦彦 …… 151	鈴木 重嶺 …… 153	鈴木 芳徳 …… 155
新屋敷 文春 …… 148	杉村 広太郎 …… 151	鈴木 重靖 …… 153	鈴木 米次郎 …… 155
親鸞 …… 148	杉村 貞臣 …… 151	須々木 主一 …… 153	薄田 泣菫 …… 155
	杉村 健 …… 151	鈴木 修学 …… 153	鈴村 和成 …… 155
【す】	杉村 春子 …… 151	鈴木 周二 …… 153	裾分 一弘 …… 155
	杉本 健吉 …… 151	鈴木 淳 …… 153	須田 剋太 …… 155
崇伝 …… 149	杉本 憲司 …… 151	鈴木 正三 …… 153	須田 力 …… 155
末岡 俊二 …… 149	杉本 功介 …… 151	鈴木 慎一 …… 153	須田 寿 …… 155
末川 博 …… 149	杉本 助男 …… 151	鈴木 辰治 …… 153	須田 悦弘 …… 155
末木 友和 …… 149	杉本 隆成 …… 151	鈴木 すず …… 153	須藤 隆 …… 155
末次 弘 …… 149	杉本 卓洲 …… 151	鈴木 清一 …… 153	須藤 敏夫 …… 155
末永 照和 …… 149	杉本 達夫 …… 151	鈴木 正気 …… 153	崇徳天皇 …… 155
末永 雅雄 …… 149	杉本 典之 …… 151	鈴木 泰治 …… 153	須永 醇 …… 155
末延 岑生 …… 149	杉本 常 …… 151	鈴木 大拙 …… 153	砂澤 ビッキ …… 155
末広 厳太郎 …… 149	杉本 秀太郎 …… 151	鈴木 孝夫 …… 153	砂田 一郎 …… 155

砂村 賢 …… 155	関谷 武史 …… 157	曾我廼家 五郎 …… 160	高木 惣吉 …… 162
洲之内 徹 …… 155	関矢 孫左衛門 …… 157	祖川 武夫 …… 160	高木 敬雄 …… 162
須之内 玲子 …… 155	関山 和夫 …… 157	十川 廣國 …… 160	高木 貞治 …… 162
須原 芙士雄 …… 155	世耕 弘一 …… 157	曽倉 岑 …… 160	高木 俊朗 …… 162
須原屋 茂兵衛 …… 155	世耕 政隆 …… 157	十合 晄 …… 160	高樹 のぶ子 …… 162
鷲見 一夫 …… 155	瀬田 貞二 …… 158	祖田 浩一 …… 160	高木 教典 …… 162
鷲見 誠一 …… 155	雪舟 …… 158	袖井 孝子 …… 160	高木 護 …… 162
鷲見 洋一 …… 156	雪村 …… 158	曽禰 武 …… 160	高木 泰典 …… 162
住井 すゑ …… 156	攝津 幸彦 …… 158	曽根 ひろみ …… 160	高木 弦 …… 162
隅井 孝雄 …… 156	瀬戸内 寂聴 …… 158	曽根 ヨシ …… 160	高城氏 …… 162
澄川 喜一 …… 156	瀬戸内 晴美 ⇒瀬戸内 寂聴	曽野 綾子 …… 160	高際 弘夫 …… 162
角倉 一朗 …… 156		曽野 和明 …… 160	高窪 貞人 …… 162
住宅 顕信 …… 156	瀬長 フミ …… 158	園井 英秀 …… 160	高窪 利一 …… 162
隅野 隆徳 …… 156	銭本 健二 …… 158	薗田 坦 …… 160	高倉 新一郎 …… 162
住谷 悦治 …… 156	銭屋 五兵衛 …… 158	征矢 泰子 …… 160	高崎 譲治 …… 162
隅谷 三喜男 …… 156	瀬沼 克彰 …… 158	曽良中 清司 …… 160	高崎 望 …… 162
住吉 良人 …… 156	瀬野 精一郎 …… 158	反町 茂雄 …… 160	高島 嘉右衛門 …… 162
諏訪 貞夫 …… 156	妹尾 剛光 …… 158	孫 正義 …… 160	高島 昌二 …… 162
諏訪 春雄 …… 156	蝉丸 …… 158	存覚 ⇒光玄	高島 進 …… 162
	世羅 博昭 …… 158		高島 文一 …… 162
【せ】	芹沢 銈介 …… 158	【た】	高島 忠 …… 162
	芹沢 光治良 …… 158		高島 道枝 …… 162
施 昭雄 …… 156	芹沢 長介 …… 158	田井 安曇 …… 160	高島 裕 …… 162
世阿弥 …… 156	芹田 健太郎 …… 158	大翁 歓喜濟 …… 160	鷹巣 信孝 …… 162
清家 育郎 …… 156	千 宗左（13代目） …… 158	醍醐 光子 ⇒内野 光子	高杉 晋作 …… 163
清少納言 …… 156	千 宗室（15代目） …… 158		高杉 良 …… 163
清田 文武 …… 156	千 宗旦 …… 158	大黒屋 光太夫 …… 160	高瀬 恭介 …… 163
清野 健 …… 156	仙覚 …… 159	大正天皇 …… 160	高瀬 兼介 …… 163
清宮 質文 …… 156	善家 幸敏 …… 159	大膳 司 …… 160	高瀬 武次郎 …… 163
青来 有一 …… 156	千石 興太郎 …… 159	袋中 …… 161	高瀬 保 …… 163
青龍 宗二 …… 156	選子内親王 …… 159	大道寺 将司 …… 161	高瀬 暢彦 …… 163
瀬岡 吉彦 …… 156	仙田 洋子 …… 159	平 啓介 …… 161	高瀬 昌弘 …… 163
関 信三 …… 156	千 利休 …… 159	平 祐史 …… 161	高田 和暁 …… 163
関 哲夫 …… 156	千本木 修一 …… 159	平子氏 …… 161	高田 桂一 …… 163
関 俊彦 …… 157		平 清盛 …… 161	高田 好胤 …… 163
関 一 …… 157	【そ】	平 将門 …… 161	高田 早苗 …… 163
瀬木 比呂志 …… 157		田岡 春径 …… 161	高田 三郎 …… 163
関 行男 …… 157	徐 龍達 …… 159	田岡 嶺雲 …… 161	高田 眞治 …… 163
関口 一郎 …… 157	宗 瑛 …… 159	高井 泉 …… 161	高田 敏子 …… 163
関口 末夫 …… 157	宗 左近 …… 159	高井 博子 …… 161	高田 浪吉 …… 163
関口 武彦 …… 157	惣宇 利紀男 …… 159	高井 有一 …… 161	高田 半峰 ⇒高田 早苗
関口 恒雄 …… 157	草山 元政 …… 159	高井 隆秀 …… 161	
関口 裕子 …… 157	相馬 御風 …… 159	高尾 利数 …… 161	高田 敏 …… 163
関口 雅夫 …… 157	相馬 黒光 …… 159	高岡 健次郎 …… 161	高田 正淳 …… 163
関口 正和 …… 157	相馬 大 …… 159	高岡 幸一 …… 161	高田 保馬 …… 163
関亭 伝笑 …… 157	相馬 久康 …… 159	高岡 尚 …… 161	鷹田 和喜三 …… 163
関根 賢司 …… 157	相馬 守胤 …… 159	高丘親王 …… 161	高津 斌彰 …… 163
関根 友彦 …… 157	相馬 雪香 …… 159	高沖 陽造 …… 161	鷹司 政通 …… 163
関根 弘 …… 157	相馬氏 …… 159	高木 彰 …… 161	高梨 一美 …… 163
関根 正雄 …… 157	宗林 正人 …… 159	高木 勇夫 …… 161	高梨 豊 …… 163
関根 正行 …… 157	添川 栗 …… 159	高木 和男 …… 161	高梨氏 …… 163
関野 雄 …… 157	添田 透 …… 159	高木 和子 …… 162	高野 悦子 …… 163
関野 貞 …… 157	曾我 蕭白 …… 159	高木 恭造 …… 162	高野 喜久雄 …… 164
関野 克 …… 157	曽我 松男 …… 159	高木 訷元 …… 162	高野 公彦 …… 164
関場 武 …… 157	蘇我氏 …… 159	高木 鉦作 …… 162	高野 敬仲 …… 164
関家 新助 …… 157	蘇我 馬子 …… 160	高儀 進 …… 162	高野 辰之 …… 164

高野 長英 …… 164	高橋 睦郎 …… 166	滝沢 武久 …… 168	武田 安弘 …… 171
高野 範城 …… 164	高橋 元吉 …… 166	瀧澤 信彦 …… 169	武田 祐吉 …… 171
高野 文子 …… 164	高橋 由一 …… 166	滝沢 馬琴 …… 169	武田 依子 …… 171
高野 雅子 …… 164	高橋 雄豺 …… 166	滝沢 美恵子 …… 169	武田 麟太郎 …… 171
高野 眞澄 …… 164	高橋 善昭 …… 166	瀧澤 三千代 …… 169	武田氏 …… 171
高野 幹久 …… 164	高橋 義孝 …… 166	滝田 ゆう …… 169	竹田津 実 …… 171
高野 ムツオ …… 164	高橋 良造 …… 166	田北 亮介 …… 169	武谷 三男 …… 171
高野 庸 …… 164	高橋 渉 …… 166	瀧本 晴樹 …… 169	武市 健人 …… 171
鷹羽 狩行 …… 164	高畑 順子 …… 166	ダークダックス …… 169	武智 鉄二 …… 171
高橋 英司 …… 164	高畠 華宵 …… 166	田口 勇 …… 169	竹中 英太郎 …… 171
高橋 悦男 …… 164	高畠 亀太郎 …… 166	田口 精一 …… 169	竹中 恵美子 …… 171
高橋 理 …… 164	高畠 通敏 …… 166	田口 弘康 …… 169	竹中 久七 …… 171
高橋 景保 …… 164	高浜 虚子 …… 166	田口 富久治 …… 169	竹西 寛子 …… 171
高橋 和男 …… 164	高浜 竹世 …… 167	田口 芳明 …… 169	竹貫 元勝 …… 171
高橋 和巳 …… 164	高松 修 …… 167	田久保 英夫 …… 169	竹林 代嘉 …… 172
高橋 克彦 …… 164	高松 次郎 …… 167	匠 秀夫 …… 169	竹林 真一 …… 172
高橋 亀吉 …… 164	高松 太郎 …… 167	佗美 光彦 …… 169	竹原 健二 …… 172
高橋 喜惣勝 …… 164	高松宮 宣仁 …… 167	武井 武雄 …… 169	武久 堅 …… 172
高橋 邦和 …… 164	高円宮 憲仁 …… 167	武井 昭夫 …… 169	竹久 夢二 …… 172
高橋 憲一 …… 164	高見 順 …… 167	武井 勇四郎 …… 169	竹前 栄治 …… 172
高橋 源一郎 …… 164	鷹見 泉石 …… 167	武市 英雄 …… 169	竹松 哲夫 …… 172
高橋 弘次 …… 164	田上 太秀 …… 167	竹内 昭夫 …… 169	武満 徹 …… 172
高橋 是清 …… 165	田上 光大 …… 167	竹内 一夫 …… 169	竹村 孝雄 …… 172
高橋 貞一 …… 165	高峰 譲吉 …… 167	竹内 浩三 …… 169	竹本 正幸 …… 172
高橋 貞彦 …… 165	高村 薫 …… 167	竹内 重年 …… 169	武安 宥 …… 172
高橋 敏 …… 165	高村 光雲 …… 167	竹内 茂代 …… 169	竹山 広 …… 172
高橋 里美 …… 165	高村 光太郎 …… 167	竹内 真一 …… 170	武山 真理子 …… 172
高橋 順子 …… 165	高村 智恵子 …… 167	竹内 常一 …… 170	多胡 圭一 …… 172
高橋 俊三 …… 165	高森 八四郎 …… 167	竹内 敏信 …… 170	太宰 治 …… 172
高橋 新吉 …… 165	高森 文夫 …… 167	竹内 敏晴 …… 170	田坂 広志 …… 173
高橋 信次 …… 165	高屋 窓秋 …… 167	竹内 弘行 …… 170	田崎 研三 …… 173
高橋 新太郎 …… 165	高安 国世 …… 167	武内 二三雄 …… 170	田崎 草雲 …… 173
高橋 在久 …… 165	高柳 先男 …… 167	竹内 誠 …… 170	田澤 恭二 …… 173
高橋 赤水 …… 165	高柳 重信 …… 168	竹内 正雄 …… 170	田近 洵一 …… 173
高橋 箒庵 …… 165	高柳 俊一 …… 168	竹内 一樹 …… 170	田島 毓堂 …… 173
高橋 たか子 …… 165	高柳 敏子 …… 168	竹内 靖雄 …… 170	田島 征三 …… 173
高橋 竹山 …… 165	高山 右近 …… 168	竹内 好 …… 170	田島 信一 …… 173
高橋 泥舟 …… 165	高山 捷一 …… 168	竹内 理三 …… 170	田島 松二 …… 173
高橋 利雄 …… 165	高山 辰雄 …… 168	竹川 愼吾 …… 170	田島 道治 …… 173
高橋 敏朗 …… 165	高山 樗牛 …… 168	竹越 與三郎 …… 170	田島 征彦 …… 173
高橋 宣勝 …… 165	高山 良策 …… 168	竹澤 さだめ …… 170	田島 裕 …… 173
高橋 昇 …… 165	高山 亮二 …… 168	竹下 喜久男 …… 170	田嶋 陽子 …… 173
高橋 規矩 …… 165	高寄 昇三 …… 168	竹下 賢 …… 170	田島 義博 …… 173
高橋 治男 …… 165	高良 阮二 …… 168	竹下 守夫 …… 170	田代 克己 …… 173
高橋 彦博 …… 165	田川 大吉郎 …… 168	竹下 義樹 …… 170	田代 国次郎 …… 173
高橋 英夫 …… 165	多木 浩二 …… 168	竹田 晃 …… 170	田代 安定 …… 174
高橋 秀雄 …… 165	瀧 春一 …… 168	武田 脩 …… 170	多田 謹次 …… 174
高橋 富士雄 …… 165	瀧井 孝作 …… 168	竹田 和彦 …… 170	多田 狷介 …… 174
高橋 正郎 …… 166	瀧川 一幸 …… 168	武田 勝頼 …… 170	多田 等観 …… 174
高橋 正立 …… 166	瀧川 幸辰 …… 168	武田 清子 …… 170	多田 不二 …… 174
高橋 正道 …… 166	瀧口 修造 …… 168	武田 五一 …… 170	多田 みや子 …… 174
高橋 正義 …… 166	滝口 武士 …… 168	武田 信玄 …… 171	直川 誠蔵 …… 174
高橋 みずほ …… 166	滝口 雅子 …… 168	武田 泰淳 …… 171	只野 真葛 …… 174
高橋 通男 …… 166	滝沢 克己 …… 168	武田 信虎 …… 171	橘 曙覧 …… 174
高橋 貢 …… 166	滝沢 貞夫 …… 168	竹田 日出夫 …… 171	立花 桂 …… 174
高橋 虫麻呂 …… 166	滝澤 隆幸 …… 168	武田 昌之 …… 171	立花 規矩子 …… 174

橘 樸 …… 174	田中 素香 …… 177	田辺 洋二 …… 179	玉林 和彦 …… 182
立花 隆 …… 174	田中 隆昭 …… 177	谷 敬 …… 179	玉水 俊哲 …… 182
橘 千蔭 …… 174	田中 千禾夫 …… 177	谷 甲州 …… 179	玉村 豊男 …… 182
立花 宗茂 …… 174	田中 長徳 …… 177	谷 伍平 …… 179	玉村 文郎 …… 182
橘 守部 …… 174	田中 努 …… 177	谷 文晁 …… 179	玉利 正人 …… 182
立原 正秋 …… 174	田中 敏隆 …… 177	谷 豊 ⇒ハリマオ	田丸 卓郎 …… 182
立原 道造 …… 174	田中 富雄 …… 177	谷岡 亜紀 …… 179	田宮 武 …… 182
立川 熊次郎 …… 174	田中 智彦 …… 177	谷川 雁 …… 179	田宮 裕 …… 182
巽 聖歌 …… 174	田中 豊一 …… 177	谷川 俊太郎 …… 179	田村 怡与造 …… 182
伊達 寿曠 …… 174	田中 治男 …… 177	谷川 徹三 …… 179	田村 圓澄 …… 182
立石 友男 …… 175	田中 秀央 …… 177	谷川 二郎 …… 179	田村 和子 …… 182
伊達家 …… 175	田中 英光 …… 177	谷口 謙 …… 179	田村 晃一 …… 182
楯列 俊夫 …… 175	田中 英之 …… 177	谷口 山郷 …… 179	田村 貞雄 …… 182
建野 堅誠 …… 175	田中 裕明 …… 177	谷口 茂 …… 179	田村 諄之輔 …… 182
建部 和弘 …… 175	田中 博造 …… 177	谷口 蕪村 ⇒与謝蕪村	田村 松魚 …… 182
立松 和平 …… 175	田中 冬二 …… 177		田村 申一 …… 182
立山 敏男 …… 175	田中 真紀子 …… 177	谷口 安平 …… 179	田村 セツコ …… 182
立脇 和夫 …… 175	田中 昌人 …… 177	谷崎 潤一郎 …… 179	田村 泰次郎 …… 182
田中 彰夫 …… 175	田中 正俊 …… 177	谷沢 永一 …… 180	田村 忠男 …… 182
田中 章夫 …… 175	田中 真晴 …… 177	谷澤 淳三 …… 180	田村 俊子 …… 182
田中 章義 …… 175	田中 正弘 …… 177	谷中 安規 …… 180	田村 直臣 …… 182
田中 敦子 …… 175	田中 正能 …… 177	谷光 忠彦 …… 180	田村 紀雄 …… 182
田中 一光 …… 175	田中 学 …… 177	谷光 太郎 …… 180	田村 実 …… 182
田中 一村 …… 175	田中 美津 …… 178	谷村 善通 …… 180	田村 豊 …… 182
田中 逸平 …… 175	田中 實 …… 178	谷本 治三郎 …… 180	田村 耀郎 …… 182
田中 衞子 …… 175	田中 泯 …… 178	谷本 谷一 …… 180	田村 隆一 …… 182
田中 角栄 …… 175	田中 康夫 …… 178	谷本 富 …… 180	田山 花袋 …… 183
田中 香澄 …… 175	田中 保隆 …… 178	田沼 意次 …… 180	樽本 照雄 …… 183
田中 周友 …… 175	田中 靖政 …… 178	田沼 武能 …… 180	樽本 英信 …… 183
田中 吉六 …… 175	田中 芳男 …… 178	種田 山頭火 …… 180	多和田 葉子 …… 183
田中 絹代 …… 176	田中 義廣 …… 178	種村 紀代子 …… 181	田原 芳 …… 183
田中 喜美春 …… 176	田中 嘉穂 …… 178	種村 季弘 …… 181	俵 正市 …… 183
田中 亨英 …… 176	田中 吉政 …… 178	種村 直樹 …… 181	俵 藤太 …… 183
田中 希代子 …… 176	田中 隆二 …… 178	田野 勲 …… 181	俵 万智 …… 183
田中 清定 …… 176	田中 亮 …… 178	田上 義也 …… 181	俵屋 宗達 …… 183
田中 国男 …… 176	田中 良昭 …… 178	田畑 治 …… 181	団 伊玖磨 …… 183
田中 啓一 …… 176	田中 良三 …… 178	田畑 要 …… 181	団 鬼六 …… 183
田中 圭二 …… 176	田中家 …… 178	田畑 茂二郎 …… 181	檀 一雄 …… 183
田中 耕一 …… 176	棚瀬 明彦 …… 178	田端 光美 …… 181	炭 太祇 …… 183
田中 貢太郎 …… 176	棚瀬 孝雄 …… 178	田畑 光永 …… 181	段 躍中 …… 183
田中 小実昌 …… 176	田辺 勝也 …… 178	田畑 吉雄 …… 181	丹尾 安典 …… 183
田中 五郎 …… 176	田邉 國男 …… 178	田原 榮一 …… 181	丹下 健三 …… 183
田中 祥子 …… 176	田辺 古邨 …… 178	田原 淳 …… 181	丹下 省吾 …… 183
田守 敏 …… 176	田邉 三郎助 …… 178	田原 総一朗 …… 181	丹治 昭義 …… 183
田中 成明 …… 176	田辺 昭三 …… 178	田淵 和彦 …… 181	丹宗 昭信 …… 183
田原 茂和 …… 176	田辺 寿利 …… 178	田渕 進 …… 181	丹藤 佳紀 …… 183
田中 茂樹 …… 176	田辺 聖子 …… 178	田淵 安一 …… 181	丹野 喜久子 …… 183
田中 滋子 …… 176	田辺 太一 …… 178	田淵 行男 …… 181	丹野 眞智俊 …… 184
田中 茂次 …… 176	田辺 拓 …… 178	田部 滋 …… 181	丹波 哲郎 …… 184
田中 淳一 …… 176	田辺 乃世寿 …… 178	玉井 政雄 …… 181	丹保 憲仁 …… 184
田中 章介 …… 176	田辺 元 …… 179	玉懸 博之 …… 181	
田中 正造 …… 176	田邉 寛子 …… 179	玉川 信明 …… 181	【ち】
田中 慎也 …… 176	田辺 裕 …… 179	玉城 昭子 …… 181	
田中 助一 …… 176	田邊 正男 …… 179	玉置 紀夫 …… 181	近松 秋江 …… 184
田中 誠一 …… 176	田辺 正友 …… 179	玉木 宏樹 …… 181	近松 門左衛門 …… 184
田中 艸太郎 …… 177	田邉 泰美 …… 179	玉木 義男 …… 182	千々和 久幸 …… 184

千々石 ミゲル …… 184	築島 裕 ………… 186	堤 義明 ………… 188	寺門 仁 ………… 191
智真 ⇒一遍	佃 堅輔 ………… 186	都出 比呂志 …… 188	寺川 幽芳 ……… 191
秩父宮 雍仁 …… 184	筑波 常治 ……… 186	綱島 梁川 ……… 188	寺崎 廣業 ……… 191
知念 清憲 ……… 184	柘植 久慶 ……… 186	常田 健 ………… 188	寺崎 浩 ………… 191
千野 栄一 ……… 184	つげ 義春 ……… 186	恒藤 恭 ………… 188	寺澤 眞 ………… 191
千野 香織 ……… 184	津坂 東陽 ……… 186	恒吉 良隆 ……… 188	寺沢 一 ………… 191
茅野 友子 ……… 184	津沢 マサ子 …… 186	津ノ国 修 ……… 189	寺島 蔵人 ……… 191
千葉 呆弘 ……… 184	都路 華香 ……… 186	角田 太作 ……… 189	寺田 隆 ………… 191
千葉 茂美 ……… 184	辻 邦生 ………… 186	角田 柳作 ……… 189	寺田 寅彦 ……… 191
千葉 乗隆 ……… 184	辻 潤 …………… 186	津之地 直一 …… 189	寺本 左近 ……… 191
千葉 宣一 ……… 184	辻 善之助 ……… 187	角山 栄 ………… 189	寺山 修司 ……… 191
千葉 卓三郎 …… 184	辻 秀典 ………… 187	椿 鐵夫 ………… 189	寺脇 隆夫 ……… 192
ちば てつや …… 184	辻 仁成 ………… 187	椿 実 …………… 189	寺脇 丕信 ……… 192
千葉 徳爾 ……… 184	辻 裕子 ………… 187	円谷 英二 ……… 189	照屋 敏子 ……… 192
千葉 康弘 ……… 184	辻 まこと ……… 187	坪井 正五郎 …… 189	照屋 佳男 ……… 192
千葉 龍 ………… 184	辻 光博 ………… 187	坪井 信道 ……… 189	天海 …………… 192
千葉 氏 ………… 184	辻 征夫 ………… 187	坪内 逍遙 ……… 189	伝教大師 ⇒最澄
千村 士乃武 …… 185	辻井 栄滋 ……… 187	坪内 稔典 ……… 189	天璋院 ………… 192
張 赫宙 ………… 185	辻井 喬 ………… 187	坪田 一男 ……… 189	傳田 功 ………… 192
中條 直樹 ……… 185	辻原 登 ………… 187	坪田 譲治 ……… 189	天満 隆之輔 …… 192
中条 雅二 ……… 185	津島 美知子 …… 187	坪野 哲久 ……… 189	天武天皇 ……… 192
中鉢 雅量 ……… 185	対馬 康子 ……… 187	妻木 頼黄 ……… 189	
中馬 教允 ……… 185	津島 佑子 ……… 187	津村 秀介 ……… 189	【と】
趙 南哲 ………… 185	辻本 興慰 ……… 187	津村 節子 ……… 189	
張 赫宙 ⇒"チャン・	辻本 光楠 ……… 187	津守 常弘 ……… 189	土井 英二 ……… 192
ヒョクチュ"	都筑 馨六 ……… 187	津守 房江 ……… 189	土井 健司 ……… 192
長 三洲 ………… 185	都築 俊治 ……… 187	津守 真 ………… 189	土井 幸一郎 …… 192
長 新太 ………… 185	都筑 道夫 ……… 187	津山 昌 ………… 189	土井 順一 ……… 192
長 八海 ………… 185	続橋 達雄 ……… 187	鶴 彬 …………… 190	土井 晩翠 ……… 192
重源 …………… 185	都竹 武年雄 …… 187	都留 春雄 ……… 190	土居 靖美 ……… 192
調枝 孝治 ……… 185	津田 梅子 ……… 187	鶴岡 政男 ……… 190	土井 洋一 ……… 192
鄭 仁 …………… 185	津田 順司 ……… 187	鶴木 真 ………… 190	塔 和子 ………… 192
丁 章 …………… 185	津田 仙 ………… 187	鶴田 俊正 ……… 190	東井 義雄 ……… 192
鄭 承博 ………… 185	津田 左右吉 …… 187	鶴田 満彦 ……… 190	東儀 鐵笛 ……… 192
全 美恵 ………… 185	津田 利治 ……… 187	鶴見 和子 ……… 190	道鏡 …………… 192
知里 真志保 …… 185	蔦 文也 ………… 187	鶴見 良行 ……… 190	峠 三吉 ………… 193
知里 幸恵 ……… 185	津田 幸男 ……… 187	鶴屋 南北(4代目)	道元 …………… 193
陳 舜臣 ………… 185	津田 義夫 ……… 188	……………… 190	東郷 克美 ……… 193
	蔦川 正義 ……… 188		東郷 茂徳 ……… 193
【つ】	蔦屋 重三郎 …… 188	【て】	東郷 久義 ……… 193
	土浦 信子 ……… 188		藤郷 燊 ………… 193
蔡 柱國 ………… 185	槌田 敦 ………… 188	程 順則 ………… 190	東郷 平八郎 …… 193
槌賀 安平 ……… 186	土田 杏村 ……… 188	鄭 承博 ⇒"チョン・	東郷 隆 ………… 193
對木 隆英 ……… 186	土田 哲也 ……… 188	スンパク"	東洲斎 写楽 …… 193
築地 正子 ……… 186	土田 麦僊 ……… 188	貞明皇后 ……… 190	東條 喜代子 …… 193
塚越 和夫 ……… 186	土田 良一 ……… 188	出牛 正芳 ……… 190	東定 宣昌 ……… 193
塚越 仁慈 ……… 186	土屋 公雄 ……… 188	出口 王仁三郎 … 190	東條 英機 ……… 193
塚田 富治 ……… 186	土屋 澄男 ……… 188	出口 すみ子 …… 190	東条 正城 ……… 193
柄刀 一 ………… 186	土屋 喬雄 ……… 188	手島 孝 ………… 190	刀田 和夫 ……… 193
塚原 鉄雄 ……… 186	土屋 博 ………… 188	手島 右卿 ……… 190	藤堂 高虎 ……… 193
塚本 邦雄 ……… 186	土屋 文明 ……… 188	手塚 治虫 ……… 190	東平 恵司 ……… 193
塚本 幸一 ……… 186	土家 由岐雄 …… 188	手塚 和彰 ……… 191	東松 照明 ……… 193
塚本 利明 ……… 186	筒井 均 ………… 188	手塚 映男 ……… 191	頭山 満 ………… 193
津軽 兵庫 ……… 186	堤 貞夫 ………… 188	手塚 宗求 ……… 191	遠田 晤良 ……… 194
津川 武一 ……… 186	堤 稔子 ………… 188	デニー白川 …… 191	遠山 淳 ………… 194
月川 倉夫 ……… 186	堤 賢 …………… 188	出村 彰 ………… 191	戸上 宗賢 ……… 194

戸川 秋骨 …………194	外村 繁 …………196	【な】	中川 和彦 …………201
外川 継男 …………194	戸張 規子 …………196		中川 一政 …………201
土岐 哲 …………194	戸祭 達郎 …………196	内藤 明 …………198	中川 浩一 …………201
時枝 誠記 …………194	都丸 十九一 …………196	内藤 吉之助 …………198	中川 敏 …………201
時武 英男 …………194	富岡 多恵子 …………196	内藤 湖南 …………198	中川 佐和子 …………201
常葉 謙二 …………194	富岡 鉄斎 …………196	内藤 充真院繁子 …198	中川 淳 …………201
徳江 和雄 …………194	富川 房信 …………196	内藤 俊彦 …………198	中川 順子 …………201
徳岡 神泉 …………194	富澤 赤黄男 …………196	内藤 虎次郎 ⇒内	中川 高男 …………201
徳川 家康 …………194	富澤 敏勝 …………196	藤 湖南	中川 輝男 …………201
徳川 光圀 …………194	富澤 秀文 …………196	内藤 雅雄 …………199	中川 信義 …………201
徳川 夢声 …………194	富田 重夫 …………196	内藤 ルネ …………199	中川 秀恭 …………201
徳川 慶喜 …………194	冨田 忠義 …………196	直井 優 …………199	中川 弘 …………201
徳川 善宣 …………194	富田 常雄 …………197	直江 兼続 …………199	中川 ひろたか …………201
徳川 吉宗 …………194	富田 光彦 …………197	直木 三十五 …………199	中川 文夫 …………201
徳座 晃子 …………194	富田 仁 …………197	直良 信夫 …………199	中川 学 …………201
徳田 秋声 …………194	富田 木歩 …………197	中 勘助 …………199	中河 幹子 …………201
徳田 教之 …………195	冨所 隆治 …………197	那珂 太郎 …………199	中川 操 …………201
徳田 白楊 …………195	富永 太郎 …………197	仲 みどり …………199	中川 幸夫 …………201
徳田 八十吉（1代目）…………195	富永 斉 …………197	中 善宏 …………199	中川 幸廣 …………202
徳谷 昌勇 …………195	富小路 禎子 …………197	中井 晨 …………199	中川 良延 …………202
渡久地 實 …………195	富森 助右衛門 …………197	永井 荷風 …………199	中川 良一 …………202
徳富 蘇峰 …………195	富村 傳 …………197	永井 憲一 …………199	中桐 宏文 …………202
徳冨 蘆花 …………195	留岡 清男 …………197	中井 健一 …………199	永窪 綾子 …………202
徳永 重元 …………195	留岡 幸助 …………197	永井 豪 …………199	長久保 赤水 …………202
徳永 寿美子 …………195	友杉 芳正 …………197	永井 繁子 …………199	永倉 一郎 …………202
徳永 哲男 …………195	朝永 振一郎 …………197	永井 隆 …………199	永倉 新八 …………202
徳永 透 …………195	伴林 光平 …………197	仲井 斌 …………199	中込 重明 …………202
徳永 康元 …………195	土門 拳 …………197	永井 昇 …………200	長坂 秀佳 …………202
徳間 康快 …………195	外山 滋比古 …………197	永井 永光 …………200	長崎 健 …………202
徳増 典洪 …………195	外山 義 …………197	永井 秀夫 …………200	中佐古 克一 …………202
徳丸 吉彦 …………195	豊岡 隆 …………197	中井 英夫 …………200	中里 介山 …………202
徳本 伸一 …………195	豊川 善曄 …………197	永井 博 …………200	中里 喜一 …………202
徳本 正彦 …………195	豊国 孝 …………197	中井 正一 …………200	中里 逢庵 …………202
土倉 莞爾 …………195	豊嶋 弘 …………197	永井 道雄 …………200	中沢 けい …………202
所 雅彦 …………195	豊島 与志雄 …………197	永井 陽子 …………200	長沢 順治 …………202
土佐 光茂 …………195	豊島 義一 …………197	中井 良宏 …………200	長澤 純夫 …………202
戸坂 潤 …………195	豊田 喜一郎 …………198	永井 柳太郎 …………200	長沢 節 …………202
戸崎 宏正 …………195	豊田 佐吉 …………198	永池 克明 …………200	長沢 宏昌 …………202
戸沢 充則 …………196	豊田 利久 …………198	長岩 寛 …………200	長澤 雅男 …………202
利谷 信義 …………196	豊田 ひさき …………198	中右 瑛 …………200	中沢 護人 …………202
智仁親王 …………196	豊田 政子 …………198	中右 実 …………200	中島 敦 …………202
戸島 美喜夫 …………196	豊臣 秀吉 …………198	中内 切 …………200	中島 巌 …………202
戸田 城聖 …………196	豊臣氏 …………198	中内 清人 …………200	中島 一成 …………202
戸田 貞三 …………196	鳥井 克之 …………198	中内 敏夫 …………200	中島 潔 …………203
戸田 俊彦 …………196	鳥井 清 …………198	中江 彬 …………200	中島 健蔵 …………203
戸田 秀雄 …………196	鳥居 邦朗 …………198	中江 兆民 …………200	中嶋 敏 …………203
戸田 博之 …………196	鳥居 淳子 …………198	中江 俊夫 …………200	中島 三郎助 …………203
戸田 正直 …………196	鳥居 龍蔵 …………198	永雄 策郎 …………200	長嶋 茂雄 …………203
戸田 光昭 …………196	鳥居塚 正 …………198	中尾 佐助 …………200	中島 周介 …………203
櫟本 功 …………196	鳥海 靖 …………198	中尾 堯 …………200	永島 慎二 …………203
栃山 美知子 …………196	鳥飼 玖美子 …………198	長尾 演雄 …………201	中島 棕隠 …………203
砺波 護 …………196	鳥越 憲三郎 …………198	中尾 訓生 …………201	中嶋 尚 …………203
戸根 住夫 …………196	鳥浜 トメ …………198	長尾 光之 …………201	中島 丈博 …………203
刀根 武晴 …………196	頓宮 廉正 …………198	中尾 芳治 …………201	中嶋 忠宏 …………203
刀根 辰夫 …………196		中上 健次 …………201	長島 信弘 …………203
		中川 和子 …………201	中島 信行 …………203

中島 信之	203	中西 立太	205	中村 一美	208	中谷 健太郎	210
永島 福太郎	203	なかにし 礼	205	中村 勝範	208	中谷 治宇二郎	210
中島 史雄	203	永沼 洋一	205	中村 紀一	208	中山 勲	210
中島 文四郎	203	中根 斎	205	中村 公彦	208	中山 和子	210
中島 平三	203	長野 朗	205	中村 草田男	208	中山 喜代市	210
中島 将隆	203	中野 勲	205	中村 桂子	208	中山 清	210
中嶋 充洋	203	中野 一新	205	中村 洸	208	中山 修一	210
中嶋 嶺雄	203	中野 義照	205	中村 孝一郎	208	中山 周平	210
中島 峰広	203	中野 幸一	205	中村 浩爾	208	中山 省三郎	210
中島 みゆき	203	中野 孝次	206	中村 幸士郎	208	中山 晋平	210
中嶋 幹起	203	長野 幸治	206	中村 拡三	208	中山 将	210
中島 らも	203	中野 重伸	206	中村 孝也	208	中山 隆満	210
中嶋 隆蔵	204	中野 重治	206	中村 古峡	208	中山 健	211
中城 ふみ子	204	中野 繁	206	中村 祥子	208	中山 忠彦	211
仲小路 彰	204	長野 士郎	206	中村 至朗	208	中山 太郎	211
長洲 一二	204	長野 遥	206	中村 真一郎	208	中山 信弘	211
永末 嘉孝	204	長野 隆	206	中村 瑞隆	208	永山 則夫	211
長砂 実	204	中野 照海	206	中村 精志	208	中山 八郎	211
永瀬 清子	204	中野 昭慶	206	中村 苑子	208	永山 正昭	211
仲宗根 政善	204	中野 直行	206	中村 泰三	209	中山 雅博	211
中薗 英助	204	永野 仁	206	中村 尚司	209	中山 靖夫	211
中田 邦造	204	中野 弘子	206	中村 忠	209	中山 隆吉	211
中田 剛	204	中野 武営	206	中村 太八郎	209	長与 専斎	211
仲田 定之助	204	中野 三敏	206	中村 完	209	長與 又郎	211
中田 清一	204	中野 実	206	中村 智一郎	209	永吉 基治	211
中田 武司	204	中埜 芳之	206	中村 地平	209	半井 梧菴	211
中田 保	204	中橋 國藏	206	中村 彝	209	流 政之	211
永田 俊勝	204	中浜 万次郎	206	中村 貞二	209	名倉 靖博	211
長田 豊臣	204	中原 章雄	206	中村 汀女	209	名倉家	211
中田 直人	204	中原 綾子	206	中村 天風	209	梨元 勝	211
中田 信正	204	永原 慶二	206	中村 敏昭	209	那須 正幹	211
永田 秀次郎	204	中原 淳一	206	中村 寿一	209	那須家	211
永田 英正	204	中原 精一	206	中村 利治	209	那須 与一	211
永田 洋子	204	中原 中也	207	中村 伸郎	209	夏石 番矢	211
中田 弘良	204	中原 俊明	207	中村 元	209	夏目 漱石	211
永田 誠	205	中原 英典	207	中村 春次	209	名取 春仲	213
仲田 正機	205	中原 道夫	207	中村 春二	209	名取 健昭	213
中田 実	205	中平 栄一	207	中村 福治	209	難波田 春夫	213
中田 裕二	205	永平 和雄	207	中村 不折	209	名畑 恒	213
中谷 瑾子	205	中平 卓馬	207	中村 平治	209	鍋澤 幸雄	213
中谷 忠雄	205	永藤 武	207	中村 正生	209	鍋島 直映	213
中谷 利夫	205	中馨 馨	207	中村 正直	209	鍋島 宗茂	213
中谷 義和	205	中間 敬式	207	仲村 政文	209	生江 孝之	213
仲地 弘善	205	仲町 貞子	207	長村 美慧	209	浪江 巌	213
長津 功三良	205	長松 秀志	207	中村 瑞穂	210	並川 宏彦	213
長妻 広至	205	仲松 弥秀	207	中村 光男	210	浪川 正己	213
中戸川 吉二	205	中道 政昭	207	中村 光夫	210	並木 博	213
中留 武昭	205	中道 實	208	中村 稔	210	浪田 克之介	213
長戸路 政行	205	中村 秋香	208	中村 雄二郎	210	行方 克巳	213
中西 悟志	205	中村 哲	208	中村 幸雄	210	滑川 道夫	213
中西 利雄	205	中村 明	208	中村 順良	210	奈良 勲	213
中西 夏之	205	中村 生雄	208	中村 陽一	210	奈良 俊夫	213
中西 梅花	205	中村 栄子	208	中村 義孝	210	奈良 康明	213
中西 啓之	205	中村 永司	208	中本 環	210	奈良 美智	213
中西 正雄	205	中村 道	208	中谷 宇吉郎	210	奈良橋 善司	213
中西 喜彦	205	中村 一彦	208	中矢 一義	210	楢林 宗建	213

奈良原 一高 …… 213	西川 宏 …… 216	西村 道一 …… 218	【ね】
奈良本 辰也 …… 213	西川 洋 …… 216	西村 允克 …… 218	
成田 千空 …… 213	西川 宏人 …… 216	西村 嘉太郎 …… 218	根岸 哲 …… 220
成田 興史 …… 214	西川 正雄 …… 216	西本 鴻一 …… 218	根岸 隆 …… 220
鳴上 善治 …… 214	西川 満 …… 216	西元 良行 …… 218	根岸 武香 …… 220
成島 信遍 …… 214	西口 直治郎 …… 216	西山 明 …… 218	根岸 友山 …… 220
成島 柳北 …… 214	西口 光博 …… 216	西山 一郎 …… 218	ねじめ 正一 …… 220
成瀬 仁蔵 …… 214	西沢 脩 …… 216	西山 卯三 …… 218	根津 嘉一郎 …… 221
成瀬 久富 …… 214	西沢 大良 …… 216	西山 弥太郎 …… 218	根津 智治 …… 221
成本 和子 …… 214	西澤 輝泰 …… 216	西山 佑司 …… 218	根本 博司 …… 221
名和 小太郎 …… 214	西澤 保彦 …… 216	西依 成斎 …… 218	根本 正義 …… 221
南郷 龍音 …… 214	西沢 優 …… 216	西脇 順三郎 …… 218	
南條 範夫 …… 214	西嶋 梅治 …… 216	日円 …… 218	【の】
難波 宣太郎 ⇒木	西嶋 幸右 …… 216	日奥 …… 219	
月 道人	西嶋 定生 …… 216	日我 …… 219	盧 龍愚 …… 221
難波 信雄 …… 214	西嶋 洋一 …… 216	日什 …… 219	野入 逸彦 …… 221
難波田 龍起 …… 214	西田 修 …… 216	日蓮 …… 219	能美 安男 …… 221
南原 繁 …… 214	西田 幾多郎 …… 216	日親 …… 219	能海 寛 …… 221
南原 幹雄 …… 214	西田 耕三 …… 217	新田 一郎 …… 219	野上 修市 …… 221
南部 修太郎 …… 214	西田 真因 …… 217	新田 孝二 …… 219	野上 隆 …… 221
南部 全司 …… 214	西田 千太郎 …… 217	新田 幸治 …… 219	野上 照代 …… 221
南坊 宗啓 …… 214	西田 毅 …… 217	新田 潤 …… 219	野上 弥生子 …… 221
	西田 直敏 …… 217	新田 俊三 …… 219	乃木 希典 …… 221
【に】	西田 博 …… 217	新田 次郎 …… 219	野口 明子 …… 221
	西田 正規 …… 217	新田 義貞 …… 219	野口 雨情 …… 221
新沢 雄一 …… 214	西田 美昭 …… 217	新田 義弘 …… 219	野口 和男 …… 221
新島 繁 …… 214	西田 芳次郎 …… 217	新田 良一 …… 219	野口 小蘋 …… 221
新島 襄 …… 214	西谷 啓治 …… 217	新田氏 …… 219	野口 祐 …… 221
新飯田 宏 …… 214	西谷 敏 …… 217	新渡戸 稲造 …… 219	野口 鉄郎 …… 221
新津 きよみ …… 214	西谷 剛 …… 217	蜷川 幸雄 …… 219	野口 晴哉 …… 221
新美 南吉 …… 214	西角井 正大 …… 217	二宮 金次郎 ⇒二	野口 英世 …… 221
二階堂 進 …… 215	西鳥羽 和明 …… 217	宮 尊徳	野口 眞 …… 221
二階堂 副包 …… 215	仁科 芳雄 …… 217	二宮 邦彦 …… 219	野口 益代 …… 222
二神 鷺泉 …… 215	西野 勉 …… 217	二宮 尊徳 …… 220	野口 洋二 …… 222
和 秀雄 …… 215	西野 泰司 …… 217	二宮 宏之 …… 220	野口 林造 …… 222
二木 立 …… 215	西原 諄 …… 217	二宮 まや …… 220	野坂 昭如 …… 222
西 昭夫 …… 215	西原 正 …… 217	二宮 陸雄 …… 220	野坂 参三 …… 222
西 周 …… 215	西原 道雄 …… 217	二瓶 暢祐 …… 220	野阪 滋男 …… 222
西 晋一郎 …… 215	西原 森茂 …… 217	如来 善之 …… 220	野崎 典子 …… 222
西 徳二郎 …… 215	西堀 榮三郎 …… 217	丹羽 春喜 …… 220	野崎 文男 …… 222
西 賢 …… 215	西宮 一民 …… 217	丹羽 文雄 …… 220	野崎 守英 …… 222
西 勝 …… 215	西村 晶夫 …… 217	丹羽 克治 …… 220	野崎 義行 …… 222
西 洋子 …… 215	西村 朗 …… 217	仁清 …… 220	野沢 省悟 …… 222
西尾 昭 …… 215	西村 朝日太郎 …… 218		野澤 譲治 …… 222
西尾 維新 …… 215	西村 功 …… 218	【ぬ】	野沢 浩 …… 222
西尾 信一 …… 215	西村 伊作 …… 218		野澤 正子 …… 222
西尾 実 …… 215	西村 和子 …… 218	額田王 …… 220	野地 繁 …… 222
西岡 久雄 …… 215	西村 規矩夫 …… 218	貫井 徳郎 …… 220	野地 潤家 …… 222
西岡 幸泰 …… 215	西村 罔紹 …… 218	布目 潮渢 …… 220	野島 伸司 …… 222
西川 きよし …… 215	西村 幸次郎 …… 218	沼澤 誠 …… 220	野尻 武敏 …… 222
西川 潤 …… 215	西村 公朝 …… 218	沼田 恵範 …… 220	野尻 抱介 …… 222
西川 純子 …… 215	西村 重雄 …… 218	沼田 哲 …… 220	能勢 弘之 …… 222
西川 徹郎 …… 215	西村 俊一 …… 218	沼田 真 …… 220	野田 修 …… 222
西川 徹 …… 215	西村 太沖 …… 218	沼田 誠 …… 220	野田 敬一 …… 222
西川 利行 …… 215	西村 春夫 …… 218	ぬめ ひろし …… 220	野田 知佑 …… 222
西川 富雄 …… 216	西村 文夫 …… 218		野田 秀樹 …… 222

野田 正明 …… 222	萩原 金美 …… 224	長谷川 伋 …… 226	花岡 菖 …… 229
野田 嶺志 …… 222	萩原 朔太郎 …… 224	長谷川 強 …… 226	華岡 青洲 …… 229
能登 洋子 …… 222	萩原 龍夫 …… 224	長谷川 テル …… 226	花岡 大学 …… 229
野中 卓 …… 222	萩原 玉味 …… 224	長谷川 等伯 …… 227	花ヶ前 盛明 …… 229
野中 広務 …… 222	萩原 力 …… 224	長谷川 恒 …… 227	羽中田 壮雄 …… 229
野中 保雄 …… 223	萩原 英雄 …… 225	長谷川 秀男 …… 227	花沢 成一 …… 229
乃南 アサ …… 223	萩原 博子 …… 225	長谷川 弘道 …… 227	花園天皇 …… 229
野々村 博 …… 223	萩原 稔 …… 225	長谷川 町子 …… 227	花田 清輝 …… 229
野々山 喜代子 …… 223	萩原 幸男 …… 225	長谷川 幸生 …… 227	花田 春兆 …… 229
信時 潔 …… 223	萩原 葉子 …… 225	長谷川 龍生 …… 227	花田 俊典 …… 229
延原 謙 …… 223	朴 重鍋 …… 225	長谷川 良信 …… 227	花谷 薫 …… 229
昇 曙夢 …… 223	伯井 泰彦 …… 225	支倉 常長 …… 227	花村 萬月 …… 229
昇 庸実 …… 223	狭間 直樹 …… 225	長谷部 楽爾 …… 227	花本 金吾 …… 229
野間 俊威 …… 223	間 宏 …… 225	長谷山 崇彦 …… 227	花森 安治 …… 229
野間 宏 …… 223	箸方 幹逸 …… 225	波田 重熙 …… 227	花輪 俊哉 …… 229
野溝 七生子 …… 223	橋川 時雄 …… 225	畑 肇 …… 227	塙 浩 …… 229
野見山 朱鳥 …… 223	橋川 文三 …… 225	畑 博行 …… 227	塙 保己一 …… 229
野見山 暁治 …… 223	橋田 東聲 …… 225	畑 美樹 …… 227	羽仁 五郎 …… 229
野見山 俊一 …… 223	橋本 栄治 …… 225	秦 光昭 …… 227	羽仁 もと子 …… 229
野村 昭夫 …… 223	橋本 和美 …… 225	畑 有三 …… 227	羽仁 吉一 …… 229
野村 義一 …… 223	橋本 一幸 …… 225	畠中 瞳 …… 227	埴原 和郎 …… 229
野村 喜和夫 …… 223	橋本 関雪 …… 225	畠山 直哉 …… 227	埴谷 雄高 …… 229
野村 胡堂 …… 223	橋本 孝一 …… 225	畠山 義郎 …… 227	葉貫 麿哉 …… 230
野村 茂夫 …… 223	橋本 左内 …… 225	秦氏 …… 227	馬場 あき子 …… 230
野村 純一 …… 223	橋本 忍 …… 225	畑島 喜久生 …… 227	馬場 菊太郎 …… 230
野村 武 …… 223	橋本 寿朗 …… 225	旗田 巍 …… 227	馬場 浩太 …… 230
野村 俊夫 …… 223	橋本 淳 …… 225	畑中 三太郎 …… 227	馬場 孤蝶 …… 230
能村 登四郎 …… 223	橋本 多佳子 …… 225	畑中 哲夫 …… 227	幅 健志 …… 230
野村 豊弘 …… 223	橋本 宰 …… 225	波多野 完治 …… 227	馬場 辰猪 …… 230
野村 英夫 …… 223	橋本 哲哉 …… 225	簸野 脩一 …… 228	馬場 房子 …… 230
野村 真紀 …… 223	橋本 智雄 …… 225	波多野 鶴吉 …… 228	馬場 昌雄 …… 230
野村 正樹 …… 223	橋本 宏子 …… 225	波多野 裕造 …… 228	馬場 雄二 …… 230
野村 萬斎（2代目） …… 224	橋本 光郎 …… 225	波多野 里望 …… 228	浜 たかや …… 230
	橋本 光憲 …… 226	バチェラー 八重子 …… 228	浜岡 賢太郎 …… 230
野村 好弘 …… 224	橋本 義夫 …… 226		濱川 一憲 …… 230
野村 芳兵衛 …… 224	橋本 介三 …… 226	八賀 晋 …… 228	浜口 雄幸 …… 230
野本 和幸 …… 224	橋本 蓮也 …… 226	八谷 和彦 …… 228	浜口 梧陵 …… 230
野本 三吉 …… 224	蓮池 穣 …… 226	蜂谷 清人 …… 228	濱口 晴彦 …… 230
野依 良治 …… 224	蓮実 重彦 …… 226	初岡 昌一郎 …… 228	浜口 ミホ …… 230
乗口 眞一郎 …… 224	長谷 章久 …… 226	廿日出 芳郎 …… 228	浜口 陽三 …… 230
則武 三雄 …… 224	長谷 完治 …… 226	初瀬 龍平 …… 228	濱島 正士 …… 230
野呂 昭朗 …… 224	長谷 健 …… 226	八田 與一 …… 228	濱田 一成 …… 230
野呂 邦暢 …… 224	長谷川 逸子 …… 226	服部 けさ …… 228	浜田 恂子 …… 230
	長谷川 潔 …… 226	服部 幸造 …… 228	濱田 庄司 …… 230
【は】	長谷川 欣佑 …… 226	服部 俊 …… 228	濱田 滋郎 …… 230
	長谷川 光二 …… 226	服部 敬 …… 228	浜田 知章 …… 230
唄 孝一 …… 224	長谷川 鑛平 …… 226	服部 健 …… 228	浜田 知明 …… 230
拝田 真紹 …… 224	長谷川 時雨 …… 226	服部 二柳 …… 228	浜田 浜雄 …… 230
芳賀 半次郎 …… 224	長谷川 滋成 …… 226	服部 正明 …… 228	浜田 隼雄 …… 230
葉賀 弘 …… 224	長谷川 四郎 …… 226	服部 右子 …… 228	浜田 彦蔵 ⇒アメリカ彦蔵
量 義治 …… 224	長谷川 存古 …… 226	服部 良一 …… 228	
萩野 聡 …… 224	長谷川 拓三 …… 226	初山 滋 …… 228	濱田 冨士郎 …… 231
萩野 卓司 …… 224	長谷川 端 …… 226	鳩山 一郎 …… 228	浜田 道代 …… 231
萩野 敏雄 …… 224	長谷川 保 …… 226	鳩山 薫 …… 228	濱田 盛一 …… 231
萩野 芳夫 …… 224	長谷川 つとむ …… 226	花筏 健 …… 228	濱田 義文 …… 231
萩原 延寿 …… 224	長谷川 勉 …… 226	花岡 永子 …… 228	浜野 一郎 …… 231

浜野 卓也 …………… 231	原 三渓 …………… 233	伴 利昭 …………… 235	一橋 慶喜 ⇒徳川 慶喜
浜林 生之助 ………… 231	原 舟月 …………… 233	伴 信友 …………… 235	
浜本 純逸 …………… 231	原 勢二郎 ………… 233	伴 紀子 …………… 235	一橋徳川家 ………… 237
早川 勇 ……………… 231	原 石鼎 …………… 233	半田 秀男 ………… 235	人見 絹枝 ………… 238
早川 正一 …………… 231	原 節子 …………… 233	半田 正夫 ………… 235	日向 茂 …………… 238
早川 善治郎 ………… 231	原 隆 ……………… 233	坂野 潤治 ………… 235	日夏 耿之介 ……… 238
早川 たけ …………… 231	原 民喜 …………… 233	阪埜 光男 ………… 235	火野 葦平 ………… 238
早川 徳次 …………… 231	原 智恵子 ………… 233	阪村 幸男 ………… 235	日野 厚 …………… 238
早川 徳次 …………… 231	原 剛 ……………… 233	半村 良 …………… 235	日野 啓三 ………… 238
早坂 文雄 …………… 231	原 弘 ……………… 233	播隆 ……………… 235	日野 照正 ………… 238
林 瑛二 ……………… 231	原 抱一庵 ………… 233		日野 草城 ………… 238
林 大 ………………… 231	原 誠 ……………… 233	【ひ】	日野 龍夫 ………… 238
林 きむ子 …………… 231	原 マスミ ………… 233		日野 日出志 ……… 238
林 京子 ……………… 231	原 貢 ……………… 233	比嘉 清松 ………… 235	日野 幹雄 ………… 238
早矢仕 健司 ………… 231	原 實 ……………… 233	比嘉 辰雄 ………… 235	日野原 重明 ……… 238
林 源十郎 …………… 231	原 幸雄 …………… 234	比嘉 政夫 ………… 235	日比野 丈夫 ……… 238
林 茂夫 ……………… 231	原 豊 ……………… 234	日影 丈吉 ………… 235	卑弥呼 …………… 238
林 茂雄 ……………… 231	原 洋之介 ………… 234	東 晃 ……………… 235	姫野 侑 …………… 238
林 茂樹 ……………… 231	原 好男 …………… 234	東 忠尚 …………… 236	姫野 カオルコ …… 238
林 茂 ………………… 231	原 老柳 …………… 234	東 晧伝 …………… 236	姫野 翠 …………… 238
林 脩平 ……………… 231	原口 統三 ………… 234	東 直子 …………… 236	白虎隊 …………… 238
林 昌二 ……………… 231	原後 雄太 ………… 234	東平 好史 ………… 236	比屋根 照夫 ……… 238
林 績治 ……………… 232	原島 重義 ………… 234	東伏見宮 依仁 …… 236	兵頭 高夫 ………… 239
林 忠正 ……………… 232	原田 朗 …………… 234	東山 魁夷 ………… 236	平井 昭徳 ………… 239
林 忠幸 ……………… 232	原田 勝弘 ………… 234	東山 健吾 ………… 236	平井 一雄 ………… 239
林 知己夫 …………… 232	原田 慶吉 ………… 234	干刈 あがた ……… 236	平井 勝利 ………… 239
林 貞徳 ……………… 232	原田 三朗 ………… 234	匹田 軍次 ………… 236	平井 俊榮 ………… 239
林 董一 ……………… 232	原田 信一 ………… 234	疋田 啓佑 ………… 236	平井 孝治 ………… 239
林 利隆 ……………… 232	原田 種夫 ………… 234	樋口 一葉 ………… 236	平井 俊彦 ………… 239
林 直道 ……………… 232	原田 敏明 ………… 234	樋口 昇一 ………… 236	平井 正穂 ………… 239
林 光 ………………… 232	原田 俊孝 ………… 234	樋口 進 …………… 236	平井 宜雄 ………… 239
林 英夫 ……………… 232	原田 富雄 ………… 234	樋口 精一郎 ……… 236	平泉 澄 …………… 239
林 英機 ……………… 232	原田 富二郎 ……… 234	樋口 隆康 ………… 236	平出 隆 …………… 239
林 房雄 ……………… 232	原田 尚彦 ………… 234	樋口 貞三 ………… 236	平出 慶道 ………… 239
林 芙美子 …………… 232	原田 禹雄 ………… 234	樋口 徹 …………… 236	平岩 弓枝 ………… 239
林 雅子 ……………… 232	原田 東雄 ………… 234	樋口 由紀子 ……… 236	平岩 米吉 ………… 239
林 真理子 …………… 232	原田 寛 …………… 234	樋口 陽一 ………… 236	平尾 貴四男 ……… 239
林 宥一 ……………… 232	原田 宏 …………… 234	久生 十蘭 ………… 237	平尾 節子 ………… 239
林 羅山 ……………… 232	原田 弘道 ………… 234	久岡 康成 ………… 237	平岡 正明 ………… 239
林 理助 ……………… 232	原田 満範 ………… 234	久重 忠夫 ………… 237	平賀 源内 ………… 239
林田 紀音夫 ………… 232	原田 稔 …………… 234	久田 絢子 ………… 237	平賀 文男 ………… 239
林田 慎之助 ………… 232	原田 宗典 ………… 234	久野 晋良 ………… 237	平賀 元義 ………… 239
林田 遼右 …………… 232	原田 芳子 ………… 234	久松 真一 ………… 237	平川 彰 …………… 239
林家 正蔵(8代目) …… 233	原野 昇 …………… 235	久松 潜一 ………… 237	平川 亮一 ………… 239
早船 ちよ …………… 233	服藤 弘司 ………… 235	久山 秀子 ………… 237	平木 秀作 ………… 239
葉山 滉 ……………… 233	播磨 定男 ………… 235	土方 苑子 ………… 237	平木 俊一 ………… 239
葉山 嘉樹 …………… 233	播磨 信義 ………… 235	土方 巽 …………… 237	平木 隆 …………… 239
速水 融 ……………… 233	ハリマオ ………… 235	土方 保 …………… 237	平木 多聞 ………… 239
速水 侑 ……………… 233	針生 清人 ………… 235	土方 歳三 ………… 237	平沢 計七 ………… 239
はやみね かおる … 233	春木 一郎 ………… 235	菱川 善夫 ………… 237	平瀬 作五郎 ……… 240
原 阿佐緒 …………… 233	春田 宣 …………… 235	肱黒 弘三 ………… 237	平勢 隆郎 ………… 240
原 恵一 ……………… 233	春田 一夫 ………… 235	菱山 泉 …………… 237	平瀬 巳之吉 ……… 240
原 健三郎 …………… 233	春田 素夫 ………… 235	比田井 天来 ……… 237	平田 篤胤 ………… 240
原 孝一郎 …………… 233	春名 純人 ………… 235	日高 真実 ………… 237	平田 耕一 ………… 240
原 コウ子 …………… 233	晴山 陽一 ………… 235	日高 六郎 ………… 237	平田 耿二 ………… 240
	伴 悦 ……………… 235	ビート たけし …… 237	平田 俊子 ………… 240

平田 春二	240	広中 俊雄	242	福田 豊	245	藤田 和子	247
平田 弘史	240	広西 元信	242	福田 善乙	245	藤田 勝利	247
平田 喜信	240	広庭 基介	242	福田 義孝	245	藤田 加代	248
平田 喜彦	240	廣松 渉	242	福田 陸太郎	245	藤田 呉竹	248
平田 和太郎	240			福田 亮成	245	藤田 五郎	⇒斎藤 一
平塚 直秀	240	【ふ】		福地 桜痴	245	藤田 実彦	248
平塚 らいてう	240			福地 蔵人	245	藤田 湘子	248
平沼 高明	240	深井 純一	242	福地 幸造	245	藤田 省三	248
平野 榮次	240	深井 人詩	242	福地 保馬	245	藤田 真治	248
平野 克明	240	深尾 須磨子	242	福留 久大	245	藤田 誠司	248
平野 喜一郎	240	深尾 道介	242	福永 有利	245	藤田 敬司	248
平野 國臣	240	深貝 慈孝	242	福永 武彦	245	藤田 丹岳	248
平野 謙	240	深川 明子	242	福永 義臣	245	藤田 嗣治	248
平野 浩太郎	240	深作 欣二	243	福原 信三	245	藤田 貞一郎	248
平野 吾郎	240	深沢 七郎	243	福部 信敏	245	藤田 宙靖	248
平野 孝国	241	深沢 史朗	243	福村 満	245	藤田 久一	248
平野 萬里	241	深沢 幸雄	243	復本 一郎	246	藤田 浩	248
平野 秀秋	241	深瀬 吉邦	243	福本 和夫	246	藤田 博司	248
平野 栄久	241	深田 久弥	243	福本 憲男	246	藤田 昌久	248
平野 日出征	241	深町 眞理子	243	福来 友吉	246	藤田 正寛	248
平野 婦美子	241	深見 けん二	243	冨士 昭雄	246	藤田 昌也	248
平野 充好	241	深海 博明	243	藤 一也	246	藤田 鳴鶴	248
平野 遼	241	深山 正光	243	富士 正晴	246	藤田 幸男	248
平畑 静塔	241	吹田 文明	243	藤井 章雄	246	藤田 至孝	248
平林 國男	241	蕗谷 虹児	243	藤井 健三	246	藤田 亮策	248
平林 たい子	241	福居 純	243	藤井 貞和	246	藤谷 健	248
平林 千牧	241	福井 江太郎	243	藤井 達敬	246	藤富 保男	248
平林 一	241	福井 爽人	243	藤井 茂利	246	藤縄 謙三	248
平林 初之輔	241	福井 重雅	243	藤井 達吉	246	藤野 一友	248
平福 百穂	241	福井 徹也	243	藤井 日光	246	藤野 幸雄	249
平松 茂雄	241	福井 俊彦	243	藤井 速実	246	藤平 悳郎	249
平松 紘	241	福井 直秋	243	藤井 寛	246	藤平 春男	249
平松 礼二	241	福井 久子	243	藤井 正雄	246	藤巻 公裕	249
平山 郁夫	241	福井 文雅	243	藤井 学	246	藤村 公輝	249
平山 健太郎	241	福井 幹彦	243	藤井 基精	246	藤村 正員	249
平山 省斎	241	福應 健	243	藤井 藍田	246	藤村 龍雄	249
平山 輝男	241	福王子 一彦	244	藤家 壮一	246	藤村 俊郎	249
平良木 登規男	241	福王寺 法林	244	藤枝 静正	246	藤村 栄雄	249
鰭崎 英朋	242	福岡 志計子	244	藤掛 和美	247	藤村 操	249
広井 勇	242	福沢 一郎	244	藤川 研策	247	藤村 幸雄	249
廣井 大三	242	福沢 諭吉	244	藤川 正信	247	藤本 幸三	249
広井 孝	242	福重 泰次郎	244	藤川 喜也	247	藤本 周一	249
廣井 敏男	242	福島 秋穂	244	藤木 正次	247	藤本 進治	249
廣池 千九郎	242	福嶋 章	244	藤木 倶子	247	藤本 武	249
廣岡 利一	242	福島 駿介	244	藤木 宏幸	247	藤本 正	249
廣川 和市	242	福島 泰蔵	245	藤子・F・不二雄	247	藤本 徳明	249
広川 禎秀	242	福島 泰樹	245	藤子 不二雄	247	藤本 俊郎	249
廣末 保	242	福田 克彦	245	藤澤 一夫	247	藤本 敏夫	249
広瀬 惟然	242	福田 甲子雄	245	藤沢 周	247	藤本 ひとみ	249
広瀬 脩二朗	242	福田 重固	245	藤沢 周平	247	藤本 昌司	249
広瀬 淡窓	242	福田 恆存	245	藤澤 令夫	247	藤本 由香里	249
広瀬 ちえみ	242	福田 徳三	245	藤沢 法暎	247	藤森 栄一	249
廣田 健次郎	242	福田 英子	245	藤沢 道郎	247	藤森 照信	249
廣田 稔	242	福田 雅章	245	藤島 亥治郎	247	藤森 英男	249
広津 和郎	242	福田 正夫	245	藤島 武二	247	藤森 洋志	249
広津 柳浪	242	福田 眞久	245	藤城 清治	247	藤森 三男	249

藤吉 瞭 …… 250	古川 清 …… 252	保科 百助 …… 254	堀江 祥允 …… 256
藤善 眞澄 …… 250	古川 孝順 …… 252	保科 正之 …… 254	堀尾 輝久 …… 256
藤原 昭夫 …… 250	古川 隆夫 …… 252	星野 彰男 …… 254	堀上 謙 …… 256
藤原 一郎 …… 250	古川 日出男 …… 252	星野 立子 …… 254	堀河天皇 …… 256
藤原 欣一郎 …… 250	古川 實 …… 252	星野 哲郎 …… 254	堀切 実 …… 256
藤原 健蔵 …… 250	古川 緑波 …… 252	星野 徹 …… 254	堀口 大学 …… 256
藤原 貞雄 …… 250	古川原 哲夫 …… 252	星野 智幸 …… 254	堀越 孝一 …… 256
藤原 肇 …… 250	古沢 謙次 …… 252	星野 道夫 …… 254	堀込 静香 …… 256
藤原 松三郎 …… 250	古澤 賢治 …… 252	星野 美智子 …… 254	堀部 功夫 …… 256
藤原 保明 …… 250	古沢 博 …… 252	星野 欣生 …… 254	堀部 憲夫 …… 256
藤原 保信 …… 250	古澤 允雄 …… 252	星野 良樹 …… 254	ホロヴァー, フク … 256
藤原 裕 …… 250	古田 晁 …… 252	星野 義信 …… 254	本阿弥 光悦 …… 256
藤原 義江 …… 250	古田 織部 …… 252	保昌 正夫 …… 254	本庄 勇 …… 256
藤原 龍一郎 …… 250	古田 暁 …… 252	穂積 八束 …… 254	本庄 智宏 …… 256
藤原 氏 …… 250	古田 紹欽 …… 252	細江 英公 …… 254	本田 覚庵 …… 256
藤原 摂関家 …… 250	古西 信夫 …… 252	細川 忠興 …… 254	本多 健吉 …… 257
藤原 兼輔 …… 250	古橋 恒夫 …… 252	細川 藤次 …… 254	本多 光太郎 …… 257
藤原 清輔 …… 250	古林家 …… 252	細川 不凍 …… 254	本多 新平 …… 257
藤原 公任 …… 250	古厩 忠夫 …… 252	細川 幽斎 …… 255	本田 宗一郎 …… 257
藤原 惟成 …… 250	古谷 恭一 …… 252	細田 吉蔵 …… 255	本田 泰治 …… 257
藤原 定家 …… 250	古山 高麗雄 …… 252	細谷 勘資 …… 255	本多 隆成 …… 257
藤原 定方 …… 250	文 玉任 …… 252	細野 英夫 …… 255	本多 貞子 …… 257
藤原 実頼 …… 250		細野 義晴 …… 255	本田 時雄 …… 257
藤原 高子 …… 250	【へ】	細見 綾子 …… 255	本田 稔祐 …… 257
藤原 隆信 …… 250		細見 眞也 …… 255	本田 昇 …… 257
藤原 高光 …… 250	平氏 …… 252	細谷 章夫 …… 255	本多 寿 …… 257
藤原 為家 …… 250	別府 祐弘 …… 253	細谷 不句 …… 255	本田 英郎 …… 257
藤原 経衡 …… 251	弁長 …… 253	細谷 雄三 …… 255	本田 弘 …… 257
藤原 秀郷 …… 251	逸見 勝亮 …… 253	保田 正毅 …… 255	本多 正信 …… 257
藤原 道長 …… 251		保田井 進 …… 255	本田 増次郎 …… 257
藤原 道信 …… 251	【ほ】	堀田 和宏 …… 255	本田 康典 …… 257
藤原 通憲 …… 251		堀田 一善 …… 255	本田 靖春 …… 257
布施 辰治 …… 251	許 南麒 …… 253	堀田 郷弘 …… 255	本田 喜範 …… 257
二神 恭一 …… 251	彭叔 守仙 …… 253	堀田 善衞 …… 255	本台 進 …… 257
二谷 廣二 …… 251	北条 氏照 …… 253	保母 武彦 …… 255	本保 蘇堂 …… 257
二葉亭 四迷 …… 251	北條 賢三 …… 253	堀 明子 …… 255	本保 義太郎 …… 257
二村 重博 …… 251	北条 早雲 …… 253	堀 晃 …… 255	本間 一夫 …… 257
渕 倫彦 …… 251	北条 民雄 …… 253	堀 孝彦 …… 255	本間 重紀 …… 257
渕上 継雄 …… 251	北条 経時 …… 253	堀 辰雄 …… 255	本間 久雄 …… 257
淵上 毛錢 …… 251	北条 時宗 …… 253	堀 達之助 …… 255	本間 久善 …… 257
淵澤 能恵 …… 251	北条 政子 …… 253	堀 悌吉 …… 255	本間 正明 …… 257
舟越 桂 …… 251	北条 元一 …… 253	堀 輝三 …… 255	本間 義人 …… 257
船越 泰次 …… 251	北条氏 …… 253	堀 敏一 …… 255	
船越 隆司 …… 251	北条 得宗家 …… 253	堀 直格 …… 256	【ま】
舟阪 洋子 …… 251	法然 …… 253	ホリ・ヒロシ …… 256	
船田 享二 …… 251	外間 守善 …… 253	堀 宏 …… 256	米谷 泰輔 …… 258
船津 辰一郎 …… 251	外間 寛 …… 253	堀 光男 …… 256	前 登志夫 …… 258
船津 伝次平 …… 251	穂苅 三寿雄 …… 253	堀 喜望 …… 256	前川 和也 …… 258
舟場 正富 …… 251	保阪 嘉内 …… 253	堀 柳女 …… 256	前川 國男 …… 258
舟橋 聖一 …… 251	保坂 哲郎 …… 254	堀井 令以知 …… 256	前川 功一 …… 258
古井 由吉 …… 251	保坂 直達 …… 254	堀池 春峰 …… 256	前川 恒雄 …… 258
古市 公威 …… 251	保坂 陽一郎 …… 254	堀内 誠一 …… 256	前川 寛 …… 258
古尾谷 泉 …… 252	星 勝晴 …… 254	堀内 清司 …… 256	前川 道郎 …… 258
古川 顯 …… 252	星 新一 …… 254	堀内 俊和 …… 256	前川 康男 …… 258
古河 市兵衛 …… 252	星 雅彦 …… 254	堀江 忠男 …… 256	前嶋 信次 …… 258
古川 修 …… 252	星 三枝子 …… 254	堀江 敏幸 …… 256	前島 和橋 ⇒柄井 川柳（9代目）

前田 功雄 ………… 258	牧野 洋一 ………… 260	松浦 章 ………… 262	松田 徳一郎 ………… 265
前田 勇 ………… 258	牧野 義雄 ………… 260	松浦 馨 ………… 262	松田 文雄 ………… 265
前田 一石 ………… 258	牧野 四子吉 ………… 260	松浦 武四郎 ………… 263	松田 幹夫 ………… 265
前田 潮 ………… 258	牧野 留美子 ………… 260	松浦 利明 ………… 263	松田 幸雄 ………… 266
前田 金五郎 ………… 258	牧野田 恵美子 …… 260	松浦 友久 ………… 263	松平 容保 ………… 266
前田 慶次 ………… 258	牧港 篤三 ………… 260	松浦 寿輝 ………… 263	松平 定信 ………… 266
前田 憲 ………… 258	槇村 正直 ………… 260	松浦 理英子 ………… 263	松平 春嶽 ………… 266
前田 貞芳 ………… 258	政尾 藤吉 ………… 260	松江 春次 ………… 263	松平 進 ………… 266
前田 重朗 ………… 258	正岡 容 ………… 260	松枝 迪夫 ………… 263	松平 信綱 ………… 266
前田 舜次郎 ………… 258	正岡 子規 ………… 260	松尾 邦之助 ………… 263	松平氏 ………… 266
前田 ジョン ………… 258	正木 生虎 ………… 261	松尾 聰 ………… 263	松谷 勉 ………… 266
前田 隆子 ………… 258	柾木 恭介 ………… 261	松尾 章一 ………… 263	松土 陽太郎 ………… 266
前田 達明 ………… 258	間崎 啓匡 ………… 261	松尾 多勢子 ………… 263	松永 巖 ………… 266
前田 達男 ………… 258	正木 健雄 ………… 261	松尾 展成 ………… 263	松永 和人 ………… 266
前田 藤四郎 ………… 258	正木 不如丘 ………… 261	松尾 芭蕉 ………… 263	松永 希久夫 ………… 266
前田 利家 ………… 258	正木 ゆう子 ………… 261	松尾 光 ………… 264	松永 伍一 ………… 266
前田 俊彦 ………… 259	真砂 泰輔 ………… 261	松尾 由美 ………… 264	松永 淳一 ………… 266
前田 富祺 ………… 259	正宗 白鳥 ………… 261	松尾 好治 ………… 264	松永 千秋 ………… 266
前田 英昭 ………… 259	正村 公宏 ………… 261	松尾 力雄 ………… 264	松永 久秀 ………… 266
前田 庸 ………… 259	正村 竹一 ………… 261	松岡 要 ………… 264	松永 安左エ門 ………… 266
前田 昌彦 ………… 259	増野 肇 ………… 261	松岡 寛爾 ………… 264	松濤 誠達 ………… 266
前田 政宏 ………… 259	間島 一雄 ………… 261	松岡 紘一 ………… 264	松沼 勇 ………… 266
前田 康博 ………… 259	真島 利行 ………… 261	松岡 誠之助 ………… 264	松野 みどり ………… 266
前田家 ………… 259	真下 三郎 ………… 261	松岡 博 ………… 264	松野 陽一 ………… 266
前野 育三 ………… 259	真下 飛泉 ………… 261	松岡 正章 ………… 264	松野 頼三 ………… 266
前野 直彬 ………… 259	真下 満 ………… 261	松岡 道治 ………… 264	松葉 邦敏 ………… 266
前原 一誠 ………… 259	桝井 寿郎 ………… 261	松岡 靖光 ………… 264	松林 金造 ………… 266
前原 正治 ………… 259	増澤 敏行 ………… 261	松岡 譲 ………… 264	松原 悦夫 ………… 266
前原 昌仁 ………… 259	増島 俊之 ………… 261	松岡 義和 ………… 264	松原 和男 ………… 266
前原 龍二 ………… 259	増田 明美 ………… 261	松方 幸次郎 ………… 264	松原 成美 ………… 266
前間 良爾 ………… 259	益田 克徳 ………… 261	松方 正義 ………… 264	松原 達哉 ………… 267
前山 清一郎 ………… 259	益田 勝実 ………… 261	松木 栄三 ………… 264	松原 勉 ………… 267
真壁 仁 ………… 259	増田 重信 ………… 262	眞継 隆 ………… 264	松原 信之 ………… 267
馬上 徳 ………… 259	増田 晴天楼 ………… 262	松木 直秀 ………… 264	松原 洋宗 ………… 267
真柄 欽次 ………… 259	益田 孝 ………… 262	松倉 米吉 ………… 265	松政 貞治 ………… 267
真柄 久雄 ………… 259	益田 太郎冠者 ………… 262	松崎 明 ………… 265	松村 明 ………… 267
馬来 国弼 ………… 259	増田 信彦 ………… 262	松崎 慊堂 ………… 265	松村 英一 ………… 267
真木 實彦 ………… 259	増田 正勝 ………… 262	松崎 晋二 ………… 265	松村 君子 ………… 267
牧 二郎 ………… 259	増田 豊 ………… 262	松崎 洋子 ………… 265	松村 國隆 ………… 267
槇 悌次 ………… 259	増谷 文雄 ………… 260	松下 圭一 ………… 265	松村 憲一 ………… 267
牧 正英 ………… 259	増地 昭男 ………… 262	松下 幸之助 ………… 265	松村 康平 ………… 267
牧口 常三郎 ………… 259	枡野 俊明 ………… 262	松下 大三郎 ………… 265	松村 將 ………… 267
巻下 吉夫 ………… 259	増原 啓司 ………… 262	松下 竜一 ………… 265	松村 高夫 ………… 267
蒔田 さくら子 …… 259	増淵 恒吉 ………… 262	松嶋 敦茂 ………… 265	松村 信美 ………… 267
牧田 幸人 ………… 259	増村 王子 ………… 262	松島 栄一 ………… 265	松村 みね子 ………… 267
牧田 吉和 ………… 259	町井 和朗 ………… 262	松島 諄吉 ………… 265	松村 好浩 ………… 267
牧戸 孝郎 ………… 259	町田 康 ………… 262	松島 肇 ………… 265	松本 勇 ………… 267
牧野 カツコ ………… 259	町田 町蔵 ⇒町田 康	松島 恵 ………… 265	松本 一郎 ………… 267
牧野 信一 ………… 260	町村 敬貴 ………… 262	松嶋 由紀子 ………… 265	松本 学 ………… 267
牧野 成一 ………… 260	松井 和夫 ………… 262	松園 万亀雄 ………… 265	松本 和良 ………… 267
牧野 誠一 ………… 260	松井 勝利 ………… 262	松田 修 ………… 265	松本 かつぢ ………… 267
牧野 利秋 ………… 260	松井 康成 ………… 262	松田 定次 ………… 265	松本 喜一 ………… 267
牧野 富夫 ………… 260	松井 茂久 ………… 262	松田 鹿三 ………… 265	松本 喜三郎 ………… 267
牧野 富太郎 ………… 260	松居 松葉 ………… 262	松田 正平 ………… 265	松本 健一 ………… 267
牧野 文子 ………… 260	松井 倫子 ………… 262	松田 哲夫 ………… 265	松本 晧一 ………… 267
牧野 黙庵 ………… 260	松井 芳郎 ………… 262	松田 解子 ………… 265	松本 治一郎 ………… 267

松本 祐光 …… 267	【み】	水野 朝夫 …… 273	三邉 博之 …… 275
松本 清張 …… 268		水野 勝成 …… 273	南 邦和 …… 275
松本 大洋 …… 268	三浦 綾子 …… 270	水野 忠邦 …… 273	南 博 …… 275
松本 たかし …… 268	三浦 参玄洞 …… 270	水野 建雄 …… 273	南 諭造 …… 275
松本 唯史 …… 268	三浦 恵次 …… 270	水野 常吉 …… 273	南 亮進 …… 275
松本 タミ …… 268	三浦 修吾 …… 270	水野 知昭 …… 273	源 家長 …… 275
松本 忠司 …… 268	みうら じゅん …… 270	水野 紀一 …… 273	源 俊頼 …… 275
松本 徹 …… 268	三浦 順治 …… 270	水野 正好 …… 273	源 満仲 …… 275
松本 富生 …… 268	三浦 正一 …… 270	水野 勝 …… 273	源 義経 …… 275
松本 憲尚 …… 268	三浦 清一 …… 270	水野 稔 …… 273	源 頼朝 …… 275
松本 治久 …… 268	三浦 仙三郎 …… 270	水野 柳太郎 …… 273	源 頼光 …… 276
松元 宏 …… 268	三浦 つとむ …… 271	水の江 瀧子 …… 273	皆吉 爽雨 …… 276
松本 泰丈 …… 268	三浦 弘万 …… 271	水原 秋櫻子 …… 273	峰岸 孝哉 …… 276
松本 文三郎 …… 268	三浦 文夫 …… 271	水原 總平 …… 273	峰岸 純夫 …… 276
松本 正信 …… 268	三浦 雅士 …… 271	水原 熙 …… 273	巳野 保嘉治 …… 276
松本 正徳 …… 268	三浦 由己 …… 271	水間 治徳 …… 273	美濃口 武雄 …… 276
松本 衛 …… 268	三尾 砂 …… 271	三角 寛 …… 273	蓑田 胸喜 …… 276
松本 道介 …… 268	三尾 公三 …… 271	三隅 二不二 …… 273	蓑谷 千凰彦 …… 276
松本 譲 …… 268	三笠宮 崇仁 …… 271	水村 光一 …… 273	三原 脩 …… 276
松本 良順 …… 268	三ケ島 葭子 …… 271	水本 精一郎 …… 273	三原 憲三 …… 276
松本 零士 …… 268	三上 章 …… 271	溝尾 良隆 …… 274	三原 研田 …… 276
松山 正男 …… 268	三上 茂 …… 271	溝口 宏平 …… 274	三原 泰熙 …… 276
松山 基範 …… 269	三上 昭美 …… 271	溝口 雄三 …… 274	三舩 留吉 …… 276
松浦 静山 …… 269	三上 日出夫 …… 271	美空 ひばり …… 274	宮 柊二 …… 276
まど・みちお …… 269	三上 宏美 …… 271	箕田 源二郎 …… 274	宮 英子 …… 276
眞鍋 俊二 …… 269	三上 義夫 …… 271	三田 洋 …… 274	宮内 俊介 …… 276
真鍋 俊照 …… 269	三木 清 …… 271	三谷 太一郎 …… 274	宮内 義彦 …… 276
真鍋 博 …… 269	三木 紀人 …… 271	三谷 隆正 …… 274	宮尾 しげを …… 276
間野 英二 …… 269	三木 卓 …… 271	三田村 昭吾 …… 274	宮尾 登美子 …… 276
間宮 庄平 …… 269	三木 露風 …… 271	道浦 母都子 …… 274	宮岡 薫 …… 276
黛 敏郎 …… 269	三岸 好太郎 …… 271	道永 エイ …… 274	宮川 香山 …… 276
丸尾 直美 …… 269	右島 一朗 …… 271	三井 哲夫 …… 274	宮川 公男 …… 276
丸川 松隠 …… 269	三國 玲子 …… 271	三井 誠 …… 274	宮川 哲夫 …… 276
丸木 政臣 …… 269	神子上 恵生 …… 271	三井 葉子 …… 274	宮城 音弥 …… 276
マルセ 太郎 …… 269	三阪 互 …… 272	三井 家 …… 274	宮城 道雄 …… 276
丸茂 新 …… 269	三沢 厚彦 …… 272	三石 勝五郎 …… 274	宮城谷 昌光 …… 277
丸茂 文幸 …… 269	三澤 正善 …… 272	光岡 浩二 …… 274	宮口 しづえ …… 277
丸森 隆吾 …… 269	三島 弥太郎 …… 272	満川 亀太郎 …… 274	三宅 一郎 …… 277
丸谷 才一 …… 269	三島 由紀夫 …… 272	満谷 国四郎 …… 274	三宅 興子 …… 277
丸山 英気 …… 269	三島 淑臣 …… 272	光藤 景皎 …… 274	三宅 剛一 …… 277
丸山 珪一 …… 269	水上 千之 …… 272	三野 栄治 …… 274	三宅 雪嶺 …… 277
丸山 健二 …… 269	水上 勉 …… 272	三橋 鷹女 …… 274	三宅 徳嘉 …… 277
丸山 定巳 …… 269	水木 しげる …… 272	三橋 敏雄 …… 274	三宅 秀 …… 277
丸山 静雄 …… 269	水越 潔 …… 272	水戸 黄門 ⇒徳川 光圀	三宅 正樹 …… 277
丸山 博正 …… 269	水越 松南 …… 272		三宅 正朝 …… 277
丸山 久子 …… 269	水越 敏行 …… 272	三戸 公 …… 274	三宅 氏 …… 277
丸山 眞男 …… 269	水越 允治 …… 272	三留 理男 …… 274	宮腰 賢 …… 277
丸山 康則 …… 270	水島 稔夫 …… 272	緑間 栄 …… 275	宮坂 静生 …… 277
丸山 幸夫 …… 270	水田 珠枝 …… 272	南方 熊楠 …… 275	宮坂 富之助 …… 277
丸山 恵也 …… 270	水谷 研治 …… 273	南方 哲也 …… 275	宮坂 宏 …… 277
丸山 里矢 …… 270	水谷 信子 …… 273	水上 瀧太郎 …… 275	宮崎 市定 …… 277
馬渡 尚憲 …… 270	水谷 弘 …… 273	皆川 盤水 …… 275	宮崎 俊策 …… 277
満済 …… 270	水谷 守男 …… 273	皆川 博子 …… 275	宮崎 進 …… 277
萬田 五郎 …… 270	水谷 泰弘 …… 273	皆川 広義 …… 275	宮崎 忠克 …… 277
萬野 裕昭 …… 270	水波 朗 …… 273	皆木 信昭 …… 275	宮崎 滔天 …… 277
	水波 純子 …… 273	湊 晨 …… 275	宮崎 俊行 …… 277

宮崎 豊治 …… 277	三代澤 経人 …… 281	村上 淑郎 …… 283	毛利 健三 …… 286
宮崎 駿 …… 277	三好 伊平次 …… 281	村上 春樹 …… 283	毛利 重就 …… 286
宮崎 博 …… 277	三好 京三 …… 281	村上 啓夫 …… 283	毛利 敏彦 …… 286
宮崎 満 …… 278	三好 幸治 …… 281	村上 文昭 …… 283	毛利 臣男 …… 286
宮崎 夢柳 …… 278	三好 重夫 …… 281	村上 正邦 …… 283	毛利 正守 …… 286
宮沢 賢治 …… 278	三好 十郎 …… 281	村上 光徳 …… 284	毛利 元就 …… 286
宮沢 俊一 …… 279	三好 達治 …… 281	村上 世彰 …… 284	毛利家 …… 286
宮沢 慎介 …… 279	三好 徳三郎 …… 281	村上 吉正 …… 284	最上 徳内 …… 286
宮沢 トシ …… 279	三好 学 …… 281	村上 龍 …… 284	最上 敏樹 …… 286
宮沢 永光 …… 279	三好 義之助 …… 281	村上氏 …… 284	最上氏 …… 286
宮澤 正順 …… 279	三輪 栄造 …… 281	村川 行弘 …… 284	茂木 俊彦 …… 286
宮下 啓三 …… 279	三和 一博 …… 281	村串 仁三郎 …… 284	物集 芳 …… 286
宮下 誠一郎 …… 279	三輪 晃一 …… 281	紫式部 …… 284	茂田井 武 …… 286
宮下 柾次 …… 279	三輪 昌男 …… 282	村嶋 歸之 …… 284	望月 海淑 …… 286
宮下 正房 …… 279	三和 良一 …… 282	村瀬 誠 …… 284	望月 清人 …… 286
宮島 誠一郎 …… 279	三輪田 真佐子 …… 282	村田 貞雄 …… 284	望月 三起也 …… 286
宮島 喬 …… 279		村田 茂昭 …… 284	望田 幸男 …… 286
宮田 一郎 …… 279	【む】	村田 珠光 …… 284	以仁王 …… 286
宮田 脩 …… 279		村田 省蔵 …… 284	持本 志行 …… 286
宮田 登 …… 279	無隠元晦 …… 282	村田 文夫 …… 284	本居 長世 …… 286
宮田 裕行 …… 279	向井 去来 …… 282	村田 年 …… 284	本居 宣長 …… 286
宮田 美智也 …… 279	向井 伸二 …… 282	村田 稔 …… 284	素木 しづ …… 287
宮台 真司 …… 279	向井 芳樹 …… 282	村田 安穂 …… 284	本木 昌造 …… 287
宮武 外骨 …… 279	麦林 布道 …… 282	村中 祐生 …… 284	元 木網 …… 287
宮地 正人 …… 279	椋 鳩十 …… 282	村野 四郎 …… 284	本宮 ひろ志 …… 287
宮野 彬 …… 279	向川 幹雄 …… 282	村林 隆一 …… 284	本谷 義信 …… 287
宮畑 一郎 …… 279	向田 邦子 …… 282	村松 勲 …… 284	本山 貞一 …… 287
宮林 昭彦 …… 279	武者小路 実篤 …… 282	村松 賢一 …… 284	本山 亨 …… 287
宮原 昭夫 …… 279	無住 …… 282	村松 司叙 …… 284	本山 美彦 …… 287
宮原 和子 …… 279	務台 理作 …… 282	村松 岐夫 …… 285	物部 晃二 …… 287
宮原 誠一 …… 279	牟田口 義郎 …… 282	村山 出 …… 285	桃 節山 …… 287
宮原 英種 …… 279	無着 成恭 …… 282	村山 籌子 …… 285	百瀬 泉 …… 287
宮原 民平 …… 279	武藤 山治 …… 282	村山 修一 …… 285	百瀬 恵夫 …… 287
宮部 みゆき …… 280	武藤 脩二 …… 282	村山 俊太郎 …… 285	百瀬 宏 …… 287
美山 靖 …… 280	武藤 春光 …… 282	村山 敏勝 …… 285	森 章 …… 287
宮道 潔 …… 280	武藤 節義 …… 282	村山 富市 …… 285	森 有礼 …… 287
宮本 亜門 …… 280	武藤 徹 …… 282	村山 知義 …… 285	森 丑之助 …… 287
宮本 勝浩 …… 280	武藤 英男 …… 282	村山 半牧 …… 285	森 鷗外 …… 287
宮本 寛爾 …… 280	武藤 三千夫 …… 282	村山 元英 …… 285	森 皚峰 …… 288
宮本 邦男 …… 280	棟方 志功 …… 282	村山 康宏 …… 285	森 一夫 …… 288
宮本 顕治 …… 280	村井 弦斎 …… 283	村山 嘉彦 …… 285	森 嘉兵衛 …… 288
宮本 忠 …… 280	村井 正 …… 283	群 ようこ …… 285	森 健一 …… 288
宮本 勉 …… 280	村井 忠政 …… 283	室生 犀星 …… 285	森 三郎 …… 288
宮本 常一 …… 280	村井 正誠 …… 283	室賀 信夫 …… 285	森 潤三郎 …… 288
宮木 輝 …… 280	村井 泰彦 …… 283	室本 誠二 …… 285	森 章司 …… 288
宮本 雅之 …… 280	村石 凱彦 …… 283		森 常治 …… 288
宮本 又郎 …… 280	村岡 到 …… 283	【め】	森 信三 …… 288
宮本 武蔵 …… 280	村岡 典嗣 …… 283		森 澄雄 …… 288
宮本 康昭 …… 281	村岡 輝三 …… 283	明治天皇 …… 285	森 清和 …… 288
宮本 安美 …… 281	村上 華岳 …… 283	銘苅 春榮 …… 285	森 銑三 …… 288
宮本 百合子 …… 281	村上 鬼城 …… 283	目黒 哲朗 …… 285	森 荘已池 …… 288
宮本 良成 …… 281	村上 公敏 …… 283	目黒 真理子 …… 285	森 正 …… 288
宮良 高弘 …… 281	村上 玄水 …… 283		森 ちふく …… 288
宮良 長包 …… 281	村上 三島 …… 283	【も】	森 哲夫 …… 288
宮脇 俊三 …… 281	村上 節太郎 …… 283		森 信成 …… 288
明珍 昭次 …… 281	村上 武吉 …… 283	毛利 和弘 …… 286	森 晴秀 …… 288

森 英樹	288	森谷 武男	291	安田 元三	293	山内 弘継	295
護 雅夫	288	森谷 延雄	291	安田 二郎	293	山浦 瑛子	296
森 正夫	288	森安 理文	291	安田 德太郎	293	山浦 廣海	296
森 昌己	289	森山 弘毅	291	安田 信之	293	山尾 三省	296
森 茉莉	289	守山 記生	291	安田 初雄	293	山尾 庸三	296
森 幹男	289	森山 秀吉	291	保田 仁資	293	山岡 泰造	296
森 教郎	289	茂呂 近助	291	保田 芳昭	293	山岡 鉄舟	296
森 安彦	289	諸沢 巌	291	保田 與重郎	293	山鹿 素行	296
森 泰博	289	諸橋 轍次	291	安田 理深	293	山形 和美	296
森 瑶子	289	諸橋 元三郎	291	安武 秀岳	293	山形 恭子	296
森 麗子	289	文覚	291	安永 蕗子	293	山上 賢一	296
森井 昭顕	289	文観 弘真	291	安成 貞雄	293	山上 武夫	296
森泉 章	289			安場 保和	293	山上 達人	296
森内 俊雄	289	【や】		安場 保吉	293	山川 暁夫	296
森川 昭	289			安彦 良和	293	山川 雄巳	296
森川 和代	289	屋嘉 宗業	291	安水 稔和	293	山川 健次郎	296
森川 許六	289	矢川 澄子	291	安森 征治	293	山川 均	296
森川 竹窓	289	八木 充	291	八瀬 童子	293	山川 方夫	296
森川 甫	289	八木 江里	291	矢田 晶紀	293	山川 義夫	296
森川 八洲男	289	八木 一夫	291	矢田 津世子	293	山川 亮	296
森口 多里	289	八木 克正	291	矢田 俊文	293	八巻 俊雄	296
森作 常生	289	八木 克巳	291	矢田部 保吉	293	山岸 和夫	296
森下 雨村	289	八木 重吉	291	弥富 破摩雄	293	山岸 寛	296
森下 健三	289	八木 三日女	291	弥永 万三郎	293	山岸 美穂	296
森嶋 通夫	289	八木 義徳	291	柳 五郎	294	山極 勝三郎	296
森田 愛子	289	八木田 恭輔	291	柳 春生	294	山口 明穂	296
森田 功	289	八切 止夫	291	柳 宗理	294	山口 稲生	296
森田 兼吉	289	矢沢 あい	291	柳 宗悦	294	山口 和	296
森田 邦夫	289	矢沢 康祐	292	柳 幸典	294	山口 和男	296
森田 浩一	290	矢澤 修次郎	292	柳沢 桂子	294	山口 和秀	297
森田 浩平	290	矢澤 富太郎	292	柳澤 孝	294	山口 勝正	297
森田 思軒	290	矢島 脩三	292	柳澤 弘士	294	山口 圭介	297
森田 勝治	290	矢嶋 嶺	292	柳田 邦男	294	山口 浩一郎	297
守田 志郎	290	矢島 毅	292	柳田 國男	294	山口 幸二	297
森田 武	290	家島 彦一	292	柳田 節子	295	山口 孤剣	297
森田 たま	290	矢島 文夫	292	柳瀬 訓	295	山口 誓子	297
森田 成美	290	矢島 獻三	292	やなせ たかし	295	山口 草堂	297
森田 必勝	290	八代 有	292	柳瀬 恒範	295	山口 徹	297
森田 正馬	290	屋代 弘賢	292	簗田 憲之	295	山口 俊章	297
森田 素夫	290	八代 斌助	292	家根 祥多	295	山口 秀夫	297
森田 保男	290	八代 淑子	292	矢野 貫一	295	山口 瞳	297
森田 雄三郎	290	弥次郎	292	矢野 徹	295	山口 広	297
森田 優三	290	安 世舟	292	矢野 輝雄	295	山口 博幸	297
森田 洋司	290	保井 コノ	292	矢野 峰人	295	山口 蓬春	297
森田 良紀	290	安井 修二	292	矢野 竜渓	295	山口 昌男	297
森谷 南人子	290	安井 息軒	292	矢作 俊彦	295	山口 真弘	297
森永 毅彦	290	安井 仲治	292	谷萩 弘人	295	山口 雅也	297
森永 徹	290	安井 羊朔	292	藪 利和	295	山口 昌哉	297
森永 道夫	290	安枝 英紳	292	藪内 清	295	山口 操	297
森村 泰昌	290	安岡 重明	292	矢吹 晋	295	山口 光恒	297
森本 平	290	安岡 章太郎	292	藪木 榮夫	295	山口 守人	297
森本 益之	290	安岡 正篤	292	矢辺 学	295	山口 定	297
森本 好則	290	安川 悦子	292	山内 一豊	295	山口 裕	298
森本 六兵衛	290	安澤 秀一	293	山内 隆	295	山口 淑子	298
森谷 潔	290	安田 章	293	山内 隆久	295	山崎 闇斎	298
守屋 孝彦	291	安田 侃	293	山内 得立	295	山崎 敬祐	298

山崎 純一 …… 298	山田 正平 …… 300	山上 宗二 …… 302	山本 發次郎 …… 305
山崎 誉雄 …… 298	山田 二郎 …… 300	山上 憶良 …… 302	山本 春樹 …… 305
山崎 丹照 …… 298	山田 清市 …… 300	山内 豊徳 …… 302	山本 英男 …… 305
山崎 努 …… 298	山田 孝雄 …… 300	山内 光 …… 303	山本 芳翠 …… 305
山崎 俊夫 …… 298	山田 高生 …… 300	山内 久明 …… 303	山本 政一 …… 305
山崎 豊子 …… 298	山田 直 …… 300	山内 久 …… 303	山本 正文 …… 305
山崎 延吉 …… 298	山田 辰雄 …… 300	山内 正瞭 …… 303	山本 勝 …… 305
山崎 寛 …… 298	山田 瑩徹 …… 300	山辺 知紀 …… 303	山本 森之助 …… 305
山崎 弘行 …… 298	山田 鋭夫 …… 300	山辺 知行 …… 303	山本 有三 …… 305
山崎 麓 …… 298	山田 俊雄 …… 300	山藤 章二 …… 303	山本 有造 …… 305
山崎 方代 …… 298	山田 長政 …… 300	山部 赤人 …… 303	山本 由之 …… 305
山崎 ます美 …… 298	山田 花子 …… 300	山枡 雅信 …… 303	山吉 剛 …… 305
山崎 美貴子 …… 298	山田 英生 …… 300	山村 暮鳥 …… 303	山脇 貞司 …… 305
山崎 杢左衛門 …… 298	山田 英雄 …… 300	山村 元彦 …… 303	山脇 信徳 …… 305
山崎 泰広 …… 298	山田 秀男 …… 300	山村 賢明 …… 303	梁 石日 …… 305
山崎 悠基 …… 298	山田 秀雄 …… 300	山村 楽正 …… 303	山家 保 …… 305
山崎 勇視 …… 298	山田 秀三 …… 300	山室 軍平 …… 303	
山崎 庸一郎 …… 298	山田 美妙 …… 301	山室 静 …… 303	【ゆ】
山崎 養麿 …… 298	山田 博光 …… 301	山本 昭 …… 303	
山里 将輝 …… 298	山田 風太郎 …… 301	山本 厚男 …… 303	湯浅 年子 …… 305
山沢 逸平 …… 298	山田 方谷 …… 301	山本 五十六 …… 303	湯浅 与三 …… 305
山路 愛山 …… 299	山田 政美 …… 301	山本 岩夫 …… 303	油井 大三郎 …… 305
山下 榮一 …… 299	山田 守 …… 301	山本 永暉 …… 303	由井 正臣 …… 305
山下 薫 …… 299	山田 万吉郎 …… 301	山本 栄治 …… 303	游 仲勲 …… 306
山下 一道 …… 299	山田 幹郎 …… 301	山本 学治 …… 303	柳 美里 …… 306
山下 精彦 …… 299	山田 道之 …… 301	山本 和義 …… 303	結城 昌治 …… 306
山下 欣一 …… 299	山田 満 …… 301	山本 鼎 …… 303	結城 信一 …… 306
山下 健次 …… 299	山田 稔 …… 301	山本 勘助 …… 304	結城 豊太郎 …… 306
山下 脩二 …… 299	山田 稔 …… 301	山本 丘人 …… 304	結城 氏 …… 306
山下 新太郎 …… 299	山田 無文 …… 301	山本 堯 …… 304	湯川 秀樹 …… 306
山下 隆資 …… 299	山田 明爾 …… 301	山本 空外 …… 304	湯川 恭敏 …… 306
山下 威士 …… 299	山田 泰彦 …… 301	山本 邦彦 …… 304	湯木 貞一 …… 306
山下 奉文 …… 299	山田 行雄 …… 301	山本 慧一 …… 304	由木 礼 …… 306
山下 秀樹 …… 299	山田 幸宏 …… 301	山本 啓子 …… 304	弓削 道鏡 ⇒道鏡
山下 宏明 …… 299	山田 洋次 …… 301	山本 敬三 …… 304	湯嶋 健 …… 306
山下 文明 …… 299	山田 わか …… 302	山本 顕一 …… 304	湯田 豊 …… 306
山下 正喜 …… 299	山手 樹一郎 …… 302	山本 健吉 …… 304	湯野 勉 …… 306
山下 りん …… 299	山手 治之 …… 302	山本 玄峰 …… 304	柚木 學 …… 306
山科 言継 …… 299	山鳥 崇 …… 302	山本 皓一 …… 304	夢野 久作 …… 306
山代 巴 …… 299	山名 文夫 …… 302	山本 周五郎 …… 304	湯山 昭 …… 306
山城 知信 …… 299	山中 耕作 …… 302	山本 四郎 …… 304	由利 公正 …… 306
山城 学 …… 299	山中 智之 …… 302	山本 眞一 …… 304	百合山 羽公 …… 306
山代 義雄 …… 299	山中 智恵子 …… 302	山本 進 …… 304	
山田 晧 …… 299	山中 散生 …… 302	山本 宣治 …… 304	【よ】
山田 晃 …… 299	山中 俊夫 …… 302	山本 孝夫 …… 304	
山田 家正 …… 299	山中 富太郎 …… 302	山本 尚志 …… 304	楊 合義 …… 306
山田 勲 …… 299	山中 豊国 …… 302	山本 隆 …… 304	用稲 孝道 …… 306
山田 勇男 …… 299	山中 恒 …… 302	山本 雅 …… 304	瑤泉院 …… 306
山田 勇 …… 299	山中 均之 …… 302	山本 太郎 …… 304	横井 亀夫 …… 307
山田 詠美 …… 300	山中 宏 …… 302	山本 勉 …… 304	横井 久美子 …… 307
山田 恵諦 …… 300	山中 康裕 …… 302	山本 常朝 …… 304	横井 小楠 …… 307
山田 かん …… 300	山根 徳太郎 …… 302	山本 哲彦 …… 304	横井 時冬 …… 307
山田 源一郎 …… 300	山根 学 …… 302	山本 徹 …… 304	横井 英夫 …… 307
山田 耕筰 …… 300	山根 幸夫 …… 302	山本 なおこ …… 305	横井 弘美 …… 307
山田 定市 …… 300	山野 愛子 …… 302	山本 夏彦 …… 305	横井 福次郎 …… 307
山田 昭全 …… 300	山野 誠之 …… 302	山本 信良 …… 305	横井 義則 …… 307

横井 芳弘 …… 307	吉田 清 …… 310	吉本 隆明 …… 312	李 恢成 ⇒"イ・フェソン"
横尾 邦夫 …… 307	吉田 国臣 …… 310	よしもと ばなな … 312	李 香蘭 ⇒山口 淑子
横尾 紫洋 …… 307	吉田 熊次 …… 310	吉本 均 …… 312	李 方子 …… 314
横尾 忠則 …… 307	吉田 恵以子 …… 310	吉屋 信子 …… 312	李 良枝 ⇒"イ・ヤンジ"
横川 省三 …… 307	吉田 桂二 …… 310	吉安 光徳 …… 313	
横川 雄二 …… 307	吉田 健一 …… 310	吉行 エイスケ …… 313	利沢 幸雄 …… 314
横須賀 薫 …… 307	吉田 兼好 …… 310	吉行 淳之介 …… 313	立仙 順朗 …… 315
横田 健一 …… 307	吉田 弘一 …… 310	吉行 理恵 …… 313	リービ 英雄 …… 315
横田 三友俊益 …… 307	吉田 暁 …… 310	依田 学海 …… 313	劉 進慶 …… 315
横田 順彌 …… 307	吉田 茂 …… 310	与田 準一 …… 313	柳幸 広登 …… 315
横田 澄司 …… 307	吉田 修一 …… 310	依田 發夫 …… 313	龍造寺 隆信 …… 315
横田 浜夫 …… 307	吉田 松陰 …… 310	依田 憙家 …… 313	柳亭 種彦 …… 315
横田 禎昭 …… 307	吉田 忠 …… 310	乘 浩子 …… 313	凌 星光 …… 315
横手 貞美 …… 307	吉田 民人 …… 310	四元 忠博 …… 313	梁 石日 ⇒"ヤン・ソギル"
横溝 正史 …… 307	吉田 定一 …… 310	四元 康祐 …… 313	
横光 利一 …… 308	吉田 徹夫 …… 310	四ツ谷 龍 …… 313	良寛 …… 315
横山 和彦 …… 308	吉田 東伍 …… 310	淀川 都 …… 313	料治 直矢 …… 315
横山 恵子 …… 308	吉田 俊久 …… 310	淀君 …… 313	林 錫璋 …… 315
横山 紘一 …… 308	吉田 永宏 …… 311	淀縄 光洋 …… 313	林 善義 …… 315
横山 茂 …… 308	吉田 秀雄 …… 311	米内 光政 …… 313	林 芳 …… 315
横山 英 …… 308	吉田 秀和 …… 311	米内山 震作 …… 313	林 模憲 …… 315
横山 大観 …… 308	吉田 宏晢 …… 311	米川 敏子 …… 313	
横山 信夫 …… 308	吉田 博 …… 311	米川 正夫 …… 313	【れ】
横山 信幸 …… 308	吉田 雅夫 …… 311	米倉 明 …… 313	
横山 未来子 …… 308	吉田 正男 …… 311	米澤 穂信 …… 313	冷泉 為恭 …… 315
横山 光輝 …… 308	吉田 昌子 …… 311	米地 実 …… 313	冷泉 為人 …… 315
横山 やすし …… 308	吉田 正信 …… 311	米重 文樹 …… 313	冷泉家 …… 315
横山 芳介 …… 308	吉田 満 …… 311	米田 明生 …… 313	蓮月尼 ⇒大田垣 蓮月
与謝 蕪村 …… 308	吉田 蓑助(3代目)	米田 栄作 …… 313	蓮如 …… 316
与謝野 晶子 …… 308	…… 311	米田 公丸 …… 313	
吉井 勇 …… 309	吉田 豊 …… 311	米田 庄太郎 …… 314	【ろ】
吉尾 弘 …… 309	吉田 善明 …… 311	米田 利昭 …… 314	
吉岡 生夫 …… 309	吉田 喜重 …… 311	米田 富 …… 314	盧 進容 …… 316
吉岡 曠 …… 309	吉富 啓一郎 …… 311	米田 雄介 …… 314	露川 …… 316
吉岡 実 …… 309	吉野 作造 …… 311	米永 隆司 …… 314	六角氏 …… 316
吉岡 守行 …… 309	吉野 愼一 …… 311	米野 苑子 …… 314	
吉岡 康暢 …… 309	吉野 俊彦 …… 311	米原 淳七郎 …… 314	【わ】
吉岡 彌生 …… 309	吉野 一 …… 311	米谷 雄平 …… 314	
吉川 英治 …… 309	吉野 秀雄 …… 311	米山 寅太郎 …… 314	若尾 文子 …… 316
吉川 忠夫 …… 309	吉野 弘 …… 311	四方 一瀰 …… 314	若桑 みどり …… 316
吉川 宏志 …… 309	吉野 昌甫 …… 311	四方田 犬彦 …… 314	若代 直哉 …… 316
吉川 行雄 …… 309	吉野 利弘 …… 311	寄金 義紀 …… 314	若月 紫蘭 …… 316
吉川 義春 …… 309	吉原 幸子 …… 311	頼富 本宏 …… 314	若月 俊一 …… 316
吉國 恒雄 …… 309	吉原 泰助 …… 311	萬 鉄五郎 …… 314	若槻 俊秀 …… 316
吉阪 隆正 …… 309	能久親王 …… 311	万屋 清兵衛 …… 314	若林 奮 …… 316
吉崎 邦子 …… 309	吉増 剛造 …… 311		若林 俊輔 …… 316
吉沢 四郎 …… 309	吉丸 一昌 …… 312	【ら】	若林 つや …… 316
芳澤 毅 …… 309	吉見 静江 …… 312		若林 直樹 …… 316
吉澤 昌恭 …… 309	好美 清光 …… 312	頼 山陽 …… 314	若林 信夫 …… 316
吉澤 南 …… 309	吉峯 徳 …… 312	頼 惟勤 …… 314	若林 政史 …… 316
慶滋 保胤 …… 309	吉村 昭 …… 312	頼 瑜 …… 314	若松 賤子 …… 316
吉田 敦彦 …… 309	吉村 公三郎 …… 312	ラグーザ 玉 …… 314	若宮 正則 …… 316
吉田 格 …… 309	吉村 達也 …… 312	良知 力 …… 314	和歌森 太郎 …… 316
吉田 一穂 …… 309	吉村 徳重 …… 312		若山 映子 …… 316
吉田 学軒 …… 309	吉村 弘 …… 312	【り】	若山 喜志子 …… 316
吉田 亀三郎 …… 310	吉本 伊信 …… 312	李 禹煥 …… 314	若山 牧水 …… 316

人名目次　(41)

若山 昌子	....	316
脇村 義太郎	....	317
和合 肇	....	317
和佐 清孝	....	317
ワシオ,トシヒコ	‥	317
鷲巣 繁男	....	317
和田 英子	....	317
和田 恭三	....	317
和田 耕作	....	317
和田 貞夫	....	317
和田 重司	....	317
和田 寿郎	....	317
和田 信賢	....	317
和田 澄子	....	317
和田 卓朗	....	317
和田 武	....	317
和田 徹三	....	317
和田 典子	....	317
和田 文雄	....	317
和田 芳恵	....	317
和田 淑子	....	317
和田 若人	....	317
渡瀬 昌忠	....	317
渡辺 昭夫	....	317
渡辺 惇	....	317
渡辺 崋山	....	317
渡辺 和子	....	317
渡邉 和幸	....	317
渡辺 金愛	....	317
渡辺 啓助	....	317
渡邉 洪基	....	318
渡辺 貞雄	....	318
渡邊 三郎	....	318
渡部 昇一	....	318
渡邊 二郎	....	318
渡辺 晋	....	318
渡辺 信一	....	318
渡辺 慎晤	....	318
渡辺 善太	....	318
渡辺 隆夫	....	318
渡辺 達雄	....	318
渡邉 力	....	318
渡辺 忠威	....	318
渡邉 綱吉	....	318
渡邉 恒雄	....	318
渡辺 利夫	....	318
渡邊 利雄	....	318
渡辺 仁治	....	318
渡辺 信夫	....	318
渡邊 白泉	....	318
渡辺 はま子	....	318
渡辺 尚	....	318
渡辺 久丸	....	318
渡邉 英夫	....	318
渡辺 寛	....	318
渡辺 弘	....	318
渡辺 博史	....	319
渡辺 洋	....	319
渡邊 弘	....	319
渡辺 誠	....	319
渡邉 正彦	....	319
渡辺 公観	....	319
渡邊 益男	....	319
渡邊 滿	....	319
渡辺 守順	....	319
渡部 保夫	....	319
渡辺 祐策	....	319
渡辺 有而	....	319
渡辺 好明	....	319
渡辺 義晴	....	319
渡辺 力	....	319
渡辺 廉吉	....	319
綿貫 六助	....	319
渡部 菊郎	....	319
和辻 哲郎	....	319

東洋人

【ア】

瘂 弦 323
愛新覚羅 溥儀 ⇒ 溥儀
アサド 323
アブー・クッラ 323
アブドゥル・ジャッバール 323
アフマド, E. 323
アミハイ, Y. 323

【イ】

涂 照彦 323
李 載裕 323
李 方子 ⇒《日本人》"リ・マサコ"
惟政 ⇒ 松雲
イブラーヒーム 323
イブン・タグリービルディー 323
イブン・バットゥータ 323
尹 東柱 ⇒ "ユン・ドンジュ"

【ウ】

ウィクラマシンハ, M. 323

【エ】

淮南子 323
慧能 323
エフライム 323

【オ】

王 羲之 323
王 光祈 323
王 光美 324
王 国維 324
王 充 324
王 心斎 324
汪 兆銘 324
王 莽 324
王 陽明 324

【カ】

ガウタマ・スィッダールタ ⇒ 釈迦
郭 宝崑 324
郭 沫若 324
ガザーリー 324
ガーリブ, M.A.K. 324
ガンジー, M.K. 324
韓非子 324

【キ】

義浄 324
ギタイ, A. 324
金 日成 324
金 笠 324
金 正日 324
金 素雲 324
金 星煥 325
金 大中 325
金 泳三 325
金 泳三 ⇒ "キム・ヨンサム"
金 玉均 325
金 光圭 325
金 芝河 325
金 正日 ⇒ "キム・ジョンイル"
金 素雲 ⇒ "キム・ソウン"
金 大中 ⇒ "キム・デジュン"
金 日成 ⇒ "キム・イルソン"
金 庸 325
金 笠 ⇒ "キム・サッカ"

【ク】

クォン・デ 325
クドゥス, R. 325
クビライ・カーン 325
クリシュナムルティ, J. 325
グロスマン, D. 325

【ケ】

元暁 325
玄奘 325
乾隆帝 325

【コ】

高 翔龍 325

胡 縄 326
高 英姫 326
高 銀 326
洪 秀全 326
黄 翔 326
黄 彰輝 326
江 沢民 326
黄 道周 326
康 有為 326
黄 霊芝 326
高祖 ⇒ 劉邦
高宗 326

【サ】

戴 炎輝 326
崔 承喜 326
ザオ, W. 326
サーヘニー, B. 326

【シ】

施 存統 326
始皇帝 326
司馬 遷 326
謝 康楽 326
謝 霊運 326
釈迦 326
釈 聖厳 327
シャンカラ 327
朱 天文 327
許 悔之 327
周 穎南 327
周 恩来 327
秋 瑾 327
周 作人 327
周 邦彦 327
徐 悲鴻 327
徐 福 327
蒋 介石 327
蕭 紅 327
章 士釗 327
焦 桐 327
章 炳麟 327
葉 歩月 327
松雲 327
ジンギス・カン ⇒ チンギス・ハン

【ス】

スカルノ 327

【セ】

世宗 ⇒ "セジョン"
西太后 327
世宗 327
セーニー, S. 327
セン, A.K. 327
善導 328

【ソ】

蘇 軾 328
蘇 東波 ⇒ 蘇軾
宋 教仁 328
宋 桂鉉 328
曹 操 328
ソヨルジャブ 328
孫 文 328

【タ】

戴 季陶 328
タゴール, R. 328
ダライ・ラマ 328
ダライ・ラマ6世 ... 328
ダライ・ラマ14世 328

【チ】

朱 論介 328
チョイトンノ 328
張 愛玲 328
張 説 328
張 錯 328
張 資平 328
張 仲景 328
張 廉卿 328
澄観 328
鄭 芝溶 329
陳 寅恪 329
陳 義芝 329
陳 進 329
陳 千武 329
チンギス・ハン 329

【ツ】

ツォンカパ 329

【テ】

鄭 観応 329
鄭 超麟 329
丁 雲 329
ティンサ・モウ・ナイン 329

【ト】

杜 牧 329
陶 淵明 329
陶 行知 329
鄧 散木 329
鄧 小平 329
陶 潜 ⇒陶 淵明
ドルジェタク 329
トンドゥプ, L. 330

【ナ】

ナーガールジュナ ⇒
　龍樹

【ハ】

白 楽晴 330
白 居易 330
薄 少君 330
白 楽天 ⇒白 居易
パール, R. 330
范 成大 330

【ヒ】

費 孝通 330
閔妃 ⇒"ミンビ"
ビン・ラーディン,
　O. 330

【フ】

馮 夢龍 330
溥儀 330
フセイン, S. 330
ブッダ ⇒釈迦
武寧王 330
プンツォク, W. 331

【ホ】

豊 子愷 331
茅 盾 331
包 拯 331
鮑 照 331
朴 世学 331
朴 椿浩 331
朴 龍喆 331
ボコボ, J.C. 331
ホトクタイ＝セチ
　ェン＝ホンタイジ 331
ポル・ポト 331

【マ】

馬 建忠 331
マイモニデス 331
マハティール, M. ・ 331
マフフーズ, N. ... 331
マホメット ⇒ムハ
　ンマド

【ミ】

ミトラ, S.K. 331
閔妃 331

【ム】

ムハンマド 331

【メ】

梅 蘭芳 332
メヴラーナ 332

【モ】

孟 浩然 332
毛 沢東 332
蒙 民偉 332

【ヤ】

楊 徳昌 332

【ユ】

庾信 332
尹 伊桑 332
尹 東柱 332

【ヨ】

余 光中 332
楊 牧 332
楊 煉 332

【ラ】

ラマナ・マハルシ
　........................... 332
ラマヌジャン, S. ... 332

【リ】

李 禹煥 ⇒《日本
　人》"リ・ウファン"
李 魁賢 333
李 玉琴 333
李 垠 333
李 香蘭 ⇒《日本
　人》山口 淑子
李 舜臣 333
李 商隠 333
李 清源 333
李 勣 333
李 登輝 333
李 白 333
李 敏勇 333
陸 羽 333
陸 機 333
劉 禹錫 333
劉 思復 333
劉 邦 333
龍樹 333
呂 赫若 333
梁 啓超 333
凌 濛初 333
林 亨泰 333
林 彪 333

【ル】

羅 隆基 333

【ロ】

路 寒袖 333
盧 見曾 334
老子 334
魯迅 334

西洋人

【ア】

アイアランド, W.H. ……… 337
アイゼンハワー, D.D. ……… 337
アイヒ, G. ……… 337
アイヒェンドルフ, J.v. ……… 337
アイルズ, F. ⇒バークリー, A.
アインシュタイン, A. ……… 337
アヴィーロワ, L.A. ……… 337
アーヴィング, W. ……… 337
アウグスティヌス ……… 337
アウグストゥス ……… 338
アーサー王 ……… 338
アジェ, E. ……… 338
アシモフ, I. ……… 338
アシュベリ, J. ……… 338
アタナシウス, M. ……… 338
アダムス, J. ……… 338
アップダイク, J. ……… 338
アデア, G. ……… 338
アーデン, E. ……… 338
アトウッド, M. ……… 338
アドラー, A. ……… 338
アトリー, A. ……… 338
アドルノ, T.W. ……… 338
アニング, M. ……… 338
アーノルド, M. ……… 338
アフォード, M. ……… 339
アフマートヴァ, A. ……… 339
アベグレン, J.C. ……… 339
アーベル, N.H. ……… 339
アボット, J. ……… 339
アポローニオス ……… 339
アマード, J. ……… 339
アミーチス, E.d. ……… 339
アームストロング, N. ……… 339
アラン ……… 339
アリ, M. ……… 339
アリストクセノス ……… 339
アリストテレス ……… 339
アルキメデス ……… 339
アルジェント, D. ……… 339
アルチュセール, L. ……… 339
アルチンボルド, G. ……… 340
アルテ, P. ……… 340
アルトー, A. ……… 340
アルトマン, R. ……… 340
アルバース, A. ……… 340
アルバース, J. ……… 340
アルプ, H. ……… 340
アルベルティ, L.B. ……… 340
アルマーニ, G. ……… 340
アルレー, C. ……… 340
アレキサンダー大王 ⇒アレクサンドロス
アレクサンドル1世 ……… 340
アレクサンドル2世 ……… 340
アレクサンドロス ……… 340
アレティーノ, P. ……… 340
アレナス, R. ……… 340
アレン, W. ……… 340
アーレント, H. ……… 340
アロン, R. ……… 341
アンゲロプロス, T. ……… 341
アンサルドゥーア, G. ……… 341
アンセルムス, C. ……… 341
アンソール, J. ……… 341
アンダースン, F.I. ……… 341
アンダースン, P. ……… 341
アンティポン ……… 341
アンデルセン, H.C. ……… 341
アンキデス ……… 341
アンドレアス=ザロメ, L. ……… 341
アンドレーエフ, L. ……… 341
アンベドカー, B.R. ……… 341
アンリ, M. ……… 341

【イ】

イヴァノヴィッチ, J. ……… 342
イエイツ, W.B. ……… 342
イェーガー, W. ……… 342
イエス ……… 342
イェスペルセン, O. ……… 342
イエルムスレウ, L. ……… 342
イーザー, W. ……… 342
イーサリ, C. ……… 342
イシェ, F. ……… 342
イーストウッド, C. ……… 342
イーゼンゼー, J. ……… 342
イソラ, M. ……… 342
イッテン, J. ……… 342
イーデン, A. ……… 343
イノホサ, J.P. ……… 343
イリイチ, I. ……… 343
インカ・ガルシラーソ・デ・ラ・ベーガ ……… 343
イングヴァール ……… 343
インジ, W. ……… 343

【ウ】

ヴァイン, B. ⇒レンデル, R.
ヴァリニャーノ, A. ……… 343
ヴァルガス, F. ……… 343
ヴァルザー, M. ……… 343
ヴァルザー, R. ……… 343
ヴァールブルク, A. ……… 343
ヴァレ, J. ……… 343
ヴァレリー, P. ……… 343
ヴィオラ, B. ……… 343
ヴィクトリア女王 ……… 343
ヴィゴツキー, L.S. ……… 343
ヴィスコンティ, L. ……… 343
ウィーダ ……… 344
ウィトゲンシュタイン, L. ……… 344
ヴィドック, E.F. ……… 344
ウィーナー, N. ……… 344
ウィニコット, D.W. ……… 344
ウィーラマントリー, C.G. ……… 344
ヴィラール・ド・オヌクール ……… 344
ヴィラ=ロボス, H. ……… 344
ウィリアムズ, B. ……… 344
ウィリアムズ, G. ……… 344
ウィリアムズ, T. ……… 344
ウィリス, C. ……… 344
ヴィリリオ, P. ……… 344
ウィルスン, P. ……… 345
ウィルソン, A. ……… 345
ウィルソン, H.E. ……… 345
ウィルソン, T.W. ……… 345
ウィルバー, K. ……… 345
ヴィンジ, V. ……… 345
ヴィント, E. ……… 345
ウェイクフィールド, E.G. ……… 345
ウエイド, H. ……… 345
ヴェイユ, S. ……… 345
ウェグナー, H. ……… 345
ウェストール, R. ……… 345
ウェストン, W. ……… 345
ウェスレー, J. ……… 345
ウェッブ夫妻 ……… 345
ウェーバー, M. ……… 345
ウェブスター, J. ……… 346
ウェブスター, N. ……… 346
ウェーベルン, A. ……… 346
ウェルギリウス ……… 346
ウェルズ, H.G. ……… 346
ウェルチ, J. ……… 346
ヴェルディ, G. ……… 346
ヴェルヌ, J. ……… 346
ヴェールホフ, C.v. ……… 346
ヴェルレーヌ, P.M. ……… 346
ヴェントリス, M. ……… 346
ウォー, E. ……… 346
ウォー, H. ……… 346
ウォーカー, A. ……… 346
ウォーカー, K. ……… 346
ヴォーゲル, E. ……… 346
ウォーターズ, S. ……… 346
ウォーターハウス, J.W. ……… 347
ウォーナー, L. ……… 347
ヴォネガット, K. ……… 347
ウォーホル, A. ……… 347
ウォーラーステイン, I. ……… 347
ヴォーリズ, W.M. ……… 347
ウォール, J. ……… 347
ウォルターズ, M. ……… 347
ウォルツ, K.N. ……… 347
ヴォルテール ……… 347
ヴォルフ, M. ……… 347
ウォルポール, H. ……… 347
ウォーレス, A.R. ……… 347
ウォーレス, I. ……… 347
ウナムーノ, M.d. ……… 347

ヴラッド・ツェペ
　シュ ……………… 347
ウルストンクラフ
　ト, M. …………… 347
ウルフ, G. ………… 347
ウルフ, T.C. ……… 347
ウルフ, V. ………… 348
ウールリッチ, C. ‥ 348

【エ】

エー, H. …………… 348
エイクボーン, A. … 348
エウリピデス ……… 348
エカテリーナ1世 … 348
エカテリーナ2世 … 348
エカード, M.B. …… 348
エーコ, U. ………… 348
エジソン, T.A. …… 348
エックハルト ……… 348
エッジワース, M. ‥ 348
エッツェル, P.J. … 348
エーティンガー,
　F.C. ……………… 348
エプケ, W.F. ……… 348
エプスティーン,
　S.S. ……………… 348
エマソン, R.W. …… 348
エミン・パシャ, M.
　……………………… 348
エムシュウィラー,
　C. ………………… 348
エラスムス, D. …… 349
エラリー・クイー
　ン …………………… 349
エリアス, N. ……… 349
エリアーデ, M. …… 349
エリオット, G. …… 349
エリオット, T.S. … 349
エリオット, W.I. … 349
エリクソン, M. …… 349
エリザベート, M.H.S.G.
　……………………… 349
エリセーエフ, S. … 349
エリソン, R.W. …… 349
エルガー, E. ……… 349
エルキンズ, A. …… 349
エルショーフ, P.P.
　……………………… 349
エルンスト, M. …… 349
エンゲルス, F. …… 350
エンデ, M. ………… 350
エンリケ航海王
　子 ………………… 350

【オ】

オイラー, L. ……… 350
オーウェル, G. …… 350
オーウェン, R. …… 350
オグデン, C.K. …… 350
オグルヴィ, D. …… 350
オコナー, F. ……… 350
オースティン, J. … 350
オッカム, W. ……… 351
オティエノ, W.W.
　……………………… 351
オドレール, P. …… 351
オニール, E.G. …… 351
オネゲル, A. ……… 351
オブライエン, F. … 351
オベリン, J.F. …… 351
O.ヘンリー ………… 351
オーモンドソン,
　A.O. ……………… 351
オリガス, J.J. …… 351
オリゲネス ………… 351
オールコック, R. … 351
オルコット, L.M. … 351
オルソン, V. ……… 351
オルダースン, W.
　……………………… 351
オルテガ, J. ……… 351
オルデンバーグ,
　H. ………………… 351
オールビー, E. …… 351
オレーシャ, Y. …… 351

【カ】

カー, A.H.Z. ……… 351
カー, E.H. ………… 352
カー, J.D. ………… 352
ガイゼル, T.S. …… 352
カイパー, A. ……… 352
カーヴァー, R. …… 352
カウツキー, K. …… 352
ガウディ, A. ……… 352
カウフマン, A. …… 352
カーク, R. ………… 352
カザルス, P. ……… 352
カシミール, H.B.J.
　……………………… 352
カーシュ, G. ……… 352
ガスカール, P. …… 352
カステリョ, S. …… 352
カストロ, F. ……… 352
カーソン, R.L. …… 352
カテラン, M. ……… 352
カーデルバッハ,
　S. ………………… 353

ガードナー, H. …… 353
ガードナー, M. …… 353
ガートン, R. ……… 353
カニグズバーグ,
　E.L. ……………… 353
ガネル, J.G. ……… 353
カフカ, F. ………… 353
カーペンターズ …… 353
カポーティ, T. …… 353
ガミオ, M. ………… 353
カミュ, A. ………… 353
カーライル, T. …… 353
カラヴァッジョ, M.M.
　……………………… 353
カラス, M. ………… 354
カラヤン, H.v. …… 354
カリエール, E. …… 354
カリオストロ, A. ‥ 354
カリジェ, A. ……… 354
ガリレイ, G. ……… 354
カル, S. …………… 354
カルヴァン, J. …… 354
カルヴィーノ, I. … 354
ガルシア=マルケ
　ス, G. …………… 354
カルダー, A. ……… 354
カール大帝 ………… 354
カルダーノ, G. …… 354
カルティエ=ブレ
　ッソン, H. ……… 354
カルナップ, R. …… 354
ガルブレイス, J.K.
　……………………… 354
ガレ, E. …………… 354
カレツキ, M. ……… 355
カーロ, F. ………… 355
ガロア, E. ………… 355
ガワー, J. ………… 355
カーン, L.I. ……… 355
カンディンスキー,
　V. ………………… 355
カント, I. ………… 355
カントール, G. …… 356
カンペ, J.H. ……… 356
カンメラー, P. …… 356

【キ】

キケロ, M.T. ……… 356
ギショネ, P. ……… 356
キーツ, J. ………… 356
ギッシュ, G.W. …… 356
ギッシング, G. …… 356
ギブソン, J.J. …… 356
キプリング, J.R. ‥ 356
ギャスケル, E.C. ‥ 357

キャパ, R. ………… 357
キャプテン・ビー
　フハート ………… 357
キャロライン（ブ
　ラウンシュヴァイクの）
　……………………… 357
キャロル, L. ……… 357
キューブリック, S.
　……………………… 357
キュリー, M. ……… 357
切り裂きジャック ‥ 357
キリスト　⇒イエス
ギールケ, O.F. …… 357
キルケゴール, S.A.
　……………………… 357
ギルバート, M. …… 358
キルパトリック,
　W.H. ……………… 358
ギルランダイオ,
　D. ………………… 358
ギレス, P. ………… 358
キング, M.L. ……… 358
キング, S. ………… 358
キンドルバーガ
　ー, C.P. ………… 358

【ク】

グイッチャルディ
　ーニ, F. ………… 358
クイーン, E. ⇒エ
　ラリー・クイーン
クザーヌス, ニコ
　ラウス …………… 358
クシュナー, T. …… 358
グスタフ3世 ……… 358
クセノポン ………… 358
クック, T.H. ……… 358
クックス, A.D. …… 358
クッツェー, J.M. ‥ 358
グッドオール, R. ‥ 358
グーテンベルク,
　J. ………………… 358
グドール, J. ……… 358
グノイス, H. ……… 359
クーパー, J.F. …… 359
クライン, M. ……… 359
クラインマン, S. ‥ 359
クラヴァン, A. …… 359
クラウス, L. ……… 359
クラウゼヴィッツ,
　K.v. ……………… 359
クラーク, A.C. …… 359
クラーク, J.B. …… 359
クラーク, W.S. …… 359
グラス, G. ………… 359

グラスゴー, E. …… 359	グロースマン, V.S. …… 362	コトラー, P. …… 366	【サ】
クラッパー, T. …… 359	クロソウスキー, P. …… 362	コナリー, M. …… 366	サイード, E.W. …… 368
グラバー, T.B. …… 359	グロータース, W.A. …… 362	コフート, H. …… 366	サイモン, H.A. …… 368
クラプトン, E. …… 359	グロタンディーク, A. …… 362	ゴフマン, E. …… 366	ザヴィヌル, J. …… 368
グラフトン, S. …… 359	グロティウス, H. …… 362	コフマン, G.S. …… 366	サヴェジ, L.J. …… 368
グラムシ, A. …… 359	グロデック, G. …… 362	コフマン, S. …… 366	サーク, D. …… 368
クラムリー, J. …… 360	クローデル, C. …… 362	コーベット, J.S. …… 366	ザクスル, F. …… 368
クランツ, J. …… 360	クローデル, P. …… 362	コベット, W. …… 366	サザーン, R.W. …… 368
グランモン, J.M. …… 360	クーン, A. …… 363	コベル, J.H. …… 366	サザーン, T. …… 368
グリシャム, J. …… 360	クンデラ, M. …… 363	コペルニクス, N. … 366	サッチャー, M. …… 368
クリスティー, A. …… 360	【ケ】	コマール, V. …… 366	ザッパ, F. …… 368
クリスティーナ …… 360	ゲイ, P. …… 363	コメニウス …… 366	サッフォー …… 368
クリステヴァ, J. …… 360	ケイシー, E. …… 363	ゴヤ, F.J. …… 366	ザッヘル=マゾッホ, L.R. …… 368
クリック, B. …… 360	ゲイツ, B. …… 363	コラーシュ, J. …… 366	サティ, E. …… 369
グリッパンド, J. …… 360	ケインズ, J.M. …… 363	ゴーリー, E. …… 366	サド, D.A.F. …… 369
クリプキ, S.A. …… 360	ケストナー, E. …… 363	コリア, J. …… 366	サトウ, E.M. …… 369
グリム, J. …… 360	ゲーテ, A.v. …… 363	コリンズ, M.A. …… 366	サハロフ, A.D. …… 369
グリム兄弟 …… 360	ゲーテ, J.W. …… 363	コル, C. …… 366	サピア, E. …… 369
クリムト, G. …… 360	ゲーデル, K. …… 364	コルヴィッツ, K. …… 367	ザビエル, F. …… 369
クリュシッポス …… 360	ケナン, G.F. …… 364	コルチャック, J. …… 367	ザームエル, M. …… 369
クリュソストモス, J. …… 361	ケネディ, J.F. …… 364	ゴールディング, W. …… 367	サムス, C.F. …… 369
グリュネバルド, K. …… 361	ケネディ家 …… 364	コールデコット, R. …… 367	サムナー, W.G. …… 369
グリーン, A. …… 361	ゲバラ, E. …… 364	コルテス, B.M. …… 367	ザメンホフ, L. …… 369
グリーン, G. …… 361	ケプラー, J. …… 364	コルテス, H. …… 367	サリエーリ, A. …… 369
グリーン, J. …… 361	ケーブル, G.W. …… 364	ゴールドバーグ, H.S. …… 367	サリス, J. …… 369
グリーン, T.H. …… 361	ケラー, H. …… 364	ゴールドマン, W. …… 367	サリンジャー, J.D. …… 369
グリーンスパン, A. …… 361	ケリー, J.F. …… 364	コルトレーン, J. …… 367	サルトル, J.P. …… 369
クリントン, B. …… 361	ケルアック, J. …… 364	コルナイ, J. …… 367	サンガー, M. …… 370
クリントン, H.R. …… 361	ゲルギエフ, V. …… 364	コールバーグ, L. …… 367	サンソン, C.H. …… 370
グリーンバーグ, C. …… 361	ケルゼン, H. …… 364	コルバン, A. …… 367	サンツォ, L. …… 370
グリーンリーフ, S. …… 361	ケンプ, M. …… 364	コルモゴロフ, A.N. …… 367	サン=テグジュペリ, A.d. …… 370
クルイロフ, I.A. …… 361	ケンペ, R. …… 365	コールリッジ, S.T. …… 367	サンテリア, A. …… 370
グルジェフ, G.I. …… 361	【コ】	コロレンコ, V.G. …… 367	サンド, G. …… 370
グールド, G. …… 361	コーエン, L. …… 365	コロンブス, C. …… 367	サンファル, N.d. …… 370
グルネ, F. …… 361	コクトー, J. …… 365	ゴーン, C. …… 367	サン・マルタン, L.C. …… 370
グルーバー, F.X. …… 361	ココ・シャネル ⇒ シャネル,G.	ゴンクール, E. …… 367	【シ】
クールベ, G. …… 361	ゴーゴリ, N.V. …… 365	ゴンクール兄弟 …… 367	シイク, A. …… 370
グルントヴィ, N.F.S. …… 362	コジェーヴ, A. …… 365	コンスタン, B. …… 367	シィート, L.K. …… 370
クレー, P. …… 362	コジモ1世 …… 365	コンスタンティヌス1世 …… 367	シェイクスピア, W. …… 370
クレイティアス …… 362	ゴダール, J.L. …… 365	コンディヤック, E.B. …… 368	ジェイコブズ, H. …… 372
クレオパトラ …… 362	コタンスキ, W. …… 365	コンドラチェフ, N.D. …… 368	ジェイムズ, E. …… 372
グレゴリウス …… 362	ゴーチエ, T. …… 365	コンドル, J. …… 368	ジェイムズ, H. …… 372
クレチアン・ド・トロワ …… 362	ゴッホ, V.v. …… 365	コンプトン=バーネット, I. …… 368	ジェイムズ, W. …… 372
クレットマン, L. …… 362	コッローディ, C. …… 365	コンラッド, J. …… 368	ジェヴォンズ, W.S. …… 372
グレート東郷 …… 362	コトシーヒン, G.K. …… 365		シェクリイ, R. …… 372
クレペリン, E. …… 362	ゴドフリー, E.B. …… 366		ジェッシー, M.D. …… 372
クレーマー, L.F. …… 362			ジェネンズ, C. …… 372
クレール, R. …… 362			
クロイツァー, L. …… 362			

シェパード, R.J. … 372	ジャンヌ・ダルク …………… 374	ショパン, K. ……… 377	ステノ, N. ……… 380
シェパード, S. …… 372	シャンポリオン, J.F. ……… 374	ジョビン, A.C. …… 377	ステパネク, M. …… 380
ジェファソン, T. … 372	シャンポリオン兄弟 ……… 374	ジョブズ, S. ……… 377	ステュアート, J.D. ……… 380
シェフィールド, C. ……… 372	シュー, E. ……… 374	ジョプリン, S. …… 377	ステルン, D. ⇒ダグー, M.
シェリー, M.W. … 372	シュヴァイツァー, A. ……… 374	ショーペンハウアー, A. ……… 377	ストイコビッチ, D. ……… 380
シェリング, F.W.J. ……… 372	シュヴァリエ・デオン ……… 374	ジョルジュ, Y. …… 377	ストウ, H.B. …… 380
シェレール, R. …… 372	シュヴァル ……… 374	ジョルジョーネ …… 377	ストーカー, B. …… 380
ジェンキンス, C.R. ……… 372	シュヴァンクマイエル, J. …… 375	ジョン（ソールズベリの）……… 377	ストープス, M. …… 380
ジェンドリン, E.T. ……… 372	シュウェル, A. … 375	ジョーンズ, D.W. ……… 378	ストラウド＝ドリンクウォーター, C. ……… 380
シェーンベルク, A. ……… 372	シュジェール …… 375	ジョーンズ, W.J. … 378	ストリンドベリ, A. ……… 380
シオラン, E.M. … 373	シュタイナー, R. … 375	ジョンストン, W. ……… 378	ストレイン, J.E. … 380
シクロフスキイ, V.B. ……… 373	シュタイン, C.v. … 375	ジョンソン, S. …… 378	スナイダー, G. …… 380
ジジェク, S. …… 373	シュタイン, L.v. … 375	シラー, F. ……… 378	スピヴァク, G.C. ‥ 380
シスレー, A. …… 373	シュタードラー, E. ……… 375	シラク, J. ……… 378	スピノザ, B. …… 380
シチェドリン, N. … 373	シュッツ, A. …… 375	ジラール, R. …… 378	スピリアールト, L. ……… 381
ジッド, A. ⇒ジード, A.	シュトラウス, R. ‥ 375	シルマン, R. …… 378	スプルース, R. …… 381
ジード, A. ……… 373	シュトルム, T. …… 375	シーレ, E. ……… 378	スペンサー, E. …… 381
シドモア, E.R. … 373	シュニトケ, A. …… 375	シロタ, L. ……… 378	スミス, A. ……… 381
シートン, E.T. … 373	ジュネ, J. ……… 375	ジン, H. ……… 378	スミス, E.E. …… 381
シナトラ, F. …… 373	シュピース, W. … 375	シング, J.M. …… 378	スミス, M. ……… 381
シニャーフスキイ, A.D. ……… 373	シュピーリ, J. …… 375	ジンメル, G. …… 378	スミス, W. ……… 381
シフ, J.H. ……… 373	シュプランガー, E. ……… 375	【ス】	スミス, W.E. ⇒ スミス, W.E. … 381
シファート, E. … 373	シュペルヴィエル, J. ……… 376	スウィフト, J. …… 378	スモレット, T.G. ‥ 381
シーボルト, P.F. … 373	シューベルト, F. … 376	スウェーデンボルグ, E. ……… 379	スラッファ, P. …… 381
シモンズ, D. …… 373	シュミッツ, H. …… 376	スカーレット, R. … 379	スレッサー, H. …… 381
シモンズ, D.B. … 373	シュミット, C. …… 376	スキナー, B.F. …… 379	スローター, L.M. ‥ 381
シャウヴェッカー, D. ……… 373	シュライエルマッハー, F.E.D. …… 376	スクーンメーカー, D.E. ……… 379	スワンウィック, M. ……… 381
シャガール, M. … 373	シュリンク, B. …… 376	スコット, R. …… 379	【セ】
ジャクレー, P. …… 374	シュルーズベリ, E.H.T. ……… 376	スコット, W. …… 379	セガン, E. ……… 381
ジャコテ, P. …… 374	シュルツ, F. …… 376	スーザ, J.P. …… 379	セギュール夫人 …… 381
ジャコメッティ, A. ……… 374	シュレーダー＝ゾンネンシュターン, F. ……… 376	スタイン, G. …… 379	セクストス・エンペイリコス …… 381
シャネル, G. …… 374	シュワルツマン, L. ……… 376	スタインベック, J.E. ……… 379	セザンヌ, P. ……… 382
シャピロ, D. …… 374	シュンペーター, J.A. ……… 376	スターク, F. …… 379	セネカ, L.A. …… 382
ジャームッシュ, J. ……… 374	ショー, B. ……… 376	スタージョン, T. ‥ 379	セーヘルス, H. …… 382
ジャリ, A. ……… 374	ジョイス, J. …… 376	スターリン, I.V. … 379	セール, M. ……… 382
シャリアピン, F.I. ……… 374	ショウ, N. ……… 377	スタール＝ホルスタイン, A.L.G. … 379	セルトー, M.d. …… 382
シャール, R. …… 374	ジョージ4世 …… 377	スターン, L. …… 379	セルバンテス, M. ‥ 382
シャルダン, J.B.S. ……… 374	ショスタコーヴィチ, D.D. ……… 377	スタンダール …… 379	セルビー, D. …… 382
シャルル, C. …… 374	ジョセフ, B. …… 377	スティーヴンズ, W. ……… 380	ゼンガー, I. ……… 382
シャーン, B. …… 374	ショパン, F.F. …… 377	スティーヴンスン, N. ……… 380	【ソ】
ジャンケレヴィッチ, V. ……… 374		スティーヴンスン, R.L. ……… 380	ソウヤー, R.J. …… 382
ジャンセン, M.B. ・ 374		スティグリッツ, J.E. ……… 380	ソクラテス ……… 382
			ソシュール, F. …… 382

ソニエ, M. ……… 382	チャスラフスカ, V. ………… 385	ディディ=ユベルマン, G. ……… 387	【ト】
ソフォクレス …… 382	チャーチル, J. …… 385	ティファニー, C.L. ………… 387	ドイル, A.C. ……… 390
ソーヤー, C.H. …… 382	チャップリン, C. … 385	ティプトリー, J. … 387	トインビー, A.J. … 391
ゾラ, E. ………… 383	チャドウィック, E. ………… 385	テイヤール・ド・シャルダン, P. …… 388	トウェイン ⇒マーク・トウェイン
ゾルゲ, R. ……… 383	チャベス・フリアス, H. ……… 385	テイラー, C. …… 388	ドゥオーキン, R. ‥ 391
ソルジェニーツィン, A.I. ……… 383	チャペック, K. …… 385	テイラー, T. …… 388	ドヴォルジャーク, A. ………… 391
ソレル, G. ……… 383	チャンドラー, A.D. ………… 385	ディラン, B. …… 388	トゥキュディデス ………… 391
ソロー, H.D. …… 383	チャンドラー, R. ‥ 385	ティリッヒ, P. …… 388	トゥサン=ルヴェルチュール, F.D. 391
ソログープ, F.K. ‥ 383	チュコーフスキイ, K. ………… 385	ディルセー, S. …… 388	トゥーマー, J. …… 391
ソロス, G. ……… 383	チューリング, A.M. ………… 385	ディルタイ, W. …… 388	ドゥリットル, J.H. ………… 391
ソーン, J. ……… 383	チュルゴー, A.R.J. ………… 385	ティルマンス, W. ………… 388	トゥルゲーネフ, I.S. ………… 391
ソンタグ, S. ……… 383	チョーサー, G. …… 385	ディレイ, D. …… 388	ドゥルーズ, G. …… 391
ゾンバルト, W. …… 383	チョムスキー, N. ‥ 386	ディーン, J. …… 388	トゥールーズ-ロートレック ⇒ロートレック
【タ】	チリーダ, E. ……… 386	ティンダル, W. …… 388	
タイユフェール, G. ………… 383	【ツ】	テオクリトス …… 388	ドゥルーティ …… 391
ダーウィン, C.R. ‥ 383	ツァハー, H.F. …… 386	テオフラストゥス ………… 388	ドガ, E. ………… 391
ダ・ヴィンチ ⇒レオナルド・ダ・ヴィンチ	ツィンツェンドルフ, N.L. ……… 386	デオン ⇒シュヴァリエ・デオン	トクヴィル, A.C.H. ………… 391
タウト, B. ……… 383	ツヴェターエワ, M. ………… 386	デカルト, R. …… 388	ドストエフスキー, F.M. ……… 391
タウラー, J. …… 383	ツェペシュ伯爵 ⇒ヴラッド・ツェペシュ	デステ, B. ……… 389	
ダウン, J.L. …… 383		テスラ, N. ……… 389	ドス・パソス, J. … 392
ダグー, M. ……… 383	ツェラーン, P. …… 386	デゾルグ, T. …… 389	トッテン, B. ……… 392
ダグラス, F. …… 383	ツカモト, M. ……… 386	テニエール, L. …… 389	トッド, E. ……… 392
ターナー, J.M.W. ………… 384	ツタンカーメン …… 386	デフォー, D. …… 389	ドーデ, A. ……… 392
ダヌンツィオ, G. ‥ 384	【テ】	デフォレスト, C.B. ………… 389	トドハンター, I. … 392
ダメット, M. …… 384	デアンドリア, W.L. ………… 386	デーメル, R. …… 389	トドロフ, T. ……… 392
ダリ, S. ………… 384	テイ, J. ………… 386	デューイ, J. …… 389	ドニゼッティ, G. ‥ 392
ダール, R. ……… 384	ディーヴァー, J. … 386	デューイ, M. …… 389	ドハティ, P. ……… 392
タルコフスキー, A. ………… 384	ディヴィス, M. …… 386	デュカン, M. …… 389	ドビュッシー, C. … 392
タレガ, F. ……… 384	デイヴィッドスン, A. ………… 386	デュ・シャトレ, E. ………… 389	トマス, D. ……… 392
ダレス, E.L. …… 384	デイヴィドソン, D. ………… 387	デュシャン, M. …… 389	トマス・アクィナス ………… 392
ダレル, L. ……… 384	ティエボー, P. …… 387	デューターマン, P.T. ………… 389	ド・マン, P. ……… 392
ダーレンドルフ, R. ………… 384	ディキンスン, E.E. ………… 387	デュフィ, R. …… 389	ドーミエ, H.V. …… 393
ダンセイニ, L. …… 384	ディクスン, C. ⇒カー, J.D.	デュボイス, W.E.B. ………… 389	ドライサー, T. …… 393
ダンテ ………… 384		デュボス, C. …… 389	トラヴァース, P.L. ………… 393
ダンティカ, E. …… 384	ディケンズ, C. …… 387	デュマス, M. …… 389	ドラキュラ ⇒ヴラッド・ツェペシュ
【チ】	ディズニー, W. …… 387	デューラー, A. …… 389	
チェイニー, P. …… 384	ティツィアーノ …… 387	デュラス, M. …… 390	ドラッカー, P.F. … 393
チェーホフ, A. …… 384	ディック, P.K. …… 387	デュルケム, E. …… 390	トリュフォー, F. ‥ 393
チェリビダッケ, S. ………… 385	ディッシュ, T.M. ‥ 387	デュレンマット, F. ………… 390	ドリュ・ラ・ロシェル, P. ……… 393
チェン, L. ……… 385		デリダ, J. ……… 390	トールキン, J.R.R. ………… 393
チェンバレン, B.H. ………… 385		デルナー, H. …… 390	トルストイ, L.N. ‥ 393
チボー, G. ……… 385		テレーズ ……… 390	ドルト, F. ……… 394
チャ, T.H.K. …… 385		テンニエス, F. …… 390	
チャイコフスキー, P.I. ………… 385			

トレヴァ=ローパー, H.R. ……… 394	【ノ】	バタイユ, G. ……… 400	バルト, R. ……… 403
トーレス, A.d. …… 394	ノヴァーリス ……… 396	パターソン, R.N. … 400	ハルトゥーニアン, H. ……… 403
トレスモンタン, C. ……… 394	ノグチ, I. ……… 396	ハチスン, F. ……… 400	ハルブ, A.P.A. …… 403
ド・レンピツカ, T. ……… 394	ノーマン, E.H. …… 397	バック, P. ……… 400	パルメニデス ……… 403
トロツキー, L.D. … 394	ノリス, F. ……… 397	ハッチャー, M. …… 400	バルハ, E. ……… 403
ドローネ, S. ……… 394	ノール, H. ……… 397	ハットン, J. ……… 400	パレツキー, S. …… 403
ドン・ファン・デ・アウストリア ……… 394	【ハ】	バッハ, C.P.E. …… 400	ハロウェル, J.H. … 403
トンプスン, J. …… 394	バー, H.S. ……… 397	バッハ, J.S. ……… 400	バロウズ, W.S. …… 403
【ナ】	バイアット, A.S. … 397	バッハオーフェン, J.J. ……… 400	バロッチ, F. ……… 403
ナイチンゲール, F. ……… 394	ハイエク, F.A. …… 397	パッペンハイム, B. ……… 400	ハロッド, R.F. …… 403
ナイト, C. ……… 394	パイク, G. ……… 397	パーディー, G.I. … 400	ハーン, L. ……… 404
ナイポール, V.S. … 394	ハイスミス, P. …… 397	ハーディ, J.K. …… 400	ハーン, O. ……… 404
ナウエン, H. ……… 394	ハイゼンベルク, W. ……… 397	ハーディ, T. ……… 401	バンカー, E. ……… 404
ナウマン, N. ……… 394	ハイデガー, M. …… 397	バディウ, A. ……… 401	バンサン, G. ……… 404
ナベール, J. ……… 395	ハイドン, J. ……… 398	バーディン, J.F. … 401	バーンズ, R. ……… 404
ナボコフ, V. ……… 395	ハイネ, H. ……… 398	ハート, C.G. ……… 401	バーンスタイン, L. ……… 404
ナポレオン1世 …… 395	ハインライン, R.A. ……… 398	バード, I.L. ……… 401	バーンスティン, B. ……… 404
ナポレオン3世 …… 395	ハインリヒ獅子公 ……… 398	パトチカ, J. ……… 401	ハンター, J. ……… 404
ナンシー, J.L. …… 395	ハーヴァード, J. … 398	バトラー, J. ……… 401	ハント, P. ……… 404
【ニ】	パウエル, C.E.B. … 398	バトラー, S. ……… 401	ハントケ, P. ……… 404
ニィリエ, B. ……… 395	ハウエルズ, W.D. ……… 398	バートン, R. ……… 401	ハンニバル ……… 404
ニコライ ……… 395	バウシュ, P. ……… 398	バートン, V.L. …… 401	ハンパテ・バー, A. ……… 404
ニコライ2世 ……… 395	ハウフ, W. ……… 398	バナッハ, S. ……… 401	【ヒ】
ニコライ, F. ……… 395	バウマン, Z. ……… 398	バーナード, C.I. … 401	ピアジェ, J. ……… 405
ニコルソン, B. …… 395	パウロ ……… 398	バーナード, R. …… 401	ピアス, P. ……… 405
ニーチェ, F.W. …… 395	パウンド, E. ……… 398	バーニンガム, J. … 401	ピアノ, R. ……… 405
ニーバー, R. ……… 395	パーカー, R.B. …… 398	バーネット, F.E.H. ……… 401	ピエロ・デッラ・フランチェスカ …… 405
ニュダール, J. …… 396	パーキンス, J. …… 398	バーネット, W.R. ……… 401	ヒエロニムス ……… 405
ニュートン, I. …… 396	バーク, J.L. ……… 399	ハーネマン, S. …… 401	ビオン, W.R. …… 405
ニュートン, J. …… 396	バクスター, R. …… 399	パノフスキー, E. … 401	ピカソ, P. ……… 405
ニューマン, J.H. … 396	ハクスリー, J.S. … 399	ハーバー, F. ……… 402	ピグー, A.C. …… 405
ニン, A. ……… 396	バークリー, A. …… 399	ハーバーマス, J. … 402	ビークマン, I. …… 405
【ネ】	バークリ, G. ……… 399	ハプスブルク家 …… 402	ビゴー, G. ……… 405
ネイサン, R. ……… 396	ハシェク, J. ……… 399	バフチン, M. ……… 402	ピサロ, C. ……… 405
ネウストプニー, J.V. ……… 396	バージェス, M. …… 399	パーマストン, H.J.T. ……… 402	ビショップ, E. …… 405
ネクラーソフ, N.A. ……… 396	ハーシュマン, A.O. ……… 399	ハーマン, J.G. …… 402	ビスマルク, O. …… 406
ネーゲリ, H.G. …… 396	バシュラール, G. … 399	ハミルトン, A. …… 402	ビゼー, G. ……… 406
ネフスキー, N. …… 396	パース, C.S. ……… 399	ハミルトン, E. …… 402	ヒックス, U.K. …… 406
ネルヴァル, G.d. … 396	パスカル, B. ……… 399	ハミルトン, P. …… 402	ヒッチコック, A. … 406
ネルソン, H. ……… 396	バスティアニーニ, E. ……… 399	ハラウェイ, D.J. … 402	ヒッチコック, R. … 406
ネルーダ, P. ……… 396	パステルナーク, B. ……… 399	パラーディオ, A. … 402	ヒトラー, A. ……… 406
	ハーストン, Z.N. … 399	バラード, J.G. …… 402	ビートルズ ……… 406
	パストン家 ……… 399	パラニューク, C. … 402	ビナード, A. ……… 406
	バーセルミ, D. …… 399	パラント, G. ……… 402	ビュイッソン, F.E. ……… 406
	パゾリーニ, P.P. … 399	バリ, J.M. ……… 402	ヒューズ, H. ……… 406
	パーソンズ, T. …… 399	ハリスン, H. ……… 403	ヒューズ, L. ……… 406
		バリンジャー, B.S. ……… 403	ヒューズ, T. ……… 406
		バルザック, H. …… 403	ビュスタモント, J.M. ……… 406
		バルテュス ……… 403	
		バルト, K. ……… 403	

ピュタゴラス ……… 406	フェルミ, E. ……… 409	ブラウン, D. ……… 412	ブルバキ, N. ……… 415
ビューヒナー, G. ‥ 407	フェルメール, J. … 409	ブラウン, D.B. …… 412	フルフォード, R.C. ……… 415
ヒューム, D. ……… 407	フォイエルバッハ, L.A. ……… 409	ブラウン, G.M. …… 412	フルブライト, J.W. ……… 415
ヒューリック, R.v. ……… 407	フォークナー, W. ……… 409	ブラウン, M. ……… 412	フルベッキ ……… 415
ビュルガー, G.A. … 407	フォーゲラー, H. … 409	ブラウン, P.R. …… 412	ブルボン家 ……… 415
ビュルドー, G. …… 407	フォーサイス, P.T. ……… 409	ブラウン, R.M. …… 412	プルマン, P. ……… 415
ピョートル大帝 …… 407	フォスター, A.D. … 409	ブラウン, T. ……… 412	ブルーワン, K. …… 415
ピラネージ, G. …… 407	フォスター, A.J. … 409	ブラウン, V. ……… 412	ブレア, T. ……… 415
ヒル, C. ……… 407	フォースター, E.M. ……… 410	ブラーエ, T. ……… 412	ブレイク, J.C. …… 416
ヒル, O. ……… 407	フォッシー, D. …… 410	プラス, S. ……… 412	ブレイク, W. ……… 416
ヒル, R. ……… 407	フォード, H. ……… 410	ブラックモア, R. … 413	ブレイズ, W. ……… 416
ヒルガード, E. …… 407	フォール, E. ……… 410	ブラッサイ ……… 413	フレーゲ, F.L.G. ‥ 416
ヒルデガルト ……… 407	フォールズ, H. …… 410	ブラッドベリ, R. … 413	ブーレーズ, P. …… 416
ヒルデスハイマー, W. ……… 407	フォルスター, G. … 410	プラトン ……… 413	プレスリー, E.A. … 416
ヒルトン家 ……… 407	フォーレ, G. ……… 410	ブラマンテ, D. …… 413	フレデリック, H. ‥ 416
ビルロート, A.C.T. ……… 407	フォレスター, C.S. ……… 410	ブラームス, J. …… 413	ブレヒト, B. ……… 416
ピンダロス ……… 407	フォレット, M.P. … 410	フランク, A. ……… 413	ブレヒビュール, B. ……… 416
ピンチョン, T. …… 407	フォンタナ, L. …… 410	フランクリン, B. … 413	フレーベル, F. …… 416
	フクヤマ, F. ……… 410	フランクル, V.E. … 413	フロイト, S. ……… 416
【フ】	ブグロー, W. ……… 410	ブランショ, M. …… 413	ブローク, A.A. …… 417
ファウラー, C. …… 407	フーコー, M. ……… 410	フランソワ, S. …… 413	フロスト, R.L. …… 417
ファウルズ, J. …… 408	ブザン, T. ……… 410	プランタン, C. …… 413	ブロック, F.L. …… 417
ファージョン, E. … 408	プーシキン, A.S. … 410	フランチェスコ(アッシジの) ……… 414	ブロック, M. ……… 417
ファノン, F. ……… 408	フジモリ, A. ……… 410	フランツ・ヨーゼフ1世 ……… 414	ブロッホ, H. ……… 417
ファーブル, J.H. … 408	ブース, J.W. ……… 410	ブランド, C. ……… 414	ブローティガン, R. ……… 417
ファヨール, H. …… 408	プチャーチン, E.V. ……… 411	ブラント, W.S. …… 414	プロティノス ……… 417
ファラデー, M. …… 408	プーチン, V. ……… 411	フーリエ, C. ……… 414	ブローデル, F. …… 417
ファン・エイク, J. ……… 408	フッサール, E. …… 411	フリース, W. ……… 414	フロベール, G. …… 417
ファンタン=ラトゥール, H. ……… 408	ブッシュ, G.W. …… 411	フリーダン, B. …… 414	フロム, E. ……… 417
フィチーノ, M. …… 408	ブッシュ, V. ……… 411	プリチャード, H. ‥ 414	ブロムホフ, J. …… 417
フィッシャー, F. … 408	ブッシュ家 ……… 411	フリードリヒ, C.D. ……… 414	ブロンテ, A. ……… 417
フィッシャー, I. … 408	プッチーニ, G. …… 411	フリートレンダー, S. ……… 414	ブロンテ, C. ……… 417
フィッシャー, R.A. ……… 408	ブッツァーティ, D. ……… 411	ブリューゲル, P. … 414	ブロンテ, E. ……… 417
フィッツジェラルド, S. ……… 408	ブッリ, A. ……… 411	ブリュネ, J. ……… 414	ブロンテ姉妹 ……… 417
フィヒテ, J.G. …… 408	ブニュエル, L. …… 411	ブルーア, J. ……… 414	フンデルトヴァッサー, F. ……… 418
フィールディング, H. ……… 408	ブーニン, I.A. …… 411	プルーヴェ, J. …… 414	フンボルト, A.v. ‥ 418
フィロン ……… 408	ブーバー, M. ……… 411	ブルガーコフ, M.A. ……… 414	フンボルト, K.W. ……… 418
ブーヴィエ, N. …… 409	フーヘル, P. ……… 412	ブルクハルト, J. … 414	
ブーヴレス, J. …… 409	フラー, B. ……… 412	ブルース, J. ……… 414	【ヘ】
フェヌロン, F.d.S. ……… 409	フラー, M. ……… 412	プルースト, M. …… 414	ベイカー, C. ……… 418
フェネル, F. ……… 409	フラ・アンジェリコ ……… 412	ブルック, J. ……… 415	ベイカー, J. ……… 418
フェノロサ, E.F. … 409	フライ, N. ……… 412	ブルックス, T. …… 415	ペイター, W. ……… 418
フェラーズ, B.F. … 409	フライ, R. ……… 412	ブルックナー, A. ‥ 415	ベイリー, A. ……… 418
フェリーニ, F. …… 409	プライス, G.R. …… 412	フルティガー, A. … 415	ペイン, T. ……… 418
フェリペ4世 ……… 409	ブライヒャー, K. … 412	ブルデュー, P. …… 415	ベヴァリッジ, W.H.B. ……… 418
フェルマー, P.d. ‥ 409	プライン, M. ……… 412	フルトヴェングラー, W. ……… 415	ペキンパー, S. …… 418
	プラヴィ, M. ……… 412	ブルーナ, D. ……… 415	ヘクスト, H. ……… 418
	ブラウニング, R. ‥ 412	ブルネル, I.K. …… 415	ベケット, S. ……… 418
		ブルネレスキ, F. … 415	
		ブルーノ, G. ……… 415	

人名目次 (51)

ヘーゲル, G.W.F. ……… 418	ヘンリー8世 ……… 422	ボルタンスキー, C. ……… 425	マッカーサー, D. ‥ 428
ベーコン, F. ……… 419	ペンローズ, E.T. ‥ 422	ボルツマン, L. …… 425	マッギン, C. ……… 428
ベーコン, F. ……… 419		ポルトマン, A. …… 425	マッハ, E. ……… 428
ベスター, A. ……… 419	【ホ】	ボルノー, O.F. …… 425	マップ, W. ……… 428
ペスタロッチ, J.H. ……… 419	ポー, E.A. ……… 422	ホルバイン, H. …… 425	マティス, H. ……… 428
ヘッシェル, A.J. ‥ 419	ボアズ, F. ……… 422	ボルヒェルト, W. ……… 425	マーティン, G.R.R. ……… 428
ヘッセ, H. ……… 419	ポイカート, D. …… 422	ボルヘス, J.L. …… 425	マードック, I. …… 428
ヘッセ, K. ……… 419	ホイジンガ, J. …… 422	ホルヘ・パドロン, J. ……… 426	マートン, T. ……… 428
ベッテルハイム, B.J. ……… 419	ホイットマン, W. ……… 423	ポルムベスク, C. ‥ 426	マハン, A.T. ……… 428
ペッテンコーフェル, M. ……… 419	ボウエン, E. ……… 423	ホーレー, F. ……… 426	マヤコフスキイ, V.V. ……… 428
ヘップバーン, A. ‥ 419	ボーヴォワール, S.d. ……… 423	ホロヴィッツ, V. ‥ 426	マーラー, G. ……… 428
ペトロ ……… 419	ホーガン, J.P. …… 423	ポロック, J. ……… 426	マラルメ, S. ……… 428
ベートーヴェン, L.v. ……… 419	ホーキング, S.W. ・ 423	ボワイエ, R. ……… 426	マリア ……… 428
ペトラルカ, F. …… 420	ホークス, J. ……… 423	ホワイト, G. ……… 426	マリア(マグダラの) ……… 429
ベネディクト, R. … 420	ボザンケ, B. ……… 423	ポワンカレ, J.H. … 426	マリアス, J. ……… 429
ベネディクトゥス ……… 420	ボース, R.B. ……… 423	ボーンスタイン, K. ……… 426	マリアテギ, J.C. ‥ 429
ベネディッティ=ミケランジェリ, A. ‥ ……… 420	ボズウェル, J. …… 423	ボンヘッファー, D. ……… 426	マリー・アントワネット ……… 429
ベーベル, A. ……… 420	ボストン, L.M. …… 423		マリヴォー, P.C. ‥ 429
ヘボン, J.C. ……… 420	ホーソーン, N. …… 423	【マ】	マリー・ド・レンカルナシオン …… 429
ヘミングウェイ, E. ……… 420	ポタ―, B. ……… 423	マイヨール, A. …… 426	マリノウスキー, B. ……… 429
ヘラー, H. ……… 420	ボッカッチョ, G. ‥ 424	マインツ, R. ……… 426	マリー・ルイーゼ ……… 429
ペリー, M.C. ……… 420	ホック, E.D. ……… 424	マーカー, R.E. …… 426	マルクス, K.H. …… 429
ベル, G. ……… 420	ホッグ, J. ……… 424	マキャヴェリ, N.B. ……… 426	マルコ・ポーロ …… 429
ベール, P. ……… 421	ボッティチェリ, S. ……… 424	マキャモン, R.R. … 426	マルサス, T.R. …… 429
ベルクソン, H.L. ‥ 421	ホッファー, E. …… 424	マキリップ, P.A. ‥ 426	マルチノウ, H. …… 430
ベルジャーエフ, N.A. ……… 421	ホッブズ, T. ……… 424	マクガハン, J. …… 427	マルティ, J. ……… 430
ベルジュイス, M. ・ 421	ボーデルシュヴィング, F.v. ……… 424	マクシェーン, M. ‥ 427	マルティネ, A. …… 430
ヘルダー, J.G. …… 421	ボテロ, F. ……… 424	マクタガート, J.M. ……… 427	マルブランシュ, N. ……… 430
ヘルダーリン, F. … 421	ボテロ, J. ……… 424	マーク・トウェイン ……… 427	マルロー, A. ……… 430
ベルツ, E. ……… 421	ボードリヤール, J. ……… 424	マクドナルド, G. ‥ 427	マレー, E.J. ……… 430
ベルナール, S. …… 421	ボードレール, C.P. ……… 424	マクファースン, C.B. ……… 427	マレーヴィチ, K.S. ……… 430
ヘルバルト, J.F. … 421	ホーナング, E.W. ……… 424	マクフィー, C. …… 427	マロ, H.H. ……… 430
ベルベーロワ, N. … 421	ボヌフォワ, Y. …… 424	マクベイン, E. …… 427	マーロウ, C. ……… 430
ベルメール, H. …… 421	ポパー, K.R. ……… 424	マグリット, R. …… 427	マーロウ, P. ……… 430
ペレケーノス, G.P. ……… 421	ホフマン, E.T.A. ‥ 425	マクルーハン, H.M. ……… 427	マロリー, T. ……… 430
ペレック, G. ……… 421	ホーマンズ, G.C. ‥ 425	マザッチオ ……… 427	マン, H. ……… 430
ペロー, C. ……… 421	ボーム, L.F. ……… 425	マシャード・デ・アシス, J.M. ……… 427	マン, T. ……… 430
ペロー, M. ……… 421	ホームズ, A. ……… 425	マーシャル, A. …… 427	マンスフィールド, K. ……… 430
ベロー, S. ……… 421	ホームズ, O.W. …… 425	マーシュ, N. ……… 427	マンスフィールド, M. ……… 430
ベロウ, N. ……… 422	ホメーロス ……… 425	マシュラー, T. …… 427	マンデラ, N. ……… 431
ペロス, G. ……… 422	ボーモント, F. …… 425	マスターズ, E.L. ‥ 428	マンデリシュターム, O.E. ……… 431
ヘロドトス ……… 422	ホラティウス ……… 425	マズロー, A.H. …… 428	マンハイム, K. …… 431
ベンザー, S. ……… 422	ボーランド, J. …… 425	マゼラン, F. ……… 428	マンフォード, L. ‥ 431
ベンサム, J. ……… 422	ポランニー, K. …… 425	マッカイ, B. ……… 428	マンロー, N.G. …… 431
ベンヤミン, W. …… 422	ボリーバル, S. …… 425		
	ホール, S. ……… 425		
	ボルカー, P. ……… 425		
	ポルシェ, F. ……… 425		

【ミ】

ミケランジェロ 431
ミシュレ, J. 431
ミショー, H. 431
ミース・ファン・デル・ローエ, L. 431
ミッチェル, G. 431
ミットフォード家 431
ミード, G.H. 431
ミード, M. 431
ミュア, J. 431
ミュシャ, A.M. 431
ミュノーナ ⇒フリートレンダー, S.
ミュンツァー, T. 432
ミラー, A. 432
ミラー, H. 432
ミリュコフ, P.N. 432
ミル, J.S. 432
ミルズ, C.W. 432
ミルトン, J. 432
ミルハウザー, S. 432
ミルワード, P. 432
ミルン, A.A. 432
ミレー, J.F. 432
ミレット, K. 432
ミレル, Z. 432
ミロ, J. 432
ミントン, D.J. 432

【ム】

ムア, G. 432
ムージル, R. 432
ムッサート, A. 433
ムーニエ, E. 433
ムラヤマ, M.K. 433
ムーン, E. 433
ムンク, E. 433

【メ】

メイエルホリド, V.E. 433
メイプルソープ, R. 433
メーザー, J. 433
メスナー, J. 433
メディチ家 433
メーテルリンク, M. 433
メニイ, Y. 433
メーヌ・ド・ビラン 433

メビウス, A.F. 433
メラミッド, A. 433
メランヒトン, P. 433
メーリアン, M.S. 433
メリメ, P. 433
メルヴィル, H. 434
メルツァー, D. 434
メルロ＝ポンティ, M. 434
メンデルスゾーン, F. 434
メンデルスゾーン, F. 434
メンモ, A. 434

【モ】

モア, T. 434
モイヤー, J.T. 434
モーガン, K.Z. 434
モース, E.S. 434
モーセ 434
モーゼス, K. 434
モーダーゾーン＝ベッカー, P. 434
モーツァルト, W.A. 434
モネ, C. 435
モーパッサン, G. 435
モブツ・セセ・セコ 435
モーム, W.S. 435
モラン, E. 435
モランディ, G. 435
モリエール 435
モリス, W. 435
モリスン, T. 435
モリゾ, B. 435
モリニエ, P. 435
モーリャック, F. 435
モール, W. 435
モルトケ, H. 435
モロー, G. 435
モンゴメリ, L.M. 436
モンティ・パイソン 436
モンテヴェルディ, C. 436
モンテスキュー, C. 436
モンテッソーリ, M. 436
モンテーニュ, M.E. 436
モンテマヨール, J. 436

モンフォール, S.d. 436
モンロー, M. 436

【ヤ】

ヤイスマン, M. 436
ヤウレンスキー, A. 436
ヤコブソン, R. 436
ヤスパース, K. 436
ヤマウチ, W. 436
ヤマモト, H. 436
ヤーン, L. 437
ヤング, B. 437
ヤンセン, H. 437
ヤンソン, T. 437

【ユ】

ユークリッド 437
ユゴー, V. 437
ユスティニアヌス帝 437
ユスティノス 437
ユダ 437
ユトリロ, M. 437
ユンガー, E. 437
ユング, C.G. 437

【ヨ】

ヨアキム・デ・フローリス 438
吉田＝クラフト, B. 438
ヨセフ 438
ヨハネ23世 438
ヨングハンス 438

【ラ】

ライス, C. 438
ライト, F.L. 438
ライト, W.H. 438
ライト兄弟 438
ライトマン, A. 438
ライヒ＝ラニツキ, M. 438
ライプニッツ, G.W. 438
ライプホルツ, G. 438
ラヴェル, M.J. 439
ラヴクラフト, H.P. 439
ラヴローフ, P.L. 439

ラヴワジエ, M.A. 439
ラカン, J. 439
ラクー＝ラバルト, P. 439
ラーゲルレーヴ, S.O.L. 439
ラシーヌ, J.B. 439
ラスカー・シューラー, E. 439
ラスキ, H.J. 439
ラスキン, J. 439
ラスプーチン, G.E. 439
ラッグ, H.O. 439
ラッセル, B. 439
ラッセル, E. 439
ラッフィ, U. 439
ラ・トゥール, G.d. 440
ラドクリフ＝ブラウン, A.R. 440
ラドラム, R. 440
ラバン, R. 440
ラファエッロ 440
ラファティ, R.A. 440
ラフォルグ, J. 440
ラブレー, F. 440
ラム, C. 440
ラムズフェルド, D. 440
ラーレンツ, K. 440
ランキン, I. 440
ランキン, J. 440
ランサム, A. 440
ランジュラン, G. 440
ランズデール, J.R. 440
ランダウアー, G. 440
ランバス, W.R. 440
ランボー, A. 440
ランボー, V. 441

【リ】

リー, R.E. 441
リー, T. 441
リーヴィット, H. 441
リオタール, J.F. 441
リカードウ, D. 441
リゲティ, G. 441
リゴー, J. 441
リシツキー, E. 441
リシュリュー, A.J. 441
リスト, F. 441

リタ 441	ル・タコン, F. 444	ロセッティ, C. 447
リーチ, B. 441	ルートヴィヒ2世 ... 444	ローゼンツヴァイ
リチャーズ, E.H. .. 441	ルドゥテ, P.J. 444	ク, F. 447
リチャード3世 441	ルードルフ, v.E. ... 444	ローゼンバーグ=
リチャードソン,	ルドルフ2世 444	オルシーニ, J. ... 447
M.E. 441	ルドルフ4世 444	ローソン, S. 447
リッケルト, H. 441	ルドン, O. 444	ロダーリ, G. 447
リッチー, J. 441	ルナール, J. 444	ロダン, A. 447
リッチ, M. 441	ルノワール, J. 444	ロチ, P. 448
リッチモンド, T.J.	ルノワール, P.A. .. 444	ロッカン, S. 448
.... 441	ルービンシュタイ	ロック, I. 448
リット, T. 442	ン, H. 444	ロック, J. 448
リデル, H. 442	ルブラン, M. 445	ロックウェル, N. .. 448
リード, H. 442	ルーベンス, P.P. ... 445	ロックハイマー,
リートフェルト,	ルーマン, N. 445	F.R. 448
G.T. 442	ルメートル, F. 445	ロートマン, Y.M.
リトル, A. 442	ルメートル, G. 445	 448
リトル, C. 442	ルーメル, K. 445	ロートレアモン,
リパッティ, D. 442	ルンゲ, P.O. 445	C. 448
リヒター, G. 442	ルンメル, K. 445	ロートレック, H.d.T.
リーフェンシュタ		 448
ール, L. 442	【レ】	ロバーツ, K. 448
リュシアス 442		ロバーツ, N. 448
リリウオカラー	レイ, M. 445	ロブ=グリエ, A. ... 448
ニ 442	レイン, R.W. 445	ロープシン 448
リルケ, R.M. 442	レヴィ=ストロー	ローマー, S. 448
リンカーン, A. 442	ス, C. 445	ローマックス, A. .. 448
リンゼイ, A.D. 442	レヴィナス, E. 445	ロマノフ家 448
リンドグレーン,	レオトー, P. 445	ロラン, R. 448
A.A.E. 442	レオナルド-ダ-ヴ	ローランサン, M. .. 448
	ィンチ 446	ローリング, J.K. .. 448
【ル】	レオンチェフ, K. ... 446	ロールズ, J. 449
	レッシング, D. 446	ロルフ, F. 449
ルイス, C.S. 442	レッシング, G.E. ... 446	ローレツ, A.v. 449
ルイス, G.H. 443	レナード, E. 446	ロレンス, D.H. 449
ルイス, M. 443	レーニン, V.I. 446	ロングフェロー,
ルイス, P. 443	レノン, J. 446	C.A. 449
ルイス, W.A. 443	レビット, T. 446	ロンドン, J. 449
ルイス・デ・メディ	レペ, C.M.d. 446	
ナ, J.G. 443	レーベンフック,	【ワ】
ルイ9世 443	A.v. 446	
ルイ14世 443	レーボー, L. 446	ワイエス, A. 450
ルイ17世 443	レム, S. 446	ワイルダー, L.I. 450
ル=グウィン, U.K.	レーモンド, A. 447	ワイルド, O. 450
.... 443	レンズーリ, J.S. 447	ワーグナー, R. 450
ル・クレジオ, J.M.	レンツ, J.M.R. 447	ワグネル, G. 450
.... 443	レンデル, R. 447	ワシントン, G. 450
ル・コルビュジエ	レンブラント, H.R.	ワーズワース, W.
.... 443	 447	 450
ルシュディ, S. 443		ワトー, J.A. 450
ルシュール, F. 443	【ロ】	ワトソン, I. 450
ルーズベルト, F.D.		ワトソン, J.D. 450
.... 443	ローウィ, R. 447	ワトソン, S. 450
ルソー, H.J.F. 444	ローエル, P. 447	ワトソン, T.J. 450
ルソー, J.J. 444	ロジャーズ, C.R. .. 447	ワルラス, L. 450
ルター, M. 444	ローゼ, R.P. 447	ワレンバーグ, R. .. 450

日　本　人

【 あ 】

相浦 義郎　あいうら・よしろう
　○著作ほか　「修道法学　26.1.50」（広島修道大）　2003.9　4pb

相生垣 瓜人　あいおいがき・かじん〔1898—1985　俳人〕
　◎年譜　「相生垣瓜人全句集」（相生垣瓜人）　角川書店　2006.12　p363-366

相川 治子　あいかわ・はるこ
　○業績ほか　「専修人文論集　74」（専修大）　2004.3　2pf

相川 政行　あいかわ・まさゆき〔1937—　書家〕
　○著述目録ほか　「大正大学文学部論叢　125」（大正大）　2007.3　p9-16
　◎著述目録　「相川鐡崖古稀記念書学論文集」（相川鐡崖古稀記念書学論文集編集委員会）　木耳社　2007.10　p347-352

相澤 啓三　あいざわ・けいぞう〔1929—　詩人・評論家〕
　◎著書　「マンゴー幻想」（相澤啓三）　書肆山田　2004.4　2pb

会津 八一　あいづ・やいち〔号＝秋艸道人　1881—1956　歌人・書家〕
　◎参考文献　「随筆家會津八一論」（豊原治郎）　晃洋書房　2001.6　p199-206
　◎参考文献　「学匠会津八一の生涯」（豊原治郎）　晃洋書房　2002.6　p211-218
　○目録（中西亮太）　「早稲田大学会津八一記念博物館研究紀要　4」（早稲田大）　2003.3　p125-136
　◎参考文献　「会津八一の史眼」（豊原治郎）　晃洋書房　2004.2　p173-180
　◎参考文献　「秋艸道人会津八一の学藝」（植田重雄）　清流出版　2005.2　p323」
　◎「秋艸道人會津八一関係書籍目録—書名五十音順」（横手暎央）〔横手暎央〕　2006.11　142p　A4

会田 綱雄　あいだ・つなお〔1914—1990　詩人〕
　◎参考資料（加藤邦彦）　「展望現代の詩歌　2　詩II」（飛高隆夫ほか）　明治書院　2007.2　p235-236

相田 みつを　あいだ・みつお〔1924—1991　書家・商業デザイナー〕
　○略年譜　「相田みつを　文芸別冊」（河出書房新社）　2001.3　p214-215
　◎年譜　「いちずに一本道いちずに一ツ事」（相田みつを）　角川書店　2001.5　4pb
　◎年譜　「父相田みつを」（相田一人）　角川書店　2004.11　p184-187

相葉 有流　あいば・うりゅう〔1907—1993　俳人〕
　◎「群馬県立土屋文明記念文学館蔵相葉有流文庫資料目録」（土屋文明記念文学館）　同文学館　2001　179p　A4

相原 求一朗　あいはら・きゅういちろう〔1918—1999　洋画家〕
　◎年譜ほか（浅見千里）　「相原求一朗の世界展詩情の世界—川越市市制施行80周年川越市立美術館開館記念」（川越市立美術館）　川越市立美術館　2002.12　p180-193

饗庭 篁村　あえば・こうそん〔1855—1922　小説家・劇評家〕
　◎年譜（編集部）　「饗庭篁村　明治の文学　13」（坪内祐三）　筑摩書房　2003.4　p422-429

青井 秀夫　あおい・ひでお〔1943—　基礎法学・法理学〕
　○著作目録　「法学　69.6」（東北大）　2006.1　p1076-1080

青池 保子　あおいけ・やすこ〔1948—　漫画家〕
　◎年譜　「『エロイカより愛をこめて』の創りかた」（青池保子）　マガジンハウス　2005.2　p249-251

亜欧堂 田善　あおうどう・でんぜん〔1748—1822　銅版画家・陸奥白河藩士〕
　◎参考文献　「亜欧堂田善の時代」（府中市立美術館）　府中市美術館　2006　p192-195

青木 栄一　あおき・えいいち〔1932—　人文地理学〕
　○著作目録　「文化情報学　11.2」（駿河台大）　2004.12　p98-112

青木 昆陽　あおき・こんよう〔1698—1769　儒学者・蘭学者〕
　◎参考文献　「年譜青木昆陽傳」（青木七男）　青木七男　2005.7　p205-221

青木 繁　あおき・しげる〔1882—1911　洋画家〕
　◎主要文献目録（森山秀子）　「青木繁と近代日本のロマンティシズム」（東京国立近代美術館ほか）　日本経済新聞社　c2003　p187-195
　◎文献　「青木繁《海の幸》　美術研究作品資料3」（東京文化財研究所美術部ほか）　中央公論美術出版　2005.4　p85-95

青木 淳　あおき・じゅん〔1956—　建築家〕
　◎Bibliography　「青木淳　JUN　AOKI　COMPLETE　WORKS　1　1991-2004」（青木淳ほか）　INAX出版　2004.12　p524-531

青木 春岱　あおき・しゅんたい
　◎参考文献　「幕府医師団と奥医師「青木春岱」」（青木昇）　崙書房出版　2007.2　p92-100

青木 次生　あおき・つぎお
　○業績目録ほか　「甲南女子大学英文学研究　41」（甲南女子大）　2005　p13-18

青木 はるみ　あおき・はるみ〔1933—　詩人〕
　◎参考資料（赤間亜生）　「展望現代の詩歌　5　詩V」（飛高隆夫ほか）　明治書院　2007.12　p256

青木 博　あおき・ひろし〔1931—2007　民法〕
　○業績目録ほか　「明治学院論叢　667」（明治学院大）　2001.7　p1-4b

青木 正樹　あおき・まさき〔1937―　〕
　○研究業績ほか　「言語文化研究　22.2」（松山大学学術研究会）　2003.3　p279-281

青木 美智男　あおき・みちお〔1936―　日本近世社会史・日本経済史〕
　○業績目録ほか　「専修史学　42」（専修大）　2007.3　p4-34
　◎業績目録　「日本近世社会の形成と変容の諸相」（青木美智男）　ゆまに書房　2007.3　p298-313
　○業績ほか　「専修人文論集　80」（専修大）　2007.3　15pf

青木 満男　あおき・みつお
　○業績ほか　「名城論叢　5.3」（名城大）　2005.2　p3-4f

青木 木米　あおき・もくべい〔1767―1833　陶工家〕
　◎年譜　「京焼の名工・青木木米の生涯」（杉田博明）　新潮社　2001.10　9pb

青島 幸男　あおしま・ゆきお〔1932―2006　タレント・政治家〕
　◎略年表（青島美幸）　「総理大臣とケンカした男―青島幸男の政治信条議事録ダイジェスト版」（青島幸男）　パロディ社　2007.7　p139-143

青竹 正一　あおたけ・しょういち〔1944―　商事法〕
　○業績ほか　「商業討究　53.2・3」（小樽商科大）　2002.12　p217-227

青沼 龍雄　あおぬま・たつお〔1933―　数理計画論・経営科学〕
　○著作目録　「神戸学院大学経営学論集　1.2」（神戸学院大）　2005.3　p193-197

青柳 洋治　あおやぎ・ようじ〔1941―　東南アジア考古学〕
　◎業績目録ほか　「地域の多様性と考古学―東南アジアとその周辺―青柳洋治先生退職記念論文集」（退職記念論文集編集委員会）　雄山閣　2007.3　p428-430

青山 治郎　あおやま・じろう
　○著述等目録ほか　「比較文化論叢　14」（札幌大）　2004.10　p7-10

青山 二郎　あおやま・じろう〔1901―1979　小説家・装訂家〕
　◎年譜（森孝一）　「青山二郎全文集　下」　筑摩書房　2003.1　p421-440
　◎年譜　「青山二郎の素顔―陶に遊び美を極める　新装版」（森孝一）　里文出版　2006.11　p227-257
　○年譜　「陶説　651」（日本陶磁協会）　2007.6　p33-43

青山 太郎　あおやま・たろう〔ロシア文学・思想〕
　○業績表　「言語文化論究　15」（九州大）　2002　p173-175

青山 延寿　あおやま・のぶとし〔1820―1906　儒学者〕
　○著作目録ほか（木戸之都子）　「茨城大学人文学部紀要人文コミュニケーション学科論集　3」（茨城大）　2007.9　p31-48

青山 秀彦　あおやま・ひでひこ
　◎著作目録（青山秀彦著作刊行会）　「明治政府の富国構想と民衆」（青山秀彦）　青山秀彦著作刊行会　2006.4　p321-325

赤井 岩男　あかい・いわお
　○略歴　「武蔵大学人文学会雑誌　34.4」（武蔵大）　2003.3　p5-9

赤池 弘次　あかいけ・ひろつぐ〔1927―　統計数理〕
　◎著書ほか　「赤池情報量規準AIC―モデリング・予測・知識発見」（赤池弘次ほか）　共立出版　2007.7　p33-47

赤岡 功　あかおか・いさお〔1942―　商学・経営学原理〕
　○著作目録　「経済論叢　175.3」（京都大）　2005.3　p312-318

赤川 菊村　あかがわ・きくむら〔1883―1962　新聞記者・郷土史家〕
　◎年譜　「赤川菊村―文化史の道」（赤川菊村著作刊行会）　秋田文化出版　2001.1　p373-377

赤川 元章　あかがわ・もとあき〔1940―　金融経済学〕
　○業績　「三田商学研究　49.6」（慶應義塾大）　2007.2　p267-270

赤木 知之　あかぎ・ともゆき〔1941―　土質工学〕
　○業績目録ほか　「琉球大学工学部紀要　68」（琉球大）　2007.3　p69-72

赤座 憲久　あかざ・のりひさ〔1927―　児童文学作家・詩人〕
　◎児童文学作品ほか　「児童文学に魅せられた作家たち」（林美千代ほか）　KTC中央出版　2002.4　p76-92

赤沢 英二　あかざわ・えいじ〔1929―　日本中世絵画史〕
　○業績一覧ほか　「美学美術史学　15」（実践美学美術史学会）　2000.1　p1-6

赤沢 昭三　あかざわ・しょうぞう〔1928―　経済政策論〕
　○略歴　「東北学院大学論集　経済学　151・152」（東北学院大）　2003.3　p3-5f

明石 海人　あかし・かいじん〔1901―1939　歌人〕
　◎参考文献　「海の蠍―明石海人と島尾比呂志　ハンセン病文学の系譜」（山下多恵子）　未知谷　2003.10　p259-267

明石 元二郎　あかし・もとじろう〔1864―1919　陸軍軍人〕
　◎参考文献　「明石元二郎―日露戦争を勝利に導いた「奇略の参謀」」（野村敏雄）　PHP研究所　2005.6　p396-397

赤瀬 雅子　あかせ・まさこ〔1933―　比較文学〕
　◎著作目録ほか　「国際文化論集　29」（桃山学院大）　2003.12　p325-339

赤瀬川 原平　あかせがわ・げんぺい〔1937―　小説家〕
　◎年譜　「全面自供!」（赤瀬川原平）　晶文社　2001.7　p433-479

縣 敏夫　あがた・としお
　◎主要文献　「八王子市の板碑」（縣敏夫）　揺籃社　2005.5　p338」

赤塚 紀子　あかつか・のりこ〔1937―　言語学〕
　◎著書論文リスト　「言語学の諸相―赤塚紀子教授記念論文集」（久野暲ほか）　くろしお出版　2007.4　p6-8f

赤塚 不二夫　あかつか・ふじお〔1935―2008　漫画家〕
　◎作品リスト　「コミックを作った10人の男―巨星たちの春秋」（瀬戸龍哉ほか）　ワニブック　2002.5　p74-78

赤羽 末吉　あかば・すえきち〔1910―1990　絵本画家〕
　◎絵本リスト　「私の絵本ろん―中・高校生のための絵本入門」（赤羽末吉）　平凡社　2005.4　p245-250

赤羽 淑　あかばね・しゅく〔1931―　中世文学・和歌文学〕
　◎業績ほか　「赤羽淑先生退職記念論文集」（赤羽淑先生退職記念の会）　退職記念の会　2005.3　p3-8

赤羽根 義章　あかばね・よしあき〔1958―　国語学〕
　○業績ほか　「宇大国語論究　17」（宇都宮大）　2006.3　p4-9

赤堀 勝彦　あかぼり・かつひこ〔1941―　保険論〕
　○業績ほか　「長崎県立大学論集　40.4」（長崎県立大）　2007.3　9pf

赤松 啓介　あかまつ・けいすけ〔1909―2000　郷土史家〕
　◎著作目録ほか　「兵庫県郷土研究　赤松啓介民俗学選集　別巻」（岩田重則）　明石書店　2004.3　p832-906

赤松 月船　あかまつ・げっせん〔1897―1997　詩人〕
　◎参考文献　「慧僧詩人赤松月船」（定金恒次）　西日本法規出版　2004.3　p189-190

赤松 ますみ　あかまつ・ますみ
　◎略歴　「赤松ますみ集」（赤松ますみ）　邑書林　2006.3　p106-107

赤松 良子　あかまつ・りょうこ〔1929―　婦人労働問題〕
　◎年表（岡田年）　「赤松良子　志は高く」（赤松良子）　日本図書センター　2001.2　p208-210
　◎著書リスト　「公務員　赤松良子」（杉山由美子）　理論社　2003.9　p199」

赤嶺 健治　あかみね・けんじ
　○略歴ほか　「琉球大学欧米文化論集　47」（琉球大）　2003.3　p15-21f

阿川 弘之　あがわ・ひろゆき〔1920―　小説家〕
　◎年譜著書目録（岡田睦）　「鮎の宿」（阿川弘之）　講談社　2001.6　p350-365
　◎著作目録ほか　「阿川弘之全集　20　エッセイ　年譜著作目録ほか　5」（阿川弘之）　新潮社　2007.3　p643-770

阿川 文正　あがわ・ぶんしょう
　◎略歴　「法然浄土教の思想と伝歴―阿川文正教授古稀記念論集」（大正大学浄土学研究会）　山喜房佛書林　2001.2　p1-16

安藝 皎一　あき・こういち
　◎年譜ほか　「月光は大河に映えて―激動の昭和を生きた水の科学者・安藝皎一―評伝」（高崎哲郎）　鹿島出版会　2005.9　p229-230

秋田 明満　あきた・あきみつ
　○著作目録ほか　「商学論究　50.4」（関西学院大）　2003.3　p179-181

秋田 雨雀　あきた・うじゃく〔1883―1962　作家〕
　◎略年譜　「秋田雨雀展―日本社会の良心として生きたい―特別展」（青森県近代文学館）　青森県近代文学館　2002.7　p26-27

秋田 周　あきた・まこと〔自治体法〕
　○著作目録　「社会と情報　9.2」（椙山女学園大）　2005.1　p86-88

秋田 實　あきた・みのる
　◎年譜　「漫才作者秋田實」（富岡多恵子）　平凡社（平凡社ライブラリー）　2001.4　p257-271

秋野 不矩　あきの・ふく〔1908―2001　日本画家〕
　◎文献目録　「秋野不矩展―創造の軌跡」（兵庫県立美術館ほか）　毎日新聞社　c2003　p218-222

秋葉 四郎　あきば・しろう〔1937―　歌人〕
　○年譜ほか（秋葉四郎）　「短歌　53.11」（角川学芸出版）　2006.10　p52-57

秋元 松代　あきもと・まつよ〔1911―2001　劇作家〕
　○年譜ほか（扇田昭彦）　「秋元松代全集　5」　筑摩書房　2002.11　p560-578
　◎年譜　「秋元松代―希有な怨念の劇作家」（相馬庸郎）　勉誠出版　2004.8　p391-432

秋元 律郎　あきもと・りつお〔1931―2004　社会学史・都市社会学〕
　○研究業績ほか　「社会学年誌　46」（早稲田社会学会）　2005.3　p167-172

秋山 清　あきやま・きよし〔1905―1988　詩人・評論家〕
　◎年譜（暮尾淳）　「秋山清詩集」（秋山清）　思潮社（現代詩文庫　1046）　2001.12　p150-159
　◎著作目録ほか　「資料・研究篇　秋山清著作集別巻」（秋山清）　ぱる出版　2007.3　p949-801

秋山 怜　あきやま・さと
　○業績ほか（牛江一裕）　「埼玉大学紀要　〔教育学部〕　人文・社会科学　50（2分冊2）」（埼玉大）　2001　p1-4

秋山 真之 あきやま・さねゆき〔1868―1918 海軍軍人〕
- ◎参考文献 「秋山真之」(田中宏巳) 吉川弘文館 2004.9 p280-284
- ◎著作ほか 「秋山真之のすべて 新装版」(生出寿他) 新人物往来社 2005.4 p213-215

秋山 駿 あきやま・しゅん〔1930― 文芸評論家〕
- ○業績ほか(大河内昭爾) 「武蔵野日本文学 10」(武蔵野女子大) 2001.3 p77-81
- ◎年譜、著作目録 「舗石の思想」(秋山駿) 講談社 2002.9 p349-351
- ◎年譜ほか 「内部の人間の犯罪―秋山駿評論集」(秋山駿) 講談社 2007.9 p294-317

秋山 庄太郎 あきやま・しょうたろう〔1920―2003 写真家〕
- ◎略年譜 「遊写三昧―秋山庄太郎の写真美学」(東京都歴史文化財団,東京都写真美術館) 日本写真企画 2002.7 p153-158
- ◎参考文献 「冬の薔薇―写真家秋山庄太郎とその時代」(山田一廣) 神奈川新聞社 2006.9 p307-308

秋山 喜文 あきやま・よしふみ〔1932― 日本経済論・銀行論〕
- ○略歴ほか 「アドミニストレーション 9.3・4」(熊本県立大) 2003.3 p1-7f

阿久 悠 あく・ゆう〔1937―2007 作詞家〕
- ◎著作目録 「阿久悠のいた時代―戦後歌謡曲史」(篠田正治ほか) 柏書房 2007.12 p300-301

芥川 比呂志 あくたがわ・ひろし〔1920―1981 新劇俳優〕
- ◎年譜ほか(芥川瑠璃子) 「ハムレット役者―芥川比呂志エッセイ選」(芥川比呂志) 講談社 2007.1 p335-351

芥川 也寸志 あくたがわ・やすし〔1925―1989 作曲家・指揮者〕
- ◎作品リスト 「日本映画音楽の巨星たち 2 伊福部昭芥川也寸志黛敏郎」(小林淳) ワイズ出版 2001.5 p1-23b

芥川 龍之介 あくたがわ・りゅうのすけ〔1892―1927 小説家〕
- ◎参考文献ほか(嶋田明子) 「芥川龍之介作品論集成 別巻 芥川文学の周辺」(宮坂覺) 翰林書房 2001.3 p299-381
- ◎参考文献ほか 「芥川龍之介事典 増訂版」(菊地弘ほか) 明治書院 2001.7 p556-865
- ○現在と未来(三嶋譲) 「国文学 46.11」(学燈社) 2001.9 p116-123
- ◎年譜・著作目録(藤本寿彦) 「上海游記・江南游記」(芥川龍之介) 講談社 2001.10 p218-243
- ◎文献目録(岸睦子) 「芥川龍之介大事典」(志村有弘) 勉誠出版 2002.7 p763-1004
- ◎参考文献 「芥川龍之介の小説を読む―『羅生門』、『蜜柑』、『蜘蛛の糸』と『カラマーゾフの兄弟』論」(関口収) 鳥影社 2003.5 p188-197
- ◎年譜ほか 「芥川龍之介」(海老井英次) 勉誠出版 2003.8 p203-222
- ◎著作目録ほか 「芥川龍之介―文学空間」(佐々木雅発) 翰林書房 2003.9 p496-513
- ◎年譜 「河童―他二篇」(芥川龍之介) 岩波書店 2003.10 p135-138
- ◎年表 「芥川龍之介 青春の軌跡―エゴイズムをはなれた愛」(田村修一) 晃洋書房 2003.10 p2-11b
- ◎「芥川龍之介の読書遍歴―壮烈な読書のクロノロジー」(志保田務ほか) 学芸図書 2003.12 341p B5
- ◎著作外国語訳目録ほか(嶋田明子) 「芥川龍之介新辞典」(関口安義) 翰林書房 2003.12 p705-790
- ◎資料ほか 「芥川龍之介」(庄司達也ほか) 翰林書房 2004.5 p109-118
- ◎主要著作リストほか 「文豪ナビ芥川龍之介」(新潮文庫) 新潮社 2004.11 p155-158
- ◎参考文献 「芥川龍之介とキリスト教」(川上光教) 白地社 2005.1 p123-133
- ◎注 「芥川龍之介―絵画・開化・都市・映画」(安藤公美) 翰林書房 2006.3 prr
- ◎略年譜ほか 「芥川龍之介房総の足跡」(市原善衛) 文芸社 2006.5 p146-154
- ◎年譜 「よみがえる芥川龍之介」(関口安義) NHK出版 2006.6 p301-310
- ◎年譜 「ザ・龍之介―全小説全一冊 大活字版」(芥川龍之介) 第三書館 2006.7 p999-1003
- ◎参考文献 「芥川龍之介と中国―受容と変容の軌跡」(張蕾) 国書刊行会 2007.4 p330-346
- ◎文献目録(布川純子) 「現代のバイブル―芥川龍之介『河童』注解」(成蹊大学大学院近代文学研究会) 勉誠出版 2007.7 p409-417
- ○文献目録(乾英治郎) 「国文学 解釈と鑑賞 72.9」(至文堂) 2007.9 p201-207
- ◎年譜 「芥川龍之介―1892-1927」(芥川龍之介) 筑摩書房 2007.11 p467-476

阿久津 久 あくつ・ひさし
- ◎著作目録 「領域の研究―阿久津久先生還暦記念論集」(阿久津久先生還暦記念事業実行委員会) 阿久津久先生還暦記念事業実行委員会 2003.4 p435-436

阿久津 喜弘 あくつ・よしひろ〔1932―2006 教育社会学〕
- ○主要業績ほか 「教育研究 45」(国際基督教大) 2003.3 p204-208

暁烏 敏 あけがらす・はや〔1877―1954 真言宗の僧・歌人〕
- ◎註 「「精神主義」の求道者たち―清沢満之と暁烏敏」(福島栄寿) 京都光華女子大 2003.3 prr

明智 光秀 あけち・みつひで〔1528―1582 武将〕
- ◎参考文献 「明智光秀冤罪論―信長謀殺、光秀でない」(井上慶雪) 叢文社 2005.2 p349-350

赤穂浪士　あこうろうし
　◎参考資料　「大野郡右衛門　赤穂浪士外伝」（宗方翔）　作品社　2001.12　p421」
　◎参考文献　「忠臣蔵―討ち入りを支えた八人の証言」（中島康夫）　青春出版社　2002.11　1pb
　◎参考文献　「うろんなり助右衛門―ある赤穂浪士とその末裔」（冨森叡児）　草思社　2002.12　p206-209
　◎参考文献　「「忠臣蔵事件」の真相」（佐藤孔亮）　平凡社　2003.11　p199-200
　◎参考文献　「忠臣蔵を生きた女―内蔵助の妻理玖とその周辺」（瀬戸谷晧）　北星社　2005.12　p348-351
　◎参考文献　「赤穂浪士の実像」（谷口眞子）　吉川弘文館　2006.7　p193-195
　◎引用書一覧　「赤穂四十六士論―幕藩制の精神構造」（田原嗣郎）　吉川弘文館　2006.11　p230-231

浅井 あい　あさい・あい〔1920―2005　歌人〕
　◎著者略歴　「心ひたすら―歌集とエッセイ」（浅井あい）　皓星社　2002.10　p308-310

浅井 圓道　あさい・えんどう
　○著述目録ほか　「大崎学報 161」（立正大）　2005.3　p7-24

浅井 愼平　あさい・しんぺい〔1937―　写真家〕
　◎略年譜　「ポートレートの向こう側」（浅井愼平）　白水社　2007.6　p1-4b

浅井 忠　あさい・ちゅう〔1856―1907　洋画家〕
　◎参考文献　「浅井忠白書」（馬渕礼子）　短歌研究社　2006.7　p276-284

浅井 成海　あさい・なるみ〔1935―　僧侶〕
　○著述目録ほか　「真宗学 109・110」（龍谷大）　2004.3　p3-11f

朝枝 善照　あさえだ・ぜんしょう〔1944―2007　僧侶〕
　◎著作目録　「仏教と人間社会の研究―朝枝善照博士記念論文集」（朝枝先生華甲記念論文集刊行会）　永田文昌堂　2004.3　p3-14f

朝尾 直弘　あさお・なおひろ〔1931―　日本近世史・古文書学〕
　◎著作目録ほか　「近世とはなにか　朝尾直弘著作集8」（朝尾直弘）　岩波書店　2004.7　p385-405

浅香 勝輔　あさか・かつすけ〔1929―　日本文化史・歴史教育学〕
　◎業績目録ほか　「歴史と建築のあいだ」（浅香勝輔教授退任記念刊行委員会）　古今書院　2001.11　p473-484

安積 艮斎　あさか・ごんさい〔1791―1860　儒学者〕
　◎著書一覧　「安積艮斎と門人たち」　福島県立博物館（福島県立博物館企画展図録　平成12年度第4回）　2001.1　p74-79
　○研究文献一覧（菅野俊之）　「文献探索 2000」（文献探索研究会）　2001.2　p190-198
　◎略年譜　「安積艮斎門人帳」（安積艮斎顕彰会）　安積艮斎顕彰会　2007.11　p430-438

朝河 貫一　あさかわ・かんいち〔1873―1948　日本史〕
　◎参考文献　「ポーツマスから消された男―朝河貫一の日露戦争論」（矢吹晋）　東信堂　2002.2　p45-46
　◎年譜　「最後の「日本人」―朝河貫一の生涯」（阿部善雄）　岩波書店　2004.7　p305-311
　◎年譜ほか　「「驕る日本」と闘った男―日露講和条約の舞台裏と朝河貫一」（清水美和）　講談社　2005.9　p262-270
　◎略歴　「朝河貫一とその時代」（矢吹晋）　花伝社　2007.12　p294-295

浅川 巧　あさかわ・たくみ〔1891―1931　朝鮮古陶磁〕
　◎文献ほか　「朝鮮の土となった日本人―浅川巧の生涯　増補3版」（高崎宗司）　草風館　2002.8　p295-314
　◎略年譜（高崎宗司）　「朝鮮民芸論集」（浅川巧）　岩波書店　2003.7　p317-323
　◎略年譜　「浅川巧　日記と書簡」（高崎宗司）　草風館　2003.10　p290-293
　◎文献　「日韓交流のさきがけ―浅川巧」（椙村彩）　揺籃社　2004.6　p154-155
　◎年譜　「回想の浅川兄弟」（高崎宗司ほか）　草風館　2005.9　p305-311

浅川 伯教　あさかわ・のりたか〔1884―1964　彫刻家・朝鮮陶磁器研究家〕
　◎年譜　「回想の浅川兄弟」（高崎宗司ほか）　草風館　2005.9　p305-311

浅草 弾左衛門　あさくさ・だんざえもん〔1822―1889　関八州長吏頭〕
　◎文献一覧　「浅草弾左衛門―関東穢多頭と江戸文化」（同和文献保存会）　同和文献保存会　2006.10　p617-621

浅倉 久志　あさくら・ひさし〔1930―　翻訳家〕
　◎翻訳リスト　「ぼくがカンガルーに出会ったころ」（浅倉久志）　国書刊行会　2006.6　p1-4b

朝倉 義景　あさくら・よしかげ〔1533―1573　武将〕
　◎参考文献（佐藤圭）　「朝倉義景のすべて」（松原信之）　新人物往来社　2003.8　p282-291

朝倉 隆太郎　あさくら・りゅうたろう〔1921―2002　地理学・社会科教育〕
　◎略歴・業績・著作　「教職五十年」（朝倉隆太郎）　日本文教出版　2002.1　p375-406

朝倉氏　あさくらし
　◎参考文献　「戦国大名朝倉氏と一乗谷」（水野和雄ほか）　高志書院　2002.11　prr
　◎著書ほか　「越前朝倉一族　新装版」（松原信之）　新人物往来社　2006.12　p255-256

麻島 昭一　あさじま・しょういち〔1931―　経営史・日本金融史〕
　○業績ほか　「専修経営学論集 72」（専修大）　2001.3　p255-269

麻田 貞雄　あさだ・さだお〔1936―　アメリカ外交史・日米関係史〕
　○著作目録ほか　「同志社法学　58.4.316」（同志社法学会）　2006.9　p1667-1674

浅田 次郎　あさだ・じろう〔1951―　小説家〕
　◎年譜　「待つ女―浅田次郎読本」（浅田次郎）　朝日新聞社　2002.2　p241-253
　◎年譜　「待つ女―浅田次郎読本」（浅田次郎）　朝日新聞社　2005.6　p295-313

朝田 善之助　あさだ・ぜんのすけ〔1902―1983　部落解放運動家〕
　◎年譜　「朝田善之助全記録　差別と闘いつづけて46」（朝田善之助）　朝田教育財団　2001.9　p159-160

阿佐田 哲也　あさだ・てつや
　◎略年譜（結城信孝）　「ギャンブル放浪記」（阿佐田哲也）　角川春樹事務所　2002.3　p200-208

浅田 福一　あさだ・ふくかず〔1933―　商学〕
　○著作目録ほか　「商学論究　49.4」（関西学院大）　2002.3　p181-184

浅田 實　あさだ・みのる
　○業績ほか　「創価大学人文論集　17」（創価大）　2005　p4-8

浅沼 稲次郎　あさぬま・いねじろう〔1898―1960　政治家〕
　◎参考資料　「浅沼稲次郎　人間機関車」（豊田穣）　学陽書房　2004.1　p556-558

浅野 阿久利　あさの・あくり
　⇒瑤泉院（ようせんいん）を見よ

あさの あつこ　〔1954―　小説家・児童文学作家〕
　○作品リスト　「子どもと読書　351」（親子読書地域文庫全国連絡会）　2005.5・6　p15-16

浅野 三平　あさの・さんぺい〔1932―　近世文学〕
　○著述目録ほか　「国文目白　40」（日本女子大）　2001.2　p135-140

浅野 雅巳　あさの・まさみ〔1933―　時事英語〕
　○略歴ほか　「総合政策論叢　11」（島根県立大）　2006.3　p5-10

浅野 裕司　あさの・ゆうじ〔1935―2007　法学〕
　○業績　「東洋法学　48.2」（東洋大）　2005.3　p292-295
　◎業績　「市民法と企業法の現在と展望―浅野裕司先生古稀祝賀論文集」（小野幸二ほか）　八千代出版　2005.6　p423-425

朝野 洋一　あさの・よういち
　○業績ほか　「茨城大学政経学会雑誌　76」（茨城大）　2006.3　p100-108

浅野 遼二　あさの・りょうじ〔1940―　哲学・哲学史〕
　○略歴ほか　「メタフュシカ　35別冊」（大阪大）　2004.12　p13-18f

浅羽 亮一　あさば・りょういち〔1933―　英語〕
　○業績ほか　「明海大学外国語学部論集　15」（明海大）　2003.3　p135-140

浅原 健三　あさはら・けんぞう〔1897―1967　労働運動家・政治家〕
　◎参考文献　「反動の獅子　陸軍に不戦工作を仕掛けた男・浅原健三の生涯」（桐山桂一）　角川書店　2003.1　p312-317

麻原 雄　あさはら・ゆう〔1943―　哲学〕
　◎著作目録ほか　「イーゼンハイムの火―麻原雄芸術論集」（麻原雄）　冬花社　2007.4　p200-201

麻原 美子　あさはら・よしこ〔1932―　中世文学〕
　○著述目録ほか　「国文目白　40」（日本女子大）　2001.2　p1-8

旭 覚　あさひ・さとる
　○履歴ほか　「大阪教育大学英文学会誌　47」（大阪教育大）　2002　p7-20

旭 太郎　あさひ・たろう〔1934―　〕
　◎年譜　「火星探険」（旭太郎）　透土社　2003.1　p3-5b

朝日文左衛門　あさひ・ぶんざえもん
　◎参考文献　「朝日文左衛門『鸚鵡籠中記』」（加賀樹芝朗）　雄山閣　2003.8　p264-265

朝日 稔　あさひ・みのる〔1929―　哺乳動物学・生態学〕
　○著作目録　「立命館国際研究　19.3」（立命館大）　2007.3　p1-19f

浅見 公子　あさみ・きみこ
　○業績ほか　「成城法学　71」（成城大）　2004.3　p285-291

浅見 徹　あさみ・とおる〔1931―　国語学〕
　○著述目録ほか　「文林　40」（神戸松蔭女子学院大）　2006.3　p1-12

浅輪 幸夫　あさわ・さちお〔1933―　哲学〕
　○業績ほか　「哲学会誌　30」（学習院大）　2006.5　p173-176

足利 直冬　あしかが・ただふゆ〔1327―1400　武将〕
　◎参考文献　「足利直冬」（瀬野精一郎）　吉川弘文館　2005.6　p214-218

足利 義教　あしかが・よしのり〔1394―1441　室町幕府第6代将軍〕
　◎参考文献　「籤引き将軍足利義教」（今谷明）　講談社　2003.4　p232-234
　◎参考文献　「魔将軍―室町の改革者足利義教の生涯」（岡田秀文）　双葉社　2006.3　2pb
　◎参考文献　「室町幕府足利義教「御前沙汰」の研究」（鈴木江津子）　神奈川大　2006.3　p259-264

足利 義政　あしかが・よしまさ〔1436―1490　室町幕府8代将軍〕
　◎文献　「足利義政―日本美の発見」（D.キーン）　中央公論新社　2003.1　p237-241
　◎参考文献　「庭園の中世史―足利義政と東山山荘」（飛田範夫）　吉川弘文館　2006.3　p206-209

足利氏　あしかがし
　◎参考文献　「関東公方足利氏四代―基氏・氏満・満兼・持氏」(田辺久子)　吉川弘文館　2002.9　p185-188
　◎史料一覧ほか　「戦国期関東公方の研究」(阿部能久)　思文閣出版　2006.2　p280-289

芦川 澄子　あしかわ・すみこ〔1927―　推理作家〕
　◎人と作品　「ありふれた死因」(芦川澄子)　東京創元社　2007.11　p413-422

芦川 豊彦　あしかわ・とよひこ
　○著作目録ほか　「愛知学院大学論叢　法学研究　48.4」(愛知学院大)　2007.11　p203-210

芦沢 幸男　あしざわ・ゆきお
　○業績ほか　「専修商学論集　74」(専修大)　2002.1　p349-352

芦田 恵之助　あしだ・えのすけ〔1873―1951　教育家〕
　◎参考文献　「芦田恵之助の綴り方教師修養論に関する研究」(芦田恵之助)　渓水社　2004　p381-383

安次富 哲雄　あしとみ・てつお
　○著作目録ほか　「琉大法学　73」(琉球大)　2005.3　p319-326

蘆名氏　あしなし
　◎参考文献　「三浦・会津蘆名一族」(七宮涬三)　新人物往来社　2007.7　p264-266

蘆原 英了　あしはら・えいりょう
　◎年譜　「僕の二人のおじさん、藤田嗣治と小山内薫」(蘆原英了)　新宿書房　2007.9　p302-308

芦原 睦　あしはら・むつみ〔1955―　医師〕
　◎著作目録　「実践! ここから始めるメンタルヘルス―予防から復職まで」(芦原睦)　中央労働災害防止協会　2004.1　p273-274

芦辺 拓　あしべ・たく〔1958―　推理作家〕
　◎著作リスト　「少年は探偵を夢見る―森江春策クロニクル」(芦辺拓)　東京創元社　2006.3　p340-341

飛鳥 高　あすか・たかし〔1921―　推理作家〕
　◎著作リスト　「飛鳥高名作選」(飛鳥高)　河出書房新社(河出文庫)　2001.9　p586-587

飛鳥井 雅道　あすかい・まさみち〔1934―2000　日本文化史〕
　○著編書目録稿(志村正昭)　「初期社会主義研究　13」(初期社会主義研究会)　2000.12　p151-152
　◎著作目録　「日本近代精神史の研究」(飛鳥井雅道)　京都大学学術出版会　2002.9　p530-551

飛鳥井 雅世　あすかい・まさよ〔1390―1452　公卿・歌人〕
　○年譜(千艘秋男)　「東洋学研究　39」(東洋大)　2002　p75-91

飛鳥田 一雄　あすかた・いちお〔1915―1990　政治家・弁護士〕
　◎参考図書　「自治体改革のあゆみ―付・証言・横浜飛鳥田市政のなかで」(鳴海正泰)　公人社　2003.7　p248-249

東 清和　あずま・きよかず〔1933―2004　発達心理学〕
　○業績ほか　「学術研究　外国語・外国文学編　51」(早稲田大)　2002.2　p101-104

吾妻 ひでお　あづま・ひでお〔1950―　漫画家〕
　◎略年表　「逃亡日記」(吾妻ひでお)　日本文芸社　2007.1　1pb

東 洋　あずま・ひろし〔1926―　教育心理学・教育方法学〕
　◎参考文献　「東洋陶磁史 その研究の現在　東洋陶磁学会三十周年記念」(東洋陶磁学会)　東洋陶磁学会　2002.5　prr

東 文彦　あずま・ふみひこ
　◎年譜ほか(編集部)　「東文彦作品集」(東文彦)　講談社　2007.4　p408-417

東 隆眞　あずま・りゅうしん
　○業績ほか　「禅の真理と実践―東隆眞博士古稀記念論集」(古稀記念論文集刊行会)　春秋社　2005.11　p3-13f

安住 敦　あずみ・あつし〔1907―1988　俳人〕
　◎年譜　「俳人安住敦」(西嶋あさ子)　白凰社　2001.7　p143-209
　◎参考資料(佐々木冬流)　「展望現代の詩歌　9　俳句I」(飛高隆夫ほか)　明治書院　2007.4　p292」

安積 仰也　あずみ・こうや
　○略年譜　「アジア文化研究　28」(国際基督教大)　2002　p9-15

畦地 梅太郎　あぜち・うめたろう〔1902―1999　版画家〕
　○年譜　「山の版画家畦地梅太郎　別冊太陽」　平凡社　2003.7　p106-109

畦森 宣信　あぜもり・ひろのぶ
　○略歴ほか　「広島経済大学研究論集　25.3」(広島経済大)　2002.12　p2-6f

麻生 建　あそう・けん〔1941―　ドイツ語〕
　○年譜　「Odysseus 5」(東京大)　2000　p163-168

麻生 三郎　あそう・さぶろう〔1913―2000　洋画家〕
　◎文献目録(橋秀文)　「麻生三郎全油彩」(麻生マユ)　中央公論美術出版　2007.8　p45-60b

麻生 太吉　あそう・たきち〔1857―1933〕
　◎年譜　「麻生太吉翁伝―伝記・麻生太吉」(麻生太吉翁伝刊行会)　大空社(伝記叢書 336)　2000.9　p1-20

麻生 宗由　あそう・もとよし〔1932―2001　フランス文学〕
　○業績ほか　「法政大学多摩論集　18」(法政大)　2002.3　p79-83

安達 美代子　あだち・みよこ〔1933—2001　英文学〕
　○論文ほか　「Walpurgis 2002」（国学院大）　2002.3　2pf

安達 泰盛　あだち・やすもり〔1231—1285　武将〕
　◎参考文献　「安達泰盛と鎌倉幕府—霜月騒動とその周辺」（福島金治）　有隣堂　2006.11　p208-213

熱田 公　あつた・こう〔1931—　中世史〕
　◎著作目録　「中世寺領荘園と動乱期の社会」（熱田公）　思文閣出版　2004.12　p489-504

渥美 清　あつみ・きよし〔1928—1996　俳優〕
　◎参照文献　「渥美清—浅草・話芸・寅さん」（堀切直人）　晶文社　2007.9　p202-203

渥美 東洋　あつみ・とうよう〔1935—　刑事法〕
　○著作目録ほか　「法学新報　112.1・2」（中央大）　2005.7　p943-984
　◎著作目録　「犯罪の多角的検討—渥美東洋先生古稀記念」（田口守一ほか）　有斐閣　2006.5　p530-552

厚見 博　あつみ・ひろし
　○著書目録ほか　「総合政策研究　10」（中央大）　2002.5　p71-72

厚谷 襄児　あつや・じょうじ〔1934—　独占禁止法〕
　◎業績　「競争法の現代的諸相—厚谷襄児先生古稀記念論集　下」（稗貫俊文）　信山社出版　2005.2　p1171-1176

阿刀田 高　あとうだ・たかし〔1935—　小説家〕
　◎分類目録　「小説家の休日」（阿刀田高）　集英社　2002.4　p340-342
　◎著作目録　「コーヒー党奇談」（阿刀田高）　講談社　2004.8　p345-348
　◎文庫分類目録　「殺し文句の研究」（阿刀田高）　新潮社　2005.1　3pb
　◎文庫分類目録　「コーランを知っていますか」（阿刀田高）　新潮社　2006.1　3pb

穴井 太　あない・ふとし〔1926—1997　俳人〕
　◎略年譜　「明日は日曜—穴井太聞き書きノート」（佐藤文子）　邑書林　2003.1　p160-170

姉崎 正治　あねざき・まさはる〔1942—　鉄冶金学〕
　◎年譜（磯前順一, 高橋原, 深沢英隆）　「近代日本における知識人と宗教—姉崎正治の軌跡」（磯前順一ほか）　東京堂出版　2002.3　p239-308

姉崎 義史　あねざき・よしふみ〔1941—　損害保険論〕
　○業績ほか　「商大論集　59.1」（神戸商科大）　2007.8　p167-169

阿波根 昌鴻　あはごん・しょうこう〔1901—2002　反戦運動家〕
　◎文献リスト　「阿波根昌鴻—その闘いと思想」（佐々木辰夫）　スペース伽耶　2003.3　p236-239

阿部 彰　あべ・あきら〔1941—　教育制度〕
　○業績ほか　「大阪大学大学院人間科学研究科紀要　31」（大阪大）　2005　p363-366

阿部 浅之助　あべ・あさのすけ
　◎略年譜　「かまど神と「はだかかべ」」（新長明美）　日本経済評論社　2004.2　p226-229

安部 磯雄　あべ・いそお〔1865—1949　政治家・教育者〕
　◎「安部磯雄著作目録　改訂版」（松田義男）　松田義男　2002.8　67p　B5

阿部 和厚　あべ・かずひろ
　○業績リストほか　「高等教育ジャーナル　10」（北海道大）　2002.3　p17-19

阿部 清司　あべ・きよし〔1939—　国際経済学〕
　○著作目録　「経済研究　20.3」（千葉大）　2005.12　p644-646

阿部 耕一朗　あべ・こういちろう〔1932—　情報科学・情報社会学〕
　○著作目録ほか　「広島修大論集　44.1.83」（広島修大）　2003.9　4pb

安部 公房　あべ・こうぼう〔1924—1993　小説家〕
　◎「安部公房評伝年譜」（谷真介）　新泉社　2002.7　275p　A5
　◎全戯曲年譜　「安部公房の演劇」（高橋信良）　水声社　2004.4　p285-316
　◎参考文献　「安部公房スタジオと欧米の実験演劇」（G.コーチ）　彩流社　2005.2　p205-210
　◎参考文献　「運動体・安部公房」（鳥羽耕史）　一葉社　2007.5　p327-342

阿部 定　あべ・さだ〔1905—?　犯罪者〕
　○文献（青木正美）　「日本古書通信　67.9」（日本古書通信社）　2002.9　p25」

阿部 慈園　あべ・じおん〔1947—2001　僧侶〕
　◎著作目録ほか　「仏教の修行法—阿部慈園博士追悼論集」（木村清孝）　春秋社　2003.1　p3-7f

阿部 周造　あべ・しゅうぞう〔1944—　マーケティング論〕
　◎研究業績ほか　「消費者行動研究の新展開」（阿部周造ほか）　千倉書房　2004.11　p1-7b

阿部 純二　あべ・じゅんじ〔1933—　刑事法〕
　◎著作目録ほか　「刑事法学の現代的課題—阿部純二先生古稀祝賀論文集」（岡本勝ほか）　第一法規　2004.3　p659-692
　○著作目録　「東北学院法学　64」（東北学院大）　2006.3　p8-33

阿部 志郎　あべ・しろう〔1926—　地域福祉〕
　◎著書ほか　「福祉の伝道者阿部志郎」（大内和彦）　大空社　2006.8　p273-285

阿部 次郎　あべ・じろう〔1883—1959　哲学者・美学者〕
　◎年譜　「阿部次郎とその家族—愛はかなしみを超えて」（大平千枝子）　東北大学出版会　2004.6　p308-316

安倍 晋三　あべ・しんぞう〔1954―　政治家〕
　◎参考文献　「安倍晋三の敬愛する祖父岸信介」(宮崎学ほか)　同時代社　2006.9　p244-248
　◎参考資料　「安倍晋三の力量」(増田潮)　平凡社　2006.12　p218-221

阿部 真也　あべ・しんや〔流通経済論・マーケティング論〕
　○業績目録ほか　「福岡大学商学論叢　46.3・4」(福岡大)　2002.3　p1-12b

安部 大成　あべ・だいせい
　○著作目録ほか　「岐阜経済大学論集　38.1」(岐阜経済大)　2004.11　p155-157

阿部 竹松　あべ・たけまつ〔1934―　憲法〕
　○業績目録　「政経研究　41.1」(日本大)　2004.9　p991-999

安部 宙之介　あべ・ちゅうのすけ〔1904―1983　詩人〕
　○詩と業績(内藤健治)　「詩界　239」(日本詩人クラブ)　2001.9　p28-34

阿部 照哉　あべ・てるや〔1929―　憲法〕
　◎著作目録ほか　「現代社会における国家と法―阿部照哉先生喜寿記念論文集」(佐藤幸治ほか)　成文堂　2007.5　p735-749

あべ 弘士　あべ・ひろし〔1948―　絵本作家〕
　◎著作全リスト　「あべ弘士ART　BOX―動物たち」(あべ弘士)　講談社　2007.3　p228-237

安部 文彦　あべ・ふみひこ〔1938―　商学〕
　○研究業績ほか　「長崎県立大学論集　36.4」(長崎県立大)　2003.3　9pf

阿部 正昭　あべ・まさあき
　○業績　「経済志林　69.4」(法政大)　2002.3　p389-392

阿部 正弘　あべ・まさひろ〔1819―1857　老中〕
　◎参考文献　「阿部正弘―日本を救った幕末の大政治家」(祖父江一郎)　PHP研究所　2002.6　2pb
　◎参考文献　「阿部正弘と日米和親条約―広島県立歴史博物館開館15周年記念　平成16年度春の企画展」(広島県立歴史博物館)　広島県立歴史博物館　2004.4　p102-103

阿部 正美　あべ・まさみ〔1932―　近世文学〕
　○業績ほか　「専修人文論集　72」(専修大)　2003.3　8pf

阿部 泰隆　あべ・やすたか〔1942―　法学〕
　○業績目録　「環境法学の挑戦―淡路剛久教授・阿部泰隆教授還暦記念」(大塚直, 北村喜宣)　日本評論社　2002.4　p393-397
　○略歴ほか　「神戸法学雑誌　54.4」(神戸法学会)　2005.3　p467-502

安倍 能成　あべ・よししげ〔1883―1966　教育者・哲学者〕
　○年譜　「安倍能成―戦後の自叙伝」(安倍能成)　日本図書センター　2003.1　p267-273

阿部 喜任　あべ・よしとう〔1805―1870　本草学者・医師〕
　○年譜(平野満)　「参考書誌研究　56」(国立国会図書館)　2002.3　p1-61

阿部 米太郎　あべ・よねたろう
　◎「阿部米太郎文庫資料目録　「おち葉」「東北評論」関係資料」(土屋文明記念文学館)　同文学館　1998　39p　A4

安倍 晴明　あべの・せいめい〔921―1005　陰陽家〕
　◎文献　「安倍晴明〈占いの秘密〉―平安京の闇を支配したスーパー陰陽師の実像」(渡辺豊和)　文英堂　2001.2　p300-302
　◎参考文献　「安倍晴明　陰陽師がよくわかる本」(川合章子)　講談社　2001.5　p221」
　◎解説(志村有弘)　「安倍晴明　陰陽師伝奇文学集成」(志村有弘ほか)　勉誠出版　2001.11　p345-353
　◎参考文献　「安倍晴明&陰陽道2」(徳間書店)　徳間書店　2001.11　p351」
　○文学作品一覧ほか(志村有弘)　「国文学解釈と鑑賞　67.6」(至文堂)　2002.6　p184-196
　◎ブックガイド　「〈安倍晴明〉の文化学―陰陽道をめぐる冒険」(斎藤英善ほか)　新紀元社　2002.12　p403-413
　◎文献　「安倍晴明と聖徳太子の秘密」(西孝二郎)　彩図社　2003.4　p268-270
　◎参考文献　「安倍晴明の一千年―「晴明現象」を読む」(田中貴子)　講談社　2003.11　p201」
　◎引用参考文献　「安倍晴明―陰陽の達者なり」(斎藤英喜)　ミネルヴァ書房　2004.10　p279-289
　◎参考史料　「安倍晴明撰『占事略決』と陰陽道」(小坂眞二)　汲古書院　2004.11　p461-462
　◎講談本一覧　「安倍晴明」(旭堂小南陵)　国書刊行会　2006.6　p236-240
　◎参考文献　「安倍晴明―陰陽師たちの平安時代」(繁田信一)　吉川弘文館　2006.8　p198-200

阿倍 仲麻呂　あべの・なかまろ〔698―770　遣唐留学生〕
　◎参考文献　「天の月船―小説・阿倍仲麻呂伝」(粂田和夫)　作品社　2003.5　p523-527

網干 善教　あほし・よしのり〔1927―2006　考古学者〕
　◎著書　「高松塚への道」(網干善教)　草思社　2007.10　p229-231

天井 一夫　あまい・かずお〔1931―　会計学〕
　○研究業績ほか　「阪南論集　社会科学編　37.4」(阪南大)　2002.3　p4-7

天池 清次　あまいけ・せいじ〔1914―　労働運動家〕
　◎略歴年表　「労働運動の証言―天池清次―同志とともに」(天池清次)　日本労働会館　2002.10　p525-542

甘粕 正彦　あまかす・まさひこ〔1891―1945　陸軍憲兵大尉〕
　◎資料　「甘粕大尉　増補改訂」(角田房子)　筑摩書房　2005.2　p361-362
　◎参考文献　「満州裏史―甘粕正彦と岸信介が背負ったもの」(太田尚樹)　講談社　2005.11　p468-471
　◎参考文献　「幻のキネマ満映―甘粕正彦と活動屋群像」(山口猛)　平凡社　2006.9　p521-525

天川 晃　あまかわ・あきら〔1940―　近代日本政治史〕
　○業績目録ほか　「横浜国際経済法学　11.1」(横浜国際経済法学会)　2002.7　p161-173

尼子 哲男　あまこ・てつお〔1951―2000　国際経営学〕
　○著作目録ほか　「大阪大学経済学　51.2」(大阪大)　2001.11　p3-6

天野 清　あまの・きよし〔1936―　心理学・言語心理学〕
　○業績ほか　「教育学論集　48」(中央大)　2006.3　p57-84

天野 敬太郎　あまの・けいたろう〔1901―1992　書誌・図書館〕
　○記事要約(深井人詩)　「文献探索　2001」(文献探索研究会)　2002.7　p19-25
　○参考文献一覧(菅野俊之)　「文献探索　2001」(文献探索研究会)　2002.7　p26-34

天野 光三　あまの・こうぞう〔1928―　都市計画・交通計画〕
　○著作目録ほか　「大阪産業大学論集　自然科学編　112」(大阪産業大)　2003.3　9pf

天野 重知　あまの・しげのり〔1909―2003　農民運動家〕
　◎文献　「北富士演習場と天野重知の夢―入会権をめぐる忍草の闘い」(斑目俊一郎)　彩流社　2005.12　p207-208

天野 隆雄　あまの・たかお〔1933―　教育学〕
　○業績一覧ほか　「アジア文化　29」(アジア文化総合研究所)　2007.10　p23-36

天野 武　あまの・たけし〔1933―　日本民俗学〕
　◎著作目録　「わが国における威嚇猟とその用具　野兎狩の場合を中心に」(天野武)　岩田書院　2003.3　p1-31b

天野 忠　あまの・ただし〔1909―1993　詩人・随筆家〕
　◎自筆年譜　「天野忠随筆選」(天野忠)　編集工房ノア　2006.10　p290-320

天野 太郎　あまの・たろう〔1918―1990　建築家〕
　○年譜　「有機的建築の発想―天野太郎の建築」(吉原正)　建築資料研究社(建築ライブラリー　10)　2001.11　p234-241

天野 貞祐　あまの・ていゆう〔1884―1980　哲学者・教育家〕
　◎年譜　「天野貞祐―わたしの生涯から」(天野貞祐)　日本図書センター　2004.8　p261-269

天納 伝中　あまの・でんちゅう〔1925―2002　僧侶・声明研究家〕
　○研究業績ほか　「叡山学院研究紀要　24」(叡山学院)　2002.3　p1-7

天野 洋一　あまの・よういち〔1935―2004　写真家〕
　○生涯　「都電懐かしの街角―昭和40年代とっておきの東京」(天野洋一)　明元社　2004.12　p178-179

天利 長三　あまり・ちょうぞう〔1910―　貨幣経済論〕
　◎著作一覧　「為替のはなし」(天利長三)　勁草書房　2001.7　p179-180

網野 善彦　あみの・よしひこ〔1928―2004　歴史家〕
　○年譜ほか(高野宏康)　「神奈川大学評論　53」(神奈川大)　2006　p144-155
　◎追悼記事ほか　「追悼記事網野善彦」(赤坂憲雄)　洋泉社　2006.10　p226-238

網屋 喜行　あみや・よしゆき
　○業績目録　「商経論叢　51」(鹿児島県立短大)　2001.3　p249-261

雨宮 敬子　あめのみや・けいこ〔1931―　彫刻家〕
　◎年譜　「雨宮敬子作品集」(雨宮敬子)　講談社　2005.2　p174-179

雨宮 敬次郎　あめのみや・けいじろう〔1846―1911　実業家〕
　◎文献　「中央線誕生―甲武鉄道の開業に賭けた挑戦者たち」(中村建治)　本の風景社　2003.8　p211-215

雨森 勇　あめのもり・いさむ〔1940―　ジャーナリスト〕
　○業績ほか　「行政社会論集　18.4」(福島大)　2006　p1-3

雨森 芳洲　あめのもり・ほうしゅう〔1668―1755　儒学者〕
　◎略年譜　「『交隣須知』本文及び索引」(高橋敬一ほか)　和泉書院　2003.2　p151-156
　◎年譜　「雨森芳洲―日韓のかけ橋」(呉満)　新風書房　2004.11　p167-173
　◎参考文献ほか　「雨森芳洲―元禄享保の国際人」(上垣外憲一)　講談社　2005.2　p235-246

雨宮 雅子　あめみや・まさこ〔1929―　歌人〕
　○年譜ほか　「短歌　53.6」(角川学芸出版)　2006.5　p52-56

雨宮 眞也　あめみや・まさや
　○業績ほか　「駒澤法学　5.2.18」(駒澤大)　2006.1　p159-162

雨宮 義直　あめみや・よしなお〔1932―　交通政策・交通経済学〕
　○業績目録ほか　「国学院経済学　51.3・4」(国学院大)　2003.9　p536-531

飴山 実　あめやま・みのる〔1926―2000　俳人・微生物〕
　◎自筆年譜ほか(飴山宮子ほか)　「飴山実全句集」(飴山実)　花神社　2003.6　p256-268

アメリカ彦蔵　あめりかひこぞう〔1837―1897　通詞・貿易商〕
　◎参考文献　「アメリカ彦蔵」（吉村昭）　新潮社　2001.8　p555」

天羽 康夫　あもう・やすお〔1944―　経済学史〕
　○業績目録ほか　「高知論叢　88」（高知大）　2007.3　p295-299

綾辻 行人　あやつじ・ゆきと〔1960―　推理作家〕
　◎年譜　「綾辻行人―ミステリ作家徹底解剖」（スニーカー・ミステリ倶楽部）　角川書店　2002.10　p203-205
　◎初出一覧　「アヤツジ・ユキト　1996-2000」（綾辻行人）　講談社　2007.8　p324-331

綾見 謙　あやみ・けん
　◎年表　「綾見謙遺稿詩集―詩集」（綾見謙）　尾崎恵美子　2001.4　p139-148

鮎川 哲也　あゆかわ・てつや〔1919―2002　推理作家〕
　◎年譜　「本格一筋六十年―想い出の鮎川哲也」（山前譲）　東京創元社　2002.12　p253-256

鮎川 信夫　あゆかわ・のぶお〔1920―1986　詩人・評論家〕
　◎文献　「鮎川信夫研究―精神の架橋」（宮崎真素美）　日本図書センター　2002.7　p465-476
　◎作品年表　「鮎川信夫からの贈りもの」（牟礼慶子）　思潮社　2003.10　p172-203
　◎註ほか　「荒野へ　鮎川信夫と『新領土』　1」（中井晨）　春風社　2007.1　p419-589

鮎沢 成男　あゆざわ・しげお〔1932―2004　経営計画論〕
　○著作目録ほか　「商学論纂　44.3」（中央大）　2003.3　p289-292

荒 憲治郎　あら・けんじろう〔1925―2002　経済学〕
　○著作目録ほか　「駿河台経済論集　10.2」（駿河台大）　2001.3　p157-160

荒 松雄　あら・まつお〔1921―2008　南アジア史・推理作家〕
　◎著書ほか　「インドの「奴隷王朝」―中世イスラム王権の成立」（荒松雄）　未來社　2006.1　p6-8b
　○略歴ほか（荒松雄ほか）　「東方学　112」（東方学会）　2006.7　p106-138

新井 奥邃　あらい・おうすい〔1846―1922　宗教家・教育者〕
　○年譜　「新井奥邃著作集　別巻」　春風社　2006.6　p7-38b

洗 建　あらい・けん〔1935―　宗教学〕
　○業績ほか　「駒澤大學　文化　24」（駒澤大）　2006.3　p7-16f

荒井 献　あらい・ささぐ〔1930―　西洋古典学・古代キリスト教文学〕
　○年譜（広石望）　「荒井献著作集　別巻」（荒井献）　岩波書店　2002.6　p529-640

荒井 章三　あらい・しょうぞう〔1936―　宗教学・キリスト教学〕
　○業績ほか　「キリスト教論藻　38」（神戸松蔭女子学院大）　2007.3　p7-8

荒井 退造　あらい・たいぞう
　◎参考文献　「沖縄の島守―内務官僚かく戦えり」（田村洋三）　中央公論新社　2006.7　p507-511

新井 白石　あらい・はくせき〔1657―1725　儒学者〕
　◎参考文献　「新井白石の政治戦略　儒学と史論」（K.W.ナカイ）　東京大学出版会　2001.8　p281-288
　○年譜（桑原武夫）　「折りたく柴の記」（新井白石）　中央公論新社　2004.6　p359-368

新井 満　あらい・まん〔小説家・作曲家・映像プロデューサー〕
　◎初出一覧　「死んだら風に生まれかわる」（新井満）　河出書房新社　2004.9　p196-197

あらえびす
　⇒野村 胡堂（のむら・こどう）を見よ

新垣 進　あらかき・すすむ〔1954―　〕
　○著作目録ほか　「琉大法學　78」（琉球大）　2007.9　p103-108

荒川 昭　あらかわ・あきら〔1931―2001　情報社会論〕
　○研究業績ほか　「経営研究　15.2」（愛知学泉大）　2001.12　p317-325

新川 明　あらかわ・あきら〔1931―　ジャーナリスト〕
　◎「新川明文庫目録」（西原町立図書館）　西原町立図書館　2006.8　311p　A4

荒川 義子　あらかわ・ともこ〔1937―2005　社会福祉学〕
　○業績ほか　「関西学院大学社会学部紀要　99」（関西学院大）　2005.10　p1-4

荒川 紘　あらかわ・ひろし〔1940―　科学思想史・科学技術史〕
　○業績ほか　「人文論集　56.2」（静岡大）　2005　p1-4
　○業績ほか　「人文論集　56.2」（静岡大）　2006.1　p1-4

荒川 洋治　あらかわ・ようじ〔1949―　詩人〕
　◎著作目録・年譜ほか（村岡真澄）　「荒川洋治全詩集―1971-2000」（荒川洋治）　思潮社　2001.6　p696-717
　◎参考資料（小峰慎也）　「展望現代の詩歌　5　詩Ⅴ」（飛高隆夫ほか）　明治書院　2007.12　p192-194

荒木 郁　あらき・いく
　◎著作目録　「文学としての『青鞜』」（岩田ななつ）　不二出版　2003.4　p265」
　◎参考文献　「「青鞜」の火の娘―荒木郁子と九州ゆかりの女たち」（中尾富枝）　熊本日日新聞情報文化センター　2003.6　p320-323

荒木 金男　あらき・かねお〔1928―　経営管理論・財務管理論〕
　○業績ほか　「千葉商大論叢　43.3・4」（千葉商科大）　2006.3　p9-15f
荒木 繁　あらき・しげる〔1922―　近世文学〕
　◎文献目録　「戦後古典教育論の研究」（渡辺春美）　渓水社　2004.3　p376-379
荒木 誠之　あらき・せいし〔1924―　社会法〕
　○業績目録ほか　「社会関係研究　7.2」（熊本学園大）　2001.3　p165-173
荒木 経惟　あらき・のぶよし〔1940―　写真家〕
　◎略年譜　「東京日記」（荒木経惟）　出窓社　2002.2　p1-3b
　○書誌（中根里絵）　「文献探索　2001」（文献探索研究会）　2002.7　p597-605
　◎略年譜　「天才アラーキーの眼を磨け」（荒木経惟）　平凡社　2002.8　p238-239
　○参考文献　「荒木経惟と結合の欲望」（藤元登四郎）　祥伝社　2003.7　p220-225
　◎年譜　「東京人生―SINCE　1962」（荒木経惟）　バジリコ　2006.10　p314-317
　◎刊行年月日順リスト　「荒木本!―1970-2005」（飯沢耕太郎）　美術出版社　2006.12　p509-523
　○年譜ほか（内田真由美）　「美術手帖　59.890」（美術出版社）　2007.1　p92-99
嵐 徳三郎(7代目)　あらし・とくさぶろう〔1933―2000　歌舞伎俳優〕
　◎参考文献　「七代目嵐徳三郎伝―歌舞伎ざんまい幕のうちそと」（船木浩司）　東方出版　2004.1　p217-218
新城 康弘　あらしろ・やすひろ
　◎参考文献　「潮を開く舟サバニ―舟大工・新城康弘の世界」（安本千夏）　南山舎　2003.6　p182-185
荒田 洋　あらた・ひろし〔1932―　ロシア経済史〕
　○業績目録ほか　「国学院経学学　51.3・4」（国学院大）　2003.9　p530-526
荒牧 和子　あらまき・かずこ
　○業績目録ほか　「龍谷大学社会学部紀要　30」（龍谷大）　2007　p117-118
荒牧 重雄　あらまき・しげお〔1930―　火山学〕
　○略歴ほか（小坂和夫）　「日本大学文理学部自然科学研究所研究紀要　地球システム科学　36」（日本大）　2001　p47-53
荒牧 典俊　あらまき・のりとし〔1936―　印度哲学〕
　○著作目録　「東方学報　京都73」（京都大）　2001.3　p535-537
新正 卓　あらまさ・たく〔1936―　写真家〕
　◎略年譜　「黙示」（新正卓）　武蔵野美術大出版局　2006.12　p197-201
荒又 重雄　あらまた・しげお〔1934―　賃労働論・社会政策〕
　○業績ほか　「釧路公立大学紀要　社会科学研究　16」（釧路公立大）　2004.3　p3-14

新家 健精　あらや・けんせい〔1935―2003　数理統計学〕
　◎業績ほか　「人生愉しく―新家健精先生遺稿・追悼文集」（遺稿・追悼文集編集委員会）　編集委員会　2004.2　p405-397
有泉 貞夫　ありいずみ・さだお〔1932―　日本近代史〕
　○年譜ほか　「山梨近代史論集」（有泉貞夫）　岩田書院　2004.3　p1-8b
有川 貫太郎　ありかわ・かんたろう
　○著作目録ほか　「言語文化論集　28.2」（名古屋大）　2007　p1-3f
有川 哲夫　ありかわ・てつお
　○業績目録ほか　「福岡大學法學論叢　48.3・4」（福岡大）　2004.3　p505-507
有島 武郎　ありしま・たけお〔1878―1923　小説家・評論家〕
　◎著書ほか　「有島武郎と向きあって―追悼高山亮二有島記念館名誉館長」（ニセコ町教育委員会,有島記念館）　ニセコ町教育委員会　2002.3　p122-135
　◎註　「有島武郎の詩と評論」（宮野光男）　朝文社　2002.6　prr
　◎関連文献　「死と飛躍・有島武郎の青春―「優等生」からの離脱」（栗田広美）　右文書院　2002.9　p383-387
　◎注　「有島武郎―作家作品研究」（石丸晶子）　明治書院　2003.4　prr
　◎参考文献　「近代の闇を拓いた日中文学―有島武郎と魯迅を視座として」（康鴻音）　日本僑報社　2005.12　p246-250
有田 和夫　ありた・かずお〔1934―　中国哲学〕
　○年譜略編　「東洋大学中国哲学文学科紀要　12」（東洋大）　2004　p19-23
有田 和正　ありた・かずまさ〔1935―　社会科教育・生活科教育・総合的学習〕
　◎著書一覧　「学級づくりと教師のパフォーマンス術」（有田和正）　明治図書出版　2004.3　p169-170
　◎年譜ほか　「社会科教師新名人への道」（有田和正）　明治図書出版　2004.3　p177-180
有田 嘉伸　ありた・よしのぶ〔1939―　映画書研究家〕
　○略歴　「社会科教育の研究と実践」（有田嘉伸）　西日本法規出版　2005.1　p434-444
有福 孝岳　ありふく・こうがく〔1939―　哲学〕
　○研究業績ほか　「人間存在論　9」（京都大）　2003.3　p374-380
有馬 源内　ありま・げんない
　◎著作目録ほか　「源内・源次断章―祖父有馬源内、父黒田源次のこと」（砂川雄一ほか）　砂川雄一　2006.12　p89-110
有馬 実成　ありま・じつじょう〔1936―2000　僧侶〕
　◎参考文献　「泥の菩薩―NGOに生きた仏教者、有馬実成」（大菅俊幸）　大法輪閣　2006.3　p353-355

有馬 頼寧　ありま・よりやす〔1884—1957　政治家・伯爵〕
　◎参考文献　「恋と伯爵と大正デモクラシー―有馬頼寧日記1919」（山本一生）　日本経済新聞社　2007.9　p359-365

有光 教一　ありみつ・きょういち〔1907—　考古学者〕
　○著作目録　「有光教一先生白寿記念論叢　高麗美術館研究紀要　5」（高麗美術館研究所）　2006.11　p437-442
　◎著作目録ほか　「朝鮮考古学七十五年」（有光教一）　昭和堂　2007.3　p239-255

有本 章　ありもと・あきら〔1941—　教育社会学・科学社会学・高等教育論〕
　◎業績　「21世紀型高等教育システム構築と質的保証―FD・SD・教育班の報告」（広島大学高等教育研究開発センター）　広島大　2007.2　p289-303

有元 利夫　ありもと・としお〔1946—1985　洋画家〕
　◎年譜　「有元利夫絵を描く楽しさ」（有元利夫）　新潮社　2006.9　p137-145

有元 正雄　ありもと・まさお〔1930—　近代史〕
　○略歴ほか　「広島経済大学経済研究論集　28.3」（広島経済大）　2005.12　p2-7f

有吉 佐和子　ありよし・さわこ〔1931—1984　小説家〕
　◎年譜著書目録　「地唄―三婆」（宮内淳子）　講談社　2002.6　p263-275
　○参考文献（岡本和宜）　「皇学館論叢　35.4」（皇學館大）　2002.8　p78-99
　◎年譜ほか（岡本和宜）　「有吉佐和子の世界」（井上謙ほか）　翰林書房　2004.10　p276-329
　◎参考文献　「女流林芙美子と有吉佐和子」（関川夏央）　集英社　2006.9　p227-229

有吉 義弥　ありよし・よしや〔1901—1982　実業家〕
　○著作ほか（竹野弘之）　「ラメール　31.1」（日本海事広報協会）　2006.1・2　p39-41

有賀 喜左衛門　あるが・きざえもん〔1897—1979　民俗学〕
　◎年譜ほか（中野卓ほか）　「有賀喜左衛門著作集　12　文明・文化・文学　第2版」（中野卓ほか）　未来社　2001.12　p535-548

阿波 研造　あわ・けんぞう〔1880—1939　弓術家〕
　◎参考引用文献　「霊箭―阿波研造物語　再版」（馬見塚昭久）　日本武道館　2006.8　p311」

安房 直子　あわ・なおこ〔1943—1993　児童文学者〕
　○抄録書誌（秋山恭子）　「文献探索　2000」（文献探索研究会）　2001.2　p13-18
　○著作目録　「めぐる季節の話」（秋山恭子）　偕成社　2004.4　p1-68b
　○著作目録（秋山恭子）　「安房直子コレクション　7」（安房直子）　偕成社　2004.4　p1-71b
　◎年譜　「こころが織りなすファンタジ―安房直子の領域」（藤澤成光）　てらいんく　2004.6　p292-343
　○掲載誌一覧（秋山恭子）　「文献探索　2005」（文献探索研究会）　2006.5　p6-10

泡坂 妻夫　あわさか・つまお〔1933—　推理小説家〕
　○解体全書　「ダ・ヴィンチ　88」（リクルート）　2001.8　p166-168

淡路 剛久　あわじ・たけひさ〔1942—　民法・環境法〕
　◎業績目録　「環境法学の挑戦―淡路剛久教授・阿部泰隆教授還暦記念」（大塚直, 北村喜宣）　日本評論社　2002.4　p388-392
　◎業績目録　「立教法学　73」（立教法学会）　2007　p6-53f

粟津 潔　あわづ・きよし〔1929—2009　グラフィックデザイナー〕
　◎年譜（粟津デザイン室）　「粟津潔デザインする言葉」（粟津潔）　フィルムアート社　2005.10　p210-215
　◎文献目録（石黒礼子）　「粟津潔―荒野のグラフィズム」（粟津潔）　フィルムアート社　2007.11　p246-248

粟津 則夫　あわつ・のりお
　○自筆年譜ほか（近藤洋太）　「現代詩手帖　49.7」（思潮社）　2006.7　p98-103

阿波野 青畝　あわの・せいほ〔1899—1992　俳人〕
　◎参考資料（柏原眠雨）　「展望現代の詩歌　9　俳句I」（飛高隆夫ほか）　明治書院　2007.4　p55」

安栄 鉄男　あんえい・てつお
　○業績目録ほか　「札幌学院大学人文学会紀要　76」（札幌学院大）　2004.12　p67-72

安齋 育郎　あんざい・いくろう〔1940—　原子力工学・放射線防護学・平和学〕
　○著作目録ほか　「立命館国際研究　18.3」（立命館大）　2006.3　p1-13f

安斎 千秋　あんざい・ちあき〔1931—　フランス文学〕
　○研究業績ほか　「人文論集　39」（早稲田大）　2001.2　p11-12b

安西 徹雄　あんざい・てつお〔1933—2008　演出家〕
　◎年譜　「彼方からの声―演劇・祭祀・宇宙」（安西徹雄）　筑摩書房　2004.1　p329-331

安西 幹夫　あんざい・みきお〔1947—2005　経営学〕
　○業績ほか　「商学論集　75.1」（福島大）　2006.10　p155-158

庵逧 巖　あんざこ・いわお〔1930—1979　国語科学教育学・日本芸能史〕
　○著作目録　「幸若舞・歌舞伎・村芝居」（庵逧巖）　勉誠出版　2000.6　p313-317

安藤 明　あんどう・あきら〔1901—1962　実業家〕
　◎参考文献　「昭和天皇を守った男―安藤明伝」（安藤眞吾）　ルネッサンスブックス　2007.3　p308-309

安藤 金男　あんどう・かねお〔1940—　経済学史〕
　○業績ほか　「オイコノミカ　42.3・4」（名古屋市立大）　2006.3　p1-4f

安藤 紀一　あんどう・きいち
◎著作目録（田村貞雄）　「前原一誠年譜」（安藤紀一）　マツノ書店　2003.4　p22-24b

安藤 喜久雄　あんどう・きくお〔1931―　産業社会学・労務管理〕
○足跡　「駒沢社会学研究　34」（駒沢大）　2002.3　p4-5

安藤 幸　あんどう・こう〔1878―1963　バイオリニスト〕
◎参考文献　「幸田姉妹―洋楽黎明期を支えた幸田延と安藤幸」（萩谷由喜子）　ショパン　2003.7　p285-284

安藤 重治　あんどう・しげはる
○著作目録ほか　「言語文化論集　28.2」（名古屋大）　2007　p5-6f

安藤 司文　あんどう・しもん〔1935―　情報処理〕
○業績ほか　「敬和学園大学研究紀要　15」（敬和学園大）　2006.2　p279-283

安藤 修平　あんどう・しゅうへい〔1937―　国語教育〕
○著作目録　「富山大学国語教育　28」（富山大）　2003.11　p4-23

安藤 昌益　あんどう・しょうえき〔1703―1762　医者・思想家〕
◎研究史概観ほか（石渡博明）　「安藤昌益―日本アンソロジー」（尾藤正英ほか）　光芒社　2002.1　p179-200
◎文献目録　「昌益研究かけある記」（石渡博明）　社会評論社　2003.1　p359-362
◎文献目録　「今にして安藤昌益―安藤昌益を読む人のために」（稲葉守）　風濤社　2004.2　p176-178
◎読書案内　「安藤昌益」（狩野亨吉）　書肆心水　2005.11　p124-125

安堂 信也　あんどう・しんや〔1927―2000　演劇研究家・翻訳家〕
◎年譜（八木雅子）　「ゴドーを待った日―安堂信也演劇論集」（安堂信也演劇論集出版委員会）　晩成書房　2004.4　p450-461

安藤 高行　あんどう・たかゆき〔1941―　公法・憲法学〕
○著作目録　「法政研究　68.1」（九州大）　2001.7　p1-6b

安東 次男　あんどう・つぐお〔1919―2002　詩人・俳人〕
◎年譜ほか（斎藤慎爾）　「花づとめ」（安東次男）　講談社　2003.11　p299-313
◎参考資料（谷口幸代）　「展望現代の詩歌　2　詩II」（飛高隆夫ほか）　明治書院　2007.2　p25」

安藤 鶴夫　あんどう・つるお〔1908―1969　演劇評論家〕
◎年譜ほか（槌田満文）　「歳月　安藤鶴夫随筆集」（安藤鶴夫）　講談社　2003.2　p211-223

安藤 哲生　あんどう・てつお〔1940―　経済学〕
○著作ほか　「立命館経営学　43.5.253」（立命館大）　2005.1　p297-298

安藤 仁介　あんどう・にすけ〔1935―　国際法〕
◎著作目録ほか　「同志社法学　58.2.314」（同志社法学会）　2006.6　p1011-1017
◎著作目録　「21世紀国際法の課題―安藤仁介先生古稀記念」　有信堂高文社　2006.7　p498-507

安藤 信正　あんどう・のぶまさ〔1819―1871　陸奥磐城平藩主・老中〕
◎参考文献ほか　「安藤對馬守信睦公」（いわき歴史文化研究会）　記念事業実行委員会　2006.8　p106-111

安藤 久次　あんどう・ひさつぐ
○著作目録　「Hikobia　14.4」（ヒコビア会）　2006.12　p501-512

安藤 広重　あんどう・ひろしげ〔1797―1858　浮世絵師〕
◎文献解題　「広重東海道五拾三次―保永堂版」（鈴木重三ほか）　岩波書店　2004.1　p213-215
◎参考文献　「広重の浮世絵風景画と景観デザイン―東海道五十三次と木曾街道六十九次の景観」（萩島哲ほか）　九州大学出版会　2004.2　prr
◎参考文献ほか　「もっと知りたい歌川広重―生涯と作品」（内藤正人）　東京美術　2007.6　p78」

安藤 洋美　あんどう・ひろみ〔1931―　数理統計学〕
○主要著作目録　「桃山学院大学経済経営論集　42.4」（桃山学院大）　2001.3　p435-455

安藤 美華代　あんどう・みかよ〔教育心理学〕
◎発表論文　「中学生における問題行動の要因と心理教育的介入」（安藤美華代）　風間書房　2007.2　p453-454

安藤 満生　あんどう・みつお
○業績ほか　「白鷗大学論集　21.2」（白鷗大）　2007.3　p1-9

安藤 元雄　あんどう・もとお〔1934―　詩人〕
○年譜　「明治大学教養論集　398」（明治大）　2005.9　p1-13f

安東氏　あんどうし
◎参考文献　「安東氏―下国家四百年ものがたり」（森山嘉蔵）　無明舎出版　2006.3　p216-217

安徳天皇　あんとくてんのう〔1178―1185　第81代天皇〕
◎参考文献　「安徳じゃが浮かびたい―安徳天皇の四国潜幸秘史」（細川幹夫）　麗澤大学出版会　2004.4　p225-227

アントニオ猪木　あんとにおいのき〔1943―　格闘技プロデューサー〕
◎引用文献　「1976年のアントニオ猪木」（柳澤健）　文藝春秋　2007.3　p398-402

安野 光雅　あんの・みつまさ〔1926―　絵本作家〕
◎年譜ほか　「安野光雅の世界　1974-2001　別冊太陽」（安野光雅）　平凡社　2001.3　p168-173

安野 モヨコ　あんの・もよこ〔1971―　漫画家〕
　○マンガ（藤原理加）　「ダ・ヴィンチ　91」（リクルート）　2001.11　p172-175
安部 元雄　あんべ・もとお〔1937―　日本文学〕
　○業績目録（安部元雄）　「日本文学ノート　39」（宮城学院女子大）　2004.7　p3-15
安保 一郎　あんぽ・いちろう
　○業績目録ほか　「経済論集　2」（秋田経済法科大）　2007.3　p2-7f

【 い 】

李 起昇　い・きすん〔1952―　小説家〕
　◎年譜（李起昇）　「〈在日〉文学全集　12」（磯貝治良ほか）　勉誠出版　2006.6　p406-407
李 正子　い・ちょんじゃ〔1947―　歌人〕
　◎年譜（李正子）　「〈在日〉文学全集　17」（磯貝治良ほか）　勉誠出版　2006.6　p380-381
李 恢成　い・ふぇそん〔1935―　小説家〕
　◎年譜ほか　「可能性としての「在日」」（李恢成ほか）　講談社　2002.4　p374-390
　◎年譜（李恢成）　「〈在日〉文学全集　4」（磯貝治良ほか）　勉誠出版　2006.6　p410-422
李 美子　い・みじゃ〔1941―　歌手〕
　◎年譜（李美子）　「〈在日〉文学全集　18」（磯貝治良ほか）　勉誠出版　2006.6　p435-437
李 良枝　い・やんじ〔1955―1992　小説家〕
　◎年譜（編集部）　「〈在日〉文学全集　8」（磯貝治良ほか）　勉誠出版　2006.6　p444-450
李 龍海　い・よんへ〔1954―　詩人・小説家〕
　◎年譜（李龍海）　「〈在日〉文学全集　18」（磯貝治良ほか）　勉誠出版　2006.6　p429-430
井伊 玄太郎　いい・げんたろう〔1901―1998　社会〕
　○著作目録　「井伊玄太郎―文明の道をもとめて」（「よき社会の会」会誌特集号編集委員会）　よき社会の会　2004.10　p178-186
伊井 孝雄　いい・たかお
　◎著作ほか　「摂津加茂遺跡を守った―住民とともに、情熱をかけて」（加茂遺跡を守る会）　伊井孝雄さんの喜寿を祝う会　2005.4　p1-4
井伊 直弼　いい・なおすけ〔1815―1860　近江彦根藩主・大老〕
　◎参考文献　「安政の大獄　井伊直弼と長野主膳」（松岡英夫）　中央公論新社　2001.3　p222-223
　◎文献目録　「井伊直弼修養としての茶の湯」（谷村玲子）　創文社　2001.11　p20-26b
　◎参考文献　「井伊直弼」（母利美和）　吉川弘文館　2006.5　p239-244
伊井 春樹　いい・はるき〔1941―　平安朝物語文学〕
　○編著書論文目録　「語文　80・81」（大阪大）　2004.2　p106-130

飯尾 憲士　いいお・けんし〔1926―2004　小説家〕
　◎年譜（椚沢健）　「毒笑―遺稿集」（飯尾憲士）　集英社　2004.12　p319-332
　◎年譜（編集部）　「〈在日〉文学全集　16」（磯貝治良ほか）　勉誠出版　2006.6　p461-472
飯尾 孟秋　いいお・はじめ
　○業績ほか　「大阪商業大学論集　3.1」（大阪商業大）　2007.7　2pf
飯岡 透　いいおか・とおる〔1932―　会計監査論・簿記学〕
　○業績一覧ほか　「経済学論集　33.3・4」（駒沢大）　2002.3　p209-220
飯岡 秀夫　いいおか・ひでお〔1939―　社会思想・理論経済学〕
　○研究業績　「高崎経済大学論集　47.4」（高崎経済大）　2005.3　p6-10f
飯島 耕一　いいじま・こういち〔1930―　詩人〕
　◎参考資料（澤正宏）　「展望現代の詩歌　4　詩IV」（飛高隆夫ほか）　明治書院　2007.8　p39-40
飯島 伸子　いいじま・のぶこ〔1938―2001　環境社会学・保健社会学〕
　○業績ほか（舩橋晴俊）　「人文学報　318」（東京都立大）　2001.3　p13-17
飯島 晴子　いいじま・はるこ〔1921―2000　俳人〕
　◎著作解題（奥坂まや，永島靖子）　「飯島晴子読本」（「俳句研究」編集部）　富士見書房　2001.10　p360-379
　◎年譜ほか（永島靖子）　「飯島晴子全句集」（飯島晴子）　富士見書房　2002.6　p294-319
　◎著書一覧　「葛の花」（飯島晴子）　富士見書房　2003.7　p274-275
飯島 匡孝　いいじま・まさたか
　○略年譜（小野孝尚）　「茨城女子短期大学紀要　31」（茨城女子短大）　2004　p1-30
飯塚 成彦　いいづか・しげひこ〔1932―　英語教育学〕
　○研究業績ほか　「白鷗大学論集　16.2」（白鷗大）　2002.3　p465-468
飯塚 博和　いいづか・ひろかず
　◎著作目録　「彗星―飯塚博和考古学論集」　飯塚博和考古学論集刊行会　2004.5　6pb
飯田 謙一　いいだ・けんいち〔1936―　経営学〕
　○業績ほか　「専修商学論集　84」（専修大）　2007.1　p201-205
飯田 繁　いいだ・しげる〔1906―1999　金融論・物価論〕
　◎著作目録ほか　「信用の理論的研究」（飯田繁）　藤原書店　2001.2　p490-500
飯田 十基　いいだ・じゅうき
　◎文献　「雑木林が創り出した景色―文学・絵画・庭園からその魅力を探る」（岡島直方）　郁朋社　2005.12　p214-221

飯田 隆昭　いいだ・たかあき〔1936―　翻訳業〕
　○略歴ほか　「大東文化大学英米文学論叢 37」（大東文化大）　2006.3　p81-83
飯田 蛇笏　いいだ・だこつ〔1885―1962　俳人〕
　◎年譜　「飯田蛇笏秀句鑑賞」（丸山哲郎）　富士見書房　2002.10　p259-269
飯田 亘之　いいだ・のぶゆき〔1938―　倫理学〕
　○研究業績ほか（高橋久一郎）「千葉大学人文研究 33」（千葉大）　2004.3　p1-18
飯田 裕康　いいだ・ひろやす〔1937―　金融論・経済理論〕
　○著作目録ほか　「三田学会雑誌 94.4」（慶応義塾大）　2002.1　p813-819
　○著作目録ほか　「帝京経済学研究 41.1」（帝京大）　2007.12　p16-17
飯田 文彌　いいだ・ぶんや
　◎業績目録ほか　「中近世甲斐の社会と文化」（飯田文彌）　岩田書院　2005.8　p479-488
飯田 瑞穂　いいだ・みずほ〔1933―1991　日本古代史〕
　◎著作目録ほか　「日本古代史叢説　飯田瑞穂著作集 5」（飯田瑞穂）　吉川弘文館　2001.5　p385-401
飯田 稔　いいだ・みのる〔1941―　スポーツ科学〕
　◎業績一覧　「キャンプの〈知〉―自然と人との教育実践から―飯田稔教授還暦記念集」（筑波大学野外運動研究室）　勉誠出版　2002.6　p234-244
飯田 素州　いいだ・もとくに
　◎著作一覧　「越後加地氏新発田氏の系譜」（飯田素州）　新潟日報事業社　2005.6　p574-581
飯田 龍太　いいだ・りゅうた〔1920―2007　俳人〕
　◎年譜ほか（高室有子ほか）　「飯田龍太全集 10　紀行・雑纂」（飯田龍太）　角川学芸出版　2005.12　p369-419
　○略年譜　「俳句 56.6」（角川グループパブリッシング）　2007.5　p100-105
　○年譜ほか（福田甲子雄ほか）　「飯田龍太の時代―山廬永訣」（宗田安正ほか）　思潮社　2007.6　p340-349
　◎年譜　「飯田龍太自選自解句集　新装版」（飯田龍太）　講談社　2007.11　p220-227
飯野 和好　いいの・かずよし〔1947―　イラストレーター〕
　◎主要著作リスト　「飯野和好と絵本―ストーリーを考える・キャラクターをつくる」（水田由紀）　美術出版社　2003.7　p108」
飯野 君子　いいの・きみこ
　○略歴ほか　「市立名寄短期大学紀要 37」（市立名寄短大）　2005.3　p145-148
飯野 靖四　いいの・やすし〔1941―　財政論・スウェーデン経済論〕
　○著作目録ほか　「三田学会雑誌 99.4」（慶應義塾経済学会）　2007.1　p267-275

飯原 慶雄　いいはら・よしお〔1932―　財務論〕
　○著作目録ほか　「経営論集 60」（東洋大）　2003.3　p153-158
飯村 丈三郎　いいむら・たけさぶろう〔1853―1927〕
　◎年譜　「飯村丈三郎伝―生誕百五十年記念　復刻版」（西村文則）　茨城　2003.10　p1-5
家崎 宏　いえざき・ひろし〔1930―　弁護士〕
　○著作目録ほか　「中京法学 35.3・4」（中京大）　2001　p1-10
家田 足穂　いえだ・たるほ〔1932―　キリスト教文化史・比較思想〕
　○業績ほか　「南山短期大学紀要 30」（南山短大）　2003.1　3pf
家永 三郎　いえなが・さぶろう〔1913―2002　日本史〕
　◎略年表　「一歴史学者の歩み」（家永三郎）　岩波書店　2003.5　p267-280
　◎著作目録　「家永三郎　人と学問」　家永三郎先生を偲ぶ会　2003.10　p177-250
　◎業績ほか　「家永三郎の残したもの引き継ぐもの」（大田堯ほか）　日本評論社　2003.12　p99-101
　○史料目録　「自由民権 18」（町田市立自由民権資料館）　2005.3　p46-73
五百城 文哉　いおき・ぶんさい〔1863―1906　洋画家・高山植物研究家〕
　◎参考文献　「五百城文哉展」（寺門寿明ほか）　東京ステーションギャラリー　c2005　p198-199
五百籏頭 博治　いおきべ・ひろじ
　○業績　「アカデミア　人文・社会科学編80」（南山大）　2005.1　3pf
五百澤 智也　いおざわ・ともや
　◎年譜　「山と氷河の図譜―五百澤智也山岳図集」（五百澤智也）　ナカニシヤ出版　2007.3　p140-141
猪飼 隆明　いかい・たかあき〔1944―　日本近代史〕
　○業績ほか　「大阪大学大学院文学研究科紀要 47」（大阪大）　2007.3　p241-243
筏津 安恕　いかだつ・やすひろ〔1950―2005　法思想史〕
　○略歴ほか　「人間環境学研究 4.1」（人間環境学研究会）　2006.6　p3-4f
猪谷 六合雄　いがや・くにお〔1890―1986　スキー指導者〕
　◎略年譜　「猪谷六合雄―人間の原型・合理主義自然人」（高田宏）　平凡社（平凡社ライブラリー 414）　2001.11　p215-223
五十嵐 敏夫　いがらし・としお〔1931―　演劇評論家・翻訳家〕
　○略年譜　「中央大学文学部紀要 190」（中央大）　2002.3　p49-53
　○略年譜　「ドイツ文化 57」（中央大）　2002.3　p33-38

五十嵐 美智　いがらし・みち〔1932―2002　英文学〕
◎略年譜　「ワーズワスの『ソネット雑録』論考―自然を愛する喜びへの軌跡」（五十嵐美智）　晃学出版　2003.3　p107-111

五十嵐 賢友　いがらし・よしとも
○業績　「総合政策研究 9.2」（愛知学院大）　2007.3　2pf

伊狩 章　いかり・あきら〔1922―　近代日本文学〕
◎著作目録　「鷗外・漱石と近代の文苑」（伊狩章）　翰林書房　2001.7　p477-479

猪狩 誠也　いかり・せいや〔1933―　広報〕
◎著作ほか　「コミュニケーション科学 22」（東京経大）　2005　p5-10

井狩 彌介　いかり・やすけ
○著作目録ほか　「人文学報 92」（京都大）　2005.3　p217-221

井川 一宏　いがわ・かずひろ〔1944―　国際経済学・国際貿易〕
○著作目録ほか　「経済経営研究 年報 57」（神戸大）　2007　p1-6b

郁 達夫　いく・たつふ〔1896―1945　作家〕
◎小説一覧　「郁達夫研究」（胡金定）　東方書店　2003.2　p123-125
○年譜（胡金定）　「言語と文化 10」（甲南大）　2006　p161-188

生田 邦夫　いくた・くにお
○業績目録ほか　「札幌学院大学人文学会紀要 71」（札幌学院大）　2002.3　p139-141

生田 正庵　いくた・しょうあん
○年譜稿（吉田公平）　「井上円了センター年報 16」（東洋大）　2007　p145-177

生田 富夫　いくた・とみお〔1944―2002　経営学〕
○業績ほか　「中央学院大学社会システム研究所紀要 3.1・2」（中央学院大）　2003.3　p3-5

井口 克己　いぐち・かつみ〔1938―　作家・詩人〕
◎年譜　「井口克己詩集」（井口克己）　土曜美術社出版（日本現代詩文庫 第2期 20）　2001.11　p144-147
○年譜ほか（小川英晴）　「新編井口克己詩集」（井口克己）　土曜美術社　2004.4　p163-168

井口 省吾　いぐち・しょうご〔1855―1925　陸軍大将〕
◎参考文献　「井口省吾伝」（波多野勝）　現代史料出版　2002.2　p241-245

井口 武夫　いぐち・たけお〔1930―　国際法〕
○業績目録ほか　「東海法学 25」（東海大）　2001　p281-288
○略歴ほか　「尚美学園大学総合政策研究紀要 11」（尚美学園大）　2006.3　2pf

生熊 長幸　いくま・ながゆき〔1945―　民法・財産法〕
○著作目録ほか　「法学雑誌 53.4」（大阪市立大）　2007.3　p1-27b

池井 優　いけい・まさる〔1935―　日本外交史・極東国際関係史〕
○略歴　「青山国際政経論集 61」（青山学院大）　2003.8　p5-10

池上 洵一　いけがみ・じゅんいち〔1937―　古代中世説話文学〕
◎業績目録ほか　「説話と説話集―論集」（池上洵一）　和泉書院（研究叢書 272）　2001.5　p1-15f

池上 禎造　いけがみ・ていぞう〔1911―2005　国語学者〕
○著作目録ほか（蜂矢真郷）　「日本語の研究 2.4」（日本語学会）　2006.10　p116-121

池口 史子　いけぐち・ちかこ〔1943―　洋画家〕
◎文献目録　「池口史子展―静かなる叫び」（損保ジャパン東郷青児美術館）　損保ジャパン美術財団　2005　p101」

池沢 克夫　いけざわ・かつお〔1940―　フランス文学〕
○業績ほか　「大学院国際広報メディア研究科言語文化部紀要 45」（北海道大）　2003.12　p1-3

池澤 夏樹　いけざわ・なつき〔1945―　小説家・詩人・評論家・翻訳家〕
◎著作全ガイド　「池澤夏樹の旅地図」（池澤夏樹）　世界文化社　2007.3　p364-376

池島 宏幸　いけしま・ひろゆき〔1931―　商法・経済法〕
○著作目録ほか　「早稲田社会科学総合研究 3.1」（早稲田大）　2002.7　7pf

池田 瑛子　いけだ・えいこ〔1938―　詩人〕
◎年譜（鎗田清太郎）　「池田瑛子詩集」（池田瑛子）　土曜美術社出版販売　2006.11　p164-171

池田 英俊　いけだ・えいしゅん〔1929―2004　仏教史〕
○研究業績ほか　「北海学園大学人文論集 26・27」（北海学園大）　2004.3　9pf

池田 英泉　いけだ・えいせん
◎参考文献　「狂歌と着物の模様のメッセージ―浮世絵の女性達」（伊藤敦子）　朱鳥社　2005.6　p204-207

池田 温　いけだ・おん〔1931―　東洋史〕
◎著作分類目録（大津透）　「日中律令制の諸相」（池田温）　東方書店　2002.3　p1-8b
○著作略目　「創価大学人文論集 19」（創価大）　2007　p5-18

池田 謙斎　いけだ・けんさい〔1841―1918　医師・男爵〕
◎参考文献ほか　「東大医学部初代綜理池田謙斎―池田文書の研究 下」（池田文書研究会）　思文閣出版　2007.2　p681-682

池田 玄斎　いけだ・げんさい
○記事抄録（樫内愛子）　「文献探索 2000」（文献探索研究会）　2001.2　p168-172

池田 弘一　いけだ・こういち〔1929―　長唄唄方〕
○文献目録ほか　「神田外語大学紀要 14」（神田外語大）　2002.3　p1-5f

池田 紘一　いけだ・こういち〔1940—　ドイツ文学・深層心理学〕
　○略歴　「文学研究 102」（九州大）　2005.3　7pf

池田 晃淵　いけだ・こうえん
　○書誌（新藤透）　「図書館情報メディア研究　1.2」（筑波大）　2004.3　p35-47

池田 末則　いけだ・すえのり〔1922—　地名伝承学〕
　◎自著ほか　「地名伝承論　補訂」（池田末則）クレス出版　2004.6　p805」

池田 大作　いけだ・だいさく〔1928—　宗教家〕
　○著作翻訳目録　「創価教育研究　3」（創価大）2004.3　p169-231
　○著作翻訳出版目録　「創価教育研究　4」（創価大）2005.3　p195-237
　◎参考文献　「池田大作「権力者」の構造」（溝口敦）　講談社　2005.9　p375-379

井下田 猛　いげた・たける〔1932—　政治学〕
　○著作目録ほか　「姫路法学　39・40」（姫路法学会）　2004.3　p347-354

池田 勉　いけだ・つとむ〔1908—　中古文学〕
　○自叙略歴　「成城国文学　19」（成城国文学会）2003.3　p117-131

池田 哲也　いけだ・てつや
　○著作目録ほか　「滋賀大国文　41」（滋賀大）2003.7　p156-157

池田 敏雄　いけだ・としお〔1923—1974　実業家〕
　◎年譜（台湾近現代史研究会）　「池田敏雄台湾民俗著作集　下巻」（池田敏雄）　緑蔭書房　2003.2　p649-657

池田 利夫　いけだ・としお〔1931—　中古文学〕
　○略歴　「国文鶴見　36」（鶴見大）　2002.3　p54-57

池田 敏子　いけだ・としこ〔1904—1984〕
　◎著作一覧ほか　「人に好かれる法」（近藤信緒）ダイヤモンド社　2007.4　p251-256

池田 知久　いけだ・ともひさ〔中国古代思想史〕
　○主要研究業績ほか　「中国哲学研究　18」（東京大）　2003　p53-70

池田 寛　いけだ・ひろし〔1949—2004　教育計画論・人権教育学〕
　○著作リスト　「解放教育　34.6」（解放教育研究所）2004.6　p83-85

池田 信　いけだ・まこと〔1934—　労使関係史・社会政策思想史〕
　○著作目録ほか　「経済学論究　56.3」（関西学院大）2002.12　p185-193

池田 正孝　いけだ・まさたか〔1932—　中小企業論〕
　○著作目録ほか　「経済学論纂　41.5」（中央大）2001.3　p281-289

池田 満寿夫　いけだ・ますお〔1934—1997　版画家〕
　◎年譜　「池田満寿夫愛のありか」（佐藤陽子）二玄社　2002.1　p4-7b
　◎文献目録　「版画家池田満寿夫の世界展―黒田コレクションから」（東京都美術館，長野県信濃美術館，日本経済新聞社）　日本経済新聞社　c2002　p324-326
　◎年譜（宮沢壮佳）　「池田満寿夫」（池田満寿夫）玲風書房　2003.9　p94-121
　◎略年譜　「私の調書」（池田満寿夫）　新風舎　2005.5　p268-282

池田 彌三郎　いけだ・やさぶろう
　◎年譜ほか（武藤康史）　「世俗の詩・民衆の歌―池田彌三郎エッセイ選」（池田彌三郎）　講談社　2007.10　p277-292

池田 勇諦　いけだ・ゆうたい〔1934—　僧侶〕
　○略年譜ほか　「同朋仏教　38」（同朋大）　2002.7　p3-7f

池田 善昭　いけだ・よしあき〔1927—　地理〕
　○業績ほか　「立命館哲学　14」（立命館大）　2003　2pf

池田 良二　いけだ・りょうじ〔1947—　銅版画家・装丁家〕
　◎年譜ほか　「池田良二銅版画集　1975-2000」（池田良二）　阿部出版　2001.10　p198-215

池波 正太郎　いけなみ・しょうたろう〔1923—1990　小説家〕
　◎「王道―池波正太郎全仕事」　一迅社　2007.4　127p　B5

池西 言水　いけにし・ごんすい〔1650—1722　俳人〕
　○年譜　「池西言水の研究」（宇城由文）　和泉書院2003.2　p207-257

池端 雪浦　いけはた・せつほ〔1939—　東南アジア史〕
　○研究業績ほか　「アジア・アフリカ言語文化研究　63」（東京外語大）　2002.3　p303-309

池間 誠　いけま・まこと〔1941—　貿易政策・国際経済学〕
　○著作目録　「国際貿易論の展開」（石川城太ほか）文眞堂　2005.2　p305-312

池宮 正治　いけみや・まさはる〔1940—　琉球文学〕
　○業績ほか　「日本東洋文化論集　12」（琉球大）2006.3　p14-31

池谷 仙之　いけや・のりゆき〔1938—　進化古生物学〕
　○略歴ほか（増田俊明）　「静岡大学地球科学研究報告　31」（静岡大）　2004.7　p1-11f

生駒 幸運　いこま・よしかず〔1933—2003　英文学〕
　○主要研究業績ほか　「立正法学論集　36.2」（立正大）　2003　p7-8f

井坂 洋子　いさか・ようこ〔1949—　詩人〕
　◎参考資料（内海紀子）　「展望現代の詩歌　5　詩V」（飛高隆夫ほか）　明治書院　2007.12　p303-304

諫山 正　いさやま・まさ
　○著作目録ほか　「新潟大学経済論集　70」（新潟大）　2001.3　p195-200

伊沢 多喜男　いざわ・たきお〔1869―1949　政治家〕
　◎年譜　「伊沢多喜男と近代日本」（大西比呂志）　芙蓉書房出版　2003.6　p227-231

石 南国　いし・よしくに〔1931―　人口論・統計学・経済政策〕
　○著作目録ほか　「城西大学大学院研究年報　18」（城西大）　2002.3　p109-121

石井 昭夫　いしい・あきお〔1937―　観光学〕
　○著書論文ほか　「立教大学観光学部紀要　5」（立教大）　2003.3　p170

石井 修　いしい・おさむ〔1936―　国際関係〕
　○業績目録　「明治学院大学法学研究　80」（明治学院大）　2006.3　p4-14

石井 光太郎　いしい・こうたろう
　◎「石井光太郎著作目録」（相澤雅雄）　横浜開港資料館　2006.8　73p　A5

石井 光楓　いしい・こうふう〔1892―1975　洋画家〕
　◎年譜ほか　「夢は大海原を越えて―今よみがえる洋画家石井光楓の軌跡」（大久保守）　三好企画　2001.7　p232-249

石井 十次　いしい・じゅうじ〔1865―1914　社会事業家〕
　◎年譜　「岡山孤児院物語―石井十次の足跡」（横田賢一）　山陽新聞社　2002.8　p226-230
　◎参考文献　「石井十次にめぐりあった人」（岸本憲二）　吉備人出版　2004.1　p375-388
　◎参考文献　「石井のおとうさんありがとう―石井十次の生涯」（和田登）　総和社　2004.7　p222-225

石井 修三　いしい・しゅうぞう
　◎略年譜ほか　「蘭学者・石井修三の生涯―西洋を学び明治を先覚した偉才」（相原修）　羽衣出版　2005.12　p142-145,152-153

石井 縄齋　いしい・じょうさい
　◎参考文献（壬生芳樹）　「訳註『尋梅記』・訳註『帰豆漫誌』・附「石井縄齋年譜攷（稿）」―石井縄齋研究」（石井縄齋）　壬生芳樹　2006.10　p272-273

石井 四郎　いしい・しろう〔1892―1959　陸軍軍医〕
　◎参考文献　「731」（青木冨貴子）　新潮社　2005.8　p387-391

石井 伸一　いしい・しんいち〔1934―　国際コミュニケーション論・時事経済英語〕
　○著作目録ほか　「商経論叢　41.2」（神奈川大）　2006.3　p263-267

石井 進　いしい・すすむ〔1901―1985　中世史〕
　○年譜ほか　「みすず　44.2」（みすず書房）　2002.2　p19-28
　○著作目録ほか　「であいの風景」（偲ぶ会）　新人物往来社　2002.3　p297-343
　○著書論文ほか　「信濃　〔第3次〕　54.4」（信濃史学会）　2002.4　p274-312
　○著作目録ほか　「石井進著作集　10　中世史と考古学・民俗学」（石井進）　岩波書店　2005.6　p5-47b
　○書評等目録　「石井進の世界　3　書物へのまなざし」（石井進作集刊行会）　山川出版社　2005.12　p5-16b
　○著作分類目録ほか　「中世史へのいざない　石井進の世界6」（石井進）　山川出版社　2006.4　p9-36b

石井 誠士　いしい・せいし〔1940―2006　哲学〕
　○業績一覧　「兵庫県立大学看護学部・地域ケア開発研究所紀要　14」（兵庫県立大）　2007　p9-15

石井 敏夫　いしい・としお〔1960―2005　倫理学〕
　◎業績ほか　「ベルクソン化の極北―石井敏夫論文集」（石井敏夫）　理想社　2007.11　p311-318

石井 信生　いしい・のぶお〔1937―　音楽教育学〕
　○研究業績ほか　「県立広島女子大学生活科学部紀要　8」（県立広島女子大）　2002.12　p1-2

石井 柏亭　いしい・はくてい〔1882―1958　洋画家〕
　◎年譜　「柏亭自伝」（石井柏亭）　中央公論美術出版　2005.6　p386-408

いしい ひさいち　〔1951―　漫画家〕
　○著作目録（山野博史）　「関西大学年史紀要　15」（関西大）　2004.3　p1-52

石井 英朗　いしい・ひでお〔1935―　経済政策〕
　○業績目録ほか　「東日本国際大学経済学部研究紀要　12.1」（東日本国際大）　2007.3　p167-168

石井 啓雄　いしい・ひろお〔1931―　農業政策・農業経済〕
　○業績一覧ほか　「経済学論集　33.3・4」（駒沢大）　2002.3　p221-235

石井 大　いしい・ひろし
　○著作目録（尾崎千佳）　「山口国文　27」（山口大）　2004.3　p2-3

石井 博　いしい・ひろし〔1931―　英語・言語学〕
　○研究業績ほか　「人文社会科学研究　42」（早稲田大）　2002.3　p131-136

石井 溥　いしい・ひろし〔1943―　文化人類学〕
　○業績ほか　「通信　116」（東京外国語大）　2006.3　p79-86

石井 筆子　いしい・ふでこ〔1865―1944　女子教育者〕
　◎年譜　「無名の人石井筆子―"近代"を問い歴史に埋もれた女性の生涯」（一番ヶ瀬康子）　ドメス出版　2004.3　4pb

石井 政之　いしい・まさゆき〔ジャーナリスト・フリーライター〕
　◎著作リスト　「文筆生活の現場―ライフワークとしてのノンフィクション」（石井政之）　中央公論新社　2004.7　p278-283

石井 桃子　いしい・ももこ〔1907―2008　児童文学作家〕
　○作品年譜（鈴木高志ほか）　「ユリイカ　39.8」（青土社）　2007.7　p222-233
　○年譜ほか（田野倉康一ほか）　「飛ぶ教室　11」（光村図書出版）　2007.秋　p48-52

石井 林響　いしい・りんきょう〔1884―1930　日本画家〕
　◎参考文献　「石井林響展―後援団体「総風会」を中心に　房総ゆかりの画家」（城西国際大学水田美術館）　城西国際大　2006.10　p55-58

石岡 雅憲　いしおか・まさのり〔1926―2002　経営学方法論〕
　○業績ほか（現代科学研究会）　「現代科学論叢　33・34」（現代科学研究会）　2003　p1-3

石踊 達哉　いしおどり・たつや〔1945―　日本画家〕
　◎文献目録（米倉守）　「石踊達哉―花鳥諷詠の世界　伝統の秘める前衛　画集」（石踊達哉）　ビジョン企画出版社　2004.7　p126-127

石垣 忠吉　いしがき・ちゅうきち〔1905―1991〕
　◎略年譜　「安藤昌益からの贈り物　石垣忠吉の物語」（萱沼紀子）　東方出版　2001.1　p221-226
　◎年譜　「安藤昌益からの贈り物―石垣忠吉の物語」（萱沼紀子）　東方出版　2002.1　p221-228

石垣 春夫　いしがき・はるお〔1931―　解析学〕
　○業績ほか　「学術研究　外国語・外国文学編　49」（早稲田大）　2000　p45-46

石垣 りん　いしがき・りん〔1920―2004　詩人〕
　◎年譜ほか（石垣りんほか）　「石垣りん　現代詩手帖特集版」　思潮社　2005.5　p220-224
　◎参考資料（藤本惠）　「展望現代の詩歌　2　詩II」（飛高隆夫ほか）　明治書院　2007.2　p127」

石上 玄一郎　いしがみ・げんいちろう〔1910―　小説家〕
　◎年譜（赤坂早苗）　「石上玄一郎作品集　3」（石上玄一郎）　日本図書センター　2004.2　p419-439

石上 善応　いしがみ・ぜんおう〔1929―　仏教学〕
　◎著作目録ほか　「仏教文化の基調と展開　石上善応教授古稀記念論文集」　山喜房仏書林　2001.5　p1-24f

石川 啓　いしかわ・あきら〔1935―　性格・臨床心理学〕
　○業績ほか（東村高良）　「関西大学社会学部紀要　36.3」（関西大）　2005.3　p188-196

石川 明　いしかわ・あきら〔1931―　法学・弁護士〕
　◎著作目録ほか　「現代社会における民事手続法の展開―石川明先生古稀祝賀　下巻」（青山善充）　商事法務　2002.5　p661-725
　○業績ほか　「関西学院大学社会学部紀要　94」（関西学院大）　2003.3　p1-2

石川 一禎　いしかわ・かずよし〔1850―1927〕
　◎略年譜ほか　「啄木の父一禎と野辺地町」（高松鉄嗣郎）　青森県文芸協会出版部　2006.9　p147-156

石川 喜一　いしかわ・きいち
　○業績ほか　「敬和学園大学研究紀要　16」（敬和学園大）　2007.2　p259-266

石川 教張　いしかわ・きょうちょう〔1941―2002　僧侶〕
　○年譜ほか（野口真澄）　「法華職業別歎徳文集　1」（石川教張）　国書刊行会　2004.6　p183-194

石河 清　いしかわ・きよし〔1928―　合唱・音楽教育〕
　○業績目録ほか　「いわき短期大学紀要　35」（いわき短大）　2002.3　p79-80

石川 清之　いしかわ・きよゆき
　○業績目録　「愛知県立大学文学部論集　日本文化学科編　9」（愛知県立大）　2007.3　1pf

石川 賢作　いしかわ・けんさく〔1930―　家庭経済学〕
　○業績目録ほか　「経営研究　17.1.43」（愛知学泉大）　2003.12　p143-144

石川 幸志　いしかわ・こうじ
　○業績目録ほか　「横浜市立大学論叢　自然科学系列　56.1・2」（横浜市立大）　2005.3　p1-5

石川 三四郎　いしかわ・さんしろう〔1876―1956　無政府主義者〕
　○年譜ほか（大澤正道ほか）　「初期社会主義研究　18」（不二出版）　2005　p161-180
　◎参考文献　「石川三四郎のユートピア―社会構想と実践」（西山拓）　冬至書房　2007.10　p228-249

石川 滋　いしかわ・しげる〔1918―　経済政策〕
　○業績ほか　「城西大学大学院研究年報　19」（城西大）　2003.3　p121-142

石川 淳　いしかわ・じゅん〔1899―1987　小説家〕
　○年譜ほか（立石伯）　「焼跡のイエス・善財」（石川淳）　講談社　2006.11　p294-308

石川 純一郎　いしかわ・じゅんいちろう〔1935―　民俗学・中世文学〕
　○論文等　「常葉国文　27」（常葉学園短大）　2003.3　p1-11

石川 丈山　いしかわ・じょうざん〔1583―1672　漢詩人〕
　◎略年譜　「石川丈山と詩仙堂」（山本四郎）　山本四郎　2002.5　p447-456

石川 捷治　いしかわ・しょうじ〔1944―　政治史・外交史〕
　○著作目録　「法政研究　71.4」（九州大）　2005.3　p1-8b

石川 啄木　いしかわ・たくぼく〔1886―1912　詩人・歌人〕
　◎参考文献ほか　「啄木・道造の風かほる盛岡」（山崎益矢）　文芸社　2001.4　p248-276
　◎研究文献目録　「石川啄木事典」（国際啄木学会）　おうふう　2001.9　p541-606
　◎略年譜ほか（古沢夕起子）　「石川啄木歌集全歌鑑賞」（上田博）　おうふう　2001.11　p392-409
　◎年譜　「石川啄木―明治の文学　19」（松山巖）　筑摩書房　2002.1　p430-432

◎注文献　「啄木とその系譜」（田中礼）　洋々社　2002.2　prr
◎参考文献ほか　「石川啄木―悲哀の源泉」（西脇巽）　同時代社　2002.3　p300-319
◎文献　「啄木の肖像」（佐藤勝）　武蔵野書房　2002.3　p95-104
◎関連年表　「夢よぶ啄木、野をゆく賢治」（山本玲子, 牧野立雄）　洋々社　2002.6　p235-242
◎略年譜　「石川啄木―時代を駆け抜けた天才―第14回企画展」（群馬県立土屋文明記念文学館）　群馬県立土屋文明記念文学館　2002.10　p52-53
◎文献　「啄木新論」（大西好弘）　近代文芸社　2002.10　p273-277
◎文献ほか　「あこがれ」（石川啄木）　日本図書センター　2002.11　p313-320
◎参考文献　「石川啄木矛盾の心世界」（西脇巽）　同時代社　2003.2　p315-317
○参考文献（佐藤勝）　「国際啄木学会東京支部会会報　11」（国際啄木学会東京支部会）　2003.3　p45-36
◎年譜ほか（佐藤清文）　「石川啄木歌文集」（石川啄木）　講談社　2003.4　p190-206
◎注　『『一握の砂』の研究」（近藤典彦）　おうふう　2004.2　prr
◎研究展望（太田登）　「論集石川啄木　II」（国際啄木学会）　おうふう　2004.4　p290-298
◎参考引用文献　「啄木と賢治の酒」（藤原隆男ほか）　熊谷印刷出版部　2004.11　p306-311
○略年譜（池田功）　「国文学　解釈と教材の研究　49.13.718」（学燈社）　2004.12　p122-123
◎年譜　「石川啄木とロシア」（安元隆子）　翰林書房　2006.2　p356-371
◎略年譜　「石川啄木―国際性への視座」（池田功）　おうふう　2006.4　p332-339
◎参考文献　「忘れな草―啄木の女性たち」（山下多恵子）　未知谷　2006.9　p249-253
◎略年譜ほか　「啄木の父一禎と野辺地町」（高松鉄嗣郎）　青森県文芸協会出版部　2006.9　p147-156
◎参考文献ほか　「啄木への目線―鷗外・道造・修司・周平」（門屋光昭）　洋々社　2007.12　p251-252

石川　武美　いしかわ・たけよし〔1887―1961　出版人〕
◎略年譜ほか　「ひとすじの道―主婦の友社創業者・石川武美の生涯」（吉田好一）　主婦の友社　2001.9　p464-471

石川　忠雄　いしかわ・ただお〔1921―2007　中国現代史〕
◎経歴　「禍福こもごもの人生」（石川忠雄）　慶應義塾大出版会　2004.3　p279-285

石川　忠久　いしかわ・ただひさ〔1932―　中文〕
◎略年譜　「桃源佳境―わが詩わが旅　石川忠久古稀記念漢詩選集」（石川忠久）　東方書店　2001.4　p221-228

石川　達三　いしかわ・たつぞう〔1905―1985　小説家〕
○関連文献（菅野明子）　「文献探索　2001」（文献探索研究会）　2002.7　p551-560
◎注　「石川達三の戦争小説」（白石喜彦）　翰林書房　2003.3　prr
○文献目録　「国文学解釈と鑑賞　70.4」（至文堂）　2005.4　p191-199

石川　敏男　いしかわ・としお〔1932―　英語・英文学・現代演劇〕
○業績ほか　「専修経営学論集　76」（専修大）　2003.3　p209-211

石川　友紀　いしかわ・とものり〔1939―　人文地理学〕
◎著作目録ほか　「琉球大学法文学部人間科学科紀要人間科学　14」（琉球大）　2004.9　p4-11

石川　稔　いしかわ・みのる〔1939―　民法〕
○著作目録ほか　「上智法学論集　48.3・4」（上智大）　2005.3　p3-19

石倉　洋子　いしくら・ようこ〔1949―　国際経営戦略・マーケティング戦略〕
○業績ほか　「白鷗大学論集　17.1」（白鷗大）　2002.9　p9-11

石黒　忠篤　いしぐろ・ただあつ〔1884―1960　農政家〕
○年譜　「石黒忠篤―伝記・石黒忠篤」（小平権一）　大空社（伝記叢書　347）　2000.12　p213-216

石黒　信由　いしぐろ・のぶよし〔1760―1836　算学者・測量家〕
◎略年譜　「越中の偉人石黒信由　改訂版」　新湊市博物館　2001.3　p148-155
○年譜　「金沢出府日記」（新湊市博物館）　新湊市博物館　2005.3　p84-87

石黒　英男　いしぐろ・ひでお〔1931―　ドイツ文学〕
○略年譜　「ドイツ文化　57」（中央大）　2002.3　p23-26

石黒　昌幸　いしぐろ・まさゆき
○略歴ほか　「広島修大論集　43.1.81」（広島修道大）　2002.9　2pb

石毛　忠　いしげ・ただし〔1938―　日本思想史〕
○履歴ほか　「防衛大学校紀要　人文科学分冊　88」（防衛大）　2004.3　p4-11

石坂　荘作　いしざか・そうさく〔1870―1940　実業家〕
◎参考文献ほか　「石坂荘作と「基隆夜学校」―日本統治期台湾における一私立学校の歩み」（宇治郷毅）　宇治郷毅　2005.4　p36-42

石坂　直行　いしざか・なおゆき〔1924―　福祉評論家〕
◎著作論文集　「障害をもつ人びととバリアフリー旅行―石坂直行の思想と実践」（馬場清）　明石店　2004.5　p40-43

石坂 洋次郎　いしざか・ようじろう〔1900—1986　小説家〕
◎年譜　「石坂洋次郎—わが半生の記」(石坂洋次郎)　日本図書センター　2004.9　p245-255

石崎 東国　いしざき・とうごく〔?—1931　陽明学研究家〕
○年譜稿(吉田公平)　「白山中国学　13」(東洋大)　2007.1　p41-121

石崎 等　いしざき・ひとし〔1941—　近代日本文学〕
○諸文目録　「立教大学日本文学　97」(立教大)　2006.12　p7-24

石島 英　いしじま・すぐる〔1935—　気象学〕
○略歴ほか　「琉球大学理学部紀要　72」(琉球大)　2001.9　p5-7f

石島 弘　いしじま・ひろし〔1911—　医師〕
○略歴ほか　「岡山大学法学会雑誌　53.3・4.187」(岡山大)　2004.3　p285-303
◎研究業績目録(岩谷宗圓)　「変革期における税法の諸問題」(石島弘教授退官記念論文集刊行会)　大学教育出版　2004.3　p329-335

石津 謙介　いしづ・けんすけ〔1911—2005　評論家〕
◎参考文献　「VANストーリーズ—石津謙介とアイビーの時代」(宇田川悟)　集英社　2006.12　p221-222

石塚 尊俊　いしづか・たかとし〔1918—　民俗学研究家〕
◎著作ほか　「里神楽の成立に関する研究」(石塚尊俊)　岩田書院　2005.11　p377-381
◎著書・編著一覧　「顧みる八十余年—民俗採訪につとめて」(石塚尊俊)　ワン・ライン　2006.10　p303-305

石塚 友二　いしづか・ともじ〔1906—1986　小説家・俳人〕
◎参考資料　「石塚友二伝—俳人・作家・出版人の生涯」(清田昌弘)　沖積舎　2001.12　p356-361
◎参考資料(石田仁志)　「展望現代の詩歌　9　俳句I」(飛高隆夫ほか)　明治書院　2007.4　p256」

石塚 晴通　いしづか・はるみち〔1942—　国語学・敦煌学〕
○業績目録　「日本語・敦煌学・漢文訓読の新展開」(石塚晴通教授退職記念会)　汲古書院　2005.5　p6-18f

石塚 博司　いしづか・ひろし〔1934—　管理会計・原価計算〕
○著書ほか(河榮徳)　「早稲田商学　403」(早稲田商学同攻会)　2005.3　p973-978

石塚 喜明　いしづか・よしあき〔1907—2005　土壌肥料学者〕
◎著作リスト　「日本の農業・アジアの農業」(石塚喜明)　北大図書刊行会　2004.3　p2-6b

石田 晃　いしだ・あきら〔1932—　経済統計学〕
○主要著作目録ほか　「敬愛大学研究論集　64」(敬愛大)　2003　p3-5

石田 衣良　いしだ・いら〔1960—　小説家〕
◎年譜　「夕日へ続く道」(石田衣良)　全国学校図書館協議会　2006.4　p36-37

石田 榮一　いしだ・えいいち
○主要業績目録ほか　「高岡法学　14.1・2」(高岡法科大)　2003.3　p211-216

石田 英一郎　いしだ・えいいちろう〔1903—1968　民族学者・文化人類学者〕
◎年譜(杉山晃一)　「桃太郎の母　新訂版」(石田英一郎)　講談社　2007.9　p323-337

石田 勝彦　いしだ・かつひこ〔1920—2004　俳人〕
◎略年譜(石田郷子)　「秋興以後—石田勝彦句集」(石田勝彦)　ふらんす堂　2005.4　p180-181

石田 敬起　いしだ・けいき
◎参考文献　「なにわのスーパーコンサルタント—大根屋小右衛門の財政改革—開館25周年記念特別展」(池田市立歴史民俗資料館)　池田市立歴史民俗資料館　2005.10　p37」

石田 宏二　いしだ・こうじ
○略歴ほか　「日本医科大学医学会雑誌　2.2」(日本医科大)　2006.4　p80-82

石田 忠彦　いしだ・ただひこ〔1938—　近代日本文学〕
○業績目録　「国語国文薩摩路　48」(鹿児島大)　2004.3　p2-6f

石田 徹也　いしだ・てつや〔1973—2005　画家〕
◎年譜　「石田徹也遺作集」(石田徹也)　求龍堂　2006.5　p104-105

石田 伝吉　いしだ・でんきち
◎参考文献　「理想の村を求めて—地方改良の世界」(郡司美枝)　同成社　2002.2　p179-201

石田 敏子　いしだ・としこ〔1935—　日本語学〕
○著作目録ほか　「国文目白　44」(日本女子大)　2005.2　p1-5b

石田 梅巌　いしだ・ばいがん
○研究文献目録　「石門心学の思想」(今井淳ほか)　ぺりかん社　2006.2　p417-439

石田 波郷　いしだ・はきょう〔1913—1969　俳人〕
◎年譜　「波郷句自解—無用のことながら」(石田波郷)　梁塵社　2003.2　p281-302
◎年譜ほか(石田郷子)　「石田波郷読本　「俳句」別冊」(「俳句」編集部)　角川学芸出版　2004.9　p390-411
◎著書目録ほか　「石田波郷—人と作品」　愛媛新聞社　2004.12　p517-519,536-563
◎参考資料(石田仁志)　「展望現代の詩歌　9　俳句I」(飛高隆夫ほか)　明治書院　2007.4　p336」

石田 浩　いしだ・ひろし〔1946—2006　中国農村経済論・台湾経済発展論〕
○業績ほか　「現代台湾研究　30・31」(台湾史研究会)　2006.11　p246-271

石田 比呂志　いしだ・ひろし〔1930—　歌人〕
◎年譜　「石田比呂志全歌集」(石田比呂志)　砂子屋書房　2001.5　p708-710

石田 洵　いしだ・まこと〔1932—2005〕
　○業績一覧　「日本文学会誌 18」(盛岡大)　2006.3　p12-19

石谷 行　いしたに・すすむ〔1931—2002　倫理学・平和教育〕
　○業績表ほか　「法政大学多摩論集 16」(法政大)　2000.3　p174-171

伊地智 均　いじち・ひとし〔1932—　フランス文学〕
　○研究業績　「仏語仏文学 30」(関西大)　2003　3pf

石堂 清倫　いしどう・きよとも〔1904—2001　評論家〕
　◎業績目録ほか(木村英亮)　「20世紀の意味」(石堂清倫)　平凡社　2001.7　p221-267

石堂 功卓　いしどう・こうたく〔1933—　刑法〕
　○略歴ほか　「中京法学 38.3・4」(中京大)　2004　p347-351

石ノ森 章太郎　いしのもり・しょうたろう〔1938—1998　漫画家〕
　◎作品リスト　「コミックを作った10人の男―巨星たちの春秋」(瀬戸龍哉ほか)　ワニブック　2002.5　p132-135

石橋 重雄　いしばし・しげお〔1931—　東南アジア経済〕
　○業績ほか(石橋重雄)　「政治・経済・法律研究 5.1」(拓殖大)　2002.9　p4-5

石橋 正二郎　いしばし・しょうじろう〔1889—1976　実業家〕
　◎文献目録(中村節子ほか)　「コレクター石橋正二郎―青木繁、坂本繁二郎から西洋美術へ　特集展示　ブリヂストン美術館開館50周年記念　増補改訂版」(石橋財団ブリヂストン美術館)　ブリヂストン美術館　2004.12　p80-87

石橋 泰助　いしばし・たいすけ〔1935—　カトリック司祭〕
　○業績ほか　「アカデミア　人文・社会科学編 78」(南山大)　2004.1　5pf

石橋 湛山　いしばし・たんざん〔1884—1973　政治家〕
　◎参考文献ほか　「戦う石橋湛山　新版」(半藤一利)　東洋経済新報社　2001.2　p290-302
　◎参考文献　「横手時代の石橋湛山」(川越良明)　無明舎出版　2003.6　p153-154
　◎注　「石橋湛山の戦後」(姜克実)　東洋経済新報社　2003.11　p326-371
　◎参考文献　「日本リベラルと石橋湛山―いま政治が必要としていること」(田中秀征)　講談社　2004.6　p235-236
　◎参考文献　「湛山除名」(佐高信)　岩波書店　2004.9　p325-328
　◎参考資料ほか　「平和をつくる構想―石橋湛山の小日本主義に学ぶ」(安原和雄)　澤田出版　2006.6　p178-181
　◎略年譜　「晩年の石橋湛山と平和主義―脱冷戦と護憲・軍備全廃の理想を目指して」(姜克實)　明石書店　2006.11　p232-239

石橋 忍月　いしばし・にんげつ〔1865—1926　評論家・小説家〕
　◎著作ほか　「石橋忍月研究―評伝と考証」(千葉眞郎)　八木書店　2006.2　p595-661

石橋 秀雄　いしばし・ひでお〔1923—2002　東洋史〕
　○主要著作目録　「史苑 63.2」(立教大)　2003.3　p124-130

石橋 秀野　いしばし・ひでの〔1909—1947　俳人〕
　◎参考文献ほか　「石橋秀野の世界」(西田もとつぐ)　和泉書院　2002.9　p302-336

石畑 良太郎　いしはた・りょうたろう〔1932—　社会政策・労働問題〕
　○研究業績抄ほか　「青山経済論集 52.4」(青山学院大)　2001.3　p317-318

石原 全　いしはら・あきら
　○著作目録　「一橋法学 3.2」(一橋大)　2004.6　p348-353

石原 明　いしはら・あきら〔1933—　刑事法・生命倫理法学〕
　○業績ほか　「学術研究　外国語・外国文学編 51」(早稲田大)　2002.2　p105-107
　○著作目録　「神戸学院法学 34.3」(神戸学院大)　2005.3　p3-9b

石原 莞爾　いしはら・かんじ〔1889—1949　陸軍軍人〕
　◎参考文献　「英雄の魂　小説石原莞爾」(阿部牧郎)　祥伝社　2001.7　3pb
　◎文献目録　「地ひらく　石原莞爾と昭和の夢」(福田和也)　文藝春秋　2001.9　p769-773
　◎参考文献　「石原莞爾　天才戦略家の肖像」(佐治芳彦)　経済界　2001.10　p607-614
　◎参考資料　「石原莞爾―「満州国」建国を演出した陸軍参謀」(楠木誠一郎)　PHP研究所　2002.5　2pb
　◎参考文献　「哲人参謀石原莞爾」(中村晃)　叢文社　2003.3　p246-247
　◎参考文献　「石原莞爾その虚飾」(佐高信)　講談社　2003.8　p313-315
　◎文献　「石原莞爾満州合衆国―国家百年の夢を描いた将軍の真実」(早瀬利之)　光人社　2003.11　p260-261
　◎文献目録　「地ひらく―石原莞爾と昭和の夢　下」(福田和也)　文藝春秋　2004.9　p479-487
　◎参考文献　「石原莞爾　満州備忘ノート」(早瀬利之)　光人社　2004.10　p324-325
　◎「石原莞爾資料目録」(鶴岡市郷土資料館)　鶴岡市郷土資料館　2005.3　110p　B5
　◎年譜ほか　「石原莞爾―生涯とその時代　下」(阿部博行)　法政大学出版局　2005.9　p615-637
　◎参考文献　「戦略論大系 10　石原莞爾」(中山隆志)　芙蓉書房出版　2007.1　p316-318

◎参考文献 「石原莞爾―愛と最終戦争」(藤村安芸子) 講談社 2007.9 p217-220
◎参考文献 「虚構将軍石原莞爾」(泉章四郎) 文藝春秋 2007.10 p193-198

石原 邦雄 いしはら・くにお〔1943― 社会学〕
○業績ほか 「人文学報 379」(首都大東京) 2007.3 p3-14

石原 定和 いしはら・さだかず〔1932― 証券政策〕
○業績ほか 「商経論叢 46.3」(九州産業大) 2006.3 4pb

石原 純 いしはら・じゅん〔1881―1947 理論物理学者・歌人〕
◎文献目録ほか 「石原純―科学と短歌の人生」(和田耕作) ナテック 2003.8 p358-399
◎著作目録ほか(和田耕作) 「石原純全歌集」(石原純) ナテック 2005.11 p464-515

石原 淳一 いしはら・じゅんいち
○業績ほか 「松阪大学紀要 23.1」(松阪大) 2005 p12-13

石原 昭平 いしはら・しょうへい〔1933― 平安朝文学・説話文学〕
◎業績ほか 「日記文学新論」(石原昭平ほか) 勉誠出版 2004.3 p522-524

石原 慎太郎 いしはら・しんたろう〔1932― 小説家・政治家〕
○年譜 「慎太郎賛否両論―石原慎太郎まるわかり読本」(石原慎太郎研究委員会) ミリオン出版 2001.6 p184-188
◎略年譜 「石原慎太郎の季節」(福田和也) 飛鳥新社 2001.7 p252-273
◎年譜ほか(岸睦子) 「石原慎太郎を知りたい―石原慎太郎事典」(志村有弘) 勉誠出版 2001.8 p233-259
○解体全書(温水ゆかり) 「ダ・ヴィンチ 92」(メディアファクトリー) 2001.12 p167-169
◎参考文献 「石原慎太郎の帝王学―東京都知事の改革手腕と都市政策を検証する」(森野美徳) WAVE出版 2002.10 p230-231
◎ベストセラー10作(大月隆寛) 「石原慎太郎の値打ち―別冊宝島 40」 宝島社 2002.11 p203-214
○年譜 「石原慎太郎というバイオレンス―その政治・文学・教育」(武藤功ほか) 同時代社 2003.2 p345-357
◎文献 「てっぺん野郎―本人も知らなかった石原慎太郎」(佐野真一) 講談社 2003.8 p478-496
◎年譜ほか 「石原愼太郎の文学 10 短篇集―遭難者 2」(石原愼太郎) 文藝春秋 2007.10 p659-701

石原 武 いしはら・たけし〔1930― 詩人〕
○主要著書ほか 「英語英文学 28」(文教大) 2001 p25-36

石原 武政 いしはら・たけまさ〔1943― マーケティング・流通組織論〕
◎著作目録ほか 「流通理論の透視力」(加藤司) 千倉書房 2003.3 p1-21
○業績ほか 「経営研究 56.4」(大阪市立大) 2006.2 p349-366

石原 司 いしはら・つかさ
○年譜 「武蔵大学論集 50.2.252」(武蔵大) 2003.1 p325-330

石原 友明 いしはら・ともあき〔1959― 美術家〕
◎参考文献 「石原友明展」(石原友明) 大谷記念美術館 2004.7 p80-83

石原 喜文 いしはら・よしふみ
○略歴ほか 「山梨学院大学法学論集 58」(山梨学院大) 2007 p289-290

石原 吉郎 いしはら・よしろう〔1915―1977 詩人〕
◎参考文献 「内なるシベリア抑留体験―石原吉郎・鹿野武一・菅季治の戦後史」(多田茂治) 文元社 2004.2 p256-259
○略歴ほか 「石原吉郎・椎名麟三氏に導かれて―聖母マリアの奇蹟」(木村閑子) 文芸社 2004.2 p157-167
○年譜ほか(小柳玲子) 「石原吉郎詩文集」(石原吉郎) 講談社 2005.6 p294-307

石部 明 いしべ・あきら
◎略歴 「石部明集」(石部明) 邑書林 2006.10 p106-107

井島 ちづる いじま・ちづる〔1972―1999〕
○年譜 「井島ちづるはなぜ死んだか」(大橋由美) 河出書房新社 2002.2 p225-231

石丸 晶子 いしまる・あきこ〔1935― 古典文学・近代日本文学〕
○業績ほか 「人文自然科学論集 122」(東京経済大) 2006.10 p5-17

石丸 和人 いしまる・かずと〔1928― 国際関係・米国政治〕
○略歴ほか 「姫路独協大学外国語学部紀要 16」(姫路独協大) 2003.3 p269-271

石丸 熙 いしまる・ひろし〔1939― 日本中世城郭史〕
○業績ほか 「東海史学 41」(東海大) 2007.3 p115-119

石光 亨 いしみつ・とおる〔1925― 経済地理学〕
○著作目録ほか 「経済情報学論集 15」(姫路独協大) 2001.3 p145-155

伊志嶺 恵徹 いしみね・けいてつ
○著作目録ほか 「琉大法学 67」(琉球大) 2002.3 p333-337

伊志嶺 博志 いしみね・ひろし
○研究業績ほか(前里光盛ほか) 「沖縄キリスト教短期大学紀要 30」(沖縄キリスト教短大) 2001.12 p5-14

石牟礼 道子　いしむれ・みちこ〔1927―　小説家〕
　◎略年譜　「不知火―石牟礼道子のコスモロジー」（石牟礼道子ほか）　藤原書店　2004.2　p258-259
　◎年譜ほか（渡辺京二ほか）　「妣たちの国―石牟礼道子詩歌文集」（石牟礼道子）　講談社　2004.8　p241-253
　◎著作目録　「石牟礼道子の世界」（岩岡中正ほか）　弦書房　2006.11　p260-261

石本 正　いしもと・しょう〔1920―　日本画家〕
　◎略年譜　「絵をかくよろこび」（石本正）　新潮社　2001.3　p254-255

石本 平兵衛　いしもと・へいべえ〔豪商〕
　◎文献　「天を翔けた男―西海の豪商・石本平兵衛」（河村哲夫）　梓書院　2007.12　p256-258

石本 泰雄　いしもと・やすお〔1924―　公法〕
　◎著作目録ほか　「転換期国際法の構造と機能―石本泰雄先生古稀記念論文集」（桐山孝信ほか）　国際書院　2000.6　p581-589
　◎主要著作目録　「武力紛争の国際法」（村瀬信也ほか）　東信堂　2004.12　p872-873

石元 泰博　いしもと・やすひろ〔1921―　写真家〕
　◎年譜著作　「色とかたち」（石元泰博）　平凡社　2003.1　p128
　◎年譜　「刻」（石元泰博）　平凡社　2004.5　p208-211

石本 隆一　いしもと・りゅういち〔1930―　歌人〕
　◎略年譜　「木馬情景集―石本隆一歌集」（石本隆一）　短歌新聞社　2005.11　p122-124

石森 延男　いしもり・のぶお〔1897―1987　児童文学者・国語教育〕
　○著作目録（吉原英夫）　「札幌国語教育研究　13」（北海道教育大）　2006.9　p14-20

石森 史郎　いしもり・ふみお〔1931―　シナリオライター・映画プロデューサー〕
　◎作品目録ほか（円尾敏郎）　「シナリオ作家石森史郎 メロドラマを書く」（石森史郎）　ワイズ出版　2006.7　p393-445

伊集院 静　いじゅういん・しずか〔1950―　小説家・作詞家〕
　○作品年譜　「本の話　9.2」（文藝春秋）　2003.2　p25-26

石渡 利康　いしわたり・としやす〔1936―　北欧法学・性学・児童文学・仏教学〕
　○業績ほか　「国際関係研究　26.4」（日大）　2006.3　p391-408

出渕 敬子　いずぶち・けいこ
　○略歴　「日本女子大学英米文学研究　41」（日本女子大）　2006.3　p5-14

出淵 博　いずぶち・ひろし〔1935―1999　英米文学〕
　◎年譜　「出淵博著作集　2」（出淵博）　みすず書房　2001.1　p427-431

泉 鏡花　いずみ・きょうか〔1873―1939　小説家〕
　○参考文献（田中励儀）　「泉鏡花研究会会報　16」（昭和女子大同研究会事務局）　2000.12　p2-9
　◎年譜　「泉鏡花　明治の文学8」（四方田犬彦）　筑摩書房　2001.6　p414-419
　◎注文献　「論集昭和期の泉鏡花」（泉鏡花研究会）　おうふう　2002.5　prr
　◎参考文献　「泉鏡花『高野聖』作品論集」（田中励儀）　クレス出版　2003.3　p342-374
　◎略年譜（秋山稔）　「照葉狂言・夜行巡査」（泉鏡花）　教育出版　2003.8　p210-211
　◎「新編泉鏡花集　別巻2」（秋山稔ほか）　岩波書店　2006.1　5,435p　A5
　◎参考文献　「論集泉鏡花　4」（泉鏡花研究会ほか）　和泉書院　2006.1　p189-236
　◎参考文献　「鏡花と怪異」（田中貴子）　平凡社　2006.5　p259-268
　○年譜補訂（吉田昌志）　「学苑　795」（光葉会）　2007.1　p53-63
　◎年譜ほか　「泉鏡花―人と文学」（眞有澄香）　勉誠出版　2007.8　p173-200

出海 渓也　いずみ・けいや
　◎年譜　「出海渓也詩集」（御庄博実, 中村不二夫）　土曜美術社出版販売　2002.11　p168-173

泉 宏昌　いずみ・ひろまさ
　○年譜ほか　「日本植物園協会誌　35」（日本植物園協会）　2000　p81-89

泉 正義　いずみ・まさよし〔1936―　哲学・倫理学〕
　○略歴　「教養研究　11.3」（九州国際大）　2005.3　p1-2b

和泉式部　いずみしきぶ〔977頃―?　歌人・日記文学作者〕
　◎文献　「和泉式部歌集の研究」（清水文雄）　笠間書院　2002.1　p537-562
　◎参考文献　「和泉式部百首全釈　歌合・定数歌全釈叢書4」（久保木寿子）　風間書房　2004.5　p242-243
　◎参考文献　「和泉式部―人と文学」（武田早苗）　勉誠出版　2006.7　p229-231

泉館 智寛　いずみだて・ともひろ
　○著作目録　「明星大学社会学研究紀要　24」（明星大）　2004.3　p82」

井関 隆子　いせき・たかこ
　◎研究文献目録　「井関隆子の研究」（深沢秋男）　和泉書院　2004.11　p389-395
　◎参考文献　「旗本夫人が見た江戸のたそがれ―井関隆子のエスプリ日記」（深沢秋男）　文藝春秋　2007.11　p230」

井関 義久　いせき・よしひさ〔1930―　国語教育〕
　○業績ほか　「桜美林大学中国文学論叢　27」（桜美林大）　2002.3　p1-11f

伊勢田 史郎　いせだ・しろう〔1929―　詩人〕
　◎年譜　「伊勢田史郎詩集」（伊勢田史郎）　土曜美術社出版販売　2007.1　p170-176

伊勢屋 忠右衛門　いせや・ちゅうえもん
　◎書目（二又淳）　「読本研究新集　3」　翰林書房　2001.10　p124-143

磯崎 新　いそざき・あらた〔1931—　建築家〕
　◎参考文献解題　「建築と時間—対論」（磯崎新, 土居義岳）　岩波書店　2001.1　p271-277

磯田 熙文　いそだ・ひろふみ〔1938—　インド仏教史〕
　○業績ほか（桜井宗信）　「文化　65.3・4」（東北大）　2002.3　p265-269

石上 露子　いそのかみ・つゆこ〔1882—1959　歌人〕
　◎参考文献　「不滅の愛の物語り—忘れられた美貌の歌人・石上露子」（碓田のぼる）　ルック　2005.10　p206-207

磯部 啓三　いそべ・けいぞう
　○著作目録ほか　「成蹊大学経済学部論集　34.1」（成蹊大）　2003.10　p3-5

磯部 四郎　いそべ・しろう〔1851—1923　政治家・法学者〕
　◎著作年譜ほか（横内豪）　「磯部四郎研究—日本近代法学の巨擘」（村上一博ほか）　信山社出版　2007.3　p321-355

磯部 忠正　いそべ・ただまさ〔1909—1995　宗教哲学〕
　○業績一覧ほか　「哲学会誌　26」（学習院大）　2002.5　p91-93

井田 照一　いだ・しょういち〔1941—2006　版画家・美術造形作家〕
　◎Bibliographyほか　「Garden project—Since 1968 in various works井田照一作品集」　阿部出版　2001.6　p125-145

井田 輝敏　いだ・てるとし〔1930—　政治〕
　○著作目録ほか　「九州国際大学法学論集　8.3」（九州国際大）　2002.3　p1-9b

井田 博　いだ・ひろし〔1920—2006〕
　◎文献　「日本プラモデル興亡史—わたしの模型人生」（井田博）　文春ネスコ　2003.10　p207」

井田 真木子　いだ・まきこ〔1956—2001　ノンフィクション作家〕
　◎単行本ほか　「かくして、バンドは鳴りやまず」（井田真木子）　リトル・モア　2002.2　p217-221

板垣 保　いたがき・たもつ〔1936—2002　ジャーナリスト〕
　◎著作一覧　「検証・労働運動半世紀」（遺稿・追悼集編集委員会ほか）　光陽出版社　2004.10　p1-51b

板垣 弘子　いたがき・ひろこ
　○業績ほか　「歌子　11」（実践女子短大）　2003.3　p33-43

板倉 宏　いたくら・ひろし〔1934—　弁護士〕
　○業績目録　「日本法学　69.4」（日本大）　2004.9　p1143-1172
　◎著作文献目録　「現代社会型犯罪の諸問題」（板倉宏博士古稀祝賀論文集編集委員会ほか）　勁草書房　2004.10　p565-585

板津 邦夫　いたづ・くにお〔彫刻家〕
　◎参考文献　「板津邦夫作品集」（北海道立旭川美術館ほか）　刊行委員会　2006.7　p120-123

伊谷 純一郎　いたに・じゅんいちろう〔1926—2001　人類学・霊長類研究〕
　○略歴ほか　「人間文化　17」（神戸学院大）　2002　p124-125
　○略年譜　「原野と森の思考—フィールド人類学への誘い」（伊谷純一郎）　岩波書店　2006.7　p426-428
　○著作リスト（制作委員会）　「人間文化　H&S 21」（神戸学院大）　2006.9　p49-62

板橋 郁夫　いたばし・いくお〔1925—　弁護士〕
　○業績一覧ほか　「創価法学　31.1・2」（創価大）　2001.11　p431-441
　◎業績目録　「水資源・環境研究の現在—板橋郁夫先生傘寿記念」（土屋正春ほか）　成文堂　2006.8　p621-626

伊丹 十三　いたみ・じゅうぞう〔1933—1997　映画監督・俳優〕
　◎年譜（武藤康史）　「伊丹十三の本」（「考える人」編集部）　新潮社　2005.4　p196-203

伊丹 潤　いたみ・じゅん〔1937—　建築家〕
　◎著書ほか　「Itami—Jun Itami 建築と絵画」（伊丹潤）　求龍堂　2002.4　p327-331

板谷 波山　いたや・はざん〔1872—1963　陶芸家〕
　◎参考文献　「板谷波山の生涯—珠玉の陶芸」（荒川正明）　河出書房新社　2001.2　p231-234
　◎年譜　「板谷波山の神々しき陶磁世界」（荒川正明）　小学館（アートセレクション）　2001.3　p124-125
　◎参考文献　「板谷波山」（荒川正明ほか）　小学館　2004.6　p230-232

一魁斎 芳年　いちかいさい・よしとし〔別名＝月岡芳年　1839—1892　浮世絵師〕
　○書誌（外園圭）　「文献探索　2006」（文献探索研究会）　2006.11　p435-441

市川 海老蔵（11代目）　いちかわ・えびぞう〔前名＝市川新之助　1977—　歌舞伎役者〕
　○引用参考文献　「市川新之助論」（犬丸治）　講談社　2003.3　p222-226

市川 和子　いちかわ・かずこ〔管理栄養士〕
　○業績ほか（木島俊介）　「共立女子大学文芸学部紀要　51」（共立女子大）　2005.1　p75-78

市河 寛斎　いちかわ・かんさい〔1749—1820　漢詩人・儒学者・越中富山藩士〕
　◎略年譜　「市河寛斎」（蔡毅ほか）　研文出版　2007.9　p229-231

市川 繁　いちかわ・しげる〔1931—　マーケティング・流通問題〕
　○業績ほか　「中京経営研究　11.2」（中京大）　2002.2　5pf

市川 新之助（7代目）　いちかわ・しんのすけ
　⇒市川 海老蔵（いちかわ・えびぞう）を見よ

市川 竹女　いちかわ・たけじょ
　◎参考引用文献　「竹女ぼさま三味線をひく」（野澤陽子）　津軽書房　2006.7　p281-282

市川 団十郎　いちかわ・だんじゅうろう〔歌舞伎役者の名跡〕
　○記事抄録（斎藤貞子）　「文献探索 2000」（文献探索研究会）　2001.2　p246-254
　◎参考文献　「市川團十郎代々」（服部幸雄）　講談社　2002.2　p164
　◎「市川團十郎研究文献集成」（中山幹雄）　高文堂出版社　2002.4　259p　A5
　○文献抄録（斎藤貞子）　「文献探索 2001」（文献探索研究会）　2002.7　p202-209
　◎引用参考文献　「市川新之助論」（犬丸治）　講談社　2003.3　p222-226
　◎参考文献　「江戸歌舞伎と女たち」（武井協三）　角川書店　2003.10　p203-208
　○文献抄録（斎藤貞子）　「文献探索 2003」（文献探索研究会）　2003.12　p175-180

市川 団十郎（2代目）　いちかわ・だんじゅうろう〔1688―1758　歌舞伎役者〕
　◎参考文献　「二代目市川団十郎―役者の氏神」（田口章子）　ミネルヴァ書房　2005.1　p185-191

市川 房枝　いちかわ・ふさえ〔1893―1981　女権運動家・政治家〕
　◎註文献　「市川房枝と婦人参政権獲得運動―模索と葛藤の政治史」（菅原和子）　世織書房　2002.2　p513-596

市川 正明　いちかわ・まさあき〔1929―　国際関係論〕
　◎編著書目録　「安重根と朝鮮独立運動の激流」（市川正明）　原書房　2005.9　p195-202

市川 佳宏　いちかわ・よしひろ
　○略歴ほか　「商学論集 73.3」（福島大）　2005.3　p141-143

市川 雷蔵　いちかわ・らいぞう〔1931―1969　歌舞伎役者・映画俳優〕
　◎参考文献　「雷蔵好み」（村松友視）　集英社　2006.7　p254-255

市来 努　いちき・つとむ〔1937―　教育学〕
　○業績ほか　「熊本学園大学論集『総合科学』13.2.26」（熊本学園大）　2007.4　p263-264

市毛 勲　いちげ・いさお〔1937―　考古学〕
　◎「市毛勲年譜・著作目録」（刊行する会）　刊行する会　2003.3　243p　B5

市毛 勝雄　いちげ・かつお〔1931―　国語科教育〕
　○業績ほか　「早稲田大学大学院教育学研究科紀要 12」（早稲田大）　2001　p125-126

市古 貞次　いちこ・ていじ〔1911―2004　中・近世文学〕
　○著述目録ほか　「東方学 104」（東方学会）　2002.7　p191-220
　○著述目録（三角洋一）　「国語と国文学 81.12」（東京大）　2004.12　p132-140

市島 春城　いちじま・しゅんじょう〔1860―1944　著述家・雑書収集家〕
　○随筆一覧（藤原秀之）　「文献探索 2000」（文献探索研究会）　2001.2　p480-488

一条 忠衛　いちじょう・ただえ
　◎参考文献　「近代日本の父性論とジェンダー・ポリティクス」（海妻径子）　作品社　2004.2　p365-381

一条天皇　いちじょうてんのう〔980―1011　第66代天皇〕
　◎参考文献　「一条天皇」（倉本一宏）　吉川弘文館　2003.12　p269-277
　◎参考文献　「源氏物語の時代――一条天皇と后たちのものがたり」（山本淳子）　朝日新聞社　2007.4　p278-281

櫟田 礼文　いちだ・れぶん
　◎略歴　「櫟田礼文集」（櫟田礼文）　邑書林　2005.10　p104-105

市野 和夫　いちの・かずお
　○業績ほか　「文明21 16」（愛知大）　2006.3　p1-5f

一之瀬 泰三　いちのせ・たいぞう
　○関連文献（太田潤）　「文献探索 2000」（文献探索研究会）　2001.2　p105-107

一ノ瀬 秀文　いちのせ・ひでふみ〔1922―　経済政策〕
　○著作目録ほか　「大阪経済法科大学経済学論集 27.2」（大阪経済法科大）　2003.9　p1-6

一原 有徳　いちはら・ありのり〔1910―　版画家・俳人・登山家〕
　◎年譜　「一原有徳物語」（市立小樽文學館）　北海道出版企画センター　2001.7　p200-203

一万田 尚登　いちまだ・ひさと〔1893―1984　銀行家・政治家〕
　◎参考文献　「「非常時の男」一万田尚登の決断力―孫がつづる元日銀総裁の素顔」（井上素彦）　財界研究所　2002.9　2pb

市村 真一　いちむら・しんいち〔1925―　経済発展論・アジア経済学〕
　◎著書目録　「日本とアジア発展の政治経済学」（市村真一）　創文社　2003.10　p381-384
　◎著書目録　「日本の教育をまもるもの―教育の正常化を願って　続」（市村真一）　創文社　2004.12　p278-279

市村 尚久　いちむら・たかひさ〔1933―　教育思想史・アメリカ教育哲学〕
　○業績ほか　「学術研究　外国語・外国文学編 51」（早稲田大）　2002.2　p109-112

市村 緑郎　いちむら・ろくろう〔1936―　彫刻家〕
　○業績ほか（本田貴侶）　「埼玉大学紀要　人文・社会科学 51.1分冊2」（埼玉大）　2002　p1-6

一楽 信雄　いちらく・のぶお〔1935―　経営情報論・経営工学〕
　○年譜　「武蔵大学論集 48.2」（武蔵大）　2000.12　p207-211

イチロー 〔1973― 野球選手〕
　◎参考文献　「イチロー革命―日本人メジャー・リーガーとベースボール新時代」(R.ホワイティング)　早川書房　2004.10　p435-438
　◎文献　「イチロー魂の言葉―1973～2006」(石田靖司ほか)　アールズ出版　2006.7　p166-169

五木 寛之　いつき・ひろゆき〔1932―　小説家〕
　◎作品年譜ほか(岸睦子ほか)　「五木寛之風狂とデラシネ」(志村有弘)　勉誠出版　2003.7　p225-268

一休 宗純　いっきゅう・そうじゅん〔1394―1481　臨済宗の僧〕
　◎参考文献　「狂雲集」(一休宗純)　中央公論新社(中公クラシックス)　2001.4　p449-450
　◎「自戒集・一休年譜」(平野宗浄)　春秋社　2003.6　508p　A5
　◎略年譜　「大徳寺と一休」(山田宗敏)　禅文化研究所　2006.1　p487-490

一色 直朝　いっしき・なおとも
　◎参考文献　「月庵酔醒記　上」(服部幸造ほか)　三弥井書店　2007.4　p286-289

一遍　いっぺん〔1239―1289　時宗〕
　◎略年表　「捨ててこそ生きる―一遍遊行上人」(栗田勇)　NHK出版　2001.5　p213-217
　◎略年譜　「一遍聖人と聖絵」(高野修)　岩田書院　2001.6　p131-135
　◎文献目録(長島尚道)　「一遍上人全集　新装版」(橘俊道、梅谷繁樹)春秋社　2001.7　p305-316
　◎参考文献　「一遍―遊行の捨聖」(今井雅晴)　吉川弘文館　2004.3　p189-190
　◎論述目録　「中世日本の神話と歴史叙述」(桜井好朗)　岩田書院　2006.10　p333-341

井手 勝美　いで・かつみ〔1925―　キリシタン史〕
　◎業績リストほか　「回想余滴」(井手勝美)　溪水社　2004.9　p269-277

井出 喜胤　いで・よしたね〔1933―　経営コンサルタント〕
　○略歴ほか(井出喜胤)　「拓殖大学経営経理研究　72」(拓殖大)　2004.3　p3-15

糸井 仙之助　いとい・せんのすけ
　○略年表　「カタリの世界―昔話と伝奇伝承　別冊太陽」(西川照子)　平凡社　2004.6　p155

糸井 通浩　いとい・みちひろ〔1938―　国語学〕
　○著述目録　「国文学論叢　52」(龍谷大)　2007.2　p7-20f
　○著述目録　「国語語彙史の研究　26」(国語語彙史研究会)　和泉書院　2007.3　p303-315

伊藤 秋男　いとう・あきお〔1936―　韓国考古学〕
　○業績ほか　「アカデミア　人文・社会科学編　84」(南山大)　2007.1　8pf
　◎著作目録　「伊藤秋男先生古希記念考古学論文集」(刊行会)　刊行会　2007.8　p2-4f

伊藤 亞人　いとう・あびと
　◎業績　「東アジアからの人類学―国家・開発・市民」(退職記念論文集編集委員会)　風響社　2006.3　p299-304

伊藤 永之介　いとう・えいのすけ〔1903―1959　小説家〕
　◎著作目録ほか(千葉三郎ほか)　「伊藤永之介生誕百年　国文学解釈と鑑賞別冊」(分銅惇作)　至文堂　2003.9　p180-202
　◎参考文献　「受難の昭和農民文学―伊藤永之介と丸山義二、和田伝」(佐賀郁朗)　日本経済評論社　2003.9　p224-225

伊藤 嘉一　いとう・かいち〔1937―　英語教育学・異文化教育〕
　○略歴　「英学論考　32」(東京学芸大)　2001　p1-3f

伊藤 義教　いとう・ぎきょう〔1909―1996　僧侶・イラン文学〕
　◎主要著作(岡田明憲)　「ペルシア文化渡来考シルクロードから飛鳥へ」(伊藤義教)　筑摩書房　2001.4　p231-247

伊藤 熹朔　いとう・きさく〔1899―1967　舞台美術家〕
　○書誌(田中晶子)　「文献探索　2004」(文献探索研究会)　2004.4　p477-482

伊藤 公一　いとう・きみかず〔1935―　公法〕
　○業績ほか　「帝塚山法学　11」(帝塚山大)　2006.3　p440-434

伊藤 敬一　いとう・けいいち
　◎著作一覧ほか　「「老牛破車」のうた―おおらかに、しなやかに日中友好を―伊藤敬一論文散文撰集」(伊藤敬一)　光陽出版社　2007.12　p457-476

伊藤 圭介　いとう・けいすけ〔1803―1901　本草・植物〕
　◎参考文献　「錦窠図譜の世界―幕末・明治の博物誌―伊藤圭介生誕200年記念展示会・講演会」(名古屋大学附属図書館)　名古屋大学附属図書館　2003.10　p51-52
　○略年譜　「日本初の理学博士伊藤圭介の研究」(土井康弘)　皓星社　2005.11　p442-452

井東 憲　いとう・けん〔1895―1945　小説家・評論家〕
　◎著作目録　「井東憲　人と作品」(井東憲研究会)　井東憲研究会　2001.2　p10-34

伊藤 憲一　いとう・けんいち〔1938―　外交評論家〕
　○略歴ほか　「青山国際政経論集　70」(青山学院大)　2006.9　p43-44

伊藤 玄三　いとう・げんぞう〔1933―　考古学〕
　○業績ほか　「法政史学　61」(法政大)　2004.3　p122-130

伊東 弘文　いとう・こうぶん〔1943―　財政学・地域政策〕
　○著書論文目録ほか　「経済学研究　70.2・3」(九州大)　2003.11　p335-350

伊藤 佐一　いとう・さいち
　◎参考書類　「算学者伊藤佐一親子とドクトル・ヘボンの交遊譚話（ものがたり）―横浜随想」（伊藤信夫）　新読書社　2002.3　p219

伊東 静雄　いとう・しずお〔1906―1953　詩人〕
　◎書誌（稿）　「伊東静雄と大阪京都」（山本皓造）　竹林館　2002.5　p141-150
　◎略年譜　「痛き夢の行方　伊東静雄論」（田中俊広）　日本図書センター　2003.2　p253-255

伊藤 昭治　いとう・しょうじ〔1933―　図書館学〕
　◎著作目録　「図書館人としての誇りと信念」（伊藤昭治古稀記念論集刊行会）　出版ニュース社　2004.2　p266-276

伊藤 信吉　いとう・しんきち〔1906―2002　詩人・評論家〕
　◎年譜・書誌（龍沢友子）　「伊藤信吉著作集」（伊藤信吉）　沖積舎　2003.1　p535-624
　◎略年譜　「伊藤信吉展―追悼・上州烈風の詩人」（群馬県立土屋文明記念文学館）　群馬県立土屋文明記念文学館　2003.10　p70-72
　◎著作目録ほか　「伊藤信吉―伊藤信吉生誕100年記念展　萩原朔太郎生誕120年記念」（前橋文学館）　水と緑と詩のまち前橋文学館　2006.12　p61-66

伊藤 仁斎　いとう・じんさい〔1627―1705　儒学者〕
　◎略年譜　「伊藤仁斎の世界」（子安宣邦）　ぺりかん社　2004.7　p331-336

伊藤 真乗　いとう・しんじょう〔1906―1989　宗教家〕
　◎略年譜　「真乗―心に仏を刻む」（奈良康明ほか）　中央公論新社　2007.6　p382-393

伊東 深水　いとう・しんすい〔1898―1972　日本画家〕
　◎参考文献　「「素顔の伊東深水」展―Y氏コレクションから」　目黒区美術館　2006.4　p161-169

伊東 祐亨　いとう・すけゆき〔1843―1914　海軍元帥・伯爵〕
　◎参考文献　「士魂の提督伊東祐亨―明治海軍の屋台骨を支えた男」（神川武利）　PHP研究所　2002.4　2pb

伊藤 進　いとう・すすむ〔1936―　民事法〕
　◎著作目録　「現代私法学の課題―伊藤進教授古稀記念論文集」（編集委員会）　第一法規　2006.3　p403-449
　◎著作目録ほか　「法律論叢　78.4・5」（明治大）　2006.3　p256-308
　◎略歴　「担保制度の現代的展開―伊藤進先生古稀記念論文集」（堀龍兒ほか）　日本評論社　2006.12　p416-419

伊藤 整　いとう・せい〔1905―1969　小説家〕
　◎年譜ほか（曽根博義）　「改訂文学入門」（伊藤整）　講談社　2004.12　p289-305
　◎年譜ほか　「雪明りの路」（伊藤整）　日本図書センター　2006.1　p268-276

伊藤 晴雨　いとう・せいう〔1882―1961　絵師・風俗考証家〕
　◎年譜（宮尾與男）　「江戸と東京風俗野史」（伊藤晴雨）　国書刊行会　2001.6　p415

伊藤 善市　いとう・ぜんいち〔1924―2007　経済政策〕
　◎著作目録ほか　「地域を創る―随想」（伊藤善市）　エルコ　2001.2　p411-464

伊藤 草白　いとう・そうはく〔1896―1945　日本画家〕
　◎参考文献　「伊藤草白展―生誕110年記念」（笠岡市立竹喬美術館）　竹喬美術館　〔2006〕　p38-39

伊藤 高義　いとう・たかよし〔1941―　民法〕
　○著作目録　「名古屋大学法政論集　201」（名古屋大）　2004.3　p747-753

伊藤 武夫　いとう・たけお〔1941―　産業史〕
　○業績ほか　「立命館産業社会論集　42.1.129」（立命館大）　2006.6　p17-23

伊藤 武　いとう・たけし〔1934―　経済学〕
　○業績目録ほか　「大阪経大論集　55.2.280」（大阪経大）　2004.7　p189-193

伊藤 千秋　いとう・ちあき〔1939―　物理学〕
　○業績目録　「カルチュール　4」（明治学院大）　2007.3　p2-4f

伊藤 長七　いとう・ちょうしち〔1877―1930　教育家〕
　◎年表　「寒水伊藤長七伝」（矢崎秀彦）　鳥影社　2002.12　p464-475

伊藤 千代子　いとう・ちよこ〔1905―1929　社会運動家〕
　◎略年表　「時代の証言者―伊藤千代子」（藤田廣登）　学習の友社　2005.7　p156-157

伊藤 紀彦　いとう・としひこ〔1940―　会社法〕
　○業績ほか　「中京法学　40.3・4」（中京大）　2006　p127-128

伊東 富太郎　いとう・とみたろう
　◎著書目録　「伊東富太郎コレクション　1」（多度町教育委員会）　多度町教育委員会　2004.3　p55-58

伊東 倫厚　いとう・ともあつ〔1943―2007　中国古代哲学〕
　○業績　「中国哲学　35」（北海道中国哲学会）　2007.8　11pf

伊藤 虎丸　いとう・とらまる〔1927―2003　中文〕
　○業績ほか　「明海大学外国語学部論集　12」（明海大）　2000　p191-194

伊藤 成彦　いとう・なりひこ〔1931―　文芸評論家〕
　○略年譜　「ドイツ文化　57」（中央大）　2002.3　p1-15

伊藤 野枝　いとう・のえ〔1895—1923　婦人運動家〕
　◎年譜　「定本伊藤野枝全集 4　翻訳」(井手文子,堀切利高)　學藝書林　2000.12　p505-517
　◎著作目録ほか(河原彩)　「定本伊藤野枝全集 4」　学芸書林　2000.12　p488-517
　◎略年譜　「吹けよあれよ風よあらしよ—伊藤野枝選集」(森まゆみ)　学芸書林　2001.11　p362-365

伊藤 延男　いとう・のぶお〔1925—　日本建築史・文化財保護〕
　○著作目録　「文建協通信 82」(文化財建造物保存技術協会)　2005.10　p28-38

伊藤 博　いとう・はく〔1935—1991　国文〕
　○著作目録　「万葉 188」(万葉学会)　2004.6　p90-91

伊藤 柏翠　いとう・はくすい〔1911—1999　俳人〕
　◎年譜ほか　「人の世も斯く美し—虚子と愛子と柏翠と—横浜市立大学経済研究所平成十四年度公開ゼミナール研究報告書研究対象分野『地域の近現代史』」(森谷欽一)　森谷欽一　2003.3　p170-178

伊藤 颯夫　いとう・はやお〔1931—　平安朝文学〕
　○業績ほか(伊藤颯夫)　「人文・自然・人間科学研究 7」(拓殖大)　2002.3　p151-154

伊藤 治夫　いとう・はるお〔1938—　国際経済〕
　○業績ほか　「西南学院大学経済学論集 42.3」(西南学院大)　2007.12　p7-13f

伊藤 ハンニ　いとう・はんに
　◎文献　「昭和の天一坊伊東ハンニ伝」(河西善治)　論創社　2003.8　p247-249

伊藤 彦造　いとう・ひこぞう〔1904—2004　挿絵画家〕
　◎参考文献　「生誕百年記念伊藤彦造展—少年美剣士と嗜虐のエロス」　弥生美術館　2003.1　p31」
　◎略年譜　「伊藤彦造イラストレーション　新装増補版」(伊藤彦造)　河出書房新社　2006.6　p194-197

伊藤 洋　いとう・ひろし〔1934—　演劇評論家〕
　○主要著述ほか　「演劇映像 45」(早稲田大)　2004　p44-46
　○業績ほか　「学術研究　教育・社会教育学編 52」(早稲田大)　2004.2　p105-107
　○略年譜　「エイコス 16」(17世紀仏演劇研究会)　2004.10　p4-5

伊藤 博文　いとう・ひろふみ〔1841—1909　政治家〕
　◎年譜　「伊藤博文と大日本帝国憲法特別展展示目録」(衆議院憲政記念館)　同記念館　2001.5　p56-61
　◎参考文献　「伊藤博文と朝鮮」(高大勝)　社会評論社　2001.10　p204-205
　◎参考文献　「伊藤博文暗殺事件—闇に葬られた真犯人」(佐藤隆信)　新潮社　2003.8　p411-414
　◎参考文献　「伊藤博文と韓国併合」(海野福寿)　青木書店　2004.6　p235-239

伊藤 宏見　いとう・ひろみ〔1936—　歌人〕
　○略歴ほか　「文学論藻 81」(東洋大)　2007.3　p6-10

伊藤 誠　いとう・まこと〔1955—　彫刻家〕
　○業績目録ほか　「國學院経済学 55.3・4」(國學院大)　2007.3　p433-469

伊藤 雅子　いとう・まさこ〔1930—　家族社会学〕
　○業績ほか　「人間関係研究 1」(南山大)　2001　4pf
　○業績ほか　「南山短期大学紀要 30」(南山短大)　2003.1　3pf

伊東 正則　いとう・まさのり〔1928—2006　経済政策理論〕
　○略歴ほか　「広島経済大学経済研究論集 27.3」(広島経済大)　2004.12　p2-6f

伊藤 昌哉　いとう・まさや〔1917—2002　政治評論家〕
　◎参考文献　「伊藤昌哉政論」(小枝義人)　春風社　2006.9　p320-321

伊藤 正義　いとう・まさよし〔1930—　国語・国文〕
　◎分類執筆目録　「磯馴帖　古典研究資料集—村雨篇」(刊行会)　和泉書院　2002.7　p475-485

伊藤 まつを　いとう・まつを
　◎年譜　「まつを媼百歳を生きる力」(石川純子)　草思社　2001.9　p298-305

伊藤 基道　いとう・もとみち
　○年譜　「イタリア図書 29」(イタリア書房)　2004.2　p66-69

伊藤 康雄　いとう・やすお
　○著作目録ほか　「中京商学論叢 49.2」(中京大)　2003.3　5pf

伊藤 嘉昭　いとう・よしあき〔1930—　生態学・昆虫学〕
　○業績目録ほか　「楽しき挑戦—型破り生態学50年」(伊藤嘉昭)　海游舎　2003.3　p350-372

伊藤 喜栄　いとう・よしえい〔1931—　経済地理学・地域経済論〕
　○業績ほか　「人文研究 148」(神奈川大)　2003.3　1pf

伊藤 嘉房　いとう・よしふさ
　○業績ほか　「愛知学院大学情報社会政策研究 5.2」(愛知学院大)　2003.3　p1-10f

伊藤 隆二　いとう・りゅうじ〔1934—　教育〕
　○著作目録ほか　「東洋大学文学部紀要 55」(東洋大)　2002.3　p1-7
　◎「伊藤隆二著作目録—1958～2004」(伊藤隆二)　帝京大　2005.1　221p　A5

糸賀 一雄　いとが・かずお〔1914—1968　社会福祉活動家〕
　◎年譜　「この子らを世の光に—糸賀一雄の思想と生涯」(京極高宣)　NHK出版　2001.2　p209-262
　◎参考文献　「異質の光—糸賀一雄の魂と思想」(高谷清)　大月書店　2005.4　p308-319

糸川 英夫　いとかわ・ひでお〔1912—1999　航空工学〕
　◎引用参考文献　「やんちゃな独創—糸川英夫伝」（的川泰宣）　日刊工業新聞社　2004.5　p287-288

伊奈 忠次　いな・ただつぐ〔1550—1610　武蔵小室藩主〕
　○略年譜ほか　「家康政権と伊奈忠次」（本間清利）　叢文社　2001.3　p203-213

伊奈 信男　いな・のぶお〔1898—1978　写真評論家〕
　◎書誌データほか　「写真に帰れ—伊奈信男写真論集」（大島洋）　平凡社　2005.10　p379-394

稲垣 栄三　いながき・えいぞう〔1926—2001　日本建築史〕
　○年譜ほか（鈴木博之）　「建築史学　37」（建築史学会）　2002.3　p115-124

稲垣 滋子　いながき・しげこ〔1935—　日本語学・日本語教育〕
　○略年譜　「アジア文化研究　28」（国際基督教大）　2002　p31-33

稲垣 足穂　いながき・たるほ〔1900—1977　小説家〕
　○年譜　「稲垣足穂全集　13　タルホ拾遺」（萩原幸子）　筑摩書房　2001.10　p475-485

稲垣 稔次郎　いながき・としじろう〔1902—1963　染織家〕
　○略年譜　「そめとおり　648」（染織新報社）　2005.1　p30-34

稲川 方人　いながわ・まさと〔1949—　詩人・編集者〕
　◎詩集書誌ほか　「稲川方人全詩集　1967-2001」（稲川方人）　思潮社　2002.4　p526-535
　◎参考資料（大沢正善）　「展望現代の詩歌　5　詩V」（飛高隆夫ほか）　明治書院　2007.12　p164」

稲田 実次　いなだ・じつじ〔1931—　貿易論〕
　○研究業績ほか　「修道商学　44.2.89」（広島修道大）　2004.2　5pb

稲田 俊志　いなだ・としゆき〔1925—　美術〕
　○研究業績ほか　「経営情報学部論集　13.2」（浜松大）　2000.12　p397-406

稲葉 一郎　いなば・いちろう
　○業績ほか　「関西学院史学　32」（関西学院大）　2005.3　5pf

稲葉 岩吉　いなば・いわきち〔1876—1940　東洋史学者〕
　◎著作目録（寺内威太郎）　「植民地主義と歴史学—そのまなざしが残したもの」（寺内威太郎ほか）　刀水書房　2004.3　p62-70

稲葉 京子　いなば・きょうこ〔1933—　歌人〕
　○年譜ほか　「短歌　53.10」（角川学芸出版）　2006.9　p52-57

稲葉 君山　いなば・くんざん
　○著作目録　「韓国言語文化研究　9」（九州大）　2005.6　p3-16

稲葉 正則　いなば・まさのり
　◎参考文献　「稲葉正則とその時代—江戸社会の形成」（下重清）　夢工房　2002.5　p162-163

稲葉家　いなばけ
　◎参考文献　「ある家族と村の近代」（木村千惠子）　日本経済評論社　2006.3　p282-286

稲畑 汀子　いなはた・ていこ〔1931—　俳人〕
　◎年譜　「TEIKO—俳人稲畑汀子の四季紀行　蛭田有一フォト・インタビュー集」　求龍堂　2003.11　2pb

稲別 正晴　いなべつ・まさはる〔1935—　企業経営学〕
　○著作目録　「桃山学院大学経済経営論集　46.3」（桃山学院大）　2004.12　p365-368

稲村 勲　いなむら・いさお〔1938—　経済学〕
　○著作目録ほか　「札幌学院商経論集　24.2」（札幌学院大）　2007.11　p165-166

稲元 萠　いなもと・めぐむ
　○著作目録ほか　「福岡大学人文論叢　33.4」（福岡大）　2002.3　10pb

稲本 洋之助　いなもと・ようのすけ
　◎著作目録　「都市と土地利用—稲本洋之助先生古稀記念論文集」（古稀記念論文集刊行委員会）　日本評論社　2006.4　p569-583

乾 昭三　いぬい・しょうぞう〔1928—2003　民法〕
　○業績ほか　「立命館法学　2003.6号　292」（立命館大）　2004.3　p525-534

犬養 廉　いぬかい・きよし〔1922—2005　国文〕
　○著作一覧　「平安和歌と日記」（犬養廉）　笠間書院　2004.9　p527-533

犬養 毅　いぬかい・つよし〔1855—1932　政治家〕
　○略年譜　「犬養毅—その魅力と実像」（時任英人）　山陽新聞社　2002.5　p225-227

犬飼 徹夫　いぬかい・てつお
　◎著作目録ほか　「四国とその周辺の考古学—犬飼徹夫古稀記念論文集」（古稀記念論文集刊行会）　古稀記念論文集刊行会　2002.12　p662-664

犬養 木堂　いぬかい・ぼくどう
　⇒犬養　毅（いぬかい・つよし）を見よ

犬木 瑛子　いぬき・えいこ
　○略歴　「関東学院大学人間環境学会紀要　7」（関東学院大）　2007.3　p107-110

犬塚 堯　いぬづか・ぎょう〔1924—1999　詩人〕
　◎年譜　「犬塚堯全詩集」（犬塚堯）　思潮社　2007.4　p643-658

犬塚 昭治　いぬづか・しょうじ〔1932—　農業経済学〕
　○業績ほか　「名城論叢　5.4」（名城大）　2005.3　p1-13f

犬塚 伝也　いぬづか・でんや
　○業績ほか　「生活社会科学研究　8」（お茶の水女子大）　2001.1　p1-3

稲永 明久　いねなが・あきひさ〔1941—　経営工学〕
　○業績ほか　「長崎県立大学論集　40.4」（長崎県立大）　2007.3　14pf

井野 碩哉　いの・ひろや〔1891—1980〕
　◎年譜　「藻汐草—井野碩哉自叙伝　伝記・井野碩哉」（井野碩哉）　大空社（伝記叢書 348）　2000.12　p285-290

井 真成　いの・まなり
　◎参考文献　「遣唐使・井真成の墓誌—いのまなり市民シンポジウムの記録」（藤田友治）　ミネルヴァ書房　2006.9　p208-209

伊能 嘉矩　いのう・かのり〔1867—1925　人類学者・台湾研究家〕
　◎参考文献　「明治の冒険科学者たち—新天地・台湾にかけた夢」（柳本通彦）　新潮社　2005.3　p207-211

伊能 忠敬　いのう・ただたか〔1745—1818　地理・測量〕
　○記事抄録（小野寺千春）　「文献探索 2000」（文献探索研究会）　2001.2　p156-160
　◎参考資料　「伊能測量隊、東日本をゆく」（渡部健三）　無明舎出版　2001.3　p376-378
　◎「伊能忠敬関係文献目録—未定稿」（高木崇世芝）〔高木崇世芝〕　2002.1　59p　A4
　◎略年譜　「伊能忠敬」（今野武雄）　社会思想社　2002.4　p228-232
　◎基本資料　「伊能忠敬測量隊」（渡辺一郎）　小学館　2003.8　p294-295
　◎年譜　「四千万歩の男忠敬の生き方」（井上ひさし）　講談社　2003.12　p271-278

稲生 典太郎　いのう・てんたろう〔1915—2003　日本近代史〕
　◎年譜ほか　「白門考古論叢—稲生典太郎先生追悼考古学論集」（稲生典太郎先生追悼考古学論集刊行会）　中央考古会　2004.11　p4-10

井上 円了　いのうえ・えんりょう〔1858—1919　仏教哲学〕
　◎著書論文目録ほか　「妖怪学全集　6」（井上円了）　柏書房　2001.6　p495-688
　○著述目録ほか（三浦節夫）　「井上円了センター年報　13」（東洋大）　2004　p71-106

井上 馨　いのうえ・かおる〔1835—1915　政治家〕
　◎参考文献　「密航留学生たちの明治維新—井上馨と幕末藩士」（犬塚孝明）　NHK出版（NHKブックス）　2001.8　p261-264

井上 和衛　いのうえ・かずえ〔1932—　農業経済〕
　◎経歴ほか　「高度成長期以後の日本農業・農村　井上和衛著作集　下」（井上和衛）　筑波書房　2003.5　p323-335

井上 和子　いのうえ・かずこ〔1919—　言語学〕
　○主要著作目録　「言語科学研究　7」（神田外語大）　2001.3　p104-112
　○文献目録ほか　「神田外語大学紀要　14」（神田外語大）　2002.3　p7-12f

井上 一馬　いのうえ・かずま〔1956—　翻訳家〕
　◎著作リスト　「英語のできる子供を育てる」（井上一馬）　PHP研究所　2002.3　p178-180

井上 勝也　いのうえ・かつや〔1936—　教育史〕
　○略歴ほか　「教育文化　13」（同志社大）　2004.3　p2-17

井上 清　いのうえ・きよし〔1913—2001　歴史家〕
　◎年譜（松尾尊兊）　「井上清史論集　4　天皇の戦争責任」（井上清）　岩波書店　2004.2　p319-324

井上 清実　いのうえ・きよみ〔1932—　金融論〕
　○業績一覧ほか　「龍谷大学経営学論集 41.2」（龍谷大）　2001.8　p115-117

井上 健　いのうえ・けん〔1948—2003　植物学〕
　○業績一覧ほか　「植物研究雑誌 79.1」（津村研究所）　2004.2　p73-77
　○業績一覧ほか（加藤雅啓）　「分類　4.1」（日本植物分類学会）　2004.2　p3-6

井上 毅　いのうえ・こわし〔1843—1895　官僚・政治家〕
　◎注　「井上毅のドイツ化構想」（森川潤）　雄松堂出版　2003.1　prr

井上 修一　いのうえ・しゅういち〔1940—　ドイツ文学者〕
　○業績一覧ほか（井上修一）　「Rhodus 20」（筑波ドイツ文学会）　2004　p1-10

井上 俊　いのうえ・しゅん〔1938—　社会学〕
　○著作目録ほか　「京都社会学年報　9」（京都大）　2001.12　p1-17b

井上 井月　いのうえ・せいげつ〔1822—1887　俳人〕
　◎参考文献　「井上井月伝説」（江宮隆之）　河出書房新社　2001.8　1pb
　◎年譜　「新編井月俳句総覧—漂泊人の再現」（井月）　日本文学館　2004.1　p13-315

井上 青龍　いのうえ・せいりゅう〔1931—1988　写真家〕
　◎参考文献　「写真家井上青龍回顧展—眼差しの軌跡1931-1988」（尼崎市総合文化センター）　尼崎市総合文化センター　2005.8　p110-111

井上 多喜三郎　いのうえ・たきさぶろう〔1902—1966　詩人〕
　○書目稿（外村彰）　「滋賀大国文　40」（滋賀大）　2002.9　p45-56
　◎略年譜ほか　「近江の詩人井上多喜三郎」（外村彰）　サンライズ出版　2002.12　p182-199
　◎書誌（外村彰）　「文献探索 2003」（文献探索研究会）　2003.12　p283-287
　◎年譜（外村彰）　「井上多喜三郎全集」　井上多喜三郎全集刊行会　2004.10　p532-543

井上 赳　いのうえ・たけし〔1889—1965〕
　◎年譜　「サクラ読本の父井上赳」（藤富康子）　勉誠出版　2004.7　p258-261
　◎参考資料　「サイタサイタサクラガサイタ—小学国語読本の編纂者井上赳評伝」（藤富康子）　朝文社　2007.2　p319-321

井上 長三郎　いのうえ・ちょうざぶろう〔1906―1995　洋画家〕
　◎文献目録　「井上長三郎展―独創諧謔の画家」（神奈川県立近代美術館ほか）　神奈川県立近代美術館　2003.2　p146-155

井上 哲次郎　いのうえ・てつじろう〔1855―1944　哲学者・詩人〕
　◎年譜　「井上哲次郎集 8　懐旧録・井上哲次郎自伝」（井上哲次郎）　クレス出版　2003.3　p71-83

井上 伝蔵　いのうえ・でんぞう〔1854―1918　自由民権運動家〕
　◎年譜　「井上伝蔵とその時代」（中嶋幸三）　埼玉新聞社　2004.4　p319-336

井上 敏明　いのうえ・としあき〔1935―　臨床心理家・教育カウンセラー〕
　◎著作一覧　「心の解読とカウンセリング　見方で運命が変わる」（井上敏明）　富士書房　2003.1　p240-242

井上 延茂　いのうえ・のぶしげ
　◎「井上延茂関係資料目録」（同志社大学人文科学研究所）　同志社大　2006.6　17p　A4

井上 治典　いのうえ・はるのり〔1941―2005　民事訴訟法・裁判論〕
　○業績目録　「立教法学 70」（立教法学会）　2006　p7-32f

井上 久子　いのうえ・ひさこ〔1934―　社会保障・社会思想史〕
　○研究業績ほか　「追手門経済論集 38.2」（追手門学院大）　2003.12　p3-10f

井上 ひさし　いのうえ・ひさし〔1934―　小説家・劇作家〕
　◎略年譜（渡辺昭夫）「井上ひさし伝」（桐原良夫）　白水社　2001.6　p345-350
　◎初出・収録書籍一覧　「井上ひさしコレクション　人間の巻」（井上ひさし）　岩波書店　2005.5　p1-4b

井上 宏　いのうえ・ひろし〔1933―　経営学〕
　○業績一覧ほか　「龍谷大学経営学論集 42.1」（龍谷大）　2002.6　p238-245
　○略歴　「情報研究 20」（関西大）　2004.3　p41-50

井上 博嗣　いのうえ・ひろつぐ〔1934―　国語学〕
　○著作目録ほか　「人間文化研究 15」（京都学園大）　2005.3　p7-12

井上 文雄　いのうえ・ふみお
　○年譜稿（鈴木亮）　「成蹊国文 39」（成蹊大）　2006.3　p98-110

井上 雅彦　いのうえ・まさひこ〔1960―　小説家〕
　◎40冊総目録　「異形コレクション讀本」（井上雅彦）　光文社　2007.2　p445-465

井上 光貞　いのうえ・みつさだ〔1917―1983　歴史家〕
　◎年譜　「井上光貞―わたくしの古代史学」（井上光貞）　日本図書センター　2004.12　p305-312

井上 光晴　いのうえ・みつはる〔1926―1992　小説家・詩人〕
　○研究書誌集成（柿谷浩一）　「文献探索 2003」（文献探索研究会）　2003.12　p110-119

井上 靖　いのうえ・やすし〔1907―1991　小説家・詩人〕
　◎年譜ほか　「井上靖抄」（森井道男）　能登印刷出版部　2001.3　p95-109
　◎年譜ほか（曽根博義）　「異域の人・幽鬼―井上靖歴史小説集」（井上靖）　講談社　2004.2　p248-270
　◎参考文献　「井上靖青春記」（佐藤英夫）　英文堂書店　2004.5　p291-294
　◎年譜　「井上靖―わが一期一会」（井上靖）　日本図書センター　2004.9　p285-298
　○全集未収録作品（曽根博義）　「井上靖研究 5」（井上靖研究会）　2006.7　p70-71
　○略年譜　「別冊太陽 147」（平凡社）　2007.5　p153-156
　◎年譜ほか　「井上靖―人と文学」（田村嘉勝）　勉誠出版　2007.6　p221-245

井上 康文　いのうえ・やすぶみ〔1897―1973　詩人〕
　◎年譜ほか　「風車―井上康男詩集　息子にしか書けない詩人・井上康文」（井上康男）〔井上康男〕　2004.10　p181-188

井上 有一　いのうえ・ゆういち〔1916―1985　書家〕
　◎略年譜　「新編日々の絶筆」（井上有一）　平凡社（平凡社ライブラリー）　2001.6　p263-268
　◎参考文献　「井上有一―書は万人の芸術である」（海上雅臣）　ミネルヴァ書房　2005.2　p295-299

井上 祐司　いのうえ・ゆうじ〔1924―　刑法〕
　○略歴ほか　「名経法学 13」（名古屋経済大）　2003.2　p208-210

井上 裕　いのうえ・ゆたか
　○履歴ほか　「専修経営学論集 78」（専修大）　2004.3　p259-266

井上 良雄　いのうえ・よしお〔1907―2003　文芸評論家・キリスト教神学〕
　◎著作目録（戒能信生）　「井上良雄研究」（雨宮栄一）　新教出版社　2006.6　p2-44b

井上 亮　いのうえ・りょう〔1947―2002　心理学〕
　○業績一覧　「心理療法とシャーマニズム」（井上亮）　創元社　2006.10　p332-335

井上 良二　いのうえ・りょうじ〔1939―　財務会計〕
　○業績目録ほか　「龍谷大学経営学論集 45.3」（龍谷大）　2005.12　p262-272
　○業績一覧ほか　「会計プロフェッション 3」（青山学院大）　2007　p159-162

井上 亮淳　いのうえ・りょうじゅん
　○研究業績ほか　「密教学 37」（種智院密教学会）　2001　p23-28

稲生 幹雄　いのお・みきお〔1933―　英文学〕
　○業績ほか　「愛知淑徳大学論集　文化創造学部篇 5」（愛知淑徳大）　2005　p3-4f

井之川 巨　いのかわ・きょ〔1933―　詩人〕
◎年譜　「井之川巨詩集」（井之川巨）　土曜美術社出版販売　2003.4　p151-159
◎年譜　「詩があった!―五〇年代の戦後文化運動から不戦六十年の夜まで」（井之川巨）　一葉社　2005.8　p393-398

井口 昌平　いのくち・しょうへい〔1917―2004　水工学・河川工学〕
○著作目録ほか（井口昌平）　「にほんのかわ　106」（日本河川開発調査会）　2004.7　p11-19

猪熊 弦一郎　いのくま・げんいちろう〔1902―1993　洋画家〕
◎文献一覧　「猪熊弦一郎回顧展―生誕100周年記念」（丸亀市猪熊弦一郎現代美術館ほか）　丸亀市猪熊弦一郎現代美術館　〔2003〕　p112-126

猪熊 葉子　いのくま・ようこ〔1928―　翻訳家・児童文学者〕
◎翻訳・著作　「児童文学最終講義」（猪熊葉子）　すえもりブックス　2001.10　p1-10b

猪本 隆　いのもと・たかし〔1934―　作曲家〕
◎年譜　「いつも魂の歌を―猪本隆遺稿集」（津上智実）　音楽之友社　2001.9　p1-6b

伊波 敏男　いは・としお〔1943―　〕
◎参考文献　「花に逢はん　改訂新版」（伊波敏男）　人文書館　2007.9　p336-339

伊波 南哲　いば・なんてつ〔1902―1976　詩人・小説家〕
◎参考文献　「情熱の祝祭―愛郷詩人・伊波南哲」（江波洸）　琉球新報社　2005.8　p232-233

伊波 普猷　いは・ふゆう〔1876―1947　民俗・言語〕
◎引用文献　「伊波普猷―国家を超えた思想」（西銘圭蔵）　ウインかもがわ　2005.1　p53-55

井原 西鶴　いはら・さいかく〔1642―1693　浮世草子作者〕
○著述目録　「駒沢国文　38」（駒沢大）　2001.2　p5-16
◎参考文献　「西鶴と元禄時代」（松本四郎）　新日本出版社（新日本新書）　2001.3　p195-198
◎分類略年譜　「西鶴全作品エッセンス集成」（浮橋康彦）　和泉書院　2002.8　p305-306
◎参考文献　「西鶴矢数俳諧の世界」（大野鵠士）　和泉書院　2003.4　p185-191
◎注　「西鶴論」（矢野公和）　若草書房　2003.9　prr
◎文献　「『好色一代女』の面白さ・可笑しさ」（谷脇理史）　清文堂出版　2003.10　p286-288
◎年譜　「西鶴をよむ」（長谷川強）　笠間書院　2003.12　p227-231
◎略年譜　「西鶴が語る江戸のミステリー―西鶴怪談奇談集」（西鶴研究会ほか）　ぺりかん社　2004.4　p240-246
○文献目録　「浮世草子研究　創刊準備号」（浮世草子研究会）　2004.11　p256-177
◎参考文献　「西鶴研究　小説篇」（江本裕）　新典社　2005.7　p313-328
◎参考文献　「西鶴流の経済と処世術」（寺坂邦雄）　高文堂出版社　2005.9　p151-152
○研究史（宮澤照恵）　「西鶴と浮世草子研究　1」（笠間書院）　2006.6　p184-187
○研究史（広嶋進）　「西鶴と浮世草子研究　1」（笠間書院）　2006.6　p188-191
○研究史（藤江峰夫）　「西鶴と浮世草子研究　1」（笠間書院）　2006.6　p192-196
○研究史（有働裕）　「西鶴と浮世草子研究　1」（笠間書院）　2006.6　p180-183
○文献目録（倉員正江）　「西鶴と浮世草子研究　1」（笠間書院）　2006.6　p231-238
◎略年譜　「西鶴が語る江戸のラブストーリー―恋愛奇談集」（西鶴研究会）　ぺりかん社　2006.9　p234-242
◎略年譜（大木京子ほか）　「西鶴名残の友　翻刻」（井原西鶴）　おうふう　2007.2　p149-152
○文献表ほか（倉員正江ほか）　「西鶴と浮世草子研究　2」（笠間書院）　2007.6　p234-280

井原 健雄　いはら・たけお〔1940―　経済政策〕
○著作目録　「香川大学経済論叢　76.3」（香川大）　2003.12　p401-419

井原 正純　いはら・まさずみ
○業績一覧　「教育学論叢　18」（国士舘大）　2000.12　p12-15

茨木 のり子　いばらぎ・のりこ〔1926―　詩人〕
◎著作目録　「茨木のり子集―言の葉　1」（茨木のり子）　筑摩書房　2002.8　p329」
◎著作目録　「韓国現代詩選　新装版」（茨木のり子）　花神社　2004.9　p202-203
◎年譜ほか　「見えない配達夫」（茨木のり子）　日本図書センター　2006.3　p129-136
◎著作目録　「歳月」（茨木のり子）　花神社　2007.2　p134-135
◎参考資料（山本康治）　「展望現代の詩歌　4　詩Ⅳ」（飛高隆夫ほか）　明治書院　2007.8　p97-98

茨木 雅子　いばらぎ・まさこ〔1938―　古生物学〕
○略歴ほか（増田俊明）　「静岡大学地球科学研究報告　31」（静岡大）　2004.7　p13-23f

井深 大　いぶか・まさる〔1908―1997　実業家〕
◎参考引用文献　「ソニーを創った男―井深大」（小林峻一）　ワック　2002.9　p318-323

井深 八重　いぶか・やえ〔1897―1989　看護婦〕
◎ブックリスト　「人間の碑―井深八重への誘い」（「人間の碑」刊行会）　井深八重顕彰記念会　2002.12　p187-196
◎文献年表　「人間の碑　井深八重への誘い」（牧野登）　井深八重顕彰記念会　2003.2　p174-199

伊吹山 徳司　いぶきやま・とくじ
◎参考文献　「魔都の港」（伊吹山四郎）　文芸社　2006.5　p301-307

伊福部 昭　いふくべ・あきら〔1914―2006　作曲家〕
　◎作品リスト　「日本映画音楽の巨星たち　2　伊福部昭芥川也寸志黛敏郎」（小林淳）　ワイズ出版　2001.5　p1-23b
　◎時と人　「伊福部昭・タプカーラの彼方へ」（木部与巴仁）　ボイジャー　2002.4　p328-332
　◎年譜　「伊福部昭・音楽家の誕生　タプカーラの彼方へ」（木部与巴仁）　本の風景社　2004.5　p476-482
　◎作品リスト　「伊福部昭音楽と映像の交響　上」（小林淳）　ワイズ出版　2004.10　p325-352
井伏 鱒二　いぶせ・ますじ〔1898―1993　小説家〕
　◎略年譜　「井伏鱒二―人と文学　日本の作家100人」（松本武夫）　勉誠出版　2003.8　p199-222
　◎年譜　「井伏鱒二論全集成」（松本鶴雄）　沖積舎　2004.2　p824-830
　◎書誌概要（東郷克美）　「井伏鱒二全詩集」（井伏鱒二）　岩波書店　2004.7　p179-185
　○著作調査ノート（前田貞昭）　「近代文学雑誌16」（兵庫教育大）　2005.1　p3-20
　◎作品索引　「無頼派の戦中と戦後―太宰治・田中英光・伊藤整・坂口安吾　近代文学の作家と作品」（磯佳和）　磯佳和　2005.5　p1-33b
　◎略年譜　「井伏鱒二の魅力」（萩原得可）　草場書房　2005.7　p177-203
　◎参考文献ほか　「厄除け詩集」（井伏鱒二）　日本図書センター　2006.3　p112-120
　◎作品（前田貞昭）　「井伏鱒二と中・四国路」（ふくやま文学館）　ふくやま文学館　2006.10　p37-55
伊部 哲　いべ・てつ
　○業績ほか　「専修人文論集　74」（専修大）　2004.3　6pf
伊部 正之　いべ・まさゆき〔1942―　社会政策労働経済論〕
　○業績一覧ほか　「商学論集　75.3」（福島大）　2007.3　p137-142
今井 勝郎　いまい・かつろう〔1934―　経済政策・国際経済論〕
　○年譜ほか（今井勝郎）　「帝京経済学研究　39.1」（帝京大）　2005.12　p3-6
今井 清　いまい・きよし〔1924―1999　バーテンダー〕
　◎年譜　「日本マティーニ伝説　トップ・バーテンダー今井清の技」（枝川公一）　小学館　2001.3　p226-229
今井 邦子　いまい・くにこ〔1890―1948　歌人〕
　◎略年譜（長谷川節子）　「幻の《今井邦子像》の真実」（長谷川創一）　水声社　2005.4　p345-352
今井 けい　いまい・けい〔1934―　イギリス女性労働史・女性労働問題〕
　○業績目録　「経論論集　84」（大東文化大）　2005.3　p289-293
今井 駿　いまい・しゅん〔1942―　東洋史〕
　○業績　「人文論集　57.2」（静岡大）　2007.1　p1-5b

今井 武夫　いまい・たけお〔1898―1982　陸軍中将〕
　◎参考文献　「幻の日中和平工作―軍人今井武夫の生涯」（今井貞夫）　中央公論事業出版　2007.11　p351-361
今井 俊満　いまい・としみつ〔1928―2002　画家〕
　◎略年譜　「今井俊満の真実」　芸術出版社　2003.11　p199-204
今井 宏　いまい・ひろし〔1924―　法学・弁護士〕
　○著作目録ほか　「姫路法学　31・32」（姫路法学会）　2001.3　p363-381
今石 元久　いまいし・もとひさ〔1940―　方言学〕
　○業績ほか　「県立広島大学人間文化学部紀要　1」（県立広島大）　2006　p1-6
今泉 吉晴　いまいずみ・よしはる〔1940―　動物学〕
　○業績ほか　「地域社会研究　16」（都留文科大）　2006.3　p14-16
今尾 哲也　いまお・てつや〔1931―　演劇学〕
　○略歴ほか（児玉龍一）　「武蔵野日本文学　10」（武蔵野女子大）　2001.3　p82-85
今川 健　いまがわ・たけし〔1936―　計量経済学〕
　○著作目録ほか　「経済学論纂　46.1・2」（中央大）　2006.3　p421-427
今川 義元　いまがわ・よしもと〔1519―1560　戦国大名〕
　◎参考文献　「今川義元―自分の力量を以て国の法度を申付く」（小和田哲男）　ミネルヴァ書房　2004.9　p269-273
今川氏　いまがわし
　◎註　「戦国大名今川氏と領国支配」（久保田昌希）　吉川弘文館　2005.2　prr
今田 正　いまだ・ただし〔1941―　財務・会計〕
　○著作目録ほか　「経営と経済　86.3」（長崎大）　2006.12　p245-249
今鷹 眞　いまたか・まこと
　○業績　「金城学院大学論集　197」（金城学院大）　2001　p3-6
今竹 七郎　いまたけ・しちろう〔1905―2000　グラフィックデザイナー・画家〕
　◎参考文献（下村朝香）　「生誕100年今竹七郎大百科展―モダンデザインのパイオニア制作からコレクションまで大公開!」（今竹七郎）　西宮市大谷記念美術館　2005.10　p93-104
今谷 明　いまたに・あきら〔1942―　歴史研究家〕
　○略歴ほか　「横浜市立大学論叢　56」（横浜市立大）　2005.3　p1-3
今出 孝運　いまで・こううん
　◎参考文献　「このはずくの旅路―ある開拓僧の生涯」（大森光章）　作品社　2005.8　p346-348
今永 巌　いまなが・いわお
　○略歴　「桜文論叢　64」（日本大）　2005.12　p5-9

今中 利昭　いまなか・としあき〔1935―　民事法〕
　◎著作目録ほか　「最新倒産法・会社法をめぐる実務上の諸問題―今中利昭先生古稀記念」（田邊光政）　民事法研究会　2005.6　p1033-1066

今西 錦司　いまにし・きんじ〔1902―1992　生態・人類〕
　◎略年譜　「京都哲学撰書　第19巻　行為的直観の生態学」（中村桂子）　灯影舎　2002.2　p444-447
　◎年譜（斎藤清明）　「今西錦司―生物の世界ほか」（今西錦司）　中央公論新社　2002.6　p315-325
　◎参考資料　「今西錦司―そのパイオニア・ワークにせまる」（京都大学総合博物館）　紀伊国屋書店　2002.12　p316-317

今西 浩子　いまにし・ひろこ〔1939―　国語学〕
　○著書論文　「横浜市立大学論叢　55　人文科学系列　1」（横浜市立大）　2004.3　p3-5

今橋 盛勝　いまはし・もりかつ〔1941―　教育法・行政法〕
　○略歴　「筑波法政　38」（筑波大）　2005.3　p7-10

今光 廣一　いまみつ・ひろかず
　○著作目録ほか　「愛知学院大学論叢商学研究　45.3」（愛知学院大）　2005.3　p512-521

今村 昌平　いまむら・しょうへい〔1926―2006　映画監督〕
　◎年譜ほか　「撮る―カンヌからヤミ市へ」（今村昌平）　工作舎　2001.10　p193-213
　◎略年譜・文献　「今村昌平を読む　母性とカオスの美学」（清水正）　鳥影社　2001.11　p525-556

今村 泰二　いまむら・たいじ〔1913―2004　動物系統分類学〕
　○業績ほか　「日本ダニ学会誌　14.1」（日本ダニ学会）　2005.5　p51-56

今村 奈良臣　いまむら・ならおみ〔1934―　農業経済学〕
　◎業績目録　「今村奈良臣著作選集　下　農政改革と補助金」（今村奈良臣）　農文協　2003.10　p408-432

今村 源　いまむら・はじめ〔1957―　オブジェ作家〕
　○参考文献　「今村源―1981-2006」（今村源）　ノマルエディション　2006.9　p123-133

今村 秀樹　いまむら・ひでき
　○業績ほか　「商大論集　59.1」（神戸商科大）　2007.8　p171-173

今村 均　いまむら・ひとし〔1886―1968　陸軍軍人〕
　○文献　「責任ラバウルの将軍今村均」（角田房子）　筑摩書房　2006.2　p541-543

今村 宏　いまむら・ひろし〔1932―　金融〕
　○著作目録ほか　「経済学論叢　54.3」（熊本学園大）　2003.3　p213-216

今村 幸生　いまむら・ゆきお〔1932―　経済学〕
　○業績目録　「金城学院大学論集　家政学編　40」（金城学院大）　2000　p23-26

井村 順一　いむら・じゅんいち〔1933―　フランス文学・フランス語学〕
　○主要著作ほか　「フランス文化研究　35」（獨協大）　2004　p119-120

井村 勤　いむら・つとむ
　○主要業績　「三重法経　122」（三重短大）　2003.12　2pf

井村 哲夫　いむら・てつお〔1930―　上代文学〕
　○略履歴　「無差　10」（京都外国語大）　2003.3　p5-8

伊豫 軍記　いよ・ぐんき
　○業績ほか　「食品経済研究　33」（日本大）　2005.3　p247-256

伊良子 清白　いらこ・せいはく〔1877―1946　詩人・医師〕
　◎年譜ほか（平出隆）　「伊良子清白全集　2」　岩波書店　2003.6　p690-745

入江 建次　いりえ・けんじ〔1945―2004　学校臨床心理学〕
　○業績ほか　「福岡教育大学心理教育相談研究　9」（福岡教育大）　2005　p1-3

西表 正治　いりおもて・せいじ
　◎年譜　「楽園をつくった男―沖縄・由布島に生きて　改定版」（森本和子）　アースメディア　2002.10　p164-165

入沢 康夫　いりさわ・やすお〔1931―　詩人・仏文〕
　◎詩集一覧　「アルボラーダ」（入沢康夫）　書肆山田　2005.8　2pb
　◎参考資料（松元季久代）　「展望現代の詩歌　3　詩III」（飛高隆夫ほか）　明治書院　2007.5　p316-318

入谷 仙介　いりたに・せんすけ〔1933―2003　中国文学〕
　◎著作目録ほか　「人生に素風有り―入谷仙介先生追悼文集」（興膳宏ほか）　追悼文集編集委員会　2005.2　p7-35

入野田 真右　いりのだ・まさあき〔1932―　ドイツ語〕
　○略年譜　「ドイツ文化　58」（中央大）　2003.3　p1-4

入船亭 扇橋(9代目)　いりふねてい・せんきょう〔1931―　落語家〕
　◎年譜（長井好弘）　「噺家渡世―扇橋百景」（入船亭扇橋）　うなぎ書房　2007.7　p214-218

色川 武大　いろかわ・たけひろ〔1929―1989　小説家〕
　◎年譜著書目録（編集部）　「生家へ」（色川武大）　講談社　2001.5　p287-297
　◎年譜ほか　「狂人日記」（色川武大）　講談社　2004.9　p301-311
　◎年譜　「映画放浪記―大人の映画館」（色川武大）　キネマ旬報社　2006.1　p344-349

色川 三中　いろかわ・みなか〔1801—1855　国学・本草〕
　◎「色川三中旧蔵書目録—静嘉堂文庫所蔵」（茨城県立歴史館史料部）　茨城県立歴史館　2006.3　184p　B5

岩井 宏実　いわい・ひろみ〔1932—　民俗学・民具学〕
　◎著作目録ほか　「技と形と心の伝承文化」（岩井宏実）　慶友社　2002.3　p439-465

岩井川 幸生　いわいかわ・ゆきお
　○業績ほか　「琉球大学理学部紀要　80」（琉球大）　2005.9　p1-2f

岩内 亮一　いわうち・りょういち〔1933—2005　社会学・経営史・経営社会学〕
　○業績　「明治大学教養論集　399」（明治大）　2005.9　p5-20f

岩城 淳子　いわき・あつこ〔1935—2000　国際経済論〕
　○研究業績ほか　「桜美林エコノミックス　44」（桜美林大）　2000.12　p4-5

岩城 克明　いわき・かつあき
　○業績ほか　「亜細亜大学経済学紀要　29.3」（亜細亜大）　2005.3　p123-125

岩城 見一　いわき・けんいち〔1944—　美学〕
　○著作目録ほか　「京都美学美術史学　5」（京都美学美術史学研究会）　2006　p119-134

岩城 完之　いわき・さだゆき〔1935—　社会学〕
　○業績リストほか　「関東学院大学文学部紀要　102」（関東学院大）　2004.12　p317-321

岩城 宏之　いわき・ひろゆき〔1932—2006　指揮者・エッセイスト〕
　○著書一覧　「音楽現代　34.6.398」（芸術現代社）　2004.6　p107」

岩倉 具視　いわくら・ともみ〔1825—1883　政治家〕
　◎参考文献　「岩倉具視　幕末維新の個性5」（佐々木克）　吉川弘文館　2006.2　p202-204
　◎参考文献　「岩倉具視—『国家』と『家族』—米欧巡回中の「メモ帳」とその後の家族の歴史」（岩倉具忠）　国際高等研究所　2006.10　p159-161

岩佐 憲一　いわさ・けんいち〔1954—1996　シナリオライター〕
　◎作品一覧　「いつかライオンの夢を—短編ドラマ作法岩佐憲一の仕事」（岩佐憲一）　雲母書房　2006.12　p289-294

岩佐 昌章　いわさ・まさあき
　○業績表　「言語文化論究　20」（九州大）　2005.2　p109-114

岩佐 又兵衛　いわさ・またべえ〔1578—1650　浮世絵師〕
　◎文献ほか　「岩佐又兵衛—伝説の浮世絵開祖」（松尾知子）　千葉市美術館　2004.10　p191-197

岩崎 昶　いわさき・あきら〔1903—1981　映画評論家・プロデューサー〕
　◎「岩崎昶著作目録　3」（長浜二郎）〔長浜二郎〕　2001.5　16p　A4
　◎「岩崎昶著作目録　4」（長浜二郎）〔長浜二郎〕　2002.1　21p　A4

岩崎 恵美子　いわさき・えみこ〔1944—　感染症・耳鼻咽喉科学〕
　◎文献　「検疫官—ウイルスを水際で食い止める女医の物語」（小林照幸）　角川書店　2003.2　p292-293

岩崎 勝海　いわさき・かつみ〔1925—2000　ジャーナリスト〕
　◎著作執筆略年表　「言論に理性を出版に文化を—岩崎勝海の仕事と生き方」（岩崎勝海追悼集刊行委員会）　「岩崎勝海追悼集」刊行委員会　2002.8　p297-306

岩崎 憲次　いわさき・けんじ
　○著作目録ほか　「関西大学法学会誌　51」（関西大）　2006　p49-57

岩崎 攝子　いわさき・せつこ
　○業績一覧ほか　「日本文学会誌　18」（盛岡大）　2006.3　p1-9

岩崎 卓爾　いわさき・たくじ〔1869—1937　気象観測技師・八重山民俗研究家〕
　◎年譜　「ゲッチョ昆虫記—新種はこうして見つけよう」（盛口満）　どうぶつ社　2007.6　p196-211

いわさき ちひろ　〔1918—1974　絵本作家〕
　◎歩みほか　「いわさきちひろ若き日の日記「草穂」」（松本由理子）　講談社　2002.9　p152-153,157
　◎略年譜ほか　「若きちひろへの旅　下」（平山知子）　新日本出版社　2002.11　p177-184
　◎年譜　「ラブレター」（いわさきちひろ）　講談社　2004.10　p246-249
　◎参考文献　「ちひろ—絵に秘められたもの」（松本善明）　新日本出版社　2007.8　p185-187

岩崎 信彦　いわさき・のぶひこ〔1944—　地域社会学・現代社会論〕
　○業績ほか　「社会学雑誌　24」（神戸大）　2007　p9-14

岩崎 正也　いわさき・まさや〔英米文学〕
　○略歴ほか　「長野大学紀要　24.1」（長野大）　2002.6　p6-7

岩崎 弥太郎　いわさき・やたろう〔1834—1885　実業家〕
　◎年譜　「岩崎東山先生傳記」（三菱経済研究所）　三菱経済研究所　2004.3　p422-447
　◎略年譜　「静嘉堂茶道具名品選」（静嘉堂文庫美術館）　静嘉堂文庫美術館　2004.10　p220-227

岩崎 彌之助　いわさき・やのすけ
　◎略年譜　「静嘉堂茶道具名品選」（静嘉堂文庫美術館）　静嘉堂文庫美術館　2004.10　p220-227

岩沢 孝雄　いわさわ・たかお〔1938―　流通経済論・マーケティング〕
　○研究業績ほか　「経済系　215」（関東学院大）　2003.4　p113-119

岩下 俊作　いわした・しゅんさく〔1906―1980　小説家〕
　◎参考文献　「無法松の影」（大月隆寛）　文藝春秋　2003.8　p349-354

岩下 正弘　いわした・まさひろ〔1932―　商学〕
　○著作目録ほか　「同志社商学　54.5・6」（同志社大）　2003.3　p429-437

岩瀬 悉有　いわせ・しつう〔1935―　英文学〕
　○業績目録ほか　「関西学院大学英米文学　47.1・2」（関西学院大）　2003.3　p1-7f

岩瀬 忠震　いわせ・ただなり〔1818―1861　幕臣〕
　◎年譜　「岩瀬忠震書簡注解―橋本左内宛」（岩瀬忠震書簡研究会）　忠震会　2004.6　p10-20

岩瀬 充自　いわせ・みつじ〔1947―2002　社会哲学〕
　○略歴ほか　「三重法経　120」（三重短大）　2002.12　3pf

岩田 克夫　いわた・かつお〔1920―　老人福祉〕
　◎著作目録　「岩田克夫の老人福祉論―歴史に学び今日を考え明日を思う」（岩田克夫）　新元社　2006.5　p330-334

岩田 作兵衛　いわた・さくべえ
　◎文献　「中央線誕生―甲武鉄道の開業に賭けた挑戦者たち」（中村建治）　本の風景社　2003.8　p211-215

岩田 専太郎　いわた・せんたろう〔1901―1974　挿絵画家〕
　◎参考文献　「岩田専太郎―挿絵画壇の鬼才」（松本品子ほか）　河出書房新社　2006.1　p126-116

岩田 正　いわた・ただし〔1924―　歌人・評論家〕
　○年譜ほか　「短歌　53.5」（角川学芸出版）　2006.4　p52-57

岩田 藤七　いわた・とうしち〔1893―1980　ガラス工芸家〕
　◎略年譜ほか　「岩田藤七　ガラス幻想・縄文的モダニスト」（水田順子）　北海道新聞社　2001.4　p155-182

岩田 宏　いわた・ひろし〔1932―　詩人・翻訳家〕
　○あしあと（三木昌子）　「文献探索　2004」（文献探索研究会）　2004.4　p528-536
　◎参考資料（安元隆子）　「展望現代の詩歌　4　詩IV」（飛高隆夫ほか）　明治書院　2007.8　p237」

岩田 裕　いわた・ひろし〔1938―　理論経済学・計画経済論〕
　○業績目録ほか　「高知論叢　社会科学　社会科学　73」（高知大）　2002.3　p427-440

岩田 昌征　いわた・まさゆき〔1938―　労働者自主管理論・比較経済システム論〕
　○著作目録　「経済研究　19.3」（千葉大）　2004.12　p774-776

岩田 美津子　いわた・みつこ〔1952―　〕
　◎年譜　「あきらめないでまた明日も―岩田美津子点字つき絵本にかける夢」（越水利江子）　岩崎書店　2004.4　p154-155

岩立 広子　いわたて・ひろこ〔民族染織品収集家〕
　◎参考図書　「インド大地の布―岩立広子コレクション」（岩立広子）　求龍堂　2007.10　p204」

岩垂 邦彦　いわたれ・くにひこ〔?―1941〕
　◎参考資料　「岩垂家・喜田村家文書―明治日本の工学維新を担った兄弟の足跡」（吉岡道子）　創栄出版　2004.5　p196-200

岩邊 晃三　いわなべ・こうぞう
　○業績　「社会科学論集　112」（埼玉大）　2004.5　p1-3f

岩野 茂道　いわの・しげみち〔1931―　国際金融論〕
　○業績ほか　「熊本学園大学経済論集　7.1-4」（熊本学園大）　2001.3　p515-520

岩野 俊逸　いわの・しゅんいち
　◎「故岩野俊逸氏蔵書目録」（長岡市立科学博物館）　長岡市立科学博物館　2007.3　25p　A4

岩野 泡鳴　いわの・ほうめい〔1873―1920　小説家〕
　◎年譜　「明治の文学　24」（北上次郎）　筑摩書房　2001.12　p420-421
　◎年譜　「岩野泡鳴の研究」（大久保典夫）　笠間書院　2002.10　p385-407
　◎年譜ほか（柳沢孝子）　「耽溺・毒薬を飲む女」（岩野泡鳴）　講談社　2003.11　p277-292
　○著書（浅岡邦雄）　「北の文庫　43」（北の文庫の会）　2006.4　p2-3

岩淵 匡　いわぶち・ただす〔1937―　国語学〕
　○業績ほか　「早稲田大学大学院教育学研究科紀要　17」（早稲田大）　2006　p153-156
　○業績ほか　「日本語論叢　特別号」（日本語論叢の会）　2007.3　4pf

岩淵 泰郎　いわぶち・やすお〔1931―2004　情報図書館学〕
　◎「岩淵泰郎先生年譜・著述目録」（岩淵泰郎先生の古稀をお祝いする会）　同会　2001.9　12p　B5
　○著作目録　「資料組織化研究　46」（緑蔭書房）　2002.7　p51-57
　◎著述目録ほか　「白山図書館学研究―岩淵泰郎教授古稀記念論集」（岩淵泰郎教授古稀記念論集刊行委員会）　緑蔭書房　2002.10　p211-215

岩間 一雄　いわま・かずお〔1936―　政治思想史〕
　○業績目録ほか　「法学会雑誌　50.3・4.176」（岡山大）　2001.3　p209-215

岩松 了　いわまつ・りょう〔1952―　劇作家・演出家・俳優〕
　○上演年譜　「悲劇喜劇　53.7」（早川書房）　2002.3　p35-36

岩見 恒典　いわみ・つねのり
　○業績ほか　「アカデミア　自然科学・保健体育編　11」（南山大）　2003.1　2pf

岩本 次郎　いわもと・じろう〔1935ー　日本史・日本文化史〕
　○業績ほか　「帝塚山大学大学院人文科学研究科紀要　7」（帝塚山大）　2006.1　p56-64

岩本 素白　いわもと・そはく〔1883ー1961　国文学者・随筆家〕
　◎略年譜（来嶋靖生）　「東海道品川宿―岩本素白随筆集」（岩本素白）　ウェッジ　2007.12　p224-226

岩本 正次　いわもと・まさつぐ〔1922ー2008　社会福祉学〕
　◎年譜　「意識生活学の提唱―岩本正次の世界」（谷中輝雄）　やどかり出版　2003.6　p351-353

伊和家 小米　いわや・こよね
　◎年譜　「女の見た戦場」（坂田喜代）　あるむ　2002.9　p335-338

尹 敏哲　いん・びんてつ〔1952ー　詩人〕
　◎年譜（尹敏哲）　「〈在日〉文学全集　18」（磯貝治良ほか）　勉誠出版　2006.6　p431-434

犬童 一男　いんどう・かずお〔1933ー　西洋政治史〕
　○業績目録ほか（橋本久）　「大阪経済法科大学経営論集　61」（大阪経済法科大）　2004.9　p5-15

【 う 】

宇井 純　うい・じゅん〔1932ー　衛生工学〕
　◎「宇井純著作目録　復刻」（埼玉大学共生社会研究センター）　すいれん舎　2007.10　60p　B5

植木 枝盛　うえき・えもり〔1857ー1892　思想・政治家〕
　◎「植木枝盛研究資料目録」（外崎光広）　平和資料館・草の家　2001.6　91p　B5
　○文献目録（中村克明）　「関東学院大学文学部紀要　102」（関東学院大）　2004　p273-290
　○文献目録（中村克明）　「関東学院大学文学部紀要　105」（関東学院大）　2005年度　p157-185

植木 哲　うえき・さとし〔1944ー　民法学〕
　○業績目録　「医事法の方法と課題―植木哲先生還暦記念」（古林節男ほか）　信山社出版　2004.6　p723-730

植木 敬夫　うえき・たかお〔?ー2000　弁護士〕
　○著作目録　「植木敬夫遺稿集―権力犯罪に抗して」（植木敬夫，東京合同法律事務所）　日本評論社　2002.11　p352-355

植木 迪子　うえき・みちこ〔1941ー　ドイツ語〕
　○略年譜ほか　「独語独文学研究年報　31」（北海道）　2004　p3-6f

植木 行宣　うえき・ゆきのぶ〔1932ー　日本文化史〕
　○著作目録ほか　「人間文化研究　10」（京都学園大）　2003.3　p23-38

植草 甚一　うえくさ・じんいち〔1908ー1979　映画評論家〕
　◎年譜　「植草甚一コラージュ日記　2」（瀬戸俊一）　平凡社　2003.11　p217-210
　◎年譜　「植草さんについて知っていることを話そう」（高平哲郎）　晶文社　2005.1　p382-396
　○ブックリストほか　「植草甚一スタイル」（コロナ・ブックス編集部）　平凡社　2005.5　p124-126

植草 益　うえくさ・ます〔1937ー　産業組織論・公益事業論〕
　○著作目録ほか　「経済論集　31.2」（東洋大）　2006.3　p279-296

上島 鬼貫　うえしま・おにつら〔1661ー1738　俳人〕
　◎年譜　「上島鬼貫」（坪内稔典）　神戸新聞総合出版センター　2001.5　p194-197

上島 法博　うえしま・のりひろ
　○研究業績ほか　「松阪大学紀要　22.1」（松阪大）　2004　p3-7

植條 則夫　うえじょう・のりお〔1934ー　作家・エッセイスト〕
　○業績ほか　「関西大学社会学部紀要　36.3」（関西大）　2005.3　p220-231
　◎初出一覧　「公共広告の研究」（植條則夫）　日経広告研究所　2005.6　p434-438

上杉 景勝　うえすぎ・かげかつ〔1555ー1623　武将〕
　◎参考文献　「上杉景勝―転換の時代を生き抜いた人生　開館五周年記念特別展」　米沢市上杉博物館　2006.4　p158-159

上杉 景虎　うえすぎ・かげとら〔1553ー1579　武将〕
　◎参考文献　「上杉三郎景虎」（近衛龍春）　角川春樹事務所　2001.4　p474-481

上杉 謙信　うえすぎ・けんしん〔1530ー1578　武将〕
　◎参考文献　「上杉謙信大事典　コンパクト版」（花ケ前盛明）　新人物往来社　2002.4　p229-231
　◎参考文献　「上杉謙信―政虎一世中忘失すべからず候」（矢田俊文）　ミネルヴァ書房　2005.12　p161-165
　◎参考文献　「信玄、謙信、そして伝説の軍師」（NHKほか）　NHK　2007.4　p236-239

上杉 佐一郎　うえすぎ・さいちろう〔1919ー1996　部落解放運動家〕
　◎略年譜　「上杉佐一郎伝」（部落解放同盟中央本部）　解放出版社　2002.5　p373-382

上杉 喬　うえすぎ・たかし〔1939ー　心理学〕
　○業績ほか　「人間科学研究　27」（文教大）　2005.12　p3-6

上杉 千年　うえすぎ・ちとし〔1927ー　歴史教科書研究家〕
　◎著作一覧　「猶太難民と八紘一宇」（上杉千年）　展転社　2002.2　p301-302

上杉 鷹山　うえすぎ・ようざん〔1746ー1822　大名〕
　◎参考文献　「異端の変革者　上杉鷹山」（加来耕三）　集英社　2001.9　p316-317

上杉氏　うえすぎし
◎参考文献　「関東管領、上杉一族」（七宮幸三）新人物往来社　2002.6　p299-301
◎参考文献　「扇谷上杉氏と太田道灌」（黒田基樹）岩田書院　2004.6　p212-216
◎参考文献　「越後上杉一族」（花ケ前盛明）　新人物往来社　2005.9　p252-254

上田 秋成　うえだ・あきなり〔1734—1809　読本作者〕
◎年譜　「雨月物語　新装版」（水野稔）　明治書院（校注古典叢書）　2001.3　p201-210
◎註　「雨月物語の表現」（田中厚一）　和泉書院　2002.12　prr
◎引用文献　「上田秋成文芸の研究」（森田喜郎）　和泉書院　2003.8　p673-682
◎注　「秋成の「古代」」（山下久夫）　森話社　2004.10　prr
◎参考文献　「秋成考」（飯倉洋一）　翰林書房　2005.2　p374-377
◎年譜（鵜月洋）　「雨月物語—現代語訳付き　改訂版」（上田秋成）　角川学芸出版　2006.7　p360-366
◎参考文献　「上田秋成論—国学的想像力の圏域」（内村和至）　ぺりかん社　2007.3　p475-468
◎略年譜　「秋成全歌集とその研究　増訂」（浅野三平）　おうふう　2007.10　p547-579

上田 章　うえだ・あきら〔1926—　〕
◎著作目録　「立法の実務と理論—上田章先生喜寿記念論文集」（中村睦男ほか）　信山社出版　2005.3　p1001-1005

上田 勝美　うえだ・かつみ〔1934—　憲法学〕
○著作目録ほか　「龍谷法学　35.4」（龍谷大）　2003.3　p1017-1025

上田 邦夫　うえだ・くにお
◎業績　「学習者の思考内容に基づいたものづくり学習の構想設計」（上田邦夫）　風間書房　2007.12　p193-199

上田 耕夫　うえだ・こうふ
○年譜ほか（木村重圭）　「塵界　16」（兵庫県立歴史博物館）　2005　p19-40

上田 五千石　うえだ・ごせんごく〔1933—　俳人・国文〕
○年譜（上田日差子）　「上田五千石全句集」　富士見書房　2003.9　p365-385

植田 寿蔵　うえだ・じゅぞう〔1886—1973　美術評論家〕
◎略年譜　「芸術論撰集　京都哲学撰書　14　東西の対話」（植田寿蔵）　灯影舎　2001.4　p400-401

植田 正治　うえだ・しょうじ〔1913—2000　写真家〕
○年譜（金子隆一ほか）　「植田正治写真集—吹き抜ける風」（植田正治）　求龍堂　2006.1　p156-163
○年譜ほか　「植田正治の世界」　平凡社　2007.10　p124-132

上田 征一　うえだ・せいいち
○略歴　「九州国際大学教養研究　7.2・3」（九州国際大）　2001.3　p1-8b

上田 静一　うえだ・せいいち〔1884—?〕
○略年譜（大藪岳史）　「大阪人権博物館紀要　9」（大阪人権博物館）　2006　p63-66

植田 高司　うえだ・たかし
○業績ほか　「久留米大学商学研究　11.4」（久留米大商学会）　2006.3　p14-19

上田 傳明　うえだ・でんめい
○著作目録　「社会と情報　9.2」（椙山女学園大）　2005.1　p90」

上田 博　うえだ・ひろし〔1940—　近代日本文学〕
○著書・論文目録　「立命館文學　592」（立命館大）　2006.2　p297-300

上田 敏　うえだ・びん〔1874—1916　詩人〕
◎翻訳文学年表　「上田敏集　明治翻訳文学全集〔続〕翻訳家編17」（上田敏）　大空社　2003.7　p1-6b
◎年譜ほか　「海潮音」（上田敏）　日本図書センター　2006.3　p199-207

上田 本昌　うえだ・ほんしょう〔1930—　僧侶〕
○研究業績ほか　「身延論叢　5」（身延論叢編集委員会）　2000.3　p23-30
○著述論文目録　「日蓮聖人と法華仏教—上田本昌博士喜寿記念論文集」（上田本昌博士喜寿記念論文集刊行会）　大東出版社　2007.2　p13-21f

植田 政孝　うえだ・まさたか〔1939—　財政学・都市学〕
○著作目録ほか　「季刊経済研究　25.1」（大阪市立大）　2002.6　p233-239

上田 三四二　うえだ・みよじ〔1923—1989　歌人〕
◎年譜ほか（佐藤清文）　「花衣」（上田三四二）　講談社　2004.7　p217-227

上武 健造　うえたけ・けんぞう〔1934—　経営学〕
○略歴ほか　「国士舘大学政経論叢　平成16.4　通巻130」（国士舘大）　2004.12　p5-8f

植竹 晃久　うえたけ・てるひさ〔1939—　経営学総論〕
○研究業績　「三田商学研究　48.1」（慶應義塾大）　2005.4　p309-313

上田氏　うえだし
◎参考引用文献　「武蔵松山城主上田氏—戦国動乱二五〇年の軌跡」（梅沢太久夫）　さきたま出版会　2006.2　p285-292

上野 格　うえの・いたる〔1930—　労働経済〕
○業績　「成城大学経済研究　159」（成城大）　2003.1　p384-374

上野 市三郎　うえの・いちさぶろう
○著作年譜（西田勝）　「植民地文化研究　6」（植民地文化研究会）　2007　p85-83

上野 英信　うえの・えいしん〔1923―1987　ノンフィクション作家〕
　◎著書一覧　「上野英信集」（上野英信）　影書房　2006.2　p242-243

上野 喬　うえの・たかし
　○業績ほか　「経営論集　67」（東洋大）　2006.3　p163-169

上野 田鶴子　うえの・たづこ〔1935―　言語学・日本語学〕
　◎業績　「共生時代を生きる日本語教育―言語学博士上野田鶴子先生古稀記念論集」（古稀記念論集編集委員会）　凡人社　2005.11　p11-21

上野 恒雄　うえの・つねお
　○業績　「食品経済研究　33」（日本大）　2005.3　p244-246

上野 輝孝　うえの・てるたか
　○著作目録ほか　「福岡大学人文論叢　33.4」（福岡大）　2002.3　6pb

上野 俊樹　うえの・としき〔1942―1999　経済学〕
　◎著作目録　「上野俊樹著作集　5　資本の生命力と矛盾　20世紀資本主義をこえて」（金谷義弘ほか）　文理閣　2001.12　p240-248

上野 白浜子　うえの・はくひんし
　◎年譜　「猪苗代兼載伝」（上野白浜子）　上野邦男　2007.5　p113-114

上野 彦馬　うえの・ひこま〔1838―1904　写真家〕
　◎参考文献　「上野彦馬歴史写真集成」（馬場章）　渡辺出版　2006.7　p122-124

上野 久徳　うえの・ひさのり〔1919―2004　弁護士〕
　◎参考文献　「上野久徳伝―陸軍参謀から企業再建弁護士へ」（加藤恭子ノンフィクション・グループ）　三省堂　2007.11　p298-301

上野 正男　うえの・まさお〔1937―　会計学・経営分析〕
　◎著作目録ほか　「和光経済　39.3」（和光大社会経済研究所）　2007.3　p175-187

上橋 菜穂子　うえはし・なおこ〔1962―　児童文学作家〕
　○全著作解題（小澤英実）　「ユリイカ　39.6」（青土社）　2007.6　p226-235

上畑 恵宣　うえはた・しげのぶ〔1932―　公的扶助論・社会福祉行財政論〕
　○業績ほか　「同朋福祉　8.30」（同朋大）　2002.3　p1-5f

植原 悦二郎　うえはら・えつじろう〔1877―1962　政治家〕
　◎著作ほか（高坂邦彦ほか）　「植原悦二郎集」（植原悦二郎）　信山社出版　2005.4　p293-295

上原 輝男　うえはら・てるお〔1927―1996　国語教育・国語学〕
　◎著作目録（佐藤憲明）　「曽我の雨・牛若の衣裳―心意伝承の残像」（上原輝男）　上原多摩　2006.11　p268-270

上原 與盛　うえはら・よせい
　○略歴ほか　「琉球大学理学部紀要　78」（琉球大）　2004.9　p1-2f

植松 健郎　うえまつ・けんろう〔1932―　ドイツ文学〕
　○業績ほか　「独逸文学　47」（関西大）　2003　p4-6

植松 正　うえまつ・ただし〔1941―　歴史学・東洋史〕
　○著作目録ほか　「史窓　64」（京都女子大）　2007.2　p75-81

上村 貞美　うえむら・さだみ〔憲法〕
　○著作目録ほか　「香川法学　26.1・2」（香川大）　2006.9　p1-6b

上村 松園　うえむら・しょうえん〔1875―1949　日本画家〕
　○画業（柏崎美代）　「文献探索　2001」（文献探索研究会）　2002.7　p143-148
　◎参考文献　「上村松園画集」（塩川京子）　光村推古書院　2003.8　p235」

上村 松篁　うえむら・しょうこう〔1902―2001　日本画家〕
　○画業（柏崎美代）　「文献探索　2001」（文献探索研究会）　2002.7　p143-148

植村 清二　うえむら・せいじ〔1901―1987　東洋史〕
　○略年譜ほか　「歴史の教師植村清二」（植村鞆音）　中央公論新社　2007.2　p194-197

植村 鷹千代　うえむら・たかちよ〔1911―1998　美術評論家〕
　◎「植村鷹千代年譜・著作目録」（編集部）　武蔵野美術大学美術資料図書館　2001.3　143p　A5

上村 雄彦　うえむら・たけひこ
　○著作目録　「経済研究　46.2」（大阪府立大）　2001.3　p1-3f

植村 直己　うえむら・なおみ〔1941―1984　登山家・冒険家〕
　◎参考図書　「拝啓植村直己様」（大前孝夫）　神戸新聞総合出版センター（製作・発売）　2003.4　p146-148

上村 政彦　うえむら・まさひこ〔1933―2008　社会保障論〕
　○業績目録ほか　「國學院経済学　52.3・4」（國学院大）　2004.9　p540-535

植村 正久　うえむら・まさひさ〔1857―1925　牧師・神学者〕
　◎略年譜　「植村正久―生涯と思想」（大内三郎）　日本キリスト教団出版局　2002.9　p196-197
　◎文献　「植村正久」（植村正久）　日本キリスト教団出版局　2003.2　p268-269
　◎略年譜　「若き植村正久」（雨宮栄一）　新教出版社　2007.9　p341-344

植村 和堂　うえむら・わどう〔1906—2002　書家〕
　◎年譜・主要著書　「植村和堂氏寄贈品図録」(東京国立博物館)　二玄社　2002.10　p8
　◎略年譜ほか　「和堂遺墨集」　源和書道会　2003.10　p102-106

植屋 春見　うえや・はるみ〔1938—2000　保健体育学〕
　○業績一覧ほか　「文明21　6」(愛知大)　2001.3　p1-3f

上山 春平　うえやま・しゅんぺい〔1921—　哲学〕
　◎主要著訳書　「弁証法の系譜―マルクス主義とプラグマティズム」(上山春平)　こぶし書房　2005.3　p290-293
　◎著作目録　「哲学の旅から」(上山春平)　朝日新聞社　2005.6　p292-293

上山 大峻　うえやま・だいしゅん〔1934—　僧侶〕
　○略歴ほか　「仏教学研究　60・61」(龍谷仏教学会)　2006.3　p3-12f

上山 安敏　うえやま・やすとし〔1925—　西洋法制史〕
　◎「上山安敏先生略年譜・著作目録　新版」(吉原丈司)　都筑印書館　2004.1　98,6p　B5
　◎「上山安敏先生略年譜・著作目録　2訂版」(吉原丈司ほか)〔吉原丈司〕　2006.5　132,8p　B5

魚住 忠久　うおずみ・ただひさ〔1941—　社会科教育〕
　○年譜　「社会科学論集　42・23」(愛知教育大)　2005　p413-425

魚住 昌良　うおずみ・まさよし〔1930—　ヨーロッパ中・近世史〕
　○研究業績ほか　「アジア文化研究別冊　11」(国際基督教大)　2002　p27-38

魚谷 増男　うおたに・ますお
　○主要著作目録ほか　「平成法政研究　7.2」(平成国際大)　2003.3　p311-319

元 秀一　うぉん・すいる〔1950—　小説家〕
　◎年譜(元秀一)　「〈在日〉文学全集　12」(磯貝治良ほか)　勉誠出版　2006.6　p412-414

宇賀 博　うが・ひろし〔1934—2001　社会学〕
　○略歴ほか(春日雅司)　「人文学部紀要　22」(神戸学院大)　2002.3　p125-127

鵜飼 康　うかい・やすし
　○業績ほか　「ソシオネットワーク戦略とは何か」(村田忠彦ほか)　多賀出版　2007.3　p245-250

宇垣 纏　うがき・まとめ〔1890—1945　海軍中将〕
　◎参考文献　「最後の特攻宇垣纏―連合艦隊参謀長の生と死」(小山美千代)　光人社　2002.7　p259

浮田 和民　うきた・かずたみ〔1859—1946　政治学者・社会評論家〕
　◎引用文献　「浮田和民の思想史的研究―倫理的帝国主義の形成」(姜克実)　不二出版　2003.12　p544-548

右近 健男　うこん・たけお〔1940—　債権法・親族相続法〕
　○業績ほか　「岡山大学法学会雑誌　55.3・4.194」(岡山大)　2006.3　p705-716

宇佐美 繁　うさみ・しげる〔1942—2003　農業経済学〕
　◎主要著作目録　「宇佐美繁著作集　1　農民層分解と稲作上層農」(宇佐美繁作集編集委員会)　筑波書房　2005.4　p317-333

宇佐美 寛　うさみ・ひろし〔1934—　教育哲学・教育方法学〕
　◎著書目録　「「出口」論争とは何か」(宇佐美寛)　明治図書出版(宇佐美寛問題意識集　1)　2001.10　p243-244
　◎著書目録　「大学授業の病理―FD批判」(宇佐美寛)　東信堂　2004.6　p248-250
　◎著作目録　「授業研究の病理」(宇佐美寛)　東信堂　2005.6　p189-191

牛木 理一　うしき・りいち〔1935—　弁護士〕
　◎論文目録ほか　「意匠法及び周辺法の現代的課題―牛木理一先生古稀記念」(牛木理一先生古稀記念論文集刊行会)　発明協会　2005.3　p913-920
　◎論文等目録　「デザイン、キャラクター、パブリシティの保護」(牛木理一)　悠々社　2005.4　p529-536

牛島 春子　うしじま・はるこ〔1913—2002　小説家〕
　○年譜(坂本正博)　「敍説 II 03」(花書院)　2002.1　p205-213

牛島 秀彦　うしじま・ひでひこ〔1935—1999　ノンフィクション作家〕
　◎著書一覧ほか(牛島郁子)　「時代の証人―牛島秀彦が行く」(牛島秀彦)　日刊現代　2005.7　p297-303

牛島 義友　うしじま・よしとも〔1906—1999　教育心理学・障害児教育〕
　○略歴ほか　「教育愛―心理学から障害児教育への道程」(牛島義友)　慶應義塾大学出版会　2001.8　p309-319

牛場 大蔵　うしば・だいぞう〔1913—2003　細菌学・免疫学〕
　○業績ほか　「医学教育　35」(日本医学教育学会)　2004　p5-10

牛見 章　うしみ・あきら〔1926—　住宅都市政策・建築経済〕
　◎著作目録　「わたしたちのまちとすまいに未来はあるか?―20世紀の住宅・宅地・都市問題研究者から、次世代の研究者・自治体行政マンへの置手紙」(牛見章)　ドメス出版　2006.5　p104-121

牛山 積　うしやま・つもる〔1934—　民法・環境法〕
　○業績目録　「早稲田法学　79.3」(早稲田法学会)　2004.5　p263-273
　◎略歴ほか　「環境・公害法の理論と実践―牛山積先生古稀記念論文集」(富井利安代表)　日本評論社　2004.9　p373-393

宇治山 哲平　うじやま・てっぺい〔1910—1986　洋画家〕
◎参考文献　「宇治山哲平展―絵に遊び、絵に憩う」（東京都庭園美術館）　東京都歴史文化財団　2006　p224-240

臼田 甚五郎　うすだ・じんごろう〔1915—2006　文芸研究〕
○業績目録（飯島一彦）　「日本歌謡研究　47」（日本歌謡学会）　2007.12　p12-20

宇田 正　うだ・ただし〔1932—　近代経済史〕
○業績目録ほか　「追手門経済論集　41.1」（追手門学院大）　2006.11　p1-32

宇田川 玄真　うだがわ・げんしん〔1769—1834　蘭方医〕
◎参考文献　「江戸時代における機械論的身体観の受容」（C.フレデリック）　臨川書店　2006.2　p416-442

宇田川 洋　うたがわ・ひろし〔アイヌ考古学〕
◎著作目録ほか　「アイヌ文化の成立―宇田川洋先生華甲記念論文集」（宇田川洋先生華甲記念論文集刊行実行委員会ほか）　北海道出版企画センター　2004.3　p689-705

歌川 広重　うたがわ・ひろしげ
⇒安藤 広重（あんどう・ひろしげ）を見よ

宇田川 正夫　うたがわ・まさお〔1928—1978〕
◎略年譜　「「農業王国・庄内」はいかに形成されたか―その特質と発展構造」（宇田川正夫）　東北出版企画　2001.6　p387-388

宇田川 榕庵　うだがわ・ようあん〔1798—1846　洋学者〕
◎参考文献　「シーボルトと宇田川榕庵―江戸蘭学交遊記」（高橋輝和）　平凡社　2002.2　p216-225

打海 文三　うちうみ・ぶんぞう〔1948—2007　小説家〕
◎著作リスト　「苦い娘」（打海文三）　中央公論新社　2005.4　p316-317

内ヶ崎 作三郎　うちがさき・さくさぶろう〔1877—1947　評論家・政治家〕
◎略年譜　「内ヶ崎作三郎の足跡をたどる」（小野寺宏）　小野寺宏　2007.1　p1091-1095

内川 正夫　うちかわ・まさお〔1944—2003　日本政治史〕
○略歴ほか　「武蔵野大学現代社会学部紀要　5」（武蔵野大）　2004　p287-289

内田 あぐり　うちだ・あぐり〔1949—　日本画家〕
◎文献目録　「内田あぐり―この世でいちばん美しい場所、あるいは　図録」（土方明司ほか）　平塚市美術館　2006.10　p68-70

内田 武彦　うちだ・たけひこ
○業績ほか　「言語と文化　8」（愛知大）　2003.2　p1-4
○略歴　「文明21　10」（愛知大）　2003.3　2pf

内田 忠男　うちだ・ただお〔1939—　国際ジャーナリスト〕
○著作目録ほか　「岐阜経済大学論集　38.1」（岐阜経済大）　2004.11　p158-160

内田 淑子　うちだ・としこ
◎著作ほか　「異文化・交流のはざまで―内田淑子のルーツと生涯」（竹中正夫）　図書印刷同朋舎　2005.11　p1-5b

内田 百閒　うちだ・ひゃっけん〔1889—1971　小説家・随筆家〕
◎年譜著作目録　「百閒随筆　II」（佐藤聖）　講談社　2002.1　p292-306
◎注　「内田百閒―「百鬼」の愉楽」（酒井英行）　沖積舎　2003.6　prr
○略年譜　「内田百閒　文芸別冊　KAWADE夢ムック」　河出書房新社　2003.12　p222-223
◎著書目録　「百鬼園写真帖」（内田百閒）　筑摩書房　2004.9　p246-252
○「内田百閒帖　増補改訂版」（森田左甄）　湘南堂書店　2005.4　493p　B5
○ガイド　「法政文芸　2」（法政大）　2006.6　p183-187
◎年譜　「内田百閒―1889-1971」（内田百閒）　筑摩書房　2007.11　p462-476

内田 文昭　うちだ・ふみあき〔1932—　刑法〕
◎主要著作目録ほか　「内田文昭先生古稀祝賀論文集」（内田文昭先生古稀祝賀論文集編集委員会）　青林書院　2002.11　p573-588

内田 又夫　うちだ・またお
◎年譜　「巨椋池の蓮―内田又夫選集」（内田又夫）　西田書店　2006.1　p126-131

内田 満　うちだ・みつる〔1930—　政治学〕
◎著作目録　「早稲田政治学史断章」（内田満）　三嶺書房　2002.6　p145-186
○業績　「神戸山手大学紀要　4」（神戸山手大）　2002.12　p5-8

内田 康夫　うちだ・やすお〔1934—　推理小説家〕
◎著作リスト　「秋田殺人事件」（内田康夫）　光文社　2002.7　p1-10b
◎著作リスト　「杜の都殺人事件」（内田康夫）　実業之日本社　2006.5　p1-12b
◎著作目録ほか　「駿河台経済論集　16.2」（駿河台大）　2007.3　p157-159

内田 義彦　うちだ・よしひこ〔1913—1989　経済・思想〕
◎著書ほか　「専修大学図書館所蔵内田義彦文庫目録」（専修大学図書館）　専修図書館　2005.3　p4f」

内田 良平　うちだ・りょうへい〔1874—1937　右翼運動家〕
◎年譜ほか（池田憲彦）　「国士内田良平―その思想と行動」（内田良平研究会）　展転社　2003.1　p407-420

45

内田 魯庵　うちだ・ろあん〔1868—1929　小説家〕
　◎参考文献　「内田魯庵山脈〈失われた日本人〉発掘」（山口昌男）　晶文社　2001.1　p15-23b
　◎年譜　「内田魯庵　明治の文学11」（鹿島茂）　筑摩書房　2001.3　p455-460
　◎注文献　「内田魯庵研究　明治文学史の一側面」（木村有美子）　和泉書院　2001.5　prr

内野 順雄　うちの・すなお〔1937—　財政学〕
　○著作目録ほか　「大分大学経済論集　53.4」（大分大）　2001.11　p223-225

内野 光子　うちの・みつこ〔1940—　歌人〕
　◎著作一覧　「現代短歌と天皇制」（内野光子）　風媒社　2001.2　p13-20b
　○文献目録（醍醐光子）　「文献探索　2000」（文献探索研究会）　2001.2　p334-339

内間 直仁　うちま・ちょくじん〔1939—　国語学・方言学〕
　○略歴ほか　「千葉大学人文研究　30」（千葉大）　2001.3　p80-91
　○業績目録　「言語文化論叢　1」（琉球大）　2004.3　4pf

内村 鑑三　うちむら・かんぞう〔1861—1930　キリスト教〕
　◎略年譜ほか　「内村鑑三」（富岡幸一郎）　五月書房（シリーズ宗教と人間）　2001.3　p287-303
　◎参考文献　「内村鑑三のキリスト教思想—贖罪論と終末論を中心として」（李慶愛）　九州大学出版会　2003.1　p219-230
　◎「内村鑑三著作・研究目録」（藤田豊）　教文館　2003.6　269p　A5
　◎参考文献　「非戦論」（富岡幸一郎）　NTT出版　2004.9　p279-285
　◎参考文献　「内村鑑三とその系譜」（江端公典）　日本経済評論社　2006.11　p259-263

内村 剛介　うちむら・ごうすけ〔1920—2009　評論家〕
　◎年譜著作目録（陶山幾朗）　「生き急ぐ　スターリン獄の日本人」（内村剛介）　講談社　2001.6　p266-278

内山 勝利　うちやま・かつとし〔1942—　ギリシア哲学〕
　○業績年譜　「古代哲学研究　別冊」（古代哲学会）　2005　p31-43

内山 尚三　うちやま・しょうぞう〔1920—2002　民法・法社会学・平和問題〕
　○主要著作目録ほか　「札幌法学　15.1」（札幌大）　2003.12　p5-15

内山 節　うちやま・たかし〔1950—　哲学者〕
　◎著作一覧　「戦争という仕事」（内山節）　信濃毎日新聞社　2006.10　p334

内山 倫史　うちやま・のりふみ
　○略歴ほか　「名城論叢　4.3」（名城大）　2004.3　p2-5f

内山 浩道　うちやま・ひろみち
　○業績ほか　「下関市立大学論集　48.3」（下関市立大）　2005.1　p3-4

内山 光雄　うちやま・みつお〔1921—　労働運動家〕
　◎年譜ほか　「はじめに人間ありき—内山光雄と戦後労働運動」（池田実, 前川清治）　労働教育センター　2002.9　p348-355

宇都宮氏　うつのみやし
　◎参考文献ほか　「下野・宇都宮一族」（七宮涬三）　新人物往来社　2006.9　p278-279

内海 健一　うつみ・けんいち
　○業績目録ほか　「大阪経大論集　51.6」（大阪経大）　2001.3　p439-446

内海 隆一郎　うつみ・りゅういちろう〔1937—　小説家〕
　○業績ほか　「関東学園大学紀要　14」（関東学園大）　2006.3　p119-120

宇波 彰　うなみ・あきら〔1933—　評論家〕
　○著作目録　「芸術学研究　11」（明治学院大）　2001.3　p1-23
　○著作目録　「比較文化論叢　16」（札幌大）　2005.9　p81-84

宇野 浩二　うの・こうじ〔1891—1961　小説家〕
　◎注　「救済者としての都市　佐多稲子と宇野浩二における都市空間」（小林隆久）　木魂社　2003.6　p123-129
　◎年譜ほか（柳沢孝子）　「独断的作家論」（宇野浩二）　講談社　2003.6　p443-459

宇野 弘蔵　うの・こうぞう〔1897—1977　経済〕
　◎略年譜ほか　「社会科学と弁証法」（いいだもも）　こぶし書房　2006.11　p371-379
　◎文献　「近代日本の社会科学—丸山眞男と宇野弘蔵の射程」（A.E.バーシェイ）　NTT出版　2007.3　p374-356

宇野 精一　うの・せいいち〔1910—2008　中国哲学〕
　○著作目録ほか　「東方学　106」（東方学会）　2003.7　p183-216

宇野 千代　うの・ちよ〔1897—1996　小説家〕
　◎年譜　「幸福の言葉」（宇野千代）　海竜社　2002.3　p205-210
　◎98年　「宇野千代の世界—生誕110年没後10年特別企画—決定版」　ユーリーグ　2006.3　p137-144
　◎著作リストほか　「宇野千代女の一生」（小林庸浩ほか）　新潮社　2006.11　p124-127

宇野 善康　うの・よしやす〔1928—　社会心理学〕
　○業績ほか　「愛知淑徳大学論集　文学部・文学研究科篇　29」（愛知淑徳大）　2004　p3-4f

右原 厖　うはら・ぼう〔1912—2001　詩人〕
　○年譜　「右原厖全詩集」（右原厖）　編集工房ノア　2004.5　p486-492

馬川 千里　うまかわ・ちさと〔1930—　経済法〕
　○業績ほか　「駿河台法学　15.1.27」（駿河台大）　2001.10　p361-366

厩戸皇子　うまやどのおうじ
　　⇒聖徳太子（しょうとくたいし）を見よ
海勢頭 豊　うみせど・ゆたか〔1943―　シンガーソングライター・作曲家〕
　◎略年譜　「真振（まぶい）」（海勢頭豊）　藤原書店　2003.6　p173
海原 徹　うみはら・とおる〔1936―　教育学・日本教育史〕
　○年譜ほか　「人間文化研究　17」（京都学園大）　2006.3　p7-10
梅 謙次郎　うめ・けんじろう〔1860―1910　法律〕
　◎文献目録ほか　「韓国司法制度と梅謙次郎」（李英美）　法政大学出版局　2005.11　p255-264
梅岡 義貴　うめおか・よしたか〔1920―2005　心理学〕
　○略歴ほか　「動物心理学研究　56.1」（日本動物心理学会）　2006　p1-6
　○著書ほか（佐藤隆夫ほか）　「心理学研究　77.3」（日本心理学会）　2006.8　p285-286
梅川 文男　うめかわ・ふみお〔1906―1968　農民・労働運動家〕
　○年譜ほか　「近代解放運動史研究―梅川文男とプロレタリア文学」（尾西康充）　和泉書院　2006.3　p289-305
梅木 達郎　うめき・たつろう〔1957―2005　フランス文学・現代思想〕
　○業績ほか　「フランス文学研究　26」（東北大）　2006　p1-4f
梅棹 忠夫　うめさお・ただお〔1920―　文化人類〕
　◎年譜　「文明の生態史観ほか」（梅棹忠夫）　中央公論新社　2002.11　p433-447
梅崎 春生　うめざき・はるお〔1915―1965〕
　◎略年譜ほか　「梅崎春生作品集　3」（梅崎春生）　沖積舎　2004.11　p287-293
　◎略年譜　「梅崎春生―作家の見つめた戦中・戦後―生誕90年没後40年記念特別企画展」（かごしま近代文学館）　かごしま近代文学館　2005.10　p30-31
梅沢 孝　うめざわ・たかし
　○著作目録　「明星大学社会学研究紀要　25」（明星大）　2005.3　p6-8
梅沢 文雄　うめざわ・ふみお
　○著書ほか　「英語の語法を研究して」（梅沢文雄）　ヒューマン刊行会　2004.8　p151-159
楳図 かずお　うめず・かずお〔1936―　漫画家〕
　○年譜稿ほか（高橋明彦）　「ユリイカ　36.7.494」（青土社）　2004.7　p195-231
埋田 昇二　うめた・しょうじ〔1933―　詩人〕
　◎年譜　「埋田昇二詩集」（埋田昇二）　土曜美術社出版販売　2006.5　p181-191
梅田 祐喜　うめだ・ゆうき
　○業績ほか　「言語文化研究　5」（静岡県立大）　2006.3　3pf

梅原 猛　うめはら・たけし〔1925―　哲学〕
　◎年譜（杉浦弘通）　「梅原猛著作集　15　たどり来し道」（梅原猛）　小学館　2003.12　p775-822
　◎著作年表ほか　「梅原猛の世界―神と仏のものがたり　別冊太陽「日本のこころ」134」　平凡社　2005.4　p146-156
　◎略年譜　「評伝梅原猛―哀しみのパトス」（やすいゆたか）　ミネルヴァ書房　2005.5　p313-325
梅原 弘光　うめはら・ひろみつ〔1937―　人文地理学・東南ア地域研究〕
　○業績ほか　「史苑　64.2」（立教大）　2004.3　p200-204
梅村 敏郎　うめむら・としろう
　○業績ほか　「愛知淑徳大学論集　文化創造学部篇　5」（愛知淑徳大）　2005　p5-6f
梅村 光弘　うめむら・みつひろ〔1938―2005　政治学〕
　○業績ほか　「三重中京大学短期大学部論叢　44」（三重中京大）　2006　p5-7
梅本 克己　うめもと・かつみ〔1912―1974　哲学〕
　◎略年譜ほか　「社会科学と弁証法」（いいだもも）　こぶし書房　2006.11　p371-379
梅本 守　うめもと・まもる〔1937―　心理学〕
　○業績目録ほか　「人文研究　52.6」（大阪市立大）　2000.12　p93-100
浦上 玉堂　うらがみ・ぎょくどう〔1745―1820　日本画家〕
　◎参考文献　「浦上玉堂」（岡山県立美術館ほか）　岡山県立美術館　2006.9　p324-329
浦上 晃一　うらがみ・こういち
　○業績ほか　「北海道大学地球物理学研究報告　65」（北海道大）　2002.3　3pf
浦上 正則　うらがみ・まさのり〔1918―　画家〕
　◎参考文献ほか　「ダ・ヴィンチ画法の継承者浦上正則の軌跡を訪ねて」（浅田麻朕子）　新風舎　2007.2　p221-222
浦田 賢治　うらた・けんじ〔1935―　憲法・法学〕
　○業績目録ほか　「早稲田法学　80.3」（早稲田大）　2005　p477-481
　◎著作目録ほか（水島朝穂ほか）　「現代立憲主義の認識と実践―浦田賢治先生古稀記念論文集」（愛敬浩二ほか）　日本評論社　2005.11　p573-595
　◎作品目録　「憲法学者と法学生の対話―認識と実践をめぐって　公法研究会浦田賢治先生退職記念特別号」　早稲田大　2005.11　p98-121
浦野 起央　うらの・たつお〔1933―　国際政治〕
　○業績目録ほか　「政経研究　39.4」（日本大）　2003.3　p1021-1060
浦野 晴夫　うらの・はるお〔1932―　会計学〕
　○業績ほか　「中京経営研究　13.1」（中京大）　2003.9　6pf

浦野 平三　うらの・へいぞう〔1931―　経営〕
　○略歴　「九州産業大学経営学論集　13.1」（九州産業大）　2002　p149-152
浦辺 鎮太郎　うらべ・しずたろう〔1909―1991　建築家〕
　◎主要文献　「浦辺鎮太郎作品集」（浦辺鎮太郎）　浦辺太郎　2003.6　p178-179
卜部 亮吾　うらべ・りょうご〔1924―2002〕
　◎著作ほか　「昭和天皇最後の側近卜部亮吾侍従日記　1　昭和45年～昭和59年」（卜部亮吾）　朝日新聞社　2007.9　p454-455
浦本 昌紀　うらもと・まさのり〔1931―2009　動物学・鳥類生態学〕
　○業績ほか　「人間関係学部紀要　5」（和光大）　2000　p215-216
浦山 重郎　うらやま・じゅうろう〔1932―　経営学〕
　○業績一覧ほか（宮川公男）　「麗沢経済研究　11.1」（麗澤大）　2003.3　p75-78
瓜谷 長造　うりや・ちょうぞう
　◎参考資料　「大連に夢を託した男　瓜谷長造伝」（中村欣博）　文芸社　2007.10　p221-223
瓜生 浩朗　うりゅう・ひろあき
　○著作目録ほか　「駿河台経済論集　11.2」（駿河台大）　2002.3　p177-179
瓜生津 隆真　うりゅうづ・りゅうしん〔1932―　インド哲学・仏教学〕
　◎業績目録　「仏教から真宗へ―瓜生津隆真博士退職記念論集」（退職記念論集刊行会）　永田文昌堂　2003.3　p6-21
上井 久義　うわい・ひさよし
　◎著作目録（黒田一充）　「上井久義著作集　7　民俗学への誘い」（上井久義）　清文堂出版　2007.2　p287-306
海野 一隆　うんの・かずたか〔1921―2006　東洋地理学史〕
　◎著作目録　「大阪大学大学院文学研究科紀要　47」（大阪大）　2007.3　p204-234
海野 幸徳　うんの・こうとく〔1879―1955　社会事業〕
　○文献目録（平田勝政）　「長崎大学教育学部紀要　教育科学　68」（長崎大）　2005.3　p11-25
海野 弘　うんの・ひろし〔1939―　風俗〕
　◎「歩いて、見て、書いて―私の100冊の本の旅」（海野弘）　右文書院　2006.11　9,310p　A5

【え】

瑛九　えいきゅう〔1911―1960　洋画家〕
　◎年譜ほか　「瑛九、下郷羊雄・レンズのアヴァンギャルド」（山田諭）　本の友社（コレクション・日本シュールレアリスム　14）　2001.7　p178-197
　◎参考文献　「瑛九フォト・デッサン展」（国立国際美術館）　国立国際美術館　2005.10　p81-83
栄沢 幸二　えいざわ・こうじ〔1935―　日本政治史〕
　○業績ほか　「専修法学論集　96」（専修大）　2006.3　p3-7b
叡尊　えいそん〔1201―1290　律宗の僧〕
　◎参考文献　「叡尊・忍性―持戒の聖者」（松尾剛次）　吉川弘文館　2004.12　p208-210
江頭 憲治郎　えがしら・けんじろう〔商法〕
　◎著作目録ほか　「企業法の理論―江頭憲治郎先生還暦記念　下巻」（黒沼悦郎ほか）　商事法務　2007.1　p723-744
江川 潤　えがわ・じゅん〔1934―　政治学〕
　◎著作目録ほか　「法学新報　112.7・8」（中央大出版部）　2006.3　p795-802
江川 孝雄　えがわ・たかお〔1935―　商法〕
　○略歴ほか　「山梨学院大学研究論集　51」（山梨学院大）　2004.2　p559-563
江川 太郎左衛門　えがわ・たろうざえもん
　◎参考引用文献　「幕臣たちと技術立国―江川英龍・中島三郎助・榎本武揚が追った夢」（佐々木譲）　集英社　2006.5　p220-222
江口 きち　えぐち・きち〔1913―1938　歌人〕
　◎略譜　「江口きち資料集成―塔影詩社蔵」（島本融）　不二出版　2002.1　p334」
　◎略年譜　「「武尊の青春　江口きちの世界」図録―第18回特別展」（群馬県立土屋文明記念文学館）　群馬県立土屋文明記念文学館　2002.2　p23」
江口 圭一　えぐち・けいいち〔1932―2003　日本近現代史〕
　○業績ほか（堀田慎一郎）　「歴史の理論と教育　119・120」（名古屋歴史科学研究会）　2005.4.30　p13-39
　◎著作目録ほか　「追悼江口圭一」（江口圭一追悼文集刊行会）　人文書院　2005.9　p233-261
江口 清三郎　えぐち・せいざぶろう〔1937―　地方自治・都市問題〕
　○略歴　「山梨学院大学法学論集　54」（山梨学院大）　2005.3　p341-344
榎坂 浩尚　えさか・ひろなお〔1926―2003　近世文学・俳諧〕
　○研究業績ほか　「神女大国文　12」（神戸女子大）　2001.3　p8-11
江崎 晃幸　えざき・こうこう〔経営学〕
　○業績ほか　「経営論集　47.4」（明治大）　2000.3　p111-113
江崎 達彦　えざき・たつひこ
　○略歴　「福岡大学経済学論叢　45.3・4」（福岡大）　2001.3　4pb
江崎 光男　えざき・みつお〔1943―　アジア経済〕
　○著作目録ほか　「国際開発研究フォーラム　33」（名古屋大）　2007.3　p229-238

江沢 太一 えざわ・たいち〔1934—　理論経済学〕
　○著作目録ほか　「学習院大学経済論集　41.4」（学習院大）　2005.2　p323-326

江島 其磧 えじま・きせき〔1666—1736　浮世草子作者〕
　○研究史（佐伯孝弘）　「西鶴と浮世草子研究　1」（笠間書院）　2006.6　p197-201

江島 恵教 えじま・やすのり
　◎著作目録ほか　「空と実在―江島恵教博士追悼記念論集」（江島恵教博士追悼論集刊行会）　春秋社　2001.2　p1-8f

江代 充 えしろ・みつる〔1952—　詩人〕
　◎年譜　「江代充―『公孫樹』から『梢にて』まで　第8回萩原朔太郎賞受賞者展覧会」　前橋文学館　2001.3　p42-43

恵心 えしん
　⇒源信（げんしん）を見よ

枝村 茂 えだむら・しげる
　○業績ほか　「アカデミア　人文・社会科学編　74」（南山大）　2002.1　3pf

枝吉 神陽 えだよし・しんよう
　◎参考文献（龍造寺八幡宮楠神社）　「枝吉神陽先生遺稿」（枝吉神陽）　出門堂　2006.5　p395-402

江渡 狄嶺 えと・てきれい〔1880—1944　思想〕
　◎年譜　「現代に生きる江渡狄嶺の思想」（斎藤知正ほか）　農山漁村文化協会　2001.12　p279-288

江戸 雪 えど・ゆき〔1966—　歌人〕
　◎略歴　「江戸雪集」（江戸雪）　邑書林　2003.12　p143-144

江藤 恭二 えとう・きょうじ〔1928—　教育史〕
　○業績　「愛知淑徳大学現代社会学部論集　9」（愛知淑徳大）　2004.3　2pf

江藤 淳 えとう・じゅん〔1933—　文芸評論家〕
　◎年譜（武藤康史）　「妻と私・幼年時代」（江藤淳）　文藝春秋　2001.7　p199-233
　◎年譜　「江藤淳　神話からの覚醒」（高沢秀次）　筑摩書房　2001.11　p241-251
　◎年譜ほか（武藤康史ほか）　「小林秀雄」（江藤淳）　講談社　2002.8　p491-505
　◎参考文献（鈴木一正）　「舳板　III-5」（EDI）　2003.8　p74-77
　◎参考文献（鈴木一正）　「時空　23」（時空の会）　2004.1　p55-72
　◎年譜ほか（武藤康史）　「作家は行動する」（江藤淳）　講談社　2005.5　p281-295
　◎年譜ほか（武藤康史）　「アメリカと私」（江藤淳）　講談社　2007.6　p369-384

衛藤 瀋吉 えとう・しんきち〔1923—2007　国際関係論・中国研究〕
　◎著作目録　「衛藤瀋吉先生人と業績　改訂3版」（著作集編集委員会）　東方書店　2003.11　p19-112
　◎「衛藤瀋吉著作集　別巻　総索引・総目次―他」（衛藤瀋吉著作集編集委員会）　東方書店　2005.11　224p　A5

江藤 新平 えとう・しんぺい〔1834—1874　政治家〕
　◎参考文献　「江藤新平伝―奇跡の国家プランナーの栄光と悲劇」（星川栄一）　新風社　2003.10　p300-301

江藤 文夫 えとう・ふみお〔1928—2005　評論家〕
　◎年譜（井家上隆幸ほか）　「江藤文夫の仕事　1　1956-1965」（江藤文夫）　影書房　2006.9　p353-362

江藤 价泰 えとう・よしひろ〔1928—　民事訴訟法〕
　○著作目録ほか　「大東法学　13.1」（大東文化大）　2003.10　p245-253

江戸川 乱歩 えどがわ・らんぽ〔1894—1965　推理作家〕
　◎略年譜ほか　「江戸川乱歩と少年探偵団」（堀江あき子）　河出書房新社　2002.10　p122-123,127
　◎著作一覧ほか（山前譲ほか）　「幻影の蔵―江戸川乱歩探偵小説蔵書目録」（新保博久ほか）　東京書籍　2002.10　p117-121
　◎作品書誌（山前譲）　「江戸川乱歩―誰もが憧れた少年探偵団　KAWADE夢ムック」　河出書房新社　2003.3　p218-223
　◎「江戸川乱歩著書目録」（中相作）　名張市立図書館　2003.3　310p　A5
　◎随筆評論集目録ほか　「幻影城　続　江戸川乱歩全集27」（江戸川乱歩）　光文社　2004.3　p446-449,475-520
　○研究文献目録（落合教幸）　「江戸川乱歩と大衆の二十世紀　国文学解釈と鑑賞別冊」（至文堂）　2004.8　p285-290
　◎略年譜　「わが夢と真実　江戸川乱歩全集30」（江戸川乱歩）　光文社　2005.6　p793-798
　◎評論集目録　「怪人と少年探偵　江戸川乱歩全集23」（江戸川乱歩）　光文社　2005.7　p621-627
　◎作品　「探偵小説四十年上　江戸川乱歩全集28」（江戸川乱歩）　光文社　2006.1　p737-756
　◎読書案内　「ホフマンと乱歩―人形と光学器械のエロス」（平野嘉彦）　みすず書房　2007.2　p128-132
　◎略年譜　「乱歩と名古屋―地方都市モダニズムと探偵小説原風景」（小松史生子）　風媒社　2007.5　p181-190
　◎作品一覧ほか（新保博久ほか）　「江戸川乱歩小説キーワード辞典」（平山雄一）　東京書籍　2007.7　p674-777

江夏 豊 えなつ・ゆたか〔1948—　野球評論家〕
　◎参考文献　「牙―江夏豊とその時代」（後藤正治）　講談社　2002.2　p326

榎並 洋介 えなみ・ようすけ〔1942—　経済学・社会学〕
　○業績ほか　「星薬科大学一般教育論集　25」（星薬科大）　2007　p4-5f

榎倉 康二 えのくら・こうじ〔1942—1995　版画家〕
　◎文献目録　「榎倉康二展」（榎倉康二）　東京都現代美術館　c2005　p192-205

榎倉 省吾　えのくら・しょうご〔1901—1977　洋画家〕
◎年譜　「心月輪　画家榎倉省吾伝」（黄田光）　朝日新聞社出版局　2000.3　p245-256
◎文献リスト　「榎倉省吾の世界展―森羅万象を描く」（姫路市立美術館）　姫路市立美術館友の会　2003.9　p126-128

榎本 和子　えのもと・かずこ〔1934—　社会福祉〕
◎文献ほか（石浜みかる）　「エルムの鐘―満州キリスト教開拓村をかえりみて」（榎本和子）　暮しの手帖社　2004.1　p172-175

榎本 健一　えのもと・けんいち〔通称＝エノケン　1904—1970　喜劇俳優〕
◎略年譜　「エノケン・ロッパの時代」（矢野誠一）　岩波書店（岩波新書）　2001.9　p203-208

榎本 重男　えのもと・しげお〔1930—　ドイツ語〕
○研究業績ほか　「人文社会科学研究　40」（早稲田大）　2000.3　p214-219

榎本 弥左衛門　えのもと・やざえもん
◎参考文献　「榎本弥左衛門覚書―近世初期商人の記録」（大野瑞男）　平凡社（東洋文庫）　2001.10　p374-375

江畑 實　えばた・みのる
◎略歴　「江畑實集」（江畑實）　邑書林　2006.3　p159-160

江林 英基　えばやし・ひでき
○経歴ほか　「明海大学外国語学部論集　18」（明海大）　2006.3　p221-222

海老沢 敏　えびさわ・びん
○業績ほか　「モーツァルティアーナ―Mozartiana　海老澤敏先生古希記念論文集」（海老澤敏先生古希記念論文集編集委員会）　東京書籍　2001.11　p625-648

海老澤 美廣　えびさわ・よしひろ
○主要著作目録ほか　「朝日法学論集　29」（朝日大）　2003.7　p333-340

海老名 弾正　えびな・だんじょう〔1856—1937　キリスト教〕
◎「海老名彈正資料目録」（同志社大学人文科学研究所）　同志社大　2004.2　220,14p　A4

江守 五夫　えもり・いつお〔1929—　法社会学・社会人類学〕
◎著作目録ほか　「歴史と民族における結婚と家族―江守五夫先生古稀記念論文集」（宮良高弘、森謙二）　第一書房　2000.7　p545-558

恵良 宏　えら・ひろむ〔1940—　日本史〕
○業績ほか　「皇學館史学　21」（皇學館大）　2007.10　p3-9

円空　えんくう〔1632頃—1695　臨済宗の僧〕
◎年表（長谷川公茂）　「円空微笑の旅路」（三宅雅子）　叢文社　2001.6　p152-157
◎文献　「円空の和歌―歌から探る人間像」（岐阜県歴史資料館）　岐阜県　2002.3　p120-121
◎参考文献　「円空の和歌―基礎資料　一六〇〇余首の全て」（岐阜県教育文化財団歴史資料館）　岐阜県　2006.2　p29-30b

円地 文子　えんち・ふみこ〔1905—1986　小説家〕
◎参考文献　「円地文子の軌跡」（野口裕子）　和泉書院　2003.7　p201-207
◎年譜ほか（宮内淳子ほか）　「なまみこ物語・源氏物語私見」（円地文子）　講談社　2004.4　p379-394
◎略年譜ほか　「円地文子―ジェンダーで読む作家の生と作品」（小林富久子）　新典社　2005.1　p272-287

遠藤 彰子　えんどう・あきこ〔1947—　洋画家〕
◎文献目録　「遠藤彰子―力強き生命の詩　展覧会」（府中市美術館）　府中市美術館　2004　p116-123

遠藤 章　えんどう・あきら〔1933—　発酵・醸造〕
◎文献　「自然からの贈りもの―史上最大の新薬誕生」（遠藤章）　メディカルレビュー社　2006.4　p249-271

遠藤 瑛子　えんどう・えいこ〔1942—　中学校教師〕
◎文献　「国語科教師の実践的知識へのライフヒストリー・アプローチ―遠藤瑛子実践の事例研究」（藤原顕）　渓水社　2006.9　p198-205

遠藤 一久　えんどう・かずひさ〔1933—　経営財務〕
○著作目録ほか　「大阪産業大学経営論集　4.2」（大阪産業大）　2003.3　4pf

遠藤 高璟　えんどう・こうけい〔1784—1864　天文学者・物理学者〕
◎参考文献　「絶対透明の探求―遠藤高璟著『写法新術』の研究」（尾鍋智子）　思文閣出版　2006.8　p183-188

遠藤 三郎　えんどう・さぶろう〔1934—　財政学〕
◎研究業績ほか　「愛知大学遠藤三郎教授古稀記念論文集」（鈴木誠ほか）　論文集事務局　2004.3　p8-40
○業績　「愛知大学経済論集　166」（愛知大）　2004.11　6pf

遠藤 周作　えんどう・しゅうさく〔1923—1996　小説家〕
◎参考文献目録　「文学・書誌・研究」（坂敏弘）　創栄出版　2001.2　p166-178
◎年譜著作目録　「作家の日記」（広石廉二）　講談社　2002.2　p475-504
○翻訳・研究論文（長濱拓磨）　「無差　11」（京都外国語大）　2004.3　p19-35
◎旧蔵書抄　「遠藤周作の『沈黙』草稿翻刻」（藤田尚子）　長崎文献社　2004.3　p338-345
◎年譜（山根道公）　「フランスの大学生」（遠藤周作）　新風舎　2005.1　p237-253
◎年譜ほか　「遠藤周作　その人生と『沈黙』の真実」（山根道公）　朝文社　2005.3　p430-493
◎著作リスト　「人生には何ひとつ無駄なものはない」（遠藤周作）　朝日新聞社　2005.6　p1-6b
○年譜索引（久松健一）　「明治大学教養論集　402」（明治大）　2006.1　p160-167

◎年譜　「遠藤周作のすべて　新装」（広石廉二）　朝文社　2006.4　p328-343
◎年譜　「遠藤周作の縦糸　新装」（広石廉三）　朝文社　2006.4　p274-289
◎年譜ほか（山根道公）「人生の同伴者」（遠藤周作ほか）　講談社　2006.7　p276-315
◎年譜　「落第坊主を愛した母」（遠藤周作）　海竜社　2006.9　p199-219
◎年譜　「忘れがたい場所がある」（遠藤周作）　光文社　2006.10　p255-273
◎年譜ほか　「遠藤周作」（加藤宗哉）　慶應義塾大出版会　2006.10　p257-292
◎年譜（久松健一）「文献探索　2006」（文献探索研究会）　2006.11　p129-138
◎参考文献　「遠藤周作の世界——シンボルとメタファー」（兼子楯夫）　教文館　2007.8　p181-184
◎「光の序曲」（町田市民文学館）　町田市民文学館ことばらんど　2007.9　93p　A4

遠藤　力　えんどう・つとむ〔1917—2004　管理工学〕
　○経歴（遠藤智夫）「ハンディが力—遠藤力著作選」（玄竜社）　2005.3　p162」

遠藤　恒吉　えんどう・つねきち〔1917—2005　詩人〕
　◎年譜　「遠藤恒吉詩集」（遠藤恒吉）　土曜美術社出版販売　2006.10　p182-184

遠藤　智夫　えんどう・ともお〔1948—　英語教育・訳語史〕
　○著作目録稿（遠藤智夫）「文献探索　2005」（文献探索研究会）　2006.5　p51-60

遠藤　宏一　えんどう・ひろいち〔1942—　財政学・地域政策論〕
　○略歴ほか　「経営研究　54.4」（大阪市立大）　2004.2　p215-221

遠藤　浩　えんどう・ひろし〔1921—2005　弁護士〕
　○著作目録ほか　「現代民法学の理論と課題—遠藤浩先生傘寿記念」（清水曉）　第一法規出版　2002.9　p844-872

遠藤　信　えんどう・まこと〔1900—1986　機械工学〕
　○研究業績ほか　「独協経済　76」（独協大）　2003.3　p5-6

遠藤　光暁　えんどう・みつあき〔1958—　中国語音韻史・方言学〕
　◎著作目録　「中国音韻学論集」（遠藤光暁）　白帝社　2001.3　p340-343

遠藤　実　えんどう・みのる〔1932—2008　作曲家〕
　◎プロフィール　「遠藤実—夢追い人」（遠藤実）　日本図書センター　2004.10　p243-245

遠藤　祐純　えんどう・ゆうじゅん〔1935—　僧侶〕
　◎著作目録　「慈悲と智慧の世界—遠藤祐純吉田宏哲先生古稀記念」（大正大学真言学智山研究室）　智山勧学会　2005.3　p13-18

遠藤　楽　えんどう・らく〔1927—2003　建築家〕
　◎著述リストほか（遠藤楽作品集編集委員会）「楽しく建てる—建築家遠藤楽作品集」（遠藤楽）　丸善　2007.3　p168-174

円爾　えんに
　⇒聖一（しょういち）を見よ

円仁　えんにん〔794—864　天台宗の僧〕
　◎参考文献　「慈覚大師円仁とその名宝」（NHKプロモーション）　NHKプロモーション　2007.4　p214-215
　◎参考文献　「円仁慈覚大師の足跡を訪ねて—今よみがえる唐代中国の旅」（阿南ヴァージニア・史代）　ランダムハウス講談社　2007.10　p245

役　小角　えんの・おづぬ〔7世紀後半　呪術者〕
　◎参考文献　「役行者と修験道—宗教はどこに始まったのか」（久保田展弘）　ウェッジ　2006.6　p280-285
　◎参考引用文献　「役行者—修験道と海人と黄金伝説」（前田良一）　日本経済新聞社　2006.10　p393-400

【　お　】

呉　林俊　お・いむじゅん〔1926—1973〕
　◎年譜（編集部）「〈在日〉文学全集　17」（磯貝治良ほか）　勉誠出版　2006.6　p371-373

小穴　喜一　おあな・きいち
　○著書論文一覧（小穴廣光）「信濃　〔第3次〕55.5」（信濃史学会）　2003.5　p401-404

及川　英子　おいかわ・えいこ
　○業績目録ほか　「札幌学院大学人文学会紀要　78」（札幌学院大）　2005.11　p195-196

及川　順　おいかわ・じゅん
　○著作目録　「山口経済学雑誌　51.2」（山口大）　2003.3　p275-277

及川　良治　おいかわ・りょうじ〔1933—1999　マーケティング論〕
　○著作目録ほか　「商学論纂　42.3」（中央大）　2001.3　p261-264

生沼　郁　おいぬま・かおる
　○著作目録ほか　「経済論集　30.3」（東洋大）　2005.3　p115-123

王　硯農　おう・けんのう
　○業績ほか　「言語と文化　8」（愛知大）　2003.2　p5-7

王　長徳　おう・ちょうとく
　◎参考文献　「闇市の帝王—王長徳と封印された「戦後」」（七尾和晃）　草思社　2007.1　p237-246

王　義郎　おう・よしろう
　○略歴ほか　「近畿大学法学　51.3・4」（近畿大）　2004.3　p334-337

扇畑 忠雄　おうぎはた・ただお〔1911—2005　短歌・国文〕
◎略年譜　「扇畑忠雄追悼集」(追悼集編集委員会)　東北アララギ会群山発行所　2006.7　p493-499

逢坂 卓郎　おうさか・たくろう〔1948—　アーティスト〕
◎文献　「ジ・エッセンシャル—逢坂卓郎、須田悦弘、大塚聡、渡辺好明」(千葉市美術館)〔千葉市美術館〕　2002.4　p76-79

近江 栄　おうみ・さかえ〔1925—2005　建築史家〕
○著作目録ほか(大川三雄)　「建築史学　45」(建築史学会)　2005.9　p197-200

大海人皇子　おおあまのおうじ
⇒天武天皇(てんむてんのう)を見よ

大井 浩二　おおい・こうじ〔1933—　アメリカ文学・文化〕
○業績目録ほか　「英米文学　46.2」(関西学院大)　2002.3　p1-10f

大井 康暢　おおい・こうよう〔1929—　詩人〕
◎年譜　「新編大井康暢詩集」(大井康暢)　土曜美術社出版販売　2006.6　p199-205

大家 重夫　おおいえ・しげお〔1934—　著作権法・宗教法人法〕
○業績ほか　「久留米大学法学　55」(久留米大法学会)　2006.9　20pf

大石 五雄　おおいし・いつお〔1935—　英語学・社会言語学〕
○著作目録ほか　「成蹊法学　57」(成蹊大)　2003.3　p5-14

大石 嘉一郎　おおいし・かいちろう〔1927—2006　近代日本経済史・地方自治史〕
○著作目録　「日本近代史研究の軌跡—大石嘉一郎の人と学問」(追悼文集刊行会)　日本経済評論社　2007.11　p340-356

大石 貞男　おおいし・さだお〔1921—1997〕
◎略年譜ほか　「大石貞男著作集　5　茶随想集成」(大石貞男)　農文協　2004.3　p497-519

大石 準一　おおいし・じゅんいち〔1933—　広告論〕
○主要業績ほか　「関西大学社会学部紀要　33.3」(関西大)　2002.3　p233-235

大石 順教　おおいし・じゅんきょう〔1888—1968　真言宗の僧〕
◎略年譜(花田春兆)　「堀江物語—妻吉自叙伝」(大石順教)　日本図書センター(障害とともに生きる　4)　2001.1　p287-290

大石 慎三郎　おおいし・しんざぶろう〔1923—2004　日本近世史〕
○著作目録ほか　「学習院大学経済論集　42.2」(学習院大)　2005.7　p159-164

大石 直正　おおいし・なおまさ〔1931—　日本中世史〕
○業績ほか　「東北学院大学論集　歴史学・地理学　39」(東北学院大)　2005.3　p5-11

大石 宣雄　おおいし・のぶお
○業績ほか　「経営研究　20.1」(愛知学泉大)　2006.9　p203-205

大石 理玖　おおいし・りく
○参考文献　「忠臣蔵を生きた女—内蔵助の妻理玖とその周辺」(瀬戸谷晧)　北星社　2005.12　p348-351

大泉 黒石　おおいずみ・こくせき〔1894—1957　小説家・ロシア文学者〕
○著作ほか(谷澤昌美)　「語文　126」(日本大)　2006.12　p15-26

大岩 弘和　おおいわ・ひろかず
○著作目録　「中京商学論叢　52」(中京大)　2006.3　p4f

大内 和臣　おおうち・かずおみ〔1932—　国際法〕
○著作目録ほか　「法学新報　109.5・6」(中央大)　2003.3　p527-539

大内 力　おおうち・つとむ〔1918—2009　経済学者〕
◎略年譜(生活経済政策研究所ほか)　「埋火—大内力回顧録」(大内力)　御茶の水書房　2004.3　p388-391

大内 初夫　おおうち・はつお〔1928—2003　近世文学〕
○著作目録　「国語国文薩摩路　49」(鹿児島大)　2005.3　p2-4f

大浦 暁生　おおうら・あきお〔1931—　アメリカ文学〕
○略年譜ほか　「中央大学文学部紀要　190」(中央大)　2002.3　p33-43

大浦 一郎　おおうら・いちろう〔1934—　財政学・地方財政論〕
○略歴ほか(大浦一郎)　「明治学院大学経済研究　133・134」(明治学院大)　2005.12　p105-123

大浦 慶　おおうら・けい〔1828—1884　茶貿易商〕
◎参考文献　「大浦お慶の生涯—長崎商人伝」(小川内清孝)　商業界　2002.10　p181-183

大江 健三郎　おおえ・けんざぶろう〔1935—　小説家〕
○年譜ほか(篠原茂ほか)　「大江健三郎・再発見」(すばる編集部)　集英社　2001.7　p167-250
◎「大江健三郎書誌・稿　第1部」(森昭夫)　能登印刷　2002.10　245p　B5
◎「大江健三郎書誌・稿　第2部(初出目録)」(森昭夫)　小林太一印刷所　2004.9　394p　B5
◎参考文献　「大江健三郎論—〈神話行為〉の文学世界と歴史認識」(蘇明仙)　花書院　2006.1　p212-227
◎参考文献　「再啓蒙から文化批評へ—大江健三郎の1957〜1967」(王新新)　東北大出版会　2007.2　p233-255

大江 晁　おおえ・ちょう〔1926—2005　西洋哲学〕
○業績目録ほか　「創価大学人文論集　13」(創価大)　2001　p3-8

大江 善男　おおえ・よしお
　○業績一覧　「東北学院大学論集　歴史学・地理学 33」（東北学院大）　2000.2　p3-5

大江 千里　おおえの・ちさと〔歌人・学者〕
　◎参考文献　「千里集全釈」（平野由紀子ほか）風間書房　2007.2　p29-31

大江 広元　おおえの・ひろもと〔1148—1225　御家人・政治家〕
　◎参考文献　「大江広元」（上杉和彦）　吉川弘文館　2005.5　p223-228

大江 匡衡　おおえの・まさひら〔952—1012　学者〕
　◎参考文献　「大江匡衡」（後藤昭雄）　吉川弘文館　2006.3　p223-228

大榎 茂行　おおえのき・しげゆき〔1933—　英文学〕
　○業績目録ほか　「甲南女子大学英文学研究　41」（甲南女子大）　2005　p43-49

大岡 玲　おおおか・あきら〔1958—　小説家〕
　◎年譜　「芥川賞全集　15」（大岡玲）　文藝春秋　2002.4　p435-437

大岡 昇平　おおおか・しょうへい〔1909—1988　小説家〕
　◎年譜著書目録（吉田熈生）　「成城だより下」（大岡昇平）　講談社　2001.4　p397-412
　◎注　「大岡昇平と歴史」（柴口順一）　翰林書房　2002.5　prr
　◎年譜ほか（吉田熈生ほか）　「大岡昇平全集　23」（大岡昇平）　筑摩書房　2003.8　p603-1112
　◎参考文献　「大岡昇平の創作方法―『俘虜記』『野火』『武蔵野夫人』」（野田康文）　笠間書院　2006.4　p185-193
　◎年譜ほか（吉田熈生）　「花影」（大岡昇平）　講談社　2006.5　p183-198

大岡 忠相　おおおか・ただすけ〔1677—1751　幕政家〕
　◎参考文献　「大岡忠相」（大石学）　吉川弘文館　2006.12　p295-300

大岡 信　おおおか・まこと〔1931—　詩人〕
　◎著書目録ほか　「現代詩人論」（大岡信）　講談社　2001.2　p388-415
　◎年譜ほか　「大岡信全詩集」（大岡信）　思潮社　2002.11　p1694-1728,1744-1756

大賀 正喜　おおが・まさよし〔1932—　フランス語〕
　○研究業績ほか　「立教大学フランス文学　30」（立教大）　2001　p85-87

大金 宣亮　おおがね・のぶあき
　◎略年譜　「古代東国の考古学―大金宣亮氏追悼論文集」（論文集刊行会）　慶友社　2005.5　p699-701

大川 五兵衛　おおかわ・ごへえ
　○著作目録ほか　「文学研究　20」（聖徳大）　2005.3　p5-7

大川 周明　おおかわ・しゅうめい〔1886—1957　国家主義者〕
　◎参考文献　「大川周明と国家改造運動」（刈田徹）　人間の科学新社（拓殖大学研究叢書　社会科学 23）　2001.11　p353-366
　◎年譜（西来寺秀彦）　「大川周明」（松本健一）　岩波書店　2004.10　p486-494
　◎参考文献　「大川周明と近代中国―日中関係の在り方をめぐる認識と行動」（呉懐中）　日本僑報社　2007.9　p235-242

大川 健嗣　おおかわ・たけつぐ〔1940—　経済政策・農業経済学〕
　○業績ほか　「山形大学紀要　社会科学　35.2」（山形大）　2005.2　8pb

大川 忠三　おおかわ・ちゅうぞう
　○略年譜ほか　「大東文化大学漢学会誌　42」（大東文化大）　2003.3　3pf

大川 瑞穂　おおかわ・みずほ
　○業績ほか　「専修人文論集　78」（専修大）　2006.3　2pf

大木 市蔵　おおき・いちぞう
　◎参考文献　「ソーセージ物語―ハム・ソーセージをひろめた大木市蔵伝」（増田和彦）　ブレーン出版　2002.3　p207-209

大木 啓次　おおき・けいじ〔1929—　価値論〕
　○研究業績ほか　「白鴎大学論集　15.2」（白鴎大）　2001.3　p487-489

大木 昭一郎　おおき・しょういちろう〔体育学〕
　○著作業績ほか　「文化情報学　11.2」（駿河台大）　2004.12　p89-90

大木 正義　おおき・せいぎ
　○研究論文ほか　「宇大国語論究　12」（宇都宮大）　2001.2　p1-10

大木 喬任　おおき・たかとう〔1832—1899　政治家・伯爵〕
　◎文献　「年譜考大木喬任」（島内嘉市）　アピアランス工房　2002.7　p563-571

大木 英夫　おおき・ひでお〔1928—　牧師〕
　◎著作リスト　「歴史と神学―大木英夫教授喜寿記念献呈論文集　下」（古屋安雄ほか）　聖学院大出版会　2006.8　p13-35b

大木 雅夫　おおき・まさお〔1931—　比較法学〕
　◎著作目録ほか　「比較法学の課題と展望―大木雅夫先生古稀記念」（滝沢正）　信山社出版　2002.4　p489-499

大来 佐武郎　おおきた・さぶろう〔1914—1993　国際経済〕
　◎文献　「わが志は千里に在り―評伝大来佐武郎」（小野善邦）　日本経済新聞社　2004.3　p535-540

正親町家　おおぎまちけ
　◎旧蔵書目一覧　「近世朝廷と垂加神道」（磯前順一ほか）　ぺりかん社　2005.2　p301-352

大串 章 おおぐし・あきら〔1937―　俳人〕
◎略年譜　「大串章」（大串章）　花神社　2002.8　p112-115

大串 夏身 おおぐし・なつみ〔1948―　図書館情報学・江戸東京学〕
◎著作一覧　「これからの図書館　21世紀・知恵創造の基礎知識」（大串夏身）　青弓社　2002.3　p1-2b

大口 勇次郎 おおぐち・ゆうじろう〔1935―　近世史〕
○著作目録ほか　「お茶の水史学　45」（読史会）　2001.1　p131-143

大国 隆正 おおくに・たかまさ〔1792―1871　国学者・石見津和野藩士〕
◎文献目録ほか　「大国隆正全集　8（補遺）　増補」（松浦光修）　国書刊行会　2001.9　p346-368

大久保 貞義 おおくぼ・さだよし〔1935―　マーケティング論〕
○略歴ほか　「獨協経済　83」（獨協大）　2007.3　p3-5

大久保 利通 おおくぼ・としみち〔1830―1878　政治家〕
◎文献　「〈政事家〉大久保利通―近代日本の設計者」（勝田政治）　講談社　2003.7　p224-225
◎参考文献　「大久保利通」（笠原英彦）　吉川弘文館　2005.5　p231-238

大久保 治男 おおくぼ・はるお〔1934―　法制史〕
○業績ほか　「苫小牧駒澤大学紀要　9」（苫小牧駒澤大）　2003.3　p3-17

大久保 博 おおくぼ・ひろし〔1929―　アメリカ文学〕
◎翻訳書（大久保博）　「王子と乞食」（M.トウェイン）　角川書店　2003.5　p526」

大久保 廣行 おおくぼ・ひろゆき〔1936―　国文学〕
○業績目録ほか　「東洋学研究　44」（東洋大）　2007　p1-3f
○略歴ほか　「文学論藻　81」（東洋大）　2007.3　p3-5

大熊 一夫 おおくま・かずお〔1937―　ジャーナリスト〕
○主要業績ほか　「大阪大学大学院人間科学研究科紀要　27」（大阪大）　2001　p241-245

大隈 言道 おおくま・ことみち〔1798―1868　歌人〕
◎参考文献　「大隈言道と私（わたし）」（桑原廉靖）　海鳥社　2001.4　p293-295

大熊 榮 おおくま・さかえ〔1944―2007　翻訳家〕
○業績ほか　「関東学院大学文学部紀要　110」（関東学院大）　2007　2pf

大隈 重信 おおくま・しげのぶ〔1838―1922　政治家〕
◎参考文献　「福沢諭吉　大隈重信」（長谷川公一）　扶桑社　2001.6　p334」
◎注　「大隈重信と政党政治　複数政党制の起源　明治十四年‐大正二年」（五百旗頭薫）　東京大学出版会　2003.3　prr

◎参考文献　「源流　福沢・大隈は「官」に挑んだ」（望月護）　まどか出版　2003.4　p253-254
◎参考文献　「大隈重信」（大国隆二郎）　西日本新聞社　2005.4　p240-243
◎文献　「志立の明治人　上巻」（佐藤能丸）　芙蓉書房出版　2005.10　p97-121
◎参考文献　「風雲の人―小説・大隈重信青春譜」（山崎光夫）　東洋経済新報社　2007.4　p327-331

大熊 信行 おおくま・のぶゆき〔1893―1977　経済・歌人〕
○著作目録（仙石和道）　「図書館情報学研究　3」（図書館情報学研究会）　2005.2　p81-94

大熊 守 おおくま・まもる
○業績ほか　「紀要　110」（関東学院大）　2007.7　1pf

大熊 由紀子 おおくま・ゆきこ〔1940―　科学ジャーナリスト〕
○履歴ほか　「大阪大学大学院人間科学研究科紀要　30」（大阪大）　2004　p221-224

大隈 義和 おおくま・よしかず〔1942―　憲法・公法学〕
○著作目録　「法政研究　69.2」（九州大）　2002.10　7pb

大蔵 公望 おおくら・きんもち〔1882―1968　男爵〕
○関係目録　「学統に関わる書誌　1」（拓殖大学創立百年史編纂室）　拓殖大　2004.7　p163-169

大倉 邦彦 おおくら・くにひこ〔1882―1971　実業家〕
○著作目録稿（大倉精神文化研究所）　「大倉山論集　50」（大倉精神文化研究所）　2004.3　p254-223

大倉 燁子 おおくら・てるこ〔1886―1960　小説家〕
○伝記（阿部崇）　「『新青年』趣味　10」（編集委員会）　2002.12　p78-98

大蔵 永常 おおくら・ながつね〔1768―1860　農学者〕
◎年表ほか　「大蔵永常―人々の豊かな生活を願った農学者　普及版」（小泊立矢文ほか）　大分県教育委員会　2004.3　p206-210,213

大蔵 雄之助 おおくら・ゆうのすけ〔1931―　評論家・作家〕
○著作目録ほか　「経済論集　27.1・2」（東洋大）　2002.2　p330-332

大河内 正敏 おおこうち・まさとし〔1878―1952　応用化学者・実業家〕
◎参考文献ほか　「「科学者の楽園」を作った男　大河内正敏と理化学研究所」（宮田親平）　日本経済新聞社　2001.5　p357-374

大社 淑子 おおこそ・よしこ〔1931―　英米文学〕
○研究業績　「人文論集　40」（早稲田大）　2002.2　p1-14b

大窪 佐太郎 おおさこ・さたろう〔1939―　哲学〕
○著作目録　「キリスト教文化研究所年報　26」（ノートルダム清心女子大）　2004.3　p10-16

大澤 吉博　おおさわ・よしひろ
　○業績目録　「比較文学研究 86」（東京大）　2005.11　p161-168

大島 末男　おおしま・すえお〔1932―　哲学〕
　○業績ほか（立木教夫）　「麗沢学際ジャーナル 15.1」（麗澤大）　2007.春　p55-61

大島 隆雄　おおしま・たかお〔1935―　ドイツ経済史〕
　○業績　「愛知大学経済論集 169」（愛知大）　2005.11　9pf

大島 利治　おおしま・としじ〔1931―　フランス文学〕
　○研究業績ほか（武藤剛史）　「共立女子大学文芸学部紀要 48」（共立女子大）　2002.1　p91-94

大島 眞　おおしま・まこと
　○業績一覧ほか　「実践英文学 57」（実践英文学会）　2005.2　p85-92

大島 正徳　おおしま・まさのり〔1880―1947　哲学者・教育家〕
　◎参考文献ほか　「国際主義の系譜―大島正徳と日本の近代」（後藤乾一）　早稲田大学出版部　2005.3　p305-311,6-13b

大島 通義　おおしま・みちよし〔1929―　財政学・ドイツ現代史〕
　○主要業績　「独協経済 73」（独協大）　2001.2　p8-9

大島 康正　おおしま・やすまさ〔1917―1989　倫理学〕
　◎略年譜　「京都哲学撰書 13　時代区分の成立根拠・実存倫理」（大島康正）　灯影舎　2001.4　p428-429

大島 良雄　おおしま・よしお〔1911―2005　内科・物理療法〕
　○略歴　「日本温泉気候物理医学会雑誌 68.4」（日本温泉気候物理医学会）　2005.8　4pf

大島 芳材　おおしま・よしき
　○業績（鏡味国彦）　「英文学論考 27」（立正大）　2001　p1-6

大島 良行　おおしま・よしゆき〔1930―　アメリカ文学・アメリカ文化論〕
　○業績ほか　「専修人文論集 68」（専修大）　2001.3　p41-42

大城 立裕　おおしろ・たつひろ〔1925―　小説家〕
　◎書誌（呉屋美奈子）　「大城立裕全集 」　勉誠出版　2002.6　p442-508
　◎著書目録　「大城立裕文学アルバム」（黒古一夫）　勉誠出版　2004.3　p143-146

大須賀 明　おおすが・あきら〔1934―　法律家〕
　○業績目録　「早稲田法学 79.3」（早稲田法学会）　2004.5　p275-281

大須賀 虔　おおすが・けん
　○業績ほか　「成城法学 69」（成城大）　2002.12　p393-397

大杉 栄　おおすぎ・さかえ〔1885―1923　無政府主義者〕
　◎略年譜　「大杉栄語録」（鎌田慧）　岩波書店　2001.1　p221-216
　◎略年譜　「大杉榮自由への疾走」（鎌田慧）　岩波書店　2003.3　p493-499
　◎年譜　「大杉榮の思想形成と「個人主義」」（飛矢崎雅也）　東信堂　2005.9　p292-311

大杉 光生　おおすぎ・みつお
　○業績ほか　「皇学館大学文学部紀要 44」（皇學館大）　2006.3　p328-330

大住 栄治　おおすみ・えいじ〔1933―　経済原論・景気変動論〕
　○著作目録　「青山経論論集 54.4」（青山学院大）　2003.3　p347-350

大隅 和雄　おおすみ・かずお〔1932―　日本史・中世思想史〕
　○年譜ほか　「史論 54」（東京女子大）　2001　p18-41

大関 篤英　おおぜき・あつひで
　○業績目録　「外国文学 50」（宇都宮大）　2001　p2-3

大関 増裕　おおぜき・ますひろ〔1837―1867　大名〕
　◎参考文献　「大関増裕―動乱の幕末となぞの死」（栃木県立博物館）　栃木県立博物館　2004.10　p101」

大関氏　おおぜきし
　○参考文献　「下野国黒羽藩主大関氏と史料保存―「大関家文書」の世界を覗く」（新井敦史）　随想舎　2007.8　p229-243

大曽 美恵子　おおそ・みえこ〔1941―　言語学・日本語学〕
　○略歴ほか　「言語文化論集 25.2」（名古屋大）　2004.3　p1-3f

大空 博　おおぞら・ひろし〔1937―　〕
　○主要著作目録ほか　「立命館国際研究 15.3」（立命館大）　2003.3　p1-4f

太田 悦生　おおた・えつお
　○年譜　「名古屋市立大学人文社会学部研究紀要 14」（名古屋市立大）　2003.3　p1-2f

太田 覚眠　おおた・かくみん〔1866―1944　僧侶〕
　○著述目録ほか　「太田覚眠と日露交流―ロシアに道を求めた仏教者」（松本郁子）　ミネルヴァ書房　2006.12　p277-287

太田 勝洪　おおた・かつひろ〔1935―2004　国際関係論〕
　○著作目録ほか　「法学志林 102.3・4.734」（法政大）　2005.3　p265-272

太田 邦昌　おおた・くによし〔1944―2003　著述業〕
　○著述目録（鈴木邦雄ほか）　「生物科学 55.4」（日本生物科学者協会）　2004.5　p211-215

太田 耕三　おおた・こうぞう〔情報処理〕
　◎略年譜ほか　「山形県立米沢女子短期大学紀要 42」（山形県立米沢女子短大）　2007.1　p1-7

太田 省吾　おおた・しょうご〔1939—2007　劇作家・演出家〕
　◎年譜　「太田省吾劇テクスト集」（太田省吾）　早月堂書房　2007.9　p643-651

太田 青丘　おおた・せいきゅう〔1909—1996　歌人・中国文学者〕
　◎著作目録ほか　「定本太田青丘全歌集」（太田絢子）　短歌新聞社　2003.3　p814-851

太田 大八　おおた・だいはち〔1918—　絵本画家・イラストレーター〕
　◎作品目録ほか　「太田大八作品集」（太田大八）　童話館出版　2001.4　p95-102

太田 辰幸　おおた・たつゆき〔1939—　国際経済学〕
　◎著作目録ほか　「経営論集　65」（東洋大）　2005.3　p97-107

太田 次男　おおた・つぎお〔1919—　日中比較文学・漢籍受容史〕
　◎編著書ほか　「空海及び白楽天の著作に係わる注釈書類の調査研究　下」（太田次男）　勉誠出版　2007.6　p414-421

太田 道灌　おおた・どうかん〔1432—1486　武将〕
　◎参考文献　「扇谷上杉氏と太田道灌」（黒田基樹）　岩田書院　2004.6　p212-216
　◎引用参考文献　「太田道真と道灌—河越・江戸・岩付築城五百五十年記念」（小泉功）　幹書房　2007.5　p173」

太田 道真　おおた・どうしん
　◎引用参考文献　「太田道真と道灌—河越・江戸・岩付築城五百五十年記念」（小泉功）　幹書房　2007.5　p173」

太田 知行　おおた・ともゆき〔1932—　〕
　◎業績目録ほか　「東海法学　33」（東海大学出版会）　2005.3　p223-229

大田 南畝　おおた・なんぽ〔1749—1823　狂歌師〕
　◎略年譜　「大田南畝・蜀山人のすべて—江戸の利巧者昼と夜、六つの顔を持った男」（渥美国泰）　里文出版　2004.4　p100-107
　◎参考文献　「大田南畝—詩は詩書は米庵に狂歌おれ」（沓掛良彦）　ミネルヴァ書房　2007.3　p275-278

太田 白雪　おおた・はくせつ
　◎文献目録ほか　「新修太田白雪集」（鈴木太吉）　太田白雪集刊行会　2002.1　p315-323

太田 巴静　おおた・はじょう
　◎年譜　「太田巴静と美濃竹ケ鼻の俳諧—美濃竹ケ鼻俳諧三百五十年記念」（野田千平）　中日出版社　2005.11　p135-156

太田 花子　おおた・はなこ〔女優〕
　◎参考文献ほか　「ロダンと花子—ヨーロッパを翔けた日本人女優の知られざる生涯」（資延勲）　文芸社　2005.10　p268-281

太田 英茂　おおた・ひでしげ
　◎参考文献　「広告はわが生涯の仕事に非ず」（多川精一）　岩波書店　2003.11　p287」

太田 博太郎　おおた・ひろたろう〔1912—2007　建築史家〕
　◎著作目録ほか（藤井恵介）　「建築史学　49」（建築史学会）　2007.9　p117-131

太田 冨貴雄　おおた・ふきお
　◎業績目録ほか（樋口満）　「早稲田大学人間科学研究　17.1」（早稲田大）　2004　p28-30

太田 正雄　おおた・まさお
　⇒木下 杢太郎（きのした・もくたろう）を見よ

太田 水穂　おおた・みずほ〔1876—1955　歌人〕
　◎文献目録　「異端の桜—太田水穂研究のために」（森本善信）　日本図書刊行会　2005.1　p111-118

太田 幸男　おおた・ゆきお〔1939—　中国古代史〕
　◎研究文献目録　「史海　50」（東京学芸大）　2003.6　p167-170

太田 良博　おおた・りょうはく〔1918—2002　ジャーナリスト・小説家〕
　◎著作目録ほか　「太田良博著作集　5　諸事雑考」（太田良博）　伊佐美津子　2007.7　p403-413

大田垣 蓮月　おおたがき・れんげつ〔1791—1875　歌人〕
　◎参考文献ほか　「大田垣蓮月」（杉本秀太郎）　桐葉書房　2004.10　p264-276

大滝 伊久男　おおたき・いくお〔1935—　英文学〕
　◎略歴ほか　「千葉商大紀要　43.3」（千葉商科大）　2005.12　p27-29f

大滝 真　おおたき・まこと
　◎研究業績　「白鷗大学論集　17.2」（白鷗大）　2003.3　p445-450

大竹 伸朗　おおたけ・しんろう〔1955—　洋画家・音楽家〕
　◎年譜（岡村恵子）　「ユリイカ　38.13.527」（青土社）　2006.11　p192-206
　◎関連書籍ほか　「美術手帖　58.889」（美術出版社）　2006.12　p131-136

大嶽 秀夫　おおたけ・ひでお〔1943—　政治学・政治過程論〕
　◎著作目録ほか　「法学論叢　160.5・6」（京都大）　2007.3　p1-19b

大谷 巌　おおたに・いわお〔1937—　耳鼻咽喉科学〕
　◎「大谷巌教授退任記念教室業績集」（福島県立医科大学医学部耳鼻咽喉科学教室）　大谷巌教授退任記念会　2003.3　203p　B5

大谷 晃一　おおたに・こういち〔1923—　作家〕
　◎著書目録　「大阪学余聞」（大谷晃一）　編集工房ノア　2005.6　p270-272

大谷 光照　おおたに・こうしょう〔1911—2002　僧侶〕
　◎年譜　「『法縁』抄―勝如上人の九十年」（大谷光照）　本願寺出版社　2002.7　p381-389

大谷 幸夫　おおたに・さちお〔1924—　建築家〕
　◎著作論考リスト（大谷研究室）　「都市的なるものへ―大谷幸夫作品集」（大谷幸夫ほか）　建築資料研究社　2006.6　p226-229

大谷 禎之介　おおたに・ていのすけ〔1934—　経済学・経営学史・金融論〕
　○業績目録　「経済志林 72.4」（法政大）　2005.3　p381-396

大谷 眞忠　おおたに・まさただ
　○著作目録ほか　「大分大学経済論集 58.4」（大分大）　2006.12　p177-179

大谷 長　おおたに・まさる〔1911—1999　哲学・デンマーク語〕
　◎論文目録　「キェルケゴーイアナ集成」（大谷長）　創言社　2006.9　p349-356

大谷 森繁　おおたに・もりしげ〔1932—　朝鮮文学〕
　○研究業績ほか　「広島女子大学国際文化学部紀要 10」（広島女子大）　2002.2　p1-5
　◎略年譜　「朝鮮文学論叢―大谷森繁博士古稀記念」（大谷森繁博士古稀記念朝鮮文学論叢刊行委員会）　白帝社　2002.3　p1-7f

大谷 善博　おおたに・よしひろ
　○著作抄録ほか　「福岡大学スポーツ科学研究 36.2」（福岡大）　2006.3　p27-33

大津 英敏　おおつ・ひでとし〔1943—　洋画家〕
　◎文献目録　「大津英敏展―伝えたい気持ち」　損保ジャパン美術財団　c2006　p99-102

大津 仁昭　おおつ・ひとあき
　◎略歴　「大津仁昭集」（大津仁昭）　邑書林　2004.5　p131-132

大塚 明敏　おおつか・あきとし
　○略歴ほか　「長野大学紀要 24.1」（長野大）　2002.6　p30」

大塚 和夫　おおつか・かずお〔1949—2009　社会人類学・中東民族誌学〕
　○略歴ほか　「人文学報 360」（東京都立大）　2005.3　p9-11

大塚 楠緒子　おおつか・くすおこ〔1875—1910　歌人・小説家〕
　○翻訳文学　「明治の女流文学―翻訳編 3　大塚楠緒子集　復刻版」（川戸道昭, 榊原貴教）　五月書房（明治文学復刻叢書）　2000.10　p1-3b

大塚 定徳　おおつか・さだのり
　○研究業績一覧　「国際言語文化研究 9」（鹿児島純心女子大）　2003.1　p9-13

大塚 聡　おおつか・さとし
　◎文献　「ジ・エッセンシャル―逢坂卓郎、須田悦弘、大塚聡、渡辺好明」（千葉市美術館）〔千葉市美術館〕　2002.4　p76-79

大塚 智　おおつか・さとし〔1936—　国文学・日本思想史学〕
　○業績目録ほか　「山手日文論攷 25」（神戸山手短大）　2005.11　p1-2

大塚 徳郎　おおつか・とくろう〔1914—2002　日本古代史〕
　○年譜ほか　「宮城史学 20・21・22特別」（宮城歴史教育研究会）　2001　10pf

大塚 初重　おおつか・はつしげ〔1926—　考古学者〕
　◎略年譜　「君よ知るやわが考古学人生」（大塚初重）　学生社　2005.11　p190-192

大塚 久雄　おおつか・ひさお〔1907—1996　経済史〕
　◎「福島大学附属図書館所蔵　大塚久雄文庫目録」（福島大学附属図書館）　福島大図書館　2002.1　426p　A4
　◎論文発表年譜　「大塚久雄　人と学問」（石崎津義男）　みすず書房　2006.7　p191-230

大塚 布見子　おおつか・ふみこ〔1929—　歌人〕
　◎略年譜　「白き假名文字―歌集」（大塚布見子）　短歌新聞社　2003.11　p116-119

大塚 盈　おおつか・みつる
　◎「北見歌人大塚盈の作品目録」（前川満夫）　北見市史編さん事務室　2005.3　66p　A4

大槻 和夫　おおつき・かずお〔1936—　国語教育〕
　◎著述目録ほか　「国語教育学への探究道程―その軌跡　大槻和夫著作集1」（大槻和夫）　渓水社　2005.6　p39-168

大槻 健　おおつき・たけし〔1920—2001　教育学〕
　○略年譜（尾花清）　「現代と教育 53」（桐書房）　2001.4　p89-90

大槻 磐渓　おおつき・ばんけい〔1801—1878　蘭学者・砲術家〕
　○著書ほか　「大槻磐渓の世界―昨夢詩情のこころ」（大島英介）　宝文堂　2004.3　p350-354

大槻 宏樹　おおつき・ひろき〔1933—　近世近代日本社会教育史〕
　○業績ほか　「学術研究　外国語・外国文学編 51」（早稲田大）　2002.2　p113-116

大槻 裕子　おおつき・ゆうこ
　○業績目録ほか　「大阪経大論集 57.6」（大阪経大学会）　2007.3　p189-192

大辻 隆弘　おおつじ・たかひろ〔1960—　歌人〕
　◎略歴　「大辻隆弘集」（大辻隆弘）　邑書林　2004.4　p141-144

大坪 徳次　おおつぼ・とくじ〔1931—　経済学・商業史〕
　○研究業績ほか　「九州産業大学商経論叢 43.3・4」（九州産業大）　2003.3　5pb

大手 拓次　おおて・たくじ〔1887—1934　詩人〕
　◎「山村暮鳥資料目録・大手拓次資料目録―群馬県立土屋文明記念文学館蔵」　群馬県立土屋文明記念文学館　2002.6　70p　A4

大伴 公馬　おおとも・こうま〔1931―2002　心理学・工芸史〕
　○著作目録ほか　「日本文化史研究　33」（帝塚山短大）　2001.3　p1-7

大友 德明　おおとも・のりあき〔翻訳家〕
　○略歴　「関東学院大学人間環境学会紀要　5」（関東学院大）　2006.1　p105-107

大伴家　おおともけ
　◎注　「坂上郎女と家持―大伴家の人々」（小野寺静子）　翰林書房　2002.5　prr

大伴 旅人　おおともの・たびと〔665―731　歌人〕
　◎注文献　「読み歌の成立　大伴旅人と山上憶良」（原田貞義）　翰林書房　2001.5　prr

大伴 家持　おおともの・やかもち〔718頃―785　歌人〕
　◎参考文献　「大伴家持と万葉集」（なかのげんご）　花神社　2001.6　p458-465
　◎注文献　「大伴家持と奈良朝和歌」（吉村誠）　おうふう　2001.9　prr
　◎参考文献　「大伴家持」（太田光一）　郁朋社　2002.7　p207-208
　◎略年表　「大伴家持の愛と悲劇―因幡の地に今よみがえる万葉ロマン―第17回国民文化祭・とっとり2002―万葉フェスティバル・万葉シンポジウム」（第17回国民文化祭国府町実行委員会）　国府町　2003.3　p106-111
　◎引用参照文献　「万葉歌人大伴家持―作品とその方法」（広川晶輝）　北海道大学図書刊行会　2003.5　p299-306
　◎文献目録（吉村誠）　「大伴家持　2　セミナー万葉の歌人と作品」（神野志隆光ほか）　和泉書院　2003.7　p255-287

鳳 逸平　おおとり・いっぺい
　⇒山川 亮（やまかわ・りょう）を見よ

大鳥 圭介　おおとり・けいすけ〔1833―1911　外交官・男爵〕
　◎参考文献　「われ徒死せず―明治を生きた大鳥圭介」（福本龍）　国書刊行会　2004.7　p323-329
　◎参考文献　「大鳥圭介の英・米産業視察日記―明治五年・六年」（福本龍）　国書刊行会　2007.6　p233」

大西 巨人　おおにし・きょじん〔1919―　小説家〕
　○年譜ほか（斎藤秀昭）　「五里霧」（大西巨人）　講談社　2005.1　p269-299

大西 五郎　おおにし・ごろう
　○経歴ほか　「言語と文化　10」（愛知大）　2004.1　p11-13

大西 民子　おおにし・たみこ〔1924―1994　歌人〕
　◎「大西民子書誌」（原山喜亥）　原山喜亥　2001.2　95p　A5
　○略歴　「大西民子の世界―その短歌精神と作歌技法」（さいたま市立大宮図書館）　さいたま市教育委員会　2003.3　p202-203

大西 鐵之祐　おおにし・てつのすけ
　◎年譜ほか　「知と熱―日本ラグビーの変革者・大西鐵之祐」（藤島大）　文藝春秋　2001.11　p266-271

大西 文行　おおにし・ふみゆき
　○略歴　「横浜市立大学論叢　社会科学系列　57.3」（横浜市立大）　2006.3　p1-13

大貫 松三　おおぬき・まつぞう〔1905―1982　洋画家〕
　◎参考文献　「湘南の洋画家・大貫松三展―報告書―調査と展示の記録　生誕100年目の発見」（端山聡子）　平塚市美術館　2006.3　p61-63

大野 喜久之輔　おおの・きくのすけ〔1930―　経済〕
　○著作目録ほか　「広島国際研究　9」（広島市立大）　2003.11　p193-194

大野 郡右衛門　おおの・ぐんうえもん
　◎参考資料　「大野郡右衛門　赤穂浪士外伝」（宗方翔）　作品社　2001.12　p421」

大野 順一　おおの・じゅんいち〔1930―　詩人〕
　○著作目録ほか　「日本文芸思潮史論叢」（大野順一先生古稀記念論文集刊行会）　同刊行会　2001.3　p435-458

大野 耐一　おおの・たいいち〔1912―1990〕
　◎参考文献　「大野耐一工人たちの武士道―トヨタ・システムを築いた精神」（若山滋）　日本経済新聞社　2005.10　p277-281

大野 篤一郎　おおの・とくいちろう〔1933―　哲学〕
　○業績　「神戸山手大学紀要　4」（神戸山手大）　2002.12　p11-14

大野 直枝　おおの・なおえ〔?―1913　植物学〕
　◎引用文献　「悲運の植物学者　大野直枝の人と業績」（増田芳雄）　学会出版センター　2002.12　p189-192

大野 浩　おおの・ひろし〔1936―　経営会計史〕
　○業績ほか　「金沢大学経済学部論集　22.2」（金沢大）　2002.3　p303-309
　○略歴ほか　「総合政策論叢　13」（島根県立大）　2007.3　p85-89

大野 正男　おおの・まさお〔1932―　昆虫学・動物地理学・自然保護学〕
　○経歴資料　「東洋大学紀要　自然科学篇　47」（東洋大）　2003.3　p141-196

大野 眞義　おおの・まさよし
　○著作目録ほか　「刑事法学の潮流と展望―大野眞義先生古稀祝賀」（森本益之ほか）　世界思想社　2000.11　p612-624

大野 道夫　おおの・みちお〔1956―　歌人〕
　○略歴　「大野道夫集」（大野道夫）　邑書林　2004.8　p137-139

大野 道邦　おおの・みちくに
　○業績目録　「奈良女子大学文学部研究教育年報　1」（奈良女子大）　2004　p69-71

大野 光彦　おおの・みつひこ〔1936―　児童福祉論・保育福祉論〕
　○業績ほか　「皇學館大学社会福祉学部紀要　8」（皇學館大）　2006.3　p3-6

大庭 昭博　おおば・あきひろ〔1948―2006　牧師〕
　○業績ほか　「キリスト教と文化　23」（青山学院宗教センター）　2007　p18-19

大羽 綾子　おおば・あやこ〔1912―　婦人労働問題・国際労働問題〕
　◎年譜・著書・論文等一覧　「働く女性―平等と平和を求めて」（大羽綾子, 婦人労働研究会）　ドメス出版　2002.11　p300-310

大庭 脩　おおば・おさむ〔1927―2002　中国古代史〕
　○著作目録ほか　「大阪府立近つ飛鳥博物館館報 8」（近つ飛鳥博物館）　2003.11　p3-13

大場 國彦　おおば・くにひこ
　○業績ほか　「専修商学論集　82」（専修大）　2006.1　p329-334

大場 淳　おおば・じゅん
　◎業績　「21世紀型高等教育システム構築と質的保証―FD・SD・教育班の報告」（広島大学高等教育研究開発センター）　広島大　2007.2　p315-321

大場 恒明　おおば・つねあき〔1933―　フランス文学〕
　○業績一覧ほか　「国際経営論集　27」（神奈川大）　2004.3　p5-8f

大場 秀章　おおば・ひであき〔1943―　植物研究家〕
　◎著作一覧　「大場秀章著作選　2」（大場秀章）　八坂書房　2006.3　p31-43b

大庭 みな子　おおば・みなこ〔1930―　小説家〕
　◎年譜ほか（与那覇恵子ほか）　「寂兮寥兮」（大庭みな子）　講談社　2004.10　p172-189

大場 寥和　おおば・りょうわ
　○年譜稿（荻原道生ほか）　「都留文科大学大学院紀要　6」（都留文科大）　2002.3　p19-37

大橋 勝男　おおはし・かつお〔1938―　国語学〕
　○業績ほか　「新大国語　29」（新潟大）　2003.3　p1-19

大橋 巨泉　おおはし・きょせん〔1934―　タレント・著述業〕
　◎著作一覧　「ゲバゲバ70年!―大橋巨泉自伝」（大橋巨泉）　講談社　2004.3　p508-509

大橋 佐平　おおはし・さへい〔1835―1901　出版人〕
　◎参考文献　「龍の如く―出版王大橋佐平の生涯」（稲川明雄）　博文館新社　2005.3　p406」

大橋 俊雄　おおはし・しゅんのう〔1925―2001　僧侶〕
　○人と学問（金中清光）　「時衆文化　5」（時衆文化研究会）　2002.4　p99-102

大橋 泰二　おおはし・たいじ
　○著作業績ほか　「文化情報学　11.2」（駿河台大）　2004.12　p91-93

大橋 頼摸　おおはし・らいも〔1861―1912　政治家・実業家〕
　◎略歴　「豊田町郷土資料　第1集　豊田町誌資料集 6近現代編補遺」（豊田町企画課（町誌編さん係））　静岡県磐田郡豊田町　2002.3　p3-4

大橋 良介　おおはし・りょうすけ〔1944―　近現代哲学・美学〕
　○業績ほか　「大阪大学大学院文学研究科紀要　47」（大阪大）　2007.3　p244-246

大橋家　おおはしけ
　◎参考文献　「将軍家「将棋指南役」―将棋宗家十二代の「大橋家文書」を読む」（増川宏一）　洋泉社　2005.2　p202-203

大濱 徹也　おおはま・てつや
　○業績目録ほか　「年報日本史叢　2000」（筑波大）　2000.12　p143-196

大林 太良　おおばやし・たりょう〔1929―2001　民族学者〕
　○著作一覧ほか（山田仁史）　「Biostory　8」（昭和堂）　2007.11　p72-81

大林 宣彦　おおばやし・のぶひこ〔1938―　映画作家〕
　◎参考資料　「尾道学と映画フィールドワーク」（荒木正見）　中川書店　2003.9　p119-122

大林 洋五　おおばやし・ようご
　○著作目録ほか　「東亜経済研究　59.4」（山口大）　2001.3　p581-585

大原 富枝　おおはら・とみえ〔1912―2000　小説家〕
　○作品目録（長谷川和子）　「梅花女子大学短期大学部研究紀要　53」（梅花女子大）　2004　p1-14
　○作品目録（長谷川和子）　「梅花女子大学短期大学部研究紀要　53」（梅花女子大）　2005.3　p1-14b
　◎年譜ほか（堀江泰太）　「婉という女・正妻」（大原富枝）　講談社　2005.4　p366-383
　○作品目録（長谷川和子）　「梅花女子大学短期大学部研究紀要　54」（梅花女子大）　2006.3　p1-12b

大原 幽学　おおはら・ゆうがく〔1797―1858　農民指導者〕
　◎参考文献　「大原幽学と幕末村落社会―改心楼始末記」（高橋敏）　岩波書店　2005.3　p227-228
　◎参考文献　「大原幽学伝―農村理想社会への実践」（鈴木久仁直）　アテネ社　2005.8　p221-222

大樋 長左衛門　おおひ・ちょうざえもん
　◎略歴　「大樋長左衛門窯の陶芸―加賀百万石の茶陶」（大樋長左衛門）　淡交社　2001.3　p142-143

大藤 幹夫　おおふじ・みきお〔1936―　児童文学〕
　○著述目録　「学大国文　45」（大阪教育大）　2002　p8-16

大淵 寛　おおぶち・ひろし〔1936―　人口論・経済人口学〕
　○業績目録ほか　「経済学論纂　47.3・4」（中央大）　2007.3　p757-778

近江谷 幸一　おおみや・こういち〔1932―2006　経済理論〕
　○研究業績ほか　「経済集志　73.1」（日本大）　2003.4　p3-6f

大三輪 龍彦　おおみわ・たつひこ〔1942―2006　中世考古学〕
　○業績　「文化財学雑誌　3」（鶴見大）　2007.3　p26」

大村 主計　おおむら・かずえ〔1904―1980　童謡詩人〕
　◎年譜ほか　「大村主計全集　4」（大村益夫）　緑蔭書房　2007.3　p609-701

大村 鉱次郎　おおむら・こうじろう〔1933―　〕
　◎参考文献　「機長の仕事　42種の飛行機を操縦したパイロット」（大村鉱次郎）　講談社　2002.12　p252-253

大村 しげ　おおむら・しげ〔1918―1999　随筆家〕
　◎年譜ほか　「モノに見る生活文化とその時代に関する研究―国立民族学博物館所蔵の大村しげコレクションを通して」（横川公子ほか）　国立民族学博物館　2007.3　p33」
　◎略年譜ほか　「大村しげ　京都町家ぐらし」（横川公子）　河出書房新社　2007.6　p140-142

大村 はま　おおむら・はま〔1906―2005　国語教育家〕
　◎軌跡　「教師大村はま96歳の仕事」（大村はま）　小学館　2003.6　p222-245
　◎対比略年譜　「22年目の返信」（大村はまほか）　小学館　2004.11　p244-255

大村 益夫　おおむら・ますお〔1933―　中国近現代文学・朝鮮文学〕
　○年譜　「朝鮮近代文学と日本」（大村益夫）　緑蔭書房　2003.1　p399-410

大村 能弘　おおむら・よしひろ
　○研究業績ほか　「琉球大学理学部紀要　74」（琉球大）　2002.9　p1-7f

大森 郁之助　おおもり・いくのすけ〔1932―　近代日本文学〕
　○著述等目録ほか　「比較文化論叢　12」（札幌大）　2003.9　p21-34

大森 一彦　おおもり・かずひこ〔1937―　図書館学・科学史〕
　○著作目録（大森一彦）　「文献探索　2004」（文献探索研究会）　2004.4　p352-362

大森 荘蔵　おおもり・しょうぞう〔1921―1997　哲学者〕
　◎年譜ほか　「大森荘蔵―哲学の見本」（野矢茂樹）　講談社　2007.10　p240-247

大森 曹玄　おおもり・そうげん〔1904―1994　禅僧・剣道家〕
　◎年譜　「大森曹玄翁夜話――一禅僧の昭和史」（鉄舟会出版部）　鳥影社　2004.9　p207-219

大森 弘　おおもり・ひろし〔1933―　経営学〕
　○著作目録ほか　「商経学叢　49.3」（近畿大）　2003.3　p876-877

大森 正昭　おおもり・まさあき〔1939―2004　交通心理学〕
　○主要業績ほか　「大阪大学大学院人間科学研究科紀要　29」（大阪大）　2003　p263-267

大家 勝彦　おおや・かつひこ
　○著書・論文　「福山市立女子短期大学紀要　32」（福山市立女子短大）　2006　p1-2

大谷 實　おおや・みのる
　○著作目録ほか　「同志社法学　56.6」（同志社法学会）　2005.2　p2355-2394

大矢 息生　おおや・やすお〔1932―　弁護士・税理士〕
　○業績目録ほか　「国士舘法学　34」（国士舘大）　2002　p191-200

大薮 和雄　おおやぶ・かずお
　○年譜　「香川大学経済論叢　74.3」（香川大）　2001.12　p307-313

大藪 春彦　おおやぶ・はるひこ〔1935―1996　推理作家〕
　◎年譜ほか（山前譲）　「挑戦者」（大藪春彦）　徳間書店　2006.2　p263-313

大山 郁夫　おおやま・いくお〔1880―1955　政治学者・社会運動家・政治家〕
　◎参考文献　「大正デモクラシーと大山郁夫　藤原保信著作集6」（藤原保信）　新評論　2005.8　prr

大山 柏　おおやま・かしわ〔1889―1969　考古学者・公爵〕
　◎文献ほか　「失われた史前学―公爵大山柏と日本考古学」（阿部芳郎）　岩波書店　2004.3　p257-266

大山 俊彦　おおやま・としひこ〔1932―　商法〕
　○業績目録ほか　「明治学院論叢　675」（明治学院大）　2002.3　p1-8b

大山 倍達　おおやま・ますたつ〔1923―1994　空手家〕
　◎文献　「大山倍達正伝」（小島一志ほか）　新潮社　2006.7　p612-620

大山 道廣　おおやま・みちひろ
　○著作目録ほか　「三田学会雑誌　96.4」（慶応義塾経済学会）　2004.1　p671-677

大山 儀雄　おおやま・よしお
　○業績目録ほか　「中央学院大学法学論叢　17.1・2」（中央学院大）　2004.3　p251-255

大呂 義雄　おおろ・よしお
　○業績ほか　「言語と文化　8」（愛知大）　2003.2　p9-12

大輪 靖宏　おおわ・やすひろ〔1936―　近世文学〕
　○著述目録ほか　「上智大学国文学科紀要　24」（上智大）　2007.1　p21-29

大脇 錠一　おおわき・ていいち〔1928―　広告・マーケティングリサーチ〕
　○著作目録ほか　「愛知学院大学論叢商学研究 46.1・2」（愛知学院大）　2005.12　p84-92

岡 潔　おか・きよし〔1901―1978　数学者・随筆家〕
　◎略年譜　「情緒の教育」（岡潔）　灯影舎　2001.11　p296-299
　◎略年譜　「天上の歌―岡潔の生涯」（帯金充利）　新泉社　2003.3　p265-283
　◎著作目録ほか　「評伝岡潔　星の章」（高瀬正仁）　海鳴社　2003.7　p505-520
　◎略年譜（帯金充利）　「日本の国という水槽の水の入れ替え方―憂国の随想集」（岡潔）　成甲書房　2004.4　p344-349
　◎略年譜　「評伝岡潔　花の章」（高瀬正仁）　海鳴社　2004.4　p525-534

岡 熊臣　おか・くまおみ〔1783―1851　神官・国学者〕
　◎参考文献ほか　「岡熊臣　転換期を生きた郷村知識人　一幕末国学者の兵制論と「淫祀」観」（張憲生）　三元社　2002.5　p334-339,292-312

岡 俊孝　おか・としたか
　○主要論著ほか　「法と政治 52.4」（関西学院大）　2001.12　p781-788

岡 晴夫　おか・はるお〔1939―　中国戯曲・演劇・中国語学〕
　○著作目録ほか　「藝文研究 87」（慶応義塾大）　2004.12　p3-9f

岡 祐記　おか・ゆうき
　○業績ほか　「専修経営学論集 72」（専修大）　2001.3　p273-276

岡 亮二　おか・りょうじ〔1933―2007　僧侶〕
　○著述目録ほか　「真宗学　105・106合併号」（龍谷大）　2002.3　p5-16f

岡井 隆　おかい・たかし〔1928―　歌人〕
　◎関係書誌　「現代短歌と天皇制」（内野光子）　風媒社　2001.2　p1-6b
　○歌集解題ほか（大辻隆弘）　「現代詩手帖 48.11」（思潮社）　2005.11　p124-135
　◎自筆年譜　「岡井隆資料集成　1」　思潮社　2006.2　p150-176

岡倉 覚三　おかくら・かくぞう
　⇒岡倉 天心（おかくら・てんしん）を見よ

岡倉 天心　おかくら・てんしん〔1862―1913　美術・思想〕
　◎参考文献　「永遠の天心」（茂木光春）　文芸社　2002.11　p346-352
　◎年譜ほか　「岡倉天心物語」（新井恵美子）　神奈川新聞社　2004.12　p326-335
　◎年譜ほか　「岡倉天心―物ニ観ズレバ竟ニ吾無シ」（木下長宏）　ミネルヴァ書房　2005.3　p355-357,367-380
　◎引用参考文献　「岡倉天心日本文化と世界戦略」（ワタリウム美術館）　平凡社　2005.6　p270-271
　◎年表（村岡博）　「茶の本」（岡倉天心）　哲学書房　2006.6　p175-184
　◎参考文献　「岡倉天心『茶の本』の思想と文体―The Book of Teaの象徴技法」（東郷登志子）　慧文社　2006.8　p265-272
　◎参考文献　「『茶の本』を味わう」（川原澄子）　文芸社　2006.8　p221-224
　◎参考文献　「世界史の中の日本―岡倉天心とその時代」（岡倉登志）　明石書店　2006.11　p268-272

岡崎 勝彦　おかざき・かつひこ〔1943―　公法〕
　○業績ほか　「島大法学 49.4」（島根大）　2006.3　p405-412

岡崎 敬　おかざき・たかし〔1923―1990　考古学者〕
　◎略年譜　「シルクロードと朝鮮半島の考古学」（岡崎敬）　第一書房　2002.7　p325-328

岡崎 凉子　おかざき・りょうこ〔1936―　英米演劇〕
　○略歴ほか　「人文社会科学研究 47」（早稲田大）　2007.3　p169-173

岡澤 宏　おかざわ・ひろし
　○業績ほか　「専修人文論集 76」（専修大）　2005.3　2pf

小笠原 和幸　おがさわら・かずゆき〔1956―　歌人〕
　◎略歴　「小笠原和幸集」（小笠原和幸）　邑書林　2003.8　p134-136

小笠原 賢二　おがさわら・けんじ〔1946―2004　文芸評論家〕
　◎略年譜ほか（田中綾）　「小笠原賢二小説集」（菱川善夫）　響文社　2006.9　p326-366

小笠原 茂　おがさわら・しげる〔1936―　〕
　○業績ほか　「立教経済学研究 58.4」（立教大）　2005.3　p323-324

小笠原 省三　おがさわら・しょうぞう
　◎年譜（嵯峨井建）　「海外神社史　復刻」（小笠原省三ほか）　ゆまに書房　2004.9　p27-36b

小笠原 登　おがさわら・のぼる〔1888―1970　医師・仏教者〕
　◎引用参考資料　「やがて私の時代が来る―小笠原登伝」（大場昇）　皓星社　2007.11　p217-231

小笠原 弘親　おがさわら・ひろちか〔1939―2000　政治学史〕
　○略歴ほか　「法学雑誌 48.1」（大阪市立大）　2001.8　p1-7b

小笠原 好彦　おがさわら・よしひこ〔1941―　歴史考古学・博物館学〕
　◎著書ほか　「考古学論究―小笠原好彦先生退任記念論集」（記念論集刊行会）　真陽社　2007.3　p1315-1345

岡田 朝雄　おかだ・あさお〔1935―　ドイツ文学〕
　○略歴　「文学論藻 80」（東洋大）　2006.2　p3-9

緒方 郁蔵　おがた・いくぞう
　◎参考文献　「関西黎明期の群像　2」（馬場憲二ほか）　和泉書院　2002.4　p38-39

岡田 恵美子　おかだ・えみこ〔1932―　ペルシア文学・比較文化論〕
　○著書目録ほか　「総合政策研究　9」（中央大）　2002.5　p73-75

岡田 脩　おかだ・おさむ〔1929―2002〕
　○略年譜ほか　「大東文化大学漢学会誌　46」（大東文化大）　2007.3　5pf

岡田 和喜　おかだ・かずのぶ〔1931―　金融論・日本金融史〕
　○研究業績ほか　「経済集志　71.4」（日本大）　2002.1　p3-14f

岡田 喜秋　おかだ・きしゅう〔1926―　紀行文学〕
　◎著作目録　「西行の旅路」（岡田喜秋）　秀作社出版　2005.6　p380-381

岡田 清　おかだ・きよし〔1931―　交通経済論・公企業論〕
　○業績ほか　「成城大学経済研究　158」（成城大）　2002.11　p417-430

岡田 啓介　おかだ・けいすけ〔1868―1952　海軍大将・政治家〕
　◎文献ほか　「宰相岡田啓介の生涯―2・26事件から終戦工作」（上坂紀夫）　東京新聞出版局　2001.2　p350-364

尾形 乾山　おがた・けんざん〔1663―1743　陶工・画家〕
　◎参考文献　「乾山―幽邃と風雅の世界」（Miho Museum）　Miho Museum　2004.9　p284-289

岡田 健蔵　おかだ・けんぞう〔1883―1944　図書館人〕
　○著作目録（藤島隆）　「文献探索　2000」（文献探索研究会）　2001.2　p457-464
　○著作目録（藤島隆）　「北の文庫　31」（北の文庫の会）　2001.8　p1-27

緒方 洪庵　おがた・こうあん〔1810―1863　蘭方医〕
　◎年譜　「洪庵のくすり箱」（米田該典）　大阪大学出版会　2001.1　p135」
　◎注　「緒方洪庵と大坂の除痘館」（古西義麿）　東方出版　2002.12　prr

岡田 孝一　おかだ・こういち
　◎著書目録　「老パルチザンのあしあと―岡田孝一の記録」（藤森節子）　梨花工房　2004.6　p219-227

岡田 幸三郎　おかだ・こうざぶろう
　◎文献　「ビルマ独立に命をかけた男たち」（遠藤順子）　PHP研究所　2003.8　p214-218

岡田 幸三　おかだ・こうぞう
　◎著述一覧（やじまゆきを）　「岡田幸三花の伝書」（岡田幸三）　神無書房　2007.10　p84-85

緒方 貞子　おがた・さだこ〔1927―　国際政治学〕
　◎参考文献　「緒方貞子―難民支援の現場から」（東野真）　集英社　2003.6　p218-219
　◎参考文献　「紛争と難民―緒方貞子の回想」（緒方貞子）　集英社　2006.3　p459-451

岡田 三郎　おかだ・さぶろう〔1890―1954　小説家・評論家〕
　◎著書目録ほか　「岡田三郎三篇」（岡田三郎）　イー・ディー・アイ　2002.11　p73-84

緒方 春朔　おがた・しゅんさく〔1748―1810　医学者〕
　◎参考文献　「種痘の祖緒方春朔」（富田英壽）　西日本新聞社　2005.11　p238-244

岡田 尚三　おかだ・しょうぞう
　○業績目録ほか　「高知論叢　88」（高知大）　2007.3　p301-304

岡田 桑三　おかだ・そうぞう〔1903―1983　科学映画プロデューサー〕
　◎文献ほか　「岡田桑三映像の世紀―グラフィズム・プロパガンダ・科学映画」（川崎賢子,原田健一）　平凡社　2002.9　p442-500

岡田 孝夫　おかだ・たかお
　◎著作目録　「江州刀工の研究」（岡田孝夫）　サンライズ出版　2006.8　p325-327

緒方 竹虎　おがた・たけとら〔1888―1956　政治家〕
　◎略年譜ほか　「緒方竹虎　新装版」（栗田直樹）　吉川弘文館　2001.3　p223-230
　◎註　「新聞資本と経営の昭和史―朝日新聞筆政・緒方竹虎の苦悩」（今西光男）　朝日新聞社　2007.6　p350-356

岡田 武彦　おかだ・たけひこ〔1908―2004　中国哲学〕
　○業績（福田殖）　「中国哲学論集　30」（九州大）　2004.12　p121-130

岡田 武世　おかだ・たけよ〔1932―1999　心理学〕
　○研究業績ほか　「社会関係研究　8.1」（熊本学園大）　2001.11　p228-233

岡田 徳次郎　おかだ・とくじろう〔1906―1980　小説家・詩人〕
　◎参考文献ほか　「漂泊の詩人岡田徳次郎」（河津武俊）　弦書房　2004.5　p358-359

岡田 刀水士　おかだ・とみじ〔1902―1970　詩人〕
　◎略年譜　「岡田刀水士初期作品集」　土屋文明記念文学館　2006.10　p86-88

小方 直幸　おがた・なおゆき
　◎業績　「21世紀型高等教育システム構築と質的保証―FD・SD・教育班の報告」（広島大学高等教育研究開発センター）　広島大　2007.2　p328-330

岡田 紀子　おかだ・のりこ〔1939―　現代哲学〕
　○業績一覧ほか　「人文学報　324」（東京都立大）　2002.3　p5-7f

岡田 靖夫　おかだ・はるお〔1935―　〕
　○業績目録ほか　「横浜国際経済法学　9.3」（横浜国際経済法学会）　2001.3　p411-415

岡田 英男　おかだ・ひでお〔?—2000　日本建築史〕
　○著作目録ほか（村上訒一）　「建築史学　36」（建築史学会）　2001.3　p76-82
　◎業績ほか　「日本建築の構造と技法―岡田英男論集　下」（岡田英男）　思文閣出版　2005.8　p377-384

岡田 弘　おかだ・ひろし〔1943—　火山物理学〕
　○業績ほか　「北海道大学地球物理学研究報告　70」（北海道大）　2007.3　11pf

岡田 博　おかだ・ひろし
　○研究業績ほか　「独協経済　78」（独協大）　2004.3　p2-3

小片 富美子　おがた・ふみこ〔1934—　児童期・青年期の精神医学〕
　○著作ほか　「長野大学紀要　27.1」（長野大）　2005.6　p67-68

岡田 茂吉　おかだ・もきち〔1882—1955　宗教家〕
　◎略年譜　「岡田茂吉その豊かな世界―地上の天国と自然農法」（大星光史）　考古堂書店　2000.11　p269-270

岡田 泰男　おかだ・やすお〔1937—　アメリカ経済史〕
　○著作目録ほか　「三田学会雑誌　95.4」（慶応義塾経済学会）　2003.1　p837-841

岡田 八千代　おかだ・やちよ〔1883—1962　小説家・演劇家〕
　○著作年譜（井上理恵）　「吉備国際大学社会学部研究紀要　15」（吉備国際大）　2005　p168-151

岡田 ゆき　おかだ・ゆき
　◎著作目録　「文学としての『青鞜』」（岩田ななつ）不二出版　2003.4　p262-264

岡田 至雄　おかだ・よしお〔1934—　社会学〕
　○業績ほか（岩見和彦）　「関西大学社会学部紀要　36.3」（関西大）　2005.3　p177-183

岡田 芳朗　おかだ・よしろう〔1930—　日本古代史〕
　◎著作目録（日本史攷究会）　「時と文化　日本史攷究の視座」　歴研　2000.11　p37-66
　◎主要著書　「旧暦読本―現代に生きる「こよみ」の知恵」（岡田芳朗）　創元社　2006.12　p297」

岡堂 哲雄　おかどう・てつお〔1932—　心理学〕
　○研究業績ほか　「人間科学研究　23」（文教大）　2001.12　p19-32

岡野 加穂留　おかの・かおる〔1929—2006　政治学者〕
　◎著作・雑誌論文等一覧（池田美智代）　「政治思想とデモクラシーの検証―臨床政治学の基礎」（岡野加穂留, 伊藤重行）　東信堂　2002.10　p327-338

岡野 磨瑳郎　おかの・まさお〔1923—1999　昆虫学〕
　○業績目録ほか　「富士大学紀要　33.1」（富士大）　2000.8　p163-169

岡野 光雄　おかの・みつお〔1937—　刑法〕
　◎業績目録　「交通刑事法の現代的課題―岡野光雄先生古稀記念」（曽根威彦ほか）　成文堂　2007.2　p641-648
　○著作目録ほか　「早稲田社会科学総合研究　8.1」（早稲田大）　2007.7　8pf

岡野 行秀　おかの・ゆきひで〔1929—　交通経済学・公共経済学〕
　○著作目録　「創価経済論集　35（1-4）」（創価大）　2005.12　p7-23f

岡上 菊栄　おかのうえ・きくえ〔1867—1947　社会福祉活動家〕
　◎参考文献　「龍馬の姪岡上菊栄の生涯」（武井優）　鳥影社　2003.3　p347-352

岡藤 良敬　おかふじ・よしたか〔1935—　日本古代文化史〕
　○著作目録ほか　「七隈史学　7」（七隈史学会）　2006.3　p112-110
　○著作目録ほか　「福岡大学人文論叢　37.4.147」（福岡大）　2006.3　5pb

岡部 伊都子　おかべ・いつこ〔1923—2008　随筆家〕
　◎年譜ほか（佐藤清文）　「美を求める心」（岡部伊都子）　講談社　2003.8　p270-285
　◎著書リスト　「櫻レクイエム―岡部伊都子へのめぐる想ひ」（大沼洸）　紅ファクトリー　2005.4　p215-221
　◎年譜ほか　「遺言のつもりで―伊都子一生語りおろし」（岡部伊都子）　藤原書店　2006.1　p403-416

岡部 栄信　おかべ・えいしん
　◎年譜　「至善の人岡部栄信」（田村貞男, 山崎益吉）　まそほ会　2002.10　p296-301

岡部 和雄　おかべ・かずお〔1935—　仏教学〕
　○業績ほか　「駒澤大學佛教学部論集　37」（駒澤大）　2006.10　p1-6f

岡部 祥平　おかべ・しょうへい〔1930—　臨床心理学〕
　○業績ほか　「専修人文論集　68」（専修大）　2001.3　p45-49

岡部 達味　おかべ・たつみ〔1932—　著述業〕
　○業績ほか　「専修法学論集　87」（専修大）　2003.3　p3-8b

岡部 鐵男　おかべ・てつお
　○著書目録ほか　「経済学研究　68.4・5」（九州大）　2002.2　p285-289

岡部 長職　おかべ・ながもと〔1854—1925　外交官・政治家〕
　◎参考文献ほか　「評伝岡部長職―明治を生きた最後の藩主」（小川原正道）　慶應義塾大出版会　2006.7　p333-342

岡部 仁　おかべ・ひとし〔1947—2003　ドイツ文学〕
　○業績ほか　「人文学報　354」（都立大）　2004.3　4pf

岡部 平太　おかべ・へいた〔1891—1966　スポーツ指導者・柔道家〕
◎参考文献ほか　「岡部平太小伝―日本で最初のアメリカンフットボール紹介者　附改訂版関西アメリカンフットボール史」（川口仁）　関西アメリカンフットボール協会　2004.8　p181-182

岡部 光明　おかべ・みつあき〔1943—　国際金融論〕
◎著作物　「日本経済と私とSFC―これまでの歩みとメッセージ―慶應義塾大学最終講義」（岡部光明）　慶應義塾大出版会　2007.10　p117-124

岡部 六弥太　おかべ・ろくやた〔1926—　俳人〕
◎年譜　「岡部六弥太全句集―季語別」（岡部六弥太）　弦書房　2004.7　p283-300

岡松 和夫　おかまつ・かずお〔1931—　小説家〕
○著作目録補遺（高梨章）　「平潟　34」（関東学院女子短大）　2001.12　p66-72

岡光 一浩　おかみつ・かずひろ
○略年譜　「山口大学独仏文学　27」（山口大）　2005.12　p1-6f

岡村 重夫　おかむら・しげお〔1906—2001　社会福祉〕
◎著作目録ほか　「日本の社会福祉学―岡村重夫とその批判者たち」（松本英孝）　三学出版　2002.9　p125-143

岡村 順子　おかむら・じゅんこ
○研究業績ほか　「天理大学学報　53.2」（天理大）　2002　p1-7f

岡村 尭　おかむら・たかし〔1937—　国際法・経済法〕
○著作目録ほか　「上智法学論集　50.4」（上智大）　2007.3　p238-241

岡村 忠夫　おかむら・ただお〔1939—　小説家〕
○略歴ほか　「法学志林　101.3.730」（法政大）　2004.2　p213-216

岡村 博文　おかむら・ひろふみ
○業績ほか　「科学人間　31」（関東学院大）　2002.3　p5-11

岡本 韋庵　おかもと・いあん
◎参考文献　「樺太・千島に夢をかける―岡本韋庵の生涯」（林啓介）　新人物往来社　2001.6　p208-209

岡本 一平　おかもと・いっぺい〔1886—1948　漫画家〕
◎年譜　「岡本一平・岡本太郎展―親子の対話　カタログ」（美濃加茂市民ミュージアム）　同ミュージアム　2001.2　p36-37
○略年譜（安宅夏夫）「国文学　解釈と教材の研究　52.2.746」（学燈社）　2007.2　p140-144

岡本 磐男　おかもと・いわお〔1930—　経済学〕
○著作目録ほか　「経済論集　26.1・2」（東洋大）　2001.2　p217-220

岡本 かの子　おかもと・かのこ〔1889—1939　小説家〕
◎年譜　「瀬戸内寂聴全集　2」（瀬戸内寂聴）　新潮社　2001.3　p799-818
◎年譜　「岡本かの子いのちの回帰」（高良留美子）　翰林書房　2004.11　p199-210
◎略年譜（権藤愛順ほか）　「与謝野晶子・岡本かの子」（木股知史ほか）　晃洋書房　2005.5　p228-237
◎読書・言及年表　「岡本かの子の小説―〈ひたごころ〉の形象」（外村彰）　おうふう　2005.9　p271-328
◎略年譜（安宅夏夫）「国文学　解釈と教材の研究　52.2.746」（学燈社）　2007.2　p140-144

岡本 監輔　おかもと・かんすけ〔1839—1904　樺太探検家・漢学者〕
◎資料目録　「アジアへのまなざし岡本韋庵―阿波学会五十周年記念」（阿波学会・岡本韋庵調査研究委員会）　阿波学会　2004.12　p297-328

岡本 帰一　おかもと・きいち〔1888—1930　洋画家・童画家〕
◎年譜　「岡本帰一」（竹迫裕子）　河出書房新社（らんぷの本）　2001.8　p116-117

岡本 綺堂　おかもと・きどう〔1872—1939　劇作家・小説家〕
◎参考文献　「綺堂は語る半七が走る―異界都市江戸東京」（横山泰子）　教育出版　2002.12　p186-190
◎年譜　「江戸のことば―綺堂随筆」（岡本綺堂）　河出書房新社　2003.6　p285-324
○世界（柏崎美代）　「文献探索　2003」（文献探索研究会）　2003.12　p120-125
◎参考文献　「『半七捕物帳』と中国ミステリー」（有坂正三）　文芸社　2005.9　p227-229
◎戯曲年表　「綺堂年代記」（岡本経一）　青蛙房　2006.7　p453-505

岡本 恵徳　おかもと・けいとく〔1934—2006　日本近代文学〕
○著作目録（我部聖）　「琉球アジア社会文化研究　6」（琉球アジア社会文化研究会）　2003.10　p94-130
◎著作目録（我部聖）　「「沖縄」に生きる思想―岡本恵徳批評集」（岡本恵徳）　未来社　2007.8　p1-25b

岡本 サヱ　おかもと・さえ〔1941—　中国哲学〕
○著作目録ほか　「東洋文化研究所紀要　141」（東京大）　2001.3　p1-10

岡本 秋暉　おかもと・しゅうき〔1807—1862　画家〕
◎文献ほか　「岡本秋暉展図録―花ゆらす風、禽鳥のたわむれ　小田原藩の絵師」（平塚市美術館）　平塚市美術館　2004.2　p186-191

岡本 清一　おかもと・せいいち〔1905—2001　政治学・政治史〕
　○著作目録ほか　「京都精華大学紀要　22」（京都精華大）　2002.3　p3-5
　◎著作目録　「岡本清一政治評論集—20世紀を生きる」（岡本清一生誕一〇〇年京都精華大学記念刊行会）　青山社　2005.4　p29-40b

岡本 精一　おかもと・せいいち
　◎関係書誌ほか（松尾圭造）　「岡本精一—インドネシア・ムルデカ（独立）の源流」（拓殖大学創立百年史編纂室）　拓殖大　2002.3　p286-289
　◎関係書誌　「学統に関わる書誌　1」（拓殖大学創立百年史編纂室）　拓殖大　2004.7　p106-110

岡本 隆　おかもと・たかし
　○著作目録ほか　「神戸学院経済学論集　37.3・4」（神戸学院大）　2006.3　p165-169

岡本 太郎　おかもと・たろう〔1911—1996　洋画家〕
　◎年譜　「岡本一平・岡本太郎展—親子の対話　カタログ」（美濃加茂市民ミュージアム）　同ミュージアム　2001.2　p36-37
　◎参考文献　「岡本太郎の見た日本」（赤坂憲雄）　岩波書店　2007.6　p369-375

岡本 登太郎　おかもと・とうたろう〔1929—　地方財政論〕
　○著作目録ほか　「京都学園大学経済学部論集　11.2」（京都学園大）　2001.12　p401-407

岡本 伸之　おかもと・のぶゆき〔1941—　ホテル経営論〕
　○業績ほか　「立教大学観光学部紀要　9」（立教大）　2007.3　p2-3

岡本 昇　おかもと・のぼる〔経営学〕
　○研究業績ほか　「奈良産業大学紀要　19」（奈良産業大）　2003.12　p128-129

岡本 典子　おかもと・のりこ
　○著作目録ほか　「和光経済　39.3」（和光大社会経済研究所）　2007.3　p169-173

岡本 昌夫　おかもと・まさお〔1936—　〕
　○業績目録ほか　「大阪経大論集　56.6.290」（大阪経済大）　2006.3　p173-175

岡本 勝　おかもと・まさる〔1938—2007　近世文学〕
　○年譜ほか　「国語国文学報　60」（愛知教育大）　2002.3　p3-10

岡本 幹輝　おかもと・みきてる〔1936—　法律〕
　○著作目録ほか　「白鷗法学　14.1」（白鷗大）　2007.5　p9-12

岡本 三夫　おかもと・みつお〔1933—　平和学・社会哲学・国際政治学〕
　○著作目録ほか　「修道法学　27.2.53」（広島修道大）　2005.2　9pf

岡本 祐次　おかもと・ゆうじ〔1937—　経済学史〕
　○業績ほか　「三重法経　122」（三重短大）　2003.12　12pf

小川 アンナ　おがわ・あんな
　◎年譜　「小川アンナ詩集」（小川アンナ）　土曜美術社出版販売　2003.12　p168-174

小川 一乗　おがわ・いちじょう〔1936—　僧侶〕
　◎「小川一乗仏教思想論集　3　別冊　小川一乗博士略年譜・著作目録」（小川一乗）　法藏館　2004.10　8p　A5

小川 英次　おがわ・えいじ〔1931—　経営〕
　○業績ほか　「中京経営研究　17.1・2」（中京大）　2007.12　p231-237

小川 国夫　おがわ・くにお〔1927—2008　小説家〕
　◎年譜ほか（山本恵一郎）　「あじさしの洲・骨王—小川国夫自選短篇集」（小川国夫）　講談社　2004.6　p252-269

小川 恵一　おがわ・けいいち〔1936—　金属材料学〕
　○業績　「横浜市立大学論叢　自然科学系列　53.3」（横浜市立大）　2002.10　p1-4

小川 修三　おがわ・しゅうぞう〔1924—2005　素粒子論〕
　○著作リスト　「素粒子論研究　113.5」（素粒子論グループ）　2006.8　p83-102

小川 徹太郎　おがわ・てつたろう〔1958—　人類学・民俗学〕
　◎軌跡　「越境と抵抗—海のフィールドワーク再考」（小川徹太郎）　新評論　2006.7　p364-370

小川 登　おがわ・のぼる〔1936—　労働経済論〕
　○著作目録　「桃山学院大学社会学論集　39.2」（桃山学院大）　2006.2　p241-248

小川 英晴　おがわ・ひではる〔1951—　詩人〕
　◎略年譜ほか　「小川英晴　アンソロジー　現代詩の10人」（小川英晴）　土曜美術社出版　2001.11　p138-141

小川 浩　おがわ・ひろし〔1942—　英文学〕
　○業績一覧ほか　「Language information text 11.1」（東京大）　2004　p14-17

尾川 浩　おがわ・ひろし〔1940—　ドイツ文学〕
　○業績ほか　「岡山大学言語学論叢　12」（岡山大）　2006.2　p2-4

小川 雅敏　おがわ・まさとし〔1942—　〕
　○略歴ほか　「高崎経済大学論集　49.3・4」（高崎経済大）　2007.3　p231-233

小川 未明　おがわ・みめい〔1882—1961　児童文学者〕
　◎年譜（北川幸比古）　「小川未明童話集—心に残るロングセラー名作10話」（小川未明）　世界文化社　2004.3　p4-5
　◎ブックヒストリーほか　「小川未明の世界—小川未明文学館図録」（上笙一郎ほか）　上越市　2006.10　p54-59

小川 洋子　おがわ・ようこ〔1962—　小説家〕
　◎年譜　「芥川賞全集　15」(小川洋子)　文藝春秋　2002.4　p440-441
　○全著作解題ほか(神田法子)　「ユリイカ　36.2.489」(青土社)　2004.2　p44-54,185-198
　◎参考文献ほか(小柳しおり)　「小川洋子　現代女性作家読本2」(高根沢紀子)　鼎書房　2005.11　p151-162

小川 龍　おがわ・りょう〔1940—　医師〕
　○業績ほか　「日本医科大学医学会雑誌　1.2」(日本医科大)　2005.4　p68-73

小川原 良征　おがわら・よしまさ
　◎参考文献　「闘う純米酒―神亀ひこ孫物語」(上野敏彦)　平凡社　2006.12　p268-270

沖 一峨　おき・いちが〔1796—1855　画家〕
　◎参考文献　「沖一峨―鳥取藩御用絵師」(鳥取県立博物館)　鳥取県立博物館資料刊行会　2006.10　p207-208

小木 新造　おぎ・しんぞう〔1924—2007　日本近代史〕
　◎著作目録　「江戸東京学」(小木新造)　都市出版　2005.8　p217-219

荻 太郎　おぎ・たろう〔1915—　洋画家〕
　◎年譜ほか　「荻太郎」(荻太郎画)　日動出版部　2004.9　p183-199

沖田 総司　おきた・そうじ〔1844—1868　新撰組隊士〕
　◎参考文献　「新選組と沖田総司―「誠」とは剣を極めることなり」(木村幸比古)　PHP研究所　2002.12　3pb
　◎文献　「沖田総司を歩く」(大路和子)　新潮社　2003.12　p308-311
　◎引用参考文献　「沖田総司伝私記」(菊地明)　新人物往来社　2007.4　p216-217

荻田 保　おぎた・たもつ〔1908—2003　地方自治・地方財政〕
　◎著作目録　「現代史を語る　1　荻田保　内政史研究会談話速記録」(伊藤隆)　現代史料出版　2000.12　p255-279

荻仲 美枝　おぎなか・みえ
　◎書誌(石井正己ほか)　「アイヌ文化への招待」(荻仲美枝)　三弥井書店　2007.11　p315-328

荻野 アンナ　おぎの・あんな〔1956—　小説家・仏語学〕
　◎年譜　「芥川賞全集　15」(荻野アンナ)　文藝春秋　2002.4　p443-445

荻野 正子　おぎの・まさこ
　○略歴　「池坊短期大学紀要　35」(池坊短大)　2002　p5-7

荻野 昌利　おぎの・まさとし〔1933—　英文学・比較文化論〕
　○業績ほか　「アカデミア　文学・語学編　73」(南山大)　2003.1　3pf

沖野 安春　おきの・やすはる〔1936—　政治学〕
　○業績ほか　「作新総合政策研究　6」(作新学院大)　2006.3　p79-81

荻野 喜弘　おぎの・よしひろ〔1944—　日本経済史〕
　○著書目録ほか　「経済学研究　70.4・5」(九州大)　2004.1　p407-412

荻村 伊智朗　おぎむら・いちろう〔1932—1994　卓球選手〕
　◎参考文献　「ピンポンさん―荻村伊智朗伝」(城島充)　講談社　2007.7　1pb

荻生 茂博　おぎゅう・しげひろ〔1954—2006　日本思想史〕
　○年譜ほか　「米沢史学　22」(米沢史学会)　2006.6　p5-23

荻生 徂徠　おぎゅう・そらい〔1666—1728　儒学者〕
　◎参考文献　「徂徠学の教育思想史的研究―日本近世教育思想史における「ヴェーバー的問題」」(河原国男)　渓水社　2004.2　p489-504

荻原 重秀　おぎわら・しげひで〔1658—1713　幕臣〕
　◎引用参考文献　「勘定奉行荻原重秀の生涯―新井白石が嫉妬した天才経済官僚」(村井淳志)　集英社　2007.3　p239-249

荻原 井泉水　おぎわら・せいせんすい〔1884—1976　俳人〕
　◎略年譜　「井泉水日記―青春篇　下巻」(荻原井泉水)　筑摩書房　2003.12　p497-499

荻原 洋太郎　おぎわら・ようたろう〔1930—　経営システム工学〕
　○著作目録ほか(荻原洋太郎)　「愛知学院大学論叢　経営学研究　11.2」(愛知学院大)　2002.1　p289-294

奥 雅博　おく・まさひろ〔1941—2006　人間科学基礎論〕
　○業績ほか　「大阪大学大学院人間科学研究科紀要　31」(大阪大)　2005　p361-362

奥泉 清　おくいずみ・きよし
　○業績目録ほか　「東日本国際大学研究紀要　9.1」(東日本国際大)　2003.12　p113-116

奥崎 裕司　おくざき・ひろし〔1935—　中国思想史〕
　○業績ほか　「青山史学　22」(青山学院大)　2004.3　p11-15

奥島 孝康　おくしま・たかやす〔1939—　商法〕
　◎履歴書(著作目録)　「西北への旅人」(奥島孝康)　成文堂　2002.11　p437-444

奥田 和彦　おくだ・かずひこ〔1930—　社会学・消費者行動論〕
　○業績ほか　「専修経営学論集　72」(専修大)　2001.3　p279-287

奥田 元宋　おくだ・げんそう〔1912—2003　日本画家〕
　◎略年譜　「山燃ゆる―奥田元宋自伝」(奥田元宋)　日本経済新聞社　2001.10　p157-181

奥田 久子　おくだ・ひさこ
　○著作目録ほか　「人間環境学研究　5.1.8」（広島修道大）　2006.9　7pb

奥田 道大　おくだ・みちひろ〔1932—　都市社会学〕
　◎著作目録ほか　「都市的世界コミュニティエスニシティ—ポストメトロポリス期の都市エスノグラフィ集成」（渡戸一郎ほか）　明石書店　2003.2　p420-433
　○業績ほか　「中央大学文学部紀要　198」（中央大）　2003.3　p5-13

奥田 靖雄　おくだ・やすお〔1919—2002　言語学・国語教育学〕
　○著作目録（編集委員会）　「国文学解釈と鑑賞　69.1」（至文堂）　2004.1　p215-220

奥田 泰弘　おくだ・やすひろ〔1935—2006　教育行政学・社会教育〕
　○業績ほか　「教育学論集　48」（中央大）　2006.3　p31-41

奥平 信昌　おくだいら・のぶまさ〔1555—1615　美濃加納藩主〕
　◎参考文献　「奥平信昌と加納城—家康が美濃と長女を託した武将と城」（岐阜市歴史博物館）　岐阜新聞社　2004.2　p102-103

奥平 洋子　おくだいら・ようこ
　○業績ほか　「札幌学院大学人文学会紀要　78」（札幌学院大）　2005.11　p197-203

奥谷 多作　おくたに・たさく
　○略歴ほか（松尾政弘）　「埼玉大学紀要〔教育学部〕数学・自然科学　50.1-2」（埼玉大）　2001　p1-8

奥津 文夫　おくつ・ふみお〔1935—　対照言語学・英語教育〕
　◎研究業績　「日英語の比較—発想・背景・文化」（日英言語文化研究会）　三修社　2005.4　p306-316
　○業績ほか　「日英語の比較—発想・背景・文化」（日英言語文化研究会）　三修社　2006.7　p306-316

お国　おくに
　◎文芸作品　「江戸歌舞伎文化論」（服部幸雄）　平凡社　2003.6　p324-337

奥野 信太郎　おくの・しんたろう〔1899—1968　中国文学者・随筆家〕
　◎年譜著書目録（武藤康史）　「女妖啼笑—はるかな女たち」（奥野信太郎）　講談社　2002.12　p239-249

奥野 誠亮　おくの・せいすけ〔1913—　政治家〕
　◎著作目録ほか（清水唯一朗）　「派に頼らず、義を忘れず—奥野誠亮回顧録」（奥野誠亮）　PHP研究所　2002.10　p450-477

奥野 他見男　おくの・たみお〔1889—1953　小説家〕
　○著作目録稿（桑原恵美）　「立教大学大学院日本文学論叢　7」（立教大）　2007.8　p145-154

奥野 中彦　おくの・なかひこ〔1930—　荘園史・中世東北史〕
　○業績一覧ほか　「国士舘史学　9」（国士舘大）　2001.3　p3-9

小熊 秀雄　おぐま・ひでお〔1901—1940　詩人・洋画家〕
　◎略年譜　「小熊秀雄童話集」（小熊秀雄）　創風社　2001.4　p206-207
　◎「旭川市中央図書館所蔵郷土雑誌における小熊秀雄関係資料目録」　旭川市中央図書館　2001.9　13p　A4
　◎年譜ほか　「小熊秀雄とその時代」（田中益三，河合修）　せらび書房　2002.5　p228-241
　◎年譜　「火星探険」（旭太郎）　透土社　2003.1　p3-5b
　◎年譜ほか　「小熊秀雄と画家たちの青春展—池袋モンパルナス」（土方明司ほか）　練馬区立美術館　c2004　p159-171
　◎略年譜　「小熊秀雄詩集」（小熊秀雄）　創風社　2004.11　p308-309
　◎略年譜　「不思議な国インドの旅勇士イリヤ　小熊秀雄漫画傑作集1」（小熊秀雄）　創風社　2005.11　p350-351
　◎年譜　「コドモ新聞社」（小熊秀雄）　創風社　2006.1　p173-174
　◎文献ほか　「小熊秀雄詩集」（小熊秀雄）　日本図書センター　2006.2　p335-342

奥村 彪生　おくむら・あやお〔1937—　料理研究家〕
　○業績　「神戸山手大学紀要　4」（神戸山手大）　2002.12　p17-20

奥村 郁三　おくむら・いくぞう〔1932—　法律〕
　○著作目録ほか　「関西大学法学会誌　47」（関西大）　2002　p91-105

奥村 皓一　おくむら・こういち〔1937—　国際経済論〕
　○著作目録ほか　「経済系　233」（関東学院大）　2007.10　p151-162

奥村 三策　おくむら・さんさく〔1864—1912　鍼医〕
　◎年譜　「奥村三策の生涯—近代鍼灸教育の父」（松井繁）　森ノ宮医療学園出版部　2004.6　p209-217

奥本 大三郎　おくもと・だいさぶろう〔1944—　フランス文学者・随筆家〕
　○書誌（高梨章）　「文献探索　2003」（文献探索研究会）　2003.12　p222-241
　○書誌（高梨章）　「文献探索　2005」（文献探索研究会）　2006.5　p147-166
　○書誌（高梨章）　「文献探索　2006」（文献探索研究会）　2006.11　p73-95

奥山 康治　おくやま・やすはる〔1935—　英米文学〕
　○研究業績ほか　「人文論集　43」（早稲田大）　2004　p1-9b

小倉 欣一　おぐら・きんいち〔1937—　ヨーロッパ都市史〕
　○著作目録ほか　「史観　156」（早稲田大）　2007.3　p118-129

小倉 武一　おぐら・たけかず〔1910―2002　農政〕
　○主要著作ほか　「アジア経済　44.5・6」（アジア経済研究所）　2003.5　p300-302

小倉 学　おぐら・まなぶ〔1912―2003　民俗学・神道学〕
　◎略年譜ほか　「加賀・能登の民俗―小倉学著作集3　信仰と民俗」（小倉学）　瑞木書房　2005.3　p595-636

小栗 上野介　おぐり・こうずけのすけ
　⇒小栗 忠順（おぐり・ただまさ）を見よ

小栗 忠順　おぐり・ただまさ〔幕臣〕
　◎参考引用文献　「小栗忠順　第2部」（岳真也）　作品社　2001.8　p283-282

小栗 友一　おぐり・ともかず
　○著作目録ほか　「国際開発研究フォーラム　29」（名古屋大）　2005.3　p173-176

小栗 風葉　おぐり・ふうよう〔1875―1926　小説家〕
　◎著作目録ほか　「小栗風葉資料集成」（遠藤一義）　小栗風葉をひろめる会　2005.9　p44-140

小栗 虫太郎　おぐり・むしたろう〔1901―1946　小説家〕
　◎著作リスト　「二十世紀鉄仮面」（小栗虫太郎）　扶桑社　2001.2　p526-535

桶谷 秀昭　おけたに・ひであき〔1932―　文芸評論家〕
　◎著者著作一覧　「時代と精神」（桶谷秀昭）　北冬舎　2002.10　p312-313

小此木 啓吾　おこのぎ・けいご〔1930―2003　精神科医〕
　◎主要著作　「現代の精神分析―フロイトからフロイト以後へ」（小此木啓吾）　講談社　2002.8　p473-472
　○著作ほか　「精神分析研究　48.4」（日本精神分析学会）　2004.11　p360」

尾崎 昭美　おざき・あきみ〔1933―　フランス現代詩〕
　○経歴ほか　「言語と文化　10」（愛知大）　2004.1　p1-4

尾崎 喜八　おざき・きはち〔1892―1974　詩人〕
　◎年譜　「音楽への愛と感謝」（尾崎喜八）　平凡社（平凡社ライブラリー）　2001.1　p340-343

尾崎 久仁博　おざき・くにひろ〔1958―　経営戦略論・流通戦略論〕
　○著作目録ほか　「同志社商学　53.1」（同志社大）　2001.5　p127-128

尾崎 紅葉　おざき・こうよう〔1867―1903　小説家〕
　◎年譜　「尾崎紅葉　明治の文学6」（坪内祐三）　筑摩書房　2001.2　p459-464
　◎参考文献　「近代日本語における用字法の変遷―尾崎紅葉を中心に」（近藤瑞子）　翰林書房　2001.11　p424-429

尾崎 左永子　おざき・さえこ〔1927―　歌人・作家〕
　○略歌歴　「夏至前後　尾崎左永子歌集」（尾崎左永子）　短歌新聞社　2002.1　p121-123

尾崎 庄太郎　おざき・しょうたろう〔1906―1991　政治経済評論家・社会運動家〕
　◎研究論文　「われ、一粒の麦となりて―日中戦争の時代を生きた中国研究家の回想」（尾崎庄太郎）　結書房　2007.4　p241-245

尾崎 放哉　おざき・ほうさい〔1885―1926　俳人〕
　○書誌（藤津滋生）　「山頭火文庫通信　12」（山文舎・牧方）　2002.4　p3-10b
　◎年譜（小山貴子）　「放哉全集　第3巻　短篇・随想・日記ほか」（尾崎放哉）　筑摩書房　2002.4　p237-278
　◎年譜　「放哉評伝」（村上護）　春陽堂書店　2002.10　p215-221
　◎略年譜ほか　「尾崎放哉―ひとりを生きる」（石寒太）　北溟社　2003.1　p220-227
　◎年譜ほか（村上護）　「尾崎放哉随筆集」（尾崎放哉）　講談社　2004.5　p214-223
　○比較年譜　「俳壇　23.11」（本阿弥書店）　2006.10　p108-110

尾崎 秀樹　おざき・ほつき〔1928―1999　文芸評論家〕
　◎「尾崎秀樹著作目録」　尾崎恵子　2007.9　40,134p　A5

尾崎 秀実　おざき・ほつみ〔1901―1944　中国問題〕
　◎文献　「「ゾルゲ・尾崎」事典―反戦反ファシズムの国際スパイ事件」（古賀牧人）　アピアランス工房　2003.9　p619-627
　◎略年譜　「尾崎秀実時評集―日中戦争期の東アジア」（尾崎秀実ほか）　平凡社　2004.3　p433-438
　◎参考文献　「尾崎秀実ノート―そのルーツと愛」（中里麦外）　刀水書房　2004.4　p142-145
　◎参考文献　「赤い諜報員―ゾルゲ、尾崎秀実、そしてスメドレー」（太田尚樹）　講談社　2007.11　p486-487

尾崎 まゆみ　おざき・まゆみ〔1955―　歌人〕
　◎略歴　「尾崎まゆみ集」（尾崎まゆみ）　邑書林　2004.4　p139-141

尾崎 翠　おざき・みどり〔1896―1971　小説家〕
　◎参考文献ほか　「尾崎翠作品の諸相」　専修大畑研究室　2000.6　p3-19
　◎参考文献ほか　「尾崎翠と花田清輝―ユーモアの精神とパロディの論理」（土井淑平）　北斗出版　2002.7　p229-270
　◎参考引用文献　「都市文学と少女たち―尾崎翠・金子みすゞ・林芙美子を歩く」（寺田操）　白地社　2004.6　p255-259
　◎参考文献　「尾崎翠―『第七官界彷徨』の世界」（水田宗子）　新典社　2005.3　p173-175
　◎参考文献ほか　「尾崎翠論―尾崎翠の戦略としての『妹』について」（塚本靖代）　近代文芸社　2006.10　p160-172ほか
　◎年譜（稲垣真美ほか）　「尾崎翠―1896-1971」（尾崎翠）　筑摩書房　2007.11　p462-477

尾崎 ムゲン　おざき・むげん〔1942―2002　教育学・近現代教育史〕
　○著書・論文年譜　「教育科学セミナリー　34」（関西大）　2003.3　p108-110

尾崎 行雄　おざき・ゆきお〔1858―1954　政治家〕
　◎参考文献　「尾崎行雄と議会政治特別展―没後五〇年」（衆議院憲政記念館）　衆議院憲政記念館　2004.5　p76-79

尾崎 芳治　おざき・よしはる〔1933―　西洋経済史〕
　○主要業績ほか　「名城論叢　3.4」（名城大）　2003.3　p237-240

長田 夏樹　おさだ・なつき〔1920―　中国語・アルタイ語〕
　◎略年譜　「長田夏樹論述集　下」（長田夏樹）　ナカニシヤ出版　2001.1　p795-802

長田 弘　おさだ・ひろし〔1939―　詩人・エッセイスト〕
　◎著書目録　「読書からはじまる」（長田弘）　NHK出版　2001.6　p200-201
　◎年譜　「長田弘詩集」（長田弘）　角川春樹事務所　2003.3　p245-254
　◎参考資料（加藤邦彦）　「展望現代の詩歌　4　詩IV」（飛高隆夫ほか）　明治書院　2007.8　p263-264

長田 雅喜　おさだ・まさよし〔1936―　社会心理学〕
　○略歴ほか　「愛知学院大学情報社会政策研究　8.2」（愛知学院大）　2006.3　p1-5f

長田 三男　おさだ・みつお〔1932―　教育史学〕
　○業績ほか　「早稲田大学大学院教育学研究科紀要　12」（早稲田大）　2001　p127-130

尾佐竹 猛　おさたけ・たけき〔1880―1946　司法官・歴史家〕
　○書誌調査（飯澤文夫）　「大学史紀要　9」（明治大）　2005.3　p229-188
　◎著作目録（飯澤文夫）　「尾佐竹猛研究　1」（明治大学史資料センター）　明治大　2005.3　p208-188
　○書誌調査（飯澤文夫）　「尾佐竹猛研究」（明治大学史資料センター）　日本経済評論社　2007.10　p309-364

小山内 薫　おさない・かおる〔1881―1928　劇作家・小説家〕
　◎翻訳文学年表　「小山内薫集　明治翻訳文学全集〔続〕翻訳家編20」（小山内薫）　大空社　2003.3　p1-3b
　◎年譜ほか　「小山内薫―近代演劇を拓く」（小山内富子）　慶應義塾大出版会　2005.2　p343-350

小山内 時雄　おさない・ときお〔1915―2006　歌人〕
　○著作年表（舘田勝弘）　「郷土作家研究　31」（青森県郷土作家研究会）　2006.7　p87-97

長部 日出雄　おさべ・ひでお〔1934―　小説家〕
　◎年譜　「長部日出雄展―特別展」（青森県立図書館）　青森県近代文学館　2001.7　p38-39

大佛 次郎　おさらぎ・じろう〔1897―1973　小説家〕
　◎年譜ほか（福島行一）　「旅の誘い―大佛次郎随筆集」（大佛次郎）　講談社　2002.10　p256-282
　◎作品一覧　「鞍馬天狗とは何者か―大佛次郎の戦中と戦後」（小川和也）　藤原書店　2006.7　p240-234

小澤 勝美　おざわ・かつみ
　○業績ほか　「法政大学多摩論集　20」（法政大）　2004.3　p3-14

小澤 清　おざわ・きよし
　○研究業績　「札幌大学女子短期大学部紀要　41」（札幌大）　2003.3　p9-10

小澤 健二　おざわ・けんじ
　○著作目録ほか　「新潟大学経済論集　82」（新潟大）　2007.3　p197-198

小沢 治郎　おざわ・じろう〔1932―　史学・交通論〕
　○著作目録ほか　「岐阜経済大学論集　36.1・2」（岐阜経済大）　2002.12　p233-237

小沢 征爾　おざわ・せいじ〔1935―　指揮者〕
　◎参考文献　「小澤征爾―日本人と西洋音楽」（遠藤浩一）　PHP研究所　2004.10　p240-243

小沢 豊功　おざわ・とよのり
　○年譜ほか　「小澤豊功」　八潮市（八潮のふるさと新書）　2001.2　p132-140

小澤 實　おざわ・みのる〔1956―　俳人〕
　◎略歴　「小澤實集」（小澤實）　邑書林　2005.6　p124-129

小沢 康人　おざわ・やすひと〔1932―2004　簿記・財務会計〕
　○業績ほか　「専修商学論集　76」（専修大）　2003.1　p475-481

押川 春浪　おしかわ・しゅんろう〔1876―1914　小説家〕
　◎主著目録　「海底軍艦　復刻版　春浪選集1」（春浪）　本の友社　2004.6　p3-5b
　◎主著目録　「日米決闘　千年後の世界　復刻版　春浪選集8」（春浪）　本の友社　2004.6　p3-5b
　◎年譜（伊藤秀雄）　「押川春浪集」（押川春浪）　筑摩書房　2005.6　p457-460

押川 方義　おしかわ・まさよし〔1849―1928　教育者〕
　◎略年譜　「押川方義管見―武士のなったキリスト者　大正・昭和編」（川合道雄）　りん書房　2002.4　p233-235

押田 雅次　おしだ・まさじ
　○業績目録　「富山大学国語教育　29」（富山大）　2004.11　p4-11

忍足 欣四郎　おしたり・きんしろう〔1932―2008　中世英語英文学〕
　○年譜　「SELLA　31」（白百合女子大）　2002　p1-3

小島 弘道 おじま・ひろみち〔1943―　学校経営学・教育経営学〕
　○業績一覧　「学校経営研究　29」（大塚学校経営研究会）　2004.4　p28-31

尾島 典孝 おじま・ふみたか
　○著作目録ほか　「経営論集　66」（東洋大）　2005.11　p177-184

小津 安二郎 おづ・やすじろう〔1903―1963　映画監督・脚本家〕
　◎参考文献　「小津安二郎と映画術」（貴田庄）　平凡社　2001.8　p258-261
　◎年譜ほか　「小津安二郎新発見」（本地陽彦ほか）　講談社　2002.12　p300-317
　◎文献　「監督小津安二郎　増補決定版」（蓮実重彦）　筑摩書房　2003.1　p339-340
　◎年譜　「小津安二郎全集　下」（井上和男）　新書館　2003.4　p633-644
　◎文献　「小津安二郎東京グルメ案内」（貴田庄）　朝日新聞社　2003.5　p209-211
　◎参考文献ほか　「小津安二郎　映画の詩学」（D.ボードウェル）　青土社　2003.7　p14-43b
　◎参考文献ほか　「監督小津安二郎入門40のQ&A」（貴田庄）　朝日新聞社　2003.9　p283-288
　◎引用文献　「小津安二郎と20世紀」（千葉伸夫）　国書刊行会　2003.11　p1-7b
　◎引用参考文献　「小津安二郎文壇交遊録」（貴田庄）　中央公論新社　2006.10　p254-260

尾末 奎司 おずえ・けいし
　○年譜　「山手国文論攷　22」（神戸山手女子短大）　2001.3　p79-82

尾関 忠雄 おぜき・ただお〔1946―　小説家〕
　◎年譜　「尾関忠雄文学全集　7」（尾関忠雄）　風媒社　2003.7　p794-806

織田 完之 おだ・かんし〔1842―1923　農政史家・官僚〕
　◎編著書　「明治期の印旛沼開疏計画―研究資料抄録」（杉浦淳三）　杉浦淳三　2006.8　p236-241

織田 作之助 おだ・さくのすけ〔1913―1947　小説家〕
　◎年譜ほか（矢島道弘）　「世相・競馬」（織田作之助）　講談社　2004.3　p267-283

小田 宅子 おだ・たくこ
　◎参考資料　「姥ざかり花の旅笠　小田宅子の「東路日記」」（田辺聖子）　集英社　2001.6　p377-381

織田 信長 おだ・のぶなが〔1534―1582　武将〕
　◎注文献　「本能寺の変の群像　中世と近世の相剋」（藤田達生）　雄山閣　2001.3　p260-285
　◎参考文献　「信長の夢　「安土城」発掘」（NHKプロジェクト）　NHK出版　2001.7　p349-253
　◎参考文献　「天才信長を探しに、旅に出た」（安部龍太郎）　日本経済新聞社　2002.6　p215-216
　◎参考文献　「信長と天皇―中世的権威に挑む覇王」（今谷明）　講談社　2002.9　p216-217
　◎参考文献　「信長の戦争　『信長公記』に見る戦国軍事学」（藤本正行）　講談社　2003.1　p309-313
　◎参考文献　「謎とき本能寺の変」（藤田達生）　講談社　2003.10　p200-198
　◎参考史料　「信長と十字架―天下布武の真実を追う」（立花京子）　集英社　2004.1　p261-269
　◎参考文献　「織田信長の経営観」（北見昌朗）　講談社　2004.3　p204-206
　◎参考文献　「信長とは何か」（小島道裕）　講談社　2006.3　p228-231
　◎参考文献　「織田信長民姓国家実現への道」（濱田昭生）　東洋出版　2006.4　p357-358
　◎参考文献　「信長の天下布武への道　戦争の日本史13」（谷口克広）　吉川弘文館　2006.12　p284-286
　◎文献目録（内田九州男）　「織田信長事典　コンパクト版」（岡本良一ほか）　新人物往来社　2007.4　p374-391

小田 富士雄 おだ・ふじお〔1933―　考古学〕
　○著作目録ほか　「七隈史学　5」（七隈史学会）　2004.3　p110-74

小田 実 おだ・まこと〔1932―2007　小説家・評論家〕
　○著書目録　「90年代―これは「人間の国」かなど小田実評論撰　4」（小田実）　筑摩書房　2002.7　p625-628
　○著作一覧（古藤晃ほか）　「環　31」（藤原書店）　2007.Aut.　p302-306
　○著作目録（入江健輔）　「生きる術としての哲学―小田実最後の講義」（飯田裕康）　岩波書店　2007.10　p5-24b

小田 迪夫 おだ・みちお〔1936―　国語教育〕
　○執筆目録　「学大国文　45」（大阪教育大）　2002　p3-20

小田 三月 おだ・みつき〔1931―　作家・評論家〕
　◎略年譜　「美について考える」（小田三月）　審美社　2006.11　p221-237

小田 基 おだ・もとい〔1931―2000　比較文学・比較文化〕
　○業績ほか（板垣完一）　「言語と文化　3」（岩手県立大）　2001　3pb

小田 義久 おだ・よしひさ〔1934―　東洋史〕
　○著作目録ほか　「東洋史苑　60・61」（龍谷大）　2003.3　p3-9
　○著作目録ほか　「龍谷史壇　119・120」（龍谷大）　2003.3　p192-196

尾高 煌之助 おだか・こうのすけ〔1935―　労働経済学・経済発展論〕
　○著編書目録　「経済志林　73.4」（法政大）　2006.3　p599-602

愛宕 松男 おたぎ・まつお〔1912―2004　東洋史〕
　○著作目録　「東北大学東洋史論集　10」（東北大）　2005.3　p309-316

小田切 秀雄　おだぎり・ひでお〔1916—2000　近代文学〕
◎略年譜（浦西和彦）　「小田切秀雄全集　別巻　追想の小田切秀雄」　勉誠出版　2000.11　p301-310
◎年譜（森島稔）　「小田切秀雄研究」（囲む会）星雲社　2001.10　p275-297

小田桐 弘子　おだぎり・ひろこ〔1934—　国文学・比較文学〕
○略歴　「福岡女学院大学紀要　人文学部編　15」（福岡女学院大）　2005.2　p5-13

小田桐 光隆　おだぎり・みつたか〔1949—2003　フランス文学・比較文学〕
○業績ほか　「上智大学仏語・仏文学論集　38」（上智大）　2003　p9-17

織田家　おだけ
◎参考文献　「織豊興亡史—三英傑家系譜考」（早瀬晴夫）　今日の話題社　2001.7　p426-432

尾竹 紅吉　おたけ・こうきち
◎年譜参考文献　「青鞜の女　尾竹紅吉伝」（渡辺澄子）　不二出版　2001.3　p347-369

小田中 聰樹　おだなか・としき
◎著作目録ほか　「民主主義法学・刑事法学の展望—小田中聰樹先生古稀記念論文集　下」（広瀬清吾ほか）　日本評論社　2005.12　p556-592
○業績ほか　「専修法学論集　96」（専修大）　2006.3　p11-28b

越智 隆夫　おち・たかお〔1932—　経済学〕
○著作目録ほか　「甲南経済学論集　43.4」（甲南大）　2003.3　3pb

越知 春美　おち・はるみ
○業績目録（出口博則）　「蘚苔類研究　8.2」（日本蘚苔類学会）　2001.11　p44-48

落合 淳隆　おちあい・きよたか〔1932—　国際法・アジア法〕
○主要研究業績ほか　「立正法学論集　36.2」（立正大）　2003　p9-10f

落合 誠一郎　おちあい・せいいちろう
◎業績目録ほか　「商事法への提言—落合誠一先生・還暦記念」（小塚荘一郎ほか）　商事法務　2004.6　p987-1008

落合 正勝　おちあい・まさかつ〔1945—2006　服飾評論家〕
○著作一覧　「落合正勝私の愛するモノ、こだわるモノ。男をお洒落にしてくれる、アイテムの数々」（落合正勝）　世界文化社　2007.4　prr

尾辻 克彦　おつじ・かつひこ
⇒赤瀬川 原平（あかせがわ・げんぺい）を見よ

音川 實　おとかわ・みのる
○業績ほか　「社会志林　53.4」（法政大）　2007.3　p3-7f

尾中 普子　おなか・ひろこ〔1926—　民法〕
○著作目録ほか　「平成法政研究　6.2」（平成国際大）　2002.3　p115-123

小那覇 舞天　おなは・ぶてん〔1897—1969　芸能家〕
◎参考文献　「笑う沖縄—「唄の島」の恩人・小那覇舞天伝」（曽我部司）　エクスナレッジ　2006.11　p319-325

小西 大東　おにし・もとはる
◎参考文献　「関西黎明期の群像　2」（馬場憲二ほか）　和泉書院　2002.4　p38-39

鬼塚 光政　おにつか・みつまさ〔1937—　生産管理論〕
○業績目録　「桃山学院大学経済経営論集　48.4」（桃山学院大）　2007.3　p383-386

小沼 丹　おぬま・たん〔1918—1996　小説家〕
◎年譜（中村明）　「小沼丹全集　4」　未知谷　2004.9　p727-743

おね
⇒高台院（こうだいいん）を見よ

小野 旭　おの・あきら〔1934—　労働経済学〕
○著作目録ほか　「東京経大学会誌　経済学　243」（東京経済大）　2005.3　p5-8

小野 梓　おの・あずさ〔1852—1886　政治家・法律〕
◎参考文献　「小野梓の政法思想の総合的研究」（澤大洋）　東海大学出版会　2005.3　p415-438

小野 磐彦　おの・いわひこ
○業績ほか（三村陸男）　「キャリア教育研究　25.1」（日本キャリア教育学会）　2007.6　p47-50

小野 一一郎　おの・かずいちろう〔1925—1996　国際経済〕
◎研究業績　「資本輸出・開発と移民問題」（小野一一郎）　ミネルヴァ書房（小野一一郎著作集3）　2000.12　p381-392

小野 和人　おの・かずと〔1940—　アメリカ文学〕
○業績一覧ほか　「英語英文学論叢　53」（九州大）　2003　p3-8f

小野 鵞堂　おの・がどう〔1862—1922　書家〕
◎年譜　「小野鵞堂遺墨集成」（小野鵞堂）　斯華会　2007.10　p216-220

小野 清之　おの・きよゆき〔1939—　哲学〕
○業績　「千葉大学人文研究　34」（千葉大）　2005.3　p12-24

小野 幸二　おの・こうじ〔1936—　民法〕
○著作目録ほか　「21世紀の家族と法—小野幸二教授古稀記念論集」　法学書院　2007.3　p1199-1222

小野 耕世　おの・こうせい〔1939—　評論家・SF作家〕
○初出一覧　「世界のアニメーション作家たち」（小野耕世）　人文書院　2006.9　p318-317

小野 茂　おの・しげる〔1930—　英語〕
○著訳書目録　「フィロロジスト—言葉・歴史・テキスト」（小野茂）　南雲堂　2000.11　p263

小野 州一　おの・しゅういち〔1927―2000　洋画家〕
　◎参考文献　「小野州一展―線描のコロリスト」（北海道立旭川美術館）　北海道立旭川美術館　2005　p118-122

小野 昌延　おの・しょうえん〔1932―　弁護士〕
　◎著作目録ほか　「知的財産法の系譜―小野昌延先生古稀記念論文集」（小野昌延先生古稀記念論文集刊行事務局）　青林書院　2002.8　p1115-1128

小野 二郎　おの・じろう〔1929―1982　英文学者・編集者〕
　◎年譜　「小野二郎セレクション―イギリス民衆文化のイコノロジー」（川端康雄）　平凡社　2002.2　p271-294

小野 忠明　おの・ただあき〔?―1628　剣術家〕
　◎参考文献ほか　「一刀流皆伝史」（千野原靖方）　崙書房出版　2007.6　p138-139

小野 忠重　おの・ただしげ〔1909―1990　版画家〕
　○著作目録（水沢勉, 今井圭介）　「版の絵　10」（小野忠重版画館）　2001.9　p3-24
　◎著作目録　「版の絵　10」（小野忠重版画館）　2002.4　p3-24
　◎年譜ほか（長門佐季）　「小野忠重全版画」（小野忠重）　求龍堂　2005.11　p235-274

小野 哲郎　おの・てつろう〔1937―　社会福祉〕
　○業績　「明治学院大学社会学・社会福祉学研究　122」（明治学院大）　2006.2　p27-38

小野 十三郎　おの・とおざぶろう〔1903―1996　詩人〕
　◎解説　「小野十三郎―歌とは逆に歌」（安水稔和）　編集工房ノア　2005.4　p372-380

小野 直広　おの・なおひろ〔1931―2001　臨床心理学・福祉心理学〕
　○略歴　「社会福祉研究室報　12」（東北福祉大）　2002.6　p93-94

小野 寛　おの・ひろし〔1934―　上代日本文学〕
　○著述目録　「駒沢国文　41」（駒沢大）　2004.2　p12-31

小野 浩　おの・ひろし〔1908―1997〕
　○年譜　「世界観と芸術的直観力」（小野浩）　島津書房　2003.3　p731-740

小野 浩　おの・ひろし〔1943―　経済理論〕
　○業績　「經濟學研究　56.3」（北海道大）　2007.1　p3-4f

小野 正和　おの・まさかず〔1937―　英文学〕
　○業績ほか　「人文論集　45」（早稲田大）　2006　p1-5b
　○業績ほか　「人文論集　45」（早稲田大）　2007.2　p1-5b

小野 松二　おの・まつじ〔1901―1970　編集者〕
　○著作目録ほか（林哲夫）　「舢板 3-1」（EDI）　2002.3　p36-43
　○略伝4（林哲夫）　「舢板 III-5」（EDI）　2003.8　p46-49
　○略伝7（林哲夫）　「舢板III 8」（EDI）　2004.8　p80-85

小野 迪雄　おの・みちお
　○著書論文ほか　「愛知淑徳大学論集　現代社会学部・現代社会研究所篇　11」（愛知淑徳大）　2006.3　2pf

斧 泰彦　おの・やすひこ〔1931―　中国文学・中国哲学・現代アジア論〕
　○略歴等　「北海学園大学学園論集　115」（北海学園大）　2003.3　p18-20f

小野 弓郎　おの・ゆみお〔1930―　経営管理論・経営財務論〕
　○著作目録ほか　「経営論集 59」（東洋大）　2003.3　p145-152

オノ ヨーコ　〔1933―　前衛芸術家〕
　◎クロノロジー　「ヨーコ・オノ人と作品」（飯村隆彦）　水声社　2001.1　p249-279

小野 蘭山　おの・らんざん〔1729―1810　本草・博物学者〕
　◎注　「本草学と洋学　小野蘭山学統の研究」（遠藤正治）　思文閣出版　2003.4　prr

小野 隆二　おの・りゅうじ〔1936―2001〕
　◎略年譜　「土を耕す」（小野隆二）　群青社　2002.6　p282-284

尾上 菊五郎　おのえ・きくごろう〔1942―　歌舞伎役者〕
　◎参考文献　「菊五郎の色気」（長谷部浩）　文藝春秋　2007.6　p276-278

尾上 柴舟　おのえ・さいしゅう〔1876―1957　歌人・国文学者・書家〕
　◎略年譜　「尾上柴舟全詩歌集」（尾上柴舟）　短歌新聞社　2005.12　p626-631
　◎著作目録　「尾上柴舟大正期短歌集」（村山美恵子）　短歌新聞社　2007.6　p244-262

尾上 尚子　おのえ・たかこ〔1939―　児童文学作家・コピーライター〕
　◎著書一覧　「尾上尚子詩集」（尾上尚子）　いしずえ　2004.7　p2-3b

小野木 重勝　おのぎ・しげかつ〔1931―2004　建築史〕
　○著書目録　「建築史学　44」（建築史学会）　2005.3　p164-175

小野坂 弘　おのざか・ひろし〔1938―　刑法〕
　○著作目録ほか　「法政理論　35.4」（新潟大）　2003.3　p3-10

小野田 維　おのだ・ただし〔画家〕
　◎年譜　「遠い楽園の記憶―小野田維画集」（小野田維）　求龍堂　2001.10　p93-99

小野寺 悦子　おのでら・えつこ〔1942―　童話作家〕
　◎著書一覧ほか　「小野寺悦子詩集」　いしずえ　2004.3　p2-10b

小野寺 健　おのでら・たけし〔1931―　英文学〕
　○業績表　「英文学論叢 50」（日本大）　2002　p3-9f

小野 小町　おのの・こまち〔平安時代前期　歌人〕
　◎参考文献　「小野小町は舞う―古典文学・芸能に遊ぶ妖蝶」（福井栄一）　東方出版　2005.8　p159-169
　◎参考文献　「小野小町―人と文学」（伊東玉美）　勉誠出版　2007.8　p215-220
　◎参考文献　「小町伝説の伝承世界―生成と変容」（明川忠夫）　勉誠出版　2007.12　p259-261

小畠 郁生　おばた・いくお〔1929―　地質学・古生物学〕
　○業績ほか　「大阪学院大学人文自然論叢　41・42」（大阪学院大）　2000　p127-129

小幡 篤次郎　おばた・とくじろう〔1842―1905　教育者・実業家〕
　○著作目録（住田孝太郎）　「近代日本研究　21」（慶應義塾大）　2005.3　p131-137

小畠 雅敏　おばた・まさとし
　○研究業績ほか　「天理大学学報　53.3」（天理大）　2002　p1-5f

小幡 酉吉　おばた・ゆうきち〔1873―1947　外交官〕
　◎年譜　「日本外交史人物叢書　第10巻」（吉村道男）　ゆまに書房　2002.1　p1-11b

小汀 利得　おばま・としえ〔1889―1972　経済評論家・ジャーナリスト〕
　◎年譜　「小汀利得　ぼくは憎まれっ子　人間の記録139」（小汀利得）　日本図書センター　2001.2　p149-151

小原 国芳　おばら・くによし〔1887―1977　教育哲学〕
　◎参考文献　「今、蘇る全人教育小原國芳」（山崎亮太郎）　教育新聞社　2001.5　p255-257
　◎文献目録　「全人教育論―英日対訳」（小原国芳）　玉川大学出版部　2003.1　p141-152

小原 信　おはら・しん〔1936―　倫理〕
　○業績ほか　「青山国際政経論集　67」（青山学院大）　2005.8　p95-116

小原 喜雄　おはら・よしお〔1930―　経済法〕
　○業績目録ほか　「神奈川法学　37.2・3」（神奈川大）　2005.1　p213-232

小尾 郊一　おび・こういち〔1913―2004　中国六朝文学〕
　◎著述目録ほか　「古詩唐詩講義」（小尾郊一）　溪水社　2001.3　p1-25b
　○著述目録　「中国中世文学研究　45・46」（中国中世文学会）　2004.10　p1-20f

尾吹 善人　おぶき・よしと〔1929―1995　憲法・行政法〕
　◎著作目録ほか　「憲法の基礎理論と解釈」（尾吹善人）　信山社　2007.1　p672-678

表 棹影　おもて・とうえい〔1891―1909　詩人・歌人・小説家〕
　◎年譜　「表棹影作品集」（笠森勇）　桂書房　2003.6　p265-270

表 秀孝　おもて・ひでたか
　○著作ほか　「長野大学紀要　29.1.109」（長野大）　2007.6　p71-73

小谷部 全一郎　おやべ・ぜんいちろう〔1868―1941　歴史学者〕
　◎参考文献　「義経伝説をつくった男―義経ジンギスカン説を唱えた奇骨の人・小谷部全一郎伝」（土井全二郎）　光人社　2005.11　p258-261

小山 正孝　おやま・まさたか〔1916―2002　詩人〕
　◎年譜　「感泣旅行覚え書」（小山正孝）　潮流社　2004.6　p308-310

小山氏　おやまし
　◎参考文献　「下野小山・結城一族」（七宮涬三）　新人物往来社　2005.11　p271-273

小山田 与清　おやまだ・ともきよ〔1783―1847　国学・故実〕
　◎年譜抄　「翻刻筑井紀行」（小山田与清）　町田市立図書館　2002.3　p51-52

織笠 昭　おりかさ・あきら〔1952―2003　日本考古学・先史学〕
　◎著作目録　「石器文化の研究―先土器時代のナイフ型石器・尖頭器・細石器」（織笠昭）　新泉社　2005.6　p506-510

折口 信夫　おりくち・しのぶ〔歌名＝釈迢空　1887―1953　国文・民俗学〕
　◎年譜　「折口信夫　古代研究I　祭の発生」（折口信夫）　中央公論新社　2002.8　p413-421
　◎年譜ほか　「折口信夫―人と文学　日本の作家100人」（石内徹）　勉誠出版　2003.8　p227-248
　◎略年譜　「折口信夫・釈迢空―その人と学問」（小川直之）　おうふう　2005.4　p393-400
　◎参考資料ほか　「折口学が読み解く韓国芸能―まれびとの往還」（伊藤好英）　慶應義塾大出版会　2006.5　p305-313
　◎参考図書　「釋迢空ノート」（富岡多惠子）　岩波書店　2006.7　p363-365
　○文献目録（松田浩）　「国文学　解釈と鑑賞　72.12」（至文堂）　2007.12　p150-154

折橋 徹彦　おりはし・てつひこ〔1936―　社会心理学〕
　○略歴　「関東学院大学人間環境学会紀要　7」（関東学院大）　2007.3　p111-116

お龍　おりょう〔1841―1906　坂本龍馬の妻〕
　○記事抄録（坂本尚子）　「文献探索 2000」（文献探索研究会）　2001.2　p287-298

小和田家　おわだけ
　◎文献　「小和田家の歴史―雅子妃殿下のご実家」（川口素生）　新人物往来社　2001.12　p213-218

遠田 裕政　おんだ・ひろまさ
　○出版物（雨宮修二）　「漢方研究　390」（月刊漢方研究）　2004.6　p240-245

恩田 陸　おんだ・りく〔1964―　小説家〕
　○全著作解題（柏崎玲央奈）　「SFマガジン　43.10」（早川書房）　2002.1　p31-37
　◎著作リスト　「小説以外」（恩田陸）　新潮社　2005.4　p313-315

女西行　おんなさいぎょう
　◎著作目録　「女西行　とはずがたりの世界」（松本寧至）　勉誠出版　2001.3　p267-268

【　か　】

甲斐 規雄　かい・のりお〔1939―　西洋教育思想史〕
　○略歴　「明星大学教育学研究紀要　21」（明星大）　2006.3　p1-8

櫂 未知子　かい・みちこ〔1960―　俳人〕
　◎略歴　「櫂未知子集」（櫂未知子）　邑書林　2003.5　p148-149

甲斐 和里子　かい・わりこ〔1868―1962　女子教育者〕
　◎略年譜　「甲斐和里子の生涯」（篭谷真智子）　自照社出版　2002.7　p233-243

開高 健　かいこう・たけし〔1930―1989　小説家〕
　◎年譜ほか　「開高健―新潮日本文学アルバム　52」（栗坪良樹）　新潮社　2002.4　p104-111
　◎参考文献　「開高健の憂鬱」（仲間秀典）　文芸社　2004.5　p178-180
　◎年譜ほか（浦西和彦）　「二重壁・なまけもの―開高健初期作品集」（開高健）　講談社　2004.12　p268-285

貝塚 啓明　かいづか・けいめい〔1934―　財政学・金融論〕
　○著作目録ほか　「法学新報　11.9・10」（中央大学出版部）　2005.3　p301-303

海達 公子　かいたつ・きみこ〔1916―1933　詩人〕
　◎年譜ほか　「評伝海達公子―「赤い鳥」の少女詩人」（規工川佑輔）　熊本日日新聞社　2004.8　p256-280,290-292

貝原 益軒　かいばら・えきけん〔1630―1714　朱子学〕
　◎年譜（松田道雄）　「養生訓ほか」（貝原益軒）　中央公論新社　2005.12　p367-375

海保 真夫　かいほ・まさお〔1938―2003　英文学〕
　○業績ほか　「慶応義塾大学日吉紀要　英語英米文学　44」（慶応義塾大）　2004.3　p1-9

カウフマン 東子　Kaufmann, Tohko〔1917―2001　動物学・昆虫学〕
　◎参考文献　「虫取り網をたずさえて　昆虫学者東子・カウフマン自伝」（青木聡子）　ミネルヴァ書房　2003.4　p210-214

各務 支考　かがみ・しこう〔1665―1731　俳人〕
　◎参考文献　「俳聖芭蕉と俳魔支考」（堀切実）　角川学芸出版　2006.4　p312-317

鏡島 元隆　かがみしま・げんりゅう〔1912―2001　曹洞宗〕
　○略年譜ほか　「宗学研究　43」（曹洞宗総合研究センター）　2001.3　p3-4f

加賀谷 熙彦　かがや・ひろひこ
　○業績ほか（塩入宏行）　「埼玉大学紀要　教育科学　51.1.2」（埼玉大）　2002　p1-23

香川 孝三　かがわ・こうぞう〔1944―　労働法〕
　○業績ほか　「国際協力論集　15.1」（神戸大）　2007.7　p129-141

香川 孝雄　かがわ・たかお〔1930―　仏教学〕
　◎著作論文目録　「仏教学浄土学研究　香川孝雄博士古稀記念論集」　永田文昌堂　2001.3　p11-21

賀川 豊彦　かがわ・とよひこ〔1888―1960　社会運動家〕
　◎「賀川豊彦記念・松沢資料館中間目録　1」（松沢資料館）　松沢資料館　2006.3　115p　A4変
　◎略年譜（村島帰之）　「吾が闘病　復刻改訂版」（賀川豊彦）　今吹出版社　2006.5　p249-253
　◎「賀川豊彦　2」（米沢和一郎）　日外アソシエーツ　2006.6　12,677p　B5
　◎参考文献　「賀川豊彦―愛と社会主義を追い求めた生涯」（R.シルジェン）　新教出版社　2007.5　p39-46b

香川 紘子　かがわ・ひろこ〔1935―　詩人〕
　◎年譜　「足のない旅　障害とともに生きる5」（香川紘子）　日本図書センター　2001.1　p313-315

香川 義雄　かがわ・よしお
　◎文献　「陸軍・秘密情報機関の男」（岩井忠熊）　新日本出版社　2005.2　p185-187

蠣崎 波響　かきざき・はきょう〔1764―1826　画家〕
　◎略年譜　「蠣崎波響漢詩全釈―梅瘦柳眠村舎遺稿」（高木重俊）　幻洋社　2002.12　p551-554

柿本 人麻呂　かきのもとの・ひとまろ〔7世紀後半　歌人〕
　◎引用文献　「柿本人麻呂と和歌史」（村田右富実）　和泉書院　2004.1　p381-398
　◎引用文献一覧　「人麻呂の方法―時間・空間・「語り手」」（身崎壽）　北海道大　2005.1　p277-285
　◎参考文献　「秦氏が祭る神の国・その謎」（そうだじゅん）　新風舎　2005.4　p81-83

加来 昭隆　かく・あきたか
　○業績目録ほか　「福岡大学法学論叢　47.3・4.164・165」（福岡大）　2003.3　p701-705

加来 祥男　かく・さちお〔1944—　ドイツ経済史・ドイツ経営史〕
　○著書目録ほか　「経済学研究　70.4・5」（九州大）2004.1　p413-416

覚王院 義観　かくおういん・ぎかん〔1823—1869　天台宗の僧〕
　◎参考文献　「覚王院義観の生涯—幕末史の闇と謎」（長島進）　さきたま出版会　2005.2　p325-328

角田 敏郎　かくた・としろう〔1933—　近代詩〕
　○業績ほか　「皇学館大学文学部紀要　43」（皇学館大）　2005.3　p276-280

角田 光代　かくた・みつよ〔1967—　作家〕
　○自作解題ほか　「文藝　44.1」（河出書房新社）2005.2　p56-59,86-91

覚鑁　かくばん〔1095—1143　真言宗の僧〕
　◎参考文献　「平安密教の研究—興教大師覚鑁を中心として」（松崎恵水）　吉川弘文館　2002.3　p849-885

角山 元保　かくやま・もとやす〔1939—　フランス語・フランス文学〕
　○業績ほか　「学術研究　教育・生涯教育学編　53」（早稲田大）　2004　p83-84

角瀬 保雄　かくらい・やすお〔1932—　会計学・経営学・協同組合論〕
　○主要著作　「経営志林　39.4」（法政大）　2003.1　p215-229

筧 利夫　かけい・としお〔1962—　俳優〕
　◎仕事　「わしはおさるさん。」（筧利夫）　二見書房　2001.7　p213-220

掛川 源一郎　かけがわ・げんいちろう〔1913—2007　写真家〕
　○年譜　「gen—掛川源一郎が見た戦後北海道」（掛川源一郎）　北海道新聞社　2004.4　p164-165

掛川 トミ子　かけがわ・とみこ
　○主要業績ほか　「関西大学社会学部紀要　32.3」（関西大）　2001.3　p351-356

影佐 禎昭　かげさ・さだあき〔1893—1948　陸軍中将〕
　◎参考文献　「日中の架け橋—影佐禎昭の生涯」（浅田百合子）　新風舎　2003.2　p122-126

陰里 鉄郎　かげさと・てつろう〔1931—　美術史家・美術評論家〕
　○著述目録　「陰里鉄郎著作集—日本近代美術史研究と美術館・研究所・大学　3　昭和から現代へ」（陰里鉄郎）　一艸堂　2007.12　p381-404

筧 敏生　かけひ・としお〔1958—2001　日本史〕
　○学術論文ほか　「人文研究　145」（神奈川大）2002.3　1pf
　◎業績目録　「古代王権と律令国家」（筧敏生）　校倉書房　2002.12　p345-347

筧 泰彦　かけひ・やすひこ〔1908—2000　ドイツ哲学・日本倫理思想史〕
　○業績一覧ほか　「哲学会誌　26」（学習院大）2002.5　p94-95

掛谷 宰平　かけや・さいへい
　◎業績目録ほか　「日本帝国主義と社会運動—日本ファシズム形成の前提」（掛谷宰平氏遺稿集編集委員会）　文理閣　2005.4　p355-361

影山 僖一　かげやま・きいち〔1936—　経済成長論・経済政策論〕
　○業績ほか　「千葉商大論叢　45.3」（千葉商科大）2007.12　p7-11f

影山 好一郎　かげやま・こういちろう〔1942—　軍事史〕
　○業績ほか　「防衛大学校紀要　社会科学分冊　94」（防衛大学校）　2007.3　p29-34

景山 春樹　かげやま・はるき〔1916—1985　美術史学・宗教史〕
　◎著書一覧　「神体山　新装版」（景山春樹）　学生社　2001.10　1pb

景山 英子　かげやま・ひでこ
　⇒福田 英子（ふくだ・ひでこ）を見よ

影山 裕子　かげやま・ひろこ〔1932—2005　評論家〕
　◎年譜　「わが道を行く　職場の女性の地位向上をめざして」（影山裕子）　学陽書房　2001.6　p426-428
　○著作目録ほか　「和光経済　38.2」（和光大）　2006.1　p79-83

加古 宜士　かこ・よしひと〔1937—2006　会計学〕
　○業績ほか　「企業会計　59.3」（中央経済社）　2007.3　p412-413
　○業績ほか　「早稲田商学　411・412」（早稲田商学同攻会）　2007.6　p121-122

鹿児嶋 治利　かごしま・はるとし〔1932—　金融・アジア金融市場〕
　○著作目録ほか　「商学論纂　43.2・3」（中央大）2002.3　p189-195

笠井 昭次　かさい・しょうじ〔1939—　会計学〕
　○研究書目録　「三田商学研究　47.1」（慶應義塾大）2004.4　p315-321

葛西 勵　かさい・つとむ
　◎著作目録　「北奥の考古学—葛西勵先生還暦記念論文集」　記念論文集刊行会　2005.10　p578-584

笠井 敏男　かさい・としお〔1939—　会計学〕
　○著作目録　「香川大学経済論叢　75.2」（香川大）2002.9　p431

河西 宏之　かさい・ひろゆき〔1934—　国際経済〕
　○略歴　「国際関係紀要　13.2」（亜細亜大）　2004.3　p154-156

笠井 昌昭　かさい・まさあき〔1934—　日本古代・中世文化史〕
　○業績ほか　「文化学年報　54」（同志社大）　2005.3　12pf

笠貫 尚章　かさぬき・なおあき
　◎引用参考文献　「小さな灯火を遺して―中日友好楼は忘れない」(笠貫静江ほか)　現代企画　2007.10　p188-189

笠原 和夫　かさはら・かずお〔1927―2002　脚本家〕
　◎年譜ほか　「昭和の劇―映画脚本家笠原和夫」(笠原和夫, 荒井晴彦, 絓秀実)　太田出版　2002.11　p22-27,590-599
　◎略年譜ほか(高橋賢)　「笠原和夫人とシナリオ」(シナリオ作家協会出版委員会)　シナリオ作家協会　2003.11　p415-448

笠原 成郎　かさはら・しげお〔1933―2004　産業社会学〕
　○略歴　「龍谷大学社会学部紀要　18」(龍谷大)　2001　p81-85

笠原 俊彦　かさはら・としひこ〔1942―　経営学〕
　○著作目録ほか　「経営と経済　87.3」(長崎大)　2007.12　p225-231

笠原 伸夫　かさはら・のぶお〔1932―　近代文学〕
　○著述目録ほか　「語文　113」(日本大)　2002.6　p106-118

笠間 啓治　かさま・けいじ〔1929―　露語〕
　○研究業績ほか　「人文社会科学研究　40」(早稲田大)　2000.3　p223-230

加地 伸行　かじ・のぶゆき〔1936―　中国哲学史・日本思想史〕
　◎略年譜ほか　「中国学の十字路―加地伸行博士古稀記念論集」(古稀記念論集刊行会)　古稀記念論集刊行会　2006.4　p13-26

加地 宏江　かじ・ひろえ〔1932―　日本中世史〕
　○著作目録ほか　「関西学院史学　28」(関西学院大)　2001.3　p159-165

梶井 基次郎　かじい・もとじろう〔1901―1932　小説家〕
　◎参考文献　「評伝梶井基次郎」(大谷晃一)　沖積舎　2002.11　p325-383
　◎単行書一覧　「梶井基次郎の文学」(古閑章)　おうふう　2006.3　p604-628

加地氏　かじし
　◎参考文献　「越後加地氏新発田氏の系譜」(飯田素州)　新潟日報事業社　2005.6　p568-570

樫原 朗　かしはら・あきら〔1933―　社会保障論・保険論・社会政策〕
　○著作目録ほか　「神戸学院経済学論集　37.3・4」(神戸学院大)　2006.3　p170-181

梶原 完　かじはら・ひろし〔1924―1989　ピアニスト〕
　◎参考文献　「孤高のピアニスト梶原完―その閃光と謎の奇跡を巡って」(久保田慶一)　ショパン　2004.10　p369-366

柏原 幸生　かしはら・ゆきお
　○著作目録ほか　「明治学院論叢　692」(明治学院大)　2003.3　p1-2

香島 明雄　かしま・あきお〔1935―　国際政治学・外交史〕
　○業績ほか　「産大法学　39.3・4」(京都産業大)　2006.3　p607-612

加島 祥造　かじま・しょうぞう〔1923―　詩人・画家・翻訳家〕
　◎詩歴　「加島祥造　現代詩文庫　171」　思潮社　2003.4　p127-128

鹿島 昇　かしま・のぼる
　◎文献　「日本史のタブーに挑んだ男―鹿島昇―その業績と生涯」(松重楊江)　たま出版　2003.11　p327-330

梶本 隆夫　かじもと・たかお〔1935―2006　プロ野球選手〕
　◎引用参考文献　「梶本隆夫物語―阪急ブレーブス不滅の大投手」(三浦暁子)　燃焼社　2007.12　p276-277

梶山 純　かじやま・じゅん〔1930―　商法〕
　○主要著作目録ほか　「九州国際大学法学論集　9.3」(九州国際大)　2003.3　p1-8

梶山 季之　かじやま・としゆき〔1930―1975　小説家〕
　◎略年譜　「梶山季之と月刊「噂」」(梶山季之資料室)　松籟社　2007.5　p10
　◎年譜　「時代を先取りした作家梶山季之をいま見直す―没後33年記念事業」　中国新聞社　2007.11　p92-95

梶山 雄一　かじやま・ゆういち〔1925―2004　仏教哲学〕
　○業績ほか(御牧克己)　「印度学仏教学研究　53.2」(日本印度学仏教学会)　2005.3　p733-737

柏木 義円　かしわぎ・ぎえん〔1860―1938　キリスト教〕
　◎著述目録　「柏木義円日記補遺」(片野真佐子)　行路社　2001.3　p284-327
　◎「柏木義円資料目録」(同志社大学人文科学研究所)　同志社大　2005.3　131,14p　A4

柏木 隆夫　かしわぎ・たかお〔?―2003　西洋美術史〕
　○業績一覧ほか　「関西大学哲学　23」(関西大)　2003.9　p1-7

柏木 隆雄　かしわぎ・たかお〔1944―　フランス文学〕
　○業績目録　「Gallia:=Bulletin de la Societe de Langue et Litterature Francaises, de L'Universite D'Osaka 47」(大阪大)　2007　p5-19

柏木 哲夫　かしわぎ・てつお〔1939―　医師〕
　○主要業績ほか　「大阪大学大学院人間科学研究科紀要　29」(大阪大)　2003　p259-262

柏谷 嘉弘　かしわだに・よしひろ〔1926―　国語学〕
　○研究業績ほか　「神女大国文　12」(神戸女子大)　2001.3　p3-7

柏原 兵三　かしわばら・ひょうぞう〔1933—1972　小説家・ドイツ文学者〕
　◎年譜ほか（斎藤秀昭）　「徳山道助の帰郷・殉愛」（柏原兵三）　講談社　2003.10　p240-252

柏原 啓佐　かしわばら・ひろすけ〔1932—　英文学〕
　○研究業績ほか　「奈良産業大学紀要　19」（奈良産業大）　2003.12　p125-127

梶原 一騎　かじわら・いっき〔1936—1987　劇画作家〕
　◎参考文献　「梶原一騎伝」（斎藤貴男）　新潮社（新潮文庫）　2001.3　p523-526
　◎参考文献　「梶原一騎伝—夕やけを見ていた男」（斎藤貴男）　文藝春秋　2005.8　p495-499

梶原 寿　かじわら・ひさし〔1932—　牧師〕
　○略年譜ほか　「名古屋学院大学論集　人文・自然科学篇　40.2」（名古屋学院大）　2004.1　p4-6f

春日 寛　かすが・ひろし〔1936—　弁護士〕
　○業績ほか　「立正法学論集　40.2」（立教大）　2007　p7-9f

春日 真木子　かすが・まきこ〔1926—　歌人〕
　◎略年譜　「火の辺虹の辺—春日真木子歌集」（春日真木子）　短歌新聞社　2005.12　p130-132
　○年譜ほか　「短歌　53.7」（角川学芸出版）　2006.6　p52-57

春日 行雄　かすが・ゆきお〔1920—　医師〕
　◎参考文献　「最後の蒙古浪人春日行雄」（河内美穂）　リーブル　2004.6　p216-217

春日井 建　かすがい・けん〔1938—　歌人〕
　◎年譜　「春日井建歌集」（春日井建）　短歌研究社　2003.5　p177-180
　◎年譜ほか（喜多昭夫ほか）　「春日井建の世界—〈未青年〉の領分」（斎藤慎爾ほか）　思潮社　2004.8　p248-255
　○略年譜　「短歌研究　61.8」（短歌研究社）　2004.8　p74-76
　◎年譜　「逢いにゆく旅—建と修司」（喜多昭夫）　ながらみ書房　2005.12　p334-349

香月 不二夫　かづき・ふじお〔1930—　弁護士〕
　○業績一覧ほか　「産大法学　34.4」（京都産業大）　2001.2　p1151-1155

香月 泰男　かづき・やすお〔1911—1974　洋画家〕
　◎参考文献　「香月泰男—〈私の〉シベリア、そして〈私の〉地球　没後30年」（山口県立美術館ほか）　朝日新聞社　c2004　p233-243

和宮　かずのみや〔1846—1877　仁孝天皇皇女〕
　◎参考文献　「天璋院篤姫と和宮—最後の大奥」（鈴木由紀子）　幻灯舎　2007.11　p200-204

霞 流一　かすみ・りゅういち〔1959—　ミステリー作家〕
　◎作品リスト　「羊の秘」（霞流一）　祥伝社　2005.2　p335-336

粕谷 進　かすや・すすむ〔国際法・国際関係論〕
　◎著作　「現代日本の法と政治—粕谷進先生古稀記念」（須藤英章）　信山社　2007.12　p286-289

粕谷 宏紀　かすや・ひろき〔1936—　近世文学〕
　○著述目録ほか　「語文　127」（日本大）　2007.3　p62-66

片尾 周造　かたお・しゅうぞう
　○業績ほか　「横浜市立大学論叢　自然科学系列　54.1・2」（横浜市立大）　2003.1　p1-14

片岡 了　かたおか・おさむ〔1935—　国文学〕
　○研究業績　「文芸論叢　56」（大谷大）　2001.3　p2-5f

片岡 宏一郎　かたおか・こういちろう
　○著作目録ほか　「富大経済論集　52.2」（富山大）　2006.11　p471-478

片岡 球子　かたおか・たまこ〔1905—2008　日本画家〕
　◎文献　「片岡球子展—100歳を記念して」（神奈川県立近代美術館ほか）　朝日新聞社　2005　p180-184

片岡 鶴太郎　かたおか・つるたろう〔1954—　俳優・タレント・画家〕
　◎創作年譜（板橋興宗）　「般若心経を書く—一筆に魂をこめて」（片岡鶴太郎）　毎日新聞社　2007.6　p118-119

片岡 寛光　かたおか・ひろみつ〔1934—　行政学・公共経営〕
　○業績ほか　「行政の未来—片岡寛光先生古稀祝賀」（寄本勝美ほか）　成文堂　2006.3　p485-495

片桐 昭泰　かたぎり・あきやす〔1933—　国家財政・自治体財政〕
　○研究業績ほか　「経済集志　73.3」（日本大）　2003.10　p3-7f

片桐 且元　かたぎり・かつもと〔1556—1615　大和竜田藩主〕
　◎参考文献ほか　「片桐且元」（曽根勇二）　吉川弘文館（人物叢書　新装版）　2001.3　p270-285

片桐 石州　かたぎり・せきしゅう〔1605—1673　大和小泉藩主・茶人〕
　◎文献　「片桐石州の生涯—徳川四代将軍茶道師範」（町田宗心）　光村推古書院　2005.12　p286-287

片桐 洋一　かたぎり・よういち〔1931—　国文〕
　○著述目録ほか　「国文学　83・84」（関西大）　2002.1　p1-28
　◎略年譜　「平安文学五十年」（片桐洋一）　和泉書院　2002.2　p225-230

片野 彦二　かたの・ひこじ〔1928—　国際経済・国際貿易〕
　○業績目録ほか　「名古屋学院大学論集　人文・自然科学篇　36.2」（名古屋学院大）　2000.1　p7-8f

片山 左京　かたやま・さきょう
　○自筆略年譜　「慶應義塾大学日吉紀要　フランス語フランス文学　34」（慶応義塾大）　2002.3　p1-2

片山 誠一　かたやま・せいいち〔1943―　経済理論・国際比較経済〕
　○著作目録ほか　「経済経営研究　年報　57」（神戸大）　2007　p7-12b

片山 武　かたやま・たけし〔1933―　上代文学〕
　○研究業績ほか　「金城国文　77」（金城学院大）　2001.3　p1-4

片山 享　かたやま・とおる〔1929―　中世文学〕
　◎著書・論文　「日本文芸論叢」（片山享）　和泉書院　2003.3　p545-550

片山 德治　かたやま・とくじ
　◎年譜　「評伝片山德治」（永田和子）　高知新聞企業　2004.4　p165-168

片山 晴賢　かたやま・はるかた〔1941―　日本語学〕
　◎著述目録　「近思学報・史料と研究　2」（近思文庫）　港の人　2005.8　p8-14
　◎著作目録　「片山晴賢教授学術奨励記念　2」（近思文庫）　港の人　2006.2　p9-14

片山 広子　かたやま・ひろこ
　⇒松村 みね子（まつむら・みねこ）を見よ

片山 豊　かたやま・ゆたか〔1909―　自動車ジャーナリスト〕
　◎参考文献　「Zをつくった男―片山豊とダットサンZの物語」（黒井尚志）　双葉社　2002.8　p258-259

片山 義弘　かたやま・よしひろ〔1926―　心理学・臨床心理学〕
　◎「片山義弘広島大学名誉教授・聖カタリナ女子大学名誉教授履歴・業績目録」　叙勲記念事業会　2006.12　15p　A5

可知 正孝　かち・まさたか〔1937―　ドイツ文学〕
　○業績目録　「愛知県立大学外国語学部紀要　言語・文学編　35」（愛知県立大）　2003　p6-7f

勝 海舟　かつ・かいしゅう〔1823―1899　幕臣・政治家〕
　◎参考文献　「勝海舟と坂本龍馬」（加来耕三）　学習研究社　2001.1　p350-351

勝 國興　かつ・くにおき
　○業績ほか　「文化学年報　54」（同志社大）　2005.3　p5f

勝井 三雄　かつい・みつお〔1931―　グラフィックデザイナー〕
　◎年譜ほか（沢田雄一）　「勝井三雄・視覚の地平」（勝井三雄）　宣伝会議　2003.5　p245-253,262-263

かつお きんや　〔1927―　児童文学〕
　◎児童文学作品ほか　「児童文学に魅せられた作家たち」（林美千代ほか）　KTC中央出版　2002.4　p100-117

カッケンブッシュ知念 寛子　かっけんぶっしゅちねん・ひろこ
　○著作目録ほか　「名古屋外国語大学外国語学部紀要　33」（名古屋外国語大）　2007.8　p1-5f

葛飾 北斎　かつしか・ほくさい〔1760―1849　浮世絵師〕
　◎年譜ほか　「北斎漫画　続」（葛飾北斎）　芸艸堂　2001.5　p110-111
　◎略年譜　「北斎七つのナゾ―波乱万丈おもしろ人生」（中右瑛）　里文出版　2002.11　p167-171
　◎参考文献　「北斎」（J.C.カルツァ）　ファイドン　2005.10　p507-508

勝田 有恒　かつた・ありつね〔1931―2005　近世ヨーロッパ法史〕
　○業績ほか　「駿河台法学　19.2.36」（駿河台大）　2006.2　p173-181

勝田 和學　かつた・かずたか
　◎論文一覧ほか　「流動する概念―漱石と朔太郎と」（勝田和學）　勝田和學論文集刊行委員会　2001.1　p380-384

勝田 吉太郎　かつた・きちたろう〔1928―　政治思想史〕
　◎著作目録　「文明の曲がり角」（勝田吉太郎）　ミネルヴァ書房　2002.2　p309-311
　◎著作目録　「核の論理再論―日本よ、どこへ行く」（勝田吉太郎）　ミネルヴァ書房　2006.10　p279-281

勝野 尚行　かつの・なおゆき〔1932―2003　教育原理・教育行政〕
　○著作目録ほか　「岐阜経済大学論集　37.1」（岐阜経済大）　2003.10　p157-165

勝村 哲也　かつむら・てつや〔1937―2003　東洋史〕
　○著作目録　「東方学報　京都73」（京都大）　2001.3　p539-543

桂 歌丸　かつら・うたまる〔1936―　落語家〕
　◎年譜（山本進）　「極上歌丸ばなし」（桂歌丸）　うなぎ書房　2006.6　p246-249

桂 教一　かつら・きょういち
　○著述目録（桂敬一）　「立正大学文学部論叢　123」（立正大）　2006.3　p20-23

桂 小五郎　かつら・こごろう
　⇒木戸 孝允（きど・たかよし）を見よ

桂 小文吾　かつら・こぶんご〔1940―　落語家〕
　◎参考資料　「噺家根問―雷門小福と桂小文吾」（瀧口雅仁）　彩流社　2007.11　p265-266

桂 三枝　かつら・さんし〔1943―　落語家・司会者〕
　◎歩み　「桂三枝という生き方」（桂三枝）　ぴあ　2005.3　p404-411

桂 太郎　かつら・たろう〔1847―1913　政治家・陸軍大将・公爵〕
　◎参考文献　「桂太郎」（宇野俊一）　吉川弘文館　2006.3　p296-300
　◎参考文献　「桂太郎―予が生命は政治である」（小林道彦）　ミネルヴァ書房　2006.12　p331-340

桂 信子　かつら・のぶこ〔1914―2004　俳人〕
　○略年譜（櫂未知子）　「俳句　54.5」（角川書店）　2005.4　p178-183

桂 文治（10代目）　かつら・ぶんじ〔1924—2004　落語家〕
　◎年譜ほか　「十代文治噺家のかたち」（太田博）　うなぎ書房　2001.12　p251-254

桂 米朝　かつら・べいちょう〔1925—　落語家〕
　◎年譜（小佐田定雄）　「桂米朝―私の履歴書」（桂米朝）　日本経済新聞社　2002.4　p227-243
　◎年譜　「桂米朝―噺の世界」（小佐田定雄）　向陽書房　2002.4　p136-137
　◎著作目録　「桂米朝集成 1」（桂米朝）　岩波書店　2004.11　p329-342
　◎年譜（豊田善敬）　「桂米朝集成 4」　岩波書店　2005.2　p409-457
　◎年譜　「桂米朝私の履歴書」（桂米朝）　日本経済新聞社　2007.4　p239-257

桂 正孝　かつら・まさたか〔1937—　教育学〕
　○略歴ほか　「人文研究 52.7」（大阪市立大）　2000.12　p1-15

桂 米團治　かつら・よねだんじ〔1896—1951　落語家〕
　◎年譜（豊田善敬）　「四世桂米團治寄席随筆」（桂米朝）　岩波書店　2007.11　p340-365

桂木 健次　かつらぎ・けんじ〔1938—　環境経済学・社会環境論〕
　◎著作目録ほか　「富大経済論集 49.3」（富山大）　2004.3　p627-629

嘉手苅 千鶴子　かでかる・ちづこ〔1949—2001　琉球文学〕
　◎研究業績　「おもろと琉歌の世界　交響する琉球文学」（嘉手苅千鶴子）　森話社　2003.3　p358-360

加藤 郁乎　かとう・いくや〔1929—　詩人・俳人〕
　◎詩集目録　「加藤郁乎詩集成」（加藤郁乎）　沖積舎　2003.9　p614」

加藤 いつみ　かとう・いつみ〔1942—　オカリナ奏者〕
　○業績目録ほか　「名古屋市立大学大学院人間文化研究 6」（名古屋市立大）　2006.12　p203-206

加藤 榮一　かとう・えいいち
　○業績一覧　「現代福祉研究 3」（法政大）　2003.3　p36-39
　○業績ほか　「勿忘草―加藤榮一追想集」（柴垣和夫）　加藤早杜子　2006.9　p348-358

加藤 景範　かとう・かげのり
　◎年譜　「京阪文藝史料 2」（多治比郁夫）　青裳堂書店　2005.1　p1-53

加藤 克巳　かとう・かつみ〔1915—　歌人〕
　◎年譜ほか（沖ななも）　「短歌 53.8」（角川学芸出版）　2006.7　p54-59

加藤 勝康　かとう・かつやす〔1924—　経営学〕
　◎著作目録　「経営学パラダイムの探求―加藤勝康博士喜寿記念論文集　人間協働この未知なるものへの挑戦」（河野大機,吉原正彦）　文眞堂　2001.5　p427-439

加藤 清正　かとう・きよまさ〔1562—1611　武将〕
　◎史料　「加藤清正―朝鮮侵略の実像」（北島万次）　吉川弘文館　2007.4　p223-228
　◎参考文献　「加藤清正「妻子」の研究」（水野勝之ほか）　ブイツーソリューション　2007.10　p248-251

加藤 邦興　かとう・くにおき〔1943—2004　技術論・公害問題〕
　○業績ほか　「経営研究 56.1」（大阪市立大）　2005.3　p335-345

加藤 三郎　かとう・さぶろう〔1931—　経済政策学〕
　◎著書論文目録ほか　「武蔵大学論集 48.3」（武蔵大）　2001.3　p325-333

加藤 静雄　かとう・しずお〔1931—　上代文学〕
　◎著作目録ほか　「美夫君志論攷」（美夫君志会）　おうふう　2001.9　p289-295

加藤 周一　かとう・しゅういち〔1919—2008　評論家〕
　○著作目録（彭佳紅）　「中国文化論叢 12」（帝塚山学院大）　2003.12　p198-202
　◎年譜　「加藤周一の思想・序説―雑種文化論・科学と文学・星菫派論争」（矢野昌邦）　かもがわ出版　2005.12　p155-234

加藤 秀治郎　かとう・しゅうじろう〔1949—　政治学〕
　◎主要著作一覧　「政治学」（加藤秀次郎）　芦書房　2005.4　p311」

加藤 楸邨　かとう・しゅうそん〔1905—1993　俳人〕
　◎参考資料（松井貴子）　「展望現代の詩歌 9 俳句 I」（飛高隆夫ほか）　明治書院　2007.4　p223-225

加藤 純章　かとう・じゅんしょう〔1939—　印度哲学・仏教学〕
　◎著作目録ほか　「アビダルマ仏教とインド思想―加藤純章博士還暦記念論集」（加藤純章博士還暦記念論集刊行会）　春秋社　2000.10　p1-6f
　○業績目録ほか　「名古屋大学文学部研究論集 147」（名古屋大）　2003.3　p1-4

加藤 正俊　かとう・しょうしゅん〔1929—　僧侶〕
　◎著作目録ほか　「禅文化研究所紀要 28」（禅文化研究所）　2006.2　p3-12f

加藤 二郎　かとう・じろう〔1925—　独文〕
　○業績ほか　「宇都宮大学国際学部研究論集 15」（宇都宮大）　2003.3　p2-4
　◎業績目録　「漱石と漢詩―近代への視線」（加藤二郎）　翰林書房　2004.11　p327-329

加藤 信朗　かとう・しんろう〔1926—　哲学〕
　◎関連文献　「アウグスティヌス『告白録』講義」（加藤信朗）　知泉書館　2006.11　p9-11b

加藤 セチ　かとう・せち〔1893—1989〕
　○年譜ほか（前田侯子）　「ジェンダー研究 7」（お茶の水女子大）　2004.3　p87-110

加藤 薗子　かとう・そのこ〔1939—　福祉労働論〕
　○業績ほか　「立命館産業社会論集 40.1」（立命館大）　2004.6　p20-26

加藤 多一　かとう・たいち〔1934―　童話作家・評論家〕
◎自筆年譜　「水の川・加藤多一の世界」(『水の川・加藤多一の世界』編集・刊行委員会ほか)　北海道新聞社　2004.3　p243-275

加藤 大道　かとう・だいどう〔1924―　紙彫家・切絵仏像師〕
◎略年譜ほか　「版画荘二代記―清貧の芸術家・加藤大道父子の軌跡」(神津良子)　郷土出版社　2005.10　p218-224,228

加藤 高明　かとう・たかあき〔1860―1926　政治家・外交官〕
◎参考史料　「加藤高明と政党政治―二大政党制への道」(奈良岡聰智)　山川出版社　2006.8　p425-427

加藤 孝男　かとう・たかお〔1960―　歌人〕
◎略歴　「加藤孝男集」(加藤孝男)　邑書林　2005.5　p140-142

加藤 高　かとう・たかし〔1942―　〕
○著作目録ほか　「修道法学　28.2.55」(広島修道大)　2006.2　8pb

加藤 隆　かとう・たかし〔1935―　都市計画〕
○研究業績ほか　「政経論叢　69.4-6」(明治大)　2001.2　p979-983

加藤 敬弘　かとう・たかひろ〔1940―　理論経済〕
○業績ほか　「高崎経済大学論集　48.3」(高崎経済大)　2006.2　p7-10f

加藤 卓男　かとう・たくお〔1917―2005　陶芸家〕
◎略年譜ほか　「人間国宝加藤卓男シルクロード歴程―ラスター彩、三彩、織部の源流を求めて」(古代オリエント博物館)　山川出版社　2002.3　p125-126
◎年譜　「砂漠が誘う―ラスター彩遊記」(加藤卓男)　日本経済新聞社　2002.10　p221-240
◎関連文献　「陶のシルクロード加藤卓男の陶芸展」(岐阜県現代陶芸美術館ほか)　岐阜県現代陶芸美術館　2006　p148-175

加藤 武　かとう・たけし〔1941―　組織学〕
○業績目録　「横浜市立大学論叢　自然科学系列　57.1」(横浜市立大)　2007.1　p3-39

加藤 千晴　かとう・ちはる
◎年譜　「加藤千晴詩集」(加藤千晴)　詩集刊行会　2004.4　p138-142

加藤 登一　かとう・とういち〔?―1949〕
◎参考文献　「日本の新聞をカラーに変えた男」(高取武)　鳥影社　2005.11　p166-170

加藤 敏雄　かとう・としお〔1912―2003〕
○業績目録ほか　「東日本国際大学研究紀要　8.1」(東日本国際大)　2003.1　p175-178

加藤 壽延　かとう・としのぶ
○業績ほか　「亜細亜大学経済学紀要　28.1」(亜細亜大)　2003.12　p139-151

加藤 直樹　かとう・なおき〔1941―　人間発達論・障害者福祉論〕
○業績ほか　「立命館産業社会論集　42.1.129」(立命館大)　2006.6　p43-47

加藤 晴康　かとう・はるやす〔1936―　フランス近現代史・国際関係論〕
○執筆目録ほか　「横浜市立大学論叢　人文科学系列　53.1・2」(横浜市立大)　2002.3　p1-4

加藤 久雄　かとう・ひさお〔1942―　刑法〕
○業績　「法学研究　80.12」(慶應義塾大)　2007.12　p597-611

加藤 秀俊　かとう・ひでとし〔1930―　社会学者〕
◎著作物一覧　「なんのための日本語」(加藤秀俊)　中央公論新社　2004.10　p256-258

加藤 泰義　かとう・ひろよし〔1927―2001　ドイツ実存哲学〕
○業績一覧ほか　「哲学会誌　26」(学習院大)　2002.5　p96-98

加藤 雅　かとう・まさし〔1937―2005　経済予測・経済政策〕
○著作目録ほか　「東京経大学会誌　経営学　249」(東京経済大)　2006.3　p5-10

加藤 みどり　かとう・みどり〔1888―1922　女権運動家〕
◎著作目録　「文学としての『青鞜』」(岩田ななつ)　不二出版　2003.4　p259-262

加藤 盛弘　かとう・もりひろ〔1936―　会計学〕
○著作目録ほか　「同志社商学　58.6」(同志社大)　2007.3　p477-484
◎業績ほか　「加藤盛弘教授古稀記念論文集」(志賀理ほか)　森山書店　2007.3　p307-317

加藤 有次　かとう・ゆうじ〔1932―2003　博物館学〕
○略年譜　「国学院大学考古学資料館紀要　19」(国学院大)　2003.3　3pf

加藤 祐三　かとう・ゆうぞう〔1936―　アジア近代史・文明史〕
○略歴ほか　「横浜市立大学論叢　54　人文科学系列　1・2・3」(横浜市立大)　2003.3　p1-35

加藤 祐三　かとう・ゆうぞう〔1939―　地質学・火山学・津波学〕
○略歴ほか　「琉球大学理学部紀要　78」(琉球大)　2004.9　p3-5f

加藤 義喜　かとう・よしき〔1930―　経済開発論・国際経済論〕
○研究業績ほか　「経済集志　70.4」(日本大)　2001.1　p3-16f

加藤 良三　かとう・りょうぞう〔1930―　商法・経済法〕
○業績目録ほか　「関東学院法学　16.3・4」(関東学院大)　2007.3　p287-302

加藤 林太郎　かとう・りんたろう〔1934—　フランス文学〕
　○業績ほか　「年報フランス研究　35」（関西学院大）　2001　p1-5f

角川 源義　かどかわ・げんよし〔1917—1975　俳人・民俗学者〕
　◎年譜　「角川源義読本」（角川源義）　角川学芸出版　2005.10　p410-427

角川 春樹　かどかわ・はるき〔1942—　映画プロデューサー〕
　◎年表　「わが闘争—不良青年は世界を目指す」（角川春樹）　イースト・プレス　2005.6　p226-230

門前 正彦　かどさき・まさひこ〔1934—　国語学〕
　○研究業績ほか　「同志社女子大学日本語日本文学　16」（同志社女子大）　2004.6　p1-5

角田 直一　かどた・なおいち〔1914—1992　郷土史家〕
　○著作目録（大森久雄）　「倉敷の歴史　17」（倉敷市）　2007.3　p163-170

角松 正雄　かどまつ・まさお〔1926—　商学〕
　○業績　「熊本学園商学論集　9.3.32」（熊本学園）　2003.9　p321-324

楫取 魚彦　かとり・なひこ〔1723—1782　国学者〕
　○参考文献　「楫取魚彦資料集」（岩澤和夫）　たけしま出版　2001.5　p322-324

門脇 彰　かどわき・あきら
　○著作目録ほか　「同志社商学　52.4・5・6」（同志社大）　2001.3　p432-442

門脇 延行　かどわき・のぶゆき〔1941—　企業論・ハンガリー経済〕
　○業績ほか　「彦根論叢　359」（滋賀大）　2006.2　p221-227

金井 昭雄　かない・あきお〔1942—　〕
　◎文献　「見えた笑った—難民にメガネを—金井昭雄物語」（綱島洋一）　柏艪舎　2007.10　p211」

金井 直　かない・ちょく〔1926—1997　詩人〕
　◎略年譜　「帰郷の瞬間—金井直『昆虫詩集』まで」（坂本正博）　国文社　2006.11　p327-333
　◎参考資料（田村嘉勝）　「展望現代の詩歌　3　詩III」（飛高隆夫ほか）　明治書院　2007.5　p41-42

金井 広　かない・ひろし〔1907—2002　詩人・医師〕
　◎著書目録　「母恋詩人・医師—父・金井広—備忘録」（金井政二）　光陽出版社　2003.11　p307-308

金井 杜男　かない・もりお
　○活動記録稿（恵光院白）　「文献探索　2001」（文献探索研究会）　2002.7　p76-84

金柿 宏典　かながき・ひろのり〔1931—　フランス文学〕
　○著作目録ほか　「福岡大学人文論叢　33.4」（福岡大）　2002.3　2pb

仮名垣 魯文　かながき・ろぶん〔1829—1894　戯作者・新聞記者〕
　◎年譜　「仮名垣魯文—明治の文学　1」（坪内祐三ほか）　筑摩書房　2002.6　p384-389
　◎著作目録（中村正明）　「明治初期文学資料集　仮名垣魯文1」（石川則夫）　國學院大　2006.3　p217-248
　◎「仮名垣魯文百覧会展示目録—国文学研究資料館二〇〇六年度秋季特別展　3版」　国文学研究資料館　2006.11　49p　A4
　◎参考文献目録（鈴木一正）　「国文学研究資料館紀要　文学研究篇　33」（国文学研究資料館）　2007.2　p105-136

金沢 嘉市　かなざわ・かいち〔1908—1986　教育評論家〕
　◎年譜　「教師とは—金沢嘉市が拓いた教育の世界」（中野光ほか）　つなん出版　2003.7　p187-191

金沢 庄三郎　かなざわ・しょうざぶろう〔1872—1967　国語・言語〕
　○著作目録（石川遼子ほか）　「日本史の方法　1」（奈良女子大）　2005.3　p133-164
　○年譜（石川遼子）　「日本史の方法　5」（日本史の方法研究会）　2007.2　p106-120

金沢 弘　かなざわ・ひろし〔1935—　美術評論家〕
　◎著書目録　「雪舟の芸術—水墨画論集」（金沢弘）　秀作社出版　2002.3　p390-385

金丸 輝男　かなまる・てるお〔1935—2000　政治学〕
　○著作目録ほか　「同志社法学　53.6」（同志社法学会）　2002.2　p2597-2606

金光 洋一郎　かなみつ・よういちろう〔1924—2006　カウンセラー・詩人〕
　◎年譜（井奥行彦ほか）　「金光洋一郎詩集」（金光洋一郎）　土曜美術社　2004.6　p153-160

要 弘　かなめ・ひろし
　○研究業績ほか　「言語と文化　3」（大阪府立大）　2004.3　p1-5f

金森 通倫　かなもり・つうりん〔1857—1945　牧師・神学者〕
　◎年譜ほか（金森太郎）　「回顧録—金森通倫自伝改訂版濱潔改訂」（金森通倫）　アイディア出版部　2006.2　p285-300

金山 行孝　かなやま・ゆきたか
　○業績ほか　「社会志林　47.4」（法政大）　2001　2pf

可児島 俊雄　かにしま・としお〔1930—　会計学〕
　○業績目録ほか　「名古屋学院大学論集　社会科学篇　38.4」（名古屋学院大）　2002.3　p4-8f

金子 晃　かねこ・あきら〔1937—　民事法・経済法〕
　○業績　「法学研究　76.1」（慶應義塾大）　2003.1　p583-590

金子 暁実　かねこ・あけみ〔1932—　保険〕
　○業績一覧ほか　「龍谷大学経営学論集　41.1」（龍谷大学経営学会）　2001.6　p80-83

金子 鷗亭　かねこ・おうてい〔1906—2001　書家〕
　◎参考文献　「金子鷗亭―近代詩文書の開拓者」（齊藤千鶴子）　北海道新聞社　2006.3　p203-208

金子 寛哉　かねこ・かんさい
　◎論一覧　「『釈浄土群疑論』の研究」（金子寛哉）　大正大出版会　2006.3　p13-16f

金子 喜一　かねこ・きいち〔1875—1909　社会主義者〕
　◎略年譜ほか　「金子喜一とその時代」（北村巖）　柏艪舎　2007.12　p285-307

金子 きみ　かねこ・きみ〔1915—2009　作家・歌人〕
　◎略歴ほか　「金子きみ伝―開拓農民の子に生まれて」（光本恵子）　ながらみ書房（未来山脈選書15篇）　2001.10　p219-227
　◎著作　「わたしの骨にとまる蝶―金子きみ金子智一と生きて」（光本恵子）　文芸社　2004.3　p215-217

金子 堅太郎　かねこ・けんたろう〔1853—1942　政治家〕
　◎年譜　「金子堅太郎自叙伝　1」（金子堅太郎）　日本大学精神文化研究所　2003.3　p285-291
　◎著作表（高瀬暢彦）　「金子堅太郎自叙伝　2」（金子堅太郎）　日本大　2004.3　p289-308
　◎研究資料　「金子堅太郎著作集―初代校長　6」（金子堅太郎）　日本大　2006.3　p313-327

金子 貞吉　かねこ・さだよし〔1935—　日本経済史〕
　○著作目録ほか　「経済学論纂　46.3・4」（中央大）　2006.3　p587-589

金児 暁嗣　かねこ・さとる〔1944—　社会心理学〕
　◎略歴ほか　「人文研究　56」（大阪市立大）　2005.3　p1-10

金子 茂　かねこ・しげる〔1935—　西洋教育史〕
　○業績ほか　「教育学論集　48」（中央大）　2006.3　p97-104

金子 潤　かねこ・じゅん〔1942—　陶芸家〕
　◎文献　「金子潤selected works1989-2005」（岩井美恵子ほか）　国立国際美術館　2006　p82-90

金子 準二　かねこ・じゅんじ〔1890—1979〕
　◎著作目録（斎藤美穂）　「文献探索　2000」（文献探索研究会）　2001.2　p262-277

金子 章　かねこ・しょう〔文学〕
　○業績ほか　「アカデミア　文学・語学編　75」（南山大）　2004.1　4pf

金子 兜太　かねこ・とうた〔1919—　俳人〕
　◎略年譜　「金子兜太養生訓」（黒田杏子）　白水社　2005.10　p244-246

金子 智一　かねこ・ともかず〔1914—2002〕
　◎参考文献　「歩々清風金子智一伝―ウオーキングとユースホステルに生きた男」（佐藤嘉尚）　平凡社　2003.11　p252-253

金子 浩昌　かねこ・ひろまさ〔考古学〕
　◎「金子浩昌著作目録　2」（『金子浩昌著作目録』を刊行する会）　刊行する会　2004.3　276p　B5

金子 ふみ子　かねこ・ふみこ
　◎略年譜　「何が私をこうさせたか―獄中手記　増補新装版」（金子ふみ子）　春秋社　2005.7　p338-342

金子 文子　かねこ・ふみこ〔1902—1926〕
　◎年譜（亀田博）　「金子文子　わたしは自身を生きる―手記・調書・歌・年譜」（鈴木裕子）　梨の木舎　2006.8　p1-4b

兼子 仁　かねこ・まさし〔1935—　行政法〕
　◎業績ほか　「分権時代と自治体法学」（兼子仁先生古稀記念論文集刊行会）　勁草書房　2007.11　p519-547

金子 みすゞ　かねこ・みすゞ〔1903—1930　童謡詩人〕
　◎研究展望（熊谷信子）　「金子みすゞ　詩と真実」（詩と評論研究会）　勉誠出版　2000.7　p307-310
　○年譜　「みすゞ」（映画「みすゞ」製作委員会）　紀伊國屋書店　2001.7　p62-63
　◎略年譜　「金子みすゞさんの心の旅路をたずねて―日本童謡史の巨星詩人に捧げる試みの日記」（牧野国男）　文芸社　2001.12　p218-219
　○記事抄録（小野寺千春）　「文献探索　2001」（文献探索研究会）　2002.7　p129-133
　◎文献目録（熊谷信子）　「金子みすゞの世界」（詩と詩論研究会）　勉誠出版　2002.7　p169-173
　○年譜　「金子みすゞのこころ」（矢崎節夫ほか）　佼成出版社　2002.9　7pb
　○ブックリストほか　「金子みすゞ　別冊太陽122」（平凡社）　2003.4　p154-157
　◎参考引用文献　「都市文学と少女たち―尾崎翠・金子みすゞ・林芙美子を歩く」（寺田操）　白地社　2004.6　p255-259
　◎年譜　「金子みすゞの詩と仏教」（酒井大岳）　大法輪閣　2006.10　p230-233
　◎参考文献　「金子みすゞふたたび」（今野勉）　小学館　2007.10　p316-317

金子 光晴　かねこ・みつはる〔1895—1975　詩人〕
　◎略年譜　「評伝　金子光晴」（原満三寿）　北溟社　2001.12　p686-706
　◎注　「金子光晴を読もう」（野村喜和夫）　未来社　2004.7　prr

金子 之史　かねこ・ゆきぶみ〔1944—　動物分類学・生物地理学〕
　○著作目録（金子之史）　「香川生物　34」（香川生物学会）　2007.3　p1-11

金沢 貞顕　かねざわ・さだあき〔1278—1333　鎌倉幕府第15代執権〕
　◎参考文献　「金沢貞顕」（永井晋）　吉川弘文館　2003.7　p235-246

兼重 護　かねしげ・まもる〔1936—　西洋美術史〕
　○研究業績一覧ほか　「長崎大学教育学部紀要　人文科学　64」（長崎大）　2002.3　4pf

兼城 英夫　かねしろ・ひでお
　○業績目録ほか　「琉球大学工学部紀要　68」（琉球大）　2007.3　p41-45

金田 元成　かねだ・げんせい
　◎著作一覧ほか（西大寺）　「金田元成和尚著作集」
　　（金田元成）　東方出版　2006.12　p443-454

金田 平一郎　かねだ・へいいちろう〔1900—1949
　近世法制史〕
　◎略年譜ほか　「栗生武夫先生・小早川欣吾先生・
　　戴炎輝博士・小林宏先生・山崎丹照先生略年譜・
　　著作目録」（吉原丈司）〔吉原丈司〕　2007.1
　　p131-140

金田 昌司　かねだ・まさし〔1934—　経済地理学・産
　業立地論〕
　◯著作目録ほか　「経済学論纂　45.1・2」（中央大）
　　2005.3　p441-451

金田 道和　かねだ・みちかず
　◎業績一覧ほか　「英語教育学研究—金田道和先生
　　退官記念論文集」（岡紘一郎ほか）　渓水社　2004.
　　9　p257-263

金田 良治　かねだ・りょうじ〔1934—　ロシア経済
　論と国民生活論〕
　◯業績目録ほか　「徳山大学論叢　62」（徳山大）
　　2005.12　p141-154

金山 等　かねやま・ひとし〔1932—　英文学〕
　◯業績ほか　「言語と文化　4」（岩手県立大）　2002
　　p3-6f

鹿野 忠雄　かの・ただお〔1906—1945　動物・民族〕
　◎年譜ほか（楊南郡）　「山と雲と蕃人と—台湾高山
　　紀行」（鹿野忠雄）　文遊社　2002.2　p379-388

狩野 永岳　かのう・えいがく〔1790—1867　画家〕
　◎年譜ほか　「伝統と革新—京都画壇の華狩野永岳」
　　（彦根城博物館）　彦根城博物館　2002.10　p150-
　　153

狩野 永徳　かのう・えいとく〔1543—1590　画家〕
　◎参考文献　「画壇統一に賭ける夢　雪舟から永徳
　　へ」（今谷明ほか）　文英堂　2001.5　p253-254

叶 和夫　かのう・かずお
　◯著作目録ほか　「札幌法学　13.1・2」（札幌大）
　　2002.3　p1-4

狩野 亨吉　かのう・こうきち〔1865—1942　思想〕
　◯年譜ほか　「狩野亨吉の思想—増補」（鈴木正）
　　平凡社　2002.5　p239-253

加能 作次郎　かのう・さくじろう〔1885—1941
　小説家〕
　◎年譜ほか（中尾務）　「世の中へ・乳の匂い—加能
　　作次郎作品集」（加能作次郎）　講談社　2007.1
　　p281-293

嘉納 治五郎　かのう・じごろう〔1860—1938　柔道
　家・教育者〕
　◎参考文献　「嘉納治五郎師範に學ぶ」（村田直樹）
　　日本武道館　2001.3　p285-287

狩野 芳崖　かのう・ほうがい〔1828—1888　日本画
　家〕
　◎参考文献　「狩野芳崖・高橋由一—日本画も西洋
　　画も帰する処は同一の処」（古田亮）　ミネルヴァ
　　書房　2006.2　p293-299

加納 光於　かのう・みつお〔1933—　版画家〕
　◎参考文献　「加納光於—「骨ノ鏡」あるいは色彩
　　のミラージュ」　愛知県美術館　2000.9　p189-196

狩野 光信　かのう・みつのぶ〔1565—1608　画家〕
　◎参考文献　「狩野光信の時代」（黒田泰三）　中央
　　公論美術出版　2007.9　p242-247

椛島 成治　かばしま・しげはる〔1939—　エネルギー
　基礎〕
　◯業績ほか　「長崎大学教育学部紀要　自然科学
　　72」（長崎大）　2005.3　p9f

鏑木 清方　かぶらぎ・きよかた〔1878—1972　日本
　画家〕
　◎挿絵等目録　「鏑木清方挿絵図録　文藝倶樂部編
　　2」（鎌倉市鏑木清方記念美術館ほか）　鏑木清方
　　記念美術館　2004.3　p88-93

下保 昭　かほ・あきら〔1927—　日本画家〕
　◎年譜　「山水新世紀下保昭・色彩七変化川崎春彦
　　展—時代を超える日本画」　茨城県近代美術館
　　2001　p114-125
　◎年譜ほか（福井文夫）　「下保昭」（下保昭）　ビ
　　ジョン企画出版　2001.4　p150-161

鎌田 章　かまた・あきら
　◯業績一覧ほか　「国際経営論集　27」（神奈川大）
　　2004.3　p11-14f

鎌田 慧　かまた・さとし〔1938—　ルポライター〕
　◎著作一覧　「時代を刻む精神」（鎌田慧）　七つ森
　　書館　2003.9　p327-334

鎌田 茂雄　かまた・しげお〔1927—2001　中国仏教
　史・朝鮮仏教史〕
　◯略年譜・著作　「国際仏教学大学院大学研究紀要
　　5」（国際仏教学大学院大）　2002.3　p1-51

鎌田 正　かまた・ただし〔1911—2008　中国哲学〕
　◎年譜　「大漢和辞典と我が九十年」（鎌田正）
　　大修館書店　2001.4　p318-322
　◯略歴　「東陵文庫目録」（東京成徳短期大学附属
　　図書館）　東京成徳短大附属図書館　2003.9　p15-
　　16b

鎌田 浩　かまた・ひろし〔1931—　日本法制史〕
　◯業績ほか　「専修法学論集　84」（専修大）　2002.
　　3　p3-7

加美 和照　かみ・かずてる〔1931—　商法〕
　◯主要著作目録ほか　「法学新報　109.9・10」（中
　　央大）　2003.3　p645-659

上 笙一郎　かみ・しょういちろう〔1933—　児童文
　化評論家〕
　◎著作目録ほか　「日本児童文学研究史」（上笙一
　　郎）　港の人　2004.11　p719-753

加美 宏　かみ・ひろし〔1934―　中世軍記物語〕
　○著述目録　「同志社国文学　62」（同志社大）
　　2005.3　p3-10f

上岡 国夫　かみおか・くにお〔1937―　教育心理学〕
　○研究業績ほか　「高崎経済大学論集　45.4」（高崎経済大）　2003.3　p5-7f

神木 哲男　かみき・てつお〔1934―　日本経済史〕
　○著作目録ほか　「奈良県立大学研究季報　17.3・4」（奈良県立大）　2007.3　p149-160

神坂 雪佳　かみさか・せっか〔1866―1942　図案家・日本画家〕
　◎文献目録　「神坂雪佳―琳派の継承・近代デザインの先駆者」（池田祐子ほか）　京都国立近代美術館　c2003　p352-353

上島 武　かみじま・たけし〔1935―　社会主義経済論〕
　○業績目録ほか　「大阪経大論集　54.2」（大阪経大）　2003.7　p5-10

上條 彰次　かみじょう・しょうじ〔1926―　和歌史〕
　○著述目録ほか　「文林　35」（松蔭女子学院大）　2001.3　p1-6f

上条 信山　かみじょう・しんざん〔1907―1997　書家〕
　◎略歴　「硯上の塵―信山自伝　増補版」（上条信山）　展望社　2002.4　p208-209

上條 末夫　かみじょう・すえお
　○略歴ほか　「尚美学園大学総合政策研究紀要　11」（尚美学園大）　2006.3　2pf

神谷 国弘　かみたに・くにひろ
　○主要業績ほか　「関西大学社会学部紀要　32.3」（関西大）　2001.3　p343-348

神近 市子　かみちか・いちこ〔1888―1981　政治家・婦人解放運動家〕
　◎文献ほか　「プロメテウス―神近市子とその周辺」（杉山秀子）　新樹社　2003.4　p207-231

上司 永慶　かみつかさ・えいけい〔1928―2000　僧侶〕
　◎履歴　「東大寺二百十五世別当上司永慶―華厳のこころ」（浦上義昭）　国書刊行会　2002.11　p128-131

上司 小剣　かみつかさ・しょうけん〔1874―1947　小説家〕
　◎研究案内　「上司小剣文学研究」（荒井真理亜）　和泉書院　2005.10　p179-216

上寺 久雄　かみでら・ひさお〔1920―　教育学〕
　◎経歴表　「教育界のさまよい鳥―教育道に生きた軌跡」（上寺久雄）　リトル・ガリヴァー社　2001.7　p398-399

雷門 小福　かみなりもん・こふく〔1934―　落語家〕
　◎参考資料　「噺家根問―雷門小福と桂小文吾」（瀧口雅仁）　彩流社　2007.11　p265-266

上村 勝彦　かみむら・かつひこ〔1944―2003　サンスクリット文学・インド学〕
　○主要著作目録ほか　「東洋文化研究所紀要　143」（東京大）　2003.3　p1-15b

上村 哲彦　かみむら・てつひこ〔1938―　英文学〕
　○著作目録ほか　「英文学論集　47」（関西大）　2007.12　p1-5

上村 直己　かみむら・なおき〔1939―　日独文化交流史・比較文化論〕
　○業績ほか　「文学部論叢　85」（熊本大）　2005.3　p13-22

神谷 修　かみや・おさむ〔1924―2004〕
　○著作目録ほか　「言語文化論集　28.2」（名古屋大）　2007　p7-9f

神谷 伝造　かみや・でんぞう〔1936―　理論経済学〕
　○著作目録ほか　「三田学会雑誌　94.4」（慶応義塾大）　2002.1　p821-825

紙屋 敦之　かみや・のぶゆき〔1946―　日本近世史〕
　◎活動記録　「薩摩と琉球」（紙屋敦之）　紙屋敦之　2002.11　p85-102

神谷 治美　かみや・はるみ〔1933―　民事法学〕
　○著作目録ほか　「人間文化研究　13」（京都学園大）　2004.3　p59-67

神谷 美恵子　かみや・みえこ〔1914―1979　精神医学〕
　◎参考文献　「神谷美恵子若きこころの旅」（太田愛人）　河出書房新社　2003.2　p230-231
　◎年譜　「神谷美恵子の世界」（みすず書房編集部）　みすず書房　2004.10　p200-219
　◎コレクション　「生きがいについて」（神谷美恵子）　みすず書房　2004.10　p1-16b

神山 茂夫　かみやま・しげお〔1905―1974　社会運動家・政治家・評論家〕
　○著作目録ほか　「天皇制に関する理論的諸問題」（神山茂夫ほか）　こぶし書房　2003.6　p238-244

上山 草人　かみやま・そうじん〔1884―1954　俳優〕
　○年譜（細江光）　「甲南国文　49」（甲南女子大）　2002.3　p29-42

神山 敏雄　かみやま・としお〔1934―　刑事法〕
　◎著作目録　「神山敏雄先生古稀祝賀論文集」（斉藤豊治ほか）　成文堂　2006.8　p533-546

神山 美代子　かみやま・みよこ
　○プロフィール（金城重明）　「沖縄キリスト教短期大学紀要　30」（沖縄キリスト教短大）　2001.12　p15-20

上領 英之　かみりょう・ひでゆき〔1930―　経営分析〕
　○著作目録ほか　「修道商学　43.1」（広島修道大）　2002.9　8pb

亀井 理　かめい・おさむ〔1932―　理論物理学〕
　◎著作リストほか　「温かな博学者―亀井理先生を偲ぶ」（水野光子）　水野光子　2005.2　p149-161

亀井 俊介　かめい・しゅんすけ〔1932―　比較文学〕
　◎著作目録　「わがアメリカ文化誌」(亀井俊介)　岩波書店　2003.2　p394-395
　◎著作目録　「ひそかにラディカル？―わが人生ノート」(亀井俊介)　南雲堂　2003.5　p276-280
　◎著作目録　「わがアメリカ文学誌」(亀井俊介)　岩波書店　2007.7　p284-288

亀井 南冥　かめい・なんめい〔1743―1814　儒学者・漢詩人〕
　◎参考文献　「金印偽造事件―「漢委奴國王」のまぼろし」(三浦佑之)　幻冬舎　2006.11　p216-226

亀井 正義　かめい・まさよし〔1942―　企業論〕
　◯業績一覧ほか　「龍谷大学経営学論集　47.3」(龍谷大)　2007.12　p132-137

亀倉 雄策　かめくら・ゆうさく〔1915―1997　グラフィックデザイナー〕
　◎略年譜　「亀倉雄策のデザイン　新装版」(亀倉雄策)　六耀社　2005.7　p258-263
　◎文献リストほか(川畑直道)　「亀倉雄策―YUSAKU KAMEKURA 1915-1997」(亀倉雄策)　DNPグラフィックデザイン・アーカイブ　2006.1　p223-263

亀谷 是　かめたに・これ
　◯著作目録ほか　「福井県立大学経済経営研究　9」(福井県立大)　2001.3　p81-89

亀山 三郎　かめやま・さぶろう〔1935―　管理会計学〕
　著作目録ほか　「商学論纂　46.5」(中央大)　2005.5　p401-405

加茂 紀子子　かも・きねこ
　◯業績一覧　「東アジアと日本の自動車産業」(加茂紀子子)　唯学書房　2006.4　p495-498

加茂 利男　かも・としお〔1945―　政治学〕
　◯業績目録ほか　「法学雑誌　54.2」(大阪市立大)　2007.11　p1-25b

加茂 雄三　かも・ゆうぞう〔1936―　ラテン・アメリカ近現代史〕
　◯業績ほか　「青山史学　22」(青山学院大)　2004.3　p5-10

蒲生 氏郷　がもう・うじさと〔1556―1595　武将〕
　◎参考文献　「蒲生氏郷―戦国を駆け抜けた武将」(滋賀県立安土城考古博物館)　滋賀県立安土城考古博物館　2005.10　p113

蒲生 重章　がもう・しげあきら
　◯年譜ほか(内山知也)　「斯文　112」(斯文会)　2004.3　p1-26

蒲生 俊文　がもう・としふみ〔?―1966〕
　◯論説記事(堀口良一)　「近畿大学法学　53.1」(近畿大)　2005.7　p198-175

鴨川 卓博　かもがわ・たかひろ〔英米文学〕
　◯略歴ほか　「英文学論叢　48」(京都女子大)　2004　p50-57

加守田 章二　かもた・しょうじ〔1933―　陶芸家〕
　◎参考文献　「加守田章二展図録―20世紀陶芸界の鬼才」(京都国立近代美術館ほか)　朝日新聞社事業本部　2005.5　p196-201
　◎参考文献(石崎泰之)　「加守田章二全仕事」(加守田章二)　講談社　2005.7　p338-341

鴨 長明　かもの・ちょうめい〔1153頃―1216　歌人〕
　◎文献ほか　「人間・鴨長明―その思想面に関して」(松城絵美加)　碧天舎　2003.7　p94-100

鴨野 幸雄　かもの・ゆきお〔1937―　行政法・憲法〕
　◯業績目録ほか　「金沢法学　44.2」(金沢大)　2002.3　p3-9

加舎 白雄　かや・しらお〔1738―1791　俳人〕
　◎略年譜　「定本・俳人加舎白雄伝」(矢羽勝幸)　郷土出版社　2001.3　p1231-1246

萱嶋 泉　かやしま・いずみ〔1911―2005　蜘蛛研究〕
　◎著作リストほか　「Acta arachnologica 54.2」(日本蜘蛛学会)　2005.12　p156-158

茅原 華山　かやはら・かざん〔1870―1952　政治評論家・ジャーナリスト〕
　◎略年譜　「民本主義の論客茅原華山伝」(茅原健)　不二出版　2002.12　p263-270
　◎文献ほか　「茅原華山と近代日本―民本主義を中心に」(孫国鳳)　現代企画室　2004.1　p291-327

香山 末子　かやま・すえこ
　◎年譜(編集部)　「〈在日〉文学全集　17」(磯貝治良ほか)　勉誠出版　2006.6　p369-370

唐 十郎　から・じゅうろう〔1940―　劇作家〕
　◎略年譜(室井尚)　「教室を路地に！―横浜国大vs紅テント2739日」(唐十郎)　岩波書店　2005.9　p207-219
　◎略年譜(編集部)　「唐十郎―紅テント・ルネサンス！」　河出書房新社　2006.4　p187-191
　◎「唐十郎特別展」　明治大図書館　2006.11　8p　A4

柄井 川柳(1代目)　からい・せんりゅう〔1718―1790　前句付点者〕
　◯年表　「川柳学　1.1」(新葉館出版)　2005.9　p50-57

柄井 川柳(9代目)　からい・せんりゅう〔別名＝前島和橋　1835―1904　川柳点者〕
　◯年表　「柳のしおり―九世柄井川柳・前島和橋をたずねて」(芳忠淳ほか)　玄武堂出版　2005.2　p276-283

唐木 圀和　からき・くにかず〔1941―　国際経済学〕
　◯業績ほか　「三田商学研究　49.2」(慶応義塾大)　2006.6　p249-253

唐木 順三　からき・じゅんぞう〔1904―1980　評論家〕
　◎略年譜　「京都哲学撰書　12　現代史への試み」(唐木順三)　燈影舎　2001.1　p377-379
　◎略年譜　「京都哲学撰書　第26巻　三木清・無常」(松丸寿雄)　灯影舎　2002.10　p445-447
　◎「唐木順三全集総目次・題名索引」(大野順一)　大野順一　2004.5　111p　A5

◎年譜 「わが内なる唐木順三」(大野順一) 南雲堂フェニックス 2006.11 p265-275

唐沢 敬 からさわ・けい〔1935— 世界経済論・資源エネルギー論〕
○著作目録ほか 「立命館国際研究 13.3」(立命館大) 2001.3 p1-9f

柄澤 齊 からさわ・ひとし
◎参考文献 「柄澤齊展―版画、オブジェ、水彩、本 1971-2006」(栃木県立美術館ほか) 栃木県立美術館 c2006 p205-213

柄谷 行人 からたに・こうじん〔1941— 文芸評論家〕
◎年譜ほか(関井光男) 「坂口安吾と中上健次」(柄谷行人) 講談社 2006.9 p383-412

唐渡 興宣 からと・おきのり〔1943— 経済学〕
○業績 「經濟學研究 56.2」(北海道大) 2006.11 p3-4f

狩谷 棭斎 かりや・えきさい〔1775—1835 考証学者〕
◎「狩谷棭斎年譜 下」(梅谷文夫) 青裳堂書店 2006.2 564p A5

仮屋崎 省吾 かりやざき・しょうご〔1958— 華道家〕
◎年譜 「花―假屋崎省吾の世界」(假屋崎省吾) 平凡社 2004.11 p142-143

川合 章 かわい・あきら〔1921— 教育〕
◎年譜ほか 「ふきぽこの詩―ある教育研究者の一生」(川合章) 光陽出版社 2003.8 p3-141b

河合 栄治郎 かわい・えいじろう〔1891—1944 社会思想家・経済学者〕
◎注 「教養の思想―その再評価から新たなアプローチへ」(河合栄次郎研究会) 社会思想社 2002.2 prr
◎年譜 「評伝河合榮治郎―戦闘的自由主義者の生涯」(松井慎一郎) 玉川大学出版部 2004.11 p244-247
◎年譜 「評伝河合栄治郎―不撓不屈の思想家」(遠藤欣之助) 毎日ワンズ 2004.12 p326-334

河井 寛次郎 かわい・かんじろう〔1890—1966 陶芸家〕
◎年譜ほか(鷺珠江ほか) 「蝶が飛ぶ葉っぱが飛ぶ」(河井寛次郎) 講談社 2006.1 p223-233

河合 研一 かわい・けんいち〔1935— 社会保障法・経済法〕
○業績目録ほか 「法律論叢 78.2・3」(明治大) 2006.1 p202-206

川合 健二 かわい・けんじ〔?—1996 技術者〕
◎文献目録 「川合健二マニュアル」(川合健二ほか) 編集出版組織体アセテート 2007.12 p284-286

川井 正一 かわい・しょういち
◎著作目録 「苑玖波―川井正一・齋藤弘道・佐藤正好先生還暦記念論集」(還暦記念事業実行委員会) 還暦記念事業実行委員会 2007.2 p349-352

河合 伸一 かわい・しんいち〔1932— 弁護士〕
◎著書・論文ほか 「会社法・金融取引法の理論と実務―河合伸一判事退官・古稀記念」(河本一郎, 仲田哲) 商事法務 2002.6 p417-419

河合 曾良 かわい・そら〔1649—1710 俳人〕
◎参考文献 「奥の細道行脚―『曾良日記』を読む」(櫻井武次郎) 岩波書店 2006.7 p211-214

川合 隆男 かわい・たかお〔1938— 社会学〕
○著作一覧ほか 「法学研究 77.1」(慶応義塾大) 2004.1 p489-498
◎著作ほか 「タンポポの丘―戯れに来て戯れに去る」(川合隆男) 春風社 2004.3 p313-331

川井 健 かわい・たけし〔1927— 民法〕
◎著作目録ほか 「取引法の変容と新たな展開―川井健先生傘寿記念論文集」(川井健先生傘寿記念論文集刊行委員会) 日本評論社 2007.7 p481-514

河井 継之助 かわい・つぐのすけ〔1827—1868 越後長岡藩士〕
◎参考文献 「河井継之助」(星亮一) 成美堂 2001.3 p397」
◎参考文献 「怨念の系譜 河井継之助、山本五十六、そして田中角栄」(早坂茂三) 東洋経済新報社 2001.11 p289-291
◎参考文献 「河井継之助と明治維新」(太田修) 新潟日報事業社 2003.10 p227-228

河合 隼雄 かわい・はやお〔1928—2007 臨床心理〕
○略年譜・著作一覧 「河合隼雄 文芸別冊」(河出書房新社) 2001.4 p208-211

河合 雅雄 かわい・まさお〔1924— 霊長類学者〕
◎児童文学作品ほか 「児童文学に魅せられた作家たち」(林美千代ほか) KTC中央出版 2002.4 p28-43

河井 道 かわい・みち〔1877—1953 教育家〕
◎参考文献 「陛下をお救いなさいまし―河井道とボナー・フェラーズ」(岡本嗣郎) 集英社 2002.5 p313-316
◎文献ほか 「河井道の生涯―光に歩んだ人」(木村恵子) 岩波書店 2002.10 p209-217

河井 迪男 かわい・みちお〔1929— 英文〕
○研究業績目録ほか 「甲南女子大学英文学研究 39」(甲南女子大) 2003 p11-17

川井 克倭 かわい・よしかず〔1932— 競争政策・消費者問題〕
○略歴ほか 「名経法学 13」(名古屋経済大) 2003.2 p212-214

川石 酒造之助 かわいし・みきのすけ
◎参考文献 「世界にかけた七色の帯―フランス柔道の父川石酒造之助伝」(吉田郁子) 駿河台出版社 2004.12 p220-222

河井田 研朗 かわいだ・けんろう〔1932— 西洋史〕
○教育研究業績ほか 「七隈史学 5」(七隈史学会) 2004.3 p116-112

川内 康範　かわうち・やすのり〔1920—　小説家〕
　◎年譜ほか　「おふくろさんよ―語り継ぎたい日本人のこころ」（川内康範）　マガジンハウス　2007.12　p150-155

川内 克忠　かわうち・よしただ〔1940—　会社法・証券法〕
　○業績ほか　「横浜市立大学論叢　社会科学系列　56.3」（横浜市立大）　2005.3　p1-9

河岡 武春　かわおか・たけはる〔1927—1986　民具学・漁業史〕
　○略年譜ほか（佐野賢治）　「歴史と民俗　19」（平凡社）　2003.3　p79-98

川勝 昭平　かわかつ・しょうへい〔1927—　国際経済学〕
　○業績ほか　「青山国際政経論集　56」（青山学院大）　2002.5　p5-7

川上 明日夫　かわかみ・あすお〔1940—　詩人〕
　◎略年譜　「川上明日夫　アンソロジー」（川上明日夫）　土曜美術社出版　2001.11　p160-161

河上 和雄　かわかみ・かずお〔1933—　弁護士〕
　◎著作目録ほか　「河上和雄先生古稀祝賀論文集」（河上和雄先生古稀祝賀論文集刊行会）　青林書院　2003.12　p559-571

川上 宏二郎　かわかみ・こうじろう〔1932—　行政法〕
　◎略歴・業績目録　「情報社会の公法学―川上宏二郎先生古稀記念論文集」（川上宏二郎先生古稀記念論文集刊行委員会）　信山社出版　2002.8　p725-738
　◎著作目録ほか　「現代の法学と政治学の諸問題―川上宏二郎先生退職記念論文集」（川上宏二郎先生退職記念論文集刊行委員会）　川島弘文社　2003.3　p455-465

川上 貞奴　かわかみ・さだやっこ〔1871—1946　新派女優〕
　◎文献案内　「マダム貞奴―世界に舞った芸者」（L.ダウナー）　集英社　2007.10　p377-378

河上 正秀　かわかみ・しょうしゅう〔1943—　倫理学〕
　○業績ほか　「倫理学　23」（筑波大）　2007　p217-221

川上 澄生　かわかみ・すみお〔1895—1972　版画家〕
　◎略年譜ほか　「川上澄生と北海道―木版の詩人」（平沢秀和）　北海道新聞社　2003.6　p130-144
　◎年譜　「評伝川上澄生」（小林利延）　下野新聞社　2004.3　p555-580

河上 誓作　かわかみ・せいさく〔1940—　英語学〕
　◎業績ほか　「言葉のからくり―河上誓作教授退官記念論文集」（河上誓作教授退官記念論文集刊行会）　英宝社　2004.3　p853-860

川上 壮一郎　かわかみ・そういちろう
　○著作目録ほか　「中央学院大学法学論叢　15.1・2」（中央学院大）　2002.3　p295-299

川上 武　かわかみ・たけし〔1925—2009　医師・医事評論家〕
　◎著作リストほか　「私の戦後」（川上武）　ドメス出版　2005.7　p293-307

川上 忠雄　かわかみ・ただお〔1933—　経済学〕
　○業績　「経済志林　71.4」（法政大）　2004.3　p388-395

河上 肇　かわかみ・はじめ〔1879—1946　経済〕
　◎対照年譜　「永井荷風と河上肇　放蕩と反逆のクロニクル」（吉野俊彦）　NHK出版　2001.6　p467-472
　◎年譜　「祖国を顧みて―西欧紀行」（河上肇）　岩波書店　2002.9　p289-295
　◎参考文献ほか　「甦る河上肇　近代中国の知の源泉」（三田剛史）　藤原書店　2003.1　p393-407
　◎年譜　「河上肇の遺墨」（一海知義ほか）　藤原書店　2007.8　p209-214

川上 弘美　かわかみ・ひろみ〔1958—　小説家〕
　○全著作ガイド（榎本正樹）　「文芸　42.3」（河出書房新社）　2003.秋　p34-39
　◎参考文献ほか（韋娜）　「川上弘美　現代女性作家読本1」（原善）　鼎書房　2005.11　p141-151

川上 貢　かわかみ・みつぐ〔1924—　建築史〕
　○年譜ほか（戦後建築史学研究小委員会ほか）　「建築史学　37」（建築史学会）　2001.9　p75-99

川上 美那子　かわかみ・みなこ〔1938—　国語学〕
　○業績一覧ほか　「人文学報　320」（東京都立大）　2001.3　p1-5

川上 徳明　かわかみ・よしあき
　○著述等目録　「比較文化論叢　11」（札幌大）　2003.3　p286-291

川岸 繁雄　かわぎし・しげお
　○著作目録　「神戸学院法学　35.4」（神戸学院大）　2006.4　p4-6b

川北 長利　かわきた・ながとし〔1932—1995　社交ダンス〕
　◎著作一覧追補ほか　「川北長利社交ダンス評論集　続集」（永井良和）　小野凌介　2002.7　p168-175

川喜田 半泥子　かわきた・はんでいし
　◎参考資料　「半泥子と山田万吉郎―朝鮮窯焚を追う」（川喜田敦）　新生出版　2005.1　p411-417

河北 倫明　かわきた・みちあき〔1914—1995　美術〕
　◎略年譜　「福岡市総合図書館所蔵河北倫明文庫目録　その1」（福岡市総合図書館）　福岡市総合図書館　2002.3　p8-9

河口 慧海　かわぐち・えかい〔1866—1945　仏教〕
　◎著書目録ほか　「河口慧海著作集　第16巻　論集2」（松涛誠達, 金子英一）　うしお書店　2002.8　p754-772
　◎関連図書ほか　「展望河口慧海論」（高山龍三）　法蔵館　2002.12　p231-345
　◎参考引用文献　「評伝河口慧海」（奥山直司）　中央公論新社　2003.8　p379-393

川口 顯弘 かわぐち・けんこう
　○業績ほか　「千葉商大紀要 43.3」（千葉商科大）2005.12　p31-33f

川口 順一 かわぐち・じゅんいち〔1934―　会計学〕
　○業績ほか　「専修商学論集 80」（専修大）2005.1　p239-246

川口 ちあき かわぐち・ちあき
　◎略年譜　「川口ちあきの女性史世界」（川口ちあき）愛知女性史研究会　2005.2　p101-102

川口 弘 かわぐち・ひろし〔1914―1998　理論経済学・金融論〕
　◎文献　「愛。そして愛―経済学者川口弘の生涯」（倉科寿男）文芸社　2007.8　p233-236

川口 洋 かわぐち・ひろし〔1934―　ドイツ語学・統語論〕
　○業績ほか　「学習院大学ドイツ文学会研究論集 9」（学習院大）2005　p3-7

川口 松太郎 かわぐち・まつたろう〔1899―1985　小説家・劇作家・演出家〕
　◎参考資料　「万太郎松太郎正太郎―東京生まれの文人たち」（大村彦次郎）筑摩書房　2007.7　p360-363

川口 義博 かわぐち・よしひろ〔1936―　会計学〕
　○業績目録ほか　「福岡大學商學論叢 51.4」（福岡大）2007.3　p1-3b

川越 哲志 かわごえ・てつし〔1941―2005　考古学〕
　◎論著目録　「考古論集―川越哲志先生退官記念論文集」（広島大学大学院文学研究科考古学研究室）退官記念事業会　2005.11　p931-937

河越氏 かわごえし
　◎文献目録ほか（角田朋彦）　「河越氏の研究」（岡田清一）名著出版　2003.1　p427-452

川崎 正蔵 かわさき・しょうぞう〔1837―1912　実業家〕
　◎参考資料　「神戸を翔ける　川崎正蔵と松方幸次郎」（辻本嘉明）神戸新聞出版センター　2001.1　p194」

川崎 隆司 かわさき・たかし〔1930―　詩人〕
　◎年譜　「オリーブの樹は燃えた　川崎隆司著作選集3」（川崎隆司）ミネルヴァ書房　2005.7　p419-424

川崎 長太郎 かわさき・ちょうたろう〔1901―1985　小説家〕
　◎年譜ほか（保昌正夫）　「もぐら随筆」（川崎長太郎）講談社　2006.6　p285-299

川崎 展宏 かわさき・てんこう〔1927―　俳人〕
　○略年譜ほか（川崎展宏ほか）　「俳句 53.12」（角川書店）2004.11　p194-209

川崎 ナヲミ かわさき・なおみ〔1927―2001　医師〕
　○業績ほか　「純心人文研究 7」（長崎純心大）2001.3　p4-7

川崎 信定 かわさき・のぶさだ
　○業績　「東洋学研究 43」（東洋大）2006.3　p413-405

川崎 春彦 かわさき・はるひこ〔1929―　日本画家〕
　◎年譜　「山水新世紀下保昭・色彩七変化川崎春彦展―時代を超える日本画」茨城県近代美術館　2001　p126-136

川崎 洋 かわさき・ひろし〔1930―2004　詩人・脚本家〕
　◎参考資料（東順子）　「展望現代の詩歌 4　詩Ⅳ」（飛高隆夫ほか）明治書院　2007.8　p67-68

川路 聖謨 かわじ・としあきら〔1801―1868　幕臣〕
　◎参考文献　「官僚川路聖謨の生涯」（佐藤雅美）文藝春秋　2000.12　p485-486
　◎参考文献　「川路聖謨と異国船時代」（澁谿いそみ）国書刊行会　2001.4　p363-368

川路 利良 かわじ・としよし〔1834―1879　官吏〕
　◎参考文献　「大警視・川路利良　日本の警察を創った男」（神川武利）PHP研究所　2003.2　p344-345

川路家 かわじけ
　◎参考文献　「江戸奇人伝　旗本・川路家の人びと」（氏家幹人）平凡社　2001.5　p256-257

河島 幸夫 かわしま・さちお〔1942―　政治学〕
　○業績ほか　「西南学院大学法学論集 35.1・2」（西南学院大）2002.11　p1-15f

川島 重成 かわしま・しげなり〔1938―　ギリシャ悲劇・ギリシャ思想〕
　○業績　「人文科学研究―キリスト教と文化 37」（国際基督教大）2006.3　p3-5

川島 誠一郎 かわしま・せいいちろう〔1934―2005　実験形態学・内分泌学〕
　○略歴ほか　「動物心理学研究 56.1」（日本動物心理学会）2006　p7-9

河島 博 かわしま・ひろし〔1930―2007〕
　◎参考文献　「社長の椅子が泣いている」（加藤仁）講談社　2006.6　p494-499

川島 廉子 かわしま・やすこ〔1913―1994〕
　◎参考文献　「望郷―日中歴史の波間に生きた清朝皇女・川島廉子の生涯」（川島尚子）集英社　2002.10　p510」

川島 芳子 かわしま・よしこ〔1906―1948　清朝王族粛親王14女〕
　◎参考文献　「女たちが経験したこと―昭和女性史三部作」（上坂冬子）中央公論新社　2000.12　p474-477
　◎略年譜　「真実の川島芳子―秘められたる二百首の詩歌」（穂苅甲子男）川島芳子記念室設立実行委員会　2001.3　p98-101
　◎参考文献　「男装の麗人」（村松友視）恒文社　2002.7　p284-285

河津 八平　かわづ・やひら
　○研究業績ほか　「北九州市立大学法政論集　29.1・2」（北九州市立大）　2001.10　p325-329

川瀬 一馬　かわせ・かずま〔1906—1999　書誌・国文〕
　◎著述目録　「書誌学入門」（川瀬一馬, 岡崎久司）　雄松堂出版　2001.12　p292-301

河瀬 豊　かわせ・ゆたか
　○業績　「熊本学園大学経済論集　9.3・4」（熊本学園大）　2003.3　p353-356

川瀬 和敬　かわせ・わけい〔1911—　仏教学〕
　○業績ほか　「高田学報　95」（高田学会）　2007.3　p20-23

河田 羆　かわだ・ひ
　○著作目録ほか（島津俊之）　「和歌山地理　24」（和歌山地理学会）　2004　p9-18

川田 秀雄　かわた・ひでお
　○業績ほか　「専修商学論集　76」（専修大）　2003.1　p485-491

川田 龍吉　かわだ・りょうきち〔1856—1951　実業家・男爵〕
　◎文献　「サムライに恋した英国娘—男爵いも、川田龍吉への恋文」（伊丹政太郎ほか）　藤原書店　2005.9　p288-290

河竹 登志夫　かわたけ・としお〔1924—　演劇・歌舞伎〕
　◎著作目録ほか　「比較演劇学　続々」（河竹登志夫）　南窓社　2005.10　p614-632

河竹 黙阿弥　かわたけ・もくあみ〔1816—1893　歌舞伎作者〕
　◎年譜　「河竹黙阿弥—明治の文学　2」（坪内祐三ほか）　筑摩書房　2002.2　p411-416
　◎文献目録　「黙阿弥研究の現在」（吉田弥生）　雄山閣　2006.3　p15-51

河内 昭圓　かわち・しょうえん〔1938—　中国文学〕
　○著作目録　「文芸論叢　62」（大谷大）　2004.3　p3-9f
　◎著作等目録　「中国文学論叢—河内昭圓教授退休記念」（大谷大学文芸学会）　朋友書店　2004.3　p1-9f

河内 司　かわち・つかさ
　○略歴　「桜文論叢　56」（日本大）　2003.1　p4-8f

河鍋 暁斎　かわなべ・きょうさい〔1831—1889　日本画家〕
　◎略年譜（山口静一）　「河鍋暁斎」（J.コンドル）　岩波書店　2006.4　p275-290

河波 昌　かわなみ・あきら〔1930—　哲学〕
　○業績目録　「東洋学研究　37」（東洋大）　2000.3　p1-5f

川並 弘昭　かわなみ・ひろあき〔1933—　教育者〕
　◎略年譜　「子どもと教育—川並弘昭先生古稀記念論集」（川並弘昭先生古稀記念論集刊行委員会）　川並弘昭先生古稀記念論集刊行委員会　2003.12　p653-658

川西 田鶴子　かわにし・たづこ〔1898—1999　キリスト教信者〕
　◎略年譜（下田守）　「主に負われて百年—川西田鶴子文集」（川西田鶴子）　新教出版社　2003.2　p409-413

河音 能平　かわね・よしやす〔1933—2003　日本中世史・中世古文書〕
　◎著作目録ほか　「能平のアゴラ—河音能平追悼文集」　追悼文集刊行委　2004.10　p351-368

河野 正輝　かわの・まさてる〔1941—　社会法・社会保障法〕
　○著作目録　「法政研究　68.1」（九州大）　2001.7　p7-21b

川畑 篤輝　かわはた・あつてる〔1934—　〕
　○著作目録ほか　「商経論叢　40.4」（神奈川大）　2005.3　p131-132

川端 治　かわばた・おさむ〔1927—　政治評論家〕
　◎著作目録ほか　「国権と民権—山川暁夫=川端治論文集」　緑風出版　2001.3　p473-491

川端 俊男　かわばた・としお〔1930—　〕
　○略歴ほか　「琉球大学欧米文化論集　47」（琉球大）　2003.3　p23-26f

川端 康成　かわばた・やすなり〔1899—1972　小説家〕
　◎略年譜　「川端康成と三島由紀夫をめぐる21章」（滝田夏樹）　風間書房　2002.1　p196-207
　◎一覧　「疎外論—日本近代文学に表れた疎外者の研究」（須藤宏明）　おうふう　2002.3　p173-176
　◎注釈　「『雪国』は小説なのか—比較文学試論」（田村充正）　中央公論新社　2002.6　prr
　◎略年譜　「川端康成—文豪が愛した美の世界—没後三〇年」（平山三男, サントリー美術館）　日中ビデオネットワーク　2002.10　p132-135
　◎文献目録ほか（易紅）　「川端文学への視界　18」（教育出版センター）　2003.6　p138-133
　◎略年譜　「伊豆の踊子・温泉宿—他四篇　改訂」（川端康成）　岩波書店　2003.9　p235-240
　◎年譜ほか（川端香男里）　「文芸時評」（川端康成）　講談社　2003.9　p423-439
　◎参考文献　「川端康成—美しい日本の私」（大久保喬樹）　ミネルヴァ書房　2004.4　p227-229
　◎参考文献ほか　「文豪ナビ川端康成」（新潮文庫）　新潮社　2004.12　p155-159
　◎注　「川端康成と東洋思想」（康林）　新典社　2005.4　prr
　◎略年譜　「川端康成と東山魁夷—響きあう美の世界」（製作委員会）　求龍堂　2006.9　p328-343
　◎読書案内　「『山の音』こわれゆく家族」（G.アミトラーノ）　みすず書房　2007.3　p119-121

川原 紀美雄　かわはら・きみお〔1940—　貿易政策・国際経済学〕
　○業績　「長崎県立大学論集　39.4」（長崎県立大）　2006.3　3pf

川原 慶賀　かわはら・けいが〔1786―1860　画家〕
◎関連文献　「シーボルトと町絵師慶賀―日本画家が出会った西欧」(兼重護)　長崎新聞社　2003.3　p228-231

河原 之純　かわはら・これすみ
○研究業績ほか　「千葉大学人文研究　30」(千葉大)　2001.3　p29-36

河東 碧梧桐　かわひがし・へきごとう〔1873―1937　俳人〕
◎年譜ほか　「河東碧梧桐全集　5」(河東碧梧桐)　短詩人連盟　2004.5　p1-10b
◎参考資料　「細谷不句と師河東碧梧桐」(鈴木啓介)　永田書房　2006.4　p248-249

河邊 宏　かわべ・ひろし
○業績ほか　「専修人文論集　70」(専修大)　2002.3　p83-88

川辺 平八郎　かわべ・へいはちろう〔1933―　労使関係論〕
○著作目録ほか　「東京経大学会誌　経済学　241」(東京経済大)　2005.1　p5-8

川又 邦雄　かわまた・くにお〔1939―　理論経済学〕
○著作目録ほか　「三田学会雑誌　97.4」(慶應義塾経済学会)　2005.1　p664-669

川村 和夫　かわむら・かずお〔1933―　英文学〕
○業績リスト　「関東学院大学文学部紀要　99」(関東学院大)　2003　p219-224

河村 一知　かわむら・かずとも
○略歴ほか(河村一知)　「防衛大学校理工学研究報告　43.1」(防衛大)　2005.9　p3-7

川村 驥山　かわむら・きざん〔1882―1969　書家〕
◎参考資料ほか　「天馬のように走れ―書聖・川村驥山物語」(那須田稔)　ひくまの出版　2007.11　p193-199

川村 慶子　かわむら・けいこ
◎年譜　「川村慶子詩集」(川村慶子)　土曜美術社出版販売　2006.7　p170-174

河村 孝道　かわむら・こうどう〔1933―　日本曹洞宗学〕
○業績ほか　「駒沢大学仏教学部論集　34」(駒沢大)　2003.10　p1-8f

河村 貞枝　かわむら・さだえ〔1943―　イギリス近現代史・女性史〕
◎著述目録　「イギリス近代フェミニズム運動の歴史像」(河村貞枝)　明石書店　2001.3　p292-294

河村 錠一郎　かわむら・じょういちろう〔1936―　評論家〕
○著作目録ほか　「一橋論叢　125.3」(一橋大)　2001.3　p304-312

川村 二郎　かわむら・じろう〔1928―　独文〕
◎年譜ほか(川村二郎)　「日本廻国記・一宮巡歴」(川村二郎)　講談社　2002.10　p345-354

河村 隆司　かわむら・たかし〔1928―2008　能楽師〕
○蔵書目録(伊海孝充)　「能楽研究　30」(法政大)　2006.6　p39-105

河村 秀根　かわむら・ひでね〔1723―1792　国学者・尾張藩士〕
○著述目録ほか　「河村秀根　増訂復刻」(阿部秋生)　『河村秀根』増訂復刻版刊行会　2002.6　p287-292,338-345

河村 博文　かわむら・ひろふみ〔1929―　会社法〕
○著作目録ほか　「九州国際大学法学論集　8.3」(九州国際大)　2002.3　p1-13b

川村 嘉夫　かわむら・よしお
○文献目録ほか　「神田外語大学紀要　14」(神田外語大)　2002.3　p13-17f

川本 謙一　かわもと・けんいち〔1941―　政治学〕
○略歴ほか　「島大法学　48.4」(島根大)　2005.3　p309-313

川本 幸民　かわもと・こうみん〔蘭学者〕
◎年譜ほか　「蘭学者川本幸民―幕末の進取の息吹と共に」(司亮一)　神戸新聞　2004.7　p265-277

瓦吹 堅　かわらぶき・けん
◎著作目録　「考古学の深層―瓦吹堅先生還暦記念論文集」(刊行会)　刊行会　2007.2　p535-544

韓 義泳　かん・ぎえい〔1927―　経営学〕
○業績ほか　「地域経済政策研究　6」(鹿児島国際大)　2005.3　p207-211

姜 在彦　かん・じぇおん〔1926―　朝鮮近代史〕
◎著作目録ほか　「歳月は流水の如く」(姜在彦)　青丘文化社　2003.11　p99-133

菅 季治　かん・すえはる〔1917―1950　哲学者〕
◎参考文献　「内なるシベリア抑留体験―石原吉郎・鹿野武一・菅季治の戦後史」(多田茂治)　文元社　2004.2　p256-259

姜 徳相　かん・どくさん〔1932―　朝鮮近現代史〕
◎著作目録ほか　「日朝関係史論集―姜徳相先生古希・退職記念」(姜徳相先生古希・退職記念論文集刊行委員会)　新幹社　2003.5　p757-769

菅 豊彦　かん・とよひこ〔1941―　哲学〕
○業績ほか　「九州大学言語学論集　25・26」(九州大)　2005.11　p1-8f
○略歴　「文学研究　103」(九州大)　2006.3　15pf

菅 英輝　かん・ひでき〔アメリカ政治外交・国際関係論〕
○著作目録　「法政研究　70.4」(九州大)　2004.3　p1-12b

姜 範錫　かん・ぽむそく〔1934―　〕
○著作目録ほか　「広島国際研究　10」(広島市立大)　2004　p189-190

神吉 賢一　かんき・けんいち
○著作目録　「人文論集　41.2」(神戸商科大)　2006.3　4pf

神作 光一　かんさく・こういち〔1931―　歌人〕
　◎著述目録(島田俊男ほか)　「八代集掛詞一覧」(神作光一)　風間書房　2002.5　p293-299
　◎年譜　「冴え返る日―歌集」(神作光一)　短歌新聞社　2003.4　p111-113

神沢 杜口　かんざわ・とこう
　◎文献　「足るを知る生き方―神沢杜口「翁草」に学ぶ」(立川昭二)　講談社　2003.12　p206-261

観世 寿夫　かんぜ・ひさお〔1925―1978　能楽師〕
　◎年譜　「観世寿夫世阿弥を読む」(観世寿夫)　平凡社(平凡社ライブラリー)　2001.10　p328-344

観世 榮夫　かんぜ・ひでお〔1927―2007　能楽師〕
　◎略年譜(荻原達子)　「華より幽へ―観世榮夫自伝」(観世榮夫)　白水社　2007.9　p1-20b
　◎参考文献　「評伝観世榮夫」(船木拓生)　平凡社　2007.11　p450-454

神田 修　かんだ・おさむ〔1929―　教育行政史〕
　○略歴　「山梨学院大学法学論集　49」(山梨学院大)　2003.3　p949-980

神田 喜一郎　かんだ・きいちろう〔1897―1984　中文〕
　◎「神田喜一郎博士著作目録　改訂版」(磯佳和)　磯佳和　2003.10　136p　A5

神田 孝夫　かんだ・たかお〔1937―　民事法〕
　○研究業績ほか　「商学討究　52.2・3」(小樽商科大)　2001.12　p409-416

神田 孝夫　かんだ・たかお〔1923―1996　比較文学・比較文化〕
　◎年譜ほか(小林信行ほか)　「比較文学論攷―鴎外・漢詩・西洋化」(神田孝夫)　明治書院　2001.12　p559-568

神田 日勝　かんだ・にっしょう〔1937―1970　洋画家〕
　◎年譜　「神田日勝の世界―二度生きる」(鈴木正實)　北海道新聞社　2003.4　p202-210

神田 信夫　かんだ・のぶお〔1921―2003　東洋史〕
　◎年譜ほか　「傷逝―神田信夫先生追悼文集」(神田信夫先生追悼文集編集委員会)　追悼文集編集委員会　2005.4　p5-37

神田 善弘　かんだ・よしひろ〔1935―　貿易商務論・外国為替論〕
　○業績ほか　「修道商学　48.1.96」(広島修道大)　2007.9　5pb

神立 春樹　かんだつ・はるき〔1934―　日本経済史〕
　◎著作目録　「地方史研究の可能性―神立春樹研究室の研究活動」(森元辰昭ほか)　西日本法規出版　2004.4　p409-425

管野 須賀子　かんの・すがこ
　◎年譜　「管野須賀子の生涯―記者・クリスチャン・革命家」(清水卯之助)　和泉書院　2002.6　p297-308

菅野 雄　かんの・たけし〔1933―　地方行政〕
　○業績目録ほか　「流通経済大学法学部流経法学7.2」(流通経済大)　2007.12　p3-4

菅野 正　かんの・まさし〔1923―　社会学〕
　○業績目録ほか　「研究所報　4」(秋田桂城短大)　2001.3　p8-11

菅野 正彦　かんの・まさひこ〔1935―2007　英語学〕
　○業績目録ほか　「愛知学泉大学コミュニティ政策学部紀要　8」(愛知学泉大)　2005.12　p119-125

桓武天皇　かんむてんのう〔737―806　第50代天皇〕
　◎参考文献　「桓武天皇―当年の費えといえども後世の頼り」(井上満郎)　ミネルヴァ書房　2006.8　p215-219

冠 松次郎　かんむり・まつじろう〔1883―1970　登山家・随筆家〕
　◎年譜　「岳人冠松次郎―その生涯とアルピニズム　北区飛鳥山博物館特別展」(北区飛鳥山博物館)　東京都北区教委　2000.10　p45-46

【　き　】

木内 喜八　きうち・きはち〔1827―1902　木工家〕
　◎文献　「木内喜八・半古・省古―三代木工芸作品図録」(木内武男)　講談社出版サービスセンター　2006.7　p167-168

木内 孝　きうち・たかし
　○業績ほか　「姫路独協大学外国語学部紀要　14」(姫路独協大)　2001.1　p295-297

木内 半古　きうち・はんこ〔1855―1933　木工家〕
　◎文献　「木内喜八・半古・省古―三代木工芸作品図録」(木内武男)　講談社出版サービスセンター　2006.7　p167-168

菊岡 久利　きくおか・くり〔1909―1970　詩人・小説家・画家〕
　○著作目録稿(上田明海)　「帝京国文学　9」(帝京大)　2002.9　p353-385

菊岡 倶也　きくおか・ともや〔1937―2006　評論家〕
　◎「菊岡倶也著作目録」(菊岡倶也ほか)　目録編纂委員会　2006.5　55p　A4

規工川 佑輔　きくかわ・ゆうすけ〔1929―　歌人〕
　○研究目録ほか(規工川佑輔)　「国語国文研究と教育　42」(熊本大)　2004.3　p83-97

菊田 幸一　きくた・こういち〔1934―　弁護士〕
　○著作目録ほか　「法律論叢　77.4・5」(明治大)　2005.2　p426-486

菊田 守　きくた・まもる〔1935―　詩人〕
　◎年譜　「新編菊田守詩集」(菊田守)　土曜美術社出版販売　2002.10　p165-178

菊竹 淳一　きくたけ・じゅんいち〔1939―　東洋美術史・日本仏教美術史〕
　○業績目録　「哲学年報　63」(九州大学出版会)　2004.3　4pf

菊地 明　きくち・あきら〔1951—　フリーライター〕
　◎著作一覧　「新選組全史　下」（菊地明）　新人物往来社　2004.6　p317」

菊池 寛　きくち・かん〔1888—1948　小説家・劇作家〕
　◎年譜ほか　「菊池寛」（小林和子）　勉誠出版　2007.11　p215-230

菊池 光造　きくち・こうぞう〔1936—　労働経済学〕
　○業績ほか　「大阪商業大学論集　3.1」（大阪商業大）　2007.7　2pf

菊池 山哉　きくち・さんさい〔1890—1966　部落問題〕
　◎著作目録　「余多歩き菊池山哉の人と学問」（前田達夫）　晶文社　2004.8　p360-366

菊池 城司　きくち・じょうじ〔1938—　教育社会学〕
　○業績ほか　「大阪大学大学院人間科学研究科紀要　28」（大阪大）　2002　p157-161

菊地 武男　きくち・たけお〔靴職人〕
　◎参考文献　「菊地武男の靴物語」（竹澤遼子）　晩声社　2005.10　p195」

菊池 徳　きくち・とく
　◎参考文献　「国定忠次を男にした女侠—菊池徳の一生」（高橋敏）　朝日新聞社　2007.10　p232-233

菊池 俊彦　きくち・としひこ〔1943—　東北アジア史〕
　○業績一覧　「史朋　39」（北海道大）　2007.3　p89-96

菊地 成孔　きくち・なるよし〔1963—　音楽家・文筆家〕
　○クロニクル　「ユリイカ　38.4.518」（青土社）　2006.4　p217-232

菊池 英雄　きくち・ひでお〔1937—　企業論〕
　○業績ほか　「社会科学論集　109」（埼玉大）　2003.5　p1-8f

菊池 雅子　きくち・まさこ〔1935—　独語〕
　○業績ほか　「慶應義塾大学日吉紀要　ドイツ語学・文学　30」（慶應義塾大）　2000.3　p133-129

菊地 昌実　きくち・まさみ〔1938—　フランス文学〕
　○業績ほか　「大学院国際広報メディア研究科言語文化部紀要　43」（北海道大）　2002.12　p1-3

菊地 正幸　きくち・まさゆき〔1948—2003　地球物理学・地震学〕
　○著書ほか　「号外地球　45」（海洋出版）　2004　p12-17

菊地 元一　きくち・もとかず〔1931—　経済法・独占法〕
　○主要著作目録　「法学新報　109.11・12」（中央大）　2003.7　p185-199

菊池氏　きくちし
　◎文献解題ほか　「菊池一族　改訂新版」（阿蘇品保夫）　新人物往来社　2007.4　p245-258

菊永 謙　きくなが・ゆずる〔1953—　詩人・評論家〕
　◎著書一覧ほか　「菊永謙詩集」　いしずえ　2004.3　p2-5b

菊畑 茂久馬　きくはた・もくま〔1935—　美学・洋画家〕
　◎文献（川浪千鶴）　「菊畑茂久馬と〈物〉語るオブジェ」（福岡県立美術館）　海鳥社　2007.11　p190-191

菊本 義治　きくもと・よしはる〔1941—　経済学〕
　○業績ほか　「商大論集　59.1」（神戸商科大）　2007.8　p174-180

菊谷 栄　きくや・さかえ〔1901—1937　脚本家・洋画家〕
　◎参考文献ほか　「青森と昭和モダニズム抄—レヴュー作家菊谷栄と方言詩人高木恭造の青春」（有戸英明）　路上社　2006.12　p314-322

私市 元宏　きさいち・もとひろ〔1932—　英文学・キリスト教〕
　○研究業績目録　「甲南女子大学英文学研究　39」（甲南女子大）　2003　p19-23

如月 小春　きさらぎ・こはる〔1956—2000　劇作家・演出家〕
　◎全戯曲ほか　「如月小春精選戯曲集」（如月小春）　新宿書房　2001.12　p355-360
　◎年譜　「如月小春は広場だった—六〇人が語る如月小春」（『如月小春は広場だった』編集委員会）　新宿書房　2001.12　p264-268

岸 勇　きし・いさむ〔1919—1995　社会福祉学〕
　◎研究論文ほか　「公的扶助の戦後史」（岸勇）　明石書店　2001.7　p325-330

貴志 康一　きし・こういち〔1909—1937　指揮者・作曲家・バイオリニスト〕
　◎略年譜ほか　「貴志康一—よみがえる夭折の天才」（日下徳一）　音楽之友社　2001.4　p123-188
　◎参考文献　「貴志康一永遠の青年音楽家」（毛利眞人）　国書刊行会　2006.12　p93-399

岸 武雄　きし・たけお〔1912—2002　児童文学作家〕
　○主な作品ほか（林美千代）　「児童文学論叢　7」（日本児童文学学会中部例会）　2001.10　p29-33
　◎児童文学作品ほか　「児童文学に魅せられた作家たち」（林美千代ほか）　KTC中央出版　2002.4　p12-20

岸 信介　きし・のぶすけ〔1896—1987　政治家〕
　◎参考文献　「満州裏史—甘粕正彦と岸信介が背負ったもの」（太田尚樹）　講談社　2005.11　p468-471
　◎参考文献　「安倍晋三の敬愛する祖父岸信介」（宮崎学ほか）　同時代社　2006.9　p244-248
　◎参考文献　「「昭和の怪物」岸信介の真実」（塩田潮）　ワック　2006.10　p374-377

岸 英司　きし・ひでし〔1927—2006　カトリック神父〕
　○業績一覧　「サピエンチア—英知大学論叢　41」（英知大）　2007.2　3pb

岸井 貞男　きしい・さだお〔1932—　民事法〕
　○著作目録ほか　「関西大学法学会誌　48その1」（関西大）　2003　p55-76b

岸上 大作　きしがみ・だいさく〔1939―1960　歌人〕
　◎年譜ほか　「岸上大作の歌」（高瀬隆和）　雁書館　2004.3　p169-230

岸上 晴志　きしがみ・はるし〔1949―2005　民法学〕
　○業績ほか　「中京法学　40.1・2」（中京大）　2006　p1-3

岸田 孝弥　きしだ・こうや〔人間工学〕
　○略歴ほか　「高崎経済大学論集　49.3・4」（高崎経済大）　2007.3　p219-229

岸田 貞夫　きしだ・さだお〔1936―　弁護士〕
　○業績ほか　「拓殖大学経営経理研究　77」（拓殖大）　2006.3　p3-10

岸田 俊子　きしだ・としこ
　◎参考文献　「自由民権家中島信行と岸田俊子―自由への闘い」（横澤清子）　明石書店　2006.11　p434-449

岸田 典子　きしだ・のりこ〔1940―　栄養学〕
　○業績ほか　「県立広島大学人間文化学部紀要　1」（県立広島大）　2006　p7-10

岸田 理生　きしだ・りお〔?―2003　劇作家・演出家〕
　◎年譜　「鳥よ鳥よ青い鳥よ―岸田理生戯曲集3」（岸田理生）　而立書房　2004.8　p147-162

岸田 劉生　きしだ・りゅうせい〔1891―1929　洋画家〕
　◎文献目録ほか　「岸田劉生展―生誕110年」　東京新聞　2001　p161-185

岸辺 成雄　きしべ・しげお〔1912―2005　日本・東洋音楽史〕
　◎「岸辺成雄博士業績目録―傘寿記念」　岸辺成雄博士傘寿記念事業委員会　2003.5　95p　B5

木島 始　きじま・はじめ〔1928―2004　詩人・評論家・小説家〕
　◎年譜　「新々木島始詩集」（木島始）　土曜美術社出版販売　2003.9　p203-206

来嶋 靖生　きじま・やすお〔1931―　歌人〕
　○略年譜　「来嶋靖生作品集」（来嶋靖生）　短歌研究社　2005.5　p460-466
　○略年譜　「歌集笛」（来嶋靖生）　短歌新聞社　2005.12　p111-115

岸本 完司　きしもと・かんじ〔1951―2004　翻訳家〕
　◎翻訳書誌（稿）　「晴読雨読日記―書評エッセイ集」（岸本完司）　北のまち新聞社「あさひかわ新聞」　2006.8　p405-407

雉本 朗造　きじもと・ときぞう〔1876―1922　法学者〕
　◎年譜ほか　「評伝雉本朗造―地域と知の形成」（堀崎嘉明）　風媒社　2006.8　p386-398

岸本 尚毅　きしもと・なおき〔1961―　俳人〕
　◎略歴　「岸本尚毅集」（岸本尚毅）　邑書林　2003.6　p146-147

木津 隆司　きづ・りゅうじ〔1927―2003　仏中世史〕
　◎著訳書ほか　「西欧中世の家と家族―木津隆司遺稿論文集」（木津隆司）　木津玲子　2006.12　p387-390

木津川 計　きづがわ・けい〔1935―　芸術論・演劇評論〕
　○業績ほか　「立命館産業社会論集　37.1.108」（立命館大）　2001.6　p14-15

木月 道人　きづき・どうじん
　◎著作一覧ほか　「和服のキリスト者―木月道人遊行記」（竹中正夫）　日本基督教団出版局　2001.3　p264-268

北 一輝　きた・いっき〔1883―1937　国家社会主義者〕
　◎年譜　「一輝と昤吉―北兄弟の相剋」（稲辺小二郎）　新潟日報事業社　2002.6　p276-283
　◎年譜　「北一輝伝説　評伝北一輝5」（松本健一）　岩波書店　2004.9　p279-293
　◎略年譜　「北一輝思想集成」（北一輝）　書肆心水　2005.8　p859-862

木田 金次郎　きだ・きんじろう〔1893―1962　洋画家〕
　◎参考引用文献　「木田金次郎山ハ空ヘモレアガル」（斉藤武一）　北海道新聞社　2007.2　p236-237

木田 宏　きだ・ひろし〔1922―2005　教育行政学〕
　◎著作目録　「木田宏オーラルヒストリー　下」（政策研究大学院大学C.O.E.オーラル政策研究プロジェクト）　政策研究大学院大　2003.2　p334-376

きだ みのる　〔1895―1975　小説家・翻訳家〕
　◎略年譜　「永遠の自由人―生きているきだみのる」（北実三郎）　未知谷　2006.3　p203-206
　◎年譜　「きだみのる―自由になるためのメソッド」（太田越知明）　未知谷　2007.2　p364-359

北 杜夫　きた・もりお〔1927―　小説家・精神医学〕
　◎著作目録（斎藤国夫）　「どくとるマンボウ回想記」（北杜夫）　日本経済新聞出版社　2007.1　p1-14b

喜多 靖郎　きた・やすお〔1930―　政治学〕
　○業績ほか　「近畿大学法学　50.2・3」（近畿大）　2003.1　p378-384

北 昤吉　きた・れいきち〔1885―1961　哲学者・政治家〕
　◎年譜　「一輝と昤吉―北兄弟の相剋」（稲辺小二郎）　新潟日報事業社　2002.6　p276-283

喜多尾 道冬　きたお・みちふゆ〔1936―　ドイツ語・ドイツ文学〕
　○業績ほか　「ドイツ文化　62」（中央大）　2007.2　p1-7

北大路 魯山人　きたおおじ・ろさんじん〔1883―1959　陶芸家・書家〕
　◎参考文献ほか　「知られざる魯山人」（山田和）　文藝春秋　2007.10　p521-541
　◎年譜ほか　「魯山人ART BOX―美と食の天才」（黒田草臣）　講談社　2007.11　p248-255

北垣 郁雄　きたがき・いくお
　◎業績　「21世紀型高等教育システム構築と質的保証―FD・SD・教育班の報告」（広島大学高等教育研究開発センター）　広島大　2007.2　p303-306

北垣 宗治　きたがき・むねはる〔1929—　英文学〕
　○研究業績ほか　「敬和学園大学研究紀要　12」（敬和学園大）　2003.2　p17-21

北方 心泉　きたかた・しんせん〔1850—1904　僧侶〕
　◎参考文献　「心泉―北方心泉碑文集　北方心泉没後百年記念　改訂新版」（山中美智子）　北方心泉顕彰会　2004.7　p105」

北川 彰宏　きたがわ・あきひろ
　○著作目録ほか　「福岡大学人文論叢　32.4」（福岡大）　2001.3　14pb

北川 重男　きたがわ・しげお〔1933—2005　英国ルネッサンス文学・演劇〕
　○略歴ほか　「西洋比較演劇研究　5」（日本演劇学会）　2006　p39-40

北川 宗蔵　きたがわ・そうぞう〔1904—1953　経営〕
　◎年譜　「命燃えて―北川宗藏・生誕一〇〇年」　北川啓子　2004.4　p250-254

北川 泰三　きたがわ・たいぞう〔1933—　〕
　○著作目録ほか　「人間文化研究　15」（京都学園大）　2005.3　p17-24

北川 尚史　きたがわ・なおふみ〔1935—　生物学〕
　○業績　「奈良産業大学紀要　21」（奈良産業大）　2005.12　p150-151

北沢 恒彦　きたざわ・つねひこ〔1934—1999　市民運動家・経営コンサルタント〕
　◎著作をめぐる年譜（黒沢創）　「隠された地図」（北沢恒彦、編集グループ〈SURE〉）　クレイン　2002.11　p237-302

北沢 方邦　きたざわ・まさくに〔1929—　著述業〕
　◎略年譜　「風と航跡」（北沢方邦）　藤原書店　2003.3　p390-391

北島 克一　きたじま・かついち〔1929—　英語〕
　○著作目録ほか　「敬愛大学研究論集　61」（敬愛大）　2001　p7-9

北嶋 雪山　きたじま・せつざん〔1636—1697　書家・儒学者〕
　◎年譜　「北嶋雪山の生涯―肥後の書家・陽明学者　再版」（高野和人）　青潮社　2004.10　p211」

北島 平一郎　きたじま・へいいちろう〔1925—　外交史〕
　○略歴ほか　「大阪経済法科大学法学論集　51」（大阪経済法科大）　2001.7　p47-60

北住 炯一　きたずみ・けいいち〔1943—　西洋政治史〕
　○業績年譜ほか　「名古屋大学法政論集　217」（名古屋大）　2007.4　p399-405

北爪 利世　きたづめ・りせい〔1916—2004　クラリネット奏者〕
　◎年譜　「音の終わりを大切に―北爪利世の「クラリネット、わが人生」」（北爪利世、近藤滋郎）　音楽之友社　2002.8　p196-199

北園 克衛　きたぞの・かつえ〔1902—1978　詩人〕
　◎参考文献ほか　「北園克衛・レスプリヌーボーの実験」（内堀弘）　本の友社（コレクション・日本シュールレアリスム　7）　2000.6　p593-617
　○略年譜（金沢一志）　「現代詩手帖　45.11」（思潮社）　2002.11　p84-91
　◎年譜　「カバンのなかの月夜―北園克衛の造型詩」（金沢一志）　国書刊行会　2002.11　p129-133
　◎年譜ほか　「評伝北園克衛」（藤富保男）　沖積舎　2003.3　p272-288

喜谷 美宣　きたに・よしのぶ
　◎著作目録　「喜谷美宣先生古稀記念論集」（記念論集刊行会）　記念論集刊行会　2006.6　p692-695

北野 昭彦　きたの・あきひこ〔1935—　近代日本文学〕
　○著述目録　「國文學論叢　49」（龍谷大）　2004.2　p5-10

北野 信彦　きたの・のぶひこ
　◎参考文献　「近世漆器の産業技術と構造」（北野信彦）　雄山閣　2005.11　p215-217

北野 弘久　きたの・ひろひさ〔1931—　税法〕
　◎年譜ほか　「納税者権利論の展開」（北野弘久先生古稀記念論文集刊行会）　勁草書房　2001.6　p923-956

北野 勇作　きたの・ゆうさく〔1962—　作家〕
　◎著作リスト　「どーなつ」（北野勇作）　早川書房　2005.7　p306」

北政所　きたのまんどころ
　⇒高台院（こうだいいん）を見よ

北畠 潤一　きたばたけ・じゅんいち〔1931—　地理学〕
　○研究業績ほか　「奈良産業大学紀要　17」（奈良産業大）　2001.12　p155-156

北畠 親房　きたばたけ・ちかふさ〔1293—1354　公卿・武将〕
　◎参考文献　「北畠親房の儒学」（下川玲子）　ぺりかん社　2001.2　p347-359
　◎参考文献　「東国の南北朝動乱　北畠親房と国人」（伊藤喜良）　吉川弘文館　2001.12　p207-209

北畠 八穂　きたばたけ・やほ〔1903—1982　小説家・児童文学者〕
　○略年譜ほか　「北畠八穂の物語」（佐藤幸子）　北の街社　2005.11　p175-246

北畠氏　きたばたけし
　◎文献一覧（伊藤裕偉）　「伊勢国司北畠氏の研究」（藤田達生）　吉川弘文館　2004.8　p280-288

北原 淳　きたはら・あつし〔1941—　タイ地域研究・農村社会学〕
　○著作目録ほか　「経済科学　52.4」（名古屋大）　2005.3　p193-198

北原 敦　きたはら・あつし〔1937—　イタリア近現代史〕
　○研究業績　「西洋史論集　4」（北海道大）　2001.3　p139-142

北原　白秋　きたはら・はくしゅう〔1885―1942　詩人・歌人〕
　○参考文献(宮沢健太郎)　「国文学解釈と鑑賞69.5」(至文堂)　2004.5　p187-194
　◎年譜ほか(佐藤清文)　「白秋青春詩歌集」(北原白秋)　講談社　2004.11　p232-248
　◎参考文献　「北原白秋」(三木卓)　筑摩書房　2005.3　p413-414
　◎年譜(上田信道)　「北原白秋100選―名作童謡」(北原白秋)　春陽堂書店　2005.6　p265-275
　◎年譜(安藤元雄)　「北原白秋詩集　下」(北原白秋)　岩波書店　2007.1　p281-289

北御門　二郎　きたみかど・じろう〔1913―2004　翻訳家・トルストイ研究家〕
　◎著作リストほか　「くもの糸―北御門二郎聞き書き」(南里義則)　不知火書房　2005.8　p246-252

北村　巌　きたむら・いわお
　◎著書　「金子喜一とその時代」(北村巌)　柏艪舎　2007.12　p309」

喜田村　寛治　きたむら・かんじ
　◎参考資料　「岩垂家・喜田村家文書―明治日本の工学維新を担った兄弟の足跡」(吉岡道子)　創栄出版　2004.5　p196-200

北村　季吟　きたむら・きぎん〔1624―1705　俳人・歌人〕
　◎参考文献ほか　「北村季吟―この世のちの世思ふことなき」(島内景二)　ミネルヴァ書房　2004.9　p285-297
　◎略年譜ほか　「北村季吟―没後三〇〇年記念展　野洲市誕生記念企画展図録」(野洲市歴史民俗博物館)　野洲市歴史民俗博物館　2005.4　p44-46

北村　公彦　きたむら・きみひこ〔1931―　政治・行政学〕
　○業績目録ほか　「学習院大学法学会雑誌38.1」(学習院大)　2002.9　p19-23f

北村　けんじ　きたむら・けんじ〔1929―2007　児童文学作家〕
　◎児童文学作品ほか　「児童文学に魅せられた作家たち」(林美千代ほか)　KTC中央出版　2002.4　p144-159

北村　四郎　きたむら・しろう〔1906―2002　植物学〕
　○業績一覧ほか　「分類　2.2」(日本植物分類学会)　2002.8　p55-60

北村　晴朗　きたむら・せいろう〔1908―2005　心理学原理・人格心理学〕
　◎研究業績　「全人的心理学―仏教理論に学ぶ」(北村晴朗)　東北大学出版会　2001.1　p270-282
　○業績ほか(長塚康弘)　「応用心理学研究　31.2」(日本応用心理学会)　2006.3　p134-138

北村　想　きたむら・そう〔1952―　劇作家・小説家〕
　◎著書リスト　「怪人二十面相・伝―完全版」(北村想)　出版芸術社　2002.12　p313-316
　◎戯曲リスト　「青空と迷宮―戯曲の中の北村想」(安住恭子)　小学館スクウェア　2003.5　p236-238

北村　太郎　きたむら・たろう〔1922―1992　詩人〕
　◎年譜ほか(宮野一世ほか)　「北村太郎を探して」(北冬舎編集部ほか)　北冬舎　2004.11　p397-440

北村　透谷　きたむら・とうこく〔1868―1894　評論家・詩人〕
　○参考文献(鈴木一正)　「国文学研究資料館紀要27」(国文学研究資料館)　2001.3　p283-317
　○参考文献(鈴木一正)　「時空　18」(時空の会)　2001.7　p72-75
　○参考文献(鈴木一正)　「国文学研究資料館紀要28」(国文学研究資料館)　2002.2　p191-220
　◎注　「北村透谷「文学」・恋愛・キリスト教」(永渕朋枝)　和泉書院　2002.8　prr
　○収録作品目録(鈴木一正)　「時空　21」(時空の会)　2002.12　p56-75
　◎年譜(編集部)　「島崎藤村・北村透谷―明治の文学16」(坪内祐三)　筑摩書房　2002.12　p448-451
　◎年譜ほか　「小田原と北村透谷」(小沢勝美)　夢工房　2003.2　p156-160
　◎参考文献(鈴木一正)　「北村透谷とは何か」(北村透谷研究会)　笠間書院　2004.6　p256-274
　◎参考文献　「牧野信一と四人の作家―北村透谷・谷崎潤一郎・宮澤賢治・太宰治」(近田茂芳)　夢工房　2005.3　p130-131
　◎参考文献目録(鈴木一正)　「北村透谷―《批評》の誕生」(新保祐司)　至文堂　2006.3　p286-304
　◎参考文献目録(鈴木一正)　「時空　26」(時空の会)　2006.5　p56-58
　◎参考文献目録(鈴木一正)　「北村透谷研究　17」(北村透谷研究会)　2006.6　p25-28
　◎参考文献　「北村透谷研究―〈内部生命〉と近代日本キリスト教」(尾西康光)　双文社出版　2006.7　p279-285
　○参考文献(鈴木一正)　「時空　28」(時空の会)　2007.8　p56-60

北村　徳太郎　きたむら・とくたろう〔1886―1968　政治家〕
　◎略年譜　「北村徳太郎―談論編」(西住徹)　親和銀行　2002.6　p345-349

北村　初雄　きたむら・はつお〔1897―1922　詩人〕
　◎文献　「『海港』派の青春―詩人・北村初雄」(江森国友)　以文社　2003.4　p173-175

北村　秀人　きたむら・ひでと〔1936―　朝鮮中世史〕
　○著作目録ほか　「人文研究　52.2」(大阪市立大)　2000.12　p93-100

北森　嘉蔵　きたもり・かぞう〔1916―1998　キリスト教神学〕
　◎著書目録ほか(朴憲郁)　「北森嘉蔵」(北森嘉蔵)　日本キリスト教団出版局　2006.8　p224-229

北山 克彦　きたやま・かつひこ〔1937―　翻訳家〕
　○論文著作ほか　「立教大学観光学部紀要 5」（立教大）　2003.3　p171」

北山 清太郎　きたやま・せいたろう〔1888―1945　アニメーション作家〕
　◎参考文献　「日本初のアニメーション作家北山清太郎」（津堅信之）　臨川書店　2007.7　prr

吉瀬 征輔　きちせ・せいすけ〔1939―　イギリス政治・比較政治〕
　○業績目録　「愛知県立大学外国語学部紀要　言語・文学編　37」（愛知県立大）　2005　p2-3f

吉家 清次　きっか・せいじ〔1936―　経済理論・経済政策〕
　○業績ほか　「専修経済学論集　41.3.96」（専修大）　2007.3　p415-417

吉川 経夫　きっかわ・つねお〔1924―2006　刑事法〕
　◎著作目録　「吉川経夫著作選集　5　刑事裁判の諸論点」（吉川経夫）　法律文化社　2001.6　p537-556

木戸 孝允　きど・たかよし〔1833―1877　政治家〕
　◎参考文献　「木戸孝允」（松尾正人）　吉川弘文館　2007.2　p242-248

城戸 幹　きど・みき
　◎参考文献　「あの戦争から遠く離れて―私につながる歴史をたどる旅」（城戸久枝）　エビデンスコーポレーション　2007.9　p457-458

城戸 喜子　きど・よしこ〔1936―　社会保障・社会政策の経済分析〕
　○業績目録ほか　「三田商学研究　46.3」（慶応義塾大）　2003.8　p199-209

鬼頭 金剛　きとう・こんごう〔1934―　フランス文学・語学〕
　○略年譜　「仏語仏文学研究　36」（中央大）　2004.3　p19-22

紀仲 晋　きなか・すすむ
　○略歴　「英米文学　11」（神戸山手女子短大）　2002　p135-137

衣笠 安喜　きぬがさ・やすき〔1930―2001　日本近世思想史・文化史〕
　○著作目録ほか　「日本思想史研究会会報　20」（日本思想史研究会）　2003.1　5pf

衣笠 洋輔　きぬがさ・ようすけ
　○業績一覧　「神奈川大学国際経営論集　25」（神奈川大）　2003.3　p1-4f

絹谷 幸二　きぬたに・こうじ〔1943―　洋画家〕
　◎文献目録　「絹谷幸二全作品集―catalogue raisonne」（絹谷幸二）　ビジョン企画出版社　2006.10　p478-487

杵屋 正邦　きねや・せいほう〔1914―1996　邦楽作曲家・長唄三味線方〕
　◎文献ほか　「杵屋正邦における邦楽の解体と再構築」（吉崎清富）　出版芸術社　2001.10　p217-290

紀 貫之　きの・つらゆき〔?―946　歌人〕
　◎参考文献　「紀貫之」（藤岡忠美）　講談社　2005.8　p315-316
　◎参考資料　「『土佐日記』を推理する」（佐藤省三）　新人物往来社　2007.7　p180-182

木下 光一　きのした・こういち〔1928―　フランス語学〕
　◎主要著書ほか　「フランス語学研究の現在―木下教授喜寿記念論文集」　論文集編集委員会　2005.11　p7」

木下 茂幸　きのした・しげゆき
　◎年譜　「児童養護とは何か―木下茂幸の養育論」（木下茂幸）　明石書店　2007.12　p281-282

木下 順庵　きのした・じゅんあん〔1621―1698　儒学者〕
　◎年譜稿　「江戸漢詩―影響と変容の系譜」（杉下元明）　ぺりかん社　2004.8　p421-479

木下 順二　きのした・じゅんじ〔1914―2006　劇作家〕
　◎著書一覧　「木下順二集」（木下順二）　影書房　2005.6　p233-236
　○年譜（宮岸泰治）　「悲劇喜劇　60.4」（早川書房）　2007.4　p35-38

木下 宗七　きのした・そうしち〔1935―　計量経済学・統計学〕
　○業績ほか　「社会とマネジメント　4.2」（椙山女学園大）　2007.3　p191-194

木下 忠司　きのした・ちゅうじ〔1916―　作曲家〕
　◎作品リスト　「日本映画音楽の巨星たち　3」（小林淳）　ワイズ出版　2002.7　p1-17b

木下 俊昌　きのした・としまさ
　◎略年譜　「良寛の出家と木下俊昌」（桂尚樹）　リーベル出版　2001.12　p196-197

木下 豊房　きのした・とよふさ〔1936―　ロシア文学・ロシア語〕
　○著作年譜ほか（御子柴道夫）　「千葉大学人文研究　31」（千葉大）　2002.3　p19-37

木下 尚江　きのした・なおえ〔1869―1937　キリスト教社会主義者・小説家〕
　◎年譜　「徳冨蘆花・木下尚江―明治の文学　18」（坪内祐三）　筑摩書房　2002.10　p419-424
　◎年譜（清水靖久）　「木下尚江全集　19　書簡・草稿・補遺」（木下尚江）　教文館　2003.12　p730-737

木下 広次　きのした・ひろじ〔1851―1910　法学者・教育行政家〕
　◎資料解説・目録　「京都大学大学文書館研究紀要　3」（京都大大学文書館）　2005.3.25　p79-127

木下 杢太郎　きのした・もくたろう〔1885―1945　詩人・医者〕
　◎参考文献　「木下杢太郎と熊本―「五足の靴」天草を訪れる」（第101回日本皮膚科学会総会）　熊本日日新聞社　2003.6　p290-291
　◎年譜　「ユマニテの人―木下杢太郎とハンセン病」（成田稔）　成田稔　2004.3　p278-284

木原 孝久　きはら・たかひさ〔1941—　保健福祉・市民活動〕
　◎著作集　「日本の福祉10の宿題―239の事業提案　地域福祉計画策定のヒント」（木原孝久）　本の泉社　2003.5　p240」

君村 昌　きみむら・あきら〔1930—　政治学〕
　○著作目録ほか　「同志社法学　54.4」（同志社法学会）　2002.11　p1699-1706

義民伝左衛門　ぎみんでんざえもん
　◎参考文献　「義民伝左衛門ノート　出羽矢島・延宝の農民一揆」（高橋誠一）　三一書房　2003.1　p248-254

金 史良　きむ・さりゃん〔1914—1950　小説家〕
　◎年譜（安宇植）　「〈在日〉文学全集　11」（磯貝治良ほか）　勉誠出版　2006.6　p432-442

金 在南　きむ・じぇなむ〔1932—　小説家〕
　◎年譜（金在南）　「〈在日〉文学全集　13」（磯貝治良ほか）　勉誠出版　2006.6　p408-416

金 時鐘　きむ・しじょん〔1929—　詩人・エッセイスト〕
　◎年譜（野口豊子）　「〈在日〉文学全集　5」（磯貝治良ほか）　勉誠出版　2006.6　p338-411

金 鍾漢　きむ・じょんはん
　◎年譜　「金鍾漢全集」（藤石貴代ほか）　緑蔭書房　2005.7　p849-866

金 石範　きむ・そくぽむ〔1925—　小説家〕
　◎年譜・著作目録（金石範）　「新編「在日」の思想」（金石範）　講談社　2001.5　p319-331
　◎年譜　「金石範作品集　2」（金石範）　平凡社　2005.10　p604-616
　◎年譜（金石範）　「〈在日〉文学全集　3」（磯貝治良ほか）　勉誠出版　2006.6　p386-402

金 達寿　きむ・だるす〔1919—1997　小説家〕
　◎年表（市川正昭ほか）　「金達寿ルネサンス―文学・歴史・民族」（辛基秀）　解放出版社　2002.2　p219-228
　◎年譜　「〈在日〉文学全集　1」（磯貝治良ほか）　勉誠出版　2006.6　p419-450

金 蒼生　きむ・ちゃんせん〔1951—　小説家〕
　◎年譜（金蒼生）　「〈在日〉文学全集　10」（磯貝治良ほか）　勉誠出版　2006.6　p431-434

金 重明　きむ・ちゅんみょん〔1956—　作家〕
　◎年譜（金重明）　「〈在日〉文学全集　13」（磯貝治良ほか）　勉誠出版　2006.6　p404-407

金 太中　きむ・てじゅん
　◎年譜（金太中）　「〈在日〉文学全集　18」（磯貝治良ほか）　勉誠出版　2006.6　p416-418

金 泰生　きむ・てせん〔1925—1986　作家〕
　◎年譜（編集部）　「〈在日〉文学全集　9」（磯貝治良ほか）　勉誠出版　2006.6　p398-401

金 東勲　きむ・どんふん〔1934—　国際人権法〕
　○著作目録ほか　「龍谷法学　35.4」（龍谷大）　2003.3　p1029-1035

金 鶴泳　きむ・はぎょん〔1938—1985　小説家〕
　◎略年譜ほか　「凍える口―金鶴泳作品集」（金鶴泳）　クレイン　2004.7　p445-448,717
　◎略年譜ほか（櫻井信栄）　「土の悲しみ」（金鶴泳）　クレイン　2006.4　p728-733
　◎年譜（編集部）　「〈在日〉文学全集　6」（磯貝治良ほか）　勉誠出版　2006.6　p426-434

金 英達　きむ・よんだる〔1948—2000　在日朝鮮人問題研究家〕
　◎著作目録ほか（伊地知紀子ほか）　「金英達著作集　3　在日朝鮮人の歴史」（金英達）　明石書店　2003.1　p1-21b

キム・リジャ
　◎年譜（キム・リジャ）　「〈在日〉文学全集　18」（磯貝治良ほか）　勉誠出版　2006.6　p438-440

木村 明生　きむら・あきお〔1925—　評論家〕
　○業績ほか　「青山国際政経論集　53」（青山学院大）　2001.5　p41-46

木村 晟　きむら・あきら〔1934—　国語〕
　○著述目録　「駒澤国文　42」（駒澤大）　2005.2　p7-26
　◎著作目録　「日本語辞書研究　第3輯　上」（近思文庫）　港の人　2005.3　p5-14

木村 伊兵衛　きむら・いへえ〔1901—1974　写真家〕
　◎年譜（石井亜矢子）　「定本木村伊兵衛」（田沼武能, 金子隆一）　朝日新聞社　2002.3　p305-321
　◎著作リストほか　「僕とライカ―木村伊兵衛傑作選+エッセイ」（木村伊兵衛）　朝日新聞社　2003.5　p181-186
　◎参考文献　「木村伊兵衛と土門拳―写真とその生涯」（三島靖）　平凡社　2004.1　p333-338
　◎年譜　「木村伊兵衛の眼―スナップショットはこう撮れ!」　平凡社　2007.2　p126-127

木村 英造　きむら・えいぞう〔1922—　釣り師〕
　◎参考引用文献　「木村英造淡水魚にかける夢」（上野敏彦）　平凡社　2003.6　p352-358

木村 清孝　きむら・きよたか〔1940—　東アジア仏教・印度哲学〕
　◎著作目録　「東アジア仏教　その成立と展開―木村清孝博士還暦記念論集」（還暦記念会）　春秋社　2002.11　p5-19f

木村 蒹葭堂　きむら・けんかどう〔1736—1802　文人・本草〕
　◎略年譜　「水の中央に在り―木村蒹葭堂研究」（水田紀久）　岩波書店　2002.5　p293-310
　◎参考文献　「木村蒹葭堂　なにわ知の巨人」（大阪歴史博物館）　思文閣出版　2003.1　p209-211

木村 憲二　きむら・けんじ〔1935—2001　理論経済学〕
　○研究業績　「追手門経済論集　36.1・2」（追手門学院大）　2001.9　p6-14

木村 衡　きむら・こう
　◎年譜（栗林史子）　「古代民衆寺院史への視点」（木村衡）　岩田書院　2004.5　p234-235

木村 修三　きむら・しゅうぞう〔1934―　国際関係論〕
　○業績目録ほか　「姫路法学　44」（姫路法学会）
　　2005.12　p383-390

木村 誠志　きむら・せいし
　○業績ほか　「商学論集　76.2」（福島大）　2007.12
　　p207-210

木村 定三　きむら・ていぞう〔?―2003　美術品収集家〕
　◎著作目録　「木村定三コレクション選」（牧野研一郎ほか）　愛知県美術館　2003.3　p67」

木村 哲三郎　きむら・てつさぶろう〔1933―　ベトナム問題・インドシナ経済〕
　○業績ほか　「国際関係紀要　13.2」（亜細亜大）
　　2004.3　p151-153

木村 東吉　きむら・とうきち〔1958―　エッセイスト〕
　○著作目録ほか　「国語教育論叢　14」（島根大）
　　2005　p1-10

木村 直司　きむら・なおじ〔1934―　独文〕
　○著述目録ほか　「上智大学ドイツ文学論集　41」
　　（上智大）　2004　p24-30

木村 秀明　きむら・ひであき〔1922―　図書館〕
　○著作目録　「図書館学　82」（西日本図書館学会）
　　2003　p68-69

木村 弘道　きむら・ひろみち〔1929―2007　東洋美術史〕
　○著作ほか　「芸術学学報　14」（金沢美術工芸大）
　　2007　p7-10

木村 敏　きむら・びん〔1931―　精神医学者・音楽評論家〕
　◎業績一覧　「木村敏著作集　8　形なきものの形を求めて」（木村敏）　弘文堂　2001.11　p359-374

木村 雅昭　きむら・まさあき〔1942―　比較政治学・歴史社会学・インド社会史〕
　○著作目録ほか　「法学論叢　158.5・6」（京都大）
　　2006.3　p2-8b

木村 正中　きむら・まさのり〔1926―2003　中古文学・平安文学〕
　◎著書論文一覧ほか　「中古文学論集　5　源氏物語・枕草子他」（木村正中）　おうふう　2002.3
　　p387-399

木村 真佐幸　きむら・まさゆき〔1930―　近代日本文学〕
　○著作目録ほか　「札幌法学　11.1・2」（札幌大）
　　2000.3　p41-56

木村 實　きむら・みのる〔1935―　弁護士〕
　○業績　「専修法学論集　95」（専修大）　2005.12
　　p13-16

木村 素衛　きむら・もともり〔1895―1946　哲学・教育〕
　◎略年譜　「京都哲学撰書　7　美のプラクシス」（木村素衛）　燈影舎　2000.7　p288-289
　○文献目録（大西正倫）　「教育学部論集　16」（佛教大）　2005.3　p179-196

木村 八重子　きむら・やえこ〔1936―　日本書誌学・浮世絵研究〕
　○業績目録ほか　「金城日本語日本文化　81」（金城学院大）　2005.3　p2-6

木村 保茂　きむら・やすしげ〔1940―　労働問題・企業内教育論〕
　○業績一覧　「北海道大学大学院教育学研究科紀要　94」（北海道大）　2004　p268-270

木村 雄偉　きむら・ゆうい〔1948―1999　国際経営論・経営戦略論〕
　◎全業績　「ビジネススクールと経営研究―木村雄偉の目指したもの―もう一つのMBAスタイルを求めて Innovation, investment and strategy : Japanese firms in global business」（宮本道子ほか）　サイエンティスト社　2004.6　p5-13f

木村 義雄　きむら・よしお〔1905―1986　棋士〕
　◎略年譜　「木村義雄―将棋一代」（木村義雄）
　　日本図書センター　2004.10　p457-463

木村 利人　きむら・りひと〔1934―　バイオエシックス・比較法学・人権論〕
　○業績目録ほか（野嶋栄一郎）　「早稲田大学人間科学研究　17.1」（早稲田大）　2004　p6-13

木村 龍治　きむら・りゅうじ〔1941―　気象学・海洋学・陸水学〕
　○業績（新野宏）　「海洋　号外　38」（海洋出版）
　　2004　p5-10,257-263

喜安 朗　きやす・あきら〔1931―　歴史研究家〕
　○著作目録ほか　「史艸　41」（日本女子大）　2000.11　p1-11f

木山 捷平　きやま・しょうへい〔1904―1968　作家〕
　◎年譜ほか（木山みさを）　「鳴るは風鈴　木山捷平ユーモア小説選」（木山捷平）　講談社　2001.8
　　p279-288
　◎「木山捷平の基礎的研究―著書目録・論文・作品索引」（磯佳和）　磯佳和　2004.10　144p　A5
　◎年譜ほか（木山みさを）　「長春五馬路」（木山捷平）　講談社　2006.4　p250-259

牛 軍　ぎゅう・ぐん
　◎業績　「冷戦期中国外交の政策決定」（牛軍）
　　千倉書房　2007.9　p238-241

久曾神 昇　きゅうそじん・ひたく〔1909―　日本文学〕
　○著作目録ほか　「古今和歌集への道―国文学研究七十七年」（久曾神昇）　思文閣出版　2004.12
　　p147-206

及能 正男　きゅうの・まさお〔1934―　金融〕
　○略歴ほか　「西南学院大学経済学論集 38.3」（西南学院大）　2004.1　p7-62f

許 南麒　きょ・なんき
　　⇒"ホ・ナムギ"を見よ

姜 在彦　きょう・ざいげん
　　⇒"カン・ジェオン"を見よ

行基　ぎょうき〔668―749　法相宗の僧〕
◎参考文献　「民衆の導者行基　日本の名僧2」（速水侑ほか）　吉川弘文館　2004.4　p206-207
◎参考文献　「行基伝承を歩く」（根本誠二）　岩田書院　2005.9　p173-181

京極　高宣　きょうごく・たかのぶ〔1942―　社会福祉学〕
◎著作年表（編集部）　「福祉文化の探求―京極高宣像を語る」（中央法規出版）　中央法規出版　2004.7　p241-243
◎業績目録ほか　「日本社会事業大学研究紀要　52」（日本社会事業大）　2005.12　p5-34

京極　為兼　きょうごく・ためかね〔1254―1332　公卿・歌人〕
◎文献　「京極為兼―忘られぬべき雲の上かは」（今谷明）　ミネルヴァ書房　2003.9　p267-271
◎参考文献　「京極為兼」（井上宗雄）　吉川弘文館　2006.5　p277-284

京須　偕充　きょうす・ともみつ〔1942―　プロデューサー・作家〕
◎著作リスト　「落語博物誌―噺・噺家・高座をめぐるアイテム112」（京須偕充）　弘文出版　2005.6　p281」

今日泊　亜蘭　きょうどまり・あらん〔1910―2008　SF作家〕
◎文献資料　「評伝SFの先駆者今日泊亜蘭　"韜晦して現さず"の生涯」（峯島正行）　青蛙房　2001.10　p248-251
◎著作リスト　「まぼろし綺譚」（今日泊亜蘭）　出版芸術社　2003.7　p251-252

清岡　卓行　きよおか・たかゆき〔1922―2006　小説家〕
◎参考資料（岡本勝人）　「展望現代の詩歌　2　詩II」（飛高隆夫ほか）　明治書院　2007.2　p261-262

清河　八郎　きよかわ・はちろう〔1830―1863　志士〕
◎参考引用図書　「清河八郎の明治維新―草莽の志士なるがゆえに」（高野澄）　NHK出版　2004.3　p302-304

曲亭　馬琴　きょくてい・ばきん
⇒滝沢　馬琴（たきざわ・ばきん）を見よ

清沢　洌　きよさわ・きよし〔1890―1945　外交史〕
◎参考文献　「暗黒日記　3」（清沢洌）　筑摩書房　2002.8　p447-449
◎略年譜　「清沢洌評論集」（清沢洌, 山本義彦）　岩波書店　2002.9　p385-392
◎参考文献ほか　「清沢洌―外交評論の運命　増補版」（北岡伸一）　中央公論新社　2004.7　p247-256

清沢　満之　きよざわ・まんし〔1863―1903　仏教〕
◎略年譜　「清沢満之語録―現代語訳」（清沢満之）　岩波書店（岩波現代文庫　G43）　2001.1　p447-452
◎年譜・参考文献　「「他力」を生きる　清沢満之の求道と福沢諭吉の実学精神」（延塚知道）　筑摩書房　2001.6　4pb

◎文献リストほか　「清沢満之―その人と思想」（藤田正勝, 安冨信哉）　法蔵館　2002.5　p275-287
◎註　「「精神主義」の求道者たち―清沢満之と暁烏敏」（福島栄寿）　京都光華女子大　2003.3　prr
◎年譜　「清沢満之全集　9　信念の交流―書簡」（清沢満之）　岩波書店　2003.7　p453-482
◎参考文献　「清沢満之―生涯と思想」（教学研究所）　真宗大谷派宗務所出版部　2004.3　p149-150
◎参照文献　「清沢満之と哲学」（今村仁司）　岩波書店　2004.3　p517-520
◎略年譜　「清沢満之その思想の軌跡」（神戸和麿）　法蔵館　2005.3　p272-273

清田　明夫　きよた・あきお〔1937―　裁判制度〕
○業績目録　「金沢法学　45.2」（金沢大）　2003.3　p3-9

清田　幾生　きよた・いくお
○研究業績　「長崎大学教育学部紀要　人文科学　66」（長崎大）　2003.3　1pf

清永　敬次　きよなが・けいじ〔1931―　税法〕
○業績ほか　「近畿大学法学　50.2・3」（近畿大）　2003.1　p385-390

清成　忠男　きよなり・ただお
○主要研究業績ほか　「経営志林　39.4」（法政大）　2003.1　p231-233
◎著作目録　「時代を映す―中小・ベンチャー企業研究30年」（清成忠男）　日経事業出版センター　2004.3　p298-300

清原　道寿　きよはら・みちひさ〔1910―2002　産業教育学〕
○略歴ほか　「産業教育学研究　32.2」（日本産業教育学会）　2002.7　p39-42

清水　六兵衛　きよみず・ろくべえ
◎参考文献抄　「清水六兵衛歴代展―京の陶芸・伝統と革新」（千葉市美術館）　千葉市美術館　c2004　p278-313

桐野　利秋　きりの・としあき〔別名＝中村半次郎　1838―1877　志士・軍人〕
◎年譜　「桐野利秋日記」（栗原智久）　PHP研究所　2004.11　12pb

桐野　夏生　きりの・なつお〔1951―　小説家〕
○著作年譜　「本の話　11.1」（文藝春秋）　2005.1　p21」
○バイオグラフィー　「The GOOL!　桐野夏生スペシャル」　新潮社　2005.9　p146-158

桐生　直彦　きりゅう・なおひこ
◎著作一覧　「考古学の原点―遺物出土状態の分析集」（桐生直彦）　桐生直彦　2006.7　p127-130

桐生　悠々　きりゅう・ゆうゆう〔1873―1941　ジャーナリスト・評論家〕
◎年譜　「畜生道の地球　改版」（桐生悠々）　中央公論新社　2006.3　p294-318

◎略年譜 「桐生悠々著作集 6 畜生道の地球 解題・年譜 復刻」(桐生悠々) 学術出版会 2007.12 p14-15b

木脇 啓四郎 きわき・けいしろう
◎年譜 「薩摩藩文化官僚の幕末・明治―回天資金を」(原口泉ほか) 岩田書院 2005.3 p26-36,39-41

金 鶴泳 きん・かくえい
⇒"キム・ハギョン"を見よ

金 吉浩 きん・きるほ
◎年譜(金吉浩) 「〈在日〉文学全集 15」(磯貝治良ほか) 勉誠出版 2006.6 p480-482

金 嬉老 きん・きろう〔1928― 〕
◎参考文献 「内なる祖国へ―ある朝鮮人学徒兵の死」(河田宏) 原書房 2005.2 p237-239

金 若静 きん・じゃくせい〔1930― 中国語〕
○業績ほか 「桜美林大学中国文学論叢 27」(桜美林大) 2002.3 p13-17f

金 思燁 きん・しよう〔1912―1992 朝鮮文学・日本学〕
◎著書論文目録ほか 「金思燁全集 31」 金思燁全集刊行委員会 2004.3 p9-12

金 正年 きん・しょうねん
○業績一覧ほか(宮川公男) 「麗澤経済研究 10.1」(麗澤大) 2002.3 p111-116

金 史良 きん・しりょう
⇒"キム・サリャン"を見よ

金 石範 きん・せきはん
⇒"キム・ソクポム"を見よ

金 達寿 きん・たつじゅ
⇒"キム・ダルス"を見よ

金 真須美 きん・ますみ〔1961― 作家〕
◎年譜 「〈在日〉文学全集 14」(磯貝治良ほか) 勉誠出版 2006.6 p392-395

金城 辰夫 きんじょう・たつお〔1930― 心理学〕
○業績ほか 「専修人文論集 68」(専修大) 2001.3 p53-55

金城 哲夫 きんじょう・てつお〔1938―1976 シナリオライター〕
◎仕事 「小説ウルトラマン」(金城哲夫) 筑摩書房 2002.9 p331-340

金城 夏子 きんじょう・なつこ
◎参考文献 「ナツコ 沖縄密貿易の女王」(奥野修司) 文藝春秋 2005.4 p392-403

金城 嘉昭 きんじょう・よしあき
○研究業績ほか 「琉球大学教育学部紀要 62」(琉球大) 2003.3 5pf

金田一 京助 きんだいち・きょうすけ〔1882―1971 言語・アイヌ語〕
◎年譜 「金田一京助とアイヌ語」(大友幸男) 三一書房 2001.7 p237-243
◎註 「〈アイヌ〉学の誕生―金田一と知里と」(丸山隆司) 彩流社 2002.3 p281-306

金田一 春彦 きんだいち・はるひこ〔1913―2004 国語学者・邦楽研究家〕
○著作目録ほか(上野和昭) 「国語学 55.4」(日本語学会) 2004.10 p33-41
◎年譜ほか(金田一秀穂ほか) 「金田一春彦著作集 別巻」(金田一春彦) 玉川大出版部 2006.5 p105-182

銀林 浩 ぎんばやし・こう〔1927― 代数学〕
○業績表ほか 「人文科学論集 46・47」(明治大) 2000.3 p19-22

金原 左門 きんばら・さもん〔1931― 現代日本政治史〕
○著作目録ほか 「法学新報 109.1・2」(中央大) 2002.4 p551-609

金原 理 きんぱら・ただし〔1938― 中古文学〕
○著作目録ほか 「文学部論叢 79」(熊本大) 2003.3 p3-8

金原 正彦 きんばら・まさひこ〔1940―2004 英文学〕
○業績ほか 「英語英米文学 46」(慶應義塾大) 2005.3 p1-2

金原 實 きんばら・みのる
○業績ほか 「茨城大学政経学会雑誌 71」(茨城大) 2001.3 p87-92

金原 明善 きんばら・めいぜん〔1832―1923 実業家〕
◎文献 「金原明善の一生」(三戸岡道夫) 栄光出版社 2007.9 p384」

【く】

空海 くうかい〔774―835 真言宗の開祖〕
○文献目録ほか(米山孝子ほか) 「解釈と鑑賞 66.5」(至文堂) 2001.5 p193-201
◎略年譜 「あなただけの弘法大師空海」(立松和平, 武内孝善) 小学館 2001.12 p124-125
◎参考文献 「弘法大師空海読本」(本田不二雄) 原書房 2002.3 p296-298
◎略年譜 「空海・心の眼をひらく―弘法大師の生涯と密教」(松長有慶) 大法輪閣 2002.3 p266-270
◎文献 「空海と遍路文化展―四国霊場八十八ヶ所」(真鍋俊照) 毎日新聞社 2002.9 p232-233
◎参考文献 「空海と密教―「情報」と「癒し」の扉をひらく」(頼富本宏) PHP研究所 2002.9 p242-244
◎著作ほか 「空海のことはと芸術」(真鍋俊照) NHK出版 2002.10 p242-249
◎文献 「まぶさび記―空海と生きる」(篠原資明) 弘文堂 2002.12 p199-202
◎参考文献 「弘法大師空海・人と書」(木本南邨) 朱鷺書房 2003.10 p192-193

◎参考文献 「空海―密教の聖者 日本の名僧4」(高木紳言ほか) 吉川弘文館 2003.11 p233-235
◎参考文献 「空海と中国文化」(岸田知子) 大修館書店 2003.11 p183-185
◎注 「空海 民衆と共に―信仰と労働・技術」(河原宏) 人文書院 2004.6 p213-218
◎参考文献 「『空海の風景』を旅する」(NHK取材班) 中央公論新社 2005.8 p371-374

空也 くうや〔903―972 僧侶〕
◎略年譜ほか 「空也上人の研究―その行業と思想」(石井義長) 法蔵館 2002.1 p783-793
◎参考文献 「空也―浄土の聖者」(伊藤唯真) 吉川弘文館 2005.1 p220-221

陸羯南 くが・かつなん〔1857―1907 ジャーナリスト〕
◎略年譜ほか 「陸羯南」(有山輝雄) 吉川弘文館 2007.5 p277-300

陸 正 くが・まさし〔1934― マーケティング〕
○業績 「千葉商大論叢 43.3・4」(千葉商科大) 2006.3 p17-20f

九鬼 周造 くき・しゅうぞう〔1888―1941 哲学〕
◎略年譜ほか 「九鬼周造エッセンス」(田中久文) こぶし書房(こぶし文庫 30) 2001.9 p241-244
◎研究文献目録ほか 「九鬼周造の世界」(坂部恵、藤田正勝、鷲田清一) ミネルヴァ書房 2002.10 p265-278
◎略年譜 「京都哲学撰書 30 エッセイ・文学概論」(大橋良介) 燈影舎 2003.4 p310-311
◎年譜 「九鬼周造の哲学―漂泊の魂」(小浜善信) 昭和堂 2006.4 p265-275

九鬼 隆一 くき・りゅういち〔1852―1931 美術行政家・男爵〕
◎参考文献 「男爵九鬼隆一 明治のドン・ジュアンたち」(司亮一) 神戸新聞総合出版センター 2003.4 p304-310

日下 浩次 くさか・ひろじ〔1933―2005 電気電子システム工学〕
○著作目録ほか 「大阪産業大学論集 自然科学編 112」(大阪産業大) 2003.3 4pf

久坂 葉子 くさか・ようこ〔1931―1952 小説家〕
○著作目録ほか 「久坂葉子全集 3」(佐藤和夫) 鼎書房 2003.12 p309-350
◎年譜ほか (久米勲) 「幾度目かの最期―久坂葉子作品集」(久坂葉子) 講談社 2005.12 p285-294
◎略年譜 「神戸残照久坂葉子」(柏木薫ほか) 勉誠出版 2006.3 p439-446

草刈 思朗 くさかり・しろう
◎参考文献 「航空黎明期の先覚者草刈思朗―日本軍国主義破綻への道」(篠崎勝) 光陽出版社 2005.7 p285-290

草野 心平 くさの・しんぺい〔1903―1988 詩人〕
○略年譜 「現代詩手帖 47.6」(思潮社) 2004.6 p106-109
◎年譜 「草野心平―わが青春の記」(草野心平) 日本図書センター 2004.9 p229-240
◎年譜 「詩の上州展―草野心平と群馬の詩人たち図録」(いわき市立草野心平記念文学館) いわき市立草野心平記念文学館 2005.10 p46-53

草野 靖 くさの・やすし〔1932― 東洋史〕
○著作目録 「七隈史学 4」(七隈史学会) 2003.3 p112-110
○著作目録ほか 「福岡大学人文論叢 34.4.135」(福岡大) 2003.3 2pb

草場 又三郎 くさば・またさぶろう
○略年譜ほか (武田耕一) 「西南地域史研究 13」(文献出版) 2001.2 p205-238

草間 時彦 くさま・ときひこ〔1920―2003 俳人〕
○略年譜(吉野洋子) 「俳句 52.9」(角川書店) 2003.8 p172-175
○略年譜(鈴木しげを) 「俳壇 20.10」(本阿弥書店) 2003.9 p162-164

草間 秀三郎 くさま・ひでさぶろう〔1937― 国際関係論・米国外交史〕
○研究業績目録ほか 「紀要 地域研究・国際学編 33」(愛知県立大) 2001 p9-11f
○業績 「総合政策研究 9.2」(愛知学院大) 2007.3 p10-12f

草間 弥生 くさま・やよい〔1929― アーティスト〕
◎文献目録 「草間彌生」(東京国立近代美術館ほか) 東京国立近代美術館 2004.10 p250-265
◎文献(出原均) 「草間弥生永遠の現在」(草間弥生) 美術出版社 2005.1 p250-265
◎著書 「草間弥生全版画集―1979-2004」(草間弥生) 阿部出版 2005.2 p166,181

草山 友一 くさやま・ともかず
○業績ほか 「関東学院教養論集 13」(関東学院大) 2003.2 p3-8

久慈 次郎 くじ・じろう〔1898―1939 社会人野球選手〕
◎参考文献 「北の球聖久慈次郎―大リーガーと渡り合った悲運の名捕手」(中里憲保) 草思社 2006.12 p202-203

久志 芙沙子 くし・ふさこ
○年譜(勝方(稲福)恵子) 「沖縄学 8.1」(沖縄学研究所) 2005.3 p53-67

串田 孫一 くしだ・まごいち〔1915―2005 詩人・随筆家〕
◎年譜 「若き日の山」(串田孫一) 山と渓谷社 (Yama-kei classics) 2001.2 p232-237
◎年譜ほか (杉本賢治ほか) 「アルプ―特集串田孫一」(山口耀久ほか) 山と渓谷社 2007.7 p305-345

具島 兼三郎　ぐしま・かねさぶろう〔1905—2004　国際政治学者〕
○業績ほか　「政治研究 52」（九州大）　2005.3　p123-132
◎著作目録ほか　「《追想》具島兼三郎—良心を枉げて易きにつく者は悔いを千載に残す」（刊行委員会）　弦書房　2006.8　p171-198

九条 政基　くじょう・まさもと〔1445—1516　公卿〕
◎年譜　「新修泉佐野市史 5 史料編 中世2」（泉佐野市史編さん委員会）　泉佐野市　2001.3　p772-776

鯨岡 勝成　くじらおか・かつなり
◎著作目録　「歴史智の構想—歴史哲学者鯨岡勝成先生追悼論文集」（刊行会）　刊行会　2005.3　p394-404

鯨岡 峻　くじらおか・たかし〔1943—　発達心理学〕
◎業績　「ひとがひとをわかるということ—間主観性と相互主体性」（鯨岡峻）　ミネルヴァ書房　2006.7　p295-299

楠田 丘　くすだ・きゅう〔1923—　賃金制度・人事管理〕
◎年譜（石田光男）　「賃金とは何か—戦後日本の人事・賃金制度史　楠田丘オーラルヒストリー」（楠田丘）　中央経済社　2004.12　p293-296

楠木 しげお　くすのき・しげお〔1946—　児童文学研究家・高校教師〕
○歩み　「楠木しげお詩集」（楠木しげお）　てらいんく　2007.6　p201-200

楠木 繁夫　くすのき・しげお〔1904—1956　歌手〕
◎参考引用文献　「緑の地平線に消えた男—悲劇の歌手楠木繁夫とその時代」（戸梶良）　講談社出版サービスセンター　2006.10　p213-217

楠木 正成　くすのき・まさしげ〔1294—1336　武将〕
◎参考文献　「楠木正成 夢の花 下」（吉川佐賢）　叢文社　2006.1　p378-379

楠 恭雄　くすのき・やすお〔1931—　経済統計学・人口学〕
○業績ほか　「中京大学経済学論叢 13」（中京大）　2002.3　4pf

葛原 妙子　くずはら・たえこ〔1907—1985　歌人〕
◎年譜　「葛原妙子全歌集」（葛原妙子, 森岡貞香）　砂子屋書房　2002.10　p633-638

楠原 偕子　くすはら・ともこ〔1935—　演劇評論家〕
○研究業績ほか　「慶應義塾大学日吉紀要 英語英米文学 37」（慶應義塾大）　2000.9　p209-216

楠本 憲吉　くすもと・けんきち〔1922—1988　俳人〕
◎「楠本憲吉文庫目録」（神奈川文学振興会）　神奈川近代文学館　2005.3　176p　B5

久須本 弘煕　くすもと・ひろき
○略歴ほか　「中京学院大学研究紀要 11.2」（中京学院大）　2004.3　p107-112

楠本 宏　くすもと・ひろし
○著作目録ほか　「大分大学経済論集 58.5」（大分大）　2007.2　p151-152

楠山 修作　くすやま・しゅうさく
○著作目録　「アジア文化学科年報 7」（追手門学院大）　2004.11　p6-8

久世 光彦　くぜ・てるひこ〔1935—2006　演出家・作家〕
◎著作目録ほか　「久世光彦の世界—昭和の幻景」（川本三郎ほか）　柏書房　2007.3　p405-420

百濟 康義　くだら・こうぎ
○業績　「仏教学研究 62・63」（龍谷仏教学会）　2007.3　p5-12

久津見 蕨村　くつみ・けっそん〔1860—1925　ジャーナリスト・評論家〕
○執筆目録（高松敏男）　「文献探索 2006」（文献探索研究会）　2006.11　p96-111

久手堅 憲一　くでけん・けんいち〔1935—　社会福祉〕
○業績ほか（川添雅由）　「人間科学 8」（琉球大）　2001.9　p1-6

クーデンホーフ 光子　Coudenhove-Kalergi, Mitsuko〔1874—1941〕
◎参考文献　「ミツコと七人の子供たち」（シュミット林木眞寿美）　講談社　2001.7　p333-332
◎参考文献　「ミツコと七人の子供たち」（シュミット村木真須美）　講談社　2002.2　p333-332

宮藤 官九郎　くどう・かんくろう〔1970—　脚本家〕
○年表　「河原官九郎」（宮藤官九郎）　角川書店　2005.1　p6-9b

工藤 俊作　くどう・しゅんさく〔1960—　俳優〕
◎参考文献　「敵兵を救助せよ！—英国兵422人を救助した駆逐艦「雷」工藤艦長」（恵隆之介）　草思社　2006.7　p330-333

工藤 芝蘭子　くどう・しらんし〔1890—1971　俳人〕
◎略年譜（近藤蕉肝）　「工藤芝蘭子」　新学社　2004.2　p341-347

工藤 進思郎　くどう・しんじろう〔1937—　中古文学〕
○業績ほか　「岡大国文論稿 30」（岡山大）　2002.3　p2-7

工藤 恒夫　くどう・つねお〔1935—　社会保障論〕
○著作目録ほか　「経済学論纂 45.3・4」（中央大）　2005.3　p327-331

工藤 秀幸　くどう・ひでゆき〔1928—　経営学〕
○研究業績一覧(Scott Trevor, Allan Davis)　「麗澤経済研究 12.1」（麗澤大）　2004.3　p107-116

工藤 父母道　くどう・ふぼみち
◎著述業一覧　「世界遺産物語—工藤父母道・山田英生対談集」（工藤父母道, 山田英生）　ぎょうせい　2001.10　p169-176

工藤 雅樹　くどう・まさき〔1937—　考古学・古代史〕
○業績目録ほか　「行政社会論集 15.3」（福島大）　2003　p19-26

国井 和郎　くにい・かずお〔1941―　民法〕
　◎著作目録ほか　「民法学の軌跡と展望―国井和郎先生還暦記念論文集」（潮見佳男）　日本評論社　2002.3　p625-644
　○著作目録ほか　「阪大法学　55.3・4　237・238」（大阪大）　2005.11　p1138-1157

国木田 独歩　くにきだ・どっぽ〔1871―1908　小説家〕
　◎翻訳文学年表　「田山花袋・国木田独歩集　明治翻訳文学全集〔続〕翻訳家編16」（田山花袋ほか）大空社　2003.7　p1-6b
　◎文献　「国木田独歩空知川の岸辺で」（岩井洋）北海道新聞社　2003.11　p279-281
　◎略年譜　「武蔵野　改版」（国木田独歩）　岩波書店　2006.2　p265-269
　◎参考文献ほか　「編集者国木田独歩の時代」（黒岩比佐子）　角川学芸出版　2007.12　p328-342

国定 忠次　くにさだ・ちゅうじ〔1810―1850　侠客〕
　◎参考文献　「国定忠次を男にした女侠―菊池徳の一生」（高橋敏）　朝日新聞社　2007.10　p232-233

国司 華子　くにし・はなこ〔日本画家〕
　◎作品リストほか　「カ・タ・コ・ト―国司華子作品集」（国司華子）　求龍堂　2002.11　p130-139

国重 純二　くにしげ・じゅんじ
　○業績表ほか（林文代）　「アメリカ太平洋研究1」（東京大）　2001.3　p249-254

國嶋 一則　くにしま・かずのり
　○著述目録ほか　「文化　20」（駒沢大）　2001.3　p9-13

國武 輝久　くにたけ・てるひさ
　○著作目録ほか　「法政理論　39.3」（新潟大）　2007.3　p3-12

國友 義久　くにとも・よしひさ
　○主要著作ほか　「長野大学紀要　25.1」（長野大）　2003.6　p7-8

久邇宮　くにのみや
　◎引用参考文献　「闘う皇族―ある宮家の三代」（浅見雅男）　角川書店　2005.10　p303-308

国吉 康雄　くによし・やすお〔1889―1953　洋画家〕
　◎文献　「国吉康雄展」（東京国立近代美術館ほか）東京国立近代美術館　2004　p158-163
　◎参考文献　「アメリカ美術と国吉康雄―開拓者の軌跡」（山口泰二）　NHK出版　2004.3　p237-238
　◎文献　「国吉康雄展」（岡山県立美術館ほか）岡山県立美術館　2006.3　p367-374

久野 統一郎　くの・とういちろう〔1937―　〕
　◎参考文献　「政治家やめます　ある自民党代議士の十年間」（小林照幸）　毎日新聞社　2001.6　3pb
　◎参考文献　「政治家やめます―ある自民党代議士の十年間」（小林照幸）　毎日新聞社　2002.3　3pb

久野 豊彦　くの・とよひこ〔1896―1971　小説家・経済学者〕
　◎年譜ほか　「久野豊彦傑作選―ブロッケン山の妖魔」（嶋田厚）　工作舎　2003.3　p354-365

久布白 落實　くぶしろ・おちみ〔1882―1972　牧師〕
　◎年譜　「久布白落實」（高橋喜久江）　大空社（シリーズ福祉に生きる　39）　2001.7　p1-2b

久保 和雄　くぼ・かずお
　○著作ほか（堀田穣）　「司書課程年報　2006」（京都学園大）　2007.3　p1-2

久保 欣哉　くぼ・きんや〔1929―　民事法〕
　◎著作目録ほか　「市場経済と企業法―久保欣哉先生古稀記念論文集」（関英昭ほか）　中央経済社　2000.12　p645-667
　○業績目録ほか　「関東学院法学　15.3・4」（関東学院大）　2006.3　p325-341

久保 栄　くぼ・さかえ〔1900―1958　小説家・演出家〕
　◎年譜（井上理恵）　「火山灰地」（久保栄）　新宿書房　2004.12　p410-420
　◎年譜ほか　「久保栄―小笠原克評論集」（小笠原克）　新宿書房　2004.12　p186-199

窪 徳忠　くぼ・のりただ〔1913―　中国道教史〕
　○著述目録ほか（窪徳忠ほか）　「東方学　110」（東方学会）　2005.7　p168-199

久保 紘章　くぼ・ひろあき〔1939―2004　社会福祉学〕
　○研究業績ほか　「人文学報　319」（東京都立大）　2001.3　p3-13

久保 正幡　くぼ・まさはた〔1911―　西洋法制史〕
　◎「久保正幡先生・小林宏先生・山崎丹照先生略年譜・著作目録」（吉原丈司）　吉原丈司　2004.3　2,92,10p　B5

窪添 慶文　くぼぞえ・よしふみ〔1941―　中国史〕
　○業績ほか　「お茶の水史学　51」（読史会）　2007　p213-219

久保田 晃　くぼた・あきら〔1926―　経済学〕
　○主要業績ほか（長谷川泰隆）　「麗澤経済研究　10.1」（麗澤大）　2002.3　p117-119

窪田 空穂　くぼた・うつぼ〔1877―1967　歌人・国文〕
　◎年譜ほか（内藤明）　「窪田空穂歌文集」（窪田空穂）　講談社　2005.1　p242-257
　◎年譜　「亡妻の記」（窪田空穂）　角川学芸出版　2005.12　p222-225
　◎引用文献　「窪田空穂の身の上相談」（臼井和恵）角川学芸出版　2006.3　p513-518

久保田 収　くぼた・おさむ〔1910―1976　日本中世思想史・神道史〕
　◎著作目録　「神道史の研究　遺芳編」（久保田収）皇學館大出版部　2006.12　p472-481

久保田 諄　くぼた・じゅん〔1933―　天文学・太陽物理学〕
　○業績目録ほか　「大阪経大論集　54.5.277」（大阪経大）　2004.1　p473-477

窪田 章一郎　くぼた・しょういちろう〔1908―2001　歌人〕
◎略年譜　「窪田章一郎二百首」（橋本喜典）　短歌新聞社　2006.7　p227-234

久保田 英夫　くぼた・ひでお〔1935―　世界経済論〕
○業績ほか　「商経論叢 48.1」（九州産業大）　2007.9　9pb

久保田 文次　くぼた・ぶんじ〔1936―　東洋史〕
○著作目録ほか　「史艸 46」（日本女子大）　2005.11　p1-12

久保田 万太郎　くぼた・まんたろう〔1889―1963　小説家・劇作家・俳人〕
◎年譜ほか（武藤康史）　「春泥・三の酉」（久保田万太郎）　講談社　2002.8　p238-254
◎参考資料　「万太郎松太郎正太郎―東京生まれの文人たち」（大村彦次郎）　筑摩書房　2007.7　p360-363

久保山 愛吉　くぼやま・あいきち〔1914―1954〕
◎参考文献　「久保山愛吉物語」（飯塚利弘）　かもがわ出版　2001.8　p233-235

隈井 清臣　くまい・きよおみ
○業績ほか　「愛知淑徳大学論集　文化創造学部・文化創造研究科篇 6」（愛知淑徳大）　2006.3　p3-4f

熊谷 彰矩　くまがい・あきのり〔1937―　経済学〕
○著作目録　「青山経論集 58.4」（青山学院大）　2007.3　p207-210

熊谷 武至　くまがい・たけし〔1907―1983　歌人〕
◎著書一覧　「近世和歌研究叢書要集 7」（中澤伸弘ほか）　クレス出版　2005.11　p4-5b

熊谷 達也　くまがい・たつや〔1958―　小説家〕
◎初出一覧　「山背の里から―杜の都でひとり言―」（熊谷達也）　小学館クリエイティブ　2004.9　p266-269

熊谷 直治　くまがい・なおはる
○業績ほか（後藤善久）　「札幌大学女子短期大学部紀要 49」（札幌大）　2007.3　p11-14

熊谷 元一　くまがい・もといち〔1909―　写真家・絵本作家〕
◎略年譜　「熊谷元一傑作選　上巻」（熊谷元一）　郷土出版社　2001.5　p134-136

熊谷 守一　くまがい・もりかず〔1880―1977　洋画家〕
◎年譜　「もうひとりの熊谷守一――水墨・書・篆刻他」（真鍋井蛙）　里文出版　2002.2　p125-127
◎文献目録　「熊谷守一油彩画全作品集」（熊谷榧）　求龍堂　2004.3　p409-425
◎関連書籍　「気ままに絵のみち　熊谷守一　別冊太陽」　平凡社　2005.7　p162-163
◎年譜　「熊谷守一生前全版画集」（熊谷守一）　岐阜新聞社　2007.7　p133-145

熊沢 寛道　くまざわ・ひろみち〔1889―1966〕
◎参考文献　「吾輩は天皇なり―熊沢天皇事件」（藤巻一保）　学習研究社　2007.9　p239-243

熊沢 誠　くまざわ・まこと〔1938―　労使関係論・社会政策〕
◎著作目録　「甲南経済学論集 46.4.234」（甲南大）　2006.3　p9-32f

熊田 精華　くまだ・せいか〔1898―1977　詩人〕
◎略年譜　「山名文夫と熊田精華展―絵と言葉のセンチメンタル」（矢内みどり）　目黒区美術館　2006　p111-114

熊野 聰　くまの・さとる
○著書ほか　「情報文化研究 17」（名古屋大）　2003.3　p1-6f

隈部 直光　くまべ・なおみつ〔1929―　英語教育〕
◎研究業績ほか　「21世紀の英語教育への提言と指針―隈部直光教授古稀記念論集」（隈部直光教授古稀記念論集編集委員会）　開拓社　2002.1　p335-338

久米 栄左衛門　くめ・えいざえもん
◎文献・略年譜　「久米栄左衛門―創造と開発の生涯―天文、測量、銃砲、塩田　その驚くべき科学の世界」（香川県歴史博物館）　香川県歴史博物館　2002.10　p91-93

久米 邦武　くめ・くにたけ〔1839―1931　日本史・古文書〕
◎参考文献　「久米邦武―史学の眼鏡で浮世の景を」（高田誠二）　ミネルヴァ書房　2007.11　p323-332

粂 幸男　くめ・ゆきお〔1936―　幼児教育学・教育史〕
○年譜ほか　「名古屋市立大学人文社会学部研究紀要 10」（名古屋市立大）　2001.3　p1-4f

倉阪 鬼一郎　くらさか・きいちろう〔1960―　小説家・俳人〕
◎著作リスト　「学校の事件」（倉阪鬼一郎）　幻冬舎　2003.7　p219-221
◎著訳書リスト　「汝らその総ての悪を」（倉阪鬼一郎）　河出書房新社　2005.9　2pb

倉澤 康一郎　くらさわ・こういちろう
◎著作目録　「商法の歴史と論理―倉澤康一郎先生古稀記念」（奥島孝康ほか）　新青出版　2005.7　p987-1006

倉島 節尚　くらしま・ときひさ〔1935―　国語学〕
○業績ほか　「国文学踏査 18」（大正大）　2006.3　p5-12f

藏下 勝行　くらしも・かつゆき
○業績ほか　「専修ネットワーク＆インフォメーション 7」（専修大）　2005.3　p73-79

倉田 潮　くらた・うしお〔1889―1964　評論家・小説家〕
○年譜（渡邉正彦）　「群馬県立女子大学国文学研究 23」（群馬県立女子大）　2003.3　p66-73

倉田 葛三　くらた・かっさん
　○年譜（矢羽勝幸）　「二松学舎大学東アジア学術総合研究所集刊　37」（二松学舎大）　2007　p167-192

倉田 三郎　くらた・さぶろう〔1902—1992　洋画家〕
　○研究業績ほか　「松山大学論集　14.4」（松山大）　2002.10　p343-351

倉田 卓次　くらた・たくじ〔1922—　弁護士〕
　◎著作目録　「民事裁判論集—将来損害・事実認定・交通訴訟」（倉田卓次）　判例タイムズ社　2007.7　p6-7f

倉田 亨　くらた・とおる
　◎業績　「日本の水産業を考える—復興への道」（倉田亨）　成山堂書店　2006.12　p329-333

倉田 百三　くらた・ひゃくぞう〔1891—1943　劇作家・評論家〕
　◎略年譜（鈴木範久）　「出家とその弟子」（倉田百三）　岩波書店　2003.7　p311-317
　◎略年譜　「出家とその弟子」（倉田百三）　岩波書店　2006.5　p311-317

倉田 保雄　くらた・やすお〔1924—　政治評論家〕
　◎著作目録　「ヨーロッパ取材ノート—EUを知る・世界を知る」（倉田保雄）　三修社　2004.3　p235」

倉智 恒夫　くらち・つねお〔1936—　フランス文学・ベルギー文学〕
　○研究業績ほか（西村靖敬）　「千葉大学人文研究　31」（千葉大）　2002.3　p5-14

倉地 幹三　くらち・みきぞう
　○業績目録ほか（倉地幹三）　「明治学院論叢　708」（明治学院大）　2004.3　p53-71

倉戸 ヨシヤ　くらと・よしや〔1936—　心理学〕
　○業績ほか　「関西大学社会学部紀要　38.3」（関西大）　2007.3　p260-271

倉富 勇三郎　くらとみ・ゆうざぶろう〔1853—1948　司法官・政治家〕
　◎参考文献ほか　「枢密院議長の日記」（佐野眞一）　講談社　2007.10　p406-407

倉場 富三郎　くらば・とみさぶろう〔1870—1945　実業家〕
　◎参考文献　「ピンカートンの息子たち—昭和不良伝」（斎藤憐）　岩波書店　2001.2　p287-290
　◎参考文献　「花と霜—グラバー家の人々」（B.バークガフニ）　長崎文献社　2003.12　p162-163

倉橋 由美子　くらはし・ゆみこ〔1935—　小説家〕
　○略年譜　「文芸研究　102」（明治大）　2007　p92-94

倉松 功　くらまつ・いさお〔1928—　キリスト教思想史〕
　○業績一覧　「ヨーロッパ文化史研究　5」（東北学院大）　2004.3　p6-13f

倉持 保男　くらもち・やすお〔1934—　日本語学・日本語教育〕
　○業績ほか　「国文学踏査　17」（大正大）　2005.3　p10-13f

倉盛 一郎　くらもり・いちろう〔1932—　教育心理学〕
　○研究業績ほか　「奈良産業大学紀要　19」（奈良産業大）　2003.12　p130-131

栗城 寿夫　くりき・ひさお〔1932—　国法学〕
　◎著作目録ほか　「日独憲法学の創造力—栗城寿夫先生古稀記念　下巻」（樋口陽一ほか）　信山社　2003.9　p733-749

栗木 安延　くりき・やすのぶ〔1930—2002　労使関係・社会運動史〕
　○業績ほか　「専修経済学論集　35.3.78」（専修大）　2001.3　p295-300

栗栖 継　くりす・けい〔1910—　翻訳家〕
　○主要著作目録（柴田巌）　「千葉工業大学研究報告　人文編　40」（千葉工業大）　2003　p161-182

栗須 公正　くりす・こうせい〔1936—　フランス文学〕
　○業績ほか　「アカデミア　文学・語学編77」（南山大）　2005.1　6pf

栗須 七郎　くりす・しちろう〔1882—1950　部落解放運動家〕
　◎略年譜（中川健一）　「水平の人　栗須七郎先生と私」（鄭承博）　みずのわ出版　2001.3　p232-235
　◎略年譜　「水平の行者栗須七郎」（廣畑研二）　新幹社　2006.8　p515-519

栗田 樗堂　くりた・ちょどう〔1749—1814　俳人〕
　◎年譜（今村威）　「庚申庵へのいざない—復元なった松山の俳人・栗田樗堂の草庵」（GCM庚申庵倶楽部）　アトラス出版　2003.5　p134-152

栗田 寛　くりた・ひろし〔1835—1899　儒学者・歴史学者〕
　◎略年譜　「栗田寛博士（はかせ）と『継往開来』の碑文」（照沼好文）　水戸史学会　2002.3　p57-78

栗林 慧　くりばやし・さとし〔1939—　写真家〕
　◎たどった道　「栗林慧全仕事—独創的カメラでとらえた驚異の自然」（栗林慧）　学習研究社　2001.4　p140-143

栗林 忠男　くりばやし・ただお〔1937—　法学〕
　◎著作一覧ほか　「法学研究　75.2」（慶応義塾大）　2002.2　p301-308

栗林 忠道　くりばやし・ただみち〔1891—1945　陸軍大将〕
　○抄録ほか（深井人詩）　「文献探索　2003」（文献探索研究会）　2003.12　p330-339
　◎参考文献　「散るぞ悲しき—硫黄島総指揮官・栗林忠道」（梯久美子）　新潮社　2005.7　p242-244
　◎参考文献　「常に諸子の先頭に在り—陸軍中將栗林忠道と硫黄島戦」（留守晴夫）　慧文社　2006.7　p253-260
　◎参考文献　「栗林忠道硫黄島からの手紙」（栗林忠道）　文藝春秋　2006.8　p172-173

栗原 彬　くりはら・あきら〔1936―　政治社会学・社会意識論〕
○業績目録　「立教法学　61」(立教法学会)　2002　p6-37f

栗原 敦雄　くりはら・あつお
○業績リストほか　「関東学院大学文学部紀要　93」(関東学院大)　2001　p243-247

栗原 健　くりはら・けん
○業績ほか(細谷千博)　「外交史料館報　20」(外務省外交史料館)　2006.10　p89-96

栗原 貞子　くりはら・さだこ〔1913―2005　詩人〕
◎年譜　「栗原貞子全詩篇」(栗原貞子)　土曜美術社出版販売　2005.7　p577-589

栗原 成郎　くりはら・しげお〔1934―　ロシア語・スラブ語・比較言語学〕
◎研究業績　「ロシアフォークロアの世界」(伊東一郎)　群像社　2005.3　p364-354

栗原 豪彦　くりはら・たけひこ〔1940―　英語学・言語学〕
○業績ほか　「大学院国際広報メディア研究科言語文化部紀要　45」(北海道大)　2003.12　p4-6
○業績ほか　「The Northern review 31」(北海道大)　2003　p63-65

栗村 英二　くりむら・えいじ〔1930―2002　企業形態論〕
○研究業績ほか　「独協経済　76」(独協大)　2003.3　p3-4

栗本 鋤雲　くりもと・じょうん〔1822―1897　幕臣・新聞記者〕
◎年譜(栗本瀨兵衛)　「栗本鋤雲遺稿」(栗本鋤雲)　慧文社　2007.6　p185-186

栗山 久策　くりやま・きゅうさく〔1935―　アメリカ文学〕
○業績一覧ほか　「人文・自然科学研究　13」(釧路公立大)　2001.3　p3-5

栗山 次郎　くりやま・じろう〔1944―　ドイツ語・日本語表現技法・近代文化論〕
○業績ほか　「九州工業大学情報工学部紀要　人間科学篇　20」(九州工業大)　2007.3　11pf

栗山 規矩　くりやま・ただし〔1941―　理論経済学〕
○著作目録ほか　「年報経済学　66.4」(東北大)　2005.3　p831-837

栗生 武夫　くりゅう・たけお〔1890頃―1942頃　ローマ法〕
◎「栗生武夫先生・小早川欣吾先生・戴炎輝博士略年譜・著作目録　新版」(吉原丈司)　都筑印書館　2003.9　110,12p　B5
◎略年譜ほか　「栗生武夫先生・小早川欣吾先生・戴炎輝博士・小林宏先生・山崎丹照先生略年譜・著作目録」(吉原丈司)〔吉原丈司〕　2007.1　p1-36

久留島 武彦　くるしま・たけひこ〔1874―1960　童話作家〕
◎年譜ほか　「久留島武彦」(後藤惣一)　大分県教育委員会　2004.3　p279-309
◎「久留島武彦著作目録・口演活動記録」(大分県立先哲史料館)　大分県教育委員会　2004.3　101p　B6
◎年譜ほか　「久留島武彦―児童文化の開拓者　普及版」(後藤惣一)　大分県教育委員会　2005.3　p163-170
○目録ほか(金成妍)　「韓国言語文化研究　13」(九州大)　2006.12　p41-70

来栖 三郎　くるす・さぶろう〔1912―1998　民法〕
◎著作目録(山田卓生)　「来栖三郎著作集　3　家族法　家族法判例評釈〈親族・相続〉」(来栖三郎)　信山社出版　2004.11　p679-694

久留間 鮫造　くるま・さめぞう〔1893―1982　経済学〕
◎年譜　「マルクスに拠ってマルクスを編む―久留間鮫造と『マルクス経済学レキシコン』」(大谷禎之介)　大月書店　2003.9　p43-47

車谷 長吉　くるまたに・ちょうきつ〔1945―　小説家〕
◎著作一覧　「女塚―車谷長吉初期作品輯」(車谷長吉)　作品社　2005.4　p269-270

胡桃沢 友男　くるみざわ・ともお
◎書誌(石井正己)　「柳田國男と信州」(胡桃沢友男)　岩田書院　2004.5　p609-617

呉 茂一　くれ・しげいち〔1897―1977　西洋古典文学〕
◎年譜(水谷智洋)　「イーリアス　下」(ホメーロス)　平凡社　2003.8　p571-593

呉屋 永徳　くれや・えいとく
○略歴ほか　「琉球大学理学部紀要　72」(琉球大)　2001.9　p3-4f

黒井 千次　くろい・せんじ〔1932―　小説家〕
◎年譜ほか(篠崎美生子)　「石の話―黒井千次自選短篇集」(黒井千次)　講談社　2004.3　p278-289

黒岩 重吾　くろいわ・じゅうご〔1924―2003　小説家〕
◎著作年譜　「とっておきの手紙」(黒岩重吾)　たちばな出版　2004.3　p314-326

黒岩 涙香　くろいわ・るいこう〔1862―1920　探偵小説家〕
◎年譜ほか　「黒岩涙香の研究と書誌―黒岩涙香著訳書総覧」(伊藤秀雄, 榊原貴教)　ナダ出版センター(翻訳研究・書誌シリーズ　別巻　1)　2001.6　p183-234
○作品目録5(伊藤秀雄)　「翻訳と歴史　11」(ナダ出版センター)　2002.3　p22-28
◎翻訳文学年表　「黒岩涙香集　明治翻訳文学全集〔続〕翻訳家編　7」(黒岩涙香)　大空社　2003.3　p1-9b
◎年譜(伊藤秀雄)　「黒岩涙香集」(伊藤秀雄)　筑摩書房　2005.4　p509-514

◎小説目録　「随筆明治文学　1」（柳田泉）　平凡社　2005.8　p233-250

黒川　康　くろかわ・こう〔1940—　ドイツ史〕
○業績ほか　「史苑　66.2」（立教大）　2006.3　p98-101

黒川　勉　くろかわ・つとむ〔1962—2005　インテリアデザイナー〕
◎Bibliography　「TSUTOMU KUROKAWA—黒川勉のデザイン」（黒川勉）　TOTO出版　2006.8　p234-235

黒川　恒雄　くろかわ・つねお
○業績目録ほか　「国学院経済学　49.3・4」（国学院大）　2001.12　p308-303

黒川　剛　くろかわ・つよし〔1932—　ドイツ現代史〕
○著作目録ほか　「総合政策研究　10」（中央大）　2003.7　p399-401

黒川　春村　くろかわ・はるむら〔1799—1866　国学者・狂歌師〕
◎「『黒川文庫目録　本文編　日本書誌学大系86-1』」（柴田光彦）　青裳堂書店　2000.12　613p　A5
◎「『黒川文庫目録　索引編　日本書誌学大系86-2』」（柴田光彦）　青裳堂書店　2001.9　358p　A5

黒川　真頼　くろかわ・まより〔1829—1906　国学者〕
◎「『黒川文庫目録　本文編　日本書誌学大系86-1』」（柴田光彦）　青裳堂書店　2000.12　613p　A5
◎「『黒川文庫目録　索引編　日本書誌学大系86-2』」（柴田光彦）　青裳堂書店　2001.9　358p　A5

黒木　国昭　くろき・くにあき〔1945—　ガラス工芸家〕
○略年譜　「黒木国昭のガラス芸術—21世紀の光芒」（土屋良雄）　求龍堂　2001.4　p221-233

黒木　淳吉　くろき・じゅんきち〔1924—2009　作家〕
○作品年譜　「黒木淳吉作品集」（黒木淳吉）　鉱脈社　2002.6　p725-727

黒崎　裕一郎　くろさき・ゆういちろう
○著作リスト　「讐鬼の剣—鳥見役影御用」（黒崎裕一郎）　徳間書店　2006.1　p307-311

黒澤　明　くろさわ・あきら〔1910—1998　映画監督〕
◎参考文献　「黒澤明と『生きる』ドキュメント・心に響く人間の尊厳」（都築政昭）　朝日ソノラマ　2003.2　p294」
◎参考文献　「黒澤明vs.ハリウッド—『トラ・トラ・トラ!』その謎のすべて」（田草川弘）　文藝春秋　2006.4　p482-486
◎参考文献　「黒澤明封印された十年」（西村雄一郎）　新潮社　2007.8　p441-443

黒沢　英典　くろさわ・ひでふみ〔1937—　教育原理〕
○略歴ほか（黒沢英典）　「武蔵大学人文学会雑誌　35.3」（武蔵大）　2004.2　p5-79

黒澤　雄三郎　くろさわ・ゆうざぶろう
○業績ほか　「人間の福祉　17」（立正大）　2005　4pf

黒島　伝治　くろしま・でんじ〔1898—1943　小説家〕
◎文献目録ほか（石見幸忠）　「定本黒島伝治全集　5」（黒島伝治）　勉誠出版　2001.7　p217-320

黒須　敦子　くろす・あつこ
○業績目録ほか　「いわき短期大学紀要　35」（いわき短大）　2002.3　p85-87

黒田　硫黄　くろだ・いおう〔1971—　漫画家〕
○全著作解題（斎藤宣彦ほか）　「ユリイカ　35.11」（青土社）　2003.8　p164-187

黒田　寛一　くろだ・かんいち〔1927—2006　社会運動家〕
◎著書一覧ほか　「黒田寛一のレーベンと為事」（唐木照江ほか）　解放社　2001.10　p8-42
◎著作一覧　「現代を生きる黒田寛一」（小金井堤桜子）　こぶし書房　2004.12　p304-306
◎本　「日本よ!—自撰黒田寛一歌集」（黒田寛一）　こぶし書房　2006.8　p287-289
○著作一覧　「新世紀　226」（あかね図書販売）　2007.1　p97-99
◎著書一覧　「ブッシュの戦争」（黒田寛一）　あかね図書販売　2007.10　p425-429

黒田　喜夫　くろだ・きお〔1926—1984　詩人・評論家〕
◎参考資料（橋浦洋志）　「展望現代の詩歌　2　詩II」（飛高隆夫ほか）　明治書院　2007.2　p208」

黒田　清　くろだ・きよし〔1931—2000　ジャーナリスト〕
◎年譜ほか　「黒田清　記者の魂は死なず」（有須和世）　河出書房新社　2005.12　p341-347

黒田　清隆　くろだ・きよたか〔1840—1900　政治家〕
◎参考文献　「青雲の果て—武人黒田清隆の戦い」（奥田静夫）　北海道出版企画センター　2007.10　p204-207

黒田　源次　くろだ・げんじ〔1886—1957　美術史家・生理学者〕
◎著作目録ほか　「源内・源次断章—祖父有馬源内、父黒田源次のこと」（砂川雄一ほか）　砂川雄一　2006.12　p89-110

黒田　重太郎　くろだ・じゅうたろう〔1887—1970　洋画家・美術史家〕
◎参考文献（木邨かおり）　「黒田重太郎展—没後35年」（佐倉市立美術館ほか）　京都新聞社　2005　p192-194

黒田　直　くろだ・すなお〔1917—　法医学〕
○業績目録（北里洋）　「静岡大学地球科学研究報告　28」（静岡大）　2001.7　p3-7f

黒田　清輝　くろだ・せいき〔1866—1924　洋画家〕
◎文献目録　「黒田清輝展—近代日本洋画の巨匠」（文化財研究所東京文化財研究所）　東京文化財研究所　c2004　p166-175
◎年譜　「黒田清輝日記　4」（黒田清輝）　中央公論美術出版　2004.5　p1431-1442
◎参考文献　「異界の海—芳翠・清輝・天心における西洋　改訂版」（高階絵里加）　三好企画　2006.1　p289-303

黒谷上人　くろだにしょうにん
　⇒法然（ほうねん）を見よ

黒羽 英二　くろは・えいじ〔1931―　詩人・劇作家・小説家〕
　◎略歴　「月天心にありて―詩集」（黒羽英二）　玄葉社　2004.11　p86-87

黒羽 清隆　くろは・きよたか〔1934―1987　日本近代史・社会科教育〕
　◎著書一覧　「日米開戦・破局への道―黒羽清隆日本史料講読―『木戸幸一日記』（一九四〇年秋）を読む」（池ヶ谷真仁）　明石書店　2002.10　p392-393

黒丸 寛之　くろまる・かんじ〔1930―　仏教学〕
　○業績ほか　「駒沢大学仏教学部論集　31」（駒沢大）　2000.12　p13-16f

黒柳 徹子　くろやなぎ・てつこ〔1931―　女優〕
　◎年譜ほか　「トットちゃんの万華鏡―評伝黒柳徹子」（北川登園）　白水社　2005.9　p323-334

畔柳 二美　くろやなぎ・ふみ〔1912―1965　小説家〕
　◎年譜　「畔柳二美三篇」（竹内栄美子）　イー・ディー・アイ　2005.5　p92-96

桑沢 洋子　くわさわ・ようこ〔1910―1977　ファッション・デザイナー〕
　◎略年譜　「桑沢洋子とデザイン教育の軌跡」（沢良子）　桑沢学園　2005.5　p227-233
　◎文献資料抄録（深田万里子）　「桑沢洋子ふだん着のデザイナー展―建学の精神をたどる」　桑沢学園　2007.5　p122-129
　◎参考文献　「桑沢洋子とモダン・デザイン運動」（常見美紀子）　桑沢学園　2007.10　p263-267

桑田 繁　くわた・しげる
　◎業績一覧ほか　「福祉・心理の臨床場面における治療効果に関する研究」（桑田繁）　関西学院大学出版会　2003.4　p260-265

桑野 貢三　くわの・こうぞう
　◎著者・執筆記録　「冷凍機屋人生　続々々々（5集）」（桑野貢三）　ロッキー（印刷）　2002.4　p169-173

桑原 莞爾　くわはら・かんじ〔1937―　西洋史〕
　○業績目録ほか　「文学部論叢　78」（熊本大）　2003.3　p3-9

桑原 善作　くわばら・ぜんさく
　○著作メモほか（菅野俊之）　「福島図書館研究所通信　7」（福島図書館研究所）　2007.3　p5-8

桑原 公徳　くわばら・ただのり〔1927―2000　歴史地理学〕
　○業績目録ほか　「鷹陵史学　27」（鷹陵史学会）　2001.9　p15-30f

桑原 寿二　くわばら・としじ〔1908―2001　中国問題評論家〕
　◎著作リスト　「賢人が見つめた中国―桑原寿二論文集」（桑原寿二, 伊原吉之助）　産経新聞ニュースサービス　2002.7　p466-482

桑原 治雄　くわばら・はるお〔医師〕
　○業績目録ほか　「社会問題研究　50.2」（大阪府立大）　2001.3　p247-256

桑山 玉洲　くわやま・ぎょくしゅう〔1746―1799　南画家〕
　◎参考文献　「桑山玉洲―特別展」（近藤壮ほか）　和歌山市教育委員会　2006.7　p111」

桑山 正進　くわやま・しょうしん〔1938―　中央アジア・南アジア歴史考古学〕
　◎著述目録　「東方学報　京都 75」（京都大）　2003.3　p411-417

【 け 】

景行天皇　けいこうてんのう〔第12代天皇〕
　◎参考文献ほか　「景行天皇と巡る西海道歴史紀行―わが国の起源を求めて九州を歩こう」（榊原英夫）　海鳥社　2006.12　p373-375

継体天皇　けいたいてんのう〔?―531　第26代天皇〕
　◎参考文献　「謎の大王継体天皇」（水谷千秋）　文藝春秋　2001.9　p228」
　◎注　「継体天皇の実像」（白崎昭一郎）　雄山閣　2007.3　p145-148
　◎参考文献　「継体天皇と即位の謎」（大橋信弥）　吉川弘文館　2007.12　p193-199

慶徳 進　けいとく・すすむ〔1935―　〕
　○研究実績ほか（慶徳進）　「県立広島女子大学生活科学部紀要　7」（県立広島女子大）　2001　p1-6

慶谷 寿信　けいや・としのぶ〔1936―　中国語音韻史〕
　◎著述目録ほか　「人文学報　311」（東京都立大）　2000.3　p3-9

芸林 民夫　げいりん・たみお〔1933―　英語〕
　○著述等目録　「比較文化論叢　14」（札幌大）　2004.10　p21-24

源空　げんくう
　⇒法然（ほうねん）を見よ

玄月　げんげつ〔1965―　小説家〕
　◎年譜（玄月）　「〈在日〉文学全集　10」（磯貝治良ほか）　勉誠出版　2006.6　p428-430

源氏　げんじ
　◎参考文献　「源氏と坂東武士」（野口実）　吉川弘文館　2007.7　p192-194

源承　げんしょう
　◎参考文献　「源承和歌口伝注解」（源承和歌口伝研究会）　風間書房　2004.2　p419-430

玄仍　げんじょう
　◎略年譜　「連歌師紹巴―伝記と発句帳」（両角倉一）　新典社　2002.10　p70-76

源信　げんしん〔942―1017　天台宗の僧〕
　◎参考文献　「源信―往生極楽教行は濁世末代の目足」(小原仁)　ミネルヴァ書房　2006.3　p289-294
　◎参考文献　「源信とパウロ―『往生要集』と『書簡』における神秘主義の比較」(高見伊三男)　春風社　2007.10　p223-230

剣持　勇　けんもち・いさむ〔1912―1971　インテリア・デザイナー〕
　◎文献目録ほか　「ジャパニーズ・モダン―剣持勇とその世界」(松戸市教育委員会)　市文化振興財団　2004.9　p204-216
　◎文献目録　「ジャパニーズ・モダン―剣持勇とその世界」(森仁史)　国書刊行会　2005.4　p204-211

玄侑　宗久　げんゆう・そうきゅう〔1956―　僧侶・小説家〕
　◎年譜　「芥川賞全集　19」(玄侑宗久)　文藝春秋　2002.12　p398-399

建礼門院右京大夫　けんれいもんいんのうきょうのだいぶ〔歌人〕
　◎参考文献(辻勝美ほか)　「中世日記紀行文学全評釈集成　1」(辻勝美ほか)　勉誠出版　2004.12　p210-222

【　こ　】

高　史明　こ・さみょん〔1932―　小説家〕
　◎年譜(編集部)　「〈在日〉文学全集　11」(磯貝治良ほか)　勉誠出版　2006.6　p449-450

呉　天降　ご・てんこう〔1932―　経済政策〕
　○著作目録ほか　「商学論纂　44.6」(中央大)　2003.6　p371-374

顧　明耀　こ・めいよう〔1938―　中国語〕
　○略歴ほか　「広島女子大学国際文化学部紀要　12」(広島女子大)　2004.2　p1-4

呉　林俊　ご・りんしゅん
　⇒"オ・イムジュン"を見よ

小池　榮一　こいけ・えいいち
　○略歴ほか　「神奈川大学心理・教育研究論集　23」(神奈川大)　2004　p41-42

小池　一夫　こいけ・かずお〔1936―　漫画原作者〕
　◎作品リスト　「コミックを作った10人の男―巨星たちの春秋」(瀬戸龍哉ほか)　ワニブック　2002.5　p104-105

小池　和男　こいけ・かずお〔1932―　労働経済・労使関係〕
　◎引用文献　「知的熟練論批判―小池和男における理論と実証」(野村正實)　ミネルヴァ書房（Minerva人文・社会科学叢書　53)　2001.10　p283-288

小池　重喜　こいけ・しげき〔1942―　経済学〕
　○略歴ほか　「高崎経済大学論集　49.3・4」(高崎経済大)　2007.3　p215-218

小池　清治　こいけ・せいじ〔1941―　日本語学〕
　○業績　「外国文学　56」(宇都宮大)　2007　p2-5
　○業績ほか(北島滋)　「宇都宮大学国際学部研究論集　23」(宇都宮大)　2007.3　p2-5f

小池　辰雄　こいけ・たつお〔1904―1996　伝道師〕
　◎著作活動　「無者キリスト」　河出書房新社　2001.10　p407」

小池　長　こいけ・ちょう
　◎著書ほか(磯部孝子)　「児童文学論叢　7」(日本児童文学学会中部例会)　2001.10　p34-37

小池　毅　こいけ・つよし
　◎略年譜　「会津医魂―戊辰戦争と小池毅の生涯」(小池明)　歴史春秋出版　2001.2　p249-255

小池　英光　こいけ・ひでみつ
　○業績目録ほか　「アカデミア　人文・社会科学編　83」(南山大)　2006.6　3pf

小池　正博　こいけ・まさひろ
　◎略歴　「小池正博集」(小池正博)　邑書林　2005.7　p112-113

小泉　明　こいずみ・あきら〔1935―　会計学〕
　○著作目録　「中京商学論叢　52」(中京大)　2006.3　p7-8

小泉　一太郎　こいずみ・いちたろう
　○業績目録　「群馬大学教育学部紀要　人文・社会科学編　53」(群馬大)　2004　p465-467

小泉　勝雄　こいずみ・かつお〔1943―1998　彫刻家〕
　◎年譜　「小泉勝雄彫刻作品集　1943-1998」(小泉勝雄, 小泉勝雄彫刻作品集刊行委員会)　小泉勝雄彫刻作品集刊行委員会　2002.3　p125-130

小泉　喜美子　こいずみ・きみこ〔1934―1985　推理作家〕
　◎著作リスト　「太陽ぎらい」(小泉喜美子)　出版芸術社　2005.9　p249-252

小泉　三申　こいずみ・さんしん
　◎参考文献　「幸徳秋水と小泉三申―叛骨の友情譜」(鍋島高明)　高知新聞社　2007.9　p281-285

小泉　周二　こいずみ・しゅうじ〔1950―　詩人〕
　◎著書一覧ほか　「小泉周二詩集　現代児童文学詩人文庫9」(小泉周二)　いしずえ　2004.2　p2-3b

小泉　純一郎　こいずみ・じゅんいちろう〔1942―　政治家〕
　◎年譜ほか　「人間小泉純一郎　三代にわたる「変革」の血」(淺川博忠)　講談社　2001.5　p210-221
　◎参考文献　「小泉純一郎最後の賭け」(大下英治)　河出書房新社　2003.5　p448-452
　◎参考文献　「小泉政権―「パトスの首相」は何を変えたのか」(内山融)　中央公論新社　2007.4　p243-245

◎参考資料　「危機の政権―コイズミクラシーとヘイゾノミクス」(塩田潮)　東洋経済新報社　2007.10　p279-282

小泉 淳作　こいずみ・じゅんさく〔1924―　日本画家・陶芸家〕
◎年譜　「小泉淳作作品集」(小泉淳作)　講談社　2002.4　p193-195

小泉 信三　こいずみ・しんぞう〔1888―1966　経済〕
◎略年譜ほか　「青年小泉信三の日記　明治44・大正3年」(小泉信三)　慶應義塾大学出版会　2001.11　p575-579

小泉 武夫　こいずみ・たけお〔1943―　発酵化学・醸造学〕
◎著書一覧　「発酵は力なり―食と人類の知恵」(小泉武夫)　NHK出版　2004.5　p203-205

小泉 保　こいずみ・たもつ〔1926―　言語〕
◎業績ほか　「言外と言内の交流分野―小泉保博士傘寿記念論文集」(上田功ほか)　大学書林　2006.4　p5-23

小泉 苳三　こいずみ・とうぞう〔1894―1956　歌人・国文学者〕
◎略年譜(安森敏隆ほか)　「小泉苳三全歌集」(小泉苳三)　短歌新聞社　2004.4　p243-246
○年譜(上田博)　「論究日本文学　80」(立命館大)　2004.5　p1-8

小泉 智英　こいずみ・ともひで〔1944―　日本画家〕
◎文献ほか(浜中真治ほか)　「小泉智英展―静響の譜　川越の美術家たち」(川越市立美術館)　川越市立美術館　2004.4　p58-62

小泉 秀雄　こいずみ・ひでお〔1885―1945　植物学者〕
◎論文一覧　「大雪山の父・小泉秀雄―山と植物ひと筋に生き抜いた生涯」(清水敏一)　北海道出版企画センター　2004.11　p421-428

小泉 八雲　こいずみ・やくも
⇒《西洋人》ハーン, L.を見よ

小泉 芳子　こいずみ・よしこ
◎参考文献　「黄海道の涙―引き裂かれた母と娘の六十年」(山田寛)　中央公論新社　2007.7　p213-217

小磯 良平　こいそ・りょうへい〔1903―1983　洋画家〕
◎年譜　「絵になる姿―小磯良平画文集」(小磯良平)　求龍堂　2006.3　p140-143

小出 達夫　こいで・たつお
○研究業績ほか　「北海道大学大学院教育学研究科紀要　85」(北海道大)　2002.3　p281-287

小出 楢重　こいで・ならしげ〔1887―1931　洋画家〕
◎年譜・文献(河崎晃一, 山野英嗣)　「小出楢重画集」(小出楢重)　小出楢重画集刊行委員会　2002.11　p291-301,313-325
◎年譜　「油絵の新技法」(小出楢重)　中央公論美術出版　2004.5　p291-294

小出 詞子　こいで・ふみこ〔1921―2002　日本語教授法〕
○年譜　「小出記念日本語教育研究会論文集　10」(小出記念日本語教育研究会)　2002.3　p5-14

高 長虹　こう・ちょうこう
○年譜(南雲智)　「人文学報　331」(東京都立大)　2002.3　p107-126

耕 治人　こう・はると〔1906―1988　詩人・小説家〕
◎年譜ほか(福田信夫)　「そうかもしれない―耕治人命終三部作その他」(耕治人)　武蔵野書房　2006.11　p147-210

黄 福涛　こう・ふくとう
◎業績　「21世紀型高等教育システム構築と質的保証―FD・SD・教育班の報告」(広島大学高等教育研究開発センター)　広島大　2007.2　p321-328

郷 正文　ごう・まさぶみ〔1937―　作家〕
◎業績ほか　「立教大学経済研究　57.3」(立教大)　2004.1　p187-189

興教大師　こうきょうだいし
⇒覚鑁(かくばん)を見よ

光玄　こうげん〔別名=存覚　1290―1373　真宗の僧〕
◎文献　「存覺上人の歩船鈔訳註と校異」(松本巧晴)　自照社出版　2007.1　p192-193

郷古 潔　ごうこ・きよし〔1882―1961〕
◎年譜　「明鏡止水の人郷古潔」(菅原昭平)　菅原昭平　2006.5　p330-335

香西 茂　こうざい・しげる〔1929―　国際法〕
◎著作目録ほか(安藤仁介ほか)　「21世紀の国際機構―課題と展望」　東信堂　2004.5　p569-578

香坂 順一　こうさか・じゅんいち〔1915―2003　中国語学〕
◎著作目録ほか(大島吉郎)　「香坂順一先生追悼記念論文集」(香坂順一先生追悼記念論文集編集委員会)　光生館　2005.7　p309-337

高坂 鉄雄　こうさか・てつお
○業績ほか　「食品経済研究　30」(日本大)　2002.3　p142-147

高坂 正顕　こうさか・まさあき〔1900―1969　哲学者〕
◎略年譜　「京都哲学撰書　第25巻　歴史的世界」(長谷正当)　灯影舎　2002.10　p344-345
◎略年譜ほか(高坂史朗)　「歴史の意味とその行方」(高坂正顕)　こぶし書房　2002.10　p289-294

光宗　こうしゅう〔1276―1350　天台宗の学僧〕
◎略年譜　「『渓嵐拾葉集』の世界」(田中貴子)　名古屋大学出版会　2003.11　p271-273

高乗 勲　こうじょう・いさお〔?―1980〕
◎著述目録ほか(松田豊子)　「田安徳川家蔵書と高乗勲文庫―二つの典籍コレクション」(国文学研究資料館)　臨川書店　2003.3　p207-216

駒城 鎮一　こうじょう・しんいち〔1935―　法学〕
○著作目録ほか　「富大経済論集　46.3」(富山大)　2001.3　4pb

神代 尚志　こうじろ・なおし
　○略歴　「姫路獨協大学外国語学部紀要　18」（姫路獨協大）　2005.3　p357-359

高祖 保　こうそ・たもつ〔1910—1945　詩人〕
　○著作年譜（佐々木靖章）　「文献探索 2006」（文献探索研究会）　2006.11　p61-72

幸田 文　こうだ・あや〔1904—1990　小説家〕
　◎略年譜（金井景子）　「ふるさと隅田川」（幸田文）　講談社　2001.1　p215-219
　◎年譜ほか　「回転どあ　東京と大阪と」（幸田文）　講談社　2001.2　p258-275
　◎略年表　「幸田文」（由里幸子）　新典社　2003.9　p201-204
　◎年譜ほか（藤本寿彦）　「さざなみの日記」（幸田文）　講談社　2007.4　p180-197
　◎略年譜ほか　「幸田文」（岸睦子）　勉誠出版　2007.10　p259-278
　◎年譜　「幸田文—1904-1990」（幸田文）　筑摩書房　2007.11　p469-476
　◎年譜ほか（藤本寿彦）　「黒い裾」（幸田文）　講談社　2007.12　p203-220

幸田 延　こうだ・のぶ〔1870—1946　音楽家〕
　◎参考文献　「幸田姉妹—洋楽黎明期を支えた幸田延と安藤幸」（萩谷由喜子）　ショパン　2003.7　p285-284

幸田 露伴　こうだ・ろはん〔1867—1947　作家〕
　◎年譜　「幸田露伴と明治の東京」（松本哉）　PHP研究所　2004.1　p260-266

高台院　こうだいいん〔名=ねね　通称=北政所　1548—1624〕
　◎参考文献　「北政所おね—大坂の事は、ことの葉もなし」（田端泰子）　ミネルヴァ書房　2007.8　p249-253

河内 宏　こうち・ひろし〔1946—　民法〕
　○著作目録　「法政研究　72.3」（九州大）　2005.12　p1-8b

幸徳 秋水　こうとく・しゅうすい〔1871—1911　社会主義者〕
　○参考文献　「幸徳秋水と小泉三申—叛骨の友情譜」（鍋島高明）　高知新聞社　2007.9　p281-285

幸徳 幸衛　こうとく・ゆきえ〔1890—1933　洋画家〕
　◎年譜（鍵岡正謹）　「眼のない自画像—画家幸徳幸衛の生涯」（木村林吉）　三好企画　2001.4　p167-173

河野 稠果　こうの・しげみ〔1930—　人口学〕
　○略歴ほか（佐藤政則）　「Reitaku international journal of economic studies 14.1」（麗澤大）　2006.3　p161-169

河野 昭三　こうの・しょうぞう〔1948—　アメリカ制度学派・商学〕
　○著作目録ほか　「研究年報経済学　68.4」（東北大）　2007.3　p743-746

河野 大機　こうの・だいき〔1942—　経営学〕
　○著作目録ほか　「研究年報経済学　67.4」（東北大）　2006.3　p473-477

河野 多恵子　こうの・たえこ〔1926—　小説家〕
　◎参考文献（増田周子）　「河野多恵子文芸事典・書誌」（浦西和彦）　和泉書院　2003.3　p623-653

河野 仁昭　こうの・ひとあき〔1929—　詩人・エッセイスト〕
　◎関連本　「京都の明治文学—伝統の継承と変革」（河野仁昭）　白川書院　2007.1　p276-277

河野 兵市　こうの・ひょういち〔1958—2001　冒険家〕
　◎略年譜　「絆—河野兵市の終わらない旅と夢」（河野順子）　河出書房新社　2002.5　p220-222

河野 護　こうの・まもる
　○業績ほか　「教養論集　19」（成城大）　2005.3　p139-145

河野 元昭　こうの・もとあき〔1943—　美術史家〕
　◎著作目録　「美術史家、大いに笑う—河野元昭先生のための日本美術史論集」（編集委員会）　ブリュッケ　2006.4　p527-544

河野 保雄　こうの・やすお〔1936—　音楽評論家・美術品収集家〕
　◎著書リスト（菅野俊之）　「文献探索　2005」（文献探索研究会）　2006.5　p68-72
　◎著書一覧（菅野俊之）　「さようなら百点美術館」　百点美術館　2006.6　p72-81

孝橋 正一　こうはし・しょういち〔1912—　社会事業〕
　◎著作目録ほか　「日本の社会福祉学—岡村重夫とその批判者たち」（松本英孝）　三学出版　2002.9　p144-151

弘法大師　こうぼうだいし
　⇒空海（くうかい）を見よ

好村 富士彦　こうむら・ふじひこ
　◎年譜ほか　「考えるとは乗り越えることである—好村富士彦遺稿・追悼集」（好村富士彦遺稿・追悼集刊行委員会）　三元社　2003.9　p600-602,606

孝明天皇　こうめいてんのう〔1831—1866　第121代天皇〕
　◎参考文献　「孝明天皇と「一会桑」—幕末・維新の新視点」（家近良樹）　文藝春秋　2002.1　p226-228
　◎参考文献　「幕末の朝廷—若き孝明帝と鷹司関白」（家近良樹）　中央公論新社　2007.10　p319-323

高山 岩男　こうやま・いわお〔1905—1993　哲学〕
　◎略年譜　「世界史の哲学」（高山岩男）　こぶし書房（こぶし文庫　29）　2001.5　p496-502
　◎略年譜　「京都哲学撰書　15　文化類型学・呼応の原理」（高山岩男）　灯影舎　2001.7　p422-425
　◎略年譜　「京都哲学撰書　第20巻　超近代の哲学」（花沢秀文）　灯影舎　2002.2　p429-432

古浦 敏生　こうら・としお
　◎主要著作等目録ほか　「言語学論集—古浦敏生先生御退官記念」（古浦敏生先生御退官記念論文集編集委員会）　渓水社　2002.3　p5-16f

高良 とみ　こうら・とみ〔1896—1993　心理〕
　◎著作目録　「高良とみの生と著作　8」（秋山恭子）ドメス出版　2002.4　p24-117
　◎略年譜　「世界的にのびやかに―高良とみの行動的生涯―写真集」（高良留美子）ドメス出版　2003.9　p120-123

高力 猿猴庵　こうりき・えんこうあん〔1756—1831　画家〕
　○年譜ほか　「名古屋市博物館研究紀要　24」（名古屋市博物館）　2002.3　p41-70

肥塚 隆　こえづか・たかし〔1941—　美術史〕
　○業績ほか　「大阪大学大学院文学研究科紀要　46」（大阪大）　2006.3　p92-93

郡 定也　こおり・さだや
　○主要業績ほか　「文化学年報　52」（同志社大）　2003.3　3pf

郡 荘一郎　こおり・そういちろう〔1931—　米国経済〕
　○業績ほか（石橋重雄）　「政治・経済・法律研究　5.1」（拓殖大）　2002.9　p3-5

古賀 昭典　こが・あきのり〔1928—　社会保障〕
　○業績目録　「社会関係研究　9.2」（熊本学園大）　2003.3　p255-259

古賀 公治　こが・きみはる〔1937—　財務管理・証券市場〕
　○業績目録ほか　「佐賀大学経済論集　34.5」（佐賀大）　2002.3　4pb

古賀 謹一郎　こが・きんいちろう〔1816—1884　幕臣・学者〕
　◎参考文献　「古賀謹一郎―万民の為、有益の芸事御開」（小野寺龍太）ミネルヴァ書房　2006.5　p295-298

古賀 十二郎　こが・じゅうじろう〔1879—1954　郷土史家〕
　◎年表　「外来語集覧」（古賀十二郎）長崎外来語集覧刊行期成会　2000.10　p1162-1163
　○業績ほか　「古賀十二郎―長崎学の確立にささげた生涯」（中嶋幹起）長崎文献社　2007.10　p339-361

古賀 節子　こが・せつこ〔1932—　図書館情報学〕
　◎「古賀節子先生略歴・業績一覧」（古賀節子先生の新たなる門出を祝う会）祝う会　2000.4　15p B5

古賀 武陽　こが・たけはる〔1939—　経済ジャーナリスト〕
　○著作目録ほか　「山口経済学雑誌　51.3」（山口大学経済学会）　2003.3　p499-501

古賀 春江　こが・はるえ〔1895—1933　洋画家・詩人〕
　◎参考文献　「古賀春江・都市モダニズムの幻想」（速水豊）本の友社（コレクション・日本シュールレアリスム　9）　2000.6　p307-331
　◎年譜　「写実と空想」（古賀春江）中央公論美術出版　2004.5　p340-350

古賀 秀男　こが・ひでお〔1933—　イギリス近代史〕
　○著作目録ほか　「史窓　63」（京都女子大）　2006.2　p127-132

古賀 政男　こが・まさお〔1904—1978　作曲家〕
　◎年譜　「自伝わが心の歌　新装増補」（古賀政男）展望社　2001.4　p284-287
　◎参考文献　「評伝古賀政男―青春よ永遠に」（菊池清麿）アテネ書房　2004.7　p318」

古賀 允洋　こが・よしひろ〔1938—　ドイツ語学〕
　○著作目録ほか　「文学部論叢　83」（熊本大）　2004.3　p3-7

小海 永二　こかい・えいじ〔1931—　詩・仏文〕
　◎著作記録　「詩・文学と国語教育―小海永二」（小海永二ほか）丸善　2007.10　p513-518

小苅米 清弘　こかりまい・きよひろ〔1934—　経済学〕
　○略歴ほか　「経済論集　30.3」（東洋大）　2005.3　p127-129

粉川 昭平　こかわ・しょうへい〔1927—2001　古生物学〕
　○著作論文目録ほか（辻誠一郎, 塚腰実, 南木睦彦）「植生史研究　11.1」（日本植生史学会）　2002.11　p17-24

小菊 喜一郎　こぎく・きいちろう〔1927—　経済政策論〕
　○略歴　「青山国際政経論集　60」（青山学院大）　2003.5　p5-8

小木曽 基弌　こぎそ・もとかず
　○論文ほか　「情報文化研究　17」（名古屋大）　2003.3　p7-9f

五喜田 正巳　ごきた・まさみ〔1927—　歌人・詩人〕
　◎年譜　「五喜田正巳詩集」（五喜田正巳）土曜美術社出版販売　2006.10　p175-178

国司 仙吉　こくし・せんきち
　◎参考文献　「国司仙吉の生涯　明治に生きた地方政治家」（小山須磨子）サンルーム　2000.9　p214-217

黒正 巌　こくしょう・いわお〔1895—1949　歴史学者〕
　◎年譜ほか　「社会経済史学の誕生と黒正巌」（山田達夫, 徳永光俊）思文閣出版（大阪経済大学日本経済史研究所研究叢書　第11冊）　2001.3　p183-195
　◎著書・論文目録ほか　「黒正巌著作集　第7巻　農史の研究」（黒正巌, 黒正巌著作集編集委員会）大阪経済大学日本経済史研究所　2002.9　p345-360

國府 剛　こくぶ・たけし
　○著作目録ほか　「関西大学法学会誌　51」（関西大）　2006　p103-125

国分 直一　こくぶ・なおいち〔1908—2005　考古・民族〕
　◎略年譜（平川敬治）　「遠い空―国分直一, 人と学問」（安渓遊地ほか）海鳥社　2006.3　p299-307

小暮 得雄　こぐれ・とくお〔1932―　刑法〕
　○著作目録ほか　「平成法政研究 8.2.15」（平成国際大）　2004.3　p133-144
　◎著作目録ほか　「罪と罰・非情にして人間的なるもの―小暮得雄先生古稀記念論文集」（吉田敏雄ほか）　信山社出版　2005.8　p1-10b

小暮 政次　こぐれ・まさじ〔1908―2001　歌人〕
　◎年譜（大河原マス美）　「小暮政次全歌集」（小暮政次）　短歌新聞社　2003.2　p930-939

古溪 宗陳　こけい・そうちん〔1532―1597　臨済宗の僧〕
　◎参考文献　「古溪宗陳―千利休参禅の師、その生涯」（竹貫元勝）　淡交社　2006.3　p296-297

古結 昭和　こけつ・あきかず〔1942―　〕
　○業績ほか　「高知論叢 85」（高知大）　2006.3　p301-305

古今亭 志ん生　ここんてい・しんしょう〔1890―1973　落語家〕
　○年譜（小島貞二）　「びんぼう自慢」（古今亭志ん生）　筑摩書房　2005.1　p321-341

古在 由重　こざい・よししげ〔1901―1990　哲学〕
　◎年譜ほか　「暗き時代の抵抗者たち―対談古在由重・丸山眞男」（太田哲男）　同時代社　2001.1　p249-259
　◎年譜（吉田傑俊）　「古在由重の哲学」（古在由重）　こぶし書房　2006.9　p334-338

小坂 奇石　こさか・きせき〔1901―1991　書家〕
　◎略年譜　「小坂奇石作品集―福島県収蔵 2」　小坂淳子　2003.1　p176-177

小坂 機融　こさか・きゆう
　○略歴ほか　「駒澤大学仏教学部論集 35」（駒沢大）　2004.10　p1-5f

小坂 多喜子　こさか・たきこ
　◎年譜ほか　「夢前川―小坂多喜子現つを生きて」（堀江朋子）　図書新聞　2007.12　p260-270

小櫻 義明　こざくら・よしあき
　○著作目録ほか　「静岡大学経済研究 11.4」（静岡大）　2007.2　p577-581

小澤 基弘　こざわ・もとひろ
　◎著作業績一覧ほか　「実現への制作学―作品と理論の相関から」（小澤基弘）　三元社　2001.5　p280-287

古志 太郎　こし・たろう〔1902―1982　小説家〕
　○本（矢部登）　「文献探索 2001」（文献探索研究会）　2002.7　p459-463

古軸 隆介　こじく・りゅうすけ〔1935―2006　民法〕
　○研究目録ほか　「成蹊法学 53」（成蹊大）　2001.3　p3-6

小侍従　こじじゅう〔平安時代後期　歌人〕
　◎文献　「小侍従全歌注釈」（小田剛）　和泉書院　2004.6　p666-669
　◎引用参考文献ほか　「小侍従集全釈」（目加田さくを）　新典社　2005.12　p406-424

越野 立夫　こしの・たつお〔1939―　産婦人科学〕
　○経歴ほか　「日本医科大学医学会雑誌 1.2」（日本医科大）　2005.4　p60-67

小柴 昌俊　こしば・まさとし〔1926―　物理学者〕
　◎文献　「物理屋になりたかったんだよ―ノーベル物理学賞への軌跡」（小柴昌俊）　朝日新聞社　2002.12　p183-184

腰原 哲朗　こしはら・てつろう〔詩人・文芸評論家〕
　◎年譜　「腰原哲朗詩集」（腰原哲朗）　土曜美術社　2004.6　p151-158

腰原 久雄　こしはら・ひさお〔1939―　経済統計学〕
　○業績　「エコノミア 54.1」（横浜国立大）　2003.5　1pb

小島 烏水　こじま・うすい〔1873―1948　登山家・浮世絵研究〕
　◎略年譜ほか　「小島烏水西洋版画コレクション」（沼田英子）　有隣堂　2003.6　p159-165
　◎略年譜ほか　「小島烏水版画コレクション―山と文学、そして美術」（横浜美術館）　大修館書店　2007.1　p203-205ほか

児島 和人　こじま・かずと〔1933―　社会学・社会心理学〕
　○業績ほか　「専修人文論集 72」（専修大）　2003.3　5pf

児島 惟謙　こじま・これかた〔1837―1908　司法官〕
　○参考文献　「児島惟謙大津事件手記」（山川雄巳）　関西大学出版部　2003.5　p327-336

児島 新　こじま・しん〔1929―1983　音楽〕
　◎主要論文一覧　「ベートーヴェン研究　新装」（児島新）　春秋社　2005.3　p310-311

小島 孝之　こじま・たかゆき〔1943―　国文学〕
　○著作目録　「説話の界域」（小島孝之）　笠間書院　2006.7　p517-523

小島 武司　こじま・たけし〔1936―　民事訴訟法・裁判法〕
　○著作目録ほか　「法学新報 113.9・10」（中央大）　2007.5　p593-648

児島 虎次郎　こじま・とらじろう〔1881―1929　洋画家〕
　◎参考文献　「児島虎次郎研究」（松岡智子）　中央公論美術出版　2004.11　p413-427

小島 信夫　こじま・のぶお〔1915―2006　小説家〕
　○年譜・著書目録（岡田啓ほか）　「うるわしき日々」（小島信夫）　講談社　2001.2　p392-409
　○書誌抄　「水声通信 2」（水声社）　2005.12　p136-137
　◎年譜ほか（編集部）　「月光・暮坂―小島信夫後期作品集」（小島信夫）　講談社　2006.10　p364-388
　◎年譜ほか（柿谷浩一）　「墓碑銘」（小島信夫）　講談社　2007.9　p336-372

児島 襄　こじま・のぼる〔1927―2001　戦史研究家・作家〕
◎「専修大学図書館所蔵児島襄文庫目録」（専修大学図書館）　専修大図書館　2006.3　9,689p　A4

小島 憲之　こじま・のりゆき〔1913―1998　国文〕
○述作目録　「国風暗黒時代の文学　補篇」（小島憲之）　塙書房　2002.2　p519-549

小嶋 秀夫　こじま・ひでお〔1937―　発達心理学〕
○著作目録　「人間文化研究　19」（京都学園大）　2007.3　p6-26

小島 満　こじま・みつる
○著作目録ほか　「富大経済論集　52.3」（富山大）　2007.3　p677-679

小島 康裕　こじま・やすひろ〔1935―　商法・経済法〕
○著作目録ほか　「法政理論　33.4」（新潟大）　2001.3　p3-15

小嶋 悠司　こじま・ゆうじ〔1944―　日本画家〕
◎年譜ほか　「小嶋悠司の創造展―時代と人間への凝視」（練馬区立美術館, 野地耕一郎）　練馬区立美術館　2001.4　p101-107

小島 淑男　こじま・よしお〔1935―　中国近現代史〕
○業績ほか　「経済集志　75.4」（日本大）　2006.1　p3-8f

小島 禄琅　こじま・ろくろう〔1917―　詩人・児童文学作家〕
◎年譜　「小島禄琅詩集」（小島禄琅）　土曜美術社出版販売　2002.9　p155-160

小清水 漸　こしみず・すすむ〔1944―　彫刻家〕
◎参考文献　「小清水漸―木の石の水の色」（久万美術館）　創風社出版　2005.10　p124-131

後白河院　ごしらかわいん〔1127―1192　第77代天皇〕
◎参考文献　「天狗はうたう　後白河院の癒しの生涯」（藤原成一）　法蔵館　2001.3　p236-237

小杉 商一　こすぎ・しょういち〔1935―　国語学〕
○業績ほか（小杉商一）　「拓殖大学語学研究　111」（拓殖大）　2006.3　p1-6f

小杉 武久　こすぎ・たけひさ〔1938―　作曲家〕
◎参考文献　「Waves―小杉武久サウンドインスタレーション」（神奈川県立近代美術館）　神奈川県立近代美術館　2002　p26-27

小杉 雅之進　こすぎ・まさのしん
◎参考文献　「咸臨丸還る　蒸気方小杉雅之進の軌跡」（橋本進）　中央公論新社　2001.2　p369-373

後崇光院　ごすこういん〔1372―1456　親王〕
◎年表　「室町時代の一皇族の生涯―「看聞日記」の世界」（横井清）　講談社　2002.11　p398-410

御勢 久右衛門　ごせ・きゅうえもん〔1926―2006　生態学〕
○研究業績ほか　「奈良産業大学紀要　17」（奈良産大）　2001.12　p149-153

小関 煕純　こせき・きよし
○業績目録ほか　「群馬大学教育学部紀要　自然科学編　50」（群馬大）　2002　p171-176

古関 裕而　こせき・ゆうじ〔1909―1989　作曲家〕
◎作品リスト　「日本映画音楽の巨星たち　1　早坂文雄佐藤勝武満徹古関裕而」（小林淳）　ワイズ出版　2001.5　p1-26b

古瀬村 邦夫　こせむら・くにお〔1928―2002　民事法〕
○略歴ほか　「近畿大学法学　51.3・4」（近畿大）　2004.3　p309-317

後醍醐天皇　ごだいごてんのう〔1288―1339　第96代天皇〕
◎参考文献（堀祥岳）　「後醍醐天皇のすべて」（佐藤和彦ほか）　新人物往来社　2004.9　p249-273

小高 剛　こたか・つよし〔1935―　公法〕
◎著作目録ほか　「現代の行政紛争―小高剛先生古稀祝賀」（寺田友子ほか）　成文堂　2004.12　p559-570
○著作目録ほか　「名城法学　57.1・2」（名城大）　2007　p497-505

小鷹 信光　こだか・のぶみつ〔1936―　翻訳家・作家〕
◎著作リスト　「私のハードボイルド―固茹で玉子の戦後史」（小鷹信光）　早川書房　2006.11　p472-463

木谷 恭介　こたに・きょうすけ〔1927―　小説家〕
◎著作リスト　「九州太宰府殺人事件」（木谷恭介）　角川春樹事務所　2001.4　p289-296

小谷 宏三　こたに・こうぞう〔1932―　行政法・地方自治法〕
○著作目録ほか　「人間科学研究　29」（文教大）　2007.12　p137-140

小谷 汪之　こたに・ひろゆき〔1942―　インド中世・近代史〕
○業績目録ほか　「人文学報　357」（東京都立大）　2005.3　p1-6f

小谷 正一　こたに・まさかず〔1912―1992　イベントプロデューサー〕
◎参考文献　「「エンタメ」の夜明け―ディズニーランドが日本に来た!」（馬場康夫）　講談社　2007.1　p228-229

児玉 花外　こだま・かがい〔1874―1943　詩人〕
◎年譜ほか　「不遇の放浪詩人―児玉花外・明治期社会主義の魁」（太田雅夫）　文芸社　2007.8　p176-188

児玉 源太郎　こだま・げんたろう〔1852―1906　陸軍軍人・政治家〕
◎参考引用文献　「児玉源太郎―日露戦争における陸軍の頭脳」（神川武利）　PHP研究所　2004.8　1pb

児玉 幸多　こだま・こうた〔1909—2007　日本交通史・農村史〕
　○編著書　「日本歴史　715」（吉川弘文館）　2007.12　p58」

児玉 隆也　こだま・たかや〔1937—1975　ジャーナリスト〕
　◎年譜ほか　「無念は力―伝説のルポライター児玉隆也の38年」（坂上遼）　情報センター出版局　2003.11　p375-415

児玉 德美　こだま・とくみ〔1935—　英語・言語学〕
　○略歴ほか　「立命館文學　568」（立命館大）　2001.3　p9-16f

児玉 昇　こだま・のぼる〔1937—　中東研究〕
　○略歴ほか　「龍谷大学社会学部紀要　28」（龍谷大）　2006　p63-64

兒玉 正憲　こだま・まさのり
　○著作目録ほか　「経済科学研究　10.1」（広島修道大）　2006.9　20pb

児玉 幹夫　こだま・みきお〔1931—　社会学史〕
　○業績リストほか　「関東学院大学文学部紀要　97」（関東学院大）　2002　p221-227

児玉 誉士夫　こだま・よしお〔1911—1984　右翼運動家〕
　◎参考文献ほか　「ダイヤモンド「腐蝕の連鎖」―政・官・業が集う「日本の密室」」（立石勝規）講談社　2007.5　p244-247

小寺 武久　こてら・たけひさ〔1933—2006　建築史〕
　○業績（溝口正人）　「建築史学　47」（建築史学会）　2006.9　p146-154

小寺山 亘　こてらやま・わたる〔1943—　海洋工学〕
　○論文リストほか　「九州大学応用力学研究所所報　133」（九州大）　2007.9　p1-18

後藤 昭雄　ごとう・あきお〔1943—　中古文学〕
　○論文目録ほか　「語文　84・85」（大阪大）　2006.2　p140-153
　○業績ほか　「大阪大学大学院文学研究科紀要　47」（大阪大）　2007.3　p236-237

後藤 明　ごとう・あきら〔1941—　アラブ史・西アジア史〕
　○主要著作目録ほか　「東洋文化研究所紀要　142」（東京大）　2003.3　p1-10b

後藤 勇　ごとう・いさむ
　○業績目録ほか　「神奈川法学　35.3」（神奈川大）　2002　p285-296

後藤 和民　ごとう・かずひと〔1932—　考古学・縄文土器〕
　◎年譜（後藤和民）　「フィールドの学―考古地域史と博物館」（後藤和民教授頌寿記念論文集編集委員会）　白鳥舎　2002.3　p457-466

後藤 紀一　ごとう・きいち〔1943—　私法学〕
　○業績ほか　「広島法科大学院論集　3」（広島大）　2007.3　p5-18

湖東 京至　ことう・きょうじ〔1937—　税理士〕
　○著作目録　「静岡大学法経研究　5.3・4」（静岡大）　2001.3　p692-697

後藤 啓一　ごとう・けいいち〔1930—　産業心理学〕
　○著作目録ほか　「北海学園大学経済論集　49.4」（北海学園大）　2002.3　p269-273

後藤 貞夫　ごとう・さだお
　◎研究業績ほか　「会長後藤貞夫先生を偲ぶ」（濱崎賢太郎ほか）　関西国文談話会　2000.5　p176-177

後藤 寿庵　ごとう・じゅあん〔福原領主〕
　◎参考文献　「後藤寿庵―幻の奥州キリシタン武士」（安久澤連）　鳥影社　2004.9　p325-326

後藤 昭八郎　ごとう・しょうはちろう〔1933—　経済政策論〕
　○研究業績ほか　「政経論叢　71.3.4」（明治大）　2003.2　p571-578

後藤 新平　ごとう・しんぺい〔1857—1929　政治家・伯爵〕
　◎書誌　「後藤新平　背骨のある国際人」（拓殖大学）　拓殖大学　2001.4　p232-245
　○著作年譜（保坂敦子）　「拓殖大学百年史研究　13」（拓殖大）　2003.12　p7-14b
　○著作年譜ほか　「学統に関わる書誌　1」（拓殖大学創立百年史編纂室）　拓殖大　2004.7　p3-16,49-66
　◎参考文献ほか　「後藤新平伝―未来を見つめて生きた明治人」（星亮一）　平凡社　2005.6　p371-376
　◎参考文献　「後藤新平日本の羅針盤となった男」（山岡淳一郎）　草思社　2007.3　p379-383
　◎文献目録　「後藤新平をめぐる権力構造の研究」（駒場裕司）　南窓社　2007.6　p347-390
　◎全著作ほか（春山明哲）　「後藤新平大全　正伝後藤新平別巻」（御厨貴）　藤原書店　2007.6　p140-178
　◎略年譜　「日本の近代をデザインした先駆者―生誕150周年記念後藤新平展図録」（東京市政調査会）　東京市政調査会　2007.7　p151-157
　○著作目録　「都市問題　98.9増刊」（東京市政調査会）　2007.8　p140-143
　◎年譜　「経世家・後藤新平―その生涯と業績を語る」　東京市政調査会　2007.11　p114-118

後藤 瑞巌　ごとう・ずいがん〔1879—1965　僧侶〕
　◎参考文献ほか　「蔭凉軒後藤瑞巌老師事蹟」（島崎義孝）　ふくろう出版　2005.11　p238-242

後藤 純男　ごとう・すみお〔1930—　日本画家〕
　◎参考文献ほか　「後藤純男展」（北海道立近代美術館）　北海道放送　c2002　p98-125

後藤 総一郎　ごとう・そういちろう〔1933—2003　日本政治思想史〕
　○略年譜ほか　「伊那民俗研究　特別号」（伊那民俗学研究所）　2003.6　p125-133
　◎著作年譜（飯沢文夫）　「常民史学への視座―後藤総一郎人と思想」（後藤総一郎先生追悼集刊行会）　追悼集刊行会　2004.1　p493-518

後藤 暢　ごとう・とおる〔1934—　図書館学〕
　○業績　「専修人文論集　74」（専修大）　2004.3　3pf

　○関係書誌（飯澤文夫）　「図書の譜8」（明治大）　2004.3　p198-205

後藤 延子　ごとう・のぶこ〔1940—　中国近・現代哲学〕
　○業績一覧　「人文科学論集　人間情報学科編　40」（信州大）　2006.3　p155-157

後藤 弘　ごとう・ひろし〔1936—　英米文学〕
　○業績目録ほか　「札幌学院大学人文学会紀要　76」（札幌学院大）　2004.12　p73-77

五島 昌明　ごとう・まさあき
　○業績　「松山大学論集　18.4」（松山大）　2006.10　p242-243

後藤 實　ごとう・みのる
　◎執筆目録　「本のことなど」（後藤實）　後藤實　2005.12　p171-179

後藤 明生　ごとう・めいせい〔1932—　小説家〕
　◎略年譜ほか（乾口達司）　「日本近代文学との戦い―後藤明生遺稿集」（後藤明生）　柳原出版　2004.4　p297-316

後藤田 正晴　ごとうだ・まさはる〔1914—2005　政治家〕
　◎参考文献　「後藤田正晴の遺訓―国と国民を思い続けた官房長官」（津守滋）　ランダムハウス講談社　2007.2　p214-215
　◎略歴ほか　「私の後藤田正晴」（『私の後藤田正晴』編纂委員会）　講談社　2007.9　p384-388

後鳥羽上皇　ごとばじょうこう〔1180—1239　第82代天皇〕
　○年譜（岡野弘彦）　「後鳥羽院　2版」（丸谷才一）　筑摩書房　2004.12　p381-412

小西 国友　こにし・くにとも〔1938—　労働法〕
　○業績目録　「立教法学　65」（立教大）　2004.3　p5-20f

小西 重直　こにし・しげなお〔1875—1948　教育学者〕
　◎註　「近代日本の教育学―谷本富と小西重直の教育思想」（稲葉宏雄）　世界思想社　2004.2　prr

小西 唯雄　こにし・ただお〔1931—　産業組織論〕
　○業績ほか　「大阪学院大学経済論集　21.2」（大阪学院大）　2007.12　2pb

小西 友七　こにし・ともしち〔1917—2006　英語学〕
　○業績ほか　「英語教育　55.11」（大修館書店）　2006.12　p83-85

小西 政継　こにし・まさつぐ〔1938—1996　登山家〕
　◎参考文献　「激しすぎる夢―「鉄の男」と呼ばれた登山家・小西政継の生涯」（長尾三郎）　山と渓谷社　2001.8　p444-445

小西 正捷　こにし・まさとし〔1938—　文化人類学・南アジア文化史〕
　○略歴ほか　「史苑　65.2」（立教大）　2005.3　p181-184

小西 康生　こにし・やすお〔1944—　経営情報システム〕
　○著作目録ほか　「経済経営研究　年報　57」（神戸大）　2007　p13-17b

小西 行長　こにし・ゆきなが〔?—1600　武将〕
　◎文献　「アゴスチイノ小西摂津守行長回想帖―十六世紀の自由人」（園田信行）　小西清平　2003.7　p436-442
　◎出典一覧　「小西行長伝」（木村紀八郎）　鳥影社　2005.11　p572-582

小西 嘉幸　こにし・よしゆき〔1943—　フランス文学〕
　○著作目録ほか　「人文研究　57」（大阪市立大）　2006.3　p19-21

小西 来山　こにし・らいざん〔1654—1716　俳人〕
　○参考文献ほか（水上博子）　「来山百句」（来山を読む会）　和泉書院　2005.7　p192-197

小沼 進一　こぬま・しんいち〔1939—2003　フランス法〕
　○主要著作目録　「青山法学論集　45.3」（青山学院大）　2003　p239-242

小沼 大八　こぬま・だいはち
　○研究業績抄ほか（今泉元司ほか）　「愛媛大学法文学部論集　人文学科編　14」（愛媛大）　2003　p1-6b

近衛 篤麿　このえ・あつまろ〔1863—1904　政治家・公爵〕
　◎年譜　「近衛篤麿―その明治国家観とアジア観」（山本茂樹）　ミネルヴァ書房（Minerva日本史ライブラリー　10）　2001.4　p301-308

近衛 家熙　このえ・いえひろ〔1667—1736　公卿〕
　◎文献案内ほか（今橋理子ほか）　「花木真寫―植物画の至宝」（源豊宗ほか）　淡交社　2005.12　p183-185

近衛 秀麿　このえ・ひでまろ〔1898—1973　指揮者・作曲家〕
　◎参考文献　「近衛秀麿―日本のオーケストラをつくった男」（大野芳）　講談社　2006.5　p408-410

近衛 文麿　このえ・ふみまろ〔1891—1945　政治家〕
　◎参考文献　「われ巣鴨に出頭せず―近衛文麿と天皇」（工藤美代子）　日本経済新聞社　2006.7　p431-435

小早川 欣吾　こばやかわ・きんご〔1900—1944　日本法制史〕
　◎「栗生武夫先生・小早川欣吾先生・戴炎輝博士略年譜・著作目録　新版」（吉原丈司）　都筑印書館　2003.9　110,12p　B5
　◎略年譜ほか　「栗生武夫先生・小早川欣吾先生・戴炎輝博士・小林宏先生・山崎丹照先生略年譜・著作目録」（吉原丈司）〔吉原丈司〕　2007.1　p37-60

小早川 捷子　こばやかわ・しょうこ〔1941―　現代フランス文学〕
　○業績ほか　「大阪大谷大学英語英文学研究　34」（大阪大谷大）　2007.3　p205-206

小早川 義則　こばやかわ・よしのり〔1939―　刑事訴訟法学〕
　○著作目録ほか　「名城法学　52.2・3」（名城大）　2003　p333-343

小林 昭　こばやし・あきら〔1942―2003　経済学〕
　○研究業績ほか　「金沢大学経済学部論集　24.1」（金沢大）　2003.11　p347-350

小林 勇　こばやし・いさむ〔1903―1981　出版人〕
　◎略年譜　「絵筆をもって―冬青小林勇画文集」（小林勇）　求龍堂　2003.11　p124-125

小林 一三　こばやし・いちぞう〔1873―1957　実業家〕
　○書誌（石塚恵理子）　「文献探索　2001」（文献探索研究会）　2002.7　p507-516

小林 一茶　こばやし・いっさ〔1763―1827　俳人〕
　◎参考文献　「一茶を訪ねて――一茶と善光寺」（千曲山人）　文芸書房（道標叢書）　2001.8　p357-358
　◎略年譜　「一茶―その生涯と文学」（小林計一郎）　信濃毎日新聞社　2002.10　p375-393
　◎略年譜　「一茶生きもの句帖―写真句行」（高橋順子）　小学館　2002.12　p220-221
　◎年譜　「一茶と句碑」（『一茶と句碑』刊行会）　里文出版　2003.4　p258-261
　◎年譜　「小林一茶―人と文学」（矢羽勝幸）　勉誠出版　2004.10　p223-248
　◎参考文献　「俳諧教師小林一茶の研究」（渡邊弘）　東洋館出版社　2006.8　p577-590

小林 一俊　こばやし・かずとし〔1933―　民法〕
　○業績目録　「亜細亜法学　38.2」（亜細亜大）　2004.2　p155-164
　◎経歴・業績一覧　「財産法諸問題の考察―小林一俊博士古稀記念論集」（小林一俊博士古稀記念論集編集委員会ほか）　酒井書店　2004.3　p469-479

小林 一博　こばやし・かずひろ〔1931―2003　出版評論家〕
　◎著作目録ほか　「出版半生記　遺稿1959-1970」（小林一博）　遺稿集刊行委員会　2003.7　p297-299

小林 一三　こばやし・かずみ〔1925―1999　経済学〕
　○著作目録ほか　「経済経営論叢　35.3・4」（京都産業大）　2000.12　p3-8

小林 一美　こばやし・かずみ〔1937―　東洋史〕
　◎著書ほか　「わが心の家郷、わが心の旅――中国史研究者の思い出の記」（小林一美）　汲古書院　2006.12　p379-383

小林 清晃　こばやし・きよあき〔1936―　統計学・輸送問題〕
　○著作目録　「甲南経済学論集　45.4.230」（甲南大）　2005.3　p17-23f

小林 袈裟治　こばやし・けさじ〔1929―　アメリカ経営史〕
　○略歴　「九州産業大学経営学論集　13.1」（九州産業大）　2002　p149-152

小林 憲二　こばやし・けんじ〔1942―　アメリカ文学・アメリカ文化思想史〕
　○業績ほか　「英米文学　67」（立教大）　2007　p91-99

小林 堅太郎　こばやし・けんたろう
　○業績ほか　「英語英文学叢誌　37」（早稲田大）　2007　p9-10

小林 康助　こばやし・こうすけ〔1930―　経営学・労務管理論〕
　○業績ほか　「名城論叢　3.4」（名城大）　2003.3　p2-7f

小林 古径　こばやし・こけい〔1883―1957　日本画家〕
　◎参考文献　「小林古径展」（東京国立近代美術館ほか）　日本経済新聞社　2005　p221-225

小林 標　こばやし・こずえ〔1945―　ラテン語・ロマンス語〕
　○略歴ほか　「人文研究　58」（大阪市立大）　2007.3　p27-30

小林 貞夫　こばやし・さだお〔1932―　広告論〕
　○研究業績ほか　「経営学研究　13.2」（愛知学院大）　2004.1　p116-120

小林 清市　こばやし・せいいち〔1949―　漢文学〕
　○業績目録ほか　「中国博物学の世界―「南方草木状」「斉民要術」を中心に」（小林清市）　農文協　2003.9　p423-425

小林 清治　こばやし・せいじ〔1924―2007　東北中世史〕
　◎「奥羽小径―年譜・著作目録」（小林清治）　小林清治　2004.5　53p　A5

小林 孝亘　こばやし・たかのぶ〔1960―　画家〕
　◎略歴　「ひかりのあるところへ―小林孝亘作品集」（小林孝亘）　日本経済新聞社　2002.11　p106-107
　◎参考文献　「小林孝亘展―終わらない夏」（小林孝亘）　目黒区美術館　2004.4　p85-90

小林 隆久　こばやし・たかひさ〔1940―　英米文学〕
　○業績ほか　「宇都宮大学国際学部研究論集　21」（宇都宮大）　2006.3　p2-3

小林 多喜二　こばやし・たきじ〔1903―1933　小説家〕
　○主要参考文献（阿武隈翠）　「民主文学　448」（日本民主主義文学同盟）　2003.2　p188-195
　◎年譜　「ザ・多喜二―小林多喜二全一冊　愛蔵版」（小林多喜二）　第三書館　2003.2　p638-639
　◎年譜　「小林多喜二の文学―近代文学の流れから探る」（松沢信祐）　光陽出版社　2003.11　p307-313
　◎略年譜　「小林多喜二伝」（倉田稔）　論創社　2003.12　p912-913

◎書誌データほか(佐藤三郎)　「生誕100年記念小林多喜二国際シンポジウム報告集」(白樺文学館多喜二ライブラリー)　白樺文学館　2004.12　p172-195
◎年譜　「時代を撃て・多喜二　シネ・フロント別冊36号」(シネ・フロント編集部)　シネ・フロント社　〔2005.2〕　p24-29
◎年譜　「「文学」としての小林多喜二」(神谷忠孝ほか)　至文堂　2006.9　p277-291
◎年譜ほか(佐藤三郎)　「老いた体操教師・瀧子其他―小林多喜二初期作品集」(小林多喜二)　講談社　2007.10　p270-285

小林 惟司　こばやし・ただし〔1930―　歴史学者・作家〕
○著作目録ほか　「千葉商大論叢　39.4」(千葉商科大)　2002.3　p7-15f

小林 多津衛　こばやし・たつえ〔1896―2001　作家・平和運動家〕
◎歩み　「平和と手仕事―小林多津衛一〇四歳の旅」(小林多津衛の本編集委員会)　ふきのとう書房　2001.8　p266-269

小林 龍夫　こばやし・たつお〔1916―2005　国際政治〕
○業績ほか(白井勝美)　「外交史料館報　20」(外務省外交史料館)　2006.10　p114-120

小林 提樹　こばやし・ていじゅ〔1908―1993　医師・医学者〕
○著作目録ほか　「愛はすべてをおおう―小林提樹と島田療育園の誕生」(日本心身障害児協会島田療育センター)　中央法規出版　2003.6　p186-244

小林 照子　こばやし・てるこ〔1935―　メイクアップ・アーティスト〕
◎著作リスト　「メイクアップアーチスト小林照子」(西妙子)　理論社　2002.4　p202」

小林 天渕　こばやし・てんえん
◎年譜　「青梅宿の文芸活動　小林天渕を中心に」青梅市郷土博物館　2001.3　p45-51

小林 利雄　こばやし・としお〔1921―2007　プロデューサー〕
◎参考文献　「ネオンサインと月光仮面―宣弘社・小林利雄の仕事」(佐々木守)　筑摩書房　2005.6　p221」

小林 登美枝　こばやし・とみえ〔1916―2004　女性史研究家〕
◎略年譜(折井美耶子)　「21世紀へつなぐ言葉」(小林登美枝)　ドメス出版　2004.3　p137-140

小林 虎三郎　こばやし・とらさぶろう〔1828―1877　長岡藩士〕
○略年譜・参考文献　「米百俵　小林虎三郎の天命　6版」(島宏)　ダイヤモンド社　2001.5　p192-197

小林 直樹　こばやし・なおき〔1921―　憲法〕
○主要論文一覧(河上暁弘)　「平和憲法と共生六十年―憲法第九条の総合的研究に向けて」(小林直樹)　慈学社出版　2006.3　p705-707

小林 信雄　こばやし・のぶお〔1934―　経営学〕
○業績ほか　「拓殖大学経営経理研究　74」(拓殖大経営経理研究所)　2005.3　p5-11

小林 信彦　こばやし・のぶひこ〔1932―　作家〕
◎年譜　「面白い小説を見つけるために」(小林信彦)　光文社　2004.5　p375-394
◎年譜ほか　「袋小路の休日」(小林信彦)　講談社　2004.11　p304-317
◎年譜ほか(小林信彦)　「丘の一族―小林信彦自選作品集」(小林信彦)　講談社　2005.11　p322-336
◎論文目録　「オホーハラへと『薬師経』の関係―ヤクシ-ケクッの成立に連動して起こったハラへの変貌」(小林信彦)　桃山学院大　2006.3　p149-150
◎年譜ほか(小林信彦)　「決壊」(小林信彦)　講談社　2006.10　p350-364

小林 信也　こばやし・のぶや〔1956―　作家・スポーツライター〕
◎著作一覧　「スポーツジャーナリストで成功する法」(小林信也)　草思社　2004.6　p200-201

小林 功芳　こばやし・のりよし〔英学史〕
○業績ほか　「科学人間　30」(関東学院大)　2001.3　p17-22

小林 ハル　こばやし・はる〔1900―2005　瞽女唄継承者〕
◎年譜　「小林ハル―盲目の旅人」(本間章子)　求龍堂　2001.2　p232-233

小林 英夫　こばやし・ひでお〔1943―　アジア経済史・日本史〕
◎発表論文目録　「「大東亜共栄圏」の形成と崩壊　増補版」(小林英夫)　御茶の水書房　2006.3　p563-576

小林 秀雄　こばやし・ひでお〔1902―1983　文芸評論家〕
○年譜(吉田煕生)　「小林秀雄百年のヒント　「新潮」臨時増刊」(新潮社)　2001.4　p328-340
◎著書目録(堀内達生)　「小林秀雄全集　別巻2」(白洲明子)　新潮社　2002.7　p379-477
◎文献一覧　「小林秀雄の論理―美と戦争」(森本淳生)　人文書院　2002.7　p417-433
◎参考書目(江藤淳)　「小林秀雄」(江藤淳)　講談社　2002.8　p468-472
◎注　「小林秀雄―批評という方法」(樫原修)　洋々社　2002.10　prr
◎年譜　「小林秀雄―美と出会う旅」(白洲信哉)　新潮社　2002.10　p126-127
◎参考文献　「小林秀雄論―精神史としての批評の究極」(森脇善明)　晃洋書房　2003.7　p383-397
◎年譜　「小林秀雄創造と批評」(佐藤雅男)　専修大学出版局　2004.4　p275-284
◎略年譜ほか　「小林秀雄」(細谷博)　勉誠出版　2005.3　p227-242
◎年譜ほか(吉田煕生)　「小林秀雄対話集」(小林秀雄)　講談社　2005.9　p372-386
◎参考文献　「小林秀雄とウィトゲンシュタイン」(中村昇)　春風社　2007.3　p236-244

小林　宏晨　こばやし・ひろあき〔1937―　基礎法学・
　　国際法〕
　○業績　「日本法学　73.2」（日本大）　2007.12
　　p897-919

小林　宏　こばやし・ひろし〔1931―　日本法制史〕
　◎著作目録　「律令論纂」（小林宏）　汲古書院
　　2003.2　p367-375
　◎「久保正幡先生・小林宏先生・山崎丹照先生略年
　　譜・著作目録」（吉原丈司）　吉原丈司　2004.3
　　2,92,10p　B5
　◎略年譜ほか　「栗生武夫先生・小早川欣吾先生・
　　戴炎輝博士・小林宏先生・山崎丹照先生略年譜・
　　著作目録」（吉原丈司）　〔吉原丈司〕　2007.1
　　p87-114

小林　宏　こばやし・ひろし〔1925―2006　図書館学〕
　◎年譜　「図書館・日仏の出会い」（小林宏）　日仏
　　図書館情報学会　2004.6　p221-225
　○著作目録　「日仏図書館情報研究　32」（日仏図書
　　館情報学会）　2006　p6-10
　◎著作目録ほか　「図書館の秋・雨だれの歌」（小林
　　宏）　アイアールディー企画　2006.3　p355-365

小林　惇　こばやし・まこと〔1932―　動物生理学〕
　○略歴ほか　「広島経済大学研究論集　25.4」（広島
　　経済大）　2003.3　p2-4f

小林　正敏　こばやし・まさとし
　○業績ほか　「駒沢法学　3.1.9」（駒沢大）　2003.
　　12　p295-297

小林　充　こばやし・みつる〔1934―　刑事法〕
　◎業績目録　「小林充先生佐藤文哉先生古稀祝賀刑
　　事裁判論集　下」（刊行会）　判例タイムズ　2006.
　　3　p736-742

小林　保治　こばやし・やすはる〔1938―　日本中世
　　文学〕
　○業績ほか　「早稲田大学教育学部学術研究　国語・
　　国文学編　56」（早稲田大）　2007　p51-53

小林　よしのり　こばやし・よしのり〔1953―　漫画
　　家・脚本家〕
　◎推薦図書　「小林よしのり「台湾論」を超えて」
　　（丸山哲史ほか）　作品社　2001.4　p281-285

小林　芳規　こばやし・よしのり〔1929―　国語〕
　○業績ほか　「国語学論集―小林芳規博士喜寿記念」
　　（喜寿記念会）　汲古書院　2006.3　p3-32

小林　典郎　こばやし・よしろう〔1934―　英文学〕
　○業績ほか　「大阪大谷大学英語英文学研究　34」
　　（大阪大谷大）　2007.3　p197-201

小林　立　こばやし・りつ〔1937―　中国語〕
　○著作目録ほか　「香川大学経済論叢　74.2」（香川
　　大）　2001.9　p227-230

小林　良二　こばやし・りょうじ〔1946―　社会福祉〕
　○業績　「人文学報　372」（首都大）　2006.3　p5-15

小林　礫斎　こばやし・れきさい
　◎年譜（小倉一夫ほか）　「ミニチュアの世界―手
　　のひらの美　小林礫斎を中心に」　毎日新聞社
　　2001.4　p18-20

小林　和作　こばやし・わさく〔1888―1974　洋画家〕
　◎文献　「小林和作展」（田辺市立美術館）　田辺市
　　立美術館　2006　p87-89

小檜山　博　こひやま・はく〔1937―　小説家〕
　◎年譜ほか　「小檜山博全集　8」（小檜山博）　柏
　　艪舎　2006.10　p391-498

後深草院二条　ごふかくさいんにじょう〔1258―1306
　　日記文学作者〕
　◎研究文献　「中世日記紀行文学評釈集成　4」
　　勉誠出版　2000.10　p472-512

小船　幸次郎　こぶね・こうじろう〔1907―1982
　　指揮者・作曲家〕
　◎関係資料ほか　「市民のオルガン―小船幸次郎と
　　横浜交響楽団」（横浜交響楽団）　神奈川新聞社
　　2007.6　p579-583

小堀　杏奴　こぼり・あんぬ〔1909―1998　随筆家・小
　　説家〕
　◎年譜ほか（小尾俊人）　「朽葉色のショール」（小
　　堀杏奴）　講談社　2003.1　p319-325

小堀　郁夫　こぼり・いくお〔1932―　日本語教育学・
　　英語学〕
　○研究業績ほか　「明海大学外国語学部論集　14」
　　（明海大）　2002.3　p249-251

小堀　遠州　こぼり・えんしゅう〔1579―1647　茶道家〕
　◎略年譜ほか　「テクノクラート小堀遠州―近江が
　　生んだ才能」（太田浩司）　サンライズ出版　2002.
　　2　p164-169

小堀　桂一郎　こぼり・けいいちろう〔1933―　独文〕
　○自記年譜　「明星大学研究紀要　日本文化学部・
　　言語文化学科　12」（明星大）　2004.3　p7-11

駒井　哲郎　こまい・てつろう〔1920―1976　銅版画
　　家〕
　◎年譜　「駒井哲郎作品展―福原コレクション　未
　　だ果てぬ夢のかたち」（駒井哲郎）　資生堂文化デ
　　ザイン部　2003.11　p134-143
　◎年譜ほか　「白と黒の造形」（駒井哲郎）　講談社
　　2006.8　p254-266

駒井　正一　こまい・まさかず〔1943―2001　人文地
　　理学〕
　○著作目録　「金沢大学文学部論集　史学・考古学・
　　地理学篇　22」（金沢大）　2002.3　p1-4

小牧　実繁　こまき・さねしげ〔1898―1990　人文地
　　理学〕
　○著作目録ほか（柴田陽一）　「歴史地理学　47.2」
　　（古今書院）　2005.3　p42-63

小松　慶也　こまつ・けいや
　◎参考文献　「陸軍将校のつくったチーズ」（大倉
　　直）　愛育社　2007.8　p196-199

小松 光三　こまつ・こうぞう〔1936―　国語学・文法論・表現論〕
　○研究業績抄ほか（清水史ほか）　「愛媛大学法文学部論集　人文学科編　14」（愛媛大）　2003　p7-12b

小松 左京　こまつ・さきょう〔1931―　SF作家〕
　◎年譜　「SF魂」（小松左京）　新潮社　2006.7　p179-191

小松 茂美　こまつ・しげみ〔1925―　古筆〕
　◎研究業績　「小松茂美　人と学問　古筆学六十年」（田中登）　思文閣出版　2002.10　p223-225

小松 俊雄　こまつ・としお
　○著作目録ほか　「法律論叢　74.4・5」（明治大）　2002.2　p395-401

小松 勝　こまつ・まさる
　○業績一覧ほか　「琉球大学経済研究　65」（琉球大）　2003.3　p7-10

小松 隆二　こまつ・りゅうじ〔1938―　社会政策論・社会福祉論〕
　○著作目録ほか　「三田学会雑誌　93.4」（慶應義塾経済学会）　2001.1　p885-892

小松崎 茂　こまつざき・しげる〔1915―2001　挿画家〕
　◎年譜　「小松崎茂絵物語グラフィティ」（根本圭助）　人類文化社　2000.7　p394-395
　◎年譜　「ぼくらの小松崎茂展―子どもたちの夢やあこがれを描き続けた画家」（小松崎茂）　朝日新聞社　〔2005〕　p163-167
　◎年譜　「図説小松崎茂ワールド」（根本圭助）　河出書房新社　2005.11　p164-165

小松原 曉子　こまつばら・ぎょうこ
　◎略年譜（金子未佳）　「小松原曉子著作集」（小松原曉子）　金子未佳　2005.12　p651-657

五味 太郎　ごみ・たろう〔1945―　絵本作家〕
　◎全書籍リスト　「絵本を作る」（五味太郎）　ブロンズ新社　2005.2　p185-189

五味 百合子　ごみ・ゆりこ〔1913―　社会福祉〕
　○業績ほか（林千代ほか）　「社会事業史研究　34」（社会事業史学会）　2007.3　p71-102

小湊 繁　こみなと・しげる
　○著作目録ほか　「信州大学経済学論集　51」（信州大）　2004　p125-127

小南 一郎　こみなみ・いちろう〔1942―　中国古代伝承文化〕
　○著作目録　「東方学報　京都　78」（京都大）　2006.3　p279-283

小宮 隆太郎　こみや・りゅうたろう〔1928―　経済学者〕
　○著作ほか　「青山国際政経論集　65」（青山学院大）　2005.2　p249-253

五無斎　ごむさい
　⇒保科 百助（ほしな・ひゃくすけ）を見よ

小村 衆統　こむら・しゅういち〔1934―　金融論〕
　○著作目録ほか　「経済科学研究　10.1」（広島修道大）　2006.9　6pb

小村 寿太郎　こむら・じゅたろう〔1855―1911　外交官・政治家〕
　○参考文献　「小村寿太郎―近代随一の外交家その剛毅なる魂」（岡田幹彦）　展転社　2005.2　p267-270

小室 金之助　こむろ・きんのすけ〔1928―　弁護士〕
　○著作目録ほか（小室金之助）　「創価法学　37.1」（創価大）　2007.9　p5-22

小室 善弘　こむろ・よしひろ〔1936―2002　俳人〕
　◎著作論文一覧　「俳人たちの近代―昭和俳句史論考」（小室善弘ほか）　本阿弥書店　2002.11　p300-305

米須 興文　こめす・おきふみ〔1931―　英文学〕
　◎年譜　「マルスの原からパルナッソスへ―英文学の高峰に挑んだ沖縄少年」（米須興文）　影書房　2004.12　p258-277

米谷 雅之　こめたに・まさゆき〔1941―　マーケティング論〕
　○著作目録ほか　「山口経済学雑誌　53.5」（山口大）　2005.1　p821-833

小森 健太朗　こもり・けんたろう〔1965―　小説家〕
　◎著訳書リスト　「ムガール宮の密室」（小森健太朗）　原書房　2002.8　p269-270
　◎著訳書リスト（横井司）　「神の子の密室」（小森健太朗）　講談社　2003.7　p271-272

小森 俊介　こもり・しゅんすけ〔1936―　商学・経営学〕
　○業績ほか　「西南学院大学商学論集　53.3・4」（西南学院大）　2007.2　4pf

小森 澄憲　こもり・すみのり
　○業績目録ほか　「いわき短期大学紀要　35」（いわき短大）　2002.3　p81-84

小森 星児　こもり・せいじ〔1935―　人文地理〕
　○業績一覧ほか　「神戸山手大学紀要　7」（神戸山手大）　2005.12　p5-18f

小森 瞭一　こもり・りょういち〔1936―　会計学・企業経済論〕
　○著作目録　「経済学論叢　57.4」（同志社大）　2006.3　p1011-1022

子安 峻　こやす・たかし〔1836―1898　ジャーナリスト〕
　○対照年表（早川勇）　「愛知大学綜合郷土研究所紀要　50」（愛知大）　2005　p61-66

小柳 公洋　こやなぎ・きみひろ〔経済学史〕
　○業績ほか　「北九州市立大学商経論集　40.4」（北九州市立大）　2005.3　p165-169

小柳 守弘　こやなぎ・もりひろ
　○著作目録ほか　「福岡大学人文論叢　33.4」（福岡大）　2002.3　5pb

小谷野 錦子　こやの・きんこ〔1934―　環境情報学・有機化学〕
　○業績目録ほか　「経営研究　17.1.44」（愛知学泉大）　2003.12　p145-146

小山 逸雄　こやま・いつお
　○研究目録ほか（小山逸雄）　「国語国文研究と教育　42」（熊本大）　2004.3　p58-82

小山 一成　こやま・いっせい〔1935―　日本近世文学〕
　○著書ほか　「立正大学文学部論叢　123」（立正大）　2006.3　p27-33

小山 清　こやま・きよし〔1911―1965　小説家〕
　◎年譜ほか（田中良彦）　「日日の麺麭―小山清作品集」（小山清）　講談社　2005.11　p225-236

小山 皓一郎　こやま・こういちろう〔1937―　トルコ史・トルコ文学〕
　○著作目録　「史朋　34」（北海道大）　2002.3　p1-2b

小山 貞夫　こやま・さだお〔1936―　西洋法制史〕
　◎略歴　「西洋法制史学の現在」（古稀記念論集刊行会）　創文社　2006.5　p817-822

小山 勉　こやま・つとむ〔1936―2006　西洋政治思想史〕
　○業績ほか　「政治研究　54」（九州大）　2007.3　p201-204
　○業績目録ほか　「福岡大学法学論叢　52.1.182」（福岡大）　2007.6　4pb

小山 冨士夫　こやま・ふじお〔1900―1975　陶磁史研究家・陶芸家〕
　◎年譜ほか（森孝一）　「徳利と酒盃・漁陶紀行―小山冨士夫随筆集」（小山冨士夫）　講談社　2006.3　p255-272

小山 靖憲　こやま・やすのり〔1941―2005　日本中世史・荘園制〕
　○業績ほか　「帝塚山大学大学院人文科学研究科紀要　8」（帝塚山大）　2006.3　p57-73

小山 揚子　こやま・ようこ
　○業績ほか　「関西外国語大学留学生別科日本語教育論集　16」（関西外国語大）　2007.3　p1-4

御領 謙　ごりょう・けん〔1940―　実験心理学〕
　○略歴ほか（須藤昇）　「千葉大学人文研究　35」（千葉大）　2006　p1-16

是枝 柳右衛門　これえだ・りゅうえもん〔1817―1864　志士・歌人〕
　◎参考文献ほか　「是枝柳右衛門と若き志士たち」（湊正二）　瞬報社写真印刷出版事業部　2004.7　p350-351

是永 純弘　これなが・すみひろ〔1928―1999　経済統計〕
　○業績目録ほか　「札幌学院商経論集　18.3」（札幌学院大）　2002.1　p291-294

今 官一　こん・かんいち〔1909―1983　小説家・詩人〕
　◎略年譜　「今官一展―特別展」（青森県立図書館ほか）　青森県立図書館　2003.7　p26-28
　◎参考文献　「世も幻の花ならん―今官一と太宰治・私版曼荼羅」（佐賀郁朗）　北の街社　2007.8　p340-341

今 和次郎　こん・わじろう〔1888―1973　建築学者・生活学者・評論家〕
　○記事抄録（小松万紀）　「文献探索　2000」（文献探索研究会）　2001.2　p207-213
　○著書ほか　「野暮天先生講義録」（今和次郎）　ドメス出版　2002.11　p200-201
　○年譜ほか　「今和次郎―その考現学」（川添登）　筑摩書房　2004.5　p356-377

金光 鑑太郎　こんこう・かがみたろう〔1909―1990　金光教主〕
　◎年譜　「生きる力の贈りもの―金光教前教主金光鑑太郎の言葉より」　金光教徒社　2001.7　p308-309

権上 康男　ごんじょう・やすお〔1941―　フランス経済史〕
　○業績　「エコノミア　57.1」（横浜国立大）　2006.5　4pb

権田 愛三　ごんだ・あいぞう〔1850―1928　篤農家〕
　◎年譜　「麦さん―いい麦作った権田愛三」（青木雅子）　けやき書房　2002.2　p146-148

権田 金治　ごんだ・きんじ〔1941―　政策科学〕
　○業績ほか　「研究技術計画　20.3」（研究・技術計画学会）　2005　p211-212

紺田 千登史　こんだ・ちとし〔1938―　フランス哲学〕
　○業績ほか　「関西学院大学社会学部紀要　100」（関西学院大）　2006.3　p1-3

権田 萬治　ごんだ・まんじ〔1936―　文芸評論家・マスコミ学者〕
　○業績ほか　「専修人文論集　78」（専修大）　2006.3　4pf

紺谷 浩司　こんたに・こうじ〔1941―　民事訴訟法〕
　○業績ほか　「広島法学　27.2」（広島大）　2003.11　p5-19

近藤 東　こんどう・あずま〔1904―1988　詩人〕
　◎「近藤東文庫目録」（神奈川文学振興会）　神奈川近代文学館　2001.3　421p　B5
　◎「近藤東文庫目録」（神奈川文学振興会）　神奈川近代文学館　2002.3　421p　B5
　◎略歴　「晝の華」（近藤東）　近藤ふじ子　2002.10　p236-243

近藤 勇　こんどう・いさみ〔1834―1868　新撰組隊長〕
　◎参考文献　「新選組局長近藤勇―士道に殉じたその実像」（木村幸比古）　淡交社　2003.12　p236-237
　◎参考文献　「俳遊の人・土方歳三―句と詩歌が語る新選組」（管宗次）　PHP研究所　2004.1　p233-235

近藤 益雄　こんどう・えきお〔1907—1964　教育家・童謡詩人〕
　◎参考文献　「「痴愚天国」幻視行・近藤益雄の生涯」（北田耕也）　国土社　2003.12　p125-126
　◎引用参考文献　「子どもと歩く子どもと生きる—平野婦美子と近藤益雄」（岡村遼司）　駒草出版　2007.8　p250-252

近藤 邦康　こんどう・くにやす〔1934—　中国近代思想史〕
　○著作目録ほか　「大東法学　15.2」（大東文化大）　2006.3　p193-199

近藤 啓吾　こんどう・けいご〔1921—　東洋倫理〕
　◎著書　「小野鶴山の研究」（近藤啓吾）　神道史学会　2002.4　p210」

近藤 啓太郎　こんどう・けいたろう〔1920—2002　作家・美術評論家〕
　◎年譜ほか（武藤康史）　「大観伝」（近藤啓太郎）　講談社　2004.10　p384-404

近藤 健二　こんどう・けんじ〔1943—　言語学〕
　○著作目録ほか　「言語文化論集　28.2」（名古屋大）　2007　p11-14f

近藤 浩一路　こんどう・こういちろ〔1883—1962　日本画家〕
　◎文献　「「光の水墨画近藤浩一路の全貌」展図録」（近藤浩一路）　読売新聞東京本社　2006.9　p191-193

近藤 弘二　こんどう・こうじ〔1930—　民事法学〕
　○略歴ほか　「札幌法学　14.2」（札幌大）　2003.3　p1-5

近藤 禎夫　こんどう・さだお〔1934—　原価計算論・管理会計論・企業分析〕
　○略歴ほか　「駒大経営研究　36.3・4」（駒澤大）　2005.3　p89-97

近藤 暹　こんどう・すすむ
　○主要論文目録ほか　「経済科学研究　6.1.10」（広島修道大）　2002.9　5pb

近藤 喬一　こんどう・たかいち〔1939—　青銅器文化〕
　◎著作目録ほか　「山口大学考古学論集—近藤喬一先生退官記念論文集」（近藤喬一先生退官記念事業会）　近藤喬一先生退官記念事業会　2003.3　p425-430

近藤 剛　こんどう・たけし〔1941—　エコノミスト〕
　○業績目録ほか　「経済論集　2」（秋田経済法科大）　2007.3　p8-12f

近藤 哲生　こんどう・てつお〔1933—2005　社会経済史〕
　○略歴　「金城学院大学論集　190」（金城学院大）　2000　p3-9
　○業績ほか（大橋公雄）　「産業遺産研究　13」（中部産業遺産研究会）　2006.5　p124-127

近藤 篤山　こんどう・とくざん〔1766—1846　儒学者〕
　◎年譜　「尋芳堂独歌稿—和歌編—近藤篤山和歌集」（近藤篤山, 小松町教育委員会）　小松町教育委員会　2002.3　p143-145
　◎略年譜ほか　「伊予の陶淵明近藤篤山」（加藤国安ほか）　研文出版　2004.11　p443-447

近藤 徳太郎　こんどう・とくたろう〔1856—1920　織物技術者〕
　◎略年譜　「近藤徳太郎—織物教育の先覚者」（前澤輝政）　中央公論事業出版　2005.11　p469-493

近藤 信行　こんどう・のぶゆき〔1931—　山岳研究〕
　○著作目録（堀込静香）　「文献探索　2000」（文献探索研究会）　2001.2　p216-233

近藤 典彦　こんどう・のりひこ〔1938—　国語教育・近代文学〕
　○業績目録　「群馬大学教育学部紀要　人文・社会科学編　53」（群馬大）　2004　p457-464
　○業績目録　「語学と文学　40」（群馬大）　2004.3　p3-12

近藤 秀麿　こんどう・ひでまろ
　○業績目録ほか　「大阪経大論集　54.5.278」（大阪経大）　2004.1　p479-481

近藤 文男　こんどう・ふみお〔国際マーケティング〕
　○著作目録ほか　「経済論叢　171.3」（京都大）　2003.3　p348-354

近藤 政美　こんどう・まさみ〔1936—　国語学〕
　○略年譜ほか　「愛知県立大学説林　49」（愛知県立大）　2001.3　p1-5

近藤 康男　こんどう・やすお〔1899—2005　農業経済学〕
　◎著作年表（原田勉）　「近藤康男　三世紀を生きて」（近藤康男）　農山漁村文化協会　2001.5　p303-309

近藤 豊　こんどう・ゆたか〔1947—　イスパニア語学〕
　○業績ほか　「天理大学学報　58.2.214」（天理大）　2007.2　p1-2f

近藤 ようこ　こんどう・ようこ〔1957—　漫画家〕
　◎著作リスト　「後には脱兎の如し」（近藤ようこ）　晶文社　2004.12　p251-253

近藤 芳美　こんどう・よしみ〔1913—2006　歌人〕
　◎年譜　「近藤芳美集　10　短歌入門」（岡井隆ほか）　岩波書店　2000.12　p539-564

近藤 良一　こんどう・りょういち〔1937—　印度哲学・仏教学〕
　○業績ほか　「苫小牧駒澤大学紀要　15」（苫小牧駒澤大）　2006.3　p3-8

金野 宏治　こんの・こうじ〔?—2001　洋画家〕
　◎年譜　「金野宏治画集　1930-2000」（金野宏治）　生活の友社　2001.2　p125-130

紺野 敏文　こんの・としふみ〔1938―　美学・美術史学〕
◎著作目録　「日本彫刻史の視座」（紺野敏文）　中央公論美術出版　2004.2　p875-884

今野 睦夫　こんの・むつお
○業績ほか　「防衛大学校紀要　社会科学分冊　94」（防衛大学校）　2007.3　p22-24

今野 喜清　こんの・よしきよ〔1931―　教育学〕
○業績ほか　「早稲田大学大学院教育学研究科紀要　12」（早稲田大）　2001　p131-133

金春 善竹　こんぱる・ぜんちく
○文献案内（Atkins, PSほか）　「Zeami 3」（森話社）　2005.10　p157-185

【 さ 】

蔡 温　さい・おん
○年譜（田里修）　「沖縄大学法経学部紀要　6」（沖縄大）　2006.3　p67-91

崔 華國　さい・かこく
◎年譜　「〈在日〉文学全集　17」（磯貝治良ほか）　勉誠出版　2006.6　p360-368

崔 龍源　さい・りゅうげん〔詩人〕
○年譜（崔龍源）　「〈在日〉文学全集　18」（磯貝治良ほか）　勉誠出版　2006.6　p423-425

西園寺 公一　さいおんじ・きんかず〔1906―1993　政治家〕
◎著作ほか　「西園寺公一――回顧録「過ぎ去りし、昭和」」（西園寺公一）　日本図書センター　2005.2　p353-358

西園寺 公望　さいおんじ・きんもち〔1849―1940　政治家・公爵〕
◎年譜　「「西園寺公望と興津」展図録―特別企画」　フェルケール博物館　2001　p39-41
◎略年譜　「西園寺公望―最後の元老」（岩井忠熊）　岩波書店　2003.3　p225-232
◎注　「青年君主昭和天皇と元老西園寺」（永井和）　京都大学学術出版会　2003.7　prr
◎参考文献　「元老西園寺公望―古希からの挑戦」（伊藤之雄）　文藝春秋　2007.12　p350-356

西行　さいぎょう〔1118―1190　歌人〕
◎参考文献　「山家集・聞書集・残集　和歌文学大系　21」（西澤美仁ほか）　明治書院　2003.7　p496-499

三枝 茂智　さいぐさ・しげち〔1888―1979〕
◎関係書誌　「学統に関わる書誌　1」（拓殖大学創立百年史編纂室）　拓殖大　2004.7　p148-152

三枝 充悳　さいぐさ・みつよし〔1923―　仏教〕
◎著作目録ほか　「三枝充悳著作集　8　比較思想論　2」（三枝充悳）　法藏館　2005.9　p1-78b

西郷 菊次郎　さいごう・きくじろう〔1861―1928〕
◎参考文献　「西郷菊次郎と台湾―父西郷隆盛の「敬天愛人」を活かした生涯」（佐野幸夫）　南日本新聞開発センター　2002.11　p217-218

西郷 隆盛　さいごう・たかもり〔1827―1877　政治家〕
◎参考文献　「西郷隆盛」（上田滋）　弓立社　2005.10　p405-406
◎参考文献　「西郷隆盛と士族」（落合弘樹）　吉川弘文館　2005.10　p232-235
◎参考文献　「尋問の筋これあり候」（徳永健生）　リブリオ出版　2007.12　p336-338
◎参考文献　「西南戦争―西郷隆盛と日本最後の内戦」（小川原正道）　中央公論新社　2007.12　p247-258

西郷 頼母　さいごう・たのも〔1830―1905　会津藩士〕
◎参考文献　「『帰る雁が袮』私注―会津藩老・西郷頼母の晩年の日誌」（堀田節夫）　東京書籍　2007.3　p202-204

西光 万吉　さいこう・まんきち〔1895―1970　社会運動家〕
◎参考文献　「水平社創立宣言と「エクスプレショニズム」―アヴァンギャルド西光万吉の苦悩と遍歴」（宮橋國臣）　原田孝司　2003.8　p133-137

西條 凡児　さいじょう・ぼんじ
◎略年譜ほか　「凡児無法録―こんな話がおまんねや　漫談家・西條凡児とその時代」（戸田学）　たる出版　2001.3　p460-470

西條 八十　さいじょう・やそ〔1892―1970　詩人・フランス文学者〕
◎注　「西條八十とその周辺」（上村直己）　近代文芸社　2003.1　prr
◎参考文献　「ジャズで踊ってリキュルで更けて―昭和不良伝・西條八十」（斎藤憐）　岩波書店　2004.10　p275-279
◎注　「西條八十」（筒井清忠）　中央公論新社　2005.3　prr
◎年譜（上田信道）　「名作童謡西條八十…100選」（西條八十）　春陽堂書店　2005.8　p265-275

最澄　さいちょう〔767―822　日本天台宗の開祖〕
◎参考文献　「最澄―山家の大師」（大久保良峻）　吉川弘文館　2004.6　p205-206
◎参考文献　「最澄再考―日本仏教の光源」（上原雅文）　ぺりかん社　2004.10　p264-268

齋藤 榮二　さいとう・えいじ
○業績　「英語授業実践学の展開―齋藤榮二先生御退職記念論文集」（記念論文集編集委員会）　三省堂　2007.2　p349-360
○業績ほか　「関西大学外国語教育研究　13」（関西大）　2007.3　p3-8

斉藤 英三　さいとう・えいぞう
○業績ほか　「専修商学論集　82」（専修大）　2006.1　p337-346

斎藤 和明　さいとう・かずあき〔1935―2008　イギリス文学・比較文化〕
◎略歴　「言葉と想像力」（金子雄司, 大西直樹）　開文社出版　2001.9　p230-232

斎藤 勝弥　さいとう・かつや
○業績ほか　「行政社会論集 18.4」（福島大）　2006　p4-6

斎藤 義重　さいとう・ぎじゅう〔1904―2001　洋画家〕
◎文献（浜淵真弓）　「斎藤義重展図録」（斎藤義重展実行委員会）　斎藤義重展実行委員会　2003.1　p258-267

斎藤 喜博　さいとう・きはく〔1911―1981　教育評論家・歌人〕
◎年譜（横須賀薫）　「授業　新装版」（斎藤喜博）　国土社　2006.12　p197-202

齊藤 憲　さいとう・けん
○研究業績ほか　「岩手県立大学盛岡短期大学部研究論集　7」（岩手県立大）　2005.3　p1-8

斎藤 香村　さいとう・こうそん〔?―1954　能楽研究家〕
◎略年譜　「斎藤香村句集」（斎藤香村）　角川書店　2004.9　p384-395

西東 三鬼　さいとう・さんき〔1900―1962　俳人〕
◎年譜（鈴木六林男）　「西東三鬼全句集」（西東三鬼）　沖積舎　2001.7　p325-349
◎年譜　「西東三鬼の世界―俳句の鬼」（小宮山輝）　日本文教出版　2003.2　p130-150
◎参考資料（堀信夫）　「展望現代の詩歌　9　俳句 I」（飛高隆夫ほか）　明治書院　2007.4　p92-93

斎藤 茂男　さいとう・しげお〔1928―1999　ジャーナリスト〕
◎年譜　「斎藤茂男―ジャーナリズムの可能性」（内橋克人ほか）　共同通信社　2001.5　p354-357

斎藤 茂　さいとう・しげる〔1899―1991　キリスト教〕
○業績ほか　「社会志林　47.4」（法政大）　2001　2pf

齋藤 十一　さいとう・じゅういち
◎略年譜　「編集者齋藤十一」（齋藤美和）　冬花社　2006.11　p315-316

斎藤 昌三　さいとう・しょうぞう〔1887―1961　書物研究家・随筆家〕
◎著書目録　「書痴斎藤昌三と書物展望社」（八木福次郎）　平凡社　2006.1　p169-177

齋藤 信治　さいとう・しんじ
◎略歴　「沙漠的人間　復刻版」（齋藤信治）　三恵社　2005.11　p195-200

斉藤 末弘　さいとう・すえひろ
○業績ほか　「西南学院大学国際文化論集 21.2」（西南学院大）　2007.2　p1-21f

斎藤 誠毅　さいとう・せいき〔1936―　英語〕
○業績ほか　「神奈川大学国際経営論集　31」（神奈川大）　2006.3　p5-7

斉藤 誠二　さいとう・せいじ〔1932―　刑法・刑事訴訟法〕
◎著書論文目録ほか　「刑事法学の現実と展開―斉藤誠二先生古稀記念」（渥美東洋ほか）　信山社　2003.6　p689-718

斎藤 宗次郎　さいとう・そうじろう〔1877―1968　キリスト教伝道者〕
◎年譜ほか（栗原敦ほか）　「二荊自叙伝―大正10年―15年　上」（斎藤宗次郎）　岩波書店　2005.3　p357-374

さいとう・たかを　〔1936―　漫画家〕
◎作品リスト　「コミックを作った10人の男―巨星たちの春秋」（瀬戸龍哉ほか）　ワニブック　2002.5　p46-49

斎藤 隆夫　さいとう・たかお〔1870―1949　政治家〕
◎略年譜　「評伝斎藤隆夫―孤高のパトリオット」（松本健一）　東洋経済新報社　2002.10　p417-419
◎参考文献ほか　「斎藤隆夫―立憲政治家の誕生と軌跡」（大橋昭夫）　明石書店　2004.11　p373-396

齊藤 隆夫　さいとう・たかお
○業績ほか　「名城論叢　1.4」（名城大）　2001.3　p2-10

斎藤 忠　さいとう・ただし〔1908―　考古学〕
◎著書目録　「考古学とともに七十五年―斎藤忠自伝」（斎藤忠）　学生社　2002.8　p271-274
◎著作目録　「アジア文化史の研究」（斎藤忠）　雄山閣　2007.11　p1-60b

斎藤 達三　さいとう・たつぞう〔1940―　政策科学〕
○業績ほか　「地域政策研究　8.2」（高崎経済大）　2005.11　p4-13f

斎藤 忠誠　さいとう・ちゅうせい〔1926―1985　洋画家〕
◎文献目録ほか　「斎藤忠誠展―具象から抽象へ」（斎藤忠誠）　岩手町立石神の丘美術館　2002.7　p147-181

斎藤 徳元　さいとう・とくげん〔1559―1647　俳人・仮名草子作者〕
◎年譜稿　「斎藤徳元研究　上」（安藤武彦）　和泉書院　2002.7　p77-287

斎藤 利雄　さいとう・としお〔1903―1969　小説家〕
◎年譜著作目録　「橋のある風景　斎藤利雄作品集」（斎藤利雄）　日本図書刊行会　2001.11　p371-377
◎著作書誌（菅野俊之）　「飯野町史　3」（飯野町）　飯野町　2005.3　p98-105

斎藤 俊哉　さいとう・としや
○業績ほか（斎藤俊哉）　「苫小牧駒澤大学紀要　9」（苫小牧駒澤大）　2003.3　p87-90

齊藤 豊治　さいとう・とよじ
◎著作目録　「法学　69.5」（東北大）　2006.1　p785-800

斎藤 規夫　さいとう・のりお
○業績目録　「明治学院論叢　709」（明治学院大）　2004.3　p4-41

斎藤 一　さいとう・はじめ〔新選組隊士〕
◎文献目録（藤堂利寿）　「新選組・斎藤一のすべて」（新人物往来社）　新人物往来社　2003.11　p244-252

斉藤 寿　さいとう・ひさし〔1933—　評論家〕
○業績ほか　「駒沢法学 3.1.9」（駒沢大）　2003.12　p287-294

斉藤 博　さいとう・ひろし〔1926—？　財政〕
○研究業績ほか　「独協経済 74」（独協大）　2001.9　p9-14
◎著作目録　「斉藤博史学集成 2　地域社会史と庶民金融」（斉藤博）　藤原書店　2002.10　p497-502

齋藤 弘道　さいとう・ひろみち
◎著作目録　「苑玖波—川井正一・齋藤弘道・佐藤正好先生還暦記念論集」（還暦記念事業実行委員会）　還暦記念事業実行委員会　2007.2　p354-356

斎藤 弘行　さいとう・ひろゆき〔1932—　経営組織〕
○著作目録ほか　「経営論集 58」（東洋大）　2003.3　p201-209

斎藤 史　さいとう・ふみ〔1909—2002　歌人〕
◎年譜　「過ぎて行く歌」（斎藤史）　河出書房新社　2001.2　p200-207
◎年譜・著作目録（樋口覚）　「斎藤史歌文集」（斎藤史）　講談社　2001.9　p257-264
◎年譜（樋口覚）　「記憶の茂み—斎藤史歌集 和英対訳」（ジェイムズ・カーカップ，玉城周）　三輪書店　2002.1　p401-405
◎略歌歴　「風翩翻以後—斎藤史歌集」（斎藤史）　短歌新聞社　2003.10　p101-108
◎略年譜（楠田立身）　「斎藤史—不死鳥の歌人」（山名康郎）　東京四季出版　2004.4　p238-243

斎藤 正夫　さいとう・まさお
◎文献目録ほか　「斎藤正夫油彩画の世界—図録 白河市歴史民俗資料館リニューアルオープン記念特別企画展」（白河市歴史民俗資料館）　歴史民俗資料館　2004.10　p135-142

斎藤 優　さいとう・まさる〔1932—　国際経済〕
◎著作目録ほか　「経済学論纂 43.5・6」（中央大）　2003.3　p429-445

齋藤 志　さいとう・まもる
◎年譜ほか　「齋藤志詩全集」（齋藤志）　土曜美術社出版販売　2007.6　p422-434ほか

斎藤 稔　さいとう・みのる〔1931—　西洋美術史・芸術学〕
○著作目録ほか　「広島国際研究 9」（広島市立大）　2003.11　p195-200

斎藤 壬生雄　さいとう・みぶお
◎参考文献ほか　「志士の行方」（丑木幸男）　同成社（同成社近現代史叢書 1）　2001.9　p228-249

斎藤 茂吉　さいとう・もきち〔1882—1953　歌人・医学〕
◎参考文献　「青年茂吉—「赤光」「あらたま」時代」（北杜夫）　岩波書店（岩波現代文庫　文芸）　2001.1　p287-288
◎略年譜　「斎藤茂吉」（西郷信綱）　朝日新聞社　2002.10　p291-295
◎「新訂版・年譜　斎藤茂吉伝」（藤岡武雄）　沖積舎　2003.6　356p　B6
◎参考文献　「茂吉と九州」（合力栄）　葦書房　2003.10　p333-335
◎文献目録　「今甦る茂吉の心とふるさと山形—斎藤茂吉記念シンポジウム」（斎藤茂吉没後50周年事業実行委員会）　短歌新聞社　2004.5　p207-215
◎年譜ほか（青井史）　「念珠集」（斎藤茂吉）　講談社　2004.7　p259-273
◎参考文献ほか　「斎藤茂吉」（小倉真理子）　勉誠出版　2005.5　p185-211
○略年譜（安森敏隆）　「国文学解釈と鑑賞 70.9」（至文堂）　2005.9　p156-158
◎年譜　「茂吉形影」（加藤淑子）　幻戯書房　2007.7　p217-230

斎藤 弥九郎　さいとう・やくろう〔1798—1871　剣客〕
◎出典一覧　「剣客斎藤弥九郎伝」（木村紀八郎）　鳥影社　2001.2　p545-567

齊藤 靖子　さいとう・やすこ
○実績ほか（木内清美）　「紀要 36」（愛知江南短大）　2007.3　p1-3f

斉藤 由美子　さいとう・ゆみこ〔1938—　国語教育〕
○略歴ほか　「梅花短大国語国文 16」（梅花短大）　2003.12　p73-75

斎藤 祥男　さいとう・よしお〔1926—　貿易コンサルタント〕
○著作目録ほか　「駿河台経済論集 11.2」（駿河台大）　2002.3　p180-182

齋藤 美雄　さいとう・よしお
○業績ほか　「商経学叢 52.3」（近畿大）　2006.3　2pb

斎藤 静敬　さいとう・よしゆき〔1935—　法学〕
◎著作目録　「刑事法学の現代的展開—斎藤静敬先生古稀祝賀記念」（刊行委員会）　八千代出版　2005.3　p519-521

斎藤 緑雨　さいとう・りょくう〔1867—1904　小説家〕
◎年譜　「斎藤緑雨—明治の文学 15」（坪内祐三ほか）　筑摩書房　2002.7　p407-411

西原 理恵子　さいばら・りえこ〔1964—　漫画家〕
○全単著解題ほか（市川真人ほか）　「ユリイカ 38.7.521」（青土社）　2006.7　p212-225

佐伯 有清　さえき・ありきよ〔1925—2005　日本古代史〕
◎著作目録ほか　「日本古代史研究と史料」（佐伯有清）　青史出版　2005.10　p293-335

佐伯 一麦　さえき・かずみ〔1959—　作家〕
　◎年譜ほか(二瓶浩明)　「ショート・サーキット―佐伯一麦初期作品集」(佐伯一麦)　講談社　2005.10　p309-324

佐伯 彰一　さえき・しょういち〔1922—　英米文学〕
　◎年譜　「自伝の世紀」(佐伯彰一)　講談社　2001.12　p448-456
　◎「佐伯彰一文庫目録」(東京大学大学院総合文化研究科附属アメリカ太平洋地域研究センター)　東京大　2007.3　80p　A4

佐伯 静治　さえき・せいじ〔1911—2001　弁護士〕
　○著作目録　「季刊労働者の権利　240」(日本労働弁護団)　2001.7　p22-28

佐伯 晴郎　さえき・はるお〔1927—　牧師〕
　◎著作年譜　「日本のキリスト教に未来はあるか」(佐伯晴郎)　教文館　2003.4　p180-181

佐伯 美智一　さえき・みちかず
　○履歴ほか　「外国語外国文化研究　14」(関西学院大)　2007.7　p3-6f

佐伯 泰英　さえき・やすひで〔1942—　小説家・写真家〕
　◎著作リスト(日下三蔵)　「佐伯泰英!―文庫書き下ろし時代小説のベストセラー作家、佐伯泰英のロングインタビュー&作品ガイド」(佐伯泰英)　宝島社　2007.6　p213-221

佐伯 祐三　さえき・ゆうぞう〔1898—1928　洋画家〕
　◎年譜　「そして、佐伯祐三のパリ」(朝日晃)　大日本絵画　2001.5　p281-300

早乙女 勝元　さおとめ・かつもと〔1932—　小説家〕
　◎略年譜　「早乙女勝元―炎の夜の隅田川レクイエム」(早乙女勝元)　日本図書センター　2004.8　p251-264
　◎年譜　「小説東京大空襲　3」(早乙女勝元)　草の根出版会　2005.7　p659-670

早乙女 忠　さおとめ・ただし〔1930—　英文学〕
　○略年譜　「紀要　文学科　88」(中央大)　2001.2　p5-7

佐賀 健二　さが・けんじ〔1931—　国際通信〕
　○略歴　「亜細亜大学国際関係紀要　11.2」(亜細亜大)　2002.3　p295-297

坂 幸恭　さか・ゆきやす〔1939—　地質学〕
　○業績ほか　「早稲田大学教育学部学術研究　生物学・地球科学編」(早稲田大)　2007　p1-4

酒井 淳　さかい・あつし〔1929—1995〕
　◎著作目録ほか　「会津の歴史と民俗―新しい地域史のために　下」(酒井淳)　酒井淳著作刊行会　2003.12　p623-631

坂井 勇　さかい・いさむ〔1917—　〕
　○業績目録ほか　「金沢法学　47.2」(金沢大)　2005.3　p3-5

酒井 憲二　さかい・けんじ〔1928—　国語史学〕
　◎編著書論文目録　「老国語教師の「喜の字の落穂拾い」」(酒井憲二)　笠間書院　2004.7　p160-168

酒井 健治郎　さかい・けんじろう
　○著作目録ほか　「福岡大学人文論叢　37.4.147」(福岡大)　2006.3　3pb

坂井 幸三郎　さかい・こうざぶろう〔1931—2006　マーケティング〕
　○研究業績ほか　「青山経営論集　35.4」(青山学院大)　2001.3　p129」

堺 鉱二郎　さかい・こうじろう〔法社会学・労働法・社会保障法〕
　○主要著作目録　「札幌法学　11.1・2」(札幌大)　2000.3　p57-62

坂井 定雄　さかい・さだお〔1936—　国際政治〕
　○著作目録ほか　「龍谷法学　37.4」(龍谷大)　2005.3　p1421-1425

酒井 シヅ　さかい・しづ〔1935—　医史学〕
　○略歴ほか　「東と西の医療文化」(吉田忠, 深瀬泰旦)　思文閣出版　2001.5　p429-436

酒井 七馬　さかい・しちま〔1905—1960　漫画家〕
　◎参考文献ほか　「謎のマンガ家・酒井七馬伝―「新宝島」伝説の光と影」(中野晴行)　筑摩書房　2007.2　p242-255

坂井 修一　さかい・しゅういち〔1958—　歌人〕
　◎年譜　「化翁開明―坂井修一翁伝」　坂井修一翁伝編纂委員会　2005.11　p233-267

坂井 秀吉　さかい・ひでよし
　○著作目録ほか　「広島国際研究　12」(広島市立大)　2006　p221-225

酒井 抱一　さかい・ほういつ〔1761—1828　画家〕
　◎注　「都市のなかの絵―酒井抱一の絵事とその遺響」(玉蟲敏子)　ブリュッケ　2004.6　prr
　◎参考文献　「酒井抱一と江戸琳派の美学　日本の美術463」(小林忠)　至文堂　2004.12　p80」

坂井 正広　さかい・まさひろ〔1933—2001　経営学史・組織理論〕
　○業績目録　「経営経理　27・28」(国士舘大)　2001.3　p177-198

酒井 泰弘　さかい・やすひろ〔1940—　経済学〕
　○業績ほか　「彦根論叢　357」(滋賀大)　2006.1　p215-235

坂井 雄吉　さかい・ゆうきち〔1931—　近代日本政治外交〕
　○著作目録ほか　「大東法学　13.2」(大東文化大)　2004.3　p165-167

酒井 吉栄　さかい・よしひで〔1920—　憲法学・大学自治論〕
　◎著作目録　「アメリカにおける新しい平等の創造」(酒井吉栄)　評論社　2005.11　p235-243

坂井 好郎　さかい・よしろう〔1931—　経済史学〕
　○略歴ほか　「名城論叢　4.4」(名城大)　2004.3　p3-6f

酒井田 柿右衛門　さかいだ・かきえもん〔1934―　陶芸家〕
　◎参考文献　「余白の美酒井田柿右衛門」（酒井田柿右衛門）　集英社　2004.11　p253-254

坂上 昭一　さかがみ・しょういち〔1927―1996　昆虫社会〕
　◎論文目録　「ミツバチのたどったみち―進化の比較社会学　新装版」（坂上昭一）　新思索社　2005.7　p1-13b

阪上 順夫　さかがみ・のぶお〔1932―　政治学・社会科教育〕
　○略歴ほか　「松阪大学政策研究　4.1」（松阪大）　2004　p3-9

榊 泰純　さかき・たいじゅん〔1934―　仏教文学〕
　○業績ほか　「国文学踏査　17」（大正大）　2005.3　p4-9f

榊山 潤　さかきやま・じゅん〔1900―1980　小説家〕
　◎年譜　「歴史作家榊山潤―その人と作品」（小田淳）　叢文社　2002.8　p141-172

坂口 安吾　さかぐち・あんご〔1906―1955　小説家〕
　◎著書目録（関井光男）　「桜の森の満開の下」（坂口安吾）　講談社　2001.4　p448-453
　○研究文献（小林真三）　「坂口安吾と日本文化　国文学解釈と鑑賞別冊」（至文堂）　2001.9　p253-265
　◎参考文献（小林真二）　「坂口安吾事典　事項編　国文学解釈と鑑賞別冊」（至文堂）　2001.12　p124-130
　◎引用文献ほか　「評伝坂口安吾―魂の事件簿」（七北数人）　集英社　2002.6　p219-271
　◎文献　「坂口安吾」（庄司肇）　沖積舎　2003.6　p216-226
　○書誌（寺木友美）　「文献探索　2004」（文献探索研究会）　2004.4　p497-504
　◎文献目録ほか（大原祐治ほか）　「安吾からの挑戦状　坂口安吾論集II」（坂口安吾研究会）　ゆまに書房　2004.11　p191-204
　◎作品索引　「無頼派の戦中と戦後―太宰治・田中英光・伊藤整・坂口安吾　近代文学の作家と作品」（磯佳和）　磯佳和　2005.5　p34-49b
　◎歴史年表（関井光男）　「国文学　解釈と教材の研究　50.13」（学燈社）　2005.12　p118-127
　◎年譜（三枝康高）　「不連続殺人事件　改版」（坂口安吾）　角川書店　2006.10　p317-329
　◎文献目録（原卓史）　「国文学　解釈と鑑賞　71.11」（至文堂）　2006.11　p165-174
　◎年譜　「坂口安吾　戦後を駆け抜けた男―farce & allegory」（相馬正一）　人文書館　2006.11　p431-444
　◎文献目録（原卓史）　「坂口安吾論集　III」（坂口安吾研究会）　ゆまに書房　2007.10　p175-187

坂口 謹一郎　さかぐち・きんいちろう〔1897―1994　微生物〕
　◎略年譜（秋山裕一）　「日本の酒」（坂口謹一郎）　岩波書店　2007.8　p257-258

阪口 直樹　さかぐち・なおき〔1943―2004　中国現代文学〕
　○略歴　「言語文化　8.1」（同志社大）　2005.8　p213-217

阪口 博一　さかぐち・ひろかず
　○著作目録ほか　「早稲田社会科学総合研究　6.1」（早稲田大）　2005.7　3pf

阪口 弘之　さかぐち・ひろゆき〔1943―　近世文学〕
　○略歴ほか　「人文研究　57」（大阪市立大）　2006.3　p9-17

坂口 康　さかぐち・やすし〔1938―2003　会計学〕
　○略歴ほか　「経営志林　40.1」（法政大）　2003.4　p179-180

坂口 裕英　さかぐち・ゆうえい〔1931―　民法・刑法〕
　○業績目録ほか　「福岡大学法学論叢　46.2・3・4」（福岡大）　2002.3　p425-433

坂口 洋一　さかぐち・よういち〔1942―　環境法〕
　○著作目録ほか　「上智法学論集　50.4」（上智大）　2007.3　p242-244

坂崎 利一　さかざき・りいち〔1920―2002　細菌学〕
　○略歴ほか　「日本食品微生物学会雑誌　19.2」（日本食品微生物学会）　2002　2pf

坂詰 秀一　さかづめ・ひでいち〔1936―　仏教考古学・考古学史〕
　○著作ほか（池上悟）　「立正大学文学部論叢　123」（立正大）　2006.3　p14-16

坂田 喜代　さかた・きよ
　◎年譜　「女の見た戦場」（坂田喜代）　あるむ　2002.9　p335-338

酒田 利夫　さかた・としお〔1946―　経済史・英国史〕
　○研究業績　「比較都市史研究　〔22〕.特別号」（比較都市史研究会）　2003.1　p22-29

阪田 寛夫　さかた・ひろお〔1925―2005　小説家・詩人〕
　◎著作ほか　「阪田寛夫の世界」（谷悦子）　和泉書院　2007.3　p275-286
　◎年譜ほか（伊藤英治）　「うるわしきあさも―阪田寛夫短篇集」（阪田寛夫）　講談社　2007.3　p305-324

坂出 祥伸　さかで・よしのぶ〔1934―　中文〕
　◎著作目録ほか　「中国思想における身体・自然・信仰―坂出祥伸先生退休記念論集」（坂出祥伸先生退休記念論集刊行会）　東方書店　2004.8　p653-686

阪中 正夫　さかなか・まさお〔1901―1958　劇作家〕
　◎著作一覧ほか　「阪中正夫文学選集」（阪中正夫）　和泉書院（近代作家文学選集　第2巻）　2001.3　p299-321

坂西 八郎　さかにし・はちろう〔1931―2005　ドイツ民謡・ヨーロッパ俳句〕
　◎年譜ほか（坂西雅子）　「野ばらの来た道」（坂西八郎）　響文社　2005.8　p506-515

坂上 郎女　さかのうえの・いらつめ〔奈良時代　歌人〕
　◎注　「坂上郎女と家持―大伴家の人々」（小野寺静子）　翰林書房　2002.5　prr
　◎文献目録（鍵本有理）　「大伴坂上郎女後期万葉の女性歌人たち　セミナー万葉の歌人と作品10」（神野志隆光ほか）　和泉書院　2004.10　p313-337

坂巻 清　さかまき・きよし〔1941―　産業史〕
　○著作目録ほか　「研究年報経済学　65.4」（東北大）　2004.3　p821-824

酒巻 俊雄　さかまき・としお〔1931―　会社法〕
　○業績目録　「早稲田法学　77.3」（早稲田大）　2002　p319-335
　○著作目録ほか　「21世紀の企業法制―酒巻俊雄先生古稀記念」（石山卓磨ほか）　商事法務　2003.3　p907-929

坂本 明子　さかもと・あきこ〔1922―2007　詩人〕
　◎自筆年譜　「坂本明子詩集」（西岡光秋）　土曜美術社出版販売　2002.10　p175-180

坂本 一成　さかもと・かずなり〔1943―　建築家〕
　◎論説リスト　「住宅―日常の詩学」（坂本一成）　TOTO出版　2001.11　p276-278

坂本 九　さかもと・きゅう〔1941―1985　歌手〕
　◎年譜　「坂本九　上を向いて歩こう」（坂本九）　日本図書センター　2001.9　p224-233

坂本 清　さかもと・きよし
　○業績ほか　「経営研究　55.3・4」（有斐閣）　2005.2　p223-226

坂本 圭右　さかもと・けいすけ〔1935―　民事法〕
　○著書ほか（久保田安彦）　「早稲田商学　403」（早稲田商学同攻会）　2005.3　p979-982

坂本 重雄　さかもと・しげお〔1932―2001　労働法・社会保障法〕
　○業績一覧ほか　「専修大学法学研究所所報　24」（専修大）　2001.12　p110-115

坂本 多加雄　さかもと・たかお〔1950―2002　日本政治思想史〕
　◎著作一覧（杉原志啓）　「市場と国家　坂本多加雄選集2」（坂本多加雄）　藤原書店　2005.10　p561-544

坂本 肇　さかもと・はじめ
　○略歴ほか　「高知女子大学文化論叢　4」（高知女子大）　2002.3　p3f

坂本 繁二郎　さかもと・はんじろう〔1882―1969　洋画家〕
　◎参考文献（後藤純子）　「坂本繁二郎展―石橋美術館開館50周年記念」（森山秀子ほか）　ブリヂストン美術館　2006　p250-259

坂本 正弘　さかもと・まさひろ〔1931―　国際経済学〕
　○著書目録ほか　「総合政策研究　11」（中央大）　2002.5　p76-79

酒本 雅之　さかもと・まさゆき〔1931―　アメリカ文学〕
　○研究業績ほか（定松正）　「共立女子大学文芸学部紀要　48」（共立女子大）　2002.1　p95-97

坂本 實　さかもと・みのる
　○業績ほか　「専修ネットワーク＆インフォメーション　11」（専修大）　2007.3　p69-71

坂本 龍馬　さかもと・りょうま〔1835―1867　志士〕
　◎参考文献　「勝海舟と坂本龍馬」（加来耕三）　学習研究社　2001.1　p350-351
　◎参考文献　「真説・薩長同盟―坂本龍馬の真実」（山本栄一郎）　文芸社　2001.11　p247-249
　◎参考文献　「坂本龍馬大事典　コンパクト版」（新人物往来社）　新人物往来社　2001.12　p328-332
　◎引用参考文献　「坂本龍馬進化論」（菊地明）　新人物往来社　2002.7　p269」
　◎参考文献　「龍馬の姪岡上菊栄の生涯」（武井優）　鳥影社　2003.3　p347-352
　◎参考文献　「定本坂本龍馬伝―青い航跡」（松岡司）　新人物往来社　2003.12　p915-922
　◎参考文献　「龍馬と八人の女性」（阿井景子）　戎光祥出版　2005.4　p219-220

相楽 半右衛門　さがら・はんえもん
　◎参考文献ほか　「大槻村最後の名主相楽半右衛門伝」（矢部洋三）　相楽マサエ　2004.11　p386-389

相良氏　さがらし
　◎参考文献　「肥後相良一族」（池田こういち）　新人物往来社　2005.7　p236-244

佐川 幸義　さがわ・ゆきよし〔1902―1998　合気道師範〕
　◎参考文献　「佐川幸義先生伝　大東流合気の真実」（高橋賢）　福昌堂　2007.9　p340-342

鷺 只雄　さぎ・ただお〔1936―　近代日本文学〕
　○研究業績ほか　「国文学論考　38」（都留文科大）　2002.3　p1-12f

佐木 隆三　さき・りゅうぞう〔1937―　小説家〕
　◎年譜著書目録（佐木隆三）　「供述調書　佐木隆三作品集」　講談社　2001.4　p306-318
　○著書目録ほか（佐木隆三ほか）　「敍説　3.1」（花書院）　2007.8　p2-30

向坂 逸郎　さきさか・いつろう〔1897―1985　マルクス経済〕
　◎著作目録ほか　「向坂逸郎文庫目録　5原資料」（法政大学大原社会問題研究所）　法政大学　2001.3　p75-111
　○著作目録（和気誠）　「大原社会問題研究所雑誌　513」（法政大学大原社会問題研究所）　2002.3　p16-26
　○著作紹介（田中則子）　「科学的社会主義　81」（社会主義協会）　2005.1　p30-34

鷺沢 萠　さぎさわ・めぐむ〔1968—2004　小説家〕
　○解体全書（藤原理加）　「ダ・ヴィンチ　85」（リクルート）　2001.5　p206-208
　○自作解題ほか　「文藝　42.1」（河出書房新社）　2003.2　4pb
　○著訳書一覧ほか（鷺沢萠）　「文芸　43.3」（河出書房新社）　2004　p124-129
　◎年譜（編集部）　「〈在日〉文学全集　14」（磯貝治良ほか）　勉誠出版　2006.6　p396-398

崎山 ゆかり　さきやま・ゆかり
　◎関連論文一覧　「タッチングと心理療法―ダンスセラピーの可能性」（崎山ゆかり）　創元社　2007.9　p182-183

佐久間 重男　さくま・しげお〔1914—　東洋史・中国史〕
　◎著作目録ほか　「佐久間重男先生米寿記念明代史論集」（佐久間重男先生米寿記念会）　汲古書院　2002.10　p1-12f

佐久間 象山　さくま・しょうざん〔1811—1864　兵学・思想〕
　○研究目録（金世貞）　「陽明学　19」（二松学舎大）　2007　p118-151

佐久間 隆史　さくま・たかし〔1942—　詩人・評論家〕
　◎年譜　「新編佐久間隆史詩集」（佐久間隆史）　土曜美術社出版販売　2005.9　p156-162

佐久間 勉　さくま・つとむ〔1879—1910〕
　◎関連文献（TBSブリタニカ）　「佐久間艇長の遺書」　TBSブリタニカ　2001.2　p90-91

佐久間 賢　さくま・まさる〔1935—　国際経営論・人的資源管理論〕
　○著書目録ほか　「総合政策研究　13」（中央大）　2006.3　p293-297

佐久間 盛政　さくま・もりまさ〔1554—1583　武将〕
　◎参考文献　「賤ヶ岳の鬼神―佐久間盛政」（楠戸義昭）　毎日新聞社　2002.3　p235-238

佐久間 柳居　さくま・りゅうきょ
　◎略年譜ほか　「俳諧史のかなめ佐久間柳居」（楠元六男）　新典社　2001.10　p328-246

佐久間氏　さくまし
　◎参考文献　「戦国の佐久間一族」（楠戸義昭）　新人物往来社　2004.4　p246-250

佐倉 惣五郎　さくら・そうごろう〔江戸時代前期　義民〕
　◎文献　「夜明け―ジョン万次郎と佐倉惣五郎」（河村望）　人間の科学新社　2005.12　p287-289

桜井 克彦　さくらい・かつひこ〔1938—　経営学〕
　○著作目録ほか　「経済科学　49.4」（名古屋大）　2002.3　p229-234

桜井 清　さくらい・きよし〔1934—　イギリス経済史〕
　○著作目録ほか　「和光経済　37.3」（和光大）　2005.3　p263-273

桜井 孝一　さくらい・こういち〔1930—　民事法〕
　○業績目録ほか　「早稲田法学　76.3」（早稲田大）　2001　p1-9b

桜井 貞夫　さくらい・さだお〔1951—　版画家〕
　◎年譜　「桜井貞夫銅版画作品集1983-2004―追想の風景」（桜井貞夫）　阿部出版　2005.6　p88-95

櫻井 琢巳　さくらい・たくみ〔1926—2003　詩人・文芸評論家〕
　◎年譜ほか　「櫻井琢巳全集　5」（櫻井琢巳）　沖積舎　2006.10　p395-444

櫻井 忠剛　さくらい・ただたけ〔1867—1944　洋画家〕
　◎参考文献　「櫻井忠剛と関西洋画の先駆者たち―洋画の先駆者にして初代尼崎市長」（櫻井忠剛）　尼崎市総合文化センター　2005.5　p101-103

櫻井 徳太郎　さくらい・とくたろう〔1917—2007　民俗学〕
　◎業績ほか（谷口貢）　「民俗学の地平―櫻井徳太郎の世界」（佐々木宏幹）　岩田書院　2007.3　p321-329
　○略年譜ほか（大澤鷹邇）　「板橋史談　243」（板橋史談会）　2007.11　p22-26

櫻井 英博　さくらい・ひでひろ〔1936—　植物生理学〕
　◎業績ほか　「早稲田大学教育学部学術研究　生物学・地球科学編　2006」（早稲田大）　2006　p1-4

桜井 寛　さくらい・ひろし〔1931—　洋画家〕
　◎略年譜　「桜井寛展図録―第27回企画展」（八十二文化財団）　八十二文化財団　2001.10　p46-48

櫻井 雅夫　さくらい・まさお〔1935—　国際経済法〕
　◎業績ほか　「国際経済法と地域協力―桜井雅夫先生古稀記念論集」（石川明ほか）　信山社出版　2004.12　p690-718
　○著作目録　「獨協法学　67」（獨協大）　2005.11　p435-462

櫻井 通晴　さくらい・みちはる〔1937—　管理会計〕
　○業績ほか　「専修経営学論集　84」（専修大）　2007.3　p243-259

桜井 好朗　さくらい・よしろう〔1931—　日本中世文化史〕
　◎論述目録　「中世日本の神話と歴史叙述」（桜井好朗）　岩田書院　2006.10　p333-341

桜沢 如一　さくらざわ・ゆきかず〔1893—1966　食養法研究家〕
　◎略年譜（岡田定三）　「無双原理・易―「マクロビオティック」の原点　新編集版」（桜沢如一）　サンマーク出版　2004.6　p222」

桜林 誠　さくらばやし・まこと〔1921—　労働経済学〕
　○著作目録　「大原社会問題研究所雑誌　537」（法政大）　2003.8　p32-53

櫻部 建　さくらべ・はじめ
　◎業績一覧ほか　「初期仏教からアビダルマへ―櫻部建博士喜寿記念論集」（刊行会）　平楽寺書房　2002.5　p5-17f

桜本 富雄　さくらもと・とみお
　◎著作一覧　「歌と戦争—みんなが軍歌をうたっていた」(桜本富雄)　アテネ書房　2005.3　p260-261

佐合 紘一　さごう・ひろかず〔1943—2005　経営財務論〕
　○業績ほか　「経営研究 53.4」(大阪市立大)　2003.1　p285-289

迫野 虔徳　さこの・ふみのり〔1942—　国語学〕
　○著作目録　「語文研究 100・101」(九州大)　2006.6　4pf
　○業績ほか　「文学研究 104」(九州大)　2007.3　7pf

左近允 孝之進　さこんじょう・こうのしん〔1870—1909〕
　◎年譜ほか　「見はてぬ夢を—「視覚障害者」の新時代を啓いた左近允孝之進の生涯」(山本優子)　燦葉出版社　2005.6　p168-180

笹井 均　ささい・ひとし〔1939—　管理科学・制御工学〕
　○業績ほか　「横浜経営研究 26.2」(横浜国立大)　2005.9　4pf

笹川 良一　ささがわ・りょういち〔1899—1995　右翼運動家・実業家〕
　◎略年譜　「笹川良一伝—世のため人のために」(黒瀬昇次郎)　致知出版社　2001.10　p466-471

佐々木 薫　ささき・かおる〔1935—　社会心理学〕
　○業績ほか　「関西学院大学社会学部紀要 93」(関西学院大)　2003.3　p1-6

佐々木 嬉代三　ささき・きよぞう〔1939—　社会病理学〕
　○業績ほか　「立命館産業社会論集 41.1」(立命館大)　2005.6　p5-20

佐々木 月樵　ささき・げっしょう〔1875—1926　仏教学者・僧侶〕
　◎著作目録　「よみがえる上宮寺の法宝物—蓮如上人如光上人五百回御遠忌記念」(「よみがえる上宮寺の法宝物」図録編集委員会)　太子山上宮寺　2004.3　p125-136

佐々木 宏幹　ささき・こうかん〔1930—　人類学〕
　○業績ほか　「文化 21」(駒沢大)　2003.3　p5-16f
　○業績ほか　「宗教学論集 23」(駒澤宗教学研究会)　2004.3　p1-12f

佐々木 交賢　ささき・こうけん〔1926—2005　社会学〕
　○業績一覧ほか　「Sociologica 29.1・2」(創価大)　2005.3　p9-15

佐々木 孝憲　ささき・こうけん
　◎著書論文目録ほか　「仏教学仏教史論集—佐々木孝憲博士古稀記念論集」(刊行会)　山喜房仏書林　2002.3　p1-5f

佐々木 小次郎　ささき・こじろう〔?—1612　剣術家〕
　◎文献目録　「佐々木小次郎—出自・つばめ返し・巌流島の真実」(川口素生)　アーツアンドクラフツ　2002.10　p224-227

佐佐木 茂美　ささき・しげみ〔1934—　フランス文学〕
　○自記年譜　「明星大学研究紀要　日本文化学部・言語文化学科 13」(明星大)　2005.3　p5-13

佐々木 丞平　ささき・じょうへい〔1941—　日本近世絵画史〕
　○著作目録ほか　「京都美学美術史学 4」(京都美学美術史学研究会)　2005　p187-197

佐々木 史朗　ささき・しろう〔1926—2003　刑事法・弁護士〕
　◎略歴　「刑事法の理論と実践—佐々木史朗先生喜寿祝賀」(西原春夫)　第一法規出版　2002.11　p759-769

佐々木 仁　ささき・じん
　○業績ほか　「名城論叢 2.3」(名城大)　2002.3　p3-5f

佐々木 享　ささき・すすむ〔1932—　技術教育〕
　○業績目録(佐々木享)　「職業と技術の教育学 16」(名古屋大)　2003.6　p65-73

佐々木 隆雄　ささき・たかお〔1935—　経済政策〕
　○業績ほか　「経済志林 72.1・2」(法政大)　2004.7　p423-430

佐々木 敏郎　ささき・としお
　○業績ほか　「関東学院教養論集 11」(関東学院大)　2001.3　p253-258

佐々木 土師二　ささき・としじ〔1936—　消費心理学〕
　○業績ほか(高木修)　「関西大学社会学部紀要 36.3」(関西大)　2005.3　p197-213

佐々木 直井　ささき・なおい〔1930—2007　動物発生・生理学〕
　○業績目録ほか　「西南学院大学児童教育学論集 27.2」(西南学院大)　2001.2　p1-11f

佐々木 允臣　ささき・のぶおみ〔1942—　法哲学〕
　○略歴ほか　「島大法学 48.4」(島根大)　2005.3　p315-319

佐佐木 信綱　ささき・のぶつな〔1872—1963　歌人・国文〕
　○年譜　「佐佐木信綱全歌集」(佐佐木信綱)　ながらみ書房　2004.12　p361-376

佐々木 肇　ささき・はじむ
　○略歴ほか　「言語と文化 6」(岩手県立大)　2004　p5-14f
　○履歴ほか　「岩手県立大学盛岡短期大学部研究論集 6」(岩手県立大)　2004.3　p1-7

佐々木 久春　ささき・ひさはる〔1934—　詩人〕
　○年譜ほか　「秋田県立大学総合科学研究彙報 5」(秋田県立大)　2004　p1-4

佐々木 宏　ささき・ひろし〔1937—　スポーツ科学〕
　○著作目録ほか　「広島修大論集 46.1.87」(広島修道大)　2005.9　4pb

佐々木 宏　ささき・ひろし〔建築学〕
　◎「佐々木宏書誌目録 1952-2001」(佐々木宏)　佐々木宏先生書誌目録刊行委員会　2002.2　29p　A4

佐々木 宏　ささき・ひろし
　◎主要業績目録　「追想佐々木宏」　佐々木八重子　2004.12　p282-283

佐々木 宏茂　ささき・ひろしげ
　○業績目録ほか　「観光学研究 6」（東洋大）　2007.3　p131-134

佐々木 不可止　ささき・ふかし
　○業績ほか（佐々木不可止）　「苫小牧駒澤大学紀要 9」（苫小牧駒澤大）　2003.3　p1-7

佐々木 幹郎　ささき・みきろう〔1947―　詩人・評論家〕
　◎参考資料（山崎義光）　「展望現代の詩歌 5　詩V」（飛高隆夫ほか）　明治書院　2007.12　p110-112

佐々木 康之　ささき・やすゆき〔1935―　フランス文学〕
　○業績等目録ほか　「立命館文学 567」（立命館大）　2001.2　p1-6

佐々木 雄司　ささき・ゆうじ〔1932―　精神神経科学〕
　○研究業績　「独協経済 76」（独協大）　2003.3　p8-11

佐佐木 幸綱　ささき・ゆきつな〔1938―　歌人・国文〕
　◎歌集解題ほか　「佐佐木幸綱」（奥田亡羊）　青磁社　2006.2　p201-213

佐々木 洋一　ささき・よういち〔1940―　〕
　◎略年譜　「佐々木洋一 アンソロジー」（佐々木洋一）　土曜美術社出版　2001.11　p140-141

佐々木 六戈　ささき・ろくか〔1955―　俳人・歌人〕
　◎略歴　「佐々木六戈集」（佐々木六戈）　邑書林　2003.12　p145-147

佐々木氏　ささきし
　○参考文献　「佐々木六角氏の系譜―系譜学の試み」（佐々木哲）　思文閣出版　2006.3　p181-191
　◎参考文献ほか　「系譜伝承論―佐々木六角氏系図の研究」（佐々木哲）思文閣出版　2007.11　p313-320

笹倉 鉄平　ささくら・てっぺい〔1954―　洋画家・版画家〕
　◎略歴　「笹倉鉄平全版画集 1991-2002」（笹倉鉄平）　求龍堂　2002.9　p206-207

笹田 友三郎　ささだ・ともさぶろう〔1927―2007　経済地理学〕
　○研究業績　「松阪大学政策研究 3.1」（松阪大）　2003　p3-9

笹森 卯一郎　ささもり・ういちろう〔1867―1911　牧師〕
　◎文献　「火焔の人―笹森卯一郎の生涯―教育者にして伝道者」（松本汎人）　長崎文献社　2006.10　p365-367

笹山 晴生　ささやま・はるお〔1932―　日本史〕
　○略年譜　「学習院史学 41」（学習院大）　2003.3　p5-8

佐治 圭三　さじ・けいぞう〔1930―　日本語教育〕
　○略履歴　「無差 10」（京都外国語大）　2003.3　p9-11

佐治 實然　さじ・じつねん
　○著述一覧　「佐治實然の生涯」（松岡秀隆）　松岡秀隆　2006.8　p253-260

佐治 守夫　さじ・もりお〔1924―1996　臨床心理学〕
　○業績ほか　「臨床家佐治守夫の仕事 2 治療的面接―事例編」（近藤邦夫ほか）　明石書店　2007.10　p5-23b

佐多 稲子　さた・いねこ〔1904―1998　小説家〕
　◎注　「救済者としての都市 佐多稲子と宇野浩二における都市空間」（小林隆久）　木魂社　2003.6　p123-129
　○年譜　「新日本文学 59.3」（新日本文学会）　2004.5　p140-143
　◎関連年表ほか　「昭和十年代の佐多稲子」（小林美恵子）　双文社出版　2005.3　p285-299
　◎年譜（伊原美好）　「佐多稲子と戦後日本」（小林裕子ほか）　七つ森書館　2005.11　p231-245

貞木 展生　さだき・のぶお〔1934―　金融経済論〕
　○著作目録ほか　「徳山大学論叢 60・61」（徳山大）　2004.6　p116-117

佐竹 元一郎　さたけ・げんいちろう〔1933―　コンピューター・統計理論〕
　○著作目録ほか　「早稲田政治経済雑誌 352・353」（早稲田大）　2003.1　p283-292

佐竹 曙山　さたけ・しょざん〔1748―1785　出羽秋田藩主・洋風画家〕
　◎註　「佐竹曙山―画ノ用タルヤ似タルヲ貴フ」（成瀬不二雄）　ミネルヴァ書房　2004.1　p199-202

佐竹 靖彦　さたけ・やすひこ〔1939―　中国前近代史〕
　○業績目録ほか　「人文学報 335」（都立大）　2003.3　p3-12f

佐竹 義躬　さたけ・よしみ〔1749―1800　洋風画家〕
　◎文献　「佐竹北家三代の俳諧―佐竹義躬の時代前後」（鈴木実）　秋田文化出版　2003.1　p256-259

佐竹氏　さたけし
　○参考文献　「常陸・秋田佐竹一族」（七宮涬三）　新人物往来社　2001.6　p246-248

左田野 修　さたの・おさむ
　○参考文献　「逃亡―「油山事件」戦犯告白録」（小林弘忠）　毎日新聞社　2006.3　p238-239

貞政 研司　さだまさ・けんじ
　○略歴　「国文鶴見 37」（鶴見大）　2003.3　p92-101

佐々 成政　さっさ・なりまさ〔1536―1588　武将〕
　○文献ほか　「佐々成政のすべて」（花ヶ前盛明）　新人物往来社　2002.3　p265-282

佐々 学　さっさ・まなぶ〔1916―2006　寄生虫学者〕
　◎「佐々学先生米寿記念業績集」（佐々学先生米寿祝賀事業会）　実業之富山社　2003.7　169p　A5

佐藤 愛子　さとう・あいこ〔1923―　小説家〕
　◎略年譜（神田由美子）　「佐藤愛子展」（世田谷文学館）　世田谷文学館　2001.4　p122-133
佐藤 愛之介　さとう・あいのすけ
　⇒《西洋人》サトウ, E.M.を見よ
佐藤 亜紀　さとう・あき
　○抄録（虎谷瞳）　「文献探索 2001」（文献探索研究会）　2002.7　p582-590
佐藤 彰　さとう・あきら〔1931―2002　近世文学・日本近世演劇〕
　○業績目録ほか（佐藤知万）　「近松研究所紀要 14」（園田学園女子大）　2003.12　p159-170
佐藤 井岐雄　さとう・いきお〔1902―1945　生物学者〕
　○論文目録ほか（宇都宮妙子）　「両生類誌 8」（日本両生類研究会）　2002.7　p25-32
佐藤 伊久男　さとう・いくお〔1930―　西洋史〕
　○業績一覧　「ヨーロッパ文化史研究 5」（東北学院大）　2004.3　p18-19f
佐藤 勇　さとう・いさむ
　○業績目録ほか　「神奈川法学 35.3」（神奈川大）　2002.11　p286-296
佐藤 一郎　さとう・いちろう〔1928―　中文〕
　○業績表ほか　「中国学研究 19」（大正大）　2000.3　p5-8
佐藤 市郎　さとう・いちろう〔1889―1958　海軍中将〕
　◎略歴　「父、佐藤市郎が書き遺した軍縮会議秘録」（佐藤信太郎）　文芸社　2001.11　p212-214
佐藤 一斎　さとう・いっさい〔1772―1859　儒学者〕
　◎参考文献　「真釈佐藤一斎「重職心得箇条」」（深沢賢治）　小学館　2002.3　p162-163
　◎年譜　「欄外書類 6」（佐藤一斎）　明徳出版社　2002.4　p801-832
　◎文献案内　「佐藤一斎―克己の思想」（栗原剛）　講談社　2007.7　p274-278
佐藤 栄一　さとう・えいいち〔1935―2001　国際政治学・軍備管理〕
　◎研究業績一覧　「冷戦後の軍備管理・軍縮」（佐藤栄一）　三嶺書房　2001.10　p237-244
佐藤 栄作　さとう・えいさく〔1901―1975　政治家〕
　◎関連文献　「楠田實日記　佐藤栄作総理首席秘書官の二〇〇〇日」（楠田実ほか）　中央公論新社　2001.9　p980-981
　◎略年譜　「衛藤瀋吉著作集 10 佐藤栄作」（衛藤瀋吉）　東方書店　2003.12　p215-226
　◎注　「池田・佐藤政権期の日本外交」（波多野澄雄）　ミネルヴァ書房　2004.2　prr
佐藤 鬼房　さとう・おにふさ〔1919―2002　俳人〕
　◎年譜ほか　「佐藤鬼房全句集」（高野ムツオ）　邑書林　2001.1　p623-641
　○略年譜（編集部）　「俳句 51.6」（角川書店）　2002.5　p186-189

佐藤 和彦　さとう・かずひこ〔1937―2006　日本中世民衆史〕
　○略年譜（民衆史研究会委員会）　「民衆史研究 72」（民衆史研究会）　2006.11　p75-84
佐藤 一子　さとう・かつこ〔社会教育学〕
　○略歴ほか　「生涯学習・社会教育学研究 31」（東京大）　2006　p5-10
佐藤 勝彦　さとう・かつひこ〔1940―　画家〕
　◎略歴　「佐藤勝彦作品集」（佐藤勝彦）　東方出版　2003.10　p348-349
佐藤 喜光　さとう・きしみつ〔1942―　旅行産業論〕
　○業績ほか　「立教大学観光学部紀要 9」（立教大）　2007.3　p6-7
佐藤 喜代治　さとう・きよじ〔1912―2003　国語学者〕
　○著作目録ほか（佐藤武義）　「国語学 54.4.215」（国語学会）　2003.10　p68-74
　○著作目録（佐藤武義）　「日本語学の蓄積と展望」（佐藤喜代治博士追悼論集刊行会）　明治書院　2005.5　p586-603
佐藤 惠一　さとう・けいいち
　○業績　「茨城大学政経学会雑誌 77」（茨城大）　2007.3　p62-63
佐藤 圭四郎　さとう・けいしろう〔1919―2005　イスラム史〕
　○著作目録　「東北大学東洋史論集 11」（東北大）　2007.3　p331-335
佐藤 健　さとう・けん〔1942―　新聞記者〕
　◎仕事　「生きる者の記録　佐藤健」（佐藤健ほか）　毎日新聞社　2003.3　p172-173
佐藤 健士　さとう・けんし
　○業績目録ほか　「東日本国際大学研究紀要 8.1」（東日本国際大）　2003.1　p167-169
佐藤 謙三　さとう・けんぞう〔1910―1975　平安文学〕
　◎年譜ほか　「佐藤謙三著作集 5」（『佐藤謙三作集』刊行会）　角川学芸出版　2005.1　p444-461
佐藤 公一　さとう・こういち〔1941―　西洋哲学〕
　○著作目録　「香川大学経済論叢 78.3」（香川大）　2005.12　p190」
佐藤 幸治　さとう・こうじ〔1905―1971　心理学者〕
　○著作目録ほか　「法学論叢 148.5・6」（京都大）　2001.3　p1-16
佐藤 紅緑　さとう・こうろく〔1874―1949　小説家〕
　◎翻訳文学年表　「森鷗峰・佐藤紅緑集　明治翻訳文学全集　〔続〕翻訳家編18」（森鷗峰ほか）　大空社　2003.7　p1-4b
佐藤 佐太郎　さとう・さたろう〔1909―1987　歌人〕
　◎年譜　「佐藤佐太郎集 3 歌集3」（阿川弘之ほか）　岩波書店　2001.12　p301-320
　◎年譜　「佐藤佐太郎短歌の研究―佐藤佐太郎と昭和期の短歌」（今西幹一）　おうふう　2007.11　p483-500

佐藤 重夫　さとう・しげお〔1912―2003　建築学〕
　○文献目録ほか　「建築史学 43」（建築史学会）
　　2004.9　p232-237
佐藤 志満　さとう・しま〔1913―　歌人〕
　◎略年譜　「佐藤志満全歌集」（佐藤志満）　短歌新
　　聞社　2001.10　p571-575
佐藤 勝一　さとう・しょういち
　○研究業績ほか　「岩手県立大学宮古短期大学部研
　　究紀要 11.2」（岩手県立大宮古短大）　2001.3
　　1pf
佐藤 昌一郎　さとう・しょういちろう〔1932―2002
　公企業・財政論・基地問題〕
　○主要研究業績ほか　「経営志林 39.4」（法政大）
　　2003.1　p235-236
佐藤 彰子　さとう・しょうこ
　○略歴ほか　「人文社会科学研究 46」（早稲田大）
　　2006.3　p163-165
佐藤 昌介　さとう・しょうすけ〔1856―1939　農政
　経済学者・男爵〕
　◎参考文献ほか　「北の大地に魅せられた男―北大
　　の父佐藤昌介」（藤井茂）　岩手日日新聞社　2006.
　　10　p228-260
　◎略年譜　「北海道大学の父佐藤昌介―その勇まし
　　く高尚なる生涯」（蝦名賢造）　西田書店　2007.
　　11　p207-212
佐藤 慎一郎　さとう・しんいちろう〔1905―1999
　東洋史〕
　○年譜　「大観園の解剖―漢民族社会実態調査」（佐
　　藤慎一郎）　原書房　2002.3　p277-279
佐藤 信淵　さとう・しんえん〔1769―1850　経済学
　者・経世家〕
　◎年譜　「佐藤信淵の虚像と実像―佐藤信淵研究序
　　説」（稲雄次）　岩田書院　2001.3　p267-278
佐藤 眞典　さとう・しんすけ
　◎業績目録　「歴史家のパレット―佐藤眞典先生御
　　退職記念論集」（佐藤眞典先生御退職記念論集準
　　備会）　渓水社　2005.4　p2-6f
佐藤 輔子　さとう・すけこ〔1871―1895〕
　◎年譜　「明治女学校生徒佐藤輔子の日記」（及川
　　和男）　藤村記念館　2003.12　p192-202
佐藤 宗諄　さとう・そうじゅん〔1939―　日本古代
　政治史〕
　○著作抄録　「寧楽史苑 47」（奈良女子大）　2002
　　p3-8
佐藤 惣之助　さとう・そうのすけ〔1890―1942
　詩人〕
　◎年譜　「佐藤惣之助全集 3」（佐藤惣之助）　日
　　本図書センター　2006.1　p1-14b
佐藤 隆広　さとう・たかひろ〔?―1999　考古学〕
　◎著作目録ほか（高畠孝宗ほか）　「北方世界からの
　　視点―ローカルからグローバルへ」（佐藤隆広氏
　　追悼論集刊行委員会ほか）　北海道出版企画セン
　　ター　2004.9　p375-378

佐藤 武義　さとう・たけよし〔1935―　国語学〕
　○著述目録ほか　「語文 121」（日本大）　2005.3
　　p164-165
佐藤 正　さとう・ただし
　○略歴ほか　「新潟大学経済論集 80」（新潟大）
　　2006.3　p75-78
佐藤 保　さとう・たもつ〔1934―　中国文学・日中
　文化交流〕
　○略年譜　「お茶の水女子大学中国文学会報 20」
　　（お茶の水女子大）　2001.4　p1-14f
佐藤 忠吉　さとう・ちゅうきち〔1920―　酪農家〕
　◎参考文献　「自主独立農民という仕事―佐藤忠吉
　　と「木次乳業」をめぐる人々」（森まゆみ）　バジ
　　リコ　2007.4　p208-209
佐藤 忠良　さとう・ちゅうりょう〔1912―　彫刻家〕
　◎年譜　「彫刻の〈職人〉佐藤忠良―写実の人生を
　　語る」（奥田史郎ほか）　草の根出版会　2003.12
　　p132-141
佐藤 朝山　さとう・ちょうざん〔1888―1963　彫刻家〕
　◎参考文献　「佐藤朝山展―甦る近代彫刻の鬼才」
　　（井原市立田中美術館ほか）　井原市立田中美術館
　　2006.10　p164-167
佐藤 司　さとう・つかさ〔1931―　刑事法〕
　○研究業績ほか　「亜細亜法学 36.2」（亜細亜大）
　　2002.2　p157-168
　◎研究業績ほか　「日本刑事法の理論と展望―佐藤
　　司先生古稀祝賀　下巻」（森下忠, 香川達夫, 斉藤
　　誠二）　信山社　2002.8　p639-652
佐藤 恒雄　さとう・つねお〔1941―　中世文学〕
　○研究業績　「香川大学国文研究 28」（香川大）
　　2003　p5-12
佐藤 哲三　さとう・てつぞう〔1910―1954　洋画家〕
　◎参考文献　「佐藤哲三展」（神奈川県立近代美術
　　館ほか）　実行委員会　c2004　p153-155
佐藤 篤士　さとう・とくじ〔1934―　ローマ法〕
　◎著述目録ほか　「法史学をめぐる諸問題」（佐
　　藤篤士先生古希記念論文集刊行委員会）
　　敬文堂　2004.3　p227-231
　◎業績目録　「早稲田法学 79.3」（早稲田法学会）
　　2004.5　p283-288
佐藤 俊夫　さとう・としお〔1934―　会計学・経営
　分析〕
　○略歴ほか　「国士舘大学政経論叢　平成16.4　通
　　巻130」（国士舘大）　2004.12　p11-14f
佐藤 俊子　さとう・としこ
　　⇒田村 俊子（たむら・としこ）を見よ
佐藤 甫　さとう・はじめ〔1936―　国際取引論〕
　○業績ほか　「商経論叢 48.1」（九州産業大）　2007.
　　9　6pb
サトウ ハチロー　〔1903―1973　詩人・作詞家〕
　◎年譜　「サトウハチローのこころ」（長田暁二ほ
　　か）　佼成出版社　2002.10　4pb

佐藤 八郎　さとう・はちろう〔1909—　郷土史家〕
　○研究論考（平山俊）　「甲斐　110」（山梨郷土研究会）　2006.1　p111-113
佐藤 春夫　さとう・はるお〔1892—1964　詩人・小説家〕
　◎著作年表ほか（牛山百合子）　「定本佐藤春夫全集　別巻1」（佐藤春夫）　臨川書店　2001.8　p141-386
　○参考文献（五十嵐康夫）　「国文学解釈と鑑賞　67.3」（至文堂）　2002.3　p167-178
　◎年譜　「佐久における佐藤春夫とその周辺」（中沢弘之）　櫟　2002.4　p299-310
　◎研究文献目録ほか　「佐藤春夫研究」（半田善永）　双文社出版　2002.9　p101-136
　◎文献ほか　「殉情詩集」（佐藤春夫）　日本図書センター　2003.1　p161-171
　◎年譜　「佐藤春夫宛森丑之助書簡」（新宮市立佐藤春夫記念館）　新宮市立佐藤春夫記念館　2003.3　p50-51
　◎注　「佐藤春夫作品研究—大正期を中心として」（遠藤郁子）　専修大学出版局　2004.3　p211-234
　◎年譜ほか（牛山百合子）　「維納の殺人容疑者」（佐藤春夫）　講談社　2005.12　p300-320
　◎年譜ほか（牛山百合子）　「この三つのもの」（佐藤春夫）　講談社　2007.10　p325-345
佐藤 長　さとう・ひさし〔1914—2008　東洋史学者〕
　○略年譜ほか（岩見宏ほか）　「東方学　107」（東方学会）　2004.1　p196-228
佐藤 秀夫　さとう・ひでお〔1934—2002　日本教育史〕
　◎著作目録ほか（小野雅章）　「教育の文化史　4」（佐藤秀夫）　阿吽社　2005.11　p393-432
佐藤 博信　さとう・ひろのぶ〔1946—　中世東国史〕
　◎著作目録　「中世東国の社会構造　中世東国論下」（佐藤博信）　岩田書院　2007.6　p317-333
佐藤 房儀　さとう・ふさよし〔1939—2005　詩人〕
　◎業績目録　「中京大学文学部紀要　41.1」（中京大）　2006　2pf
佐藤 文哉　さとう・ふみや〔1936—2006　弁護士〕
　◎業績目録　「小林充先生佐藤文哉先生古稀祝賀刑事裁判論集　下」（刊行会）　判例タイムズ　2006.3　p746-754
佐藤 正英　さとう・まさひで〔1936—　倫理学〕
　○業績　「共立女子大学文芸学部紀要　52」（共立女子大）　2006.1　p43-44
佐藤 正之　さとう・まさゆき〔1932—2005　フランス語・フランス文学〕
　○略歴ほか　「フランス文化研究　35」（獨協大）　2004　p117-118
佐藤 正好　さとう・まさよし
　◎著作目録　「苑玖波—川井正一・齋藤弘道・佐藤正好先生還暦記念論集」（還暦記念事業実行委員会）　還暦記念事業実行委員会　2007.2　p358-359

佐藤 勝　さとう・まさる〔1928—1999　作曲家〕
　◎作品リスト　「日本映画音楽の巨星たち　1　早坂文雄佐藤勝武満徹古関裕而」（小林淳）　ワイズ出版　2001.5　p1-26b
佐藤 宗弥　さとう・むねや〔1940—　管理会計・財務管理〕
　○業績目録　「横浜市立大学論叢　社会科学系列　56.2」（横浜市立大）　2005.3　p3-14
佐藤 泰志　さとう・やすし〔1949—1990　小説家〕
　◎年譜ほか　「佐藤泰志作品集」（佐藤泰志）　クレイン　2007.10　p666-686
佐藤 幸夫　さとう・ゆきお〔1933—　民事法学〕
　○著作目録ほか　「同志社法学　55.7」（同志社法学会）　2004.3　p2245-2255
佐藤 洋二郎　さとう・ようじろう〔1949—　小説家〕
　○作品リストほか　「佐藤洋二郎を読む」（清水正）　D文学研究会　2001.12　p227-232
佐藤 良雄　さとう・よしお〔行政書士〕
　◎略年譜　「熊野懐旧録」（佐藤良雄）　日本古書通信社　2004.6　p441-443
佐藤 嘉一　さとう・よしかず〔1938—　社会学〕
　○業績ほか　「立命館産業社会論集　39.1」（立命館大）　2003.6　p23-27
佐藤 義美　さとう・よしみ〔1905—1968　童謡詩人・童話作家〕
　◎年譜　「佐藤義美—生誕100年記念誌」　佐藤義美記念館　2005.2　p34-37
佐藤 良純　さとう・りょうじゅん〔1932—　仏教学・パーリ語〕
　◎著作目録　「インド文化と仏教思想の基調と展開—佐藤良純教授古稀記念論文集」（論文集刊行会）　山喜房仏書林　2003.9　p7-11f
佐藤 緑葉　さとう・りょくよう〔1886—1960　小説家・詩人〕
　◎「群馬県立土屋文明記念文学館蔵佐藤緑葉資料目録・森田素夫文庫資料目録・浅田晃彦資料目録」（土屋文明記念文学館）　同文学館　2000.5　116p　A4
　◎略年譜（福田久賀男）　「伊藤信吉著作集　第3巻」（伊藤信吉）　沖積舎　2002.9　p563-565
里上 譲衛　さとがみ・じょうえ
　○業績目録ほか　「大阪経大論集　55.6.284」（大阪経済大）　2005.3　p249-252
里見 軍之　さとみ・ぐんし〔1940—　哲学〕
　○略歴ほか　「メタフュシカ　35別冊」（大阪大）　2004.12　p5-9f
里見 賢治　さとみ・けんじ〔1943—　社会保障論・福祉政策論〕
　○業績目録ほか　「社会問題研究　54.2」（大阪府立大）　2005.3　p193-203
里見 弴　さとみ・とん〔1888—1983　小説家〕
　◎年譜ほか（武藤康史）　「初舞台・彼岸花　里見弴作品選」（里見弴）　講談社　2003.5　p240-262

里見 甫　さとみ・はじめ〔1896—1965〕
　◎書籍　「其の逝く処を知らず　阿片王里見甫の生涯」（西木正明）　集英社　2001.7　p430-431
　◎参考文献　「阿片王—満州の夜と霧」（佐野眞一）　新潮社　2005.7　p435-443
　◎参考文献　「阿片王一代—中国阿片市場の帝王・里見甫の生涯」（千賀基史）　光人社　2007.10　p246-247

里美家　さとみけ
　参考文献　「里美家改易始末—房総戦国大名の落日」（千野原靖方）　崙書房（ふるさと文庫　175）　2001.4　p172-173

里村 紹巴　さとむら・じょうは〔1524—1602　連歌師〕
　◎発句帳対照年譜　「連歌師紹巴—伝記と発句帳」（両角倉一）　新典社　2002.10　p83-103

真田 幸村　さなだ・ゆきむら〔1567—1615　武将〕
　◎参考文献　「特別展真田幸村と大坂の陣」（大阪城天守閣）　大阪城天守閣特別事業委員会　2006.10　p162-167

眞田 芳憲　さなだ・よしあき
　○業績目録ほか　「法学新報　113.11・12」（中央大）　2007.5　p727-766

真田氏　さなだし
　◎文献　「真説・智謀の一族真田三代」（三池純正）　洋泉社　2006.6　p276-279

實方 謙二　さねかた・けんじ
　○著作目録　「神戸学院法学　36.3・4」（神戸学院大）　2007.4　p3-12b

佐野 晃　さの・あきら
　○著作年表　「武蔵大学人文学会雑誌　33.4」（武蔵大）　2002　p5-12

佐野 勝次　さの・かつじ
　○著作目録　「愛知学院大学論叢　商学研究　47.3」（愛知学院大）　2007.3　p134-135

佐野 進策　さの・しんさく〔1939—　国際経済・経済政策〕
　○研究業績ほか　「広島大学経済論叢　27.1.85」（広島大）　2003.7　p2-4

佐野 常民　さの・つねたみ〔1822—1902　政治家・伯爵〕
　◎年譜参考文献　「日赤の創始者　佐野常民」（吉川龍子）　吉川弘文館　2001.5　p215-220

佐野 晴夫　さの・はるお〔1936—2002　ドイツ文学・近代日本文学〕
　○研究業績ほか　「山口大学独仏文学　24」（山口大）　2002.12　p3-7f

佐野 眞　さの・まこと
　○著作目録（〔深井人詩〕）　「文献探索　2002」（文献探索研究会）　2004.10　p94-105

佐野 正巳　さの・まさみ〔1934—　近世日本文学〕
　○業績ほか　「人文研究　147」（神奈川大）　2002.12　1pf

佐野 護　さの・まもる〔1945—　細胞生物学〕
　○業績目録　「Studia humana et naturalia 41」（京都府立医科大）　2007.12　p8-18

佐橋 法龍　さはし・ほうりゅう〔1928—2007　僧侶・推理作家〕
　◎「佐橋法龍老師著書目録」（谷山思方）　谷山思方　2007.10　30p　A5

佐原 真　さはら・まこと〔1932—2002　考古学者〕
　○研究業績目録ほか　「国立歴史民俗博物館研究報告　97」（国立歴史民俗博物館）　2002.3　p241-247
　◎編年表　「考古学つれづれ草」（佐原真）　小学館　2002.7　p232-236
　◎著作目録ほか　「考古学と現代　佐原真の仕事6」（佐原真）　岩波書店　2005.9　p317-385

佐保 雅子　さほ・まさこ〔1931—　ソビエト私法〕
　○著作目録ほか　「中京法学　35.3・4」（中京大）　2001　p11-14

佐保田 鶴治　さほた・つるじ〔1899—1986　ヨーガ道場主宰〕
　◎関連年表　「ヨーガのすすめ—現代人のための完全健康法」（佐保田鶴治）　ベースボール・マガジン社　2002.12　p212-213

三溝 信　さみぞ・まこと〔1934—　社会学〕
　○略歴ほか　「社会志林　51.4」（法政大）　2005.3　3pf

寒川 光太郎　さむかわ・こうたろう〔1908—1977　小説家〕
　○書誌（勝又浩ほか）　「日本文学誌要　75」（法政大）　2007.3　p158-126

更科 源蔵　さらしな・げんぞう〔1904—1985　アイヌ文化研究家・詩人〕
　◎略年譜　「更科源蔵滞京日記」（北海道文学館）　北海道文学館　2004.7　p179-180
　◎略年譜　「北の原野の物語—更科源蔵生誕一〇〇年」（北海道文学館）　北海道立文学館　2004.7　p23

沢 悦男　さわ・えつお〔1936—　会計学〕
　○業績目録ほか　「三田商学研究　44.5」（慶應義塾大）　2001.12　p267-269

佐波 宣平　さわ・せんぺい〔1905—1968　交通・海運〕
　○著書ほか　「海事交通研究　54」（山県記念財団）　2005　p5-6

沙和 宋一　さわ・そういち〔1907—1968　児童文学者・小説家〕
　◎参考文献　「沙和宋一と太宰治」（榊弘子）　さきたま出版会　2005.3　p220-222

沢木 欣一　さわき・きんいち〔1919—2001　俳人〕
　○略年譜（棚山波朗）　「俳句　51.3」（角川書店）　2002.2　p154-157

沢田 英史　さわだ・えいし〔1950—　歌人〕
　◎略歴　「沢田英史集」（沢田英史）　邑書林　2004.5　p139-140

沢田 教一　さわだ・きょういち〔1936—1970　報道カメラマン〕
　◎文献リスト　「沢田教一プライベートストーリー」（沢田サタ）　くれせんと　2005.5　p103」

澤田 正太郎　さわだ・しょうたろう〔1916—1996　洋画家〕
　○年譜　「澤田正太郎画集」（澤田正太郎）　形文社　2001.2　p121-122

澤田 徹郎　さわだ・てつろう
　○年譜　「社会科学論集　40・41」（愛知教育大）　2003　p359-363

澤田 はぎ女　さわだ・はぎじょ〔1890—1982　俳人〕
　○年譜　「俳人はぎ女」（福田俳句同好会）　桂書房　2005.5　p285-290

澤田 裕之　さわだ・ひろゆき
　○業績ほか　「地球環境研究　9」（立教大）　2007　p2-5f

澤田 ふじ子　さわだ・ふじこ〔1946—　小説家〕
　◎著作リスト　「陸奥甲冑記」（澤田ふじ子）　中央公論新社　2004.9　p465-471
　◎著作リスト　「天平大仏記」（澤田ふじ子）　中央公論新社　2005.3　p202-208
　◎著作リスト　「真葛ヶ原の決闘」（澤田ふじ子）　中央公論新社　2006.4　p314-321
　◎著作リスト　「これからの橋―澤田ふじ子自選短編集」（澤田ふじ子）　中央公論新社　2007.1　p710-715

澤田 政廣　さわだ・まさひろ
　○仕事（澤田和弥）　「文献探索　2004」（文献探索研究会）　2004.4　p449-454

沢田 美喜　さわだ・みき〔1901—1980　社会事業家〕
　○年譜　「黒い肌と白い心　人間の記録134」（沢田美喜）　日本図書センター　2001.1　p287-292

澤田 泰紳　さわだ・やすのぶ
　◎著述一覧ほか（土肥淳子）　「日本メソヂスト教会史研究」（澤田泰紳）　日本キリスト教団出版局　2006.7　p311-314

沢野 実　さわの・みのる〔1911—　〕
　◎略年譜　「いつもふたりで―Happy old two」（村松美賀子）　平凡社　2001.12　p154-155

澤本 德美　さわもと・のりよし
　◎年譜（澤本玲子）　「写真の語り部たち」（澤本德美）　ぺりかん社　2001.12　p246-247

澤柳 大五郎　さわやなぎ・だいごろう
　○蔵書目録　「藝叢　22」（筑波大）　2005　p1-46

澤柳 政太郎　さわやなぎ・まさたろう〔1865—1927　教育家〕
　○「成城学園教育研究所研究年報　別巻」（成城学園）　2002.3　226p　A4
　◎参考文献　「澤柳政太郎―随時随所楽シマザルナシ」（新田義之）　ミネルヴァ書房　2006.6　p303-305

○論文目録ほか（山本仁）　「佛教大学教育学部学会紀要　6」（佛教大）　2007　p197-206

三田谷 啓　さんだや・ひらく〔1881—1962　社会事業家〕
　◎年譜　「三田谷啓」（駒松仁子）　大空社（シリーズ福祉に生きる　40）　2001.7　p1-4b
　◎参考文献　「近代的育児観への転換―啓蒙家三田谷啓と1920年代」（首藤美香子）　勁草書房　2004.3　p195-223

山東 京山　さんとう・きょうざん〔1769—1858　戯作者〕
　◎参考文献　「山東京山伝奇小説集　江戸怪異綺想文芸大系4」（高木元）　国書刊行会　2003.1　p1045-1046
　◎「山東京山年譜稿」（津田眞弓）　ぺりかん社　2004.5　394,20p　A5
　◎参考文献ほか　「山東京山―江戸絵本の匠」（津田眞弓）　新典社　2005.11　p287-297

三本木 孝　さんぼんぎ・たかし〔1937—2003　固体物理学〕
　○業績ほか　「北海道情報大学紀要　15.1」（北海道情報大）　2003.9　2pf

三遊亭 円朝　さんゆうてい・えんちょう〔1839—1900　落語家〕
　◎年譜ほか　「円朝ざんまい―よみがえる江戸・明治のことば」（森まゆみ）　平凡社　2006.10　p351-354
　◎年譜　「真景累ヶ淵」（三遊亭円朝）　中央公論新社　2007.7　p473-483

三遊亭 圓楽　さんゆうてい・えんらく〔1933—　落語家〕
　◎年譜（田村直規）　「圓楽芸談しゃれ噺」（三遊亭圓楽）　白夜書房　2006.7　p350-355

【し】

椎名 武雄　しいな・たけお〔1929—　〕
　◎年譜　「外資と生きる　IBMとの半世紀」（椎名武雄）　日本経済新聞社　2001.10　p197-201

椎名 麟三　しいな・りんぞう〔1911—1973　小説家〕
　◎略歴ほか　「石原吉郎・椎名麟三氏に導かれて―聖母マリアの奇蹟」（木村閑子）　文芸社　2004.2　p157-167
　◎年譜ほか（斎藤末広）　「神の道化師・媒酌人」（椎名麟三）　講談社　2005.1　p238-252
　◎参考文献　「聖書のイエスと椎名麟三　増補版」（冨吉建周）　創言社　2005.3　p319-320
　◎参考文献　「椎名麟三と〈解離〉―戦後文学における実存主義」（尾西康充）　朝文社　2007.6　p281-294

椎野 禎文　しいの・さだふみ〔1937―2000　古代史〕
◎作品年表　「日本古代の神話的観想」（椎野禎文）　かもがわ出版　2002.1　p351-350

塩路 耕次　しおじ・こうじ〔1932―　〕
○業績ほか　「作新地域発展研究　4」（作新学院大）　2004.3　p157-158

塩瀬 宏　しおせ・ひろし〔1932―　フランス語・現代演劇〕
○略歴ほか　「立教大学フランス文学　30」（立教大）　2001　p88-90

塩田 冥々　しおだ・めいめい
◎年譜　「俳人塩田冥々―人と作品」（矢羽勝幸）　象山社　2003.12　p413-424

塩出 英雄　しおで・ひでお〔1912―2001　日本画家〕
◎年譜ほか　「如々庵随聞記―塩出英雄先生聞書」（有川文夫）　六藝書房　2004.9　p528-531

塩野 直通　しおの・なおみち
◎「塩野直通関係著作集目録―緑表紙算術教科書生みの親　保存版（正編と追録の合本）」（京都教育大学附属図書館）　京都教育大附属図書館　2006.2　41p　A4

塩野 宏　しおの・ひろし〔1931―　行政法・地方自治法〕
◎著作目録ほか　「行政法の発展と変革　塩野宏先生古稀記念　下」（小早川光郎ほか）　有斐閣　2001.6　p921-936

塩原 友子　しおばら・ともこ
◎略年譜　「わがこころ―語る上州人塩原友子」（桑原高良）　上毛新聞社　2005.2　p172-173

塩見 昇　しおみ・のぼる〔1937―　図書館学〕
◎主要著作目録　「大阪教育大学ですごした31年」（塩見昇）　大阪教育大学教養学科塩見研究室　2002.2　p54-58
◎著作目録ほか　「教養・生涯学習・図書館―塩見昇先生定年退官記念論集」（大阪教育大学生涯教育計画論講座）　大阪教育大学生涯教育計画論講座　2002.3　p16-22
◎著作一覧（渡邊امب弘）　「図書館の発展を求めて―塩見昇著作集」（松井純子ほか）　日本図書館研究会　2007.2　p433-458

志賀 謙　しが・けん〔1930―　英語〕
○略年譜ほか　「教養諸学研究　110」（早稲田大）　2001　p217-221

志賀 重昂　しが・しげたか〔1863―1927　地理・政治評論家〕
◎参考文献　「志賀重昂『日本風景論』精読」（大室幹雄）　岩波書店　2003.1　p331-332

志賀 志那人　しが・しなと〔1892―1938　セツルメント運動家〕
◎研究書誌　「志賀志那人思想と実践―都市福祉のパイオニア」（志賀志那人研究会）　和泉書院　2006.11　p277-314

志賀 直哉　しが・なおや〔1883―1971　小説家〕
◎年譜ほか（阿川弘之,紅野敏郎）　「志賀直哉全集　22」　岩波書店　2001.3　p3-400
◎略年譜　「小僧の神様・他十篇」（志賀直哉）　岩波書店　2002.10　p23-238
◎注　「志賀直哉、上高畑の『サロン』をめぐる考察―生きられた日本の近代」（呉谷充利）　創元社　2003.3　prr
○参考文献（町田栄）　「国文学　解釈と鑑賞　68.6」（至文堂）　2003.8　p202-206
◎注　「認知への想像力―志賀直哉論」（小林幸夫）　双文社出版　2004.3　prr
◎略年譜　「暗夜行路　前篇　改版」（志賀直哉）　岩波書店　2004.5　p291-296
◎年譜　「小僧の神様　城の崎にて　67刷改版」（志賀直哉）　新潮社　2005.4　p325-331
◎文献　「花まんだら」（宮地たか）　奈良新聞社　2007.6　p246-247
◎作品年表　「志賀直哉―暗夜行路の交響世界」（宮越勉）　翰林書房　2007.7　p390-395

四賀 光子　しが・みつこ〔1885―1976　歌人〕
◎略年譜　「四賀光子の人と歌」（西村真一）　短歌新聞社　2002.7　p227-230

志垣 澄幸　しがき・すみゆき〔1934―　歌人〕
◎自筆年譜ほか　「志垣澄幸全歌集」（志垣澄幸）　青磁社　2004.5　p468-472

しかた しん　〔1928―2003　劇作家・児童文学者〕
◎児童文学作品ほか　「児童文学に魅せられた作家たち」（林美千代ほか）　KTC中央出版　2002.4　p118-131

信楽 香雲　しがらき・こううん〔1895―1972〕
◎略年譜　「独り居るを慎む―信樂香雲自叙伝」（信樂香雲）　鞍馬寺　2004.10　p182-183

鴫沢 秋生　しぎさわ・あきお
◎作品年譜　「百合の樹」（鴫沢秋生）　講談社出版サービスセンター　2003.7　p350-351

式子内親王　しきしないしんのう〔1152頃―1201　歌人〕
◎文献目録　「式子内親王集全釈」（奥野陽子）　風間書房（私家集全釈叢書　28）　2001.10　p703-732

敷田 年治　しきだ・としはる〔1817―1902　国学者・神官〕
◎参考文献　「敷田年治研究」（管宗次）　和泉書院　2002.1　p352-354

直原 利夫　じきはら・としお
○著作目録ほか　「名古屋外国語大学外国語学科紀要　24」（名古屋外国語大）　2002.8　p13-15f

重田 信一　しげた・しんいち〔1910―　社会福祉〕
○略年譜ほか（重田信一ほか）　「社会事業史研究　29」（社会事業史学会）　2001.1　p101-140

重田 澄男　しげた・すみお〔1931―　経済〕
○著作目録ほか　「岐阜経済大学論集　38.1」（岐阜経済大）　2004.11　p161-170

重田　實　しげた・みのる
　○研究業績ほか　「宇部工業高等専門学校研究報告 50」（宇部工業高専）　2004.3　p1-4b

重松　一義　しげまつ・かずよし〔1931—　日本行刑史・刑事政策〕
　○著作目録ほか　「中央学院大学法学論叢 15.1・2」（中央学院大）　2002.3　p301-316

重見　周吉　しげみ・しゅうきち〔1865—1927　医師〕
　◎参考文献　「『日本少年』重見周吉の世界」（菅紀子）　創風社出版　2003.7　p239-241

重光　葵　しげみつ・まもる〔1887—1957　外交官・政治家〕
　◎文献目録　「重光・東郷とその時代」（岡崎久彦）　PHP研究所　2001.6　6pb
　◎参考文献案内　「重光葵と戦後政治」（武田知己）　吉川弘文館　2002.3　p323-334

重森　三玲　しげもり・みれい〔1896—1975　庭園研究家・茶道家・花道家〕
　○著作ほか　「重森三玲モダン枯山水」（大橋治三ほか）　小学館　2007.10　p154-158

茂山　千作　しげやま・せんさく〔1919—　狂言師〕
　◎参考文献　「茂山千作の巻」（野村萬斎ほか）　岩波書店　2003.9　1pb

次重　寛禧　じじゅう・ひろよし〔1935—　神職〕
　○業績目録ほか　「言語表現研究 17」（兵庫教育大）　2001.3　p1-7

志筑　忠雄　しづき・ただお〔1760—1806　蘭学者〕
　◎参考文献　「長崎蘭学の巨人―志筑忠雄とその時代」（松尾龍之介）　弦書房　2007.12　p255-258

時節庵　八亀　じせつあん・はちき
　◎年譜　「近世東海俳壇新攷」（野田千平）　若草書房　2002.11　p165-182

志田　明　しだ・あきら〔1932—　国際経済論〕
　○著作目録ほか　「東京経大学会誌　経営学 237」（東京経済大）　2004.1　p5-7

志田　延義　しだ・のぶよし〔1906—2003　国文学・歌謡史〕
　○文献目録（中哲裕）　「日本歌謡研究 43」（日本歌謡学会）　2003.12　p15-48

下森　定　したもり・さだむ〔1930—　民事法〕
　○著作目録ほか　「法学志林 99.1」（法政大）　2001.11　p1-30b

七戸　長生　しちのへ・ちょうせい〔1930—　農業問題・農業経営学〕
　○研究業績ほか　「市立名寄短期大学紀要 34」（名寄短大）　2002.3　p141-148

十返舎　一九　じっぺんしゃ・いっく〔1765—1831　戯作者〕
　◎年譜稿　「十返舎一九研究」（中山尚夫）　おうふう　2002.2　p49-263
　◎文献　「隠密写楽」（有田久文）　海鳥社　2003.8　p157-160

　◎年譜　「十返舎一九と駿河府中展―弥次喜多を生んだ男　第58回国民体育大会「NEW!!　わかふじ国体」公開競技スポーツ芸術部門　展示会報告書」（小二田誠二ほか）　静岡大　2004.2　p58-63

幣原　喜重郎　しではら・きじゅうろう〔1872—1951　政治家・外交官〕
　◎参考文献　「未完の経済外交―幣原国際協調路線の挫折」（佐古丞）　PHP研究所　2002.3　p219-222
　◎引用文献　「幣原喜重郎と二十世紀の日本―外交と民主主義」（服部龍二）　有斐閣　2006.12　p299-327

慈道　裕治　じどう・ゆうじ〔1941—　産業技術論〕
　○著作目録ほか　「政策科学 14.3」（立命館大）　2007.3　p167-171

持統天皇　じとうてんのう〔645—702　第41代天皇〕
　◎参考文献　「謎の女帝・持統―日本初の女性天皇」（関裕二）　ベストセラーズ　2002.2　p238」

品川　孝次　しながわ・こうじ〔1930—　民法〕
　○業績ほか　「専修法学論集 81」（専修大）　2001.3　9pb
　◎主要著作目録ほか　「民法解釈学の展望―品川孝次先生古稀記念」（須田晟雄，辻伸行）　信山社　2002.3　p681-693

篠　弘　しの・ひろし〔1933—　評論家・歌人〕
　◎年譜　「篠弘全歌集」（篠弘）　砂子屋書房　2006.3　p511-525

篠崎　龍雄　しのざき・たつお
　◎著書ほか　「夢づくり人生九十年　特装版」（笹崎龍雄）　致知出版社　2006.9　p252-253

篠塚　慎吾　しのづか・しんご〔1944—　金融政策・利潤論〕
　○業績ほか　「千葉商大論叢 44.2」（千葉商科大）　2006.9　p9-12f

篠田　知和基　しのだ・ちわき〔1943—　フランス文学・比較文学〕
　○著作目録ほか　「広島国際研究 13」（広島市立大）　2007　p167-178

篠田　一士　しのだ・はじめ〔1927—1989　文芸評論家〕
　◎年譜ほか（土岐恒三）　「三田の詩人たち」（篠田一士）　講談社　2006.1　p210-222

篠田　基行　しのだ・もとゆき〔1935—　体育哲学〕
　◎研究歴　「ヒューマニズムとスポーツ―スポーツ思想論集」（篠田基行）　東海大学出版会　2004.5　p11-15b

篠田　義明　しのだ・よしあき〔1933—　英語〕
　◎業績リスト　「実用英語の地平―篠田義明教授古希記念論文集」（編集委員会）　南雲堂　2004.3　p300-306

篠原 有司男　しのはら・うしお〔1932—　彫刻家〕
　◎年譜　「篠原有司男対談集、早く、美しく、そしてリズムカルであれ」（ギュウチャン・エクスプロージョン!プロジェクト実行委員会）　同実行委員会　2006.10　p416-425

篠原 壽雄　しのはら・ひさお
　○業績ほか　「宗教学論集　21」（駒沢宗教学研究会）　2002.3　p1-5f

篠原 鳳作　しのはら・ほうさく〔1905—1936　俳人〕
　◎参考文献　「鳳作の季節」（前田霧人）　沖積舎　2006.9　p291-294

四戸 英男　しのへ・ひでお
　◎「東北工業大学教授四戸英男先生研究業績目録」（東北工業大学建築学科）　東北工業大学建築学科　2002.3　17p　A5

芝 義太郎　しば・よしたろう
　◎参考文献　「芝義太郎―幸運を手綱した男の物語」（木下博民）　創風社出版　2006.10　p399-401

斯波 義信　しば・よしのぶ〔1930—　中国経済史〕
　○研究業績ほか　「アジア文化研究別冊　11」（国際基督教大）　2002　p53-58

司馬 遼太郎　しば・りょうたろう〔1923—1996　小説家〕
　◎年譜　「司馬遼太郎の流儀―その人と文学」（小山内美江子ほか）　NHK出版　2001.2　p171-193
　◎略年譜　「司馬遼太郎の風音」（磯貝勝太郎）　NHK出版　2001.2　p312-316
　○資料（細谷正充ほか）　「司馬遼太郎　文芸別冊」（河出書房新社）　2001.9　p234-255
　◎作品譜（山野博史ほか）　「司馬遼太郎が考えたこと　1」　新潮社　2001.9　p377-397
　◎参考文献　「司馬遼太郎考―モラル的緊張へ」（小林竜雄）　中央公論新社　2002.2　p315-319
　◎戦国短篇（一節正太郎）　「司馬遼太郎の「戦国時代」　文芸別冊」　河出書房新社　2002.8　p178-189
　◎作品譜　「司馬遼太郎が考えたこと　15」（山野博史）　文藝春秋　2002.12　p410-429
　◎引用文献　「司馬遼太郎と三つの戦争―戊辰・日露・太平洋」（青木彰）　朝日新聞社　2004.3　p191-195
　◎略年譜　「司馬遼太郎―新しい日本の発見　別冊太陽」　平凡社　2004.8　p144-155
　◎「司馬遼太郎書誌研究文献目録」（松本勝久）　勉誠出版　2004.10　3,351p　A5
　◎年譜　「歳月　下　新装版」（司馬遼太郎）　講談社　2005.2　p456-482
　◎参考文献　「司馬遼太郎の平和観―「坂の上の雲」を読み直す」（高橋誠一郎）　東海大学出版会　2005.4　p237-239
　◎参考文献　「『空海の風景』を旅する」（NHK取材班）　中央公論新社　2005.8　p371-374
　◎作品譜（山野博史）　「司馬遼太郎が考えたこと　11　エッセイ1981.7-1983.5」（司馬遼太郎）　新潮社　2005.10　p478-492
　◎略年譜　「清張さんと司馬さん」（半藤一利）　文藝春秋　2005.10　p279-287
　◎年譜　「司馬遼太郎について―裸眼の思索者」（NHK出版）　NHK出版　2006.1　p173-215
　◎参考文献　「異評司馬遼太郎」（岩倉博）　草の根出版会　2006.2　p234-235
　◎年譜　「戦雲の夢　新装版」（司馬遼太郎）　講談社　2006.5　p487-513
　◎参考文献　「司馬遼太郎と時代小説―「風の武士」「梟の城」「国盗り物語」「功名が辻」を読み解く」（高橋誠一郎）　のべる出版企画　2006.12　p209-220
　◎参考文献　「司馬遼太郎と朝鮮―「坂の上の雲」―もう一つの読み方」（備仲臣道）　批評社　2007.10　p182-184
　◎年譜ほか（岸睦子ほか）　「司馬遼太郎事典」（志村有弘）　勉誠出版　2007.12　p369-425

斯波 六郎　しば・ろくろう〔1894—1959　中国文学研究者〕
　◎著作目録　「六朝文学への思索」（斯波六郎）　創文社　2004.10　p13-21b
　○著作（興膳宏）　「創文　475」（創文社）　2005.5　p1-5

柴垣 和夫　しばがき・かずお〔1934—　経済〕
　○年譜ほか　「武蔵大学論集　51.2.256」（武蔵大）　2003.12　p231-268

柴川 林也　しばかわ・りんや〔1934—　投資決定論〕
　○著作目録ほか　「帝京経済学研究　41.1」（帝京大）　2007.12　p7-8

柴崎 聡　しばさき・さとし〔1943—　詩人〕
　◎年譜　「柴崎聡詩集」（安西均, 高堂要, 森田進）　土曜美術社出版販売　2002.12　p149-156

柴崎 嘉之　しばさき・よしゆき〔1936—　ロシア農業問題〕
　○業績一覧ほか　「社会科学研究　釧路公立大学紀要　14」（釧路公立大）　2002.3　p3-5

柴田 晃　しばた・あきら
　○業績ほか　「皇学館大学社会福祉学部紀要　4」（皇学館大）　2001　p3-5

柴田 治　しばた・おさむ
　○主要業績ほか　「関西大学社会学部紀要　32.3」（関西大）　2001.3　p357-361

芝田 和子　しばた・かずこ〔1936—　生化学・栄養学〕
　○研究業績ほか　「市立名寄短期大学紀要　33」（名寄短大）　2001.3　p109-110

柴田 勝家　しばた・かついえ〔1522—1583　武将〕
　◎参考文献　「柴田勝家―北庄に掛けた夢とプライド」（福井市立郷土歴史博物館）　福井市立郷土歴史博物館　2006.3　p109-110

柴田 敬　しばた・けい〔1902—1986　経済〕
　○研究文献目録（杉原四郎, 公文園子, 岡村稔）「青山国際政経論集　58」（青山学院大）　2002.1　p229-240

柴田 悟一　しばた・ごいち〔1941―　経営学〕
　○略歴　「横浜市立大学論叢　社会科学系列　58」（横浜市立大）　2007　p1-4

柴田 翔　しばた・しょう〔1935―　小説家〕
　○研究業績ほか（山下敦）　「共立女子大学文芸学部紀要　51」（共立女子大）　2005.1　p87-90

柴田 昌吉　しばた・しょうきち〔1841―1901　外交官・英語学者〕
　○対照年表（早川勇）　「愛知大学綜合郷土研究所紀要　50」（愛知大）　2005　p61-66

芝田 進午　しばた・しんご〔1930―2001　哲学・社会学〕
　◎著作目録ほか　「実践的唯物論への道　人類生存の哲学を求めて」（芝田進午）　青木書店　2001.9　p1-19b
　◎略年譜　「芝田進午の世界―核・バイオ時代の哲学を求めて」（芝田進午さんを偲ぶ会）　桐書房　2002.6　p322-326

柴田 信也　しばた・しんや〔1939―　政治学・経済学〕
　○著作目録ほか　「研究年報経済学　64.4」（東北大）　2003.3　p811-812

柴田 陽弘　しばた・たかひろ〔1942―　ドイツ文学〕
　○著作目録ほか　「藝文研究　91分冊2」（慶應義塾大）　2006　p1-11

柴田 勗　しばた・つとむ〔1933―　健康論・体育学〕
　○著述等目録ほか　「比較文化論叢　12」（札幌大）　2003.9　p35-37

柴田 稔彦　しばた・としひこ〔1932―　英文学史〕
　○著作目録ほか　「福岡大学人文論叢　33.4」（福岡大）　2002.3　7pb

柴田 光彦　しばた・みつひこ〔1931―　近世文学・和漢書目録〕
　○業績（柴田光彦）　「跡見学園女子大学国文学科報　29」（跡見学園女子大）　2001.3　p3-16

柴田 満　しばた・みつる〔1954―2000　心理学〕
　○主要業績ほか　「関西大学社会学部紀要　32.3」（関西大）　2001.3　p357-361

柴田 よしき　しばた・よしき〔1959―　小説家〕
　◎著作リスト　「水底の森」（柴田よしき）　集英社　2004.2　2pb
　◎作品リスト　「Close to you」（柴田よしき）　文藝春秋　2004.10　p462-466
　◎著作リスト　「残響」（柴田よしき）　新潮社　2005.2　p410-414
　◎著作リスト　「夜夢」（柴田よしき）　祥伝社　2005.3　p340-344

柴田 量平　しばた・りょうへい〔1889―1980〕
　◎年譜　「仙臺・東一番丁物語―柴田量平選集」（稲垣潤一, 稲垣笛美）　本の森　2001.11　p511-520

新発田氏　しばたし
　◎参考文献　「越後加地氏新発田氏の系譜」（飯田素州）　新潟日報事業社　2005.6　p568-570

柴谷 方良　しばたに・まさよし〔1944―　言語学〕
　◎業績ほか　「日本語の分析と言語類型―柴谷方良教授還暦記念論文集」（影山太郎ほか）　くろしお出版　2004.7　p573-584

柴沼 晶子　しばぬま・あきこ〔教育学〕
　○業績ほか　「敬和学園大学研究紀要　14」（敬和学園大）　2005.2　p365-369

柴野 昌山　しばの・しょうざん〔1932―　社会学〕
　○業績ほか　「早稲田大学大学院教育学研究科紀要　12」（早稲田大）　2001　p135-136

柴野 栗山　しばの・りつざん〔1736―1807　儒学者〕
　◎年譜要約　「柴野栗山と寛政「異学の禁」―柴野栗山先生二百年祭記念」（井下香泉）　柴野栗山顕彰会　2005.11　p64-65

芝原 宏治　しばはら・こうじ〔1941―　英語学〕
　○略歴ほか　「人文研究　56」（大阪市立大）　2005.3　p21-24

柴山 寿二郎　しばやま・としじろう
　○業績　「文化情報学　13.2」（駿河台大）　2006.12　p111-112

渋江 長伯　しぶえ・ちょうはく〔1760―1830　本草学者〕
　◎参考文献　「渋江長伯集―徳川幕府奥御医師　資料編」（山崎栄作）　山崎栄作　2006.7　p454-463

渋川 驍　しぶかわ・ぎょう〔1905―1993　小説家〕
　○著書（田澤恭二）　「日本古書通信　69.11」（日本古書通信社）　2004.11　p6-8

渋川 玄耳　しぶかわ・げんじ〔1872―1926　著述家・俳人〕
　◎参考資料　「野暮たるべきこと―評伝渋川玄耳」（森田一雄）　梓書院　2005.11　p396-398

渋川 春海　しぶかわ・しゅんかい〔1639―1715　天文暦学者〕
　○年譜　「神道宗教　184・185」（神道宗教学会）　2002.3　p55-92

渋沢 彰　しぶさわ・あきら
　○業績目録　「群馬大学教育学部紀要　人文・社会科学編　50」（群馬大）　2001.3　p369-370

渋沢 栄一　しぶさわ・えいいち〔1840―1931　実業家〕
　◎文献　「渋沢栄一の経世済民思想」（坂本慎一）　日本経済評論社　2002.9　p293-308
　◎参考文献　「渋沢栄一を歩く」（田澤拓也）　小学館　2006.9　p301」
　◎参考文献　「渋沢栄一の企業者活動の研究―戦前期企業システムの創出と出資者経営者の役割」（島田昌和）　日本経済評論社　2007.1　p391-404

渋沢 敬三　しぶさわ・けいぞう〔1896―1963　財政・民俗学〕
　◎参考文献　「大正昭和くらしの博物誌　民俗学の父・渋沢敬三とアチック・ミューゼアム」（近藤雅樹）　河出書房新社　2001.3　p165」

渋沢 孝輔　しぶさわ・たかすけ〔1930—1998　詩人〕
　◎年譜ほか（田母神顯二郎ほか）「渋沢孝輔全詩集」（渋沢孝輔）　思潮社　2006.2　p860-885

澁澤 龍彥　しぶさわ・たつひこ〔1928—1987　フランス文学〕
　◎ブックガイドほか（東雅夫）「澁澤龍彥 ユートピアふたたび 文芸別冊」　河出書房新社　2002.5　p222-231
　◎「書物の宇宙誌—澁澤龍彥蔵書目録」（国書刊行会編集部）　国書刊行会　2006.10　473,32p B5
　◎年譜ほか　「澁澤龍彥幻想美術館」（巖谷國士）平凡社　2007.4　p221-233
　◎略年譜　「澁澤龍彥のイタリア紀行」（小川煕ほか）　新潮社　2007.9　p126-127

渋谷 忠章　しぶや・ただのり
　◎著作一覧　「豊国の歴史考古学研究」（渋谷忠章）　アムリタ書房　2006.3　p244-245

渋谷 達紀　しぶや・たつき〔1940—　商標法・独禁法〕
　◎著作目録　「東京都立大学法学会雑誌　44.2」（東京都立大）　2004.1　p2-25

島 秋人　しま・あきと〔1934—1967　歌人〕
　◎生涯（海原卓）「遺愛集—いのち愛しむ獄中歌集」（島秋人）　東京美術　2004.12　p241-243
　◎年譜ほか　「死刑囚島秋人—獄窓の歌人の生と死」（海原卓）　日本経済評論社　2006.5　p217-223

島 久平　しま・きゅうへい〔1911—1983　推理作家〕
　◎著作リスト　「島久平名作選　5-1=4」（島久平）　河出書房新社　2002.8　p594-595

島 左近　しま・さこん
　◎参考文献ほか　「島左近のすべて」（花ヶ前盛明）新人物往来社　2001.6　p236-249
　◎参考文献　「嶋左近　戦国軍配者」（山元奏生）小学館スクウェア　2001.6　p355」

島 成郎　しま・しげお〔1931—　精神科医〕
　◎年譜　「追悼島成郎—地域精神医療の深淵へ…」（藤宮敏雄, 中川善資）批評社　2001.8　p208-209

島 成園　しま・せいえん〔1892—1970　日本画家〕
　◎参考文献　「島成園と浪華の女性画家」（小川知子）　東方出版　2006.3　p154-155

島 比呂志　しま・ひろし〔1918—2003　作家〕
　◎参考文献　「島比呂志—書くことは生きること」（立石富生）　高城書房　2006.1　p241-242

しま・ようこ
　◎年譜　「しま・ようこ詩集」（しまようこ）　土曜美術社出版販売　2003.12　p158-164

島尾 敏雄　しまお・としお〔1917—1986〕
　◎参考文献（西尾宣明ほか）「南島へ南島から—島尾敏雄研究」（高阪薫ほか）　和泉書院　2005.4　p318-345
　◎著書一覧　「島尾敏雄集」（島尾敏雄）影書房　2007.9　p232-235
　◎文献目録　「島尾紀—島尾敏雄文学の一背景」（寺内邦夫）　和泉書院　2007.11　p335-350

嶋岡 晨　しまおか・しん〔1932—　詩人・評論家・小説家〕
　○業績一覧（葉名尻竜一）「立正大学国語国文　40」（立正大）　2002.3　p12-23
　○著述（山下正治）「立正大学文学部論叢　115」（立正大）　2002.3　p24-31
　○参考資料（笹原常与）「展望現代の詩歌　4　詩 IV」（飛高隆夫ほか）　明治書院　2007.8　p214

島岡 丘　しまおか・たかし〔1932—　英語音声学・英語教育〕
　○著書ほか　「大みか英語英文学研究　10」（茨城キリスト教大）　2006　p97-103

島川 勝　しまかわ・まさる
　○著作目録ほか　「法学雑誌　53.4」（大阪市立大）　2007.3　p1-7b

島木 赤彦　しまき・あかひこ〔1876—1926　歌人〕
　◎参考文献　「島木赤彦—歌人・教育者」（徳永文一）　渓声出版　2003.10　p355-359

島木 健作　しまき・けんさく〔1903—1945　小説家〕
　◎年譜ほか（高橋春雄）「第一義の道・赤蛙」（島木健作）　講談社　2006.3　p258-276

嶋口 充輝　しまぐち・みつあき〔1943—　マーケティング・戦略経営論〕
　○業績ほか　「慶応経営論集　24.1」（慶應義塾大）　2007.3　p177-185

島崎 鶏二　しまざき・おうすけ〔1908—1992　洋画家〕
　○年譜　「島崎鶏二自伝—父・藤村への抵抗と回帰」（島崎鶏二）　平凡社　2002.8　p246-257

島崎 こま子　しまざき・こまこ〔1893—1979　社会運動家〕
　◎引用参考文献ほか　「島崎こま子の「夜明け前」—エロス愛・狂・革命」（梅本浩志）社会評論社　2003.9　p348-349
　◎参考文献　「島崎こま子おぼえがき」（森田昭子）文芸社　2006.4　p131-133

島崎 藤村　しまざき・とうそん〔1872—1943　詩人・小説家〕
　○参考文献目録（小田島本有）「国文学解釈と鑑賞　67.10」（至文堂）　2002.1　p166-171
　◎年譜（編集部）「島崎藤村・北村透谷—明治の文学 16」（坪内祐三）筑摩書房　2002.12　p441-447
　◎参考書目　「島崎藤村と英語」（八木功）双文社出版　2003.2　p254」
　◎略年譜（藤村記念館）「島崎藤村全短編集　5　嵐・涙・分配」（島崎藤村）　郷土出版社　2003.4　p566-577
　◎文献　「島崎藤村『破戒』に学ぶ—いかに生きる」（佐藤三武朗）　双文社出版　2003.7　p247-248
　○書誌（久保奈苗）「文献探索　2004」（文献探索研究会）　2004.4　p409-418
　◎年譜　「島崎藤村—人と文学」（下山嬢子）勉誠出版　2004.10　p199-216

しまさき

◎年譜　「破戒　126刷改版」（島崎藤村）　新潮社
　2005.7　p495-500
◎年譜　「島崎藤村の人間観」（川端俊英）　新日本
　出版社　2006.3　prr
◎略年譜　「破戒」（島崎藤村）　岩波書店　2006.6
　p435-440
◎略年譜　「国家と個人—島崎藤村『夜明け前』と
　現代」（相馬正一）　人文書館　2006.9　p207-218
◎参考文献　「「破戒」百年物語」（宮武利正）
　解放出版社　2007.11　p254」

嶋崎 裕志　しまざき・ひろし
○業績目録ほか　「人文科学論集　人間情報学科編
　41」（信州大）　2007.3　p217-222

島崎 光正　しまざき・みつまさ〔1919—2000　詩人〕
◎年譜ほか　「帰郷—島崎光正遺稿詩集」（加藤常
　昭）　教文館　2001.7　p169-183
◎年譜（橋本治二）「島崎光正全詩集」（島崎光正）
　日本キリスト教団出版局　2007.11　p388-398

島崎 稔　しまざき・みのる〔1924—1989　農村社会〕
◎年譜ほか　「島崎稔・美代子著作集　別巻」（島崎
　稔ほか）　礼文出版　2005.9　p15-42b

島地 黙雷　しまじ・もくらい〔1838—1911　僧侶・評
　論家〕
◎注　「島地黙雷の教育思想研究—明治維新と異文
　化理解」（川村覚昭）　法藏館　2004.12　prr

島津 斉彬　しまづ・なりあきら〔1809—1858　大名〕
◎参考文献　「島津斉彬とその時代」（安田山彦）
　安田山彦　2006.3　p491-495

島津 久光　しまづ・ひさみつ〔1817—1887　藩政家〕
◎修史事業　「島津久光と明治維新」（芳即正）
　新人物往来社　2002.12　p274-281

島津 秀典　しまづ・ひでのり
○略歴ほか　「三重大学法経論叢　21.2」（三重大）
　2004.3　p165-171

島田 叡　しまだ・あきら〔1901—1945〕
◎参考文献　「沖縄の島守—内務官僚かく戦えり」
　（田村洋三）　中央公論新社　2006.7　p507-511

島田 悦子　しまだ・えつこ〔1930—　欧州経済・国
　際経済論〕
○著作目録ほか　「経済論集　26.1・2」（東洋大）
　2001.2　p221-227

島田 謹二　しまだ・きんじ〔1901—1993　英文〕
○書誌（小林信行）　「比較文学研究　78」（東大比
　較文學會）　2001.8　p127-135

島田 虔次　しまだ・けんじ〔1917—2000　東洋史学・
　中国思想史〕
◎著作目録　「中国思想史の研究」（島田虔次）
　京都大学学術出版会　2002.3　p667-678
◎著作目録　「中国思想史の研究　改装版」（島田虔
　次）　京都大学学術出版会　2005.4　p667-678

島田 修一　しまだ・しゅういち〔1935—　教育学〕
○業績ほか　「教育学論集　48」（中央大）　2006.3
　p13-18
◎著作目録　「社会教育—自治と協同的創造の教育
　学」（島田修一）　国土社　2006.5　p199-206

島田 修二　しまだ・しゅうじ〔1928—2004　歌人〕
◎略年譜　「ベラフォンテも我も悲しき—島田修二
　の百首」（青木春枝）　北溟社　2006.9　p210-211

島田 隆司　しまだ・たかし〔?—2000　鍼灸〕
○略歴年譜　「漢方鍼医　7.2」（漢方鍼医会）　2000.
　12　p31-34

島田 紀夫　しまだ・のりお〔1940—　美術評論家〕
○業績一覧ほか　「美学美術史学　21」（実践美学美
　術史学会）　2007.3　p1-6

島田 晴雄　しまだ・はるお〔1943—　労働経済学・労
　使関係論〕
○著作目録ほか　「三田学会雑誌　99.4」（慶應義塾
　経済学会）　2007.2　p293-303

島田 陽子　しまだ・ようこ〔1929—　詩人〕
◎年譜　「新編島田陽子詩集」（杉山平一, 石原武）
　土曜美術社出版販売　2002.10　p164-174

島根 国士　しまね・くにお
○年譜　「名古屋市立大学人文社会学部研究紀要
　18」（名古屋市立大）　2005.3　p1-3f

島野 卓爾　しまの・たくじ〔1928—　経済政策〕
○著作目録ほか　「学習院大学経済論集　42.1」（学
　習院大）　2005.4　p59-60

島袋 伸三　しまぶくろ・しんぞう
○著作目録ほか　「琉球大学法文学部人間科学科紀
　要人間科学　11」（琉球大）　2003.3　p4-9

島袋 善光　しまぶくろ・ぜんこう
○略歴ほか　「琉球大学欧米文化論集　48」（琉球
　大）　2004.3　p13-18f

島袋 忠雄　しまぶくろ・ただお
○業績ほか（島袋忠雄）　「沖縄キリスト教短期大
　学紀要　34」（沖縄キリスト教短大）　2006.1
　p5-8

島袋 鉄男　しまぶくろ・てつお〔1937—　商法・証
　券取引法〕
○著作目録ほか　「琉大法学　69」（琉球大）　2003.
　3　p439-450

島村 衛吉　しまむら・えきち
◎参考文献　「島村衛吉関係史料集—南国市が生ん
　だ土佐勤王党志士」（高橋史朗）　南国市教育委員
　会　2001.3　p105」

島村 志津摩　しまむら・しづま
◎参考文献ほか　「小倉藩家老島村志津摩」（白石
　壽）　海鳥社　2001.6　p235-245

島村 高嘉　しまむら・たかよし〔1932—　金融論〕
○著作目録ほか　「総合政策研究　10」（中央大）
　2003.7　p402-403

島村 東太郎　しまむら・とうたろう
　○略歴　「外国文学 52」（宇都宮大）　2003　p1-5

島村 利正　しまむら・としまさ〔1912―1981　小説家〕
　○書誌（矢部登）　「舳板 3-2」（EDI）　2002.7　p24-35
　◎年譜ほか（井上明久）　「奈良登大路町・妙高の秋」（島村利正）　講談社　2004.1　p225-235

清水 昶　しみず・あきら〔1940―　詩人・評論家〕
　◎参考資料（藤本寿彦）　「展望現代の詩歌 3 詩III」（飛高隆夫ほか）　明治書院　2007.5　p259-260

清水 巌　しみず・いわお
　○著作目録　「法政研究 72.3」（九州大）　2005.12　p9-19b

清水 かつら　しみず・かつら〔1898―1951　童謡詩人〕
　◎年譜ほか　「あしたに―童謡詩人清水かつら」（別府明雄）　郁朋社　2005.4　p329-374

清水 希益　しみず・きよし〔1934―　簿記原理〕
　○業績ほか　「拓殖大学経営経理研究 74」（拓殖大）　2005.3　p22-31

清水 賢一　しみず・けんいち〔1930―　国文学〕
　○業績ほか　「苫小牧駒澤大学紀要 5」（苫小牧駒澤大）　2001.3　p5-8

清水 征樹　しみず・せいき〔1943―1999　法社会学〕
　○著作目録ほか　「同志社法学 52.6」（同志社法学会）　2001.3　p2329-2334

清水 多嘉示　しみず・たかし〔1897―1981　彫刻家〕
　◎略年譜　「青春のモンパルナス―1923-1928 清水多嘉示滞仏記」（井上由理）　信濃毎日新聞社　2006.1　p88-89

清水 隆房　しみず・たかふさ〔1931―　農業経済学〕
　○研究業績ほか　「食品経済研究 29」（日本大）　2001.3　p130-138

清水 多吉　しみず・たきち〔1933―　哲学〕
　○業績目録ほか（手川誠士郎）　「立正大学文学部論叢 119」（立正大）　2004.3　p5-16
　◎業績目録（猪狩一広）　「知の軌跡―清水多吉先生古稀記念論文集」（古稀記念論文集刊行委）　北樹出版　2004.3　p314-325

清水 猛　しみず・たけし〔1938―　マーケティング論〕
　○業績目録ほか　「三田商学研究 47.3」（慶應義塾大）　2004.8　p247-250

清水 乞　しみず・ただし〔1932―　印度哲学・印度芸術〕
　○業績目録ほか　「東洋学論叢 28」（東洋大）　2003.3　p3-9

清水 直　しみず・ただし〔1934―　弁護士〕
　◎略歴　「企業再建の神髄」（清水直）　商事法務　2005.5　p817-821

志水 辰夫　しみず・たつお〔1936―　小説家〕
　◎著作リスト　「背いて故郷」（志水辰夫）　新潮社　2005.2　p516-518

清水 達雄　しみず・たつお
　○著作目録ほか　「経済論集 30.3」（東洋大）　2005.3　p130-137

清水 俊彦　しみず・としひこ
　○略歴ほか　「姫路独協大学外国語学部紀要 16」（姫路独協大）　2003.3　p275-277

清水 敏允　しみず・としよし〔1932―　経営学〕
　○著作目録ほか　「商経論叢 39.4」（神奈川大）　2004.3　p3-9f

清水 哲之　しみず・のりゆき
　○略歴ほか　「政経論叢 72.4・5」（明治大）　2004.3　p745-750

清水 教好　しみず・のりよし
　○業績ほか　「日本思想史研究会会報 25」（日本思想史研究会）　2007.12　p10-14

清水 春樹　しみず・はるき〔1937―　情報処理〕
　○業績ほか　「経営論集 17.1」（文京学院大）　2007.12　p3-5

清水 比庵　しみず・ひあん〔1883―1975　歌人・書家・画家〕
　◎年譜　「清水比庵―毎日歌境」（笠岡市立竹喬美術館）　小杉放菴記念日光美術館　2001　p118-125

清水 寛　しみず・ひろし〔1936―　障害児教育・障害者病者問題史〕
　○業績ほか（西村章次）　「埼玉大学紀要 教育科学 51.1.3」（埼玉大）　2002　p1-7,127-181

志水 宏行　しみず・ひろゆき〔1944―2002　社会学〕
　◎研究業績ほか　「近代の無墓制と「ぼんなり」考」（志水宏行）　法蔵館　2003.3　p234-238

清水 房雄　しみず・ふさお〔1915―　歌人〕
　○年譜ほか　「短歌 53.4」（角川学芸出版）　2006.3　p52-57

清水 誠　しみず・まこと〔1930―　民事法〕
　◎著作目録　「市民法学の課題と展望―清水誠先生古稀記念論集」（飯島紀昭ほか）　日本評論社　2000.12　p587-595
　○業績目録ほか　「神奈川法学 37.2・3」（神奈川大）　2005.1　p233-247

清水 正　しみず・まさし〔1949―　文芸批評論・ロシア文学〕
　◎著作一覧　「暗黒舞踏論」（清水正）　鳥影社　2005.3　p391-394

清水 正徳　しみず・まさのり〔1921―2004　西洋哲学〕
　◎略年譜ほか　「自己疎外論から『資本論』へ」（清水正徳）　こぶし書房　2005.11　p279-282

清水 睦　しみず・むつみ〔1930―　憲法学〕
　○著作目録　「法学新報 108.3」（中央大） 2001.8 p793-816
　◎著作目録ほか　「現代国家の憲法的考察―清水睦先生古稀記念論文集」（植野妙実子） 信山社出版 2001.12 p383-401

清水 凱夫　しみず・よしお〔1941―　中国文学〕
　○著書目録ほか（木村一信）「立命館文学 598」（立命館大） 2007.2 p7-10

清水 嘉治　しみず・よしはる〔1929―　国際経済評論家〕
　○略年譜ほか　「商経論叢 36.3」（神奈川大） 2001.1 p1-50

清水 義弘　しみず・よしひろ〔1917―2007　教育社会学者〕
　◎主著ほか　「清水義弘、その仕事」（追悼集刊行委員会） 東信堂 2007.12 p17-21

清水 次郎長　しみずの・じろちょう〔本名＝山本長五郎　1820―1893　侠客〕
　◎参考文献　「清水の次郎長　下」（黒鉄ヒロシ） 文藝春秋 2002.3 1pb
　◎文献　「清水次郎長と明治維新」（田口英爾） 新人物往来社 2003.7 p266-267
　◎文献　「清水次郎長と幕末維新―『東海遊侠伝』の世界」（高橋敏） 岩波書店 2003.10 p80-81

志村 源太郎　しむら・げんたろう〔1867―1930　農務官僚・実業家〕
　◎年譜　「志村源太郎―その人と業績　伝記・志村源太郎」（志村源太郎伝刊行会） 大空社（伝記叢書 343） 2000.12 p438-454

志村 ふくみ　しむら・ふくみ〔1924―　染織〕
　◎年譜ほか　「篝火―織と文　続」（志村ふくみ） 求龍堂 2004.4 p157-162
　◎年譜ほか　「一色一生　新装改訂版」（志村ふくみ） 求龍堂 2005.1 p280-286

志村 正順　しむら・まさのり〔1913―2007　アナウンサー〕
　◎使用文献　「志村正順のラジオ・デイズ」（尾嶋義之） 新潮社 2001.5 p255-256

下井 隆史　しもい・たかし〔1932―　労働法〕
　◎業績目録ほか　「新時代の労働契約法理論―下井隆史先生古稀記念」（西村健一郎ほか） 信山社 2003.3 p1-23b

下岡 蓮杖　しもおか・れんじょう〔1823―1914　写真師〕
　◎談話筆記一覧　「幕末明治横浜写真館」（斎藤多喜夫） 吉川弘文館 2004.4 p113

下河部 行輝　しもこうべ・ゆきてる
　○業績ほか　「岡大国文論稿 31」（岡山大） 2003.3 p2-11

下郷 羊雄　しもざと・よしお〔1907―1981　洋画家〕
　◎年譜ほか　「瑛九、下郷羊雄・レンズのアヴァンギャルド」（山田諭） 本の友社（コレクション・日本シュールレアリスム 14） 2001.7 p321-331

下澤 洋一　しもざわ・よういち
　○略歴ほか　「千葉商大論叢 41.4」（千葉商科大） 2004.3 p9-13f

下地 良男　しもじ・よしお
　○略歴　「琉球大学欧米文化論集 47」（琉球大） 2003.3 p7-14f

下田 次郎　しもだ・じろう〔1872―1938　教育学者〕
　○文献目録（山本紀久子）「茨城大学教育学部紀要 教育科学 54」（茨城大） 2005.3 p187-201
　○文献目録（山本紀久子）「茨城大学教育学部紀要 教育科 55」（茨城大） 2006.3 p91-119

霜田 史光　しもた・のりみつ〔1896―1933　詩人・小説家〕
　◎著書ほか　「評伝霜田史光」（竹長吉正） 日本図書センター 2003.9 p235-274
　◎年譜ほか　「霜田史光―作品と研究」（竹長吉正） 和泉書院 2003.11 p187-223

下田 義寛　しもだ・よしひろ〔1940―　日本画家〕
　◎略年譜　「セーヌ紀行」（下田義寛） 美術年鑑社 2001.3 p156-159

下谷 政弘　しもたに・まさひろ〔1944―　日本経済史・日本経済論〕
　○著作目録　「経済論叢 180.1」（京都大） 2007.7 p164-170

下平尾 勲　しもひらお・いさお〔1938―2007　金融論・貨幣論〕
　◎研究業績ほか　「現代の金融と地域経済―下平尾勲退官記念論集」（下平尾勲） 新評論 2003.2 p503-523
　○業績ほか　「商学論集 71.4」（福島大） 2003.3 p225-239

下宮 忠雄　しもみや・ただお〔1935―　比較言語学・ゲルマン語学〕
　○業績ほか　「学習院大学ドイツ文学会研究論集 9」（学習院大） 2005 p11-17

下村 湖人　しもむら・こじん〔1884―1955　小説家・教育者〕
　◎略年譜　「下村湖人全短歌集成」（吉川出善） 池田書店 2004.9 p204-209

下村 寅太郎　しもむら・とらたろう〔1902―1995　哲学〕
　◎略年譜ほか　「京都哲学撰書 27　精神史としての科学史」（野家啓一） 燈影舎 2003.2 p414-416

ジャガタラお春　じゃがたらおはる〔1626―1697〕
　◎参考文献　「じゃがたらお春の消息」（白石広子） 勉誠出版（遊学叢書 17） 2001.7 p1992-194

釈 迢空　しゃく・ちょうくう
　⇒折口 信夫（おりくち・しのぶ）を見よ

寂蓮　じゃくれん〔1139―1202　歌人〕
　◎略年譜ほか　「寂蓮―人と文学　日本の作家100人」（半田公平） 勉誠出版 2003.8 p225-239

社本 修　しゃもと・おさむ〔1950―2000　社会保障論〕
　○研究業績　「明治学院論叢　673」（明治学院大）　2002.3　p25-32

秋艸道人　しゅうそうどうじん
　⇒会津 八一（あいづ・やいち）を見よ

宿澤 広朗　しゅくざわ・ひろあき
　◎参考文献　「宿澤広朗　運を支配した男」（加藤仁）　講談社　2007.6　p244-246

首藤 定　しゅどう・さだむ〔1890―1959　実業家・美術品収集家〕
　◎略年譜　「芸術会館海外美術品調査報告書」（大分県立芸術会館）　大分県立芸術会館　2004.2　p40-43

首藤 基澄　しゅとう・もとすみ〔1937―　俳人〕
　○業績一覧ほか　「国語国文学研究　37」（熊本大）　2002.2　p421-426

城 市郎　じょう・いちろう〔1922―　書物〕
　◎年譜　「城市郎の発禁本人生　別冊太陽」　平凡社　2003.10　p206-207

鍾 清漢　しょう・せいかん〔1928―　教育社会学・中国哲学〕
　○業績一覧　「アジア文化　26」（アジア文化総合研究所）　2003.9　p227-280

城 常太郎　じょう・つねたろう〔1863―1904　労働運動家・靴製造業〕
　○関連文献　「城常太郎と「労働義友会」―労働運動の扉を開いた靴職人たち　改訂」（牧民雄）〔牧民雄〕　2004.12　p31-32
　◎文献一覧　「ミスター労働運動城常太郎の生涯」（牧民雄）　彩流社　2006.4　p243-252

城 ノブ　じょう・のぶ〔1872―1959　社会事業家〕
　○参考文献　「山河遥かに―城ノブ尋究の旅」（梨畑麦秋）　清風堂書店出版部　2006.8　p264-266

庄 政志　しょう・まさし〔1930―　商事法〕
　○主要業績ほか　「成城法学　64」（成城大）　2001.1　p269-276

聖一　しょういち〔別名＝円爾　1202―1280　僧〕
　◎「聖一国師年譜」（石山幸喜）　羽衣出版　2002.7　222p　B5

城生 佰太郎　じょうお・はくたろう〔1946―　言語学・音声学〕
　◎業績一覧（福盛貴弘）　「実験音声学と一般言語学―城生佰太郎博士還暦記念論文集」（還暦記念論文集編集委員会）　東京堂出版　2006.7　p17-48

庄垣内 正弘　しょうがいと・まさひろ〔1942―　言語学〕
　○業績目録　「内陸アジア言語の研究　17」（中央ユーラシア学研究会）　2002.9　p241-246

松花堂 昭乗　しょうかどう・しょうじょう〔1584―1639　僧侶・書画家〕
　○年譜（山口恭子）　「法政大学大学院紀要　54」（法政大）　2005　p242-227
　○年譜稿（山口恭子）　「法政大学文学部紀要　53」（法政大）　2006.10　p1-18

昭憲皇太后　しょうけんこうたいごう〔1849―1914　歌人〕
　◎注文献　「皇后の肖像　昭憲皇太后の表象と女性の国民化」（若桑みどり）　筑摩書房　2001.12　p433-455
　◎参考文献　「昭憲皇太后―美しき明治の皇后　昭憲皇太后九十年祭記念展」　明治神宮　2004.4　p114-115

聖光上人　しょうこうしょうにん
　⇒弁長（べんちょう）を見よ

東海林 邦彦　しょうじ・くにひこ
　○業績ほか（瀬川信久）　「北大法学論集　55.6」（北海道大）　2005　p335-344

東海林 太郎　しょうじ・たろう〔1898―1972　歌手〕
　◎参考文献　「国境の町―東海林太郎とその時代」（菊池清麿）　北方新社　2006.11　p201」

庄司 肇　しょうじ・はじめ〔1924―　小説家・評論家・医師〕
　◎自筆略年譜　「庄司肇作品集　6　ユーモア小説・随筆集」（庄司肇）　作品社　2003.10　p419-444

成尋　じょうじん〔1011―1081　僧侶〕
　◎文献　「宋代の中日交流史研究」（王麗萍）　勉誠出版　2002.8　p299-301

正田 彬　しょうだ・あきら〔1929―　経済法〕
　○業績目録ほか　「神奈川法学　36.2」（神奈川大）　2003　p633-659

正徹　しょうてつ〔1381―1459　僧侶・歌人〕
　◎参考文献　「正徹―残照の中の巨樹」（村尾誠一）　新典社　2006.6　p265-266

聖徳太子　しょうとくたいし〔574―622　摂政〕
　◎参考文献　「聖徳太子と斑鳩」（千田稔）　学習研究社　2001.6　p304-306
　◎伝記・注釈書　「厩戸皇子読本」（藤巻一保）　原書房　2001.12　p205-212
　◎文献　「聖徳太子」（吉村武彦）　岩波書店　2002.1　p183-190
　◎参考文献　「隠された聖徳太子の世界―復元・幻の天寿国」（大橋一章ほか）　NHK出版　2002.2　p205」
　◎文献　「聖伝の構造に関する宗教学的研究―聖徳太子伝を中心に」（宮本要太郎）　大学教育出版　2003.2　p197-213
　◎文献　「安倍晴明と聖徳太子の秘密」（西孝二郎）　彩図社　2003.4　p268-270
　◎参考文献　「聖徳太子―和国の教主」（本郷真紹）　吉川弘文館　2004.11　p204-205
　◎参考文献　「聖徳太子の歴史学―記憶と創造の一四〇〇年」（新川登亀男）　講談社　2007.2　p221-231

○文献目録(所功) 「産大法学 40.3・4」(京都産業大) 2007.3 p918-932
◎参考文献 「聖徳太子と飛鳥仏教」(曾根正人) 吉川弘文館 2007.3 p206-208
◎参考文献 「聖徳太子の寺を歩く」(林豊) JTBパブリッシング 2007.10 p149」
◎文献目録(栗田隆雄) 「聖徳太子事典 コンパクト版」(黛弘道ほか) 新人物往来社 2007.10 p304-308

庄野 潤三 しょうの・じゅんぞう〔1921― 小説家〕
◎年譜ほか(助川徳是) 「インド綿の服」(庄野潤三) 講談社 2002.4 p176-190
◎年譜ほか(助川徳是) 「ピアノの音」(庄野潤三) 講談社 2004.5 p336-352
◎年譜ほか(助川徳是) 「自分の羽根―庄野潤三随筆集」(庄野潤三) 講談社 2006.5 p371-387

笙野 頼子 しょうの・よりこ〔1956― 小説家〕
◎年譜・著作目録(山崎眞紀子) 「極楽 大祭 皇帝 笙野頼子初期作品集」(笙野頼子) 講談社 2001.3 p278-289
◎年譜(山崎真紀子ほか) 「笙野頼子―虚空の戦士」(清水良典) 河出書房新社 2002.4 p181-190
◎参考文献ほか(山崎眞紀子) 「笙野頼子」(清水良典ほか) 鼎書房 2006.2 p153-184
○作品ガイドほか(鈴木とりこ) 「現代思想 35.4」(青土社) 2007.3 p232-245

笑福亭 松鶴(6代目) しょうふくてい・しょかく〔1918―1986 落語家〕
◎年譜(豊田善敬) 「六世笑福亭松鶴はなし」(戸田学) 岩波書店 2004.7 p291-317

聖武天皇 しょうむてんのう〔701―756 第45代天皇〕
◎参考文献 「聖武天皇と紫香楽宮の時代」(小笠原好彦) 新日本出版社 2002.1 p205-206
◎参考文献 「聖武天皇とその時代―天平文化と近江」(滋賀県文化財保護協会) 滋賀県文化財保護協会 2005.7 p164」
◎参考文献 「『聖武東遊』―騎馬軍団東へ―平成十七年度企画展」(四日市市立博物館) 四日市市立博物館 2006.3 p149-148

庄谷 邦幸 しょうや・くにゆき〔1931― 日本経済論・中小企業論〕
○著作目録 「桃山学院大学経済経営論集 43.3」(桃山学院大学経済経営学会) 2002.1 p299-311

正力 松太郎 しょうりき・まつたろう〔1885―1969 政治家・実業家〕
◎参考文献 「「日本テレビ放送網構想」と正力松太郎」(神松一三) 三重大学出版会 2005.11 p164-169

昭和天皇 しょうわてんのう〔1901―1989 第124代天皇〕
◎参考文献 「昭和天皇下の事件簿」(佐藤友之) 現代書館 2001.4 p671」
◎文献 「昭和天皇の軍事思想と戦略」(山田朗) 校倉書房 2002.6 p384-393
◎註 「昭和天皇 上」(H.ビックス) 講談社 2002.7 p309-355
◎参考文献 「昭和天皇と戦争―皇室の伝統と戦時下の政治・軍事戦略」(P.ウエッツラー) 原書房 2002.11 p333-318
◎参考文献 「昭和天皇発言記録集成 上巻 皇太子・摂政時代―昭和15年」(中尾裕次) 芙蓉書房出版 2003.1 p8-12
◎参考文献 「昭和天皇の十五年戦争 新装版」(藤原彰) 青木書店 2003.1 p183-189
◎注 「青年君主昭和天皇と元老西園寺」(永井和) 京都大学学術出版会 2003.7 prr
◎文献 「昭和天皇「謝罪詔勅草稿」の発見」(加藤恭子) 文藝春秋 2003.12 p246-253
◎引用文献 「昭和天皇語録」(黒田勝弘ほか) 講談社 2004.1 p359-361
◎研究年表(並河洋) 「浜名湖花博「昭和天皇自然館」図録」(小倉一夫) 静岡国際園芸博覧会協会 2004.4 p232-237
◎注 「昭和天皇と立憲君主制の崩壊」(伊藤之雄) 名古屋大学出版会 2005.5 p583-682
◎注 「昭和天皇 下」(H.ビックス) 講談社 2005.8 p402-476
◎参考文献 「昭和天皇」(保阪正康) 中央公論新社 2005.11 p521-525
◎参考文献 「ゆがめられた昭和天皇像―欧米と日本の誤解と誤訳」(森山尚美ほか) 原書房 2006.2 p344-353ほか
◎参考文献 「昭和天皇と田島道治と吉田茂―初代宮内庁長官の「日記」と「文書」から」(加藤恭子) 人文書館 2006.4 p238-241
◎参考文献 「皇室に封印された聖書 天皇のロザリオ下」(鬼塚英昭) 成甲書房 2006.7 p413-428
◎引用参考文献 「「聖断」虚構と昭和天皇」(纐纈厚) 新日本出版社 2006.12 p191-199
◎参考文献 「昭和天皇とラストエンペラー―溥儀と満州国の真実」(波多野勝) 草思社 2007.6 p242-246

諸喜田 茂充 しょきた・しげみつ〔1939― 水産学〕
○業績ほか 「琉球大学理学部紀要 80」(琉球大) 2005.9 p3-7f

蜀山人 しょくさんじん
⇒大田 南畝(おおた・なんぽ)を見よ

ジョセフ・ヒコ
⇒アメリカ彦蔵(あめりかひこぞう)を見よ

ジョン 万次郎 じょん・まんじろう
⇒中浜 万次郎(なかはま・まんじろう)を見よ

白井 浩司 しらい・こうじ〔1917―2004 仏文学者〕
○年譜(白井浩司) 「三田文学 〔第3期〕 84.80」(慶應義塾大出版会) 2005.冬季 p264-273

白井 新平　しらい・しんぺい〔1907—1988　評論家・社会運動家〕
◎参考引用文献　「活字競馬に挑んだ二人の男」(江面弘也)　ミデアム出版社　2005.4　p372-374

白井 晟一　しらい・せいいち〔1905—1983　建築家〕
◎参考文献　「白井晟一空間読解—形式への違犯」(安原盛彦)　学芸出版社　2005.9　p174」

白井 透　しらい・とおる〔1943—　血統評論家・コラムニスト〕
◎参考引用文献　「活字競馬に挑んだ二人の男」(江面弘也)　ミデアム出版社　2005.4　p372-374

白石 昭臣　しらいし・あきおみ〔1935—2004　民俗学・地名研究〕
○業績ほか(山路興造ほか)　「古代文化研究　13」(島根県古代文化センター)　2005.3　p121-126

白石 実三　しらいし・じつぞう〔1886—1937　小説家・随筆家〕
○書誌年譜ほか(宇田川昭子)　「白石実三とその時代—第13回企画展　図録」(宇田川昭子, 群馬県立土屋文明記念文学館)　群馬県立土屋文明記念文学館　2002.4　p50-60

白石 太一郎　しらいし・たいちろう〔1938—　日本考古学〕
○著作目録ほか　「国立歴史民俗博物館研究報告　109」(歴史民俗博物館)　2004.3　p417-424

白石 高義　しらいし・たかよし
○著作目録ほか　「経済科学研究　10.1」(広島修道大)　2006.9　9pb

白石 壽文　しらいし・ひさふみ
○業績一覧ほか　「佐賀大国文　31」(佐賀大)　2003　p1-30

白川 静　しらかわ・しずか〔1910—2006　中文〕
○年譜・著作目録　「白川静の世界　漢字のものがたり　別冊太陽」(平凡社)　2001.12　p140-143

白川 英樹　しらかわ・ひでき〔1936—　化学者〕
◎参考文献　「ブレークスルーの科学—ノーベル賞学者・白川英樹博士の場合」(五島綾子)　日経BP社　2007.4　p172-178

白川 昌生　しらかわ・よしお〔1948—　彫刻家〕
◎年譜(門田今日子)　「フィールド・キャラバン計画へ—白川昌生2000-2007」(松浦寿夫ほか)　水声社　2007.7　p159-166

白河天皇　しらかわてんのう〔1053—1129　第72代天皇〕
◎文献　「白河法皇—中世をひらいた帝王」(美川圭)　NHK出版　2003.6　p258-265

白倉 一由　しらくら・かずよし〔1932—　近世文学・近代文学〕
○略歴ほか　「日本文藝論集　32」(山梨英和短大)　2004　p111-121

白洲 次郎　しらす・じろう〔1902—1985〕
◎参考文献　「白洲次郎の生き方」(馬場啓一)　講談社　2002.5　p261-262
◎年譜　「白洲次郎の流儀」(白洲次郎ほか)　新潮社　2004.9　p126-136
◎参考文献　「白洲次郎　占領を背負った男」(北康利)　講談社　2005.8　p400-405
◎略年譜　「白洲次郎・正子の食卓」(牧山桂子)　新潮社　2007.1　p142-143

白洲 正子　しらす・まさこ〔1910—1998　小説家・美術評論家〕
◎年譜　「白洲正子"ほんもの"の生活」(白洲正子ほか)　新潮社　2001.10　p98-105
◎著作一覧ほか　「白洲正子全集　第14巻」(白洲正子)　新潮社　2002.8　p573-592
◎略年譜　「白洲次郎・正子の食卓」(牧山桂子)　新潮社　2007.1　p142-143

白杉 剛　しらすぎ・つよし
○著作目録　「甲南経済学論集　45.4.230」(甲南大)　2005.3　p9-12f

白土 三平　しらと・さんぺい〔1932—　漫画家〕
◎年譜　「白土三平論」(四方田犬彦)　作品社　2004.2　p340-343

白鳥 庄之助　しらとり・しょうのすけ〔1934—　会計学〕
○業績ほか　「成城大学経済研究　162」(成城大)　2003.11　p381-393

白畑 孝太郎　しらはた・こうたろう
◎主要著作　「白畑孝太郎—ある野の昆虫学者の生涯」(永幡嘉之)　無明舎出版　2007.12　p265-266

調 佳智雄　しらべ・かちお
○略歴ほか　「人文社会科学研究　45」(早稲田大)　2005.3　p183-186

しりあがり 寿　しりあがり・ことぶき〔1958—　漫画家〕
○解説(高橋源一郎)　「広告批評　268」(マドラ)　2003.2　p124-135
○自作解題ほか　「文藝　44.2」(河出書房新社)　2005.5　p130-139

白水 隆　しろうず・たかし〔1917—2004　昆虫学〕
○単行本　「月刊むし　401」(月刊むし社)　2004.7　p12-13

代田 昇　しろた・のぼる〔1924—2000　評論家・作家〕
◎著作文献ほか　「読書運動とともに　子どもたちに読書のよろこびを　代田昇遺稿・追悼集」(遺稿・追悼集編集委員会)　ポプラ社　2002.4　p516-561

城山 三郎　しろやま・さぶろう〔1927—2007　小説家〕
◎略年譜(編集部)　「嵐の中の生きがい」(城山三郎)　角川春樹事務所　2001.5　p246-258
◎略年譜　「城山三郎命の旅」(内橋克人ほか)　講談社　2007.7　p188-190
◎年譜　「城山三郎が娘に語った戦争」(井上紀子)　朝日新聞社　2007.8　p141-153

◎年譜　「嬉しうて、そして…」(城山三郎)　文藝春秋　2007.8　p302-314

辛 基秀　しん・ぎす〔1931—2002　記録映画作家・朝鮮通信使研究〕
◎参考引用文献　「辛基秀と朝鮮通信使の時代—韓流の原点を求めて」(上野敏彦)　明石書店　2005.9　p329-338

秦 行正　しん・ゆきまさ
○著作目録ほか　「福岡大学人文論叢　34.4.135」(福岡大)　2003.3　5pb

新海 竹太郎　しんかい・たけたろう〔1868—1927　彫刻家〕
◎年譜ほか　「彫刻家・新海竹太郎論」(田中修二)　東北出版企画　2002.6　p411-482

神功皇后　じんぐうこうごう〔仲哀天皇の皇后〕
◎参考文献　「西日本古代紀行—神功皇后風土記」(河村哲夫)　西日本新聞社　2001.10　p360-362

神西 清　じんざい・きよし〔1903—1957　露文〕
◎略年譜　「紅い花—他四篇　改版」(ガルシン)　岩波書店　2006.11　p1-6b

信生　しんしょう〔鎌倉時代前期　僧・歌人〕
◎参考文献　(祐野隆三)「中世日記紀行文学全評釈集成　2」(大倉比呂志ほか)　勉誠出版　2004.12　p327-332

新庄 節美　しんじょう・せつみ〔1950—　グラフィックデザイナー・児童文学作家〕
◎作品リスト(戸川安宣)　「はじまりは青い月」(新庄節美)　東京創元社　2004.3　p253-254

進藤 榮一　しんどう・えいいち〔国際政治経済学〕
○主要著作目録　「筑波法政　34」(筑波大)　2003.3　p7-10

新藤 兼人　しんどう・かねと〔1912—　映画監督〕
◎作品年譜　「作劇術」(新藤兼人)　岩波書店　2006.11　p383-397

新堂 幸司　しんどう・こうじ〔1931—　弁護士〕
◎著作目録ほか　「民事訴訟法理論の新たな構築　新堂幸司先生古稀祝賀　下」(青山善充ほか)　有斐閣　2001.10　p821-846

進藤 敦丸　しんどう・のぶまる
○業績目録ほか　「観光学研究　6」(東洋大)　2007.3　p139-141

真藤 恒　しんとう・ひさし〔1910—2003〕
◎参考文献　「戦艦大和の遺産　下」(前間孝則)　講談社　2005.11　p496-514

進藤 眸　しんどう・ひとみ〔1938—　矯正心理学・心理測定〕
○業績目録ほか　「人間科学研究　29」(文教大)　2007.12　p9-14

真如親王　しんにょしんのう
⇒高丘親王(たかおかしんのう)を見よ

陣内 朽索　じんのうち・きゅうさく
◎参考文献　「歌集『彈痕』と軍医陣内朽索の生涯」(陣内智一郎)　日本文学館　2004.5　p221-222

新保 弼彬　しんぽ・すけよし〔1938—　ドイツ語〕
○業績表　「言語文化論究　15」(九州大)　2002　p176-179

神保 菘　じんぼ・すずな
○業績ほか　「立命館文学　573」(立命館大)　2002.2　p1-8

新保 雅浩　しんぽ・まさひろ〔1946—2000　中世ドイツ語〕
○業績ほか　「学習院大学ドイツ文学会研究論集　6」(学習院大)　2002　p3-6

神保 全孝　じんぽう・ぜんこう
○略歴ほか　「姫路獨協大学外国語学部紀要　19」(姫路獨協大)　2006.3　p260-262

新堀 通也　しんぼり・みちや〔1921—　教育社会学〕
◎著作一覧　「社会・生涯教育文献集　3　28」(上杉孝實ほか)　日本図書センター(日本現代教育基本文献叢書)　2001.1　p365-369
◎著書一覧　「臨床教育学の体系と展開」(新堀通也)　多賀出版　2002.11　p361-363

新間 進一　しんま・しんいち〔1917—2005　国文学〕
○著作目録　「梁塵　24」(中世歌謡研究会)　2007.3　p2-22

神武天皇　じんむてんのう〔初代天皇〕
◎参考文献　「卑弥呼と神武が明かす古代—日本誕生の真実」(内倉武久)　ミネルヴァ書房　2007.11　p245-246

新明 正道　しんめい・まさみち〔1898—1984　社会〕
◎略年譜(山本鎭雄)　「新明正道時評集」(新明正道)　日本経済評論社　2007.1　p382-387

新屋敷 文春　しんやしき・ふみはる
○業績ほか　「沖縄法学　33」(沖縄大)　2004.3　p117-124

親鸞　しんらん〔1173—1262　浄土真宗の宗祖〕
◎参考文献　「親鸞の生涯」(松本章男)　学習研究社　2001.2　p319-321
◎文献　「親鸞—悪の思想」(伊藤益)　集英社(集英社新書　0102C)　2001.8　p217-220
◎参考文献　「親鸞辞典　新装版」(菊村紀彦)　東京堂出版　2001.9　p233-234
◎文献　「野間宏文学と親鸞—悪と救済の論理」(張偉)　法蔵館　2002.1　p247-250
◎参考書　「親鸞書簡集—現代の聖典　全四十三通」(細川行信, 村上宗博, 足立幸子)　法蔵館　2002.6　p209-210
◎文献　「親鸞の思想構造—比較宗教の立場から」(釈徹宗)　法蔵館　2002.7　p238-245
◎引用文献　「親鸞」(石井恭二)　河出書房新社　2003.3　1pb
◎参考文献　「親鸞聖人五ッ条要文」(可藤豊文)　法蔵館　2003.6　p275-279
◎論文目録(前田寿雄)　「法然と親鸞—その教義の継承と展開」(浅井成海)　永田文昌堂　2003.7　p1-124b

◎参考文献　「親鸞―信の念仏者　日本の名僧8」（草野顕之）　吉川弘文館　2004.2　p201-203
◎参考文献　「日蓮と親鸞」（中本征利）　人文書院　2004.9　p367-373
◎略年表　「三経往生文類・如来二種回向文・弥陀如来名号徳―浄土真宗聖典　現代語版」（教学伝道研究センター）　浄土真宗本願寺派　2005.3　p135-145
◎年表ほか　「親鸞聖人伝」（今田法雄）　永田文昌堂　2006.2　p323-362
◎文献紹介　「親鸞読み解き事典」（林智康ほか）　柏書房　2006.5　p376-383
◎文献解説　「増谷文雄名著選　2」（増谷文雄）　佼成出版社　2006.11　p596-599
◎参考文献　「「定本」歎異抄」（佐藤正英）　青土社　2007.1　p151-152
◎参考文献　「親鸞・普遍への道―中世の真実」（阿満利麿）　筑摩書房　2007.4　p319-323

【　す　】

崇伝　すうでん〔江戸時代前期　僧〕
◎参考文献　「政界の導者天海・崇伝　日本の名僧15」（圭室文雄ほか）　吉川弘文館　2004.7　p233-234

末岡　俊二　すえおか・しゅんじ〔1915―　工業経済・経済政策学〕
○著作目録ほか　「東京経大学会誌　経済学　221」（東京経済大）　2001.1　p5-7

末川　博　すえかわ・ひろし〔1892―1977　民法〕
◎「大阪市立大学大学史資料室蔵末川博関係資料目録」（大阪市立大学大学史資料室）　同資料室　2001.3　379p　A4

末木　友和　すえき・ともかず〔1940―　フランス文学〕
○略年譜　「慶應義塾大学日吉紀要フランス語フランス文学　42」（慶應義塾大）　2006.3　p1-2

末次　弘　すえつぐ・ひろし〔1937―　フランス哲学〕
○業績一覧ほか　「白山哲学　41」（東洋大）　2007　p5-13

末永　照和　すえなが・てるかず〔1931―　美術評論家〕
○業績一覧ほか　「美学美術史学　17」（実践美学美術史学会）　2002.12　p1-8

末永　雅雄　すえなが・まさお〔1897―1991　考古学〕
◎著書ほか　「末永雅雄が語る大和発掘ものがたり」（末永雅雄）　橿原考古学協会　2004.8　p435-438

末延　岑生　すえのぶ・みねお〔1941―　英語教育学〕
○著作目録　「人文論集　42.1・2」（神戸商科大）　2007.3　5pf

末広　厳太郎　すえひろ・げんたろう
◎参照文献　「末弘厳太郎と日本の法社会学」（六本佳平ほか）　東京大出版会　2007.3　prr

末広　鉄腸　すえひろ・てっちょう〔1849―1896　政治家・小説家〕
◎著作一覧表　「末広鉄腸研究」（真辺美佐）　梓出版社　2006.2　p1-77b

末松　謙澄　すえまつ・けんちょう〔1855―1920　政治家・文学者・法学者・子爵〕
○研究文献（曽野正士）　「文献探索　2006」（文献探索研究会）　2006.11　p303-309

末松　寿　すえまつ・ひさし
○略歴ほか　「文学研究　101」（九州大）　2004.3　12pf

末吉　耕造　すえよし・こうぞう
◎略年譜　「ポランの広場―瓦解した「宮澤賢治の理想郷」」（本庄豊）　かもがわ出版　2007.8　p203-204

須賀　敦子　すが・あつこ〔1929―1998　作家・伊文学〕
◎略年譜　「こころの旅」（須賀敦子）　角川春樹事務所　2002.6　p203-209
◎略年譜　「須賀敦子のアッシジと丘の町」（岡本太郎）　河出書房新社　2003.11　1pb

絓　秀実　すが・ひでみ〔1949―　文芸評論家〕
◎書誌　「重力　02」（「重力」編集会議）　同編集会議　2003.4　p140-166

菅　浩江　すが・ひろえ〔1963―　小説家〕
◎著作（三村美衣）　「永遠の森―博物館惑星」（菅浩江）　早川書房　2004.3　p449-450

菅井　勝雄　すがい・かつお〔1942―　教育技術学〕
○業績ほか　「大阪大学大学院人間科学研究科紀要　32」（大阪大）　2006　p363-366

菅江　真澄　すがえ・ますみ〔1754―1829　国学・民俗学〕
◎参考文献　「菅江真澄と北上地方―日記「けふのせば布」と「岩手の山」を読む　北上市立博物館　2006.3　p54-55
◎参考文献　「菅江真澄」（菊池勇夫）　吉川弘文館　2007.10　p314-317

菅沼　晃　すがぬま・あきら〔1934―　インド哲学〕
○業績目録ほか　「東洋学論叢　30」（東洋大）　2005.3　p3-19

菅沼　惇　すがぬま・あつし〔1931―　英語〕
○略歴　「人文学部紀要　22」（神戸学院大）　2002.3　p129

菅野　雅雄　すがの・まさお〔1932―　上代文学〕
○著書論文　「中京国文学　21」（中京大）　2002　p116-117
◎年譜　「菅野雅雄著作集　別冊　総索引・他」（菅野雅雄）　おうふう　2004.12　p66-89

菅原　克夫　すがわら・かつお
○著作目録　「経営論集　64」（東洋大）　2005.3　p109-114

菅原　克己　すがわら・かつみ〔1911―1988　詩人〕
◎年譜　「菅原克己全詩集」　西田書店　2003.3　p499-515

菅原 民生　すがわら・たみお
　○業績一覧　「長崎大学教育学部紀要　自然科学 72」（長崎大）　2005.3　p2f」
菅原 道真　すがわらの・みちざね〔845—903　文人・歌人〕
　◎略年譜（味酒安則）　「天神さまの美術　菅原道真没後千百年」（東京国立博物館）　NHK　2001.7　p326-327
　◎研究案内　「菅原道真の実像」（所功）　臨川書店　2002.3　p221-232
　○研究文献目録（吉原浩人, 山本五月）　「国文学解釈と鑑賞　67.4」（至文堂）　2002.4　p157-164
　◎略年譜　「菅原道真—詩人の運命」（藤原克己）　ウェッジ　2002.9　p308-309
　◎文献目録　「菅原道真論集」（和漢比較文学会）勉誠出版　2003.2　p553-655
　◎参考文献（曽我恵里加）　「菅原道真事典」（神社と神道研究会）　勉誠出版　2004.12　p381-401
杉 亨二　すぎ・こうじ〔1828—1917〕
　◎略年譜　「杉亨二自叙傳　完全復刻」（杉亨二）日本統計協会　2005.3　15pb
杉 みき子　すぎ・みきこ〔1930—　児童文学作家〕
　◎年譜（丸山英二）　「実践国語研究　216」　明治図書　2001.1　p240-255
杉 靖三郎　すぎ・やすさぶろう〔1906—2002　医学評論家〕
　○略歴（藤田紀盛）　「日本生理学雑誌　64.10」（日本生理学会）　2002　p237-239
杉浦 克己　すぎうら・かつみ〔1937—2001　経済学〕
　○業績ほか　「帝京経済学研究　35.1」（帝京大）　2001.12　p3-10
杉浦 茂夫　すぎうら・しげお〔1931—　言語学・英語学〕
　○業績目録　「甲南女子大学英文学研究　41」（甲南女子大）　2005　p1-6
杉浦 茂　すぎうら・しげる〔1908—2000　漫画家〕
　◎関連リスト　「杉浦茂—自伝と回想」（杉浦茂）筑摩書房　2002.4　p204-207
杉浦 智紹　すぎうら・ともつぐ〔1931—　民事訴訟法〕
　○業績ほか　「駒沢法学　1.2.2」（駒沢大）　2002.3　p167-170
杉浦 明平　すぎうら・みんぺい〔1913—2001　小説家〕
　◎略年譜　「立原道造と杉浦明平—往復書簡を中心として—開館五周年記念特別展」　立原道造記念館　2002.3　p124-127
杉江 徹　すぎえ・とおる〔1945—2001　国際私法〕
　○著作目録　「成蹊法学　56」（成蹊大）　2003　p9-15
杉江 雅彦　すぎえ・まさひこ〔1931—　経済評論家〕
　○著作目録ほか　「同志社商学　53.5・6」（同志社大）　2002.3　p437-442

杉岡 華邨　すぎおか・かそん〔1913—　書家〕
　◎年譜　「仮名の行者杉岡華邨の風貌」（金田石城）鳥影社　2004.3　p165-183
杉岡 仁　すぎおか・ひとし〔1934—　会計学〕
　○業績ほか　「名城論叢　6.4」（名城大）　2006.3　p3-7f
杉田 久女　すぎた・ひさじょ〔1890—1946　俳人〕
　◎略年譜ほか　「杉田久女」（坂本宮尾）　富士見書房　2003.5　p254-262
　◎年譜ほか（石昌子）　「杉田久女随筆集」（杉田久女）　講談社　2003.6　p236-258
　◎文献ほか　「俳人杉田久女の病跡—つくられた伝説」（寺岡葵）　熊本出版文化会館　2005.4　p219-244
杉田 秀夫　すぎた・ひでお
　⇒瑛九（えいきゅう）を見よ
杉田 弘子　すぎた・ひろこ〔1935—　比較文学・ドイツ文学〕
　○業績目録ほか　「武蔵大学人文学会雑誌　32.4」（武蔵大）　2001　p3-13
杉藤 忠士　すぎとう・ただし
　○著作目録ほか　「大東法学　15.1」（大東文化大）　2005.10　p241-246
杉野 要吉　すぎの・ようきち〔1932—　近代日本文学〕
　○業績ほか　「学術研究　外国語・外国文学編　51」（早稲田大）　2002.2　p117-120
杉野 義信　すぎの・よしのぶ〔1934—　分子生物学〕
　○業績リストほか　「関西医科大学教養部紀要　22」（関西医科大）　2002.3　p63-69
杉之尾 宜生　すぎのお・よしお
　○研究業績ほか　「防衛大学校紀要　社会科学分冊　82」（防衛大）　2001.3　p2-12
杉之原 正純　すぎのはら・まさずみ
　○著作目録ほか　「広島修大論集　44.1.83」（広島修大）　2003.9　2pb
杉原 荘介　すぎはら・そうすけ〔1913—1983　考古学者〕
　◎年譜　「杉原荘介と前野町遺跡—考古学の基礎を固めた巨人　特別展」（板橋区立郷土資料館）区立郷土資料館　2004.9　p4-5
杉原 高嶺　すぎはら・たかね〔1941—　国際法〕
　○著作目録　「法学論叢　156.3・4」（京都大）　2005.1　p1-12b
杉原 千畝　すぎはら・ちうね〔1900—1986　外交官〕
　◎参考文献　「杉原千畝の悲劇—クレムリン文書は語る」（渡辺勝正）　大正出版　2006.7　p198-201
杉原 敏彦　すぎはら・としひこ
　◎業績　「21世紀型高等教育システム構築と質的保証—FD・SD・教育班の報告」（広島大学高等教育研究開発センター）　広島大　2007.2　p313-315
杉原 泰雄　すぎはら・やすお〔1930—　憲法〕
　○業績ほか　「駿河台法学　17.2.32」（駿河台大）　2004.2　p391-396

杉村 邦彦　すぎむら・くにひこ〔1939—　東洋史・中国書道史〕
　○略年譜, 著作目録　「桃山歴史・地理　37」（京都教育大）　2002　p2-4,5-33
　◎著作目録ほか　「藤陵春秋—杉村邦彦先生退官記念文集」（記念事業会）　Visual Language 無礼　2003.3　p277-306

杉村 広太郎　すぎむら・こうたろう
　◎略年譜　「七花八裂—明治の青年杉村広太郎伝」（小林康達）　現代書館　2005.9　p240-250

杉村 貞臣　すぎむら・さだおみ〔1935—1999　西洋史〕
　○業績目録ほか　「関学西洋史論集　24」（関学西洋史研究会）　2001.3　p2-5

杉村 健　すぎむら・たけし〔1933—　学習心理学〕
　○著作目録ほか　「人間文化研究　13」（京都学園大）　2004.3　p29-51

杉村 春子　すぎむら・はるこ〔1906—1997　女優〕
　◎参考資料　「女の一生—杉村春子の生涯」（新藤兼人）　岩波書店　2002.1　p259-260
　◎参考文献　「杉村春子　女優として女として」（中丸美絵）　文藝春秋　2003.3　p498-506
　◎参考文献　「杉村春子—女優として女として」（中丸美繪）　文藝春秋　2005.10　p536-545

杉本 健吉　すぎもと・けんきち〔1905—2004　洋画家〕
　◎年譜（鈴木威）　「余生らくがき—杉本健吉画文集」（杉本健吉）　求龍堂　2001.9　p106-111

杉本 憲司　すぎもと・けんじ〔1931—　中国古代史・考古学〕
　○著作目録ほか　「鷹陵史学　28」（鷹陵史学会）　2002.9　p265-284

杉本 功介　すぎもと・こうすけ〔1930—　体育心理学・応用心理学〕
　○著書・論文ほか　「人文・自然・人間科学研究　5」（拓殖大）　2001.5　p221-226

杉本 助男　すぎもと・すけお〔1930—2004　環境心理学・行動心理学〕
　○業績ほか　「愛知淑徳大学論集　コミュニケーション学部篇　5」（愛知淑徳大）　2005.3　2pf

杉本 隆成　すぎもと・たかしげ〔1942—　水産学〕
　○著作一覧ほか　「海洋　号外　40」（海洋出版）　2005　p271-279

杉本 卓洲　すぎもと・たくしゅう〔1935—　インド哲学・比較文化学〕
　○研究業績ほか　「北陸宗教文化　13」（北陸宗教文化研究会）　2001.3　p1-12

杉本 達夫　すぎもと・たつお〔1937—　中国文学〕
　○著作目録　「中国文学研究　31」（早稲田大）　2005.12　p4-15

杉本 典之　すぎもと・のりゆき〔1939—　会計学〕
　○著作目録ほか　「研究年報経済学　63.4」（東北大）　2002.2　p671-674

杉本 常　すぎもと・ひさし
　○業績目録ほか　「亜細亜大学経営論集　38.2」（亜細亜大）　2003.2　p161-163

杉本 秀太郎　すぎもと・ひでたろう〔1931—　評論家・翻訳家〕
　◎年譜ほか（杉本秀太郎）　「半日半夜—杉本秀太郎エッセイ集」（杉本秀太郎）　講談社　2005.11　p234-252

杉本 文雄　すぎもと・ふみお〔1932—　企業診断〕
　○研究業績ほか　「経済集志　72.3」（日本大）　2002.10　p3-11f

杉本 文太郎　すぎもと・ぶんたろう
　◎著作一覧　「叢書・近代日本のデザイン　8　日本住宅室内装飾法　復刻」（杉本文太郎）　ゆまに書房　2007.11　p297」

杉本 まさを　すぎもと・まさお
　◎著作目録　「文学としての『青鞜』」（岩田ななつ）　不二出版　2003.4　p254-259

椙元 紋太　すぎもと・もんた
　◎年譜　「椙元紋太の川柳と語録」（ふあうすと川柳社）　新葉館出版　2004.4　p2-7

杉森 幹彦　すぎもり・みきひこ
　○著作目録ほか　「政策科学　10.3.23」（立命館大）　2003.3　p201-208

杉山 和　すぎやま・かず〔1942—　医師〕
　○業績ほか　「愛知淑徳大学論集　文学部・文学研究科篇　30」（愛知淑徳大）　2005　p3-4f

杉山 金夫　すぎやま・かねお
　◎執筆目録ほか（田村貞雄）　「静岡県社会運動史研究」（杉山金夫）遺稿集刊行会　2004.2　p330-339

椙山 喜代子　すぎやま・きよこ
　○業績ほか　「専修経済学論集　36.3.81」（専修大）　2002.3　p359-363

杉山 茂丸　すぎやま・しげまる〔1864—1935　政治家〕
　◎参考文献　「杉山茂丸伝—アジア連邦の夢」（堀雅昭）　弦書房　2006.2　p220-222
　◎略歴ほか　「百魔—正続完本」（杉山茂丸）　書肆心水　2006.8　p857-861
　◎略年譜ほか　「其日庵の世界—其日庵叢書合本」（杉山茂丸）　書肆心水　2006.11　p373-378

杉山 滋　すぎやま・しげる〔1941—　林産学・人間工学〕
　○略歴ほか　「長崎大学教育学部紀要　自然科学　74」（長崎大）　2006.3　10pf

杉山 二郎　すぎやま・じろう〔1928—　東洋美術史・比較文化論〕
　○著作目録　「国際仏教学大学院大学研究紀要　8」（国際仏教大学院大）　2004.3　p3-43f

杉山 太郎　すぎやま・たろう〔1952—2001　中国語・中国文学〕
　◎著作目録　「中国の芝居の見方—中国演劇論集」（杉山太郎）　好文出版　2004.6　p431-437

杉山 徳三郎　すぎやま・とくさぶろう〔実業家〕
◎文献　「明治を築いた企業家杉山徳三郎―日本近代産業に蒸気機関を導入した男」（杉山謙二郎）　碧天舎　2005.9　p273-293

杉山 平一　すぎやま・へいいち〔1914―　詩人〕
◎年譜　「杉山平一詩集」（杉山平一）　思潮社　2006.11　p158-160

杉山 平助　すぎやま・へいすけ〔1895―1946　評論家〕
○書誌（大屋幸世）　「日本古書通信　72.6」（日本古書通信社）　2007.6　p25-27

菅野 盾樹　すげの・たてき〔1943―　哲学・人間学〕
○業績ほか　「大阪大学大学院人間科学研究科紀要　33」（大阪大）　2007　p237-242

助廣 剛　すけひろ・たけし
○略歴ほか　「人文社会科学研究　44」（早稲田大）　2004.3　p150-154

寿崎 雅夫　すざき・まさお〔1936―　国際金融論〕
○業績ほか　「専修商学論集　84」（専修大）　2007.1　p209-211

壽里 順平　すさと・じゅんぺい
○業績ほか　「人文論集　45」（早稲田大）　2006　p7-18b
○業績ほか　「人文論集　45」（早稲田大）　2007.3　p7-18b

図師 雅脩　ずし・まさはる〔1941―　交通産業論〕
○業績ほか　「立教大学観光学部紀要　9」（立教大）　2007.3　p8-9

鈴江 璋子　すずえ・あきこ〔1933―　アメリカ文学〕
○業績　「実践英文学　55」（実践英文学会）　2003.1　p3-8

鈴木 勇　すずき・いさむ〔1933―2002　経済史〕
○業績ほか　「独協経済　75」（独協大）　2002.9　p10-12

鈴木 いづみ　すずき・いづみ〔1949―1986　小説家〕
◎書誌ほか　「鈴木いづみプレミアム・コレクション」（鈴木いづみ）　文遊社　2006.3　p404-409

鈴木 英一　すずき・えいいち〔1932―　教育行政〕
◎業績　「英語と文法と―鈴木英一教授還暦記念論文集」（溝越彰ほか）　開拓社　2007.3　p369-378

鈴木 薫　すずき・かおる〔1933―　商法・会社法〕
○研究業績ほか　「亜細亜法学　37.2」（亜細亜大）　2003.1　p227-232

鈴木 勝男　すずき・かつお
○略歴　「東北学院大学経済学論集　164」（東北学院大）　2007.3　p7-9

鈴木 克彦　すずき・かつひこ〔1937―　国際経済学〕
○業績目録ほか　「経済学論究　60.3」（関西学院大）　2007.3　p169-179

鈴木 貫太郎　すずき・かんたろう〔1867―1948　海軍軍人・政治家〕
◎参考文献　「聖断―昭和天皇と鈴木貫太郎　新装版」（半藤一利）　PHP研究所　2003.8　p394-397
◎参考文献　「聖断―昭和天皇と鈴木貫太郎」（半藤一利）　PHP研究所　2006.8　p558-562

鈴木 公雄　すずき・きみお〔1938―2004　日本考古学〕
○著作目録　「史学　74.4」（三田史学会）　2006.3　p143-153

鈴木 教司　すずき・きょうじ
○著作目録ほか　「愛媛法学会雑誌　31.3・4」（愛媛大）　2005　p187-193

鈴木 國弘　すずき・くにひろ
○業績　「史叢　77」（日本大）　2007.9　p5-16f

鈴木 庫三　すずき・くらぞう〔1894―1964　陸軍大佐〕
◎引用文献ほか　「言論統制―情報官・鈴木庫三と教育の国防国家」（佐藤卓己）　中央公論新社　2004.8　p423-437

鈴木 啓三　すずき・けいぞう
○業績ほか　「専修経営学論集　82」（専修大）　2006.3　p213-216

鈴木 敬夫　すずき・けいふ〔1938―　アジア法・法哲学〕
○業績ほか　「札幌学院法学　24.1」（札幌学院大）　2007.12　p183-261

鈴木 幸一　すずき・こういち
○業績一覧ほか　「会計プロフェッション　3」（青山学院大）　2007　p163-165

鈴木 康司　すずき・こうじ〔1933―　フランス喜劇史・フランス文化社会史〕
○略年譜　「中央大学文学部紀要　200」（中央大）　2004.3　p27-32
○略年譜　「仏語仏文学研究　36」（中央大）　2004.3　p1-6
◎年譜　「鈴木康司中央大学教授退職記念論文集」（鈴木康司中央大学教授退職記念論文集刊行会）　記念論文集刊行会　2004.3　p151-154

鈴木 覚　すずき・さとる〔1937―　ロマンス語学・フランス中世語〕
○業績目録　「紀要　地域研究・国際学編　35」（愛知県立大）　2003　p2-3f

鈴木 繁次　すずき・しげじ
○略年譜　「神奈川法学　40.1」（神奈川大）　2007.9　p335-339

鈴木 重胤　すずき・しげたね〔1812―1863　国学〕
○記事抄録（樫内愛子）　「文献探索　2000」（文献探索研究会）　2001.2　p168-172

鈴木 茂嗣　すずき・しげつぐ〔1937―　刑事法学〕
　○著作目録ほか　「法学論叢 148.3・4」（京都大）
　　2001.1　p1-16b
　◎著作目録ほか　「鈴木茂嗣先生古稀祝賀論文集
　　上巻」（三井誠ほか）　成文堂　2007.5　p753-769

鈴木 重成　すずき・しげなり〔1587―1653　代官〕
　◎関係著作目録　「天草鈴木代官の歴史検証―切腹
　　と石半減その真実　重成公歿三百五十年了記念研
　　究」（鶴田文史）　天草民報社　2006.2　p170-175

鈴木 重嶺　すずき・しげね〔1814―1898　歌人〕
　○略年譜稿　「文学研究 92」（日本文学研究会）
　　2004.4　p89-96

鈴木 重靖　すずき・しげやす〔1925―　国際経済学・
　貿易政策論〕
　○業績ほか　「広島経済大学経済研究論集
　　24.4」（広島経済大）　2002.3　p1-7b

須々木 主一　すすき・しゅいち
　○業績目録　「早稲田法学 78.3」（早稲田大）　2003.
　　3　p390-393

鈴木 修学　すずき・しゅうがく〔1902―1962〕
　○年譜ほか　「福祉を築く―鈴木修学の信仰と福祉」
　　（西山茂ほか）　中央法規出版　2005.11　p211-223

鈴木 周二　すずき・しゅうじ〔1932―2004　アメリ
　カ演劇〕
　○業績ほか　「学術研究 外国語・外国文学編 51」
　　（早稲田大）　2002.2　p121-122

鈴木 淳　すずき・じゅん〔1936―　繊維物理学〕
　○研究業績　「長崎大学教育学部紀要　自然科学
　　66」（長崎大）　2002.3　3pf

鈴木 正三　すずき・しょうさん〔1579―1655　仮名
　草子作者〕
　◎参考文献　「鈴木正三　現代に生きる勤勉の精神」
　　（神谷満雄）　PHP研究所　2001.5　p330-348
　◎略年譜　「鈴木正三の生涯と思想」（神谷満雄）
　　記念事業実行委員会　2005.6　p58-66

鈴木 慎一　すずき・しんいち〔1933―　教育学〕
　○業績ほか　「学術研究 外国語・外国文学編 51」
　　（早稲田大）　2002.2　p123-126

鈴木 辰治　すずき・しんじ〔1936―　経営学・会計学〕
　○著作目録ほか　「新潟大学経済論集 72」（新潟
　　大）　2002.3　p19-28

鈴木 すず　すずき・すず〔1917―　ファッションデザ
　イナー〕
　◎参考文献　「赤い鳥翔んだ―鈴木すずと父三重吉」
　　（脇坂るみ）　小峰書店　2007.8　p334-335

鈴木 清一　すずき・せいいち〔1895―1978　洋画家〕
　◎参考資料ほか　「孤高の画家・鈴木清一の作品と
　　生涯」（鈴木耕三）　神戸新聞総合出版センター（発
　　売）　2006.6　p189-198

鈴木 正気　すずき・せいき〔1931―　社会科教育〕
　○論文ほか　「教員文化の日本的特性―歴史、実践、
　　実態の探究を通じてその変化と今日的課題をさぐ
　　る」（久冨善之）　多賀出版　2003.2　p300-303

鈴木 泰治　すずき・たいじ〔1912―1938　詩人〕
　◎年譜　「プロレタリア詩人・鈴木泰治―作品と生
　　涯」（尾西康充ほか）　和泉書院　2002.8　p230-241

鈴木 大拙　すずき・だいせつ〔1870―1966　仏教〕
　◎著作目録ほか　「鈴木大拙の人と学問」　春秋社
　　（鈴木大拙禅選集 新版 新装版 別巻）　2001.7
　　p257-274
　◎参考文献ほか　「二人称の死―西田・大拙・西谷
　　の思想をめぐって」（浅見洋）　春風社　2003.5
　　p237-243
　◎参考文献　「鈴木大拙研究基礎資料」（桐田清秀）
　　松ヶ丘文庫　2005.3　p10-13
　◎参考書ほか　「鈴木大拙の言葉―世界人としての
　　日本人」（大熊玄）　朝文社　2007.7　p226-228

鈴木 孝夫　すずき・たかお〔1942―　〕
　○業績目録ほか　「アカデミア　文学・語学編 79」
　　（南山大）　2006.1　3pf

鈴木 峻　すずき・たかし〔1938―　〕
　○著作目録ほか　「経済論集 29.2」（東洋大）　2004.
　　2　p93-95

鈴木 隆史　すずき・たかし〔1933―　満州史・近代
　日本政治史〕
　○略歴ほか　「名城論叢　4.3」（名城大）　2004.3
　　p9-11f

鈴木 威　すずき・たけし〔1938―　ドイツ文学〕
　○業績ほか　「慶応義塾大学日吉紀要　ドイツ語学・
　　文学 36」（慶応義塾大）　2003　p119-118

鈴木 忠士　すずき・ただし〔1943―2001　フランス
　文学〕
　○著作目録ほか　「岐阜経済大学論集 35.3」（岐阜
　　経済大）　2002.2　p238-241

鈴木 辰紀　すずき・たつのり〔1931―　保険〕
　○業績一覧（江沢雅彦ほか）　「早稲田商学 388」（早
　　稲田大）　2001.3　p332-337
　◎業績ほか　「現代保険論集―鈴木辰紀先生古稀記
　　念」（森宮康ほか）　成文堂　2001.5　p521-530

鈴木 主税　すずき・ちから〔1934―　翻訳家〕
　◎翻訳書リスト　「職業としての翻訳」（鈴木主税）
　　毎日新聞社　2001.2　p246-241

鈴木 恒男　すずき・つねお〔1930―　企業形態論・中
　小企業論〕
　○研究業績ほか　「白鷗大学論集 15.2」（白鷗大）
　　2001.3　p493-497

鈴木 輝二　すずき・てるじ〔1934―　比較法・国際
　経済法・中東欧問題〕
　○業績目録ほか　「東海法学 35」（東海大）　2006.
　　3　p217-231

鈴木 東蔵　すずき・とうぞう
　◎略年譜ほか　「宮沢賢治と東北砕石工場の人々」
　　（伊藤良治）　国文社　2005.3　p294-300

鈴木 亨　すずき・とおる〔1918―2006　詩人〕
　◎年譜　「鈴木亨詩集」（鈴木亨）　土曜美術社出版
　　販売　2005.12　p149-155

153

鈴木 利章　すずき・としあき〔1937―　ヨーロッパ大学史・イギリス中世史〕
　○著作目録ほか（奥西孝至）　「神戸大学史学年報 16」（神戸大）　2001　p81-103

鈴木 としお　すずき・としお〔1927―　行政書士〕
　◎著書一覧　「浅草いまむかし」（鈴木としお）　台東区民新聞社　2004.10　p206

鈴木 敏夫　すずき・としお〔1948―　映画プロデューサー〕
　◎略年譜　「映画道楽」（鈴木敏夫）　ぴあ　2005.4　p246-247
　○業績目録ほか（大櫃敬史）　「北海道大学大学院教育学研究科紀要 101」（北海道大）　2007　p49-53

鈴木 敏和　すずき・としかず〔1930―　英米法・比較法文化論〕
　○業績ほか　「立正法学論集 34.2」（立正大）　2001　p7-10f

鈴木 利治　すずき・としはる〔1937―　環境経済学・エネルギー問題〕
　○著作目録ほか　「経済論集 29.2」（東洋大）　2004.2　p97-107

鈴木 敏弘　すずき・としひろ
　○業績目録ほか（南啓治）　「帝京史学 21」（帝京大）　2006.2　p311-313

鈴木 登　すずき・のぼる〔1935―　理論経済学・国民所得論〕
　○略歴ほか　「総合政策論叢 11」（島根県立大）　2006.3　p77-83

鈴木 範久　すずき・のりひさ〔1935―　日本宗教史・日本キリスト教史〕
　○主要著書ほか　「キリスト教学 43」（立教大）　2001　5pf

鈴木 博信　すずき・はくしん〔1934―　国際関係論・ロシア論〕
　○著作等目録　「桃山法学 7」（桃山学院大）　2006.3　p499-508

鈴木 肇　すずき・はじめ〔1927―　ロシア思想・ソ連問題〕
　○著作目録ほか　「平成法政研究 6.2」（平成国際大）　2002.3　p125-128

鈴木 ハツヨ　すずき・はつよ〔1929―　民法〕
　○著作目録　「東北学院大学論集 62」（東北学院大）　2004.3　p7-17

鈴木 春男　すずき・はるお〔1938―　産業社会学・交通社会学〕
　○研究業績ほか　「千葉大学人文研究 32」（千葉大）　2003.3　p13-22

鈴木 春信　すずき・はるのぶ〔1725―1770　浮世絵師〕
　◎文献（藤沢紫）　「鈴木春信―青春の浮世絵師―江戸のカラリスト登場」（千葉市美術館, 萩美術館, 浦上記念館）　千葉市美術館　2002　p280-281
　◎参考文献　「鈴木春信絵本全集　研究篇　改訂新版」（藤沢紫）　勉誠出版　2003.7　p561-568

鈴木 英子　すずき・ひでこ
　◎略歴　「鈴木英子集」（鈴木英子）　邑書林　2005.8　p139-141

鈴木 兵二　すずき・ひょうじ〔1915―2003　植物生態学〕
　○業績目録（出口博則ほか）　「Hikobia 14.2」（ヒコビア会）　2004.12　p231-236

鈴木 宏哉　すずき・ひろや
　○略歴ほか　「長野大学紀要 24.2」（長野大）　2002.6　p39-40

鈴木 牧之　すずき・ぼくし〔1770―1842　文人〕
　◎年譜ほか（田村賢一）　「北越雪譜物語」（鈴木牧之）　新潟日報事業社　2004.9　p210-214

鈴木 真砂女　すずき・まさじょ〔1906―2003　俳人〕
　◎年譜（西嶋あさ子）　「鈴木真砂女全句集」（鈴木真砂女）　角川書店　2001.3　p393-407
　○略年譜（西嶋あさ子）　「俳句 52.6」（角川書店）　2003.5　p172-179
　◎年譜　「今生の今が倖せ…―母、鈴木真砂女」（本山可久子）　講談社　2005.2　p204-206

鈴木 正久　すずき・まさひさ〔1912―1969　牧師〕
　◎略年譜　「鈴木正久　日本の説教15」（鈴木正久）　日本基督教団出版局　2004.10　p209-213

鈴木 正裕　すずき・まさひろ〔1932―　民事訴訟法〕
　○著作目録　「民事訴訟法の史的展開―鈴木正裕先生古稀祝賀」（福永有利）　有斐閣　2002.1　p899-910
　○業績一覧ほか　「甲南法学 42.3・4」（甲南女子大）　2002.3　14pb

鈴木 三重吉　すずき・みえきち〔1882―1936　児童文学者〕
　◎参考文献　「赤い鳥翔んだ―鈴木すずと父三重吉」（脇坂るみ）　小峰書店　2007.8　p334-335

鈴木 道雄　すずき・みちお〔1958―　精神神経学〕
　◎参考文献　「スズキを創った男鈴木道雄」（長谷川直哉）　三重大学出版会　2005.5　p216-220

鈴木 満　すずき・みつる〔1913―1975　洋画家〕
　◎年譜　「鈴木満詩集」（鈴木満）　土曜美術社出版販売　2006.12　p166-177

鈴木 満　すずき・みつる
　○業績ほか　「武蔵大学人文学会雑誌 37.4」（武蔵大）　2006　p5-14

鈴木 みどり　すずき・みどり〔1941―2006　ジャーナリスト〕
　○業績ほか　「立命館産業社会論集 42.4.132」（立命館大）　2007.3　p15-24

鈴木 宗男　すずき・むねお〔1948―　政治家〕
　◎参考文献　「田中角栄になりそこねた男」（大下英治）　講談社　2002.11　p362-364

鈴木 六林男　すずき・むりお〔1919—2004　俳人〕
　○著作目録ほか　「河南論集 9」（大阪藝術大）
　　2005.3　p291-300

鈴木 安昭　すずき・やすあき〔1930—　流通論・商業論〕
　◎研究業績　「日本の商業問題」（鈴木安昭）　有斐閣　2001.2　p287-294

鈴木 康之　すずき・やすゆき〔1943—　〕
　◎研究業績ほか　「21世紀言語学研究—鈴木康之教授古希記念論集」（04記念行事委員会）白帝社　2004.7　p552-566

鈴木 幸夫　すずき・ゆきお〔1927—2005　経済評論家〕
　○業績一覧ほか（成相修）　「麗澤経済研究 10.1」（麗澤大）　2002.3　p121-124

鈴木 幸久　すずき・ゆきひさ〔1923—　図書館学・アメリカ近代史〕
　○著作目録　「鈴木幸久先生喜寿記念論集」（鈴木幸久先生喜寿記念論集編集委員会）　同論集刊行会　2001.10　p231-239

鈴木 芳徳　すずき・よしのり〔1937—　金融論・証券論〕
　○著作目録ほか　「商経論叢 43.1」（神奈川大）2007.5　p319-330

鈴木 米次郎　すずき・よねじろう〔1868—1940　音楽教育家〕
　○参考資料　「音楽教育の礎—鈴木米次郎と東洋音楽学校」（創立百周年記念誌刊行委員会）　春秋社　2007.5　p5-15b

薄田 泣菫　すすきだ・きゅうきん〔1877—1945　詩人・随筆家〕
　◎年譜　「泣菫残照—薄田泣菫関連資料を中心に」（満谷昭夫）　創元社　2003.6　p209-220
　◎略年譜ほか　「薄田泣菫の世界」（黒田えみ）　日本文教出版　2007.2　p149-155

鈴村 和成　すずむら・かずなり〔1944—　詩人・文芸評論家〕
　○著書　「黒い破線、廃市の愛」（鈴村和成）　書肆山田　2006.11　2pb

裾分 一弘　すそわけ・かずひろ〔1924—　美学・美術史学〕
　◎研究業績一覧　「レオナルドの手稿、素描・素画に関する基礎的研究 研究篇」（裾分一弘）　中央公論美術出版　2004.11　p525-533

須田 剋太　すだ・こくた〔1906—1990　洋画家〕
　◎略年譜　「画狂剋太曼陀羅—須田剋太伝」（加藤勉）　邑心文庫　2003.7　p404-406

須田 力　すだ・つとむ〔1943—　体育学〕
　○業績ほか　「北海道大学大学院教育学研究科紀要 99」（北海道大）　2006.9　p169-179

須田 寿　すだ・ひさし〔1906—2005　洋画家〕
　◎主要参考文献ほか　「村井正誠・須田寿展—中村彝賞記念」（茨城県近代美術館）　茨城県近代美術館　c2002　p105-131

須田 悦弘　すだ・よしひろ〔1969—　造形作家〕
　◎文献　「ジ・エッセンシャル—逢坂卓郎、須田悦弘、大塚聡、渡辺好明」（千葉市美術館）〔千葉市美術館〕　2002.4　p76-79

須藤 隆　すどう・たかし
　◎著作目録　「考古学論叢」（記念論文集刊行会）六一書房　2007.5　p10-19f

須藤 敏夫　すどう・としお〔1927—2004　日本史〕
　○業績一覧　「栃木史学 19」（國學院大栃木短大）　2005.3　p130-132

崇徳天皇　すとくてんのう〔1119—1164　第75代天皇〕
　◎参考文献ほか　「崇徳院怨霊の研究」（山田雄司）思文閣出版　2001.2　p261-288

須永 醇　すなが・じゅん〔1930—　民法〕
　○業績目録ほか　「法学志林 98.2」（法政大）　2001.2　p277-283

砂澤 ビッキ　すなざわ・びっき〔1931—1989　彫刻家〕
　◎略年譜ほか　「風の王—砂澤ビッキの世界」（柴橋伴夫）　響文社　2001.3　p323-340

砂田 一郎　すなだ・いちろう〔1937—　比較政治学・アメリカ政治〕
　○業績ほか　「学習院大学法学会雑誌 43.1」（学習院大）　2007.9　p11-21f

砂村 賢　すなむら・さとし〔1935—2003〕
　◎著作目録ほか　「甲南経済学論集 44.4.226」（甲南大）　2004.3　4pb

洲之内 徹　すのうち・とおる〔1913—1987　美術評論家・小説家〕
　○ノオト（山本善行）　「舳板 III 12」（EDI）2006.4　p40-42

須之内 玲子　すのうち・れいこ
　○略歴ほか　「社会福祉 46」（日本女子大）　2006.3　p3-5

須原 芙士雄　すはら・ふじお〔1941—　人文地理学〕
　○著書・論文目録　「立命館文學 593」（立命館大）2006.3　p7-15

須原屋 茂兵衛　すはらや・もへえ〔江戸時代〕
　◎「須原屋茂兵衛出版物目録」（高市穰）　青霞堂　2002.7　6冊　28cm

鷲見 一夫　すみ・かずお〔1938—　国際環境法・ODA研究〕
　○著作目録ほか　「法政理論 36.3・4」（新潟大）　2004.3　p2-23

鷲見 誠一　すみ・せいいち〔1939—　ヨーロッパ政治思想史〕
　○業績一覧　「法学研究 76.12」（慶応義塾大）　2003.12　p387-391

鷲見 洋一　すみ・よういち〔1941―　フランス文学・思想〕
　○著作目録ほか　「藝文研究　91分冊3」（慶應義塾大）　2006　p1-22

住井 すゑ　すみい・すえ〔1902―1997　小説家・児童文学者〕
　◎年譜（岩倉昇）　「住井すゑの世界　その生涯と文学」（前川むー）　解放出版社　2001.6　p137-158
　◎年譜　「住井すゑ百歳の人間宣言」　シネ・フロント社　2002.10　p34-43
　◎略年譜　「橋のない川―住井すゑの生涯」（北条常久）　風涛社　2003.5　p218-221
　○作品目録（前田均）　「文献探索　2005」（文献探索研究会）　2006.5　p274-280

隅井 孝雄　すみい・たかお〔1936―　メディア評論家〕
　○年譜ほか　「人間文化研究　17」（京都学園大）　2006.3　p11-22

澄川 喜一　すみかわ・きいち
　◎参考文献（大野正勝）　「澄川喜一作品集」（澄川喜一）　講談社　2007.9　p178-179

角倉 一朗　すみくら・いちろう〔1932―　西洋音楽史・音楽理論〕
　◎主要業績一覧ほか　「転換期の音楽―新世紀の音楽学フォーラム―角倉一朗先生古稀記念論文集」（『転換期の音楽』編集委員会）　音楽之友社　2002.10　p464-479

住宅 顕信　すみたく・けんしん〔1961―1987　俳人〕
　◎略年譜（中村裕）　「住宅顕信読本―若さとはこんな淋しい春なのか」（小林恭二ほか）　中央公論新社　2002.5　p122-129
　◎略年譜　「未完成―住宅顕信句集」（住宅顕信）　春陽堂書店　2003.2　p240-247

隅野 隆徳　すみの・たかのり〔1935―　公法・憲法〕
　○業績ほか　「専修法学論集　93」（専修大）　2005.3　p3-15b

住谷 悦治　すみや・えつじ〔1895―1987　経済学者〕
　◎略年譜　「沈黙と抵抗―ある知識人の生涯、評伝・住谷悦治」（田中秀臣）　藤原書店　2001.11　p284-285

隅谷 三喜男　すみや・みきお〔1916―2003　経済〕
　◎著作目録ほか　「隅谷三喜男著作集　9」（隅谷三喜男）　岩波書店　2003.12　p385-425

住吉 良人　すみよし・よしひと〔1934―　国際法〕
　○著作目録ほか　「法律論叢　77.6」（明治大）　2005.3　p270-278

諏訪 貞夫　すわ・さだお〔1932―　経済政策〕
　○著作目録ほか　「早稲田政治経済学雑誌　349」（早稲田大）　2002.1　p50-60

諏訪 春雄　すわ・はるお〔1934―　近世文学・日本芸能史〕
　○著述目録　「學習院大學國語國文學會誌　48」（学習院大）　2005　p4-8

【 せ 】

施 昭雄　せ・あきお
　○業績ほか　「福岡大学経済学論叢　51.9.191」（福岡大）　2007.3　11pb

世阿弥　ぜあみ〔1363―1443頃　能楽師〕
　◎参考文献ほか　「世阿弥―人と文学」（石黒吉次郎）　勉誠出版　2003.8　p207-221
　◎参考文献　「世阿弥能楽論集」（小西甚一）　たちばな出版　2004.8　p402-405

清家 育郎　せいけ・いくお
　○略歴　「関東学院大学人間環境学会紀要　5」（関東学院大）　2006.1　p108-113

清少納言　せいしょうなごん〔966頃―1021頃　歌人・随筆家〕
　◎参考文献　「清少納言」（萩野敦子）　勉誠出版　2004.6　p218-221

清田 文武　せいた・ふみたけ〔1939―　近代日本文学・比較文学〕
　○著作目録ほか　「新大国語　30」（新潟大）　2005.3　p1-8

清野 健　せいの・けん〔1902―1990　音楽教育〕
　○業績ほか　「熊本学園大学経済論集　9.3・4」（熊本学園大）　2003.3　p357-360

清宮 質文　せいみや・なおぶみ〔1917―1991　版画家〕
　○没後年譜（矢部登）　「舢板　III-6」（EDI）　2003.12　p20-23
　◎年譜ほか　「清宮質文抄」（矢部登）　イー・ディー・アイ　2005.8　p60-73

青来 有一　せいらい・ゆういち〔1958―　小説家〕
　○年譜　「芥川賞全集　19」（青来有一）　文藝春秋　2002.12　p395-396

青龍 宗二　せいりゅう・むねつぐ
　○業績ほか　「駒沢大学仏教学部論集　33」（駒沢大）　2002.10　p1-6f

瀬岡 吉彦　せおか・よしひこ〔1935―　経済理論〕
　○著作目録ほか　「経済系　207」（関東学院大）　2001.4　p136-139
　○業績目録ほか　「大阪経大論集　57.2.292」（大阪経済大）　2006.7　p329-333

関 信三　せき・しんぞう〔1843―1879　教育者〕
　◎参考文献　「関信三と近代日本の黎明―日本幼稚園史序説」（国吉栄）　新読書社　2005.4　p384-390

関 哲夫　せき・てつお〔1933―2007　弁護士〕
　◎著書等一覧　「弁護士関哲夫行政事件全仕事―理論と現実」（関哲夫）　ぎょうせい　2007.6　p921-938

関 俊彦　せき・としひこ〔1941―　商法・証券取引法・経済法〕
　◯著作目録　「法学　67.6」（東北大）　2004.1　p1307-1315

関 一　せき・はじめ〔1873―1935　社会政策学者〕
　◎参考文献　「主体としての都市―関一と近代大阪の再構築」（J.E.ヘインズ）　勁草書房　2007.2　p14-33b

瀬木 比呂志　せぎ・ひろし
　◯著書ほか　「民事訴訟実務と制度の焦点―実務家、研究者、法科大学院生と市民のために」（瀬木比呂志）　判例タイムズ社　2006.6　p724-747

関 行男　せき・ゆきお〔1921―1945　海軍軍人〕
　◎参考文献　「敷島隊の五人　下」（森史朗）　文藝春秋　2003.7　p412-420

関口 一郎　せきぐち・いちろう〔1946―2001　ドイツ語学〕
　◯業績ほか　「慶応義塾大学日吉紀要　ドイツ語学・文学　35」（慶応義塾大）　2003　p232-227

関口 末夫　せきぐち・すえお〔1936―　国際経済学・経済発展論〕
　◯著作目録ほか　「成蹊大学経済学部論集　32.1」（成蹊大）　2001.10　p5-15
　◯業績目録ほか　「東京経大学会誌　経済学　253」（東京経済大）　2007.3　p5-10

関口 武彦　せきぐち・たけひこ〔1940―　西洋史・日本史〕
　◯業績ほか　「山形大学紀要　社会科学　35.2」（山形大）　2005.2　3pf

関口 恒雄　せきぐち・つねお
　◯業績　「経済志林　68.3・4」（法政大）　2001.3　p290-291

関口 裕子　せきぐち・ひろこ〔1935―2002　古代女性史〕
　◯著作一覧ほか（義江明子）　「キリスト教文化研究所研究年報　38」（宮城学院女子大）　2004　p57-94
　◎著作一覧　「日本古代家族史の研究　下」（関口裕子）　塙書房　2004.2　p1115-1118

関口 雅夫　せきぐち・まさお〔1934―2004　商法〕
　◯著作目録ほか　「航空宇宙法の新展開―関口雅夫教授追悼論文集」（藤田勝利ほか）　八千代出版　2005.3　p526-538
　◯業績ほか　「駒澤法学　5.1.17」（駒澤大）　2005.11　p153-166

関口 正和　せきぐち・まさかず
　◯著作目録ほか　「経済論集　29.2」（東洋大）　2004.2　p109-111

関亭 伝笑　せきてい・でんしょう〔江戸時代中期　戯作者〕
　◯書誌ほか（義田孝裕）　「国語国文論集　36」（安田女子大）　2006　p2155-2166
　◯書誌ほか（義田孝裕）　「国語国文論集　37」（安田女子大）　2007　p2245-2253

関根 賢司　せきね・けんじ〔1940―　中古文学〕
　◎初出一覧　「古典漂泊」（関根賢司）　書肆山田　2006.3　p216-218

関根 友彦　せきね・ともひこ〔1933―　国際貿易〕
　◯著作目録ほか　「愛知学院大学論叢商学研究　46.3」（愛知学院大）　2006.3　p278-281

関根 弘　せきね・ひろし〔1920―1994　詩人〕
　◎参考資料（木村幸雄）　「展望現代の詩歌　2　詩II」（飛高隆夫ほか）　明治書院　2007.2　p155-156

関根 正雄　せきね・まさお〔1912―2000　聖書学者〕
　◎著作目録（森田外雄）　「関根正雄著作集　別巻補遺」（関根正雄）　教文館　2004.4　p1-75b

関根 正行　せきね・まさゆき〔1935―　近代経済学〕
　◯略歴　「東北学院大学経済学論集　164」（東北学院大）　2007.3　p3-6

関野 雄　せきの・たけし〔1915―2003　考古学者〕
　◎著作目録　「中国考古学論攷」（関野雄）　同成社　2005.7　p609-618

関野 貞　せきの・ただし〔1867―1935　東洋建築史・美術史家〕
　◎文献ほか（大西純子ほか）　「関野貞アジア踏査　東京大学コレクション20」（藤井恵介ほか）　東京大学出版会　2005.7　p371-400

関野 克　せきの・まさる〔1909―2001　建築史家〕
　◯年譜ほか（藤森照信）　「建築史学　37」（建築史学会）　2002.3　p124-130

関場 武　せきば・たけし〔1942―　国語学〕
　◯著作目録ほか　「藝文研究　91分冊1」（慶應義塾大）　2006　p1-12

関家 新助　せきや・しんすけ〔1936―　近代国家論〕
　◯業績目録ほか　「日本社会事業大学研究紀要　48」（日本社会事業大学）　2001.12　p11-14

関谷 武史　せきや・たけし〔1935―　英文学〕
　◯業績表ほか　「英文学論叢　53」（日本大）　2005　p4-7f

関矢 孫左衛門　せきや・まござえもん〔1844―1917　北海道開拓者〕
　◎参考文献　「関矢孫左衛門―情熱の人」（磯部定治）　新潟日報事業社　2007.1　p178-179

関山 和夫　せきやま・かずお〔1929―　庶民芸能〕
　◯業績ほか　「仏教文学芸能―関山和夫博士喜寿記念論集」　喜寿記念論集刊行会　2006.11　p1-8f

世耕 弘一　せこう・こういち〔1893―1965　政治家・学校経営者〕
　◎年譜　「学ぶこころ―近畿大学建学者・世耕弘一」（近畿大学世耕弘一先生建学史料室）　日本図書センター　2002.4　p278-288

世耕 政隆　せこう・まさたか〔1923―1998〕
　◎年譜　「回想世耕政隆」（「回想世耕政隆」企画委員会企画）　近畿大　2004.9　p313-323

瀬田 貞二　せた・ていじ〔1916—1979　児童文学者・翻訳家〕
　◎著作目録ほか　「子どもと子どもの本に捧げた生涯―講演録瀬田貞二先生について」（斎藤惇夫）　キッズメイト　2002.6　p226-232

雪舟　せっしゅう〔1420—1506　僧・画家〕
　◎参考文献　「画壇統一に賭ける夢　雪舟から永徳へ」（今谷明ほか）　文英堂　2001.5　p253-254
　◎年表　「雪舟の「山水長巻」―風景絵巻の世界で遊ぼう」（島尾新）　小学館（アートセレクション）　2001.10　p118-119
　◎年譜　「画聖雪舟」（沼田頼輔）　論創社　2002.3　p125-130
　◎文献（島尾新）　「雪舟―没後500年―特別展」（東京国立博物館，京都国立博物館）　毎日新聞社　2002.3　p314-319
　◎参考文献ほか　「雪舟への旅―第二十一回国民文化祭・やまぐち二〇〇六特別企画展　没後五〇〇年記念」（山口県立美術館）　「雪舟への旅」展実行委員会　2006.11　p165-167
　◎参考文献　「雪舟等楊―「雪舟への旅」展研究図録」（山口県立美術館）　「雪舟への旅」展実行委員会　2006.11　p298-304

雪村　せっそん〔1504—?　僧・画家〕
　◎参考文献　「雪村研究」（赤沢英二）　中央公論美術出版　2003.1　p285-289

攝津 幸彦　せっつ・ゆきひこ
　◎書誌ほか（筑紫磐井）　「攝津幸彦選集」（攝津幸彦）　巴書林　2006.8　p158-159

瀬戸内 寂聴　せとうち・じゃくちょう〔1922—　小説家・尼僧〕
　◎著作年譜　「瀬戸内寂聴の世界　人気小説家の元気な日々」（平凡社）　平凡社　2001.3　p136-143
　◎著作目録・年譜（長尾玲子）　「瀬戸内寂聴全集　20」（瀬戸内寂聴）　新潮社　2002.8　p507-558
　◎著作年譜（長尾玲子）　「寂聴さんがゆく―瀬戸内寂聴の世界」（瀬戸内寂聴）　平凡社　2006.11　p120-126

瀬戸内 晴美　せとうち・はるみ
　⇒瀬戸内 寂聴（せとうち・じゃくちょう）を見よ

瀬長 フミ　せなが・ふみ
　○年譜　「瀬長フミと亀次郎―届かなかった獄中への手紙」（内村千尋）　あけぼの出版　2005.11　p273-284

銭本 健二　ぜにもと・けんじ〔1943—2002　英米文学・比較文学〕
　○年譜（横山純子）　「へるん　40」（八雲会）　2003.6　p68-71
　○業績　「英語教育と英語研究　20」（島根大）　2004.5　p2-6

銭屋 五兵衛　ぜにや・ごへえ〔1773—1852　海運業者〕
　◎参考文献　「銭屋五兵衛と北前船の時代」（木越隆三）　北国新聞社　2001.11　p234-236

瀬沼 克彰　せぬま・よしあき〔1938—　評論家〕
　◎略年譜　「日本型生涯学習の特徴と振興策」（瀬沼克彰）　学文社　2001.5　p375-378

瀬野 精一郎　せの・せいいちろう〔1931—　日本中世史〕
　○著作目録ほか　「史観　147」（早稲田大）　2002.9　p93-104

妹尾 剛光　せのお・ごうこう〔1937—　コミュニケーション思想史・新聞学〕
　○業績ほか　「関西大学社会学部紀要　38.3」（関西大）　2007.3　p237-239

蝉丸　せみまる〔平安時代　歌人〕
　○要約書誌（手塚裕美）　「文献探索　2006」（文献探索研究会）　2006.11　p190-193

世羅 博昭　せら・ひろあき〔1940—　国語教育学〕
　○著書等目録ほか　「語文と教育　20」（鳴門教育大）　2006.8　p25-36

芹沢 銈介　せりざわ・けいすけ〔1895—1984　染色工芸家〕
　◎年譜　「芹沢銈介と棟方志功―模様の人・祈りの人」　静岡市立芹沢銈介美術館　2001　p142-152
　◎文献目録（森谷美保）　「芹沢銈介作品集」（芹沢銈介）　求龍堂　2006.3　p256-263

芹沢 光治良　せりざわ・こうじろう〔1897—1993　小説家〕
　○参考文献（鈴木吉維）　「国文学　解釈と鑑賞　68.3」（至文堂）　2003.3　p226-229
　◎年譜ほか　「芹沢光治良」（野乃宮紀子）　勉誠出版　2005.4　p209-251
　◎年譜ほか（小串信正ほか）　「芹沢光治良―世界に発信する福音としての文学　国文学解釈と鑑賞別冊」（野乃宮紀子ほか）　至文堂　2006.5　p265-284

芹沢 長介　せりざわ・ちょうすけ〔1919—2006　考古学者〕
　○執筆者目録抄　「月刊考古学ジャーナル　546」（ニューサイエンス社）　2006.7　p34」

芹田 健太郎　せりた・けんたろう〔1941—　国際法〕
　○研究業績ほか　「神戸法学雑誌　53.4」（神戸法学会）　2004.3　p421-430
　○業績目録ほか　「国際協力論集　12.1」（神戸大）　2004.8　p133-140

千 宗左（13代目）　せん・そうさ〔号＝即中斎　1901—1979　茶道家〕
　○寄稿文　「茶道雑誌　69.8」（河原書店）　2005.8　p54-92

千 宗室（15代目）　せん・そうしつ〔1923—　茶道家〕
　◎注　「グランド・ティー・マスター　15代千宗室家元の茶道」（H.プルチョウ）　淡交社　2002.12　p256-272

千 宗旦　せん・そうたん〔1578—1658　茶人〕
　◎引用文献　「千宗旦」（田中稔）　慧文社　2007.12　p159-160

仙覚　せんがく〔1203—?　僧侶・万葉学者〕
◎略年譜　「萬葉学史の研究」（小川靖彦）　おうふう　2007.2　p586-603

善家 幸敏　ぜんけ・ゆきとし〔1925—　法哲学〕
○著作目録ほか　「愛知学院大学論叢　法学研究 45.3」（愛知学院大）　2004.3　p399-404

千石 興太郎　せんごく・こうたろう〔1874—1950　産業組合指導者〕
◎年譜　「千石興太郎—伝記・千石興太郎」（竹森一男）　大空社（伝記叢書 345）　2000.12　p325-356

選子内親王　せんしないしんのう〔964—1035　村上天皇皇女・歌人・斎院〕
◎文献　「大斎院前の御集注釈」（石井文夫, 杉谷寿郎）　貴重本刊行会　2002.9　p505-510

仙田 洋子　せんだ・ようこ〔1962—　俳人〕
◎略歴　「仙田洋子集」（仙田洋子）　邑書林　2004.8　p140-141

千 利休　せんの・りきゅう〔1522—1591　茶人〕
◎引用文献ほか　「比較建築論—利休とアルベルティの作意」（相川浩）　中央公論美術出版　2003.8　p403-418
◎典拠文献　「千利休の「わび」とはなにか」（神津朝夫）　角川学芸出版　2005.7　p227-232
◎参考文献　「数寄の革命—利休と織部の死」（児島孝）　思文閣出版　2006.1　p238-241

千本木 修一　せんぽんぎ・しゅういち〔1956—2000　産業組織論・経済理論〕
○業績ほか　「彦根論叢 332」（滋賀大）　2001.10　p215-218

【 そ 】

徐 龍達　そ・よんだる〔1933—　会計学・多文化共生社会論〕
○研究業績ほか　「桃山学院大学経済経営論集 44.3」（桃山学院大）　2002.12　p405-455
◎業績ほか　「21世紀韓朝鮮人の共生ビジョン—中央アジア・ロシア・日本の韓朝鮮人問題:權藹・徐龍達先生古希記念論集」（徐龍達）　日本評論社　2003.3　p727-778

宗 瑛　そう・えい〔1907—　小説家〕
◎引用参考文献　「物語の娘宗瑛を探して」（川村湊）　講談社　2005.5　p311-318

宗 左近　そう・さこん〔1919—2006　詩人〕
◎詩集一覧　「宗左近詩集成」（宗左近）　日本詩歌句協会　2005.7　p772-774
◎参考文献　「炎える母—長篇詩」（宗左近）　日本図書センター　2006.1　p342-350
◎参考資料（新井豊美）　「展望現代の詩歌 2　詩 II」（飛高隆夫ほか）　明治書院　2007.2　p104-105

惣宇 利紀男　そうう・りきお
○著作目録　「経済学雑誌 108.3」（大阪市立大）　2007.12　p197-200

草山 元政　そうざん・げんせい
◎参考文献書目ほか　「草山元政教学の研究」（小林啓善）　瑞光寺　2002.5　p325-353

相馬 御風　そうま・ぎょふう〔1883—1950　詩人・歌人〕
◎略年譜　「大愚良寛—校註　新版」（相馬御風）　考古堂店　2001.9　p388-390

相馬 黒光　そうま・こっこう〔1876—1955　随筆家・中村屋女主人〕
◎ブックガイドほか　「アンビシャス・ガール相馬黒光展」（仙台文学館）　仙台文学館　2001.3　p90-93

相馬 大　そうま・だい〔1926—　詩人・作家〕
◎年譜　「相馬大詩集」（相馬大）　土曜美術社出版販売　2003.2　p153-161

相馬 久康　そうま・ひさやす
○略年譜　「ドイツ文化 58」（中央大）　2003.3　p9-14

相馬 守胤　そうま・もりつぐ
○略歴　「文化と言語 57」（札幌大）　2002.10　4pf

相馬 雪香　そうま・ゆきか〔1912—2008〕
◎参考文献ほか　「心の開国を—相馬雪香の90年」（西島大美）　中央公論新社　2002.1　p207-214

相馬氏　そうまし
◎参考文献ほか　「下総・奥州相馬一族」（七宮涬三）　新人物往来社　2003.12　p281-284

宗林 正人　そうりん・まさと
○研究業績ほか　「皇学館大学文学部紀要 39」（皇学館大）　2000.12　p355-362

添川 栗　そえかわ・りつ
◎年譜　「添川廉斎—有所不為斎雑録の研究」（木部誠二）　無窮會　2005.8　p411-424

添田 透　そえだ・とおる
○業績目録　「甲南女子大学英文学研究 41」（甲南女子大）　2005　p25-35

曾我 蕭白　そが・しょうはく〔1730—1781　画家〕
◎略年譜　「曾我蕭白—荒ぶる京の絵師」（狩野博幸）　臨川書店　2007.1　p197-205

曾我 松男　そが・まつお
○著作目録ほか　「名古屋外国語大学外国語学部紀要 38」（名古屋外国語大）　2006.2　p1-2f

蘇我氏　そがし
◎参考文献　「扶桑国王蘇我一族の真実—飛鳥ゾロアスター教伝来秘史」（渡辺豊和）　新人物往来社　2004.7　p349-352
◎参考文献　「謎の豪族蘇我氏」（水谷千秋）　文藝春秋　2006.3　p218-224

蘇我 馬子　そがの・うまこ〔?―626　官人〕
　◎参考文献　「馬子の墓 誰が石舞台を暴いたか」（林順治）　彩流社　2001.3　p9-11b

曾我廼家 五郎　そがのや・ごろう
　◎参考文献　「日本のチャップリン―小説・曾我廼家五郎」（沼口勝之）　新人物往来社　2007.10　p394-396

祖川 武夫　そかわ・たけお〔1911―　国際法〕
　◎著作目録ほか　「国際法と戦争違法化―その論理構造と歴史性　祖川武夫論文集」（祖川武夫）　信山社出版　2004.5　p404-409

十川 廣國　そがわ・ひろくに
　○エピソードリストほか　「三田商学研究 50.3」（慶應義塾大）　2007.8　p477-483

曽倉 岑　そくら・たけし〔1934―　上代文学〕
　○著作年譜ほか　「青山語文 33」（青山学院大）　2003.3　p3-10f

十合 晄　そごう・あきら〔1931―　商学〕
　○業績ほか　「専修商学論集 72」（専修商学論集編集委員会）　2001.1　p563-576

祖田 浩一　そだ・こういち〔1935―2005　作家〕
　◎年譜　「鬼瓦」（祖田浩一）　紅書房　2003.2　p135-203

袖井 孝子　そでい・たかこ〔1938―　家族社会学・老年学・女性問題〕
　○略歴ほか　「生活社会科学研究 11」（お茶の水女子大）　2004.10　p1-12

曽禰 武　そね・たけし
　◎略歴　「曽禰武―忘れられた実験物理学者」（勝木渥）　績文堂出版　2007.1　p261-269

曽根 ひろみ　そね・ひろみ〔1949―　日本近世史・江戸時代法制史〕
　○業績一覧　「日本文化論年報 10」（神戸大）　2007.3　p8-12

曽根 ヨシ　そね・よし〔1934―　詩人〕
　◎年譜　「曽根ヨシ詩集」（曽根ヨシ）　土曜美術社出版販売　2007.4　p174-179

曽野 綾子　その・あやこ〔1931―　小説家〕
　◎出典著作一覧　「今日をありがとう―人生にひるまない365日の言葉」（曽野綾子）　徳間書店　2003.11　3pb
　◎年譜ほか（武藤康史）　「雪あかり―曽野綾子初期作品集」（曽野綾子）　講談社　2005.5　p278-311

曽野 和明　その・かずあき〔1934―　国際取引法〕
　○業績ほか　「帝塚山法学 9」（帝塚山大）　2005.3　p465-471

園井 英秀　そのい・えいしゅう〔1942―　英文学〕
　○略歴　「文学研究 103」（九州大）　2006.3　17pf

薗田 坦　そのだ・たん〔1936―　宗教学・哲学〕
　○業績一覧　「近世哲学研究 7」（京都大）　2001.3　p3-8

征矢 泰子　そや・やすこ〔1935―?　児童文学者・詩人〕
　◎年譜　「征矢泰子詩集」（征矢泰子）　思潮社　2003.12　p157-158

曽良中 清司　そらなか・せいじ〔1935―　社会学〕
　○略歴ほか　「学術研究　教育・生涯教育学編 53」（早稲田大）　2004　p85-86

反町 茂雄　そりまち・しげお〔1901―1991　古典籍〕
　◎「反町茂雄収集古書販売目録精選集10」（柴田光彦）　ゆまに書房　2000.8　394p　B5
　◎年譜　「古書肆・弘文荘訪問記―反町茂雄の晩年」（青木正美）　日本古書通信社　2005.7　p321-367

孫 正義　そん・まさよし〔1957―　〕
　◎参考文献　「志高く―孫正義正伝」（井上篤夫）　実業之日本社　2004.5　p348-349
　◎参考文献　「志高く―孫正義正伝　完全版」（井上篤夫）　実業之日本社　2007.7　p254-255

存覚　ぞんかく
　⇒光玄（こうげん）を見よ

【た】

田井 安曇　たい・あずみ〔1930―　歌人〕
　◎年譜　「小丘東歌手抄―田井安曇歌集」（田井安曇）　短歌新聞社　2005.7　p115-118
　○年譜ほか（田井安曇）　「短歌 53.12」（角川学芸出版）　2006.11　p52-57

大翁 歓喜済　たいおう・かんきせい
　◎年譜　「黙筆の心―画集」（大翁歓喜済）　澪標　2001.12　p49-50

醍醐 光子　だいご・みつこ
　⇒内野 光子（うちの・みつこ）を見よ

大黒屋 光太夫　だいこくや・こうだゆう〔1751―1828　船頭・漂流民〕
　◎参考文献　「大黒屋光太夫」（山下恒夫）　岩波書店　2004.2　p241-243
　◎参考文献　「大黒屋光太夫」（吉村昭）　新潮社　2005.6　p291-292

大正天皇　たいしょうてんのう〔1879―1926　第123代天皇〕
　◎文献　「大正天皇の〈文学〉」（田所泉）　風涛社　2003.2　p299-301
　◎参考文献　「大正天皇御製詩の基礎的研究」（古田島洋介）　明徳出版社　2005.3　p286-290
　◎参考文献　「大正天皇」（古川隆久）　吉川弘文館　2007.8　p252-261

大膳 司　だいぜん・つかさ
　◎業績　「21世紀型高等教育システム構築と質的保証―FD・SD・教育班の報告」（広島大学高等教育研究開発センター）　広島大　2007.2　p306-309

袋中　たいちゅう〔1552―1639　僧〕
◎略年譜　「琉球神道記」(弁蓮社袋中)　榕樹書林
　2001.7　p421-423

大道寺 将司　だいどうじ・まさし〔1948―　〕
◎年譜　「友へ―大道寺将司句集」(大道寺将司)
　ぱる出版　2001.5　p229-237

平 啓介　たいら・けいすけ〔1941―　海洋物理学〕
○著作一覧ほか　「海洋　号外　36」(海洋出版)
　2004　p177-183

平 祐史　たいら・ゆうし〔1931―　僧侶〕
○著作目録　「鷹陵史学　29」(鷹陵史学会)　2003.
　9　p367-379

平子氏　たいらこし
◎参考文献　「鎌倉御家人平子氏の西遷・北遷」(横浜市歴史博物館)　横浜市歴史博物館　2003.10
　p261」

平 清盛　たいらの・きよもり〔1118―1181　武将〕
◎参考文献　「平清盛の闘い　幻の中世国家」(元木泰雄)　角川書店　2001.2　p284-286
◎参考文献　「英雄たちの臨終カルテ」(大坪雄三)
　羽衣出版　2001.3　p44-45
◎文献　「清盛と福原と経ヶ島」(中島豊)　交友印刷(印刷)　2003.3　p238-240
◎注　「平清盛　清原の夢」(高橋昌明)　講談社
　2007.11　p285-298

平 将門　たいらの・まさかど〔?―940　武将〕
◎参考資料　「平将門伝説」(村上春樹)　汲古書院
　2001.5　p436-449
◎参考文献　「英雄・怨霊平将門―史実と伝説の系譜」(千葉県立大利根博物館ほか)　千葉県立大利根博物館　2003.5　p112-113
◎参照文献　「平将門伝説ブック」(村上春樹)
　公孫樹会　2005.2　p201-232
◎参考文献　「平将門」(北山茂夫)　講談社　2005.
　11　p298-300
◎参考文献　「平将門の乱」(川尻秋生)　吉川弘文館　2007.4　p232-235
◎引用参考文献　「将門伝説―相馬と周辺地域」(南相馬市博物館)　南相馬市博物館　2007.9　p55-56

田岡 春径　たおか・しゅんけい〔1887―1969　日本画家〕
◎参考文献　「田岡春径展―生誕120年―房総に生きた南画家」(城西国際大学水田美術館)　城西国際大水田美術館　2007.5　p66-67

田岡 嶺雲　たおか・れいうん〔1870―1912　評論家・中文〕
○参考文献目録(鈴木一正)　「国文学研究資料館紀要　文学研究篇　31」(国文学研究資料館)　2005.
　2　p319-349
○参考文献目録(鈴木一正)　「国文学研究資料館紀要　文学研究篇　32」(国文学研究資料館)　2006.
　2　p243-269

高井 泉　たかい・いずみ〔1935―　詩人・作家〕
◎文学年譜　「泉む―錬金詩篇―詩集」(高井泉)
　土曜美術社出版販売　2005.6　p72-73

高井 博子　たかい・ひろこ〔1936―　美学〕
○主要業績ほか　「京都女子大学教育学科紀要　41」
　(京都女子大)　2001.2　p1-7

高井 有一　たかい・ゆういち〔1932―　小説家〕
◎年譜ほか(武藤康史)　「半日の放浪―高井有一自選短篇集」(高井有一)　講談社　2003.7　p254-265
◎年譜ほか(武藤康史)　「時の潮」(高井有一)
　講談社　2007.5　p374-387

高井 隆秀　たかい・りゅうしゅう〔1916―1999　僧侶〕
○研究業績ほか　「密教学　37」(種智院密教学会)
　2001　p3-9

高尾 利数　たかお・としかず〔1930―　神学・宗教思想〕
○業績ほか　「社会志林　47.4」(法政大)　2001.3
　7pf

高岡 健次郎　たかおか・けんじろう
○業績目録ほか　「札幌学院大学人文学会紀要　69」
　(札幌学院大)　2001.3　p103-105

高岡 幸一　たかおか・こういち〔1942―　フランス文学・フランス語学〕
◎業績目録　「シュンポシオン―高岡幸一教授退職記念論文集」(論文集刊行会)　朝日出版社　2006.
　3　p4-7f

高岡 尚　たかおか・ひさし
○業績ほか(工藤利彦)　「札幌大学女子短期大学部紀要　49」(札幌大)　2007.3　p15-20

高丘親王　たかおかしんのう〔別名=真如親王　799?―865?　僧〕
◎史実と真実ほか　「高丘親王入唐記―廃太子と虎害伝説の真相」(佐伯有清)　吉川弘文館　2002.
　11　p228-250

高沖 陽造　たかおき・ようぞう〔1906―1999　文芸評論家・翻訳家〕
◎年譜ほか(本村四郎ほか)　「治安維持法下に生きて―高沖陽造の証言」(太田哲男ほか)　影書房
　2003.6　p220-237

高木 彰　たかぎ・あきら〔1939―　経済理論・現代資本主義〕
○著作目録ほか　「立命館経済学　53.5・6」(立命館大)　2005.2　p640-642

高木 勇夫　たかぎ・いさお
○略歴ほか　「慶応義塾大学日吉紀要　社会科学　15」(慶応義塾大)　2004　p1-3f
○業績ほか　「慶應義塾大学日吉紀要　社会科学　15」(慶應義塾大)　2005.3　p1-3f

高木 和男　たかぎ・かずお〔1909―2004　応用栄養学〕
○略歴ほか(増田富江)　「労働科学　80.5」(労働科学研究所)　2004.9　p231-234

高木 和子　たかぎ・かずこ〔1964―　中古文学〕
　○著書ほか　「立命館文学 599」(立命館大)　2007.3　p7-11

高木 恭造　たかぎ・きょうぞう〔1903―1987　方言詩人・眼科医〕
　◎参考文献ほか　「青森と昭和モダニズム抄――レヴュー作家菊谷栄と方言詩人高木恭造の青春」(有戸英明)　路上社　2006.12　p314-322

高木 訷元　たかぎ・これもと
　◎著作目録ほか　「仏教文化の諸相　高木訷元博士古稀記念論集」　山喜房仏書林　2000.12　p1-19f

高木 鉦作　たかぎ・しょうさく〔1925―　行政学〕
　◎著作目録ほか　「町内会廃止と「新生活協同体の結成」」(高木鉦作)　東京大学出版会　2005.12　p6-14f

高儀 進　たかぎ・すすむ〔1935―　翻訳家〕
　○謝辞ほか(高儀進)　「教養諸学研究 120」(早稲田大)　2006　p127-130

高木 惣吉　たかぎ・そうきち〔1893―1979　海軍軍人〕
　◎年譜ほか　「ソキチ高木惣吉伝」(平瀬努)　高木研究会　2005.10　p559-581

高木 敬雄　たかぎ・たかお
　○著作目録ほか　「広島修大論集 45.1.85」(広島修道大)　2004.9　13pb

高木 貞治　たかぎ・ていじ〔1875―1960　数学者〕
　◎「高木貞治博士資料・遺品目録――世界的な数学者」(本巣市数学校研究会)　岐阜県本巣市　2007.3　75p　A4

高木 俊朗　たかぎ・としろう〔1908―1998　ノンフィクション作家・映画監督〕
　◎歩み(竹中誠子)　「戦記作家高木俊朗の遺言 1」(高木俊朗)　文藝春秋企画出版部　2006.7　p327-343

高樹 のぶ子　たかぎ・のぶこ〔1946―　小説家〕
　◎年譜ほか　「高樹のぶ子」(与那覇恵子ほか)　鼎書房　2006.8　p157-166

高木 教典　たかぎ・のりつね〔1931―　評論家〕
　○略歴　「情報研究 20」(関西大)　2004.3　p15-23

高木 護　たかぎ・まもる〔1927―　詩人〕
　◎参考文献　「放浪と土と文学と――高木護松永伍一谷川雁」(澤宮優)　現代書館　2005.10　p235-237

高木 泰典　たかぎ・やすのり〔1936―　会計学〕
　○業績ほか　「千葉商大論叢 45.3」(千葉商科大)　2007.12　p13-18f

高木 弦　たかぎ・ゆずる〔1933―　触媒化学〕
　○業績一覧ほか(飯田隆)　「日本大学文理学部自然科学研究所研究紀要 39」(日本大)　2004　p343-347

高城氏　たかきし
　○研究文献目録(中脇聖)　「流山市史研究 17」(流山市教育委員会)　2002.3　p96-105

高際 弘夫　たかぎわ・ひろお〔1931―　貿易論〕
　○著作目録　「愛知学院大学論叢　商学研究 47.3」(愛知学院大)　2007.3　p139-140

高窪 貞人　たかくぼ・さだと〔1932―　刑事法〕
　○著作目録ほか　「青山法学論集 42.4」(青山学院大)　2001　p301-314

高窪 利一　たかくぼ・としかず〔1930―　民事法〕
　○著作目録ほか　「現代企業・金融法の課題　平出慶道先生・高窪利一先生古稀記念論文集　下」(編集委員会)　信山社出版　2001.2　p1023-1030
　○著作目録ほか　「法学新報 108.9・10」(中央大)　2002.3　p631-641

高倉 新一郎　たかくら・しんいちろう〔1902―1990　農業経済〕
　○著作目録(藤島隆)　「北の文庫 43」(北の文庫の会)　2006.4　p12-16
　○年譜(運上敏明)　「北の文庫 45」(北の文庫の会)　2007.5　p10-20

高崎 譲治　たかさき・じょうじ〔1932―　商業〕
　○業績ほか　「東日本国際大学経済学部研究紀要 11.1」(東日本国際大)　2006.1　p87-92

高崎 望　たかさき・のぞむ〔1931―　情報化社会論・経営情報論〕
　○文献目録ほか　「神田外語大学紀要 14」(神田外語大)　2002.3　p19-22f

高島 嘉右衛門　たかしま・かえもん〔号＝呑象　1832―1914　易断家〕
　◎参考文献　「高島易断を創った男」(持田鋼一郎)　新潮社　2003.8　p189-190

高島 昌二　たかしま・しょうじ〔1931―　国際社会福祉論・政治社会学〕
　○業績ほか　「皇學館大學社会福祉学部紀要 9」(皇學館大)　2007.3　p3-10

高島 進　たかしま・すすむ〔1933―　社会福祉学〕
　○業績一覧ほか(伊藤文人)　「日本福祉大学社会福祉論集 110」(日本福祉大)　2004.2　p1-44

高島 文一　たかしま・ぶんいち〔1913―　医師〕
　◎略年譜　「鍼の道――一内科医の青春」(高島文一)　思文閣出版　2004.9　p366-373

高島 忠　たかしま・まこと
　○著作目録ほか　「経営と経済 83.3」(長崎大)　2003.12　p269-273

高島 道枝　たかしま・みちえ〔1932―　労働政策・社会政策〕
　○著作目録ほか　「経済学論叢 42.6」(中央大)　2002.5　p347-351

高島 裕　たかしま・ゆたか
　○略歴　「高島裕集」(高島裕)　邑書林　2004.10　p137-139

鷹巣 信孝　たかす・のぶたか〔1940―　企業法・民事法学〕
　○業績目録ほか　「佐賀大学経済論集 37.6.150」(佐賀大)　2005.3　5pb

高杉 晋作　たかすぎ・しんさく〔1839―1867　長州藩士〕
　◎参考文献　「高杉晋作」（一坂太郎）　文藝春秋　2002.3　p236」
　◎参考文献　「高杉晋作　人物叢書　新装版」（梅渓昇）　吉川弘文館　2002.7　p329-342
　◎参考書　「高杉晋作史料　3」（一坂太郎）　マツノ書店　2002.7　p399-407
　◎参考文献　「高杉晋作と奇兵隊」（青山忠正）　吉川弘文館　2007.1　p215-218
　◎参考文献　「高杉晋作―動けば雷電のごとく」（海原徹）　ミネルヴァ書房　2007.2　p287-291
　◎参考文献　「高杉晋作・上海行」（相沢邦衛）　叢文社　2007.10　p217-219

高杉 良　たかすぎ・りょう〔1939―　作家〕
　◎著作リスト　「高杉良の世界　小説が描く会社ドラマ」（佐高信）　社会思想社　2000.11　p247-257

高瀬 恭介　たかせ・きょうすけ〔1931―　経済評論家〕
　○略年譜　「商経論叢　38.3」（神奈川大）　2003.3　p3-10f

高瀬 兼介　たかせ・けんすけ
　○略年譜　「知られざる教育者高瀬兼介―生涯教育の先駆者」（青木生子）　おうふう　2006.9　p400-409

高瀬 武次郎　たかせ・たけじろう〔1868―1950　中国哲学研究家〕
　○年譜稿（吉田公平）　「井上円了センター年報　15」（東洋大）　2006.9　p161-324

高瀬 保　たかせ・たもつ〔1932―　国際法〕
　○業績目録ほか　「東海法学　29」（東海大）　2003.3　p209-214

高瀬 暢彦　たかせ・のぶひこ〔1933―　基礎法学・法哲学・日本近代法史〕
　○略歴　「日本法学　68.4」（日大）　2003.3　p659-672

高瀬 昌弘　たかせ・まさひろ〔1931―　映画監督〕
　◎参考文献　「昭和千本のドラマたち」（高瀬昌弘）　廣済堂出版　2007.11　p268-269

高田 和暁　たかだ・かずあき
　○略歴ほか　「人文研究　58」（大阪市立大）　2007.3　p1-6

高田 桂一　たかた・けいいち〔1933―　民事法〕
　○著作目録ほか　「福岡大学法学論叢　47.3・4.164・165」（福岡大）　2003.3　p707-716

高田 好胤　たかだ・こういん〔1924―1998　僧侶〕
　◎参考文献　「まほろばの僧高田好胤」（太田信隆）　草思社　2005.1　p292-294

高田 早苗　たかだ・さなえ〔1860―1938　政治家〕
　○著作目録（早稲田大学大学史資料センター）　「早稲田大学史記要　33」（早稲田大）　2002.3　p310-232

高田 三郎　たかた・さぶろう〔1913―2000　作曲家・指揮者〕
　◎作品年表（鈴木茂明）　「ひたすらないのち」（高田三郎）　カワイ出版　2001.11　p1-14b

高田 眞治　たかだ・しんじ
　○業績ほか　「関西学院大学社会学部紀要　103」（関西学院大）　2007.10　p1-4

高田 敏子　たかだ・としこ〔1914―1989　詩人〕
　◎年譜　「高田敏子詩集」（高田敏子）　土曜美術社出版（日本現代詩文庫　106）　2001.10　p152-157
　◎年譜　「新編高田敏子詩集」（高田敏子）　土曜美術社出版販売　2005.6　p164-169
　◎参考資料（権田浩美）　「展望現代の詩歌　3　詩III」（飛高隆夫ほか）　明治書院　2007.5　p91-92

高田 浪吉　たかだ・なみきち〔1898―1962　歌人〕
　◎年譜　「アララギ派歌人高田浪吉　下」（神田重幸）　渓声出版　2004.5　p467-488

高田 半峰　たかだ・はんぽう
　⇒高田 早苗（たかだ・さなえ）を見よ

高田 敏　たかだ・びん〔1930―　公法〕
　◎著作目録ほか　「法治国家の展開と現代的構成―高田敏先生古稀記念論集」（村上武則ほか）　法律文化社　2007.2　p591-607

高田 正淳　たかだ・まさあつ〔1931―　会計学〕
　◎著作目録ほか　「京都学園大学経営学部論集　13.2」（京都学園大）　2003.12　p357-377

高田 保馬　たかた・やすま〔1883―1972　社会・経済〕
　◎著書一覧　「高田保馬リカバリー」（金子勇）　ミネルヴァ書房　2003.10　p263-269

鷹田 和喜三　たかだ・わきぞう
　○業績一覧ほか　「釧路公立大学紀要　社会科学研究　17」（釧路公立大）　2005.3　p3-6

高津 斌彰　たかつ・よしあき
　○履歴ほか　「新潟大学経済論集　82」（新潟大）　2007.3　p199-206

鷹司 政通　たかつかさ・まさみち〔1789―1868　公家〕
　◎参考文献　「幕末の朝廷―若き孝明帝と鷹司関白」（家近良樹）　中央公論新社　2007.10　p319-323

高梨 一美　たかなし・かずみ
　○主な論著（伊藤好英）　「年刊藝能　429」（藝能学会）　2006.3　p125」

高梨 豊　たかなし・ゆたか〔1935―　写真家〕
　◎略年譜　「ライカな眼」（高梨豊, 高沢賢治）　毎日コミュニケーションズ　2002.12　p228-233

高梨氏　たかなしし
　◎文献　「信濃高梨一族―上杉謙信を擁立、川中島で戦った名族の戦国史」（志村平治）　歴研　2007.6　p188-191

高野 悦子　たかの・えつこ〔1949―1969　学生運動家〕
　◎略歴（高野三郎）　「二十歳の原点　改版」（高野悦子）　新潮社　2003.5　p229-232

高野 喜久雄　たかの・きくお〔1927—2006　詩人〕
　◎参考資料（森田進）　「展望現代の詩歌 3　詩III」（飛高隆夫ほか）　明治書院　2007.5　p61-62

高野 公彦　たかの・きみひこ〔1941—　歌人〕
　◎略年譜　「高野公彦歌集」（高野公彦）　短歌研究社　2003.9　p188-190
　◎歌集解題ほか（津金規雄）　「高野公彦」（津金規雄ほか）　青磁社　2005.5　p170-176

高野 敬仲　たかの・けいちゅう
　◎参考文献　「幕末の眼科医高野敬仲—利根川中流域の医療と文化」（千葉県立関宿城博物館）　県立関宿城博物館　2004.7　p107」

高野 辰之　たかの・たつゆき〔1876—1947　国文〕
　◎略年譜　「定本高野辰之—その生涯と全業績」（芳賀綏）　郷土出版社　2001.4　p239-243
　◎参考文献　「菜の花畑に入り日うすれ—童謡詩人としての高野辰之」（三田英彬）　理論社　2002.5　p257-259

高野 長英　たかの・ちょうえい〔1804—1850　蘭学〕
　◎年譜ほか　「鶴見俊輔集 続3」（鶴見俊輔）　筑摩書房　2001.2　p292-296
　◎著作ほか　「評伝高野長英—1804-50」（鶴見俊輔）　藤原書店　2007.11　p404-408

高野 範城　たかの・のりしろ〔1945—　弁護士〕
　◎略歴・著書ほか　「社会福祉と人権　高齢者障害者の人権と国の責任」（高野範城）　創風社　2001.4　p183-187

高野 文子　たかの・ふみこ〔1957—　漫画家〕
　○全著作解題（斎藤宣彦、横井周子）　「ユリイカ 34.9」（青土社）　2002.7　p168-188

高野 雅子　たかの・まさこ
　○業績ほか　「社会関係研究 11.1・2」（熊本学園大）　2006.2　p169-217

高野 眞澄　たかの・ますみ
　◎著作目録ほか　「これからの人権保障—高野眞澄先生退職記念」（松本健男ほか）　有信堂高文社　2007.7　p263-269

高野 幹久　たかの・みきひさ〔法学・弁護士〕
　○業績目録ほか　「関東学院法学 14.3・4」（関東学院大）　2005.3　p435-441

高野 ムツオ　たかの・むつお〔1947—　俳人〕
　◎略歴　「高野ムツオ集」（高野ムツオ）　邑書林　2007.7　p154-158

高野 庸　たかの・よう〔1939—　生物物理学〕
　○業績目録　「群馬大学教育学部紀要　自然科学編 53」（群馬大）　2005.3　p101-107

鷹羽 狩行　たかは・しゅぎょう〔1930—　俳人〕
　◎年譜　「鷹羽狩行自選自解句集　新装版」（鷹羽狩行）　講談社　2007.11　p218-227

高橋 英司　たかはし・えいじ〔1951—　詩人〕
　◎年譜　「高橋英司詩集」（高橋英司）　土曜美術社出版販売　2002.6　p143-146

高橋 悦男　たかはし・えつお〔1934—　社会科学　俳人〕
　○著作目録ほか　「早稲田社会科学総合研究 6.1」（早稲田大）　2005.7　2pf

高橋 理　たかはし・おさむ〔1932—　西洋史〕
　○研究業績ほか　「立正史学 93」（立正大）　2003　p3-8

高橋 景保　たかはし・かげやす〔1785—1829　天文・地理学者〕
　◎参考文献　「高橋景保と「新訂万国全図」—新発見のアロウスミス方図」（二宮陸雄）　北海道出版企画センター　2007.10　p221-229

高橋 和男　たかはし・かずお〔1945—　経済史〕
　○業績ほか　「立教経済学研究 61.2」（立教大）　2007.10　p303-306

高橋 和巳　たかはし・かずみ〔1931—1971　小説家〕
　◎「高橋和巳文庫目録」（日本近代文学館）　日本近代文学館　2002.11　62p A5
　◎参考文献　「高橋和巳棄子の風景」（橋本安央）　試論社　2007.3　p237-238

高橋 克彦　たかはし・かつひこ〔1947—　小説家・浮世絵〕
　◎年譜ほか（道又力）　「高橋克彦特選短篇集」（高橋克彦）　中央公論新社　2002.2　p567-605

高橋 亀吉　たかはし・かめきち〔1891—1977　経済評論家〕
　◎著書摘要　「高橋亀吉エコノミストの気概」（谷沢永一）　東洋経済新報社　2003.7　p383-420

高橋 喜惣勝　たかはし・きそかつ〔?—1952　小説家〕
　◎文学年譜（抄）　「天草灘物語—芥川賞候補作家・高橋喜惣勝文学」（鶴田文史）　近代文芸社　2006.6　p251-253

高橋 邦和　たかはし・くにかず
　○業績ほか　「作新経営論集 11」（作新学院大）　2002.3　p145-146

高橋 憲一　たかはし・けんいち〔1947—2000　企業形態論〕
　○著作目録ほか　「和光経済 34.1」（和光大）　2002.2　p141-144

高橋 源一郎　たかはし・げんいちろう〔1951—　作家〕
　◎年譜・書誌（中垣恒幸）　「高橋源一郎『現代詩手帖』特集版」（思潮社）　思潮社　2003.1　p292-306
　◎年譜ほか（栗坪良樹）　「ジョン・レノン対火星人」（高橋源一郎）　講談社　2004.4　p229-247
　◎著作解題ほか（高橋源一郎）　「文芸 45.2」（河出書房新社）　2006.夏　p88-101
　◎年譜ほか（栗坪良樹）　「虹の彼方に」（高橋源一郎）　講談社　2006.11　p217-236

高橋 弘次　たかはし・こうじ〔1934—　僧侶〕
　◎著作論文目録　「浄土学仏教学論叢—高橋弘次先生古稀記念論集」（高橋弘次先生古稀記念会事務局）　山喜房仏書林　2004.11　p7-18f

高橋 是清　たかはし・これきよ〔1854—1936　政治家〕
　◎参考文献　「高橋財政の研究―昭和恐慌からの脱出と財政再建への苦闘」（井手英策）　有斐閣　2006.12　p283-295

高橋 貞一　たかはし・さだいち〔1912—2003　国文学〕
　○著作目録ほか　「京都語文　10」（仏教大）　2003.11　p258-268

高橋 貞彦　たかはし・さだひこ〔1936—　刑法〕
　○業績　「近畿大学法学　53.3・4」（近畿大）　2006.3　p513-516

高橋 敏　たかはし・さとし〔1940—　国立歴史民俗博物館名誉教授〕
　○著作目録ほか　「国立歴史民俗博物館研究報告　121」（国立歴史民俗博物館）　2005.3　p478-483

高橋 里美　たかはし・さとみ〔1886—1964　哲学〕
　◎略年譜　「京都哲学撰書　17　全体性の現象学」（高橋里美）　灯影舎　2001.10　p424-425

高橋 順子　たかはし・じゅんこ〔1917—　詩人〕
　◎著作一覧　「どうろくじんさま」（高橋順子）　思潮社　2005.7　p94-95

高橋 俊三　たかはし・しゅんぞう〔1936—　国語教育〕
　○業績目録　「語学と文学　38」（群馬大）　2002.3　p2-21
　○業績目録　「群馬大学教育学部紀要　人文・社会科学編　51」（群馬大）　2002　p403-418

高橋 新吉　たかはし・しんきち〔1901—1987　詩人・小説家〕
　◎文献ほか　「ダダイスト新吉の詩」（高橋新吉）　日本図書センター　2003.1　p303-311

高橋 信次　たかはし・しんじ〔1912—1985　放射線医学〕
　◎年譜　「高橋信次―X線CTの先駆者」（岡田光治）　医療科学社　2003.11　p221-224

高橋 新太郎　たかはし・しんたろう〔1932—2003　近代日本文学〕
　◎著述目録（永井和子ほか）　「杜と櫻並木の蔭で―学習院での歳月」（高橋新太郎）　笠間書院　2004.7　p323-326

高橋 在久　たかはし・すみひさ〔1927—2005　美術史・民俗学〕
　○経歴（高橋克ほか）　「東京湾学会誌　2.4」（東京湾学会）　2006.3　p170-174

高橋 赤水　たかはし・せきすい
　◎参照文献　「古学者高橋赤水―近世阿波漢学史の研究」（有馬卓也）　中国書店　2007.3　p297-298

高橋 箒庵　たかはし・そうあん〔1861—1937　茶道家・実業家〕
　◎著作年譜ほか　「昭和茶道記　2　昭和7年～昭和12年」（高橋箒庵, 熊倉功夫）　淡交社　2002.3　p571-576

高橋 たか子　たかはし・たかこ〔1932—　小説家〕
　◎著書目録　「神と出会う―高橋たか子論」（森明子）　書肆山田　2002.3　p350-355
　◎年譜ほか　「怒りの子」（高橋たか子）　講談社　2004.7　p281-299
　◎年譜ほか（高橋たか子）　「どこか或る家―高橋たか子自選エッセイ集」（高橋たか子）　講談社　2006.12　p312-331

高橋 竹山　たかはし・ちくざん
　◎参考文献　「魂の音色―評伝高橋竹山」（松林拓司）　東奥日報社　2000.6　p334-335

高橋 泥舟　たかはし・でいしゅう〔1835—1903　槍術家〕
　◎年譜　「泥舟」（河越関古）　邑心文庫　2002.12　p369-375

高橋 利雄　たかはし・としお〔1936—　財政政策〕
　○業績　「政経研究　42.3」（日本大）　2006.1　p1451-1459

高橋 敏朗　たかはし・としろう〔1940—　経営学・情報管理論〕
　○業績ほか　「経営研究　52.4」（大阪市立大）　2002.1　p205-209

高橋 宣勝　たかはし・のぶかつ〔1942—2001　英文学・口承文芸学〕
　○業績ほか　「The Northern review　30」（北海道大）　2002　p61-64

高橋 昇　たかはし・のぼる〔1892—1946　農業〕
　◎参考文献　「朝鮮全土を歩いた日本人―農学者・高橋昇の生涯」（河田宏）　日本評論社　2007.12　p251-256

高橋 規矩　たかはし・のりかね〔1932—　イギリス・ロマン派文学〕
　○略年譜ほか　「金城学院大学論集　189」（金城学院大）　2000　p1-6

高橋 治男　たかはし・はるお〔1936—　フランス文学〕
　○略年譜　「仏語仏文学研究　39」（中央大）　2007.3　p1-11

高橋 彦博　たかはし・ひこひろ〔1931—　政治学〕
　○業績ほか　「社会志林　47.4」（法政大）　2001.3　8pf

高橋 英夫　たかはし・ひでお〔1930—　文芸評論家〕
　◎年譜ほか（高橋英夫）　「批評の精神」（高橋英夫）　講談社　2004.9　p369-380
　◎年譜ほか　「新編疾走するモーツァルト」（高橋英夫）　講談社　2006.8　p306-318

高橋 秀雄　たかはし・ひでお〔1931—　民俗学〕
　◎著書ほか　「伝統芸能の伝道師」（高橋秀雄）　おうふう　2003.4　p305-308

高橋 富士雄　たかはし・ふじお
　○業績ほか　「岩手県立大学盛岡短期大学部研究論集　9」（岩手県立大）　2007.3　p1-10

高橋 正郎　たかはし・まさお〔1932—　農業経済学・食品経済学〕
　○業績ほか　「食品経済研究　30」（日本大）　2002.3　p133-141

高橋 正立　たかはし・まさたち〔1932—　経済学一般理論〕
　○主要著作目録ほか　「福井県立大学経済経営研究　12」（福井県立大）　2003.3　p107-110

高橋 正道　たかはし・まさみち〔牧師〕
　◎「高橋正道関係資料目録」　同志社大　2006　11p　A4

高橋 正義　たかはし・まさよし〔1937—　国際協力〕
　○主要著作目録ほか　「立命館国際研究　15.3」（立命館大）　2003.3　p5-7f

高橋 みずほ　たかはし・みずほ
　◎略歴　「高橋みずほ集」（高橋みずほ）　邑書林　2006.5　p145-147

高橋 通男　たかはし・みちお〔1940—　言語学〕
　○業績一覧　「慶應義塾大学言語文化研究所紀要　37」（慶應義塾大）　2006.3　p4-6

高橋 貢　たかはし・みつぐ〔1932—　中古文学〕
　○業績ほか　「専修国文　72」（専修大）　2003.1　p3-4

高橋 虫麻呂　たかはし・むしまろ〔歌人〕
　◎文献目録　「万葉の歌人と作品—セミナー　第7巻」（神野志隆光, 坂本信幸）　和泉書院　2001.9　p294-309
　○書誌（中里梨絵子）　「文献探索　2001」（文献探索研究会）　2002.7　p591-596

高橋 睦郎　たかはし・むつお〔1937—　詩人〕
　◎著書　「起きあがる人」（高橋睦郎）　書肆山田　2004.9　3pb

高橋 元吉　たかはし・もときち〔1893—1965　詩人〕
　◎年譜　「高橋元吉—内から見えてくるもの　前橋文学館特別企画展」（萩原朔太郎記念水と緑と詩のまち前橋文学館）　前橋文学館　2004.2　p41-44

高橋 由一　たかはし・ゆいち〔1828—1894　洋画家〕
　◎参考文献　「狩野芳崖・高橋由一—日本画も西洋画も帰する処は同一の処」（古田亮）　ミネルヴァ書房　2006.2　p293-299

高橋 雄豹　たかはし・ゆうさい〔1889—1979　警察制度・明治警察史〕
　◎略年譜ほか　「高橋雄豹博士・田村豊氏・中原英典氏等略年譜・著作目録並びに『警察協会雑誌』資料一斑等」（吉原丈司）〔吉原丈司〕　2007.3　p1-27

高橋 善昭　たかはし・よしあき〔1934—　〕
　◎著書論文一覧　「英文構造解析—高橋善昭論文集」（高橋善昭）　一竹書房　2006.4　p7〕

高橋 義孝　たかはし・よしたか〔1913—1995　ドイツ文学者〕
　◎年譜ほか（久米勲）　「私の人生頑固作法　高橋義孝エッセイ選」（高橋義孝）　講談社　2001.11　p242-253

高橋 良造　たかはし・りょうぞう〔1935—　会計学〕
　○著作目録　「中京商学論叢　52」（中京大）　2006.3　p10-11

高橋 渉　たかはし・わたる〔1935—2005　障害児教育〕
　◎業績　「機微に添うて開く—遺稿集成—障碍の重い方々と共に歩いた40年の記録」（高橋渉）　かりん舎　2006.10　p236-239

高畑 順子　たかはた・じゅんこ〔1955—2002　民法〕
　○略歴ほか　「北九州市立大学法政論集　31.2-4」（北九州市立大）　2004.1　p594-590

高畠 華宵　たかばたけ・かしょう〔1888—1966　挿画家〕
　◎年譜　「高畠華宵　美少女図鑑　コロナ・ブックス」（平凡社）　平凡社　2001.2　p112-126
　◎年譜ほか　「高畠華宵—大正・昭和☆レトロビューティー」（松本品子ほか）　河出書房新社　2004.1　p116-133

高畠 亀太郎　たかばたけ・かめたろう〔1883—1972　政治家・実業家〕
　◎文献　「高畠亀太郎日記　第4巻　昭和2年～7年」（川東靖弘, 宍戸邦彦, 松野尾裕）　松山大学総合研究所　2002.4　p474-476
　◎文献　「高畠亀太郎日記　5　昭和8年～16年」（高畠亀太郎）　松山大学総合研究所　2003.4　p453-456
　◎参考文献　「高畠亀太郎日記　6　昭和17年～20年」（高畠亀太郎）　松山大　2004.6　p511-514

高畠 通敏　たかばたけ・みちとし〔1933—　政治学〕
　○業績ほか　「駿河台法学　19.1.35」（駿河台大）　2005.9　p201-218

高浜 虚子　たかはま・きょし〔1874—1959　俳人・小説家〕
　◎基本文献ほか（水島直光ほか）　「虚子『五百句』入門」（深見けん二）　蝸牛新社　2003.4　p175-225
　○年譜（三村昌義）　「神戸山手大学紀要　6」（神戸山手大）　2004　p11-34
　◎文献ほか　「虚子の京都」（西村和子）　角川学芸出版　2004.10　p252-267
　○年譜（稲岡長）　「虚子百句」（稲畑汀子）　富士見書房　2006.9　p322-331
　◎参考文献　「虚子と「ホトトギス」—近代俳句のメディア」（秋尾敏）　本阿弥書店　2006.11　p275-276
　◎年譜ほか　「高浜虚子—人と文学」（中田雅敏）　勉誠出版　2007.8　p239-260

高浜 竹世　たかはま・たけよ
　◎参考文献　「「母の家」の記録―高浜竹世から市川房枝への書簡を中心に」(神津良子)　郷土出版社　2005.1　p398-399

高松 修　たかまつ・おさむ〔1935―2000　有機農産技術研究家〕
　◎著作一覧ほか　「有機農業の思想と技術」(高松修)　コモンズ　2001.5　p269-279

高松 次郎　たかまつ・じろう〔1936―1998　美術家〕
　◎文献目録　「高松次郎―思考の宇宙」(神山亮子ほか)　府中市美術館　2004　p157-180

高松 太郎　たかまつ・たろう〔1920―　〕
　◎略年譜　「「桑沢」草創の追憶」(高松太郎)　桑沢学園　2004.5　p208-209

高松宮 宣仁　たかまつのみや・のぶひと〔1905―1987　皇族〕
　◎参考資料　「高松宮同妃両殿下のグランド・ハネムーン」(平野久美子)　中央公論新社　2004.2　p260-261

高円宮 憲仁　たかまどのみや・のりひと〔1954―2002　皇族〕
　◎文献　「高円宮憲仁親王」(高円宮殿下伝記刊行委員会)　読売新聞社　2005.6　p747-750
　◎文献　「俤―高円宮殿下の想い出」(S.コーミー)　里文出版　2005.12　p289-290

高見 順　たかみ・じゅん〔1907―1965　小説家〕
　◎年譜著書目録　「草のいのちを―高見順短篇名作集」(宮内淳子ほか)　講談社　2002.5　p278-294
　◎参考資料一覧　「高見順論―魂の粉飾決算」(坂本満津夫)　東京新聞出版局　2002.11　3pb

鷹見 泉石　たかみ・せんせき〔1785―1858　蘭学者・行政家〕
　◎年譜　「鷹見泉石日記　1」(古河歴史博物館)　吉川弘文館　2001.3　p27-38
　◎参考文献　「鷹見泉石展―国宝のモデルが集めた文物」(古河歴史博物館)　古河歴史博物館　2004.10　p80」

田上 太秀　たがみ・たいしゅう〔1935―　インド仏教学・禅思想〕
　○業績ほか　「駒澤大學佛教学部論集　37」(駒澤大)　2006.10　p7-25f

田上 光大　たがみ・みつひろ〔1935―　社会学〕
　○業績目録ほか　「愛知学泉大学コミュニティ政策学部紀要　5」(愛知学泉大)　2002.12　p139

高峰 譲吉　たかみね・じょうきち〔1855―1922　化学者〕
　◎参考文献　「日本科学の先駆者高峰譲吉―アドレナリン発見物語」(山嶋哲盛)　岩波書店(岩波ジュニア新書)　2001.6　p181-182

高村 薫　たかむら・かおる〔1953―　推理作家〕
　◎年表　「高村薫の本」(別冊宝島編集部)　宝島社　2006.3　p316-318

高村 光雲　たかむら・こううん〔1852―1934　彫刻家〕
　◎文献目録　「高村光雲とその時代展」(三重県立美術館)　三重県立美術館　2002　p174-181

高村 光太郎　たかむら・こうたろう〔1883―1956　詩人・彫刻家〕
　◎文献　「高村光太郎―智恵子と遊ぶ夢幻の生」(湯原かの子)　ミネルヴァ書房　2003.10　p290-297
　◎年譜ほか(北川太一)　「高村光太郎展カタログ」(福島県立美術館ほか)　アートプランニングレイ　2004　p183-199
　◎参考文献ほか　「『智恵子抄』の世界」(大島龍彦)　新典社　2004.4　p234-252
　◎年譜　「高村光太郎・智恵子展―その芸術と愛の道程」(仙台文学館)　仙台文学館　2006.3　p48-51
　◎年譜(林寿美子)　「高村光太郎新出書簡―大正期田村松魚宛」(高村光太郎ほか)　笠間書院　2006.12　p266-272
　◎略年譜　「高村光太郎―いのちと愛の軌跡」(山梨県立文学館)　山梨県立文学館　2007.4　p78」
　◎参考文献　「「高村光太郎」という生き方」(平居高志)　三一書房　2007.5　p278-279
　◎年譜ほか(北川太一ほか)　「ロダンの言葉―現代日本の翻訳」(高村光太郎)　講談社　2007.5　p305-317

高村 智恵子　たかむら・ちえこ〔1886―1938　洋画家〕
　◎文献ほか　「智恵子相聞―生涯と紙絵」(北川太一)　蒼史社　2004.2　p137-140
　◎基本文献抄　「画学生智恵子抄―高村光太郎ノート」(北川太一)　蒼史社　2004.10　p154-155
　◎略年譜ほか　「智恵子抄を歩く―素顔の智恵子」(大島裕子)　新典社　2006.2　p219-236
　◎年譜　「高村光太郎・智恵子展―その芸術と愛の道程」(仙台文学館)　仙台文学館　2006.3　p48-51

高森 八四郎　たかもり・はちしろう〔1942―　民法・古代史〕
　○著作目録ほか　「関西大学法学論集　52.4・5」(関西大)　2003.3　p1573-1579

高森 文夫　たかもり・ふみお〔1910―1998　詩人〕
　◎略年譜　「高森文夫詩集」(高森文夫)　本多企画　2005.6　p123-134

高屋 窓秋　たかや・そうしゅう〔1910―1999　俳人〕
　◎略年譜(伊丹啓子)　「高屋窓秋俳句集成」(高屋窓秋)　沖積舎　2002.11　p318-321

高安 国世　たかやす・くによ〔1913―1984　歌人・ドイツ文学者〕
　◎参考文献　「高安国世ノート」(水沢遙子)　不識書院　2005.10　p293-297

高柳 先男　たかやなぎ・さきお〔1937―1999　国際政治学〕
　○主要著作目録ほか　「法学新報　110.3・4」(中央大)　2003.8　p905-924

高柳 重信　たかやなぎ・しげのぶ〔1923―1983　俳人〕
◎著書目録ほか　「高柳重信全句集」（高柳重信）　沖積舎　2002.6　p471-512
◎散文類年表　「高柳重信散文集成　17追補別冊限定版」（高柳重信）　夢幻航海社　2003.7　p32-79

高柳 俊一　たかやなぎ・しゅんいち〔1932―　カトリック司祭〕
◎略歴　「伝統と革新―高柳俊一教授古希記念英文学論集」（高柳俊一先生古希記念論文集刊行委員会）　研究社　2002.3　p5-8f

高柳 敏子　たかやなぎ・としこ〔1941―　データベース〕
○業績ほか　「独協経済　84」（独協大）　2007.11　p9-11

高山 右近　たかやま・うこん〔1552―1615　武将〕
◎文献　「武将高山右近の信仰と茶の湯」（高橋敏夫）　いのちのことば社フォレストブックス　2007.11　p164」

高山 捷一　たかやま・しょういち
◎文献　「戦闘機屋人生―元空将が語る零戦からFSXまで90年」（前間孝則）　講談社　2005.11　p348-349

高山 辰雄　たかやま・たつお〔1912―2007　日本画家〕
◎文献目録抄　「高山辰雄展」（茨城県近代美術館）　茨城県近代美術館　c2004　p151-159

高山 樗牛　たかやま・ちょぎゅう〔1871―1902　評論家・文学者・哲学者〕
◎年譜　「滝口入道」（開東新）　歴史春秋出版　2001.7　p157-158

高山 良策　たかやま・りょうさく〔1917―1982　洋画家・造形作家〕
◎年譜ほか（笹木繁男ほか）　「高山良策の世界展　ねりまの美術2001」（高山良策）　練馬区立美術館　2001.2　p121-139

高山 亮二　たかやま・りょうじ〔1916―2001　近代日本文学〕
◎著書ほか　「有島武郎と向きあって―追悼高山亮二有島記念館名誉館長」（ニセコ町教育委員会, 有島記念館）　ニセコ町教育委員会　2002.3　p122-135

高寄 昇三　たかよせ・しょうぞう〔1934―　地方自治・地方財政〕
○著作目録　「甲南経済学論集　43.4」（甲南大）　2003.3　35pb

高良 阮二　たから・げんじ
○業績ほか　「沖縄法学　35」（沖縄国際大）　2006.3　p267-268

田川 大吉郎　たがわ・だいきちろう〔1869―1947　政治家・ジャーナリスト〕
◎主要著作一覧　「田川大吉郎とその時代」（遠藤興一）　新教出版社　2004.3　p322-324
◎「書誌田川大吉郎―その生涯と著作」（遠藤興一）　ジェイピー出版　2005.12　147p　B5

多木 浩二　たき・こうじ〔1928―　評論家〕
◎著作一覧　「20世紀の精神　書物の伝えるもの」（多木浩二）　平凡社　2001.2　p210-211

瀧 春一　たき・しゅんいち〔1901―1996　俳人〕
◎略年譜　「瀧春一鑑賞」（松林尚志）　沖積舎　2001.7　p256-258

瀧井 孝作　たきい・こうさく〔1894―1984　小説家・俳人〕
◎年譜ほか（津田亮一）　「無限抱擁」（瀧井孝作）　講談社　2005.8　p247-261

瀧川 一幸　たきかわ・かずゆき
○著作目録　「香川大学経済論叢　8.3」（香川大）　2007.12　p258-259

瀧川 幸辰　たきがわ・ゆきとき〔1891―1962　刑法学者〕
◎参照文献　「瀧川幸辰―汝の道を歩め」（伊藤孝夫）　ミネルヴァ書房　2003.10　p313-315

瀧口 修造　たきぐち・しゅうぞう〔1903―1979　美術評論家・詩人〕
◎参考文献ほか　「瀧口修造・ブルトンとの交通」（澤正宏）　本の友社（コレクション・日本シュールレアリスム　5）　2000.6　p548-594
◎参考文献　「瀧口修造夢の漂流物」　世田谷美術館　2005　p49-57b

滝口 武士　たきぐち・たけし〔1904―1982　詩人〕
◎年譜　「詩人滝口武士」（滝口武士顕彰委員会）　武蔵町教育委員会　2002.2　p311-315

滝口 雅子　たきぐち・まさこ〔1918―2002　詩人〕
◎年譜ほか（高良留美子ほか）　「新編滝口雅子詩集」（滝口雅子）　土曜美術社出版販売　2003.1　p173-180

滝沢 克己　たきざわ・かつみ〔1909―1984　思想家・哲学者〕
◎略年譜ほか　「西田哲学の根本問題」（滝沢克己）　こぶし書房　2004.7　p246-256

滝沢 貞夫　たきざわ・さだお〔1934―　中古文学〕
○略歴ほか　「信大国語教育　10」（信州大）　2000.11　p18-19

滝澤 隆幸　たきざわ・たかゆき〔1933―2003　フランス言語学〕
○著作目録ほか　「名古屋外国語大学外国語学部紀要　27」（名古屋外語大）　2004.2　p1-5f

滝沢 武久　たきざわ・たけひさ〔1931―　教育心理学・発達心理学〕
◎著作　「精神障害者の事件と犯罪」（滝沢武久）　中央法規出版　2003.8　1pb

瀧澤 信彦　たきざわ・のぶひこ
　○研究業績ほか　「北九州市立大学法政論集　30.3・4下」（北九州市立大）　2003.1　p767-783

滝沢 馬琴　たきざわ・ばきん〔1767—1848　読本・草双紙作者〕
　◎文献目録　「馬琴一家の江戸暮らし」（高牧實）中央公論新社　2003.5　p260-265
　○年譜稿（播本眞一）　「日本文学研究　43」（大東文化大）　2004.2　p25-39
　◎注　「馬琴読本と中国古代小説」（崔香蘭）　溪水社　2005.1　prr
　◎参考文献ほか　「寂しい人・曲亭馬琴」（滝澤昌忠）　鳥影社　2005.4　p172-179
　◎引照文献　「定本八犬伝の世界」（高田衛）　筑摩書房　2005.11　p568-572
　◎略年譜　「馬琴、滝沢瑣吉とその言語生活」（杉本つとむ）　至文堂　2005.12　p350-353
　◎参考文献（大屋多詠子）　「滝沢馬琴―百年以後の知音を俟つ」（高田衛）　ミネルヴァ書房　2006.10　p283-294

滝沢 美恵子　たきざわ・みえこ〔1939—　小説家〕
　◎年譜　「芥川賞全集　15」（滝沢美恵子）　文藝春秋　2002.4　p433-435

滝澤 三千代　たきざわ・みちよ
　○著作目録ほか　「人文自然科学論集　118」（東京経済大）　2004.12　p5-7

滝田 ゆう　たきた・ゆう〔1932—1990　漫画家〕
　○著作目録ほか　「ぬけられますか―私漫画家滝田ゆう」（校條剛）　河出書房新社　2006.10　p288-289

田北 亮介　たきた・りょうすけ〔1933—　国際政治学〕
　○著作目録ほか　「龍谷法学　34.4」（龍谷大）　2002.3　p687-692

瀧本 晴樹　たきもと・はるき
　○著作目録ほか　「和光経済　37.3」（和光大）　2005.3　p277

ダークダックス
　◎参考文献　「日本の美しい歌―ダークダックスの半世紀」（喜早哲）　新潮社　2007.6　p249-252

田口 勇　たぐち・いさむ〔1935—　分析科学・文化財科学〕
　○業績ほか　「専修経営学論集　82」（専修大）　2006.3　p205-209

田口 精一　たぐち・せいいち〔1926—2004　憲法〕
　○著作目録　「法学研究　78.5」（慶應義塾大）　2005.5　p381-384

田口 弘康　たぐち・ひろやす
　○主要著作ほか　「京都女子大学生活福祉学科紀要　2」（京都女子大）　2006.1　p1-3

田口 富久治　たぐち・ふくじ〔1931—　政治〕
　○著作目録ほか　「政策科学　8.3.18」（立命館大）　2001.2　p343-355

田口 芳明　たぐち・よしあき〔1934—　経済〕
　○著作目録　「産業と経済　19.1」（奈良産業大）　2004.3　p90-96

田久保 英夫　たくぼ・ひでお〔1928—2001　小説家〕
　◎年譜（田久保美世子）　「滞郷音信」（田久保英夫）　慶応義塾大学出版会　2003.5　p188-192
　○年譜ほか（武藤康史）　「深い河・辻火―田久保英夫作品集」（田久保英夫）　講談社　2004.8　p267-287

匠 秀夫　たくみ・ひでお〔1924—1994　美術評論家〕
　◎著作目録ほか　「匠秀夫著作集　第3巻」（陰里鉄郎ほか）　匠秀夫著作集刊行会　2002.11　p5-128b

侘美 光彦　たくみ・みつひこ〔1935—2004　経済理論・金融論〕
　○業績目録ほか　「経済学季報　54.2」（立正大）　2005.1　p3-9

武井 武雄　たけい・たけお〔1894—1983　童画家〕
　◎年譜（藤本陽子）　「武井武雄」（武井武雄）　河出書房新社（らんぷの本）　2001.5　p116-117
　○文献目録（飯沢文夫）　「文献探索　2003」（文献探索研究会）　2003.12　p22-31

武井 昭夫　たけい・てるお〔1927—　文芸評論家〕
　○年譜ほか（田中禎孝）　「わたしの戦後―運動から未来を見る―武井昭夫対話集」（武井昭夫）　スペース伽耶　2004.7　p363-410

武井 勇四郎　たけい・ゆうしろう〔1933—　哲学〕
　○著作目録　「岐阜経済大学論集　37.2」（岐阜経済大）　2004.1　p109-115

武市 英雄　たけいち・ひでお〔1937—　新聞学〕
　○業績ほか（石川旺）　「コミュニケーション研究　32」（上智大）　2002.3　p2-3

竹内 昭夫　たけうち・あきお〔1929—1931　経営学〕
　○著作目録ほか　「名古屋外国語大学現代国際学部紀要　1」（名古屋外国語大）　2005.3　3pf

竹内 一夫　たけうち・かずお〔1935—　人事管理〕
　○著作目録ほか　「東京経大学会誌　経営学　248」（東京経済大）　2006.1　p5-14

竹内 浩三　たけうち・こうぞう〔1921—1945　詩人〕
　◎略年譜　「日本が見えない―竹内浩三全作品集」（小林察）　藤原書店　2001.11　p699-701
　◎年譜　「戦死やあわれ」（竹内浩三）　岩波書店　2003.1　p317-320
　◎参考文献　「ぼくもいくさに征くのだけれど―竹内浩三の詩と死」（稲泉連）　中央公論新社　2004.7　p295-298

竹内 重年　たけうち・しげとし〔1933—　弁護士〕
　○著作目録ほか　「法律論叢　76.4・5」（明治大）　2004.3　p280-299

竹内 茂代　たけうち・しげよ〔1881—1975　医師・政治家〕
　○著作目録（斉藤美穂）　「文献探索　2003」（文献探索研究会）　2003.12　p181-186

竹内 真一　たけうち・しんいち〔1932―　教育学〕
　○研究業績　「明治学院論叢　658」（明治学院大）
　　2001.3　p23-31

竹内 常一　たけうち・つねかず〔1935―　教育学〕
　○著作年表　「國學院大學教育学研究室紀要　39」
　　（國學院大）　2005.2　p237-241

竹内 敏信　たけうち・としのぶ〔1943―　写真家〕
　◎年譜　「天地―写真集成・竹内敏信日本列島」（竹
　　内敏信）　出版芸術社　2003.10　p258-259

竹内 敏晴　たけうち・としはる〔1925―　演出家〕
　○業績ほか　「南山短期大学紀要　30」（南山短大）
　　2003.1　3pf

竹内 弘行　たけうち・ひろゆき〔1944―　中国思想史〕
　○業績目録ほか　「名古屋大学文学部研究論集　哲
　　学53」（名古屋大）　2007　p1-5
　○業績目録ほか　「名古屋大學中國哲學論集　6」（名
　　古屋大）　2007　p18-27

武内 二三雄　たけうち・ふみお
　○年譜ほか　「人間の福祉　15」（立正大）　2004
　　3p

竹内 誠　たけうち・まこと〔1933―　日本近世史・江
　戸文化史〕
　○業績目録ほか　「立正大学文学部論叢　119」（立
　　正大）　2004.3　p17-30

竹内 正雄　たけうち・まさお〔1941―　体育学〕
　○略歴ほか　「星薬科大学一般教育論集　24」（星薬
　　科大学）　2006　p4-8f

竹内 一樹　たけうち・もとき〔1932―　経営学・国
　際経営論〕
　○研究業績ほか　「経済集志　72.4」（日本大）　2003.
　　1　p3-7f

竹内 靖雄　たけうち・やすお〔1935―　経済学・経
　済思想史〕
　○著作目録ほか　「成蹊大学経済学部論集
　　35.1」（成蹊大）　2004.10　p5-16

竹内 好　たけうち・よしみ〔1910―1977　中文〕
　◎年譜　「鶴見俊輔集　続4」（鶴見俊輔）　筑摩書
　　房　2001.3　p392-405
　◎文献　「竹内好の文学精神」（岡山麻子）　論創社
　　2002.6　p279-292
　◎略年譜　「竹内好という問い」（孫歌）　岩波書店
　　2005.5　p317-321
　◎著作一覧　「竹内好集」（竹内好）　影書房　2005.
　　11　p243-244

竹内 理三　たけうち・りぞう〔1907―1997　日本史〕
　◎著書等編年目録　「古代中世の課題　竹内理三著
　　作集8」　角川書店　2000.3　p353-406

竹川 愼吾　たけかわ・しんご
　○著作目録ほか　「富大経済論集　51.2」（富山大）
　　2006.2　p343-345

竹越 與三郎　たけこし・よさぶろう〔1865―1950
　史論家・政治家〕
　◎文献ほか　「ある明治リベラリストの記録―孤高
　　の戦闘者竹越與三郎伝」（高坂盛彦）　中央公論新
　　社　2002.8　p302-314

竹澤 さだめ　たけざわ・さだめ
　◎著作一覧ほか　「竹澤さだめ―肢体不自由児療育
　　事業に情熱を燃やした女医」（松本昌介）　松本昌
　　介　2005.5　p170-172

竹下 喜久男　たけした・きくお〔1933―　日本近世史〕
　○著作目録　「鷹陵史学　30」（鷹陵史学会）　2004.
　　9　p256-275

竹下 賢　たけした・けん〔1946―　法哲学・法思想史〕
　○著作目録　「関西大学法学論集　56.2・3」（関西
　　大）　2006.11　p711-733

竹下 守夫　たけした・もりお〔1932―　民事法〕
　○業績目録　「権利実現過程の基本構造―竹下守夫
　　先生古稀祝賀」（伊藤真）　有斐閣　2002.6　p968-
　　991

竹下 義樹　たけした・よしき〔1951―　弁護士〕
　◎文献　「全盲の弁護士竹下義樹」（小林照幸）
　　岩波書店　2005.10　p309-310

竹田 晃　たけだ・あきら〔1930―　中国文学〕
　○業績ほか　「明海大学外国語学部論集　15」（明海
　　大）　2003.3　p141-143

武田 脩　たけだ・おさむ
　○研究業績ほか　「広島女子大学国際文化学部紀要
　　11」（広島女子大）　2003.2　p1-2

竹田 和彦　たけだ・かずひこ〔1927―2006　特許実
　務〕
　○著作　「知財ぷりずむ　5」（経済産業調査会）
　　2007.3　p49」

武田 勝頼　たけだ・かつより〔1546―1582　武将〕
　◎参考文献　「武田勝頼」（柴辻俊六）　新人物往来
　　社　2003.12　p249-252
　◎参考文献（柴辻俊六）　「武田勝頼のすべて」（柴
　　辻俊六ほか）　新人物往来社　2007.1　p260-268
　◎参考文献　「武田信玄と勝頼―文書にみる戦国大
　　名の実像」（鴨川達夫）　岩波書店　2007.3　p209-
　　212

武田 清子　たけだ・きよこ〔1917―　思想史〕
　◎「武田清子著作年譜」（ICU卒業生「武田清子作年
　　譜」刊行会）　ICU卒業生「武田清子著作年譜」刊
　　行会　2003.9　118p　B5

武田 五一　たけだ・ごいち〔1872―1938　建築家〕
　◎参考文献　「武田五一の軌跡―近代建築の好奇心
　　―平成17年度特別展図録」（文京ふるさと歴史館）
　　文京区教育委員会　2005.10　p86」

武田 信玄　たけだ・しんげん〔1521—1573　武将〕
　◎註　「定本武田信玄―21世紀の戦国大名論」（萩尾三雄ほか）　高志書院　2002.6　prr
　◎参考文献　「武田信玄―武田三代興亡記」（吉田龍司）　新紀元社　2005.11　p280-282
　◎参考文献　「武田信玄―芳声天下に伝わり仁道寰中に鳴る」（笹本正治）　ミネルヴァ書房　2005.11　p289-294
　◎参考文献　「武田信玄像の謎」（藤本正行）　吉川弘文館　2006.1　p213-215
　◎参考文献　「よみがえる武田信玄の世界―山梨県立博物館開館記念特別展」（山梨県立博物館）　山梨県立博物館　2006.3　p150」
　◎参考文献　「武田家滅亡に学ぶ事業承継」（北見昌明）　幻冬舎　2006.6　p268-269
　◎参考文献　「「風林火山」武田信玄の謎―徹底検証」（加来耕三）　講談社　2006.10　p586-589
　◎参考文献　「武田信玄合戦録」（柴辻俊六）　角川学芸出版　2006.10　p220」
　◎参考文献　「武田信玄と勝頼―文書にみる戦国大名の実像」（鴨川達夫）　岩波書店　2007.3　p209-212
　◎参考文献　「信玄、謙信、そして伝説の軍師」（NHKほか）　NHK　2007.4　p236-239

武田 泰淳　たけだ・たいじゅん〔1912—1976　作家〕
　○参考文献（鈴木一正）　「時空　23」（時空の会）　2004.1　p46-54
　◎参考文献　「『森と湖のまつり』をめぐって―武田泰淳とビッキらアイヌの人たち」（皆藤健）　五月書房　2004.3　p163-164
　◎年譜　「武田泰淳伝」（川西政明）　講談社　2005.12　p489-512
　◎参考文献　「だれも書けなかった宮澤賢治論・武田泰淳論―知覚の扉の彼方から」（神田浩延）　講談社出版サービスセンター　2006.3　p307-316
　◎著書一覧　「武田泰淳集」（武田泰淳）　影書房　2006.5　p239-242
　○参考文献（鈴木一正）　「時空　28」（時空の会）　2007.8　p50-55

武田 信虎　たけだ・のぶとら〔1494—1574　武将〕
　◎参考文献（鈴木将典）　「武田信虎のすべて」（柴辻俊六）　新人物往来社　2007.1　p227-235

竹田 日出夫　たけだ・ひでお〔1935—　近代日本文学〕
　○業績ほか（竹田日出夫）　「武蔵野日本文学　14」（武蔵野大）　2005.3　p50-64

武田 昌之　たけだ・まさゆき〔1933—　保険〕
　○業績ほか　「専修商学論集　78」（専修大）　2004.1　p393-401

武田 安弘　たけだ・やすひろ〔1933—2005　会計学〕
　○著作目録ほか　「愛知学院大学論叢経営学研究　14.2」（愛知学院大）　2004.12　p239-252

武田 祐吉　たけだ・ゆうきち〔1886—1958　国文学者〕
　○著作目録（倉住薫）　「日本文化と神道　2」（國學院大）　2006.2　p77-87

武田 依子　たけだ・よりこ
　◎年譜　「生きる証を短歌に求めて―失語症との闘い」（武田依子）　文芸社　2002.3　p196-199

武田 麟太郎　たけだ・りんたろう〔1904—1946　小説家〕
　◎初出一覧（浦西和彦）　「武田麟太郎全集　13」日本図書出版センター　2003.1　p11-33b

武田氏　たけだし
　◎参考文献　「甲斐武田一族」（柴辻俊六）　新人物往来社　2005.10　p228-236
　◎参考文献　「安芸・若狭武田一族」（高野賢彦）　新人物往来社　2006.11　p219-220
　◎参考文献　「甦る武田軍団―その武具と軍装」（三浦一郎）　宮帯出版社　2007.5　p251-252

竹田津 実　たけたづ・みのる〔1937—　獣医・写真家・エッセイスト〕
　◎全著作リスト　「えぞ王国―写真北海道動物記」（竹田津実）　新潮社　2004.6　p159」

武谷 三男　たけたに・みつお〔1911—2000　物理学〕
　○著作目録（矢野忠）　「素粒子論研究　109.2」（素粒子論グループ）　2004.5　p16-33
　○業績ほか（矢野忠）　「素粒子論研究　111.2」（素粒子論グループ）　2005.5　p100-103

武市 健人　たけち・たてひと〔1901—1986　哲学〕
　◎略年譜ほか　「弁証法の急所」（武市健人）　こぶし書房　2005.4　p221-225

武智 鉄二　たけち・てつじ〔1912—1988　演出家・演劇評論家・映画監督〕
　○略年譜ほか（権藤芳一）　「上方芸能　147」（『上方芸能』編集部）　2003.3　p108-112

竹中 英太郎　たけなか・えいたろう〔1906—1988　挿絵画家〕
　◎年譜ほか　「美は乱調にあり、生は無頼にあり―幻の画家・竹中英太郎の生涯」（備仲臣道）　批評社　2006.2　p194-208
　◎年譜　「夢を吐く絵師・竹中英太郎」（鈴木義昭）　弦書房　2006.11　p227-238

竹中 恵美子　たけなか・えみこ〔1929—　女性問題〕
　◎年譜ほか　「歳月は流水の如く」（姜在彦）　青丘文化社　2003.11　p187-203

竹中 久七　たけなか・きゅうしち〔1907—1962　詩人・経済評論家〕
　◎年譜ほか　「竹中久七・マルクス主義への横断」（高橋新太郎）　本の友社（コレクション・日本シュールレアリスム　8）　2001.7　p524-546

竹西 寛子　たけにし・ひろこ〔1929—　小説家〕
　◎年譜ほか（竹西寛子）　「贈答のうた」（竹西寛子）　講談社　2007.11　p332-353

竹貫 元勝　たけぬき・げんしょう〔1945—　仏教史学・日本禅宗史〕
　◎著作目録　「禅とその周辺学の研究―竹貫元勝博士還暦記念論文集」（還暦記念論文集刊行会）　永田文昌堂　2005.1　p8-14f

竹林 代嘉　たけばやし・しろよし〔1942―2005　会計学〕
　○業績ほか　「専修経営学論集　83」（専修大）　2006.12　p455-462

竹林 真一　たけばやし・しんいち
　○著作目録ほか　「同志社商学　54.4」（同志社大）　2003.2　p612-613

竹原 健二　たけはら・けんじ〔1950―　社会福祉〕
　◎業績一覧　「現代福祉学の展開」（竹原健二）　学文社　2006.1　p243-267

武久 堅　たけひさ・つよし〔1936―　中世文学〕
　○業績ほか　「日本文芸研究　56.4」（関西学院大）　2005.3　p193-218

竹久 夢二　たけひさ・ゆめじ〔1884―1934　挿画家・詩人・歌人〕
　◎年譜　「竹久夢二―河村コレクション」（河村幸次郎）　グラナダ　2001.6　p110-112
　◎著作目録ほか　「夢二―ギヤマンの舟」（小笠原洋子）　大村書店　2002.3　4pb
　◎略年譜ほか　「波乱万丈・恋・人生―夢二ドキュメント」（中右瑛）　里文出版　2003.5　p216-223
　○参考文献　「竹久夢二　恋の言葉」（石川桂子）　河出書房新社　2004.7　p142-143
　○年譜ほか　「竹久夢二のおしゃれ読本」（石川桂子ほか）　河出書房新社　2005.5　p122-124
　◎年譜　「夢二燦爛―大正モダンアート」（中右瑛）　里文出版　2005.7　p94-95
　◎文献　「夢二逍遥」（荒木瑞子）　西田書店　2006.7　p231-238
　◎年譜　「竹久夢二名品100選―夢二郷土美術館新蔵」（古川文子）　東方出版　2007.10　p184-189

竹前 栄治　たけまえ・えいじ〔1930―　占領史・政治学・労働政策〕
　○著作目録ほか　「現代法学　8」（東京経済大）　2005.1　p5-19

竹松 哲夫　たけまつ・てつお〔1921―2006　植物保護〕
　◎略歴　「草取りをなくした男の物語―世界の田畑から―ダイコンのくびれから除草剤処理層理論を確立し数々の除草剤を開発した竹松哲夫の業績」（竹松哲夫,清水裕子）　全国農村教育協会　2002.4　p617-620

武満 徹　たけみつ・とおる〔1930―1996　作曲家〕
　◎作品リスト　「日本映画音楽の巨星たち　1　早坂文雄佐藤勝武満徹古関裕而」（小林淳）　ワイズ出版　2001.5　p1-26b
　◎参考文献　「武満徹の音楽」（P.バート）　音楽之友社　2006.2　p313-324
　◎年譜ほか（小野光子）　「武満徹―Visions in Time」（堀元彰ほか）　Esquire Magazine Japan　2006.4　p204-184
　◎年譜　「武満徹と語る15の証言」　小学館　2007.4　p490-499

竹村 孝雄　たけむら・たかお
　○著作目録ほか　「商学論纂　42.5」（中央大）　2001.3　p375-378

竹本 正幸　たけもと・まさゆき〔1931―2000　公法・国際法〕
　◎著作目録ほか　「人権法と人道法の新世紀―竹本正幸先生追悼記念論文集」（藤田久一ほか）　東信堂　2001.11　p401-407

武安 宥　たけやす・たもつ〔1937―　教育学〕
　○業績ほか　「教育学科研究年報　32」（関西学院大）　2006.3　p2-4

竹山 広　たけやま・ひろし〔1920―　歌人〕
　◎略年譜　「竹山広全歌集」（竹山広）　雁書館　2001.12　p440-444
　○年譜ほか（竹山広）　「短歌　53.9」（角川学芸出版）　2006.8　p50-54

武山 真理子　たけやま・まりこ
　◎参考文献　「マリコ　TAKE　OFF!―アジアを駆け抜けた"戦場のヌードダンサー"マリコの半生」（宮崎学）　名月堂　2002.11　p239-240

多胡 圭一　たご・けいいち〔1941―　近代日本政治外交史〕
　○著作目録ほか　「阪大法学　55.3・4　237・238」（大阪大）　2005.11　p1134-1137

太宰 治　だざい・おさむ〔1909―1948　小説家〕
　○文献目録ほか（和田季絵）　「解釈と鑑賞　66.4」（至文堂）　2001.4　p177-157
　◎参考文献　「太宰治之事―対談集」（小野正文,伊奈かっぺい）　おふぃす・ぐう　2001.6　p192-193
　◎参考文献　「太宰讃歌」（阿久津レイ子）　彩図社（ぶんりき文庫　あE-A-154）　2001.7　p164-166
　◎参考資料　「みんなみんなやさしかったよ―太宰治と歩く「津軽」の旅」（飯塚恆雄）　愛育社　2001.11　p228-230
　◎年譜　「走れメロス」（太宰治）　偕成社　2002.5　p283-287
　◎参考文献　「玉川上水情死行―太宰治の死につきそった女」（梶原悌子）　作品社　2002.5　p220-222
　○ビブリオグラフィ（山内祥史）　「太宰治研究　10」（和泉書院）　2002.6　p160-174
　◎参考文献　「太宰治―弱さを演じるということ」（安藤宏）　筑摩書房　2002.10　p211-213
　○特集（安藤宏ほか）　「国文学　解釈と教材の研究　47.14」（学燈社）　2002.12　p6-137
　◎年譜　「斜陽　改版」（太宰治）　新潮社　2003.5　p239-244
　○ビブリオグラフィー　「太宰治研究　11」（和泉書院）　2003.6　p178-196
　◎注　「太宰治と外国文学―翻案小説の「原典」へのアプローチ」（九頭見和夫）　和泉書院　2004.3　prr
　◎引用文献　「蕩児の肖像―人間太宰治」（高山秀三）　津軽書房　2004.7　p555-561
　○文献目録編年（木村綾子）　「国文学解釈と鑑賞　69.9」（至文堂）　2004.9　p158-166

◎参考文献 「追跡・太宰治」(市川渓二) 北の街社 2004.9 p196-197
◎参考文献 「太宰治の生と死—外はみぞれ何を笑ふやレニン像」(ゆりはじめ) マルジュ社 2004.12 p365-366
◎年譜 「文豪ナビ太宰治」(新潮文庫) 新潮社 2004.12 p158-159
◎文献目録ほか(岸睦子) 「太宰治大事典」(志村有弘ほか) 勉誠出版 2005.1 p628-950
◎年譜 「走れメロス 74刷改版」(太宰治) 新潮社 2005.2 p295-300
◎参考文献 「沙和宋一と太宰治」(榊弘子) さきたま出版会 2005.3 p220-222
○ビブリオグラフィー(山内祥史) 「太宰治研究 13」(和泉書院) 2005.6 p176-200
◎参考文献 「太宰治と夢野久作」(明石矛先) 文芸社 2005.6 p241-246
◎参考文献ほか 「太宰治」(渡部芳紀) NHK出版 2006.4 p220-229
○ビブリオグラフィー(山内祥史) 「太宰治研究 14」(和泉書院) 2006.6 p161-182
◎略年譜ほか(高塚雅) 「太宰治をおもしろく読む方法」(山口俊雄) 風媒社 2006.9 p220-228
◎年譜 「ザ・太宰治—全小説全二冊 グラスレス眼鏡無用 下 大活字版」(太宰治) 第三書館 2006.10 p926-941
○研究業績(山内祥史) 「太宰治研究 15」(和泉書院) 2007.6 p134-146
◎参考文献 「世も幻の花ならん—今官一と太宰治・私版曼荼羅」(佐賀郁朗) 北の街社 2007.8 p340-341
◎出典文献 「太宰治の強さ—中期を中心に太宰を誤解している全ての人に」(佐藤隆之) 和泉書院 2007.8 p275-282

田坂 広志 たさか・ひろし〔1951— 著作家〕
◎著書 「知的プロフェッショナルへの戦略」(田坂広志) 講談社 2002.3 1pb

田崎 研三 たざき・けんぞう〔1935— 英文学〕
○業績ほか(後藤弘樹) 「英語英米文学 45」(中央大) 2005.2 p353-357

田崎 草雲 たざき・そううん〔1815—1898 日本画家〕
◎署伝並年表(草雲会ほか) 「慶応四年の田崎草雲—その知られざる姿」(菊地卓) 下野新聞社 2002.7 p295-314

田澤 恭二 たざわ・きょうじ
○著作目録ほか(田澤恭二) 「文献探索 2004」(文献探索研究会) 2004.4 p146-158

田近 洵一 たじか・じゅんいち〔1933— 国語教育学〕
○業績ほか 「学術研究 外国語・外国文学編 51」(早稲田大) 2002.2 p127-130

田島 毓堂 たじま・いくどう〔1940— 日本語学〕
○著作目録(広瀬英史) 「名古屋大学国語国文学 94」(名古屋大) 2004.7 p4-23

田島 征三 たじま・せいぞう〔1940— 絵本作家・画家・版画家・エッセイスト〕
◎著作目録ほか 「激しく創った!!—田島征彦と田島征三の半世紀」(田島征彦ほか) メディアリンクス・ジャパン 2006.7 p72-75,84-89

田島 信一 たじま・のぶいち〔1918—2006 職業指導〕
○業績ほか(永田萬享) 「キャリア教育研究 24.2」(日本キャリア教育学会) 2006.4 p43-46

田島 松二 たじま・まつじ〔1942— 英語学〕
○業績ほか 「英語英文学論叢 56」(九州大) 2006 p3-15f
○業績表 「言語文化論究 21」(九州大) 2006 p165-170
○業績目録ほか(末松信子) 「ことばの楽しみ—東西の文化を越えて」(田島松二) 南雲堂 2006.3 p415-425

田島 道治 たじま・みちはる〔1885—1968〕
◎文献 「田島道治—昭和に「奉公」した生涯」(加藤恭子) TBSブリタニカ 2002.7 p523-535
◎参考文献 「昭和天皇と田島道治と吉田茂—初代宮内庁長官の「日記」と「文書」から」(加藤恭子) 人文書館 2006.4 p238-241

田島 征彦 たじま・ゆきひこ〔1940— 画家・絵本作家〕
◎著作目録ほか 「激しく創った!!—田島征彦と田島征三の半世紀」(田島征彦ほか) メディアリンクス・ジャパン 2006.7 p72-75,84-89

田島 裕 たじま・ゆたか〔1940— 英米法・比較法・法文献学〕
◎著作目録ほか 「現代先端法学の展開 田島裕教授記念」(矢崎幸生ほか) 信山社出版 2001.10 p597-623
○略歴ほか 「筑波法政 38」(筑波大) 2005.3 p11-12

田嶋 陽子 たじま・ようこ〔1941— 英文学・女性学〕
◎著書リスト 「もう男だけに政治はまかせられない」(田嶋陽子) オークラ出版 2003.1 p280-282

田島 義博 たじま・よしひろ〔1931—2006 経済学者〕
○著作目録ほか 「学習院大学経済論集 37.3・4」(学習院大) 2001.1 p245-247
○著書一覧 「流通情報 443」(流通経済研究所) 2006.5 p5-6

田代 克己 たしろ・かつみ〔1939—2004 考古学〕
◎著作目録 「埴生の宿—田代克己さん追悼録」(田代克己さん追悼録刊行会) 追悼録刊行会 2005.3 p3-5

田代 国次郎 たしろ・くにじろう〔1935— 社会福祉〕
○業績ほか 「人間の福祉 19」(立正大) 2006 5pf
◎著作目録ほか 「現代社会福祉変革の課題」(田代国次郎) 本の泉社 2006.4 p329-359

田代 安定　たしろ・やすさだ〔1856—1928　植物学者〕
◎参考文献　「明治の冒険科学者たち―新天地・台湾にかけた夢」(柳本通彦)　新潮社　2005.3　p207-211

多田 謹次　ただ・きんじ
○著作目録ほか　「人文自然科学論集　118」(東京経済大)　2004.12　p9-10

多田 狷介　ただ・けんすけ
○著作目録ほか　「史艸　47」(日本女子大)　2006.11　p1-20

多田 等観　ただ・とうかん〔1890—1967　チベット研究家〕
◎年譜　「多田等観―チベット大蔵経にかけた生涯」(多田明子ほか)　春秋社　2005.8　p17-127
◎論文ほか(今枝由郎)　「多田等観全集―チベット仏教と文化」(多田等観)　白水社　2007.9　p383-390

多田 不二　ただ・ふじ〔1893—1968　詩人〕
◎年譜　「新生の詩」(星野晃一)　愛媛新聞社　2002.8　p238-260

多田 みや子　ただ・みやこ
◎業績　「古代文学の諸相」(多田みや子)　翰林書房　2006.1　p424-426

直川 誠蔵　ただかわ・せいぞう〔1934—　ロシア法〕
○業績目録ほか　「早稲田法学　80.3」(早稲田大)　2005　p482-486
◎略歴　「ロシア法文化の周辺―レポート集」(直川誠蔵)　直川誠蔵　2005.1　p146-147

只野 真葛　ただの・まくず〔1765—1825　国学〕
◎年譜ほか　「わが真葛物語―江戸の女流思索者探訪」(門玲子)　藤原書店　2006.3　p398-414

橘 曙覧　たちばな・あけみ〔1812—1868　歌人〕
◎参考文献　「たのしみは日常のなかにあり　『独楽吟』にまなぶ心の技法」(武田鏡村)　東洋経済新報社　2001.3　p173」
◎関連書目録　「「福井県関係漢詩集、橋本左内、橘曙覧」文献資料の研究」(前川幸雄)　福井大　2003.3　p72-82

立花 桂　たちばな・かつら
○略歴　「関東学院大学人間環境学会紀要　7」(関東学院大)　2007.3　p117-120

立花 規矩子　たちばな・きくこ
○著作目録ほか　「名古屋外国語大学外国語学部紀要　38」(名古屋外国語大)　2006.2　p5-7f

橘 樸　たちばな・しらき〔1881—1945　ジャーナリスト・中国研究家〕
◎略年譜　「橘樸　翻刻と研究―『京津日日新聞』」(山田辰雄ほか)　慶應義塾大出版会　2005.11　p667-678

立花 隆　たちばな・たかし〔1940—　評論家〕
◎「立花隆「嘘八百」の研究　別冊宝島　027」(井上裕努ほか)　宝島社　2001.2　223p　A5
◎略年譜　「立花隆のすべて　下」(文藝春秋)　文藝春秋(文春文庫)　2001.3　p351-366
◎「ぼくが読んだ面白い本・ダメな本　そしてぼくの大量読書術、驚異の速読術」(立花隆)　文藝春秋　2001.4　407p　46s
◎引用文献　「立花隆先生かなりヘンですよ　「教養のない東大生」からの挑戦状」(谷田和一郎)　洋泉社　2001.12　p285-286

橘 千蔭　たちばな・ちかげ
◎注　「橘千蔭の研究」(鈴木淳)　ぺりかん社　2006.2　prr

立花 宗茂　たちばな・むねしげ〔1569—1642　大名〕
◎参考文献ほか　「立花宗茂」(中野等)　吉川弘文館(人物叢書　新装版)　2001.1　p281-300

橘 守部　たちばな・もりべ〔1781—1849　国学者〕
○関係書目録　「斯道文庫論集　41」(慶応義塾大斯道文庫)　2006　p307-332

立原 正秋　たちはら・まさあき〔1927—1980　小説家〕
◎略年譜　「美のなごり―立原正秋の骨董」(立原潮)　コエランス　2004.3　p116-117
◎年譜(武田勝彦)　「春のいそぎ」(立原正秋)　講談社　2006.4　p234-248
◎年譜(編集部)　「〈在日〉文学全集　16」(磯貝治良ほか)　勉誠出版　2006.6　p447-460

立原 道造　たちはら・みちぞう〔1914—1939　詩人〕
◎書誌参考文献(高野聡)　「立原道造　国文学解釈と鑑賞別冊」(宮本明子)　至文堂　2001.5　p479-496
◎略年譜　「立原道造と杉浦明平―往復書簡を中心として―開館五周年記念特別展」　立原道造記念館　2002.3　p124-127
◎年譜ほか　「立原道造」(野村聡)　双文社出版　2006.2　p217-227
◎年譜ほか　「立原道造　新装版」(宇佐美斉)　筑摩書房　2006.11　p259-270

立川 熊次郎　たつかわ・くまじろう〔1878—1932　出版人〕
◎文献ほか　「立川熊次郎と「立川文庫」―大正の文庫王」(姫路文学館)　姫路文学館　2004.4　p70-72

巽 聖歌　たつみ・せいか〔1905—1973　童謡詩人・歌人〕
◎年譜ほか　「巽聖歌の詩と生涯―ふるさとは子供の心」(内城弘隆)　どっこ舎　2007.11　16pb

伊達 寿曠　だて・としひろ
○業績ほか　「大谷女子大学英語英文学研究　29」(大谷女子大)　2002　p169-172

立石 友男　たていし・ともお〔1933—　人文地理学〕
　○研究業績ほか（高阪宏行）　「日本大学文理学部自然科学研究所研究紀要　39」（日本大）　2004　p1-3

伊達家　だてけ
　◎参考引用文献　「伊達八百年歴史絵巻—時を超え輝く人の物語」（伊達宗弘）　新人物往来社　2007.11　p208-210

楯列 俊夫　たてなみ・としお
　○著作目録ほか　「大阪産業大学論集　自然科学編　113」（大阪産業大）　2003.6　p65-68

建野 堅誠　たての・けんせい〔1941—　商学〕
　○業績ほか　「長崎県立大学論集　40.4」（長崎県立大）　2007.3　8pf

建部 和弘　たてべ・かずひろ〔1939—　国際金融論〕
　○著作目録　「岡山大学経済学会雑誌　36.4」（岡山大）　2005.3　p604-606

立松 和平　たてまつ・わへい〔1947—　小説家〕
　◎参考文献　「立松和平伝説」（黒古一夫）　河出書房新社　2002.6　1pb
　◎初出一覧　「北日本を歩く　立松和平日本を歩く　1」（立松和平）　勉誠出版　2006.4　p370-372

立山 敏男　たてやま・としお
　○略歴　「アドミニストレーション　12.3・4」（熊本県立大）　2006.3　p3-5f

立脇 和夫　たてわき・かずお〔1935—　国際金融論〕
　○著作ほか（藤原洋二）　「早稲田商学　403」（早稲田商学同攻会）　2005.3　p983-987

田中 彰夫　たなか・あきお〔1941—　海外産業・企業事情〕
　○著作ほか　「立命館経営学　45.5」（立命館大）　2007.1　p171-174

田中 章夫　たなか・あきお〔1932—　国語学〕
　○著述目録ほか　「学習院大学国語国文学会誌　46」（学習院大）　2003　p8-12

田中 章義　たなか・あきよし〔1934—　統計学・会計学〕
　○業績目録ほか　「東京経大学会誌　経営学　250」（東京経済大）　2006.3　p5-9

田中 敦子　たなか・あつこ〔1932—2005　美術家〕
　◎年譜　「田中敦子—未知の美の探求1954-2000」（芦屋市立美術博物館，静岡県立美術館）　田中敦子展実行委員会　2001.3　p194-213

田中 一光　たなか・いっこう〔1930—2002　グラフィックデザイナー〕
　◎略年譜　「われらデザインの時代—田中一光自伝」（田中一光）　白水社　2001.3　p1-3b
　◎文献目録　「田中一光回顧展—われらデザインの時代」（東京都現代美術館ほか）　朝日新聞社　c2003　p38-39b

田中 一村　たなか・いっそん〔1908—1977　画家〕
　◎参考文献　「絵のなかの魂—評伝・田中一村」（湯原かの子）　新潮社　2001.9　p212-214
　◎年譜　「田中一村作品集　新版」　NHK出版　2001.10　p108-109
　◎参考文献　「絵のなかの魂—評伝・田中一村」（湯原かの子）　新潮社　2006.5　p212-214

田中 逸平　たなか・いっぺい〔1882—1934　イスラム教帰依者〕
　◎略年譜　「田中逸平—イスラーム日本の先駆」（拓殖大学創立百年史編纂室）　拓殖大　2002.3　p355-359
　◎著作ほか　「田中逸平　その2」（拓殖大学創立百年史編纂室）　拓殖大　2003.3　p540-545
　◎書誌ほか　「学統に関わる書誌　1」（拓殖大学創立百年史編纂室）　拓殖大　2004.7　p111-132
　◎注（坪内隆彦）　「白雲遊記—イスラム巡礼」（田中逸平）　論創社　2004.9　p307-312

田中 衞子　たなか・えいこ
　○経歴ほか　「言語と文化　10」（愛知大）　2004.1　p15-17

田中 角栄　たなか・かくえい〔1918—1993　政治家〕
　◎参考文献　「鉄の田中軍団・宿命の暗闘と掟　闘争　角栄学校　下」　講談社　2001.3　p414-416
　◎参考文献　「田中角栄—その巨善と巨悪」（水木楊）　文藝春秋（文春文庫）　2001.5　p398-399
　◎参考文献　「父と娘—角栄・真紀子の三十年戦争　下」（大下英治）　講談社　2002.3　p362-363
　◎参考文献　「異形の将軍—田中角栄の生涯　下」（津本陽）　幻冬舎　2002.11　p348-350
　◎参考文献　「田中角栄と毛沢東—日中外交暗闘の30年」（青木直人）　講談社　2002.11　p234-235
　◎参考資料　「田中角栄失脚」（塩田潮）　文藝春秋　2002.12　p314-317
　◎参考文献　「入門田中角栄—語録・評伝」（新潟日報社）　新潟日報事業社　2003.12　p319-324
　◎参考文献　「田中角栄・真紀子の「税金逃走」」（立石勝規）　講談社　2004.3　p261-263
　◎参考文献　「角栄失脚—歪められた真実」（徳本栄一郎）　光文社　2004.12　p234-240
　◎参考文献　「角栄伝説—番記者が見た光と影」（増山榮太郎）　出窓社　2005.10　p252-253

田中 香澄　たなか・かすみ
　○業績　「千葉商大紀要　43.3」（千葉商科大）　2005.12　p35-37f

田中 周友　たなか・かねとも〔1900—1996　ローマ法〕
　◎「春木一郎博士・原田慶吉教授・田中周友博士・船田享二博士略年譜・著作目録—日本ローマ法学四先生略年譜・著作目録　2訂版」（吉原丈司）　都筑印書館　2003.10　114p　B5

田中 吉六　たなか・きちろく〔1907—1985　哲学者〕
　◎略年譜（渡辺慧）　「史的唯物論の成立」（田中吉六）　こぶし書房　2005.6　p246-247

田中 絹代　たなか・きぬよ〔1909―1977　女優・映画監督〕
　◎参考文献　「花も嵐も―女優・田中絹代の生涯」（古川薫）　文藝春秋　2004.12　p574-575

田中 喜美春　たなか・きみはる〔1941―　中古文学〕
　○著作目録（大井田晴彦ほか）　「名古屋大学国語国文学　94」（名古屋大）　2004.7　p32-34

田中 亨英　たなか・きょうえい
　○業績紹介ほか　「哲学　37」（北海道大）　2001　3pf

田中 希代子　たなか・きよこ〔1932―1996　ピアニスト〕
　◎参考文献　「田中希代子―夜明けのピアニスト」（萩谷由喜子）　ショパン　2005.1　p282-287

田中 清定　たなか・きよさだ〔1929―　労働法〕
　○業績目録ほか　「関東学園大学法学紀要　14.1」（関東学園大）　2004.7　p261-270

田中 国男　たなか・くにお〔1943―　詩人〕
　◎全著作・制作一覧　「詩の力―田中国男論」　行路社　2002.3　p293-295

田中 啓一　たなか・けいいち〔1936―2005　財政学・都市問題〕
　○業績ほか　「経済集志　76.1」（日本大）　2006.4　p3-14

田中 圭二　たなか・けいじ〔1943―　法学〕
　○略歴ほか　「香川法学　26.3・4」（香川大）　2007.3　p8-15b

田中 耕一　たなか・こういち〔1959―　生体高分子〕
　◎参考文献　「ノーベル化学賞「田中耕一さん」の研究」（フレア情報研究会）　フレア情報研究会　2003.4　3pb

田中 貢太郎　たなか・こうたろう〔1880―1941　小説家〕
　◎年譜　「田中貢太郎日本怪談事典」（田中貢太郎）　学習研究社　2003.10　p691-694

田中 小実昌　たなか・こみまさ〔1925―2000　小説家・翻訳家〕
　○翻訳書リスト（鴇沢恵武）　「ミステリマガジン　45.6.531」（早川書房）　2000.6　p188-189
　◎年譜著書目録（関井光男）　「アメン父」（田中小実昌）　講談社　2001.1　p195-216
　○著書目録（伊藤義孝）　「愛知淑徳大学国語国文　25」（愛知淑徳大）　2002.3　p220-203

田中 五郎　たなか・ごろう〔1930―　金融論〕
　○業績ほか　「政治・経済・法律研究　4.」1（拓殖大）　2001.9　p1-2

田中 祥子　たなか・さちこ〔1936―　経営学〕
　○著作目録ほか　「富大経済論集　47.3」（富山大）　2002.3　4pb

田中 敏　たなか・さとし〔1955―　言語心理学・学習心理学〕
　○自記年譜　「明星大学研究紀要　日本文化学部・言語文化学科　12」（明星大）　2004.3　p3-5

田中 成明　たなか・しげあき〔1942―　法哲学・法社会学〕
　○著作目録ほか　「法学論叢　156.5・6」（京都大）　2005.3　p1-18b

田中 茂和　たなか・しげかず〔1946―2001　国際金融論〕
　○著作目録ほか　「関西大学商学論集　46.1・2」（関西大）　2001.6　p201-207

田中 茂樹　たなか・しげき〔1938―　基礎法学〕
　○著作目録ほか　「阪大法学　52.3・4」（大阪大）　2002.11　p618-622

田中 滋子　たなか・しげこ〔1936―　〕
　○業績　「人間科学研究　28」（文教大）　2006.12　p2」

田中 茂次　たなか・しげつぐ〔1930―　会計学〕
　○著作目録ほか　「商学論纂　42.4」（中央大）　2001.3　p279-285

田中 淳一　たなか・じゅんいち〔1941―　フランス文学〕
　○略年譜　「慶應義塾大学日吉紀要フランス語フランス文学　42」（慶應義塾大）　2006.3　p3-8

田中 章介　たなか・しょうすけ〔1936―　〕
　○著作目録ほか　「新潟大学経済論集　72」（新潟大）　2002.3　p29-32

田中 正造　たなか・しょうぞう〔1841―1913　政治家・社会運動家〕
　◎ブックガイドほか　「理想国日本（にっぽん）の追求者・田中正造の思想」（南敏雄）　近代文芸社　2001.1　p214-224
　◎文献　「田中正造の近代」（小松裕）　現代企画室　2001.3　p797-817
　◎参考文献　「毒―風聞・田中正造」（立松和平）　河出書房新社（河出文庫　た3-6）　2001.3　p339-340
　◎参考文献　「世界で初めて公害に挑んだ男―政治家の中の政治家義人・田中正造」（早乙女伸）　東京図書出版会　2001.5　p362-363
　◎参考文献　「田中正造と利根・渡良瀬の流れ―それぞれの東流・東遷史」（布川了）　随想舎　2004.7　p227-229
　◎略年譜　「愛の人田中正造の生涯」（花村冨士男）　随想舎　2007.7　p236-243

田中 慎也　たなか・しんや〔1935―　言語学〕
　○業績　「桜美林言語教育論叢　2」（桜美林大）　2006　p2-7

田中 助一　たなか・すけいち〔1911―　医者・近世史〕
　◎「田中助一先生著述目録」（萩市郷土博物館）　萩市　2001.2　62p　B5

田中 誠一　たなか・せいいち
　○業績目録ほか（形野清貴ほか）　「大阪経済法科大学法学論集　60」（大阪経済法科大）　2004.3　p5-9

田中 艸太郎　たなか・そうたろう〔1923—1993　小説家・文芸評論家〕
　○著述目録（横尾文子ほか）　「佐賀女子短期大学研究紀要　40」（佐賀女子短大）　2006　p35-45

田中 素香　たなか・そこう〔1945—　経済政策学・国際経済学〕
　○著作目録　「研究年報経済学　66.3」（東北大）　2005.2　p607-614

田中 隆昭　たなか・たかあき〔1934—2004　中古文学〕
　○著作等目録ほか　「国文学研究　142」（早稲田大）　2004.3　p148-149
　○著作目録ほか　「日本古代文学と東アジア」（田中隆昭）　勉誠出版　2004.3　p614-620

田中 千禾夫　たなか・ちかお〔1905—1995　劇作家〕
　◎年譜　「祈りの懸け橋―評伝田中千禾夫」（石沢秀二）　白水社　2004.6　p386-400

田中 長徳　たなか・ちょうとく〔1947—　写真家〕
　○年譜　「チョートク・アット・ワーク　1964-2001」（田中長徳）　毎日コミュニケーションズ　2001.6　p238-239

田中 努　たなか・つとむ〔1936—　環境経済学〕
　○著書目録　「総合政策研究　15」（中央大）　2007.3　p181-185

田中 敏隆　たなか・としたか〔1922—2005　教育心理学・発達心理学〕
　○略歴ほか（大日方重利）　「心理学研究　76.4」（日本心理学会）　2005.10　p403-406

田中 富雄　たなか・とみお〔1918—2004　小説家〕
　◎年譜　「田中富雄作品解説事典」（田中富雄を顕彰する会）　田中富雄を顕彰する会　2006.3　p1-25

田中 智彦　たなか・ともひこ〔1953—　宗教地理学・地誌学〕
　◎業績一覧　「聖地を巡る人と道」（田中智彦）　岩田書院　2004.3　p371-377

田中 豊一　たなか・とよいち〔1946—2000　生物物理学・高分子物理学〕
　○年譜　「科学を絵に描いた男　田中豊一―ゲルの世界を拓く」（田中豊助）　東海大学出版会　2002.8　p181-183
　○英文論文一覧　「ゲルと生命―田中豊一英文論文選集」（田中豊一）　東京大学出版会　2002.12　p171-177

田中 治男　たなか・はるお〔1935—　西欧政治思想史〕
　○著作目録ほか　「成蹊法学　57」（成蹊大）　2003.3　p15-25

田中 秀央　たなか・ひでなか〔1886—1974　ギリシア文学・ラテン文学〕
　◎業績目録　「田中秀央　近代西洋学の黎明―『憶い出の記』を中心に」（菅原憲二）　京都大学術出版会　2005.3　p361-365

田中 英光　たなか・ひでみつ〔1913—1949　小説家〕
　◎参考文献目録　「文学・書誌・研究」（坂敏弘）　創栄出版　2001.2　p143-156
　○著書目録（深井人詩）　「文献探索　2000」（文献探索研究会）　2001.2　p444-450
　◎作品索引ほか　「無頼派の戦中と戦後―太宰治・田中英光・伊藤整・坂口安吾　近代文学の作家と作品」（磯佳和）　磯佳和　2005.5　p50-54b,78-97b

田中 英之　たなか・ひでゆき〔1936—　マーケティング〕
　○業績ほか　「経営研究　20.1」（愛知学泉大）　2006.9　p206-208

田中 裕明　たなか・ひろあき〔1959—2004　俳人〕
　◎略歴　「田中裕明集」（田中裕明）　邑書林　2003.6　p143-145
　◎年譜（対中いずみ）　「田中裕明全句集」（刊行委員会）　ふらんす堂　2007.7　p369-375

田中 博造　たなか・ひろぞう
　◎略歴　「田中博造集」（田中博造）　邑書林　2005.12　p102-103

田中 冬二　たなか・ふゆじ〔1894—1980　詩人〕
　◎年譜ほか　「青い夜道」（田中冬二）　日本図書センター　2006.3　p204-212

田中 真紀子　たなか・まきこ〔1944—　政治家〕
　◎参考文献　「田中眞紀子の恩讐」（上杉隆）　小学館　2001.4　p244-246
　◎参考文献　「父と娘―角栄・真紀子の三十年戦争　下」（大下英治）　講談社　2002.3　p362-363
　◎参考文献　「田中真紀子の正体」（上杉隆）　草思社　2002.6　p266」

田中 昌人　たなか・まさと〔1932—2006　教育心理学〕
　◎業績目録（中村隆一）　「土割の刻―田中昌人の研究を引き継ぐ」（田中昌人先生を偲ぶ教え子のつどい実行委員会）　クリエイツかもがわ　2007.3　p1-21b

田中 正俊　たなか・まさとし〔1922—2002　東洋史学者〕
　○著作目録　「田中正俊歴史論集」（田中正俊）　汲古書院　2004.11　p614-626

田中 真晴　たなか・まさはる〔1925—2000　経済学史・経済思想史〕
　○著作目録ほか　「一経済学史家の回想」（田中真晴）　未來社　2001.6　p177-189

田中 正弘　たなか・まさひろ
　◎業績　「21世紀型高等教育システム構築と質的保証―FD・SD・教育班の報告」（広島大学高等教育研究開発センター）　広島大　2007.2　p335-336

田中 正能　たなか・まさよし
　○研究業績ほか　「郡山地方史研究　32」（郡山地方史研究会）　2002.3　p16-22

田中 学　たなか・まなぶ〔1935—　弁護士〕
　○業績　「東洋法学　49.2」（東洋大）　2006.3　p218

田中 美津　たなか・みつ〔1943―　鍼灸師・女性解放運動活動家〕
◎主な作品　「いのちの女たちへ―とり乱しウーマン・リブ論　増補新装版」（田中美津）　パンドラ　2004.11　p391」

田中 實　たなか・みのる〔1946―　近代日本文学・国語教育〕
○略歴ほか　「大東文化大学英米文学論叢　36」（大東文化大）　2005.3　p117-119

田中 泯　たなか・みん〔1945―　舞踏家・演出家・俳優〕
◎略年譜　「田中泯　海やまのあひだ」（岡田正人）　工作舎　2007.3　p92-108

田中 康夫　たなか・やすお〔1956―　元知事〕
◎著作（佐藤清之）　「田中康夫　しなやかな革命」（河出書房新社）　河出書房新社　2001.5　p230-263

田中 保隆　たなか・やすたか〔1911―2000　近代日本文学・自然主義研究〕
◎著作目録ほか（田中夏美）　「二葉亭・漱石と自然主義」（田中保隆）　翰林書房　2003.1　p606-612

田中 靖政　たなか・やすまさ〔1931―2006　社会心理学・政策科学〕
○業績ほか（田中靖政）　「学習院大学法学会雑誌　38.1」（学習院大）　2002.9　p1-57b

田中 芳男　たなか・よしお〔1838―1916　植物〕
◎略年譜　「田中芳男伝―伝記・田中芳男」（みやじましげる）　大空社（伝記叢書　342）　2000.12　p419-432

田中 義廣　たなか・よしひろ
○年譜　「まつり　65」（まつり同好会）　2003.Win　p93-95

田中 嘉穂　たなか・よしほ〔1941―　会計学〕
○著作目録　「香川大学経済論叢　77.3」（香川大）　2004.12　p134-137

田中 吉政　たなか・よしまさ〔1548―1609　筑後柳川藩主〕
◎参考文献　「秀吉を支えた武将田中吉政―近畿・東海と九州をつなぐ戦国史」（市立長浜歴史博物館）　市立長浜歴史博物館　2005.9　p197」

田中 隆二　たなか・りゅうじ〔1934―　フランス文学〕
○著作目録ほか　「広島国際研究　10」（広島市立大）　2004　p193-194

田中 亮　たなか・りょう
○略歴　「教養論叢　112」（慶應義塾大）　2000.2　p7-9

田中 良昭　たなか・りょうしょう〔1933―　僧侶〕
◎著作目録ほか　「禅学研究の諸相―田中良昭博士古稀記念論集」（田中良昭博士古稀記念論集刊行会）　大東出版社　2003.3　p5-16f
○業績ほか　「駒沢大学仏教学部論集　34」（駒沢大）　2003.10　p9-22f
○業績ほか　「宗教学論集　23」（駒澤大学宗教学研究会）　2004.3　p13-24f

田中 良三　たなか・りょうぞう〔1939―　会計学〕
○研究業績　「商学討究　54.2・3」（小樽商大）　2003.12　p204-206

田中家　たなかけ
◎参考文献　「よみがえった老舗料亭―ハマの「田中家」奮戦記」（神奈川新聞社出版部）　神奈川新聞社　2006.10　p208-209

棚瀬 明彦　たなせ・あきひこ
○業績表　「言語文化論究　20」（九州大）　2005.2　p107-108

棚瀬 孝雄　たなせ・たかお〔1943―　法社会学〕
○著作目録ほか　「法学論叢　160.3・4」（京都大）　2007.1　p1-11b

田辺 勝也　たなべ・かつや
○研究業績ほか　「松山大学論集　13.4」（松山大）　2001.10　p293-296

田邊 國男　たなべ・くにお〔1913―2005　政治家〕
◎年表　「緑陰閑話―決断の裏側」（田邊國男）　田邊國男『緑陰閑話』刊行会　2001.5　p274-279

田辺 古邨　たなべ・こそん
○年譜　「田辺古邨自伝・談話録」（田辺古邨, 森高雲）　日本習字普及協会　2002.10　p167-188

田邊 三郎助　たなべ・さぶろうすけ〔1931―　東洋彫刻史〕
◎著作目録　「田邊三郎助彫刻史論集　日本彫刻とその周辺」（田邊三郎助）　中央公論美術出版　2001.5　p537-552

田辺 昭三　たなべ・しょうぞう〔1933―2006　考古学・水中考古学〕
○業績一覧　「神戸山手大学紀要　5」（神戸山手大）　2003　p5-11f

田辺 寿利　たなべ・すけとし〔1894―1962　社会学者〕
◎略年譜　「田辺寿利著作集　5　論攷・随想」（小林幸一郎ほか）　未來社　2001.11　p345-352

田辺 聖子　たなべ・せいこ〔1928―　小説家〕
◎参考文献　「田辺聖子―戦後文学への新視角」（菅聡子）　至文堂　2006.7　p263-272
○年譜（浦西和彦ほか）　「田辺聖子全集　別巻1」（田辺聖子）　集英社　2006.8　p7-161
◎年譜　「まいにち薔薇いろ田辺聖子A to Z」（田辺聖子）　集英社　2006.12　p120-125

田辺 太一　たなべ・たいち〔1831―1915　外交官・漢学者〕
◎参考文献　「幕末外国奉行田辺太一」（尾辻紀子）　新人物往来社　2006.8　p254-255

田辺 拓　たなべ・たく〔1930―2002　情報学〕
◎主要著作目録ほか　「経済科学研究　6.2」（広島修道大）　2003.2　4pb

田辺 乃世寿　たなべ・のせじゅ
◎著者歌歴　「夢のつづき―歌集」（田辺乃世寿）〔田辺乃世寿〕　2002.3　p209-214

田辺 元　たなべ・はじめ〔1885―1962　哲学〕
　◎略年譜ほか　「歴史的現実」（田辺元）　こぶし書房（こぶし文庫　28）　2001.1　p252-257
　◎略年譜　「仏教と西欧哲学」（田辺元）　こぶし書房　2003.3　p299-304

田邉 寛子　たなべ・ひろこ
　○業績リストほか（宝月大輔）　「食品照射　39.1・2」（日本食品照射研究協議会）　2004　p55-58

田辺 裕　たなべ・ひろし〔1936―　人文地理学〕
　○著作目録ほか　「三田学会雑誌　94.4」（慶応義塾大）　2002.1　p827-835

田邊 正男　たなべ・まさお
　○著作目録　「国語研究　66」（国学院大）　2003.3　p8-12

田辺 正友　たなべ・まさとも
　○著書論文一覧　「自閉症児の発達理解と教育―発達検査結果を教育実践に生かすために」（田辺正友）　かもがわ出版　2006.8　p163-166

田邉 泰美　たなべ・やすみ
　◎補遺　「イギリスの児童虐待防止とソーシャルワーク」（田邉泰美）　明石書店　2006.5　p412」

田辺 洋二　たなべ・ようじ〔1933―2004　英語学・英語教育〕
　○業績ほか　「学術研究　外国語・外国文学編　51」（早稲田大）　2002.2　p131-134
　○年譜ほか　「英語英文学叢誌　35」（早稲田大）　2006.2　p7-12

谷 敬　たに・けい
　◎年譜　「谷敬詩集」（谷敬）　土曜美術社出版販売　2003.11　p160-166

谷 甲州　たに・こうしゅう〔1951―　SF作家〕
　○単行本リスト（編集部）　「SFマガジン　46.2」（早川書房）　2005.2　p71-73

谷 伍平　たに・ごへい〔1916―2007〕
　◎年譜　「焦らず休まず―前北九州市長・同市立美術館長谷伍平聞書」（生野秀樹）　西日本新聞社　2001.2　p246-248

谷 文晁　たに・ぶんちょう〔1763―1840　文人画家〕
　◎略年譜　「写山楼谷文晁のすべて―今晩期乱筆の文晁が面白い」（渥美国泰）　里文出版　2002.5　p131-133

谷 豊　たに・ゆたか
　⇒ハリマオを見よ

谷岡 亜紀　たにおか・あき〔1959―　歌人〕
　◎略歴　「谷岡亜紀集」（谷岡亜紀）　邑書林　2007.5　p146-149

谷川 雁　たにがわ・がん〔1923―1995　詩人・評論家〕
　◎参考資料（木村幸雄）　「展望現代の詩歌　2　詩II」（飛高隆夫ほか）　明治書院　2007.2　p77-78

谷川 俊太郎　たにかわ・しゅんたろう〔1931―　詩人〕
　◎関連書一覧（谷川俊太郎）　「愛ある眼　父・谷川徹三が遺した美のかたち」（谷川徹三ほか）　淡交社　2001.10　p238-239
　◎年譜ほか（佐藤清文）　「沈黙のまわり―谷川俊太郎エッセイ選」（谷川俊太郎）　講談社　2002.8　p249-264
　◎詩集リスト（田原）　「谷川俊太郎《詩》を読む」（谷川俊太郎ほか）　澪標　2004.10　p210-211
　◎詩集一覧　「谷川俊太郎の世界」（北川透）　思潮社　2005.4　p230-232
　◎詩集リスト　「谷川俊太郎《詩の半世紀》を読む」（谷川俊太郎）　澪標　2005.8　p224-225
　◎年譜ほか　「谷川俊太郎詩選集　3」（谷川俊太郎）　集英社　2005.8　p289-317
　◎参考資料（大塚常樹）　「展望現代の詩歌　4　詩IV」（飛高隆夫ほか）　明治書院　2007.8　p23-24

谷川 徹三　たにかわ・てつぞう〔1895―1989　哲学者・評論家〕
　◎関連書一覧（谷川俊太郎）　「愛ある眼　父・谷川徹三が遺した美のかたち」（谷川徹三ほか）　淡交社　2001.10　p238-239

谷川 二郎　たにかわ・にろう
　○著作目録ほか　「文学部論叢　87」（熊本大）　2005.3　p3-4

谷口 謙　たにぐち・けん〔1925―　医師・詩人〕
　◎年譜　「谷口謙詩集」（谷口謙）　土曜美術社　2004.11　p159-164

谷口 山郷　たにぐち・さんごう
　◎年譜　「谷口山郷展―70年の画業を辿る郷土作家展」（朝日町立ふるさと美術館）　同美術館　2001　p42-43

谷口 茂　たにぐち・しげる〔1933―　小説家・ドイツ文学者〕
　○著作目録　「明治学院論叢　668」（明治学院大）　2001.7　p3-4

谷口 蕪村　たにぐち・ぶそん
　⇒与謝 蕪村（よさ・ぶそん）を見よ

谷口 安平　たにぐち・やすへい〔1934―　弁護士〕
　◎著作目録　「現代民事司法の諸相―谷口安平先生古稀祝賀」（徳田和幸ほか）　成文堂　2005.6　p755-779

谷崎 潤一郎　たにざき・じゅんいちろう〔1886―1965　小説家〕
　○参考文献（羅勝会）　「解釈と鑑賞　66.6」（至文堂）　2001.6　p169-176
　◎年譜　「永井荷風　谷崎潤一郎　明治の文学25」（久世光彦）　筑摩書房　2001.11　p413-418
　◎年譜　「陰翳礼讃―東京をおもう」（谷崎潤一郎）　中央公論新社　2002.1　p409-418
　◎「谷崎潤一郎資料目録―芦屋市谷崎潤一郎記念館蔵　図書・逐次刊行物編　2001年版」　芦屋市谷崎潤一郎記念館　2002.3　183p　A5

○参考文献目録(平野芳信) 「別冊国文学 54」(学燈社) 2002.4 p205-211
◎註 「谷崎潤一郎と世紀末」(松村昌家) 思文閣出版 2002.4 prr
◎「谷崎潤一郎必携」(千葉俊二) 学燈社 2002.4 212p A5
◎年譜(三好行雄) 「痴人の愛 改版」(谷崎潤一郎) 新潮社 2003.6 p443-449
◎文献 「谷崎潤一郎とオリエンタリズム―大正日本の中国幻想」(西原大輔) 中央公論新社 2003.7 p328-333
◎年譜ほか 「谷崎潤一郎―人と文学」(山口政幸) 勉誠出版 2004.1 p208-237
◎略年譜 「谷崎潤一郎先生覚え書き」(末永泉) 中央公論新社 2004.5 p193-203
◎「谷崎潤一郎書誌研究文献目録」(永栄啓伸ほか) 勉誠出版 2004.10 7,421p A5
◎年譜 「文豪ナビ谷崎潤一郎」(新潮文庫) 新潮社 2005.1 p157-159
◎「谷崎潤一郎資料目録―芦屋市谷崎潤一郎記念館所蔵 北川真三収集 真三堂文庫目録」(芦屋市谷崎潤一郎記念館) 芦屋市谷崎潤一郎記念館 2005.3 124p A5
◎年譜ほか(千葉俊二) 「金色の死―谷崎潤一郎大正期短篇集」(谷崎潤一郎) 講談社 2005.3 p256-282
◎参考文献 「谷崎潤一郎論―堂々たる人生」(小谷野敦) 中央公論新社 2006.6 p435-445
◎略年譜 「谷崎潤一郎文学案内」(千葉俊二) 中央公論新社 2006.10 p113-153

谷沢 永一 たにざわ・えいいち〔1929― 文芸評論家〕
◎著作 「達人観」(谷沢永一) 五月書房 2003.1 p256-257

谷澤 淳三 たにさわ・じゅんぞう
○業績ほか 「人文科学論集 人間情報学科編 41」(信州大) 2007.3 p229-231

谷中 安規 たになか・やすのり〔1897―1946 版画家〕
◎文献目録 「『谷中安規の夢シネマとカフェと怪奇のまぼろし』展図録」(渋谷区立松濤美術館) 渋谷区立松濤美術館 c2003 p264-272

谷光 忠彦 たにみつ・ただひこ
○研究業績ほか 「明海大学外国語学部論集 14」(明海大) 2002.3 p254-256

谷光 太郎 たにみつ・たろう〔1941― 半導体産業・経営戦略〕
○著作目録ほか 「山口経済学雑誌 52.4」(山口大) 2004.3 p807-812

谷村 善通 たにむら・よしみち
○業績ほか 「苫小牧駒澤大学紀要 9」(苫小牧駒澤大) 2003.3 p23-25

谷本 治三郎 たにもと・じさぶろう
○業績目録ほか(橋本久) 「大阪経済法科大学法学論集 64」(大阪経済法科大) 2006.11 p11-14

谷本 谷一 たにもと・たにいち〔1931― 交通経済学〕
○著作目録ほか 「大阪産業大学経営論集 3.3」(大阪産業大) 2002.6 3pf

谷本 富 たにもと・とめり〔1866―1946 教育〕
◎註 「近代日本の教育学―谷本富と小西重直の教育思想」(稲葉宏雄) 世界思想社 2004.2 prr

田沼 意次 たぬま・おきつぐ〔1719―1788 幕政家〕
◎参考文献 「天明蝦夷探索始末記 田沼意次と悲運の探検家たち」(照井荘助) 影書房 2001.10 p363-366
◎参考文献 「田沼意次―御不審を蒙ること、身に覚えなし」(藤田覚) ミネルヴァ書房 2007.7 p257-260

田沼 武能 たぬま・たけよし〔1929― 写真家〕
◎略年譜 「60億の肖像」(田沼武能) 日本カメラ社 2004.2 p231-234

種田 山頭火 たねだ・さんとうか〔1882―1940 俳人〕
◎年譜ほか 「山頭火を読む」(前山光則) 海鳥社 2000.9 p247-259
◎略年譜 「山頭火周到なる放浪―生かされた人生と句作」(河野啓一) アトラス出版 2000.10 p160-173
○書誌(藤津滋生) 「山頭火通信10」(山文舎) 2001.4 p1-8b
◎略年譜 「山頭火一日一句―いまを生きるこころ」(石寒太) 北溟社 2001.8 p212-222
○書誌(藤津滋生) 「山頭火文庫通信 11」(山文舎) 2001.10 p4-7b
◎年譜著書目録(村上護) 「山頭火随筆集」(種田山頭火) 講談社 2002.7 p218-232
○書誌(藤津滋生) 「山頭火文庫通信 13」(山文舎・牧方) 2002.12 p5-13b
◎年譜(村上護) 「山頭火全句集」(種田山頭火) 春陽堂書店 2002.12 p613-620
◎参考文献 「山頭火を歩く―井月を訪ねて、知多・渥美・三河・遠州・伊那の旅」(味岡伸太郎) 春夏秋冬叢書 2003.2 p260-261
◎参考文献 「うしろ姿のしぐれてゆくか 山頭火と近木圭之介」(桟比呂子) 海鳥社 2003.6 p234」
◎年譜 「山頭火全日記 7」(種田山頭火) 春陽堂書店 2004.1 p341-363
○研究文献目録抄(橋本直) 「国文学解釈と鑑賞 69.10」(至文堂) 2004.10 p208-214
○書誌(藤津滋生) 「山頭火文庫通信 16」(山文舎) 2004.11 p72-58
◎参考文献 「山頭火さん」(佐藤三千彦) 木耳社 2006.1 p129-130
◎参考文献 「種田山頭火―うしろすがたのしぐれてゆくか」(村上護) ミネルヴァ書房 2006.9 p453-457
○比較年譜 「俳壇 23.11」(本阿弥書店) 2006.10 p108-110
◎年譜 「山頭火漂泊の生涯」(村上護) 春陽堂書店 2007.6 p355-365

◎年譜ほか 「信濃路の山頭火」（滝澤忠義ほか）ほおずき書籍 2007.10 p195-205
◎年譜（藤津滋人） 「全国山頭火句碑集」（田原覚）新日本教育図書 2007.10 p189-196

種村 紀代子 たねむら・きよこ
○主要業績ほか 「京都女子大学教育学科紀要 41」（京都女子大） 2001.2 p1-7

種村 季弘 たねむら・すえひろ〔1933―2004 独文〕
◎初出一覧 「断片からの世界―美術稿集成」（種村季弘） 平凡社 2005.8 p385-388
◎著作目録ほか（齋藤靖朗） 「種村季弘―ぼくたちの伯父さん」 河出書房新社 2006.1 p171-191

種村 直樹 たねむら・なおき〔1936― 推理作家〕
◎足どり 「鉄道を書く―種村直樹自選作品集 5 1977-79」（種村直樹） 中央書院 2002.11 p316-318

田野 勲 たの・いさお
○著書ほか 「言語文化論集 27.2」（名古屋大） 2006.3 p1-3f

田上 義也 たのうえ・よしや〔1899―1991 建築家〕
◎文献 「田上義也と札幌モダン―若き建築家の交友の軌跡」（井内佳津恵） 北海道新聞社 2002.4 p194-220

田畑 治 たばた・おさむ〔1940― 臨床心理学・臨床発達援助学〕
○研究業績ほか（田畑治） 「名古屋大学大学院教育発達科学研究科紀要 心理発達科学 49」（名古屋大） 2002 p1-30

田畑 要 たばた・かなめ〔1930― 経営学〕
○著作目録ほか 「京都学園大学経営学部論集 11.2」（京都学園大） 2001.12 p211-212

田畑 茂二郎 たばた・しげじろう〔1911―2001 国際法〕
◎著作目録ほか 「現代国際法における人権と平和の保障」（山手治之） 東信堂 2003.3 p423-445

田端 光美 たばた・てるみ〔1932― 地域福祉・社会福祉〕
○研究業績一覧 「社会福祉 41」（日本女子大） 2001.3 p5-15

田畑 光永 たばた・みつなが〔1935― ジャーナリスト〕
○業績ほか 「神奈川大学国際経営論集 31」（神奈川大） 2006.3 p11-12

田畑 吉雄 たばた・よしお〔1943― 経営科学〕
○業績一覧ほか 「大阪大学経済学 53.3」（大阪大） 2003.12 p1-6

田原 榮一 たはら・えいいち
○業績ほか 「商経論叢 46.3」（九州産業大） 2006.3 9pb

田原 淳 たはら・すなお〔1873―1952 病理学者〕
◎略歴ほか 「ペースメーカーの父・田原淳」（須磨幸蔵） 梓書院 2005.5 p180-184
◎参考資料 「ペースメーカーの父・田原淳 改訂増補版」（須磨幸茂） 梓書房 2006.5 p198-199

田原 総一朗 たはら・そういちろう〔1934― ジャーナリスト〕
◎著作目録 「田原総一朗自選集 5 性と生命のカラクリ」（田原総一朗） アスコム 2005.10 p443-454

田淵 和彦 たぶち・かずひこ〔1936― 元フェンシング選手〕
○略歴 「同志社保健体育 40」（同志社大） 2001 p1-6f

田渕 進 たぶち・すすむ〔1936― 経営財務論〕
○業績目録ほか 「大阪経大論集 56.5.289」（大阪経済大） 2006.1 p133-137

田淵 安一 たぶち・やすかず〔1921― 洋画家〕
◎文献 「「田淵安一―かたちの始まり、あふれる光」展」（神奈川県立近代美術館） 神奈川県立近代美術館 c2006 p146-158

田淵 行男 たぶち・ゆきお〔1905―1989 山岳写真家〕
◎著作（三沢新弥） 「ナチュラリスト・田淵行男の世界」（東京都写真美術館） 山と渓谷社 2005.5 p230-240

田部 滋 たべ・しげる〔1936― 英文法・英語習得論〕
○経歴ほか 「明海大学外国語学部論集 18」（明海大） 2006.3 p215-220

玉井 政雄 たまい・まさお〔1910―1984 小説家〕
○書目36（坂口博） 「あしへい 3」（葦平と河伯洞の会） 2001.12 p171-177

玉懸 博之 たまかけ・ひろゆき〔1937― 日本思想史〕
○業績ほか（佐藤弘夫） 「文化 64.3・4」（東北大） 2001.3 p199-203

玉川 信明 たまがわ・のぶあき〔1930―2005 社会評論家〕
◎著書一覧ほか 「我が青春、苦悩のおらびと歓喜―共産主義と人間実存の狭間での苦闘十年」（玉川信明） 現代思潮新社 2003.7 p284-285

玉城 昭子 たまき・あきこ〔1937― 体育学〕
○研究業績ほか 「琉球大学教育学部紀要 62」（琉球大） 2003.3 5pf

玉置 紀夫 たまき・のりお〔1940― 金融史〕
○業績ほか 「三田商学研究 48.5」（慶應義塾大） 2005.12 p265-266

玉木 宏樹 たまき・ひろき〔1943― 作曲家・バイオリニスト〕
◎作品 「純正律（ピュアミュージック）は世界を救う―身体によい音楽・悪い音楽」（玉木宏樹） 文化創作出版 2002.1 p202-206

玉木 義男　たまき・よしお〔1935—　統計学〕
　○著作目録ほか　「新潟大学経済論集　70」（新潟大）　2001.3　p201-204

玉林 和彦　たまばやし・かずひこ
　○著作目録ほか　「同志社商学　57.5」（同志社大）　2006.3　p171-176

玉水 俊哲　たまみず・としあき〔1933—　社会学〕
　○業績ほか　「専修人文論集　72」（専修大）　2003.3　6pf

玉村 豊男　たまむら・とよお〔1945—　エッセイスト・画家〕
　◎著作リスト　「田舎暮らしができる人できない人」（玉村豊男）　集英社　2007.4　p174」

玉村 文郎　たまむら・ふみお〔1931—　日本語学・言語学〕
　○業績目録　「同志社国文学　54」（同志社大）　2001.3　p6-13f

玉利 正人　たまり・まさと
　○略歴ほか　「長崎大学教育学部紀要　自然科学　74」（長崎大）　2006.3　9pf

田丸 卓郎　たまる・たくろう〔1872—1932　物理学者・ローマ字論者〕
　○論文目録稿（大森一彦）　「文献探索　2005」（文献探索研究会）　2006.5　p61-67

田宮 武　たみや・たけし
　○研究業績ほか（妹尾剛光）　「関西大学社会学部紀要　33.1」（関西大）　2001.10　p183-194

田宮 裕　たみや・ひろし〔1933—1999　刑法〕
　◎業績目録ほか　「田宮裕博士追悼論集　下巻」（広瀬健二ほか）　信山社出版　2003.2　p863-902

田村 怡与造　たむら・いよぞう〔1855—1903　陸軍中将〕
　◎参考文献　「田村怡与造伝—日露戦争陰の主役山梨が生んだ天才戦略家」（相沢邦衛）　山梨ふるさと文庫　2004.5　p278-280

田村 圓澄　たむら・えんちょう〔1917—　日本仏教史〕
　◎著書　「法華経と古代国家」（田村圓澄）　吉川弘文館　2005.4　2pb

田村 和子　たむら・かずこ〔1944—　翻訳家〕
　○略歴　「池坊短期大学紀要　32」（池坊短大）　2002　p9-10

田村 晃一　たむら・こういち〔1932—　東アジア考古学〕
　◎年譜ほか　「楽浪と高句麗の考古学」（田村晃一）　同成社　2001.4　p409-414

田村 貞雄　たむら・さだお〔1934—2007　経済学〕
　○著作目録ほか　「早稲田社会科学総合研究　6.1」（早稲田大）　2005.7　6pf

田村 諄之輔　たむら・じゅんのすけ〔1929—　商法〕
　◎著作目録ほか　「企業結合法の現代的課題と展開—田村諄之輔先生古稀記念」（遠藤美光, 清水忠之）　商事法務　2002.5　p263-279

田村 松魚　たむら・しょうぎょ〔1874—1948　小説家〕
　◎年譜（林寿美子）　「高村光太郎新出書簡—大正期田村松魚宛」（高村光太郎ほか）　笠間書院　2006.12　p266-272

田村 申一　たむら・しんいち
　○主要業績　「独協経済　73」（独協大）　2001.2　p5-6

田村 セツコ　たむら・せつこ〔1938—　イラストレーター〕
　◎作品リストほか　「少女時代によろしく」（田村セツコ）　河出書房新社　2003.4　p124-127

田村 泰次郎　たむら・たいじろう〔1911—1983　小説家〕
　◎著書一覧ほか（秦昌弘ほか）　「田村泰次郎選集　5」（田村泰次郎）　日本図書センター　2005.4　p275-304
　◎著書目録　「肉体の悪魔　失われた男」（田村泰次郎）　講談社　2006.8　p314-319
　◎年譜（秦昌弘）　「丹羽文雄と田村泰次郎」（濱川勝彦ほか）　学術出版会　2006.10　p386-395

田村 忠男　たむら・ただお
　○主要業績ほか　「京都女子大学教育学科紀要　41」（京都女子大）　2001.2　p1-7

田村 俊子　たむら・としこ〔1884—1945　小説家〕
　◎参考文献目録　「文学・書誌・研究」（坂敏弘）　創栄出版　2001.2　p106-138
　◎年譜　「瀬戸内寂聴全集　2」（瀬戸内寂聴）　新潮社　2001.3　p319-336
　◎年譜　「田村俊子—谷中天王寺町の日々」（福田はるか）　図書新聞　2003.4　p288-299
　◎略年譜　「田村俊子の世界—作品と言説空間の変容」（山崎眞紀子）　彩流社　2005.1　p323-331

田村 直臣　たむら・なおおみ〔1858—1934　牧師〕
　◎略年譜　「田村直臣日本の花嫁米国の婦人資料集」（藤沢全ほか）　大空社　2003.2　p365-377

田村 紀雄　たむら・のりお〔1934—　社会学〕
　○著作目録ほか　「コミュニケーション科学　24」（東京経済大）　2006.3　p5-10

田村 実　たむら・みのる
　○年譜ほか　「書道文化　2」（四国大）　2006.3　p2-9

田村 豊　たむら・ゆたか
　◎略年譜ほか　「高橋雄豺博士・田村豊氏・中原英典氏等略年譜・著作目録並びに『警察協会雑誌』資料一斑等」（吉原丈司）　〔吉原丈司〕　2007.3　p28-33

田村 耀郎　たむら・ようろう
　○業績ほか　「島大法学　50.3・4」（島根大）　2007.3　p177-181

田村 隆一　たむら・りゅういち〔1923—1998　詩人・評論家〕
　◎年譜ほか（建畠晢）　「詩人のノート」（田村隆一）　講談社　2004.10　p269-283

田山 花袋　たやま・かたい〔1871―1930　小説家〕
　○文献案内（宮内俊介）　「花袋研究学会々誌　18」（花袋研究学会）　2000.3　p40-44
　◎年譜　「田山花袋　明治の文学23」（坪内祐三）筑摩書房　2001.5　p436-442
　◎全紀行文解題稿（宮内俊介）　「花袋とその周辺」文学研究パンフレット社　2001.6　p91-96
　○研究業績ほか　「熊本学園大学文学・言語学論集　9.1」（熊本学園大）　2002.6　p161-167
　◎略年譜　「蒲団・一兵卒」（田山花袋）　岩波書店　2002.10　p151-156
　◎著作年譜ほか　「田山花袋論攷」（宮内俊介）双文社出版　2003.1　p433-439
　◎「田山花袋全小説解題」（宮内俊介）　双文社出版　2003.2　413p　A5
　◎翻訳文学年表　「田山花袋・国木田独歩集　明治翻訳文学全集　〔続〕翻訳家編16」（田山花袋ほか）大空社　2003.7　p1-6b
　◎注　「田山花袋作品研究」（岸規子）　双文社出版　2003.10　prr
　◎「田山花袋作和歌目録」（田山花袋記念文学館）　田山花袋記念文学館　2006.3　5,239p　A5

樽本 照雄　たるもと・てるお〔1948―　中国文学〕
　◎「樽本照雄著作目録　1　清末小説研究資料叢書3」（樽本照雄）　清末小説研究会　2003.1　291p　B5

樽本 英信　たるもと・ひでのぶ
　○著書目録ほか　「中京国文学　23」（中京大）　2004　p114-117

多和田 葉子　たわだ・ようこ〔1960―　小説家〕
　○年譜ほか（多和田葉子ほか）　「ユリイカ―詩と批評　36.14.501」（青土社）　2004.12　p251-285
　○年譜ほか（谷口幸代）　「ゴットハルト鉄道」（多和田葉子）　講談社　2005.4　p244-254
　○参考文献ほか　「多和田葉子」（高根沢紀子ほか）鼎書房　2006.10　p143-155

田原 芳　たわら・かおる〔1938―1989〕
　◎論文目録ほか　「プロレタリア独裁への道―関西・ブント田原芳論文集　1」（〔田原芳〕）　田原芳論文集復刻刊行委員会　2005.10　p449-450

俵 正市　たわら・しょういち〔1930―　弁護士〕
　◎著作目録　「私学の経営合理化と経営破綻の法律」（俵正市）　私学経営研究会　2002.4　p446-447
　◎著作目録　「改正私立学校法」（俵正市）　法友社　2006.1　p589-591

俵 藤太　たわら・とうた
　○参考文献　「藤原秀郷　伝説の将軍」（野口実）吉川弘文館　2001.12　p167-174

俵 万智　たわら・まち〔1962―　歌人〕
　○自筆年譜ほか（俵万智）　「文芸　43.4」（河出書房新社）　2004　p28-31,64-67

俵屋 宗達　たわらや・そうたつ〔?―1643　画家〕
　◎参考文献　「国宝俵屋宗達筆源氏物語関屋澪標図屏風」（静嘉堂文庫美術館）　静嘉堂文庫美術館　2006.4　p60-63

団 伊玖磨　だん・いくま〔1924―2001　作曲家・指揮者・随筆家〕
　◎年譜（久保田播,早崎日出太）　「青空の音を聞いた―團伊玖磨自伝」　日本経済新聞社　2002.5　p180-197
　◎作品リスト　「日本映画音楽の巨星たち　3」（小林淳）　ワイズ出版　2002.7　p18-21b
　◎参考文献　「団さんの夢」（中野政則）　出窓社　2003.4　p245

団 鬼六　だん・おにろく〔1931―　作家〕
　◎参考文献　「団鬼六論」（堀江珠喜）　平凡社　2004.1　p217-222

檀 一雄　だん・かずお〔1912―1976　小説家〕
　◎年譜著作目録　「海の泡―檀一雄エッセイ集」（石川弘）　講談社　2002.1　p277-289
　◎年譜ほか（石川弘）　「花筐・白雲悠々―檀一雄作品選」（檀一雄）　講談社　2003.9　p260-273

炭 太祇　たん・たいぎ〔1709―1771　俳人〕
　◎年譜稿　「与謝蕪村の俳景―太祇を軸として」（谷地快一）　新典社　2005.2　p385-439
　◎参考文献　「輪講平安二十歌仙」（京都俳文学研究会）　和泉書院　2007.12　p261-264

段 躍中　だん・やくちゅう〔1958―　在日中国人問題・日中交流史〕
　◎業績一覧　「現代中国人の日本留学」（段躍中）明石書店　2003.1　p378-380

丹尾 安典　たんお・やすのり〔1950―　西洋近代美術史〕
　◎書誌（落合朋子）　「文献探索　2006」（文献探索研究会）　2006.11　p245-255

丹下 健三　たんげ・けんぞう〔1913―2005　建築家〕
　◎著書ほか　「丹下健三　限定版」（藤森照信ほか）新建築社　2002.9　p512-514

丹下 省吾　たんげ・しょうご〔1929―　英語〕
　○著作目録ほか　「名古屋外国語大学外国語学科紀要　24」（名古屋外国語大）　2002.8　p19-21f

丹治 昭義　たんじ・てるよし〔1932―　仏教学・倫理学〕
　○業績一覧　「関西大学哲学　22」（関西大）　2003.3　p1-8

丹宗 昭信　たんそう・あきのぶ〔1927―　弁護士〕
　○著作目録ほか　「大東法学　13.1」（大東文化大）　2003.10　p237-244

丹藤 佳紀　たんどう・よしのり〔1940―　現代中国論〕
　○業績　「東洋法学　49.2」（東洋大）　2006.3　p220-221

丹野 喜久子　たんの・きくこ
　○業績ほか　「社会関係研究　12.1」（熊本学園大）　2007.2　p187-191

丹野 眞智俊　たんの・まちとし〔1937― 〕
　◎著者文献　「オノマトペ《擬音語・擬態語》を考える―日本語音韻の心理学的研究」(丹野眞智俊)　あいり出版　2005.8　p172-185
　○略年譜　「神戸親和女子大学大学院研究紀要　3」(神戸親和女子大)　2007　p5-11f
　○業績ほか　「児童教育学研究　26」(神戸親和女子大)　2007.3　p15-30f
丹波 哲郎　たんば・てつろう〔1922―2006　俳優〕
　◎著作本(ダーティ工藤)　「大俳優丹波哲郎」(丹波哲郎ほか)　ワイズ出版　2004.5　p437-439
丹保 憲仁　たんぽ・のりひと〔1933―　環境工学・衛生工学〕
　◎略年譜　「水と緑の交響詩―創成する精神　環境工学者・丹保憲仁―評伝」(高崎哲郎)　鹿島出版会　2006.12　p240-243

【 ち 】

近松 秋江　ちかまつ・しゅうこう〔1876―1944　小説家〕
　◎年譜　「明治の文学　24」(北上次郎)　筑摩書房　2001.12　p414-415
　◎生活年譜　「近松秋江私論―青春の終焉」(沢豊彦)　菁柿堂　2005.6　p279-320
近松 門左衛門　ちかまつ・もんざえもん〔1653―1724　浄瑠璃・歌舞伎作者〕
　◎年譜ほか　「口伝解禁近松門左衛門の真実」(近松洋男)　中央公論新社　2003.11　p223-233
　◎略年譜(井上勝志)　「近松門左衛門―三百五十年」和泉書院　2003.12　p107-110
　◎参考文献ほか(坂本美加ほか)　「曽根崎心中―上方文化講座」(大阪市立大学文学研究所)　和泉書院　2006.8　p225-241
　◎引用参考文献　「現代に生きる近松―戦後60年の軌跡」(深澤昌夫)　雄山閣　2007.11　p265-274
　◎参考資料　「伊賀越道中双六―第39回文楽鑑賞教室公演」(国立劇場)　日本芸術文化振興会　2007.12　p71-99
千々和 久幸　ちぢわ・ひさゆき〔1937―　歌人〕
　◎年譜　「人間ラララ―千々和久幸歌集」(千々和久幸)　短歌新聞社　2006.4　p115-121
千々石 ミゲル　ちぢわ・みげる〔1570―?　天正遣欧少年使節〕
　◎補註　「千々石ミゲルの墓石発見」(大石一久)　長崎文献社　2005.4　p187-199
智真　ちしん
　⇒一遍(いっぺん)を見よ
秩父宮 雍仁　ちちぶのみや・やすひと〔1902―1953　皇族〕
　◎関連資料　「秩父宮と勢津子妃」(秩父宮殿下御成婚記念会)　渡辺出版　2003.9　p379-381

知念 清憲　ちねん・きよのり
　○業績一覧ほか(川平成雄)　「琉球大学経済研究　61」(琉球大)　2001.3　p11-14
千野 栄一　ちの・えいいち〔1932―2002　言語学者〕
　○主要著作ほか(青山文啓)　「言語学―フォーエバー」(千野栄一)　大修館書店　2002.7　p278-284
千野 香織　ちの・かおり〔1952―2001　美術史家〕
　○著作・論文(亀井若菜)　「イメージ&ジェンダー　3」(彩樹社)　2002.11　p36-38
　○主要業績一覧ほか　「哲学会誌　27」(学習院大)　2003.7　p111-115
茅野 友子　ちの・ともこ〔国語学〕
　○略歴ほか　「姫路獨協大学外国語学部紀要　19」(姫路獨協大)　2006.3　p251-254
千葉 杲弘　ちば・あきひろ〔1934―　教育学〕
　○略歴ほか　「教育研究　46」(国際基督教大)　2004.3　p219-221
千葉 茂美　ちば・しげみ
　○業績　「明治学院論叢　691」(明治学院大)　2003.3　p3-5
千葉 乗隆　ちば・じょうりゅう〔1921―2008　近世仏教史〕
　◎著作目録ほか　「日本の歴史と真宗―千葉乗隆博士傘寿記念論集」(千葉乗隆)　自照社出版　2001.11　p485-493
　◎著作・論文目録　「千葉乗隆著作集　第5巻　真宗と女性」(千葉乗隆)　法蔵館　2002.3　p405-434
千葉 宣一　ちば・せんいち〔1930―　詩人〕
　○研究業績ほか　「北海学園大学人文論集　26・27」(北海学園大)　2004.3　8pf
千葉 卓三郎　ちば・たくさぶろう〔1852―1883　自由民権運動家〕
　◎参考文献　「自由民権に輝いた青春―卓三郎・自由を求めてのたたかい」(江井秀雄)　草の根出版会　2002.3　p227-230
ちば てつや　〔1939―　漫画家〕
　◎作品リスト　「コミックを作った10人の男―巨星たちの春秋」(瀬戸龍哉ほか)　ワニブック　2002.5　p90-91
千葉 徳爾　ちば・とくじ〔1916―2001　地理学・日本民俗学〕
　○業績目録ほか　「新考山の人生―柳田國男からの宿題」(千葉徳爾)　古今書院　2006.1　p354-315
千葉 康弘　ちば・やすひろ〔1941―　金融論〕
　○業績目録ほか　「経済論集　3」(ノースアジア大)　2007.12　p2-11f
千葉 龍　ちば・りょう〔1933―2008　小説家・詩人〕
　◎年譜　「千葉龍詩集」(千葉龍)　土曜美術社出版販売　2005.12　p170-186
千葉氏　ちばし
　◎文献　「房州誕生寺石造三層塔と九州千葉氏―伝日蓮聖人供養塔とその周辺」(早川正司)　青娥書房　2007.6　p129-134

千村 士乃武　ちむら・しのぶ〔1901―1957　彫刻家〕
◎年譜　「千村士乃武―没後50年　その作風と生涯　木曽路美術館特別企画展研究」（木曽路美術館）　木曽路美術館　2005.9　p53」

張 赫宙　ちゃん・ひょくちゅ〔1905―　作家〕
◎略年譜（白川豊）　「張赫宙日本語作品選」（南富鎮ほか）　勉誠出版　2003.10　p338-341
◎年譜（編集部）　「〈在日〉文学全集　11」（磯貝治良ほか）　勉誠出版　2006.6　p443-448

中條 直樹　ちゅうじょう・なおき
○著作目録ほか　「国際開発研究フォーラム　26」（名古屋大）　2004.3　p193-195

中条 雅二　ちゅうじょう・まさじ〔1907―2001　詩人〕
○年譜ほか（戸苅恭紀）　「児童文学論叢　7」（日本児童文学学会中部例会）　2001.10　p26-28

中鉢 雅量　ちゅうばち・まさかず〔1938―　中国文学・中国近世小説〕
○著作目録ほか　「名古屋外国語大学外国語学部紀要　33」（名古屋外国語大）　2007.8　p9-11f

中馬 教允　ちゅうまん・のりちか〔1941―　環境論・地域環境論〕
○業績ほか　「行政社会論集　18.4」（福島大）　2006　p7-16

趙 南哲　ちょ・なむちょる〔1955―　詩人〕
◎年譜（趙南哲）　「〈在日〉文学全集　18」（磯貝治良ほか）　勉誠出版　2006.6　p419-422

張 赫宙　ちょう・かくちゅう
⇒"チャン・ヒョクチュ"を見よ

長 三洲　ちょう・さんしゅう〔1833―1895　漢詩人・書家〕
◎文献　「三洲長芄著作選集」（中島三夫）　中央公論事業出版（制作）　2003.12　p159-173

長 新太　ちょう・しんた〔1927―2005　漫画家・絵本作家〕
◎略年譜　「海のビー玉」（長新太）　平凡社（平凡社ライブラリー）　2001.8　p257-271
○著作年表　「母の友　630」（福音館書店）　2005.11　p16-18
○略年譜　「飛ぶ教室　7」（光村図書出版）　2006.秋　p150-154
◎略年譜　「長新太」　河出書房新社　2007.2　p166-167
◎作品リスト　「長新太―ナンセンスの地平線からやってきた」（土井章史）　河出書房新社　2007.8　p108-109

長 八海　ちょう・はっかい
◎参考文献　「八海東上日記抄―老画工の記した明治」（工藤二郎）　海鳥社　2002.2　p185-194

重源　ちょうげん〔1121―1206　僧侶〕
◎参考文献　「重源―旅の勧進聖」（中尾堯）　吉川弘文館　2004.8　p204」

調枝 孝治　ちょうし・こうじ
◎業績ほか　「運動心理学の展開」（調枝孝治先生退官記念論文集編集委員会）　遊戯社　2001.2　p185-195

鄭 仁　ちょん・いん
◎年譜（鄭仁）　「〈在日〉文学全集　17」（磯貝治良ほか）　勉誠出版　2006.6　p374-379

丁 章　ちょん・じゃん
◎年譜（丁章）　「〈在日〉文学全集　18」（磯貝治良ほか）　勉誠出版　2006.6　p447-449

鄭 承博　ちょん・すんばく〔1923―2001　小説家〕
◎略年譜（中川健一）　「水平の人　栗須七郎先生と私」（鄭承博）　みずのわ出版　2001.3　p232-235
◎年譜　「人生いろいろありました―鄭承博遺稿追悼集」（鄭承博）　新幹社　2002.2　p362-363
◎年譜（編集部）　「〈在日〉文学全集　9」（磯貝治良ほか）　勉誠出版　2006.6　p402-421

全 美恵　ちょん・みへ〔詩人〕
◎年譜（全美恵）　「〈在日〉文学全集　18」（磯貝治良ほか）　勉誠出版　2006.6　p441-446

知里 真志保　ちり・ましほ〔1909―1961　アイヌ語〕
◎註　「〈アイヌ〉学の誕生―金田一と知里と―」（丸山隆司）　彩流社　2002.3　p281-306
○著作目録（出村文理）　「文献探索　2001」（文献探索研究会）　2002.7　p326-330
◎「知里真志保書誌」（知里真志保書誌刊行会）　サッポロ堂書店　2003.3　245p　B5

知里 幸恵　ちり・ゆきえ〔1903―1922　アイヌ文化伝承者〕
◎年譜　「知里幸恵―十七歳のウエペケレ」（藤本英夫）　草風館　2002.10　p329-330
◎略年譜（北道邦彦）　「知里幸恵のウウェペケレ（昔話）」（知里幸恵訳）　北海道出版企画センター　2004.3　p115-116
◎「知里幸恵書誌」（知里森舎）　知里森舎　2004.6　150p　B5
◎略年譜　「ケソラプの神・丹頂鶴の神―知里幸恵の神謡」（知里幸恵ほか）　北海道出版企画センター　2005.2　p30-31
◎年譜　「異郷の死―知里幸恵、そのまわり」（西成彦ほか）　人文書院　2007.8　p5-6

陳 舜臣　ちん・しゅんしん〔1924―　小説家〕
◎年譜ほか　「桃源郷」（陳舜臣）　集英社（陳舜臣中国ライブラリー　30）　2001.10　p747-840
◎著作目録　「Who is陳舜臣？―陳舜臣読本」（陳舜臣）　集英社　2003.6　p371-391

【つ】

蔡 柱國　つぁい・ちゅーくお
○著作目録ほか　「白鷗法学　14.1」（白鷗大）　2007.5　p5-8

槌賀 安平　ついが・やすへい〔1886―1971　生物学者〕
◎業績目録ほか(清水淳)　「槌賀安平先生を偲んで」発刊実行委員会　2004.2　p12-21b

對木 隆英　ついき・たかひで
○著作目録　「成蹊大学経済学部論集　35.1」(成蹊大)　2004.10　p17-20

築地 正子　ついじ・まさこ〔1920―2006　歌人〕
◎略年譜　「築地正子全歌集」(築地正子)　砂子屋書房　2007.1　p403-409

塚越 和夫　つかこし・かずお〔1931―　近代日本文学〕
○業績ほか(竹田日出夫)　「武蔵野日本文学　11」(武蔵野女子大)　2002.3　p133-136

塚越 仁慈　つかごし・ひとじ〔1948―　洋画家〕
◎文献目録　「塚越仁慈作品集」(塚越仁慈)　玲風書房　2005.5　p104-105

塚田 富治　つかだ・とみはる〔1946―2001　政治学〕
○著作目録抄　「一橋論叢　129.3」(一橋大)　2003.3　p325-326

柄刀 一　つかとう・はじめ〔1959―　ミステリー作家〕
○著作リスト(大森滋樹)　「凍るタナトス」(柄刀一)　文藝春秋　2002.8　2pb

塚原 鉄雄　つかはら・てつお〔1924―1993　国語・国文〕
◎論文ほか(神尾暢子,小松光三)　「国語構文の成分機構」(塚原鉄雄)　新典社　2002.3　p283-296

塚本 邦雄　つかもと・くにお〔1920―2005　歌人〕
◎「塚本邦雄全集　別巻　短歌作品索引・年譜・他」(北嶋廣敏ほか)　ゆまに書房　2001.6　561p　ks
◎著作リスト　「麒麟騎手―寺山修司論」(塚本邦雄)　沖積舎　2003.1　p307-318
◎略年譜　「寵歌變―塚本邦雄歌集」(塚本邦雄)　短歌新聞社　2005.5　p114-117
◎年譜ほか(松田一美)　「塚本邦雄の宇宙―詩魂玲瓏」(齋藤愼爾ほか)　思潮社　2005.8　p340-350
○年譜(松田一美)　「歌壇　19.10」(本阿弥書店)　2005.10　p66-69
○年譜ほか(島内景二)　「定家百首・雪月花(抄)」(塚本邦雄)　講談社　2006.10　p266-287

塚本 幸一　つかもと・こういち〔1920―1998　実業家〕
◎略年譜　「塚本幸一―わが青春譜」(塚本幸一)　日本図書センター　2005.1　p199-209

塚本 利明　つかもと・としあき〔1930―　英文学〕
○業績ほか　「専修人文論集　68」(専修大)　2001.3　p59-61

津軽 兵庫　つがる・ひょうご
○参考文献　「津軽兵庫の越境顛末―四代藩主信政治世の裏面史」(田澤正)　北方新社　2007.5　p163」

津川 武一　つがわ・たけいち〔1910―1988　政治家・評論家・医師〕
◎年譜　「アルバム津川武一の軌跡」(阿部誠也)　北方新社　2002.8　p119-123
◎著書一覧　「津川武一―評伝」(阿部誠也)　北方新社　2005.9　p330-331

月川 倉夫　つきかわ・くらお〔1932―　国際法〕
○業績一覧ほか　「産大法学　35.3・4」(京都産業大)　2002.2　p597-604

築島 裕　つきしま・ひろし〔1925―　国語〕
◎業績目録ほか　「国語学論集―築島裕博士傘寿記念」(築島裕博士傘寿記念会)　汲古書院　2005.10　p1-37

佃 堅輔　つくだ・けんすけ
○業績ほか　「法政大学多摩論集　22」(法政大)　2006.3　p3-6

筑波 常治　つくば・ひさはる〔1930―　科学評論家〕
○略年譜　「教養諸学研究　110」(早稲田大)　2001　p225-227

柘植 久慶　つげ・ひさよし〔1942―　軍事ジャーナリスト・小説家〕
◎著作リスト　「名将たちの戦場」(柘植久慶)　中央公論新社　2001.1　p332-336
◎作品リスト　「千早城攻防戦―逆撃楠木正成」(柘植久慶)　中央公論新社　2002.5　p199-207
◎作品リスト　「英雄大戦―織田信長対チンギスハン」(柘植久慶)　中央公論新社　2003.10　p198-206

つげ 義春　つげ・よしはる〔1937―　漫画家〕
◎文献目録　「つげ義春を読め」(清水正)　鳥影社　2003.7　p647-666

津坂 東陽　つざか・とうよう
◎編著書目録ほか　「津坂東陽の生涯―生誕250年」(津坂治男)　竹林館　2007.10　p140-147

津沢 マサ子　つざわ・まさこ〔1927―　俳人〕
◎著作目録ほか　「0への伝言」(津沢マサ子)　深夜叢書社　2004.12　p259-267

都路 華香　つじ・かこう〔1870―1931　日本画家〕
◎参考文献　「都路華香展」(京都国立近代美術館ほか)　京都国立近代美術館　〔2006〕　p236-241

辻 邦生　つじ・くにお〔1925―1999　小説家・仏文〕
○著作文献目録(佐々木滋)　「長野大学紀要　24.1」(長野大)　2002.6　p109-113
◎年譜ほか(井上明久)　「城・ある告別　辻邦生初期短篇集」(辻邦生)　講談社　2003.2　p240-255
◎年譜ほか(井上明久ほか)　「辻邦生全集　20」(辻邦生)　新潮社　2006.2　p97-248
◎略年譜(高室有子ほか)　「辻邦生展」(山梨県立文学館)　山梨県立文学館　2006.4　p62-63

辻 潤　つじ・じゅん〔1884―1944　評論家〕
◎参考文献　「辻まこと・父親辻潤」(折原脩三)　平凡社(平凡社ライブラリー　417)　2001.12　p233-236

辻 善之助　つじ・ぜんのすけ〔1877―1955　日本史学者・仏教史家〕
◎略年譜　「二人のヨーロッパ―辻善之助と和辻哲郎」（姫路文学館）姫路文学館　2001.4　p76-79

辻 秀典　つじ・ひでのり
○業績ほか　「広島法学　31.1」（広島大）　2007.6　p5-11

辻 仁成　つじ・ひとなり〔1959―　小説家・映画監督〕
○年譜　「辻仁成―作家の未来　国文学50.12.臨増」（学燈社）　2005.11　p150-156

辻 裕子　つじ・ひろこ〔1934―　英文学〕
○著作目録ほか　「英文学論叢　51」（京都女子大）　2007　p68-73

辻 まこと　つじ・まこと〔1914―1975　詩人・画家〕
◎参考文献　「辻まこと・父親辻潤」（折原脩三）平凡社（平凡社ライブラリー　417）　2001.12　p233-236
◎略年譜（池内紀ほか）　「辻まこと全集　5」（辻まこと）みすず書房　2004.7　p579-583

辻 光博　つじ・みつひろ
○業績　「北九州市立大学外国語学部紀要　117」（北九州市立大）　2006.10　p1-4

辻 征夫　つじ・ゆきお〔1939―2000　詩人・小説家〕
◎自筆年譜　「詩の話をしよう」（辻征夫）ミッドナイト・プレス　2003.12　p117-129
◎自筆年譜　「続続・辻征夫」（辻征夫）思潮社　2006.2　p151-158
◎参考資料（石川巧）　「展望現代の詩歌　5　詩V」（飛高隆夫ほか）明治書院　2007.12　p85-86

辻井 栄滋　つじい・えいじ〔1944―　英米文学〕
◎著作ほか　「地球的作家ジャック・ロンドンを読み解く―大自然と人間―太古・現在・未来」（辻井栄滋）丹精社　2001.12　p531-535

辻井 喬　つじい・たかし〔本名＝堤清二　1927―　実業家・小説家〕
◎年譜ほか（柿谷浩一）　「暗夜遍歴」（辻井喬）講談社　2007.11　p401-420

辻原 登　つじはら・のぼる〔1945―　小説家〕
◎年譜　「芥川賞全集　15」（辻原登）文藝春秋　2002.4　p438-439

津島 美知子　つしま・みちこ〔?―1997〕
◎参考文献　「太宰治の女房」（芦田晋作）新生出版　2005.7　p116-117

対馬 康子　つしま・やすこ〔1953―　俳人〕
◎略歴　「対馬康子集」（対馬康子）邑書林　2003.12　p147-148

津島 佑子　つしま・ゆうこ〔1947―　小説家〕
◎参考文献ほか（布施薫）　「津島佑子　現代女性作家読本3」（川村湊）鼎書房　2005.12　p145-157
◎年譜ほか（与那覇恵子）　「山を走る女」（津島佑子）講談社　2006.4　p386-403

辻本 興慰　つじもと・こうい〔1934―　マーケティング〕
○編著書ほか　「経済経営論集　11.2」（名古屋経済大）　2004.3　p3-7f

辻本 光楠　つじもと・こうなん
◎参考文献ほか　「偉大なる凡人辻本光楠―その生涯と業績」（海原徹）丸善　2005.2　p215-226

都筑 馨六　つづき・けいろく〔1861―1923　官僚・男爵〕
◎年譜　「日本外交史人物叢書　第14巻　都筑馨六伝」（吉村道男）ゆまに書房　2002.12　p1-37b

都築 俊治　つづき・しゅんじ
○略歴ほか（都築俊治）　「武蔵野大学現代社会学部紀要　5」（武蔵野大）　2004　p1-9

都筑 道夫　つづき・みちお〔1929―2003　推理作家〕
○著作リスト　「ミステリマガジン　49.3」（早川書房）　2004.3　p99-103

続橋 達雄　つづきはし・たつお〔1928―2000　児童文学〕
○研究業績（大山尚ほか）　「野州国文学　68」（國学院大栃木短大）　2001.10　p67-86

都竹 武年雄　つづく・むねお
◎著作ほか　「善隣協会の日々―都竹武年雄氏談話記録」（都竹武年雄）桃山学院大　2006.3　p13-14

津田 梅子　つだ・うめこ〔1864―1929　英語教育〕
◎参考文献　「津田梅子の社会史」（高橋裕子）玉川大学出版部　2002.12　p247-236

津田 順司　つだ・じゅんじ
○業績ほか　「佐賀大学経済論集　37.5.149」（佐賀大）　2005.3　5pb

津田 仙　つだ・せん〔1837―1908　農学者〕
◎文献ほか　「津田仙と朝鮮―朝鮮キリスト教受容と新農業政策」（金文吉）世界思想社　2003.2　p167-180

津田 左右吉　つだ・そうきち〔1873―1961　日本史〕
◎略年譜　「津田左右吉と平泉―見果てぬ夢」（小野寺永幸）本の森　2002.3　p170-178

津田 利治　つだ・としはる〔1904―1999　商法〕
◎主要著作ほか（慶応義塾大学商法研究会）　「会社法以前」（津田利治）慶応義塾大学出版会　2003.3　p609-617

蔦 文也　つた・ふみや〔1923―2001　高校野球監督〕
◎主要参考文献　「攻めダルマ蔦さん　池田高校・蔦文也監督遠望」（大川公一）街と暮らし社　2001.7　p217-221
◎参考文献　「攻めダルマ蔦さん―池田高校・蔦文也監督遠望　新装」（大川公一）アーバンプロ出版センター　2005.5　p217-221

津田 幸男　つだ・ゆきお〔1950―　異文化コミュニケーション論・英語教育〕
◎主要業績　「英語支配とは何か―私の国際言語政策論」（津田幸男）明石書店　2003.12　p251-254

187

津田 義夫　つだ・よしお
　○業績ほか　「姫路独協大学外国語学部紀要　20」（姫路独協大）　2007.3　p205-208

蔦川 正義　つたがわ・まさよし〔1937—　産業政策〕
　○業績目録ほか　「佐賀大学経済論集　35.5・6」（佐賀大）　2003.3　8pb

蔦屋 重三郎　つたや・じゅうざぶろう〔1750—1797　出版業〕
　◎参考文献　「蔦屋重三郎—江戸芸術の演出者」（松木寛）　講談社　2002.9　p238-251

土浦 信子　つちうら・のぶこ
　◎略年譜　「ビッグ・リトル・ノブ—ライトの弟子・女性建築家土浦信子」（小川信子, 田中厚子）　ドメス出版　2001.3　p211-214

槌田 敦　つちだ・あつし〔1933—　物理学・環境経済学〕
　○業績ほか　「名城論叢　6.3」（名城大）　2006.3　p7-11f

土田 杏村　つちだ・きょうそん〔1891—1934　哲学・評論家〕
　◎参考文献ほか　「土田杏村の近代」（山口和宏）　ぺりかん社　2004.3　p311-328

土田 哲也　つちだ・てつや〔1938—　民法〕
　○著作目録ほか　「香川法学　21.3・4」（香川大）　2002.3　p1-13b

土田 麦僊　つちだ・ばくせん〔1887—1936　日本画家〕
　◎参考文献　「かきつばた—土田麦僊の愛と芸術」（柏木加代子）　大阪大学出版会　2003.1　p209-214

土田 良一　つちだ・りょういち〔1949—2000　人文地理学〕
　○業績一覧　「長崎大学教育学部紀要　人文科学　62」（長崎大）　2001.3　2pf

土屋 公雄　つちや・きみお〔1955—　彫刻家〕
　◎文献　「記憶—土屋公雄彫刻作品集」（土屋公雄）　美術出版社　2001.6　p142-153

土屋 澄男　つちや・すみお〔1930—　外国語教育・心理言語学〕
　○略歴ほか　「英語英文学　28」（文教大）　2001　p3-24

土屋 喬雄　つちや・たかお〔1896—1988　経済学者〕
　◎主な著作　「一橋大学附属図書館所蔵土屋喬雄文庫目録」（一橋大学附属図書館）　一橋大学附属図書館　2002.3　p20-23

土屋 博　つちや・ひろし〔1938—　宗教学〕
　○業績紹介ほか　「哲学　38」（北海道大）　2002　4pf

土屋 文明　つちや・ぶんめい〔1890—1990　歌人〕
　◎略年譜　「中島周介・土屋文明—木草の交わり—「中島周介旧蔵資料」展—第20回特別展」（群馬県立土屋文明記念文学館）　群馬県立土屋文明記念文学館　2002.12　p38-39
　◎文献ほか　「土屋文明歌集『ふゆくさ』全注釈」（山田繁伸）　冬至書房　2005.12　p223-236

土家 由岐雄　つちや・ゆきお〔1904—1999　児童文学作家〕
　◎著作目録ほか（だいくす朋子）　「除夜のかね—土家由岐雄童句集」（土家由岐雄）　沖積舎　2005.5　p241-275

筒井 均　つつい・ひとし
　○著作目録ほか　「経済理論　331」（和歌山大）　2006.5　p1-4b

堤 貞夫　つつみ・さだお
　○略歴ほか　「学術研究　教育・生涯教育学編　53」（早稲田大）　2004　p87-90

堤 稔子　つつみ・としこ〔1930—　北米研究・英語圏文学〕
　○略歴　「紀要　42」（桜美林大）　2002.3　p5-12

堤 賢　つつみ・まさる
　○業績目録ほか　「人間の福祉　11」（立正大）　2002　p7-26f

堤 義明　つつみ・よしあき〔1934—　実業家〕
　◎文献　「淋しきカリスマ堤義明」（立石泰則）　講談社　2005.1　p300-301
　◎参考文献　「堤義明闇の帝国—西武グループの総帥はいかにして失墜したか」（七尾和晃）　光文社　2005.2　p280-282

都出 比呂志　つで・ひろし〔1942—　考古学〕
　◎著作目録　「待兼山考古学論集—都出比呂志先生退任記念」（大阪大学考古学研究室）　大阪大考古学友の会　2005.3　p891-910
　○業績ほか　「大阪大学大学院文学研究科紀要　46」（大阪大）　2006.3　p90-91

綱島 梁川　つなしま・りょうせん〔1873—1907　哲学者・思想家・評論家〕
　○全集ほか　「有漢点描—綱島梁川読本」（蛭田禎男）　蛭田禎男　2007.9　p160-170

常田 健　つねだ・けん〔1910—2000　洋画家〕
　◎略年譜　「土から生まれた—津軽の画家常田健が遺したもの」（常田健）　平凡社　2002.4　p153-156

恒藤 恭　つねとう・きょう〔1888—1967　法哲学〕
　◎著作目録ほか　「恒藤恭とその時代」（関口安義）　日本エディタースクール出版部　2002.5　p445-501
　◎年譜　「恒藤恭の青年時代」（山崎時彦）　未来社　2003.10　p484-489

恒吉 良隆　つねよし・よしたか〔1938—　ドイツ語〕
　○著作目録ほか　「文芸と思想　68」（福岡女子大）　2004　p70-71

津ノ国 修　つのくに・おさむ
　○略歴ほか　「愛知学院大学論叢　商学研究　43.2・3」（愛知学院大）　2002.11　p215-217

角田 太作　つのだ・たさく〔1946―　言語学・オーストラリア原住民語〕
　◎業績一覧　「他動性の通言語的研究」（角田三枝ほか）　くろしお出版　2007.11　p345-359

角田 柳作　つのだ・りゅうさく〔1877―1964　日本学〕
　◎年譜ほか　「角田柳作」　赤城村教育委員会　2005.3　p77-92
　◎「角田柳作記念文庫目録―文庫27」（早稲田大学図書館）　早稲田大図書館　2007.10　124p　A4

津之地 直一　つのち・なおいち〔1915―1994　上代文学〕
　◎年譜　「万葉集語法概論―津之地直一先生遺稿集」（津之地直一，津之地直一先生遺稿集刊行委員会）　万葉書房　2002.11　p255-265

角山 栄　つのやま・さかえ〔1921―　経済史〕
　◎著作目録　「「生活史」の発見」（角山栄）　中央公論新社　2001.9　p259-262

椿 鐵夫　つばき・てつお
　○略歴ほか　「人文研究　52.12」（大阪市立大）　2000.12　p1-4

椿 実　つばき・みのる〔1925―2002　小説家・神話研究家〕
　◎書誌　「椿実の書架」（椿紅子）　椿紅子　2003.5　p3-27b

円谷 英二　つぶらや・えいじ〔1901―1970　映画監督・特撮監督〕
　◎年譜ほか　「特技監督円谷英二　写真集　増補改訂版」（竹内博ほか）　朝日ソノラマ　2001.6　p356-365
　◎参考文献　「特撮の神様と呼ばれた男」（鈴木和幸）　アートン　2001.6　p342-343
　◎参考文献　「円谷英二の映像世界」（竹内博ほか）　実業之日本社　2001.7　p429-414
　◎参考文献ほか　「夢は大空を駆けめぐる―恩師・円谷英二伝」（うしおそうじ）　角川書店　2001.11　p274-287

坪井 正五郎　つぼい・しょうごろう〔1863―1913　人類学・考古学〕
　◎参考文献　「足利公園古墳と坪井正五郎―発掘120年　草雲美術館特別展」（足利市教育委員会文化課）　足利市教育委員会　2006.11　p46」

坪井 信道　つぼい・しんどう〔1795―1848　蘭方医〕
　◎参考文献　「江戸時代における機械論的身体観の受容」（C.フレデリック）　臨川書店　2006.2　p416-442

坪内 逍遙　つぼうち・しょうよう〔1859―1935　小説家・劇作家〕
　◎年譜　「坪内逍遥―明治の文学　4」（坪内祐三ほか）　筑摩書房　2002.9　p408-417
　◎参考資料　「滑稽な巨人―坪内逍遥の夢」（津野海太郎）　平凡社　2002.12　p304-308
　◎参考資料　「坪内逍遥―大八幡楼の恋」（矢田山聖子）　作品社　2004.11　p200-201
　◎略年譜　「「情熱の人坪内逍遥」展示図録」（美濃加茂市民ミュージアム）　美濃加茂市民ミュージアム　2005.2　p56-57
　◎書志源流　「随筆明治文学　1」（柳田泉）　平凡社　2005.8　p216-232
　○論文書誌（平田英子）　「文献探索　2006」（文献探索研究会）　2006.11　p364-392

坪内 稔典　つぼうち・としのり〔1944―　俳人〕
　◎年譜　「坪内稔典句集」（坪内稔典）　沖積舎　2003.11　p363-374
　◎著者年譜　「大事に小事」（坪内稔典）　創風社出版　2005.3　p199-210

坪田 一男　つぼた・かずお〔1955―　医師〕
　◎著作一覧　「「不老!」の方法」（坪田一男）　宝島社　2001.10　p252-253

坪田 譲治　つぼた・じょうじ〔1890―1982　児童文学者〕
　◎年譜ほか（千葉幹夫）　「せみと蓮の花・昨日の恥―坪田譲治作品集」（坪田譲治）　講談社　2003.4　p261-275
　○書誌（劉迎）　「山陽放送学術文化財団リポート　49」（山陽放送学術文化財団）　2005.10　p4-7

坪野 哲久　つぼの・てつきゅう〔1906―1988　歌人〕
　◎年譜　「初評伝・坪野哲久―人間性と美の探究者」（山本司）　角川書店　2007.9　p621-637

妻木 頼黄　つまき・よりなか〔1859―1916　建築家〕
　◎参考文献　「明治の建築家・妻木頼黄の生涯」（北原遼三郎）　現代書館　2002.6　p249-254

津村 秀介　つむら・しゅうすけ〔1933―　推理作家〕
　◎著作リスト（前野美保）　「寝台急行銀河の殺意」（津村秀介）　ワンツーマガジン社　2004.3　p242-250

津村 節子　つむら・せつこ〔1928―　小説家〕
　◎短編小説一覧　「小説家・津村節子」（坂本満津夫）　おうふう　2003.6　p245-249
　◎自筆年譜　「津村節子自選作品集　6」（津村節子）　岩波書店　2005.6　p501-511

津守 常弘　つもり・つねひろ〔1930―　経営〕
　◎研究業績一覧　「商経論叢　36.4」（神奈川大）　2001.3　p6-12

津守 房江　つもり・ふさえ〔1930―　育児研究家〕
　○著作目録　「発達　22.88」（ミネルヴァ書房）　2001　p82」

津守 真　つもり・まこと〔1926―　保育学・発達心理学〕
　○著作目録　「発達　22.88」（ミネルヴァ書房）　2001　p82」

津山 昌　つやま・しょう〔1925―1992　美術評論家〕
　◎著作目録ほか　「時代の痕跡」（津山昌）　桂書房　2002.7　p313-328

鶴彬　つる・あきら〔1909―1939　川柳〕
　◎参考文献ほか　「松倉米吉・富田木歩・鶴彬」（小沢信男）　イー・ディー・アイ　2002.8　p79-95

都留　春雄　つる・はるお〔1926―　中国中世文学〕
　○著作目録ほか　「名古屋外国語大学外国語学科紀要　24」（名古屋外国語大）　2002.8　p7-9f

鶴岡　政男　つるおか・まさお〔1907―1979　洋画家〕
　◎年譜　「ボタン落し―画家鶴岡政男の生涯」（鶴岡美直子）　美術出版社　2001.6　p242-249

鶴木　真　つるき・まこと
　◎著作一覧　「コミュニケーションの政治学」（鶴木真）　慶応義塾大学出版会　2003.1　p269-273

鶴田　俊正　つるた・としまさ〔1934―　経済政策〕
　○業績ほか　「専修経済学論集　38.3.87」（専修大）　2004.3　p417-485

鶴田　満彦　つるた・みつひこ〔1934―　経済学〕
　○著書目録ほか　「商学論纂　46.4」（中央大）　2005.5　p475-483

鶴見　和子　つるみ・かずこ〔1918―2006　比較社会学〕
　○著作一覧　「環　28」（藤原書店）　2007.Win.　p239-238
　○著作一覧　「遺言―斃れてのち元まる」（鶴見和子）　藤原書店　2007.1　p219-222

鶴見　良行　つるみ・よしゆき〔1926―1994　評論家〕
　◎著作解題　「歩く学問　鶴見良行著作集10」（鶴見良行）　みすず書房　2001.11　p276-281
　◎著作目録ほか（丸井清泰）　「鶴見良行著作集　12　フィールドノート　2」（鶴見良行）　みすず書房　2004.2　p425-482

鶴屋　南北（4代目）　つるや・なんぼく〔1755―1829　歌舞伎作者〕
　◎年譜ほか　「複眼の奇才鶴屋南北」（中山幹雄）　新典社（日本の作家　53）　2001.3　p237-252
　◎参考文献　「四代目鶴屋南北論―悪人劇の系譜と趣向を中心に」（鵜飼伴子）　風間書房　2005.3　p563-577
　◎参考文献　「鶴屋南北―滑稽を好みて、人を笑わすことを業とす」（諏訪春雄）　ミネルヴァ書房　2005.7　p213-217
　◎引用参考文献　「天保十一年の忠臣蔵―鶴屋南北『盟三五大切』を読む」（犬丸治）　雄山閣　2005.12　p245-249

【て】

程　順則　てい・じゅんそく〔1663―1734　政治家・儒者〕
　◎参考文献　「名護親方程順則資料集　1（人物・伝記編）3版」（名護市教育委員会名護市史編さん室）　名護市教育委員会　2005.3　p147-149

鄭　承博　てい・しょうはく
　⇒"チョン・スンパク"を見よ

貞明皇后　ていめいこうごう〔1884―1951〕
　◎参考文献　「母宮貞明皇后とその時代―三笠宮両殿下が語る思い出」（工藤美代子）　中央公論新社　2007.7　p249-253
　◎参考史資料　「貞明皇后その御歌と御詩の世界―『貞明皇后御集』拝読」（西川泰彦）　錦正社　2007.10　p412-414

出牛　正芳　でうし・まさよし〔1930―　マーケティング・商学〕
　○業績ほか　「専修経営学論集　80」（専修大）　2005.3　p207-212

出口　王仁三郎　でぐち・おにさぶろう〔1871―1948　大本教祖師〕
　◎参考文献ほか　「巨人出口王仁三郎」（出口京太郎）　天声社　2001.8　p497-507
　◎略年譜　「みろくの世―出口王仁三郎の世界　「みろくの世」とは理想的な地上天国のこと」（出口王仁三郎言行録刊行委員会）　天声社　2005.8　p303-314

出口　すみ子　でぐち・すみこ
　◎参考文献　「大本襲撃―出口すみとその時代」（早瀬圭一）　毎日新聞社　2007.5　p394-395

手島　孝　てしま・たかし〔1933―　公法〕
　○略歴　「アドミニストレーション　8.1・2」（熊本県立大）　2001.9　p1-3f
　○主要著作ほか　「新世紀の公法学―手島孝先生古稀祝賀論集」（安藤高行ほか）　法律文化社　2003.4　p453-475

手島　右卿　てしま・ゆうけい〔1901―1987　書家〕
　◎文献　「手島右卿大観―研究資料篇　8　手島右卿の筆跡・資料雑纂」（手島右卿）　独立書人団　2000.12　p135-166

手塚　治虫　てづか・おさむ〔1926―1989　漫画家〕
　◎作品年譜ほか　「アトムは僕が殺しました―手塚治虫のこころ」（田中弥千雄）　サンマーク出版　2002.4　p236-238
　◎「手塚治虫完全解体新書」（池田啓晶）　集英社　2002.4　269p　A5
　◎参考文献ほか　「手塚治虫―ロマン大宇宙」（大下英治）　講談社　2002.5　p617-649
　◎作品リスト　「コミックを作った10人の男―巨星たちの春秋」（瀬戸龍哉ほか）　ワニブック　2002.5　p146-152
　◎年表ほか　「手塚治虫とコナン・ドイル」（水野雅士）　青弓社　2002.8　p248-266
　◎関係著作　「鉄腕アトムのタイムカプセル―オトナのための手塚治虫論」（長谷川つとむ）　PHP研究所　2002.10　2pb
　◎参考文献　「手塚治虫少年の実像」（泉谷迪）　人文書院　2003.4　p213-214
　◎出版リストほか　「決定版鉄腕アトム解体新書」（沖光正）　廣済堂出版　2003.4　p183-199

◎全作品リスト 「図説鉄腕アトム」（森晴路） 河出書房新社 2003.5 2pb
◎参考文献 「テヅカイズデッド―ひらかれたマンガ表現論へ」（伊藤剛） NTT出版 2005.9 p304-299
◎参考文献ほか 「手塚治虫＝ストーリーマンガの起源」（竹内一郎） 講談社 2006.2 p238-256
◎参考文献ほか 「アニメ作家としての手塚治虫―その軌跡と本質」（津堅信之） NTT出版 2007.4 p264-266

手塚 和彰 てづか・かずあき〔1941― 労働法〕
○著作目録ほか 「千葉大学法学論集 22.1」（千葉大） 2007.8 p5-26

手塚 映男 てづか・てるお〔1929― 博物館学〕
○略歴 「文化情報学 9.2」（駿河台大） 2002.12 p89-92

手塚 宗求 てづか・むねやす〔1931― 登山家・エッセイスト〕
◎著作一覧 「わが高原霧ケ峰」（手塚宗求） 山と溪谷社 2006.5 p293」

デニー白川 でにーしらかわ〔1940― ジャズ歌手〕
◎参考文献 「日本のナット・キング・コールと呼ばれた男デニー白川」（神奈川新聞社出版部） 神奈川新聞社 2007.9 p212-214

出村 彰 でむら・あきら〔1933― 宗教改革史〕
○業績ほか 「教會と神學 42」（東北学院大） 2006.3 p5-13

寺門 仁 てらかど・じん〔1926―1997 詩人〕
◎略年譜 「寺門仁作品集 1」（寺門仁） 思潮社 2003.6 p184-187

寺川 幽芳 てらかわ・ゆうほう
◎著述目録ほか 「真宗学 111・112」（龍谷大） 2005.3 p3-10f

寺崎 廣業 てらさき・こうぎょう〔1866―1919 日本画家〕
◎文献 「生誕140年寺崎廣業展図録―特別企画展」（秋田県立近代美術館） 秋田県立近代美術館 2006.10 p92-115

寺崎 浩 てらさき・ひろし〔1904―1980 小説家・詩人〕
○著作目録（掛野剛史） 「論樹 18」（論樹の会） 2004.12 p97-126

寺澤 眞 てらざわ・しん
◎発表論文 「木材乾燥のすべて 改訂増補版」（寺澤眞） 海青社 2004.3 p713-718

寺沢 一 てらさわ・はじめ〔1925―2003 国際法〕
○著書ほか 「法と力 国際平和の模索」（寺沢一） 東信堂 2005.5 p408-412

寺島 蔵人 てらじま・くらんど
◎文献 「寺島蔵人と加賀藩政―化政天保期の百万石群像」（長山直治） 桂書房 2003.9 p364-370

寺田 隆 てらだ・たかし
○業績ほか 「駒沢社会学研究 32」（駒沢大） 2000.3 p5-12

寺田 寅彦 てらだ・とらひこ〔1878―1935〕
◎年譜 「寺田寅彦―人と芸術」（太田文平） 麗澤大学出版会 2002.2 p327-331
○参考文献ほか 「寺田寅彦は忘れた頃にやって来る」（松本哉） 集英社 2002.5 p230-234
○著書目録稿（大森一彦） 「文献探索 2001」（文献探索研究会） 2002.7 p96-111
◎註 「漱石と寅彦」（沢英彦） 沖積舎 2002.9 prr
◎文献 「寺田寅彦と地震予知」（小林惟司） 東京図書 2003.1 p279-288
◎略年譜 「寺田寅彦の地球観―忘れてはならない科学者」（鈴木堯士） 高知新聞社 2003.11 p283-294
◎「人物書誌大系36 寺田寅彦」（大森一彦） 日外アソシエーツ 2005.9 18,334p A5

寺本 左近 てらもと・さこん
○作品譜ほか（藤本一美） 「地図中心 415」（日本地図センター） 2007.4 p30-33

寺山 修司 てらやま・しゅうじ〔1935―1983 劇作家・詩人〕
◎年譜著作目録 「私という謎―寺山修司エッセイ選」（白石征） 講談社 2002.2 p262-280
◎年譜（白石征） 「麒麟騎手―寺山修司論」（塚本邦雄） 沖積舎 2003.1 p281-292
◎年譜 「寺山修司―はじめての読者のために」 河出書房新社 2003.3 p221-223
◎年譜（白石征） 「寺山修司の青春時代展」（世田谷文学館） 世田谷文学館 2003.4 p142-146
◎年譜 「'70s寺山修司」（寺山修司） 世界書院 2004.1 p236-237
◎年譜ほか（白石征） 「思想への望郷―寺山修司対話選」（寺山修司） 講談社 2004.6 p260-278
◎参考文献 「虚人寺山修司伝」（田澤拓也） 文藝春秋 2005.10 p298-301
◎参考文献 「寺山修司の声が聞こえる」（岸本宏） 清流出版 2005.12 p268-269
◎年譜 「寺山修司青春書簡―恩師・中野トクへの75通」（小菅麻起子） 二玄社 2005.12 p188-191
◎参考文献 「寺山修司の俳句―マリン・ブルーの青春」（吉原文音） 日本詩歌句協会 2005.12 p212-213
◎参考文献ほか 「寺山修司・遊戯の人」（杉山正樹） 河出書房新社 2006.7 p292-319
◎年譜 「寺山修司―過激なる疾走」（高取英） 平凡社 2006.7 p253-250
◎年譜ほか 「職業、寺山修司。」（北川登園） Studio Cello 2007.5 p260-287
◎年譜 「寺山修司―1935-1983」（寺山修司） 筑摩書房 2007.11 p463-475

寺脇 隆夫　てらわき・たかお〔1938―　社会福祉法制〕
　○主要著作ほか　「長野大学紀要　26.1.98」（長野大）　2004.6　p131-132

寺脇 丕信　てらわき・ひろのぶ〔1932―　哲学〕
　○著作目録ほか　「人間文化研究　10」（京都学園大）　2003.3　p43-49

照屋 敏子　てるや・としこ〔1915―1984　実業家〕
　◎参考文献　「沖縄独立を夢見た伝説の女傑照屋敏子」（高木凛）　小学館　2007.12　p252-255

照屋 佳男　てるや・よしお〔1936―　英文学〕
　◎業績　「比較文化の可能性―日本近代化論への学際的アプローチ・照屋佳男先生古稀記念」（池田雅之ほか）　成文堂　2007.1　p473-482
　○著作目録ほか　「早稲田社会科学総合研究　8.1」（早稲田大）　2007.7　9pb

天海　てんかい〔1536頃―1643　僧〕
　◎参考文献　「江戸の陰陽師（おんみょうじ）―天海のランドスケープデザイン」（宮元健次）　人文書院　2001.11　p202-205
　◎参考文献　「政界の導者天海・崇伝　日本の名僧15」（圭室文雄ほか）　吉川弘文館　2004.7　p233-234

伝教大師　でんきょうだいし
　⇒最澄（さいちょう）を見よ

天璋院　てんしょういん〔1836―1883〕
　◎参考文献ほか（寺尾美保）　「天璋院篤姫のすべて」（芳即正）　新人物往来社　2007.11　p205-218
　◎参考文献　「天璋院篤姫と和宮―最後の大奥」（鈴木由紀子）　幻灯舎　2007.11　p200-204
　◎引用文献　「天璋院篤姫―徳川家を護った将軍御台所」（徳永和喜）新人物往来社　2007.12　p238-240
　◎参考文献　「幕末の大奥―天璋院と薩摩藩」（畑尚子）　岩波書店　2007.12　p199-204

傳田 功　でんだ・いさお
　○著作目録ほか　「京都学園大学経済学部論集　12.2」（京都学園大）　2002.12　p195-202

天満 隆之輔　てんま・りゅうのすけ〔1925―2000　図書館史・分類法〕
　○研究業績（馬場俊明）　「図書館界　53.4.301」（日本図書館研究会）　2001.11　p430-432

天武天皇　てんむてんのう〔?―686　第40代天皇〕
　◎参考文献　「天武・持統朝―その時代と人々　春季特別展」　橿原考古学研究所　2004.4　p86-87
　◎引用参考文献　「大海人皇子、吉野を発つ―壬申の乱を旅する　平成16年度特別展」（香芝市二上山博物館）　香芝市教育委員会　2004.10　p55-57
　◎参考文献　「天武天皇の秘密と持統天皇の陰謀―謎の古代三河と大和」（榊原康彦）　彩流社　2006.2　p294-297
　◎参考文献　「古代の皇位継承―天武系皇統は実在したか」（遠山美都男）　吉川弘文館　2007.11　p221-222

【 と 】

土井 英二　どい・えいじ
　○著作目録ほか　「静岡大学経済研究　11.4」（静岡大）　2007.2　p582-591

土井 健司　どい・けんじ〔1943―2000　上代文学・中国思想・シルクロード研究〕
　○著作目録ほか　「創大中国論集　4」（創価大）　2001.3　p3-7

土井 幸一郎　どい・こういちろう
　○業績ほか　「商学論集　70.3」（福島大）　2002.3　p109-110

土井 順一　どい・じゅんいち〔1947―2001　国文学・仏教文学・情報出版学〕
　○著述目録　「国文学論叢　47」（龍谷大）　2002.3　p5-10
　◎著作目録　「仏教と芸能―親鸞聖人伝・妙好人伝・文楽」（土井順一）　永田文昌堂　2003.1　p5-15f

土井 晩翠　どい・ばんすい〔1871―1952　詩人・英文学者〕
　◎略年譜　「天地有情」（土井晩翠）　仙台文学館　2005.3　p204-207

土居 靖美　どい・やすみ〔1925―　憲法学〕
　○著作目録ほか　「姫路法学　31・32」（姫路法学会）　2001.3　p383-392

土井 洋一　どい・よういち
　○著述目録ほか　「学習院大学国語国文学会誌　46」（学習院大）　2003　p4-7
　○業績ほか　「社会問題研究　55.2」（大阪府立大）　2006.3　p187-192

塔 和子　とう・かずこ〔1929―　詩人〕
　◎年譜（川崎正明）　「塔和子全詩集　3」（塔和子）編集工房ノア　2006.4　p987-1005
　◎年譜（元永理加）　「塔和子いのちと愛の詩集」（塔和子）　角川学芸出版　2007.4　p185-186

東井 義雄　とうい・よしお〔1912―1991　教育者・僧侶〕
　◎年譜　「東井義雄のこころ」（山田邦男ほか）佼成出版社　2002.10　4pb

東儀 鐵笛　とうぎ・てってき〔1869―1925　俳優・雅楽師〕
　○自筆原稿総目次　「日本音楽史研究　6」（上野学園）　2006.3　p195-204

道鏡　どうきょう〔?―772　法王〕
　◎参考文献　「争乱と謀略の平城京―称徳女帝と怪僧・道鏡の時代」（小林恵子）　文藝春秋　2002.10　p262-270
　◎史料参考文献　「天平期の僧侶と天皇―僧道鏡試論」（根本誠二）　岩田書院　2003.10　p157-166

峠 三吉　とうげ・さんきち〔1917—1953　詩人〕
　◎参考文献　「雲雀と少年峠三吉論」(寺島洋一)　文芸社　2001.6　p214-215
　○資料目録(松尾雅嗣ほか)　「IPSHU研究報告シリーズ　32」(広島大)　2004.10　p1-167ほか

道元　どうげん〔1200—1253　曹洞宗の僧〕
　◎略年譜　「道元いまを生きる極意」(栗田勇)　日本経済新聞社　2001.1　p224-225
　○略年譜ほか　「宗学研究　43」(曹洞宗総合研究センター)　2001.3　p3-4f
　◎略年譜　「道元の考えたこと」(田上太秀)　講談社　2001.6　p280-282
　◎参考図書　「永平の風　道元の生涯」(大谷哲夫)　文芸社　2001.10　p538-541
　◎年譜　「道元の月」(立松和平)　祥伝社　2002.3　p146-147
　◎年譜　「正法眼蔵—現代訳　新装版」(禅文化学院)　誠信書房　2002.6　p208-216
　◎参考文献　「道元禅師旧蹟紀行　増補改訂版」(小倉玄照)　誠信書房　2002.6　p399-403
　○業績ほか　「駒沢大学仏教学部論集　33」(駒沢大)　2002.10　p1-6f
　○年表　「道元を語る」(伊藤玄二郎)　かまくら春秋社　2003.4　p236-246
　◎略年表　「道元禅師と修証義—その生涯と教えに学ぶ」(大法輪閣編集部)　大法輪閣　2003.6　p138-141
　○業績ほか　「駒沢大学仏教学部論集　34」(駒沢大)　2003.10　p1-8f
　◎参考文献　「道元—孤高の禅師　日本の名僧9」(中尾良信)　吉川弘文館　2003.12　p216-217
　○著作一覧　「大法輪　72.8」(大法輪閣)　2005.8　p76-77
　◎読書案内　「道元—自己・時間・世界はどのように成立するのか」(頼住光子)　NHK出版　2005.11　p116-124
　◎参考文献　「道元禅師正法眼蔵行持に学ぶ」(石井修道)　禅文化研究所　2007.2　p607-619

東郷 克美　とうごう・かつみ〔1936—　近代日本文学〕
　○業績ほか　「早稲田大学大学院教育学研究科紀要　17」(早稲田大)　2006　p157-160

東郷 茂徳　とうごう・しげのり〔1882—1950　外交官・政治家〕
　◎文献目録　「重光・東郷とその時代」(岡崎久彦)　PHP研究所　2001.6　6pb
　◎参考文献　「東郷茂徳—伝記と解説」(萩原延壽)　原書房　2005.7　p249-252

東郷 久義　とうごう・ひさよし〔1906—1995　歌人〕
　◎略年譜(東郷良子)　「東郷久義全歌集」(東郷久義,東郷久義全歌集刊行委員会)　短歌新聞社　2002.8　p381-385

藤郷 淼　とうごう・ひろし
　○業績ほか　「宇都宮大学国際学部研究論集　13」(宇都宮大)　2002.3　p3-4f

東郷 平八郎　とうごう・へいはちろう〔1847—1934　海軍軍人〕
　◎参考文献　「沈黙の提督　海将東郷平八郎伝」(星亮一)　光人社　2001.1　p329-330
　◎文献　「東郷平八郎—失われた五分間の真実」(菊田愼典)　光人社　2005.7　p209-211

東郷 隆　とうごう・りゅう〔1951—　作家〕
　◎著書一覧(縄田一男)　「東郷隆時代奇譚小説集」白泉社　2003.1　2pb

東洲斎 写楽　とうしゅうさい・しゃらく〔江戸時代後期　浮世絵師〕
　◎文献　「東洲斎写楽—原寸大全作品」(浅野秀剛, 諏訪春雄, 山口桂三郎)　小学館　2002.4　p334-335
　◎文献　「隠密写楽」(有田久文)　海鳥社　2003.8　p157-160

東條 喜代子　とうじょう・きよこ
　○業績一覧ほか　「産大法学　34.4」(京都産業大.)　2001.2　p1157-1163

東定 宣昌　とうじょう・のぶまさ〔1942—　経済史学〕
　○著書論文目録　「経済学研究　69.3・4」(九州大)　2003.1　p349-356

東條 英機　とうじょう・ひでき〔1884—1948　軍人・政治家〕
　◎参考文献　「東條英機と天皇の時代」(保阪正康)　筑摩書房　2005.11　p680-689

東条 正城　とうじょう・まさき〔1941—2001　心理学〕
　○業績ほか　「専修人文論集　69」(専修大)　2001.11　p117-121

刀田 和夫　とうだ・かずお〔1943—2004　サービス産業論〕
　○著書論文目録ほか　「経済学研究　70.2・3」(九州大)　2003.11　p333-334

藤堂 高虎　とうどう・たかとら〔1556—1630　武将・伊勢津藩主〕
　◎参考文献　「江戸時代の設計者—異能の武将・藤堂高虎」(藤田達生)　講談社　2006.3　p249-256

東平 恵司　とうへい・けいじ〔1938—2005　哲学〕
　○業績　「國士舘大學教養論集　59」(國士舘大)　2006.3　p3-5

東松 照明　とうまつ・しょうめい〔1930—　写真家〕
　◎文献目録(金子隆一)　「東松照明〔Tokyo曼荼羅〕」(東京都写真美術館)　東京都写真美術館　〔2007〕p172-183

頭山 満　とうやま・みつる〔1855—1944　国家主義者〕
　◎参考文献　「頭山満と玄洋社—大アジア燃ゆるまなざし」(読売新聞西部本社)　海鳥社　2001.10　p114-115
　◎参考文献　「人ありて—頭山満と玄洋社」(井川聡ほか)　海鳥社　2003.6　p285-288

遠田　晧良　とおだ・あきよし
　○業績ほか　「比較文化論叢　18」（札幌大）　2006.9　p15-18

遠山　淳　とおやま・じゅん〔1937—　コミュニケーション論〕
　○著作目録ほか　「国際文化論集　37」（桃山学院大）　2007.12　p457-466

戸上　宗賢　とがみ・むねよし〔1935—　産業社会学・社会思想史〕
　○業績一覧ほか　「龍谷大学経営学論集　43.1」（龍谷大）　2003.6　p192-195

戸川　秋骨　とがわ・しゅうこつ〔1870—1939　英文学者・随筆家・評論家〕
　○著作目録（松村公子）　「三田国文　44」（慶應義塾大）　2006.12　p29-103

外川　継男　とがわ・つぐお〔1934—　ロシア史〕
　◎著作年譜ほか　「サビタの花—ロシア史における私の歩み」（外川継男）　成文社　2007.12　p407-414

土岐　哲　とき・さとし〔1946—　応用言語科学・日本語教育・音声学〕
　◎業績　「日本語の教育から研究へ」（還暦記念論文集編集委員会）　くろしお出版　2006.11　p253-258

時枝　誠記　ときえだ・もとき〔1900—1967　国語〕
　◎文献目録　「戦後古典教育論の研究」（渡辺春美）　渓水社　2004.3　p364-375
　◎著述目録　「国語学原論　下」（時枝誠記）　岩波書店　2007.4　p271-274

時武　英男　ときたけ・ひでお〔1932—2002　刑事法〕
　○主要論著ほか　「法と政治　53.1」（関西学院大）　2002.4　p5-12

常葉　謙二　ときわ・けんじ
　○著作目録ほか　「文学部論叢　70」（熊本大）　2001.2　p2-6

徳江　和雄　とくえ・かずお
　○業績目録ほか　「茨城大学政経学会雑誌　74」（茨城大）　2004.3　p119-121

徳岡　神泉　とくおか・しんせん〔1896—1972　日本画家〕
　◎参考文献　「徳岡神泉—凝視の眼　生誕110年記念」（笠岡市立竹喬美術館）　竹喬美術館　2006　p126-131

徳川　家康　とくがわ・いえやす〔1542—1616　江戸幕府初代将軍〕
　◎参考文献　「英雄たちの臨終カルテ」（大坪雄三）　羽衣出版　2001.3　p242-244
　◎参考文献　「家康と伊賀越えの危難」（川﨑記孝）　日本図書刊行会　2002.11　p213-215
　◎史料ほか（高坂裕之ほか）　「徳川家康事典　コンパクト版」（藤野保ほか）　新人物往来社　2007.8　p300-327

徳川　光圀　とくがわ・みつくに〔1628—1700　大名〕
　◎文献　「水戸黄門は"悪人"だった」（木村哲人）　第三書館　2002.2　p186-187
　◎参考文献　「徳川御三家江戸屋敷発掘物語—水戸黄門邸を探る」（文京ふるさと歴史館）　文京区　2006.10　p86-93
　◎参考文献　「徳川光圀」（鈴木暎一）　吉川弘文館　2006.11　p312-317
　◎参考文献　「水戸光圀の余香を訪ねて」（住谷光一）　水戸史学会　2007.5　p245-246

徳川　夢声　とくがわ・むせい〔1894—1971　放送芸能家・随筆家・俳優〕
　◎文献　「図説徳川将軍家・大名の墓—江戸の残照をたずねて　増補版」（河原芳嗣）　アグネ技術センター　2003.3　p305-306
　◎文献　「徳川夢声と出会った」（浜田研吾）　晶文社　2003.12　p212-213
　○著作目録ほか（濱田研吾）　「映画論叢　10」（樹花舎）　2004.12　p86-101
　◎参考文献ほか　「徳川将軍家の結婚」（山本博文）　文藝春秋　2005.12　p208-212

徳川　慶喜　とくがわ・よしのぶ〔1837—1913　江戸幕府15代将軍〕
　◎参考文献　「徳川慶喜」（家近良樹）　吉川弘文館　2004.10　p234-238
　◎参考文献　「その後の慶喜—大正まで生きた将軍」（家近良樹）　講談社　2005.1　p207-210
　◎参考文献　「最後の将軍徳川慶喜の無念—大統領になろうとした男の誤算」（星亮一ほか）　光人社　2007.2　p288-289
　◎参考文献　「謎とき徳川慶喜—なぜ大坂城を脱出したのか」（河合重子）　草思社　2007.5　p315-318
　◎参考文献　「徳川慶喜公の散歩道—別荘の街・国府津の人模様」（奥津弘高）　夢工房　2007.5　p244-249

徳川　善宣　とくがわ・よしのぶ
　○論文一覧　「新修徳川家康文書の研究　2」（徳川義宣）　徳川黎明會　2006.11　p856-863

徳川　吉宗　とくがわ・よしむね〔1684—1751　江戸幕府8代将軍〕
　◎参考文献　「徳川吉宗・国家再建に挑んだ将軍」（大石学）　教育出版（江戸東京ライブラリー　15）　2001.3　p194-198
　◎参考文献　「吉宗と享保の改革　改訂新版」（大石学）　東京堂出版（教養の日本史）　2001.9　p362-367

徳座　晃子　とくざ・あきこ〔1932—　英米文学〕
　○業績ほか　「人文自然科学論集　117」（東京経済大）　2004.2　p5-15

徳田　秋声　とくだ・しゅうせい〔1871—1943　小説家〕
　◎年譜（榎本隆司）　「徳田秋声—明治の文学　9」（坪内祐三）　筑摩書房　2002.3　p420-425
　◎「徳田秋声全集　別巻」（徳田秋声）　八木書店　2002.11　380p　A5

◎年譜　「秋聲―徳田秋聲記念館」　金沢市　2005.4　p54-67
◎「徳田秋聲全集　別巻　年譜・書誌・著作目録・書簡他」（徳田秋聲）　八木書店　2006.7　312,22p　A5
◎年譜ほか（松本徹）　「あらくれ」（徳田秋声）　講談社　2006.7　p262-279

徳田 教之　とくだ・のりゆき〔1931―　比較政治〕
○著作目録ほか　「平成法政研究　6.1.10」（平成国際大）　2001.11　p293-298

徳田 白楊　とくだ・はくよう
◎年譜　「徳田白楊日記抄」（徳田白楊）　一莖書房　2005.7　p330-331

徳田 八十吉(1代目)　とくだ・やそきち〔1873―1956　陶芸家〕
○参考文献　「初代徳田八十吉―古九谷・吉田屋の再現にかけた生涯　特別展歿後50年」（坂下雅子ほか）　小松市立博物館　2006　p154」

徳谷 昌勇　とくたに・まさお〔1940―　リスクマネジメント・新製品開発〕
○著作目録ほか　「成蹊大学経済学部論集　32.1」（成蹊大）　2001.10　p16-20

渡久地 實　とぐち・みのる
○業績目録ほか　「琉球大学工学部紀要　68」（琉球大）　2007.3　p73-75

徳富 蘇峰　とくとみ・そほう〔1863―1957　評論家〕
◎参考文献　「徳富蘇峰」（米原謙）　中央公論新社　2003.8　p247-252
◎略年譜　「近代日本と徳富兄弟―徳富蘇峰生誕百四十年記念論集」　蘇峰会　2003.10　p195-203
◎年表　「徳富蘇峰終戦後日記―頑蘇夢物語」（徳富蘇峰）　講談社　2006.7　p428-441

徳冨 蘆花　とくとみ・ろか〔1868―1927　小説家〕
◎年譜　「蘆花と愛子の菊池―ふるさと文学選」　菊池市教育委員会　2001.3　p340-362
◎年譜（吉田正信）　「弟・徳富蘆花」（徳富蘇峰）　中央公論新社（中公文庫）　2001.5　p138-218
◎年譜　「徳富蘆花・木下尚江―明治の文学　18」（坪内祐三）　筑摩書房　2002.10　p412-418
◎略年譜　「近代日本と徳富兄弟―徳富蘇峰生誕百四十年記念論集」　蘇峰会　2003.10　p195-203
◎著作一覧ほか　「蘆花の妻、愛子―阿修羅のごとき夫なれど」（本田節子）　藤原書店　2007.10　p343-349

徳永 重元　とくなが・しげもと
◎業績　「徳永重元博士献呈論集」（編集委員会）　パリノ・サーヴェイ　2007.10　p7-12

徳永 寿美子　とくなが・すみこ〔1888―1970　児童文学者〕
◎年譜ほか　「お母さん童話の世界へ―徳永寿美子の足跡」（渡辺玲子）　文芸社　2003.1　p209-222

徳永 哲男　とくなが・てつお〔1936―　〕
○業績ほか　「立正法学論集　34.2」（立正大）　2001　p13-15f

徳永 透　とくなが・とおる
○略歴ほか　「短大論叢　107」（関東学院女子短大）　2001.5　p1-4
○略歴　「関東学院大学人間環境学会紀要　5」（関東学院大）　2006.1　p114-117

徳永 康元　とくなが・やすもと〔1912―2003　言語学・ハンガリー語〕
◎略年譜　「ブダペスト日記」（徳永康元）　新宿書房　2004.8　p314-315

徳間 康快　とくま・やすよし〔1921―2000　映画プロデューサー〕
◎参考文献　「龍になった男　小説・徳間康快」（萩原信一郎）　文芸社　2001.7　p199」

徳増 典洪　とくます・てんこう
○業績目録ほか　「久留米大学商学研究　12.4」（久留米大）　2007.3　p17-23

徳丸 吉彦　とくまる・よしひこ〔1936―　民族音楽学〕
○業績ほか　「お茶の水音楽論集　5」（お茶の水音楽研究会）　2003.4　p164-188
○業績一覧　「お茶の水音楽論集　6」（お茶の水音楽研究会）　2004.4　p92-115

徳本 伸一　とくもと・しんいち〔1941―　民法〕
○業績目録ほか　「金沢法学　49.2」（金沢大）　2007.3　p4-14

徳本 正彦　とくもと・まさひこ〔1931―　政治学・政治社会学〕
○著作目録ほか　「姫路法学　34・35」（姫路独協大）　2002.3　p259-264

土倉 莞爾　とくら・かんじ〔1943―　フランス政治史〕
○著作目録ほか　「関西大学法学論集　53.4・5」（関西大）　2004.2　p495-507

所 雅彦　ところ・まさひこ〔1935―　社会学〕
○経歴ほか　「比較文化論叢　18」（札幌大）　2006.9　p7-8

土佐 光茂　とさ・みつもち〔画家〕
◎参考文献　「表象としての美術、言説としての美術史―室町将軍足利義晴と土佐光茂の絵画」（亀井若菜）　ブリュッケ　2003.12　p263-268

戸坂 潤　とさか・じゅん〔1900―1945　哲学〕
◎略年譜　「暗き時代の抵抗者たち―対談古在由重・丸山眞男」（太田哲男）　同時代社　2001.1　p260-262
◎略年譜　「京都哲学撰書　10　科学と文学の架橋」（戸坂潤）　燈影舎　2001.1　p534-535
◎初出（林淑美）　「増補世界の一環としての日本　2」（戸坂潤）　平凡社　2006.8　p360-365

戸崎 宏正　とさき・ひろまさ〔1930―　印度哲学・仏教史〕
○著作目録ほか　「インドの文化と論理―戸崎宏正博士古稀記念論文集」（赤松明彦）　九州大学出版会　2000.10　p3-8f

戸沢 充則　とざわ・みつのり〔1932—　考古学〕
◎年譜　「市民と学ぶ考古学」(明治大学考古学研究室)　白鳥舎　2003.5　p1-25b

利谷 信義　としたに・のぶよし〔1932—　法社会〕
○著作目録ほか　「現代法学　9」(東京経済大)　2005.3　p5-33

智仁親王　としひとしんのう〔1579—1629　皇族〕
◎略年譜　「智仁親王詠草類　3」(智仁親王)　宮内庁書陵部　2001.3　p339-360

戸島 美喜夫　とじま・みきお〔1937—　作曲〕
○略歴ほか　「松阪大学紀要　22.1」(松阪大)　2004　p13-15

戸田 城聖　とだ・じょうせい〔1900—1958　宗教家〕
◎略年譜　「恩師戸田城聖先生　池田名誉会長が語る」(池田大作)　第三文明社　2001.9　p486-493

戸田 貞三　とだ・ていぞう〔1887—1955　社会〕
◎著作文献目録ほか　「戸田貞三—家族研究・実証社会学の軌跡」(川合隆男)　東信堂　2003.10　p136-150

戸田 俊彦　とだ・としひこ〔1942—　能力開発・中小企業経営論〕
○業績ほか　「彦根論叢　365」(滋賀大)　2007.3　p147-160

戸田 秀雄　とだ・ひでお〔1935—　会計監査論〕
○著作目録ほか　「愛知学院大学論叢　経営学研究　16.1」(愛知学院大)　2006.9　p121-127

戸田 博之　とだ・ひろし〔1933—　会計学〕
○著作目録ほか　「神戸学院大学経営学論集　1.2」(神戸学院大)　2005.3　p199-205

戸田 正直　とだ・まさなお〔1924—2006　認知科学・社会心理学〕
○業績ほか(今井四郎ほか)　「心理学研究　78.1」(日本心理学会)　2007.4　p77-80

戸田 光昭　とだ・みつあき〔1935—　図書館情報学・記録管理学〕
○業績　「文化情報学　13.2」(駿河台大)　2006.12　p107-110

櫪本 功　とちもと・いさお〔1933—　経済学〕
○著作目録ほか　「広島国際研究　9」(広島市立大)　2003.11　p201-204

杤山 美知子　とちやま・みちこ
○業績ほか　「大阪大谷大学英語英文学研究　34」(大阪大谷大)　2007.3　p202-204

砺波 護　となみ・まもる
○著作目録　「東洋史研究　59.4」(東洋史研究会)　2001.3　p1-21b

戸根 住夫　とね・すみお〔1924—　弁護士〕
○著作目録ほか　「姫路法学　31・32」(姫路法学会)　2001.3　p393-400

刀根 武晴　とね・たけはる〔1932—　マーケティング・商業学〕
○著作目録ほか　「明大商学論叢　84.1」(明治大)　2002.2　p241-245
○略歴　「九州産業大学経営学論集　17.1」(九州産業大)　2006　4pf

刀根 辰夫　とね・たつお
○著作目録ほか　「文学部論叢　84」(熊本大)　2005.3　p3-6

外村 繁　とのむら・しげる〔1902—1961　小説家〕
○書誌補遺　1(外村彰)　「論究日本文学　75」(立命館大)　2001.12　p68-75
○著述年表ほか(外村彰)　「論究日本文学　75」(立命館大)　2002.3　p68-75

戸張 規子　とばり・のりこ〔1936—　フランス演劇〕
○自筆略年譜　「慶応義塾大学日吉紀要　フランス語フランス文学　35」(慶応義塾大)　2002.9　p1-2

戸祭 達郎　とまつり・たつろう
○著作目録ほか　「立命館経済学　55.5・6」(立命館大)　2007.3　p679-682

都丸 十九一　とまる・とくいち〔1917—2000　郷土史家〕
◎年譜ほか　「上州の風土と方言　改訂版」(都丸十九一)　上毛新聞社　2002.4　p272-278

富岡 多恵子　とみおか・たえこ〔1935—　詩人・小説家〕
○著書目録ほか(与那覇恵子ほか)　「ひべるにあ島紀行」(富岡多恵子)　講談社　2004.2　p331-343
○著書目録ほか(与那覇恵子)　「動物の葬禮—富岡多恵子自選短篇集　はつむかし—富岡多恵子自選短篇集」(富岡多恵子)　講談社　2006.2　p268-281

富岡 鉄斎　とみおか・てっさい〔1836—1924　日本画家〕
◎参考文献　「鉄斎の陽明学—わしの画を見るなら、先ず賛を読んでくれ」(戦暁梅)　勉誠出版　2004.2　p247-252

富川 房信　とみかわ・ふさのぶ
○著作年表(松原哲子)　「実践国文学　61」(実践国文学会)　2002.3　p61-91

富澤 赤黄男　とみざわ・かきお〔1902—1962　俳人〕
◎参考資料(滝浪貴史)　「展望現代の詩歌　9　俳句 I」(飛高隆夫ほか)　明治書院　2007.4　p186-187

富澤 敏勝　とみざわ・としかつ
○略歴ほか　「山形大学紀要　社会科学　37.2」(山形大)　2007.3　2pf

富澤 秀文　とみざわ・ひでふみ
○業績目録　「群馬大学教育学部紀要　芸術・技術・体育・生活科学編　41」(群馬大)　2006.2　p219-223

富田 重夫　とみた・しげお〔1925—　経済学〕
○研究業績ほか　「国際経済論集　8.2」(浜松大)　2001.12　p195-198

冨田　忠義　とみた・ただよし
　○業績ほか　「独協経済　84」（独協大）　2007.11　p5-8

冨田　常雄　とみた・つねお〔1904―1967　小説家〕
　◎単行本リスト　「姿三四郎と富田常雄」（よしだまさし）　本の雑誌社　2006.2　p239-253

冨田　光彦　とみた・てるひこ
　○業績目録ほか　「彦根論叢　334」（滋賀大）　2002.1　p235-245

冨田　仁　とみた・ひとし〔1933―2009　比較文学〕
　○略歴　「桜文論叢　58」（日本大）　2003.12　p3-7f

冨田　木歩　とみた・もっぽ〔1897―1923　俳人〕
　◎参考文献ほか　「松倉米吉・富田木歩・鶴彬」（小沢信男）　イー・ディー・アイ　2002.8　p79-95

冨所　隆治　とみどころ・たかじ〔1935―　アメリカ史〕
　○業績目録　「群馬大学教育学部紀要　人文・社会科学編　50」（群馬大）　2001.3　p365-367

富永　太郎　とみなが・たろう〔1901―1925　詩人・洋画家〕
　◎略年譜　「中原中也と富永太郎展―二つのいのちの火花」（神奈川文学振興会）　神奈川近代文学館　2007.4　p62-63

富永　斉　とみなが・ひとし〔1892―1967　化学〕
　○業績ほか　「琉球大学経済研究　72」（琉球大）　2006.9　p4-8

富小路　禎子　とみのこうじ・よしこ〔1926―2002　歌人〕
　◎年譜　「富小路禎子」（高橋順子）　新潮社　2001.8　p191-201

富森　助右衛門　とみのもり・すけえもん〔1670―1703　播磨赤穂藩士〕
　◎参考文献　「うろんなり助右衛門―ある赤穂浪士とその末裔」（冨森叡児）　草思社　2002.12　p206-209

富村　傳　とみむら・でん
　○著作一覧ほか（小山雅人ほか）　「オリエント　49.1」（日本オリエント学会）　2006　p203-206

留岡　清男　とめおか・きよお〔1898―1977　教育者・教育学者〕
　◎文献　「北海道家庭学校と留岡清男―創立者・留岡幸助を引き継いで」（藤井常文）　三学出版　2003.7　p331-333

留岡　幸助　とめおか・こうすけ〔1864―1934　社会事業家〕
　◎参考文献　「福祉実践にかけた先駆者たち―留岡幸助と大原孫三郎」（兼田麗子）　藤原書店　2003.10　p303-329
　◎引用参考文献　「留岡幸助とペスタロッチ―巣鴨家庭学校を舞台にした教育実験」（藤井常文）　三学出版　2007.2　p304-307

友杉　芳正　ともすぎ・よしまさ〔1942―　会計学〕
　○著作目録　「経済科学　53.4」（名古屋大）　2006.3　p111-120

朝永　振一郎　ともなが・しんいちろう〔1906―1979　理論物理学者〕
　◎文献目録ほか　「朝永振一郎著作集　別巻　3　朝永振一郎・人と業績　新装」　みすず書房　2002.1　p345-370
　◎著作目録　「朝永振一郎著作集　別巻　1　学問をする姿勢―補遺33篇　新装」（朝永振一郎）　みすず書房　2002.1　p323-354
　◎年譜　「回想の朝永振一郎　新装版」（松井巻之助）　みすず書房　2006.4　p391-398

伴林　光平　ともばやし・みつひら〔1813―1864　志士〕
　◎略年譜　「今村歌合集と伴林光平　増補改訂版」（堀井壽郎）　ぺりかん社　2001.4　p379」

土門　拳　どもん・けん〔1909―1990　写真家〕
　◎参考文献　「木村伊兵衛と土門拳―写真とその生涯」（三島靖）　平凡社　2004.1　p333-338
　◎年譜ほか　「土門拳の写真撮影入門―入魂のシャッター二十二条」（都築政昭）　近代文芸社　2004.7　p205-214

外山　滋比古　とやま・しげひこ〔1923―　評論家〕
　◎年譜・書誌　「外山滋比古著作集　3　異本と古典」（外山滋比古）　みすず書房　2003.3　p335-347

外山　義　とやま・ただし〔1950―2002　建築計画学・環境心理学〕
　◎年譜ほか　「対話―外山義魂の器を求めて」（外山義先生追悼集編集委員会）　外山義先生追悼集編集委員会　2003.11　p312-325

豊岡　隆　とよおか・たかし〔1937―　会計学〕
　○業績ほか　「琉球大学経済研究　63」（琉球大）　2002.3　p4-13

豊川　善曄　とよかわ・ぜんよう
　○著作一覧ほか　「豊川善曄選集」　法政大学沖縄文化研究所（沖縄研究資料　18）　2001.3　p134-142

豊国　孝　とよくに・たかし〔1935―　英文学〕
　○略歴ほか　「文化と言語　65」（札幌大）　2006.11　4pf

豊嶋　弘　とよしま・ひろし
　○著作目録（豊嶋祥子）　「香川生物　29」（香川生物学会）　2002.5　p1-12

豊島　与志雄　とよしま・よしお〔1890―1955　評論家・小説家〕
　◎参考文献ほか　「豊島与志雄童話の世界」（中野隆之）　海鳥社　2003.9　p155-161
　◎著作目録　「豊島与志雄への測鉛」（永淵道彦）　花書院　2005.12　p230-277

豊島　義一　とよしま・よしかず〔1935―　会計学〕
　○業績ほか　「石巻専修大学経営学研究　18.2」（石巻専修大）　2007.2　2pf

豊田 喜一郎　とよだ・きいちろう〔1894―1952　実業家〕
　◎参考引用文献　「トヨタを創った男―豊田喜一郎」（野口均）　ワック　2002.11　p349-353
　◎参考資料　「豊田市を先駆けた人―挙母と寿一と喜一郎と」（豊田市のあゆみ調査会）　豊田市教育委員会　2003.3　p405-406

豊田 佐吉　とよだ・さきち〔1867―1930　実業家・発明家〕
　◎参考文献　「豊田佐吉とトヨタ源流の男たち」（小栗照夫）　新葉館出版　2006.8　p248-249

豊田 利久　とよだ・としひさ〔1940―　計量経済学〕
　○略歴ほか　「国際協力論集　12.1」（神戸大）　2004.8　p113-121

豊田 ひさき　とよだ・ひさき〔1944―　教育学〕
　○略歴ほか　「人文研究　56」（大阪市立大）　2005.3　p11-20

豊田 政子　とよだ・まさこ
　○略歴ほか　「文学論藻　78」（東洋大）　2004.2　p3-5

豊臣 秀吉　とよとみ・ひでよし〔1536―1598　関白〕
　◎注文献　「秀吉の朝鮮侵略」（北島万次）　山川出版社　2002.7　4pb
　◎参考文献　「太閤道伝説を歩く」（牛嶋英俊）　弦書房　2006.3　p280-281
　◎参考文献　「秀吉の天下統一戦争」（小和田哲男）　吉川弘文館　2006.10　p270-273
　◎参考文献ほか　「秀吉神話をくつがえす」（藤田達生）　講談社　2007.9　p266-273
　◎参考文献　「秀吉お伽衆―天下をとりまく達人たち」（大阪城天守閣）　大阪城天守閣特別事業委員会　2007.10　p158-162

豊臣氏　とよとみし
　◎参考文献　「織豊興亡史―三英傑家系譜考」（早瀬晴夫）　今日の話題社　2001.7　p426-432
　◎参考文献ほか　「豊臣氏存続―豊臣家定とその一族」（早瀬晴夫）　今日の話題社　2006.6　p358-363

鳥井 克之　とりい・かつゆき〔1934―　中国語・中国文学〕
　○業績　「関西大学外国語教育研究　9」（関西大）　2005.3　p3-5

鳥井 清　とりい・きよし
　○略歴ほか　「大阪樟蔭女子大学英米文学会誌　42」（大阪樟蔭女子大）　2006.3　3pf

鳥居 邦朗　とりい・くにお〔1933―　近代日本文学〕
　○業績ほか　「武蔵大学人文学会雑誌　36.3」（武蔵大）　2005.1　p5-11

鳥居 淳子　とりい・じゅんこ〔1935―　国際私法〕
　○業績ほか　「成城法学　75」（成城大）　2007.2　p154-139

鳥居 龍蔵　とりい・りゅうぞう〔1870―1953　考古学〕
　◎引用文献ほか　「鳥居龍蔵伝―アジアを走破した人類学者」（中薗英助）　岩波書店　2005.9　p485-502
　◎引用文献　「鳥居龍藏のみた日本―日本民族・文化の源流を求めて」（田畑久夫）　古今書院　2007.7　p305-317

鳥居塚 正　とりいつか・ただし
　○著作目録ほか　「桜文論叢　52」（日本大）　2001.2　p5-7f

鳥海 靖　とりうみ・やすし〔1934―　日本近現代史〕
　○業績ほか　「紀要　史学科49」（中央大）　2004.3　p165-199

鳥飼 玖美子　とりかい・くみこ〔1946―　英語コミュニケーション論・英語教育〕
　◎著書リストほか　「同時通訳者鳥飼玖美子」（大橋由香子）　理論社　2002.12　p200-202

鳥越 憲三郎　とりごえ・けんざぶろう〔1914―2007　俳人〕
　○著書目録　「生活文化史　50」（日本生活文化史学会）　2006.9　p18-19
　○著作目録ほか　「生活文化史　52」（日本生活文化史学会）　2007.9　p14-20
　◎略年譜ほか　「琉球おもろ学者鳥越憲三郎」（山口栄鉄）　琉球新報社　2007.10　p250-255

鳥浜 トメ　とりはま・とめ〔1902―1992〕
　◎年譜　「ホタル帰る　特攻隊員と母トメと娘礼子」（赤羽礼子）　草思社　2001.5　p242-245

頓宮 廉正　とんぐう・やすまさ
　○業績目録ほか　「岡山大学法学会雑誌　53.3・4」（岡山大）　2004.3　p719-753

【 な 】

内藤 明　ないとう・あきら〔1954―　国文学〕
　○略歴　「内藤明集」（内藤明）　邑書林　2005.10　p145-146

内藤 吉之助　ないとう・きちのすけ
　◎略年譜ほか　「栗生武夫先生・小早川欣吾先生・戴炎輝博士・小林宏先生・山崎丹照先生略年譜・著作目録」（吉原丈司）　〔吉原丈司〕　2007.1　p120-130

内藤 湖南　ないとう・こなん〔1866―1934　東洋史〕
　◎年譜　「東洋文化史」（礪波護）　中央公論新社　2004.4　p433-442

内藤 充真院繁子　ないとう・じゅうしんいんしげこ
　◎「延岡藩主夫人内藤充真院繁子著作集　1」（内藤充真院繁子）　明治大博物館　2005.2　187p　B5

内藤 俊彦　ないとう・としひこ
　○著作目録ほか　「法政理論　39.2」（新潟大）　2007.2　p3-5

内藤 虎次郎　ないとう・とらじろう
　⇒内藤 湖南（ないとう・こなん）を見よ

内藤 雅雄　ないとう・まさお〔1940—　インド近・現代思想史〕
　○発表一覧ほか　「アジア・アフリカ言語文化研究 63」（東京外語大）　2002.3　p325-336

内藤 ルネ　ないとう・るね〔1932—2007　イラストレーター〕
　◎年譜ほか　「内藤ルネ―少女たちのカリスマ・アーティスト」（内藤ルネ）　河出書房新社　2002.6　p118-126

直井 優　なおい・あつし〔1942—　社会学〕
　○業績ほか　「大阪大学大学院人間科学研究科紀要 32」（大阪大）　2006　p367-370

直江 兼続　なおえ・かねつぐ〔1560—1619　武将〕
　◎参考文献　「花に背いて―直江兼続とその妻」（鈴木由紀子）　幻冬舎　2002.7　p468-470

直木 三十五　なおき・さんじゅうご〔1891—1934　小説家〕
　◎著作年表（西村みゆきほか）　「直木三十五入門―こんなおもろい人だった」（福山琢磨）　新風書房　2005.2　p201-224
　◎年譜ほか　「直木三十五伝」（植村鞆音）　文藝春秋　2005.8　p261-273

直良 信夫　なおら・のぶお〔1902—1985　考古・古生物〕
　◎参考文献　「直良信夫と明石―発掘された明石の歴史展　'05企画展」（明石市立文化博物館）　明石市立文化博物館　2005.11　p51-52

中 勘助　なか・かんすけ〔1885—1965　小説家・詩人〕
　○書誌（市川浩昭）　「学苑　793」（昭和女子大）　2006.11　p23-28

那珂 太郎　なか・たろう〔1922—　詩人〕
　◎参考資料（渡辺石夫）　「展望現代の詩歌　2　詩 II」（飛高隆夫ほか）　明治書院　2007.2　p313」

仲 みどり　なか・みどり〔1909—1945　女優〕
　◎参考文献　「「仲みどり」をさがす旅」（青木笙子）　河出書房新社　2007.7　p236-241

中 善宏　なか・よしひろ〔1943—　会計学〕
　○業績　「商学討究　57.4」（小樽商大）　2007.3　p273-275

中井 晨　なかい・あきら〔1941—　英米文学〕
　○業績ほか（押本年眞）　「言語文化　8.4」（同志社大）　2006.3　p849-860

永井 荷風　ながい・かふう〔1879—1959　小説家〕
　◎対照年譜　「永井荷風と河上肇　放蕩と反逆のクロニクル」（吉野俊彦）　NHK出版　2001.6　p467-472
　◎年譜　「永井荷風　谷崎潤一郎　明治の文学25」（久世光彦）　筑摩書房　2001.11　p408-412
　◎年表　「荷風極楽」（松本哉）　朝日新聞社　2001.11　6pb
　◎参考図書　「荷風とニューヨーク」（末延芳晴）　青土社　2002.10　p423-429
　◎参考文献目録（羅勝会）　「国文学解釈と鑑賞 67.12」（至文堂）　2002.12　p150-159
　◎年譜著書目録（保昌正夫）　「わが荷風」（野口富士男）　講談社　2002.12　p308-324
　◎文献　「わが荷風　下」（野口富士男）　埼玉福祉会　2004.11　p253-272
　◎参考文献　「荷風のリヨン―『ふらんす物語』を歩く」（加太宏邦）　理想社　2005.2　p253-259
　◎参考文献ほか　「図説永井荷風」（川本三郎ほか）　河出書房新社　2005.5　p108-110
　◎参考文献　「荷風のあめりか」（末延芳晴）　平凡社　2005.12　p436-443
　◎年譜　「永井荷風―ひとり暮らしの贅沢」（永井永光ほか）　新潮社　2006.5　p126-127
　◎参考文献　「永井荷風論―西欧的「熱情」の沸点と冷却」（福多久）　郁朋社　2006.6　p248-250
　◎参考文献ほか　「荷風日和下駄読みあるき」（岩垣顕）　街と暮らし社　2007.3　p131-132
　◎注　「荷風と静枝―明治大逆事件の陰画」（塩浦彰）　洋々社　2007.4　p251-258
　◎年表　「永井荷風のニューヨーク・パリ・東京―造景の言葉」（南明日香）　翰林書房　2007.6　p375-385

永井 憲一　ながい・けんいち〔1931—　憲法・教育法〕
　○業績　「法学志林　100.1.724」（法政大）　2003.1　p127-201

中井 健一　なかい・けんいち〔1937—　社会福祉学〕
　○著作目録ほか　「岐阜経済大学論集　41.1」（岐阜経済大）　2007.11　p281-283

永井 豪　ながい・ごう〔1945—　漫画家〕
　◎作品リスト　「コミックを作った10人の男―巨星たちの春秋」（瀬戸龍哉ほか）　ワニブック　2002.5　p34-35
　◎全作品クロニクル　「永井豪作品全書―永井豪クロニクル」（永井豪）　新紀元社　2002.12　p649-683
　◎年譜　「世界の終わりと始まりに―漫画家永井豪創作の秘密」（永井豪）　東京百科　2003.10　p221-223

永井 繁子　ながい・しげこ
　◎文献　「舞踏への勧誘―日本最初の女子留学生永井繁子の生涯」（生田澄江）　文芸社　2003.3　p273-279

永井 隆　ながい・たかし〔1908—1951　医学〕
　◎年譜要旨（永井元）　「永井隆全集　1」（永井隆）　サンパウロ　2003.7　p782-789
　◎年譜　「平和を～永井隆」（長崎純心大学博物館）　長崎純心大博物館　2005.3　p90-94
　◎年譜ほか　「永井隆―平和を祈り愛に生きた医師」（中井俊已）　童心社　2007.6　p170-175

仲井 斌　なかい・たけし〔1935—　政治評論家〕
　○業績ほか　「専修法学論集　96」（専修大）　2006.3　p31-37b

永井 昇　ながい・のぼる〔1910—1988〕
　○業績目録ほか　「観光学研究　6」（東洋大）　2007.3　p135-138

永井 永光　ながい・ひさみつ
　◎略年譜　「父荷風」（永井永光）　白水社　2005.6　p213-215

永井 秀夫　ながい・ひでお〔1925—2005　日本近代史・北海道開拓史〕
　◎著作目録　「日本の近代化と北海道」（永井秀夫）　北海道大出版会　2007.6　p383-393

中井 英夫　なかい・ひでお〔1922—1993　小説家〕
　◎年譜（本多正一）　「凶鳥の黒影—中井英夫へ捧げるオマージュ」（赤江瀑ほか）　河出書房新社　2004.9　p282-302
　◎略年譜　「中井英夫—虚実の間に生きた作家」（本多正一）　河出書房新社　2007.6　p194-195

永井 博　ながい・ひろし〔1935—　統計学〕
　○著作目録ほか　「和光経済　36.3」（和光大）　2004.3　p209-213

中井 正一　なかい・まさかず〔1900—1952　美学・哲学〕
　◎略年譜　「中井正一—新しい「美学」の試み　増補」（木下長宏）　平凡社　2002.7　p280-291
　◎略年譜・文献　「公共性のエートス—三宅雪嶺と在野精神の近代」（長妻三佐雄）　世界思想社　2002.11　p251-270
　◎略年譜　「中井正一エッセンス」（中井正一ほか）　こぶし書房　2003.7　p294-299
　◎参考文献　「中井正一のメディア論」（後藤嘉宏）　学文社　2005.1　p1-15b

永井 道雄　ながい・みちお〔1923—2000　教育社会学〕
　◎著作目録ほか　「未完の大学改革」（松川育代）　中央公論新社　2002.4　p385-396

永井 陽子　ながい・ようこ〔1951—2000　歌人〕
　◎年譜（青柳守音）　「永井陽子全歌集」（永井陽子）　青幻社　2005.1　p706-708

中井 良宏　なかい・よしひろ〔1940—　教育学・教育史〕
　○業績ほか　「松阪大学紀要　23.1」（松阪大）　2005　p2-7

永井 柳太郎　ながい・りゅうたろう
　○著作目録（池田徳治）　「文献探索　2000」（文献探索研究会）　2001.2　p34-54

永池 克明　ながいけ・かつあき
　○著書・論文目録　「経済学研究　71.1」（九州大）　2004.5　p207-211

長岩 寛　ながいわ・ひろし
　○業績ほか　「人文科学論集　48・49」（明治大）　2003.3　p8-10f

中右 瑛　なかう・えい〔1934—　洋画家・浮世絵収集家〕
　◎著書ほか　「波乱万丈・恋・人生—夢二ドキュメント」（中右瑛）　里文出版　2003.6　p226」

中右 実　なかう・みのる〔1941—　英語・言語学〕
　◎業績ほか　「意味と形のインターフェース—中右実教授還暦記念論文集　下巻」（中右実教授還暦記念論文集編集委員会）　くろしお出版　2001.3　p1029-1048

中内 功　なかうち・いさお〔1922—2005　実業家〕
　◎参考文献　「カリスマ　中内功とダイエーの「戦後」　下」（佐野眞一）　新潮社　2001.5　p495-516

中内 清人　なかうち・きよと
　○業績ほか　「立教経済学研究　58.3」（立教大）　2005.1　p207-209

中内 敏夫　なかうち・としお〔1930—　教育史〕
　◎年譜ほか　「家族の人づくり　18-20世紀日本　中内敏夫著作集8」（中内敏夫）　藤原書店　2001.7　p205-258
　○学業一覧ほか　「中京大学社会学部紀要　16.1」（中京大）　2002　p3-33

中江 彬　なかえ・あきら〔1944—　イタリア美術史〕
　○略歴ほか　「人文学論集　25」（大阪府立大）　2007.3　p1-6f

中江 兆民　なかえ・ちょうみん〔1847—1901　自由民権思想〕
　◎略年譜　「福沢諭吉と中江兆民」（松永昌三）　中央公論新社（中公新書）　2001.1　p238-241
　◎略年譜（山田博雄）　「兆民をひらく　明治近代の〈夢〉を求めて　日本アンソロジー中江兆民」（井田進也）　光芒社　2001.12　p485-594
　◎参考引用文献　「生涯野人—中江兆民とその時代」（岳真也）　作品社　2007.6　p417-419

中江 俊夫　なかえ・としお〔1933—　詩人〕
　◎参考資料（中村不二夫）　「展望現代の詩歌　4　詩IV」（飛高隆夫ほか）　明治書院　2007.8　p145-146

永雄 策郎　ながお・さくろう
　◎書誌　「永雄策郎—近代日本の拓殖（海外雄飛）政策家」（拓殖大学創立百年史纂室）　拓殖大　2004.3　p427-432
　◎関係書誌　「学統に関わる書誌　1」（拓殖大学創立百年史編纂室）　拓殖大　2004.7　p139-147

中尾 佐助　なかお・さすけ〔1916—1993　育種・民族〕
　◎主要著作　「探検博物学　中尾佐助著作集3」（中尾佐助）　北大図書刊行会　2004.12　p566-567
　◎主要著作一覧　「照葉樹林文化論　中尾佐助著作集6」（中尾佐助）　北海道大出版会　2006.2　p811-854

中尾 堯　なかお・たかし〔1931—　日本仏教史・日本古文書学〕
　○出版目録ほか（北村行遠）　「立正大学文学部論叢　115」（立正大）　2002.3　p8-18

長尾 演雄　ながお・のぶお〔1937—　社会学〕
　○業績一覧　「横浜市立大学論叢　54　社会科学系列　2・3」（横浜市立大）　2003.3　p3-6

中尾 訓生　なかお・みちお〔1944—　経済学〕
　○業績ほか　「山口経済学雑誌　55.5」（山口大）　2007.3　p751-755

長尾 光之　ながお・みつゆき〔1942—　中国語学〕
　○業績目録ほか　「行政社会論集　19.4」（福島大）　2007　p21-28

中尾 芳治　なかお・よしはる〔1936—　考古学・博物館学〕
　○著作目録　「帝塚山学院大学日本文学研究　36」（帝塚山学院大）　2005.2　p5-14

中上 健次　なかがみ・けんじ〔1946—1992　小説家〕
　◎文献　「貴種と転生・中上健次」（四方田犬彦）　筑摩書房（ちくま学芸文庫）　2001.7　p443-446
　◎年譜ほか　「中上健次―文芸別冊」（河出書房新社）　河出書房新社　2002.8　p212-227
　◎年譜　「中上健次事典―論考と取材日録」（高沢秀次）　恒文社21　2002.8　p309-379
　◎参考図書　「中上健次論―熊野・路地・幻想」（守安誠司）　解放出版社　2003.7　p314-316
　◎年譜ほか（藤本寿彦）　「風景の向こうへ・物語の系譜」（中上健次）　講談社　2004.12　p355-367
　◎全発言リスト（高澤秀次）　「中上健次未収録対論集成」（中上健次）　作品社　2005.12　p541-547

中川 和子　なかがわ・かずこ
　○論文目録ほか　「経済科学研究　4.2.7」（広島修道大）　2001.2　2pb

中川 和彦　なかがわ・かずひこ〔1931—　商法・経済法〕
　○業績ほか　「成城法学　70」（成城大）　2003.6　p265-283

中川 一政　なかがわ・かずまさ〔1893—1991　洋画家〕
　◎年譜（中島理壽）　「中川一政油彩全作品集」（中川一政）　刊行委員会　2007.3　p357-377

中川 浩一　なかがわ・こういち〔1931—　地理学史・鉄道史・産業考古学〕
　○著作目録　「流通経済大学論集　37.4」（流通経済大）　2003.3　p111-152

中川 敏　なかがわ・さとし
　○経歴書（田崎研三）　「英語英米文学　43」（中央大）　2003.2　p233-236

中川 佐和子　なかがわ・さわこ〔1954—　歌人〕
　◎略歴　「中川佐和子集」（中川佐和子）　邑書林　2004.7　p148-150

中川 淳　なかがわ・じゅん〔1927—　民事法〕
　◎著作目録ほか　「民事責任の規範構造―中川淳先生古稀記念論文集」（中井美雄, 田井義信）　世界思想社　2001.7　p251-273

中川 順子　なかがわ・じゅんこ〔1941—　社会学〕
　○業績ほか　「立命館産業社会論集　42.1.129」（立命館大）　2006.6　p61-63

中川 高男　なかがわ・たかお〔1928—　民法学〕
　○著作目録ほか　「平成法政研究　8.2.15」（平成国際大）　2004.3　p117-132

中川 輝男　なかがわ・てるお〔1929—　経済政策〕
　○論文目録ほか　「経済科学研究　5.1.8」（広島修道大）　2001.9　6pb

中川 信義　なかがわ・のぶよし〔1939—　多国籍企業・韓国経済〕
　○著作目録ほか　「季刊経済研究　25.4」（大阪市立大）　2003.3　p240-247

中川 秀恭　なかがわ・ひでやす〔1908—2009　哲学・神学〕
　◎著書ほか　「行く手遙か航海いまだ途上にあり」（中川秀恭）　文藝春秋企画出版部　2005.3　p1-7b

中川 弘　なかがわ・ひろし〔1941—　社会思想史・経済理論〕
　○業績ほか　「商学論集　75.2」（福島大）　2007.3　p163-167

中川 ひろたか　なかがわ・ひろたか〔1954—　音楽プロデューサー・絵本作家〕
　◎年譜・作品　「中川ひろたかグラフィティ　歌・子どもの絵本の25年」（中川ひろたか）　旬報社　2003.4　p305-317
　◎年譜　「ピーマンBOX―中川ひろたか博覧会」（中川ひろたか）　講談社　2007.7　p198-207

中川 文夫　なかがわ・ふみお
　○業績目録　「札幌学院大学人文学会紀要　78」（札幌学院大）　2005.11　p205-206

中川 学　なかがわ・まなぶ〔1936—2004　中国社会経済史・社会工学〕
　○著作目録抄　「一橋論叢　125.6」（一橋大）　2001.6　p720-727

中河 幹子　なかがわ・みきこ〔1895—1980　歌人〕
　◎年譜（池田まり子）　「中河幹子全歌集」（中河幹子）　短歌新聞社　2005.7　p831-857

中川 操　なかがわ・みさお
　○業績目録ほか　「大阪経大論集　52.6」（大阪経大）　2002.3　p391-394

中川 幸夫　なかがわ・ゆきお〔1918—　いけばな作家・写真家〕
　◎年譜ほか　「魔の山―A flower is mystic mountain―中山幸夫作品集」（中川幸夫）　求龍堂　2003.1　p11-33
　◎文献ほか　「まっしぐらの花―中川幸夫」（森山明子）　美術出版社　2005.6　p358-382
　◎書誌ほか（森山明子）　「花人中川幸夫の写真・ガラス・書―いのちのかたち」（中川幸夫）　求龍堂　2007.3　p195-209

中川 幸廣　なかがわ・ゆきひろ
　○業績ほか　「桜文論叢　66」（日本大）　2006.2
　　p5-8f
中川 良延　なかがわ・よしのぶ〔1931―　民法・家族法〕
　○著作目録ほか　「山梨学院大学法学論集　49」（山梨学院大）　2003.3　p929-948
中川 良一　なかがわ・りょういち〔1913―1998　エンジニア〕
　○参考文献　「悲劇の発動機「誉」―天才設計者中川良一の苦闘」（前間孝則）　草思社　2007.7　p417-427
中桐 宏文　なかぎり・ひろふみ〔1933―　経済学・財政学〕
　○主要研究業績ほか　「経営志林　40.1」（法政大）　2003.4　p177-178
永窪 綾子　ながくぼ・あやこ〔1943―　詩人〕
　○著書一覧　「永窪綾子詩集」（永窪綾子）　いしずえ　2003.4　p3b
長久保 赤水　ながくぼ・せきすい〔1717―1801　地図作者・儒者〕
　◎年譜　「長久保赤水書簡集」（横山功）　横山功　2004.12　p179-188ほか
永倉 一郎　ながくら・いちろう
　○業績目録　「群馬大学教育学部紀要　自然科学編　50」（群馬大）　2002　p177-185
永倉 新八　ながくら・しんぱち〔1839―1915　剣術家〕
　◎文献　「新選組永倉新八外伝」（杉村悦郎）　新人物往来社　2003.12　p192-194
中込 重明　なかごみ・しげあき〔1965―2004　近世・近代文学〕
　○論文目録　「日本文学論叢　34」（法政大）　2005.3　p54-61
長坂 秀佳　ながさか・ひでか〔1941―　シナリオライター・小説家〕
　◎全作品リスト　「長坂秀佳術」（長坂秀佳）　辰巳出版　2004.2　p398-333
長崎 健　ながさき・けん〔1937―　中世文学・和歌〕
　○略年譜　「中央大学文学部紀要　214」（中央大）　2007.3　p3-8
中佐古 克一　なかさこ・かついち
　○論文目録ほか　「経済論集　26.1・2」（東洋大）　2001.2　p229-231
中里 介山　なかざと・かいざん〔1885―1944　小説家〕
　◎参考文献一覧　「理由なき殺人の物語　『大菩薩峠』をめぐって」（高橋敏夫）　廣済堂出版　2001.5　p201-203
中里 喜一　なかざと・きいち〔1912―2001〕
　◎略年譜　「地方行政の達人―江戸川区の発展に献身した「勇気ある男」中里喜一の軌跡」（小久保晴行）　イースト・プレス　2002.4　p378-381

中里 逢庵　なかざと・ほうあん〔1923―2009　陶芸家〕
　◎著作目録　「唐津焼の研究」（中里逢庵）　河出書房新社　2004.5　p247-248
中沢 けい　なかざわ・けい〔1959―　小説家〕
　◎参考文献ほか（遠藤郁子）　「中沢けい」（与那覇恵子）　鼎書房　2007.4　p143-154
長沢 順治　ながさわ・じゅんじ〔1930―　英文学〕
　○業績目録ほか　「英米文学談叢　31」（大東文化大）　2000.3　p3-12
長澤 純夫　ながさわ・すみお
　○論著目録ほか（大曾根静香）　「長澤純夫随筆集」（長澤純夫）　大曾根静香　2006.1　p425-454
長沢 節　ながさわ・せつ〔1917―1999　イラストレーター〕
　◎作品リスト　「長沢節―伝説のファッション・イラストレーター」（内田静枝）　河出書房新社　2004.4　p155-144
長沢 宏昌　ながさわ・ひろまさ
　◎著作目録　「長沢宏昌氏退職記念考古論攷集」（長沢宏昌氏退職記念考古論攷集刊行会）刊行会　2005.7　p106-111
長澤 雅男　ながさわ・まさお
　○業績ほか　「愛知淑徳大学論集　文学部・文学研究科篇　28」（愛知淑徳大）　2003　p5-6
中沢 護人　なかざわ・もりと〔1916―2000　科学技術史家〕
　◎年譜ほか　「鉄の歴史家中沢護人―遺したこと・遺されたこと」（中沢護人）　中沢護人記念出版を進める会　2003.7　p325-332
中島 敦　なかじま・あつし〔1909―1942　小説家〕
　◎参考文献　「求道者の文学・中島敦論」（清水雅洋）　文芸社　2002.1　p227-229
　◎年譜（鷺只雄）　「中島敦全集」　筑摩書房　2002.5　p494-518
　◎参考文献　「評伝・中島敦―家学からの視点」（村山吉広）　中央公論新社　2002.9　p174」
　◎略年譜　「中島敦―父から子への南洋だより」（川村湊）　集英社　2002.11　p252-254
　◎著作目録ほか　「中島敦―注釈 鑑賞 研究」（平林文雄）　和泉書院　2003.3　p214-227
　○研究・実践文献目録（吉原英夫）　「札幌国語教育研究　8」（北海道教育大）　2004.4　p37-53
中島 巌　なかじま・いわお
　○業績ほか　「独逸文学　49」（関西大）　2005　p7-16
　○業績ほか　「関西大学外国語教育研究　9」（関西大）　2005.3　p9-15
中島 一成　なかじま・かずなり
　○略歴ほか　「純心現代福祉研究　10」（長崎純心大）　2006　p11-12

中島 潔　なかじま・きよし〔1943―　絵本画家・日本画家〕
◎年譜　「中島潔の世界―1968→2004」（中島潔）　平凡社　2004.7　p120-123

中島 健蔵　なかじま・けんぞう〔1903―1979　評論家・フランス文学者〕
◎年譜　「中島健蔵展―生誕100年記念」（石井仁志）　毎日新聞社　2004　p72-77

中嶋 敏　なかじま・さとし〔1910―2007　東洋史学〕
○著作略目録　「汲古　52」（汲古書院）　2007.12　p10-11

中島 三郎助　なかじま・さぶろうすけ〔1820―1869　幕臣〕
◎参考引用文献　「幕臣たちと技術立国―江川英龍・中島三郎助・榎本武揚が追った夢」（佐々木譲）　集英社　2006.5　p220-222

長嶋 茂雄　ながしま・しげお〔1936―　元野球選手〕
◎参考文献　「実況長嶋茂雄」（越智正典）　毎日新聞社　2000.11　p238-239

中島 周介　なかしま・しゅうすけ
◎略年譜　「中島周介・土屋文明―木草の交わり―「中島周介旧蔵資料」展―第20回特別展」（群馬県立土屋文明記念文学館）　群馬県立土屋文明記念文学館　2002.12　p38-39

永島 慎二　ながしま・しんじ〔1937―2005　漫画家〕
◎年譜ほか　「ある道化師の一日―遺稿集」（永島慎二）　小学館クリエイティブ　2007.8　p174-190

中島 棕隠　なかじま・そういん〔1779―1856　漢詩人・儒者〕
◎年譜　「中島棕隠―日本漢詩人選集　14」（入谷仙介）　研文出版　2002.3　p195-204

中嶋 尚　なかじま・たかし〔1934―　国文学〕
○略歴　「文学論藻　79」（東洋大）　2005.2　p3-5

中島 丈博　なかじま・たけひろ〔1935―　脚本家・映画監督〕
◎作品歴ほか　「中島丈博シナリオ選集　2」（中島丈博）　映人社　2003.4　p548-559

中嶋 忠宏　なかじま・ただひろ
○著作目録ほか　「言語文化論集　28.2」（名古屋大）　2007　p15-17f

長島 信弘　ながしま・のぶひろ〔1937―　社会人類学・アフリカ民族史〕
○年譜ほか　「一橋論叢　127.2」（日本評論社）　2002.2　p216-224
○著作目録ほか　「アリーナ　4」（中部大）　2007　p403-410

中島 信行　なかじま・のぶゆき〔1846―1899　政治家・男爵〕
○参考文献　「自由民権家中島信行と岸田俊子―自由への闘い」（横澤清子）　明石書店　2006.11　p434-449

中島 信之　なかじま・のぶゆき〔1940―　数学〕
○著作目録ほか　「富大経済論集　51.3」（富山大）　2006.3　p545-546

永島 福太郎　ながしま・ふくたろう〔1912―2008　日本中世史〕
○著作目録ほか　「禅文化研究所紀要　26」（花園大）　2002.12　p1-22

中島 史雄　なかじま・ふみお〔1940―　商法〕
○業績目録ほか　「金沢法学　48.2」（金沢大）　2006.3　p3-19

中島 文四郎　なかじま・ぶんしろう
◎略年譜　「中島文四郎全歌集」（中島文四郎）　砂子屋書房　2003.5　p475-476

中島 平三　なかじま・へいぞう〔1946―　英語学・言語学〕
○業績一覧　「言語科学の真髄を求めて―中島平三教授還暦記念論文集」（鈴木右文ほか）　ひつじ書房　2006.8　p537-547

中島 将隆　なかじま・まさたか〔1938―　財政金融論・証券市場論〕
○著作目録　「甲南経済学論集　47.4.238」（甲南大）　2007.3　p12-37f

中嶋 充洋　なかじま・みつひろ〔1932―　社会学・社会福祉〕
○主要著書ほか（中嶋充洋）　「武蔵野大学現代社会学部紀要　5」（武蔵野大）　2004　p11-21

中嶋 嶺雄　なかじま・みねお〔1936―　国際政治学者・評論家〕
◎著述一覧　「北京烈烈―文化大革命とは何であったか」（中嶋嶺雄）　講談社　2002.5　p472-501

中島 峰広　なかじま・みねひろ〔1933―　人文地理学・農業地理学〕
○業績ほか　「学術研究　教育・社会教育学編　52」（早稲田大）　2004.2　p109-113

中島 みゆき　なかじま・みゆき〔1952―　シンガーソングライター〕
◎参考文献　「中島みゆき歌でしか言えない世界」（林晃三）　叢文社　2003.10　p241」

中嶋 幹起　なかじま・もとき〔1942―　中国語学〕
○研究業績ほか　「アジア・アフリカ言語文化研究　64」（東京外語大）　2002.9　p273-285

中島 らも　なかじま・らも〔1952―2004　作家・コピーライター〕
◎略年譜（中島らも事務所, 小堀純）　「世界で一番美しい病気」（中島らも）　角川春樹事務所　2002.6　p185-192
◎年譜（小堀純）　「異人伝―中島らものやり口」（中島らも）　ベストセラーズ　2004.6　p195-207
◎略年譜（中島らも事務所ほか）　「異人伝―中島らものやり口」（中島らも）　講談社　2007.6　p252-267
◎略年譜　「らも―中島らもとの三十五年」（中島美代子）　集英社　2007.7　p1-4b

中嶋 隆蔵　なかじま・りゅうぞう〔1942―　中国哲学〕
◎業績目録　「中国の思想世界」（退休記念事業会）　イズミヤ出版　2006.3　p436-443

中城 ふみ子　なかじょう・ふみこ〔1922―1954　歌人〕
◎略年譜（佐々木啓子）　「中城ふみ子全歌集」　北海道新聞社　2004.8　p330-337
◎略年譜ほか（佐々木啓子）　「美しき独断―中城ふみ子全歌集」（中城ふみ子）　北海道新聞社　2004.8　p330-338
◎略年譜　「中城ふみ子―凍土に咲いた薔薇」（吉原文音）　日本詩歌句協会　2004.11　p218-224
◎参考文献　「夭折の歌人中城ふみ子」（中島美千代）　勉誠出版　2004.11　p251-254
◎「中城ふみ子資料目録　補遺・改訂版」（佐々木啓子）　旭図書刊行センター　2006.2　201p　B5
◎参考文献ほか（佐々木啓子）　「中城ふみ子研究基礎資料集」（中城ふみ子）　旭図書刊行センター　2006.8　p384-386
◎出版物一覧　「中城ふみ子短歌作品推敲の跡　改訂版」（佐々木啓子）　旭図書刊行センター　2007.10　p211」

仲小路 彰　なかしょうじ・あきら〔1901―1984　思想家〕
◎著書目録　「大東亜戦争後の世界―仲小路彰の「地球論」思想」（野島芳明）　展転社　2007.12　p161-167

長洲 一二　ながす・かずじ〔1919―1999　政治家・経済学者〕
◎参考文献　「知事と補佐官―長洲神奈川県政の20年」（久保孝雄）　敬文堂　2006.6　p246-249

永末 嘉孝　ながすえ・よしたか〔1934―　中国文学〕
○研究業績ほか　「熊本学園大学文学・言語学論集　12.2.24」（熊本学園大）　2005.12　p782-786

長砂 実　ながすな・みのる
○研究業績ほか　「関西大学商学論集　47.2・3」（関西大）　2002.8　p533-549

永瀬 清子　ながせ・きよこ〔1906―1995　詩人〕
○受容年譜（白根直子）　「清心語文　6」（ノートルダム清心女子大）　2004.8　p111-142
◎参考文献　「女性史の中の永瀬清子」（井久保伊登子）　ドメス出版　2007.1　p449-457

仲宗根 政善　なかそね・せいぜん〔1907―1995　現代史・教育〕
◎年譜　「ひめゆりと生きて―仲宗根政善日記」（仲宗根政善）　琉球新報社　2002.8　p342-343

中薗 英助　なかぞの・えいすけ〔1920―2002　小説家〕
◎年譜ほか（立石伯）　「北京飯店旧館にて」（中薗英助）　講談社　2007.1　p309-321

中田 邦造　なかた・くにぞう〔1897―1956　社会教育・図書館〕
○参考文献（名取二三江）　「図書館の学校　32」（TRC）　2002.7　p22-23
◎著作　「図書館社会教育の実践―中田邦造の読書指導と自己教育論」（福永義臣）　中国書店　2006.3　p37-39

中田 剛　なかだ・ごう〔1957―　俳人〕
○略歴　「中田剛集」（中田剛）　邑書林　2003.8　p143-144

仲田 定之助　なかだ・さだのすけ〔1888―1970　美術評論家・実業家〕
◎年譜　「明治商売往来　続」（仲田定之助）　筑摩書房　2004.1　p521-526

中田 清一　なかだ・せいいち〔1936―　言語学・英語学〕
○略歴ほか　「青山国際政経論集　64」（青山学院大）　2004.9　p5-11

中田 武司　なかだ・たけし〔1934―　中古文学・風土文学〕
○業績　「専修人文論集　74」（専修大）　2004.3　2pf

中田 保　なかだ・たもつ〔1907―1988〕
○業績ほか　「専修法学論集　93」（専修大）　2005.3　p19-20b

永田 俊勝　ながた・としかつ
○業績ほか　「関東学院大学文学部紀要　105」（関東学院大）　2005.12　p203-205

長田 豊臣　ながた・とよおみ〔1938―　アメリカ史〕
○業績ほか　「立命館文学　597」（立命館大）　2007.3　p5-10

中田 直人　なかた・なおと〔1931―2009　弁護士〕
○業績目録ほか　「関東学院法学　10.3・4」（関東学院大）　2001.3　p279-292

中田 信正　なかた・のぶまさ〔1932―　税務会計・税効果会計〕
○著作目録ほか　「桃山学院大学経済経営論集　43.4」（桃山学院大）　2002.3　p341-364

永田 秀次郎　ながた・ひでじろう〔俳号＝永田青嵐　1876―1943　政治家・俳人〕
◎注　「永田秀次郎―自然体の伝道者」（拓殖大学創立百年史編纂室）　拓殖大　2005.3　p288-296

永田 英正　ながた・ひでまさ〔1933―　中国古代史〕
○著作目録ほか　「史窓　59」（京都女子大）　2002.2　p127-135

永田 洋子　ながた・ひろこ〔1945―　新左翼運動家〕
◎参考文献　「語られざる連合赤軍―浅間山荘から30年」（高橋檀）　彩流社　2002.2　p263-268

中田 弘良　なかた・ひろよし〔1935―　スポーツ科学〕
○略歴　「関東学院大学人間環境学会紀要　5」（関東学院大）　2006.1　p118-122

永田 誠　ながた・まこと〔1941―　経営経済学・ドイツ経営学〕
　○著作目録　「大阪府立大学経済研究　49.2.204」（大阪府立大）　2004.3　p1-4f
　○業績　「日本法学　71.1」（日本大）　2005.5　p541-548

仲田 正機　なかた・まさき〔1942―　経営管理論・国際比較経営論〕
　○著作ほか　「立命館経営学　45.4」（立命館大）　2006.11　p239-244

中田 実　なかた・みのる〔地域社会論〕
　○業績目録ほか　「愛知学泉大学コミュニティ政策学部紀要　5」（愛知学泉大）　2002.12　p131-138

中田 裕二　なかた・ゆうじ〔1930―　アメリカ文学〕
　○研究業績目録ほか　「甲南女子大学英文学研究　37」（甲南女子大）　2001　p19-27

中谷 瑾子　なかたに・きんこ〔1922―2004　刑法〕
　◎著作一覧ほか　「21世紀における刑事規制のゆくえ―中谷瑾子先生傘寿祝賀」（福田平）　現代法律出版　2003.6　p319-342

中谷 忠雄　なかたに・ただお〔1920―2002　写真家・アートディレクター〕
　◎略年譜　「土方巽の舞踏世界―中谷忠雄写真集」（中谷忠雄）　メディアプロダクション　2003.4　p74-75

中谷 利夫　なかたに・としお
　○業績ほか　「専修人文論集　78」（専修大）　2006.3　5pf

中谷 義和　なかたに・よしかず〔1942―　政治学原論〕
　○業績ほか　「立命館法学　2007年.6」（立命館大）　2007　p2159-2164

仲地 弘善　なかち・こうぜん
　○略歴ほか　「琉球大学欧米文化論集　48」（琉球大）　2004.3　p7-11f

長津 功三良　ながつ・こうざぶろう〔1934―　詩人〕
　◎年譜　「長津功三良詩集」（長津功三良）　土曜美術社出版販売　2005.8　p211-214

長妻 広至　ながつま・ひろし〔1952―　農業政策〕
　○著作目録　「農業をめぐる日本近代―千葉・三井物産・ラートゲン」（長妻広至遺稿集刊行会）　日本経済評論社　2004.5　p229-231

中戸川 吉二　なかとがわ・きちじ〔1896―1942　小説家〕
　○作品年表（盛厚三）　「さんどりあ　1」（参土会）　2001.4　p6-9

中留 武昭　なかどめ・たけあき〔1940―　学校経営学・教育行政学〕
　○業績目録　「教育経営学研究紀要　6」（九州大）　2003.1　p181-210

長戸路 政行　ながとろ・まさゆき〔1929―　弁護士〕
　○著作目録ほか　「敬愛大学研究論集　61」（敬愛大）　2001　p3-5

中西 悟志　なかにし・さとし〔1961―2001　応用経済学〕
　○研究業績　「日本福祉大学経済論集　24」（日本福祉大）　2002.1　p12-14

中西 利雄　なかにし・としお〔1900―1948　洋画家〕
　◎文献　「中西利雄展」（田辺市立美術館）　田辺市立美術館　〔2004〕　p138-139

中西 夏之　なかにし・なつゆき〔1935―　画家〕
　◎文献　「中西夏之展―広さと近さ-絵の姿形」（中西夏之）　愛知県美術館　c2002　p140-148

中西 梅花　なかにし・ばいか〔1866―1898　小説家・詩人〕
　◎著作年表　「《文学青年》の誕生―評伝・中西梅花」（大井田義彰）　七月堂　2006.6　p150-154

中西 啓之　なかにし・ひろゆき〔1936―　自治体論・地方財政論〕
　○業績ほか　「地域社会研究　12」（都留文科大）　2002.3　p6-10

中西 正雄　なかにし・まさお〔1936―　市場調査〕
　○著作目録ほか　「商学論究　52.4」（関西学院大）　2005.3　p301-307

中西 喜彦　なかにし・よしひこ
　○研究業績　「鹿児島大学農学部学術報告　52」（鹿児島大）　2002.3　p65-70

中西 立太　なかにし・りった〔1934―2009　画家〕
　◎年譜　「日本の軍装　幕末から日露戦争」（中西立太）　大日本絵画　2001.4　p83」

なかにし 礼　なかにし・れい〔1938―　小説家・作詞家・演出家〕
　◎参考資料　「赤い月　下」（なかにし礼）　新潮社　2001.5　p262-269

永沼 洋一　ながぬま・よういち
　○研究業績ほか　「九州国際大学経営経済論集　7.3」（九州国際大）　2001.3　p165-169

中根 斎　なかね・いつき
　○年譜ほか（周力）　「清末小説から　67」（清末小説研究会）　2002.10　p13-15

長野 朗　ながの・あきら〔1888―1975　国家主義者〕
　◎著作目録　「学統に関わる書誌　1」（拓殖大学創立百年史編纂室）　拓殖大　2004.7　p158-162

中野 勲　なかの・いさお〔1937―　会計学〕
　○著作目録ほか　「経済・経営研究　年報　50」（神戸大）　2000.12　p1-5b

中野 一新　なかの・いっしん〔1940―　農業経済論〕
　○業績目録　「経済論叢　173.1」（京都大）　2004.1　p143-149

中野 義照　なかの・ぎしょう〔1891―1977　仏教学者〕
　◎主要著作目録　「ヤーヂュニャヴァルキヤ法典」（中野義照）　大空社　2001.5　p1-8b

中野 幸一　なかの・こういち〔1932―　中古文学，日本古典文学，ことに中古の物語文学〕
　○業績ほか　「学術研究　外国語・外国文学編　51」（早稲田大）　2002.2　p135-138

中野 孝次　なかの・こうじ〔1925―2004　小説家・独文〕
◎年譜ほか　「中野孝次作品　10　五十年目の日章旗存命のよろこびわたしの唐詩選」（中野孝次）作品社　2002.1　p498-517
◎略年譜　「中野孝次展―今ここに生きる」（神奈川文学振興会）　神奈川近代文学館　2006.6　p34-35

長野 幸治　ながの・こうじ
○業績ほか　「大学院国際メディア研究科言語文化部紀要　39」（北海道大）　2001.2　p1-2

中野 重伸　なかの・しげのぶ〔1939―　哲学〕
○略歴ほか　「宇都宮大学国際学部研究論集　17」（宇都宮大）　2004.3　p2-4f

中野 重治　なかの・しげはる〔1902―1979〕
◎参考文献　「中野重治伝説」（定道明）　河出書房新社　2002.7　1pb
◎文献　「中野重治と朝鮮」（鄭勝云）　新幹社　2002.11　p198-205
◎年譜　「中野重治―人と文学」（竹内栄美子）勉誠出版　2004.10　p197-213

中野 繁　なかの・しげる〔1962―2000　生態学〕
◎研究業績　「川と森の生態学―中野繁論文集」（中野繁）　北海道大学図書刊行会　2003.1　p343-349

長野 士郎　ながの・しろう〔1917―2006〕
◎年譜ほか（清水唯一朗）　「わたしの20世紀―長野士郎回顧録」（長野士郎）　学陽書房　2004.9　p274-288

長野 暹　ながの・すすむ〔1931―　日本経済史〕
○業績目録ほか　「九州国際大学国際商学論集　15.3」（九州国際大）　2004.3　p9-31f

長野 隆　ながの・たかし〔1951―2000　近代日本文学〕
◎年譜（長野和子）　「長野隆著作集　3」　和泉書院　2002.10　p171-180

中野 照海　なかの・てるみ〔1931―　視聴覚教育〕
○主要業績ほか　「教育研究　国際基督教大学学報 1-A　国際基督教大学学報　01　A　44」（国際基督教大）　2002.3　p320-323

中野 昭慶　なかの・てるよし〔1935―　映画特撮監督〕
◎参考文献　「特技監督中野昭慶」（中野昭慶ほか）　ワイズ出版　2007.9　p270-271

中野 直行　なかの・なおゆき
○著作物一覧　「播磨学紀要　10」（播磨学研究所）2004.10　p48-49

永野 仁　ながの・ひとし〔1951―　労働経済・人的資源管理〕
○業績目録ほか　「大阪経大論集　56.6.290」（大阪経済大）　2006.3　p169-172

中野 弘子　なかの・ひろこ〔1922―1996　女優〕
◎文献　「女剣一代―聞書き「女剣劇役者・中野弘子」伝」（伊井一郎）　新宿書房　2003.6　p432-434

中野 武営　なかの・ぶえい〔1848―1918〕
◎注　「中野武営と商工会議所―もうひとつの近代日本政治経済史」（石井裕晶）　ミュージアム図書　2004.5　prr

中野 三敏　なかの・みつとし〔1935―　近世文学〕
○著作目録ほか　「福岡大学人文論叢　37.4.147」（福岡大）　2006.3　11pb

中野 実　なかの・みのる〔1951―2002　日本近代文学史・高等教育史〕
◎主要業績　「大学史編纂と大学アーカイヴズ」（中野実）　野間教育研究所　2003.3　p255-256
○業績目録ほか　「明治学院論叢　693」（明治学院大）　2003.3　p1-10b
◎業績目録　「反大学論と大学史研究―中野実の足跡」（中野実研究会）　東信堂　2005.5　p397-417

中埜 芳之　なかの・よしゆき〔1943―　ドイツ文学〕
○業績ほか　「言語文化研究　32」（大阪大）　2006　p2-3

中橋 國藏　なかはし・くにぞう
○業績　「商大論集　57.3」（神戸商科大）　2006.3　4pf

中浜 万次郎　なかはま・まんじろう〔通称＝ジョン万次郎　1828―1898　漂流者・通弁〕
◎参考文献　「中浜万次郎―「アメリカ」を初めて伝えた日本人」（中浜博）　冨山房インターナショナル　2005.1　p357-359
◎文献　「夜明け―ジョン万次郎と佐倉惣五郎」（河村望）　人間の科学新社　2005.12　p287-289
◎参考文献ほか　「ファースト・ジャパニーズジョン万次郎」（中濱武彦）　講談社　2007.9　p204-205

中原 章雄　なかはら・あきお〔1935―　英文学〕
○論文目録ほか　「立命館文学　568」（立命館大）2001.3　p1-7f

中原 綾子　なかはら・あやこ〔1898―1969　歌人・詩人〕
◎年譜・文献　「歌人―中原綾子」（松本和男）中央公論事業出版　2002.1　p666-732

永原 慶二　ながはら・けいじ〔1922―2004　日本中世史・歴史学〕
◎著書　「20世紀日本の歴史学」（永原慶二）　吉川弘文館　2003.3　2pb
◎著作目録（池上裕子ほか）　「永原慶二の歴史学」（追悼文集刊行会）　吉川弘文館　2006.7　p320-378

中原 淳一　なかはら・じゅんいち〔1913―1983　挿画家・服飾美術家〕
◎年表　「中原淳一の人形　別冊太陽スペシャル」（中原蒼二）　平凡社　2001.7　2pb

中原 精一　なかはら・せいいち〔1927―　憲法〕
◎業績一覧　「アフリカの法と政治」（中原精一）成文堂（憲法論集　第4巻）　2001.9　p199-216
○主要著作目録　「朝日法学論集　29」（朝日大）2003.7　p315-332

中原 中也　なかはら・ちゅうや〔1907―1937　詩人〕
　◎年譜　「中也を読む―詩と鑑賞」（中村稔）　青土社　2001.7　p283-286
　◎参考文献　「中原中也論―中也のなかの横浜」（ゆりはじめ）　マルジュ社　2002.4　p330」
　◎書誌目録　「中原中也研究　7」（中原中也記念館）　2002.8　p142-176
　◎参考文献　「中原中也―盲目の秋」（青木誠）　河出書房新社　2003.5　p308-309
　◎年譜ほか　「中原中也詩集　新装版」（中原中也）　角川春樹事務所　2003.7　p247-253
　◎書誌目録　「中原中也研究　8」（中原中也記念館）　2003.8　p154-170
　◎年譜　「中也ノオト―私と中原中也」（野々上慶一）　かまくら春秋社　2003.9　p123-126
　◎年譜ほか（中原豊）　「国文学　48.13」（学燈社）　2003.11　p116-125
　◎参考文献　「中原中也―永訣の秋」（青木健）　河出書房新社　2004.2　p367-368
　◎書誌目録　「中原中也研究　9」（中原中也記念館）　2004.8　p146-164
　◎書誌　「新編中原中也全集　別巻下　資料・研究篇」（中原中也）　角川書店　2004.11　p407-569
　◎年譜（加藤邦彦）　「新編中原中也全集　別巻上　写真・図版篇」（中原中也）　角川書店　2004.11　p451-563
　◎参考文献　「希求の詩人・中原中也」（笠原敏雄）　麗澤大学出版会　2004.11　p391-401
　○館蔵資料ほか　「中原中也研究　10」（中原中也記念館）　2005.8　p154-182
　◎略年譜　「中原中也―名づけ得ぬものへ」（岡崎和夫）　新典社　2005.8　p322-342
　◎書誌目録　「中原中也研究　11」（中原中也記念館）　2006.8　p192-208
　◎参考文献ほか　「中原中也帝都慕情」（福島泰樹）　NHK出版　2007.2　p316-317
　○略年譜（加藤邦彦）　「現代詩手帖　50.4」（思潮社）　2007.4　p144-148
　◎略年譜　「中原中也と富永太郎展―二つのいのちの火花」（神奈川文学振興会）　神奈川近代文学館　2007.4　p62-63
　○年譜　「別冊太陽　146」（平凡社）　2007.5　p150-155
　◎参考文献　「誰も語らなかった中原中也」（福島泰樹）　PHP研究所　2007.5　p315-317
　◎年譜ほか　「中原中也―魂の詩人　別冊太陽」　平凡社　2007.5　p150-155ほか
　◎書誌目録　「中原中也研究　12」（中原中也記念館）　2007.8　p181-200
　◎年譜ほか　「中原中也全詩集」（中原中也）　角川学芸出版　2007.10　p788-797
　◎参考文献　「中原中也論集成」（北川透）　思潮社　2007.10　p745-748
　◎参考文献　「中原中也再見―もう一つの銀河」（青木健）　角川学芸出版　2007.11　p209-211

中原 俊明　なかはら・としあき〔1935―　商法〕
　○著作目録ほか　「琉大法学　65」（琉球大）　2001.3　p415-420

中原 英典　なかはら・ひでのり〔1915―1979　警察学〕
　◎略年譜ほか　「高橋雄豺博士・田村豊氏・中原英典氏等略年譜・著作目録並びに『警察協会雑誌』資料一斑等」（吉原丈司）〔吉原丈司〕　2007.3　p34-52

中原 道夫　なかはら・みちお〔1931―　詩人・評論家〕
　◎年譜　「中原道夫詩集」（中原道夫）　土曜美術社出版販売　2002.6　p163-172

中平 栄一　なかひら・えいいち〔1930―2002　会計学・簿記学〕
　○研究業績ほか　「駒大経営研究　32.3・4」（駒沢大）　2001.3　p125-130

永平 和雄　ながひら・かずお〔1923―　演劇評論家〕
　○著述目録　「近代文学を視座として」（永平和雄）　ユニテ　2005.3　p464-475

中平 卓馬　なかひら・たくま〔1938―　写真家・評論家〕
　○展覧会文献目録　「原点復帰―横浜」（中平卓馬）　オシリス　2003.10　p160-168

永藤 武　ながふじ・たけし〔1944―2000　近代日本文学・宗教文学〕
　○著作年譜ほか　「青山語文　31」（青山学院大）　2001.3　p21-28f
　◎著作目録　「伊東静雄論・中原中也論」（永藤武）　おうふう　2002.2　p467-473

中馬 馨　なかま・かおる〔1904―1971〕
　◎参考文献　「月の石―都市復権にかけた中馬馨命の軌跡　下巻」（黒田隆幸）　同友館　2001.6　p299-402

中間 敬弌　なかま・けいいち
　○著作目録ほか　「関西大学商学論集　48.3・4」（関西大）　2003.10　p519-527

仲町 貞子　なかまち・さだこ〔1894―1966　小説家〕
　◎略年譜　「感性の絵巻・仲町貞子―作品とその生涯」（田中俊広ほか）　長崎新聞社　2004.5　p212-215

長松 秀志　ながまつ・ひでし〔1927―　会計学〕
　○著作目録ほか　「駿河台経済論集　12.2」（駿河台大）　2003.3　p181-186

仲松 弥秀　なかまつ・やしゅう〔1908―2006　民俗学者〕
　◎業績目録ほか　「南島の地名　6（2005年）　仲松弥秀先生カジマヤー記念号」（南島地名研究センター）　南島地名研究センター　2005.8　p10-16

中道 政昭　なかみち・まさあき
　○略歴　「キリスト教論藻　33」（神戸松蔭女子学院大）　2002.3　p4

中道 實　なかみち・みのる
　○業績目録ほか　「奈良女子大学社会学論集 13」（奈良女子大）2006　p1-7

中村 秋香　なかむら・あきか〔1841—1910　国文学者・歌人〕
　○遺稿等分類目録（鈴木亮）　「成蹊学園史料館年報2005年度」（成蹊学園）2006.3　p41-62

中村 哲　なかむら・あきら〔1912—2003　憲法〕
　○著作目録ほか　「法学志林 102.2.733」（法政大）2005.1　p129-236

中村 明　なかむら・あきら〔1935—　国文〕
　○年譜　「早稲田大学日本語教育センター紀要 19」（早稲田大）2006.6　p179-193

中村 生雄　なかむら・いくお〔1946—　日本思想史・比較宗教学〕
　○業績ほか　「大阪大学大学院文学研究科紀要 46」（大阪大）2006.3　p94-95

中村 栄子　なかむら・えいこ〔1931—　フランス現代文学〕
　○業績表ほか　「西南学院大学フランス語フランス文学論集 43」（関西学院大）2002.2　7pf

中村 永司　なかむら・えいし〔1939—2005　社会福祉学〕
　◎著作目録　「英国と日本における医療福祉とソーシャルワーク」（中村永司）ミネルヴァ書房　2006.1　p353-357

中村 道　なかむら・おさむ〔1941—　国際機構〕
　○略歴ほか　「神戸法学雑誌 54.4」（神戸法学会）2005.3　p503-509

中村 一彦　なかむら・かずひこ〔1928—　民事法〕
　◎略歴・業績　「現代企業法の理論と課題—中村一彦先生古稀記念」（酒巻俊雄ほか）信山社　2002.4　p615-636
　○著作目録ほか　「大東法学 13.2」（大東文化大）2004.3　p147-163

中村 一美　なかむら・かずみ〔1956—　洋画家〕
　◎参考文献　「中村一美展」（いわき市立美術館）いわき市立美術館　c2002　p100-102

中村 勝範　なかむら・かつのり〔1929—　日本政治史〕
　○著作目録ほか　「平成法政研究 9.2」（平成国際大）2005.3　p269-280

中村 紀一　なかむら・きいち〔1941—　行政学〕
　○略歴　「筑波法政 38」（筑波大）2005.3　p13-16

中村 公彦　なかむら・きみひこ〔1916—　映画美術監督〕
　◎作品目録（常石史子）　「映画美術に賭けた男」（中村公彦）草思社　2001.12　p262-277

中村 草田男　なかむら・くさたお〔1901—1983　俳人〕
　◎著書目録ほか　「中村草田男—人と作品」愛媛新聞社　2002.1　p499-503,526-575
　◎参考資料（上野孝）　「展望現代の詩歌 9 俳句I」（飛高隆夫ほか）明治書院　2007.4　p111-112

中村 桂子　なかむら・けいこ〔1936—　生命誌〕
　◎著書リスト　「中村桂子—生命科学者」（大橋由香子）理論社　2004.1　p198-199

中村 洸　なかむら・こう〔1927—　海洋法〕
　○著作目録ほか　「法学研究 80.10」（慶應義塾大）2007.10　p139-148

中村 孝一郎　なかむら・こういちろう
　○業績ほか　「南山法学 30.3・4」（南山大）2007.3　p4-5f

中村 浩爾　なかむら・こうじ〔1946—　法学・法哲学〕
　○業績目録ほか（橋本久）　「大阪経済法科大学経営論集 61」（大阪経済法科大）2004.9　p17-28

中村 幸士郎　なかむら・こうしろう〔1942—　英米文学〕
　○業績一覧　「英語と英米文学 40」（山口大）2005　3pf

中村 拡三　なかむら・こうぞう〔1923—2002　教育評論家〕
　○著書リストほか　「解放教育 33.2」（解放教育研究所）2003.2　p74-77

中村 孝也　なかむら・こうや〔1885—1970　日本近世史〕
　◎著書目録ほか　「上総七里法華新門徒の研究」（中村孝也）平楽寺書店　2005.10　p353-356

中村 古峡　なかむら・こきょう〔1881—1952　小説家・医師〕
　◎年譜ほか　「『変態心理』と中村古峡—大正文化への新視角」（小田晋ほか）不二出版　2001.1　p12-248

中村 祥子　なかむら・しょうこ〔1945—　英文学〕
　○著作目録　「英米評論 19」（桃山学院大）2005.2　p222-227

中村 至朗　なかむら・しろう
　○業績目録ほか　「名古屋学院大学論集　社会科学篇 37.3」（名古屋学院大）2001　p5-8f

中村 真一郎　なかむら・しんいちろう〔1918—1997　文学〕
　◎年譜ほか（鈴木貞美）　「雲のゆき来」（中村真一郎）講談社　2005.3　p275-295

中村 瑞隆　なかむら・ずいりゅう〔1915—　仏教学・西蔵語〕
　○著述論文目録　「大崎学報 160」（立正大）2004.3　p6-14

中村 精志　なかむら・せいじ〔1936—　OA論・情報システム学〕
　○略歴　「亜細亜大学国際関係紀要 16.2」（亜細亜大）2007.3　p135-138

中村 苑子　なかむら・そのこ〔1913—2001　俳人〕
　○略年譜　「俳句 50.4」（角川書店）2001.3　p212-216
　○年譜ほか　「俳句研究 68.5」（富士見書房）2001.4　p104-127

中村 泰三　なかむら・たいぞう〔1933―　人文地理〕
　○著作目録ほか　「史窓 63」（京都女子大）　2006.
　　2　p133-143

中村 尚司　なかむら・たかし〔1938―　地域経済論・
　　南アジア研究〕
　○業績ほか　「龍谷大学経済学論集 46.5」（龍谷大）
　　2007.3　p281-322

中村 忠　なかむら・ただし〔1930―　会計学〕
　○業績ほか　「創価経営論集 26.3」（創価大）　2002.
　　3　p145-156

中村 太八郎　なかむら・たはちろう〔1868―1935
　　普選運動家〕
　◎著作ほか　「我が職業は普通選挙なり―中村太八
　　郎とその周辺」（瀬戸口勝義）　不二出版　2001.1
　　p283-290

中村 完　なかむら・たもつ〔1940―　社会心理学〕
　○業績ほか（高良美樹）　「人間科学 17」（琉球大）
　　2006.3　p1-9

中村 智一郎　なかむら・ちいちろう〔1927―　経済
　　政策〕
　○著作目録ほか　「敬愛大学研究論集」（敬愛大）
　　2001　p3-7

中村 地平　なかむら・ちへい〔1908―1963　小説家〕
　◎参考文献　「《南方文学》その光と影―中村地平
　　試論」（岡林稔）　鉱脈社　2002.2　p310」

中村 彝　なかむら・つね〔1888―1924　洋画家〕
　◎文献（鯨井秀伸）　「中村彝の全貌―開館十五周年
　　記念」（茨城県近代美術館ほか）　茨城県近代美術
　　館　c2003　p173-179
　◎略年譜　「藝術の無限感」（中村彝）　中央公論美
　　術出版　2004.5　p431-436

中村 貞二　なかむら・ていじ〔1930―　基礎経済理論〕
　○著作目録ほか　「東京経大学会誌 227」（東京経
　　済大）　2002　p5-12

中村 汀女　なかむら・ていじょ〔1900―1988　俳人〕
　◎略年譜　「中村汀女全句集」（中村汀女）　毎日新
　　聞社　2002.3　p451-456
　◎参考資料（柴田奈美）　「展望現代の詩歌 9　俳
　　句Ⅰ」（飛高隆夫ほか）　明治書院　2007.4　p72-73

中村 天風　なかむら・てんぷう〔1876―1968　天風
　　会総裁〕
　◎参考文献　「図説中村天風」（中村天風財団）
　　海鳥社　2005.1　p102」

中村 敏昭　なかむら・としあき
　○著作目録ほか　「城西経済学会誌 29.1」（城西大）
　　2001.7　p147-150

中村 寿一　なかむら・としかず〔1892―1956〕
　◎参考資料　「豊田市を先駆けた人―挙母と寿一と
　　喜一郎と」（豊田市のあゆみ調査会）　豊田市教育
　　委員会　2003.3　p405-406

中村 利治　なかむら・としはる〔1931―　ドイツ語・
　　ドイツ文学〕
　○業績ほか　「教養諸学研究 112」（早稲田大）
　　2002.3　p373-376

中村 伸郎　なかむら・のぶお〔1908―1991　俳優〕
　◎参考文献　「俳優の領分―中村伸郎と昭和の劇作
　　家たち」（如月小春）　新宿書房　2006.12　p360-
　　363

中村 元　なかむら・はじめ〔1851―1913〕
　○業績ほか　「東方 16」（東方学院）　2000　p18-34
　◎年譜　「中村元―仏教の教え人生の知恵」　河出
　　書房新社　2005.9　p198-199

中村 春次　なかむら・はるじ〔1943―　20世紀英米
　　小説〕
　○業績ほか（中村久男）　「言語文化 9.4」（同志社
　　大）　2007.3　p729-734

中村 春二　なかむら・はるじ〔1877―1924　教育者〕
　◎参考文献　「大正自由教育の旗手―実践の中村春
　　二・思想の三浦修吾」（上田祥士）　小学館スクウェ
　　ア　2003.4　p278-289

中村 福治　なかむら・ふくじ〔1946―2004　朝鮮近
　　現代史〕
　○業績目録ほか　「立命館国際研究 18.1」（立命館
　　大）　2005.6　p1-3f

中村 不折　なかむら・ふせつ〔1866―1943　洋画家〕
　◎年譜ほか　「中村不折秀作集」（中村不折）　新葉
　　社　2002.3　p287-319
　◎年譜ほか　「中村不折のすべて展―生誕140年画
　　家・書家―図録」（中村不折）　実行委員会　2006.
　　10　p141-171

中村 平治　なかむら・へいじ〔1937―　英語〕
　○業績目録ほか　「専修史学 33」（専修大）　2002.
　　3　p8-11
　○業績ほか　「専修人文論集 70」（専修大）　2002.
　　3　p91-94
　○著作目録ほか　「福岡大学人文論叢 38.4」（福岡
　　大）　2007.3　2pb

中村 正生　なかむら・まさお
　○業績目録ほか　「長崎大学教育学部紀要　人文科
　　学 70」（長崎大）　2005.3　p9-14

中村 正直　なかむら・まさなお〔1832―1891　啓蒙
　　思想家・教育者〕
　◎年譜　「中村正直の教育思想」（小川澄江）　小川
　　澄江　2004.3　p591-597

仲村 政文　なかむら・まさふみ〔1936―　工業政策・
　　社会政策〕
　◎研究業績ほか　「法学論集 37.1・2」（鹿児島大）
　　2003.6　p62-69

長村 美慧　ながむら・みえ
　○著作目録ほか　「名古屋外国語大学外国語学科紀
　　要 24」（名古屋外国語大）　2002.8　p25-26f

中村 瑞穂　なかむら・みずほ〔1933―　経営学〕
　○略年譜　「明大商学論叢 83.2」（明治大）　2001. 2　p287-289
　○履歴ほか　「作新地域発展研究 4」（作新学院大）　2004.3　p161-163

中村 光男　なかむら・みつお〔1933―　文化人類学・東南アジア地域研究〕
　○主要業績ほか　「千葉大学人文研究 30」（千葉大）　2001.3　p4-23

中村 光夫　なかむら・みつお〔1911―1988　文芸評論家・小説家〕
　◎「『中村光夫文庫目録　県立神奈川近代文学館収蔵文庫目録11』」（神奈川文学振興会）　県立神奈川近代文学館　2000.7　133p　B5

中村 稔　なかむら・みのる〔1927―　詩人・評論家・弁護士〕
　○年譜ほか（中村稔）　「ユリイカ―詩と批評 36.11」（青土社）　2004.10　p186-219
　◎自筆年譜　「中村稔著作集 6」（中村稔）　青土社　2005.9　p687-704
　◎参考資料（中原豊）　「展望現代の詩歌 3　詩III」（飛高隆夫ほか）　明治書院　2007.5　p21-23

中村 雄二郎　なかむら・ゆうじろう〔1925―　哲学者〕
　◎対話・鼎談・座談一覧　「知の変貌・知の現在」（中村雄二郎）　青土社　2001.9　p321-325

中村 幸雄　なかむら・ゆきお〔1917―2002　ドキュメンテーション〕
　◎著作目録（戸塚隆哉）　「中村幸雄氏追悼集―ドキュメンテーション界の巨星を偲んで」（編集委員会）　情報科学技術協会　2003.7　p61-72

中村 順良　なかむら・ゆきよし〔1935―　英語学〕
　○略歴　「岩手大学英語教育論集 3」（岩手大）　2001　p128-131

中村 陽一　なかむら・よういち〔1931―　行政学〕
　○履歴ほか　「作新地域発展研究 4」（作新学院大）　2004.3　p155」

中村 義孝　なかむら・よしたか〔1937―　西洋法制史〕
　○業績ほか　「立命館法学 2002.6.286」（立命館大）　2003.3　p865-867

中本 環　なかもと・たまき〔1937―　中世文学〕
　○著述目録ほか　「国語国文研究と教育 41」（熊本大）　2003.12　2pf

中谷 宇吉郎　なかや・うきちろう〔1900―1962　物理〕
　○著書初版目録（山崎敏晴）　「文献探索 2000」（文献探索研究会）　2001.2　p539-550
　◎年譜ほか（神田健三）　「中谷宇吉郎集 8」（中谷宇吉郎）　岩波書店　2001.5　p5-34
　○書誌の書誌（山崎敏晴）　「北の文庫 32」（北の文庫の会）　2002.2　p9-26
　○諸版目録（山崎敏晴）　「文献探索 2001」（文献探索研究会）　2002.7　p472-485
　◎略年譜　「アラスカの氷河―中谷宇吉郎紀行集」（渡辺興亜）　岩波書店　2002.12　p363-367
　◎略年譜ほか　「北大理学部教授室N123中谷宇吉郎研究室―復元展示」（松枝大治ほか）　北海道大　2004.3　p97-108
　○著書諸版目録（山崎敏晴）　「文献探索 2005」（文献探索研究会）　2006.5　p326-343

中矢 一義　なかや・かずよし〔1940―　イギリス文学〕
　○業績一覧　「教養論叢 123」（慶應義塾大）　2005.2　p227-228

中谷 健太郎　なかや・けんたろう〔1934―　保養温泉〕
　◎年譜　「湯布院発、にっぽん村へ」（中谷健太郎）　ふきのとう書房　2001.9　p152-159

中谷 治宇二郎　なかや・じうじろう〔1902―1936　考古学者〕
　○著書諸版目録（山崎敏晴）　「北の文庫 40」（北の文庫の会）　2005.3　p56-79

中山 勲　なかやま・いさお〔1940―　公法学〕
　○著作目録ほか　「阪大法学 53.3・4.225・226」（大阪大）　2003.11　p1070-1073

中山 和子　なかやま・かずこ〔1931―　近代日本文学〕
　○著作年譜　「平野謙と「戦後」批評」（中山和子）　翰林書房　2005.5　p678-685

中山 喜代市　なかやま・きよし〔1935―　英米文学〕
　○仕事　「楽しく読むアメリカ文学―中山喜代市教授古稀記念論文集」（記念論文集刊行委員会）　大阪教育図書　2005.3　p574-592

中山 清　なかやま・きよし〔1937―　日本史〕
　○著作目録ほか　「史窓 60」（京都女子大）　2003.2　p75-80

中山 修一　なかやま・しゅういち〔1915―1997　考古学〕
　◎略年譜　「中山修一ものがたり―長岡京発掘の父」（古鉄勝美）　胸像を作る会　2004.9　p54-57

中山 周平　なかやま・しゅうへい〔1915―2002　理科教育〕
　○報文目録　「野草 68.508」（野外植物研究会）　2002.7　p46-48

中山 省三郎　なかやま・しょうざぶろう〔1904―1947　詩人・ロシア文学者〕
　○著作目録ほか（坂口博）　「中山省三郎七篇」（坂口博）　エディトリアルデザイン研究所（EDI叢書 4）　2000.7　p78-89

中山 晋平　なかやま・しんぺい〔1887―1952　作曲家〕
　◎参考文献　「中山晋平伝―近代日本流行歌の父」（菊池清麿）　郷土出版社　2007.6　p311

中山 将　なかやま・すすむ
　○著作目録ほか　「文学部論叢 75」（熊本大）　2002.3　p3-5

中山 隆満　なかやま・たかみつ
　○著作目録ほか　「経営論集 55」（東洋大）　2002.3　p75-79

中山 健　なかやま・たけし〔1957―　経営学〕
　○著作目録ほか　「神戸学院経済学論集　38.3・4」（神戸学院大）　2007.3　p293-295

中山 忠彦　なかやま・ただひこ〔1935―　洋画家〕
　◎著作　「中山忠彦画集」（中山忠彦）　ビジョン企画出版社　2006.9　p220-234

中山 太郎　なかやま・たろう〔1876―1947　民俗学者〕
　◎年譜（礫川全次）　「タブーに挑む民俗学―中山太郎土俗学エッセイ集成」（中山太郎）　河出書房新社　2007.3　p251-254

中山 信弘　なかやま・のぶひろ〔1945―　無体財産権法・知的財産権法〕
　◎著作目録ほか　「知的財産法の理論と現代的課題―中山信弘先生還暦記念論文集」（相澤英孝ほか）　弘文堂　2005.12　p667-689

永山 則夫　ながやま・のりお〔1949―　犯罪者〕
　◎参考文献　「涙の射殺魔・永山則夫と六〇年代」（朝倉喬司）　共同通信社　2003.3　p203-206
　◎年譜　「ある遺言のゆくえ―死刑囚永山則夫がのこしたもの」（永山子ども基金）　東京シューレ出版　2006.8　p205-247

中山 八郎　なかやま・はちろう〔1907―2000　東洋史〕
　◎著作目録ほか（池田雄一）　「中山八郎先生追憶文集」（明代史研究会）　明代史研究会　2002.1　p1-10

永山 正昭　ながやま・まさあき〔1913―1994　海上労働運動家〕
　◎年譜（平岡茂樹ほか）　「星星之火」（永山正昭）　みすず書房　2003.7　p326-327

中山 雅博　なかやま・まさひろ〔1935―　原価計算・会計学〕
　○業績ほか　「専修経営学論集　80」（専修大）　2005.3　p215-219

中山 靖夫　なかやま・やすお〔1936―2001　経済学理論・貨幣論〕
　○研究業績ほか　「経済集志　71.3」（日本大）　2001.10　p3-7f

中山 隆吉　なかやま・りゅうきち
　○業績ほか　「立教経済学研究　55.1」（立教大）　2001.7　p247-250

長与 専斎　ながよ・せんさい〔1838―1902　蘭方医・医政家〕
　◎参考文献ほか　「医療福祉の祖長与専斎」（外山幹夫）　思文閣出版　2002.6　p190-197

長與 又郎　ながよ・またお〔1878―1941　病理学者〕
　◎年表　「長與又郎日記―近代化を推進した医学者の記録　上」（小高健）　学会出版センター　2001.3　p646-658

永吉 基治　ながよし・もとはる〔1941―2005　保険論〕
　○略歴ほか　「商経論叢　46.2」（九州産業大）　2005.12　3pf

半井 梧菴　なからい・ごあん
　◎文献ほか　「「愛媛面影」紀行」（今村賢司）　愛媛新聞社　2005.10　p124-126

流 政之　ながれ・まさゆき〔1923―　彫刻家〕
　◎参考文献　「Nagare―Masayuki Nagare 2003-2004 recent sculpture」（Masayuki Nagare〔作〕）〔北海道立近代美術館〕　〔2004〕　p101-111

名倉 靖博　なぐら・やすひろ〔1959―　アニメーション作家・イラストレーター・絵本作家・漫画家〕
　◎仕事年表　「名倉靖博の世界」（名倉靖博）　ソフトバンクパブリッシング　2004.6　p134-135

名倉家　なぐらけ
　◎参考資料　「江戸の骨つぎ昭和編―整形外科「名倉」の人びと」（名倉公雄）　中央公論事業出版　2007.11　p246-247

梨元 勝　なしもと・まさる〔1944―　芸能リポーター〕
　◎参考文献　「噂を学ぶ―学問としてのスキャンダル」（梨元勝）　角川書店（角川oneテーマ21　C-16）　2001.6　p217-218

那須 正幹　なす・まさもと〔1942―　児童文学者〕
　◎年譜ほか（石井直人ほか）　「ズッコケ三人組の大研究ファイナル―那須正幹研究読本」（石井直人ほか）　ポプラ社　2005.6　p216-230

那須家　なすけ
　◎参考文献　「改易と御家再興」（岡崎寛徳）　同成社　2007.8　p205-208

那須 与一　なすの・よいち〔鎌倉時代前期　武将〕
　◎参考文献　「那須与一とその時代」（栃木県教育委員会）　栃木県教育委員会　2005.9　p95-96

夏石 番矢　なついし・ばんや〔1955―　俳人・評論家〕
　◎著作目録ほか　「越境紀行―夏石番矢全句集」（夏石番矢）　沖積舎　2001.10　p482-488

夏目 漱石　なつめ・そうせき〔1867―1916　作家〕
　◎参考文献　「「三四郎」の東京学」（小川和佑）　NHK出版　2001.1　p228-229
　◎参考文献　「漱石のユーモア―〈明治〉の構造」（張建明）　講談社（講談社選書メチエ 204）　2001.2　p221-222
　◎参考文献（槐島知明）　「解釈と鑑賞　66.3.838」（至文堂）　2001.3　p171-177
　◎略年譜　「漱石先生の手紙」（出久根達郎）　NHK出版　2001.4　p242-248
　◎年譜ほか（石崎等）　「漱石人生論集」（夏目漱石）　講談社　2001.4　p200-218
　◎参考文献　「漱石の京都」（水川隆夫）　平凡社　2001.5　p300-302
　◎年譜ほか　「漱石と松山―子規から始まった松山との深い関わり」（中村英利子）　アトラス出版　2001.7　p211-214

○文献目録（五十嵐礼子ほか）　「漱石研究　14」（翰林書房）　2001.10　p210-230
◎図版出典　「自転車に乗る漱石　百年前のロンドン」（清水一嘉）　朝日新聞社　2001.12　p293-290
◎年譜　「私の個人主義ほか」（夏目漱石）　中央公論新社　2001.12　p371-377
◎参考文献　「漱石―男の言草・女の仕草」（金正勲）　和泉書院　2002.2　p222-226
◎注文献　「漱石のリアル―測量としての文学」（若林幹夫）　紀伊国屋書店　2002.6　prr
○文献抄録（杉山智章）　「文献探索 2001」（文献探索研究会）　2002.7　p268-277
◎「夏目漱石の研究と書誌」（小田切靖明ほか）　ナダ出版センター　2002.7　318p　A5
◎年譜ほか　「夏目漱石の修善寺―修善寺は漱石再生の地」（中山高明）　中山高明　2002.9　p196-201,210-211
◎註　「漱石と寅彦」（沢英彦）　沖積舎　2002.9　prr
○文献目録（五十嵐礼子ほか）　「漱石研究　15」（翰林書房）　2002.10　p184-200
◎注・文献　「漱石の源泉―創造への階梯」（飛ヶ谷美穂子）　慶応義塾大学出版会　2002.10　prr,p273-282
◎著作初出年譜　「漱石評論・講演復刻全集　8　大正4年〜大正9年―1915〜1920」（山下浩）　ゆまに書房　2002.11　p221-234
◎参考文献　「魯迅・明治日本・漱石―影響と構造への総合的比較研究」（潘世聖）　汲古書院　2002.11　p307-312
◎参考文献　「漱石と子規　漱石と修―大逆事件をめぐって」（中村文雄）　和泉書院　2002.12　p415-420
○書誌（村田好哉）　「大阪産業大学論集　人文科学編　107」（大阪産業大）　2002　p1-12
◎参考文献　「漱石のレシピ　『三四郎』の駅弁」（藤森清）　講談社　2003.2　p181-183
◎年譜　「漱石の孫」（夏目房之介）　実業之日本社　2003.4　p270-277
○参考文献目録（山本勝正）　「広島女学院大学日本文学　13」（広島女学院大）　2003.7　p49-57
◎参考文献　「『日本少年』重見周吉の世界」（菅紀子）　創風社出版　2003.7　p239-241
◎参考文献　「夏目漱石論―『それから』から『明暗』を中心に」（八木良夫）　丸善大阪出版サービスセンター（製作）　2003.8　p334-347
◎参考文献　「漱石と英文学―『漾虚集』の比較文学的研究　改訂増補版」（塚本利明）　彩流社　2003.8　p667-676
○文献目録（五十嵐礼子ほか）　「漱石研究　16」（翰林書房）　2003.10　p206-220
◎注　「喪章を着けた千円札の漱石―伝記と考証」（原武哲）　笠間書院　2003.10　prr
◎参考文献　「漱石と魯迅における伝統と近代」（欒殿武）　勉誠出版　2004.2　p355-365
◎参考文献　「夏目金之助ロンドンに狂せり」（末延芳晴）　青土社　2004.4　p507-511

◎年譜　「こゝろ　改版」（夏目漱石）　角川書店　2004.5　p324-335
◎年譜　「漱石文学の研究」（安宗伸郎）　渓水社　2004.6　p353-385
◎参考文献　「夏目漱石論―漱石文学における「意識」」（増満圭子）　和泉書院　2004.6　p517-522
◎参考文献　「スコットランドの漱石」（多胡吉郎）　文藝春秋　2004.9　p209-211
◎参考文献　「夏目漱石ロンドン紀行」（稲垣瑞穂）　清文堂出版　2004.10　p220-224
◎参考文献　「漱石と三人の読者」（石原千秋）　講談社　2004.10　p238-241
◎年譜ほか　「名作早わかり夏目漱石全作品」（小石川文学研究会）　コスミック出版　2004.11　p160-165
○文献目録　「国文学解釈と鑑賞　70.6」（至文堂）　2005.6　p233-240
◎参考文献　「新聞記者夏目漱石」（牧村健一郎）　平凡社　2005.6　p226-227
◎読書案内　「『こころ』大人になれなかった先生」（石原千秋）　みすず書房　2005.7　p154-155
◎年譜　「草枕　129刷改版」（夏目漱石）　新潮社　2005.9　p236-242
◎参考文献　「漱石と子規の漢詩―対比の視点から」（徐前）　明治書院　2005.9　p240-243
◎参考文献　「『こころ』の読めない部分」（志村太郎）　文芸社　2005.10　p120-123
○文献目録（五十嵐礼子ほか）　「漱石研究　18」（翰林書房）　2005.11　p210-236
◎参考文献　「漱石の転職―運命を変えた四十歳」（山本順二）　彩流社　2005.11　p197-199
◎文献　「漱石文学全注釈　10　彼岸過迄」（田口律男ほか）　若草書房　2005.11　p461-470
◎参考文献　「広島女学院大学日本文学　15」（広島女学院大）　2005.12　p43-49
○書誌（村田好哉）　「大阪産業大学論集　人文科学編　118」（大阪産業大）　2006　p1-19b
○洋書蔵書（佐々木靖章）　「茨城大教育学部紀要人文　55」（茨城大教育学部）　2006.3　p21-36
◎参考文献　「漱石と不愉快なロンドン」（出口保夫）　柏書房　2006.4　p284-285
◎参考文献　「漱石　響き合うことば」（佐々木亜紀子）　双文社出版　2006.10　p247-252
◎参考資料　「漱石のたくらみ―秘められた『明暗』の謎をとく」（熊倉千之）　筑摩書房　2006.10　p310-311
◎年譜　「漱石・熊本百句」（坪内稔典ほか）　創風社出版　2006.11　p128-139
○参考文献（山本勝正）　「広島女学院大学国語国文学誌　36」（広島女学院大）　2006.12　p75-80
◎文献目録　「『こゝろ』研究史」（仲秀和）　和泉書院　2007.3　p164-284
◎参考文献　「夏目漱石は思想家である」（神山睦美）　思潮社　2007.5　p262-271
◎文献目録選（村田好哉）　「『明暗』論集　清子のいる風景」（近代部会）　和泉書院　2007.8　p364-390

◎参考文献 「文豪・夏目漱石―そのこころとまなざし」(江戸東京博物館ほか) 朝日新聞社 2007.9 p142」
◎「夏目漱石蔵書(洋書)の記録―東北大学所蔵「漱石文庫」に見る」(佐々木靖章) てんとうふ社 2007.10 101p A5
◎参考文献 「世界文学のスーパースター夏目漱石」(D.フラナガン) 講談社インターナショナル 2007.11 p244-247
◎文献目録 「夏目漱石絶筆『明暗』における「技巧」をめぐって」(中村美子) 和泉書院 2007.11 p159-222
○参考文献(山本勝正) 「広島女学院大学国語国文学誌 37」(広島女学院大) 2007.12 p111-117

名取 春仲 なとり・しゅんちゅう
◎引用・参考文献ほか 「天文暦学者名取春仲と門人たち」(岩出山町史編纂委員会) 岩出山町 2002.3 p129-144

名取 健昭 なとり・たけあき
○業績目録ほか 「大阪経済法科大学法学論集 48」(大阪経済法科大) 2000.11 p5-9

難波田 春夫 なにわだ・はるお〔1906―1991 経済・哲学〕
○メモ(坂本寛) 「文献探索 2005」(文献探索研究会) 2006.5 p87-90

名畑 恒 なばた・ひさし
○著作目録ほか 「東亜経済研究 62.1」(山口大) 2003.3 p277-279

鍋澤 幸雄 なべさわ・ゆきお
○略歴ほか 「立正法学論集 37.2」(立正大) 2004 p3-4f

鍋島 直映 なべしま・なおてる〔1872―1943 侯爵〕
◎年譜 「鍋島直映公傳」 鍋島報效会 2000.8 p306-323

鍋島 宗茂 なべしま・むねしげ
○参考資料 「中野三代と鍋島宗茂―「葉隠」の曲者達」(田中耕作) 佐賀新聞社 2007.6 p283-284

生江 孝之 なまえ・たかゆき〔1867―1957 宗教家・キリスト教社会事業家〕
○年譜 「生江文庫目録」(同志社大学総合情報センター) 同志社大学総合情報センター 2003.3 p168-169

浪江 巌 なみえ・いわお
○著作ほか 「立命館経営学 44.5」(立命館大) 2006.1 p209-212

並川 宏彦 なみかわ・ひろひこ〔1933― 科学技術史〕
○研究業績ほか 「桃山学院大学人間科学 24」(桃山学院大) 2003.1 p271-290

浪川 正己 なみかわ・まさみ〔1928―2009 商法〕
○著作目録 「法学研究 48.3」(愛知学院大) 2007.6 p375-382

並木 博 なみき・ひろし〔1933― 教育心理学〕
○業績ほか 「学術研究 教育・社会教育学編 52」(早稲田大) 2004.2 p115-119

浪田 克之介 なみた・かつのすけ〔1937― 応用言語学〕
○業績ほか 「大学院国際広報メディア研究科言語文化部紀要 41」(北海道大) 2002.2 p1-3

行方 克巳 なめかた・かつみ〔1944― 俳人〕
○略歴 「行方克巳集」(行方克巳) 邑書林 2006.6 p136-138

滑川 道夫 なめかわ・みちお〔1906―1992 児童文学者・評論家〕
◎「滑川道夫文庫目録 1(特別資料・雑誌)」(神奈川文学振興会) 県立神奈川近代文学館 2007.3 224p B5

奈良 勲 なら・いさお〔1942― 神経内科学〕
◎論文・著書リスト 「奈良勲回顧録―わが半生、日本の理学療法と共に歩んで」(奈良勲) 文光堂 2006.12 p269-281

奈良 俊夫 なら・としお〔1935― 刑法〕
○著作目録ほか 「独協法学 61」(独協大) 2003.8 p417-421

奈良 康明 なら・やすあき〔1929― 僧侶〕
○業績ほか 「駒沢大学仏教学部論集 31」(駒沢大) 2000.12 p1-11f
○業績ほか 「宗教学論集 22」(駒澤宗教学研究会) 2003.3 p9-20f
○業績 「宗教学論集 22」(駒沢宗教学研究会) 2003 p9-20f

奈良 美智 なら・よしとも〔1959― 現代美術家〕
◎略年譜ほか(児島やよい,新畑泰秀) 「I don't mind, if you forget me.」(奈良美智) 淡交社 2001.8 p120-135,152-159

奈良橋 善司 ならはし・ぜんじ〔1937―2000 日本文学〕
◎年譜(奈良橋幸子) 「釈迢空 折口信夫論」(奈良橋善司) おうふう 2003.11 p483-491

楢林 宗建 ならばやし・そうけん〔1802―1852 蘭方医〕
◎参考文献 「わが国はじめての牛痘種痘楢林宗建」(深瀬泰旦) 出門堂 2006.5 p85-88

奈良原 一高 ならはら・いっこう〔1931― 写真家〕
◎略歴ほか 「時空の鏡―奈良原一高写真集」(奈良原一高) 新潮社 2004.5 p204-205

奈良本 辰也 ならもと・たつや〔1913―2001 歴史家・作家〕
◎「奈良本辰也著作目録」(奈良本まゆみほか) 臨風舎 2007.3 189p B5

成田 千空 なりた・せんくう〔1921―2007 俳人〕
◎略年譜 「千空歳時記」(矢本大雪) 青森県文芸協会出版部 2002.3 p289-292

成田 興史　なりた・たつし〔1942―　英米文学〕
　○業績目録ほか　「名古屋市立大学大学院人間文化研究　6」（名古屋市立大）　2006.12　p195-201

鳴上 善治　なるかみ・よしはる〔1922―　歌人〕
　◎年譜　「彩虹―鳴上善治集　上巻」（鳴上善治）　沖積舎　2001.5　p443-465

成島 信遍　なるしま・のぶゆき〔1689―1760　儒学者〕
　○年譜（久保田啓一）　「広島大学大学院文学研究科論集　67」（広島大）　2007.12　p1-14

成島 柳北　なるしま・りゅうほく〔1837―1884　戯文家〕
　◎参考文献　「成島柳北研究」（乾照夫）　ぺりかん社　2003.5　p339-350

成瀬 仁蔵　なるせ・じんぞう〔1858―1919　女子教育〕
　◎略年譜ほか　「いまを生きる成瀬仁蔵―女子教育のパイオニア」（青木生子）　講談社　2001.12　p323-331
　◎参考文献　「成瀬仁蔵」（中嶌邦）　吉川弘文館　2002.3　p249-254
　◎文献　「知られざる社会学者成瀬仁蔵」（河村望）　人間の科学新社　2003.2　p302-308
　◎参考文献　「デューイとミードと成瀬仁蔵」（河村望）　人間の科学新社　2004.3　p291-293

成瀬 久富　なるせ・ひさとみ
　○研究業績ほか　「千葉商大論叢　39.3」（千葉商科大）　2001.12　p5-6f

成本 和子　なるもと・かずこ〔1932―　童話作家・詩人〕
　○主な著作　「成本和子詩集　現代児童文学詩人選集7」　てらいんく　2005.10　p199-198

名和 小太郎　なわ・こたろう〔1931―　著述家〕
　○業績書ほか　「情報研究　15」（関西大）　2001.9　p15-24

南郷 龍音　なんごう・たつね
　◎著作一覧ほか　「満鉄経済調査会と南郷竜音―満洲国通貨金融政策史料」（小林英夫ほか）　社会評論社　2004.4　p406-410

南條 範夫　なんじょう・のりお
　○略年譜ほか（縄田一男ほか）　「大衆文学研究　2005年.1」（大衆文学研究会）　2005.6　p36-39

難波 宣太郎　なんば・せんたろう
　⇒木月 道人（きづき・どうじん）を見よ

難波 信雄　なんば・のぶお〔1936―　日本近世史〕
　○業績ほか　「東北学院大学論集　歴史学・地理学　39」（東北学院大）　2005.3　p12-17

難波田 龍起　なんばた・たつおき〔1905―1997　洋画家〕
　◎文献　「青のフーガ難波田龍起」（柴橋伴夫）　響文社　2003.2　p355-361

南原 繁　なんばら・しげる〔1889―1974　政治・歌人〕
　◎年譜　「わが歩みし道南原繁―ふるさとに語る」（編集刊行委員会）　三本松高校同窓会　2004.8　p619-639

南原 幹雄　なんばら・みきお〔1938―　小説家〕
　◎著作目録　「謀将山本勘助　下」（南原幹雄）　角川書店　2006.10　p406-408

南部 修太郎　なんぶ・しゅうたろう〔1892―1936　小説家〕
　◎年譜ほか（十重田裕一）　「南部修太郎三篇」（南部修太郎）　イー・ディー・アイ　2005.5　p76-83

南部 全司　なんぶ・ぜんじ〔1932―　フランス文学・比較文学〕
　○略年譜　「仏語仏文学研究　35」（中央大）　2003.3　p1-5

南坊 宗啓　なんぼう・そうけい
　◎参考文献　「南方録の行方」（戸田勝久）　淡交社　2007.9　p222-223

【　に　】

新沢 雄一　にいざわ・ゆういち
　○主な著書（横田信武）　「早稲田商学　388」（早稲田大）　2001.3　p323-327

新島 繁　にいじま・しげる〔1920―2001　食研究家〕
　◎全著作　「蕎麦年代記」（新島繁）　柴田書店　2002.2　p347」

新島 襄　にいじま・じょう〔1843―1890　キリスト教・教育者〕
　◎年譜ほか　「新島襄とその高弟たち―時代に挑んだ六人の実像」（志村和次郎）　上毛新聞社　2004.1　p151-170
　◎年譜　「新島襄―わが人生」（新島襄）　日本図書センター　2004.8　p299-307
　◎参考文献ほか　「新島襄―良心之全身ニ充満シタル丈夫」（太田雄三）　ミネルヴァ書房　2005.4　p367-384
　○著作目録（同志社社史資料センター）　「同志社談叢　27」（同志社大）　2007.3　p115-120b

新飯田 宏　にいだ・ひろし〔1931―　経済学・国際経済〕
　○研究業績一覧ほか　「経済系　218」（関東学院大）　2004.1　p113-121

新津 きよみ　にいつ・きよみ〔1957―　推理作家〕
　◎著作リスト　「左手の記憶」（新津きよみ）　出版芸術社　2005.11　3pb

新美 南吉　にいみ・なんきち〔1913―1943　童話作家〕
　◎参考文献・年表　「新美南吉紹介」（帯金充利）　三一書房　2001.5　p312-317

◎年譜（北川幸比古ほか）　「新美南吉童話集―心に残るロングセラー名作10話」（新美南吉）　世界文化社　2004.3　p4-5
◎参考文献　「なぜ日本人は「ごんぎつね」に惹かれるのか―小学校国語教科書の長寿作品を読み返す」（鶴田清司）　明拓出版　2005.11　p234-235

二階堂 進　にかいどう・すすむ〔1909―2000　政治家〕
○参考資料　「二階堂進―清貧の政治家」（上城恒夫）　高城書房　2006.3　p307-310

二階堂 副包　にかいどう・ふくかね〔1923―2001　数理経済学・理論経済学〕
○業績リスト　「東京国際大学論叢　経済学部編 27・28」（東京国際大）　2002.12　p5-10f

二神 鷺泉　にかみ・ろせん
◎年譜　「二神鷺泉と道後湯之町」（二神将）　松山子規会　2003.5　p288-304

和 秀雄　にぎ・ひでお〔1939―　動物生理学・生殖生理学〕
○主要業績ほか　「大阪大学大学院人間科学研究科紀要　28」（大阪大）　2002　p151-155

二木 立　にき・りゅう〔1947―　医療経済学・医療政策〕
◎関連著書ほか　「介護保険制度の総合的研究」（二木立）　勁草書房　2007.2　p285-287

西 昭夫　にし・あきお〔1932―2006　心理学〕
○著作目録ほか　「千葉商大紀要　41.3」（千葉商科大）　2003.12　p7-14

西 周　にし・あまね〔1829―1897　啓蒙思想家・西洋哲学者〕
◎年譜　「鷗外歴史文学集　1」（森鷗外）　岩波書店　2001.1　p130-136
◎参考文献（菅原光）　「西周と日本の近代」（島根県立大学西周研究会）　ぺりかん社　2005.5　p469-480

西 晋一郎　にし・しんいちろう〔1873―1943　哲学〕
◎主要著書　「西晋一郎の生涯と思想」（縄田二郎）　五曜書房　2003.4　p278-279
○略年譜（寺田一清）　「人倫の道―西晋一郎語録」（西晋一郎）　致知出版社　2004.5　p221-224

西 徳二郎　にし・とくじろう〔1847―1912　外交官・男爵〕
◎年譜　「日本外交史人物叢書　第2巻」（吉村道男）　ゆまに書房　2002.1　p1-19b

西 賢　にし・まさる〔1928―　国際私法・比較法〕
○著作目録ほか　「姫路法学　41・42」（姫路獨協大）　2004.11　p255-262

西 勝　にし・まさる〔1934―　ドイツ語〕
○業績目録ほか　「明治学院論叢　674」（明治学院大）　2002.3　p1-5

西 洋子　にし・ようこ〔1943―　〕
◎著作目録ほか　「正倉院文書論集」（西洋子ほか）　青史出版　2005.6　p347-348

西尾 昭　にしお・あきら〔1929―　法学〕
○略年譜・著作　「同志社法学　53.7」（同志社法学会）　2002.3　p3263-3267

西尾 維新　にしお・いしん〔1981―　小説家〕
○著作解題（蔓葉信博）　「ユリイカ　36.10臨増」（青土社）　2004.9　p125-126

西尾 信一　にしお・しんいち〔1928―　商法〕
○略歴　「神戸学院法学　31.2」（神戸学院大）　2001.9　p1-2b

西尾 実　にしお・みのる〔1889―1979　国語〕
◎年譜　「西尾実の生涯と学問」（安良岡康作）　三元社　2002.9　p843-856

西岡 久雄　にしおか・ひさお〔1926―　経済地理〕
○略歴　「文化情報学　8.2」（駿河台大）　2001.12　p93-100

西岡 幸泰　にしおか・ゆきやす〔1931―2004　社会政策・社会保障〕
○業績ほか　「専修経済学論集　35.3.78」（専修大）　2001.3　p313-319

西川 きよし　にしかわ・きよし〔1946―　タレント〕
◎文献　「やすし・きよしと過ごした日―マネージャーが見た波瀾万丈回想記」（木村政雄）　文藝春秋　2003.11　p210-211
◎参考文献　「やすし・きよしと過ごした日々―マネージャーが見た波瀾万丈回想記」（木村政雄）　文藝春秋　2005.12　p228-230

西川 潤　にしかわ・じゅん〔1936―　評論家〕
◎著作目録ほか　「社会科学を再構築する―地域平和と内発的発展・西川潤＋早稲田大学大学院西川ゼミ記念論文集」（西川潤ほか）　明石書店　2007.1　p486-508
○著作目録　「アジア太平洋討究　9」（早稲田大）　2007.3　p180-202

西川 純子　にしかわ・じゅんこ〔1934―　経営史・国際経済論〕
○略歴ほか　「独協経済　79」（独協大）　2004.10　p5-7

西川 徹郎　にしかわ・てつろう〔1947―　俳人〕
◎略年譜（斎藤冬海）　「西川徹郎自撰自筆句集」（西川徹郎）　沖積舎　2002.7　p101-104
◎年譜（斎藤冬海）　「星月の惨劇―西川徹郎の世界―『西川徹郎全句集』刊行記念論叢」（梅原猛）　茜屋書店　2002.9　p705-721
◎年譜　「銀河小學校―西川徹郎句集」（西川徹郎）　沖積舎　2003.11　p623-639
◎略年譜（斎藤冬海）　「極北の詩精神―西川徹郎論」（小笠原賢二）　茜屋書店　2004.7　p121-127

西川 徹　にしかわ・とおる〔1931―　マーケティング〕
○業績目録ほか　「札幌学院商経論集　17.4」（札幌学院大）　2001.3　p187-188

西川 利行　にしかわ・としゆき〔1933―　経済法〕
○業績ほか　「専修法学論集　90」（専修大）　2004.3　p3-6b

西川 富雄　にしかわ・とみお
◎著書ほか　「哲学教師の五十年」（西川富雄）　こぶし書房　2005.9　p245-253

西川 宏　にしかわ・ひろし〔1932—　財政学・金融論〕
○主要著作目録ほか　「経済学論叢　54.2」（同志社大）　2003.3　p491-496

西川 洋　にしかわ・ひろし〔1943—　日本政治史・政治学〕
○業績ほか　「三重大学法経論叢　24.2」（三重大）　2007.3　p109-117

西川 宏人　にしかわ・ひろと〔1933—　フランス文学〕
○業績ほか　「上智大学仏語・仏文学論集　36」（上智大）　2001　p3-7f

西川 正雄　にしかわ・まさお〔1933—2008　ヨーロッパ現代史〕
○略歴ほか　「専修史学　36」（専修大）　2004.3　p1-14
○業績ほか　「専修人文論集　74」（専修大）　2004.3　19pf

西川 満　にしかわ・みつる〔1908—1999　詩人・小説家〕
○限定本書目（坂本一敏）　「日本古書通信　64.4」（日本古書通信社）　1999.4　p28-30

西口 直治郎　にしぐち・なおじろう〔1930—　経済事情〕
○著作目録ほか　「産業と経済　15.4」（奈良産業大）　2001.3　p155-157

西口 光博　にしぐち・みつひろ〔1941—　観光政策〕
○業績一覧ほか　「龍谷大学経営学論集　46.3・4」（龍谷大）　2007.3　p169-170

西沢 脩　にしざわ・おさむ〔1930—　管理会計〕
○著書（清水孝）　「早稲田商学　388」（早稲田大）　2001.3　p342-346
◎著作リスト　「原価・管理会計論」（西澤脩）　中央経済社　2007.4　p401-404

西沢 大良　にしざわ・たいら〔1964—　建築家〕
◎文献リスト　「西沢大良—1994-2004」（西沢大良）　TOTO出版　2004.5　p128-131

西澤 輝泰　にしざわ・てるやす
○略歴ほか　「新潟大学経済論集　82」（新潟大）　2007.3　p207-210

西澤 保彦　にしざわ・やすひこ〔1960—　推理作家〕
◎著作リスト　「異邦人 fusion」（西澤保彦）　集英社　2001.10　2pb
◎著作リスト　「両性具有迷宮」（西澤保彦）　双葉社　2002.1　1pb
◎著作リスト　「神のロジック人間のマジック」（西澤保彦）　文藝春秋　2003.5　3pb
◎著作リスト　「フェティッシュ」（西澤保彦）　集英社　2005.10　2pb

西沢 優　にしざわ・ゆう〔1925—　軍事評論家〕
◎著作目録ほか　「派兵国家への道」（西沢優）　港の人　2005.1　p288-299

西嶋 梅治　にしじま・うめじ〔1929—　商法〕
○業績一覧ほか　「法学志林　98.3」（法政大）　2001.3　p265-292

西嶋 幸右　にしじま・こうすけ〔1933—　フランス啓蒙思想〕
○略歴ほか　「西南学院大学国際文化論集　18.2」（西南学院大）　2004.2　p1-7f

西嶋 定生　にしじま・さだお〔1919—1998　東洋史〕
○略年譜ほか（春日井明ほか）　「東方学　111」（東方学会）　2006.1　p174-208

西嶋 洋一　にしじま・よういち〔1935—　環境経済学〕
○業績ほか　「愛知学院大学情報社会政策研究　7.2」（愛知学院大）　2005.3　p5f

西田 修　にしだ・おさむ〔1938—　〕
○著作ほか　「立教大学観光学部紀要　6」（立教大）　2004.3　p58」

西田 幾多郎　にしだ・きたろう〔1870—1945　哲学〕
◎文献案内　「西田幾多郎　2」（中村雄二郎）　岩波書店（岩波現代文庫　学術）　2001.1　p271-276
◎略年譜　「上田閑照集　1　西田幾多郎」（上田閑照）　岩波書店　2001.9　p2-25b
◎年譜　「西田幾多郎の思想」（小坂国継）　講談社　2002.5　p373-379
◎参考文献　「西田幾多郎と仏教—禅と真宗の根底を究める」（竹村牧男）　大東出版社　2002.11　p267-271
○文献（福井雅弘）　「立命館人間科学研究　5」（立命館大）　2003.3　p141-144
○使用文献　「西田幾多郎の姿勢　戦争と知識人」（上田高昭）　中央大学出版部　2003.4　p237-239
◎参考文献　「西田幾多郎の憂鬱」（小林敏明）　岩波書店　2003.5　p307-321
◎参考文献ほか　「二人称の死—西田・大拙・西谷の思想をめぐって」（浅見洋）　春風社　2003.5　p237-243
◎参考文献ほか　「西田哲学の論理と方法—徹底的批評主義とは何か」（板橋勇仁）　法政大学出版局　2004.2　p7-21b
◎参考文献　「西田哲学の最終形態—精神病理学のみかたから」（山本晃）　近代文芸社　2004.12　p240-246
◎使用文献　「西田幾多郎　苦悩と悲哀の半生」（上田高昭）　中央大学出版部　2005.3　p255-257
◎関係文献（福井雅美）　「我心深き底あり—西田幾多郎のライフヒストリー」（池田善昭ほか）　晃洋書房　2005.5　p225-232
◎ブックガイドほか　「西田幾多郎—永遠に読み返される哲学—没後六十年」　河出書房新社　2005.6　p184-191
◎書誌ほか　「善の研究—実在と自己」（西田幾多郎ほか）　哲学書房　2005.7　p283-300
◎読書案内　「西田幾多郎—〈絶対無〉とは何か」（永井均）　NHK出版　2006.11　p103-107
◎文献案内ほか　「西田幾多郎—生きることと哲学」（藤田正勝）　岩波書店　2007.3　p195-203

◎参考文献　「西田幾多郎世界のなかの私」（櫻井歓）　朝文社　2007.4　p172-175
◎参考資料　「哲学者西田幾多郎の書の魅力」（北室南苑）　里文出版　2007.11　p122-123

西田 耕三　にしだ・こうぞう〔1938―　組織論・経営管理〕
○略歴ほか　「オイコノミカ　40.3・4」（名古屋市立大）　2004.3　p105-108

西田 真因　にしだ・しんいん〔1936―　〕
◎著作目録　「西田真因著作集　3」（西田真因）法蔵館　2003.1　p809-836

西田 千太郎　にしだ・せんたろう
◎年譜　「教育者ラフカディオ・ハーンの世界―小泉八雲の西田千太郎宛書簡を中心に」（島根大学附属図書館）　ワン・ライン　2006.11　p472-481

西田 毅　にしだ・たけし〔1936―　政治思想史家〕
◎著作目録ほか　「同志社法学　59.2」（同志社法学会）　2007.7　p1355-1372

西田 直敏　にしだ・なおとし〔1931―　国語〕
◎著述目録　「日本語史論考」（西田直敏）　和泉書院（研究叢書　270）　2001.3　p384-386

西田 博　にしだ・ひろし
○業績ほか　「経営研究　51.4　276」（大阪市立大）　2001.1　p205-207

西田 正規　にしだ・まさき〔1944―　自然人類学・先史学〕
◎著作目録ほか　「筑波大学先史学・考古学研究　18」（筑波大）　2007　p72-76

西田 美昭　にしだ・よしあき〔1940―　日本経済史・障害児教育史〕
◎著作目録ほか　「社会科学研究　52.3」（東京大）　2001　p183-186
○業績ほか　「金沢大学経済学部論集　26.1」（金沢大）　2006.1　p177-178

西田 芳次郎　にしだ・よしじろう〔1938―　会計学〕
○著作目録ほか　「同志社商学　56.1」（同志社大）　2004.5　p225-226

西谷 啓治　にしたに・けいじ〔1900―1990　宗教哲学〕
◎略年譜　「京都哲学撰書　16　青天白雲　随想集」（西谷啓治）　灯影舎　2001.7　p332-333
◎略年譜　「京都哲学撰書　28　神秘思想史・信州講演」（蘭田坦）　燈影舎　2003.2　p270-271

西谷 敏　にしたに・さとし〔1943―　労働法〕
◎著作目録ほか　「法学雑誌　53.4」（大阪市立大）　2007.3　p1-43b

西谷 剛　にしたに・つよし〔1939―　公法学〕
◎著作目録ほか　「横浜国際経済法学　12.3」（横浜国立大）　2004.3　p285-290

西角井 正大　にしつのい・まさひろ〔1932―　民俗芸能〕
○業績一覧ほか　「美学美術史学　18」（実践美学美術史学会）　2003.12　p1-8

西鳥羽 和明　にしとば・かずあき〔1951―2005　行政法〕
○業績目録ほか　「早稲田法学　81.3」（成文堂）　2006　p367-374

仁科 芳雄　にしな・よしお〔1890―1951　原子物理〕
◎略年譜ほか　「原子物理学の父仁科芳雄」（井上泉ほか）　日本文教出版　2004.2　p151-155
◎参考文献ほか　「仁科芳雄―日本の原子科学の曙　新装版」（玉木英彦ほか）　みすず書房　2005.10　p273-311
◎参考文献　「仁科芳雄往復書簡集―現代物理学の開拓　3　大サイクロトロン・ニ号研究・戦後の再出発1940-1951」（中根良平ほか）　みすず書房　2007.2　p129b」

西野 勉　にしの・つとむ〔1939―　理論経済学〕
○業績目録ほか　「高知論叢　76」（高知大）　2003.3　p405-410

西野 泰司　にしの・やすし〔1938―2002　映像メディア論〕
○研究業績ほか　「文化情報学　10.1」（駿河台大）　2003.6　p5-6

西原 諄　にしはら・じゅん〔1940―　家族法〕
○業績ほか　「岡山大学法学会雑誌　55.3・4.194」（岡山大）　2006.3　p717-727

西原 正　にしはら・まさし〔1937―　国際関係論〕
○業績ほか　「防衛大学校紀要　社会科学分冊　94」（防衛大学校）　2007.3　p7-18

西原 道雄　にしはら・みちお〔1929―　民事法〕
◎略歴ほか　「現代民事法学の理論―西原道雄先生古稀記念　下巻」（佐藤進, 斎藤修）　信山社　2002.10　p815-838
○略歴ほか　「近畿大学法学　51.3・4」（近畿大）　2004.3　p318-324

西原 森茂　にしはら・もりしげ
○業績ほか　「沖縄法学　34」（沖縄国際大）　2005.3　p311-312

西堀 榮三郎　にしぼり・えいざぶろう〔1903―1989　創造工学〕
◎著作一覧　「西堀流新製品開発―忍術でもええで　西堀栄三郎生誕100年記念復刊」（西堀栄三郎）　日本規格協会　2003.1　p269」

西宮 一民　にしみや・かずたみ〔1924―2007　上代文学・国語学〕
◎著作目録ほか　「上代語と表記」（西宮一民）　おうふう　2000.10　p791-816
○研究業績ほか　「皇学館大学文学部紀要　39」（皇学館大）　2000.12　p334-354

西村 昌夫　にしむら・あきお〔1931―　中国経済・経済地理学〕
○業績目録ほか　「名古屋学院大学論集　社会科学篇　38.3」（名古屋学院大）　2002.1　p6-10f

西村 朗　にしむら・あきら〔1953―　作曲家〕
◎作品表ほか（沼野雄司）　「光の―西村朗の音楽」（西村朗ほか）　春秋社　2005.5　p2-43b

西村 朝日太郎　にしむら・あさひたろう〔1909—1997　文化人類学・海洋民族学〕
◎著作目録ほか(小川博)　「海洋民族学論攷」(西村朝日太郎)　岩田書院　2003.4　p642-665

西村 功　にしむら・いさお〔1923—2003　洋画家〕
◎文献　「西村功展―パリを愛した画家」(西宮市大谷記念美術館)　西宮市大谷記念美術館　〔2006〕　p48-53

西村 伊作　にしむら・いさく〔1884—1963　教育家〕
◎年譜ほか　「西村伊作の楽しき住家―大正デモクラシーの住い」(田中修司)　はる書房　2001.10　p229-240

西村 和子　にしむら・かずこ〔1948—　俳人〕
◎略歴　「西村和子集」(西村和子)　邑書林　2004.3　p138-139

西村 規矩夫　にしむら・きくお〔1930—　西洋美術史〕
○業績一覧ほか　「関西大学哲学　20」(関西大)　2001.3　p1-9b

西村 冏紹　にしむら・けいしょう〔1926—　僧侶〕
○研究業績ほか　「叡山学院研究紀要　25」(叡山学院)　2003.3　p1-7f

西村 幸次郎　にしむら・こうじろう〔1942—　中国法〕
○著作目録　「一橋法学　5.1」(一橋大)　2006.3　p202-207

西村 公朝　にしむら・こうちょう〔1915—2003　仏像彫刻家・僧侶〕
◎年譜　「西村公朝祈りの造形―平成17年(2005年)度秋季特別展」(吹田市立博物館)　吹田市立博物館　2005.10　p80-85

西村 重雄　にしむら・しげお〔1943—　ローマ法〕
○著作目録　「法政研究　70.4」(九州大)　2004.3　p13-17b

西村 俊一　にしむら・しゅんいち〔1941—　教育学〕
○著作目録ほか　「国際教育研究　27」(東京外語大)　2007.3　p77-88

西村 太沖　にしむら・たちゅう〔1767—1835　暦学者〕
◎年譜　「天文暦学者西村太沖伝―越中城端の人」(河崎倫代)　西村太沖記念碑協賛会　2001.5　p56-60

西村 春夫　にしむら・はるお〔1931—　犯罪学〕
○業績目録ほか　「犯罪の被害とその修復―西村春夫先生古稀祝賀」(所一彦)　敬文堂　2002.12　p405-414

西村 文夫　にしむら・ふみお〔1935—　国際政治学者・外交史家〕
○業績ほか　「宇都宮大学国際学部研究論集　11」(宇都宮大)　2001.3　p3-6f

西村 道一　にしむら・みちかず〔1946—2000　日本倫理思想史〕
○略歴ほか　「茨城大学人文学部紀要　人文学科論集　37」(茨城大)　2002.3　1pb

西村 允克　にしむら・みつよし〔1930—2000　理論経済学〕
○研究業績ほか　「独協経済　74」(独協大)　2001.9　p15-16

西村 嘉太郎　にしむら・よしたろう〔1929—　英語学〕
○業績目録ほか(西村嘉太郎)　「東日本国際大学研究紀要　7.1」(東日本国際大)　2002.1　p165-167

西本 鴻一　にしもと・こういち
○研究業績　「桜美林エコノミックス　48・49」(桜美林大)　2003.3　p3」

西元 良行　にしもと・よしゆき
○業績ほか　「商学論集　74.4」(福島大)　2006.3　p63-66

西山 明　にしやま・あきら〔1934—　俳人〕
◎著作一覧　「鳥はねぐらにかへれども」(西山明)　三五館　2005.6　1pb

西山 一郎　にしやま・いちろう〔1939—　イギリス財政史〕
○著作目録　「香川大学経済論叢　76.2」(香川大)　2003.7　p318-326

西山 卯三　にしやま・うぞう
◎著作　「昭和の日本のすまい―西山卯三写真アーカイヴズから」(松本滋)　創元社　2007.8　p187」

西山 弥太郎　にしやま・やたろう〔1893—1966　実業家〕
◎参考文献　「革新の企業家史―戦後鉄鋼業の復興と西山弥太郎」(浜田信夫)　白桃書房　2005.4　p217-223

西山 佑司　にしやま・ゆうじ〔1943—　言語学〕
○業績一覧　「慶應義塾大学言語文化研究所紀要　37」(慶應義塾大)　2006.3　p12-26

西依 成斎　にしより・せいさい
◎略年譜　「西依成斎基礎資料集」(岸本三次)　岩田書院　2005.3　p517-532

西脇 順三郎　にしわき・じゅんざぶろう〔1894—1982　詩人・英文〕
○関連年譜　「詩人たちの世紀―西脇順三郎とエズラ・パウンド」(新倉俊一)　みすず書房　2003.5　p296-301
◎参考文献ほか　「評伝西脇順三郎」(新倉俊一)　慶應義塾大出版会　2004.11　p343-360
◎年譜ほか(新倉俊一)　「ボードレールと私」(西脇順三郎)　講談社　2005.8　p266-282
◎著作目録(新倉俊一)　「随筆集　西脇順三郎コレクション6」(新倉俊一)　慶應義塾大出版会　2007.11　p277-283
◎略年譜ほか　「西脇順三郎絵画的旅」(新倉俊一)　慶應義塾大出版会　2007.11　p191-202

日円　にちえん
◎参考文献　「惠雲院日圓聖人と中村檀林」(都守基一)　正東山日本寺　2004.7　p111-113

日奥　にちおう〔1565—1630　僧侶〕
　◎参考文献　「日親・日奥―反骨の導師　日本の名僧14」（寺尾英智ほか）　吉川弘文館　2004.9　p204-206

日我　にちが
　◎参考文献ほか　「安房妙本寺日我一代記」（佐藤博信）　思文閣出版　2007.10　p202-203

日什　にちじゅう〔1314―元中9・1392　僧侶〕
　◎参考文献　「日什門流読本」（日蓮宗什師会集委員会）　日蓮宗什師会　2004.4　p194-197

日蓮　にちれん〔1222—1282　日蓮宗の開祖〕
　○研究業績ほか　「身延論叢　5」（身延論叢編集委員会）　2000.3　p23-30
　◎読書案内　「日蓮　立正安国論ほか」（紀野一義）　中央公論新社　2001.9　p399-400
　◎略年譜　「あなただけの日蓮聖人」（立松和平ほか）　小学館　2001.11　p124-125
　◎文献　「日蓮聖人遺文辞典　教学篇」（立正大学日蓮教学研究所）　総本山身延山久遠寺　2003.10　p3-8b
　◎参考文献　「日蓮―われ日本の柱とならむ」（佐藤弘夫）　ミネルヴァ書房　2003.12　p325-331
　◎略年譜ほか　「法華の行者日蓮　日本の名僧12」（佐々木馨ほか）　吉川弘文館　2004.1　p195-199
　◎参考文献　「日蓮と親鸞」（中本征利）　人文書院　2004.9　p367-373
　◎参考文献ほか　「日蓮とその思想」（佐々木馨）　平楽寺書店　2004.12　p461-466
　◎参考文献　「日蓮仏教の社会思想的展開―近代日本の宗教的イデオロギー」（松岡幹夫）　東京大学出版会　2005.3　p331-340
　◎参考文献　「釈尊と日蓮の女性観」（植木雅俊）　論創社　2005.11　p310-317
　◎参考文献　「書簡にみる日蓮心の交流」（北川前肇）　NHK出版　2006.4　p264-265
　◎引用参照文献　「日蓮自伝考―人、そしてこころざし」（山中講一郎）　いろは館　2006.4　p387-394

日親　にっしん〔1407—1488　僧侶〕
　◎参考文献　「日親・日奥―反骨の導師　日本の名僧14」（寺尾英智ほか）　吉川弘文館　2004.9　p204-206

新田　一郎　にった・いちろう〔1932—　西洋史〕
　○著作目録ほか　「史窓　63」（京都女子大）　2006.2　p121-125

新田　孝二　にった・こうじ〔1932—　債権法〕
　○業績目録ほか　「関東学園大学法学紀要　14.1」（関東学園大）　2004.7　p271-275

新田　幸治　にった・こうじ〔1933—　中国哲学〕
　○業績控　「東洋大学中国哲学文学科紀要　12」（東洋大）　2004　p9-18

新田　潤　にった・じゅん〔1904—1978　小説家〕
　◎年譜　「新田潤作品集　5」　一草舎出版　2005.2　p292-295

新田　俊三　にった・しゅんぞう〔1931—2002　経済政策〕
　○著作目録ほか　「経済論集　27.1・2」（東洋大）　2002.2　p321-324

新田　次郎　にった・じろう〔1912—1980　小説家〕
　◎参考文献　「新田次郎の跫音」（内藤成雄）　叢文社　2003.7　p208」
　◎全作品ほか　「新田次郎事典」（新田次郎記念会）　新人物往来社　2005.2　p86-230,282-299

新田　義貞　にった・よしさだ〔1301—1338　武将〕
　◎参考文献　「新田義貞」（峰岸純夫）　吉川弘文館　2005.5　p209-213
　◎参考文献　「新田義貞―関東を落すことは子細なし」（山本隆志）　ミネルヴァ書房　2005.10　p289-292

新田　義弘　にった・よしひろ〔1929—　哲学〕
　◎略歴・業績一覧（武内大）　「媒体性の現象学」（新田義弘）　青土社　2002.7　p491-499

新田　良一　にった・りょういち
　○業績ほか　「立正法学論集　39.2」（立正大）　2006　p5-6f

新田氏　にったし
　◎文献　「新田一族の盛衰」（久保田順一）　あかぎ出版　2003.7　p216-217

新渡戸　稲造　にとべ・いなぞう〔1862—1933　教育者・農学〕
　◎書誌　「新渡戸稲造　国際開発とその教育の先駆者」（新渡戸稲造）　拓殖大学　2001.3　p301-306
　◎略年譜ほか　「永遠の青年新渡戸稲造」（内川永一朗）　新渡戸稲造基金　2002.3　p303-344
　○著作年譜（保坂敦子）　「拓殖大学百年史研究　14」（拓殖大）　2004.3　p3-20
　◎著作年譜ほか　「学統に関わる書誌　1」（拓殖大学創立百年史編纂室）　拓殖大　2004.7　p17-46,67-75
　◎参考文献　「近代日本の世界体験―新渡戸稲造の志と拓殖の精神」（草原克豪）　小学館スクウェア　2004.7　p275-278
　◎年譜　「新渡戸稲造―「武士道」と日本人の美しい心　国際人必読の名著「武士道」を読む」　宝島社　2006.8　p176-183
　◎参考文献　「『武士道』を読む―新渡戸稲造と「敗者」の精神史」（太田愛人）　平凡社　2006.12　p241-242
　◎略年譜　「新渡戸稲造論集」（鈴木範久）　岩波書店　2007.5　p315-318

蜷川　幸雄　にながわ・ゆきお〔1935—　演出家〕
　◎年譜　「蜷川幸雄伝説」（高橋豊）　河出書房新社（人間ドキュメント）　2001.7　p324-346

二宮　金次郎　にのみや・きんじろう
　⇒二宮　尊徳（にのみや・そんとく）を見よ

二宮　邦彦　にのみや・くにひこ
　◎参考文献　「刑場に消ゆ―点訳死刑囚二宮邦彦の罪と罰」（矢貫隆）　文藝春秋　2007.8　p283-284

二宮 尊徳　にのみや・そんとく〔1787—1856　農政家〕
　◎参考文献　「江戸の家計簿　家庭人・二宮尊徳」（新井恵美子）　神奈川新聞社　2001.9　p252-253
　◎文献　「二宮尊徳翁の訓え」（福住正兄）　小学館（地球人ライブラリー）　2001.9　p275-285
　◎年譜　「小説二宮金次郎」（童門冬二）　集英社（集英社文庫　と12-13）　2001.12　p670-680
　○情報目録　「報徳博物館館報　14」（報徳福運社）　2003.6　p34-55

二宮 宏之　にのみや・ひろゆき〔1932—　フランス近世社会史〕
　○著作一覧　「Quadrante 9」（東京外語大）　2007.3　p101-108

二宮 まや　にのみや・まや〔1933—　ドイツ文学〕
　○研究業績　「独逸文学　48」（関西大）　2004　p7-9

二宮 陸雄　にのみや・りくお〔1929—　医師〕
　◎著作ほか　「インスリン物語」（二宮陸雄）　医歯薬出版　2002.9　p14-18b

二瓶 暢祐　にへい・のぶすけ
　○業績一覧表　「創価経済論集　33.3・4」（創価大）　2004.3　p5-7f

如来 善之　にょらい・よしゆき
　◎注文献　「女教祖の誕生　「如来教」の祖・如来善之」（浅野美和子）　藤原書店　2001.2　p388-409

丹羽 春喜　にわ・はるき〔1930—　共産圏経済・日本経済政策〕
　○業績　「大阪学院大学経済論集　19.2」（大阪学院大）　2005.12　2pb

丹羽 文雄　にわ・ふみお〔1904—2005　小説家〕
　◎年譜ほか（中島国彦）　「鮎・母の日・妻」（丹羽文雄）　講談社　2006.1　p287-296
　◎年譜　「母、そしてふるさと―丹羽文雄作品集」（四日市市立博物館）　四日市市立博物館　2006.4　p162-169
　◎年譜（秦昌弘）　「丹羽文雄と田村泰次郎」（濱川勝彦ほか）　学術出版会　2006.10　p375-385

丹羽 克治　にわ・よしはる
　○業績ほか　「立教経済学研究　56.4」（立教大）　2003.3　p155-156

仁清　にんせい〔江戸時代前期　京焼の陶工〕
　◎注文献　「国宝仁清の謎」（岡佳子）　角川書店　2001.7　p242-248

【ぬ】

額田王　ぬかたのおおきみ〔7世紀　歌人〕
　◎参考文献　「額田王」（直木孝次郎）　吉川弘文館　2007.12　p329-340

貫井 徳郎　ぬくい・とくろう〔1968—　小説家〕
　◎著作リスト　「神のふたつの貌」（貫井徳郎）　文藝春秋　2004.5　p438-439

布目 潮渢　ぬのめ・ちょうふう〔1919—2001　東洋史・中国史〕
　◎年譜ほか　「布目潮渢中国史論集　下巻　唐代史篇2　中国茶史篇」（布目潮渢）　汲古書院　2004.8　p431-445

沼澤 誠　ぬまざわ・まこと
　○業績ほか　「山形大学紀要　社会科学　36.2」（山形大）　2006.2　3pf

沼田 恵範　ぬまた・えはん〔1897—1994〕
　◎年譜ほか　「賢者の一灯―沼田恵範の初心」（大住広人）　佼成出版社　2005.3　p303-317

沼田 哲　ぬまた・さとし〔1942—2004　明治思想史〕
　○業績ほか（小林和幸）　「青山史学　23」（青山学院大）　2005.3　p5-13

沼田 真　ぬまた・まこと〔1917—2001　植物生態学〕
　○業績リスト　「環境教育　12.1」（日本環境教育学会）　2002.10　p10-13

沼田 誠　ぬまた・まこと〔1949—　日本経済史・農家経済史〕
　○著作目録ほか　「駿河台経済論集　15.1」（駿河台大）　2005.9　p231-234

ぬめ ひろし
　○掲載論文　「北方風土　45」（北方風土社）　2003.2　p23-24

【ね】

根岸 哲　ねぎし・あきら〔1943—　経済法〕
　○著書論文目録　「神戸法学雑誌　55.4」（神戸法学会）　2006.3　p129-164

根岸 隆　ねぎし・たかし〔1933—　理論経済学・経済学史〕
　○業績ほか　「青山国際政経論集　57」（青山学院大）　2002.8　p5-9

根岸 武香　ねぎし・たけか〔1839—1902　国学者・考古学者〕
　◎参考文献　「根岸友山・武香の軌跡―幕末維新から明治へ」（根岸友山・武香顕彰会）　さきたま出版会　2006.5　p216-217

根岸 友山　ねぎし・ゆうざん〔1809—1890　志士〕
　◎参考文献　「根岸友山・武香の軌跡―幕末維新から明治へ」（根岸友山・武香顕彰会）　さきたま出版会　2006.5　p216-217

ねじめ 正一　ねじめ・しょういち〔1948—　詩人・小説家〕
　◎参考資料（小峰慎也）　「展望現代の詩歌　5　詩V」（飛高隆夫ほか）　明治書院　2007.12　p140」

根津 嘉一郎　ねづ・かいちろう
　◎文献目録(鈴木勝司)　「資料根津嘉一郎の育英事業―七年制武蔵高等学校の開設」(武蔵学園記念室)　武蔵学園記念室　2005.3　p1-34b

根津 智治　ねづ・ともはる〔1934―2003　金融論〕
　○著作目録ほか　「麗沢経済研究 11.2」(麗澤大)　2003.9　p7-9f

根本 博司　ねもと・ひろし〔1932―　社会学・老人福祉論〕
　○論文ほか(根本博司)　「武蔵野大学現代社会学部紀要 5」(武蔵野大)　2004　p23-31

根本 正義　ねもと・まさよし〔1942―　児童文学・国語教育〕
　◎「根本正義著作目録」(木下一朗)　赤い鳥文庫　2005.6　55p　B5
　○業績ほか　「学芸国語国文学 39」(東京外語大)　2007.3　p1-11

【 の 】

盧 龍愚　の・よんう
　◎参考文献　「内なる祖国へ―ある朝鮮人学徒兵の死」(河田宏)　原書房　2005.2　p237-239

野入 逸彦　のいり・いつひこ
　○著作目録ほか　「福岡大学人文論叢 37.4.147」(福岡大)　2006.3　10pb

能美 安男　のうみ・やすお〔?―1998　郷土史家〕
　○著作目録　「西南地域史研究 13」(文献出版)　2000.11　p511-520
　○著作目録　「西南地域史研究 13」(文献出版)　2002.2　p511-520

能海 寛　のうみ・ゆたか〔1868―1903　僧〕
　◎略年譜　「能海寛著作集 1　能海寛業績全記録 1」(能海寛)　うしお書店　2005.3　p6-7

野上 修市　のがみ・しゅういち〔1936―　公法〕
　○著作目録ほか　「法律論叢 79.2・3」(明治大)　2007.3　p458-474

野上 隆　のがみ・たかし〔1951―2004　経済政策〕
　○著作紹介　「産業と経済 20.4」(奈良産業大)　2005.12　p145-147

野上 照代　のがみ・てるよ〔1927―　スクリプター〕
　◎自筆年譜　「蜥蜴の尻っぽ―とっておき映画の話」(野上照代)　文藝春秋　2007.12　p244-250

野上 弥生子　のがみ・やえこ〔1885―1985　小説家〕
　◎参考文献目録　「文学・書誌・研究」(坂敏弘)　創栄出版　2001.2　p112-142
　◎参考文献　「「野上弥生子日記」を読む 下」(稲垣信子)　明治書院　2003.3　p246-252
　◎参考文献　「「野上弥生子日記」を読む 戦後編下『迷路』完成まで」(稲垣信子)　明治書院　2005.5　p244-249

　◎略年譜ほか　「野上彌生子」(渡邊澄子)　勉誠出版　2007.2　p207-226

乃木 希典　のぎ・まれすけ〔1849―1912　陸軍軍人〕
　◎参考文献　「乃木希典―高貴なる明治」(岡田幹彦)　展転社　2001.2　p296-299
　◎文献　「乃木「神話」と日清・日露」(嶋名政雄)　論創社　2001.3　p253-255
　◎参考文献　「乃木希典―予は諸君の子弟を殺したり」(佐々木英昭)　ミネルヴァ書房　2005.8　p411-423

野口 明子　のぐち・あきこ〔1936―　教育心理学〕
　○業績目録　「明治学院論叢 662」(明治学院大)　2001.3　p2-9

野口 雨情　のぐち・うじょう〔1882―1945　詩人〕
　◎略年譜　「十五夜お月さん―野口雨情童謡選」(野口雨情, 雨情会)　社会思想社　2002.5　p164-178
　◎略年譜　「描かれた雨情の詩心―田園詩人・野口雨情生誕一二〇年記念」(茨城県天心記念五浦美術館)　茨城県天心記念五浦美術館　c2002　p94-98
　◎年譜(上田信道)　「名作童謡野口雨情…100選」(野口雨情)　春陽堂書店　2005.11　p267-275

野口 和男　のぐち・かずお〔1930―　簿記学〕
　○略歴ほか　「東北学院大学論集　経済学 158」(東北学院大)　2005.3　p3-10

野口 小蘋　のぐち・しょうひん〔1847―1917　日本画家〕
　◎文献ほか　「野口小蘋と近代南画―明治の宮廷画家」(野口小蘋ほか)　山梨県立美術館　c2005　p138-143

野口 祐　のぐち・たすく〔1926―　経営〕
　○業績ほか　「創価経営論集 26.2」(創価大)　2001.12　p255-270
　◎著作リスト　「野口祐教授学究生活五十年」(「野口祐教授学究生活50年」刊行委員会)　慶應義塾大学野口祐研究会　2002.9　p178-186

野口 鉄郎　のぐち・てつろう
　◎著作目録　「中華世界の歴史的展開」(野口鐵郎先生古稀記念論集刊行委員会)　汲古書院　2002.11　p489-503

野口 晴哉　のぐち・はるちか〔1911―1976　整体術師〕
　◎引用参照文献　「野性の哲学―野口晴哉の生命宇宙」(永沢哲)　青土社　2002.1　p329-332

野口 英世　のぐち・ひでよ〔1876―1928　細菌学〕
　◎書籍目録　「野口英世―21世紀に生きる」(小暮葉満子)　日本経済評論社　2004.7　p417-425
　◎参考文献　「野口英世の生きかた」(星亮一)　筑摩書房　2004.11　p211-212
　◎年譜ほか　「素顔の野口英世―医に生きたふくしま人」(小桧山六郎ほか)　歴史春秋出版　2005.5　p352-357

野口 眞　のぐち・まこと
　○研究業績　「専修大学社会科学研究所月報 489」(専修大)　2004.3　p73-75

野口 益代　のぐち・ますよ
　○業績ほか　「児童教育学研究　26」（神戸親和女子大）　2007.3　p7-10f

野口 洋二　のぐち・ようじ　〔1933—　ヨーロッパ中世史〕
　○著作目録ほか　「史観　148」（早稲田大）　2003.3　p119-125

野口 林造　のぐち・りんぞう
　○業績目録ほか　「大東書学　2」（大東文化大）　2002.3　p3-5

野坂 昭如　のさか・あきゆき　〔1930—　小説家〕
　◎既刊目録　「エストリールの夏」（野坂昭如）　国書刊行会（野坂昭如コレクション　3）　2001.1　p611-621
　◎年譜ほか（村上玄一）　「東京小説」（野坂昭如）　講談社　2005.6　p243-269
　○年譜（水越真紀）　「ユリイカ　詩と批評　37.13.514」（青土社）　2005.12　p178-196

野坂 参三　のさか・さんぞう　〔1892—1993　政治家〕
　◎参考文献　「日本共産主義運動の歴史的教訓としての野坂参三と宮本顕治—真実は隠しとおせない　下」（佐藤正）　新生出版　2004.12　p332-342

野阪 滋男　のさか・ますお
　○業績目録ほか　「茨城大学政経学会雑誌　74」（茨城大）　2004.3　p115-118

野崎 典子　のざき・のりこ　〔1938—　国文学〕
　○略年譜ほか　「愛知県立大学説林　52」（愛知県立大）　2004.3　p1-4

野崎 文男　のざき・ふみお
　○著作目録ほか　「敬愛大学研究論集　62」（敬愛大）　2002　p3-7

野崎 守英　のざき・もりひで　〔1934—　思想史・倫理思想史〕
　○略年譜　「紀要　哲学科　47」（中央大）　2005.3　p7-16

野崎 義行　のざき・よしゆき　〔1946—2003　分析地球化学・海洋無機化学〕
　○論文と著書　「月刊海洋　36.12.414」（海洋出版）　2004.12　p815-822

野沢 省悟　のざわ・しょうご　〔1953—　川柳作家〕
　◎略歴　「野沢省悟集」（野沢省悟）　邑書林　2005.11　p123-124

野澤 譲治　のざわ・じょうじ
　○業績ほか　「北海道情報大学紀要　17.2」（北海道情報大）　2006.3　3pf

野沢 浩　のざわ・ひろし　〔1921—　労働法〕
　○略歴ほか（酒井一博）　「労働科学　81.1」（労働科学研究所）　2005　p49-55

野澤 正子　のざわ・まさこ
　○略歴　「龍谷大学社会学部紀要　24」（龍谷大）　2004　p80-86

野地 繁　のじ・しげる
　◎年譜ほか　「野地繁遺稿集—盲目のエッセイスト」（野地繁）　振学出版　2007.7　p198-200

野地 潤家　のじ・じゅんや　〔1920—　国語教育学〕
　○執筆目録　「国語教育学研究—国語教育を求めて」（野地潤家）　渓水社　2004.7　p529-555

野島 伸司　のじま・しんじ　〔1963—　脚本家〕
　○全作品リスト　「ゴールデンボウル」（野島伸司）　日本テレビ　2002.8　4pb

野尻 武敏　のじり・たけとし　〔1924—　経済政策論〕
　○業績ほか　「大阪学院大学経済論集　14.1-3」（大阪学院大）　2001.3　5pb

野尻 抱介　のじり・ほうすけ　〔1961—　SF作家〕
　◎著作リスト（堺三保）　「ヴェイヌの盲点」（野尻抱介）　早川書房　2003.11　p259-261

能勢 弘之　のせ・ひろゆき　〔1937—2000　刑事訴訟法〕
　○業績ほか（白取祐司）　「北大法学論集　51.6」（北海道大）　2001　p2129-2145
　◎業績一覧ほか　「激動期の刑事法学—能勢弘之先生追悼論集」（寺崎嘉博ほか）　信山社出版　2003.8　p673-681

野田 修　のだ・おさむ
　○著作目録ほか　「北九州市立大学外国語学部紀要　120」（北九州市立大）　2007.9　p3-6

野田 敬一　のだ・けいいち　〔1949—2005　比較社会史・経済史〕
　○著作目録ほか　「経済系　227」（関東学院大）　2006.4　p232-234

野田 知佑　のだ・ともすけ　〔1938—　カヌーイスト・エッセイスト〕
　○自筆年譜　「少年記」（野田知佑）　文藝春秋　2004.8　p283-285

野田 秀樹　のだ・ひでき　〔1955—　劇作家〕
　◎参考文献　「野田秀樹論」（長谷部浩）　河出書房新社　2005.1　p251-253

野田 正明　のだ・まさあき　〔1949—　彫刻家〕
　◎文献　「野田正明展—ニューヨークからのメッセージ」（ふくやま美術館）　ふくやま美術館　2006.1　p204-209

野田 嶺志　のだ・れいし
　○業績ほか　「史苑　67.1」（立教大）　2006.12　p113-116

能登 洋子　のと・ようこ　〔1936—　秘書概論〕
　○業績ほか（三ツ木芳夫）　「札幌大学女子短期大学部紀要　49」（札幌大）　2007.3　p21-24

野中 卓　のなか・たかし　〔1926—　財政学・金融論〕
　○著作目録ほか　「経済論集　29.2」（東洋大）　2004.2　p113-117

野中 広務　のなか・ひろむ　〔1925—　政治家〕
　◎参考文献　「野中広務差別と権力」（魚住昭）　講談社　2004.6　p358-361

野中 保雄　のなか・やすお〔1933―　応用物理学・信頼性工学〕
　○論文目録　「総合政策論叢　7」（島根県立大）　2004.3　p75-80

乃南 アサ　のなみ・あさ〔1960―　作家〕
　○解体全書　「ダ・ヴィンチ　84」（リクルート）　2001.4　p198-201

野々村 博　ののむら・ひろし
　○業績目録ほか　「大阪経大論集　55.6.284」（大阪経済大）　2005.3　p253-256

野々山 喜代子　ののやま・きよこ
　○実績ほか（井原俊輔）　「紀要　36」（愛知江南短大）　2007.3　p7-13f

信時 潔　のぶとき・きよし〔1887―1965　作曲家〕
　◎年譜（信時裕子）　「信時潔」（新保祐司）　構想社　2005.4　p203-216

延原 謙　のぶはら・けん〔1892―1977　翻訳家〕
　○著作書誌稿（中西裕）　「文献探索　2001」（文献探索研究会）　2002.7　p345-352
　○翻訳著作書誌（中西裕）　「文献探索　2003」（文献探索研究会）　2003.12　p305-316

昇 曙夢　のぼり・しょむ〔1878―1958　ロシア文学者・翻訳家〕
　◎著訳書年譜　「ロシア文学者昇曙夢&芥川龍之介論考」（和田芳英）　和泉書院　2001.11　p45-85
　○書誌ノート（菊池裕子）　「地域文化論叢　9」（沖縄国際大）　2007.3　p97-101

昇 庸実　のぼり・ようざね
　◎参考文献　「大島紬誕生秘史」（重村斗志乃利）　南方新社　2007.2　p252

野間 俊威　のま・としたけ
　○文献目録ほか　「経済学論叢　52.3」（同志社大）　2001.3　p823-828

野間 宏　のま・ひろし〔1915―1991　小説家〕
　○年譜　「山手国文論攷　22」（神戸山手女子短大）　2001.3　p79-82
　◎文献　「野間宏文学と親鸞―悪と救済の論理」（張偉）　法蔵館　2002.1　p247-250
　◎略年譜　「野間宏―人と文学」（黒古一夫）　勉誠出版　2004.6　p203-229

野溝 七生子　のみぞ・なおこ〔1897―1987　小説家〕
　◎年譜ほか　「女獣心理」（野溝七生子）　講談社（講談社文芸文庫）　2001.3　p249-260

野見山 朱鳥　のみやま・あすか〔1917―1970　俳人〕
　◎年譜　「定本愁絶」（野見山朱鳥）　梅里書房　2002.1　p200-206

野見山 暁治　のみやま・ぎょうじ〔1920―　洋画家〕
　◎年譜　「いつも今日―野見山暁治私の履歴書」（野見山暁治）　日本経済新聞社　2005.6　p319-327

野見山 俊一　のみやま・しゅんいち
　○主要業績ほか　「熊本学園大学『総合科学』　9.1.17」（熊本学園大）　2002.10　p93-94

野村 昭夫　のむら・あきお〔1930―　経済学・世界経済論〕
　○著作目録ほか　「東京経大学会誌　経済学　223」（東京経済大）　2001.3　p5-9

野村 義一　のむら・ぎいち〔1914―2008〕
　◎参考文献　「野村義一と北海道ウタリ協会」（竹内渉ほか）　草風館　2004.11　p233-235

野村 喜和夫　のむら・きわお〔1951―　詩人〕
　○書誌抄　「水声通信　2.3」（水声社）　2006.3　p39」

野村 胡堂　のむら・こどう〔1882―1963　小説家〕
　◎参考文献　「野村胡堂・あらえびすとその時代」（太田愛人）　教文館　2003.9　p579-583
　◎略年譜　「野村胡堂・あらえびす来簡集―明治・大正・昭和を彩る交友録」（野村胡堂・あらえびす記念館）　岩手県紫波町　2004.11　p431-450
　◎参考文献　「バッハから銭形平次―野村胡堂・あらえびすの一生」（藤倉四郎）　青蛙房　2005.11　p408-411

野村 茂夫　のむら・しげお〔1934―　中国古代思想史〕
　○業績ほか　「皇学館大学文学部紀要　44」（皇學館大）　2006.3　p330-335

野村 純一　のむら・じゅんいち〔1935―2007　口承文芸〕
　◎編著一覧（飯倉義之）　「「定本」関澤幸右衛門昔話集―「イエ」を巡る日本の昔話記録」（野村純一）　瑞木書房　2007.2　p611-614

野村 武　のむら・たけし〔1932―　〕
　○略歴ほか　「アドミニストレーション　9.3・4」（熊本県立大）　2003.3　p9-11f

野村 俊夫　のむら・としお〔1904―1966　作詞家〕
　◎参考文献ほか　「東京だョおっ母さん―野村俊夫物語」（齋藤秀隆）　歴史春秋出版　2005.5　p257-284

能村 登四郎　のむら・としろう〔1911―2001　俳人〕
　◎参考資料（廣瀬直人）　「展望現代の詩歌　9　俳句I」（飛高隆夫ほか）　明治書院　2007.4　p313-314

野村 豊弘　のむら・とよひろ〔1943―　民法〕
　◎著作目録ほか　「二一世紀判例契約法の最前線―野村豊弘先生還暦記念論文集」（加藤雅信ほか）　判例タイムズ社　2006.7　p601-635

野村 英夫　のむら・ひでお〔1930―　フランス文学〕
　○研究業績ほか　「人文論集　39」（早稲田大）　2001.2　p7-9b

野村 真紀　のむら・まき
　○業績ほか（権左武志）　「北大法学論集　55.3」（北海道大）　2004　p1233-1243

野村 正樹　のむら・まさき〔1944―　推理作家〕
　◎〔著者本〕　「驚くほど「話す力」がつく本」（野村正樹）　東洋経済新報社　2001.6　p186-189

野村 萬斎（2代目）　のむら・まんさい〔1966―　狂言師〕
　◎略年譜　「萬斎でござる」（野村萬斎）　朝日新聞社（朝日文庫　の5-1）　2001.12　p209-212

野村 好弘　のむら・よしひろ〔1941―　弁護士〕
　◎著作目録　「東京都立大学法学会雑誌　43.1」（東京都立大）　2002.7　p22-90

野村 芳兵衛　のむら・よしべえ〔1896―1986　生活綴方教育運動家〕
　◎執筆活動略年譜　「野村芳兵衛文書目録　上」（岐阜県歴史資料館）　岐阜県歴史資料館　2002.3　p260-261

野本 和幸　のもと・かずゆき〔1939―　西洋哲学〕
　○業績一覧ほか　「人文学報　314」（東京都立大）　2001.3　p9-19f

野本 三吉　のもと・さんきち〔1941―　小説家〕
　◎著作一覧　「出会いと別れの原風景―社会福祉ゼミナール10年の記録」（野本三吉）　新宿書房　2002.6　p320-321
　◎自筆年譜ほか　「未完の放浪者―魂の通過儀礼」（野本三吉）　新宿書房　2004.4　p314-321

野依 良治　のより・りょうじ〔1938―　化学者〕
　◎業績リスト　「学問と創造―ノーベル賞化学者野依良治博士」（大嶌幸一郎, 北村雅人）　化学同人　2002.3　p223-258

乗口 眞一郎　のりくち・しんいちろう
　○業績　「北九州市立大学外国語学部紀要　117」（北九州市立大）　2006.10　p5-15

則武 三雄　のりたけ・かずお〔1909―1990　詩人〕
　◎生涯　「戦後福井文学の先駆者則武三雄」（福井市橘曙覧記念文学館）　福井市橘曙覧記念文学館　2004.10　p11-13

野呂 昭朗　のろ・あきろう〔1936―　地方財政論〕
　○業績ほか　「立教経済学研究　56.3」（立教大）　2003.1　p241-245

野呂 邦暢　のろ・くにのぶ〔1937―1980　小説家〕
　◎年譜ほか（中野章子）　「草のつるぎ・一滴の鬼―野呂邦暢作品集」（野呂邦暢）　講談社　2002.7　p296-307

【 は 】

唄 孝一　ばい・こういち〔1924―　法社会〕
　◎著作目録　「人の法と医の倫理―唄孝一先生に感謝の気持ちを込めて」（湯沢雍彦）　信山社　2004.3　p766-737

拝田 真紹　はいだ・しんしょう〔1933―　図書館学〕
　○著作一覧ほか　「図書館界　58.4」（日本図書館研究会）　2006.11　p228-229

芳賀 半次郎　はが・はんじろう〔1924―　理論経済学〕
　○著作目録ほか　「創価経済論集　33.1・2」（創価大）　2004.12　p5-9f

葉賀 弘　はが・ひろし
　○業績一覧ほか　「教育科学セミナリー　35」（関西大）　2004.3　p69-74

量 義治　はかり・よしはる〔1931―　哲学・神学〕
　○業績ほか　「白山哲学　36」（東洋大）　2002.3　p4-16

萩野 聡　はぎの・さとし
　○著作目録ほか　「富大経済論集　53.2」（富山大）　2007.11　p503-505

萩野 卓司　はぎの・たかし〔1919―1986　医師・詩人〕
　◎著作目録ほか（太田久夫）　「青い雪―萩野卓司詩選集」（萩野卓司）　桂書房（発売）　2006.9　p130-139

萩野 敏雄　はぎの・としお〔1920―　〕
　◎著書目録ほか　「林学と原稿の個人史　3」（萩野敏雄）　スキルプリネット（印刷）　2005.9　p330-338

萩野 芳夫　はぎの・よしお〔1929―　憲法・渉外法〕
　○業績目録ほか　「関東学院法学　15.3・4」（関東学院大）　2006.3　p343-361

萩原 延寿　はぎはら・のぶとし〔1926―2001　歴史家・評論家〕
　◎「萩原延壽著述目録と年譜」（萩原延壽の紙碑を作る会）　萩原延壽弟妹一同　2002.10　110p　B6

萩原 金美　はぎわら・かねよし〔1931―　弁護士〕
　○業績目録ほか　「神奈川法学　37.2・3」（神奈川大）　2005.1　p249-256

萩原 朔太郎　はぎわら・さくたろう〔1886―1942　詩人・評論家〕
　○研究（勝原晴希）　「国文学　45.1」（学燈社）　2000.1　p127-133
　○記事抄録（梅田順一）　「文献探索　2000」（文献探索研究会）　2001.2　p86-89
　○参考文献（安智史, 渡辺章夫）　「国文学解釈と鑑賞　67.8」（至文堂）　2002.8　p178-186
　◎参考文献　「萩原朔太郎論攷―詩学の回路回路の思索」（米倉巌）　おうふう　2002.9　p633-640
　◎略年譜　「朔太郎の背中」（萩原隆）　深夜叢書社　2002.10　p264-265
　◎略年譜（堤旦太）　「萩原朔太郎詩集」（萩原朔太郎）　教育出版　2003.8　p208-209

萩原 龍夫　はぎわら・たつお〔1916―1985　日本中近世史〕
　◎著作目録ほか　「中世東国武士団と宗教文化」（萩原龍夫）　岩田書院　2007.1　p391-414

萩原 玉味　はぎわら・たまみ〔1934―　刑法〕
　○業績目録　「明治学院論叢　705　法学研究　76」（明治学院大）　2003.12　p10-18b

萩原 力　はぎわら・つとむ〔1932―　アメリカ研究〕
　○業績ほか　「専修商学論集　74」（専修大）　2002.1　p355-375

萩原 英雄　はぎわら・ひでお〔1913—2007　版画家〕
◎略年譜　「作家の眼差し萩原英雄コレクション展」
　山梨県立美術館　2001.1　p179-180

萩原 博子　はぎわら・ひろこ
○略歴ほか　「大みか英語英文学研究　8」（茨城キ
　リスト教大）　2004.10　p131-134

萩原 稔　はぎわら・みのる〔1931—　商業政策・統
　計学〕
○業績ほか　「専修商学論集　72」（同論集編集委員
　会）　2001.1　p579-585

萩原 幸男　はぎわら・ゆきお〔1931—　測地学・地
　球物理学〕
○略歴ほか（小坂和夫）　「日本大学文理学部自然科
　学研究所研究紀要　地球システム科学 36」（日本
　大）　2001　p55-63

萩原 葉子　はぎわら・ようこ〔1920—2005　小説家・
　エッセイスト〕
◎年譜ほか（木谷喜美枝ほか）　「輪廻の暦」（萩原
　葉子）　講談社　2002.5　p229-248
◎著作ほか　「萩原葉子追悼展図録—萩原朔太郎生
　誕120年記念」（前橋文学館）　水と緑と詩のまち
　前橋文学館　2006.7　p25-34

朴 重鎬　ぱく・ちゅんほ〔1935—　小説家〕
◎年譜（朴重鎬）　「〈在日〉文学全集　12」（磯貝治
　良ほか）　勉誠出版　2006.6　p408-411

伯井 泰彦　はくい・やすひこ
○著作目録ほか　「経営と経済　82.1」（長崎大）
　2002.6　p265-266

狭間 直樹　はざま・なおき〔1937—　中国近現代史〕
○著作目録　「東方学報　74」（京都大）　2002.3
　p399-404

間 宏　はざま・ひろし〔1929—　産業社会学〕
◎「間文庫目録」（国際日本文化研究センター）　国
　際日本文化研究センター　2006.3　1,895p　B5

箸方 幹逸　はしかた・かんいち〔1931—　労働経済
　学・保険〕
○主要著作ほか　「東京経大学会誌　経営学　232」
　（東京経済大）　2003　p5-8

橋川 時雄　はしかわ・ときお〔1894—1982　中国文
　学〕
◎年譜（今村与志雄）　「橋川時雄の詩文と追憶」（橋
　川時雄）　汲古書院　2006.6　p483-583

橋川 文三　はしかわ・ぶんぞう〔1922—1983　政治
　思想史〕
◎著作目録　「橋川文三著作集　10　増補版」（橋川
　文三）　筑摩書房　2001.7　p345-387

橋田 東聲　はしだ・とうせい〔1886—1930　歌人〕
◎略年譜　「橋田東聲の研究」（佐田毅）　短歌新聞
　社（覇王樹叢書　第187篇）　2001.7　p442-453

橋本 栄治　はしもと・えいじ〔1947—　俳人〕
◎略歴　「橋本栄治集」（橋本栄治）　邑書林　2004.
　3　p153-154

橋本 和美　はしもと・かずみ〔1933—　経済学〕
○業績ほか　「経営論集　50.3」（明治大）　2003.3
　2pf

橋本 一幸　はしもと・かずゆき
○研究業績ほか　「長崎県立大学論集　35.4」（長崎
　県立大）　2002.3　2pf

橋本 関雪　はしもと・かんせつ〔1883—1945　日本
　画家〕
◎参考文献　「橋本関雪—師とするものは支那の自
　然」（西原大輔）　ミネルヴァ書房　2007.10　p251-
　254

橋本 孝一　はしもと・こういち〔1927—　商法・株
　式制度〕
○業績目録　「神奈川法学　36.2」（神奈川大）　2003
　p661-666

橋本 左内　はしもと・さない〔1834—1859　福井藩
　士〕
◎参考文献　「麒麟　橋本左内」（岳真也）　学習研
　究社　2000.12　p524-526
◎文献目録　「福井県関係漢詩集、橋本左内、橘曙
　覧」文献資料の研究」（前川幸雄）　福井大　2003.
　3　p44-51

橋本 忍　はしもと・しのぶ〔1918—　脚本家〕
◎作品　「脚本家・橋本忍の世界」（村井淳志）
　集英社　2005.8　p183-189

橋本 寿朗　はしもと・じゅろう〔1946—2002　経済学〕
○業績ほか　「経営志林　39.2」（法政大）　2002.7
　p51-70

橋本 淳　はしもと・じゅん〔1935—　宗教哲学〕
◎業績　「キェルケゴールとキリスト教神学の展望
　—橋本淳先生退職記念論文集」（松木真一）　関西
　学院大出版会　2006.3　p323-327

橋本 多佳子　はしもと・たかこ〔1899—1963　俳人〕
◎参考資料（高田正子）　「展望現代の詩歌　9　俳
　句I」（飛高隆夫ほか）　明治書院　2007.4　p35」

橋本 宰　はしもと・つかさ
○業績ほか　「文化学年報　56」（同志社大）　2007.
　3　6pf

橋本 哲哉　はしもと・てつや〔1941—　日本産業史・
　労働史〕
○業績ほか　「金沢大学経済学部論集　26.1」（金沢
　大）　2006.1　p173-176

橋本 智雄　はしもと・としお〔1938—　数理統計学〕
○業績ほか　「経済学研究　50.4」（北海道大）　2001.
　3　p1-2b

橋本 宏子　はしもと・ひろこ〔1929—　女性・保育
　問題〕
○主要業績ほか　「熊本学園大学論集「総合科学」
　7.1」（熊本学園大）　2000.11　p229-232

橋本 光郎　はしもと・みつお〔1933—　応用言語学・
　英語学〕
○略歴　「青山国際政経論集　58」（青山学院大）
　2002.10　p5-6

橋本 光憲　はしもと・みつのり〔1932―　金融論・商業英語〕
　○業績一覧ほか　「神奈川大学国際経営論集 23」（神奈川大）　2002.3　p1-9f

橋本 義夫　はしもと・よしお〔1902―1985　歴史家〕
　◎著作目録ほか　「紙の碑―ふだん記運動創始者橋本義夫の生涯と自分史の源流展図録」（橋本義夫生誕100年を記念する会）　揺籃社　2002.3　p38-42
　◎参考文献　「八王子デモクラシーの精神史―橋本義夫の半生」（小倉英敬）　日本経済評論社　2002.3　p271-275
　◎年譜　「橋本義夫とふだん記運動―第二十回北海道ふだん記交流会'03・6・20」（岡田勝美ほか）　ふだん記旭川グループ　2003.6　p230-232

橋本 介三　はしもと・よしぞう〔1942―　経済理論〕
　○業績ほか　「国際公共政策研究 11.1.19」（大阪大）　2006.9　p443-453

橋本 蓮也　はしもと・れんや
　◎年譜　「近世東海俳壇新攷」（野田千平）　若草書房　2002.11　p44-48

蓮池 穣　はすいけ・みのる〔1935―　労働法〕
　○業績目録ほか　「札幌学院法学 22.1」（札幌学院大）　2005.11　p353-359

蓮実 重彦　はすみ・しげひこ〔1936―　仏文〕
　◎年譜　「映画狂人シネマ事典」（蓮實重彦）　河出書房新社　2001.10　p294-305

長谷 章久　はせ・あきひさ〔1918―1985　国文学〕
　○蔵書目録（落合博志ほか）　「調査研究報告 27」（国文学研究資料館）　2006　p35-54

長谷 完治　はせ・かんじ
　○著述目録　「山邊道 48」（天理大）　2004.3　p3-6f

長谷 健　はせ・けん〔1904―1957　小説家・児童文学者〕
　○主な著書ほか　「文学と教育のかけ橋―芥川賞作家・長谷健の文学と生涯」（堤輝男）　文芸社　2002.12　p212-213

長谷川 逸子　はせがわ・いつこ〔建築家〕
　◎著書リストほか　「建築家長谷川逸子」（実川元子）　理論社（こんな生き方がしたい）　2001.12　p199-200

長谷川 潔　はせがわ・きよし〔1891―1980　版画家〕
　◎年譜　「長谷川潔作品集―京都国立近代美術館所蔵」（京都国立近代美術館）　光村推古書院　2003.3　p209-219
　◎参考文献　「銅版画家長谷川潔作品のひみつ」（横浜美術館）　玲風書房　2006.1　p200-201

長谷川 欣佑　はせがわ・きんすけ〔1935―　英語〕
　◎業績一覧ほか　「言語研究の宇宙―長谷川欣佑先生古稀記念論文集」（今西典子）　開拓社　2005.9　p445-453

長谷川 光二　はせがわ・こうじ
　◎年譜ほか　「釧路湿原の聖人・長谷川光二―永遠なる人間の鏡」（伊藤重行）　学文社　2005.4　p269-279

長谷川 鑛平　はせがわ・こうへい
　◎著作目録ほか（長谷川伸三）　「近世思想・近代文学とヒューマニズム―長谷川鑛平評論選」（長谷川鑛平）　いなほ書房　2006.1　p274-282

長谷川 時雨　はせがわ・しぐれ〔1879―1941　劇作家・小説家〕
　◎年譜　「わたしの長谷川時雨」（森下真理）　ドメス出版　2005.12　p386-391
　◎年譜　「日本人物誌選集 6　近代美人伝　復刻」（長谷川時雨）　クレス出版　2007.9　p517-534

長谷川 滋成　はせがわ・しげなり〔1938―　中国語・中国文学〕
　○著述目録・業績ほか（吉田裕久）　「国語教育研究 45」（広島大）　2002.3　p1-3,82-91

長谷川 四郎　はせがわ・しろう〔1909―1987　小説家〕
　◎著書一覧　「長谷川四郎集」（長谷川四郎）　影書房　2006.12　p245-246

長谷川 存古　はせがわ・そんこ
　○著書等目録ほか　「英文学論集 47」（関西大）　2007.12　p6-8

長谷川 拓三　はせがわ・たくぞう〔1947―2001　原価計算論〕
　○業績目録ほか　「大阪経大論集 53.3」（大阪経大）　2002.9　p415-417

長谷川 端　はせがわ・ただし〔1934―　国文学〕
　◎著作目録（長坂成行）　「論集太平記の時代」（長谷川端）　新典社　2004.4　p696-708

長谷川 保　はせがわ・たもつ〔1903―1994　社会福祉事業家・政治家〕
　◎文献　「長谷川保と聖隷の研究―日本一の福祉医療教育集団成長の理由」（大内和彦）　久美　2005.4　p215-217

長谷川 つとむ　はせがわ・つとむ〔1934―　作家〕
　◎関係著作　「鉄腕アトムのタイムカプセル―オトナのための手塚治虫論」（長谷川つとむ）　PHP研究所　2002.10　2pb

長谷川 勉　はせがわ・つとむ〔1965―　商学〕
　○著作目録ほか　「桜文論叢 60」（日本大）　2004.1　p6-15f

長谷川 仂　はせがわ・つとむ〔1940―　洋画家〕
　○業績ほか　「児童教育学科論集 39」（愛知県立大）　2006.3　p1-2f

長谷川 強　はせがわ・つよし〔1927―　近世文学〕
　◎著書論文目録ほか　「近世文学考」（長谷川強）　汲古書院　2007.6　p249-268

長谷川 テル　はせがわ・てる〔1912―1947　エスペランチスト〕
　◎年譜ほか　「長谷川テル―日中戦争下で反戦放送をした日本女性」（編集委員会）　せせらぎ出版　2007.8　p306-327

長谷川 等伯　はせがわ・とうはく〔1539—1610　画家〕
　◎参考文献　「長谷川等伯―真にそれぞれの様を写すべし」(宮島新一)　ミネルヴァ書房　2003.11　p229-238
長谷川 恒　はせがわ・ひさし〔1935—　〕
　○研究業績ほか　「長崎県立大学論集　34.4」(長崎県立大)　2001.3　2pf
長谷川 秀男　はせがわ・ひでお〔1940—　経済政策・日本経済思想史〕
　○業績ほか　「地域政策研究　8.3」(高崎経済大)　2006.2　p4-12f
長谷川 弘道　はせがわ・ひろみち〔1928—　生命科学〕
　○研究業績ほか　「経営情報学部論集　13.2　24」(浜松大)　2000.12　p389-395
長谷川 町子　はせがわ・まちこ〔1920—1992　漫画家〕
　◎年譜　「長谷川町子思い出記念館」(長谷川町子)　朝日新聞社　2001.8　p318-326
　◎略年譜(斎藤慎爾)　「サザエさんの〈昭和〉」(鶴見俊輔ほか)　柏書房　2006.8　p227-236
長谷川 幸生　はせがわ・ゆきお〔1930—　貿易政策・貿易論〕
　○著作目録ほか　「経済学論纂　41.6」(中央大)　2001.3　p269-271
長谷川 龍生　はせがわ・りゅうせい〔1928—　詩人〕
　◎参考資料(竹田日出夫)　「展望現代の詩歌　2　詩II」(飛高隆夫ほか)　明治書院　2007.2　p179」
長谷川 良信　はせがわ・りょうしん〔1890—1966〕
　◎注ほか　「生涯発達心理研究―淑徳大学開学者・長谷川良信の生涯とその精神を中心に」(金子保)　学文社　2002.3　prr
支倉 常長　はせくら・つねなが〔1571—1622　仙台藩士〕
　◎参考文献　「支倉常長」(五野井隆史)　吉川弘文館　2003.3　p274-279
　◎参考文献　「支倉常長慶長遣欧使節の真相―肖像画に秘められた実像」(大泉光一)　雄山閣　2005.9　p261-265
　◎参考文献　「支倉常長―武士、ローマを行進す」(田中英道)　ミネルヴァ書房　2007.5　p275-280
長谷部 楽爾　はせべ・がくじ〔1928—　東洋陶磁史〕
　○著作目録　「東洋陶磁史研究」(長谷部楽爾)　中央公論美術出版　2006.11　p599-609
長谷山 崇彦　はせやま・たかひこ〔1930—　食糧農業問題・開発経済学〕
　○著書目録ほか　「総合政策研究　7」(中央大)　2001.6　p61-67
波田 重熙　はだ・しげき
　○業績　「大学教育研究　12」(神戸大)　2003.12　p4-16

畑 肇　はた・はじめ
　○著作目録ほか　「同志社法学　53.9」(同志社法学会)　2002.3　p3891-3900
畑 博行　はた・ひろゆき〔1930—　憲法〕
　○業績ほか　「近畿大学法学　50.2・3」(近畿大)　2003.1　p369-377
畑 美樹　はた・みき
　◎略歴　「畑美樹集」(畑美樹)　邑書林　2005.12　p106-107
秦 光昭　はた・みつあき〔1935—　民法・金融取引法〕
　○業績目録ほか　「横浜国際経済法学　9.3」(横浜国際経済法学会)　2001.3　p417-431
畑 有三　はた・ゆうぞう〔1934—　近代日本文学〕
　○業績ほか　「専修国文　74」(専修大)　2004.1　p3-12
畠中 瞳　はたけなか・ひとみ〔1938—　商学〕
　○業績ほか　「商経論叢　48.1」(九州産業大)　2007.9　3pb
畠山 直哉　はたけやま・なおや〔1958—　写真家〕
　◎文献　「畠山直哉」(岩手県立美術館, 国立国際美術館)　淡交社　2002.8　p144-149
畠山 義郎　はたけやま・よしろう〔1924—　詩人〕
　○著作一覧　「色わけ運動会―詩集」(畠山義郎)　土曜美術社出版販売　2003.6　p162」
秦氏　はたし
　◎参考文献　「「秦王国」と後裔たち　日本列島泰氏族史」(牧野登ほか)　歴史調査研究所　2001.7　p315-337
　◎参考文献　「秦氏が祭る神の国・その謎」(そうだじゅん)　新風舎　2005.4　p81-83
畑島 喜久生　はたじま・きくお〔1930—　詩人・児童文学作家〕
　◎出版・執筆年譜　「畑島喜久生全詩集」(畑島喜久生)　てらいんく　2007.3　p556-564
旗田 巍　はただ・たかし〔1908—1994　東洋史学者〕
　◎著作目録　「〈在朝日本人二世〉のアイデンティティ形成―旗田巍と朝鮮・日本」(高吉嬉)　桐書房　2001.11　p1-7b
畠中 三太郎　はたなか・さんたろう
　◎参考文献　「奄美の森に生きた人―柳田国男が訪ねた峠の主人・畠中三太郎」(前橋松造)　南方新社　2001.4　p320-322
畠中 哲夫　はたなか・てつお〔1920—2007　詩人・評論家〕
　◎書誌　「青空からの無限旋律―詩集」(畠中哲夫)　花神社　2002.11　p608-610
波多野 完治　はたの・かんじ〔1905—2001　心理学者〕
　◎映像文献目録　「視聴覚教育　55.8」(日本視聴覚教育協会)　2002.5　p40-47
　◎対比略年譜　「22年目の返信」(大村はまほか)　小学館　2004.11　p244-255

簱野 脩一　はたの・しゅういち〔1927―　公衆衛生学・老年学〕
　○業績目録　「社会関係研究　9.2」（熊本学園大）　2003.3　p270-312

波多野 鶴吉　はたの・つるきち〔1858―1918　実業家〕
　◎年譜　「波多野鶴吉翁伝―伝記・波多野鶴吉」（村島渚）　大空社（伝記叢書　337）　2000.9　p277-285

波多野 裕造　はたの・ゆうぞう〔1930―　〕
　○主要著作目録ほか　「白鷗法学　22」（白鷗大）　2003.11　p5-10

波多野 里望　はたの・りぼう〔1931―2008　国際法〕
　○業績目録ほか　「学習院大学法学会雑誌　38.1」（学習院大）　2002.9　p5-11f
　○著作目録ほか（横田洋三ほか）　「現代国際法と国連・人権・裁判」（波多野里望先生古稀記念論文集）　国際書院　2003.5　p501-514

バチェラー 八重子　ばちぇらー・やえこ〔幼名＝向井フチ　1884―1962　キリスト教伝道者・歌人〕
　◎略年譜　「若きウタリに」（バチェラー八重子）　岩波書店　2003.12　p183-190

八賀 晋　はちが・すすむ〔1934―　考古学〕
　◎著作目録　「かにかくに―八賀晋先生古稀記念論文集」（古稀記念論文集刊行会）　三星出版　2004.5　p635-644

八谷 和彦　はちや・かずひこ〔1966―　メディアアーティスト〕
　◎参考文献　「八谷和彦オープンスカイ2.0」（八谷和彦）　NTT出版　2007.2　p102

蜂谷 清人　はちや・きよと〔1932―　国語学〕
　○研究業績ほか（半澤幹一）　「共立女子大学文芸学部紀要　49」（共立女子大）　2003.1　p151-154

初岡 昌一郎　はつおか・しょういちろう〔1935―　国際労働問題・国際関係論〕
　○略歴ほか　「姫路獨協大学外国語学部紀要　19」（姫路獨協大）　2006.3　p249-250

廿日出 芳郎　はつかで・よしろう〔1935―　会計学・企業経営〕
　○年譜　「武蔵大学論集　53.2.264」（武蔵大）　2005.12　p259-263

初瀬 龍平　はつせ・りゅうへい〔1937―　国際関係論〕
　○著書論文目録　「神戸法学雑誌　50.4」（神戸法学会）　2001.3　p117-125

八田 與一　はった・よいち〔1886―1942　農業土木技師〕
　◎参考文献　「植民地台湾を語るということ―八田與一の「物語」を読み解く」（胎中千鶴）　風響社　2007.11　p47-48

服部 けさ　はっとり・けさ〔1884―1924　医師〕
　◎参考資料　「ハンセン病と女医服部けさ」（最上二郎）　歴史春秋出版　2004.12　p223

服部 幸造　はっとり・こうぞう〔1942―　国文学〕
　○業績目録ほか　「名古屋市立大学大学院人間文化研究科人間文化研究　8」（名古屋市立大）　2007.12　p215-220

服部 俊　はっとり・たかし
　○業績ほか　「専修人文論集　76」（専修大）　2005.3　2pf

服部 敬　はっとり・たけし〔1931―　日本史〕
　○略歴　「花園史学　22」（花園大）　2001.11　p109-115

服部 健　はっとり・たけし〔1909―1991　ギリヤーク語〕
　◎著作目録ほか　「服部健著作集―ギリヤーク研究論集」（服部健）　北海道出版企画センター　2000.10　p562-567

服部 二柳　はっとり・にりゅう
　◎参考文献　「服部二柳伝説」（飯田辰彦）　河出書房新社　2003.7　p238

服部 正明　はっとり・まさあき〔1924―　インド哲学〕
　○著作目録ほか　「東方学　113」（東方学会）　2007.1　p173-202

服部 右子　はっとり・ゆうこ〔小児科学〕
　○年譜　「名古屋市立大学人文社会学部紀要　16」（名古屋市立大）　2004.3　p1-3f

服部 良一　はっとり・りょういち〔1907―1993　作曲家〕
　◎文献　「上海ブギウギ1945―服部良一の冒険」（上田賢一）　音楽之友社　2003.7　p246

初山 滋　はつやま・しげる〔1897―1973　童画家・版画家〕
　◎諸誌目録ほか　「初山滋―永遠のモダニスト」（竹迫祐子）　河出書房新社　2007.11　p156-144

鳩山 一郎　はとやま・いちろう〔1883―1959　政治家〕
　◎著作目録ほか　「鳩山一郎・薫日記　下巻　鳩山薫篇」（鳩山薫ほか）　中央公論新社　2005.3　p793-828
　◎参考文献　「さようなら、みなさん！―鳩山日ソ交渉50年目の真相―北方領土返還はなぜ実現しないのか？」（堀億男）　木本書店　2007.2　p259-260

鳩山 薫　はとやま・かおる〔1888―1982〕
　◎著作目録ほか　「鳩山一郎・薫日記　下巻　鳩山薫篇」（鳩山薫ほか）　中央公論新社　2005.3　p793-828

花筏 健　はないかだ・たけし〔元力士〕
　◎著書案内　「相撲甚句―ルーツを求めて」（花筏健）　現代書館　2004.1　1pb

花岡 永子　はなおか・えいこ〔1938―　宗教学・哲学〕
　○業績目録ほか　「人文学論集　20」（大阪府立大）　2002.2　p1-26f

花岡 菖　はなおか・しょう〔1932―　経営情報システム論〕
　○略歴　「関東学院大学人間環境学会紀要　5」（関東学院大）　2006.1　p123-135

華岡 青洲　はなおか・せいしゅう〔1760―1835　外科医〕
　◎文献　「華岡青洲と麻沸散―麻沸散をめぐる謎」（松木明知）　真興交易医書出版部　2006.8　prr

花岡 大学　はなおか・だいがく〔1909―1988　児童文学作家〕
　◎年譜　「仏典童話の研究―花岡大学の文学」（朝枝善照）　永田文昌堂　2004.2　p251-274

花ヶ前 盛明　はながさき・もりあき
　◎著作一覧　「上杉謙信　新装版」（花ヶ前盛明）新人物往来社　2007.10　p398-422

羽中田 壮雄　はなかた・たけお
　◎略年譜ほか　「甲斐の美術・建造物・城郭」（喜寿記念論文集刊行会）　岩田書院　2002.3　p463-467

花沢 成一　はなざわ・せいいち〔1930―　心理学〕
　○業績ほか（大村政男）　「心理学研究　78.2」（日本心理学会）　2007.6　p196-200

花園天皇　はなぞのてんのう〔1297―1348　第95代天皇〕
　○文献目録ほか（坂口太郎ほか）　「花園大学国際禅学研究所論叢　2」（花園大）　2007.3　p1-46

花田 清輝　はなだ・きよてる〔1909―1974　文芸評論家・小説家〕
　◎参考文献ほか　「尾崎翠と花田清輝―ユーモアの精神とパロディの論理」（土井淑平）北斗出版　2002.7　p229-270
　◎著書一覧　「花田清輝集」（花田清輝）　影書房　2005.6　p236-238
　◎年譜ほか（日高昭二ほか）　「随筆三国志」（花田清輝）　講談社　2007.5　p206-250

花田 春兆　はなだ・しゅんちょう〔1925―　俳人・著述家〕
　◎著作目録ほか　「花田春兆―いくつになったら歩けるの」（花田春兆）　日本図書センター　2004.10　p281-290

花田 俊典　はなだ・としのり〔1950―2004　近代日本文学〕
　○著作目録（九州大学日本語文学会）　「九大日文　5」（九州大）　2004.12　p40-74

花谷 薫　はなたに・かおる〔1946―2003　財産法・民事法学〕
　○主要業績ほか　「熊本学園大学論集　総合科学　11.1.21」（熊本学園大）　2004.12　p1-3b

花村 萬月　はなむら・まんげつ〔1955―　小説家〕
　○著作リスト　「父の文章教室」（花村萬月）　集英社　2004.12　p232-236

花本 金吾　はなもと・きんご〔1936―　アメリカ文学・アメリカ現代語法〕
　○業績ほか　「人文論集　44」（早稲田大）　2006.2　p1-8b

花森 安治　はなもり・やすじ〔1911―1978　編集者・装幀家〕
　◎参考文献ほか　「花森安治と「暮しの手帖」展」世田谷文学館　2006　p113-127

花輪 俊哉　はなわ・としや〔1931―　マクロ経済学〕
　○著作目録ほか　「商学論纂　43.4・5」（中央大）　2002.3　p311-316

塙 浩　はなわ・ひろし〔1925―2002　法制史〕
　◎略歴　「塙浩著作集―西洋法史研究　19　フランス刑事法史」（塙浩）　信山社出版　2000.6　p785-786

塙 保己一　はなわ・ほきいち〔1746―1821　国学〕
　◎文献　「奇跡の人・塙保己一―ヘレン・ケラーが心の支えとした日本人」（堺正一）　埼玉新聞社　2001.6　p246-248
　◎参考文献ほか　「今に生きる塙保己一―盲目の大学者に学ぶ」（堺正一）　埼玉新聞社　2003.11　p300-305
　○略年譜（温故学会研究室）　「温故叢誌　59」（温故学会）　2005.11　p11-18
　○参考文献一覧　「温故叢誌　61」（温故学会）　2007.11　p159-139

羽仁 五郎　はに・ごろう〔1901―1983　歴史学者・評論家〕
　○年譜　「羽仁五郎　私の大学　人間の記録138」（羽仁五郎）　日本図書センター　2001.2　p237-242

羽仁 もと子　はに・もとこ〔1873―1983　教育者〕
　◎略歴　「真理によって歩む道―羽仁吉一・もと子と語る座談集　下」（婦人之友社建業百周年記念刊行委員会）　婦人之友社　2003.4　p310-311

羽仁 吉一　はに・よしかず〔1880―1955　教育者〕
　◎略歴　「真理によって歩む道―羽仁吉一・もと子と語る座談集　下」（婦人之友社建業百周年記念刊行委員会）　婦人之友社　2003.4　p310-311
　◎年譜ほか　「自由学人羽仁吉一」（編集員会）自由学園出版局　2006.9　p427-431

埴原 和郎　はにはら・かずろう〔1927―2004　自然人類学〕
　○業績目録ほか（河内まき子）　「Anthropological science Japanese series 113.1」（日本人類学会）　2005.6　p1-3

埴谷 雄高　はにや・ゆたか〔1910―1997　小説家・評論家〕
　◎年譜ほか（立石伯ほか）　「死霊　III」（埴谷雄高）講談社　2003.4　p406-425
　◎年譜ほか（立石伯）　「埴谷雄高文学論集」（立石伯）　講談社　2004.4　p376-393
　◎参考文献　「埴谷雄高の肖像」（白川正芳）　慶應義塾大出版会　2004.11　p357-415

◎著書一覧　「埴谷雄高集―戦後文学エッセイ選3」（埴谷雄高）　影書房　2005.9　p240-244
◎年譜　「埴谷雄高―新たなる黙示」　河出書房新社　2006.8　p12-13

葉貫 麿哉　はぬき・まろや
○著作目録ほか（伊藤恭子ほか）　「駒沢史学 58」（駒沢史学会）　2002.3　p272-282

馬場 あき子　ばば・あきこ〔1928―　歌人〕
◎略年譜　「馬場あき子歌集 続」　短歌研究社　2004.3　p187-190

馬場 菊太郎　ばば・きくたろう〔?―2001　動物系統分類学〕
○業績目録（浜谷巖）　「貝類学雑誌 61.1・2」（日本貝類学会）　2002.6　p97-110

馬場 浩太　ばば・こうた
○略歴ほか　「人間環境学研究 5.1.8」（広島修道大）　2006.9　2pb

馬場 孤蝶　ばば・こちょう〔1869―1940　翻訳家〕
◎参考文献　「澪標の旅人　馬場孤蝶の記録」（吉屋行夫）　本の泉社　2001.5　p516-518
◎翻訳文学年表　「馬場孤蝶集　明治翻訳文学全集〔続〕翻訳家編14」（馬場孤蝶）　大空社　2003.3　p1-5b

幅 健志　はば・たけし〔1941―　ウィーン文化史〕
○業績ほか（山本雅昭）　「言語文化 9.4」（同志社大）　2007.3　p722-728

馬場 辰猪　ばば・たつい〔1850―1888　自由民権家〕
◎参考文献ほか（竹田行之）　「萩原延壽集 1　馬場辰猪」（萩原延壽）　朝日新聞社　2007.11　p362-368

馬場 房子　ばば・ふさこ〔1936―　産業組織心理学・行動科学〕
○業績目録ほか　「亜細亜大学経営論集 42.1・2」（亜細亜大）　2007.3　p147-156

馬場 昌雄　ばば・まさお〔1935―　組織心理学〕
○業績ほか　「経済集志 75.1」（日本大）　2005.4　p3-8

馬場 雄二　ばば・ゆうじ〔1938―　ヴィジュアルデザイナー〕
◎関係リスト　「漢字遊び解体新書―パズルで広がる漢字のたのしみ」（馬場雄二）　大修館書店　2007.11　p128-129

浜 たかや　はま・たかや〔1935―　児童文学作家〕
◎児童文学作品ほか　「児童文学に魅せられた作家たち」（林美千代ほか）　KTC中央出版　2002.4　p168-173

浜岡 賢太郎　はまおか・けんたろう
○著作目録（谷内尾晋司ほか）　「石川考古学研究会会報 44」（石川考古学研究会）　2001.3　p12-16

濱川 一憲　はまかわ・かずのり
○業績ほか　「経営研究 55.2.290」（大阪市立大）　2004.7　p343-346

浜口 雄幸　はまぐち・おさち〔1870―1931　財政家・政治家〕
◎参考文献　「浜口雄幸―たとえ身命を失うとも」（川田稔）　ミネルヴァ書房　2007.6　p285-290

浜口 梧陵　はまぐち・ごりょう〔1820―1885　政治家・実業家〕
◎参考文献　「津波とたたかった人―浜口梧陵伝」（戸石四郎）　新日本出版社　2005.8　p187-188

濱口 晴彦　はまぐち・はるひこ
○略歴ほか（嵯峨座晴夫）　「早稲田大学人間科学研究 17.1」（早稲田大）　2004　p14-22

浜口 ミホ　はまぐち・みほ〔1915―1988　住宅コンサルタント〕
◎参考文献ほか　「ダイニング・キッチンはこうして誕生した―女性建築家第一号浜口ミホが目指したもの」（北川圭子）　技報堂出版　2002.1　p253-257

浜口 陽三　はまぐち・ようぞう〔1909―2000　版画家〕
◎略年譜　「パリと私―浜口陽三著述集」（三木哲夫）　玲風書房　2002.10　p212-220

濱島 正士　はましま・まさじ
○研究業績目録ほか　「国立歴史民俗博物館研究報告 100」（国立歴史民俗博物館）　2003.3　p55-59

濱田 一成　はまだ・かずなり
○略歴　「山梨学院大学法学論集 54」（山梨学院大）　2005.3　p345-350

浜田 恂子　はまだ・じゅんこ〔1932―　倫理学・哲学〕
○業績リストほか　「関東学院大学文学部紀要 94」（関東学院大）　2001　p197-201
○略歴　「関東学院大学人間環境学会紀要 5」（関東学院大）　2006.1　p136-140

濱田 庄司　はまだ・しょうじ〔1894―1978　陶芸家〕
◎参考文献　「青春轆轤―陶匠濱田庄司」（丸山茂樹）　里文出版　2007.6　p417-419

濱田 滋郎　はまだ・じろう
◎著作ほか　「濱田滋郎の本―ギターとスペイン音楽への道」（濱田滋郎）　現代ギター社　2007.6　p1b

浜田 知章　はまだ・ちしょう〔1920―2008　詩人〕
◎年譜　「浜田知章全詩集」（浜田知章）　本多企画　2001.4　p463-473

浜田 知明　はまだ・ちめい〔1917―　銅版画家〕
◎略年譜　「浜田知明よみがえる風景」（浜田知明）　求龍堂　2007.4　p120-123

浜田 浜雄　はまだ・はまお〔1915―1994　画家・デザイナー〕
◎参考文献　「浜田浜雄―これを何と呼ぶ?超現実的世界?　企画展」（米沢市上杉博物館）　米沢市上杉博物館　2006.9　p76-77

浜田 隼雄　はまだ・はやお〔1909―1973　小説家〕
○著作年表（松尾直太）　「天理台湾学会年報 11」（天理台湾学会）　2002.6　p31-64

浜田 彦蔵　はまだ・ひこぞう
　⇒アメリカ彦蔵（あめりかひこぞう）を見よ

濱田 冨士郎　はまだ・ふじお
　○著書論文目録ほか　「神戸法学雑誌 56.4」（神戸法学会）　2007.3　p331-349

浜田 道代　はまだ・みちよ〔1947―　商法〕
　◎著作目録　「検証会社法―浜田道代先生還暦記念」（今井克典ほか）　信山社　2007.11　p663-678

濱田 盛一　はまだ・もりとき
　○著作目録ほか　「立命館経済学 54.5」（立命館大）　2006.1　p1096-1097

濱田 義文　はまだ・よしふみ〔1922―2004　倫理学〕
　○業績一覧ほか　「哲学年誌 36」（法政大）　2004　p61-65
　○業績一覧　「法政哲学 2」（法政大）　2006.6　p105-109

浜野 一郎　はまの・いちろう〔1936―　社会福祉〕
　○業績目録　「明治学院論叢 660」（明治学院大）　2001.3　p20-21

浜野 卓也　はまの・たくや〔1926―2003　児童文学作家・文芸評論家〕
　◎児童文学作品ほか　「児童文学に魅せられた作家たち」（林美千代ほか）　KTC中央出版　2002.4　p52-67

浜林 生之助　はまばやし・しょうのすけ
　◎執筆目録ほか　「北の街の英語教師―浜林生之助の生涯」（東博通）　開拓社　2007.10　p221-238

浜本 純逸　はまもと・じゅんいつ〔1937―　教育学〕
　○業績ほか　「早稲田大学教育学部学術研究 国語・国文学編 56」（早稲田大）　2007　p55-58

早川 勇　はやかわ・いさみ〔1832―1899〕
　◎参考文献　「雷鳴福岡藩―草莽早川勇伝」（栗田藤平）　弦書房　2004.7　p278-280

早川 正一　はやかわ・しょういち〔1937―　考古学〕
　○業績ほか　「アカデミア　人文・社会科学編 84」（南山大）　2007.1　5pf

早川 善治郎　はやかわ・ぜんじろう〔1933―　マス・コミュニケーション〕
　○業績目録ほか　「中央大学文学部紀要 198」（中央大）　2003.3　p23-26

早川 たけ　はやかわ・たけ
　◎参考資料　「高松宮同妃両殿下のグランド・ハネムーン」（平野久美子）　中央公論新社　2004.2　p260-261

早川 徳次　はやかわ・とくじ〔1893―1980〕
　◎参考文献ほか　「シャープを創った男―早川徳次伝」（平野隆彰）　日経BP社　2004.4　p315-317

早川 徳次　はやかわ・とくじ〔1881―1942　実業家〕
　◎参考文献　「メトロ誕生―地下鉄を拓いた早川徳次と五島慶太の攻防」（中村健治）　交通新聞社　2007.7　p243-247

早坂 文雄　はやさか・ふみお〔1914―1955　作曲家〕
　◎作品リスト　「日本映画音楽の巨星たち 1 早坂文雄佐藤勝武満徹古関裕而」（小林淳）　ワイズ出版　2001.5　p1-26b

林 瑛二　はやし・えいじ〔1938―　英語〕
　○業績　「教養論叢 121」（慶応義塾大）　2004.2　p91-92

林 大　はやし・おおき〔1913―2004　国語学者〕
　○著述目録ほか（山崎誠）　「国語学 55.4」（日本語学会）　2004.10　p11-19

林 きむ子　はやし・きむこ〔1886―1967　日本舞踊家〕
　◎参考文献　「大正美人伝―林きむ子の生涯」（森まゆみ）　文藝春秋　2003.7　p312-315

林 京子　はやし・きょうこ〔1930―　小説家〕
　◎年譜ほか（金井景子）　「上海・ミッシェルの口紅―林京子中国小説集」　講談社（講談社文芸文庫）　2001.1　p432-440
　◎年譜ほか（金井景子）　「長い時間をかけた人間の経験」（林京子）　講談社　2005.6　p192-201
　◎著作目録（横手一彦ほか）　「林京子全集 8」（林京子）　日本図書センター　2005.6　p485-514
　◎略年譜ほか　「林京子論―「ナガサキ」・上海・アメリカ」（黒古一夫）　日本図書センター　2007.6　p201-209

早矢仕 健司　はやし・けんじ〔1934―2008　原価計算論〕
　○業績目録　「龍谷大学経営学論集 43.2」（龍谷大）　2003.8　p169-172

林 源十郎　はやし・げんじゅうろう
　◎「林源十郎資料目録」（同志社大学人文科学研究所）　同志社大　2006.12　14p　A4

林 茂夫　はやし・しげお〔1927―2004　平和・軍事問題研究家〕
　◎著作目録ほか　「無防備地域運動の源流―林茂夫が残したもの」（池田眞規ほか）　日本評論社　2006.7　p240-248

林 茂雄　はやし・しげお〔1931―　国際関係論・中東現代史〕
　○著作目録ほか　「名古屋外国語大学現代国際学部紀要 1」（名古屋外国語大）　2005.3　3pf

林 茂樹　はやし・しげき
　○著作文献　「長野県考古学会誌 107」（長野県考古学会）　2004.10　p61-63

林 茂　はやし・しげる
　○業績ほか　「専修法学論集 90」（専修大）　2004.3　p9-12b

林 脩平　はやし・しゅうへい
　○著作ほか　「立教大学観光学部紀要 6」（立教大）　2004.3　p60」

林 昌二　はやし・しょうじ〔1928―　建築家〕
　◎執筆ほか　「建築家林昌二」（林昌二）　新建築社　2004.11　p330-337

林 縝治　はやし・しんじ
　○業績目録　「横浜市立大学論叢　自然科学系列
　　57.3」（横浜市立大）　2007.3　p4-13

林 忠正　はやし・ただまさ〔1853―1906　美術商・西洋美術蒐集家〕
　◎文献　「林忠正宛書簡・資料集」（木々康子）
　　信山社出版　2003.12　p46-48b
　◎参考文献　「夢見た日本―エドモン・ド・ゴンクールと林忠正」（B.小山‐R）　平凡社　2006.7
　　p319-309
　◎参考文献　「林忠正―ジャポニスムと文化交流」
　　（林忠正シンポジウム実行委員会）　星雲社　2007.2　p423-429

林 忠幸　はやし・ただゆき〔1937―　教育哲学・道徳教育〕
　○略年譜ほか　「神戸親和女子大学大学院研究紀要
　　3」（神戸親和女子大）　2007　p3-9f
　○業績ほか　「児童教育学研究　26」（神戸親和女子大）　2007.3　p35-44f

林 知己夫　はやし・ちきお〔1918―2002　統計学者〕
　◎年譜ほか　「未来を祭れ　林知己夫著作集15」（林知己夫）　勉誠出版　2004.11　p345-350

林 貞徳　はやし・ていとく
　◎参考辞典一覧ほか　「羅山・貞徳『儒仏問答』―註解と研究」（大桑斉ほか）　ぺりかん社　2006.9
　　p219-231

林 董一　はやし・とういち〔1927―　尾張藩法史・名古屋商人史〕
　○著作目録ほか　「愛知学院大学論叢法学研究
　　46.4」（愛知学院大）　2005.9　p305-335

林 利隆　はやし・としたか〔1939―2005　現代ジャーナリズム研究・新聞学〕
　◎著作　「戦後ジャーナリズムの思想と行動」（林利隆）　日本評論社　2006.3　p275-279

林 直道　はやし・なおみち〔1923―　経済〕
　○著作目録ほか　「大阪経済法科大学経済学論集
　　27.1」（大阪経済法科大）　2003.7　p1-8

林 光　はやし・ひかる〔1931―　作曲家〕
　◎作品リスト　「日本映画音楽の巨星たち　3」（小林淳）　ワイズ出版　2002.7　p21-26b

林 英夫　はやし・ひでお〔1933―　社会心理学・マーケティング〕
　○主要業績ほか　「関西大学社会学部紀要
　　35.3」（関西大）　2004.3　p177-187

林 英機　はやし・ひでき
　○略歴ほか　「新潟大学経済論集　82」（新潟大）
　　2007.3　p211-216

林 房雄　はやし・ふさお〔1903―1975　小説家・評論家〕
　○年譜　「大東亜戦争肯定論」（林房雄）　夏目書房
　　2001.8　p480-487

林 芙美子　はやし・ふみこ〔1903―1951　小説家〕
　◎参考文献　「林芙美子実父への手紙」（佐藤公平）
　　KTC中央出版　2001.10　p274-279
　◎年譜ほか　「蒼馬を見たり」（林芙美子）　日本図書センター　2002.11　p135-146
　◎略年譜ほか　「林芙美子の昭和」（川本三郎）
　　新書館　2003.2　p396-407
　◎略年譜　「下駄で歩いた巴里―林芙美子紀行集」
　　（立松和平）　岩波書店　2003.6　p329-331
　◎年表　「フミコと芙美子」（池田康子）　市井社
　　2003.6　p521-508
　◎主要著作解説ほか（今川英子）　「林芙美子
　　KAWADE夢ムック　文藝別冊」　河出書房新社
　　2004.5　p204-215
　◎参考文献　「林芙美子―『花のいのち』の謎」（宮田俊行）　高城書房　2005.3　p219-222
　◎参考文献　「女流林芙美子と有吉佐和子」（関川夏央）　集英社　2006.9　p227-229
　◎参考文献ほか　「林芙美子・恋の作家道」（清水英子）　文芸社　2007.7　p217-221

林 雅子　はやし・まさこ〔1928―2001　建築家〕
　◎文献リスト　「建築家林雅子」（委員会）　新建築社　2002.8　p355-359

林 真理子　はやし・まりこ〔1954―　小説家〕
　○年譜　「編集会議　11」（宣伝会議）　2002.2
　　p144-151

林 宥一　はやし・ゆういち〔1947―1999　日本経済史〕
　○著作目録　「金沢大学経済学部論集　21.1」（金沢大）　2001.1　p255-263

林 羅山　はやし・らざん〔1583―1657　儒学者〕
　◎参考辞典一覧ほか　「羅山・貞徳『儒仏問答』―註解と研究」（大桑斉ほか）　ぺりかん社　2006.9
　　p219-231

林 理助　はやし・りすけ
　○略歴ほか（本多周爾）　「武蔵野大学現代社会学部紀要　7」（武蔵野大）　2006　p221-226

林田 紀音夫　はやしだ・きねお〔1924―1998　俳人〕
　◎年譜（福田基）　「林田紀音夫全句集」（林田紀音夫）　富士見書房　2006.8　p457-460

林田 慎之助　はやしだ・しんのすけ〔1932―　中国文学〕
　◎著作目録ほか　「中国読書人の政治と文学」（林田慎之助博士古稀記念論集編集委員会）　創文社
　　2002.10　p1-12f
　○研究業績ほか　「神女大国文　14」（神戸女子大）
　　2003.3　p2-6

林田 遼右　はやしだ・りょうすけ〔1934―　フランス語学〕
　○主要業績ほか　「千葉大学人文研究　30」（千葉大）　2001　p93-99

林家 正蔵（8代目）　はやしや・しょうぞう〔1895―1982　落語家〕
◎年譜　「正蔵一代　新装改訂版」（八代目林家正蔵）　青蛙房　2001.4　p320-325

早船 ちよ　はやふね・ちよ〔1914―2005　小説家・児童文学作家〕
◎略年譜ほか　「日本児童文学　52.3」（小峰書店）　2006.5・6　p108-111

葉山 滉　はやま・ひろし〔1938―　フランス政治事情・社会主義〕
○著作目録　「経済研究　18.3」（千葉大）　2003.12　p791-795

葉山 嘉樹　はやま・よしき〔1894―1945　小説家〕
◎略年譜ほか　「葉山嘉樹論―戦時下の作品と抵抗」（鈴木章吾）　菁柿堂　2005.8　p249-261

速水 融　はやみ・あきら〔1929―　日本経済史・歴史人口学〕
○業績ほか（佐藤政則）　「麗澤経済研究　13.1」（麗澤大）　2005.3　p221-227

速水 侑　はやみ・たすく〔1936―　日本仏教史・新興宗教〕
○業績ほか　「東海史学　40」（東海大）　2006.3　p67-78

はやみね かおる　〔1964―　作家〕
◎作品リスト　「怪盗道化師」（はやみねかおる）　講談社　2002.4　1pb
◎本　「ぼくと未来屋の夏」（はやみねかおる）　講談社　2003.10　2pb

原 阿佐緒　はら・あさお〔1888―1969　歌人〕
○参考文献　「歌人原阿佐緒展―生きながら針に貫かれし蝶のごと…」（仙台文学館）　仙台文学館　2003.11　p71

原 恵一　はら・けいいち〔1959―　アニメーション監督〕
◎文献ほか　「アニメーション監督原恵一」（原恵一ほか）　晶文社　2005.7　p284-289

原 健三郎　はら・けんざぶろう〔1907―2004　政治家〕
◎年譜　「ハラケン「生涯現役」―元衆議院議長・原健三郎人生聞き語り」（神戸新聞東京支社）　神戸新聞総合出版センター　2001.6　p178-182

原 孝一郎　はら・こういちろう〔1940―　英文学〕
○著作目録ほか　「成蹊大学経済学部論集　38.1」（成蹊大）　2007.10　p12-15

原 コウ子　はら・こうこ〔1896―1988　俳人〕
◎関連年表　「桐の花原コウ子―貝塚生まれの美しき俳人」（貝塚市教育委員会）　貝塚市教育委員会　2004.9　p28-31

原 三溪　はら・さんけい〔1868―1939　実業家・美術収集家〕
◎参考文献　「原三溪物語」（新井恵美子）　神奈川新聞社　2003.4　p295-297

原 舟月　はら・しゅうげつ
◎参考文献　「人形師「原舟月」三代の記」（絵守すみよし）　青蛙房　2003.9　p194-195

原 勢二郎　はら・せいじろう
○業績　「留学生教育　3」（琉球大）　2006.3　p1-2

原 石鼎　はら・せきてい〔1886―1951　俳人〕
○年譜稿（寺本喜徳）　「文教国文学　44」（広島文教女子大）　2001　p1-12
○年譜（寺本喜徳）　「文教国文学　46」（広島文教女子大）　2002　p34-40

原 節子　はら・せつこ〔1920―　女優〕
◎年譜　「原節子―伝説の女優」（千葉伸夫）　平凡社（平凡社ライブラリー）　2001.4　p400-451
◎参考文献　「原節子「永遠の処女」伝説」（本地陽彦）　愛育社　2006.6　p350-355

原 隆　はら・たかし〔構造力学〕
○著作目録ほか　「札幌法学　13.1・2」（札幌大）　2002.3　p5-9

原 民喜　はら・たみき〔1905―1951　小説家・詩人〕
◎年譜ほか　「原民喜―人と文学　日本の作家100人」（岩崎文人）　勉誠出版　2003.8　p186-217

原 智恵子　はら・ちえこ〔1915―2001　ピアニスト〕
◎参考文献　「原智恵子の思い出」（板倉加奈子）　春秋社　2005.6　2pb

原 剛　はら・つよし〔1931―　経済史〕
○著作目録ほか　「城西大学大学院研究年報　18」（城西大）　2002.3　p122-124

原 弘　はら・ひろむ〔1903―1986　グラフィック・デザイナー〕
◎文献ほか　「原弘と「僕達の新活版術」―活字・写真・印刷の一九三〇年代」（川畑直493）　DNPグラフィックデザイン・アーカイブ　2002.6　p285-317
◎文献リスト　「原弘デザインの世紀」（原弘）　平凡社　2005.6　p237-236

原 抱一庵　はら・ほういつあん〔1866―1904　小説家・翻訳家〕
◎翻訳文学年表　「原抱一庵集　明治翻訳文学全集〔続〕翻訳家編11」（原抱一庵）　大空社　2003.3　p1-3b

原 誠　はら・まこと〔1928―　小説家〕
◎論文一覧　「言語学的文法構築の方法」（原誠）　近代文芸社　2004.3　p7-9

原 マスミ　はら・ますみ〔1955―　ミュージシャン・画家〕
◎活動　「こわくない夢―原マスミ作品集」（原マスミ）　新潮社　2007.4　p5-6b

原 貢　はら・みつぐ〔1935―　大学・高校野球監督〕
◎参考文献　「炭鉱町に咲いた原貢野球―三池工業高校・甲子園優勝までの軌跡」（澤宮優）　現代書館　2004.5　p298-300

原 實　はら・みのる
○著作目録　「国際仏教学大学院大学研究紀要　10」（国際仏教学大学院大）　2006.3　p4-27b

原 幸雄　はら・ゆきお〔1937—　フランス文学〕
　○略歴ほか　「武蔵大学人文学会雑誌　35.4」（武蔵大）　2004.3　p5-12
原 豊　はら・ゆたか〔経済政策〕
　○著作目録ほか　「平成法政研究　9.2」（平成国際大）　2005.3　p281-288
原 洋之介　はら・ようのすけ〔1944—　経済発展論・アジア経済〕
　○著作目録ほか　「東洋文化研究所紀要　149」（東京大）　2006.3　p1-21b
原 好男　はら・よしお〔1940—　フランス18世紀文学〕
　○業績ほか　「立教大学フランス文学　35」（立教大）　2006.3　p65-67
原 老柳　はら・ろうりゅう
　◎参考文献　「原老柳の生涯—幕末大坂の名医」（松本順司）　創元社　2002.1　p213-215
原口 統三　はらぐち・とうぞう〔1927—1946　詩人〕
　◎略年譜　「二十歳のエチュード」（原口統三）　光芒社　2001.10　p233-234
　◎略年譜　「定本二十歳のエチュード」（原口統三）　筑摩書房　2005.6　p463-465
原後 雄太　はらご・ゆうた〔1958—2005　NGO活動家〕
　○業績目録　「経済研究　135」（明治学院大）　2006.2　p10-12
原島 重義　はらしま・しげよし〔1925—　民法〕
　○業績ほか　「市民法学の歴史的・思想的展開—原島重義先生傘寿」（河内宏ほか）　信山社　2006.8　p681-706
原 朗　はらだ・あきら〔1934—　地球物理学・気象学〕
　○研究業績ほか　「防衛大学校理工学研究報告　38.1」（防衛大）　2000.9　p17-22
原田 勝弘　はらだ・かつひろ〔社会調査〕
　○研究業績　「明治学院大学社会学・社会福祉学研究　119」（明治学院大）　2005.2　p28-34
原田 慶吉　はらだ・けいきち〔1903—1950　ローマ法学者〕
　◎「春木一郎博士・原田慶吉教授・田中周友博士・船田享二博士略年譜・著作目録—日本ローマ法学四先生略年譜・著作目録　2訂版」（吉原丈司）　都筑印書館　2003.10　114p　B5
原田 三朗　はらだ・さぶろう〔1935—　教育問題・メディア倫理・公務員倫理〕
　○研究業績ほか　「文化情報学　12.2」（駿河台大）　2005.12　p75-89
原田 信一　はらだ・しんいち〔1947—1978　言語学〕
　◎著作目録ほか（原田かづ子）　「シンタクスと意味—原田信一言語学論文選集」（福井直樹）　大修館書店　2000.11　p831-843
　○足跡　「駒沢社会学研究　33」（駒沢大）　2001.3　p3-7

原田 種夫　はらだ・たねお〔1901—1989　小説家・詩人〕
　◎年譜ほか　「ペンの悦び—原田種夫の世界　福岡市文学館企画展」（福岡市総合図書館文学・文書課）　福岡市総合図書館　2004.2　p28-35
原田 敏明　はらだ・としあき〔1893—1983　宗教社会史〕
　○著述目録　「宗教神祭」（原田敏明）　岩田書院　2004.6　p420-407
原田 俊孝　はらだ・としたか〔1941—　イギリスロマン主義〕
　○業績ほか　「彦根論叢　364」（滋賀大）　2007.1　p263-267
原田 富雄　はらだ・とみお
　○著作目録ほか　「経済学論叢　42.5」（中央大）　2002.3　p423-426
原田 富二郎　はらだ・とみじろう
　○研究業績ほか　「長崎県立大学論集　36.2」（長崎県立大）　2002.9　1pf
原田 尚彦　はらだ・なおひこ〔1934—　行政法〕
　◎著作目録ほか　「法治国家と行政訴訟—原田尚彦先生古稀記念」（三辺夏雄ほか）　有斐閣　2004.8　p679-683
原田 禹雄　はらだ・のぶお〔1927—　歌人・医師〕
　◎著書一覧ほか　「琉球を守護する神」（原田禹雄）　榕樹書林　2003.9　p286-285
原田 東雄　はらだ・はるお
　○略歴ほか　「広島修大論集　43.1.81」（広島修道大）　2002.9　3pb
原田 寛　はらだ・ひろし〔1948—　写真家〕
　◎略年譜　「鎌倉—原田寛作品集」（原田寛）　求龍堂　2003.2　p119」
原田 宏　はらだ・ひろし〔企業論〕
　○業績ほか　「佐賀大学経済論集　36.6.144」（佐賀大）　2004.3　5pb
原田 弘道　はらだ・ひろみち〔1935—2000　禅学・禅思想史〕
　○業績ほか　「駒沢大学仏教学部論集　32」（駒沢大）　2001.10　p9-16f
原田 満範　はらだ・みつのり〔1944—　会計監査・簿記〕
　○研究業績　「松山大学論集　15.2」（松山大）　2003.6　p375-382
原田 稔　はらだ・みのる〔1936—　原子核理論〕
　○研究業績　「小樽商科大学人文研究　101」（小樽商科大）　2001.3　p236-237
原田 宗典　はらだ・むねのり〔1959—　作家・コピーライター〕
　◎年表　「道草食う記」（原田宗典）　角川書店　2003.4　p250-254
原田 芳子　はらだ・よしこ
　◎略歴　「三年目のナナカマド」（原田芳子）　原田寛　2003.5　p180-181

原野 昇　はらの・のぼる〔フランス中世文学〕
　○著作目録ほか　「広島大学フランス文学研究 24」（広島大）　2005.12　p5-15

服藤 弘司　はらふじ・ひろし〔1921―　日本法制史〕
　◎略歴ほか　「日本法制史論纂―紛争処理と統治システム」（服藤弘司先生傘寿記念論文集刊行会）創文社　2000.11　p545-549

播磨 定男　はりま・さだお〔1937―　板碑文化〕
　○著作目録ほか　「徳山大学論叢 63」（徳山大）　2006.7　p73-74

播磨 信義　はりま・のぶよし〔1942―2002　憲法学〕
　○著作目録　「神戸学院法学 34.1」（神戸学院大）　2004.4　p2-8f

ハリマオ　〔本名=谷豊　1910―1942　盗賊・諜報員〕
　◎参考文献　「ハリマオ―マレーの虎、六十年後の真実」（山本節）　大修館書店　2002.3　p304-310

針生 清人　はりゅう・きよと
　○業績一覧ほか　「白山哲学 40」（東洋大）　2006　p4-13

春木 一郎　はるき・いちろう〔1870―1944　法制史学者〕
　◎「春木一郎博士・原田慶吉教授・田中周友博士・船田享二博士略年譜・著作目録―日本ローマ法学四先生略年譜・著作目録 2訂版」（吉原丈司）　都筑印書館　2003.10　114p　B5

春田 宣　はるた・あきら〔1930―1999　中世文学〕
　○主要著作ほか　「日本文学論究 59」（国学院大）　2000.3　p62-63

春田 一夫　はるた・かずお〔1931―　民事法学〕
　○主要著作目録ほか　「九州国際大学法学論集 9.3」（九州国際大）　2003.3　p1-7

春田 素夫　はるた・もとお〔1934―　アメリカ経済論〕
　○略歴ほか　「経済集志 74.1」（日本大）　2004.4　p3-9f

春名 純人　はるな・すみと
　○業績ほか　「関西学院大学社会学部紀要 96」（関西学院大）　2004.3　p1-6

晴山 陽一　はれやま・よういち〔1950―　英語教育研究家〕
　○著作一覧　「独立して成功する！「超」仕事術」（晴山陽一）　筑摩書房　2003.3　p236-237

伴 悦　ばん・えつ〔1930―　近代日本文学〕
　○研究業績ほか　「国文学論輯 22」（国士館大）　2001.3　p3-7

伴 利昭　ばん・としあき
　○略歴ほか　「立命館文學 583」（立命館大）　2004.2　p7-10

伴 信友　ばん・のぶとも〔1773―1846　国学〕
　◎「稿本伴信友著撰書目」（大鹿久義）　温故学会　2003.8　380p　A5

伴 紀子　ばん・のりこ〔1937―　日本語教育〕
　○業績ほか　「アカデミア　文学・語学編 81」（南山大）　2007.1　p3pf

半田 秀男　はんだ・ひでお
　○業績.ほか　「人文研究 52」（大阪市立大）　2000　p1-3

半田 正夫　はんだ・まさお〔1933―　弁護士〕
　◎著作目録　「著作権法と民法の現代的課題―半田正夫先生古稀記念論集」（森泉章ほか）　法学書院　2003.3　p744-745
　○著作目録ほか　「青山法学論集 45.4」（青山学院大）　2004　p311-352

坂野 潤治　ばんの・じゅんじ〔1937―　明治憲法体制〕
　○著作目録　「千葉大学法学論集 18.1」（千葉大）　2003.7　p9-13

阪埜 光男　ばんの・みつお〔1932―　会社法〕
　○業績ほか　「駿河台法学 20.2」（駿河台大）　2007　p173-185

阪村 幸男　はんむら・ゆきお
　○著作目録ほか　「大阪学院大学法学研究 28.1」（大阪学院大）　2001.9　p273-281

半村 良　はんむら・りょう〔1933―2002　小説家〕
　◎著作一覧　「半村良　文藝別冊」　河出書房新社　2007.4　p236-239

播隆　ばんりゅう〔1782―1840　山岳修行僧〕
　◎参考文献　「播隆・槍への道程―善の綱をたどれば　市立大町山岳博物館企画展」（市立大町山岳博物館）　市立大町山岳博物館　2005.6　p35」

【 ひ 】

比嘉 清松　ひが・きよまつ〔1936―　西洋経済史〕
　○業績　「松山大学論集 17.2」（松山大）　2005.6　p455-457

比嘉 辰雄　ひが・たつお〔1939―　海洋環境学〕
　○業績ほか　「琉球大学理学部紀要 80」（琉球大）　2005.9　p9-12f

比嘉 政夫　ひが・まさお〔1936―2009　文化人類学〕
　◎略歴・研究業績目録　「琉球・アジアの民俗と歴史―国立歴史民俗博物館比嘉政夫教授退官記念論集」（記念論集刊行会）　榕樹書林　2002.7　p521-540
　○研究業績ほか　「国立歴史民俗博物館研究報告 100」（国立歴史民俗博物館）　2003.3　p44-52

日影 丈吉　ひかげ・じょうきち〔1908―1991　推理小説家〕
　◎年譜ほか　「日影丈吉全集　別巻」（日影丈吉）　国書刊行会　2005.5　p999-1058

東 晃　ひがし・あきら〔1922―2000　応用物性学・雪氷学〕
　◎「東晃著書目録・著作目録」（山崎敏晴）　山崎敏晴　2006.7　162p　A5
　◎著作目録あり　「旅―東晃とともに　追想集」　東璋子　2006.7　p79-155

東 忠尚　ひがし・ただひさ〔1931― 〕
　○略歴ほか　「尚美学園大学総合政策研究紀要 11」（尚美学園大）　2006.3　2pf

東 晧伝　ひがし・てるただ
　○著作目録ほか　「修道商学 43.1」（広島修道大）　2002.9　9pb

東 直子　ひがし・なおこ〔1963―　歌人・文筆業〕
　◎略歴　「東直子集」（東直子）　邑書林　2003.10　p151-153

東平 好史　ひがしひら・こうし
　○著作目録ほか　「愛媛法学会雑誌 28.3・4」（愛媛大）　2002　p169-176

東伏見宮 依仁　ひがしふしみのみや・よりひと〔1867―1922　海軍大将・元帥〕
　◎参考文献　「一等国の皇族」（広岡裕児）　中央公論新社　2001.11　p247-254

東山 魁夷　ひがしやま・かいい〔1908―1999　日本画家〕
　◎略年譜　「東山魁夷ものがたり」（佐々木徹）　ビジョン企画出版社　2002.6　p368-371
　◎略年譜　「川端康成と東山魁夷―響きあう美の世界」（製作委員会）　求龍堂　2006.9　p328-343

東山 健吾　ひがしやま・けんご〔1931―　美術史〕
　○業績ほか　「美学美術史論集 14」（成城大）　2002.3　p3-9

干刈 あがた　ひかり・あがた〔1943―　小説家〕
　◎年譜ほか（与那覇恵子）　「干刈あがたの文学世界」（コスモス会ほか）　鼎書房　2004.9　p253-262,280-286
　◎著作目録ほか　「ヒト・モノ・コトバ―明治からの文化誌」（橋詰静子）　三弥井書店　2007.12　p182-203

匹田 軍次　ひきた・ぐんじ〔1932―　翻訳家・ジャーナリスト〕
　○略歴ほか　「札幌大学外国語学部紀要文化と言語 59」（札幌大）　2003.10　3pf

疋田 啓佑　ひきた・けいゆう〔1937―　中国哲学〕
　○研究業績ほか　「香椎潟 49」（福岡女子大）　2003.6　8pf

樋口 一葉　ひぐち・いちよう〔1872―1896　小説家〕
　◎読書案内　「一葉の四季」（森まゆみ）　岩波書店（岩波新書）　2001.2　p212-213
　◎補注文献　「樋口一葉集　新日本古典文学大系　明治編　24」（菅聡子,関礼子）　岩波書店　2001.10　p499-455
　◎註　「論集樋口一葉 III」（樋口一葉研究会）　おうふう　2002.9　prr
　◎年譜ほか（松坂俊夫）　「樋口一葉に聞く」（井上ひさしほか）　文藝春秋　2003.3　p297-307
　◎参考文献目録ほか（山崎真由美）　「国文学　解釈と鑑賞 68.5」（至文堂）　2003.5　p171-193
　◎注　「樋口一葉日記を読む」（鈴木淳）　岩波書店　2003.11　p159-171
　◎参考文献　「樋口一葉」（関礼子）　岩波書店　2004.5　p196-197
　◎注　「樋口一葉「いやだ!」と云ふ」（田中優子）　集英社　2004.7　p202-204
　◎参考文献ほか　「一葉伝―樋口夏子の生涯」（澤田章子）　新日本出版社　2005.1　p219-222
　◎略年譜　「一葉の「たけくらべ」」（樋口一葉）　角川書店　2005.4　p273-279
　◎年譜ほか　「さざなみ日記―樋口一葉の世界」（永田龍太郎）　永田書房　2005.5　p297-313
　◎略年譜　「樋口一葉と現代」（木村真佐幸）　翰林書房　2005.5　p194-199
　◎略年譜ほか　「つっぱってしたたかに生きた樋口一葉」（槐一男）　教育史料出版会　2005.7　p198-203
　◎年譜（編集部）　「樋口一葉和歌集」（樋口一葉）　筑摩書房　2005.12　p223-229
　◎参考文献ほか　「一葉樋口夏子の肖像」（杉山武子）　繡文堂出版　2006.10　p263-270
　◎「樋口一葉―資料目録　新版」　台東区立一葉記念館　2006.11　102p　A4
　◎略年譜ほか（森まゆみ）　「一葉に逢いたくて―檜細工、針穴写真で甦る樋口一葉の世界」（三浦宏ほか）　河出書房新社　2007.5　p92-94

樋口 昇一　ひぐち・しょういち〔1932―2006　考古学〕
　○著作等目録抄　「長野県考古学会誌 118」（長野県考古学会）　2006.11　p237-242

樋口 進　ひぐち・すすむ
　○著作目録ほか　「成蹊大学経済学部論集 35.1」（成蹊大）　2004.10　p21-24

樋口 精一郎　ひぐち・せいいちろう〔1939―　レーザー振動分光学〕
　○業績一覧ほか　「長崎大学教育学部紀要　自然科学 72」（長崎大）　2005.3　3pf

樋口 隆康　ひぐち・たかやす〔1919―　東洋考古学・日本考古学〕
　◎年譜　「実事求是この道―樋口隆康聞書」（岩尾清治）　西日本新聞社　2001.7　p223-236

樋口 貞三　ひぐち・ていぞう〔1934―　農業経済学〕
　○略歴ほか　「食品経済研究 32」（日本大）　2004.3　p181-186

樋口 徹　ひぐち・とおる
　○業績ほか　「商学論集 69.3」（福島大）　2001.3　p85-87

樋口 由紀子　ひぐち・ゆきこ
　◎略歴　「樋口由紀子集」（樋口由紀子）　邑書林　2005.5　p104-106

樋口 陽一　ひぐち・よういち〔1934―　憲法〕
　◎研究活動ほか　「憲法論集―樋口陽一先生古稀記念」（藤田宙靖ほか）　創文社　2004.9　p1-34b

久生 十蘭　ひさお・じゅうらん〔1902—1957　小説家〕
　◎年譜ほか（江口雄輔）　「湖畔・ハムレット―久生十蘭作品集」（久生十蘭）　講談社　2005.8　p231-248
　○年譜（高橋俊之）　「文献探索　2005」（文献探索研究会）　2006.5　p167-189
　○文献書誌（渡部なつみ）　「文献探索　2006」（文献探索研究会）　2006.11　p517-525
　○略歴（小林真二）　「久生十蘭「従軍日記」」（久生十蘭）　講談社　2007.10　p423-426

久岡 康成　ひさおか・やすなり
　○業績ほか　「立命館法学　310」（立命館大）　2007.3　p577-587

久重 忠夫　ひさしげ・ただお〔1936—　倫理学・フランス哲学〕
　○業績ほか　「専修人文論集　72」（専修大）　2003.3　7pf

久田 絢子　ひさだ・あやこ〔1940—　英文学〕
　○年譜　「名古屋市立大学人文社会学部紀要　16」（名古屋市立大）　2004.3　p4-5f

久野 晋良　ひさの・しんりょう〔1930—　哲学〕
　○業績目録ほか　「大阪経大論集　51.6」（大阪経大）　2001.3　p447-452

久松 真一　ひさまつ・しんいち〔1889—1980　宗教哲学〕
　◎略年譜（美濃部仁）　「芸術と茶の哲学」（久松真一）　燈影舎　2003.4　p418-420

久松 潜一　ひさまつ・せんいち〔1894—1976　国文学者〕
　◎注　「国文学の時空―久松潜一と日本文化論」（安田敏朗）　三元社　2002.4　p267-317

久山 秀子　ひさやま・ひでこ〔1905—?　推理作家〕
　◎書誌（横井司）　「久山秀子探偵小説選　Ⅵ」（久山秀子）　論創社　2006.7　p495-501

土方 苑子　ひじかた・そのこ〔1945—　教育史〕
　○著作目録ほか（池田雅則）　「研究室紀要　33」（東京大）　2007.6　p33-52

土方 巽　ひじかた・たつみ〔1928—1986　舞踊家〕
　◎舞踏年譜　「土方巽の方へ　肉体の60年代」（種村季弘）　河出書房新社　2001.5　p235-240
　◎文献目録　「土方巽を読む―母性とカオスの暗黒舞踏」（清水正）　鳥影社　2002.7　p440-448
　◎年譜　「土方巽の舞踏―肉体のシュルレアリスム身体のオントロジー」（川崎市岡本太郎美術館ほか）　慶應義塾大出版会　2004.1　p174-187
　◎文献目録　「暗黒舞踏論」（清水正）　鳥影社　2005.3　p370-378
　◎年譜（森下隆）　「土方巽全集　Ⅱ　普及版」（土方巽）　河出書房新社　2005.8　p379-397

土方 保　ひじかた・たもつ
　○業績ほか　「専修経済学論集　37.3」（専修大）　2003.3　p217-223

土方 歳三　ひじかた・としぞう〔1835—1869　新撰組隊士〕
　◎出典一覧　「土方歳三の生涯　新装版」（菊地明）　新人物往来社　2003.4　p290-297
　◎参考文献　「土方歳三の遺言状」（鵜飼清）　新人物往来社　2003.11　p312-314
　◎参考文献　「俳遊の人・土方歳三―句と詩歌が語る新選組」（管宗次）　PHP研究所　2004.1　p233-235
　◎史料　「土方歳三」（藤堂利寿）　学習研究社　2004.2　4pb
　◎参考文献　「歳三からの伝言」（北原亞以子）　講談社　2004.8　p384-386
　◎参考文献　「異聞土方歳三の最期」（中村忠司）　文芸社　2004.10　p178-181

菱川 善夫　ひしかわ・よしお〔1929—2007　歌人・評論家〕
　○業績　「北海学園大学人文論集　26・27」（北海学園大）　2004.3　2pf
　◎書誌ほか（田中綾）　「美と思想―その軌跡　菱川善夫退職記念誌」（菱川プロジェクト実行委員会）　沖積舎　2004.6　p205-314

肱黒 弘三　ひじくろ・こうぞう〔1936—2002　建築学〕
　○業績リスト　「関東学院大学工学部研究報告　46.2」（関東学院大）　2003.3　4pf

菱山 泉　ひしやま・いずみ〔1923—2007　理論経済学・経済学史〕
　◎「菱山泉先生蔵書目録」　福井県立大附属図書館　2007.11　191p　A4

比田井 天来　ひだい・てんらい〔1872—1939　書家〕
　◎略年譜　「現代書の誕生―比田井天来と東北―東北の比田井天来展・記念出版」（天来書院編集部）　天来書院　2002.9　p58-60

日高 真実　ひだか・まさね〔1864—1894　教育学者〕
　◎年譜　「日本の教育学の祖・日高真実伝」（平田宗史）　渓水社　2003.2　p183-184

日高 六郎　ひだか・ろくろう〔1917—　社会学・平和運動〕
　○著作目録（平川千宏）　「参考書誌研究　61」（国立国会図書館）　2004.10　p8-107

ビート たけし　〔本名＝北野武　1947—　タレント・映画監督・俳優〕
　◎引用参考文献　「ビートたけしと「団塊」アナキズム」（神辺四郎）　集英社　2007.7　p252-253
　◎文献ほか　「幸せだったかなビートたけし伝」（井上雅義）　白夜書房　2007.12　p267-269

一橋 慶喜　ひとつばし・よしのぶ
　⇒徳川 慶喜（とくがわ・よしのぶ）を見よ

一橋徳川家　ひとつばしとくがわけ
　◎「一橋徳川家図書目録　1　（史料目録　47）」（茨城県立歴史館史料部）　茨城県立歴史館　2003.3　117p　B5

人見 絹枝　ひとみ・きぬえ〔1907—1931　陸上競技選手〕
　◎文献目録　「はやての女性ランナー―人見絹枝讚歌」(三澤光男)　不昧堂出版　2005.7　p110-131

日向 茂　ひなた・しげる
　○業績ほか　「経営志林　42.2」(法政大)　2005.7　p129-130

日夏 耿之介　ひなつ・こうのすけ〔1890—1971　詩人・英文〕
　◎刊行目録　「日夏耿之介文集」(井村君江)　筑摩書房　2004.3　p432-435

火野 葦平　ひの・あしへい〔1907—1960　小説家〕
　○書目36(坂口博)　「あしへい　3」(葦平と河伯洞の会)　2001.12　p171-177
　○兵隊作品45(矢富巌夫)　「あしへい　3」(葦平と河伯洞の会)　2001.12　p101-109
　○花の字作品ほか(矢富巌夫)　「あしへい　4」(創言社)　2002.6　p221-239
　◎著作目録ほか　「火野葦平―激動の時代を駆け抜けた作家　1」(葦平と河伯洞の会)　葦平と河伯洞の会　2003.7　p25-32
　○書誌通信4(矢富巌夫)　「あしへい　6」(河伯洞の会)　2003.11　p161-180
　◎「火野葦平著作目録」(矢富巌夫)　創言社　2004.12　3,288p　A5
　○記事考ほか(矢富巌夫)　「あしへい　7」(創言社)　2005.2　p167-175
　○書誌通信(矢富巌夫)　「あしへい　9」(創言社)　2006.12　p198-209
　○年譜ほか　「糞尿譚・河童曼陀羅〈抄〉」(火野葦平)　講談社　2007.6　p250-265

日野 厚　ひの・あつし〔1919—1989　医師〕
　○参考文献　「大倉陶園創成ものがたり―初代支配人日野厚のこと」(砂川幸雄)　晶文社　2005.9　p266-269

日野 啓三　ひの・けいぞう〔1929—2002　小説家〕
　◎略年譜ほか　「日野啓三の世界」(ふくやま文学館)　ふくやま文学館　2005.10　p49-53
　○著書(山内祥史)　「芸術至上主義文芸　31」(芸術至上主義文芸学会)　2005.11　p128-133
　◎年譜ほか　「アジア、幻境の旅―日野啓三と楼蘭美女」(鈴村和成)　集英社　2006.11　p236-243

日野 照正　ひの・しょうしょう〔1923—　仏教史〕
　◎著作目録ほか　「歴史と佛教の論集―日野照正博士頌寿記念論文集」(日野照正)　自照社出版　2000.10　p7-21f

日野 草城　ひの・そうじょう〔1901—1956　俳人〕
　○参考文献ほか　「日野草城―俳句を変えた男」(復本一郎)　角川学芸出版　2005.6　p302-308
　◎参考資料(坪内稔典)　「展望現代の詩歌　9　俳句 I」(飛高隆夫ほか)　明治書院　2007.4　p148-149

日野 龍夫　ひの・たつお〔1940—2003　近世文学〕
　○著述目録抄　「国語国文　72.3」(京都大)　2003.3　p981-985
　◎著述目録(山本秀樹)　「日野龍夫著作集　3　近世文学史」(日野龍夫)　ぺりかん社　2005.11　p605-630

日野 日出志　ひの・ひでし〔1946—　漫画家〕
　◎全作品目録ほか　「実存ホラー漫画家日野日出志を読む―母胎回帰と腐れの美学」(清水正)　D文学研究会　2004.12　p205-236

日野 幹雄　ひの・みきお〔1932—　水工学〕
　○著作目録ほか　「総合政策研究　10」(中央大)　2003.7　p404-407

日野原 重明　ひのはら・しげあき〔1911—　臨床医〕
　◎年譜　「いのちの言葉」(日野原重明)　春秋社　2002.8　p207-213
　◎本ガイド　「日野原重明―文芸別冊」(河出書房新社)　河出書房新社　2002.12　p174-191
　◎年譜ほか　「日野原重明先生リビング・ヒストリー」(小田貢)　真誠会　2004.11　p175-192

日比野 丈夫　ひびの・たけお〔1914—2007　東洋史〕
　○著作目録ほか　「東方学　103」(東方学会)　2002.1　p183-209

卑弥呼　ひみこ〔3世紀　邪馬台国女王〕
　○参考文献　「卑弥呼の幻像」(富田徹郎)　NHK出版　2001.3　p277-280
　○註　「箸墓は卑弥呼の墓か」(大和岩雄)　大和書房　2004.2　prr
　○引用参考文献ほか　「つくられた卑弥呼―〈女〉の創出と国家」(義江明子)　筑摩書房　2005.4　p200-204

姫野 侑　ひめの・あつむ
　○著作目録ほか　「東京経大学会誌　経済学　234」(東京経済大)　2003.3　p5-7

姫野 カオルコ　ひめの・かおるこ〔1958—　作家〕
　○解体全書(永江朗)　「ダ・ヴィンチ　87」(リクルート)　2001.7　p184-187

姫野 翠　ひめの・みどり〔1932—1995　音楽学・文化人類学〕
　◎著作目録(井上貴子ほか)　「異界へのメッセンジャー」(姫野翠)　出帆新社　2004.7　p434-443

白虎隊　びゃっこたい
　○記事抄録(小田卓実)　「文献探索　2000」(文献探索研究会)　2001.2　p145-151
　○参考文献　「白虎隊」(中村彰彦)　文藝春秋　2001.5　p245-246
　◎文献目録(野口信一)　「会津白虎隊のすべて」(小桧山六郎)　新人物往来社　2002.2　p269-276
　○参考文献　「白虎隊と会津武士道」(星亮一)　平凡社　2002.5　p221

比屋根 照夫　ひやね・てるお〔1939—　政治学〕
　○著作目録ほか　「政策科学・国際関係論集　7」(琉球大)　2005.3　p309-314

兵頭 高夫　ひょうどう・たかお〔1940—　思想史・比較文化論〕
○著訳　「武蔵大学人文学会雑誌　38.4」（武蔵大）2007.3　p1-7

平井 昭徳　ひらい・あきのり
◎業績ほか　「ことばの標—平井昭徳君追悼論文集」（大津隆広ほか）九州大学出版会　2005.11　p229-230

平井 一雄　ひらい・かずお〔1935—　弁護士〕
○著作目録　「独協法学　64」（独協大）2004.11　p471-483

平井 勝利　ひらい・かつとし〔1940—　中国語〕
◎年譜ほか　「中国学・日本語学論文集—平井勝利教授退官記念」（記念論文集編集委員会ほか）白帝社　2004.3　p1-7f
○略歴ほか　「言語文化論集　25.2」（名古屋大）2004.3　p5-8f

平井 俊榮　ひらい・しゅんえい
◎著作目録ほか　「三論教学と仏教諸思想—平井俊榮博士古稀記念論集」（平井俊榮博士古稀記念論文集刊行会）春秋社　2000.10　p1-8f
○業績ほか　「駒沢大学仏教学部論集　32」（駒沢大）2001.1　p1-7f

平井 孝治　ひらい・たかはる〔1942—　情報会計論・環境監査論〕
○著作目録ほか　「立命館経営学　46.4」（立命館大）2007.11　p341-342

平井 俊彦　ひらい・としひこ〔1925—2003　社会思想史〕
○著作目録ほか　「名古屋外国語大学外国語学科紀要　24」（名古屋外国語大）2002.8　p1-3f

平井 正穂　ひらい・まさお〔1911—2005　英文学者〕
○業績（道家弘一郎）　「英語青年　51.4」（研究社）2005.7　p196-198

平井 宜雄　ひらい・よしお〔1937—　民事法〕
◎著作目録ほか　「民法学における法と政策—平井宜雄先生古稀記念」（能見善久ほか）有斐閣　2007.4　p793-798

平泉 澄　ひらいずみ・きよし〔1895—1984　日本史〕
○研究文献目録　「日本思想史研究会会報　20」（日本思想史研究会）2003.11　p414-419
◎「平泉澄博士全著作紹介」（田中卓）勉誠出版　2004.2　271,11p　B6
◎参考文献　「平泉澄—み国のために我つくさなむ」（若井敏明）ミネルヴァ書房　2006.4　p311-324

平出 隆　ひらいで・たかし〔1950—　詩人〕
○参考資料（野坂昭雄）　「展望現代の詩歌　5　詩V」（飛高隆夫ほか）明治書院　2007.12　p224

平出 慶道　ひらいで・よしみち〔1930—　商法〕
○著作目録ほか　「法学新報　107.11・12」（中央大）2001.3　p635-659

平岩 弓枝　ひらいわ・ゆみえ〔1932—　小説家〕
◎全タイトル　「「御宿かわせみ」副読本」（文藝春秋）文藝春秋　2001.3　28pb

平岩 米吉　ひらいわ・よねきち〔1898—1986　オオカミ研究家・歌人・動物作家〕
◎参考文献　「愛犬王平岩米吉伝」（片野ゆか）小学館　2006.4　p334-335

平尾 貴四男　ひらお・きしお〔1907—1953　作曲家〕
◎参考文献　「平尾貴四男作品資料目録」（日本近代音楽館）日本近代音楽館　2005.12　p55」

平尾 節子　ひらお・せつこ〔1933—　英語〕
○経歴ほか　「言語と文化　10」（愛知大）2004.1　p5-9

平岡 正明　ひらおか・まさあき〔1941—2009　評論家〕
◎年表・著作目録　「ザ・グレーテスト・ヒッツ・オブ・平岡正明」（四方田犬彦）芳賀書店　2001.8　p492-509

平賀 源内　ひらが・げんない〔1728—1779　本草・戯作者〕
◎年譜（藤田彰一）　「平賀源内展」（東京都江戸東京博物館）東京新聞　2003　p250-253

平賀 文男　ひらが・ふみお〔1895—1964　登山家〕
◎著書目録ほか　「平賀文男ノート—「日本南アルプス」と「赤石渓谷」はいつ登られたのか」（樋口清作）白山書房　2007.12　p119-185

平賀 元義　ひらが・もとよし〔1800—1865　歌人・国学〕
◎年譜　「平賀元義を歩く」（渡部秀人ほか）日本文教出版　2004.11　p154-156

平川 彰　ひらかわ・あきら〔1915—2002　仏教学〕
○著作目録　「国際仏教学大学院大学研究紀要　7」（国際仏教大学院大）2004.3　p5-53f

平川 亮一　ひらかわ・りょういち〔1932—　労働法〕
○著作目録ほか　「名城法学　54.1・2」（名城大）2004　p425-430

平木 秀作　ひらき・しゅうさく〔1942—　経営情報〕
○研究業績ほか　「広島大学経済論叢　27.2.86」（広島大）2003.11　p2-9

平木 俊一　ひらき・しゅんいち〔1941—　〕
○略歴ほか　「新潟大学経済論集　82」（新潟大）2007.3　p217-221

平木 隆　ひらき・たかし
○業績ほか　「専修人文論集　78」（専修大）2006.3　6pf

平木 多聞　ひらき・たもん
○業績ほか　「天理大学学報　57.2.211」（天理大）2006.2　p1-2f

平沢 計七　ひらさわ・けいしち〔1889—1923　劇作家・小説家〕
◎著作目録ほか　「平沢計七作品集」（大和田茂ほか）論創社　2003.12　p701-739

平瀬 作五郎　ひらせ・さくごろう〔1856—1925　植物学者〕
◎参考文献　「「イチョウ精子発見」の検証」（本間健彦）　新泉社　2004.11　p283-286

平勢 隆郎　ひらせ・たかお〔1954—　中国古代史〕
◎著書・論文　「『春秋』と『左伝』　戦国の史書が語る「史実」、「正統」、国家領域観」（平勢隆郎）　中央公論新社　2003.2　p361-365

平瀬 巳之吉　ひらせ・みのきち〔1912—1988　理論経済学・経済学史〕
○著作目録（松本真実）　「文献探索　2001」（文献探索研究会）　2002.7　p417-421
○文献（松本真実）　「文献探索　2003」（文献探索研究会）　2003.12　p367-378
◎著作目録ほか（松本真実）　「人生は出会いである―平瀬巳之吉追悼文集」（平瀬康法ほか）　角川書店　2004.12　p170-189
◎著作目録ほか（松本真実）　「文献探索　2005」（文献探索研究会）　2006.5　p290-307

平田 篤胤　ひらた・あつたね〔1776—1843　国学〕
◎注文献　「平田篤胤の世界」（子安宣邦）　ぺりかん社　2001.10　prr
○年譜（稲雄次）　「秋田法学　39」（秋田経済法科大）　2002.6　p144-167
◎略年譜ほか　「平田篤胤の神界フィールドワーク」（鎌田東二）　作品社　2002.6　p265-270
◎略年譜ほか（吉田麻子）　「平田篤胤―知のネットワークの先覚者　別冊太陽」（米田勝安ほか）　平凡社　2004.5　p133-141
◎「平田篤胤関係資料目録」　国立歴史民俗博物館　2007.3　478p　A4

平田 耕一　ひらた・こういち〔1948—　〕
○年譜　「平田耕一全著作」（平田耕一, 山崎行雄）　邑書林　2002.3　p257-260

平田 耿二　ひらた・こうじ〔1936—　日本史〕
○業績ほか　「上智史学　51」（上智大）　2006.11　p3-16

平田 俊子　ひらた・としこ〔1955—　詩人・劇作家・小説家〕
◎年譜　「平田俊子―『ラッキョウの恩返し』から『詩七日』まで　第12回萩原朔太郎賞受賞者展覧会平田俊子展図録　前橋文学館特別企画展」（萩原朔太郎記念前橋文学館）　前橋文学館　2005.7　p41-43

平田 春二　ひらた・はるじ〔1928—　民事法〕
○略歴ほか　「名経法学　13」（名古屋経済大）　2003.2　p216-224

平田 弘史　ひらた・ひろし〔1937—　劇画家〕
◎作品リスト　「武士―平田弘史時代劇画選画集」（平田弘史）　ラピュータ　2003.5　p108-111

平田 喜信　ひらた・よしのぶ〔1936—2000　中古文学〕
○業績目録ほか　「横浜国大国語研究　19」（横浜国立大）　2001.3　p20-24
◎業績ほか（平田澄子）　「平安朝文学表現の位相」（平田喜信）　新典社　2002.11　p548-554

平田 喜彦　ひらた・よしひこ〔1932—　国際経済論〕
○研究業績ほか　「経済志林　70.4」（法政大）　2003.3　p359-365

平田 和太郎　ひらた・わたろう
◎参考文献　「水の生活誌」（印南敏秀）　八坂書房　2002.3　p358-359

平塚 直秀　ひらつか・なおひで〔1903—2000　植物病理学・菌学学〕
○略歴ほか　「日本農芸化学会誌　75.2」（日本農芸化学会）　2001.2　3pf

平塚 らいてう　ひらつか・らいちょう〔1886—1971　婦人運動家〕
◎年譜　「平塚らいてう―近代日本のデモクラシーとジェンダー」（米田佐代子）　吉川弘文館　2002.2　p294-301

平沼 高明　ひらぬま・たかはる〔1933—　弁護士〕
◎業績　「損害賠償法と責任保険の理論と実務―平沼高明先生古稀記念論集」（古稀記念論集刊行会）　信山社出版　2005.4　p427-436

平野 榮次　ひらの・えいじ
◎業績ほか（高遠奈緒美）　「江戸前漁撈と海苔―平野榮次著作集2」（坂本要ほか）　岩田書院　2005.8　p391-403

平野 克明　ひらの・かつあき〔1933—　民事責任論〕
○業績目録ほか　「関東学院法学　12.4」（関東学院大）　2003.3　p491-499

平野 喜一郎　ひらの・きいちろう〔1938—　経済学・経済思想史〕
○研究業績ほか　「三重大学法経論叢　19.2」（三重大）　2002.3　p185-187

平野 國臣　ひらの・くにおみ〔1828—1864　国学者〕
◎参考文献　「平野國臣」（小河扶希子）　西日本新聞社　2004.4　p288-289

平野 謙　ひらの・けん〔1907—1978　文芸評論家〕
◎参考文献　「文学・書誌・研究」（坂敏弘）　創栄出版　2001.2　p88-105
◎略年譜　「平野謙松本清張探求」（森信勝）　同時代社　2003.6　p218-227

平野 浩太郎　ひらの・こうたろう〔1935—　電子回路工学・計算機工学〕
◎共著論文リスト　「MATLABを用いたディジタル信号処理」（S.K.Mitra）　国際情報科学協会　2004.8　p6-7f

平野 吾郎　ひらの・ごろう
◎著作目録　「東海の路―考古学論文集―平野吾郎先生還暦記念」（刊行会）　同刊行会　2002.3　p505-512

平野 孝国　ひらの・たかくに〔1930―　神道学・文化人類学〕
　○業績ほか　「皇学館大学社会福祉学部紀要　4」(皇学館大)　2001　p6-11

平野 萬里　ひらの・ばんり〔1885―1947　歌人〕
　◎年譜　「平野萬里全歌集」(平野萬里)　砂子屋書房　2004.10　p521-525
　◎年譜　「平野萬里評論集」(平野萬里)　砂子屋書房　2006.6　p387-393
　◎年譜　「平野萬里全詩集」(平野萬里)　砂子屋書房　2006.10　p424-430

平野 秀秋　ひらの・ひであき〔1932―　比較文化論〕
　○業績ほか　「社会志林　49.4」(法政大)　2003.3　4pf

平野 栄久　ひらの・ひでひさ〔1935―　文芸評論家〕
　○略歴ほか　「姫路獨協大学外国語学部紀要　19」(姫路獨協大)　2006.3　p255-259

平野 日出征　ひらの・ひでゆき〔1943―2001　言語学〕
　○業績一覧ほか　「東北大学言語学論集　11」(東北大)　2002　p1-4f

平野 婦美子　ひらの・ふみこ〔1908―　教育者〕
　◎引用参考文献　「子どもと歩く子どもと生きる―平野婦美子と近藤益雄」(岡村遼司)　駒草出版　2007.8　p250-252

平野 充好　ひらの・みつよし
　○著作目録ほか　「山口経済学雑誌　52.3」(山口大)　2004.3　p591-596

平野 遼　ひらの・りょう〔1925―1992　洋画家〕
　◎略歴　「やわらかな視線―平野遼書簡集」(平野遼)　スイッチ・パブリッシング　2002.11　p222-223
　◎略年譜(山根康愛ほか)　「平野遼青春の闇―平野清子聞書」(城戸洋)　みずのわ出版　2002.11　p304-306
　○文献歴(高杉志緒)　「下関短期大学紀要　26」(下関短大)　2007　p61-79

平畑 静塔　ひらはた・せいとう〔1905―1997　俳人・医師〕
　◎参考資料(守安敏久)　「展望現代の詩歌　9　俳句 I」(飛高隆夫ほか)　明治書院　2007.4　p239-242

平林 國男　ひらばやし・くにお
　◎著書ほか　「ナーゲルとキスリングと―平林國男先生遺稿集」(平林國男)　ほおずき書籍　2006.11　p313-333

平林 たい子　ひらばやし・たいこ〔1905―1972　小説家〕
　◎年譜ほか(中尾務)　「林芙美子・宮本百合子」(平林たい子)　講談社　2003.10　p289-301
　◎年譜(中尾務)　「平林たい子毒婦小説集」(平林たい子)　講談社　2006.6　p297-310

平林 千牧　ひらばやし・ちまき〔1935―　経済学史・経済原論〕
　○著作目録ほか　「経済志林　74.1・2」(法政大)　2006.8　p20-24

平林 一　ひらばやし・はじめ〔1926―　近代日本文学〕
　○略歴　「金城学院大学論集　197」(金城学院大)　2001　p10-12

平林 初之輔　ひらばやし・はつのすけ〔1892―1931　評論家〕
　◎参考文献　「モダン・マルクス主義のシンクロニシティ―平林初之輔とヴァルター・ベンヤミン」(菅本康之)　彩流社　2007.1　p327-350

平福 百穂　ひらふく・ひゃくすい〔1877―1933　日本画家〕
　◎文献ほか　「評伝平福百穂」(加藤昭作)　短歌新聞社　2002.10　p674-779

平松 茂雄　ひらまつ・しげお〔1936―　現代中国〕
　◎研究業績一覧　「中国の安全保障戦略」(平松茂雄)　勁草書房　2005.12　p1-52b

平松 紘　ひらまつ・ひろし〔1942―2005　基礎法学〕
　○著作目録ほか　「青山法学論集　48.1・2」(青山学院大)　2006　p13-16f

平松 礼二　ひらまつ・れいじ〔1941―　日本画家〕
　○略年譜　「花ぐるひ」(平松礼二)　ギャラリー桜の木　2001.3　p54-55

平山 郁夫　ひらやま・いくお〔1930―　日本画家〕
　◎略年譜　「平山郁夫自作を語る―私が歩んだ道アトリエからあなたへ! 3Dサウンド美術館　1　シルクロード1」(平山郁夫)　一滿舎　2001.1　p42-43
　◎略年譜　「平山郁夫と玄奘三蔵法師ものがたり」(「美術の窓」編集部)　生活の友社　2001.1　p98-99
　◎年譜　「薬師寺玄奘三蔵院大壁画」(平山郁夫)　講談社　2001.3　p150-153
　◎略年譜　「平山郁夫―私が歩んだ道　自作を語る　5」(平山郁夫)　一滿舎　2001.6　p38-39
　◎著者年譜　「日本の心を語る」(平山郁夫)　中央公論新社　2005.3　p185-192

平山 健太郎　ひらやま・けんたろう〔1932―　ジャーナリスト〕
　○研究業績ほか　「白鷗大学論集　16.2」(白鷗大)　2002.3　p469-472

平山 省斎　ひらやま・せいさい〔1815―1890　幕臣〕
　◎略年譜　「平山省斎と明治の神道―神道大成教立教百二十周年記念」(鎌田東二)　春秋社　2002.5　p247-252

平山 輝男　ひらやま・てるお〔1909―2005　国語〕
　○著述目録ほか(久野マリ子)　「日本語の研究　2.2」(日本語学会)　2006.4　p10-17

平良木 登規男　ひららぎ・ときお〔1942―　刑事訴訟法〕
　○業績　「慶應法学　7」(慶應義塾大出版会)　2007.3　p659-662

鰭崎 英朋　ひれざき・えいほう〔1881—1968　挿絵画家〕
　◎年譜ほか　「挿絵画家英朋―鰭崎英朋伝」（松本品子）　スカイドア　2001.1　p194-217

広井 勇　ひろい・いさむ〔1862—1928　土木工学〕
　○著述ほか　「山に向かいて目を挙ぐ―工学博士・広井勇の生涯―評伝」（高崎哲郎）　鹿島出版会　2003.9　p278-279

廣井 大三　ひろい・だいぞう
　○著作目録ほか　「大東法学　15.2」（大東文化大）　2006.3　p187-192

広井 孝　ひろい・たかし〔1958—2001　経営学〕
　○研究業績ほか　「経済集志　72.2」（日本大）　2002.7　p3-7f

廣井 敏男　ひろい・としお
　○業績目録ほか　「人文自然科学論集　119」（東京経済大）　2005.3　p5-10

廣池 千九郎　ひろいけ・ちくろう〔1866—1938　歴史家・教育家〕
　◎略年譜　「伝記廣池千九郎」（モラロジー研究所）　モラロジー研究所　2001.11　p723-730

廣岡 利一　ひろおか・りいち
　○出版目録　「廣岡利一本に生きる」（廣岡倭）　阪急古書のまち　2002.1　p51-67

廣川 和市　ひろかわ・かずいち
　○業績目録ほか　「札幌学院大学人文学会紀要　82」（札幌学院大）　2007.10　p189-190

広川 禎秀　ひろかわ・ただひで〔1941—　日本近現代史〕
　○著作目録ほか　「人文研究　57」（大阪市立大）　2006.3　p3-7
　○著作目録　「市大日本史　9」（大阪市立大）　2006.5　p219-221

廣末 保　ひろすえ・たもつ〔1919—1993　演劇評論家〕
　◎著作年表　「廣末保著作集　11　近世文学にとっての俗」（廣末保）　影書房　2001.3　p421-444

広瀬 惟然　ひろせ・いぜん〔?—1711　俳人〕
　◎年譜あり　「俳人惟然の研究　蕉門研究資料集成　4」（鈴木重雅）　クレス出版　2004.9　p1-12

広瀬 脩二朗　ひろせ・しゅうじろう
　○著作目録ほか　「神戸学院経済学論集　37.3・4」（神戸学院大）　2006.3　p182-184

広瀬 淡窓　ひろせ・たんそう〔1782—1856　儒学者〕
　◎略年譜ほか　「広瀬淡窓」（深町浩一郎）　西日本新聞社　2002.1　p268-287

広瀬 ちえみ　ひろせ・ちえみ
　◎略歴　「広瀬ちえみ集」（広瀬ちえみ）　邑書林　2005.12　p105-106

廣田 健次郎　ひろた・けんじろう
　○業績　「日本法学　72.2」（日本大）　2006.11　p773-778

廣田 稔　ひろた・みのる
　○業績一覧ほか　「英語英文学論叢　53」（九州大）　2003　p11-16f

広津 和郎　ひろつ・かずお〔1891—1968　小説家〕
　◎略年譜　「評伝廣津和郎―真正リベラリストの生涯」（坂本育雄）　翰林書房　2001.9　p251-263
　◎略年譜　「広津和郎研究」（坂本育雄）　翰林書房　2006.9　p484-494

広津 柳浪　ひろつ・りゅうろう〔1861—1928　小説家〕
　○年譜（編集部）　「広津柳浪　明治の文学　7」（坪内祐三, 村松友視）　筑摩書房　2001.10　p424-428

広中 俊雄　ひろなか・としお〔1926—　民法〕
　○著作目録ほか　「創価法学　32.1・2」（創価大）　2002.11　p285-313
　◎著作目録ほか　「法の生成と民法の体系―無償行為論・法過程論・民法体系論―広中俊雄先生傘寿記念論集」（林信夫ほか）　創文社　2006.12　p767-792

広西 元信　ひろにし・もとのぶ〔1999〕
　◎略年譜ほか　「資本論の誤訳」（広西元信）　こぶし書房　2002.3　p350-352

広庭 基介　ひろにわ・もとすけ〔1932—　図書館史・書誌学〕
　○年譜ほか　「花園史学　23」（花園大）　2002.11　p148-153

廣松 渉　ひろまつ・わたる〔1933—1944　哲学〕
　◎年譜　「哲学者廣松渉の告白的回想録」（廣松渉）　河出書房新社　2006.3　p209-221

【 ふ 】

深井 純一　ふかい・じゅんいち〔1941—　農業経済学〕
　○業績ほか　「立命館産業社会論集　42.1.129」（立命館大）　2006.6　p83-86

深井 人詩　ふかい・ひとし〔1935—　書誌研究家〕
　○著作目録ほか（深井人詩）　「文献探索　2004」（文献探索研究会）　2004.4　p141-144

深尾 須磨子　ふかお・すまこ〔1888—1974　詩人〕
　◎年譜　「詩人深尾須磨子―ともに過ごした戦時下の青春」（高野芳子）　文芸社　2001.7　p176-186
　◎年譜　「深尾須磨子―女の近代をうたう」（逆井尚子）　ドメス出版　2002.10　p320-331

深尾 道介　ふかお・みちすけ
　◎略年表　「開拓地の秋―深尾道介小説集」（中山敬一）　戸田壮介　2001.6　p289-292

深貝 慈孝　ふかがい・じこう〔1937—2001　僧侶〕
　○著書・論文目録ほか　「中国浄土教と浄土宗学の研究」（深貝慈孝）　思文閣出版　2002.10　p702-708

深川 明子　ふかがわ・はるこ〔1938—　国語科教育〕
　○著作目録　「金沢大学語学・文学研究　30・31」（金沢大）　2003.9　p53-58

深作 欣二　ふかさく・きんじ〔1930―2003　映画監督〕
○記事一覧　「キネマ旬報　1380臨増」（キネマ旬報社）　2003.5　p199-196

深沢 七郎　ふかざわ・しちろう〔1914―1987　小説家〕
◎参考文献　「文学・書誌・研究」（坂敏弘）　創栄出版　2001.2　p68-87
◎年譜　「深沢七郎回想録」（森田進）　森田進　2004.11　p108-112

深沢 史朗　ふかざわ・しろう〔1907―1978　版画家〕
◎文献目録　「「生誕100年記念"自由"を生きた画家深沢史朗展」図録―企画展」（那珂川町馬頭広重美術館）　那珂川町馬頭広重美術館　2006.12　p99-101

深沢 幸雄　ふかざわ・ゆきお〔1924―　版画家〕
◎文献目録　「深沢幸雄銅版画展」（伊丹市立美術館）　伊丹市立美術館　c2003　p132-135
◎文献目録　「深沢幸雄銅版画展」（千葉市美術館）　千葉市美術館　2005.1　p124-126

深瀬 吉邦　ふかせ・よしくに〔1933―　体育方法学〕
○著作目録ほか　「総合政策研究　10」（中央大）　2003.7　p408-412

深田 久弥　ふかだ・きゅうや〔1903―1971　小説家・ヒマラヤ研究〕
◎文献　「百名山の人―深田久弥伝」（田沢拓也）　TBSブリタニカ　2002.3　p309-313
◎略年譜　「「日本百名山」の背景―深田久弥・二つの愛」（安宅夏夫）　集英社　2002.4　p274-254
○全著作ほか　「山と渓谷　812」（山と渓谷社）　2003.3　p76-78
○著作目録（大森久雄ほか）　「山岳　99」（日本山岳会）　2004　pA15-37
◎著書一覧　「日本百名山と深田久弥」（高辻謙輔）　白山書房　2004.11　p1-5b

深町 眞理子　ふかまち・まりこ〔翻訳家〕
◎読書目録　「翻訳者の仕事部屋」（深町眞理子）　筑摩書房（ちくま文庫　ふ30-1）　2001.12　p273-294

深見 けん二　ふかみ・けんじ〔1922―　俳人〕
○略年譜　「俳句研究　72.11」（富士見書房）　2005.10　p108-110

深海 博明　ふかみ・ひろあき〔1935―　経済政策・環境経済学〕
○著作目録ほか　「三田学会雑誌　93.4」（慶應義塾経済学会）　2001.1　p877-884

深山 正光　ふかやま・まさみつ〔1926―2004　教育学〕
○研究業績ほか　「身延論叢　6」（身延山大）　2001.3　p1-6
◎業績ほか　「国際教育の研究―平和と人権・民主主義のために」（深山正光）　新協出版社　2007.8　p371-377

吹田 文明　ふきた・ふみあき〔1926―　版画家〕
◎文献目録　「吹田文明展―華麗なる木版画の世界」（吹田文明）　世田谷美術館　2006　p168-175

蕗谷 虹児　ふきや・こうじ〔1898―1979　挿絵画家・詩人〕
◎年譜(蕗谷竜生)　「蕗谷虹児　思い出の名作絵本」（蕗谷虹児）　河出書房新社　2001.2　p117-116
◎年譜ほか　「蕗谷虹児展―少女達の夢と憧れ」（新潟県立近代美術館）　県立近代美術館　2004.10　p180-201
◎略年譜(蕗谷龍生)　「蕗谷虹児　増補改訂版」（蕗谷虹児）　河出書房新社　2007.4　p125-124

福居 純　ふくい・あつし〔1938―　デカルト哲学〕
○業績一覧ほか　「人文学報　314」（東京都立大）　2001.3　p5-8

福井 江太郎　ふくい・こうたろう〔1969―　日本画家〕
◎Bibliography　「クロトリノハオト」（福井江太郎）　アミューズ　2004.9　p60-63

福井 爽人　ふくい・さわと〔1937―　日本画家〕
◎参考文献　「紫の雨―福井爽人の世界―Sawato Fukui exhibition」（札幌芸術の森美術館）　札幌芸術の森美術館　2006.6　p108-111

福井 重雅　ふくい・しげまさ〔1935―　中国古代史〕
○著作目録ほか　「史観　154」（早稲田大）　2006.3　p108-119
○著作目録　「福井重雅先生古稀・退職記念論集古代東アジアの社会と文化」（記念論集刊行会）　汲古書院　2007.3　p4-14

福井 徹也　ふくい・てつや
○業績目録ほか　「佐賀大学経済論集　36.5.143」（佐賀大）　2004.3　2pb

福井 俊彦　ふくい・としひこ〔1934―　日本史〕
○著作目録ほか　「史観　147」（早稲田大）　2002.9　p105-108

福井 直秋　ふくい・なおあき〔1877―1963　音楽教育〕
◎「福井直秋著作解題」（武蔵野音楽大学音楽教育学科編集委員会）　同学科　2000.5　98p　B5

福井 久子　ふくい・ひさこ〔1929―　詩人〕
◎年譜　「福井久子詩集」（福井久子）　土曜美術社　2004.3　p169-173

福井 文雅　ふくい・ふみまさ〔1934―　僧侶〕
○著作目録　「東洋の思想と宗教　22」（早稲田大）　2005.3　p239-266
○業績目録ほか　「アジア文化の思想と儀礼―福井文雅博士古稀記念論集」（記念論集刊行会）　春秋社　2005.6　p1-58f

福井 幹彦　ふくい・みきひこ
○業績　「愛知大学経済論集　169」（愛知大）　2005.11　5pf

福應 健　ふくおう・たけし
○略歴ほか　「東京経大学会誌　経営学　242」（東京経大）　2005　p5-8

福王子 一彦　ふくおうじ・かずひこ
　◎年譜・文献　「福王寺法林・一彦展―図録」（朝日新聞社, 茨城県近代美術館, 東京ステーションギャラリー）　朝日新聞社　c2002　p134-151

福王寺 法林　ふくおうじ・ほうりん〔1920―　日本画家〕
　◎年譜・文献　「福王寺法林・一彦展―図録」（朝日新聞社, 茨城県近代美術館, 東京ステーションギャラリー）　朝日新聞社　c2002　p134-151

福岡 志計子　ふくおか・しげこ
　◎参考文献　「福岡志計子と順正女学校―山田方谷・留岡幸助・伊吹岩五郎との交友」（倉田和四生）　吉備人出版　2006.12　p303-305

福沢 一郎　ふくざわ・いちろう〔1898―1992　洋画家〕
　◎略年譜（福沢一也）　「福沢一郎全版画集」（正木基）　玲風書房　2002.9　p116-121
　◎略年譜　「二人の超現実主義者―福沢一郎と三岸好太郎―Migishi Kotaro Museum of Art, Hokkaido special exhibition」（北海道立三岸好太郎美術館）　北海道立三岸好太郎美術館　2002.9　p56-59
　◎年譜ほか　「福沢一郎とそれぞれの戦後美術―企画展」（福沢一郎ほか）　福沢一郎記念美術館　2004.1　p97-102

福沢 諭吉　ふくざわ・ゆきち〔1834―1901　啓蒙思想・教育者〕
　◎略年譜　「福沢諭吉と中江兆民」（松永昌三）　中央公論新社（中公新書）　2001.1　p238-241
　◎年表　「福翁自伝」（富田正文）　慶應義塾大学出版会　2001.1　p341-362
　◎参考文献　「明治文芸館 1 新文学の機運　福沢諭吉と近代文学」（上田博ほか）　嵯峨野書院　2001.5　p111-114
　◎年譜・参考文献　「「他力」を生きる　清沢満之の求道と福沢諭吉の実学精神」（延塚知道）　筑摩書房　2001.6　4pb
　◎参考文献　「福沢諭吉　大隈重信」（長谷川公一）　扶桑社　2001.6　p174-176
　◎参考文献　「福澤諭吉研究―福澤諭吉と幕末維新の群像」（飯田鼎）　御茶の水書房（飯田鼎著作集第5巻）　2001.7　p319-21b
　◎年譜ほか（朝木由香ほか）　「世紀をつらぬく福沢諭吉　没後100年記念」　慶應義塾大　2001.10　p142-161
　◎参考文献ほか　「ドラッカーと福沢諭吉―二人の巨人が示した「日本経済・変革の時」」（望月護）　祥伝社　2001.11　p289-290
　◎文献目録　「起業家福沢諭吉の生涯―学で富み学で学び」（玉置紀夫）　有斐閣　2002.4　p295-318
　◎参考文献　「独立自尊―福沢諭吉の挑戦」（北岡伸一）　講談社　2002.4　p335-337
　○研究文献年表（丸山信）　「学海 16」（上田女子短期大）　2002.5　p1-10
　◎文献　「福沢諭吉の宗教観」（小泉仰）　慶応義塾大学出版会　2002.8　p10-15b
　◎著作一覧　「福沢諭吉の法思想―視座・実践・影響」（安西敏三, 岩谷十郎, 森征一）　慶応義塾大学出版会　2002.8　p341-348
　◎参考文献　「福沢諭吉の「サイアンス」」（永田守男）　慶応義塾大学出版会　2003.3　p191-195
　◎参考文献　「源流　福沢・大隈は「官」に挑んだ」（望月護）　まどか出版　2003.4　p253-254
　◎引用参考文献　「福沢諭吉と自由民権運動―自由民権運動と脱亜論」（飯田鼎）　御茶の水書房　2003.10　p7-12b
　◎参考文献（伊藤正雄）　「学問のすゝめ―現代語訳」（福沢諭吉）　文元社　2004.2　p204-210
　◎略年譜　「福沢諭吉の手紙」（慶応義塾）　岩波書店　2004.4　p313-323
　◎年譜　「実学の理念と起業のすすめ―福沢諭吉と科学技術」（藤江邦男）　慶應義塾大出版会　2004.6　p165-187
　◎参考文献　「福沢諭吉の真実」（平山洋）　文藝春秋　2004.8　p243-244
　◎文献目録　「東アジア「開明」知識人の思惟空間―鄭観応・福沢諭吉・兪吉濬の比較研究」（金鳳珍）　九州大学出版会　2004.11　p303-319
　◎演説　「語り手としての福澤諭吉―ことばを武器として」（松崎欣一）　慶應義塾大出版会　2005.8　p282-290
　○演説一覧（平山洋）　「国際関係・比較文化研究 4.2」（静岡県立大）　2006.3　p515-526
　◎参考文献ほか（伊藤正雄）　「学問のすゝめ」（福沢諭吉）　講談社　2006.4　p332-344
　◎参考文献　「「福翁自伝」の研究　註釈編」（河北展生）　慶應義塾大出版会　2006.6　p395-406
　◎論説認定一覧　「福沢諭吉の戦争論と天皇制論―新たな福沢美化論を批判する」（安川寿之輔）　高文研　2006.7　p379-372
　◎引用文献　「福澤諭吉　国家理性と文明の道徳」（西村稔）　名古屋大出版会　2006.12　p8-11b
　◎年譜ほか　「福沢諭吉国を支えて国を頼らず」（北康利）　講談社　2007.3　p354-365

福重 泰次郎　ふくしげ・たいじろう
　◎略年譜　「春山燿々として―追悼福重泰次郎」（追悼集刊行委員会）　『福重泰次郎追悼集』刊行委員会　2005.11　p24-250

福島 秋穂　ふくしま・あきほ〔1941―　上代文学〕
　○略年譜ほか　「国文学研究 151」（早稲田大）　2007.3　p155」

福嶋 章　ふくしま・あきら
　○業績一覧ほか　「上智大学心理学年報 25」（上智大）　2001　2pf

福島 駿介　ふくしま・しゅんすけ〔1941―　建築計画・都市計画〕
　○業績目録ほか　「琉球大学工学部紀要 68」（琉球大）　2007.3　p55-67

福島 泰蔵　ふくしま・たいぞう
　◎参考文献　「天に勝つべし―八甲田山雪中行軍成功のリーダーから学ぶ」（山下康博）　北の街社　2004.5　p218-219

福島 泰樹　ふくしま・やすき〔1943―　歌人〕
　◎作品目録　「デカダン村山槐多」（福島泰樹）　鳥影社　2002.11　2pb
　◎歌集目録　「葬送の歌」（福島泰樹）　河出書房新社　2003.1　p268-269

福田 克彦　ふくだ・かつひこ〔1943―1998　映画監督〕
　◎著作ほか　「三里塚アンドソイル」（福田克彦）　平原社　2001.10　p507-622

福田 甲子雄　ふくだ・きねお〔1927―2005　俳人〕
　○略年譜（斉藤史子）　「俳句　54.9」（角川書店）　2005.8　p166-169

福田 重固　ふくだ・しげかた
　◎参考文献（高島茂徳）　「幕臣福田重固・高島茂徳兄弟」（樋口雄彦）　福田達　2006.9　p50-51

福田 恆存　ふくだ・つねあり〔1912―1994　評論家・劇作家・演出家・翻訳家〕
　◎年譜ほか（斎藤秀昭）　「福田恆存文芸論集」（福田恆存）　講談社　2004.5　p324-355

福田 徳三　ふくだ・とくぞう〔1874―1930　経済学者〕
　○著作年譜ほか（金沢幾子）　「一橋論叢　132.4」（一橋大）　2004.10　p441-581

福田 英子　ふくだ・ひでこ〔1865―1927　婦人解放運動家〕
　◎参考文献　「雀百まで悪女に候―女性解放運動の先駆者・福田英子の生涯」（内田聖子）　健友館　2003.9　p209-210

福田 雅章　ふくだ・まさあき〔1938―　刑事政策〕
　○業績目録ほか　「一橋法学　2.1」（一橋大）　2003.3　p207-217

福田 正夫　ふくだ・まさお〔1893―1952　詩人〕
　◎略年譜　「福田正夫・ペンの農夫―詩作品鑑賞を中心に」（金子秀夫）　夢工房　2007.7　p161-166

福田 眞久　ふくだ・まさひさ
　○業績ほか　「国文学論輯　26」（国士館大）　2005.3　p3-11

福田 豊　ふくだ・ゆたか〔1932―　政治経済学・現代社会主義論〕
　○業績ほか　「社会志林　49.4」（法政大）　2003.3　4pf

福田 善乙　ふくだ・よしお〔1941―　日本経済・経済政策〕
　○業績ほか　「社会科学論集　92」（高知短大）　2007.3　p1-18

福田 義孝　ふくだ・よしたか
　○著作目録ほか　「季刊経済研究　25.3」（大阪市立大）　2002.12　p222-224

福田 陸太郎　ふくだ・りくたろう〔1916―2006　英米文・比較文学・詩人〕
　◎年譜　「福田陸太郎詩集」（福田陸太郎）　土曜美術社出版（日本現代詩文庫　107）　2001.7　p136-142

福田 亮成　ふくだ・りょうせい〔1937―　僧侶〕
　○著作目録　「智山学報　56」（智山勧学会）　2007.3　p15-23

福地 桜痴　ふくち・おうち
　◎翻訳文学年表　「福地桜痴・益田克徳集　明治翻訳文学全集　〔続〕翻訳家編2」（福地桜痴ほか）　大空社　2003.7　p1-3b

福地 蔵人　ふくち・くろうど
　◎参考文献　「メキシコの大地に消えた侍たち―伊達藩士・福地蔵人とその一族の盛衰」（大泉光一）　新人物往来社　2004.5　p221-224

福地 幸造　ふくち・こうぞう〔1921―　教育〕
　○著作目録　「解放教育　37.10」（明治図書出版）　2007.10　p94-117

福地 保馬　ふくち・やすま〔1939―　衛生学・スポーツ医学〕
　○研究業績ほか　「北海道大学大学院教育学研究科紀要　88」（北海道大）　2003　p308-323

福留 久大　ふくどめ・ひさお〔1941―　経済理論〕
　○著書・論文目録ほか　「経済学研究　68.2・3」（九州大）　2001.12　p253-285

福永 有利　ふくなが・ありとし〔1935―　民事訴訟法・倒産法〕
　◎業績目録　「企業紛争と民事手続法理論―福永有利先生古稀記念」（高田裕成ほか）　商事法務　2005.6　p915-933

福永 武彦　ふくなが・たけひこ〔1918―1979　小説家・詩人〕
　◎著訳書目録ほか（三坂剛）　「未刊行著作集　19　福永武彦」（日高昭二, 和田能卓）　白地社　2002.10　p415-457

福永 義臣　ふくなが・よしおみ
　○略歴　「九州国際大学教養研究　12.3」（九州国際大）　2006.3　p1-7f

福原 信三　ふくはら・しんぞう〔1883―1948　実業家・写真家〕
　◎参考文献　「写真家・福原信三の初心―1883-1948」（山田勝巳）　資生堂　2005.6　p123」

福部 信敏　ふくべ・のぶとし〔1938―　ギリシア美術史〕
　◎著作目録　「福部信敏先生退任記念論文集」（越宏一ほか）　東京芸術大　2005.12　p8-10
　◎著作目録抄　「アルゴナウタイ―福部信敏先生に捧げる論文集」（アルゴ会）　アルゴ会　2006.2　p8-9

福村 満　ふくむら・みつる
　○略歴ほか　「広島国際研究　11」（広島市立大）　2005　p315-316

復本 一郎 ふくもと・いちろう〔1943— 評論家〕
　◎略年譜　「子規との対話」(復本一郎)　邑書林　2003.9　p343-352

福本 和夫 ふくもと・かずお〔1894—1983 社会科学・文化史〕
　◎略年譜ほか　「革命運動裸像—非合法時代の思い出　福本和夫自伝2」(福本和夫)　こぶし書房　2004.3　p263-272
　◎文献目録　「福本和夫の思想」(小島亮)　こぶし書房　2005.6　p1-13b

福本 憲男 ふくもと・のりお
　○業績目録ほか(木村惇ほか)　「大阪経済法科大学法学論集　64」(大阪経済法科大)　2006.11　p5-9

福来 友吉 ふくらい・ともきち〔1869—1952 心理学者・心霊学研究者〕
　○年譜　「透視も念写も事実である　福来友吉と千里眼事件」(寺沢龍)　草思社　2004.1　p307-309
　◎参考文献　「千里眼事件—科学とオカルトの明治日本」(長山靖生)　平凡社　2005.11　p204-205

冨士 昭雄 ふじ・あきお〔1931— 近世文学〕
　○著述目録　「駒沢国文　38」(駒沢大)　2001.2　p5-16

藤 一也 ふじ・かずや〔1922— 詩人・作家・評論家・牧師〕
　○年譜　「藤一也自筆自選百詩集—『埴谷雄高〈死霊〉論』をめぐる」(藤一也)　沖積舎　2007.9　p119-121

富士 正晴 ふじ・まさはる〔1913—1987 詩人・小説家〕
　◎年譜著書目録　「桂春団治」(富士正晴)　講談社　2001.1　p339-356
　◎著書目録ほか(広重聡)　「富士正晴文学アルバム」(富士正晴記念館)　茨木市立中央図書館併設富士正晴記念館　2002.2　p66-71
　◎「富士正晴記念館所蔵富士正晴資料増加目録　昭和62年7月—平成14年9月　(富士正晴資料整理報告書　第11集)」(茨木市立中央図書館併設富士正晴記念館)　茨木市立中央図書館併設富士正晴記念館　2003.3　226p　B5
　○調査余滴1(中尾務)　「舳板III　7」(EDI)　2004.4　p16-25
　◎「富士正晴の詩作—詩タイトル総目録」(茨木市立中央図書館併設富士正晴記念館)　富士正晴記念館　2004.9　114p　B5
　◎著書一覧　「富士正晴集」(富士正晴)　影書房　2006.8　p242-244

藤井 章雄 ふじい・あきお〔1937— 英語学〕
　○略歴ほか(藤井章雄)　「教養諸学研究　120」(早稲田大)　2006　p135-140

藤井 健三 ふじい・けんぞう〔1934— 英語学〕
　○略年譜　「紀要　文学科　94」(中央大)　2004.3　p15-19

藤井 貞和 ふじい・さだかず〔1942— 詩人・文芸評論家〕
　○業績一覧　「Language information text 11.1」(東京大)　2004　p55-58
　◎著作目録　「神の子犬」(藤井貞和)　書肆山田　2005.8　2pb
　◎年譜　「甦る詩学—「古日本文学発生論」続　南島集成」(藤井貞和)　まろうど社　2007.1　p736-748

藤井 達敬 ふじい・さとよし〔会計学〕
　○著作目録ほか　「南山経営研究　19.2」(南山大)　2004.10　p319-320

藤井 茂利 ふじい・しげとし〔1931— 日本上代音仮名と朝鮮漢字音〕
　○著作目録ほか　「福岡大学人文論叢　33.7」(福岡大)　2002.3　3pb

藤井 達吉 ふじい・たつきち〔1881—1964 美術工芸家〕
　◎参考文献　「藤井達吉物語—今よみがえれ、達吉の想い　碧南出身の人物伝」　碧南市教育委員会　2006.8　p90-91

藤井 日光 ふじい・にちこう〔1909—2006 僧侶〕
　◎文献　「石中の火、木中の花—藤井日光法主評伝」(ライフヒストリー研究所)　晃洋書房　2003.2　p183-184

藤井 速実 ふじい・はやみ
　○著作目録ほか　「東京経大学会誌　229」(東京経済大)　2002　p1-201

藤井 寛 ふじい・ひろし〔1949—2002 フランス文学〕
　○略年譜　「仏語仏文学研究　35」(中央大)　2003.3　p15-22

藤井 正雄 ふじい・まさお〔1934— 宗教学〕
　○業績目録ほか　「宗教学年報 25」(大正大)　2005　p153-182

藤井 学 ふじい・まなぶ〔1932—2003 日本文化史〕
　○著作目録ほか　「奈良史学　21」(奈良大)　2003　p2-5

藤井 基精 ふじい・もときよ〔1932—2000 英語学〕
　○業績ほか　「人文科学論集　48・49」(明治大)　2003.3　p1-5f

藤井 藍田 ふじい・らんでん
　◎参考文献　「定本藤井藍田探究」(藤井善男)　新風書房　2002.6　p250-256

藤家 壮一 ふじいえ・そういち
　○業績ほか　「大学院国際広報メディア研究科言語文化部紀要　41」(北海道大)　2002.2　p4-5

藤枝 静正 ふじえだ・じょうせい〔1938— 教育制度・教育行政〕
　○著作関係目録　「埼玉大学紀要　〔教育学部〕教育科学　52.12」(埼玉大)　2003　p53-84

藤掛 和美　ふじかけ・かずよし〔1938―1999　中世文学・近世文学〕
　○著述目録ほか　「人文学部研究論集　5」（中部大）　2001.1　p27-36
藤川 研策　ふじかわ・けんさく〔1940―　商法〕
　○著作目録ほか　「愛媛法学会雑誌　32.3・4」（愛媛大）　2006　p323-328
藤川 正信　ふじかわ・まさのぶ〔1922―2005　図書館情報学・情報検索〕
　◎著作目録ほか　「ある図書館情報学研究者の軌跡―藤川正信先生への追憶」（藤川正信先生を偲ぶ会）　藤川正信先生を偲ぶ会　2006.2　p85-91
藤川 喜也　ふじかわ・よしなり
　○業績ほか（都築邦春）　「埼玉大学紀要　人文・社会科学　51.1分冊2」（埼玉大）　2002　p7-13
藤木 正次　ふじき・しょうじ〔1936―2004　書家〕
　○著述目録ほか　「語文　122」（日本大）　2005.6　p14-15
藤木 倶子　ふじき・ともこ〔1931―　俳人〕
　◎略年譜　「藤木倶子」（藤木倶子）　花神社　2002.1　p139-142
藤木 宏幸　ふじき・ひろゆき〔1935―2003　演劇評論家〕
　○研究業績ほか（近藤瑞男）　「共立女子大学文芸学部紀要　48」（共立女子大）　2002.1　p87-89
藤子・F・不二雄　ふじこ・えふふじお〔1933―1996　漫画家〕
　◎参考資料　「藤子・F・不二雄論」（浜田祐介）　文芸社　2001.6　p319-322
藤子 不二雄　ふじこ・ふじお〔藤子・F・不二雄/藤子不二雄A　漫画家〕
　◎総合年表　「藤子不二雄論―FとAの方程式」（米沢嘉博）　河出書房新社　2002.4　p293-325
藤澤 一夫　ふじさわ・かずお
　○著作目録　「朝鮮古代研究　5」（朝鮮古代研究刊行会）　2004.11　p3-4
藤沢 周　ふじさわ・しゅう〔1959―　小説家〕
　○全著作ガイド（陣野俊史）　「文芸　42.4」（河出書房新社）　2003.冬　p80-93
藤沢 周平　ふじさわ・しゅうへい〔1927―1997　小説家〕
　◎年譜　「藤沢周平のすべて」（文藝春秋）　文藝春秋（文春文庫）　2001.2　p486-530
　◎年譜（追補）（阿部達児）　「藤沢周平全集　第25巻」（藤沢周平）　文藝春秋　2002.6　p335-340
　◎文庫解説（駒田信二ほか）　「藤沢周平全集　別巻　人その世界」　文藝春秋　2002.8　p121-331
　◎文献目録　「時代小説の人間像―藤沢周平とともに歩く」（幸津国生）　花伝社　2002.12　p199-208
　◎略年譜　「藤沢周平残日録」（阿部達二）　文藝春秋　2004.1　p252-270
　◎文献目録　「『たそがれ清兵衛』の人間像―藤沢周平・山田洋次の作品世界」（幸津國生）　共栄書房　2004.9　p229-237
　◎参考文献　「知られざる藤沢周平の真実―待つことは楽しかった」（福沢一郎）　清流出版　2004.12　p250-253
　◎年譜　「決闘の辻　新装版」（藤沢周平）　講談社　2006.1　p346-364
　◎略年譜　「藤沢周平―人間の哀歓と過ぎし世のぬくもりを描いた小説家」　平凡社　2006.10　p168-173
　◎参考文献（五十嵐康夫）　「国文学　解釈と鑑賞　72.2」（至文堂）　2007.2　p170-174
　◎略年譜ほか　「藤沢周平志たかく情あつく」（新船海三郎）　新日本出版社　2007.8　p250-254
　◎著作目録ほか　「海坂藩遙かなり―藤沢周平こころの故郷」（松田静子ほか）　三修社　2007.8　p205-212
　◎年譜ほか（唐戸民雄ほか）　「藤沢周平事典」（志村有弘）　勉誠出版　2007.12　p458-492
藤澤 令夫　ふじさわ・のりお〔1925―2004　哲学者〕
　○年譜ほか　「藤澤令夫著作集　7　自然・文明・学問」（藤澤令夫）　岩波書店　2001.6　p9-36b
藤沢 法暎　ふじさわ・ほうえい〔1936―　教育学〕
　○業績ほか　「早稲田大学大学院教育学研究科紀要　17」（早稲田大）　2006　p161-164
　○業績ほか　「学術研究　地理学・歴史学・社会科学編　2006」（早稲田大）　2007.2　p29-32
藤沢 道郎　ふじさわ・みちお〔1933―2001　イタリア文学・イタリア史〕
　○著作目録ほか　「国際文化論集　21」（桃山学院大）　2000.3　p389-398
藤島 亥治郎　ふじしま・がいじろう〔1899―2002　建築家〕
　○主要著書ほか（綜芸文化研究所）　「民俗建築　123」（日本民俗建築学会）　2003.5　p68-77
藤島 武二　ふじしま・たけじ〔1867―1943　洋画家〕
　◎文献目録（中村節子, 後藤純子）　「藤島武二展―ブリヂストン美術館開館50周年記念」（石橋財団ブリヂストン美術館）　石橋財団ブリヂストン美術館　c2002　p250-278
藤城 清治　ふじしろ・せいじ〔1924―　影絵作家〕
　◎著書一覧　「藤城清治作品集―愛を謳う光と影」（藤城清治）　美術出版社　2003.5　p250-252
　◎著書一覧　「藤城清治光と影の奇蹟―画業60年、影絵第一人者の藤城清治の創造のプロセスを一挙紹介!!!」（藤城清治）　美術出版社　2006.11　p115」
　◎略歴　「光の散歩影のおしゃべり」（藤城清治）　新潟日報事業社　2007.8　p134-135
藤田 和子　ふじた・かずこ〔1940―　アジア経済事情〕
　○業績ほか（伊藤一彦）　「宇都宮大学国際学部研究論集　19」（宇都宮大）　2005.3　p3-6f
藤田 勝利　ふじた・かつとし〔1944―　民事法学〕
　○業績目録ほか　「法学雑誌　48.4」（大阪市立大）　2002.3　p1-12b

藤田 加代　ふじた・かよ〔1936―　中古代文学〕
　○略歴ほか　「高知女子大学文化論叢 4」（高知女子大）　2002.3　p1f」

藤田 呉竹　ふじた・くれたけ
　◎参考文献　「藤田丹岳と山陽―附・俳人藤田呉竹」（春田明）　東京図書出版会　2003.5　p230-233

藤田 五郎　ふじた・ごろう
　⇒斎藤 一（さいとう・はじめ）を見よ

藤田 実彦　ふじた・さねひこ
　◎参考文献　「通化事件 終戦秘史 "関東軍の反乱"と参謀藤田実彦の最期」（松原一枝）　チクマ秀版社　2003.8　2pb

藤田 湘子　ふじた・しょうし〔1926―　俳人〕
　○略年譜（山地春眠子）　「俳句 54.8」（角川書店）　2005.7　p160-163

藤田 省三　ふじた・しょうぞう〔1908―1987　プロ野球監督〕
　◎著作目録補遺　「藤田省三対話集成 3」（藤田省三）　みすず書房　2007.5　p368-371

藤田 真治　ふじた・しんじ〔1929―　英語・英文学〕
　○著作目録ほか　「広島修道大論集 42.1.79」（広島修道大）　2001.9　5pb

藤田 誠司　ふじた・せいじ〔1936―2006　レクリエーション活動指導法〕
　○業績ほか　「熊本学園大学論集　総合科学 10.1.19」（熊本学園大）　2003.10　p183-184

藤田 敬司　ふじた・たかし
　○著作ほか　「立命館経営学 43.5.253」（立命館大）　2005.1　p295-296

藤田 丹岳　ふじた・たんがく
　◎参考文献　「藤田丹岳と山陽―附・俳人藤田呉竹」（春田明）　東京図書出版会　2003.5　p230-233

藤田 嗣治　ふじた・つぐはる〔1886―1968　洋画家〕
　◎参考文献　「藤田嗣治―「異邦人」の生涯」（近藤史人）　講談社　2002.11　p314-317
　◎年譜ほか（近藤史人）　「腕一本・巴里の横顔」（藤田嗣治）　講談社　2005.2　p270-278
　◎文献（藤崎綾）　「生誕120年藤田嗣治展―パリを魅了した異邦人」（尾崎正明ほか）　NHK　2006　p171-187
　◎参考文献　「藤田嗣治「異邦人」の生涯」（近藤史人）　講談社　2006.1　p420-425
　◎参考文献　「藤田嗣治―パリからの恋文」（湯原かの子）　新潮社　2006.3　p311-315

藤田 貞一郎　ふじた・ていいちろう〔1935―　日本商業史〕
　○著作目録ほか　「同志社商学 56.5・6」（同志社大）　2005.3　p273-280

藤田 宙靖　ふじた・ときやす〔1940―　行政法〕
　○著作目録　「法学 67.5」（東北大）　2004.1　p965-974

藤田 久一　ふじた・ひさかず〔1937―　国際法〕
　○著書論文目録ほか　「神戸法学雑誌 50.4」（神戸法学会）　2001.3　p127-137

藤田 浩　ふじた・ひろし
　○研究業績　「経済研究 51.3」（大阪府立大）　2005.12　p1-3f

藤田 博司　ふじた・ひろし〔1937―　国際関係・ジャーナリズム論〕
　○略歴ほか　「コミュニケーション研究 35」（上智大）　2005.3　p2-4

藤田 昌久　ふじた・まさひさ〔1935―　会計学〕
　○業績一覧　「神奈川大学国際経営論集 29」（神奈川大）　2005.3　p3-6f

藤田 正寛　ふじた・まさひろ〔1926―2001　国際金融論・国際資金論〕
　○著作目録ほか　「経済情報学論集 15」（姫路独協大）　2001.3　p129-143

藤田 昌也　ふじた・まさや〔1943―　会計学〕
　○著書論文目録　「経済学研究 69.3・4」（九州大）　2003.1　p357-361

藤田 鳴鶴　ふじた・めいかく
　◎参考文献　「駆け抜ける茂吉 「先覚者」藤田鳴鶴評伝」（野田秋生）　沖積社　2001.4　p295-298

藤田 幸男　ふじた・ゆきお〔1933―　会計学〕
　◎業績目録　「会計を学ぶ私の一冊」（藤田幸男）　白桃書房　2003.9　p257-263

藤田 至孝　ふじた・よしたか〔1929―　労使関係・社会保障〕
　○著作目録ほか　「平成国際大学論集 9」（平成国際大）　2005.3　p157-167

藤田 亮策　ふじた・りょうさく〔1892―1960　考古学者〕
　○書誌目録　「韓国言語文化研究 9」（九州大）　2005.6　p17-21

藤谷 健　ふじたに・つよし〔1931―　有機化学〕
　○略歴ほか　「広島経済大学研究論集 26.3」（広島経済大）　2003.12　p2-7f

藤富 保男　ふじとみ・やすお〔1928―　詩人〕
　○年譜ほか　「瞬画集」（藤富保男）　沖積舎　2004.11　p177-182

藤縄 謙三　ふじなわ・けんぞう〔1929―2000　西洋古代史・古代ギリシャ史〕
　○著作目録ほか　「史窓 59」（京都女子大）　2002.2　p102-126

藤野 一友　ふじの・かずとも〔1928―1980　洋画家・舞台美術家〕
　◎略年譜（後小路雅弘）　「天使の緊縛―藤野一友＝中川彩子作品集」（藤野一友）　河出書房新社　2002.8　p107-111

藤野 幸雄　ふじの・ゆきお〔1931―　図書館情報学〕
　◎著作一覧　「図書館へのこだわり」（藤野幸雄）
　　勉誠出版　2001.7　p152-156
　◎文献一覧　「図書館情報学の創造的再構築」（吉
　　田政幸ほか）　勉誠出版　2001.7　p448-450
藤平 惠郎　ふじひら・のりお〔1937―　ドイツ文学〕
　○業績　「明治大学教養論集　395」（明治大）　2005.
　　3　p2-5
藤平 春男　ふじひら・はるお〔1923―1995　中世文
　　学〕
　◎著作目録ほか　「和歌史論集　藤平春男著作集5」
　　笠間書院　2003.2　p529-543
藤巻 公裕　ふじまき・きみひろ
　○業績ほか（野瀬清喜）「埼玉大学紀要　教育学部
　　56.1」（埼玉大）　2007　p133-141
藤村 公輝　ふじむら・きみてる〔1938―　英文学〕
　○著作ほか　「立命館経営学　40.7」（立命館大）
　　2002.3　p267-269
藤村 正員　ふじむら・せいいん
　◎参考文献　「蘭室藤村正員年譜考」（白嵜顕成）
　　思文閣出版　2003.12　p461-464
藤村 龍雄　ふじむら・たつお〔1936―　倫理学・論
　　理学〕
　○業績ほか（湯浅正彦）「立正大学文学部論叢
　　123」（立正大）　2006.3　p7-9
藤村 俊郎　ふじむら・としろう〔1935―　中国革命論〕
　○業績ほか　「商学論集　69.4」（福島大）　2001.3
　　p157-161
藤村 栄雄　ふじむら・ひでお
　○研究業績ほか　「奈良産業大学紀要　18」（奈良産
　　業大）　2002.12　p107-108
藤村 操　ふじむら・みさお〔1886―1903　投身自殺
　　した学生〕
　◎参考文献　「藤村操の手紙―華厳の滝に眠る16歳
　　のメッセージ」（土門公記）　下野新聞社　2002.7
　　p210-213
　◎文献　「検証藤村操―華厳の滝投身自殺事件」（平
　　岩昭三）　不二出版　2003.5　p227-277
藤村 幸雄　ふじむら・ゆきお〔1933―2008　国際経
　　済学〕
　○主要著作目録ほか　「経済学論叢　54.4」（同志社
　　大）　2003.3　p1167-1169
藤本 幸三　ふじもと・こうぞう〔1936―　中国近・現
　　代文学史〕
　○業績ほか　「大学院国際メディア研究科言語文化
　　部紀要　39」（北海道大）　2001.2　p3-5
藤本 周一　ふじもと・しゅういち〔1932―　英文学〕
　○業績目録ほか　「大阪経大論集　53.6」（大阪経大）
　　2003.3　p335-337
藤本 進治　ふじもと・しんじ〔1905―1987　哲学者〕
　◎著書一覧（山本晴義）「認識論」（藤本進治）
　　こぶし書房　2006.3　p278-279

藤本 武　ふじもと・たけし〔1912―2002　社会政策・
　　労働問題〕
　○著書ほか　「労働科学　78.4」（労働科学研究所）
　　2002.7　p181-188
藤本 正　ふじもと・ただし〔1933―1999　弁護士〕
　◎著作目録（藤本幹子）「労働運動と労働者の権利
　　―弁護士藤本正労働弁護の軌跡」（故藤本正弁護
　　士作編集企画刊行委員会）　藤本幹子　2003.3
　　p643-664
藤本 徳明　ふじもと・とくめい〔1936―　中世文学〕
　○研究業績ほか　「同志社女子大学日本語日本文学
　　14」（同志社女子大）　2002.6　p1-6
藤本 俊郎　ふじもと・としお
　○研究業績ほか　「宇部工業高等専門学校研究報告
　　50」（宇部工業高専）　2004.3　p1-2b
藤本 敏夫　ふじもと・としお〔1944―2002　社会運
　　動家・自然農法家〕
　◎年表　「農的幸福論―藤本敏夫からの遺言」（藤本
　　敏夫, 加藤登紀子）　家の光協会　2002.12　p208-
　　209
藤本 ひとみ　ふじもと・ひとみ〔1951―　小説家〕
　◎作品　「シャネル」（藤本ひとみ）講談社　2005.
　　10　p323-325
　◎作品　「聖女ジャンヌと娼婦ジャンヌ」（藤本ひと
　　み）　新潮社　2006.1　2pb
藤本 昌司　ふじもと・まさし〔1935―　英文学〕
　◎略歴ほか（高橋与四男）「言語表現と創造」（藤
　　本昌司）　鳳書房　2005.11　p352-353
藤本 由香里　ふじもと・ゆかり〔1959―　編集者・評
　　論家〕
　○資料（藪春彦）「文献探索　2001」（文献探索研
　　究会）　2002.7　p624-628
藤森 栄一　ふじもり・えいいち〔1911―1973　考古
　　学者〕
　○年譜　「藤森栄一を読む―人間探究の考古学者」
　　（諏訪考古学研究会）　諏訪考古学研究会　2006.3
　　p295-300
藤森 照信　ふじもり・てるのぶ〔1946―　建築家・建
　　築史家〕
　○著作解題（青木信夫）「ユリイカ―詩と批評
　　36.12.499」（青土社）　2004.11　p188-209
藤森 英男　ふじもり・ひでお
　○業績ほか　「拓殖大学経営経理研究　74」（拓殖
　　大）　2005.3　p13-19
藤森 洋志　ふじもり・ひろし〔1961―2000　経営コ
　　ンサルタント〕
　○著作目録ほか　「麗沢経済研究　9.1」（麗沢大）
　　2001.3　p11-20b
藤森 三男　ふじもり・みつお〔1934―　経営分析〕
　○業績目録ほか　「三田商学研究　45.5」（慶応義塾
　　大）　2002.12　p175-178

藤吉 瞭　ふじよし・あきら〔1939―　鉱物学〕
　○業績目録ほか（大塚謙一）　「静岡大学地球科学研究報告　32」（静岡大）　2005.7　p1-6f

藤善 眞澄　ふじよし・ますみ
　◎「藤善眞澄先生略年譜・業績目録」（藤善眞澄先生古稀記念会）〔藤善眞澄先生古稀記念会〕　2005.3　27p　A5

藤原 昭夫　ふじわら・あきお〔1935―2001　経済学史・経済思想〕
　○著作目録ほか　「千葉商大論叢　40.4」（千葉商科大）　2003.3　p7-11

藤原 一郎　ふじわら・いちろう
　○研究業績ほか　「追手門経済論集　37.1・2」（追手門学院大）　2002.12　p3-14f

藤原 欣一郎　ふじわら・きんいちろう〔1932―　公認会計士・税理士〕
　○著作目録ほか　「九州国際大学経営経済論集　10.3」（九州国際大）　2004.3　p1-12f

藤原 健蔵　ふじわら・けんぞう〔1931―　自然地理学・地域学〕
　○著書論文　「広島経済大学経済研究論集　26.4」（広島経済大）　2004.3　p6-13f

藤原 貞雄　ふじわら・さだお〔1943―　貿易政策・国際投資〕
　○著作目録ほか　「山口経済学雑誌　55.6」（山口大）　2007.3　p1049-1059

藤原 肇　ふじわら・はじめ〔1938―　国際経済〕
　◎著作目録　「夜明け前の朝日　マスコミの堕落とジャーナリズム精神の現在」（藤原肇）　鹿砦社　2001.5　p234-236

藤原 松三郎　ふじわら・まつさぶろう〔1881―1946　数学者〕
　◎略歴　「日本数学史要　復刻」（藤原松三郎）　勉誠出版　2007.6　p293」

藤原 保明　ふじわら・やすあき〔1946―　英語史〕
　◎業績目録　「言葉の絆―藤原保明博士還暦記念論文集」（卯城裕司ほか）　開拓社　2006.10　p11-18f

藤原 保信　ふじわら・やすのぶ〔1935―1994　政治思想史〕
　○著作目録　「公共性の再構築に向けて　藤原保信著作集10」（藤原保信）　新評論　2005.2　p337-347

藤原 裕　ふじわら・ゆたか〔1934―2004　フランス音楽史・フランス文学〕
　○業績目録ほか（藤原裕）　「立正大学文学部論叢　119」（立正大）　2004.3　p31-35

藤原 義江　ふじわら・よしえ〔1898―1976　声楽家〕
　◎参考文献　「ピンカートンの息子たち―昭和不良伝」（斎藤憐）　岩波書店　2001.2　p287-290

藤原 龍一郎　ふじわら・りゅういちろう〔1952―　評論家・歌人〕
　◎略歴　「藤原龍一郎集」（藤原龍一郎）　邑書林　2007.12　p150-152

藤原氏　ふじわらし
　◎参考文献　「藤原氏の正体―名門一族の知られざる闇」（関裕二）　東京書籍　2002.12　1pb
　◎参考文献　「日本を不幸にした藤原一族の謎」（関裕二）　PHP研究所　2006.10　p260-262
　◎参考文献　「平泉藤原氏と南奥武士団の成立」（入間田宣夫）　歴史春秋出版　2007.2　p165-170

藤原摂関家　ふじわらせっかんけ
　◎参考文献　「藤原摂関家の誕生―平安時代史の扉」（米田雄介）　吉川弘文館　2002.6　p1-4b

藤原 兼輔　ふじわらの・かねすけ〔877―933　公卿・歌人〕
　◎文献目録　「三条右大臣集注釈稿」（田中仁ほか）　古典文学論注の会　2002.5　p252-253

藤原 清輔　ふじわらの・きよすけ〔1104―1177　歌人〕
　◎伝本書誌　「校本和歌一字抄　本文編」（和歌一字抄研究会）　風間書房　2004.2　p864-890

藤原 公任　ふじわらの・きんとう〔966―1041　公卿・歌人〕
　○書誌（斉藤弘康）　「文献探索　2001」（文献探索研究会）　2002.7　p561-572

藤原 惟成　ふじわらの・これしげ〔953―989　官人〕
　◎年譜　「惟成弁集全釈　私家集全釈叢書32」（笹川博司）　風間書房　2003.4　p209-214

藤原 定家　ふじわらの・さだいえ〔1162―1241　歌人・歌学〕
　◎参考文献　「定家仮名遣の研究」（遠藤和夫）　笠間書院　2002.1　p393-394
　◎参考文献　「藤原定家「文集百首」の比較文学的研究」（雋雪艶）　汲古書院　2002.2　p379-393
　◎年譜（家永香織ほか）　「明月記研究提要」（明月記研究会）　八木書店　2006.11　p71-169

藤原 定方　ふじわらの・さだかた〔873―932　公卿〕
　◎文献目録　「三条右大臣集注釈稿」（田中仁ほか）　古典文学論注の会　2002.5　p252-253

藤原 実頼　ふじわらの・さねより〔900―970　公卿〕
　◎参考文献　「小野宮殿実頼集・九条殿師輔集全釈」（片桐洋一ほか）　風間書房　2002.12　p346-350

藤原 高子　ふじわらの・たかいこ〔842―910　皇后〕
　◎註　「二条の后藤原高子　業平との恋」（角田文衛）　幻戯書房　2003.3　prr

藤原 隆信　ふじわらの・たかのぶ〔1142―1205　歌人・絵師〕
　◎参考文献　「隆信集全釈」（樋口芳麻呂）　風間書房（私家集全釈叢書　29）　2001.12　p21-23

藤原 高光　ふじわらの・たかみつ〔940―994　歌人〕
　◎年譜　「高光集と多武峯少将物語―本文・注釈・研究」（笹川博司）　風間書房　2006.11　p335-349

藤原 為家　ふじわらの・ためいえ〔1198―1275　公卿・歌人〕
　◎略年譜　「藤原為家全歌集」（佐藤恒雄）　風間書房　2002.3　p857-874

藤原 経衡　ふじわらの・つねひら〔?―1072　歌人〕
◎文献　「経衡集全釈」(吉田茂)　風間書房　2002.3　p67-69

藤原 秀郷　ふじわらの・ひでさと〔武将〕
◎参考文献　「藤原秀郷　伝説の将軍」(野口実)　吉川弘文館　2001.12　p167-174
◎参考文献　「藤原秀郷将軍」(安木三郎)　牧歌舎　2006.2　p354-358

藤原 道長　ふじわらの・みちなが〔966―1027　公卿〕
◎参考文献　「道長と宮廷社会　日本の歴史06」(大津透)　講談社　2001.4　p380-387
◎参考文献　「藤原道長―男は妻がらなり」(朧谷寿)　ミネルヴァ書房　2007.5　p363-369

藤原 道信　ふじわらの・みちのぶ〔972―994　官人・歌人〕
◎略年譜　「道信集注釈」(平田喜信, 徳植俊之)　貴重本刊行会(私家集注釈叢刊　11)　2001.5　p294-295

藤原 通憲　ふじわらの・みちのり〔1106―1159　官人〕
◎参考文献(川野辺綾子)　「藤原通憲資料集―二松学舎大学21世紀COEプログラム「日本漢文学研究の世界的拠点の構築」中世部会事業推進資料」(文人研究会)　二松學舍大　2005.3　p231-239

布施 辰治　ふせ・たつじ〔1880―1953　社会運動家〕
◎「布施辰治関係資料収蔵品目録　2」(石巻文化センター)　石巻文化センター　2005.2　128p　A4

二神 恭一　ふたがみ・きょういち〔1931―　経営参加〕
○著作目録ほか　「経営学研究　12.2」(愛知学院大)　2003.1　p122-133

二谷 廣二　ふたつや・こうじ
○業績目録　「言語表現研究　20」(兵庫教育大)　2004.3　p1-5

二葉亭 四迷　ふたばてい・しめい〔1864―1909　小説家〕
◎参考文献　「二葉亭四迷士魂の炎」(幕内満雄)　叢文社　2004.5　p165-167

二村 重博　ふたむら・しげひろ
○著作目録ほか　「同志社商学　57.6」(同志社大)　2006.3　p284-287

渕 倫彦　ふち・みちひこ〔1941―　基礎法学〕
○業績　「東京都立大学法学会雑誌　45.1」(東京都立大)　2004.7　p3-6

渕上 継雄　ふちがみ・つぐお
○業績目録ほか　「西南学院大学教育・福祉論集　4.2」(西南学院大)　2005.2　p1-6f

淵上 毛銭　ふちがみ・もうせん〔1915―1950　詩人〕
○参考文献ほか(鈴木一正)　「時空　18」(時空の会)　2001.7　p58-71

淵澤 能恵　ふちざわ・よしえ〔1850―1936　教育者〕
◎参考文献　「淵澤能恵の生涯―海を越えた明治の女性」(村上淑子)　原書房　2005.12　p173

舟越 桂　ふなこし・かつら〔1951―　彫刻家〕
◎主要文献　「舟越桂展」(東京都現代美術館ほか)　朝日新聞社事業本部文化事業部　2003.4　p210-221
◎年譜　「舟越桂全版画1987-2002」(舟越桂)　青幻舎　2003.5　p140-147

船越 泰次　ふなこし・たいじ〔1939―2008　東洋史学・中国史〕
○業績通録ほか　「東北大学東洋史論集　8」(東北大)　2001.1　p172-179

船越 隆司　ふなこし・たかし〔1935―　民事法学〕
○著作目録ほか　「法学新報　113.7・8」(中央大)　2007.4　p187-190

舟阪 洋子　ふなさか・ようこ
○著作目録ほか　「英文学論叢　51」(京都女子大)　2007　p65-67

船田 享二　ふなだ・きょうじ〔1898―1970　ローマ法学者・政治家〕
◎「春木一郎博士・原田慶吉教授・田中周友博士・船田享二博士略年譜・著作目録―日本ローマ法学四先生略年譜・著作目録　2訂版」(吉原丈司)　都筑印書館　2003.10　114p　B5

船津 辰一郎　ふなつ・たついちろう〔1873―1947　外交官〕
◎略年譜　「日本外交史人物叢書　第20巻　船津辰一郎」(吉村道男)　ゆまに書房　2002.12　p290-293

船津 伝次平　ふなつ・でんじへい〔1832―1898　篤農家・農事指導者〕
◎略歴　「船津伝次平翁伝―伝記・船津伝次平」(石井泰吉)　大空社(伝記叢書　340)　2000.12　p146-153

舟場 正富　ふなば・まさとみ〔1938―2007　財政学・地域開発論〕
○研究業績　「商大論集　54.5」(神戸商科大)　2003.3　p3-6f

舟橋 聖一　ふなはし・せいいち〔1904―1976　作家〕
◎年譜ほか(久米勲)　「ある女の遠景」(舟橋聖一)　講談社　2003.12　p443-463
◎年譜ほか(久米勲)　「相撲記」(舟橋聖一)　講談社　2007.12　p280-300

古井 由吉　ふるい・よしきち〔1937―　小説家〕
○作品案内ほか(玉置邦雄)　「国文学　45.6」(学燈社)　2000.5　p110-117
◎年譜ほか(古井由吉)　「槿」(古井由吉)　講談社　2003.5　p521-541
◎年譜ほか(田中夏美ほか)　「山躁賦」(古井由吉)　講談社　2006.9　p231-253

古市 公威　ふるいち・こうい〔1854―1934　土木工学者・男爵〕
◎注　「古市公威とその時代」(土木学会)　土木学会　2004.11　prr

古尾谷 泉　ふるおや・いずみ
○業績表ほか　「法政大学多摩論集　22」（法政大）　2006.3　p47-49

古川 顯　ふるかわ・あきら
○著作目録　「経済論叢 176.2」（京都大）　2005.8　p272-276

古河 市兵衛　ふるかわ・いちべえ〔1832—1903　実業家〕
◎参考文献　「運鈍根の男　古河市兵衛」（砂川幸雄）　晶文社　2001.3　p267-269

古川 修　ふるかわ・おさむ〔1925—2000　建築学〕
○業績ほか（古阪秀三）「施工　建築の技術　417」（彰国社）　2000.7　p120-124

古川 清　ふるかわ・きよし〔1936—　財政学〕
○著作目録ほか　「徳山大学論叢　63」（徳山大）　2006.7　p71-72

古川 孝順　ふるかわ・こうじゅん〔1942—　社会福祉学〕
◎著書・論文一覧　「社会福祉学」（古川孝順）　誠信書房　2002.2　p413-419

古川 隆夫　ふるかわ・たかお〔1938—　詩人〕
○研究業績ほか　「Persica 30」（岡山英文学会）　2003.3　p147-151

古川 日出男　ふるかわ・ひでお〔1966—　小説家〕
○全著作解題（石井千湖）　「ユリイカ　38.8.522」（青土社）　2006.8　p234-241

古川 實　ふるかわ・みのる
◎略年譜（藤島隆）　「古本えぞの細道」（古川實）　北の文庫　2004.8　p165-168

古川 緑波　ふるかわ・ろっぱ〔1903—1961　喜劇俳優〕
◎略年譜　「エノケン・ロッパの時代」（矢野誠一）　岩波書店（岩波新書）　2001.9　p203-208

古川原 哲夫　ふるかわら・てつお〔1940—　英米文学〕
○業績表ほか　「法政大学多摩論集　23」（法政大）　2007.3　p3-9

古沢 謙次　ふるさわ・けんじ
○業績ほか　「学術研究　外国語・外国文学編　51」（早稲田大）　2002.2　p139-140

古澤 賢治　ふるさわ・けんじ
○著作目録ほか　「季刊経済研究　27.1・2」（大阪市立大）　2004.9　p225-230

古沢 博　ふるさわ・ひろし
○業績目録ほか　「独協法学　56」（独協大）　2001.12　p151-156

古澤 允雄　ふるさわ・みつお
◎業績一覧ほか　「教養の教育、社会と文化」（古澤允雄）　大阪教育図書　2004.2　p293-303
○業績ほか　「Kwansai review 23」（関西英語英米文学会）　2005.5　p551-561

古田 晁　ふるた・あきら〔1906—1973　出版人〕
◎参考文献　「古田晁伝説」（塩沢実信）　河出書房新社　2003.2　p300-302
◎「古田晁記念館資料集」（晒名昇）　市立古田晁記念館　2003.10　6,324p　A5

古田 織部　ふるた・おりべ〔1544—1615　武将・茶人〕
◎参考文献　「数寄の革命—利休と織部の死」（児島孝）　思文閣出版　2006.1　p238-241

古田 暁　ふるた・ぎょう〔1929—　中世思想〕
○文献目録ほか　「神田外語大学紀要　14」（神田外語大）　2002.3　p23-28f

古田 紹欽　ふるた・しょうきん〔1911—2001　仏教学〕
○研究業績　「財団法人松ケ岡文庫研究年報　15」（松ケ岡文庫）　2001　p15-26

古西 信夫　ふるにし・のぶお〔1931—　民事法〕
○研究業績ほか　「立正法学論集　35.2」（立正大）　2002　p27-31f

古橋 恒夫　ふるはし・つねお
○著述目録ほか　「文学研究　20」（聖徳大）　2005.3　p1-4

古林家　ふるばやしけ
◎文献　「水渠の譜—古林家覚書」（古林正夫）　古林正夫　2006.1　p335-340

古厩 忠夫　ふるまや・ただお〔1941—2003　中国近現代史・東洋文化〕
○著作目録ほか　「東アジア　13」（新潟大）　2004.3　p14-19
◎著作一覧ほか（安井三吉ほか）　「日中戦争と上海、そして私—古厩忠夫中国近現代史論集」（古厩忠夫）　研文出版　2004.9　p497-509

古谷 恭一　ふるや・きょういち
◎略歴　「古谷恭一集」（古谷恭一）　邑書林　2006.5　p106-107

古山 高麗雄　ふるやま・こまお〔1920—2002　小説家〕
◎年譜（古山高麗雄）「二十三の戦争短編小説」（古山高麗雄）　文藝春秋　2001.5　p563-572
◎著作一覧　「反時代的、反教養的、反叙情的—必ず、何か、いいものがある」（古山高麗雄）　ベストセラーズ（ベスト新書）　2001.7　p257-259
◎年譜著書目録（編集部）　「プレオー8の夜明け」（古山高麗雄）　講談社　2001.7　p317-329

文 玉任　ぶん・ぎょくにん
○業績ほか　「関東学院大学文学部紀要　105」（関東学院大）　2005.12　p201-202

【　へ　】

平氏　へいし
◎参考文献　「平清盛の闘い　幻の中世国家」（元木泰雄）　角川書店　2001.2　p284-286

◎参考文献　「清盛以前—伊勢平氏の興隆　増補・改訂版」（高橋昌明）　文理閣　2004.10　p258-261

別府 祐弘　べっぷ・ゆうこう〔1936—　経営学・経営計画論〕
○著作目録ほか　「成蹊大学経済学部論集　33.1」（成蹊大）　2002.10　p8-14

弁長　べんちょう〔1162—1238　浄土宗の僧〕
◎著作論文目録　「聖光上人伝と『末代念仏授手印』」（阿川文正）　浄土宗大本山善導寺　2002.10　p179-205

逸見 勝亮　へんみ・まさあき〔1943—　教育学〕
○業績目録ほか（所伸一）　「北海道大学大学院教育学研究院紀要　103」（北海道大）　2007　p1-9

【 ほ 】

許 南麒　ほ・なむぎ〔1918—1988　詩人〕
◎年譜（編集部）　「〈在日〉文学全集　2」（磯貝治良ほか）　勉誠出版　2006.6　p404-414

彭叔 守仙　ほうしゅく・しゅせん
◎年譜　「彭叔守仙禅師」（今泉淑夫）　平住仰山　2005.10　p260-362

北条 氏照　ほうじょう・うじてる〔1540—1590　武将〕
◎参考文献　「八王子城跡御主殿—戦国大名北条氏照のくらし　平成16年度特別展」（八王子市郷土資料館）　市郷土資料館　2004.7　p57」

北條 賢三　ほうじょう・けんぞう
◎業績　「インド諸学思想とその周辺—仏教文化学会十周年北條賢三博士古稀記念論文集」（記念論文集刊行会）　山喜房仏書林　2004.6　p9-18f

北条 早雲　ほうじょう・そううん〔1432—1519　武将〕
◎引用参考文献　「北条早雲とその一族」（黒田基樹）　新人物往来社　2007.7　p241-243

北条 民雄　ほうじょう・たみお〔1914—1937　小説家〕
◎参考文献　「吹雪と細雨—北條民雄・いのちの旅」（清原工）　晧星社　2002.12　p256-261
◎年譜ほか　「火花—北条民雄の生涯」（高山文彦）　角川書店　2003.6　p385-397

北条 経時　ほうじょう・つねとき〔1224—1246　鎌倉幕府第4代執権〕
○文献抄録（久野佳子）　「文献探索　2003」（文献探索研究会）　2003.12　p148-159

北条 時宗　ほうじょう・ときむね〔1251—1284　鎌倉幕府執権〕
◎参考文献　「北条時宗　新装版」（川添昭二）　吉川弘文館　2001.10　p295-304

北条 政子　ほうじょう・まさこ〔1157—1225　源頼朝の妻〕
◎参考文献　「北条政子—母が嘆きは浅からぬことに候」（関幸彦）　ミネルヴァ書房　2004.3　p203-206

北条 元一　ほうじょう・もとかず〔1912—2005　評論家〕
◎著作年表　「北条元一文学・芸術論集」（北条元一）　本の泉社　2002.9　p463-479

北条氏　ほうじょうし
◎論文目録　「北条氏系譜人名辞典」（北条氏研究会）　新人物往来社　2001.6　p703-745
◎参考文献　「鎌倉北条氏の興亡」（奥富敬之）　吉川弘文館　2003.8　p225-226
◎参考文献　「鉢形城開城—北条氏邦とその時代」（寄居町教育委員会鉢形城歴史館）　鉢形城歴史館　2004.10　p78」
◎参考文献　「戦国時代の終焉—「北条の夢」と秀吉の天下統一」（斎藤慎一）　中央公論新社　2005.8　p225-226
◎文献　「戦国北条一族」（黒田基樹）　新人物往来社　2005.9　p223-228

北条得宗家　ほうじょうとくそうけ
◎参考文献　「北条得宗家の興亡」（岡田清一）　新人物往来社　2001.4　p270-274

法然　ほうねん〔1133—1212　浄土宗の開祖〕
◎論文目録（前田寿雄）　「法然と親鸞—その教義の継承と展開」（浅井成海）　永田文昌堂　2003.7　p1-124b
◎年譜　「法然の哀しみ　下」（梅原猛）　小学館　2004.7　p422-432
◎参考文献　「法然—念仏の聖者」（中井真孝）　吉川弘文館　2004.10　p244-247
◎参考文献　「法然　図解雑学」（山本博子）　ナツメ社　2005.5　p287」
◎引用文献　「法然の衝撃—日本仏教のラディカル」（阿満利麿ほか）　筑摩書房　2005.11　p243-247

外間 守善　ほかま・しゅぜん〔1924—　国語〕
◎著書ほか　「回想80年—沖縄学への道」（外間守善）　沖縄タイムス社　2007.3　p302-303

外間 寛　ほかま・ひろし〔1932—　公法〕
◎著作目録ほか　「法学新報　112.11・12」（中央大）　2006.7　p835-846

穂苅 三寿雄　ほかり・みすお〔1891—1966〕
◎年譜　「北アルプス黎明—穂苅三寿雄ガラス乾板写真集」（槍ケ岳山荘）　信濃毎日新聞社　2002.10　p103-105

保阪 嘉内　ほさか・かない〔1896—1937〕
◎年譜　「心友宮沢賢治と保阪嘉内—花園農村の理想をかかげて」（大明敦）　山梨ふるさと文庫　2007.9　p243-263

保坂 哲郎　ほさか・てつろう〔1943―　比較経済体制論〕
　○業績目録ほか　「高知論叢　88」（高知大）　2007.3　p305-308

保坂 直達　ほさか・なおみち〔1935―　経済学〕
　○研究業績ほか　「商大論集　52.4」（神戸商科大）　2001.3　7pf

保坂 陽一郎　ほさか・よういちろう〔1934―　建築家〕
　◎著作リスト　「建築の構成―保坂陽一郎作品録」（建築思潮研究所）　建築資料研究社　2003.4　p140-141

星 勝晴　ほし・かつはる
　◎「星勝晴寄贈資料目録　図書編」（星勝晴）　福島県文化振興事業団　2002　278p　A4

星 新一　ほし・しんいち〔1926―1997　小説家〕
　○作品たち（小松葉子）　「文献探索　2006」（文献探索研究会）　2006.11　p280-296
　○参考文献　「星新一―一〇〇一話をつくった人」（最相葉月）　新潮社　2007.3　p564-571
　○年譜　「星新一空想工房へようこそ」（最相葉月）　新潮社　2007.11　p100-127

星 雅彦　ほし・まさひこ〔1932―　詩人・美術評論家〕
　◎年譜　「星雅彦詩集」（星雅彦）　土曜美術社出版販売　2003.7　p169-181

星 三枝子　ほし・みえこ〔1949―1992〕
　◎略年譜（谷合侑）　「春は残酷である　障害とともに生きる8」（星三枝子）　日本図書センター　2001.2　p251-256

保科 百助　ほしな・ひゃくすけ〔1868―1911　教育家・鉱物学者〕
　◎略年譜ほか　「五無斎と信州教育　野人教育家・保科百助の生涯」（平沢信康）　学文社　2001.4　p413-422

保科 正之　ほしな・まさゆき〔1611―1672　会津藩主・朱子学〕
　◎参考文献　「保科正之の生涯と土津神社―葵徳川将軍・秀忠の四男　かみやしろのもり」（小桧山六郎）　歴史春秋出版（歴春ブックレット　no.26）　2001.1　p61-64
　◎参考文献　「保科正之―徳川将軍家を支えた会津藩主」（中村彰彦）　中央公論新社　2006.5　p222-224

星野 彰男　ほしの・あきお〔1935―　経済思想史・社会思想史〕
　○著作目録ほか　「経済系　206」（関東学院大）　2001.1　p166-170

星野 立子　ほしの・たつこ〔1903―1984　俳人〕
　◎参考資料（高田正子）　「展望現代の詩歌　9　俳句I」（飛高隆夫ほか）　明治書院　2007.4　p205-206

星野 哲郎　ほしの・てつろう〔1925―　作詞家〕
　◎年譜　「演歌艶歌援歌―わたしの生き方星野哲郎」（佐藤健）　毎日新聞社　2001.1　p264-273
　◎年譜　「妻への詫び状―作詞家生活50周年記念企画」（星野哲郎）　小学館　2003.10　p172-176

星野 徹　ほしの・とおる〔1925―2009　詩人・歌人〕
　○著書・論文ほか　「大みか英語英文学研究　5」（茨城キリスト教大）　2001　p95-100

星野 智幸　ほしの・ともゆき〔1965―　小説家〕
　○自筆年譜ほか（星野智幸）　「文芸　45.1」（河出書房新社）　2006.春　p6-21ほか

星野 道夫　ほしの・みちお〔1952―1996　写真家〕
　◎年譜（星野直子）　「星野道夫著作集　5」（星野道夫）　新潮社　2003.8　p315-339
　○著作解題（鳥海直美）　「ユリイカ　35.16」（青土社）　2003.12　p146-156
　◎著作リスト（星野直子）　「星野道夫と見た風景」（星野道夫）　新潮社　2005.1　p124-125
　◎略年譜ほか　「星野道夫永遠のまなざし」（小坂洋右ほか）　山と渓谷社　2006.9　p244-248

星野 美智子　ほしの・みちこ〔1934―　版画家〕
　◎文献　「星野美智子全版画集」（星野美智子）　阿部出版　2006.6　p182」

星野 欣生　ほしの・よしお〔1930―　行動科学〕
　○業績ほか　「人間関係研究　1」（南山大）　2001　5pf
　○業績ほか　「南山短期大学紀要　30」（南山短大）　2003.1　3pf

星野 良樹　ほしの・よしき〔1936―2001　保険学・経営学〕
　○研究業績　「甲南経営研究　41.3・4.149」（甲南大）　2001.3　p232-237

星野 義信　ほしの・よしのぶ〔?―1909　教育者〕
　○参考文献　「会津白虎隊士の涙―北海道開拓に生きた星野平三郎義信」（星野達男）〔星野達男〕　2004.2　p285

保昌 正夫　ほしょう・まさお〔1925―2002　国文〕
　○著書目録補遺（松本八郎）　「舳板　III-5」（EDI）　2003.8　p74-77
　◎書誌（西野浩子）　「保昌正夫一巻本選集」（保昌正夫）　河出書房新社　2004.11　p317-333

穂積 八束　ほづみ・やつか〔1860―1912　法学者〕
　◎年譜　「穂積八束集」（長尾龍一）　信山社出版（日本憲法史叢書　7）　2001.9　p252-258

細江 英公　ほそえ・えいこう〔1933―　写真家〕
　◎文献（山地裕子）　「なんでもやってみよう―私の写真史」（細江英公）　窓社　2005.10　p254-275

細川 忠興　ほそかわ・ただおき〔1563―1646　武将〕
　◎引用史料ほか　「江戸城の宮廷政治―熊本藩細川忠興・忠利父子の往復書状」（山本博文）　講談社　2004.11　p339-343

細川 藤次　ほそかわ・ふじつぐ
　○略歴ほか　「情報研究　13」（関西大）　2000.7　p29-31

細川 不凍　ほそかわ・ふとう
　◎略歴　「細川不凍集」（細川不凍）　邑書林　2005.12　p110-113

細川 幽斎　ほそかわ・ゆうさい〔1534—1610　歌人・書家・茶道家〕
　◎参考文献　「幽斎玄旨」（佐藤雅美）　文藝春秋（文春文庫　さ28-4）　2001.12　p470-472

細田 吉蔵　ほそだ・きちぞう〔1912—2007　政治家〕
　◎著作目録　「細田吉蔵（元運輸大臣）オーラルヒストリー　下」（細田吉蔵）　近代日本史料研究会　2006.10　p68-69

細谷 勘資　ほそたに・かんじ
　◎論文目録　「中世宮廷儀式書成立史の研究」（細谷勘資）　勉誠出版　2007.2　p519-520

細野 英夫　ほその・ひでお
　○業績ほか　「白鷗大学論集　20.2」（白鷗大学）　2006.3　p1-5

細野 義晴　ほその・よしはる〔1939—　金融・地域経済〕
　○業績　「三重中京大学研究フォーラム　3」（三重中京大）　2007　p6-7

細見 綾子　ほそみ・あやこ〔1907—1997　俳人〕
　◎参考資料（辻恵美子）　「展望現代の詩歌　9　俳句I」（飛高隆夫ほか）　明治書院　2007.4　p271-272

細見 眞也　ほそみ・しんや〔発展途上国論〕
　○著作目録ほか　「北海学園大学経済論集　53.4.164」（北海学園大）　2006.3　p3-5f

細谷 章夫　ほそや・あきお
　○研究業績ほか　「人文　27」（鹿児島県立短大）　2003　4pf

細谷 不句　ほそや・ふく
　◎参考資料　「細谷不句と師河東碧梧桐」（鈴木啓介）　永田書房　2006.4　p248-249

細谷 雄三　ほそや・ゆうぞう
　○著作目録　「研究年報経済学　68.3」（東北大）　2007.3　p558-559

保田 正毅　ほた・まさたけ
　○業績目録ほか　「愛知学泉大学コミュニティ政策学部紀要　8」（愛知学泉大）　2005.12　p113-118

保田井 進　ほたい・すすむ〔1934—2002　社会福祉学〕
　○業績　「福岡県立大学紀要　11.1」（福岡県立大）　2002.11　3pf

堀田 和宏　ほった・かずひろ〔1934—　経営学〕
　○著作目録ほか（吉田忠彦）　「商経学叢　50.3」（近畿大）　2004.3　p309-324

堀田 一善　ほった・かずよし〔1940—　マーケティング史〕
　○業績ほか　「三田商学研究　49.4」（慶應義塾大）　2006.10　p249-256

堀田 郷弘　ほった・さとひろ〔1933—　フランス現代文学・バスク研究〕
　○略歴ほか（蔵持不三也）　「早稲田大学人間科学研究　17.1」（早稲田大）　2004　p1-5

堀田 善衛　ほった・よしえ〔1918—1998　作家・文芸評論家〕
　◎年譜（吉田悦郎）　「堀田善衛—その文学と思想」（中野信子ほか）　同時代社　2001.11　p343-350
　◎年譜ほか（新見正彰）　「歯車・至福千年　堀田善衛作品集」（堀田善衛）　講談社　2003.1　p273-293
　◎年譜　「時代と人間」（堀田善衛）　徳間書店スタジオジブリ事業本部　2004.2　p230-237
　◎年譜（スタジオジブリ）　「聖者の行進」（堀田善衛）　徳間書店スタジオジブリ事業本部　2004.2　p269-276
　◎年譜（スタジオジブリ）　「路上の人」（堀田善衛）　徳間書店スタジオジブリ事業本部　2004.2　p390-397
　◎著書一覧　「堀田善衛集」（堀田善衛）　影書房　2007.4　p233-236

保母 武彦　ほぼ・たけひこ
　○略歴ほか　「経済科学論集　31」（島根大）　2005.3　p127-135

堀 明子　ほり・あきこ
　◎年譜（堀祐吉，堀愛）　「つぼみたくさん」（堀明子）　草思社　2002.9　p197-198

堀 晃　ほり・あきら〔1944—　SF作家・推理作家〕
　◎著作（福江純）　「バビロニア・ウェーブ」（堀晃）　東京創元社　2007.2　p420」

堀 孝彦　ほり・たかひこ〔1931—　倫理学・社会思想史〕
　○業績目録ほか　「名古屋学院大学論集　社会科学篇　39.3」（名古屋学院大）　2003.1　p4-8f
　◎著述一覧　「私注「戦後」倫理ノート—1958-2003」（堀孝彦）　港の人　2006.3　p311-321

堀 辰雄　ほり・たつお〔1904—1953　詩人・小説家〕
　◎参考文献ほか（岡崎直也）　「堀辰雄事典」（竹内清己）　勉誠出版　2001.11　p473-533
　◎年譜　「堀辰雄生誕百年特別企画展図録—生の中心から遠ざかれば遠ざかるほどその動きが無駄に大きくなる」（堀辰雄文学記念館）　軽井沢町教委　2004.8　p35-39
　◎作品ほか　「堀辰雄—人と文学」（竹内清己）　勉誠出版　2004.11　p157-222

堀 達之助　ほり・たつのすけ〔1823—1894　通詞〕
　◎参考文献　「英学と堀達之助」（堀孝彦）　雄松堂出版　2001.1　p509-529

堀 悌吉　ほり・ていきち〔1883—1959　海軍中将〕
　◎参考文献　「堀悌吉資料集　1」（大分県先哲史料館）　大分県教育委員会　2006.3　p26-27f

堀 輝三　ほり・てるみつ〔1938—2006　植物形態・分類学〕
　○業績ほか（宮村新一）　「藻類　54.2」（日本藻類学会）　2006.7　p127-130

堀 敏一　ほり・としかず〔1924—2007　中国史〕
　◎著作目録ほか　「東アジア世界の形成—中国と周辺国家」（堀敏一）　汲古書院　2006.2　p33-65b

堀 直格　ほり・なおただ
　○小伝（恵光院白）　「須高　61」（須坂郷土史研究会）　2005.10　p22-50
　○参考文献（恵光院白）　「須高　63」（須高郷土史研究会）　2006.10　p46-72

ホリ・ヒロシ　〔1958—　人形師・衣装デザイナー〕
　◎年譜　「人形師ホリ・ヒロシ」（ホリ・ヒロシ）平凡社　2002.1　p145-149

堀 宏　ほり・ひろし〔1933—　評論家〕
　○略歴ほか　「白鷗大学論集　18.2」（白鷗大）　2004.3　p327-329

堀 光男　ほり・みつお
　○業績ほか　「白山哲学　36」（東洋大）　2002.3　p17-21

堀 喜望　ほり・よしもち〔1910—　社会学〕
　○業績ほか　「社会学雑誌　23」（神戸大）　2006　p303-305

堀 柳女　ほり・りゅうじょ〔1897—1984　人形作家〕
　◎年譜ほか　「堀柳女展—没後20年　人形に心あり」（堀柳女）　佐野美術館　2005.4　p130-141

堀井 令以知　ほりい・れいいち〔1925—　言語学者〕
　◎業績一覧ほか　「言語文化と言語教育の精髄—堀井令以知教授傘寿記念論文集」（吉村耕治）　大阪教育図書　2006.11　p391-452

堀池 春峰　ほりいけ・しゅんぽう〔1918—2001　仏教芸術・日本仏教史〕
　◎著作目録ほか　「南都仏教史の研究　遺芳篇」（堀池春峰）　法藏館　2004.3　p3-24b

堀内 誠一　ほりうち・せいいち〔1932—1987　グラフィックデザイナー・イラストレーター・絵本作家〕
　◎年譜　「父の時代・私の時代—わがエディトリアル・デザイン史」（堀内誠一）　マガジンハウス　2007.4　p184-203

堀内 清司　ほりうち・せいじ
　○論文著書ほか（小坂和夫）　「日本大学文理学部自然科学研究所研究紀要　地球システム科学　37」（日本大）　2002　p43-46

堀内 俊和　ほりうち・としかず〔1939—2001　英文学・英語学〕
　○著書・論文ほか　「Evergreen　24」（愛知淑徳大）　2002.3　p1-2pf

堀江 忠男　ほりえ・ただお〔1913—2003　経済〕
　◎著作　「堀江忠男遺稿・追悼集」（堀江同窓会）遺稿追悼集刊行会　2004.3　p525-543

堀江 敏幸　ほりえ・としゆき〔1964—　作家〕
　◎年譜　「芥川賞全集　19」（堀江敏幸）　文藝春秋　2002.12　p397-398

堀江 祥允　ほりえ・よしみつ〔栄養学〕
　○業績目録ほか　「名古屋市立大学大学院人間文化研究　6」（名古屋市立大）　2006.12　p185-188

堀尾 輝久　ほりお・てるひさ〔1933—　教育哲学〕
　○研究業績ほか　「教育学論集　45」（中央大）　2003.3　p7-19

堀上 謙　ほりがみ・けん〔1931—　能楽評論家〕
　◎略年譜　「能楽展望—堀上謙評論・随想集」（堀上謙）　たちばな出版　2002.1　p421-450

堀河天皇　ほりかわてんのう〔1079—1107　第73代天皇〕
　○参考文献　「堀河期の文学—堀河天皇の動静を中心として」（古池由美）　新典社　2002.7　p256-265

堀切 実　ほりきり・みのる〔1934—　近世文学・俳文学〕
　○業績ほか　「学術研究　教育・社会教育学編　52」（早稲田大）　2004.2　p121-123

堀口 大学　ほりぐち・だいがく〔1892—1981　詩人〕
　◎文献ほか　「月光とピエロ」（堀口大学）　日本図書センター　2006.2　p218-226
　◎刊行書一覧　「堀口大學研究資料集成　1」（松本和男）　松本和男　2006.3　p2-92

堀越 孝一　ほりこし・こういち〔1933—　西洋中世史・中世フランス文学〕
　○主要著述一覧　「学習院史学　42」（学習院大）　2004.3　p12-28
　◎業績　「円卓—古稀の堀越孝一を囲む弟子たちの歴史エッセイ集」（関哲行ほか）　東洋書林　2006.10　p299-310

堀込 静香　ほりごめ・しずか〔1943—2003　図書館情報学〕
　○著作解説（堀込静香）　「文献探索　2004」（文献探索研究会）　2004.4　p172-191
　○著作解説ほか（堀込静香）　「文献探索　2005」（文献探索研究会）　2006.5　p438-470

堀部 功夫　ほりべ・いさお〔1943—　日本近代文学〕
　○略歴　「池坊短期大学紀要　33」（池坊短大）　2002　p11-13

堀部 憲夫　ほりべ・のりお
　○業績ほか　「南山短期大学紀要　30」（南山短大）　2003.1　3pf

ホロヴァー, フク　Horova, Fuku　〔1886—1965〕
　○参考文献　「フク・ホロヴァーの生涯を追って—ボヘミアに生きた明治の女」（吉沢胖子）　草思社　2002.3　p507-515

本阿弥 光悦　ほんあみ・こうえつ〔1558—1637　芸術家〕
　○参考文献　「光悦と本阿弥流の人々　日本の美術　460」（至文堂）　2004.9　p85」

本庄 勇　ほんじょう・いさむ〔1928—　元中学校教師〕
　◎年譜　「ライオン先生一代記—同和教育にかけた夢」（本庄勇）　創元社　2001.1　p235-237

本庄 智宏　ほんじょう・ともひろ
　○業績目録ほか　「札幌学院商経論集　18.3」（札幌学院大）　2002.1　p295-296

本田 覚庵　ほんだ・かくあん
　◎参考文献　「江戸の村医者　本田覚庵・定年父子の日記にみる」（菅野則子）　新日本出版社　2003.2　p189-190

本多 健吉　ほんだ・けんきち〔1934―　国際経済〕
　○著作目録ほか　「福井県立大学経済経営研究　14」
　（福井県立大）　2004.10　p115-123

本多 光太郎　ほんだ・こうたろう〔1870―1954
　物理学者・冶金学者〕
　◎著作一覧　「本多光太郎―マテリアルサイエンス
　の先駆者」（平林真）アグネ技術センター　2004.
　12　p207-209

本多 新平　ほんだ・しんぺい〔1930―　金融論〕
　○業績ほか　「近畿大学法学　51.3・4」（近畿大）
　2004.3　p325-333

本田 宗一郎　ほんだ・そういちろう〔1906―1991
　実業家〕
　◎参考資料　「定本本田宗一郎伝」（中部博）三樹
　書房　2001.4　p437-439

本田 泰治　ほんだ・たいち
　○業績ほか　「専修大学社会体育研究所報　54」（専
　修大）　2007　p3-5

本多 隆成　ほんだ・たかしげ〔1942―　日本中世・近
　世史〕
　○業績ほか　「人文論集　58.2」（静岡大）　2007
　p1-9f

本多 貞子　ほんだ・ていこ
　◎参考文献　「力を与えませ―本多庸一夫人貞子の
　生涯」（井上ゆり子）青山学院　2004.11　p173-
　181

本田 時雄　ほんだ・ときお〔1937―　心理学〕
　○業績目録ほか　「人間科学研究　29」（文教大）
　2007.12　p3-5

本田 稔祐　ほんだ・としすけ
　○研究業績ほか　「独協経済　79」（独協大）　2004.
　10　p3-4

本田 昇　ほんだ・のぼる
　○著作目録ほか　「中世城郭研究　18」（中世城郭研
　究会）　2004.7　p21-25

本多 寿　ほんだ・ひさし〔1947―　詩人〕
　◎年譜　「本多寿詩集」（本多寿）土曜美術社出版
　販売　2002.7　p139-142

本田 英郎　ほんだ・ひでお〔1915―2005　劇作家〕
　◎作品年譜（本田徹ほか）　「五月の人びと―尖閣群
　島」（本田英郎）カモミール社　2007.5　p536-538

本田 弘　ほんだ・ひろし〔1935―　政治学・行政学〕
　○業績ほか　「政経研究　41.4」（日本大）　2005.3
　p691-715
　○業績ほか　「政治と行政の理論と実際―本田弘博
　士古稀記念論文集」（論文集刊行委員会）思文閣
　出版　2005.7　p231-252

本多 正信　ほんだ・まさのぶ〔1538―1616　武将〕
　◎参考文献　「二河白道―智臣本多正信　下」（羽太
　雄平）実業之日本社　2002.12　p452-454

本田 増次郎　ほんだ・ますじろう〔1867―1925
　英文学者〕
　◎年譜ほか　「英語の達人・本田増次郎」（小原孝）
　日本文教出版　2006.7　p147-154

本田 康典　ほんだ・やすのり〔1938―　英米文学〕
　○略歴ほか　「英文学会誌　34」（宮城学院女子大）
　2006.3　p5-10

本田 靖春　ほんだ・やすはる〔1933―2004　ノンフィ
　クション作家〕
　◎略年譜　「我、拗ね者として生涯を閉ず」（本田靖
　春）講談社　2005.2　p574-575

本田 喜範　ほんだ・よしのり〔1932―　英語〕
　○主要著作ほか　「コミュニケーション科学
　19」（東京経済大）　2003　p5-9

本台 進　ほんだい・すすむ〔1940―　理論経済学〕
　○業績目録ほか　「国際協力論集　12.1」（神戸大）
　2004.8　p123-131

本保 蘇堂　ほんぽ・そどう
　◎文献　「高岡の仏師本保屋の人びと―本保義太郎
　の彫塑と蘇堂の木彫を中心として」（濱久雄ほか）
　里文出版　2007.8　p176-177

本保 義太郎　ほんぽ・よしたろう
　◎文献　「高岡の仏師本保屋の人びと―本保義太郎
　の彫塑と蘇堂の木彫を中心として」（濱久雄ほか）
　里文出版　2007.8　p176-177

本間 一夫　ほんま・かずお〔1915―2003　点字図書
　館の創設者〕
　◎年譜　「我が人生「日本点字図書館」　障害と
　ともに生きる6」（本間一夫）日本図書センター
　2001.1　p199-208

本間 重紀　ほんま・しげき〔1944―2001　経済法・商
　法〕
　○著作目録ほか　「静岡大学法政研究　6.3・4」（静
　岡大）　2002.3　p813-827

本間 久雄　ほんま・ひさお〔1886―1981　英文〕
　◎略年譜　「本間久雄日記」（本間久雄）松柏社
　2005.9　p672-674

本間 久善　ほんま・ひさよし〔1932―　写真家〕
　◎年譜　「時代の肖像―東北1952-1972本間久善写真
　集」（本間久善）毎日新聞社　2001.12　p252-253
　◎略年譜　「祭―民俗文化の華　その練りと踊り
　―本間久善写真集」（本間久善）日本写真企画
　2007.7　p167」

本間 正明　ほんま・まさあき〔1944―　財政学・公
　共経済学〕
　○著作目録　「大阪大学経済学　54.4」（大阪大）
　2005.3　p1-29

本間 義人　ほんま・よしと〔1935―　ジャーナリスト〕
　○著作リスト　「現代福祉研究　6」（法政大）　2006.
　3　p22-32

【 ま 】

米谷 泰輔　まいたに・やすすけ
　○研究業績ほか　「長崎県立大学論集 35.4」（長崎県立大）　2002.3　2pf

前 登志夫　まえ・としお〔1926—2008　歌人・詩人〕
　◎年譜（前川佐重郎）　「前登志夫歌集」（前登志夫）　短歌研究社　2005.9　p197-207
　◎年譜ほか（編集部ほか）　「存在の秋」（前登志夫）　講談社　2006.9　p251-262

前川 和也　まえかわ・かずや〔1942—　西洋史〕
　○著作目録ほか　「人文学報 93」（京都大）　2006.3　p107-112

前川 國男　まえかわ・くにお〔1905—1986　建築家〕
　◎略年譜ほか　「前川國男—賊軍の将」（宮内嘉久）　晶文社　2005.9　p181-223
　◎文献目録　「建築家前川國男の仕事」（松隈洋ほか）　美術出版社　2006.4　p273-280

前川 功一　まえかわ・こういち〔1943—　経済統計学〕
　○業績ほか　「広島大学経済論叢 31.1」（広島大）　2007.8　p2-5

前川 恒雄　まえかわ・つねお〔1930—　図書館学〕
　◎著作目録（国松完二）　「いま、市民の図書館は何をすべきか　前川恒雄先生古稀記念論集」（前川恒雄先生古稀記念論集刊行会）　前川恒雄先生古稀記念論集刊行会　2001.4　p390-403

前川 寛　まえかわ・ひろし〔1940—　保険学・経済的保障論〕
　○業績リストほか　「三田商学研究 43.6」（慶應義塾大）　2001.2　p183-197

前川 道郎　まえかわ・みちお〔1931—2000　建築史・建築意匠〕
　◎著作・作品目録（足立崇ほか）　「教会建築論叢」（前川道郎）　中央公論美術出版　2002.6　p485-502

前川 康男　まえかわ・やすお〔1921—2002　児童文学作家〕
　○略年譜　「日本児童文学 49.2」（日本児童文学者協会）　2003.4　p118」

前嶋 信次　まえじま・しんじ〔1903—1983　東洋史学〕
　◎略年譜　「書物と旅東西往還　前嶋信次著作選 4」（前嶋信次）　平凡社（東洋文庫）　2001.1　p432-437
　◎著作目録（杉田英明）　「〈華麗島〉台湾からの眺望　前嶋信次著作選 3」（前嶋信次）　平凡社　2001.10　p433-494

前島 和橋　まえじま・わきょう
　⇒柄井 川柳（9代目）(からい・せんりゅう）を見よ

前田 功雄　まえだ・いさお〔1939—2001　経営数学〕
　○業績ほか　「独協経済 75」（独協大）　2002.9　p7-9

前田 勇　まえだ・いさむ〔1935—　観光心理学・サービス理論〕
　○略歴ほか　「立教大学観光学部紀要 5」（立教大）　2003.3　p169」

前田 一石　まえだ・いっせき
　○略歴　「前田一石集」（前田一石）　邑書林　2005.10　p112-113

前田 潮　まえだ・うしお〔1942—　先史時代〕
　○著作目録ほか　「筑波大学先史学・考古学研究 16」（筑波大）　2005　p106-108

前田 金五郎　まえだ・きんごろう〔1920—　国文〕
　◎著書論文一覧　「近世文学雑考」（前田金五郎）　勉誠出版　2005.11　p619-645

前田 慶次　まえだ・けいじ〔武将〕
　◎参考資料　「前田慶次—武家文人の謎と生涯」（今福匡）　新紀元社　2005.10　p271-277

前田 憲　まえだ・けん
　○略歴ほか　「市立名寄短期大学紀要 37」（市立名寄短大）　2005.3　p140-141

前田 貞芳　まえだ・さだよし〔1942—　会計学〕
　○著書論文　「武蔵大学論集 49.3・4.249-250」（武蔵大）　2002.3　p379-391

前田 重朗　まえだ・じゅうろう
　○著作目録ほか　「商学論纂 44.4」（中央大）　2003.3　p275-277

前田 舜次郎　まえだ・しゅんじろう
　○業績ほか（前田舜次郎）　「跡見学園女子大学国文学科報 29」（跡見学園女子大）　2001.3　p29-31

前田 ジョン　まえだ・じょん〔1966—　画像処理〕
　◎略歴ほか　「前田ジョン:デジタルの先へ」　NTT出版　2001.8　p77-85

前田 隆子　まえだ・たかこ
　◎年譜抄ほか　「真龍夫人・歌と生涯」（皆森礼子）　桂書房　2004.6　p213-216

前田 達明　まえだ・たつあき〔1940—　民事法〕
　○著作目録ほか　「法学論叢 154.4・5・6」（京都大）　2004.3　p1-18

前田 達男　まえだ・たつお〔1942—　社会法学〕
　○業績目録ほか　「金沢法学 49.2」（金沢大）　2007.3　p15-28

前田 藤四郎　まえだ・とうしろう〔1904—1990　版画家〕
　◎文献資料　「前田藤四郎—"版"に刻まれた昭和モダニズム」（大阪市立近代美術館建設準備室）　大阪市立近代美術館建設準備室　2006.2　p118-119

前田 利家　まえだ・としいえ〔1538—1599　武将〕
　◎関連書目　「前田利家　栄光の軌跡」（青山克弥）　勉誠出版　2001.11　p184-185
　◎文献一覧（奥村徹也）　「前田利家のすべて　新装版」（花ヶ前盛明）　新人物往来社　2001.11　p217-221
　◎参考文献　「利家・利長・利常—前田三代の人と政治」（見瀬和雄）　北国新聞社　2002.3　p221-222

前田 俊彦　まえだ・としひこ〔1909―1993　著述業・社会運動家〕
　◎略年譜　「百姓は米をつくらず田をつくる」（前田俊彦）　海鳥社　2003.4　p324-332

前田 富祺　まえだ・とみよし〔1937―　日本語語彙史・日本文字史〕
　○論著目録ほか　「語文　75・76」（大阪大）　2001.2　p116-132

前田 英昭　まえだ・ひであき〔1932―　政治制度〕
　○業績ほか　「駒沢法学　3.1.9」（駒沢大）　2003.12　p299-311

前田 庸　まえだ・ひとし〔1931―　商法〕
　○著書論文　「学習院大学法学会雑誌　38.1」（学習院大）　2002.9　p13-17f

前田 昌彦　まえだ・まさひこ
　○略年表　「英米文学　63」（立教大）　2003　p137-142

前田 政宏　まえだ・まさひろ〔1934―　労働法〕
　○業績ほか　「専修法学論集　90」（専修大）　2004.3　p15-19b

前田 康博　まえだ・やすひろ〔1936―　国際関係・国際政治〕
　○業績ほか　「北九州市立大学外国語学部紀要　107」（北九州市立大）　2003.3　p1-14

前田家　まえだけ
　◎参考文献　「加賀百万石物語　利家とまつ」（酒井美意子）　主婦と生活社　2001.11　p270」

前野 育三　まえの・いくぞう〔1937―　刑事法学〕
　○論著ほか　「法と政治　58.1」（関西学院大）　2007.4　p3-24

前野 直彬　まえの・なおあき〔1920―1998　中国文学〕
　○年譜ほか（市川桃子ほか）　「東方学　109」（東方学会）　2005.1　p167-193

前原 一誠　まえばら・いっせい〔1834―1876　政治家〕
　◎文献目録（田村貞雄）　「前原一誠年譜」（安藤紀一）　マツノ書店　2003.4　p2-20b

前原 正治　まえはら・まさはる〔1941―　詩人〕
　○年譜　「前原正治詩集」（前原正治）　土曜美術社出版販売　2002.8　p152-157

前原 昌仁　まえはら・まさひと〔1930―2007　フランス文学〕
　○研究業績ほか　「仏語仏文学　28」（関西大）　2001　3pf

前原 龍二　まえはら・りゅうじ
　○略歴ほか　「琉球大学理学部紀要　72」（琉球大）　2001.9　p1-2f

前間 良爾　まえま・りょうじ〔1932―　西洋史〕
　○業績目録ほか　「佐賀大学経済論集　33.3・4」（佐賀大）　2001.1　4pb

前山 清一郎　まえやま・せいいちろう
　◎年譜　「明治維新と名参謀前山清一郎」（中山吉弘）　東京図書出版会　2002.1　p212-217

真壁 仁　まかべ・じん〔1907―1984　詩人・評論家〕
　◎年譜　「新編真壁仁詩集」（木村迪夫, 斎藤たきち）　土曜美術社出版販売　2002.11　p158-161

馬上 徳　まがみ・めぐみ〔1941―　ドイツ文学〕
　○著作目録　「成蹊法学　65」（成蹊大）　2007　p5-9

真柄 欽次　まがら・きんじ
　○略歴ほか　「総合政策論叢　13」（島根県立大）　2007.3　p5-14

真柄 久雄　まがら・ひさお〔1934―2002　行政学〕
　○業績目録　「明治学院論叢　705　法学研究　76」（明治学院大）　2003.12　p3-8b

馬来 国弼　まき・くにすけ〔1942―　薄膜表面科学〕
　○業績ほか　「横浜市立大学論叢　自然科学系列　57.2」（横浜市立大）　2007.3　p1-11

真木 實彦　まき・さねひこ
　○業績目録ほか　「東日本国際大学経済学部研究紀要　10.1・2」（東日本国際大）　2005.3　p85-87

牧 二郎　まき・じろう〔1929―2005　素粒子論・物理学史〕
　○出版目録　「素粒子論研究　113.3」（素粒子論グループ）　2006.6　p7-12

槇 悌次　まき・ていじ〔1929―2000　民事法〕
　○著作目録ほか　「関西大学法学会誌　46」（関西大）　2001　p81-99

牧 正英　まき・まさひで〔1932―　産業人間関係論〕
　○著作目録ほか　「人間文化研究　13」（京都学園大）　2004.3　p7-18

牧口 常三郎　まきぐち・つねさぶろう〔1871―1944　創価学会創設者・地理〕
　◎関係年表　「ある邂逅―柳田国男と牧口常三郎」（鶴見太郎）　潮出版社　2002.11　p186-201

巻下 吉夫　まきした・よしお〔1937―　英語学〕
　○業績目録ほか　「エクス　5」（関西学院大）　2007　p135-138

蒔田 さくら子　まきた・さくらこ〔1929―　歌人〕
　○年譜ほか（蒔田さくら子）　「短歌　53.13」（角川学芸出版）　2006.12　p52-57

牧田 幸人　まきた・ゆきと〔1942―　国際法〕
　○業績ほか　「島大法学　49.4」（島根大）　2006.3　p399-404

牧田 吉和　まきた・よしかず〔キリスト教神学〕
　○業績ほか　「改革派神学　34」（神戸改革派神学校）　2007　p250-256

牧戸 孝郎　まきど・たかお〔1940―　管理会計論〕
　○著作目録ほか　「経済科学　51.4」（名古屋大）　2004.3　p151-156

牧野 カツコ　まきの・かつこ〔1941―　家族社会学・家庭経営学〕
　○略歴ほか　「生活社会科学研究　13」（お茶の水女子大）　2006.10　p3-16

牧野 信一　まきの・しんいち〔1896―1936　小説家〕
　◎書誌ほか　「牧野信一全集　6」　筑摩書房　2003.5　p563-664
　◎年譜ほか　「牧野信一の文学―その「人と作品」の資料的考察　下」（近田茂芳）　夢工房　2004.6　p393-458
　◎参考文献　「牧野信一と四人の作家―北村透谷・谷崎潤一郎・宮澤賢治・太宰治」（近田茂芳）　夢工房　2005.3　p130-131

牧野 成一　まきの・せいいち〔1935―　日本語教育〕
　◎業績一覧ほか　「第二言語習得研究への招待」（畑佐由紀子）　くろしお出版　2003.3　p4-7f
　◎略歴　「言語教育の新展開―牧野成一教授古稀記念論集」（鎌田修ほか）　ひつじ書房　2005.1　p11-12b

牧野 誠一　まきの・せいいち
　○業績ほか　「人文科学論集　48・49」（明治大）　2003.3　p11-12f

牧野 利秋　まきの・としあき〔1933―　〕
　◎略歴　「知的財産権訴訟寸考」（牧野利秋）　東京布井出版　2002.8　p411-413

牧野 富夫　まきの・とみお〔1937―　労働経済論・社会政策論〕
　○研究実績ほか　「経済集志　77.3」（日本大）　2007.10　p201-388

牧野 富太郎　まきの・とみたろう〔1862―1957　植物学〕
　◎年譜　「牧野富太郎―私は草木の精である」（渋谷章）　平凡社（平凡社ライブラリー）　2001.3　p236-241
　◎著作ほか　「牧野富太郎自叙伝」（牧野富太郎）　講談社　2004.4　p245-260

牧野 文子　まきの・ふみこ〔1938―　児童文学・フランス文学〕
　○著述目録　「社会情報論叢　9」（十文字学園女子大）　2005.12　p106-108

牧野 黙庵　まきの・もくあん
　◎略年譜　「牧野黙庵の詩と生涯―江戸漢詩性霊派の後勁」（濱久雄）　明徳出版社　2005.5　p241-255

牧野 洋一　まきの・よういち
　○業績ほか　「熊本学園大学論集『総合科学』13.2.26」（九州大出版会）　2007.4　p249-261

牧野 義雄　まきの・よしお〔1869―1956　洋画家〕
　◎著作目録ほか（恒松郁生）　「霧のロンドン―日本人画家滞英記　新版」（牧野義雄）　雄山閣　2007.9　p225-237

牧野 四子吉　まきの・よねきち〔1900―1987　画家〕
　◎掲載書一覧　「生物生態画集」（牧野四子吉）　東方出版　2003.6　p216-218
　◎略歴　「いきもの図鑑―牧野四子吉の世界」（牧野四子吉）　東方出版　2005.8　p215」

牧野 留美子　まきの・るみこ〔1932―　英語・英文学〕
　○業績ほか　「科学人間　32」（関東学院大）　2003.3　p8-12

牧野田 恵美子　まきのだ・えみこ〔1936―　社会福祉〕
　○業績一覧　「社会福祉　44」（日本女子大）　2004.3　p3-13

牧港 篤三　まきみなと・とくぞう〔1912―2004　ジャーナリスト・詩人〕
　◎略年譜　「沖縄人物シネマ―会った人、すれちがった人」（牧港篤三）　ボーダーインク　2004.6　p216-219

槇村 正直　まきむら・まさなお〔1834―1896　政治家・男爵〕
　◎参考文献　「維新京都を救った豪腕知事」（明田鉄男）　小学館　2004.1　p250-253

政尾 藤吉　まさお・とうきち〔1870―1921〕
　◎年譜　「政尾藤吉伝―法整備支援国際協力の先駆者」（香川孝三）　信山社出版　2002.6　p310-321

正岡 容　まさおか・いるる〔1904―1958　小説家・演芸評論家〕
　◎年譜　「完本正岡容寄席随筆」（正岡容）　岩波書店　2006.11　p455-466

正岡 子規　まさおか・しき〔1867―1902　俳人・歌人〕
　◎年譜　「ジャーナリスト子規―子規一〇〇年祭in松山特別企画展」　松山市立子規記念博物館　2001.1　p53-55
　◎参考文献ほか　「子規・写生―没後百年」（沢木欣一）　角川書店　2001.5　p271-280
　◎年譜著書目録（浅原勝）　「子規人生論集」（正岡子規）　講談社　2001.7　p195-210
　◎年譜（編集部）　「正岡子規　明治の文学　20」（正岡子規）　筑摩書房　2001.7　p423-426
　◎著作目録　「正岡子規―死生観を見据えて」（宮坂静生）　明治書院　2001.9　p3132-313
　○参考文献（渡辺順子）　「解釈と鑑賞　66.12.847」（至文堂）　2001.12　p208-216
　◎参考文献　「正岡子規と俳句分類」（柴田奈美）　思文閣出版　2001.12　p524-527
　◎参考文献　「子規の苦闘」（立川淳一）　文芸社　2002.2　p202-205
　◎参考文献目録（渡辺順子）　「国文学解釈と鑑賞　66.12」（至文堂）　2002.4　p208-216
　○略年譜（渡部光一郎）　「俳壇　18.10」（本阿弥書店）　2002.4　p140-143
　◎年譜　「子規と故郷―第47回特別企画展」（松山市立子規記念博物館）　松山市立子規記念博物館　2002.10　p68-69
　◎参考文献　「子規山脈―師弟交友録」（日下徳一）　朝日新聞社　2002.10　p234-237
　◎年譜　「子規の書簡―その生涯と文学　下巻」（黒沢勉）　信山社　2002.11　p267-278
　◎参考文献ほか　「病者の文学―正岡子規　全訂新版」（黒沢勉）　信山社　2003.7　p321-328
　◎「子規の一生　子規選集14」（正岡子規）　増進会出版社　2003.9　760p　B5
　◎略年譜　「子規百句」（坪内稔典ほか）　創風社出版　2004.8　p130-141

◎年譜 「子規の四季―小説」(陽羅義光) かりばね書房 2004.9 p148-155
◎参考文献 「漱石と子規の漢詩―対比の視点から」(徐前) 明治書院 2005.9 p240-243
◎参考文献 「子規もうひとつの顔」(日下徳一) 朝日新聞社 2007.2 p233-236
◎略年譜 「表現に生きる 正岡子規」(長谷川孝士) 新樹社 2007.9 p270-273

正木 生虎 まさき・いくとら
◎参考文献 「「坂の上の雲」と潮風の系譜―司馬遼太郎が敬愛した日本人」(青山淳平) 光人社 2005.11 p234-236

柾木 恭介 まさき・きょうすけ〔1922―2004 文芸評論家〕
◎略年譜(志真斗美恵) 「猫ばやしが聞こえる―柾木恭介ネットクロニクル」(柾木恭介) 績文堂出版 2005.4 p263-266

間崎 啓匡 まさき・けいきょう
○研究業績ほか 「防衛大学校理工学研究報告 38.1」(防衛大) 2000.9 p1-15

正木 健雄 まさき・たけお〔1930― 体育学・教育生理学〕
◎業績目録 「希望の体育学―正木健雄選集」(正木健雄選集編集委員会) 農山漁村文化協会 2002.3 p1-52b

正木 不如丘 まさき・ふじょきゅう〔1887―1962 小説家・俳人・医師〕
◎文献目録ほか 「正木不如丘文学への誘い―結核医療に生涯を捧げた大衆作家」(児平美和) 万葉書房 2005.9 p18-22,80-92

正木 ゆう子 まさき・ゆうこ〔1952― 俳人〕
◎略歴 「正木ゆう子集」(正木ゆう子) 邑書林 2004.8 p143-146

真砂 泰輔 まさご・たいすけ
○主要論著ほか 「法と政治 52.4」(関西学院大) 2001.12 p789-802

正宗 白鳥 まさむね・はくちょう〔1879―1962 小説家・劇作家〕
◎年譜 「明治の文学 24」(北上次郎) 筑摩書房 2001.12 p416-419
◎年譜著書目録(中島河太郎) 「自然主義文学盛衰史」(正宗白鳥) 講談社 2002.11 p207-224
◎参考文献 「正宗白鳥―何云つてやがるんだ。」(大嶋仁) ミネルヴァ書房 2004.10 p283-287
◎年譜ほか(中島河太郎) 「世界漫遊随筆抄」(正宗白鳥) 講談社 2005.12 p232-251

正村 公宏 まさむら・きみひろ〔1931― 経済学・経済政策論〕
○業績ほか 「専修経済学論集 36.3.81」(専修大) 2002.3 p341-355

正村 竹一 まさむら・たけいち〔1906―1975〕
◎参考文献 「天の釘 現代パチンコをつくった男正村竹一」(鈴木笑子) 晩声社 2001.4 p376-379

増野 肇 ましの・はじめ〔1933― 医師〕
○研究業績一覧 「社会福祉 41」(日本女子大) 2001.3 p16-22

間島 一雄 まじま・かずお
◎年譜 「間島保夫追悼文集―間島一雄書店」 追悼文集刊行会 2004.12 p167-175

真島 利行 まじま・としゆき〔1874―1962 化学者〕
◎文献 「日本の有機化学の開拓者眞島利行」(久保田尚志) 久保田一郎 2005.1 p73-75

真下 三郎 ましも・さぶろう〔1907―2007 近世日本語学〕
○業績ほか 「表現研究 86」(表現学会) 2007.10 p83-95

真下 飛泉 ましも・ひせん〔1878―1926 歌人・作詞家〕
◎「真下飛泉関係著作展目録 訂正第9版」(京都教育大学附属図書館) 京都教育大附属図書館 2005.10 33p A4
◎「真下飛泉関係著作展目録―保存版」(京都教育大学附属図書館) 京都教育大附属図書館 2006.3 63p A4

真下 満 ましも・みつる
○主要著作ほか 「東京経大学会誌 経営学 222」(東京経済大) 2001.2 p5-7

桝井 寿郎 ますい・としろう〔1934― 小説家〕
○略歴 「梅花短大国語国文 15」(梅花短期大) 2002.12 p1-3

増澤 敏行 ますざわ・としゆき
○業績ほか 「海洋化学研究 18.2」(海洋化学研究所) 2005 p51-52

増島 俊之 ますじま・としゆき〔1936― 行政学・行政改革〕
○著書目録ほか 「総合政策研究 13」(中央大) 2006.3 p299-301

増田 明美 ますだ・あけみ〔1964― スポーツジャーナリスト〕
○著作リストほか 「スポーツ選手増田明美」(歌代幸子) 理論社 2005.1 p199-201

益田 克徳 ますだ・かつのり〔1852―1903 実業家〕
◎翻訳文学年表 「福地桜痴・益田克徳集 明治翻訳文学全集 〔続〕翻訳家編2」(福地桜痴ほか) 大空社 2003.7 p1-3b

益田 勝実 ますだ・かつみ〔1923― 上古文学・思想史〕
○著作論文目録(鈴木和仁ほか) 「日本文学誌要 68」(法政大) 2003.7 p159-129
◎文献目録 「戦後古典教育論の研究」(渡辺春美) 渓水社 2004.3 p379-391
○著作論文目録(鈴木和仁ほか) 「益田勝実の仕事 5」(益田勝実) 筑摩書房 2006.6 p591-546

増田 重信　ますだ・しげのぶ
　◎著作（増田行雄）　「播磨地方文化史研究―増田重信のあしあと」（増田重信）　真陽社　2007.10　p651-657

増田 晴天楼　ますだ・せいてんろう〔1904―1961　郷土史家・俳人〕
　◎略年譜　「大和路の芭蕉遺蹟」（増田晴天楼）　奈良新聞社　2003.12　p342-348

益田 孝　ますだ・たかし〔1848―1938　実業家・茶人〕
　◎引用参考文献　「益田孝　天人録―横浜で実学を修め三井物産の誕生へ」（松永秀夫）　新人物往来社　2005.7　p7-10b

益田 太郎冠者　ますだ・たろうかじゃ〔1875―1953　劇作家・実業家〕
　◎参考文献　「喜劇の殿様―益田太郎冠者伝」（高野正雄）　角川書店　2002.6　p217-219

増田 信彦　ますだ・のぶひこ〔1940―　政策科学・資源経済学〕
　○著作目録ほか　「富大経済論集　50.3」（富山大）　2005.3　p431-433

増田 正勝　ますだ・まさかつ〔1937―　ドイツ経営学・カトリック経営思想〕
　○著作目録ほか　「山口経済学雑誌　49.2」（山口大）　2001.3　p479-487

増田 豊　ますだ・ゆたか〔1938―　言語学〕
　○業績　「言語文化研究　27.1」（松山大）　2007.9　p208-209

増谷 文雄　ますたに・ふみお〔1902―1987　仏教〕
　◎参考文献　「西洋からの仏教を耕した人―明治維新と宗教、そして増谷文雄博士」（荒木稔恵）　風涛社　2004.3　p292-297
　◎著作目録　「仏教講義―根本仏教と大乗仏教の会通を語る」（増谷文雄）　佼成出版社　2005.1　p211-219

増地 昭男　ますち・あきお〔1930―　経営学〕
　○業績ほか　「中京経営研究　12.2」（中京大）　2003.2　3pf

枡野 俊明　ますの・しゅんみょう〔1953―　僧侶・庭園デザイナー〕
　◎参考文献ほか　「禅の庭―枡野俊明の世界」（枡野俊明）　毎日新聞社　2003.9　p116-118

増原 啓司　ますはら・けいじ
　○業績ほか　「中京法学　40.3・4」（中京大）　2006　p125-126

増淵 恒吉　ますぶち・つねきち〔1907―1986　国文学〕
　○文献目録（山本義美ほか）　「国語教育史研究　9」（国語教育史学会）　2007.12　p60-73

増村 王子　ますむら・きみこ〔1913―　児童文学・絵本・読書教育〕
　○著作リストほか　「子どもの本棚　33.2」（日本子どもの本研究会）　2004.2　p30-31

町井 和朗　まちい・かずろう〔1931―　憲法〕
　○著作目録ほか　「大東法学　13.1」（大東文化大）　2003.10　p233-236

町田 康　まちだ・こう〔1962―　小説家・ロック歌手・俳優〕
　○解体全書（榎本正樹）　「ダ・ヴィンチ　82」（メディア・ファクトリー）　2001.2　p204-207
　◎年譜　「芥川賞全集　19」（町田康）　文藝春秋　2002.12　p389-391
　◎略年譜　「町田康詩集」（町田康）　角川春樹事務所　2003.5　p245-249

町田 町蔵　まちだ・まちぞう
　⇒町田 康（まちだ・こう）を見よ

町村 敬貴　まちむら・けいき〔1882―1969〕
　◎年譜　「町村敬貴伝―伝記・町村敬貴」（蝦名賢造）　大空社（伝記叢書　346）　2000.12　p300-304

松井 和夫　まつい・かずお〔1935―2004　国際金融論・国際経営論〕
　○業績目録ほか　「大阪経大論集　55.5」（大阪経済大）　2005.1　p107-112

松井 勝利　まつい・かつとし
　○業績ほか（吉田茂）　「埼玉大学紀要　教育科学　53.1分冊2」（埼玉大）　2004　p1-6

松井 康成　まつい・こうせい〔1927―2003　陶芸家・僧侶〕
　◎文献目録　「人間国宝松井康成の全貌」（松井康成）　朝日新聞社　2005.9　p180-187
　◎文献ほか（後藤弘文ほか）　「練上玻璃光―松井康成作品集」（松井康成）　講談社　2005.9　p193-207

松井 茂久　まつい・しげひさ
　◎参考文献　「松井茂久『警官陶冶篇』検討序説」（吉原丈司）〔吉原丈司〕　2006.6　p119-128

松居 松葉　まつい・しょうよう
　◎翻訳文学年表　「松居松葉集　明治翻訳文学全集〔続〕翻訳家編15」（松居松葉）　大空社　2003.3　p1-3b

松井 倫子　まつい・のりこ
　○略歴ほか　「立教大学観光学部紀要　5」（立教大）　2003.3　p172」

松井 芳郎　まつい・よしろう〔1941―　国際法〕
　○業績一覧　「名古屋大学法政論集　202」（名古屋大）　2004.5　p433-454

松浦 章　まつうら・あきら〔1947―　東洋史〕
　○著作一覧　「清代海外貿易史の研究」（松浦章）　朋友書店　2002.1　p665-668

松浦 馨　まつうら・かおる〔1929―　民事法〕
　○業績目録ほか　「名城法学　52.2・3」（名城大）　2003　p315-332

松浦 武四郎　まつうら・たけしろう〔1818—1888　探検家〕
- ◎「松浦武四郎「刊行本」書誌」(高木崇世芝)　北海道出版企画センター　2001.10　103p　A5
- ◎参考文献ほか　「松浦武四郎—シサム和人の変容」(佐野芳和)　北海道出版企画センター　2002.4　p300-306
- ◎「松浦武四郎関係文献目録」(高木崇世芝)　北海道出版企画センター　2003.6　145p　A5
- ◎参考文献　「松浦武四郎時代と人びと」(北海道開拓記念館)　十勝毎日新聞社　2004.4　p78-79
- ◎参考文献　「松浦武四郎と江戸の百名山」(中村博男)　平凡社　2006.10　p197-198
- ◎年表ほか(秋葉實)　「知床紀行」(松浦武四郎)　北海道出版企画センター　2006.11　p181-196
- ◎参考文献　「江戸明治の百名山を行く—登山の先駆者松浦武四郎」(渡辺隆)　北海道出版企画センター　2007.7　p273-275

松浦 利明　まつうら・としあき〔1933—　農政問題〕
- ○業績ほか　「専修経済学論集　38.3」(専修大)　2004.3　p487-495

松浦 友久　まつうら・ともひさ〔1935—2002　中国古典文学〕
- ○編年目録(早稲田大学中国文学会)　「中国文学研究　29」(早稲田大)　2003.12　p1-24

松浦 寿輝　まつうら・ひさき〔1954—　小説家・詩人・映画評論家〕
- ◎年譜　「芥川賞全集　19」(松浦寿輝)　文藝春秋　2002.12　p391-395
- ◎初出一覧　「青の奇蹟」(松浦寿輝)　みすず書房　2006.4　p345-344
- ◎著書ほか　「クロニクル」(松浦寿輝)　東京大出版会　2007.4　p193-194
- ◎参考資料(中村三春)　「展望現代の詩歌　5　詩V」(飛高隆夫ほか)　明治書院　2007.12　p328-329

松浦 理英子　まつうら・りえこ〔1958—　小説家〕
- ◎参考文献ほか(伊藤秀美ほか)　「松浦理英子」(清水良典)　鼎書房　2006.6　p149-156

松江 春次　まつえ・しゅんじ〔1876—1954〕
- ◎参考文献　「松江春次伝」(塩谷七重郎)　歴史春秋出版　2005.3　p214」

松枝 迪夫　まつえだ・みちお〔1931—　民事法〕
- ○業績一覧ほか　「神奈川大学国際経営論集　23」(神奈川大)　2002.3　p1-9f

松尾 邦之助　まつお・くにのすけ〔1899—1975　ジャーナリスト・評論家〕
- ◎著作目録(大澤正道)　「無頼記者、戦後日本を撃つ—1945・巴里より「敵前上陸」」(松尾邦之助)　社会評論社　2006.4　p304-307

松尾 聰　まつお・さとし〔1907—1997　中古文学〕
- ◎著述目録　「松尾聰遺稿集　3　日本語遊覧　語義百題」　笠間書院　2000.1　p305-332
- ◎略年譜　「松尾聰遺稿集　2　『源氏物語』—不幸な女性たち」(松尾光ほか)　笠間書院　2001.3　p293-295

松尾 章一　まつお・しょういち〔1930—　自由民権運動・ファシズム〕
- ○業績表ほか　「法政大学多摩論集　17.2」(法政大)　2001.3　p3-32

松尾 多勢子　まつお・たせこ〔1811—1894　歌人・勤王家〕
- ◎注　「たをやめと明治維新—松尾多勢子の反伝記的生涯」(A.ウォルソール)　ぺりかん社　2005.6　p374-411

松尾 展成　まつお・のぶしげ〔1935—　経済史〕
- ○略歴　「岡山大学経済学会雑誌　32.4」(岡山大)　2001.3　p749-754

松尾 芭蕉　まつお・ばしょう〔1644—1694　俳人〕
- ○研究文献目録(金子俊之)　「文献探索　2000」(文献探索研究会)　2001.2　p173-176
- ◎文献　「『おくのほそ道』の本文研究—古典教育の視座から」(藤原マリ子)　新典社(新典社研究叢書　133)　2001.5　p263-283
- ◎注文献　「芭蕉の風景　文化の記憶」(ハルオ・シラネ，衣笠正晃)　角川書店　2001.5　p191-205
- ◎略年譜　「芭蕉」(饗庭孝男)　集英社(集英社新書　0089F)　2001.5　p255-258
- ◎略年譜　「芭蕉」(保田與重郎)　新学社(保田與重郎文庫　11)　2001.10　p217-224
- ◎参考文献ほか　「芭蕉ハンドブック」(尾形仂)　三省堂　2002.2　p267-275
- ◎参考文献　「芭蕉伝記新考」(高橋庄次)　春秋社　2002.5　p481-482
- ◎引用・参考書目　「奥の細道の研究」(櫻井武次郎)　和泉書院　2002.5　p379-384
- ○文献目録(金子俊之)　「文献探索　2001」(文献探索研究会)　2002.7　p154-157
- ◎文献　「加賀俳壇と蕉風の研究」(李炫瑛)　桂書房　2002.8　p187-193
- ◎年譜、著作目録(栗坪直樹)　「芭蕉庵桃青」(秋山駿)　講談社　2002.9　p455-458
- ◎参考図書　「おくのほそ道—福島県探勝記」(猪狩三郎)　歴史春秋出版　2003.1　p370-373
- ◎参考文献　「蕉風俳諧における〈季語・季題〉の研究」(東聖子)　明治書院　2003.2　p397-405
- ○研究文献目録(三木慰子)　「梅花日文論叢　11」(梅花女子大)　2003.3　p27-34
- ○業績ほか　「専修人文論集　72」(専修大)　2003.3　8pf
- ◎参考資料　「神田上水工事と松尾芭蕉」(大松騏一)　神田川芭蕉の会　2003.3　p160-161
- ◎略年譜　「おくのほそ道—現代語訳　新版」(頴原退蔵ほか)　角川書店　2003.3　p317-331
- ◎研究文献(金子俊之ほか)　「『おくのほそ道』解釈事典—諸説一覧」(堀切実)　東京堂出版　2003.8　p238-269
- ◎略年譜ほか　「松尾芭蕉—人と文学」(稲垣安伸)　勉誠出版　2004.1　p207-222
- ○業績ほか　「学術研究　教育・社会教育学編　52」(早稲田大)　2004.2　p121-123

◎略年譜　「芭蕉紀行」(嵐山光三郎)　新潮社　2004.4　p368-371
◎参考文献　「芭蕉の謎と蕪村の不思議」(中名生正昭)　南雲堂　2004.7　p283-286
◎年譜　「芭蕉」(岡本勝)　中日新聞社　2004.8　p222-226
◎参考文献　「芭蕉の風狂と漂泊の風景」(夏山希草)　言海書房　2004.9　p244-247
◎年譜　「芭蕉全句―袖珍版」(堀信夫)　小学館　2004.11　p233-239
◎参考文献(金子俊之)　「芭蕉　日本文学研究大成」(雲英末雄ほか)　国書刊行会　2004.11　p348-353
◎「芭蕉翁記念館芭蕉文庫目録　書冊篇」(芭蕉翁顕彰会)　八木書店　2005.1　20,342,52p　A5
◎参考文献　「芭蕉俳諧の季節感」(愈玉姫)　信山社出版　2005.7　p298-308
◎参考文献　「『おくのほそ道』出羽路の旅」(梅津保一)　東北出版企画　2005.7　p224-228
◎略年譜　「全釈芭蕉書簡集」(田中善信)　新典社　2005.11　p799-808
◎参考文献　「俳聖芭蕉と俳魔支考」(堀切実)　角川学芸出版　2006.4　p312-317
◎参考文献ほか　「芭蕉俳文集　下」(堀切実)　岩波書店　2006.5　p342-357
◎参考文献　「『奥の細道』新解読―〈旅の事実〉と〈旅の真理〉」(小澤克己)　東洋出版　2007.3　p245-251
○新情報(大木京子)　「国文学　解釈と教材の研究　52.4」(学燈社)　2007.5　p134-141
◎参考文献(金子俊之)　「カラー版芭蕉、蕪村、一茶の世界」(雲英末雄)　美術出版社　2007.5　p171-175
◎引用書目一覧　「芭蕉俳諧と前書の機能の研究」(金田房子)　おうふう　2007.10　p327-341

松尾　光　まつお・ひかる〔1948―　日本古代史〕
◎著作一覧　「白鳳天平時代の研究」(松尾光)　笠間書院　2004.3　p688-709

松尾　由美　まつお・ゆみ〔1960―　小説家〕
○著作リスト　「安楽椅子探偵アーチー」(松尾由美)　東京創元社　2003.8　p282」

松尾　好治　まつお・よしはる〔1935―　中国〕
○業績ほか　「三重中京大学研究フォーラム　1」(三重中京大)　2006　p7-8

松尾　力雄　まつお・りきお〔1936―　英文学〕
○研究業績ほか　「阪南論集　人文・自然科学編　37.3」(阪南大)　2002.1　p4-7

松岡　要　まつおか・かなめ〔1946―　司書〕
○書誌(阿部千春)　「文献探索　2006」(文献探索研究会)　2006.11　p4-13

松岡　寛爾　まつおか・かんじ〔1929―　経済〕
○業績一覧　「経済経営論集　8.2」(名古屋経済大)　2000.12　p2-4f

松岡　紘一　まつおか・こういち〔1944―　家計経済〕
○略歴ほか　「総合政策論叢　13」(島根県立大)　2007.3　p97-104

松岡　誠之助　まつおか・せいのすけ〔1932―　民事法〕
○業績ほか　「専修法学論集　87」(専修大)　2003.3　p11-13b

松岡　博　まつおか・ひろし〔1939―　国際法〕
○著作目録ほか　「阪大法学　52.3・4」(大阪大)　2002.11　p623-633

松岡　正章　まつおか・まさのり〔1933―　刑事訴訟法〕
○年譜　「甲南法学　42.3・4」(甲南女子大)　2002.3　14pb
◎業績目録　「量刑法の総合的検討―松岡正章先生古稀祝賀」(前野育三ほか)　成文堂　2005.2　p400-408

松岡　道治　まつおか・みちはる〔1871―1953　整形外科学〕
○業績ほか(廣谷速人)　「日本医史学雑誌　51.3」(日本医史学会)　2005.9　p385-408

松岡　靖光　まつおか・やすみつ〔1939―2002　弁護士〕
○著作目録ほか　「中央学院大学法学論叢　16.1.27」(中央学院大)　2003.3　p177-179

松岡　譲　まつおか・ゆずる〔1891―1969　小説家・随筆家〕
◎年譜ほか　「松岡譲三篇」(関口安義)　イー・ディー・アイ　2002.1　p86-95

松岡　義和　まつおか・よしかず〔1938―　劇作家〕
○研究業績ほか　「市立名寄短期大学紀要　34」(名寄短大)　2002.3　p149-151
○略歴ほか　「市立名寄短期大学紀要　39」(市立名寄短大)　2006.3　p102-104

松方　幸次郎　まつかた・こうじろう〔1865―1950　実業家・美術蒐集家・政治家〕
○参考資料　「神戸を翔ける　川崎正蔵と松方幸次郎」(辻本嘉明)　神戸新聞出版センター　2001.1　p194」

松方　正義　まつかた・まさよし〔1835―1924　政治家・財政家・公爵〕
◎参考文献　「松方正義―我に奇策あるに非ず、唯正直あるのみ」(室山義正)　ミネルヴァ書房　2005.6　p435-440

松木　栄三　まつき・えいぞう〔1940―　西洋史・ロシア中世史〕
○業績ほか　「人文論集　56.2」(静岡大)　2005　p5-10
○業績ほか　「人文論集　56.2」(静岡大)　2006.1　p5-10

眞継　隆　まつぎ・たかし
○業績　「総合政策研究　9.2」(愛知学院大)　2007.3　p15-17f

松木　直秀　まつき・なおひで
○略年譜ほか(鈴木亮)　「成蹊人文研究　14」(成蹊大)　2006.3　p11-24

松倉 米吉　まつくら・よねきち〔1895―1919　歌人〕
　◎参考文献ほか　「松倉米吉・富田木歩・鶴彬」（小沢信男）　イー・ディー・アイ　2002.8　p79-95

松崎 明　まつざき・あきら〔1936―　労働運動家〕
　◎参考文献　「マングローブ―テロリストに乗っ取られたJR東日本の真実」（西岡研介）　講談社　2007.6　p353-354

松崎 慊堂　まつざき・こうどう〔1771―1844　儒学者〕
　◎略年譜　「松崎慊堂―その生涯と彼をめぐる人びと」（鈴木瑞枝）　研文出版　2002.4　p391-394

松崎 晋二　まつざき・しんじ〔写真師〕
　◎参考・引用文献　「中橋和泉町松崎晋二写真場―お雇い写真師、戦争・探偵・博覧会をゆく」（森田峰子）　朝日新聞社　2002.7　p288-292

松崎 洋子　まつざき・ひろこ
　○業績ほか　「敬和学園大学研究紀要 16」（敬和学園大）　2007.2　p267-271

松下 圭一　まつした・けいいち〔1929―　政治評論家・政治学者〕
　◎著述目録　「現代政治・発想と回想」（松下圭一）　法政大出版局　2006.7　p1-31b

松下 幸之助　まつした・こうのすけ〔1894―1989　実業家〕
　◎年譜　「松下幸之助夢を育てる―私の履歴書」（松下幸之助）　日本経済新聞社（日経ビジネス人文庫）　2001.11　p171-178
　○著書一覧　「論叢松下幸之助 4」（PHP総合研究所第一研究本部）　2005.10　p116-118
　○著書　「論叢松下幸之助 8」（PHP総合研究所）　2007.10　p91-94

松下 大三郎　まつした・だいざぶろう〔1878―1935　国文〕
　◎著作目録　「図説松下文法ハンドブック―一般理論文法の先駆」（徳田政信）　勉誠出版　2006.5　p149-151

松下 竜一　まつした・りゅういち〔1937―2004　小説家〕
　◎年譜　「松下竜一の青春」（新木安利）　海鳥社　2005.6　p311-378

松嶋 敦茂　まつしま・あつしげ〔1940―　経済学史〕
　○業績　「彦根論叢 356」（滋賀大）　2006.1　p215-219

松島 栄一　まつしま・えいいち〔1917―2002　日本近代史・日本思想史〕
　◎年譜ほか　「歴史教育の歴史と社会科」（松島栄一）　歴史教育者協議会　2003.12　p294-298
　◎年譜ほか　「庶民の歴史家・松島榮一」（下町人間総合研究所）　下町人間総合研究所　2004.5　p446-452
　◎著書ほか　「歴史教育の歴史と社会科」（松島栄一）　歴史教育者協議会　2004.8　p294-298

松島 諄吉　まつしま・じゅんきち〔1930―　公法〕
　○著作目録ほか　「九州国際大学法学論集 8.3」（九州国際大）　2002.3　p1-9b

松島 肇　まつしま・はじめ
　◎参考文献ほか　「「虚業家」による泡沫会社乱造・自己破綻と株主リスク―大正期"会社魔"松島肇の事例を中心に」（小川功）　滋賀大　2006.2　p221-229

松島 恵　まつしま・めぐみ〔1935―　保険学〕
　○業績目録（松島恵）　「明治学院大学経済研究 130」（明治学院大）　2004.7　p95-123
　◎業績目録　「現代保険学の諸相―松島恵博士古稀記念」（姉崎義史ほか）　成文堂　2005.11　p603-609

松嶋 由紀子　まつしま・ゆきこ〔1929―　弁護士〕
　○主要著作目録　「独協法学 53」（独協大）　2000.12　p281-287

松園 万亀雄　まつぞの・まきお〔1939―　民族学・社会人類学〕
　○著作目録ほか　「人文学報 318」（東京都立大）　2001.3　p6-11

松田 修　まつだ・おさむ〔1927―2004　国文学者〕
　◎著作目録　「松田修著作集 8」　右文書院　2003.7　p832-876

松田 定次　まつだ・さだつぐ〔1906―2003　映画監督〕
　◎年譜ほか　「松田定次の東映時代劇―兄弟ライバル・マキノ雅弘を超えた監督」（畠剛）　ワイズ出版　2001.2　p245-271

松田 鹿三　まつだ・しかぞう
　◎参考文献　「尾張藩下級武士家族の近代―松田鹿三とその時代」（中江和恵）　新風舎　2006.12　p221-226

松田 正平　まつだ・しょうへい〔1913―2004　洋画家〕
　◎年譜　「風の吹くまま―松田正平画文集」（松田正平）　求龍堂　2004.2　p125-139

松田 哲夫　まつだ・てつお〔1947―　編集者〕
　◎年譜　「編集狂時代」（松田哲夫）　新潮社　2004.5　p464-465

松田 解子　まつだ・ときこ〔1905―2004　小説家〕
　◎年譜ほか（江崎淳）「乳を売る・朝の霧―松田解子作品集」（松田解子）　講談社　2005.10　p258-277

松田 徳一郎　まつだ・とくいちろう〔1933―2001　英語〕
　○著作リストほか　「松田徳一郎教授追悼論文集」（国松昭ほか）　研究社　2003.7　p559-569

松田 文雄　まつだ・ぶんゆう〔1928―　仏教・禅宗史学〕
　○業績　「宗教学論集 22」（駒沢宗教学研究会）　2003　p1-8f

松田 幹夫　まつだ・みきお〔1933―　公法学・国際法〕
　○著作目録ほか　「独協法学 61」（独協大）　2003.8　p407-416

松田 幸雄　まつだ・ゆきお〔1927―　詩人・翻訳家〕
　◎松田幸雄年譜　「松田幸雄詩集」（松田幸雄）
　　土曜美術社　2004.4　p149-157

松平 容保　まつだいら・かたもり〔1835―1893　大名〕
　◎文献　「松平容保の生涯―写真集」（小檜山六郎）
　　新人物往来社　2003.3　p190-191
　◎参考文献　「幕末会津藩主松平」（帯金充利）
　　叢文社　2006.11　p224-225

松平 定信　まつだいら・さだのぶ〔1758―1829　老中〕
　◎参考文献ほか　「定信お見通し―寛政視覚改革の治世学」（T.スクリーチ）　青土社　2003.9　p476-438

松平 春嶽　まつだいら・しゅんがく〔別名＝松平慶永　1828―1890　福井藩主〕
　◎参考文献　「幕末維新と松平春嶽」（三上一夫）
　　吉川弘文館　2004.5　p236-238
　◎参考文献　「横井小楠と松平春嶽」（高木不二）
　　吉川弘文館　2005.2　p213-217

松平 進　まつだいら・すすむ〔1933―2000　近世演劇・役者絵・絵本〕
　○業績目録ほか（北川博子）　「近松研究所紀要12」（園田学園女子大）　2002.3　p43-56

松平 信綱　まつだいら・のぶつな〔1596―1662　武蔵川越藩主・老中〕
　◎参考文献　「松平伊豆守信綱―鎖国を完成させた男」（岩田祐作）　文芸社　2004.5　p146-147

松平氏　まつだいらし
　◎文献目録　「三河松平一族」（平野明夫）　新人物往来社　2002.5　p316-323
　◎参考文献　「越前松平家と大安禅寺―殿様が建てたお寺の宝拝見　平成18年夏季特別展」（福井市立郷土歴史博物館）　福井市立郷土歴史博物館　2006.7　p108-109

松谷 勉　まつたに・つとむ
　○研究業績ほか　「関西大学商学論集　47.4・5」（関西大）　2002.12　p855-862

松土 陽太郎　まつど・ようたろう〔1933―　企業会計・財務会計〕
　○業績目録ほか　「国学院経済学　51.3・4」（国学院大）　2003.9　p524-520

松永 巖　まつなが・いわお
　○著作目録ほか　「和光経済　38.3」（和光大）　2006.3　p109-110

松永 和人　まつなが・かずと〔1931―　文化人類学〕
　○著作目録ほか　「福岡大学人文論叢　33.4」（福岡大）　2002.3　6pb

松永 希久夫　まつなが・きくお〔1933―2005　キリスト教学・新約聖書学〕
　○著作目録ほか　「神学　63」（東京神学大）　2001　p353-363

松永 伍一　まつなが・ごいち〔1930―2008　詩人・評論家〕
　◎参考文献　「放浪と土と文学と―高木護松永伍一谷川雁」（澤宮優）　現代書館　2005.10　p235-237

松永 淳一　まつなが・じゅんいち
　○略歴ほか　「長崎大学教育学部紀要　教科教育学46」（長崎大）　2006.3　5pf

松永 千秋　まつなが・ちあき
　◎略歴　「松永千秋集」（松永千秋）　邑書林　2006.12　p104-105

松永 久秀　まつなが・ひさひで〔1510―1577　武将〕
　◎参考資料　「松永久秀の真実―戦国ドキュメント」（藤岡周三）　文芸社　2007.3　p268-270

松永 安左エ門　まつなが・やすざえもん
　◎参考文献　「松永安左エ門―生きているうち鬼といわれても」（橘川武郎）　ミネルヴァ書房　2004.11　p271-283

松濤 誠達　まつなみ・よしひろ〔1936―　仏教学・インド哲学〕
　◎著作目録　「松濤誠達先生古稀記念梵文学研究論集」（古稀記念会）　古稀記念会　2007.2　p7-20f

松沼 勇　まつぬま・いさむ〔1933―　経済学〕
　○著作目録ほか　「和光経済　36.3」（和光大）　2004.3　p217-220

松野 みどり　まつの・みどり〔1939―2009　フランス語・フランス文学〕
　○略歴ほか　「金沢法学　46.2」（金沢大）　2004.3　p3-5

松野 陽一　まつの・よういち〔1935―　中古文学・和歌文学〕
　○著述一覧（稿）（阿部千春）　「文献探索　2003」（文献探索研究会）　2003.12　p14-21

松野 頼三　まつの・らいぞう〔1917―2006　政治家〕
　◎参考文献ほか　「政界六〇年松野頼三」（「政界六〇年松野頼三」刊行委員会）　文藝春秋企画出版部　2007.5　p524-525

松葉 邦敏　まつば・くにとし〔1933―　会計学〕
　○略歴ほか　「国士舘大学政経論叢　平成16.4　通巻130」（国士舘大）　2004.12　p17-24f

松林 金造　まつばやし・きんぞう
　○著作　「長崎県生物学会誌　54」（長崎県生物学会）　2002.7　p56-58

松原 悦夫　まつばら・えつお〔1934―　マーケティング論・地域経営論〕
　○業績目録ほか　「久留米大学商学研究　6.1」（久留米大）　2000.12　p5-9

松原 和男　まつばら・かずお〔1933―　計量経済学〕
　○業績目録ほか　「大阪経大論集　54.2」（大阪経大）　2003.7　p1-3

松原 成美　まつばら・しげみ〔1936―　会計学〕
　○業績ほか　「専修商学論集　84」（専修大）　2007.1　p195-198

松原 達哉　まつばら・たつや〔1930―　相談心理学・教育心理学〕
　○略歴　「立正大学哲学・心理学会紀要　27」（立正大）　2001.3　p7-9

松原 勉　まつばら・つとむ〔1932―　日本文学〕
　○研究業績ほか　「国語国文学誌　30」（広島女学院大）　2000.12　p105-112

松原 信之　まつばら・のぶゆき〔1933―　郷土史家〕
　◎著書ほか　「越前朝倉一族　新装版」（松原信之）　新人物往来社　2006.12　p255-256

松原 洋宗　まつばら・ひろむね
　○著作ほか　「立教大学観光学部紀要　6」（立教大）　2004.3　p59」

松政 貞治　まつまさ・ていじ〔1955―　建築家〕
　◎著書ほか　「パリ都市建築の意味 - 歴史性―建築の記号論・テクスト論から現象学的都市建築論へ」（松政貞治）　中央公論美術出版　2005.1　p584-586

松村 明　まつむら・あきら〔1916―2001　国語〕
　○年譜・著作（東京大学文学部国語研究室）　「国語と国文学　79.8」（東京大）　2002.8　p109-118

松村 英一　まつむら・えいいち〔1889―1981　歌人〕
　◎年譜・文献　「松村英一の風景」（川崎勝信）　ながらみ書房　2002.9　p300-317

松村 君子　まつむら・きみこ
　◎年譜　「思い出は万華鏡のように―浅草橋場・北千住　明治・大正・昭和・平成」（松村君子）　松村英司　2004.3　p232-237

松村 國隆　まつむら・くにたか
　○略歴ほか　「人文研究　58」（大阪市立大）　2007.3　p21-25

松村 憲一　まつむら・けんいち
　○主要業績ほか　「フィロソフィア　80」（早稲田大学哲学会）　2001.3　p160-163

松村 康平　まつむら・こうへい〔1917―2003　心理学・関係学〕
　○業績　「関係学研究　32.1」（日本関係学会）　2005.3　p6-12

松村 將　まつむら・すすむ
　○主要業績ほか　「京都女子大学教育学科紀要　44」（京都女子大）　2004.2　p1-4

松村 高夫　まつむら・たかお〔1942―　労働史〕
　○著作目録ほか　「三田学会雑誌　99.4」（慶應義塾経済学会）　2007.1　p279-289
　◎著作一覧　「裁判と歴史学―七三一細菌戦部隊を法廷からみる」（松村高夫ほか）　現代書館　2007.3　p383-385

松村 信美　まつむら・のぶよし
　○著書論文目録ほか　「中京国文学　20」（中京大）　2001　p145-147

松村 みね子　まつむら・みねこ〔本名=片山広子　1878―1957　歌人・翻訳家〕
　◎略年譜　「燈火節―随筆+小説集」（片山広子）　月曜社　2004.11　p731-738

松村 好浩　まつむら・よしひろ〔1931―　英語学〕
　○経歴　「姫路独協大学外国語学部紀要　15」（姫路独協大）　2002.1　p149-151

松本 勇　まつもと・いさむ〔1942―　交通経済論〕
　○業績ほか　「長崎県立大学論集　40.4」（長崎県立大）　2007.3　12pf

松本 一郎　まつもと・いちろう
　○業績目録　「独協法学　53」（独協大）　2000.12　p291-300

松本 学　まつもと・がく〔1886―1974　官僚〕
　◎著作目録　「松本学―内政史研究会談話速記録　現代史を語る4」（松本学）　現代史料出版　2006.8　p353-365

松本 和良　まつもと・かずよし〔1928―　社会学〕
　○業績一覧ほか　「Sociologica　29.1・2」（創価大）　2005.3　p44-49

松本 かつぢ　まつもと・かつぢ〔1904―1986　漫画家・挿絵画家〕
　◎略年譜ほか　「松本かつぢ―昭和の可愛い!をつくったイラストレーター」（内田静枝）　河出書房新社　2006.4　p125-140

松本 喜一　まつもと・きいち
　○著作一覧（鈴木宏宗）　「参考書誌研究　54」（国立国会図書館）　2001.3　p69-78

松本 喜三郎　まつもと・きさぶろう〔1825―1891　生人形師〕
　◎参考文献　「生人形と松本喜三郎」（「生人形と松本喜三郎」展実行委員会）　実行委員会　2004.6　p219-224

松本 健一　まつもと・けんいち〔1946―　思想史〕
　○著書目録ほか　「東北アジアアラカルト　18」（東北大）　2007　p48-52

松本 晧一　まつもと・こういち
　○業績ほか　「宗教学論集　21」（駒沢宗教学研究会）　2002.3　p7-11f

松本 治一郎　まつもと・じいちろう〔1887―1966　部落解放運動家・政治家〕
　◎文献　「松本治一郎」（福岡県人権研究所）　西日本新聞社　2003.11　p285-288
　◎参考文献　「水平記―松本治一郎と部落解放運動の一〇〇年」（高山文彦）　新潮社　2005.5　p713-719
　◎参考文献　「水平記―松本治一郎と部落解放運動の一〇〇年」（高山文彦）　新潮社　2007.11　p438-444

松本 祐光　まつもと・すけみつ
　○業績ほか　「苫小牧駒澤大学紀要　15」（苫小牧駒澤大）　2006.3　p1-2

松本 清張　まつもと・せいちょう〔1909―1992　小説家〕
　◎注文献　「第1回松本清張研究奨励事業研究報告」（北九州市松本清張記念館）　北九州市松本清張記念館　2000.8　prr
　◎文献ほか　「松本清張映像の世界　霧にかけた夢」（林悦子）　ワイズ出版　2001.3　p166-238
　◎「松本清張書誌―作品目録篇」（平井隆一）　日本図書刊行会　2002.12　251p　B5
　◎年譜　「松本清張の残像」（藤井康栄）　文藝春秋　2002.12　p188-222
　◎年譜（藤井康栄）　「松本清張の世界」（文藝春秋）　文藝春秋　2003.3　p712-744
　◎収録文献　「平野謙松本清張探求」（森信勝）　同時代社　2003.6　p216-217
　◎「松本清張書誌研究文献目録」（岩見幸恵）　勉誠出版　2004.10　3,407p　A5
　◎略年譜ほか　「松本清張を読む」（細谷正充）　KKベストセラーズ　2005.2　p225-237
　◎研究文献一覧　「松本清張事典　決定版」（郷原宏）　角川書店　2005.4　p407-429
　◎略年譜　「清張さんと司馬さん」（半藤一利）　文藝春秋　2005.10　p270-278
　◎書誌　「『黒い霧』は晴れたか―松本清張の歴史眼」（藤井忠俊）　窓社　2006.2　p181-186
　◎略年譜　「松本清張　別冊太陽」　平凡社　2006.6　p152-164

松本 大洋　まつもと・たいよう〔1967―　漫画家〕
　○全著作解題（斎藤宣彦ほか）　「ユリイカ　39.1.530」（青土社）　2007.1　p216-229

松本 たかし　まつもと・たかし〔1906―1956　俳人〕
　◎略年譜　「松本たかし俳句私解」（上村占魚）　紅書房　2002.3　p160-164

松本 唯史　まつもと・ただし
　○業績ほか　「専修経済学論集　35.3.78」（専修大）　2001.3　p303-305

松本 タミ　まつもと・たみ
　○略歴ほか　「香川法学　26.3・4」（香川大）　2007.3　p1-7b

松本 忠司　まつもと・ちゅうじ〔1929―2002　露文〕
　◎研究業績　「魂のメッセージ―ロシア文学と小林多喜二」（松本忠司）　東銀座出版社　2004.7　p178-184

松本 徹　まつもと・とおる〔1933―　文芸評論家〕
　○業績ほか（竹田日出夫）　「武蔵野日本文学　13」（武蔵野大）　2004.3　p101-106

松本 富生　まつもと・とみお〔1937―　小説家・歌人〕
　◎年譜（松本富生）　「〈在日〉文学全集　16」（磯貝治良ほか）　勉誠出版　2006.6　p473-477

松本 憲尚　まつもと・のりなお
　○略歴ほか　「広島経済大学研究論集　29.2・3」（広島経済大）　2006.12　p2-5f

松本 治久　まつもと・はるひさ〔1930―　国文学〕
　○略歴ほか（松村武夫）　「武蔵野日本文学　10」（武蔵野女子大）　2001.3　p86-88
　○略歴ほか（松村武夫）　「歴史物語論集」（松本治久）　新典社（新典社研究叢書　136）　2001.10　p227-235

松元 宏　まつもと・ひろし〔1938―　日本近現代経済史〕
　○業績　「エコノミア　55.1」（横浜国立大）　2004.5　2pb

松本 泰丈　まつもと・ひろたけ
　○略歴ほか（神戸和昭）　「千葉大学人文研究　35」（千葉大）　2006　p17-45

松本 文三郎　まつもと・ぶんざぶろう〔1869―1944　インド哲学者・仏教学者〕
　◎主要著書（前田耕作）　「弥勒浄土論・極楽浄土論」（松本文三郎）　平凡社　2006.2　p384-385

松本 正信　まつもと・まさのぶ
　○業績ほか　「独協経済　82」（独協大）　2006.8　p2-3

松本 正徳　まつもと・まさのり〔1935―　経営学〕
　○著作目録ほか　「商学論纂　47.3」（中央大）　2006.3　p511-514

松本 衛　まつもと・まもる〔1932―2004　建築設備・環境工学〕
　○著作目録ほか　「大阪産業大学論集　自然科学編　112」（大阪産業大）　2003.3　9pf

松本 道介　まつもと・みちすけ〔1935―　ドイツ文学〕
　○略年譜　「ドイツ文化　60」（中央大）　2005.3　p1-5
　○略年譜　「紀要　文学科　96」（中央大）　2005.3　p5-10

松本 譲　まつもと・ゆずる〔1933―　経営学〕
　○略歴ほか　「アドミニストレーション　10.3・4」（熊本県立大）　2004.3　p1-16f

松本 良順　まつもと・りょうじゅん〔1832―1907　医者〕
　◎参考文献　「空の石碑　幕府医官松本良順」（篠田達明）　NHK出版　2001.2　1pb

松本 零士　まつもと・れいじ〔1938―　漫画家・アニメーション作家〕
　◎作品リスト　「コミックを作った10人の男―巨星たちの春秋」（瀬戸龍哉ほか）　ワニブックス　2002.5　p14-18
　◎作品一覧表　「松本零士の宇宙」（吉本健二）　八幡書店　2003.11　p365-393

松山 正男　まつやま・まさお〔1932―　英文学・英語教育〕
　○著書ほか　「人文研究　146」（神奈川大）　2002.9　1pf

松山 基範　まつやま・もとのり〔1884―1958　地球物理学〕
　◎業績ほか　「日も行く末ぞ久しき―地球科学者松山基範の物語」（前中一晃）　文芸社　2006.2　p168-203

松浦 静山　まつら・せいざん〔1760―1841　大名〕
　◎参考文献　「悠悠自適　老侯・松浦静山の世界」（氏家幹人）　平凡社　2001.1　p281-288
　◎参考文献　「悠悠自適―老侯・松浦静山の世界」（氏家幹人）　平凡社　2002.1　p281-288

まど・みちお　〔1909―　詩人・童謡詩人〕
　◎年譜（伊藤英治）　「まど・みちお全詩集　新訂版」（まどみちお）　理論社　2001.6　p719-735

眞鍋 俊二　まなべ・しゅんじ
　○著作目録ほか　「関西大学法学論集　55.4・5」（関西大）　2006.2　p613-634

真鍋 俊照　まなべ・しゅんしょう〔1939―　美術史家・画家・美術評論家〕
　○業績一覧　「宝仙学園短期大学紀要　29」（宝仙学園短大）　2004.3　p3-7

真鍋 博　まなべ・ひろし〔1932―2000　イラストレーター〕
　◎著作　「愛媛県立図書館所蔵真鍋博コレクション目録」（愛媛県立図書館）　愛媛県立図書館　2004.1　p286-452
　○作品たち（小松葉子）　「文献探索　2006」（文献探索研究会）　2006.11　p280-296

間野 英二　まの・えいじ〔1939―　東洋史・中央アジア史〕
　◎著作目録　「東洋史研究　60.4」（東洋史研究会）　2002.3　p3-12b

間宮 庄平　まみや・しょうへい〔1934―　公法学〕
　○業績一覧ほか　「産大法学　38.3・4」（京都産業大）　2005.2　p565-571

黛 敏郎　まゆずみ・としろう〔1929―1997　作曲家〕
　◎作品リスト　「日本映画音楽の巨星たち　2　伊福部昭芥川也寸志黛敏郎」（小林淳）　ワイズ出版　2001.5　p1-23b

丸尾 直美　まるお・なおみ〔1932―　経済政策論〕
　◎略歴ほか　「尚美学園大学総合政策研究紀要　11」（尚美学園大）　2006.3　2pf

丸川 松隠　まるかわ・しょういん
　◎年譜　「丸川松隠評伝」（逸見芳春）　備北民報　2007.11　p86-89

丸木 政臣　まるき・まさおみ〔1924―　教育家・教育評論家〕
　◎著作目録ほか　「丸木政臣教育著作選集　1　教師・教育論―教師とはなにか教育に人間を」（丸木政臣）　澤田出版　2007.8　p440-443

マルセ 太郎　まるせ・たろう〔1933―2001　ボードビリアン〕
　◎年譜　「芸人マルセ太郎―写真集」（角田武）　明石書店　2001.3　p138-141

丸茂 新　まるも・あらた〔1934―　経済理論〕
　○著作目録ほか　「商学論究　48.3」（関西学院大）　2001.3　p175-179

丸茂 文幸　まるも・ふみゆき〔1931―　無機工業化学・無機構造化学〕
　○著書一覧ほか（小坂和夫）　「日本大学文理学部自然科学研究所研究紀要　37」（日本大）　2002　p25-41

丸森 隆吾　まるもり・りゅうご〔1935―　〕
　○参考図書　「わがソフトウェア人生―SRA会長丸森隆吾」（前田義寛）　コンピュータ・エージ社　2004.11　p330-331

丸谷 才一　まるや・さいいち〔1925―　小説家・英文〕
　◎年譜ほか（藤本寿彦ほか）　「日本文学史早わかり」（丸谷才一）　講談社　2004.8　p226-243

丸山 英気　まるやま・えいき〔1939―　民事法学〕
　○著作目録　「千葉大学法学論集　19.1」（千葉大）　2004.7　p3-7

丸山 珪一　まるやま・けいいち
　○著述自撰目録　「金沢大学経済学部論集　27.2」（金沢大）　2007.3　p289-295

丸山 健二　まるやま・けんじ〔1943―　小説家〕
　◎年譜ほか（佐藤清文）　「夏の流れ―丸山健二初期作品集」（丸山健二）　講談社　2005.2　p286-297
　◎著書目録　「サテンの夜」（丸山健二）　求龍堂　2006.12　6pb

丸山 定巳　まるやま・さだみ〔1940―　地域社会学〕
　○業績目録ほか　「文学部論叢　85」（熊本大）　2005.3　p5-8

丸山 静雄　まるやま・しずお〔1909―2006　ジャーナリスト〕
　◎著作リスト　「典範令と日本の戦争――新聞人のジャーナリズム精神」（丸山静雄）　新日本出版社　2002.9　1pb

丸山 博正　まるやま・はくしょう
　◎業績　「浄土教の思想と歴史―丸山博正教授古稀記念論集」（大正大学浄土学研究会）　山喜房仏書林　2005.6　p15-31f

丸山 久子　まるやま・ひさこ
　○書誌（粂智子ほか）　「女性と経験　27」（女性民俗学研究会）　2002.12　p78-85

丸山 眞男　まるやま・まさお〔1928―1996　政治学者〕
　◎注文献　「思想史家丸山真男論」（大隅和雄, 平石直昭）　ぺりかん社　2002.7　prr
　◎参考文献　「感性としての日本思想―ひとつの丸山真男批判」（北沢方邦）　藤原書店　2002.11　p243-242
　◎文献　「丸山真男八・一五革命伝説」（松本健一）　河出書房新社　2003.7　p245-247
　◎年譜　「丸山真男書簡集　1　1940-1973」　みすず書房　2003.11　p299-311

◎参考文献 「丸山真男研究序説―「弁証法的な全体主義」から「八・一五革命説」へ」（今井弘道） 風行社 2004.2 p278-281
◎参考文献 「丸山眞男の時代―大学・知識人・ジャーナリズム」（竹内洋） 中央公論新社 2005.11 p321-339
◎参考文献 「丸山真男―リベラリストの肖像」（苅部正） 岩波書店 2006.5 p215-223
◎参考文献 「丸山眞男の思想―その今日的意義を問いつつ」（和久利康一） カテラ出版会 2006.6 p301-303
◎参考文献 「三木清と丸山真男の間」（今井弘道） 風行社 2006.7 p383-386
○主要著書 「未来 479」（未来社） 2006.8 p30-31
◎略年譜 「丸山眞男回顧談 下」（松沢弘陽ほか） 岩波書店 2006.10 p311-325
◎年譜ほか 「丸山眞男―日本近代における公と私」（間宮陽介） 筑摩書房 2007.3 p271-286
◎文献 「近代日本の社会科学―丸山眞男と宇野弘蔵の射程」（A.E.バーシェイ） NTT出版 2007.3 p374-356

丸山 康則 まるやま・やすのり〔1928― 人事管理〕
○主要研究（工藤秀幸） 「麗沢経済研究 11.1」（麗澤大） 2003.3 p79-85

丸山 幸夫 まるやま・ゆきお
◎「丸山幸夫教授退任記念業績集」 退任記念行事委員会 2007.8 379p B5

丸山 恵也 まるやま・よしなり〔1934― 経営学〕
○業績ほか 「立教経済学研究 54.4」（立教大） 2001.3 p239-245

丸山 里矢 まるやま・りや
◎参考文献 「歌声喫茶「灯」の青春」（丸山明日果） 集英社 2002.11 p238

馬渡 尚憲 まわたり・しょうけん〔1940― 経済学史・経済理論〕
○著作目録 「研究年報経済学 65.3」（東北大） 2004.1 p641-646

満済 まんさい〔1378―1435 僧侶〕
◎文献目録ほか 「満済―天下の義者、公方ことに御周章」（森茂暁） ミネルヴァ書房 2004.12 p245-250

萬田 五郎 まんだ・ごろう〔1905―1994 政治家〕
◎年譜ほか 「萬田五郎」（清宮烋子） 大空社（シリーズ福祉に生きる 46） 2001.7 p1-2b

萬野 裕昭 まんの・やすあき〔1906―1998 実業家〕
◎年譜 「琳派と茶道具―萬野コレクションの名品一挙公開」 サントリー美術館 2001 p134-135

【 み 】

三浦 綾子 みうら・あやこ〔1922―1999 小説家〕
◎略年譜 「三浦綾子研究」（上出恵子） 双文社出版 2001.3 p256-265
◎略年譜 「お陰さまで 三浦綾子さん100通の手紙」（久保田暁一） 小学館 2001.3 p212-221
◎年譜（三浦光世） 「三浦綾子小説選集 8 銃口」（三浦綾子） 主婦の友社 2001.7 p438-478
◎年譜 「人間の原点 苦難を希望に変える言葉」（三浦綾子） PHP研究所 2001.8 p229-237
◎「三浦綾子書誌」（岡野裕行） 勉誠出版 2003.4 6,321p A5
◎参考文献ほか 「三浦綾子 人と文学」（岡野裕行） 勉誠出版 2005.11 p211-240
◎引用文献 「『銃口』を読む―三浦綾子最後の小説―綴方事件とそのモデルたち」（佐藤将寛） 柏艪舎 2006.8 p244-247

三浦 参玄洞 みうら・さんげんどう
◎著作目録（浅尾篤哉） 「三浦参玄洞論説集」（三浦参玄洞） 一文字工房 2006.6 p425-515

三浦 恵次 みうら・しげじ〔1933― 広報学〕
○研究業績ほか 「明治学院論叢 672」（明治学院大） 2002.3 p47-65

三浦 修吾 みうら・しゅうご
◎参考文献 「大正自由教育の旗手―実践の中村春二・思想の三浦修吾」（上田祥士） 小学館スクウェア 2003.4 p278-289

みうら じゅん 〔1958― イラストレーター・漫画家・エッセイスト・ミュージシャン〕
◎初出一覧 「LOVE―miura jun rare tracks 1990-2003」（みうらじゅん） 世界文化社 2003.9 p319-318
◎歩み 「みうらじゅん大図鑑! 完全保存版」（みうらじゅん） 宣伝会議 2003.10 p326-332

三浦 順治 みうら・じゅんじ
○著書論文 「秋田県立大学総合科学研究彙報 4」（秋田県立大） 2003 p3-6

三浦 正一 みうら・しょういち〔1929― 財務会計〕
○研究業績ほか 「九州産業大学商経論叢 43.3・4」（九州産業大） 2003.3 5pb

三浦 清一 みうら・せいいち〔1895―1962 伝道師・社会事業家〕
◎略年譜ほか 「羊の闘い―三浦清一牧師とその時代」（藤坂信子） 熊本日日新聞社 2005.8 p254-269

三浦 仙三郎 みうら・せんざぶろう〔1847―1908 酒造家〕
◎参考文献 「吟醸酒を創った男―「百試千改」の記録」（池田明子） 時事通信社 2001.5 p193-196

三浦 つとむ　みうら・つとむ〔1911―1989　哲学・言語〕
　◎略年譜ほか（板倉聖宣）　「胸中にあり火の柱―三浦つとむの遺したもの」（横須賀寿子）　明石書店　2002.8　p350-372

三浦 弘万　みうら・ひろかず〔1935―　西洋古代・中世史〕
　○業績ほか　「創価大学人文論集　19」（創価大）　2007　p23-32

三浦 文夫　みうら・ふみお〔1928―　社会福祉〕
　○略歴ほか（三浦文夫）　「武蔵野大学現代社会学部紀要　5」（武蔵野大）　2004　p33-42
　◎文献　「社会福祉政策研究の課題―三浦理論の検証」（小笠原浩一ほか）　中央法規出版　2004.4　p183-192

三浦 雅士　みうら・まさし〔1946―　文芸評論家〕
　○年譜ほか（三浦雅士）「メランコリーの水脈」（三浦雅士）　講談社　2003.5　p331-337

三浦 由己　みうら・ゆうき〔1931―　〕
　○著作目録ほか　「駿河台経済論集　10.2」（駿河台大）　2001.3　p161-166

三尾 砂　みお・いさご〔1903―1989　国語学・ローマ字教育〕
　○著作目録ほか　「三尾砂著作集」（三尾砂）　ひつじ書房　2003.4　p326-334

三尾 公三　みお・こうぞう〔1924―2000　洋画家〕
　◎参考文献　「三尾公三展」（富山県立近代美術館）　富山県立近代美術館　c2003　p94-95

三笠宮 崇仁　みかさのみや・たかひと〔1915―　考古学〕
　◎著作目録ほか　「三笠宮殿下米壽記念論集」（三笠宮殿下米寿記念論集刊行会）　刀水書房　2004.11　p1-9f

三ケ島 葭子　みかしま・よしこ〔1886―1927　歌人〕
　◎年譜ほか　「三ケ島葭子全創作文集―小説・エッセイ・書簡文・美文」（秋山佐和子）　ながらみ書房　2000.11　p401-410
　◎参考文献ほか　「歌ひつくさばゆるされむかも―歌人三ケ島葭子の生涯」（秋山佐和子）　TBSブリタニカ　2002.8　p298-310

三上 章　みかみ・あきら〔1903―1971　文法学者〕
　◎参考文献　「『象は鼻が長い』入門―日本語学の父三上章」（庵功雄）　くろしお出版　2003.4　p160-166
　◎著作目録　「国文学解釈と鑑賞　69.1」（至文堂）　2004.1　p212-214
　◎年譜ほか　「主語を抹殺した男―評伝三上章」（金谷武洋）　講談社　2006.12　p270-280

三上 茂　みかみ・しげる〔1935―　教育哲学〕
　○業績ほか　「アカデミア　人文・社会科学編　78」（南山大）　2004.1　3pf

三上 昭美　みかみ・てるみ〔1931―　日本史〕
　◎略年譜ほか　「近代日本の政治と社会　三上昭美先生古稀記念論文集」　刊行会　2001.5　p511-520

三上 日出夫　みかみ・ひでお〔1918―　植物形態・分類学〕
　○業績ほか（工藤利彦）　「藻類　54.1」（日本藻類学会）　2006.3　p11-12

三上 宏美　みかみ・ひろみ
　○業績ほか　「関西大学商学論集　50.3・4」（関西大）　2005.10　p163-165

三上 義夫　みかみ・よしお〔1875―1950　数学史研究家〕
　◎「三上義夫遺稿目録」（藤井貞雄）〔藤井貞雄〕2004.4　287p　A4

三木 清　みき・きよし〔1897―1945　哲学〕
　◎参考文献　「三木清―個性者の構想力」（内田弘）　御茶の水書房　2004.8　p375-409
　◎参考文献　「帝国の形而上学―三木清の歴史哲学」（町口哲生）　作品社　2004.9　p240-250
　◎参考文献ほか　「三木清の存在論」（大滝朝春）　早稲田出版　2006.7　p410-478
　◎参考文献　「三木清と丸山真男の間」（今井弘道）　風行社　2006.7　p383-386
　◎略年譜　「東亜協同体の哲学―世界史的立場と近代東アジア―三木清批評選集」（三木清）　書肆心水　2007.2　p472-476
　◎参考文献　「人為と自然―三木清の思想史的研究」（津田雅夫）　文理閣　2007.3　p315-316

三木 紀人　みき・すみと〔1935―　中世文学〕
　○業績ほか　「国文　95」（お茶の水女子大）　2001.8　p68-72

三木 卓　みき・たく〔1935―　小説家〕
　◎年譜（栗坪良樹）　「路地」（三木卓）　講談社　2002.12　p284-303

三木 露風　みき・ろふう〔1889―1964　詩人〕
　◎参考文献（布川純子）「国文学解釈と鑑賞　68.11」（至文堂）　2003.11　p197-207

三岸 好太郎　みぎし・こうたろう〔1903―1934　洋画家〕
　◎略年譜　「二人の超現実主義者―福沢一郎と三岸好太郎―Migishi Kotaro Museum of Art, Hokkaido special exhibition」（北海道立三岸好太郎美術館）　北海道立三岸好太郎美術館　2002.9　p56-59

右島 一朗　みぎしま・いちろう
　◎論文総目次　「右島一朗著作集―社会主義再生への途上で」（右島一朗）　柘植書房新社　2005.10　p835-869

三國 玲子　みくに・れいこ〔1924―1987　歌人〕
　◎略年譜　「三國玲子全歌集」（三國玲子）　短歌新聞社　2005.3　p359-362

神子上 恵生　みこがみ・えしょう〔1935―　仏教学〕
　◎著作論文目録　「インド哲学仏教思想論集―神子上恵生教授頌寿記念論集」（神子上恵生教授頌寿記念論集刊行会）　永田文昌堂　2004.3　p5-10f

三阪 亘　みさか・わたる
　◎参考文献　「日系二世のNBA―伝説のプレイヤー　ワッツ・ミサカとその時代」（五味幹男）　情報センター出版局　2007.6　p337-338

三沢 厚彦　みさわ・あつひこ〔1961―　彫刻家〕
　◎参考文献（藤巻和恵）　「アニマルズ+」（三沢厚彦）　求龍堂　2007.4　p167-169

三澤 正善　みさわ・まさよし
　◎業績目録（三澤京子）　「三澤正善君追悼記念論集―怒涛の考古学」　三澤正善君追悼論集刊行会　2005.5　p6-7

三島 弥太郎　みしま・やたろう〔1867―1919　実業家〕
　◎年譜　「三島弥太郎関係文書」（尚友倶楽部, 季武嘉也）　芙蓉書房出版　2002.2　p543-553

三島 由紀夫　みしま・ゆきお〔1925―1970　小説家〕
　◎文献　「三島由紀夫」（小埜裕二）　若草書房（日本文学研究論文集成　42）　2000.4　p273-278
　○未発表作品（佐藤秀明）　「国文学　45.11」（学燈社）　2000.9　p98-108
　◎参考文献（高寺康仁）　「解釈と鑑賞　65.11」（至文堂）　2000.11　p161-170
　◎年譜ほか　「三島由紀夫と楯の会事件」（保阪正康）　角川書店（角川文庫）　2001.4　p355-376
　◎年譜　「自衛隊「影の部隊」―三島由紀夫を殺した真実の告白」（山本舜勝）　講談社　2001.6　p238-241
　◎参考文献　「ペルソナ　三島由紀夫伝　猪瀬直樹著作集2」（猪瀬直樹）　小学館　2001.11　p360-379
　◎参考文献　「三島由紀夫　魅せられる精神」（柴田勝二）　おうふう　2001.11　p362-364
　◎略年譜　「川端康成と三島由紀夫をめぐる21章」（滝田夏樹）　風間書房　2002.1　p196-207
　◎文献案内　「三島由紀夫の沈黙―その死と江藤淳・石原慎太郎」（伊藤勝彦）　東信堂　2002.7　p259-274
　◎文献　「三島文学の原型―始原・根茎隠喩・構造」（テレングト・アイトル）　日本図書センター　2002.9　p425-432
　◎年譜　「金閣寺　改版」（三島由紀夫）　新潮社　2003.5　p369-375
　◎年譜　「仮面の告白　改版」（三島由紀夫）　新潮社　2003.6　p276-281
　◎注　「三島由紀夫とテロルの倫理」（C.キムラ・スティーナン）　作品社　2004.8　prr
　◎年譜ほか　「文豪ナビ三島由紀夫」（新潮文庫）　新潮社　2004.11　p156-159
　◎略年譜　「三島由紀夫が死んだ日―あの日、何が終り何が始まったのか」（中条省平）　実業之日本社　2005.4　p270-278
　◎「決定版　三島由紀夫全集　42　年譜・書誌」（佐藤秀明ほか）　新潮社　2005.8　905p　B6
　◎文献目録　「資料三島由紀夫　再訂」（福島鑄郎）　朝文社　2005.9　p264-326ほか
　◎年譜　「潮騒　122刷改版」（三島由紀夫）　新潮社　2005.10　p208-213
　◎年譜ほか　「三島由紀夫―人と文学」（佐藤秀明）　勉誠出版　2006.2　p232-251
　◎参考文献　「断章三島由紀夫」（梅津齊）　碧天舎　2006.2　p343-346
　◎参考文献ほか　「最後のロマンティーク三島由紀夫」（伊藤勝彦）　新曜社　2006.3　p199-208
　◎年譜ほか（佐藤秀明）　「三島由紀夫文学論集　3」（虫明亜呂無）　講談社　2006.6　p323-342

三島 淑臣　みしま・よしおみ〔1932―　法律〕
　○略歴ほか　「アドミニストレーション　9.3・4」（熊本県立大）　2003.3　p13-17f
　◎業績目録ほか　「自由と正義の法理念―三島淑臣教授古稀祝賀」（J.ヨンパルトほか）　成文堂　2003.7　p557-564

水上 千之　みずかみ・ちゆき〔1942―2007　国際法〕
　○業績ほか　「広島法学　29.2」（広島大）　2005.12　p5-16

水上 勉　みずかみ・つとむ〔1919―2004　小説家〕
　◎ブックガイド　「植木鉢の土」（水上勉）　小学館　2003.11　p240-250
　◎年譜　「水上勉の京都を歩く」（蔵田敏明）　淡交社　2006.10　p122-123

水木 しげる　みずき・しげる〔1924―　漫画家〕
　◎詳細年譜　「「大(oh!)水木しげる展」図録」（朝日新聞社事業本部大阪企画事業部）　朝日新聞社　2004　p224-235
　○年譜ほか（平林重雄）　「ユリイカ　詩と批評　37.10.511」（青土社）　2005.9　p86-90,212-231
　◎完全リスト　「アニメ版ゲゲゲの鬼太郎完全読本」（『1週間』編集部）　講談社　2006.12　p330-335
　◎参考文献　「水木しげると鬼太郎変遷史」（平林重雄）　YMブックス　2007.5　p193-198
　◎作品一覧　「水木しげる貸本漫画のすべて」（山口信二・監修）　YMブックス　2007.5　p189-199

水越 潔　みずこし・きよし〔1922―1999　経営〕
　○業績ほか　「経営論集　10.1」（文京女子大）　2000.12　p3-8

水越 松南　みずこし・しょうなん〔1888―1985　日本画家〕
　◎文献　「水越松南展―没後20年」（姫路市立美術館）　姫路市立美術館友の会　2005.9　p83-103

水越 敏行　みずこし・としゆき〔1932―　教育方法学・教育工学〕
　○略歴　「情報研究　20」（関西大）　2004.3　p59-62

水越 允治　みずこし・みつはる〔1930―　気候学〕
　○業績ほか　「皇学館大学社会福祉学部紀要　4」（皇学館大）　2001　p12-13

水島 稔夫　みずしま・としお
　◎著作一覧　「海峡の地域史―水島稔夫追悼集」　追悼集刊行会　2004.10　p4-5

水田 珠枝　みずた・たまえ〔1929―　政治思想史・女性論〕
　○著作年譜　「社会科学論集　70」（名古屋経済大）　2005.3　p27-33

水谷 研治　みずたに・けんじ〔1933―　エコノミスト〕
　○業績ほか　「中京大学経済学論叢 19」(中京大)　2007　15pf

水谷 信子　みずたに・のぶこ〔1929―　日本語・日英対照研究〕
　○業績ほか　「明海大学外国語学部論集 15」(明海大)　2003.3　p147-150

水谷 弘　みずたに・ひろし
　○業績ほか　「専修商学論集 82」(専修大)　2006.1　p349-351

水谷 守男　みずたに・もりお〔1932―　財政学〕
　○業績目録ほか　「福岡大学経済学論叢 45.3・4」(福岡大)　2001.3　18pb

水谷 泰弘　みずたに・やすひろ〔1940―2006　ドイツ文学〕
　○略歴ほか　「言語文化論集 25.2」(名古屋大)　2004.3　p9-11f

水波 朗　みずなみ・あきら〔1922―2003　法学〕
　◎業績目録ほか　「自然法と洞見知」(水波朗)　創元社　2005.7　p911-919

水波 純子　みずなみ・じゅんこ〔1931―　フランス文学〕
　○略歴　「九州国際大学教養研究 7.2・3」(九州国際大)　2001.3　p9-12b

水野 朝夫　みずの・あさお〔1934―1999　労働経済学〕
　○著書目録ほか　「総合政策研究 8」(中央大)　2001.10　p345-349

水野 勝成　みずの・かつなり〔1564―1651　大名〕
　◎参考文献　「開祖水野勝成一代記―福山物語」(やまと太郎)　東京図書出版会　2006.2　p119-120

水野 忠邦　みずの・ただくに〔1794―1851　遠江浜松藩主・老中〕
　◎年譜　「水野忠邦天保改革老中日記 18」(水野忠邦)　ゆまに書房　2001.9　p629-649

水野 建雄　みずの・たつお〔1940―　西洋哲学〕
　○略歴ほか　「倫理学 20」(筑波大)　2004　p165-169

水野 常吉　みずの・つねきち
　◎著書論文目録ほか　「幼稚園研究」(水野常吉, 水野浩志)　EXP　2002.4　p258-262

水野 知昭　みずの・ともあき〔1949―2005　北欧神話・比較神話学〕
　○著書論文一覧　「人文科学論集 文化コミュニケーション学科編 40」(信州大)　2005.3　p5-9
　○著書論文一覧　「人文科学論集 文化コミュニケーション学科編 40」(信州大)　2006.3　p5-9

水野 紀一　みずの・のりかず
　○著作目録(弓野正武)　「早稲田大学高等学院研究年誌 50」(早稲田大)　2006.3　p170-171

水野 正好　みずの・まさよし〔1934―　考古学・古代史・文化史〕
　○著作目録　「文化財学報 23・24」(奈良大)　2006.3　p1-13

水野 勝　みずの・まさる〔1934―　民事法・労働法〕
　○業績　「東洋法学 48.2」(東洋大)　2005.3　p298-305
　◎業績　「労働保護法の再生―水野勝先生古稀記念論集」(編集委員会)　信山社出版　2005.11　p576-583

水野 稔　みずの・みのる〔1911―1997　国文〕
　◎著作目録ほか　「江戸文芸とともに」(水野稔)　ぺりかん社　2002.8　p800-846

水野 柳太郎　みずの・りゅうたろう〔1930―　日本史〕
　◎年譜ほか　「日本古代の史料と制度」(水野柳太郎)　岩田書院　2004.11　p311-320

水の江 瀧子　みずのえ・たきこ
　◎略年譜　「水の江瀧子―ひまわり婆っちゃま」(水の江瀧子)　日本図書センター　2004.10　p213-219

水原 秋櫻子　みずはら・しゅうおうし〔1892―1981　俳人〕
　◎「水原秋櫻子全句集索引」(小野恵美子編)　安楽城出版　2005.5　332p　A5

水原 總平　みずはら・そうへい
　○業績ほか　「龍谷大学経済学論集 45.2」(龍谷大)　2005.10　p289-292

水原 熈　みずはら・ひろし
　○著作目録ほか　「商学論究 51.4」(関西学院大)　2004.3　p169-173

水間 治徳　みずま・はるのり
　◎年譜　「江戸俳諧史論考」(白石悌三)　九州大学出版会　2001.10　p139-227

三角 寛　みすみ・かん〔1903―1971　小説家・山窩研究家〕
　○略年譜　「彷書月刊 17.3」(弘隆社)　2001.3　p2-31
　◎略伝　「サンカと三角寛―消えた漂泊民をめぐる謎」(礫川全次)　平凡社　2005.10　p228-233

三隅 二不二　みすみ・じふじ〔1924―2002　社会心理学・集団力学〕
　○著書ほか　「実験社会心理学研究 42.1」(日本グループダイナミックス学会)　2002.9　p95-100

水村 光一　みずむら・こういち〔1933―　経済理論・労働経済〕
　○著作目録　「研究紀要 16・17」(日本大)　2004.3　p9-13

水本 精一郎　みずもと・せいいちろう〔1929―2004　国文学〕
　○著作目録　「山口国文 29」(山口大)　2006.3　p4-7

溝尾 良隆　みぞお・よしたか〔1941―　観光学〕
　○業績ほか　「立教大学観光学部紀要　9」（立教大）　2007.3　p4-5

溝口 宏平　みぞぐち・こうへい〔1946―2006　哲学・倫理学〕
　○業績ほか　「メタフュシカ　38」（大阪大）　2007.12　p5-11f

溝口 雄三　みぞぐち・ゆうぞう〔1932―　中国思想史〕
　○略年譜ほか　「大東文化大学漢学会誌　42」（大東文化大）　2003.3　35pf

美空 ひばり　みそら・ひばり〔1937―1989　歌手〕
　◎資料目録　「美空ひばり　不死鳥伝説」（大下英治）　廣済堂出版　2001.2　3pb
　◎参考文献　「美空ひばりと日本人　増補版」（山折哲雄）　現代書館　2001.11　p216-218
　◎参考文献　「美空ひばり燃えつきるまで」（森啓）　草思社　2001.12　p237-238
　◎文献　「草原の人―美空ひばりからの手紙」（堀ノ内雅一）　情報センター出版局　2003.2　p511-514
　◎参考文献　「美空ひばり平和をうたう―名曲「一本の鉛筆」が生まれた日」（小笠原和彦）　時潮社　2006.3　p260-261

箕田 源二郎　みた・げんじろう〔1918―2000　絵本画家・美術教育者〕
　◎編著書一覧ほか　「子どもたちに美術のうたを」（箕田源二郎）　新日本出版社　2003.4　p187-199

三田 洋　みた・ひろし〔1934―　詩人・評論家〕
　◎年譜　「三田洋詩集」（及川均, 嶋岡晨, 北岡淳子）　土曜美術社出版販売　2002.6　p140-141

三谷 太一郎　みたに・たいちろう〔1936―　日本政治外交史〕
　○著作目録ほか　「成蹊法学　61」（成蹊大）　2005.3　p5-17

三谷 隆正　みたに・たかまさ〔1889―1944　教育家・法哲学者〕
　◎年譜ほか　「三谷隆正の研究―信仰・国家・歴史」（村松晋）　刀水書房　2001.10　p257-272

三田村 昭吾　みたむら・しょうご
　◎年譜　「山なみ」（三田村昭吾）　旭図書刊行センター　2005.7　p64-71

道浦 母都子　みちうら・もとこ〔1947―　歌人・エッセイスト〕
　◎略年譜　「百年の恋」（道浦母都子）　小学館　2003.6　p361-370
　◎略年譜　「道浦母都子全歌集　資料編」（道浦母都子）　河出書房新社　2005.4　p200-201

道永 エイ　みちなが・えい
　◎参考文献　「ニコライの首飾り―長崎の女傑おエイ物語」（白浜祥子）　彩流社　2002.3　p256-259

三井 哲夫　みつい・てつお〔1931―　民事法・国際私法〕
　○業績目録ほか　「創価ロージャーナル　2」（創価大）　2007.5　p247-249

三井 誠　みつい・まこと〔刑事法〕
　○略歴ほか　「神戸法学雑誌　54.4」（神戸法学会）　2005.3　p511-538

三井 葉子　みつい・ようこ〔1936―　詩人〕
　◎年譜　「三井葉子の世界―〈うた〉と永遠」（齋藤愼爾）　深夜叢書社　2001.6　p202-205

三井家　みついけ
　◎注文献　「豪商の明治―三井家の家業再編過程の分析」（粕谷誠）　名古屋大学出版会　2002.4　prr

三石 勝五郎　みついし・かつごろう〔1888―1976　詩人〕
　◎年譜　「三石勝五郎―人と作品　佐久の生んだ大詩人・昭和の良寛」（宮沢康造ほか）　櫟　2004.3　p247-267

光岡 浩二　みつおか・こうじ〔1929―　人文地理学・経済地理学〕
　○業績ほか　「名城論叢　2.4」（名城大）　2002.3　p3-6f

満川 亀太郎　みつかわ・かめたろう〔1888―1936　国家主義者・東亜問題研究家〕
　◎書誌（松尾圭造）　「満川亀太郎　地域・地球事情の啓蒙者　上」（満川亀太郎）　拓殖大学　2001.9　p497-506
　◎関係書誌　「学統に関わる書誌　1」（拓殖大学創立百年史編纂室）　拓殖大　2004.7　p91-101

満谷 国四郎　みつたに・くにしろう〔1874―1936　洋画家〕
　◎参考文献　「満谷国四郎残照」（満谷昭夫ほか）　創元社　2006.10　p180-185

光藤 景皎　みつどう・かげあき〔1931―　刑事法〕
　◎著作目録ほか　「光藤景皎先生古稀祝賀論文集　下」（編集委員会）　成文堂　2001.12　p1027-1043

三野 栄治　みつの・えいじ
　○業績一覧　「長崎大学教育学部紀要　教科教育学　36」（長崎大）　2001.3　7pf

三橋 鷹女　みつはし・たかじょ〔1899―1972　俳人〕
　◎参考資料（鈴木啓子）　「展望現代の詩歌　9　俳句I」（飛高隆夫ほか）　明治書院　2007.4　p18-19

三橋 敏雄　みつはし・としお〔1920―2001　俳人〕
　○略年譜　「俳句　51.4」（角川書店）　2002.3　p136-140

水戸 黄門　みと・こうもん
　⇒徳川 光圀（とくがわ・みつくに）を見よ

三戸 公　みと・ただし〔1921―　経営学・社会学〕
　○業績ほか　「中京経営研究　10.1」（中京大）　2000.9　3pf

三留 理男　みとめ・ただお〔1938―　報道写真家〕
　◎著作リスト　「希望の川―カンボジア―子供たちの詩」（三留理男）　ミリオン出版　2006.3　p106-107

緑間 栄　みどりま・さかえ〔1933―　公法学〕
　○主な業績ほか　「沖縄法学 30」（沖縄国際大）
　　2001.3　p171-180
南方 熊楠　みなかた・くまぐす〔1867―1941　民俗・生物〕
　◎ブックガイド　「南方熊楠・萃点の思想―未来のパラダイム転換に向けて」（鶴見和子）　藤原書店　2001.5　p188-189
　◎関係年表　「南方熊楠の思想と運動」（後藤正人）　世界思想社　2002.6　p297-331
　◎引用参考文献　「森と建築の空間史―南方熊楠と近代日本」（千田智子）　東信堂　2002.12　p264-272
　◎略年譜　「南方熊楠アルバム　新装版」（中瀬喜陽ほか）　八坂書房　2004.11　p193-197
　◎略年譜　「南方熊楠の宇宙―末吉安恭との交流」（神坂次郎）　四季社　2005.2　p211-217
　◎「南方熊楠邸資料目録」　南方熊楠邸保存会　2005.3　526p　B5
　○目録（小峯和明ほか）　「国文学　解釈と教材の研究　50.8.726」（学燈社）　2005.8　p140-151
　◎参考文献　「ガイアの樹―南方熊楠の風景」（田中宏和）　白地社　2005.10　p220-222
　◎略年譜　「南方熊楠と「事の学」」（橋爪博幸）　鳥影社・ロゴス企画部　2005.11　p255-257
　◎略年譜ほか　「クマグスの森―南方熊楠の見た宇宙」（ワタリウム美術館）　新潮社　2007.11　p122-125
南方 哲也　みなかた・てつや〔1933―　リスクマネジメント・損害保険〕
　○研究業績ほか　「長崎県立大学論集　34.4」（長崎県立大）　2001.3　3pf
水上 瀧太郎　みなかみ・たきたろう
　◎年譜ほか（武藤康史）　「大阪の宿」（水上瀧太郎）　講談社　2003.8　p285-296
皆川 盤水　みながわ・ばんすい〔1918―　俳人〕
　◎年譜（山内春生）　「わかりやすい現代の名句鑑賞」（皆川盤水）　東京新聞出版局　2001.10　p263-285
皆川 博子　みながわ・ひろこ〔1930―　小説家〕
　◎作品解説（千街晶之）　「皆川博子作品精華　迷宮ミステリー編」（白泉社）　白泉社　2001.10　p282-291
皆川 広義　みながわ・ひろよし〔1934―　僧侶〕
　○業績ほか　「駒澤大學仏教学部論集　36」（駒澤大）　2005.10　p1-5f
皆木 信昭　みなぎ・のぶあき
　◎年譜　「皆木信昭詩集」（皆木信昭）　土曜美術社出版販売　2005.9　p170-173
湊 晨　みなと・しん〔1914―　考古学〕
　○著作目録　「大境 25」（富山考古学会）　2005.6　p21-22
三邉 博之　みなべ・ひろゆき
　○研究業績ほか　「立正法学論集　36.2」（立正大）　2003　p11-12f

南 邦和　みなみ・くにかず〔詩人〕
　◎年譜　「南邦和詩集」（南邦和）　土曜美術社出版販売　2003.6　p154-164
南 博　みなみ・ひろし〔1914―2001　社会心理学者・評論家〕
　◎著作目録　「出会いの人生―自伝のこころみ」（南博）　勁草書房　2004.12　p464-522
南 諭造　みなみ・ゆぞう〔1907―　図書館学〕
　○著作一覧　「図書館界　58.2.329」（日本図書館研究会）　2006.7　p142-143
南 亮進　みなみ・りょうしん〔1933―　経済学者〕
　○著作目録ほか　「東京経大学会誌　経済学　245」（東京経済大）　2005.3　p5-22
源 家長　みなもとの・いえなが〔1170―1234　歌人〕
　◎参考文献（藤田一尊）　「中世日記紀行文学全評釈集成 3」（藤田一尊ほか）　勉誠出版　2004.12　p149-152
源 俊頼　みなもとの・としより〔1055―1129　歌人〕
　◎参考文献　「俊頼述懐百首全釈」（木下華子ほか）　風間書房　2003.10　p245-247
源 満仲　みなもとの・みつなか〔912―997　武将〕
　◎参考文献　「源満仲・頼光―殺生放逸朝家の守護」（元木泰雄）　ミネルヴァ書房　2004.2　p201-205
源 義経　みなもとの・よしつね〔1159―1189　武将〕
　◎参考文献　「義経紀行―弁慶はエミシの末裔だった」（林順治）　彩流社　2002.11　p37-42b
　◎参考文献　「義経の謎〈徹底検証〉」（加来耕三）　講談社　2004.10　p532-533
　◎参考文献　「源義経」（五味文彦）　岩波書店　2004.10　p199-201
　◎文献（青山洋一ほか）　「源義経のすべて　新装版」（奥富敬之）　新人物往来社　2004.10　p249-260
　◎参考文献　「図解源義経のことが面白いほどわかる本」（中見利男）　中経出版　2004.10　1pb
　◎ブックガイドほか　「義経伝説―判官びいき集大成」（鈴木健一）　小学館　2004.11　p230-233
　◎参考文献　「義経の登場―王権論の視座から」（保立道久）　NHK出版　2004.12　p295-299
　◎参考文献　「義経伝説と日本人」（森村宗冬）　平凡社　2005.2　p205-207
　◎参考文献　「義経の東アジア」（小島毅）　勉誠出版　2005.9　p183-184
　◎参考文献　「源義経―後代の佳名を貽す者か」（近藤好和）　ミネルヴァ書房　2005.9　p251-256
　◎参考文献　「源義経」（元木泰雄）　吉川弘文館　2007.2　p205-208
源 頼朝　みなもとの・よりとも〔1147―1199　鎌倉幕府将軍〕
　◎参考文献　「源頼朝　鎌倉殿誕生」（関幸彦）　PHP研究所　2001.6　p225-228
　◎参考文献　「頼朝の天下草創　日本の歴史09」（山本幸司）　講談社　2001.7　p373-376
　◎文献　「源頼朝と鎌倉幕府」（上杉和彦）　新日本出版社　2003.5　p225-229

◎文献　「源頼朝像―沈黙の肖像画」（米倉迪夫）　平凡社　2006.6　p197-201

源　頼光　みなもとの・よりみつ〔948―1021　武将〕
◎参考文献　「源満仲・頼光―殺生放逸朝家の守護」（元木泰雄）　ミネルヴァ書房　2004.2　p201-205

皆吉　爽雨　みなよし・そうう〔1902―1983　俳人〕
◎参考資料（廣瀬直人）　「展望現代の詩歌　9　俳句 I」（飛高隆夫ほか）　明治書院　2007.4　p169-170

峰岸　孝哉　みねぎし・こうさい
○略歴ほか　「駒澤大学仏教学部論集　35」（駒沢大）　2004.10　p7-9f

峰岸　純夫　みねぎし・すみお〔1932―　日本史〕
○業績ほか　「中央大学文学部紀要　196」（中央大）　2003.3　p183-209

巳野　保嘉治　みの・ほかじ〔1933―　日米自動車産業・南北問題〕
○業績ほか　「科学人間　33」（関東学院大）　2004.3　p5-17

美濃口　武雄　みのぐち・たけお〔1937―　経済学史〕
○著作目録ほか　「一橋論叢　127.6」（一橋大）　2002.6　p108-113

蓑田　胸喜　みのだ・むねき〔1894―1946　国家主義者〕
◎年譜（井上義和）　「蓑田胸喜全集　1」（竹内洋ほか）　柏書房　2004.11　p837-842
◎年譜（竹内洋ほか）　「蓑田胸喜全集　1　初期論集1　復刻」（蓑田胸喜）　柏書房　2004.11　p837-842

蓑谷　千凰彦　みのたに・ちおひこ〔1939―　統計学・計量経済学〕
○著作目録ほか　「三田学会雑誌　97.4」（慶應義塾経済学会）　2005.1　p671-679

三原　脩　みはら・おさむ〔1911―1984　プロ野球監督〕
◎参考文献　「魔術師―三原脩と西鉄ライオンズ　決定版」（立石泰則）　小学館　2002.11　p827-829

三原　憲三　みはら・けんぞう〔1932―　刑法〕
◎略歴・主要業績　「三原憲三先生古稀祝賀論文集」（三原憲三先生古稀祝賀論文集編集委員会）　成文堂　2002.11　p981-991

三原　研田　みはら・けんでん
○年譜ほか　「書論　35」（書論研究会）　2006.10　p126-129

三原　泰熙　みはら・やすひろ〔1939―　労働経済学・経営労務論〕
○著作目録ほか　「経営と経済　85.1・2」（長崎大）　2005.9　p299-302

三舩　留吉　みふね・とめきち
◎参考文献　「小林多喜二を売った男―スパイ三舩留吉と特高警察」（くらせみきおほか）　白順社　2004.5　p377-384

宮　柊二　みや・しゅうじ〔1912―1986　歌人〕
◎略年譜　「ふるさとを愛した歌人宮柊二」（磯部定治）　新潟日報事業社　2001.5　p159-166
◎略年譜（高野公彦）　「宮柊二　鑑賞・現代短歌　5」（高野公彦）　本阿弥書店　2001.10　p241-250

宮　英子　みや・ひでこ〔1917―　歌人〕
○年譜ほか　「短歌　53.2」（角川学芸出版）　2006.1　p74-79

宮内　俊介　みやうち・としすけ〔1950―2001　自然主義文学〕
○研究業績ほか　「熊本学園大学文学・言語学論集　9.1」（熊本学園大）　2002.6　p161-167
◎著作年譜ほか　「田山花袋論攷」（宮内俊介）　双文社出版　2003.1　p433-439

宮内　義彦　みやうち・よしひこ〔1935―　〕
◎参考文献　「「小泉規制改革」を利権にした男宮内義彦」（有森隆ほか）　講談社　2006.12　p232-233

宮尾　しげを　みやお・しげを〔1902―1982　漫画家・民俗研究家〕
◎略歴（宮尾慈良）　「彩色中国看板図譜――一九三〇年代の街路風物」（宮尾しげを）　国書刊行会　2004.5　p205-207

宮尾　登美子　みやお・とみこ〔1926―　小説家〕
◎軌跡　「宮尾登美子の世界」（朝日新聞社）　朝日新聞社　2004.7　p136-143

宮岡　薫　みやおか・かおる〔1934―　上代文学・古代歌謡〕
○著書ほか　「甲南大学古代文学研究　8」（甲南大）　2003.3　p156-167

宮川　香山　みやがわ・こうざん
◎略年譜ほか　「宮川香山と横浜真葛焼」（二階堂充）　有隣堂（横浜美術館叢書　7）　2001.6　p142-147

宮川　公男　みやかわ・ただお〔1931―　経営学〕
○業績ほか（高橋三雄）　「麗澤経済研究　15.1」（麗澤大）　2007.3　p201-211

宮川　哲夫　みやかわ・てつお〔1922―1974　作詞家〕
◎略年譜ほか　「街のサンドイッチマン―作詞家宮川哲夫の夢」（辻由美）　筑摩書房　2005.9　p223-233

宮城　音弥　みやぎ・おとや〔1908―2005　心理学者〕
○業績ほか（横島章）　「心理学研究　77.2」（日本心理学会）　2006.6　p177-180

宮城　道雄　みやぎ・みちお〔1894―1956　箏曲家〕
◎著作一覧（谷合侑）　「雨の念仏　障害とともに生きる9」（宮城道雄）　日本図書センター　2001.2　p193-195
◎随筆集一覧（千葉潤之介）　「新編春の海―宮城道雄随筆集」（宮城道雄）　岩波書店　2002.11　p335-336
◎略年譜　「心の調べ」（宮城道雄）　河出書房新社　2006.8　p208-209

宮城谷 昌光　みやぎたに・まさみつ〔1945―　小説家〕
◎年譜　「宮城谷昌光全集　21」（宮城谷昌光）
文藝春秋　2004.7　p571-601

宮口 しづえ　みやぐち・しづえ〔1907―1994　児童文学作家〕
○書誌（篠原由美子）　「図書館情報学研究　創刊号」
（図書館情報学研究会）　2002.3　p55-74

三宅 一郎　みやけ・いちろう〔1931―　政治〕
○略歴ほか　「情報研究　15」（関西大）　2001.9
p33-38

三宅 興子　みやけ・おきこ〔イギリス文学・児童文学〕
◎業績ほか　「児童文学研究を拓く―三宅興子先生退職記念論文集」（退職記念論文集刊行会）　翰林書房　2007.5　p367-375

三宅 剛一　みやけ・ごういち〔1895―1982　哲学〕
◎略年譜　「京都哲学撰書　第23巻　人間存在論の哲学」（酒井潔）　灯影舎　2002.7　p428-430
◎年譜ほか（酒井潔ほか）　「ドイツ観念論に於ける人間存在の把握」（三宅剛一）　学習院大　2006.11　p164-170

三宅 雪嶺　みやけ・せつれい〔1860―1945　哲学・評論家〕
◎略年譜・文献　「公共性のエートス―三宅雪嶺と在野精神の近代」（長妻三佐雄）　世界思想社　2002.11　p251-270

三宅 徳嘉　みやけ・のりよし〔1917―2003　フランス言語学・フランス思想史〕
◎著作目録　「辞書、この終わりなき書物」（三宅徳嘉）　みすず書房　2006.12　p169-191

三宅 秀　みやけ・ひいず〔1848―1938　医学者〕
○略歴（佐々木恭之助）　「日本医史学雑誌　51.3」
（日本医史学会）　2005.9　p409-430

三宅 正樹　みやけ・まさき〔1934―　国際政治史〕
○略歴ほか　「政経論叢　72.2・3」（明治大）　2004.2　p451-466

三宅 正朝　みやけ・まさとも
◎年譜　「囲炉裏の火のようにとろとろと―三宅正朝先生追悼集」　追悼集編纂実行委員会　2006.11　p150-153

三宅氏　みやけし
◎参考文献　「古代氏族三宅氏の研究」（鳥海ヤエ子）　叢文社　2001.1　p250-252

宮腰 賢　みやこし・まさる〔1938―　国語学・文法〕
◎著作ほか　「学芸国語国文学　33」（東京学芸大）
2001.3　p1-7

宮坂 静生　みやさか・しずお〔1937―　俳人〕
◎主要著作目録　「正岡子規　死生観を見据えて」
（宮坂静生）　明治書院　2001.9　p312-313

宮坂 富之助　みやさか・とみのすけ〔1930―　商法・経済学〕
○業績目録ほか　「早稲田法学　76.3」（早稲田大）
2001　p11-23b

宮坂 宏　みやさか・ひろし〔1932―　中国法制史〕
○業績ほか　「専修法学論集　87」（専修大）　2003.3　p17-26b

宮崎 市定　みやざき・いちさだ〔1901―1995　東洋史〕
◎年譜　「アジア史論」（宮崎市定）　中央公論新社
2002.3　p381-389

宮崎 俊策　みやざき・しゅんさく〔1948―2005　社会学・社会福祉論〕
○業績ほか　「社会関係研究　12.2」（熊本学園大）
2007.3　p127-131

宮崎 進　みやざき・しん〔1922―　洋画家〕
◎参考文献ほか　「宮崎進の仕事　3」（宮崎進）
生活の友社　2005.12　p88-101

宮崎 忠克　みやざき・ただかつ〔1935―　英語学・英語史〕
○著作目録　「横浜市立大学論叢　人文科学系列
52.1・2」（横浜市立大）　2001　p3-6

宮崎 滔天　みやざき・とうてん〔1870―1922　志士〕
◎参考文献　「龍のごとく―宮崎滔天伝」（上村希美雄）　葦書房　2001.7　p310-312
◎年譜　「宮崎滔天アジア革命奇譚集―明治国姓爺狂人譚」（宮崎滔天）　書肆心水　2006.3　p378-381
◎略年譜　「評伝宮崎滔天　新版」（渡辺京二）
書肆心水　2006.3　p374-377
◎略年譜　「滔天文選―近代日本の狂と夢」（宮崎滔天）　書肆心水　2006.6　p408-411

宮崎 俊行　みやざき・としゆき〔1928―2003　民事法〕
○略歴ほか　「朝日法学論集　30」（朝日大）　2004.3　p315-326

宮崎 豊治　みやざき・とよはる〔1946―　彫刻家〕
◎文献目録ほか　「宮崎豊治―眼下の庭」　国立美術館　2001.6　p56-63

宮崎 駿　みやざき・はやお〔1941―　アニメ映像作家〕
○略年表　「ユリイカ　29.11　宮崎駿の世界　4刷」
（青土社）　2001.9　p258-261
◎関連作品リスト　「「千と千尋」の謎―『ハイジ』『ルパン』から『千と千尋の神隠し』まで」（宮崎駿アニメ研究会）　アミューズブックス　2002.6
p14-17
◎参考資料　「宮崎駿の原点―母と子の物語」（大泉実成）　潮出版社　2002.10　p180-181
◎参考文献　「宮崎アニメの暗号」（青井汎）
新潮社　2004.8　p198-199
◎参考文献　「「宮崎アニメ」秘められたメッセージ―『風の谷のナウシカ』から『ハウルの動く城』まで」（佐々木隆）　ベストセラーズ　2005.2　p259-261
◎参考文献　「宮崎駿全書」（叶精二）　フィルムアート社　2006.3　p338-342

宮崎 博　みやざき・ひろし〔俳優〕
◎参考文献　「チャンバラ人生」（宮崎博）　白地社
2007.8　p244-245

宮崎 満　みやざき・みつる〔1936―　地域開発論〕
　○研究業績　「松山大学論集 16.1」(松山大)　2004.4　p319-321

宮崎 夢柳　みやざき・むりゅう〔1855―1889　新聞記者・翻訳家・小説家〕
　◎注　「宮崎夢柳論」(西田谷洋)　マナハウス　2004.8　p110-132

宮沢 賢治　みやざわ・けんじ〔1896―1933　詩人・童話作家〕
　◎年譜　「宮澤賢治作品選」　信山社(黒澤勉文芸・文化シリーズ 4)　2000.4　p441-454
　◎年譜　「宮沢賢治万華鏡」(天沢退二郎)　新潮社(新潮文庫)　2001.4　p471-477
　○研究ほか(田口昭典)　「宮沢賢治 16」(洋々社)　2001.6　p230-260
　◎年譜　「宮沢賢治　存在の祭りの中へ」(見田宗介)　岩波書店　2001.6　p289-294
　◎参考文献　「宮沢賢治、中国に翔る想い」(王敏)　岩波書店　2001.6　p207-211
　◎引用文献　「宮沢賢治新聞を読む―社会へのまなざしと、その文学」(対馬美香)　築地書館　2001.7　p222-223
　◎参考文献　「宮沢賢治への接近」(近藤晴彦)　河出書房新社　2001.10　p430-432
　◎文献　「宮澤賢治『銀河鉄道の夜』の物語構造」(内田寛)　文芸社　2001.12　p177-179
　◎文献目録(遠藤純ほか)　「国際児童文学館紀要 17」(国際児童文学館)　2002.3　p23-71
　◎引用文献　「宮沢賢治と中国―賢治文学に秘められた、遥かなる西域への旅路」(王敏)　国際言語文化振興財団　2002.5　p224-227
　◎関連年表　「夢よぶ啄木、野をゆく賢治」(山本玲子, 牧野立雄)　洋々社　2002.6　p235-242
　◎参考文献　「宮沢賢治の文語詩の森―第3集」(宮沢賢治研究会)　柏プラーノ　2002.7　p273-283
　◎文献　「春と修羅―検証・宮沢賢治の詩 1」(山下聖美)　鳥影社　2002.9　p76-274
　◎解題　「宮沢賢治「風の又三郎論」」(山下聖美)　D文学研究会　2002.9　p137-195
　◎参考文献　「「銀鉄」考 宮沢賢治とギリシア神話」(増田利幸)　東京図書出版会　2002.12　p202-205
　○「宮沢賢治の全童話を読む 国文学2月臨時増刊号」(学燈社)　2003.2　212p　A5
　◎参考文献　「童貞としての宮沢賢治」(押野武志)　筑摩書房　2003.4　p215-221
　◎参考文献ほか　「宮沢賢治「銀河鉄道の夜」を読む」(西田良子)　創元社　2003.4　p306-328
　◎参考文献　「賢治を探せ」(千葉一幹)　講談社　2003.9　p224-225
　○文献資料(山下聖美)　「日本大学芸術学部紀要 40」(日本大)　2004　p91-101
　◎参考文献　「世界の作家宮沢賢治―エスペラントとイーハトーブ」(佐藤竜一)　彩流社　2004.2　p179-181
　◎文献　「宮沢賢治『春と修羅第二集』の風景」(榊昌子)　無明舎出版　2004.2　p399-405
　◎「賢治宇宙研修センター双思堂文庫目録 1-3」　石と賢治のミュージアム　2004.3　3冊　B5
　◎略年譜　「森からの手紙―宮沢賢治地図の旅」(伊藤光弥)　洋々社　2004.5　p289-295
　○受容年譜(白根直子)　「清心語文 6」(ノートルダム清心女子大)　2004.8　p111-142
　◎参考文献　「宮沢賢治が面白いほどわかる本」(小柳学)　中経出版　2004.11　p322-324
　◎参考引用文献　「啄木と賢治の酒」(藤原隆男ほか)　熊谷印刷出版部　2004.11　p306-311
　◎参考文献　「宮沢賢治―銀河鉄道と光のふぁんたじあ」(大石加奈子)　行路社　2005.1　p151-162
　◎略年譜ほか　「宮沢賢治と東北砕石工場の人々」(伊藤良治)　国文社　2005.3　p294-300
　◎参考文献　「隣に居た天才　盛岡中学生・宮沢賢治」(小川達雄)　河出書房新社　2005.5　1pb
　◎文献目録　「ケンジ童話の授業―「雪渡り」研究」(清水正ほか)　D文学研究会　2005.5　p227-238
　◎読書案内　「『銀河鉄道の夜』しあわせさがし」(千葉一幹)　みすず書房　2005.7　p140-142
　◎参考文献　「ふたりのゴッホ―ゴッホと賢治37年の心の軌跡」(伊勢英子)　新潮社　2005.7　p298-302
　◎参考文献　「賢治、『赤い鳥』への挑戦」(井上寿彦)　菁柿堂　2005.9　p167-170
　◎参考文献　「宮沢賢治「風の又三郎」精読」(大室幹雄)　岩波書店　2006.1　p237-239
　◎参考文献　「だれも書けなかった宮澤賢治論・武田泰淳論―知覚の扉の彼方から」(神田浩延)　講談社出版サービスセンター　2006.3　p307-316
　◎略年譜　「新編宮沢賢治歌集」(栗原敦ほか)　蒼丘書林　2006.4　p226-231
　◎略年譜　「宮沢賢治イーハトヴ自然館―生きもの・大地・気象・宇宙との対話」(ネイチャー・プロ編集室)　東京美術　2006.8　p202-204
　◎参考文献　「宮沢賢治交響する魂」(佐藤栄二)　蒼丘書林　2006.8　p250-255
　○文献目録(信時哲郎)　「国文学　解釈と鑑賞 71.9」(至文堂)　2006.9　p190-202
　○総目次　「賢治研究 100」(宮沢賢治研究会)　2006.10　p5578-5584
　○引用文献　「宮澤賢治の地的世界」(加藤碩一)　愛智出版　2006.11　p139-141
　◎参考文献　「賢治短歌へ」(佐藤通雅)　洋々社　2007.5　p297-298
　◎「宮沢賢治大事典」(渡部芳紀)　勉誠出版　2007.8　21,599,18p　A5
　◎参考文献　「賢治文学「呪い」の構造」(山下聖美)　三修社　2007.8　p224-226
　◎没後年譜(大山尚)　「修羅はよみがえった―宮沢賢治没後七十年の展開」(刊行編集委員会)　宮沢賢治記念会　2007.9　p483-502
　◎年譜　「心友宮沢賢治と保阪嘉内―花園農村の理想をかかげて」(大明敦)　山梨ふるさと文庫　2007.9　p243-263
　◎年譜(宮沢清六)　「宮沢賢治―1896-1933」(宮沢賢治)　筑摩書房　2007.11　p465-477

宮沢 俊一　みやざわ・しゅんいち〔1932—2000　ロシア文学者〕
◎年譜　「ロシアを友に―演劇・文学・人」（宮沢俊一）　群像社　2002.6　p341-344

宮沢 慎介　みやざわ・しんすけ
○業績目録ほか　「佐賀大学経済論集　34.6」（佐賀大）　2002.3　2pb

宮沢 トシ　みやざわ・とし〔宮沢賢治の妹〕
◎略年譜　「宮沢賢治妹トシの拓いた道―「銀河鉄道の夜」へむかって」（山根知子）　朝文社　2003.9　p376-380

宮沢 永光　みやざわ・ながみつ〔1931—　マーケティング〕
○業績目録ほか（恩蔵直人）　「早稲田商学　392」（早稲田大）　2002.3　p747-754

宮澤 正順　みやざわ・まさより
◎研究業績　「東洋―比較文化論集　宮澤正順博士古稀記念」（宮澤正順博士古稀記念論文集刊行会）　青史出版　2004.1　p15-27f

宮下 啓三　みやした・けいぞう〔1936—　ドイツ文学・演劇〕
◎略歴　「芸文研究　81」（慶應義塾大）　2001　p412-410

宮下 誠一郎　みやした・せいいちろう〔1933—　社会主義経済論〕
○業績ほか　「専修経済学論集　37.3」（専修大）　2003.3　p225-229

宮下 柾次　みやした・まさじ〔1932—　国際経済論・日本経済論〕
○業績目録ほか　「札幌学院商経論集　18.4」（札幌学院大）　2002.3　p191-193

宮下 正房　みやした・まさふさ〔1936—　流通産業〕
○業績目録ほか　「東京経大学会誌　経営学　254」（東京経済大）　2007　p5-13

宮島 誠一郎　みやじま・せいいちろう〔1838—1911　政治家・漢詩人〕
◎年譜（金子宏二）　「幕末維新期の情報活動と政治構想―宮島誠一郎研究」（由井正臣ほか）　梓出版社　2004.3　p8-55b

宮島 喬　みやじま・たかし〔1940—　社会学〕
○業績ほか　「応用社会学研究　49」（立教大）　2007　p307-314

宮田 一郎　みやた・いちろう〔1923—　中国文学〕
◎論著目録　「宮田一郎中国語学論集」（宮田一郎）　好文出版　2005.11　p548-551

宮田 脩　みやた・しゅう〔1874—1937〕
◎著作目録（中井良子）　「文献探索　2003」（文献探索研究会）　2003.12　p288-304

宮田 登　みやた・のぼる〔1936—2000　民俗学〕
◎「宮田登年譜・著作目録」（宮田登追悼会）　宮田登追悼会　2001.2　158p　46s

宮田 裕行　みやた・ひろゆき
○略歴　「文学論藻　79」（東洋大）　2005.2　p6-9

宮田 美智也　みやた・みちや〔1941—　金融〕
○業績ほか　「金沢大学経済学部論集　26.2」（金沢大）　2006.3　p267-272

宮台 真司　みやだい・しんじ〔1959—　社会システム理論〕
◎超・個人史　「野獣系でいこう!!」（宮台真司）　朝日新聞社（朝日文庫　み16-2）　2001.12　p409-411
◎個人年表　「宮台真司interviews」（宮台真司）　世界書院　2005.2　p398-399

宮武 外骨　みやたけ・がいこつ〔1867—1955　明治文化史〕
○書誌（小野弓子）　「文献探索　2004」（文献探索研究会）　2004.4　p403-408
◎書誌ほか　「宮武外骨展―もう一人の外骨　図録」（いわき市立草野心平記念文学館）　いわき市立草野心平記念文学館　2006.11　p41-52

宮地 正人　みやち・まさと〔1944—　明治維新史〕
○業績目録ほか　「国立歴史民俗博物館研究報告　130」（国立歴史民俗博物館）　2006.3　p197-201

宮野 彬　みやの・あきら〔1933—　刑事法学〕
○業績目録　「明治学院論叢　705　法学研究　76」（明治学院大）　2003.12　p21-41b

宮畑 一郎　みやはた・いちろう
○業績一覧ほか　「大阪教育大学英文学会誌　46」（大阪教育大）　2001　p34-51

宮林 昭彦　みやばやし・しょうげん〔1932—　僧侶〕
◎著作目録　「仏教思想の受容と展開―宮林昭彦教授古稀記念論文集」（宮林昭彦教授古稀記念論文集刊行会）　山喜房仏書林　2004.2　p5-9f

宮原 昭夫　みやはら・あきお〔1932—　小説家〕
◎小説目録（島原亮）　「宮原昭夫小説選」（宮原昭夫）　宮原昭夫小説選制作委員会　2007.8　p661-670

宮原 和子　みやはら・かずこ〔1937—　発達心理学・乳幼児心理学〕
○著書ほか　「福祉心理学を愉しむ　2版」（宮原和子ほか）　ナカニシヤ出版　2006.1　1pb

宮原 誠一　みやはら・せいいち〔1909—1978　教育学者〕
◎参考文献　「平和教育の思想と実践」（山田正行）　同時代社　2007.6　p443-470

宮原 英種　みやはら・ひでかず〔1931—　心理学〕
○著書ほか　「福祉心理学を愉しむ　2版」（宮原和子ほか）　ナカニシヤ出版　2006.1　1pb

宮原 民平　みやはら・みんぺい
◎書誌　「宮原民平　拓大風支那学の開祖」（宮原民平）　拓殖大学　2001.2　p604-615
◎関係書誌　「学統に関わる書誌　1」（拓殖大学創立百年史編纂室）　拓殖大　2004.7　p76-90

宮部 みゆき　みやべ・みゆき〔1960―　小説家〕
　◎年譜　「まるごと宮部みゆき」（朝日新聞社）　朝日新聞社　2002.8　6pb
　◎作品年譜（岸睦子）　「宮部みゆきの魅力」（歴史と文学の会）　勉誠出版　2003.4　p125-131
　◎年譜　「まるごと宮部みゆき　改訂文庫版」（朝日新聞社文芸編集部）　朝日新聞社　2004.8　p238-245
　◎年譜　「僕たちの好きな宮部みゆき」（別冊宝島編集部）　宝島社　2006.3　p233-247
美山 靖　みやま・やすし〔1934―　近世文学〕
　○著述目録　「國文學論叢 48」（龍谷大）　2003.3　p5-9
宮道 潔　みやみち・きよし〔1936―　保険論〕
　○著作目録ほか　「経営と経済 82.3」（長崎大）　2002.12　p201-203
宮本 亜門　みやもと・あもん〔1958―　演出家・振付師〕
　◎作品リスト　「アライブ―僕が生きる意味をみつけるまで」（宮本亜門）　NHK出版　2001.11　3pb
宮本 勝浩　みやもと・かつひろ〔1945―　経済学〕
　○著作目録　「大阪府立大学経済研究 50.1.207」（大阪府立大）　2004.12　p1-9f
宮本 寛爾　みやもと・かんじ〔1938―　原価計算論・管理会計〕
　○著作目録ほか　「商学論究 48.4」（関西学院大）　2001.3　p181-186
宮本 邦男　みやもと・くにお〔1934―　エコノミスト〕
　○履歴ほか　「作新地域発展研究 4」（作新学院大）　2004.3　p159-160
宮本 顕治　みやもと・けんじ〔1908―2007　政治家・評論家〕
　◎参考文献　「日本共産主義運動の歴史的教訓としての野坂参三と宮本顕治―真実は隠しとおせない　下」（佐藤正）　新生出版　2004.12　p332-342
宮本 忠　みやもと・ただし〔1940―　行政法・環境学・地方行政〕
　○略歴ほか　「三重大学法経論叢 21.2」（三重大）　2004.3　p173-178
宮本 勉　みやもと・つとむ〔1927―2008　郷土史家〕
　◎著作物一覧（鈴木裕二）　「茶一件裁判の記録」（宮本勉）　羽衣出版　2004.6　p125-126
宮本 常一　みやもと・つねいち〔1907―1981　民俗学者〕
　◎略年譜ほか　「宮本常一が見た日本」（佐野眞一）　NHK出版　2001.10　p323-325
　◎年譜ほか　「宮本常一の伝説」（さなだゆきたか）　阿吽社　2002.8　p313-328
　◎略年譜　「宮本常一―同時代の証言―宮本常一追悼文集　続編　復刻版」（田村善次郎）　マツノ書店　2004.1　p555-572
　◎年譜ほか　「写真でつづる宮本常一」（須藤功）　未来社　2004.3　p259-275
　◎略年譜　「失われた昭和―宮本常一の写真に読む」（佐野眞一）　平凡社　2004.6　p182-189
　◎略年譜　「宮本常一―旅する民俗学者」（佐野真一）　河出書房新社　2005.4　p197-199
　◎年譜　「日本文化の形成」（宮本常一）　講談社　2005.7　p195-234
　◎参考文献　「『忘れられた日本人』の舞台を旅する―宮本常一の軌跡」（木村哲也）　河出書房新社　2006.2　p242-246
　◎略年譜ほか　「宮本常一―「忘れられた日本人」を訪ねて　別冊太陽」　平凡社　2007.8　p150-159
宮本 輝　みやもと・てる〔1947―　小説家〕
　◎著作リスト　「宿命と永遠―宮本輝の物語」（安藤始）　おうふう　2003.1　p509-512
　◎初出　「血の騒ぎを聴け」（宮本輝）　新潮社　2004.6　p362-365
　◎作品紹介　「宮本輝の本―記憶の森」　宝島社　2005.4　p64-112
宮本 雅之　みやもと・まさゆき〔1936―　社会科教育・教育方法〕
　○研究業績ほか　「長崎大学教育学部紀要　教育科学 62」（長崎大）　2002.3　4pf
宮本 又郎　みやもと・またお〔1943―　日本経済史・経営史〕
　○著作目録ほか　「大阪大学経済学 54.3」（大阪大）　2004.12　p1-15
宮本 武蔵　みやもと・むさし〔1584―1645　剣客〕
　◎文献　「宮本武蔵の水墨画―剣禅一如」（全国水墨画美術協会）　秀作社出版　2002.9　p108-109
　◎参考文献　「宮本武蔵101の謎―出生の秘密から名勝負の真相まで」（川口素生）　PHP研究所　2002.11　p335-338
　◎参考文献　「宮本武蔵の真実」（小島英熙）　筑摩書房　2002.11　p237-238
　◎参考文献　「宮本武蔵科学読本」（MUSASHI研究会）　主婦と生活社　2002.11　p206-207
　◎参考文献　「一冊で読む剣豪宮本武蔵」（菅井靖雄）　成美堂出版　2002.12　2pb
　◎参考文献　「宮本武蔵―日本人の道」（魚住孝至）　ぺりかん社　2002.12　p414-419
　◎年譜　「剣豪宮本武蔵―現代にも通じる武蔵流"勝ち抜く術"を学ぶ　保存版」（早乙女貢）　双葉社　2002.12　p126-127
　◎資料解題　「実録宮本武蔵」（戸部新十郎）　廣済堂出版　2002.12　p212-213
　◎参考文献　「「宮本武蔵」という剣客」（加来耕三）　NHK出版　2003.1　p300-301
　◎参考文献　「芸術家宮本武蔵」（宮元健治）　人文書院　2003.3　p180-183
　◎精選35冊（杉田陽子）　「生国播磨の剣聖宮本武蔵を行く」（中元孝迪）　神戸新聞総合出版センター　2003.5　p127-133
　◎参考文献　「宮本武蔵を読む　新訳『五輪書』」（志村有弘）　大法輪閣　2003.9　p190-192
　◎使用文献　「宮本武蔵を哲学する」（赤羽根龍夫）　南窓社　2003.10　p355-360

◎参考文献 「宮本武蔵随想録―語り継ぐ剣聖・武蔵の実像と秘話」（日本随想録編集委員会） 歴研 2003.11 p153-159
◎著作目録ほか 「定本五輪書」（魚住孝至） 新人物往来社 2005.3 p238-253
◎参考文献 「宮本玄信伝史料集成」（宇都宮泰長） 鵬和出版 2005.10 p255-256
◎参考文献 「宮本武蔵研究 第2集 武州傳来記」（福田正秀） ブイツーソリューション 2005.12 p379-383

宮本 康昭 みやもと・やすあき〔1936― 弁護士〕
◎著作目録 「市民の司法をめざして―宮本康昭先生古稀記念論文集」（本林徹ほか） 日本評論社 2006.12 p669-679

宮本 安美 みやもと・やすみ〔1930―2006 労働法〕
○著作目録ほか 「平成法政研究 10.2.19」（平成国際大） 2006.3 p209-212

宮本 百合子 みやもと・ゆりこ〔1899―1951 小説家〕
○主要参考文献（阿武隈翠） 「民主文学 424」（新日本出版社） 2001.2 p146-150
◎参考文献目録 「文学・書誌・研究」（坂敏弘） 創栄出版 2001.2 p157-165
○主要参考文献（阿武隈翠） 「民主文学 448」（日本民主主義文学同盟） 2003.2 p196」
◎年譜ほか 「宮本百合子全集 別冊」（宮本百合子） 新日本出版社 2004.1 p9-189
◎参考文献（阿武隈翠） 「民主文学 485」（日本民主主義文学会） 2006.3 p123-134
◎参考文献（小林美恵子） 「国文学 解釈と鑑賞 71.4」（至文堂） 2006.4 p216-245

宮本 良成 みやもと・よしなり
○著作目録 「経済学雑誌 108.3」（大阪市立大） 2007.12 p187-191

宮良 高弘 みやら・たかひろ〔1935― 文化人類学・農村社会学〕
○著述等目録ほか 「比較文化論叢 14」（札幌大） 2004.10 p1-19

宮良 長包 みやら・ちょうほう〔1883―1939 作曲家〕
◎年譜ほか 「宮良長包―「沖縄音楽」の先駆」（三木健） ニライ社 2002.3 p320-328
○年譜 「宮良長包の世界」（三木健） 南山舎 2004.7 p282-287
○年譜ほか（仲村顕） 「沖縄文化 41.2」（沖縄文化協会） 2007.5 p69-86

宮脇 俊三 みやわき・しゅんぞう〔1926―2003 作家・編集者〕
◎本 「父・宮脇俊三への旅」（宮脇灯子） グラフ社 2006.12 p120-121

明珍 昭次 みょうちん・しょうじ〔1929― 哲学〕
○業績目録ほか 「東日本国際大学研究紀要 8.1」（東日本国際大） 2003.1 p163-166

三代澤 経人 みよさわ・つねと〔1943― 工業簿記〕
○著作目録ほか 「立命館経営学 46.4」（立命館大） 2007.11 p343-345

三好 伊平次 みよし・いへいじ〔1873―1969 部落改善融和運動家〕
○年譜 「三好伊平次の思想史的研究」（岩間一雄ほか） 三好伊平次研究会 2004.9 p374-397

三好 京三 みよし・きょうぞう〔1931―2007 小説家〕
○略歴 「分校ものがたり―山の子どもたちと14年」（三好京三） 本の森 2001.7 p298-301

三好 幸治 みよし・こうじ
○略歴ほか 「商学論集 73.4」（福島大） 2005.3 p153-156

三好 重夫 みよし・しげお〔1898―1982〕
◎著作目録 「現代史を語る 2 三好重夫 内政史研究会談話速記録」（伊藤隆） 現代史料出版 2001.8 p371-380

三好 十郎 みよし・じゅうろう〔1902―1958 劇作家・詩人〕
◎年譜ほか 「悲しい火だるま―評伝・三好十郎」（片島紀男） NHK出版 2003.6 p561-574
○年譜（白木まり） 「三好十郎―悲しい火だるま」（片島紀男） 五月書房 2004.7 p577-589

三好 達治 みよし・たつじ〔1900―1964 詩人〕
○幼少期年譜ほか（桝井寿郎） 「梅花短大国語国文 14」（梅花短期大） 2002.3 p9-15
◎年譜ほか（安藤靖彦） 「月の十日」（三好達治） 講談社 2003.12 p360-374
○年譜ほか（安藤靖彦） 「萩原朔太郎」（三好達治） 講談社 2006.11 p310-325

三好 徳三郎 みよし・とくさぶろう〔1939〕
◎文献 「民間総督三好徳三郎と辻利茶舗」（波形昭一） 日本図書センター 2002.8 p377-380

三好 学 みよし・まなぶ〔1861―1939 植物学者〕
○「東京大学総合研究博物館酒井敏雄文庫収蔵三好學教授著作・論文等及び関連資料目録」（大場秀章） 東京大 2006 46p B5

三好 義之助 みよし・よしのすけ〔1936―2003 保健論〕
○著作目録ほか 「同志社商学 56.2・3・4」（同志社大） 2004.12 p517-520

三輪 栄造 みわ・えいぞう〔1946―1999 陶芸家〕
○年譜 「三輪栄造陶芸作品集」 阿部出版 2001.1 p113-116

三和 一博 みわ・かずひろ〔1932―2003 民法〕
○主要著作目録ほか 「法学新報 110.1・2」（中央大） 2003.7 p495-510

三輪 晃一 みわ・こういち
○研究業績 「鹿児島大学農学部学術報告 52」（鹿児島大） 2002.3 p63-65

三輪 昌男　みわ・まさお〔1926―2003　経済評論家〕
　◎著作目録　「「正気の島」を求めて―三輪昌男その人と足跡」（追悼文集刊行会）　信山社　2004.2　p207-254

三和 良一　みわ・りょういち〔1935―　日本経済史〕
　○著作目録　「青山経済論集　55.4」（青山学院大）　2004.3　p273-279

三輪田 真佐子　みわだ・まさこ〔1843―1927　女子教育家〕
　◎年譜　「三輪田真佐子「教へ草他」」（三輪田真佐子）　日本図書センター　2005.2　p237-244

【 む 】

無隠元晦　むいんげんかい〔?―1358　僧侶〕
　◎年譜　「無隠元晦和尚伝」（広渡正利）　文献出版　2001.8　p46-49

向井 去来　むかい・きょらい〔1651―1704　俳人〕
　◎参考文献　「「去来抄」とともに―俳句と連句を知る」（品川鈴子）　ウエップ　2004.6　p282-283

向井 伸二　むかい・しんじ
　◎文献リスト　「子よ、甦れ―死刑囚とともに生きた養父母の祈り」（向井伸二の生と死を記録する会）　明石書店　2005.10　p254-256

向井 芳樹　むかい・よしき〔1932―　近世文学〕
　○業績目録ほか　「同志社国文学　58」（同志社大）　2003.3　p4-8f

麦林 布道　むぎばやし・ふどう
　○業績ほか　「広島経済大学経済研究論集　22.4」（広島経済大）　2000.3　p1-4f

椋 鳩十　むく・はとじゅう〔1905―1987　児童文学者〕
　◎出典ほか　「椋鳩十未刊行作品集　下」　一草舎出版　2004.11　p325-322
　○年譜　「紀要　10」（椋鳩十文学記念館）　2005.3　p81-89

向川 幹雄　むこうがわ・みきお〔1936―　評論家〕
　○業績目録ほか　「言語表現研究　17」（兵庫教育大）　2001.3　p1-5

向田 邦子　むこうだ・くにこ〔1929―1981　放送作家・小説家〕
　◎作品年譜　「向田邦子をめぐる17の物語」（相庭泰志）　ベストセラーズ　2002.2　p156-165

武者小路 実篤　むしゃのこうじ・さねあつ〔1885―1976　小説家・詩人〕
　◎参考資料　「武者小路実篤と魯迅の比較研究」（楊英華）　雄松堂出版　2004.9　p299-303
　○文献ほか　「無車詩集」（武者小路実篤）　日本図書センター　2006.2　p370-382

無住　むじゅう〔1226―1312　僧侶〕
　◎略年譜ほか　「沙石集　新編日本古典文学全集52」（小島孝之）　小学館　2001.8　p635-638

務台 理作　むたい・りさく〔1890―1974　哲学〕
　◎年譜・著作目録(小宮山恵三郎)　「務台理作著作集　第9巻　人間と自然」（沢田允茂, 永井博, 上田薫）　こぶし書房　2002.12　p323-392

牟田口 義郎　むたぐち・よしろう〔1923―　評論家・詩人〕
　◎著作目録ほか　「地中海歴史回廊」（牟田口義郎）　筑摩書房　2004.6　p456-466

無着 成恭　むちゃく・せいきょう〔1927―　教育〕
　◎参考文献　「遠い「山びこ」―無着成恭と教え子たちの四十年」（佐野真一）　新潮社　2005.5　p484-510

武藤 山治　むとう・さんじ〔1867―1934　実業家〕
　◎註　「武藤山治と時事新報」（松田尚士）　国民会館　2004.3　p211-216

武藤 脩二　むとう・しゅうじ〔1936―　アメリカ文学史〕
　○略年譜　「中央大学文学部紀要　210」（中央大）　2006.3　p7-14

武藤 春光　むとう・しゅんこう〔1929―　〕
　◎業績目録　「法曹養成と裁判実務―武藤春光先生喜寿記念論文集」（喜寿記念論文集編集委員会）　喜寿記念論文集編集委員会　2006.2　p827-835

武藤 節義　むとう・たかよし〔1936―　弁護士〕
　○業績　「東洋法学　49.2」（東洋大）　2006.3　p216」

武藤 徹　むとう・とおる〔1925―　数学教師〕
　◎略年譜ほか　「武藤徹著作集　5　時流に棹ささず―人生の里程標」（武藤徹）　合同出版　2007.8　p240-259

武藤 英男　むとう・ひでお
　○業績目録　「群馬大学教育学部紀要　自然科学編　52」（群馬大）　2004　p143-146

武藤 三千夫　むとう・みちお〔1932―　美学〕
　○著作目録ほか　「広島国際研究　10」（広島市立大）　2004　p191-192

棟方 志功　むなかた・しこう〔1903―1975　木版画家〕
　◎年譜　「芹沢銈介と棟方志功―模様の人・祈りの人」　静岡市立芹沢銈介美術館　2001　p142-152
　◎参考文献　「棟方志功―棟方板画と日立特別展示」（日立市郷土博物館）　日立郷土博物館　2002.4　p60-61
　◎年譜(棟方板画美術館)　「ヨロコビノウタ」（棟方志功）　二玄社　2003.7　p4-9b
　◎略年譜　「棟方志功生誕100年記念事業記録集―これまでの100年、これからの100年。」　青森市市民文化部　2004.3　p83-91
　◎略年譜　「棟方志功作品集―富山福光疎開時代」（尾山章ほか）　東方出版　2004.4　p250-256

村井 弦斎　むらい・げんさい〔1863―1927　小説家・新聞記者〕
　◎年譜ほか　「『食道楽』の人村井弦斎」（黒岩比佐子）　岩波書店　2004.6　p402-422
　◎参考文献　「食育のススメ」（黒岩比佐子）　文藝春秋　2007.12　p285-288

村井 正　むらい・ただし〔1935―　公法〕
　○著作目録ほか　「関西大学法学会誌　50」（関西大）　2005　p173-217b

村井 忠政　むらい・ただまさ〔1941―　社会学〕
　○業績目録ほか　「名古屋市立大学大学院人間文化研究　6」（名古屋市立大）　2006.12　p189-194

村井 正誠　むらい・まさなり〔1905―1999　洋画家〕
　◎主要参考文献ほか　「村井正誠・須田寿展―中村彝賞記念」（茨城県近代美術館）　茨城県近代美術館　c2002　p105-131

村井 泰彦　むらい・やすひこ
　○著作目録ほか　「福岡大学人文論叢　33.4」（福岡大）　2002.3　3pb

村石 凱彦　むらいし・よしひこ
　○業績ほか　「皇学館大学文学部紀要　44」（皇學館大）　2006.3　p326-327

村岡 到　むらおか・いたる〔1943―　編集者〕
　◎主要著作　「不破哲三との対話―日本共産党はどこへ行く？」（村岡到）　社会評論社　2003.11　p276-277

村岡 典嗣　むらおか・つねつぐ〔1884―1946　日本思想史学者・歌人〕
　○年譜（池上隆史）　「日本思想史研究　35」（東北大）　2003　p54-84
　○年譜（池上隆史）　「年報日本思想史　3」（日本思想史研究会）　2004.3　p11-25
　◎年譜ほか　「新編日本思想史研究―村岡典嗣論文選」（前田勉）　平凡社　2004.5　p442-451
　○年譜（池上隆史）　「日本思想史研究　37」（東北大）　2005　p58-78
　○年譜（池上隆史）　「日本思想史研究　38」（東北大）　2006　p65-99

村岡 輝三　むらおか・てるぞう〔1936―　経済政策学〕
　○業績目録ほか　「國學院経済学　55.3・4」（國學院大）　2007.3　p471-500

村上 華岳　むらかみ・かがく〔1888―1939　日本画家〕
　◎文献　「村上華岳展」（京都国立近代美術館ほか）　日本経済新聞社　2005　p298-305

村上 鬼城　むらかみ・きじょう〔1865―1938　俳人〕
　◎年譜　「村上鬼城新研究」（松本旭）　本阿弥書店　2001.4　p407-420

村上 公敏　むらかみ・きみとし
　○研究業績ほか　「文化研究　7」（近畿大）　2001　p57-59

村上 玄水　むらかみ・げんすい
　◎参考資料　「人物と交流　1」（W.ミヒェル）　中津市歴史民俗資料館　2006.3　p94-98

村上 三島　むらかみ・さんとう〔1912―2005　書家〕
　◎年譜　「村上三島作品」（村上三島）　二玄社　2007.12　p441-457

村上 節太郎　むらかみ・せつたろう〔1909―1995　地理学〕
　◎略年表　「村上節太郎がとらえた昭和愛媛」（愛媛県歴史文化博物館）　歴史文化博物館　2004.7　p108-119

村上 武吉　むらかみ・たけよし〔1534―1604　武将〕
　◎参考文献　「瀬戸内の海賊―村上武吉の戦い」（山内譲）　講談社　2005.2　p205-207

村上 淑郎　むらかみ・としお〔1935―　イギリス文学・イギリス演劇〕
　○略年表　「英米文学　61」（立教大）　2001　p103-105

村上 春樹　むらかみ・はるき〔1949―　小説家〕
　◎注文献　「村上春樹とアメリカ　暴力性の由来」（吉田春生）　彩流社　2001.6　p225-232
　◎「村上春樹―作品研究事典」（村上春樹研究会）　鼎書房　2001.6　310p　A5
　◎書いた本ほか（上武大学原ゼミ）　「村上春樹がわかる。」（朝日新聞社）　朝日新聞社　2001.12　p92-103,162-166
　○全著作リストほか　「ダ・ヴィンチ　9.11」（メディアファクトリー）　2002.11　p42-44
　◎参考文献　「臨床文学論　川端康成から吉本ばななまで」（近藤裕子）　彩流社　2003.2　p271-278
　◎クロニクルほか　「僕たちの好きな村上春樹　別冊宝島」　宝島社　2003.3　p114-143
　◎書誌（東郷雄多）　「文献探索　2004」（文献探索研究会）　2004.4　p505-517
　◎年表　「村上春樹―イエローページ　Part2　作品別　1995→2004」（加藤典洋ほか）　荒地出版社　2004.5　p9-12
　◎文献総覧（山根由美恵）　「村上春樹スタディーズ　2000-2004」（今井清人）　若草書房　2005.5　p307-338
　◎作品年譜　「村上春樹ワンダーランド」（宮脇俊文）　いそっぷ社　2006.11　2pb
　◎引用参考文献　「村上春樹はどう誤訳されているか―村上春樹を英語で読む」（塩浜久雄）　若草書房　2007.1　p347-348

村上 啓夫　むらかみ・ひろお〔1899―1969　翻訳家〕
　○翻訳図書目録（恵光院白）　「文献探索　2006」（文献探索研究会）　2006.11　p23-35

村上 文昭　むらかみ・ふみあき〔1935―　英語学〕
　○業績ほか　「関東学院教養論集　15」（関東学院大）　2005.2　p3-10

村上 正邦　むらかみ・まさくに〔1932―　政治家〕
　◎参考文献　「我、国に裏切られようとも―証言村上正邦」（魚住昭）　講談社　2007.10　p252」

村上 光徳　むらかみ・みつのり〔1931―　中世文学〕
　○著述目録ほか　「駒沢国文　39」（駒沢大）　2002.2　p5-9

村上 世彰　むらかみ・よしあき〔1959―　投資家〕
　◎参考文献　「トリックスター―「村上ファンド」4444億円の闇」（特別取材班）　東洋経済新報社　2006.8　p297-303

村上 吉正　むらかみ・よしまさ
　○著作抄ほか　「西相模考古　15」（西相模考古学研究会）　2006.5　p1-3

村上 龍　むらかみ・りゅう〔1952―　小説家〕
　○編年体, 文献（中村三春, 花田俊典）　「国文学　46.9」（学燈社）　2001.7　p165-206

村上氏　むらかみし
　◎参考文献　「村上家乗―慶応三年・明治元年」（広島県立文書館）　広島県立文書館　2006.3　p17-18f

村川 行弘　むらかわ・ゆきひろ〔1925―2009　考古学〕
　○業績一覧ほか　「大阪経済法科大学論集　79」（大阪経済法科大）　2001.3　p1-8f
　◎略年譜ほか　「実証の地域史　村川行弘先生頌寿記念論集」（村川行弘ほか）　大阪経済法科大出版部　2001.9　p515-545

村串 仁三郎　むらくし・にさぶろう〔1935―　労働経済論・社会政策論〕
　○著作目録ほか　「経済志林　73.3」（法政大）　2006.3　p32-43

紫式部　むらさきしきぶ〔987―1015頃　物語作者〕
　◎略年譜　「紫式部日記　上」（宮崎荘平）　講談社　2002.7　p237-242
　◎年譜　「紫式部」（沢田正子）　清水書院　2002.8　p216-221
　◎文献目録補遺（久保田孝夫）　「紫式部の方法―源氏物語・紫式部集・紫式部日記」（南波浩ほか）　笠間書院　2002.11　p515-532
　◎参考文献ほか　「紫式部―人と文学」（佐藤幸良）　勉誠出版　2003.8　p227-233
　◎年譜　「紫式部伝―源氏物語はいつ、いかにして書かれたか」（斎藤正昭）　笠間書院　2005.5　p236-237
　◎文献抄　「紫式部日記　2　日記文学研究叢書5」（津本信博）　クレス出版　2006.11　p74-79b
　◎参考文献　「源氏物語の端役たち」（加藤宏文）　溪水社　2006.12　p332-337

村嶋 歸之　むらしま・よりゆき〔1891―1965　ジャーナリスト〕
　◎書誌年表　「路地裏の社会史―大阪毎日新聞記者村嶋歸之の軌跡」（木村和世）　昭和堂　2007.6　p5-18b

村瀬 誠　むらせ・まこと〔1949―　ゴミ問題・環境問題〕
　◎参考文献　「ムラセ係長、雨水で世直し!―No more tanks for war, tanks for peace!」（秋山真芸実）　岩波書店　2005.3　p269-270

村田 貞雄　むらた・さだお〔1932―　分析化学〕
　○業績目録ほか　「名古屋学院大学論集　社会科学篇　39.2」（名古屋学院大）　2002.10　p4-6f

村田 茂昭　むらた・しげあき〔1938―　情報処理〕
　○研究業績　「札幌大学女子短期大学部紀要　43」（札幌大女子短大部）　2004.3　p10-11

村田 珠光　むらた・じゅこう〔1423―1502　茶湯者〕
　◎注　「珠光―茶道形成期の精神」（倉沢行洋）　淡交社　2002.5　p228-270

村田 省蔵　むらた・しょうぞう〔1878―1957　実業家・政治家〕
　◎参考文献　「財界人の戦争認識―村田省蔵の大東亜戦争」（半澤健市）　神奈川大　2007.3　p239-247

村田 文夫　むらた・ふみお〔1943―　考古学〕
　◎著作目録ほか　「興趣赴くままに。私の考古学ノート―人生、二度目の卒業論文」（村田文夫）　村田文夫　2003.3　p475-492

村田 年　むらた・みのる
　○著書ほか　「言語文化論叢　12」（千葉大）　2003.12　p3-13

村田 稔　むらた・みのる〔1931―　商学・経営社会学〕
　○著作目録ほか　「商学論叢　43.6」（中央大）　2002.3　p421-428

村田 安穂　むらた・やすお〔1934―　日本史〕
　○業績ほか　「学術研究　教育・社会教育学編　52」（早稲田大）　2004.2　p125-128
　○著作目録ほか　「日本史攷究と歴史教育の視座―村田安穂先生古稀記念論集」（日本史攷究会）　早稲田大　2004.11　p33-44

村中 祐生　むらなか・ゆうしょう〔1932―　僧侶〕
　◎業績ほか　「大乗佛教思想の研究―村中祐生先生古稀記念論文集」（村中祐生先生古稀記念論文集刊行会）　山喜房佛書林　2005.6　p5-14f

村野 四郎　むらの・しろう〔1901―1975　詩人〕
　◎年譜　「詩人村野四郎」（府中市文化振興財団）　府中市文化振興財団　2003.2　p60-63

村林 隆一　むらばやし・りゅういち〔1930―　弁護士・弁理士〕
　◎著作目録ほか　「判例著作権法」（村林隆一先生古稀記念論文集刊行会）　東京布井出版　2001.7　p963-976

村松 勲　むらまつ・いさお〔1939―2006　行政法〕
　○著作目録　「法学会雑誌　48.2」（首都大学東京）　2007.12　p5-8

村松 賢一　むらまつ・けんいち〔1941―　元アナウンサー〕
　○業績ほか　「言語文化と日本語教育　27」（お茶の水女子大）　2004.6　p54-63

村松 司叙　むらまつ・しのぶ〔1930―　経営学〕
　○業績ほか　「創価経営論集　26.2」（創価大）　2002.2　p193-198

村松 岐夫　むらまつ・みちお〔1940―　政治学・行政学〕
　○著作目録ほか　「法学論叢　152.5・6」（京都大）　2003.3　22pb

村山 出　むらやま・いずる〔1931―　上代文学〕
　○研究業績ほか　「北海学園大学人文論集　26・27」（北海学園大）　2004.3　10pf

村山 籌子　むらやま・かずこ〔1903―1946　児童文学者〕
　◎年譜　「母と歩く時―童話作家・村山籌子の肖像」（村山亜土）　JULA出版局　2001.1　p140-147

村山 修一　むらやま・しゅういち〔1914―　古代中世思想史・宗教史〕
　◎著者出版関係目録　「京都大仏御殿盛衰記」（村山修一）　法蔵館　2003.1　p274-276

村山 俊太郎　むらやま・しゅんたろう〔1905―1948　教育家・労働運動家〕
　◎著作目録(梶村光郎)　「村山俊太郎　生活綴方と教師の仕事」（村山士郎）　桐書房　2004.8　p387-395
　◎著作目録ほか(梶村光郎)　「琉球大学教育学部紀要　67」（琉球大）　2005.9　p1-13

村山 敏勝　むらやま・としかつ〔1967―2006　英文学〕
　○業績ほか(庄司宏子)　「成蹊英語英文学研究　11」（成蹊大）　2007　p5-7

村山 富市　むらやま・とみいち〔1924―　政治家〕
　◎参考文献　「村山富市―その軌跡と使命」（清原芳治）　大分合同新聞社　2006.3　p453-454

村山 知義　むらやま・ともよし〔1901―1977　劇作家・演出家・画家・小説家〕
　◎年譜(岩清水祥代)　「村山知義グラフィックの仕事」　本の泉社　2001.1　p86-101

村山 半牧　むらやま・はんぼく〔1828―1868　志士・画家〕
　◎年譜　「村山半牧小伝―はげしくも燃えて散った村山半牧の人間像」（丸橋康文ほか）　三条市歴史研究会　2003.8　p161-162

村山 元英　むらやま・もとふさ〔1934―　国際経営学・経営人類学〕
　○著作目録　「経済研究　15.3」（千葉大）　2000.12　p589-592

村山 康宏　むらやま・やすひろ〔1940―　電気工学・回路網理論〕
　○業績一覧　「釧路公立大学紀要　人文・自然科学研究　17」（釧路公立大）　2005.3　p3-8

村山 嘉彦　むらやま・よしひこ〔1937―　〕
　○著作ほか　「立命館経営学　40.6」（立命館大）　2002.3　p271-272

群 ようこ　むれ・ようこ〔1954―　エッセイスト〕
　◎略年譜　「たかが猫、されど猫」（群ようこ）　角川春樹事務所　2001.5　p197-205

室生 犀星　むろう・さいせい〔1889―1962　詩人・小説家〕
　◎外国語文献　「室生犀星研究―小説的世界の生成と展開」（高瀬真理子）　翰林書房　2006.3　p369-373

室賀 信夫　むろが・のぶお〔1907―1982　児童文学者〕
　◎著作目録　「ちずのこしかた」（うんのかずたか）　小学館スクウェア　2001.12　p251-252

室本 誠二　むろもと・せいじ〔1934―　経営財務論・企業税制論〕
　○業績ほか　「経済集志　74.4」（日本大）　2005.1　p3-12f

【 め 】

明治天皇　めいじてんのう〔1852―1912　第122代天皇〕
　◎参考文献　「明治天皇　下」（D.キーン）　新潮社　2001.10　p543-558
　◎註　「明治天皇と政治家群像―近代国家形成の推進者たち」（沼田哲）　吉川弘文館　2002.6　prr
　○参考文献(産経新聞社)　「正論　365　明治天皇とその時代」（産経新聞社）　2002.12　p356-359
　◎参考文献　「幕末の天皇・明治の天皇」（佐々木克）　講談社　2005.11　p280-284
　◎参考文献　「明治天皇―苦悩する「理想的君主」」（笠原英彦）　中央公論新社　2006.6　p298-309
　◎引用文献　「明治天皇の一日―皇室システムの伝統と現在」（米窪明美）　新潮社　2006.6　p205-207
　◎参考文献　「明治天皇―むら雲を吹く秋風にはれそめて」（伊藤之雄）　ミネルヴァ書房　2006.9　p431-438
　◎参考文献　「ミカドの外交儀礼―明治天皇の時代」（中山和芳）　朝日新聞社　2007.1　p283-288
　◎参考文献　「明治天皇　4」（D.キーン）　新潮社　2007.5　p431-452

銘苅 春榮　めかる・しゅんえい〔工学〕
　○業績目録ほか　「琉球大学工学部紀要　68」（琉球大）　2007.3　p47-50

目黒 哲朗　めぐろ・てつお〔1971―　歌人・俳人〕
　◎略歴　「目黒哲朗集」（目黒哲朗）　邑書林　2006.3　p143-144

目黒 真理子　めぐろ・まりこ〔歌人〕
　◎年譜　「新編青い翳―目黒真理子遺稿歌集」（目黒真理子）　せせらぎ出版　2006.5　p199-206

【 も 】

毛利 和弘　もうり・かずひろ〔1945―　図書館学・心霊学〕
　◎著作目録　「文献調査法―調査・レポート・論文作成必携（情報リテラシー読本）」（毛利和弘）毛利和弘　2004.9　p201-202

毛利 健三　もうり・けんぞう〔1934―　英経済史〕
　○業績ほか　「専修経済学論集　39.3.90」（専修大）2005.3　p463-473

毛利 重就　もうり・しげなり〔1725―1789　大名〕
　◎参考文献　「毛利重就」（小川国治）　吉川弘文館　2003.2　p242-245

毛利 敏彦　もうり・としひこ〔1932―　明治維新政治史・外交史〕
　○著作目録ほか　「広島国際研究　9」（広島市立大）2003.11　p205-206

毛利 臣男　もうり・とみお〔衣装デザイナー・空間デザイナー〕
　◎参考文献　「毛利臣男の劇的空間―舞台・ファッション・アート」（水谷由美子）　繊研新聞社　2006.11　p202-204

毛利 正守　もうり・まさもり〔1943―　上代文学・国語学〕
　○略歴ほか　「人文研究　58」（大阪市立大）　2007.3　p7-14

毛利 元就　もうり・もとなり〔1497―1571　武将〕
　◎参考文献ほか　「毛利元就と地域社会」（岸田裕之）　中国新聞社　2007.5　p269-276

毛利家　もうりけ
　◎引用文献　「萩藩毛利家の食と暮らし」（江後迪子）　つくばね舎　2005.3　p186-201

最上 徳内　もがみ・とくない〔1754―1836　北方探検家〕
　◎参考文献　「北冥の白虹　小説・最上徳内」（乾浩）新人物往来社　2003.4　p291-293

最上 敏樹　もがみ・としき〔1950―　国際機構論・国際法〕
　◎著者刊行物　「国際機構論　2版」（最上敏樹）東京大出版会　2006.3　p357-358

最上氏　もがみし
　◎文献　「陸奥・出羽　斯波・最上一族」（七宮涬三）新人物往来社　2005.1　p233-235

茂木 俊彦　もぎ・としひこ〔1942―　教育心理学・障害児心理学〕
　○著作目録ほか　「人文学報　359」（東京都立大）2005.3　p187-219

物集 芳　もずめ・よし
　◎著作目録　「文学としての『青鞜』」（岩田ななつ）不二出版　2003.4　p252-253

茂田井 武　もだい・たけし〔1908―1956　洋画家・童画家〕
　◎年譜ほか（広松由希子）　「茂田井武　思い出の名作絵本」（茂田井武）　河出書房新社　2001.2　p116-118

望月 海淑　もちづき・かいしゅく〔1930―　僧侶〕
　○研究業績ほか　「身延論叢　5」（身延論叢編集委員会）　2000.3　p9-14

望月 清人　もちづき・きよと〔1932―　社会政策・工業政策〕
　○研究業績ほか　「松山大学論集　13.5」（松山大）2001.12　p423-433

望月 三起也　もちづき・みきや〔1938―　漫画家〕
　◎作品リスト　「コミックを作った10人の男―巨星たちの春秋」（瀬戸龍哉ほか）　ワニブック　2002.5　p116-117

望田 幸男　もちだ・ゆきお〔1931―　ドイツ近現代史〕
　○業績ほか　「文化学年報　51」（同志社大）　2002.3　12pf

以仁王　もちひとおう〔1151―1180　後白河天皇の皇子〕
　◎参考文献　「会津の伝説―高倉宮以仁王の会津潜行記」（安藤紫香ほか）　歴史春秋出版　2007.5　p176-177

持本 志行　もちもと・としゆき〔1924―　経営学〕
　◎著作目録ほか　「市場価格対応の品質展開実践手法QDm」（持本志行）　日科技連出版社　2004.2　p155-158

本居 長世　もとおり・ながよ〔1885―1945　作曲家・ピアニスト〕
　◎文献　「金田一春彦著作集　10」（金田一春彦）玉川大学出版部　2004.7　p663-675
　◎作品一覧ほか　「本居長世―日本童謡先駆者の生涯」（松浦良代）　国書刊行会　2005.3　p375-398

本居 宣長　もとおり・のりなが〔1730―1801　国学・語学〕
　◎参考文献　「『直毘霊』を読む―二十一世紀に贈る本居宣長の神道論」（西岡和彦，中村幸弘）右文書院　2001.11　p206-207
　◎文献　「本居宣長事典」（本居宣長記念館）　東京堂出版　2001.12　prr
　◎補注文献　「宣長さん―伊勢人の仕事」（中根道幸）　和泉書院　2002.4　p539-566
　○研究文献目録（岡本聡）　「国文学解釈と鑑賞　67.9」（至文堂）　2002.9　p173-179
　◎参考文献　「本居宣長の国語教育―「もののあはれをしる」心を育てる」（浜本純逸）渓水社　2004.4　p178-186
　○資料一覧ほか　「宣長と『三大考』―近世日本の神話的世界像」（金沢英之）　笠間書院　2005.3　p213-239
　◎文献目録　「本居宣長の研究」（岡田千昭）　吉川弘文館　2006.1　p522-685

◎略年譜　「宣長学講義」（子安宣邦）　岩波書店　2006.11　p209-212
◎参考文献　「本居宣長の古道論―図書館で読み解く『直毘霊』」（佐藤雄鳴）　ブイツーソリューション　2007.1　p222-225
◎参考文献ほか　「始原と反復―本居宣長における言葉という問題」（友常勉）　三元社　2007.7　p245-250

素木 しづ　もとぎ・しづ〔1895―1918　小説家〕
○著作年表（秋柴圭江）　「近代文学研究と資料 2次1」（早稲田大）　2007.3　p172-177

本木 昌造　もとき・しょうぞう〔1824―1875　和文活字印刷創始者〕
◎略年譜ほか　「日本の近代活字―本木昌造とその周辺」（『日本の近代活字本木昌造とその周辺』編纂委員会）　近代印刷活字文化保存会　2003.11　p441-447

元木 網　もとの・もくあみ
○年譜ほか　「元木網と天明狂歌の展開」（谷口學）　楓橋書房　2006.4　p55-58

本宮 ひろ志　もとみや・ひろし〔1947―　漫画家〕
◎作品年譜　「天然まんが家」（本宮ひろ志）　集英社　2001.10　p243-248

本谷 義信　もとや・よしのぶ
○業績ほか　「北海道大学地球物理学研究報告 65」（北海道大）　2002.3　7pf

本山 貞一　もとやま・ていいち
○業績ほか　「愛知学院大学情報社会政策研究 7.2」（愛知学院大）　2005.3　p1-2f

本山 亨　もとやま・とおる〔1912―2002　弁護士〕
○業績ほか（村本勝）　「経営法曹 135」（経営法曹会議）　2002.12　p7-13

本山 美彦　もとやま・よしひこ〔1943―　研究者〕
○著作目録　「経済論叢 176.3」（京都大）　2005.9　p427-448

物部 晃二　ものべ・こうじ
○略年譜ほか　「関西大学哲学 25」（関西大）　2005.10　p1-8

桃 節山　もも・せつざん〔1832―1875　儒学者〕
◎略年譜　「公私要記―旧松江藩儒桃節山日記 1」（磯辺武雄）　北樹出版　2001.10　p275-277

百瀬 泉　ももせ・いずみ〔1933―　英米文学〕
○略年譜　「紀要 文学科 94」（中央大）　2004.3　p5-15

百瀬 恵夫　ももせ・しげお〔1935―　中小企業論〕
○業績ほか　「政経論叢 73.3・4」（明治大）　2005.3　p519-550

百瀬 宏　ももせ・ひろし〔1932―　西洋史・国際関係論〕
○著作目録　「広島国際研究 11」（広島市立大）　2005　p317-319

森 章　もり・あきら〔1933―　会計学〕
○著作目録　「明大商学論叢 85.2」（明治大）　2003.2　p271-279

森 有礼　もり・ありのり〔1847―1889　外交官・教育家・子爵〕
◎参考文献　「明治の若き群像―森有礼旧蔵アルバム」（犬塚孝明ほか）　平凡社　2006.5　p244-245

森 丑之助　もり・うしのすけ〔1877―1926　台湾研究家〕
◎年譜　「佐藤春夫宛森丑之助書簡」（新宮市立佐藤春夫記念館）　新宮市立佐藤春夫記念館　2003.3　p50-51
◎年譜ほか　「幻の人類学者森丑之助―台湾原住民の研究に捧げた生涯」（楊南郡）　風響社　2005.7　p275-286

森 鷗外　もり・おうがい〔1862―1922　作家〕
◎「森鷗外資料目録 2001年版」　文京区立鷗外記念本郷図書館　2001.3　312p　A4
◎参考文献　「鷗外最大の悲劇」（坂内正）　新潮社　2001.5　p303-308
◎参考文献　「『舞姫』エリス、ユダヤ人論」（萩原雄一ほか）　至文堂　2001.5　prr
◎参考文献　「森鷗外と近代日本」（池内健次）　ミネルヴァ書房（Minerva21世紀ライブラリー 67）　2001.12　p291-295
◎文献集纂（長谷川泉）　「鷗外 70」（森鷗外記念会）　2002.1　p374-377
◎参考文献　「左遷鷗外」（内村幹子）　新人物往来社　2002.3　p313
◎略年譜　「山椒太夫・高瀬舟―他十篇」（森鷗外）　岩波書店　2002.10　p169-174
◎参考引用文献　「鷗外歴史小説―よこ道うら道おもて道」（神澤秀太郎）　文芸社　2002.12　p469-491
○文献集纂（長谷川泉）　「鷗外 72」（森鷗外記念会）　2003.1　p121-153
◎注　「森鷗外とその文学への道標」（酒井敏）　新典社　2003.3　prr
○著作目録ほか　「福岡大学人文論叢 34.4.135」（福岡大）　2003.3　5pb
○研究年表（苦木虎雄）　「鷗外 73」（森鷗外記念会）　2003.11　p93-117
◎年譜ほか　「鷗外と神奈川」（金子幸代）　神奈川新聞社　2004.1　p218-236
◎年譜（滝本和成）　「森鷗外現代小品集」（森鷗外）　晃洋書房　2004.5　p234-264,270-273
◎参考文献　「森鷗外と中国古典小説―「寺」と「才子佳人小説」を中心に」（林淑丹）　富士ゼロックス小林年太郎記念基金　2004.8　p64-68
◎参考文献　「林太郎と杏奴　鷗外の遺産1」（小堀鷗一郎ほか）　幻戯書房　2004.11　p586-585
○資料目録（本郷図書館）　「鷗外 76」（森鷗外記念会）　2005.1　p83-94
◎参考文献　「仮面の人・森鷗外―「エリーゼ来日」三日間の謎」（林尚孝）　同時代社　2005.4　p224-227

◎参考文献 「森鷗外論―「エリーゼ来日事件」の隠された真相」(小平克) おうふう 2005.4 p277-291
◎参考文献 「鷗外の遺産 2 母と子」(小堀鷗一郎ほか) 幻戯書房 2005.8 p668-669
◎関係年譜 「小説の悪魔―鷗外と茉莉」(田中美代子) 試論社 2005.8 p294-300
◎参考文献 「森鷗外 文化の翻訳者」(長島要一) 岩波書店 2005.10 p227-228
◎参考文献 「「森鷗外と美術」展図録」(実行委員会) 島根県立石見美術館 c2006 p367-366
◎参考文献 「鷗外の遺産 3 社会へ」(小堀鷗一郎ほか) 幻戯書房 2006.6 p743-744
◎「鷗外研究年表」(苦木虎雄) 鷗出版 2006.6 4,1265p A5
◎参考文献 「麦酒伝来―森鷗外とドイツビール」(村上満) 創元社 2006.7 p275-281
◎「森鷗外主筆・主宰雑誌目録」(苦木虎雄) 鷗出版 2007.6 289,11p A5
◎年譜ほか 「評伝森鷗外」(山崎國紀) 大修館書店 2007.7 p829-849

森 皚峰 もり・がいほう
◎翻訳文学年表 「森皚峰・佐藤紅緑集 明治翻訳文学全集 〔続〕翻訳家編18」(森皚峰ほか) 大空社 2003.7 p1-4b

森 一夫 もり・かずお〔1935― 理論経済学〕
○著作目録 「経済学論叢 57.3」(同志社大) 2006.3 p671-677

森 嘉兵衛 もり・かへえ〔1903―1981 日本社会経済史・岩手県史〕
◎著作目録ほか 「岩手近代史の諸問題」(森嘉兵衛) 法政大学出版局 2003.11 p357-372

森 健一 もり・けんいち〔1929― 社会保障論〕
◎研究業績ほか 「ともに生きる―社会保障研究教育の四十七年」(森健一) 新青出版 2001.3 p245-254
○研究業績ほか 「東北学院大学論集 経済学 148」(東北学院大) 2001.12 p3-13

森 三郎 もり・さぶろう〔1911―1993 童話作家〕
◎年譜 「森三郎選集―佐渡と相川の昭和史」(森幾編) 森幾 2003.9 p273-439

森 潤三郎 もり・じゅんざぶろう〔1879―1944 近世学芸史研究家〕
○著作補遺(森富) 「鷗外 79」(森鷗外記念館) 2006.7 p57-63

森 章司 もり・しょうじ〔1938― インド仏教史〕
○業績ほか 「東洋学研究 44」(東洋大) 2007 p4-9f
○業績目録ほか 「東洋学論叢 東洋大学文学部紀要 60」(東洋大) 2007.3 p4-20

森 常治 もり・じょうじ〔1931― 現代英米文学批評・比較文学〕
○研究業績ほか 「人文社会科学研究 42」(早稲田大) 2002.3 p120-127
◎略歴(三田洋ほか) 「森常治詩集」(森常治) 土曜美術社出版販売 2006.12 p151-154

森 信三 もり・しんぞう〔1896―1992 教育哲学〕
◎参考文献 「「人生二度なし」森信三の世界」(神渡良平) 佼成出版社 2001.5 1pb

森 澄雄 もり・すみお〔1919― 俳人〕
◎年譜ほか 「森澄雄の世界―俳句―いのちをはこぶもの 特別展」(姫路文学館) 姫路文学館 2003.4 p64-71

森 清和 もり・せいわ〔1942― 都市河川論・都市自然〕
◎著書ほか 「花鳥風月のまちづくり―こころと水辺の再生を」(花鳥風月編集委員会) 花鳥風月編集委員会 2007.5 p184-190

森 銑三 もり・せんぞう〔1895―1985 近世文化史・書誌〕
◎年譜ほか(小出昌洋) 「新編物いう小箱」(森銑三) 講談社 2005.3 p223-241

森 荘已池 もり・そういち〔1907―1999 作家・詩人〕
◎略年譜 「山村食料記録―森荘已池詩集」(森三紗) 未知谷 2003.11 p1-4b

森 正 もり・ただし〔1942― 憲法学〕
○年譜 「名古屋市立大学人文社会学部研究紀要 14」(名古屋市立大) 2003.3 p3-7f

森 ちふく もり・ちふく〔1930― 詩人〕
○年譜 「森ちふく詩集」(森ちふく) 土曜美術社 2004.10 p150-153

森 哲夫 もり・てつお〔1934― 英語・英米文学〕
○業績ほか(森哲夫) 「拓殖大学語学研究 108」(拓殖大) 2005.3 p1-4f

森 信成 もり・のぶしげ〔1914―1971 哲学者〕
○年譜 「唯物論哲学入門 改訂新版」(森信成) 新泉社 2004.2 p235-243

森 晴秀 もり・はるひで〔1933― 英文学・文体論〕
◎業績一覧 「テクストの地平―森晴秀教授古稀記念論文集」(富山太佳夫ほか) 英宝社 2005.3 p563-581

森 英樹 もり・ひでき〔1942― 憲法学〕
○業績 「名古屋大学法政論集 213」(名古屋大) 2006.9 p635-661

護 雅夫 もり・まさお〔1921―1996 東洋史〕
○略年譜ほか(佐藤次高ほか) 「東方学 108」(東方学会) 2004.7 p122-149

森 正夫 もり・まさお〔1922― 東洋史〕
○著作目録ほか 「名古屋大学東洋史研究報告 25」(名古屋大) 2001 p421-429
◎著作目録 「森正夫明清史論集 3」(森正夫) 汲古書院 2006.6 p693-705

森 昌己　もり・まさみ〔1938―2003　フランス語・フランス文学〕
　○略年譜（森昌己）　「慶応義塾大学日吉紀要　フランス語フランス文学 38」（慶応義塾大）　2004.3　p1-3

森 茉莉　もり・まり〔1903―1987　小説家〕
　◎ブックガイドほか（早川暢子）　「森茉莉　天使の贅沢貧乏　KAWADE夢ムック」　河出書房新社　2003.2　p216-231
　◎関係年譜　「小説の悪魔―鷗外と茉莉」（田中美代子）　試論社　2005.8　p294-300
　◎年譜ほか　「森茉莉かぶれ」（早川茉莉）　筑摩書房　2007.9　p251-267
　○主要作品解題ほか（木村カナほか）　「ユリイカ 39.15.544」（青土社）　2007.12　p183-200

森 幹男　もり・みきお〔1939―　インドシナ比較文化史〕
　○作品リストほか　「アジア・アフリカ言語文化研究　63」（東京外語大）　2002.3　p319-323

森 教郎　もり・みちお
　○業績ほか　「名城論叢　6.3」（名城大）　2006.3　p3-4f

森 安彦　もり・やすひこ〔1934―　日本近世史〕
　○業績目録ほか　「紀要　史学科　50」（中央大）　2005.3　p157-185

森 泰博　もり・やすひろ〔1931―2005　経営史〕
　○著作目録ほか　「商学論究　47.4」（関西学院大）　2000.3　p179-182

森 瑶子　もり・ようこ〔1940―1993　作家〕
　◎略年譜（結城信孝）　「ハンサム・ウーマンに乾杯」（森瑶子）　角川春樹事務所　2002.6　p192-202

森 麗子　もり・れいこ〔1921―　ファブリック・アーチスト〕
　◎略年譜　「糸で描く　ファブリック・ピクチャー」（森麗子）　美術出版社　2001.5　p118」
　◎略年譜　「糸の旅―思い出とともに…―森麗子画文集」（森麗子）　求龍堂　2007.5　p100-101

森井 昭顕　もりい・しょうけん〔1932―　国際収支〕
　○略歴ほか　「広島経済大学経済研究論集　26.3」（広島経済大）　2003.12　p2-6f

森泉 章　もりいずみ・あきら〔1928―2007　弁護士〕
　○業績ほか　「駿河台法学　17.1.31」（駿河台大）　2003.11　p195-202

森内 俊雄　もりうち・としお〔1936―　小説家・詩人〕
　◎年譜ほか（勝呂奏）　「骨の火」（森内俊雄）　講談社　2004.11　p256-271

森川 昭　もりかわ・あきら〔1932―　国文〕
　◎著作目録ほか　「俳諧とその周辺」（森川昭）　翰林書房　2002.9　p266-285

森川 和代　もりかわ・かずよ〔？―2005　中国映画研究家・字幕翻訳家〕
　◎略歴　「森川和代が生きた旧「満州」、その時代―革命と戦火を駆け抜けた青春期」（森川忍）　新風舎　2007.4　p212-215

森川 許六　もりかわ・きょろく〔1656―1715　俳人・近江彦根藩士〕
　◎年表ほか　「孤高の才人五老井許六」（石川柊）　朱鳥社　2005.1　p175-178

森川 竹窓　もりかわ・ちくそう〔1763―1830　書家・篆刻家〕
　◎年譜　「名分と命禄―上田秋成と同時代の人々」（稲田篤信）　ぺりかん社　2006.2　p224-248

森川 甫　もりかわ・はじめ〔1932―　フランス文学〕
　○主要業績ほか　「社会学部紀要　89」（関西学院大）　2001.3　p1-8

森川 八洲男　もりかわ・やすお〔1937―　会計学〕
　○著作目録　「明大商学論叢　89.2」（明治大）　2007.2　p375-390

森口 多里　もりぐち・たり〔1892―1984　美術評論・民俗学〕
　◎参考文献　「近代知識人の西洋と日本―森口多里の世界」（秋山真一）　同成社　2007.3　p215-221

森作 常生　もりさく・つねお
　○著作目録　「経済研究　48.2」（大阪府立大）　2003.3　p1-2f

森下 雨村　もりした・うそん〔1890―1965　編集者・翻訳家・小説家〕
　○年譜　「釣りは天国」（森下雨村）　小学館　2005.6　p251-253

森下 健三　もりした・けんぞう
　○業績ほか　「専修経済学論集　35.3.78」（専修大）　2001.3　p309-310

森嶋 通夫　もりしま・みちお〔1923―2004　理論経済学者〕
　◎著作目録　「森嶋通夫著作集　別巻」（森嶋通夫）　岩波書店　2005.6　p1-14b

森田 愛子　もりた・あいこ〔1917―1947　俳人〕
　◎年譜ほか　「人の世も斯く美し―虚子と愛子と柏翠と―横浜市立大学経済研究所平成十四年度公開ゼミナール研究報告書研究対象分野『地域の近現代史』」（森谷欽一）　森谷欽一　2003.3　p170-178

森田 功　もりた・いさお〔1926―1998　小説家・随筆家・医師〕
　◎著作一覧ほか　「町医者森田功の生涯」（松中昭一）　東京図書出版会　2003.1　p268-271

森田 兼吉　もりた・かねよし〔1934―2004　中古文学〕
　○著作目録ほか　「日本文学研究　41」（梅光学院大）　2006.1　p42-45

森田 邦夫　もりた・くにお〔1942―2004　経済法〕
　○業績ほか　「松山大学論集　17.1」（松山大）　2005.4　p520-521

森田 浩一　もりた・こういち〔1891—1920〕
◎参考文献ほか　「森田浩一とその時代―日記を通して見えてくるもの」(福生市郷土資料室)　福生市教育委員会　2001.1　p302-304

森田 浩平　もりた・こうへい〔1936—　社会心理学〕
○略歴ほか(森田浩平)　「立命館産業社会論集 37.1.108」(立命館大)　2001.6　p19-28

森田 思軒　もりた・しけん〔1861—1897　ジャーナリスト〕
◎翻訳文学年表　「森田思軒集 2　明治翻訳文学全集　〔続〕翻訳家編6」(森田思軒)　大空社　2003.7　p1-7b
◎年譜ほか(谷口靖彦ほか)　「森田思軒とその交友―龍渓・蘇峰・鷗外・天心・涙香」(森田思軒研究会)　松柏社　2005.11　p90-118

森田 勝治　もりた・しょうじ〔1937—　英米文学〕
○著作目録ほか　「広島修大論集　人文編 47.1」(広島修道大)　2006.9　2pb

守田 志郎　もりた・しろう〔1924—1977　日本農業史・農業経済〕
◎著作目録　「農家と語る農業論」(守田志郎)　農山漁村文化協会(人間選書 236)　2001.2　p307-308
◎著作目録　「小農はなぜ強いか」(守田志郎)　農山漁村文化協会　2002.2　p211-212
◎著作案内　「二宮尊徳」(守田志郎)　農文協　2003.3　p296-302

森田 武　もりた・たけし〔1930—　〕
◎著作目録　「近世・近代日本社会の展開と社会諸科学の現在―森田武教授退官記念論文集」(退官記念会)　新泉社　2007.6　p602-605

森田 たま　もりた・たま〔1894—1970　随筆家〕
◎略年譜　「今昔」(森田たま)　暮しの手帖社　2005.6　p210-213

森田 成美　もりた・なるみ〔1929—2008　マクロ経済学〕
○業績ほか　「広島経済大学経済研究論集 24.3」(広島経済大)　2001.12　p1-4f

森田 必勝　もりた・ひっしょう〔1945—1970　右翼学生活動家〕
◎年譜　「わが思想と行動―遺稿集　新装版」(森田必勝)　日新報道　2002.11　p278-300

森田 正馬　もりた・まさたけ〔1874—1938　精神療法〕
◎年譜ほか　「森田正馬が語る森田療法―「純な心」で生きる」(岩田真理)　白揚社　2003.2　p217-242
◎年譜　「大原健士郎選集 1　神経質性格、その正常と異常―森田療法入門」(大原健士郎)　星和書店　2007.11　p220」

森田 素夫　もりた・もとお〔1911—1961　小説家〕
◎「群馬県立土屋文明記念文学館蔵佐藤緑葉資料目録・森田素夫文庫資料目録・浅田晃彦資料目録」(土屋文明記念文学館)　同文学館　2000.5　116p A4

森田 保男　もりた・やすお〔1933—　国際経営論・多国籍企業論〕
○略年譜　「名古屋学院大学論集　社会科学篇 40.3」(名古屋学院大)　2004.1　p4-6f

森田 雄三郎　もりた・ゆうさぶろう〔1930—2000　宗教学〕
◎業績ほか　「現代神学はどこへ行くか」(森田雄三郎)　教文館　2005.3　p343-349

森田 優三　もりた・ゆうぞう〔1901—1994　統計学〕
◎「森田優三文庫洋書目録――一橋大学経済研究所所蔵」(一橋大学経済研究所資料室)　一橋大　2007.12　8,35p　A4

森田 洋司　もりた・ようじ〔1941—　社会病理学〕
○略歴　「人文研究 55.3」(大阪市立大)　2004.3　p1-16

森田 良紀　もりた・よしのり
○業績ほか　「哲学会誌 29」(学習院大)　2005.6　p225-229

森谷 南人子　もりたに・なんじし〔1889—1981　日本画家〕
◎参考文献　「森谷南人子のすべて」(笠岡市立竹喬美術館)　竹喬美術館　c2004　p120-122

森永 毅彦　もりなが・たけひこ
○業績ほか　「学習院大学法学会雑誌 43.1」(学習院大)　2007.9　p7-10f

森永 徹　もりなが・とおる〔1958—　俳優〕
○研究業績ほか　「千葉商大紀要 39.3」(千葉商科大)　2001.12　p13-14f

森永 道夫　もりなが・みちお〔1933—　演劇学・民族芸術学〕
○業績　「芸能と信仰の民族芸術―森永道夫先生古稀記念論集」(森永道夫)　和泉書院　2003.5　p17-25

森村 泰昌　もりむら・やすまさ〔1951—　写真家〕
◎略年譜　「女優家Mの物語」(森村泰昌)　朝日出版社　2001.6　p114-115

森本 平　もりもと・たいら〔1964—　歌人〕
◎略歴　「森本平集」(森本平)　邑書林　2004.3　p133-135

森本 益之　もりもと・ますゆき〔1940—　刑事法学〕
○著作目録ほか　「国際公共政策研究 6.2」(大阪大)　2002.3　p349-354

森本 好則　もりもと・よしのり〔1935—　経済学〕
○著作目録ほか　「経済学論究 57.2」(関西学院大)　2003.6　p161-169

森本 六兵衛　もりもと・ろくべえ〔実業家〕
◎参考文献　「六兵衛の生きた時代と森本倉庫―創業者「森本六兵衛」を辿る」(森本倉庫株式会社)　森本倉庫　2002.9　p71」

森谷 潔　もりや・きよし〔1928—　環境生理学〕
○業績ほか　「北海道大学大学院教育学研究科紀要 99」(北海道大)　2006.9　p185-204

守屋 孝彦　もりや・たかひこ
　○業績目録ほか　「茨城大学政経学会雑誌　74」（茨城大）　2004.3　p111-113

森谷 武男　もりや・たけお〔1942―　固体地球物理学〕
　○業績　「北海道大学地球物理学研究報告　69」（北海道大）　2006.3　17pf

森谷 延雄　もりや・のぶお〔1893―1927　家具デザイナー・インテリアデザイナー〕
　◎文献目録　「森谷延雄展―没後80年」（佐倉市立美術館）　佐倉市立美術館　2007　p94-97

森安 理文　もりやす・まさふみ〔1915―?　近代日本文学〕
　◎年譜　「近代日本戦争文学論」（森安理文）　森安理文先生米寿記念『近代日本戦争文学論』刊行会　2003.10　p345-374

森山 弘毅　もりやま・こうき
　○業績一覧ほか　「人文・自然科学研究　15」（釧路公立大）　2003.3　p3-6

守山 記生　もりやま・のりお〔1940―　都市史〕
　○著作目録　「奈良史学　24」（奈良大）　2006　p2-5

森山 秀吉　もりやま・ひでよし
　○著述一覧ほか　「国語国文研究と教育　33」（熊本大）　2001.3　p224-228

茂呂 近助　もろ・きんじょ
　◎参考文献　「谷中村村長茂呂近助―末裔たちの足尾鉱毒事件」（谷中村と茂呂近助を語る会）　随想舎　2001.6　p280-282

諸沢 巖　もろさわ・いわお
　○業績ほか　「独逸文学　49」（関西大）　2005　p3-4
　○業績ほか　「関西大学外国語教育研究　9」（関西大）　2005.3　p19-20

諸橋 轍次　もろはし・てつじ〔1883―1982　漢学〕
　○著作目録ほか　「漢文教室　190」（大修館書店）　2004.5　p18-20

諸橋 元三郎　もろはし・もとさぶろう〔?―1989〕
　◎略年譜　「三猿文庫展図録　諸橋元三郎と文庫の歩み」（いわき市立草野心平記念文学館）　同文学館　2001.10　p39-43

文覚　もんがく〔1139―1203　僧侶〕
　◎文献目録　「文覚上人一代記」（相原精次）　青蛙房　2005.5　p268-269

文観 弘真　もんかん・こうしん〔1278―1357　僧侶〕
　◎年譜　「文観房弘真と美術」（内田啓一）　法藏館　2006.2　p323-351
　◎著作年譜　「中世先徳著作集」　臨川書店　2006.11　p612-618

【や】

屋嘉 宗業　やか・そうぎょう
　◎参考文献　「三絃を響かせ―屋嘉宗業」（屋嘉和子ほか）　沖縄タイムス社　2007.5　p171」

矢川 澄子　やがわ・すみこ〔1930―2002　小説家・詩人・翻訳家〕
　○書誌ほか（室野井洋子ほか）　「ユリイカ　34.13」（青土社）　2002.10　p328-397
　◎著作目録　「いづくへか」（矢川澄子）　筑摩書房　2003.5　p340」

八木 充　やぎ・あつる〔1931―　日本古代史〕
　○著作目録ほか　「人間文化研究　10」（京都学園大）　2003.3　p7-16

八木 江里　やぎ・えり〔1931―　物理学史・科学史〕
　○著作目録ほか　「経済論集　27.1・2」（東洋大）　2002.2　p325-329

八木 一夫　やぎ・かずお〔1918―1979　陶芸家〕
　◎参考文献　「八木一夫展―没後二十五年」（京都国立近代美術館ほか）　日本経済新聞社　c2004　p302-310

八木 克正　やぎ・かつまさ〔1944―　英語〕
　○業績　「英語語法文法研究の新展開」（田中実ほか）　英宝社　2005.1　p242-254

八木 克巳　やぎ・かつみ〔1943―　幾何学〕
　○業績目録ほか（湯浅愼一）　「Studia humana et naturalia　39」（京都府立医科大）　2005.12　p2-10

八木 重吉　やぎ・じゅうきち〔1898―1927　詩人〕
　◎文献ほか　「八木重吉とキリスト教―詩心と「神学」のあいだ」（今高義也）　教文館　2003.1　p209-227

八木 三日女　やぎ・みかじょ〔1924―　俳人・眼科医〕
　◎年譜ほか　「八木三日女全句集」（八木三日女）　沖積舎　2006.11　p471-488

八木 義徳　やぎ・よしのり〔1911―1999　小説家〕
　○年譜著書目録（土合弘光）　「室蘭文藝　34」（室蘭文芸協会）　2001.3　p144-152

八木田 恭輔　やぎた・きょうすけ〔1938―　スポーツ社会学〕
　○業績目録ほか　「大阪経大論集　56.6.290」（大阪経済大）　2006.3　p177-179
　○業績目録ほか　「大阪経大論集　58.2」（大阪経大学会）　2007.7　p223-225

八切 止夫　やぎり・とめお〔1916―1987　小説家〕
　○小説（若狭邦夫）　「日本古書通信　65.12」（日本古書通信）　2000.12　p22-24
　○年譜（若狭邦男）　「歴史民俗　21」（歴史民俗学研究会）　2002　p18-42

矢沢 あい　やざわ・あい〔1967—　漫画家〕
　○全作品リスト（轟夕起丈夫ほか）　「キネマ旬報1437臨増」（キネマ旬報社）　2005.9.7　p36-39

矢沢 康祐　やざわ・こうすけ〔歴史学〕
　○業績目録ほか　「専修史学　33」（専修大）　2002.3　p3-7
　○業績ほか　「専修人文論集　70」（専修大）　2002.3　p97-101

矢澤 修次郎　やざわ・しゅうじろう
　◎著作目録ほか　「地球情報社会と社会運動―同時代のリフレクシブ・ソシオロジー」（新原道信ほか）　ハーベスト社　2006.4　p421-425

矢澤 富太郎　やざわ・とみたろう〔1931—　会計学〕
　○業績ほか（長谷川泰隆）　「麗澤経済研究　15.1」（麗澤大）　2007.3　p213-218

矢島 脩三　やじま・しゅうぞう〔1933—　論理回路オートマン〕
　○略歴　「情報研究　22」（関西大）　2005.3　p31-39

矢嶋 嶺　やじま・たかね
　○主要著作ほか　「長野大学紀要　25.1」（長野大）　2003.6　p14-15

矢島 毅　やじま・つよし
　○業績ほか　「作新学院大学紀要　15」（作新学院大）　2005.3　p183-184

家島 彦一　やじま・ひこいち〔イスラム史・東西交渉史〕
　○研究業績ほか　「アジア・アフリカ言語文化研究　63」（東京外語大）　2002.3　p311-317

矢島 文夫　やじま・ふみお〔1928—2006　言語学・オリエント文化史〕
　◎著訳書一覧　「オリエントの夢文化―夢判断と夢神話」（矢島文夫）　東洋書林　2007.6　p248-252

矢島 猷三　やじま・ゆうさん〔1934—2006　言語学〕
　○研究業績目録ほか　「紀要　地域研究・国際学編　33」（愛知県立大）　2001　p5-7f

八代 有　やしろ・たもつ
　○業績ほか　「愛知淑徳大学論集　文学部・文学研究科篇　30」（愛知淑徳大）　2005　p5-6f

屋代 弘賢　やしろ・ひろかた〔1758—1841　考証学者〕
　◎「屋代弘賢・不忍文庫蔵書目録　1-5　書誌書目シリーズ　55-1～6」　ゆまに書房　2001.3　6冊　A5

八代 斌助　やしろ・ひんすけ〔1900—1970　キリスト教伝道者〕
　○著作ほか　「桃山学院年史紀要　20」（桃山学院）　2001.3　p21-26
　○著作目録ほか　「八代斌助の思想と行動を考える―日本聖公会神戸教区の成立と活動」（桑田優ほか）　ミネルヴァ書房　2006.3　p175-186

八代 淑子　やしろ・よしこ
　○業績目録ほか　「いわき短期大学研究紀要　38」（いわき短大）　2005.3　p145-146

弥次郎　やじろう〔キリシタン〕
　◎参考文献　「ザビエルの同伴者アンジロー―戦国時代の国際人」（岸野久）　吉川弘文館（歴史文化ライブラリー　126）　2001.9　p231-232

安 世舟　やす・せいしゅう〔1935—　政治学〕
　○著作目録ほか　「大東法学　16.1」（大東文化大）　2006.10　p415-426

保井 コノ　やすい・この〔1880—1971　植物学者〕
　◎参考文献　「保井コノ―日本初の女性博士」　香川人権研究所　2006.11　p67-68

安井 修二　やすい・しゅうじ〔1933—　理論経済学〕
　○著作目録ほか　「経済学研究　56.2」（関西学院大）　2002.7　p187-193
　○業績ほか　「尾道大学経済情報論集　7.1」（尾道大）　2007.6　7pb

安井 息軒　やすい・そっけん〔1799—1876　儒学者〕
　◎参考文献ほか　「瓦全―息軒小伝」（和田雅実）　鉱脈社　2006.1　p170-175

安井 仲治　やすい・なかじ〔1903—1942　写真家〕
　◎参考文献（竹葉丈ほか）　「安井仲治写真集―Nakaji Yasui photographer 1903-1942」（渋谷区立松涛美術館ほか）　共同通信社　2004.11　p299-302

安井 羊朔　やすい・ようさく
　○研究業績ほか　「人文論集　39」（早稲田大）　2001.2　p1-5b

安枝 英訷　やすえだ・ひでのぶ〔1941—2001　労働法・社会保障法〕
　○著作目録ほか　「同志社法学　54.3」（同志社法学会）　2002.9　p1399-1414

安岡 重明　やすおか・しげあき〔1928—　資本形成史〕
　◎主要著作目録　「近代日本の企業者と経営組織」（安岡重明）　同文舘出版　2005.10　p327-329

安岡 章太郎　やすおか・しょうたろう〔1920—　小説家〕
　◎年譜ほか（鳥居邦朗）　「果てもない道中記　下」（安岡章太郎）　講談社　2002.7　p411-425

安岡 正篤　やすおか・まさひろ〔1898—1983　国家主義運動家〕
　◎年譜　「安岡正篤―人生は難題克服に味がある」（安岡正篤）　三五館　2003.3　p117-127
　◎文献　「金鶏学院の風景」（亀井俊郎）　邑心文庫　2003.5　p276-284
　◎関係書誌　「安岡正篤―慎独の一灯行」（安岡正篤）　拓殖大　2003.11　p335-338
　◎関係書誌　「学統に関わる書誌　1」（拓殖大学創立百年史編纂室）　拓殖大　2004.7　p133-138
　◎文献　「「昭和の教祖」安岡正篤の真実」（塩田潮）　ワック　2006.8　p315-323

安川 悦子　やすかわ・えつこ〔1936—　社会思想史・経済学史〕
　○年譜　「名古屋市立大学人文社会学部研究紀要　12」（名古屋市立大）　2002.3　p1-4f

安澤 秀一　やすざわ・しゅういち〔1926―　文書館学〕
　○研究活動　「文化情報学 9.2」（駿河台大）　2002.
　　12　p79-88

安田 章　やすだ・あきら〔1933―2007　国語史〕
　○業績ほか（秋本守英）　「表現研究 85」（表現学
　　会）　2007.3　p45-49

安田 侃　やすだ・かん〔1945―　彫刻家〕
　◎参考文献　「安田侃、魂の彫刻家」（彩草じん子）
　　集英社　2005.2　p5-9b

安田 元三　やすだ・げんぞう
　○研究業績ほか　「経済集志 72.1」（日本大）　2002.
　　4　p3-9f

安田 二郎　やすだ・じろう〔1939―　中国中世史〕
　○著作目録　「東北大学東洋史論集 9」（東北大）
　　2003.1　p475-481

安田 徳太郎　やすだ・とくたろう〔1898―1983
　医師・歴史家〕
　◎著作リストほか（藤田一幸）　「二十世紀を生きた
　　人びと　安田徳太郎選集」（安田徳太郎）　青土社
　　2001.6　p641-651

安田 信之　やすだ・のぶゆき〔1943―　法学〕
　○業績ほか　「国際開発研究フォーラム 34」（名古
　　屋大）　2007.3　p257-262

安田 初雄　やすだ・はつお〔1909―　人文地理学〕
　○業績ほか　「福島地理論集 48」（福島地理学会）
　　2005.9　p1-4

保田 仁資　やすだ・ひとし〔1930―　栄養学・食品
　衛生学〕
　○業績ほか　「駒沢大学苫小牧短期大学紀要 33」
　　（駒沢大学苫小牧短大）　2001.3　p3-6

保田 芳昭　やすだ・よしあき〔1935―2006　マーケ
　ティング論・流通政策〕
　○著作目録ほか　「関西大学商学論集 49.3・4」（関
　　西大）　2004.10　p443-461

保田 與重郎　やすだ・よじゅうろう〔1910―1981
　文芸評論家〕
　◎著述年譜ほか　「保田與重郎研究」（渡辺和靖）
　　ぺりかん社　2004.2　p606-602

安田 理深　やすだ・りじん〔1900―1982　浄土真宗〕
　○略年譜　「親鸞に真実を求めて―伝統に自己を聞
　　く」（本多弘之ほか）　樹心社　2007.8　p143-144

安武 秀岳　やすたけ・ひでたか〔1936―　アメリカ史〕
　○業績　「北海学園大学人文論集 36」（北海学園
　　大）　2007.3　p4-8

安永 蕗子　やすなが・ふきこ〔1920―　歌人〕
　○略年譜（田村武志）　「短歌 49.4」（角川書店）
　　2002.3　p122-125

安成 貞雄　やすなり・さだお〔1885―1924　ジャー
　ナリスト・文学者〕
　◎年譜ほか（茅原健ほか）　「安成貞雄その人と仕
　　事」（『安成貞雄文芸評論集』編集委員会ほか）
　　不二出版　2004.7　p35-82
　◎略年譜　「安成貞雄を祖父とす―ドキュメント・
　　安成家の兄妹」（伊多波英夫）　無明舎　2005.7
　　p460-463

安場 保和　やすば・やすかず〔1835―1899　男爵〕
　◎略年譜　「安場保和伝―1835-99―豪傑・無私の政
　　治家」（鶴見俊輔ほか）　藤原書店　2006.4　p439-
　　441

安場 保吉　やすば・やすきち〔1930―2005　経済学〕
　○業績ほか　「大阪学院大学経済論集 20.1・2」（大
　　阪学院大）　2006.6　5pb

安彦 良和　やすひこ・よしかず〔1947―　漫画家・ア
　ニメーション作家〕
　◎「安彦良和全仕事集」（メディアファクトリー）　メ
　　ディアファクトリー　2000.12　1冊　A4
　○全漫画解題（泉政文）　「ユリイカ 39.11.540」（青
　　土社）　2007.9　p195-210

安水 稔和　やすみず・としかず〔1931―　詩人〕
　○参考資料（田口麻奈）　「展望現代の詩歌 5　詩
　　V」（飛高隆夫ほか）　明治書院　2007.12　p29-30

安森 征治　やすもり・せいじ
　○業績ほか　「県立広島大学人間文化学部紀要 2」
　　（県立広島大）　2007　p3-5

八瀬 童子　やせ・どうじ
　◎参考文献　「八瀬童子―歴史と文化」（宇野日出
　　生）　思文閣出版　2007.4　p190-192

矢田 晶紀　やだ・あきのり〔1945―　経営コンサル
　タント〕
　◎主な作品　「2010年東京圏大変貌」（矢田晶紀）
　　KKベストセラーズ　2003.9　1pb

矢田 津世子　やだ・つせこ〔1907―1944　小説家〕
　◎年譜著作目録（高橋秀晴）　「神楽坂・茶粥の記―矢
　　田津世子作品集」（高橋秀晴）　講談社　2002.4
　　p277-289

矢田 俊文　やだ・としふみ〔1941―　産業配置・経
　済地理〕
　○著書・論文目録　「経済学研究 67.4・5」（九州
　　大）　2000.12　p361-380

矢田部 保吉　やたべ・やすきち
　◎参考文献　「特命全権公使矢田部保吉」（矢田部
　　会）　矢田部会　2002.12　p340-342

弥富 破摩雄　やとみ・はまお
　○蔵書目録（上田由紀美）　「参考図書研究 64」（国
　　立国会図書館）　2006.3　p16-155

弥永 万三郎　やなが・まんさぶろう
　○業績ほか　「社会科学論集 90」（高知短期大）
　　2006.3　p1-3

柳 五郎　やなぎ・ごろう
　○著書・論文ほか　「Evergreen 25」（愛知淑徳大）　2003.3　2pf
　○業績ほか　「愛知淑徳大学論集　文学部・文学研究科篇　28」（愛知淑徳大）　2003　p3-4

柳 春生　やなぎ・はるお〔1910—2007　比較法学〕
　○業績ほか　「政治研究　54」（九州大）　2007.3　p185-193

柳 宗理　やなぎ・むねみち〔1915—　工業デザイナー〕
　◎略年譜（柳工業デザイン研究会）　「柳宗理エッセイ」（柳宗理）　平凡社　2003.6　p282-288
　◎年譜（越前俊也ほか）　「柳宗理うまれるかたち」（柳宗理デザイン金沢展開催実行委員会）　能登印刷出版部　2003.8　p128-135
　○書誌（新沼優）　「文献探索　2006」（文献探索研究会）　2006.11　p335-355

柳 宗悦　やなぎ・むねよし〔1889—1961　民芸・美術〕
　◎年譜　「鶴見俊輔集　続4」（鶴見俊輔）　筑摩書房　2001.3　p175-183
　◎思想年表　「柳宗悦—時代と思想」（中見真理）　東京大学出版会　2003.3　p365-379
　◎参考文献ほか　「柳宗悦—手としての人間」（伊藤徹）　平凡社　2003.6　p260-274
　◎年譜　「評伝柳宗悦」（水尾比呂志）　筑摩書房　2004.1　p477-490
　◎略年譜　「柳宗悦の民藝と巨匠たち展—柳宗悦の心と眼—富本・リーチ・河井・濱田・芹沢・棟方・黒田」（日本民藝館）　イー・エム・アイ・ネットワーク　2005.1　p156-169
　◎注　「柳宗悦と民藝運動」（熊倉功夫ほか）　思文閣出版　2005.3　prr
　◎参考文献　「凡夫の民藝論」（牧野和春）　惜水社　2005.11　p174-175
　○書誌（新沼優）　「文献探索　2006」（文献探索研究会）　2006.11　p335-355

柳 幸典　やなぎ・ゆきのり〔1959—　彫刻家〕
　◎年譜ほか　「柳幸典展—あきつしま—図録」　広島市現代美術館　2001　p100-138

柳沢 桂子　やなぎさわ・けいこ〔1938—　サイエンスライター〕
　○作品案内（田中尚史ほか）　「柳沢桂子　文芸別冊」（河出書房新社）　2001.1　p206-215
　◎著作リスト　「いのちの始まりと終わりに」（柳澤桂子）　草思社　2001.6　p204-206
　◎略年譜　「いのちの時」（柳沢桂子）　角川春樹事務所　2002.3　p207-210
　◎著作リスト　「患者の孤独—心の通う医師を求めて」（柳沢桂子）　草思社　2003.3　p179-181
　◎自筆年譜　「いのちの日記—神の前に、神とともに、神なしに生きる」（柳澤桂子）　小学館　2005.10　p121-126

柳澤 孝　やなぎさわ・たか〔1926—2003　仏教絵画史〕
　◎著作目録　「柳澤孝旧蔵書籍目録—図書・展覧会カタログ・雑誌」（東京文化財研究所）　東京文化財研究所　2006.1　p8-13
　◎著作目録　「柳澤孝仏教絵画史論集」（柳澤孝）　中央公論美術出版　2006.5　p645-653

柳澤 弘士　やなぎさわ・ひろし〔1936—2005　民法〕
　○主要業績　「日本法学　71.4」（日本大）　2006.3　p511-514

柳田 邦男　やなぎだ・くにお〔1936—　ノンフィクション作家〕
　◎著作年表　「『犠牲』への手紙」（柳田邦男）　文藝春秋（文春文庫）　2001.5　p315-319

柳田 國男　やなぎた・くにお〔1875—1962　民俗学者〕
　○書簡（田中正明）　「伊那民俗研究　10」（伊那民俗研究所）　2001.3　p41-83
　◎略年譜ほか　「柳田国男の民俗学」（谷川健一）　岩波書店（岩波新書）　2001.6　p1-2b
　◎年譜　「明治大正史—世相篇」（柳田国男）　中央公論新社（中公クラシックス）　2001.8　p425-438
　◎文献　「柳田国男と民俗学の近代—奥能登のアエノコトの二十世紀」（菊地暁）　吉川弘文館　2001.10　p274-296
　◎参考文献　「柳田国男の世界—北小浦民俗誌を読む」（福田アジオ）　吉川弘文館　2001.10　p390-401
　◎文献　「柳田民俗学のフィロソフィー」（鳥越皓之）　東京大学出版会　2002.3　p229-237
　○文献（本澤晃一）　「文献探索　2001」（文献探索研究会）　2002.7　p616-620
　◎文献　「柳田国男と文化ナショナリズム」（伊藤幹治）　岩波書店　2002.10　p9-40b
　◎関係年表　「ある邂逅—柳田国男と牧口常三郎」（鶴見太郎）　潮出版社　2002.11　p186-201
　◎参考資料　「柳田国男を歩く—遠野物語にいたる道」（井出孫六）　岩波書店　2002.11　p267-268
　◎著作目録　「柳田国男の書物—書誌的事項を中心として」（田中正明）　岩波書院　2003.1　p389-415
　◎参考文献　「遠野物語辞典」（青木俊明ほか）　岩田書院　2003.6　p317-320
　◎参考文献　「柳田国男と遠野物語」（石井正己）　三弥井書店　2003.8　p315-318
　◎参考文献　「柳田国男の遠野紀行—遠野フォークロア誕生の頃」（高柳俊郎）　三弥井書店　2003.9　p185-187
　◎参考文献　「柳田国男の武蔵野」（立川柳田国男を読む会）　三交社　2003.10　prr
　◎参考文献　「民俗学の熱き日—柳田国男とその後継者たち」（鶴見太郎）　中央公論新社　2004.2　p173-178
　◎年譜（鎌田久子）　「遠野物語　新版」（柳田國男）　角川書店　2004.5　p244-258
　◎年譜　「追憶の柳田國男—下野探訪の地を訪ねて」（中山一）　随想舎　2004.7　p209-217

◎参照文献　「柳田国男の政治経済学―日本保守主義の源境を求めて」(佐藤光)　世界思想社　2004.9　p201-207
◎参考文献　「ふくろうと蝸牛―柳田国男の響きあう風景」(大室幹雄)　筑摩書房　2004.11　p489-492
◎参考文献　「遠野物語の誕生」(石井正己)　筑摩書房　2005.8　p325-328
◎年譜ほか(田中正明)　「柳田國男文芸論集」(井口時男)　講談社　2005.10　p293-314
◎年譜(茂木明子)　「柳田國男とヨーロッパ―口承文芸の東西」(高木昌史)　三交社　2006.3　p440-449
◎略年譜ほか　「柳田国男の民俗学」(福田アジオ)　吉川弘文館　2007.9　p254-274
○研究書一覧(松田浩)　「国文学　解釈と鑑賞　72.12」(至文堂)　2007.12　p155-159

柳田 節子　やなぎだ・せつこ〔1921―　東洋史〕
○著書ほか　「中国女性史研究　16」(中国女性史研究会)　2007.1　p37-42

柳瀬 訓　やなせ・さとす
○業績ほか　「専修人文論集　80」(専修大)　2007.3　2pf

やなせ たかし　〔1919―　漫画家・作詞家〕
◎生涯　「やなせたかし―アンパンマンの生みの親」(坏紀子,高見まこ)　コミックス　2002.7　p143
◎略年譜ほか　「やなせたかし全詩集」　北溟社　2007.1　p651-658

柳瀬 恒範　やなせ・つねのり〔1926―　医師〕
◎主要論文ほか　「わが人生に悔いはなし―医療と福祉に献身―歩みつづけて50年」(柳瀬恒範)　みずほ出版　2004.7　p336-343

簗田 憲之　やなだ・のりゆき〔1942―　英文学〕
○業績　「大学院国際広報メディア研究科言語文化部紀要　49」(北海道大)　2005.12　p3-5

家根 祥多　やね・よしまさ〔1953―　考古学〕
○略歴ほか　「立命館文学　578」(立命館大)　2003.2　p1-6

矢野 貫一　やの・かんいち〔1930―　国文学〕
○略履歴　「無差　10」(京都外国語大)　2003.3　p13-15

矢野 徹　やの・てつ〔1923―2004　SF作家・翻訳家〕
○著訳書リスト(編集部)　「SFマガジン　46.1」(早川書房)　2005.1　p40-50

矢野 輝雄　やの・てるお〔1925―1999　沖縄芸能史研究家〕
◎著作目録稿ほか　「組踊を聴く」(矢野輝雄)　瑞木書房　2003.2　p613-644

矢野 峰人　やの・ほうじん〔1893―1988　詩人・英文学者〕
◎著作目録(T.Yamada)　「世紀末英文學史　決定版」(矢野峰人)　沖積舎　2007.11　p13-68b
◎著作年譜　「矢野峰人選集　3」(矢野峰人)　国書刊行会　2007.11　p612-685

矢野 竜渓　やの・りゅうけい〔1850―1931　政治家・小説家〕
◎略年譜　「矢野竜渓―近代化につくしたマルチ人間　普及版」(大分県立先哲史料館)　大分県教育委員会(大分県先哲叢書)　2001.3　p180-186

矢作 俊彦　やはぎ・としひこ〔1950―　作家・映画監督〕
◎著作リスト　「リンゴゥ・キッドの休日」(矢作俊彦)　角川書店　2005.5　p353-356

谷萩 弘人　やはぎ・ひろんど〔1949―　詩人〕
◎著書一覧ほか　「谷萩弘人詩集　現代児童文学詩人文庫4」(谷萩弘人)　いしずえ　2004.1　p2-3b

藪 利和　やぶ・としかず
○業績目録ほか　「札幌学院法学　18.2」(札幌学院大)　2002.3　p459-463

藪内 清　やぶうち・きよし〔1906―2000　天文学・宇宙物理・技術史〕
○業績ほか(宮島一彦)　「科学史研究　第2期　40.219」(日本科学史学会)　2001.9　p158-160

矢吹 晋　やぶき・すすむ〔1938―　中国研究者〕
○著作目録　「横浜市立大学論叢　55　社会科学系列　3」(横浜市立大)　2004.3　p3-73

藪木 榮夫　やぶき・ひでお〔1942―　西洋近世哲学〕
○著作目録ほか　「人文研究　57」(大阪市立大)　2006.3　p1-2

矢辺 学　やべ・まなぶ
○業績目録ほか　「国士館法学　34」(国士館大)　2002　p185-189

山内 一豊　やまうち・かずとよ〔1546―1605　武将・土佐藩主〕
◎参考文献　「山内一豊と千代―戦国武士の家族像」(田端泰子)　岩波書店　2005.10　p251-254
◎参考文献(奥村徹也)　「山内一豊のすべて」(小和田哲男)　新人物往来社　2005.10　p270-273
◎参考文献　「山内一豊の妻」(楠戸義昭)　新人物往来社　2005.11　p242-245

山内 隆　やまうち・たかし
○業績目録ほか　「彦根論叢　329」(滋賀大)　2001.2　p231-233

山内 隆久　やまうち・たかひさ〔1951―2002　社会心理学〕
○業績ほか　「北九州市立大学文学部紀要　人間関係学科　10」(北九州市立大)　2003.3　p4-10

山内 得立　やまうち・とくりゅう〔1890―1982　哲学者〕
◎略年譜　「京都哲学撰書　第22巻　随眠の哲学」(梅原猛)　灯影舎　2002.7　p314-315

山内 弘継　やまうち・ひろつぐ〔1934―　心理学〕
○業績ほか　「文化学年報　54」(同志社大)　2005.3　p10f

山浦 瑛子　やまうら・えいこ〔1940—　会計学・原価計算〕
　○業績ほか　「高崎経済大学論集　48.4」（高崎経済大）　2006.3　p7-13f
山浦 廣海　やまうら・ひろみ
　○業績一覧ほか　「商学論集　75.4」（福島大）　2007.3　p91-97
山尾 三省　やまお・さんせい〔1938—2001　詩人〕
　◎著作目録　「南の光のなかで」（山尾三省）　野草社　2002.4　p256-258
山尾 庸三　やまお・ようぞう〔1837—1917　政治家・子爵〕
　◎年譜　「山尾庸三伝—明治の工業立国の父」（兼清正徳）　山尾庸三顕彰会　2003.1　p246-260
山岡 泰造　やまおか・たいぞう〔1934—　日本絵画史〕
　○業績一覧ほか　「関西大学哲学　24」（関西大）　2004.3　p1-8
山岡 鉄舟　やまおか・てっしゅう〔1836—1888　政治家・剣客〕
　◎年譜　「おれの師匠—山岡鐵舟先生正伝」（小倉鉄樹）　島津書房　2001.3　p471-487
　◎参考文献　「山岡鉄舟—幕末・維新の仕事人」（佐藤寛）　光文社　2002.7　p246」
　◎参考文献　「山岡鉄舟」（小島英煕）　日本経済新聞社　2002.11　p333-335
山鹿 素行　やまが・そこう〔1622—1685　儒学者〕
　◎参考文献　「聖教要録・配所残筆」（土田健次郎）　講談社（講談社学術文庫）　2001.1　p205-207
山形 和美　やまがた・かずみ〔1934—　英文学・キリスト教文学〕
　◎著作一覧抄　「メドゥーサからムーサへ—文学批評の布置」（山形和美）　彩流社　2004.3　p347-350
山形 恭子　やまがた・きょうこ〔1941—　心理学〕
　○業績目録ほか　「金沢法学　49.2」（金沢大）　2007.3　p29-32
山上 賢一　やまがみ・けんいち〔1931—　憲法・行政法・社会保障法〕
　◎著作目録ほか　「21世紀の法・福祉・医療—その課題と展望—山上賢一博士古稀記念論文集」（山上賢一博士古稀記念論文集編集委員会）　中央経済社　2002.6　p427-445
山上 武夫　やまがみ・たけお〔1917—1987　童謡作詞家〕
　◎略年譜　「お猿のかごや—作詞家山上武夫の生涯」（神津良子）　郷土出版社　2004.7　p310-316
山上 達人　やまがみ・たつんど〔1928—　会計学〕
　○著作目録ほか　「産業と経済　18.1」（奈良産業大）　2003.3　p145-156
山川 暁夫　やまかわ・あきお〔1927—2000　国際関係評論家〕
　◎著作目録ほか　「国権と民権—山川暁夫＝川端治論文集」　緑風出版　2001.3　p473-491

山川 雄巳　やまかわ・かつみ〔1932—　政治〕
　○著作目録ほか　「関西大学法学会誌　48その2」（関西大）　2003　p153-188
山川 健次郎　やまかわ・けんじろう〔1854—1931　物理学者・教育家・男爵〕
　◎略年譜ほか　「山川健次郎伝—白虎隊士から帝大総長へ」（星亮一）　平凡社　2003.10　p328-330
山川 均　やまかわ・ひとし〔1880—1958　社会主義理論家・社会運動家〕
　◎年譜ほか　「山川均全集　20　『社会主義への道』・対談・年譜」（田中勝之, 山崎耕一郎）　勁草書房　2001.11　p495-511
山川 方夫　やまかわ・まさお〔1930—1965　小説家〕
　◎年譜(坂上弘)　「山川方夫全集　7　朝の真空」（山川方夫）　筑摩書房　2000.11　p451-474
山川 義夫　やまかわ・よしお〔1930—　〕
　○研究・創作業績ほか　「札幌大学女子短期大学部紀要　37」（札幌大学女子短大）　2001.3　p13-18
山川 亮　やまかわ・りょう〔1887—1957　小説家〕
　◎略年譜　「輝く晩年—作家・山川亮の歌と足跡」（小泉修一）　光陽出版社　2004.2　p129-134
八巻 俊雄　やまき・としお〔1932—　広告評論家〕
　○年譜ほか(田村紀雄)　「コミュニケーション科学　20」（東京経済大）　2004　p5-17
山岸 和夫　やまぎし・かずお〔1936—2001　英語史〕
　○業績ほか　「専修人文論集　71」（専修大）　2002.10　5pf
山岸 寛　やまぎし・ひろし〔1941—　海運経済〕
　◎業績ほか　「国際海運と国際物流の新地平—山岸寛教授退任記念論文集　2005年」（寺田一薫ほか）　山縣記念財団　2005.11　p197-206
山岸 美穂　やまぎし・みほ
　○業績　「作新学院大学人間文化学部紀要　4」（作新学院大）　2006.3　p120-121
山極 勝三郎　やまぎわ・かつさぶろう〔1863—1930　病理学者〕
　◎文献　「世界初の人工発癌に成功した山極勝三郎」（小高健）　学会出版センター　2006.2　p217-226
山口 明穂　やまぐち・あきほ〔1935—　国語学〕
　○略年譜　「紀要　文学科97」（中央大）　2006.3　p3-18
山口 稲生　やまぐち・いなお〔1931—　会計学・財務会計〕
　○業績ほか　「西南学院大学商学論集　48.3・4」（西南学院大）　2002.2　p1-5f
山口 和　やまぐち・かず
　◎参考文献　「和算を教え歩いた男—日本人と数続」（佐藤健一）　東洋書店　2003.6　p167-169
山口 和男　やまぐち・かずお
　○業績目録ほか　「経済論集　2」（秋田経済法科大）　2007.3　p13-15f

山口 和秀　やまぐち・かずひで〔1941―　憲法学〕
　○業績ほか　「岡山大学法学会雑誌　56.3・4」（岡山大）　2007.3　p915-922
山口 勝正　やまぐち・かつまさ
　○略歴ほか　「大阪樟蔭女子大学英米文学会誌　42」（大阪樟蔭女子大）　2006.3　3pf
山口 圭介　やまぐち・けいすけ〔1936―　政治学・国際政治論〕
　○研究業績ほか　「北九州市立大学法政論集　29.1・2」（北九州市立大）　2001.10　p317-323
山口 浩一郎　やまぐち・こういちろう〔1936―　労働法〕
　○著作目録ほか　「上智法学論集　45.4」（上智大）　2002.3　p227-242
　◎業績ほか　「友愛と法―山口浩一郎先生古稀記念論集」（菅野和夫ほか）　信山社出版　2007.12　p509-513
山口 幸二　やまぐち・こうじ
　◎業績ほか　「山口幸二教授退職記念論集　ことばとそのひろがり4」（立命館大学法学会）　立命館大　2006.3　p435-438
山口 孤剣　やまぐち・こけん〔1883―1920　社会主義者・詩人〕
　◎略年譜（福田義三ほか）　「山口孤剣小伝」（田中英夫）　花林書房　2006.3　p597-604
山口 誓子　やまぐち・せいし〔1901―1994　俳人〕
　○年表（川名大）　「俳壇　18.12」（本阿弥書店）　2001.11　p74-79
　◎参考資料（真銅正宏）「展望現代の詩歌　9　俳句I」（飛高隆夫ほか）　明治書院　2007.4　p131-132
山口 草堂　やまぐち・そうどう〔1898―1985　俳人〕
　◎年譜（山口春樹）　「山口草堂全句集」（山口草堂）　花神社　2001.4　p262-268
山口 徹　やまぐち・てつ〔1931―　経済史・商業史・漁業史〕
　○著作目録　「商経論叢　38.4」（神奈川大）　2003.4　p6-9
山口 俊章　やまぐち・としあき〔1936―　近現代フランス文学・比較文化〕
　○業績リストほか　「関東学院大学文学部紀要　111」（関東学院大）　2007　p167-175
山口 秀夫　やまぐち・ひでお〔1907―　英語〕
　○著作目録ほか　「総合政策研究　10」（中央大）　2003.7　p413-416
山口 瞳　やまぐち・ひとみ〔1926―1995　小説家・随筆家〕
　○参考文献（中野朗）　「山口瞳通信　1」（山口瞳の会）　2001.8　p52-85
　◎略年譜（結城信孝）「江分利満氏の酒食生活」（山口瞳）　角川春樹事務所　2002.3　p198-207
　◎年譜ほか　「山口瞳の人生作法」（山口瞳ほか）　新潮社　2004.11　p382-393
　○著作目録（中野朗）　「山口瞳通信　5」（山口瞳の会）　2005.8　p168-175
　◎参考文献　「瞳さんと」（山口治子）　小学館　2007.6　p271」
山口 広　やまぐち・ひろし〔1925―　建築史〕
　○著作目録ほか（戦後建築史学研究小委員会;山口広）　「建築史学　36」（建築史学会）　2001.3　p36-53
山口 博幸　やまぐち・ひろゆき
　○著作目録　「香川大学経済論叢　77.2」（香川大）　2004.9　p358-368
山口 蓬春　やまぐち・ほうしゅん〔1893―1971　日本画家〕
　◎略年譜　「財団法人ジェイアール東海生涯学習財団10年のあゆみ」（ジェイアール東海生涯学習財団）　ジェイアール東海生涯学習財団　2002.3　p59-61
　◎参考文献　「山口蓬春展―伝統とモダンの融合　日本画の変革者」（神奈川県立近代美術館）　神奈川県立近代美術館　c2006　p124-129
山口 昌男　やまぐち・まさお〔1931―　文化人類〕
　◎著作目録（今福竜太）「山口昌男著作集　5」（山口昌男）　筑摩書房　2003.3　p373-387
　◎出典一覧　「山口昌男ラビリンス」（山口昌男）　国書刊行会　2003.5　p797-792
　○年譜ほか（川村伸秀）「比較文化論叢　16」（札幌大）　2005.9　p17-73
山口 真弘　やまぐち・まさひろ〔1914―　〕
　◎著書目録　「交通法制の総合的研究」（山口真弘）　交通新聞社　2005.11　p338-339
山口 雅也　やまぐち・まさや〔1954―　ミステリー作家〕
　◎著作リスト　「続・日本殺人事件」（山口雅也）　東京創元社　2007.8　p298-299
山口 昌哉　やまぐち・まさや〔1925―1998　応用数学〕
　○業績ほか　「社会・経済システム　20」（同学会）　2001.11　p1-27
山口 操　やまぐち・みさお〔1935―　会計学〕
　○業績リスト　「三田商学研究　44.3」（慶應義塾大）　2001.8　p195-198
山口 光恒　やまぐち・みつつね〔1939―　環境経済学〕
　○著作目録ほか　「三田学会雑誌　97.4」（慶應義塾経済学会）　2005.1　p681-688
山口 守人　やまぐち・もりと〔1937―　社会経済地理学〕
　○著作目録ほか　「文学部論叢　77」（熊本大）　2003.3　p3-14
山口 定　やまぐち・やすし〔1934―　ドイツ現代史・現代ヨーロッパ政治史〕
　○著作目録ほか　「政策科学　11.3.26」（立命館大）　2004.3　p321-326

山口 裕　やまぐち・ゆたか〔1933―　ドイツ文学〕
　○略歴ほか　「広島経済大学研究論集　27.3」（広島経済大）　2004.12　p2-5f

山口 淑子　やまぐち・よしこ〔芸名=李香蘭　1920―　元歌手〕
　◎参考文献　「李香蘭と東アジア」（四方田犬彦）　東京大学出版会　2001.12　p11-17b
　◎参考文献　「李香蘭の恋人―キネマと戦争」（田村志津枝）　筑摩書房　2007.9　p273-275

山崎 闇斎　やまざき・あんさい〔1618―1682　儒学者・神道家〕
　◎略年譜　「垂加神道の成立と展開」（谷省吾）　国書刊行会　2001.5　p234-246
　◎文献　「山崎闇斎の政治理念」（朴鴻圭）　東京大学出版会　2002.3　p249-255
　◎年譜ほか　「山崎闇斎の世界」（田尻祐一郎）　ぺりかん社　2006.7　p307-314

山崎 敬祐　やまざき・けいすけ
　○業績ほか　「大阪商業大学論集　3.1」（大阪商業大）　2007.7　2pf

山崎 純一　やまざき・じゅんいち〔1939―2003　中国史・中国文学〕
　○略歴ほか　「中国古典研究　48」（中国古典学会）　2003.12　p68-74

山崎 誉雄　やまざき・たかお
　○略年譜　「名古屋学院大学論集　社会科学篇　42.3」（名古屋外国語大）　2006.1　p4-6f

山崎 丹照　やまざき・たんしょう
　◎略年譜ほか　「栗生武夫先生・小早川欣吾先生・戴炎輝博士・小林宏先生・山崎丹照先生略年譜・著作目録」（吉原丈司）〔吉原丈司〕　2007.1　p115-119

山崎 努　やまざき・つとむ〔英語学〕
　○著作目録ほか　「平成国際大学論集　10」（平成国際大）　2006.3　p141-142

山崎 俊夫　やまさき・としお〔1922―2000　国際経営学〕
　◎年譜　「山崎俊夫作品集　補巻　2　夜の髪」（山崎俊夫）　奢覇都館　2002.1　p211-234

山崎 豊子　やまさき・とよこ〔1924―　小説家〕
　○略年譜　「山崎豊子全集　23　沈まぬ太陽　3　会長室篇」（山崎豊子）　新潮社　2005.11　p691-699

山崎 延吉　やまざき・のぶよし〔1873―1954　農業教育家〕
　◎年譜　「山崎延吉伝―伝記・山崎延吉」（稲垣喜代志）　大空社（伝記叢書　344）　2000.12　p219-223

山崎 寛　やまざき・ひろし
　○主要論著ほか　「法と政治　53.1」（関西学院大）　2002.4　p13-29

山崎 弘行　やまさき・ひろゆき〔1943―　英文学〕
　○略歴ほか　「人文研究　58」（大阪市立大）　2007.3　p15-20

山崎 麓　やまざき・ふもと
　○年譜ほか（中村正明）　「国学院大学近世文学会会報　8」（国学院大）　2002.3　p9-22
　○年譜ほか（中村正明）　「国学院大学近世文学会会報　9」（国学院大）　2003.3　p38-43

山崎 方代　やまざき・ほうだい〔1914―1985　歌人〕
　○目録　「方代研究　30」（山崎方代を語り継ぐ会）　2002.3　p28-42
　◎略年譜ほか　「山崎方代のうた」（大下一真）　短歌新聞社　2003.2　p239-251
　◎参考文献　「無用の達人山崎方代」（田沢拓也）　角川書店　2003.5　p291-293
　○年譜　「もしもし山崎方代ですが」（山崎方代）　かまくら春秋社　2004.5　p164-167

山崎 ます美　やまざき・ますみ〔1965―2005　火・明かりをめぐる民俗〕
　○論考一覧ほか（細川雄次郎）　「信濃　第3次　581」（信濃史学会）　2006.1　p69-77

山崎 美貴子　やまざき・みきこ〔1935―　社会福祉学〕
　○業績目録ほか　「明治学院論叢　690」（明治学院大）　2003.3　p27-47

山崎 杢左衛門　やまざき・もくざえもん
　◎参考文献　「みちのく殉教秘史―「隠し念仏」と「隠れ切支丹」をめぐって」（及川吉四郎）　本の森　2005.1　p263-265

山崎 泰広　やまざき・やすひろ〔1929―　僧侶〕
　○研究業績ほか　「密教学　37」（種智院密教学会）　2001　p11-22

山崎 悠基　やまざき・ゆうき〔1932―　航空法〕
　○業績ほか　「専修法学論集　87」（専修大）　2003.3　p29-37b

山崎 勇視　やまざき・ゆうし
　○業績目録ほか　「西南学院大学教育・福祉論集　3.2」（西南学院大）　2004.2　p1-4f

山崎 庸一郎　やまざき・よういちろう〔1929―　20世紀フランス文学思想〕
　◎著作目録ほか　「友情の微笑み」（山崎庸一郎ほか）　古稀記念論文集刊行委員会　2000.4　p280-289

山崎 養麿　やまざき・ようまろ
　◎文献　「通信技手の歩いた近代」（松田裕三）　日本経済評論社　2004.1　p276-269

山里 将輝　やまざと・しょうき
　○業績ほか　「沖縄大学法経学部紀要　創刊号」（沖縄大）　2001.3　p151」

山沢 逸平　やまざわ・いっぺい〔1937―　国際経済学〕
　○著作目録ほか　「一橋論叢　126.6」（一橋大）　2001.12　p723-734

山路 愛山　やまじ・あいざん〔1864—1917　史論〕
　○著作目録(川崎司)　「聖学院大学論叢 15.2」(聖学院大)　2003.3　p137-321
　○参考文献(鈴木一正)　「国文学研究資料館紀要 30」(国文学研究資料館)　2004.2　p197-224
　○収録作品目録(鈴木一正)　「時空 27」(時空の会)　2006.11　p47-57

山下 榮一　やました・えいいち
　○著書・論文ほか　「教育科学セミナリー 34」(関西大)　2003.3　p146-148

山下 薫　やました・かおる〔1929—2005　社会保障法・裁判法〕
　○業績ほか　「駿河台法学 16.2.30」(駿河台大)　2003.2　p137-141

山下 一道　やました・かずみち
　○業績ほか　「彦根論叢 366」(滋賀大)　2007.5　p155-157

山下 精彦　やました・きよひこ
　○業績ほか　「日本医科大学医学会雑誌 1.2」(日本医科大)　2005.4　p52-59

山下 欣一　やました・きんいち〔1929—　文化人類学〕
　◎著書ほか(山岡英世)　「奄美学その地平と彼方」(刊行委員会)　南方新社　2005.4　p622-594

山下 健次　やました・けんじ〔1931—2003　公法学〕
　◎著作文献リスト　「人権規定の法的性格」(山下健次)　三省堂　2002.1　p273-279
　○著作目録ほか　「政策科学13.3.33」(立命館大)　2006.3　p243-251

山下 脩二　やました・しゅうじ〔1939—　自然地理学〕
　○著作目録　「学芸地理 57」(東京学芸大)　2003　p5-10

山下 新太郎　やました・しんたろう〔1881—1966　洋画家〕
　◎文献目録ほか　「山下新太郎展」(中田裕子)　ブリヂストン美術館　〔2004〕　p79-111

山下 隆資　やました・たかもと〔1941—　社会政策論・社会保障論〕
　○著作目録　「香川大学経済論叢 78.2」(香川大)　2005.9　p305-309

山下 威士　やました・たけし〔1941—　公法原論〕
　○著作目録ほか　「法政理論 39.4」(新潟大)　2007.3　p3-21

山下 奉文　やました・ともゆき〔1885—1946　陸軍大将〕
　◎文献目録　「山下奉文—昭和の悲劇」(福田和也)　文藝春秋　2004.12　p202-203
　◎参考文献　「死は易きことなり—陸軍大将山下奉文の決断」(太田尚樹)　講談社　2005.2　p360-362

山下 秀樹　やました・ひでき〔1952—?　先土器時代〕
　○著作目録　「山下秀樹氏追悼考古論集」　山下秀樹氏追悼考古論集刊行会　2004.6　4pf

山下 宏明　やました・ひろあき〔1931—　国文〕
　○業績ほか　「愛知淑徳大学国語国文 30」(愛知淑徳大)　2007.3　p4-9

山下 文明　やました・ふみあき〔1932—　経営学〕
　○業績ほか　「専修商学論集 76」(専修大)　2003.1　p495-500

山下 正喜　やました・まさき〔1935—　会計学〕
　○著作目録ほか　「経営と経済 81.3」(長崎大)　2001.12　4pb

山下 りん　やました・りん〔1857—1939　イコン画家〕
　◎文献　「山下りん—明治を生きたイコン画家」(大下智一)　北海道新聞社　2004.3　p228-231

山科 言継　やましな・ときつぐ〔1507—1579　公卿〕
　◎略年譜　「戦国時代の貴族—『言継卿記』が描く京都」(今谷明)　講談社　2002.3　p404-412

山代 巴　やましろ・ともえ〔1912—2004　小説家〕
　◎参考文献ほか　「山代巴—中国山地に女の沈黙を破って」(小坂裕子)　家族社　2004.7　p188-202

山城 知信　やましろ・とものぶ
　○業績リストほか　「横浜市立大学論叢 自然科学系列 53.1・2」(横浜市立大)　2002.5　p13」

山城 学　やましろ・まなぶ〔1910—1998　生物学〕
　○年譜(中島典雄)　「Botany 51」(熊本記念植物採集会)　2001.12　p287-296
　○年譜(中島典雄)　「Botany 53」(熊本記念植物採集会)　2003.12　p37-50

山代 義雄　やましろ・よしお〔1932—　公法学〕
　○著作目録ほか(比山節男ほか)　「大阪経済法科大学法学論集 59」(大阪経済法科大)　2004.2　p5-22

山田 瞕　やまだ・あきら
　○略歴ほか　「Aurora 11」(道都大)　2005.12　p1-5

山田 晃　やまだ・あきら〔1933—　日本近代文学〕
　○著作年譜ほか　「青山語文 31」(青山学院大)　2001.3　p3-18f

山田 家正　やまだ・いえまさ〔1935—　植物形態学・植物分類学〕
　○論文等　「小樽商科大学人文研究 105」(小樽商科大)　2003.3　p9-12

山田 勲　やまだ・いさお〔1938—　〕
　○著作目録ほか　「岐阜経済大学論集 37.2」(岐阜経済大)　2004.1　p116-118

山田 勇男　やまだ・いさお〔1952—　映像作家〕
　◎執筆記録　「星のフラグメント—山田勇男のあしおと」(神戸アートビレッジセンター)　ワイズ出版　2003.7　p124-125

山田 勇　やまだ・いさむ〔ロシア語〕
　○著作目録　「香川大学経済論叢 79.2」(香川大)　2006.9　p308-312

山田 詠美　やまだ・えいみ〔1959―　小説家〕
　○著作年譜　「本の話 11.6」(文藝春秋) 2005.6 p14-17
　○全著作解題(青木純一ほか)　「文藝 44.3」(河出書房新社) 2005.8 p78-81,124-139
　◎参考文献ほか(紫安晶ほか)　「山田詠美」(原善) 鼎書房 2007.3 p137-146
山田 恵諦　やまだ・えたい〔1895―1994　僧侶〕
　◎引用参考文献　「忘己利他 下」(長尾三郎) 講談社 2002.10 p459-461
山田 かん　やまだ・かん〔1930―　詩人〕
　◎略年譜　「かんの谺―山田かん追想」(中里喜昭ほか) 草土詩舎 2004.8 p150」
山田 源一郎　やまだ・げんいちろう〔1870―1927　教育家〕
　◎文献　「音楽教育への挑戦」(日本音楽学校) 日本音楽学校 2003.10 p271-273
山田 耕筰　やまだ・こうさく〔1886―1965　作曲家〕
　◎略年譜　「山田耕筰著作全集 3」(團伊玖磨ほか) 岩波書店 2001.10 p811-817
　◎参考文献　「からたちの道―山田耕筰」(丘山万里子) 深夜叢書社 2002.12 1pb
山田 定市　やまだ・さだいち〔1932―　農業問題・社会教育〕
　○研究業績ほか　「経営論集 2.4.8」(北海学園大) 2005.3 10pf
山田 昭全　やまだ・しょうぜん〔1929―　中世文学〕
　◎著作目録ほか　「中世文学の展開と仏教」(山田昭全) おうふう 2000.10 p519-532
山田 正平　やまだ・しょうへい〔1899―1962　篆刻家〕
　◎年譜　「正平文人画」(山田潤平) 日本習字普及協会 2001.11 p110」
　◎研究文献目録　「山田正平展―寡作な文人篆刻家」(篆刻美術館) 篆刻美術館 2004 p111-119
山田 二郎　やまだ・じろう〔1927―　英語・英文〕
　○業績目録ほか　「東海法学 25」(東海大) 2001 p265-280
　◎業績ほか　「山田二郎著作集 4 租税法重要判例解説 2」(山田二郎) 信山社出版 2007.10 p1-18b
　◎著作目録　「納税者保護と法の支配―山田二郎先生喜寿記念」(玉國文敏ほか) 信山社 2007.10 p629-643
山田 清市　やまだ・せいいち〔1924―2000　中古文学〕
　◎著作目録　「王朝文学論叢」(山田清市) 翰林書房 2002.12 p432-436
山田 孝雄　やまだ・たかお〔1873―1958　国文学者〕
　◎「山田孝雄文庫目録 和装本の部」(富山市立図書館) 富山市立図書館 2007.3 474p A4
山田 高生　やまだ・たかお〔1932―　経済事情・経済政策〕
　○研究業績ほか　「成城大学経済研究 167」(成城大) 2005.2 p365-377

山田 直　やまだ・ただし〔1928―　仏文〕
　◎年譜　「山田直詩集」(山田直) 土曜美術社出版(日本現代詩文庫 108) 2001.11 p136-142
山田 辰雄　やまだ・たつお〔1938―　中国現代政治史〕
　○主要業績ほか　「法学研究 75.1」(慶応義塾大) 2002.1 p529-534
山田 瑩徹　やまだ・てるあき
　○著述目録ほか　「語文 121」(日本大) 2005.3 p166-167
山田 鋭夫　やまだ・としお〔1942―　理論経済学・経済学史〕
　○著作目録ほか　「経済科学 52.4」(名古屋大) 2005.3 p183-192
山田 俊雄　やまだ・としお〔1922―2005　国語学〕
　○著作年譜　「成城国文学 22」(成城大) 2006.3 p119-151
山田 長政　やまだ・ながまさ〔?―1630　貿易商〕
　○書誌(三原早織)　「文献探索 2006」(文献探索研究会) 2006.11 p452-461
山田 花子　やまだ・はなこ〔1967―1992　漫画家〕
　◎参考文献　「隠蔽された障害―マンガ家・山田花子と非言語性LD」(石川元) 岩波書店 2001.9 p271-274
山田 英生　やまだ・ひでお〔1957―　養蜂家〕
　◎著述業一覧　「世界遺産物語―工藤父母道・山田英生対談集」(工藤父母道,山田英生) ぎょうせい 2001.10 p169-176
山田 英雄　やまだ・ひでお〔1920―2001　日本古代史〕
　○著作目録ほか(井上慶隆)　「新潟史学 47」(新潟史学会) 2001.1 p52-61
山田 秀男　やまだ・ひでお〔1934―　中世フランス語・統辞論〕
　○略歴　「フランス文化研究 37」(獨協大) 2006.2 p173-174
山田 秀雄　やまだ・ひでお〔1917―2002　国際経済史〕
　○業績一覧ほか　「知の俤―山田秀雄先生追想」(山田秀雄) 編集会 2004.1 p444-459
　○業績一覧　「イギリス帝国経済史研究」(山田秀雄) ミネルヴァ書房 2005.6 p537-547
山田 秀三　やまだ・ひでぞう〔1899―1992　地方史〕
　◎年譜ほか　「アイヌ語地名を歩く―山田秀三の地名研究から」(北海道立アイヌ民族文化研究センター) アイヌ民族文化研究センター 2004.10 p49-57
　◎著作目録ほか　「アイヌ語地名を歩く―山田秀三の地名研究から―企画展〔2007〕」(北海道立アイヌ民族文化研究センター) 北海道立アイヌ民族文化研究センター 2007.8 p50-51

山田 美妙　やまだ・びみょう〔1868—1910　小説家・詩人〕
　◎年譜　「山田美妙　明治の文学10」（嵐山光三郎）筑摩書房　2001.4　p420-424
　◎略年譜　「山田美妙」（山田篤朗）　勉誠出版　2005.12　p233-246

山田 博光　やまだ・ひろみつ〔1928—　日本近代文学・比較文学〕
　○著作目録　「帝塚山学院大学日本文学研究　32」（帝塚山学院大）　2001.2　p5-11

山田 風太郎　やまだ・ふうたろう〔1922—2001　小説家〕
　○作品リスト（日下三蔵ほか）　「山田風太郎　文芸別冊」（河出書房新社）　2001.10　p224-247
　○執筆年表（日下三蔵）　「ユリイカ　33.14」（青土社）　2001.12　p184-194
　○執筆年譜（日下三蔵）　「ユリイカ　33.14」（青土社）　2002.4　p187-196
　○執筆年譜（日下三蔵）　「追悼山田風太郎展」（世田谷文学館）　世田谷文学館　2002.4　p130-139
　○年譜ほか（岸睦子ほか）　「山田風太郎幻妖のロマン」（志村有弘）　勉誠出版　2003.7　p183-207
　○略年譜（有本倶子ほか）　「山田風太郎疾風迅雷書簡集—昭和14年〜昭和20年」（山田風太郎）　神戸新聞総合出版センター　2004.12　p234-235
　○「幻妖—山田風太郎全仕事」（青木逸美ほか）　一迅社　2007.4　127p　A4
　○年譜（日下三蔵）　「昭和前期の青春—山田風太郎エッセイ集成」（山田風太郎）　筑摩書房　2007.10　p275-278

山田 方谷　やまだ・ほうこく〔1805—1877　儒学者〕
　◎略年譜　「山田方谷の世界」（朝森要）　日本文教出版　2002.2　p149-155
　◎参考文献　「山田方谷に学ぶ財政改革—上杉鷹山を上回る財政改革者」（野島透）　明徳出版社　2002.4　p118-119
　◎略年譜ほか　「山田方谷とその門人」（朝森要）　日本文教出版　2005.11　p208-217
　◎関連年表　「山田方谷のメッセージ」（太田健一）　吉備人出版　2006.2　p180-182
　◎略年譜　「山田方谷の思想—幕末維新の巨人に学ぶ財政改革の8つの指針」（小野晋也）　中経出版　2006.5　p208-221
　◎参考文献　「財務の教科書—「財政の巨人」山田方谷の原動力」（林田明大）　三五館　2006.10　p363-365
　◎参考文献　「現代に生かす山田方谷の藩政改革—その経済政策を中心として」（三宅康久）　大学教育出版　2006.10　p203-206
　◎参考文献　「福岡志計子と順正女学校—山田方谷・留岡幸助・伊吹岩五郎との交友」（倉田和四生）　吉備人出版　2006.12　p303-305
　◎書誌的年譜ほか　「入門山田方谷—至誠の人」（山田方谷に学ぶ会）　明徳出版社　2007.6　p1-12b

山田 政美　やまだ・まさよし〔英語学・社会言語学〕
　○略歴ほか　「総合政策論叢　13」（島根県立大）　2007.3　p35-48

山田 守　やまだ・まもる〔1894—1966　建築家〕
　◎文献資料　「建築家山田守作品集」（建築家山田守展実行委員会）　東海大出版会　2006.12　p200-203

山田 万吉郎　やまだ・まんきちろう
　◎参考資料　「半泥子と山田万吉郎—朝鮮窯焚を追う」（川喜田敦）　新生出版　2005.1　p411-417

山田 幹郎　やまだ・みきお
　○著作目録ほか　「国際開発研究フォーラム　26」（名古屋大）　2004.3　p197-200

山田 道之　やまだ・みちゆき
　○業績目録　「横浜市立大学論叢　自然科学系列　56.3」（横浜市立大）　2005.3　p3-11

山田 満　やまだ・みつる〔医療機器メーカー会長〕
　◎文献　「地鳴りが聞こえる—大研医器、ベンチャーへの道」（加藤勝美）　大研医器　2002.1　p216-219

山田 稔　やまだ・みのる〔1930—　経営労務論・労務管理論〕
　○業績ほか　「成城大学経済研究　155」（成城大）　2001.12　p227-233

山田 稔　やまだ・みのる〔1930—　フランス文学・作家〕
　◎年譜ほか（山田稔）　「残光のなかで—山田稔作品選」（山田稔）　講談社　2004.6　p224-248

山田 無文　やまだ・むもん〔1900—1988　僧侶〕
　◎著作目録　「羲羲山人行由　無文全集16」（山田無文）　禅文化研究所　2004.3　p263-269

山田 明爾　やまだ・めいじ〔1935—　仏教学〕
　○著作目録ほか　「世界文化と仏教」　永田文昌堂　2000.3　p1-6f
　○略歴ほか　「仏教学研究　60・61」（龍谷仏教学会）　2006.3　p13-21f

山田 泰彦　やまだ・やすひこ〔1952—　民事法学・商法・海法〕
　○業績　「駒澤法学　6.1」（駒澤大）　2006.9　p203-205

山田 行雄　やまだ・ゆきお〔1925—1997　家畜育種学・システム農学〕
　○著述目録ほか　「真宗学　105・106合併号」（龍谷大）　2002.3　p17-25f

山田 幸宏　やまだ・ゆきひろ〔1934—　語学〕
　○略歴　「姫路獨協大学外国語学部紀要　18」（姫路獨協大）　2005.3　p360-364

山田 洋次　やまだ・ようじ〔1931—　映画監督〕
　◎文献目録　「『たそがれ清兵衛』の人間像—藤沢周平・山田洋次の作品世界」（幸津國生）　共栄書房　2004.9　p229-237
　◎プロフィール　「山田洋次の原風景—時代とともに」　紀伊國屋書店　2006.5　p154-158

山田 わか　やまだ・わか〔1879—1957　婦人運動家・評論家〕
　◎略年譜　「山田わか著作集　6　解題・年譜　新輯女性読本　復刻」（山田わか）　学術出版会　2007.11　p12-13b

山手 樹一郎　やまて・きいちろう〔1899—1978　小説家〕
　○年譜ほか（伊藤文八郎）　「新樹　山手樹一郎生誕102年記念号」（小池書院）　2002.2　p78-92

山手 治之　やまて・はるゆき〔1928—　国際法〕
　◎著作目録　「グローバル化する世界と法の課題」（松井芳郎ほか）　東信堂　2006.3　p599-601

山鳥 崇　やまどり・たかし〔1932—　解剖学・神経解剖学〕
　○略歴ほか　「姫路独協大学外国語学部紀要　16」（姫路独協大）　2003.3　p272-274

山名 文夫　やまな・あやお〔1897—1980　グラフィック・デザイナー〕
　◎略年譜ほか（川畑直道ほか）　「山名文夫—1897-1980」（山名文夫）　DNPグラフィックデザイン・アーカイブ　2004.11　p237-255
　◎略年譜　「山名文夫と熊田精華展—絵と言葉のセンチメンタル」（矢内みどり）　目黒区美術館　2006　p111-114

山中 耕作　やまなか・こうさく〔1933—　上代文学・民俗学〕
　○業績ほか　「西南学院大学国際文化論集　18.2」（西南学院大）　2004.2　p9-22f

山中 智之　やまなか・さとし〔1939—2009　ドイツ学〕
　○業績ほか　「大学院国際広報メディア研究科言語文化部紀要　43」（北海道大）　2002.12　p4-7

山中 智恵子　やまなか・ちえこ〔1925—2006　歌人〕
　○年譜ほか　「短歌　53.3」（角川学芸出版）　2006.2　p54-59
　◎年譜（田村雅之）　「山中智恵子全歌集　下巻」（山中智恵子）　砂子屋書房　2007.8　p519-533

山中 散生　やまなか・ちるう〔1905—1977　詩人〕
　◎「山中散生書誌年譜」（黒沢義輝）　丹精社　2005.10　237p　A5

山中 俊夫　やまなか・としお〔1935—　刑事訴訟法〕
　○略年譜ほか　「同志社法学　57.6.311」（同志社大）　2006.2　p2175-2182

山中 富太郎　やまなか・とみたろう〔1916—2002　繊維産業論〕
　○旧蔵文献目録（中村進ほか）　「商経学叢　52.1.145」（近畿大）　2005.7　p159-261

山中 豊国　やまなか・とよくに〔1935—　マーケティング〕
　○業績目録ほか　「福岡大學商學論叢　49.3・4」（福岡大）　2005.3　p1-5b

山中 恒　やまなか・ひさし〔1931—　児童文学者〕
　◎著作一覧　「餓鬼一匹　ボクラ小国民前座」（山中恒）　辺境社　2003.3　p271-274
　◎著作一覧　「追い書き少国民の名のもとに—ボクラ少国民の周辺」（山中恒）　辺境社　2004.8　p306-309
　◎著作一覧　「戦争のための愛国心—ボクラ少国民の作り方　山中恒少国民文庫4」（山中恒）　辺境社　2004.12　p270-273

山中 均之　やまなか・ひとし〔1927—　商学〕
　◎業績書ほか　「マーケティング理論の深化」（田中正郎ほか）　千倉書房　2004.3　p1-11b

山中 宏　やまなか・ひろし〔1938—　金融論〕
　○業績ほか　「生駒経済論叢　4.2」（近畿大）　2006.12　3pb

山中 康裕　やまなか・やすひろ〔1941—　河川救護師・医師〕
　◎業績リスト（岸本寛史）　「魂と心の知の探求—心理臨床学と精神医学の間」（山中康裕）　創元社　2001.7　p716-725

山根 徳太郎　やまね・とくたろう〔1889—1973　日本古代史・考古学〕
　◎略年譜　「山根徳太郎「國史ノート」」（山根徳太郎）　水谷恭三　2004.11　p197-202

山根 学　やまね・まなぶ〔1942—2002　中東経済学・発展途上国経済論〕
　◎著作目録ほか　「同志社商学　54.1・2・3」（同志社大）　2002.12　p418-422

山根 幸夫　やまね・ゆきお〔1921—2005　中国史〕
　◎略年譜　「中国研究に生きて　続」（山根幸夫）　山根幸夫　2001.8　p189-196
　◎業績　「明代中国の歴史的位相—山根幸夫教授追悼記念論叢　上」（追悼記念論叢編集委員会）　汲古書院　2007.6　p15-39

山野 愛子　やまの・あいこ〔1909—1995　美容家〕
　◎略年譜　「山野愛子—愛チャンはいつも本日誕生」（山野愛子）　日本図書センター　2004.12　p217-229

山野 誠之　やまの・せいし〔1940—　音楽理論〕
　○業績目録ほか　「長崎大学教育学部紀要　人文科学　70」（長崎大）　2005.3　p1-8

山上 宗二　やまのうえ・そうじ〔1544—1590　茶人〕
　◎典拠文献　「山上宗二記入門—茶の湯秘伝書と茶人宗二」（神津朝夫）　角川学芸出版　2007.9　p291-294

山上 憶良　やまのうえの・おくら〔660—733　歌人〕
　◎注文献　「読み歌の成立　大伴旅人と山上憶良」（原田貞義）　翰林書房　2001.5　prr

山内 豊徳　やまのうち・とよのり〔1937—1990　社会福祉〕
　◎年譜　「官僚はなぜ死を選んだのか　現実と理想の間で」（是枝裕和）　日本経済新聞社　2001.6　p269-273

山内 光　やまのうち・ひかる〔1903—1983　俳優〕
　◎文献ほか　「岡田桑三映像の世紀―グラフィズム・プロパガンダ・科学映画」(川崎賢子, 原田健一)　平凡社　2002.9　p442-500

山内 久明　やまのうち・ひさあき〔1934—　英語・英文学〕
　○略歴ほか　「日本女子大学英米文学研究　37」(日本女子大)　2002.3　p7-9f

山内 久　やまのうち・ひさし〔1925—　シナリオライター〕
　◎作品リスト　「山内久―人とシナリオ」　シナリオ作家協会　2000.5　p400-405

山内 正瞭　やまのうち・まさあき
　◎著作目録　「学統に関わる書誌　1」(拓殖大学創立百年史編纂室)　拓殖大　2004.7　p153-157

山辺 知紀　やまのべ・とものり
　○業績ほか　「金沢大学経済学部論集　25.2」(金沢大)　2005.3　p284-287

山辺 知行　やまのべ・ともゆき〔1906—2004　染織研究家・人形蒐集家〕
　◎執筆文献目録　「ひわのさえずり」(山辺知行)　源流社　2004.12　p291-306

山藤 章二　やまふじ・しょうじ〔1937—　イラストレーター〕
　◎年譜　「山藤章二のブラック・アングル25年全体重」(山藤章二)　朝日新聞社　2002.2　p342-349

山部 赤人　やまべ・あかひと〔歌人〕
　◎文献目録　「万葉の歌人と作品―セミナー　第7巻」(神野志隆光, 坂本信幸)　和泉書院　2001.9　p285-293

山枡 雅信　やまます・まさのぶ
　◎著書論文ほか　「信仰・研究・教育」(山枡雅信)　武田書店　2004.4　p252-260

山村 暮鳥　やまむら・ぼちょう〔1884—1924　詩人〕
　○年譜考　「いわき明星大学人文学部研究紀要　14」(いわき明星大)　2002.3　p58-71
　◎「山村暮鳥資料目録・大手拓次資料目録―群馬県立土屋文明記念文学館蔵」　群馬県立土屋文明記念文学館　2002.6　70p　A4
　◎年譜　「山村暮鳥の世界」(暮鳥会)　筑波書林　2004.12　p168-183
　◎参考資料　「山村暮鳥―聖職者詩人」(中村不二夫)　沖積舎　2006.7　p361-373

山村 元彦　やまむら・もとひこ
　○業績ほか　「大谷女子大学英語英文学研究　30」(大谷女子大)　2002　p167-168

山村 賢明　やまむら・よしあき〔1933—2002　教育社会学〕
　○研究業績ほか　「人間科学研究　24」(文教大)　2002.12　p3-4

山村 楽正　やまむら・らくしょう〔1923—2008　日本舞踊家〕
　◎略年譜　「舞わせてもらいます」(山村楽正)　ブレーンセンター(対話講座なにわ塾叢書　80)　2001.11　p182-192

山室 軍平　やまむろ・ぐんぺい〔1872—1940　社会事業家・キリスト教伝道者〕
　◎年譜　「山室軍平」(山室軍平)　日本キリスト教団出版局　2003.6　p253-254

山室 静　やまむろ・しずか〔1906—2000　詩人・北欧文学〕
　◎年譜ほか　「山室静とふるさと」(荒井武美)　一草舎出版　2006.3　p246-302

山本 昭　やまもと・あきら〔1927—　中国学〕
　◎著作目録ほか　「山本昭教授退休記念中国学論集」(刊行会)　白帝社　2000.3　p1-8f

山本 厚男　やまもと・あつお
　○著作目録ほか　「岐阜経済大学論集　35.3」(岐阜経済大)　2002.2　p235-237

山本 五十六　やまもと・いそろく〔1884—1943　海軍軍人〕
　◎参考文献　「怨念の系譜　河井継之助、山本五十六、そして田中角栄」(早坂茂三)　東洋経済新報社　2001.11　p289-291
　◎参考文献　「海燃ゆ―山本五十六の生涯」(工藤美代子)　講談社　2004.6　p508-510
　◎参考文献　「山本五十六」(半藤一利)　平凡社　2007.11　p420-421

山本 岩夫　やまもと・いわお
　○業績ほか　「山本岩夫教授退職記念論集」(立命館大学法学会)　立命館大　2005.3　p475-480

山本 永暉　やまもと・えいき〔1865—1952　画家〕
　◎略年譜　「山本永暉―県内に残る作品を中心に―特別展」(山本永暉)　氷見市立博物館　2003.10　p38-41

山本 栄治　やまもと・えいじ〔1949—2000　国際金融論〕
　○著作目録ほか　「甲南経済学論集　42.1」(甲南大)　2001.7　p3-10f

山本 学治　やまもと・がくじ〔1923—1977　建築学者・建築評論家〕
　◎著作目録　「創造するこころ―山本学治建築論集　3」(山本学治)　鹿島出版会　2007.9　p247-255

山本 和義　やまもと・かずよし〔1936—　中国文学〕
　○業績ほか　「アカデミア　文学・語学編　71」(南山大)　2002.1　4pf

山本 鼎　やまもと・かなえ〔1882—1946　洋画家・版画家〕
　◎年譜ほか　「山本鼎生誕120年展―山本鼎その仕事～版画と装幀に光をあてて」(前沢朋美, 山田俊幸)　上田市山本鼎記念館　2002　p151-189

山本 勘助　やまもと・かんすけ〔1493—1561　武将〕
　◎参考文献　「山本勘助とは何者か—信玄に重用された理由」（江宮隆之）　祥伝社　2006.11　p255-256
　◎文献一覧ほか　「山本勘助のすべて」（上野晴朗ほか）　新人物往来社　2006.12　p240-259

山本 丘人　やまもと・きゅうじん〔1900—1986　日本画家〕
　◎略年譜　「山本丘人—著作と画談集」（平岡栄二）　時の美術社　2005.6　p221-231
　◎「山本丘人—文献目録と年譜」（平岡栄二）　時の美術社　2006.5　70p　A4

山本 堯　やまもと・ぎょう〔1924—2002　平和運動家〕
　◎年譜　「ありがとう堯先生—山本堯先生追悼文集」偲ぶ会　2004.4　p139-143

山本 空外　やまもと・くうがい〔?—2001　僧侶〕
　◎著書論文　「空外の生涯と思想」（龍飛水）　無二会　2003.8　p590-591

山本 邦彦　やまもと・くにひこ〔1941—　フランス演劇〕
　○業績目録　「奈良女子大学文学部研究教育年報 1」（奈良女子大）　2004　p73-75

山本 慧一　やまもと・けいいち〔1931—　フランス語〕
　○業績ほか　「専修法学論集 84」（専修大）　2002.3　p11-15

山本 啓子　やまもと・けいこ〔1924—　俳人〕
　○業績ほか　「愛知淑徳大学論集　現代社会学部・現代社会研究所篇 11」（愛知淑徳大）　2006.3　2pf

山本 敬三　やまもと・けいぞう〔1929—　民事法〕
　○著作目録ほか　「修道法学 23.2」（広島修道大）　2001.2　10pb

山本 顕一　やまもと・けんいち〔1935—　フランス文学〕
　○業績ほか　「立教大学フランス文学 30」（立教大）　2001　p91-94

山本 健吉　やまもと・けんきち〔1907—1988　文芸評論家・国文〕
　◎年譜ほか（山本安見ほか）　「俳句の世界」（山本健吉）　講談社　2005.9　p282-297

山本 玄峰　やまもと・げんぽう〔1866—1961　僧侶〕
　◎年譜　「再来—山本玄峰伝」（帯金充利）　大法輪閣　2002.7　p345-354

山本 皓一　やまもと・こういち
　○業績　「奈良産業大学紀要 21」（奈良産業大）　2005.12　p149-150

山本 周五郎　やまもと・しゅうごろう〔1903—1967　小説家〕
　◎略年譜　「わが師山本周五郎」（早乙女貢）　第三文明社　2003.6　p234-247
　◎文庫ガイド　「山本周五郎のことば」（清原康正）　新潮社　2003.6　p188-190
　◎年譜ほか　「周五郎流—激情が人を変える」（高橋敏夫）　NHK出版　2003.11　p219-222
　◎年譜　「文豪ナビ山本周五郎」（新潮文庫）　新潮社　2005.1　p157-159

山本 四郎　やまもと・しろう〔?—2003　植物学〕
　○業績（松井宏光）　「エヒメアヤメ 41」（愛媛植物研究会）　2003.8　p6-17

山本 眞一　やまもと・しんいち
　○業績　「社会文化論集 4」（島根大）　2007　3pf
　○業績　「21世紀型高等教育システム構築と質的保証—FD・SD・教育班の報告」（広島大学高等教育研究開発センター）　広島大　2007.2　p310-313

山本 進　やまもと・すすむ〔1930—　〕
　○業績ほか　「愛知淑徳大学論集　文学部・文学研究科篇 30」（愛知淑徳大）　2005　p9-10f

山本 宣治　やまもと・せんじ〔1889—1929　生物・政治家〕
　◎年譜　「山本宣治写真集」（佐々木敏二, 小田切明徳）　不二出版　2002.2　p97-104

山本 孝夫　やまもと・たかお〔1943—　国際取引法〕
　○業績ほか　「エコノミア 53.1」（横浜国立大）　2002.5　p129-130

山本 尚志　やまもと・たかし
　○主要著作ほか　「長野大学紀要 26.1.98」（長野大）　2004.6　p133」

山本 隆　やまもと・たかし〔1944—　行動生理学〕
　○業績ほか　「大阪大学大学院人間科学研究科紀要 33」（大阪大）　2007　p243-248

山本 雅　やまもと・ただし〔1943—　アメリカ文学〕
　○著作目録ほか　「広島国際研究 13」（広島市立大）　2007　p179-183

山本 太郎　やまもと・たろう〔1925—1988　詩人〕
　◎参考資料（渡辺石夫）　「展望現代の詩歌 2 詩 II」（飛高隆夫ほか）　明治書院　2007.2　p288」

山本 勉　やまもと・つとむ〔1944—　ヨーロッパ語文学〕
　○著作ほか　「外国語研究 40」（愛知教育大）　2007　p2-3f

山本 常朝　やまもと・つねとも〔1659—1719　思想家〕
　◎年表　「葉隠2」（奈良本辰也ほか）　中央公論新社　2006.7　p357-365
　◎参考資料　「中野三代と鍋島宗茂—「葉隠」の曲者達」（田中耕作）　佐賀新聞社　2007.6　p283-284

山本 哲彦　やまもと・てつひこ
　○業績目録ほか　「琉球大学工学部紀要 68」（琉球大）　2007.3　p51-53

山本 徹　やまもと・とおる
　○研究業績ほか　「天理大学学報 53.2」（天理大）　2002　p1-3f

山本 なおこ　やまもと・なおこ〔1948―　詩人・児童文学作家〕
　◎著書一覧　「山本なおこ詩集―現代児童文学詩人文庫 3」（山本なおこ）　いしずえ　2002.11　p2-3b

山本 夏彦　やまもと・なつひこ〔1915―2002　コラムニスト・作家〕
　◎年譜　「一寸さきはヤミがいい」（山本夏彦）　新潮社　2003.2　p297-300
　◎年譜　「夏彦の影法師―手帳50冊の置土産」（山本伊吾）　新潮社　2007.10　p375-378
　◎引用参考文献　「座右の山本夏彦」（嶋中労）　中央公論新社　2007.11　p1-3b

山本 信良　やまもと・のぶよし〔1936―　教育学〕
　○業績ほか　「人間の福祉　19」（立正大）　2006　7pf

山本 發次郎　やまもと・はつじろう
　◎略年譜　「山本發次郎―遺稿と蒐集品にみる全容」（河崎晃一）　淡交社　2006.4　p294-297

山本 春樹　やまもと・はるき〔1946―　宗教学・インドネシア語〕
　○業績ほか　「天理大学学報　57.2.211」（天理大）　2006.2　p1-4f

山本 英男　やまもと・ひでお
　○業績　「千葉商大論叢　42.4」（千葉商科大）　2005.3　p9-11f

山本 芳翠　やまもと・ほうすい〔1850―1906　洋画家〕
　◎参考文献　「異界の海―芳翠・清輝・天心における西洋　改訂版」（高階絵里加）　三好企画　2006.1　p289-303

山本 政一　やまもと・まさいち〔1928―　経営学〕
　○業績ほか　「九州産業大学商経論叢　44.3」（九州産業大）　2004.1　14pb

山本 正文　やまもと・まさふみ〔1947―　版画家〕
　◎関連文献　「バルセロナ35年の軌跡　山本正文の世界」（向山冨士雄ほか）　山梨県立美術館　c2007　p152-153

山本 勝　やまもと・まさる〔1941―　経営学〕
　◎著作目録ほか　「大分大学経済論集　56.5」（大分大）　2005.1　p169-170

山本 森之助　やまもと・もりのすけ〔1877―1928　洋画家〕
　◎参考文献　「山本森之助展―長崎が生んだ風景画家」（森園敦）　長崎県美術館　c2006　p104-109

山本 有三　やまもと・ゆうぞう〔1887―1974　小説家・劇作家〕
　◎参考文献　「山本有三と三鷹の家と郊外生活」（三鷹市山本有三記念館ほか）　三鷹市山本有三記念館　2006.6　p60-61
　◎著作表ほか（山本有三記念館ほか）　「みんなで読もう山本有三」　笠間書院　2006.11　p216-230

山本 有造　やまもと・ゆうぞう〔1940―　日本経済史・日本帝国史〕
　○著作目録ほか　「人文学報　92」（京都大）　2005.3　p223-231

山本 由之　やまもと・よしゆき
　◎年譜　「良寛の弟山本由之遺墨集―没後百七十年記念」（冨澤信明）　与板町教育委員会　2003.9　p98-99

山吉 剛　やまよし・ごう〔1944―2000　教育学〕
　○業績ほか　「沖縄大学法経学部紀要　創刊号」（沖縄大）　2001.3　p152
　◎足跡ほか　「国民の教育権と子どもの権利を求めて」（山吉剛、追悼集編集委員会）　エイデル研究所　2002.9　p182-185

山脇 貞司　やまわき・さだし〔1941―　民法〕
　○業績ほか　「静岡大学法政研究　11.1・2・3・4」（静岡大）　2007.3　p367-386

山脇 信徳　やまわき・しんとく〔1886―1952　洋画家〕
　◎年譜　「山脇信徳―日本のモネと呼ばれた男」（鍵岡正謹）　高知新聞社　2002.5　p422-427

梁 石日　やん・そぎる〔1936―　小説家〕
　○解体全書（永江朗）　「ダ・ヴィンチ　86」（リクルート）　2001.5　p152-155
　◎年譜（梁石日）　「〈在日〉文学全集　7」（磯貝治良ほか）　勉誠出版　2006.6　p354-362
　◎年譜　「超「暴力」的な父親」（梁石日）　ベストセラーズ　2007.7　p204-214

山家 保　やんべ・たもつ〔?―2002　英語教育〕
　◎著作目録ほか（山田豪）　「あえて問う英語教育の原点とは―オーラル・アプローチと山家保」（山家保先生記念論集刊行委員会）　開拓社　2005.11　p329」

【ゆ】

湯浅 年子　ゆあさ・としこ〔1909―1980　原子物理〕
　○著作リストほか（山崎美和恵）　「ジェンダー研究　4」（お茶の水女子大）　2001.3　p95-122

湯浅 与三　ゆあさ・よぞう
　◎「湯浅与三関係資料目録」（同志社大学人文科学研究所）　同志社大人文科学研究所　2005.3　6,42p　A4

油井 大三郎　ゆい・だいざぶろう〔1945―　国際関係史・アメリカ現代史〕
　○業績　「アメリカ太平洋研究　6」（東京大）　2006.3　p323-339

由井 正臣　ゆい・まさおみ〔1933―2008　日本近代史〕
　○著作目録ほか　「史観　148」（早稲田大）　2003.3　p111-118

游 仲勲　ゆう・ちゅうくん〔1932―　中国東南アジア経済論〕
　○業績リストほか　「亜細亜大学国際関係紀要 12.3」（亜細亜大）　2003.3　p169-172
　◎業績一覧　「日本における華僑華人研究―游仲勲先生古希記念論文集」（游仲勲先生古希記念論文集編集委員会）　風響社　2003.5　p365-415

柳 美里　ゆう・みり〔1968―　小説家〕
　○参考文献ほか（原田桂）　「柳美里」（川村湊）　鼎書房　2007.2　p153-164
　○全著作解題（榎本正樹）　「文藝 46.2」（河出書房新社）　2007.6　p74-95

結城 昌治　ゆうき・しょうじ〔1927―1996　作家〕
　◎年譜ほか（編集部）　「終着駅」（結城昌治）　講談社　2005.9　p227-248

結城 信一　ゆうき・しんいち〔1916―1984　小説家〕
　◎年譜ほか（矢部登）　「セザンヌの山・空の細道―結城信一作品選」（結城信一）　講談社　2002.11　p222-235
　◎「結城信一コレクション目録」（日本近代文学館）　日本近代文学館　2006.12　21p　A5

結城 豊太郎　ゆうき・とよたろう〔1877―1951　銀行家〕
　参考文献　「日本銀行総裁結城豊太郎―書簡にみるその半生」（八木慶和ほか）　学術出版会　2007.5　p455-457

結城氏　ゆうきし
　◎参考文献　「下野小山・結城一族」（七宮涬三）　新人物往来社　2005.11　p271-273

湯川 秀樹　ゆかわ・ひでき〔1907―1981　物理〕
　◎参考文献　「湯川秀樹の世界―中間子論はなぜ生まれたか」（中野不二男）　PHP研究所　2002.12　p223-224
　◎引用文献（小沼通二）　「湯川秀樹日記 昭和九年: 中間子論への道」（湯川秀樹）　朝日新聞社　2007.12　p251-253

湯川 恭敏　ゆかわ・やすとし〔1941―　言語学〕
　○業績一覧ほか　「東京大学言語学論集 20」（東京大）　2001.9　p11-17f
　○業績目録ほか　「熊本大学社会文化研究 4」（熊本大）　2006.3　8pf

湯木 貞一　ゆき・ていいち〔1901―1997　料理研究家〕
　◎年譜（末広幸代）　「吉兆湯木貞一のゆめ」（湯木美術館）　朝日新聞社　2002.7　p274-281

由木 礼　ゆき・れい〔1928―2003　版画家〕
　◎年譜ほか（桑原規子）　「由木礼全版画集」（由木礼）　玲風書房　2005.11　p122-132

弓削 道鏡　ゆげの・どうきょう
　⇒道鏡（どうきょう）を見よ

湯嶋 健　ゆしま・たけし
　◎著書・論文目録　「性フェロモンと農薬―湯嶋健の歩んだ道」（伊藤嘉昭, 平野千里, 玉木佳男）　海游舎　2002.4　p261-267

湯田 豊　ゆだ・ゆたか〔1931―　印度哲学〕
　○著書　「人文研究 148」（神奈川大）　2003.3　1pf

湯野 勉　ゆの・つとむ〔1936―2007　国際金融論〕
　○業績ほか　「龍谷大学経済学論集 45.3」（龍谷大）　2005.12　p99-103

柚木 學　ゆのき・まなぶ
　◎著作目録ほか　「近世海運の経営と歴史」（柚木學）　清文堂出版　2001.4　p253-274

夢野 久作　ゆめの・きゅうさく〔1889―1936　小説家〕
　◎作品年表（西原和海）　「夢野久作著作集 6」（西原和海）　葦書房　2001.7　p416-451
　◎年譜　「鶴見俊輔集 続3」（鶴見俊輔）　筑摩書房　2002.1　p478-486
　◎年譜ほか　「夢野久作読本」（多田茂治）　弦書房　2003.10　p292-298,303-305
　◎関連年表　「メディア・シンドロームと夢野久作の世界」（田畑暁生）　NTT出版　2005.3　p198-205
　◎参考文献　「太宰治と夢野久作」（明石矛先）　文芸社　2005.6　p241-246

湯山 昭　ゆやま・あきら〔1932―　作曲家〕
　◎プロフィール　「人生は輪舞―モノローグで綴るエッセイ」（湯山昭）　全音楽譜出版社　2005.10　p468-493

由利 公正　ゆり・きみまさ〔1829―1909　財政家・政治家・子爵〕
　◎参考文献ほか　「由利公正のすべて」（三上一夫, 舟澤茂樹）　新人物往来社　2001.5　p228-238
　◎参考文献　「由利公正のすべて」（三上一夫ほか）　新人物往来社　2002.1　p233-238

百合山 羽公　ゆりやま・うこう〔1904―1991　俳人〕
　◎年譜　「百合山羽公全句集」（百合山羽公）　角川書店　2006.12　p377-380

【 よ 】

楊 合義　よう・ごうぎ〔1934―　政治史〕
　○著作目録ほか　「平成法政研究 9.2」（平成国際大）　2005.3　p293-300

用稲 孝道　よういね・たかみち〔1944―2004　企業法〕
　○主要業績ほか　「熊本学園商学論集 11.1」（熊本学園大）　2004.12　p241」
　○業績ほか　「熊本学園商学論集 11.1.35」（熊本学園大）　2004.12　p241」

瑤泉院　ようせんいん〔別名＝浅野阿久利　1674―1714　浅野長矩の妻〕
　◎史料文献　「瑤泉院―忠臣蔵の首謀者・浅野阿久利」（湯川裕光）　新潮社　2006.12　p728-731

横井 亀夫　よこい・かめお
　◎略年譜　横井マツ　「回想―横井亀夫の生涯―真実一路・労働者運動九十年の闘い」（横井陽一）　同時代社　2002.8　p475-486

横井 久美子　よこい・くみこ〔1944―　シンガー・ソングライター〕
　◎略歴　「ゆるゆるふっくり」（横井久美子）　新日本出版社　2002.10　p220-222

横井 小楠　よこい・しょうなん〔1809―1869　論策家〕
　◎参考文献ほか　「横井小楠―維新の青写真を描いた男」（徳永洋）　新潮社　2005.1　p199-205
　◎参考文献　「横井小楠と松平春嶽」（高木不二）　吉川弘文館　2005.2　p213-217

横井 時冬　よこい・ときふゆ〔1859―1906　歴史家〕
　◎著作一覧　「叢書・近代日本のデザイン　3　日本工業史　復刻」（横井時冬）　ゆまに書房　2007.11　p407」

横井 英夫　よこい・ひでお〔1932―　代数学〕
　○業績ほか　「愛知学院大学情報社会政策研究　5.2」（愛知学院大）　2003.3　p1-10f

横井 弘美　よこい・ひろみ〔1934―　経済学・経済政策論〕
　○業績目録ほか　「名古屋学院大学論集　社会科学篇　41.3」（名古屋学院大）　2005.1　p4-6f

横井 福次郎　よこい・ふくじろう〔1912―1948　漫画家〕
　◎年譜ほか　「戦後漫画のトップランナー横井福次郎―手塚治虫もひれ伏した天才漫画家の軌跡」（清水勲）　臨川書店　2007.12　p227-242

横井 義則　よこい・よしのり〔1932―　財政学・金融論〕
　○著作目録ほか　「中京商学論叢　49.2」（中京大）　2003.3　4pf

横井 芳弘　よこい・よしひろ〔1924―　労働法〕
　◎「作品」目録　「市民社会の変容と労働法」（横井芳弘ほか）　信山社出版　2005.7　p445-476

横尾 邦夫　よこお・くにお〔1934―　財政学〕
　○業績目録ほか　「國學院経済学　52.3・4」（國學院大）　2004.9　p546-542

横尾 紫洋　よこお・しよう〔1734―1784〕
　◎参考文献　「横尾紫洋　勤王の先駆者」（副島広之）　善本社　2001.2　p174-176
　◎参考文献ほか　「横尾紫洋―勤皇の先駆者」（副島広之ほか）　善本社　2002.2　p170-176

横尾 忠則　よこお・ただのり〔1936―　グラフィック・デザイナー〕
　◎略年譜　「赤の魔笛」（横尾忠則）　朝日新聞社　2001.1　p100-103
　◎略年譜ほか　「横尾忠則赤の魔笛」（横尾忠則）　朝日新聞社　2002.1　p100-103
　◎年譜ほか　「横尾忠則森羅万象」（南雄介、藤井亜紀、出原均）　美術出版社　2002.9　p233-294

　◎個人史　「横尾byヨコオ―描くことの悦楽　イメージの遍歴と再生　横尾忠則作品展」（横尾忠則）　京都国立近代美術館　2003.7　p145-150

横川 省三　よこかわ・しょうぞう〔1865―1904　志士・新聞記者〕
　◎参考文献　「獅子の夢―明治人横川省三・その生と死」（幕内満雄）　叢文社　2001.9　p242-247

横川 雄二　よこかわ・ゆうじ
　○業績目録ほか　「英語英文学論叢　55」（九州大）　2005　p5-6f

横須賀 薫　よこすか・かおる〔1937―　教育学〕
　◎著作論文目録ほか　「山に在りて―学長六年の記」（横須賀薫）　本の森　2006.7　p381-459

横田 健一　よこた・けんいち〔1916―　日本古代史〕
　○著作目録　「御影史学論集　32」（御影史学研究会）　2007.12　p7-10

横田 三友俊益　よこた・さんゆうとします
　◎参考文献　「横田三友俊益の年譜―会津学問史根本資料」（布澤忠夫）　布澤忠夫　2005.10　p791-798

横田 順彌　よこた・じゅんや〔1945―　SF作家・明治文化史〕
　◎著作リスト　「押川春浪回想譚」（横田順彌）　出版芸術社　2007.5　p238-252

横田 澄司　よこた・じょうじ〔1933―　マーケティング〕
　○著作目録　「社会と情報　9.2」（椙山女学園大）　2005.1　p93-94

横田 浜夫　よこた・はまお〔1958―　ライター〕
　◎作品リスト　「ゆとり老後のためのお金の教室」（横田浜夫）　双葉社　2004.4　1pb

横田 禎昭　よこた・よしあき〔1940―　考古学〕
　○論文目録　「総合政策論叢　5」（島根県立大）　2003.3　p79-82

横手 貞美　よこて・さだみ〔1899―1931　洋画家〕
　◎参考引用文献　「沈黙のしずく―画家・横手貞美の生涯」（尼子かずみ）　郁朋社　2007.10　p93」

横溝 正史　よこみぞ・せいし〔1902―1981　推理作家〕
　◎年譜（中島河太郎）「横溝正史自伝的随筆集」（横溝正史,新保博久）　角川書店　2002.5　p308-316
　◎年譜　「絶対ミステリーが好き！　2　本格ミステリーは「密室」で読め！」（ブレインナビ）　ぶんか社　2002.12　p163-165
　◎全作品リスト　「横溝正史時代小説コレクション　捕物篇2」（横溝正史）　出版芸術社　2004.2　p379-382
　◎参考文献　「金田一耕助The Complete」（小嶋優子ほか）　メディアファクトリー　2004.6　p253」
　◎作品リスト　「横溝正史探偵小説コレクション　1　赤い水泳着」（横溝正史）　出版芸術社　2004.9　p249-254

横光 利一　よこみつ・りいち〔1898―1947　小説家〕
- ◎参考文献（玉村周ほか）　「横光利一事典」（井上謙ほか）　おうふう　2002.10　p472-545
- ○書誌稿（村田好哉）　「大阪産業大学論集　人文科学編　110」（大阪産業大）　2003.6　p1-13
- ○書誌稿（村田好哉）　「大阪産業大学論集　人文科学編　113」（大阪産業大）　2004.6　p1-14
- ◎略年譜　「横光利一『夜の靴』の世界」（村上文昭）　東北出版企画　2004.9　p273-278
- ○参考文献（玉村周ほか）　「横光利一研究　3」（横光利一文学会）　2005.3　p79-98
- ○年譜（掛野剛史）　「横光利一研究　4」（横光利一文学会）　2006.3　p119-134
- ◎年譜ほか（掛野剛史）　「横光利一の文学世界」（石田仁志ほか）　翰林書房　2006.4　p212-225
- ◎年譜ほか（保昌正夫）　「欧洲紀行」（横光利一）　講談社　2006.12　p290-307

横山 和彦　よこやま・かずひこ〔1937―　社会保障論〕
- ○著作目録ほか　「新潟大学経済論集　74」（新潟大）　2003.3　p107-118

横山 恵子　よこやま・けいこ〔協働型パートナーシップ〕
- ◎業績　「21世紀型高等教育システム構築と質的保証―FD・SD・教育班の報告」（広島大学高等教育研究開発センター）　広島大　2007.2　p331-333

横山 紘一　よこやま・こういつ〔1940―　仏教学〕
- ○業績　「立教大学日本文学　97」（立教大）　2006.12　p27-29

横山 茂　よこやま・しげる〔歌手〕
- ◎年譜　「奇跡の歌手・横山茂―わらび座を創った男の物語」（横山茂の本を作る会）　あけび書房　2005.6　p241-244

横山 英　よこやま・すぐる〔1924―　東洋近世史〕
- ○業績目録（広島中国近代史研究会）　「近きに在りて　49」（広島中国近代史研究会）　2006.5　p107-112

横山 大観　よこやま・たいかん〔1868―1958　日本画家〕
- ◎図書目録ほか　「横山大観―その心と芸術　特別展」（東京国立博物館, 朝日新聞社）　朝日新聞社　2002.2　p102-111
- ◎年譜　「横山大観巨匠という仮面」（尾竹俊亮）　新風舎　2002.6　p316-327
- ◎文献　「『横山大観』展図録―近代日本画壇の巨匠」（京都国立近代美術館ほか）　朝日新聞社　2004.7　p222-223
- ◎参考文献　「特別企画『近代日本画の巨匠横山大観展』図録」（福岡市美術館）　福岡市美術館　2006.7　p186-189
- ◎参考図書　「気魄の人横山大観　別冊太陽」　平凡社　2006.8　p163」

横山 信夫　よこやま・のぶお
- ○著作目録ほか　「名古屋外国語大学外国語学部紀要　20」（名古屋外語大）　2003.8　p1-2f

横山 信幸　よこやま・のぶゆき
- ○業績ほか　「国語国文学報　64」（愛知教育大）　2006.3　p3-8

横山 未来子　よこやま・みきこ〔1972―　歌人〕
- ◎略歴　「横山未来子集」（横山未来子）　邑書林　2005.8　p143-144

横山 光輝　よこやま・みつてる〔1934―2004　漫画家〕
- ◎作品リスト　「コミックを作った10人の男―巨星たちの春秋」（瀬戸龍哉ほか）　ワニブック　2002.5　p60-62

横山 やすし　よこやま・やすし〔1944―1996　漫才師〕
- ◎略年譜　「天才伝説横山やすし」（小林信彦）　文藝春秋（文春文庫）　2001.1　p317-320
- ◎文献　「やすし・きよしと過ごした日―マネージャーが見た波瀾万丈回想記」（木村政雄）　文藝春秋　2003.11　p210-211
- ◎参考文献　「やすし・きよしと過ごした日々―マネージャーが見た波瀾万丈回想記」（木村政雄）　文藝春秋　2005.12　p228-230

横山 芳介　よこやま・よしすけ
- ◎参考文献ほか　「小作官・横山芳介の足跡―北大寮歌『都ぞ弥生』の作詞者」（田嶋謙三ほか）　北海道大学図書刊行会　2003.3　p182-190

与謝 蕪村　よさ・ぶそん〔1716―1783　俳人・南画家〕
- ◎参考文献　「蕪村―その二つの旅」（佐々木丞平, 佐々木正子）　朝日新聞社　2001　p172-178
- ○文献目録（寺島徹）　「解釈と鑑賞　66.2」（至文堂）　2001.2　p178-184
- ○年譜　「蕪村―没後220年」（逸翁美術館ほか）　思文閣出版　2003.9　p182-189
- ◎参考文献　「与謝蕪村の日中比較文学的研究―その詩画における漢詩文の受容をめぐって」（王岩）　和泉書院　2006.2　p294-297
- ◎年譜ほか　「蕪村入門―関東に足跡を求めて」（成井恵子）　日本詩歌句協会　2006.5　p222-232
- ◎参考文献（金子俊之）　「カラー版芭蕉、蕪村、一茶の世界」（雲英末雄）　美術出版社　2007.5　p171-175

与謝野 晶子　よさの・あきこ〔1878―1942　歌人〕
- ◎参考文献　「九州における与謝野寛と晶子」（近藤晉平）　和泉書院　2002.6　p163-164
- ◎年譜ほか　「与謝野晶子童話の世界」（古沢夕起子）　嵯峨野書院　2003.4　p177-183
- ◎略年譜ほか　「与謝野晶子の歌鑑賞」（平子恭子）　短歌新聞社　2003.6　p314-327,334-340
- ◎著作年表ほか（香内信子）　「与謝野晶子評論著作集　22」（内山秀夫）　龍渓書舎　2003.9　p141-322
- ◎略年譜　「陸は海より悲しきものを―歌の与謝野晶子」（竹西寛子）　筑摩書房　2004.9　p195-199
- ◎参考文献ほか　「24のキーワードで読む与謝野晶子」（今野寿美）　本阿弥書店　2005.4　p295-300
- ◎略年譜（権藤愛順ほか）　「与謝野晶子・岡本かの子」（木股知史ほか）　晃洋書房　2005.5　p228-237

◎引用参照文献 「晶子とシャネル」(山田登世子) 勁草書房 2006.1 p326-333
○書誌(吉岡邦恵) 「文献探索 2006」(文献探索研究会) 2006.11 p490-495
○年譜(市川千尋) 「国文学 解釈と教材の研究 52.7臨増」(學燈社) 2007.6 p145-153
◎作品年表 「薔薇と花子──童謡集 与謝野晶子児童文学全集6」(与謝野晶子) 春陽堂書店 2007.12 p267-276

吉井 勇 よしい・いさむ〔1886─1960 歌人・小説家〕
○年譜(松原伝治) 「文学・語学 182」(全国大学国語国文学会) 2005.7 p29-38

吉尾 弘 よしお・ひろし〔1937─2000 登山家〕
◎年譜 「垂直の星──吉尾弘遺稿集」(吉尾弘) 本の泉社 2002.2 p398-400

吉岡 生夫 よしおか・いくお〔1951─ 歌人〕
◎略歴 「吉岡生夫集」(吉岡生夫) 邑書林 2003.8 p145-147

吉岡 曠 よしおか・ひろし
◎主要著作 「作者のいる風景──古典文学論」(吉岡曠) 笠間書院 2002.12 p325-328
◎著作目録ほか 「平安文学研究生成」(伊東祐子ほか) 笠間書院 2005.11 p601-606

吉岡 実 よしおか・みのる〔1919─1990 詩人・装幀家〕
◎書誌 「吉岡実アラベスク」(秋元幸人) 書肆山田 2002.5 p484-488
◎参考資料(野村喜和夫) 「展望現代の詩歌 2 詩II」(飛高隆夫ほか) 明治書院 2007.2 p49-50

吉岡 守行 よしおか・もりゆき〔1933─2002 理論経済学〕
○業績ほか 「成城大学経済研究 163」(成城大) 2003.12 p425-429

吉岡 康暢 よしおか・やすのぶ〔1934─ 歴史考古学〕
◎著作目録 「陶磁器の社会史──吉岡康暢先生古希記念論集」(刊行会) 桂書房 2006.5 p761-767

吉岡 彌生 よしおか・やよい〔1871─1959 医師・教育者〕
◎参考文献 「愛と至誠に生きる──女医吉岡彌生の手紙」(酒井シヅ) NTT出版 2005.5 p285-286

吉川 英治 よしかわ・えいじ〔1892─1962 小説家〕
◎参考文献 「宮本武蔵の読まれ方」(桜井良樹) 吉川弘文館 2003.4 p225-229
◎年譜 「父吉川英治」(吉川英明) 学習研究社 2003.6 p267-287

吉川 忠夫 よしかわ・ただお〔1937─ 中国思想〕
○著作目録 「東方学報 京都73」(京都大) 2001.3 p545-548

吉川 宏志 よしかわ・ひろし〔1969─ 歌人〕
◎略歴 「吉川宏志集」(吉川宏志) 邑書林 2005.2 p151-152

吉川 行雄 よしかわ・ゆきお〔1907─1937 童謡詩人〕
◎年譜 「月夜の詩人吉川行雄」(矢崎節夫) てらいんく 2007.8 p467-469

吉川 義春 よしかわ・よしはる〔1936─ 〕
○業績ほか 「立命館法學 2005年.6」(立命館大) 2005 p2786-2792

吉國 恒雄 よしくに・つねお
◎業績 「アフリカ人都市経験の史的考察──初期植民地ジンバブウェ・ハラレの社会史」(吉國恒雄) インパクト出版会 2005.12 p237-242

吉阪 隆正 よしざか・たかまさ〔1917─1980 建築家・登山家〕
◎年譜 「吉阪隆正の迷宮」(2004吉阪隆正展実行委員会) TOTO出版 2005.12 p338-339

吉崎 邦子 よしざき・くにこ〔アメリカ文学〕
○著作目録ほか 「文芸と思想 71」(福岡女子大) 2007 p55-56

吉沢 四郎 よしざわ・しろう〔1931─ 社会学〕
○著作目録ほか 「商学論纂 42.6」(中央大) 2001.3 p315-324

芳澤 毅 よしざわ・つよし〔1939─ 教育学・教育社会学〕
○主要著作ほか 「人間科学 13」(琉球大) 2004.3 p1-7

吉澤 昌恭 よしざわ・まさやす
○略歴ほか 「広島経済大学経済研究論集 29.4」(広島経済大) 2007.3 p2-9f

吉澤 南 よしざわ・みなみ
○業績ほか(青山和夫) 「人文学科論集 39」(茨城大) 2003.3 p9-11

慶滋 保胤 よししげの・やすたね〔934─1002 官人・文人〕
◎注文献 「慶滋保胤と浄土思想」(平林盛得) 吉川弘文館 2001.8 prr

吉田 敦彦 よしだ・あつひこ〔1934─ 比較神話学・西洋古典学〕
○著書論文一覧 「比較神話学の鳥瞰図」(吉田敦彦) 大和書房 2005.12 p481-502
○著書・論文 「學習院大學國語國文學會誌 49」(学習院大) 2006 p5-9

吉田 格 よしだ・いたる
○掲載論文 「武蔵野 83.1.345」(武蔵野文化協会) 2007.5 p38

吉田 一穂 よしだ・いっすい〔1898─1973 詩人〕
◎年譜 「吉田一穂詩集」(加藤郁乎) 岩波書店 2004.5 p259-270

吉田 学軒 よしだ・がくけん
◎略歴 「学軒詩集」(国広寿ほか) 無窮会 2004.3 p259-268

吉田 亀三郎　よしだ・かめさぶろう〔1872—?　カナダ移民〕
◎注文献　「密航漁夫　吉田亀三郎の生涯」（小島敦夫）　集英社　2001.6　p286-306

吉田 清　よしだ・きよし〔1935—　日本史〕
○業績目録ほか　「花園史学　26」（花園大）　2005.11　p91-96

吉田 国臣　よしだ・くにおみ〔1942—　ドイツ文学〕
○著述目録ほか　「星薬科大学一般教育論集　25」（星薬科大）　2007　p8-10f

吉田 熊次　よしだ・くまじ〔1874—1964　教育学〕
◎略年譜　「吉田熊次著作集　7　解説・略年譜　国民学校教育論　復刻」（吉田熊次）　学術出版会　2007.11　p7-8b

吉田 恵以子　よしだ・けいこ
○業績ほか　「英語英文学叢誌　37」（早稲田大）　2007　p20-21

吉田 桂二　よしだ・けいじ〔1930—　建築家〕
◎略年譜ほか　「造景する旅人—建築家吉田桂二」（大庭桂）　風土社　2002.11　p330-341

吉田 健一　よしだ・けんいち〔1912—1977　英文・小説家〕
○参考文献（高橋智子）　「日本女子大学紀要　文学部51」（日本女子大）　2002.2　p125-159
○著作解題（千野帽子）　「ユリイカ　38.12.526」（青土社）　2006.10　p224-241
◎年譜ほか（藤本寿彦ほか）　「旅の時間」（吉田健一）　講談社　2006.12　p275-298
◎年譜ほか（藤本寿彦ほか）　「ロンドンの味—吉田健一未収録エッセイ」（吉田健一）　講談社　2007.7　p343-366

吉田 兼好　よしだ・けんこう〔1283頃—1350頃　歌人・隠者〕
◎参考文献　「兼好—露もわが身も置きどころなし」（島内裕子）　ミネルヴァ書房　2005.5　p293-297
◎引用参考文献　「兼好」（下西善三郎）　勉誠出版　2005.7　p247-252

吉田 弘一　よしだ・こういち
○研究業績ほか　「松阪大学紀要　20.1」（松阪大）　2002.3　p3-5

吉田 暁　よしだ・さとる〔1933—　金融・銀行〕
○年譜　「武蔵大学論集　50.3.253」（武蔵大）　2003.2　p363-378

吉田 茂　よしだ・しげる〔1878—1967　政治家〕
◎略年譜　「大磯随想」（吉田茂）　中央公論新社（中公文庫　B1-22）　2001.12　p79-81
◎参考文献　「吉田茂とその時代—サンフランシスコ講和条約発効五十年　特別展」（衆議院憲政記念館）　衆議院憲政記念館　2002.5　p75-78
◎付記　「小説吉田茂」（大下英治）　学習研究社　2002.6　p390-391
◎文献目録ほか　「吉田茂とその時代—敗戦とは」（岡崎久彦）　PHP研究所　2002.8　14pb

◎参考文献　「吉田茂—尊皇の政治家」（原彬久）　岩波書店　2005.10　p1-7b

吉田 修一　よしだ・しゅういち〔1968—　小説家〕
○自筆年譜ほか（吉田修一ほか）　「文藝　44.4」（河出書房新社）　2005.冬　p26-53,112-117

吉田 松陰　よしだ・しょういん〔1830—1859　思想・教育者〕
◎文献　「吉田松陰—変転する人物像」（田中彰）　中央公論新社（中公新書　1621）　2001.12　p189-195
◎年譜　「講孟余話ほか」（松本三之介）　中央公論新社　2002.2　p467-475
◎註　「江戸の旅人吉田松陰—遊歴の道を辿る」（海原徹）　ミネルヴァ書房　2003.2　prr
◎文献　「吉田松陰—身はたとひ武蔵の野辺に」（海原徹）　ミネルヴァ書房　2003.9　p253-255
◎文献　「留魂録—英完訳書」（吉田松陰）　錦正社　2003.10　p230-233
◎参考文献ほか　「吉田松陰の実学—世界を見据えた大和魂」（木村幸比古）　PHP研究所　2005.6　p266-284
◎参考文献ほか　「エピソードでつづる吉田松陰」（海原徹ほか）　ミネルヴァ書房　2006.3　p253-255
◎参考文献　「ひとすじの蛍火—吉田松陰人とことば」（関厚夫）　文藝春秋　2007.8　p468」

吉田 忠　よしだ・ただし〔1940—　科学史〕
○業績目録　「日本思想史研究　36」（東北大）　2004　p3-13

吉田 民人　よしだ・たみと〔1931—　社会学〕
○業績目録ほか　「中央大学文学部紀要　193」（中央大）　2002.2　p35-38

吉田 定一　よしだ・ていいち〔1941—　詩人・児童文学作家〕
◎著書一覧ほか　「吉田定一詩集」　いしずえ　2004.4　p2-9b

吉田 徹夫　よしだ・てつお〔1940—　英文学〕
○著作目録ほか　「文芸と思想　69」（福岡女子大）　2005　p83-84
○著作目録ほか　「KASUMIGAOKA REVIEW 11」（福岡女子大）　2005.2　p179-181

吉田 東伍　よしだ・とうご〔1864—1918　歴史地理学者〕
◎参考文献　「地名の巨人吉田東伍—大日本地名辞書の誕生」（千田稔）　角川書店　2003.11　p238」
◎著述目録ほか（渡辺史生）　「吉田東伍前期論考・随筆選」（千田稔ほか）　国際日本文化研究センター　2003.12　p399-432

吉田 俊久　よしだ・としひさ〔1938—　工業物理化学・科学教育〕
○研究業績ほか（吉田俊久）　「埼玉大学紀要　数学・自然科学　53.1(2)」（埼玉大）　2004　p81-100

吉田 永宏　よしだ・ながひろ〔1937―　近代日本文学〕
　○著作目録（増田周子）　「国文学　91」（関西大）
　2007.3　p17-25
吉田 秀雄　よしだ・ひでお〔1903―1963　電通社長〕
　◎参考文献　「われ広告の鬼とならん―電通を世界企業にした男・吉田秀雄の生涯」（舟越健之輔）　ポプラ社　2004.2　p514-517
吉田 秀和　よしだ・ひでかず〔1913―　音楽評論家〕
　◎著作目録（編集部）　「ソロモンの歌・一本の木」（吉田秀和）　講談社　2006.2　p302-306
吉田 宏晢　よしだ・ひろあき〔1935―　仏教学〕
　◎著作目録　「慈悲と智慧の世界―遠藤祐純吉田宏晢先生古稀記念」（大正大学真言学智山研究室）　智山勧学会　2005.3　p22-26
吉田 博　よしだ・ひろし〔1876―1950　洋画家〕
　◎年譜ほか　「吉田博資料集―明治洋画新資料」（安永幸一ほか）　福岡市文化芸術振興財団　2007.12　p631-671
吉田 雅夫　よしだ・まさお〔1915―2003　フルート奏者〕
　◎著書ほか　「日本フルート物語」（近藤滋郎）　音楽之友社　2003.5　p187」
吉田 正男　よしだ・まさお〔1893―1976　林業経営学〕
　○業績ほか　「経営論集　15.1」（文京学院大）　2005.12　p3-4
吉田 昌子　よしだ・まさこ
　○業績　「立命館産業社会論集　37.1.108」（立命館大）　2001.6　p64-66
吉田 正信　よしだ・まさのぶ〔1941―　近代日本文学〕
　○研究業績ほか　「国語国文学報　62」（愛知教育大）　2004.3　p3-8
吉田 満　よしだ・みつる〔1923―1979　小説家〕
　◎年譜　「大和の最期、それから―吉田満戦後の航跡」（千早耿一郎）　講談社　2004.12　p286-294
吉田 蓑助（3代目）　よしだ・みのすけ〔1933―　文楽人形遣い〕
　◎略年譜　「吉田蓑助写真集―文楽・女たちに魂を込めて」（青木信二）　淡交社　2002.2　p90-93
吉田 豊　よしだ・ゆたか〔1933―　民法〕
　○著作目録　「法学新報　111.7・8」（中央大学出版部）　2005.3　p359-367
吉田 善明　よしだ・よしあき〔1936―　公法〕
　○文献リスト　「地方自治と日本国憲法」（吉田善明）　三省堂　2004.7　p269-276
　○著作目録ほか　「法律論叢　79.4・5」（明治大）　2007.3　p432-461
　○業績ほか　「憲法諸相と改憲論―吉田善明先生古稀記念論文集」（吉田善明先生古稀記念論文集刊行委員会）　敬文堂　2007.8　p507-514
吉田 喜重　よしだ・よししげ〔1933―　映画監督〕
　◎書誌（平沢剛）　「吉田喜重の全体像」（四方田犬彦）　作品社　2004.8　p347-377

吉富 啓一郎　よしとみ・けいいちろう〔1938―　教育学〕
　○研究業績ほか　「県立広島女子大学生活科学部紀要　9」（県立広島女子大）　2003　p1-3
吉野 作造　よしの・さくぞう〔1878―1933　政治学〕
　◎参考文献ほか　「吉野作造―人世に逆境はない」（田澤晴子）　ミネルヴァ書房　2006.7　p261-272
吉野 愼一　よしの・しんいち
　○業績ほか　「日本医科大学医学会雑誌　1.2」（日本医科大）　2005.4　p48-51
吉野 俊彦　よしの・としひこ〔1915―2005　金融・近代文学〕
　◎著作一覧　「追想吉野俊彦」（追想録刊行委員会）　追想録刊行委員会　2006.7　p357-368
吉野 一　よしの・はじめ〔法哲学〕
　○業績ほか　「明治学院大学法科大学院ローレビュー　6」（明治学院大）　2007.3　p147-158
吉野 秀雄　よしの・ひでお〔1902―1967　歌人〕
　◎年譜　「吉野秀雄全歌集　増補改訂版」（宮崎甲子衛）　短歌研究社　2002.4　p517-535
吉野 弘　よしの・ひろし〔1926―　歌人〕
　◎著作年譜ほか　「吉野弘全詩集　新装版」（吉野弘）　青土社　2004.7　p907-952
　◎年譜ほか　「幻・方法」（吉野弘）　日本図書センター　2006.1　p145-153
　◎参考資料（野村聡）　「展望現代の詩歌　4　詩Ⅳ」（飛高隆夫ほか）　明治書院　2007.8　p119-120
吉野 昌甫　よしの・まさとし〔1926―　国際経済論〕
　◎著作目録ほか　「駿河台経済論集　10.2」（駿河台大）　2001.3　p167-172
吉野 利弘　よしの・よしひろ
　○略年表　「英米文学　66」（立教大）　2006　p47-54
吉原 幸子　よしはら・さちこ〔1932―　詩人〕
　◎年譜ほか　「吉原幸子　現代詩手帖特集版」　思潮社　2003.2　p192-208
　◎年譜（国峰照子）　「続続・吉原幸子　現代詩文庫　177」　思潮社　2003.5　p156-158
吉原 泰助　よしはら・たいすけ〔1933―　経済学〕
　○業績ほか　「商学論叢　70.4」（福島大）　2002.3　p255-263
能久親王　よしひさしんのう〔1847―1895　皇族〕
　◎年譜　「鷗外歴史文学集　1」（森鷗外）　岩波書店　2001.11　p339-344
吉増 剛造　よします・ごうぞう〔1939―　詩人〕
　○年譜（林浩平）　「國文學　51.6臨増」（學燈社）　2006.5　p172-183
　◎年譜（林浩平）　「吉増剛造―黄金の象」（国文学編集部）　学燈社　2006.9　p172-183
　◎年譜ほか　「ふっさっ子剛造」（吉増悦）　矢立出版　2007.9　p18-21
　◎参考資料（和合亮一）　「展望現代の詩歌　5　詩Ⅴ」（飛高隆夫ほか）　明治書院　2007.12　p56」
　◎年譜　「裸形の言ノ葉―吉増剛造を読む」（林浩平）　書肆山田　2007.12　p180-198

吉丸 一昌　よしまる・かずまさ〔1873—1916　国文学者・作詞家〕
　◎参考文献　「わき出づる国歌—吉丸一昌魂の貴香花」（夢一ペン冬）　文芸社　2006.7　p242-246

吉見 静江　よしみ・しずえ〔1897—1972　社会事業家〕
　◎年譜ほか　「吉見静江」（瀬川和雄）　人空社（シリーズ福祉に生きる　47）　2001.7　p1-3b
　◎文献ほか　「吉見静江」（瀬川和雄）　大空社　2002.2　p1-3b

好美 清光　よしみ・せいこう〔1929—　民事法〕
　◎著作目録ほか　「現代契約法の展開—好美清光先生古稀記念論文集」　経済法令研究会　2000.7　p483-504
　○著作目録ほか　「法学新報　108.5・6」（中央大）　2001.12　p355-374

吉峯 徳　よしみね・のぼる〔1934—　循環器内科学〕
　○業績ほか　「愛知学院大学情報社会政策研究　7.2」（愛知学院大）　2005.3　p11-12f

吉村 昭　よしむら・あきら〔1927—2006　小説家〕
　○著作目録（清原康正）　「大衆文学研究　2007.01.137」（大衆文学研究会）　2007.6　p41-52

吉村 公三郎　よしむら・こうざぶろう〔1911—2000　映画監督・随筆家〕
　◎年譜ほか　「映画は枠だ！—吉村公三郎人と作品」（吉村公三郎ほか）　同朋舎　2001.9　p274-305
　◎年譜ほか　「映画は枠だ！—吉村公三郎人と作品」（吉村公三郎ほか）　同朋舎　2002.2　p274-305

吉村 達也　よしむら・たつや〔1952—　推理作家〕
　◎著作リスト　「姉妹」（吉村達也）　角川書店　2004.7　11pb

吉村 徳重　よしむら・とくしげ〔1931—　民事法〕
　◎著作目録　「弁論と証拠調べの理論と実践—吉村徳重先生古稀記念論文集」（吉村徳重先生古稀記念論文集刊行委員会）　法律文化社　2002.1　p503-514
　○業績ほか　「西南学院大学法学論集　34.2・3」（西南学院大）　2002.2　p1-19f

吉村 弘　よしむら・ひろし〔1940—2003　作曲家〕
　◎参考文献　「音のかたち、かたちの音—吉村弘の世界」（神奈川県立近代美術館）　神奈川県立近代美術館　2005　p46-47

吉本 伊信　よしもと・いしん〔1916—1988　僧侶〕
　◎年譜（真栄城輝明ほか）　「心理臨床からみた心のふしぎ—内観をめぐる話」（真栄城輝明）　朱鷺書房　2001.5　p242-250

吉本 隆明　よしもと・たかあき〔1924—　文芸評論家・詩人〕
　◎著作　「吉本隆明が語る戦後55年　3」（吉本隆明研究会）　三交社　2001.3　p137-139
　◎100冊　「読書の方法　なにを、どう読むか」（吉本隆明）　光文社　2001.11　p237-250
　◎年譜（兼子利光ほか）　「ドキュメント吉本隆明　1　〈アジア的〉ということ」（吉本隆明）　弓立社　2002.2　p170-181
　◎全著作　「老いの流儀」（吉本隆明）　NHK出版　2002.6　p230-236
　◎年譜ほか（高橋忠義）　「吉本隆明全詩集」　思潮社　2003.7　p1676-1811
　◎年譜ほか（高橋忠義）　「吉本隆明入門」（齋藤愼爾）　思潮社　2003.11　p264-299
　◎ブックレビューほか（安藤礼二）　「吉本隆明　KAWADE夢ムック　文藝別冊」　河出書房新社　2004.2　p202-223
　◎略年譜（高橋忠義）　「吉本隆明代表詩選」（高橋源一郎ほか）　思潮社　2004.4　p242-254
　◎文章一覧　「米沢時代の吉本隆明」（斎藤清一ほか）　梟社　2004.6　p240-246
　◎年譜ノート　「漱石の巨きな旅」（吉本隆明）　NHK出版　2004.7　p165-184
　◎参考文献ほか　「吉本隆明論—戦争体験の思想」（梶原宣俊）　新風舎　2004.12　p148-159
　◎年譜ほか（高橋忠義）　「吉本隆明対談選」（吉本隆明）　講談社　2005.2　p378-417
　◎生活史　「吉本隆明の東京」（石関善治郎）　作品社　2005.12　p250-257
　◎ガイド　「詩とはなにか—世界を凍らせる言葉」（吉本隆明）　思潮社　2006.3　p183-190
　◎連作詩篇　「吉本隆明詩全集　6」　思潮社　2007.2　p318-319

よしもと ばなな　〔1964—　小説家〕
　◎年譜（吉本ばなな）　「本日の、吉本ばなな。」（新潮社）　新潮社　2001.7　p54-62
　◎自作解説ほか　「本日の、吉本ばなな。」　新潮社　2002.2　p54-70
　○参考文献目録（高根沢紀子）　「作新国文　12」（作新学院女子短期大）　2002.3　p13-43
　◎参考文献　「臨床文学論　川端康成から吉本ばななまで」（近藤裕子）　彩流社　2003.2　p271-278
　○年譜ほか　「本の話　9.8」（文藝春秋）　2003.8　p18-22
　○個人書誌（吉野香織）　「文献探索　2006」（文献探索研究会）　2006.11　p496-508

吉本 均　よしもと・ひとし〔1924—1996　教育学〕
　◎著作ほか（白石陽一ほか）　「学級の教育力を生かす吉本均著作選集　5　現代教授学の課題と授業研究」（吉本均）　明治図書出版　2006.11　p222-230

吉屋 信子　よしや・のぶこ〔1896—1973　小説家〕
　◎参考資料　「ゆめはるか吉屋信子　下」（田辺聖子）　朝日新聞社　2002.5　p665-679
　◎年譜ほか（武藤康史）　「鬼火・底のぬけた柄杓　吉屋信子作品集」（吉屋信子）　講談社　2003.3　p246-261
　◎著書目録（吉屋幸子）　「返らぬ日」（吉屋信子）　ゆまに書房　2003.5　p225-244
　◎略年譜　「吉屋信子展—女たちをめぐる物語」（神奈川文学振興会）　神奈川近代文学館　2006.4　p50」

吉安 光徳　よしやす・みつのり〔1930—　ドイツ文学・ドイツ演劇学〕
　○業績ほか　「姫路独協大学外国語学部紀要　14」（姫路独協大）　2001.1　p298-300

吉行 エイスケ　よしゆき・えいすけ〔1906—1940　小説家〕
　○書誌（加藤由貴子）　「文献探索　2006」（文献探索研究会）　2006.11　p262-271

吉行 淳之介　よしゆき・じゅんのすけ〔1924—1994　小説家〕
　◎年譜著書目録（久米勲）　「やわらかい話　吉行淳之介対談集」（丸谷才一）　講談社　2001.7　p339-358
　◎作品年譜　「吉行淳之介をめぐる17の物語」（相庭泰志）　ベストセラーズ　2002.2　p156-165
　◎年譜（久米勲）　「私の文学放浪」（吉行淳之介）　講談社　2004.1　p250-269
　◎作品年表　「わが友吉行淳之介—その素顔と作品」（鈴木重生）　未知谷　2007.5　p193-201
　◎年譜ほか　「吉行淳之介」（髙橋広満）　勉誠出版　2007.10　p219-238

吉行 理恵　よしゆき・りえ〔1939—2006　詩人〕
　◎既刊リスト（吉行あぐり）　「吉行理恵レクイエム「青い部屋」」（吉行理恵）　文園社　2007.5　p300-301

依田 学海　よだ・がっかい〔1833—1909　劇評家・劇作家〕
　○参考文献　「幕末インテリジェンス—江戸留守居役日記を読む」（白石良夫）　新潮社　2007.10　p269-270

与田 準一　よだ・じゅんいち〔1905—1997　詩人・児童文学者〕
　○年譜（吉田定一）　「ネバーランド　3」（てらいんく）　2005.5　p197-203

依田 發夫　よだ・はつお
　○著作ほか　「長野大学紀要　27.1」（長野大）　2005.6　p69」

依田 憙家　よだ・よしいえ〔1931—　日本近代史・日中関係史〕
　○著作目録ほか　「アジア太平洋討究　4」（早稲田大）　2002.3　p168-172
　◎目録　「中日文化と政治経済論—依田憙家先生古稀記念論文集　日本版」（徐静波ほか）　龍渓書舎　2004.9　p517-522

乘 浩子　よつのや・ひろこ〔1934—　ラテンアメリカ近現代史〕
　○年譜ほか（乘浩子）　「帝京経済学研究　39.1」（帝京大）　2005.12　p7-8

四元 忠博　よつもと・ただひろ〔1938—　経済政策・経済史〕
　○業績ほか　「社会科学論集　109」（埼玉大）　2003.5　p9-11f

四元 康祐　よつもと・やすひろ〔1959—　詩人〕
　◎自筆履歴　「四元康祐—詩のなかの自画像　前橋文学館特別企画展」（萩原朔太郎記念水と緑と詩のまち前橋文学館）　前橋文学館　2004.9　p41-43

四ツ谷 龍　よつや・りゅう〔1958—　俳人〕
　○略歴　「四ツ谷龍集」（四ツ谷龍）　邑書林　2004.12　p136-137

淀川 都　よどがわ・みやこ
　○略歴　「関東学院大学人間環境学会紀要　5」（関東学院大）　2006.1　p141-149

淀君　よどぎみ〔1569—1615　豊臣秀吉の側室〕
　◎参考文献　「淀殿—われ太閤の妻となりて」（福田千鶴）　ミネルヴァ書房　2007.1　p241-244

淀縄 光洋　よどなわ・みつひろ〔1930—　英語〕
　○業績ほか　「明海大学外国語学部論集　13」（明海大）　2001　p151-154

米内 光政　よない・みつまさ〔1880—1948　海軍軍人・政治家〕
　◎参考文献　「米内光政」（神川武利）　PHP研究所　2001.2　p695-697

米内山 震作　よないやま・しんさく
　◎著作目録　「学統に関わる書誌　1」（拓殖大学創立百年史編纂室）　拓殖大　2004.7　p102-105

米川 敏子　よねかわ・としこ〔1913—2005　箏曲家・作曲家〕
　◎参考資料　「完全なる音楽家—初代・米川敏子の音楽と生涯」（徳丸吉彦ほか）　出版芸術社　2007.8　p170-173

米川 正夫　よねかわ・まさお〔1891—1965　ロシア文学者〕
　○著作・翻訳（ふじ・とおる）　「文献探索　2001」（文献探索研究会）　2002.7　p389-400

米倉 明　よねくら・あきら〔1934—　民事法〕
　○業績目録ほか　「早稲田法学　80.3」（早稲田大）　2005　p488-490

米澤 穂信　よねざわ・ほのぶ〔1978—　推理作家〕
　○全作品解説（前島賢）　「ユリイカ　39.4.533」（青土社）　2007.4　p216-223

米地 実　よねじ・みのる〔1933—　社会学〕
　○業績ほか　「専修人文論集　74」（専修大）　2004.3　7pf

米重 文樹　よねしげ・ふみき
　○業績目録　「SLAVISTIKA　19」（東京大）　2004.2　p2-7

米田 明生　よねだ・あきお
　○業績一覧ほか　「長崎大学教育学部紀要　教科教育学　38」（長崎大）　2002.3　3pf

米田 栄作　よねだ・えいさく〔1908—2002　詩人〕
　◎略年譜　「米田栄作詩集」（米田栄作）　土曜美術社出版販売　2006.8　p168-173

米田 公丸　よねだ・きみまる
　○著作目録ほか　「経営論集　56」（東洋大）　2002.3　p193-202

米田 庄太郎　よねだ・しょうたろう〔1873―1945　社会学者〕
　○著作目録ほか（横井敏郎）　「立命館大学人文科学研究所紀要 77」（立命館大）　c2001　p139-175
　◎著作目録ほか　「米田庄太郎―新総合社会学の先駆者」（中久郎）　東信堂　2002.6　p168-188

米田 利昭　よねだ・としあき〔1927―2000　近代日本文学〕
　◎年譜　「追悼・米田利昭」（米田利昭）　短歌研究社　2002.2　p291-294

米田 富　よねだ・とみ〔1901―1988〕
　◎略年譜　「米田富と水平社のこころ」（師岡佑行）　阿吽社　2001.11　p251-256

米田 雄介　よねだ・ゆうすけ〔1936―　日本古代史〕
　○研究業績ほか　「広島女子大学国際文化学部紀要 10」（広島女子大）　2002.2　p7-11f

米永 隆司　よねなが・たかし〔1935―　経営管理・経営診断〕
　○業績目録ほか　「久留米大学商学研究 6.1」（久留米）　2000.12　p1-4

米野 苑子　よねの・そのこ〔1938―　絵画製作〕
　○業績ほか　「人間の福祉 17」（立正大）　2005　8p

米原 淳七郎　よねはら・じゅんしちろう〔1932―　財政学・地方財政論〕
　○研究業績ほか　「追手門経済論集 38.1」（追手門学院大）　2003.9　p3-15f

米谷 雄平　よねや・ゆうへい〔1938―2008　美術家〕
　○参考文献　「米谷雄平展」（北海道立近代美術館）　北海道立近代美術館　c2005　p91-93

米山 寅太郎　よねやま・とらたろう〔1914―2007　漢学者〕
　○著述ほか　「汲古 52」（汲古書院）　2007.12　p1」

四方 一瀰　よも・かずみ〔1930―　日本教育史〕
　○業績一覧　「教育学論叢 18」（国士舘大）　2000.12　p7-11

四方田 犬彦　よもた・いぬひこ〔1953―　比較文学〕
　◎文献　「貴種と転生・中上健次」（四方田犬彦）　筑摩書房（ちくま学芸文庫）　2001.7　p443-446

寄金 義紀　よりかね・よしのり
　○業績目録ほか　「東日本国際大学研究紀要 8.1」（東日本国際大）　2003.1　p171-173

頼富 本宏　よりとみ・もとひろ〔1945―　僧侶〕
　○業績目録ほか　「マンダラの諸相と文化―頼富本宏博士還暦記念論文集 上」（還暦記念論文集刊行会）　法蔵館　2005.11　p7-23f

萬 鉄五郎　よろず・てつごろう〔1885―1927　洋画家〕
　◎年譜　「鉄人画論 増補改訂」（萬鐵五郎）　中央公論美術出版　2004.5　p380-396

万屋 清兵衛　よろずや・せいべえ
　○出版年表（速水香織）　「皇学館論叢 36.2」（皇学館大）　2003.4　p29-85

【 ら 】

頼 山陽　らい・さんよう〔1780―1832　儒学者〕
　◎参考文献　「頼山陽 下」（見延典子）　徳間書展　2007.10　p426-427

頼 惟勤　らい・つとむ〔1922―1999　中国音韻学〕
　◎略年譜ほか（直井文子ほか）　「日本漢学論集―嶺松廬叢録　頼惟勤著作集3」（頼惟勤）　汲古書院　2003.7　p593-612

頼瑜　らいゆ〔1226―1304　僧侶〕
　◎年譜ほか（小笠原弘道ほか）　「中世の仏教―頼瑜僧正を中心として」（智山勧学会）　青史出版　2005.5　p1-169b

ラグーザ 玉　らぐーざ・たま〔別名＝ラグーザ, エレオノーラ　1861―1939　洋画家〕
　◎参考文献　「ラグーザ玉伝を検証する」（早川義郎）　早川義郎　2002.4　p219-221

良知 力　らち・ちから〔1930―1985　社会思想史〕
　○蔵書目録　「思想史と社会史の弁証法―良知力追悼論集　附・良知力コレクション目録」（川越修ほか）　御茶の水書房　2007.10　p6-159b

【 り 】

李 禹煥　り・うふぁん〔1936―　画家〕
　◎文献（倉石信乃）　「李禹煥―余白の芸術」（李禹煥）　横浜美術館　c2005　p112-123

李 恢成　り・かいせい
　⇒"イ・フェソン"を見よ

李 香蘭　り・こうらん
　⇒山口 淑子（やまぐち・よしこ）を見よ

李 方子　り・まさこ〔旧名＝梨本宮　1901―1989　朝鮮李王朝皇太子妃・社会福祉事業家〕
　◎参考文献　「李方子妃　日韓皇室秘話」（渡辺みどり）　中央公論新社　2001.2　p232-237
　◎参考文献　「李方子―韓国人として悔いなく」（小田部雄次）　ミネルヴァ書房　2007.9　p263-267

李 良枝　り・よしえ
　⇒"イ・ヤンジ"を見よ

利沢 幸雄　りざわ・ゆきお
　○著書ほか　「大みか英語英文学研究 6」（茨城キリスト教大）　2002.10　p115-117

立仙 順朗　りっせん・じゅんろう〔1940―　フランス文学〕
　○著作目録ほか　「藝文研究 89」（慶應大）　2005.2　p3-9f

リービ 英雄　りーび・ひでお〔1950―　作家〕
　◎年譜ほか（リービ英雄）　「星条旗の聞こえない部屋」（リービ英雄）　講談社　2004.9　p176-189

劉 進慶　りゅう・しんけい〔1931―2005　低開発国経済・アジア経済〕
　○著作目録ほか　「東京経大学会誌　経済学 233」（東京経済大）　2003.2　p5-12

柳幸 広登　りゅうこう・ひろと〔1948―2005　森林政策学〕
　○足跡　「林業立地変動論序説―農林業の経済地理学」（柳幸広登）　日本林業調査会　2006.11　p303-305

龍造寺 隆信　りゅうぞうじ・たかのぶ〔1529―1584　武将〕
　◎年譜　「龍造寺隆信―五州二島の太守」（川副博）　佐賀新聞社　2006.10　p369-383

柳亭 種彦　りゅうてい・たねひこ〔1783―1842　戯作者〕
　◎略年表　「柳亭種彦―読本の魅力」（本多朱里）　臨川書店　2006.5　p239-252

凌 星光　りょう・せいこう〔1933―　中国経済・日中関係〕
　○主要著作目録ほか　「福井県立大学経済経営研究 12」（福井県立大）　2003.3　p103-105

梁 石日　りょう・せきじつ
　⇒"ヤン・ソギル"を見よ

良寛　りょうかん〔1758―1831　曹洞宗の僧・歌人・俳人〕
　◎略年譜　「良寛の里美術館」（玉木哲）　考古堂書店　2001.1　p170-171
　◎略年譜（松本市壽）　「良寛」（吉野秀雄）　アートデイズ　2001.7　p356-359
　◎参考文献ほか　「良寛の四季」（荒井魏）　岩波書店　2001.8　p1-5b
　◎略年譜　「良寛の出家と木下俊昌」（桂尚樹）　リーベル出版　2001.12　p196-197
　◎参考文献ほか　「良寛への道―良寛を学ぶ人のために」（大島晃）　考古堂書店　2002.9　p420-427
　◎「良寛文献総目録」（谷川敏朗）　象山社　2002.9　506p　A5
　◎参考文献（柳田聖山）　「良寛道人遺稿」（良寛）　中央公論新社　2002.10　p199-200
　◎略年譜　「良寛の精神世界と文学―大愚良寛の研究」（橋本幹子）　考古堂書店　2002.12　p442-443
　◎略年譜　「良寛の生涯その心」（松本市寿）　考古堂書店　2003.5　p234-237
　◎参考文献　「来たるべき良寛」（茂木光春）　文芸社　2004.4　p230-237
　◎参考文献　「良寛百科」（加藤僖一）　新潟日報事業社　2004.5　p400-401
　◎参考図書ほか　「良寛さんを辿る―巨人にして隣人のごとく」（杉安嘉正）　考古堂書店　2004.7　p317-320
　◎参考文献　「良寛　その任運の生涯」（大橋毅）　新読書社　2004.8　p363-369
　◎文献　「良寛」（栗田勇）　春秋社　2005.3　p456-458
　◎参考文献　「良寛と維馨尼―その純愛の行方」（吉井和子）　文芸社　2005.4　p263-269
　◎参考文献　「良寛禅師の真実相―人格から法格へ　改訂版」（長谷川洋三）　木耳社　2005.11　p348-352
　◎引用参考文献ほか　「乞食の歌―慈愛と行動の人・良寛」（櫻井浩治）　考古堂書店　2006.6　p223-227
　◎参考文献　「良寛詩集」（入矢義高）　平凡社　2006.12　p416」
　◎略年譜　「書簡集・法華転・法華讃　定本良寛全集3」（良寛）　中央公論新社　2007.3　p607-611
　◎略年譜　「校注良寛全句集　新装版」（谷川敏朗）　春秋社　2007.4　p274-280

料治 直矢　りょうじ・なおや〔1935―1997　ニュースキャスター〕
　◎参考文献　「武骨の人　料治直矢」（瀧井宏臣）　講談社　2004.5　p281-283

林 錫璋　りん・しゃくしょう〔1935―　民法〕
　○著作目録　「桃山法学 7」（桃山学院大）　2006.3　p510-514

林 善義　りん・しゃんい〔1935―　東洋経済史〕
　○業績ほか　「名古屋学院大学論集　社会科学篇 43.3」（名古屋学院大）　2007.1　p4-6f

林 芳　りん・ほう〔1932―　翻訳家・中国現代文学研究家〕
　○文献目録ほか　「神田外語大学紀要 14」（神田外語大）　2002.3　p29-34f

林 模憲　りん・もけん
　○著作目録ほか　「大分大学経済論集 53.5」（大分大）　2002.2　p149-150

【れ】

冷泉 為恭　れいぜい・ためちか〔1823―1864　画家〕
　◎参考文献　「復古大和絵―冷泉為恭を中心として　特別展　改訂版」　敦賀市立博物館　2001.1　p116-117

冷泉 為人　れいぜい・ためひと〔1944―　日本美術史〕
　○略歴　「池坊短期大学紀要 34」（池坊短大）　2002　p1-4

冷泉家　れいぜいけ
　◎参考文献　「京都冷泉家の八〇〇年―和歌の心を伝える　歴史編」（冷泉為人ほか）　NHK出版　2004.4　p196-197

蓮月尼　れんげつに
　⇒大田垣 蓮月（おおたがき・れんげつ）を見よ
蓮如　れんにょ〔1415—1499　浄土真宗の僧〕
　◎参考文献　「蓮如—民衆の導師」（神田千里）　吉川弘文館　2004.5　p221-222

【ろ】

盧 進容　ろ・じんよん
　◎年譜（盧進容（ロジンヨン））　「〈在日〉文学全集 18」（磯貝治良ほか）　勉誠出版　2006.6　p426-428
露川　ろせん
　◎年譜　「尾張俳壇攷—近世前期俳諧史の一側面」（服部直子）　清文堂出版　2006.5　p237-279
六角氏　ろっかくし
　◎参考文献　「佐々木六角氏の系譜—系譜学の試み」（佐々木哲）　思文閣出版　2006.3　p181-191
　◎参考文献ほか　「系譜伝承論—佐々木六角氏系図の研究」（佐々木哲）　思文閣出版　2007.11　p313-320

【わ】

若尾 文子　わかお・あやこ〔1933—　女優〕
　◎註　「映画女優若尾文子」（四方田犬彦ほか）　みすず書房　2003.6　prr
若桑 みどり　わかくわ・みどり〔1935—2007　美術史家〕
　○略歴ほか　「千葉大学人文研究 30」（千葉大）　2001.3　p43-60
若代 直哉　わかしろ・なおや〔1938—　中国経済〕
　○業績目録　「紀要 地域研究・国際学編 36」（愛知県立大）　2004　p2-3f
若月 紫蘭　わかつき・しらん〔1879—1962　劇作家・演劇研究家〕
　◎著作略目録（朝倉治彦）　「東京年中行事 1」（若月紫蘭）　平凡社　2003.9　p288」
若月 俊一　わかつき・としかず〔1910—2006　医師〕
　◎著作目録　「若月俊一の遺言—農村医療の原点」（若月俊一）　家の光協会　2007.7　p316-317
若槻 俊秀　わかつき・としひで〔1941—　中国中世思想・中国文学〕
　○著作等目録　「文芸論叢 68」（大谷大）　2007.3　p4-11f
若林 奮　わかばやし・いさむ〔1936—　彫刻家〕
　◎文献目録　「若林奮版画展—デッサンと彫刻のあいだ」（世田谷美術館）　世田谷美術館　c2005　p89-93

若林 俊輔　わかばやし・しゅんすけ〔1931—2002　英語教育〕
　○業績一覧ほか（小菅和也）　「語研ジャーナル 1」（語学教育研究所）　2002.10　p23-28
若林 つや　わかばやし・つや〔1905—1998　小説家〕
　◎年譜ほか　「白き薔薇よ 若林つやの生涯」（堀江朋子）　図書新聞　2003.6　p212-229
若林 直樹　わかばやし・なおき〔1963—　組織社会学・経営組織論〕
　○主要著作ほか　「大阪産業大学経営論集 4.3」（大阪産業大）　2003.6　2pf
若林 信夫　わかばやし・のぶお〔1942—2002　経済学・社会情報学〕
　○業績ほか　「商業討究 53.4」（小樽商科大）　2003.3　p253-258
若林 政史　わかばやし・まさし〔1938—　経営学〕
　○業績ほか　「関西大学社会学部紀要 38.3」（関西大）　2007.3　p247-251
若松 賤子　わかまつ・しずこ〔1864—1896　翻訳家〕
　◎年譜ほか　「若松賤子—黎明期を駆け抜けた女性」（尾崎るみ）　港の人　2007.6　p388-435
若宮 正則　わかみや・まさのり〔?—1990　日本赤軍活動家〕
　◎参考文献　「釜ヶ崎赤軍兵士若宮正則物語」（高幣真公）　彩流社　2001.1　p228」
和歌森 太郎　わかもり・たろう〔1915—1977　歴史学者・民俗学者〕
　◎年表　「和歌森太郎の戦後史—歴史教育と歴史学の狭間で」（梅野正信）　教育史料出版会　2001.10　p163-186
若山 映子　わかやま・えいこ〔1943—　西洋美術史・イタリア美術史〕
　○業績ほか　「大阪大学大学院文学研究科紀要 47」（大阪大）　2007.3　p238-240
若山 喜志子　わかやま・きしこ〔1888—1968　歌人〕
　◎年譜　「喜志子と静子」（樋口昌訓）　信毎書籍出版センター（朝霧叢書 第42篇）　2001.5　p199-235
　◎年譜　「喜志子と静子」（樋口昌訓）　信毎書籍出版センター　2002.3　p199-235
若山 牧水　わかやま・ぼくすい〔1885—1928　歌人〕
　◎略年譜　「命の砕片—牧水かるた百首鑑賞」（伊藤一彦）　宮崎県東郷町若山牧水顕彰会　2001.3　p114-118
　◎略年譜　「あくがれゆく牧水—青春と故郷の歌」（伊藤一彦）　鉱脈社（みやざき文庫 7）　2001.9　p291-295
　◎参考文献　「あくがれの歌人—若山牧水の青春」（中嶋祐司）　文芸社　2001.10　p511-514
　◎略年譜　「若山牧水歌集」（伊藤一彦）　岩波書店　2004.12　p305-312
若山 昌子　わかやま・まさこ
　◎参考文献　「銀座ショーガール—時代を駆け抜けたダンサー」（坂爪昌子）　文藝春秋企画出版編集室　2007.11　p196」

脇村 義太郎　わきむら・よしたろう〔1900―　経済〕
　◎年譜　「非時葉控―脇村義太郎―全人翁の美のものさし」（米倉守）　形文社　2002.4　p240-251

和合 肇　わごう・はじめ〔1943―　計量経済学・経済統計学〕
　○著作目録ほか　「経済科学　54.4」（名古屋大）　2007.3　p99-104

和佐 清孝　わさ・きよたか〔1937―　電気工学・放電物理・電子材料〕
　○論文リストほか　「横浜市立大学論叢　自然科学系列　53.1・2」（横浜市立大）　2002.5　p1-10

ワシオ,トシヒコ　〔1943―　美術評論家・詩人〕
　◎年譜（小川英晴）　「ワシオ・トシヒコ詩集」（ワシオトシヒコ）　土曜美術社出版販売　2007.9　p167-173

鷲巣 繁男　わしす・しげお〔1915―1982　詩人〕
　◎年譜　「詩のカテドラル―鷲巣繁男とその周辺」（神谷光信）　沖積舎　2002.11　p179-248

和田 英子　わだ・えいこ〔1926―　詩人〕
　◎年譜　「和田英子詩集」（和田英子）　土曜美術社出版販売　2006.12　p165-168

和田 恭三　わだ・きょうぞう
　○著作目録ほか　「人間文化研究　10」（京都学園大）　2003.3　p85-89

和田 耕作　わだ・こうさく〔1907―2006〕
　◎著作目録　「和田耕作（元衆議院議員）オーラルヒストリー」（近代日本史料研究会）　近代日本史料研究会　2006.10　p78-80

和田 貞夫　わだ・さだお〔1925―　元衆議院議員〕
　◎年譜　「草莽の臣―わが人生」（和田貞夫）　明石書店　2004.3　p388-394

和田 重司　わだ・しげし〔1933―　経済学・イギリス経済学史〕
　○著作目録ほか　「経済学論叢　44.5・6」（中央大）　2004.3　p271-276

和田 寿郎　わだ・じゅろう〔1922―　医師〕
　◎研究ほか　「神から与えられたメス―心臓外科医56年の足跡」（和田壽郎）　メディカルトリビューン　2000.12　p231-242

和田 信賢　わだ・しんけん〔1912―1952　アナウンサー〕
　◎文献　「そうそうそうなんだよ―アナウンサー和田信賢伝」（山川静夫）　岩波書店　2003.6　p299-300

和田 澄子　わだ・すみこ
　◎創作歴　「和田澄子ドラマコレクション　1」（和田澄子）　松本工房　2007.1　p317-319

和田 卓朗　わだ・たくろう〔1952―2006　西洋法制史〕
　○著作目録ほか　「法学雑誌　54.1」（大阪市立大）　2007.8　p1-9b

和田 武　わだ・たけし〔1941―　環境保全論・資源エネルギー論〕
　○業績ほか　「立命館産業社会論集　42.1.129」（立命館大）　2006.6　p102-113

和田 徹三　わだ・てつぞう〔1909―1999　詩人・英文〕
　◎年譜（斎藤邦男）　「評伝和田徹三―形而上詩への道」（神谷光信）　沖積舎　2001.6　p303-309

和田 典子　わだ・のりこ〔1915―2005　家庭科教育〕
　◎著作目録ほか　「和田典子著作選集」（和田典子著作選集編集委員会）　学術出版会　2007.8　p375-407

和田 文雄　わだ・ふみお〔1928―　詩人〕
　◎年譜　「和田文雄詩集」（和田文雄）　土曜美術社出版販売　2005.6　p215-216

和田 芳恵　わだ・よしえ〔1906―1977　小説家〕
　◎年譜ほか（保昌正夫）　「一葉の日記　新装版」（和田芳恵）　講談社　2005.4　p369-382

和田 淑子　わだ・よしこ〔1936―　調理学〕
　○略歴　「関東学院大学人間環境学会紀要　7」（関東学院大）　2007.3　p121-130

和田 若人　わだ・わこうど
　○業績ほか　「商学論集　70.2」（福島大）　2002.3　p163-164

渡瀬 昌忠　わたせ・まさただ〔1929―　万葉学者〕
　◎著作総目次　「渡瀬昌忠著作集　補巻　万葉学交響」　おうふう　2003.5　p483-505

渡辺 昭夫　わたなべ・あきお〔1932―　国際政治〕
　○略歴ほか　「青山国際政経論集　54」（青山学院大）　2001.9　p107-116

渡辺 惇　わたなべ・あつし
　○著作目録　「駒沢史学　64」（駒澤大）　2005.2　p335-341

渡辺 崋山　わたなべ・かざん〔1793―1841　洋学・南画家〕
　◎略年表　「渡辺崋山―郷国と世界へのまなざし」（別所興一）　あるむ　2004.3　p81-85
　◎参考文献　「渡辺崋山」（D.キーン）　新潮社　2007.3　p340-348

渡辺 和子　わたなべ・かずこ〔1944―2000　アメリカ文学〕
　○著作リストほか（藤田久美）　「女性学研究　22」（日本女性学研究会）　2001.11　p251-244

渡邉 和幸　わたなべ・かずゆき
　○業績ほか　「明海大学外国語学部論集　15」（明海大）　2003.3　p152-158

渡辺 金愛　わたなべ・かなめ〔1932―　経営学〕
　○研究業績ほか　「白鷗大学論集　16.2」（白鷗大）　2002.3　p439-446

渡辺 啓助　わたなべ・けいすけ〔1901―2002　推理作家〕
　◎作品目録ほか　「ネメクモア」（渡辺啓助）　東京創元社　2002.3　p369-413

渡邉 洪基　わたなべ・こうき
◎参考文献　「渡邉洪基伝―明治国家のプランナー」（文殊谷康之）ルネッサンスブックス　2006.10　p248-249

渡辺 貞雄　わたなべ・さだお〔1937― 〕
○業績目録ほか　「札幌学院商経論集　17.3」（札幌学院大）　2001.3　p173-176

渡邊 三郎　わたなべ・さぶろう
◎引用参考文献　「特殊鋼の父渡辺三郎―その生涯と日本特殊鋼」（矢島忠正）里文出版　2005.1　p362-365

渡部 昇一　わたなべ・しょういち〔英語学者・文明批評家〕
○主要業績ほか　「英文学と英語学　37」（上智大）　2000　p1-2
◎略歴　「フィロロギア　渡部昇一先生古稀記念論文集」（編集委員会）大修館書店　2001.7　p5-6f

渡邊 二郎　わたなべ・じろう〔1931―2008　哲学〕
◎「備忘のための著作目録―私の哲学上の著述活動およびそれと連関する諸活動の概略」（渡邊二郎）西田書店　2007.3　131p　A5

渡辺 晋　わたなべ・しん〔1927―1987　プロデューサー〕
◎参考文献　「芸能ビジネスを創った男―渡辺プロとその時代」（野地秩嘉）新潮社　2006.3　p252-253

渡辺 信一　わたなべ・しんいち〔1934―　図書館情報学〕
◎業績ほか　「生涯学習時代における学校図書館パワー―渡辺信一先生古稀記念論文集」（古稀記念論文集編集委員会）古稀記念論文集刊行会　2005.3　p315-325

渡辺 慎晤　わたなべ・しんご
○略歴ほか　「宮城教育大学外国語研究論集　3」（宮城教育大）　2003.5　p1-2

渡辺 善太　わたなべ・ぜんだ〔1884―1978　聖書学者・牧師〕
◎文献　「渡辺善太」（渡辺善太）日本キリスト教団出版局　2003.11　p269-270

渡辺 隆夫　わたなべ・たかお
◎略歴　「渡辺隆夫集」（渡辺隆夫）邑書林　2005.5　p102-103

渡辺 達雄　わたなべ・たつお
◎業績　「21世紀型高等教育システム構築と質的保証―FD・SD・教育班の報告」（広島大学高等教育研究開発センター）広島大　2007.2　p333-335

渡邊 力　わたなべ・ちから
○業績ほか　「金沢大学経済学部論集　25.1」（金沢大）　2005.1　p213-215

渡辺 忠威　わたなべ・ちゅうい〔1926―1986　警察史〕
◎略年譜ほか　「高橋雄豺博士・田村豊氏・中原英典氏等略年譜・著作目録並びに『警察協会雑誌』資料一斑等」（吉原丈司）〔吉原丈司〕　2007.3　p53-61

渡邊 綱吉　わたなべ・つなよし
○著作目録ほか　「愛知学院大学論叢　法学研究　44.3」（愛知学院大）　2003.3　p155-162

渡辺 恒雄　わたなべ・つねお〔1926―　新聞人〕
◎年譜　「渡辺恒雄メディアと権力」（魚住昭）講談社　2003.8　p491-497

渡辺 利夫　わたなべ・としお〔1939―　現代アジア経済論〕
◎著作一覧　「私のなかのアジア」（渡辺利夫）中央公論新社　2004.1　p244-245

渡邊 利雄　わたなべ・としお
○業績一覧　「日本女子大学英米文学研究　39」（日本女子大）　2004.3　p8-15f

渡辺 仁治　わたなべ・としはる〔1924―2009　陸水生態学〕
○業績リストほか　「Diatom 20」（日本珪藻学会）　2004.12　p1-8

渡辺 信夫　わたなべ・のぶお〔1932―　地方史〕
○研究業績ほか　「国史談話会雑誌　43」（東北大）　2002.9　p303-308

渡邊 白泉　わたなべ・はくせん
◎年譜ほか　「渡邊白泉全句集」（渡邊白泉）沖積舎　2005.10　p301-305

渡辺 はま子　わたなべ・はまこ〔1910―1999　歌手〕
◎参考文献ほか　「モンテンルパの夜はふけて―気骨の女・渡辺はま子の生涯」（中田整一）NHK出版　2004.2　p278-279

渡辺 尚　わたなべ・ひさし〔1937―　経済政策論・西洋経済史〕
○著作目録ほか　「経済論叢　167.3」（京都大）　2001.3　p343-358

渡辺 久丸　わたなべ・ひさまる〔1939―　憲法・立法過程論〕
○業績一覧ほか　「島大法学　45.4」（島根大）　2002.3　p449-462

渡邉 英夫　わたなべ・ひでお
○著作目録　「香川大学経済論叢　8.2」（香川大）　2007.9　p200-202

渡辺 寛　わたなべ・ひろし
◎略歴ほか　「現代の資本主義を読む―「グローバリゼーション」への理論的射程」（半田正樹ほか）批評社　2004.1　p240-243

渡辺 弘　わたなべ・ひろし〔1931―　経済理論〕
○主要著作目録　「経済学論叢　52.4」（同志社大）　2001.3　p527-529

渡辺 博史　わたなべ・ひろし〔1930―2001　社会学・教育社会学〕
- ○履歴　「流通経済大学社会学部論叢　12.2」（流通経済大）　2002.3　p9

渡辺 洋　わたなべ・ひろし〔1940―　英文学〕
- ○略歴ほか　「The Northern review 32」（北海道大）　2004　p67-68
- ○業績ほか　「大学院国際広報メディア研究科言語文化部紀要　49」（北海道大）　2005　p1-2

渡邊 弘　わたなべ・ひろし〔1955―　教育学〕
- ◎業績　「俳諧教師小林一茶の研究」（渡邊弘）東洋館出版社　2006.8　p591-593

渡辺 誠　わたなべ・まこと
- ○業績目録ほか　「名古屋大学文学部研究論集　史学48」（名古屋大）　2002　p1-7

渡邉 正彦　わたなべ・まさひこ
- ○業績　「群馬県立女子大学国文学研究　23」（群馬県立女子大）　2003.3　p133-137

渡辺 公観　わたなべ・まさみ〔1940―2005　流通システム〕
- ○著作目録　「経済理論　330」（和歌山大）　2006.3　p14-16b

渡邊 益男　わたなべ・ますお
- ○著作目録ほか　「明星大学社会学研究紀要　23」（明星大）　2003.3　p7-12

渡邊 満　わたなべ・みつる〔1943―　経済学〕
- ○業績ほか　「広島法学　31.2」（広島大）　2007.10　p5-14

渡辺 守順　わたなべ・もりみち〔1925―　僧侶〕
- ○研究業績ほか　「叡山学院研究紀要　24」（叡山学院）　2002.3　p9-16

渡部 保夫　わたなべ・やすお〔1929―　刑事法〕
- ◎業績一覧ほか　「誤判救済と刑事司法の課題―渡部保夫先生古稀記念論文集」（小田中聰樹ほか）日本評論社　2000.12　p655-667

渡辺 祐策　わたなべ・ゆうさく〔1864―1934　実業家・政治家〕
- ◎参考文献　「炭山の王国―渡辺祐策とその時代」（堀雅昭）宇部日報社　2007.10　p276-279

渡辺 有而　わたなべ・ゆうじ
- ○業績ほか　「独逸文学　50」（関西大）　2006　p5-9

渡辺 好明　わたなべ・よしあき〔1955―　造形作家〕
- ◎文献　「ジ・エッセンシャル―逢坂卓郎、須田悦弘、大塚聡、渡辺好明」（千葉市美術館）〔千葉市美術館〕　2002.4　p76-79

渡辺 義晴　わたなべ・よしはる〔1952―　生産管理・病院経営管理〕
- ◎年譜　「しまなみを越えて―渡辺義晴先生追悼遺稿集」（渡辺義晴先生追悼遺稿集刊行会）法規文化出版社　2000.6　p342-356

渡辺 力　わたなべ・りき〔1911―　インテリアデザイナー〕
- ◎参考文献（北村仁美ほか）　「渡辺力―リビング・デザインの革新」（東京国立近代美術館）東京国立近代美術館　c2006　p88-89

渡辺 廉吉　わたなべ・れんきち〔1854―1925　司法官僚・貴院議員〕
- ◎年譜　「渡邊廉吉傳　覆刻」（渡邊廉吉傳記刊行会）行人社　2004.3　p167-189

綿貫 六助　わたぬき・ろくすけ〔1880―1946　小説家〕
- ○著作リスト　「群馬県立女子大学国文学研究　22」（群馬県立女子大）　2002.3　p122-127

渡部 菊郎　わたべ・きくお〔1951―2001　西洋古代中世哲学〕
- ○業績一覧ほか　「関西大学哲学　21」（関西大）　2002.3　p27-33

和辻 哲郎　わつじ・てつろう〔1889―1960　哲学〕
- ◎文献　「和辻哲郎研究―解釈学・国民道徳・社会主義」（津田雅夫）青木書店　2001.4　p245-247
- ◎著作一覧ほか　「和辻哲郎の視圏―古寺巡礼・倫理学・桂離宮」（市倉宏祐）春秋社　2005.2　p289-292
- ◎年譜ほか（編集部）　「偶像再興・面とペルソナ―和辻哲郎感想集」（和辻哲郎）講談社　2007.4　p297-312
- ◎引用文献（熊野純彦）　「倫理学　4」（和辻哲郎）岩波書店　2007.4　p415-422

東　洋　人

【ア】

瘂弦　ア・ゲン
　◎年譜（松浦恆雄）　「深淵─瘂弦詩集」（瘂弦）思潮社　2006.3　p146-151

愛新覺羅 溥儀　アイシンカクラ・フギ
　⇒溥儀（ふぎ）を見よ

アサド　Assad, Hafez al〔1930―2000　シリア　政治家・軍人〕
　◎参考文献　「シリア大統領アサドの中東外交 1970-2000」（夏目高男）　明石書店　2003.4　p222-232

アブー・クッラ　Abū Qurra, Theōdūrus〔750頃―825頃〕
　◎著作一覧ほか　「聖像画論争とイスラーム」（若林啓史）　知泉書館　2003.5　p29-39b

アブドゥル・ジャッバール　Abd al-Jabbar
　◎参考文献　「イスラームの倫理―アブドゥル・ジャッバール研究」（塩尻和子）　未來社　2001.2　p8-18b

アフマド, E.　Ahmad, Eqbal〔1934―1999　社会思想家〕
　◎著作一覧　「帝国との対決―イクバール・アフマド発言集」（イクバール・アフマド）　太田出版　2003.2　p340-344

アミハイ, Y.　Amichai, Yehuda〔1924―2000　イスラエル　詩人・小説家〕
　◎全作品　「エルサレムの詩―イェフダ・アミハイ詩集」（Y.アミハイ）　思潮社　2003.12　p150-151

【イ】

涂 照彦　イ・ジェウン
　○業績目録ほか　「國學院経済学　55.3・4」（國學院大）　2007.3　p471-500

李 載裕　イ・ジェユ〔1903―1944　朝鮮　社会主義者〕
　◎参考文献　「李載裕とその時代―一九三〇年代ソウルの革命的労働運動」（金烱一）　同時代社　2006.8　p308-314

李 方子　イ・バンジャ
　⇒《日本人》"リ・マサコ"を見よ

惟政　イセイ
　⇒松雲（しょううん）を見よ

イブラーヒーム　Ibrāhīm〔?―777　イスラム神秘主義者〕
　◎参考文献　「聖者イブラーヒーム伝説」（佐藤次高）　角川書店（角川叢書 15）　2001.3　p235-242

イブン・タグリービルディー　Ibn Taghrībirdī〔1411―1469　エジプト　歴史家〕
　◎文献（坂東和美）　「文献探索 2001」（文献探索研究会）　2002.7　p378-380

イブン・バットゥータ　Ibn Battūta〔1304―1368　旅行家〕
　◎引用文献（家島彦一）　「大旅行記 7」（イブン・バットゥータ）　平凡社　2002.7　p359-366
　◎参考文献　「イブン・バットゥータの世界大旅行―14世紀イスラームの時空を生きる」（家島彦一）　平凡社　2003.10　p293-299
　◎年譜（前嶋信次）　「三大陸周遊記抄―抄」（イブン・バットゥータ）　中央公論新社　2004.3　p392-394

尹 東柱　イン・トウチュウ
　⇒"ユン・ドンジュ"を見よ

【ウ】

ウィクラマシンハ, M.　Wickramasinghe, Martin〔1891―1976　スリランカ　作家〕
　◎著者年譜　「蓮の道―スリランカ・シンハラ文学」（マーティン・ウィクラマシンハ）　南船北馬舎　2002.7　p295-299

【エ】

淮南子　エナンジ〔別名=劉安　?―前123　中　思想家〕
　◎文献　「『淮南子』と諸子百家思想」（向井哲夫）　朋友書店　2002.6　p451-455

慧能　エノウ〔638―713　中　禅僧〕
　◎参考文献　「慧能―禅宗六祖像の形成と変容」（田中良昭）　臨川書店　2007.6　p247-249

エフライム　Ephraim〔教父〕
　◎文献表　「聖書解釈としての詩歌と修辞―シリア教父エフライムとギリシア教父クリュソストモス」（武藤慎一）　教文館　2004.1　p14-42b

【オ】

王 羲之　オウ・ギシ〔307―365　中　政治家・書家〕
　◎参考文献　「王羲之論考」（祁小春）　東方出版　2001.5　p447-456

王 光祈　オウ・コウキ
　◎「王光祈文献総目録―付著訳年譜」（牛嶋憂子）　アジア文化総合研究所出版会　2007.6　11,142p　A5

王 光美　オウ・コウビ〔1921—2006　政治家〕
　◎参考文献　「江青に妬まれた女―ファーストレディ王光美の人生」（譚璐美）　NHK出版　2006.5　p252-253
王 国維　オウ・コクイ〔1877—1927　中　歴史家・文学者〕
　◎全集ほか　「王国維の生涯と学問」（佐藤武敏）　風間書房　2003.11　p509-518
王 充　オウ・ジュウ
　◎研究論著目録（井ノ口哲也）　「漢代の学術と文化」（戸川芳郎）　研文出版　2002.10　p519-576
王 心斎　オウ・シンサイ〔名＝艮　1483—1540　中　儒学〕
　○年譜（疋田啓佑）　「陽明学　16」（二松学舎大）　2004.3　p106-113
汪 兆銘　オウ・チョウメイ〔1885—1944　中　政治家〕
　◎文献　「日中戦争と汪兆銘」（小林英夫）　吉川弘文館　2003.7　p189-195
王 莽　オウ・モウ〔前45—後23　中　政治家〕
　◎引用文献　「王莽―儒家の理想に憑かれた男」（東晋次）　白帝社　2003.11　p324-328
王 陽明　オウ・ヨウメイ〔名＝守仁　1472—1528　中　儒学〕
　◎注　「中国における近代思惟の挫折　1」（島田虔次）　平凡社　2003.6　prr
　◎年譜　「伝習録」（王陽明）　中央公論新社　2005.9　p443-450
　◎参考文献　「陽明学のすすめ―経営講話「抜本塞源論」」（深澤賢治）　明徳出版社　2005.9　p156-161
　◎参考書　「王陽明全集抄評釈　上」（岡田武彦）　明徳出版社　2006.10　p77-86

【カ】

ガウタマ-スィッダールタ
　⇒釈迦（しゃか）を見よ
郭 宝崑　カク・ホウコン〔1939—2002　シンガポール　劇作家・演出家〕
　◎年譜　「花降る日へ―郭宝崑戯曲集」（桐谷夏子）　れんが書房新社　2000.10　p227-244
郭 沫若　カク・マツジャク〔1892—1978　中　文学・歴史〕
　◎文献目録　「異文化のなかの郭沫若―日本留学の時代」（武継平）　九州大学出版会　2002.12　p365-389
　◎参考文献　「一九二〇年代中国文芸批評論―郭沫若・成仿吾・茅盾」（中井政喜）　汲古書院　2005.10　p387-404
　○書誌（柿沼文）　「文献探索　2006」（文献探索研究会）　2006.11　p256-261

ガザーリー　al-Ghazālī〔1058—1111　イスラム神学〕
　◎文献　「イスラームの世界観―ガザーリーとラーズィー」（青柳かおる）　明石書店　2005.2　p9-26b
ガーリブ, M.A.K.　Ghālib, Mīrzā Asadullāh Khān〔1797—1869　印　詩人〕
　◎出版物ほか（片岡弘次）　「ガーリブ詩集」（M.A.K.ガーリブ）　花神社　2006.2　p472-485
ガンジー, M.K.　Gandhi, Mohandas Karamchand〔1869—1948　印　政治家〕
　◎参考文献　「M.K.ガンディと南アフリカ」（甲元純子）　講談社出版サービスセンター　2001.2　p111-117
　◎文献　「ガンジーの実像」（ロベール・ドリエージュ）　白水社　2002.12　p1-2b
　◎文献　「マハートマー・ガンディーの政治思想」（渡辺良明）　熊本出版文化会館　2002.12　p18-29b
韓非子　カンピシ〔?―前233頃　中　法家〕
　○文献目録（林久美子）　「文献探索　2000」（文献探索研究会）　2001.2　p430-434

【キ】

義浄　ギジョウ〔635—713　中　僧〕
　◎年譜（宮林昭彦ほか）　「現代語訳南海寄帰内法伝―七世紀インド仏教僧伽の日常生活」（義浄）　法蔵館　2004.4　p449-450
ギタイ, A.　Gitai, Amos〔1950―　イスラエル　映画監督〕
　◎Bibliography　「アモス・ギタイ―イスラエル映像ディアスポラ」（とちぎあきらほか）　フィルムアート社　2003.5　p242-243
金 日成　キム・イルソン〔1912—1994　北朝鮮　政治家〕
　◎参考文献　「6月の雷撃―朝鮮戦争と金日成体制の形成」（森善宣）　社会評論社　2007.10　p195-204
金 笠　キム・サッカ〔1807—1863　朝鮮　詩人〕
　◎参考文献ほか　「放浪の天才詩人　金笠」（崔碩義）　集英社　2001.3　p201-211
　◎参考文献ほか（崔碩義）　「金笠詩選」（金笠）　平凡社　2003.3　p359-361,370-372
金 正日　キム・ジョンイル〔1942―　北朝鮮　政治家〕
　◎参考文献　「北朝鮮、金正日の犯罪白書」（金元奉）　アリアドネ　2002.11　p233-236
　◎参考文献　「金正日と高英姫―平壌と大阪を結ぶ「隠された血脈」」（鈴木琢磨）　イースト・プレス　2005.4　p310-311
　◎参考文献　「金正日と日本の知識人」（川人博）　講談社　2007.6　p190-191
金 素雲　キム・ソウン〔1907—1981　韓　詩人〕
　○著作年譜ほか（村上美佐子）　「比較文学研究　79」（東大比較文学会）　2002.2　p90-100

金 星煥　キム・ソンファン〔1932―　韓　漫画家〕
　◎文献　「コバウおじさんを知っていますか―新聞マンガにみる韓国現代史」（チョン・インキョン）　草の根出版会　2006.9　p138-140

金 大中　キム・デジュン〔1924―　韓　政治家〕
　◎略年譜　「和解と共存への道」（金大中）　岩波書店　2002.2　p2〕

金 泳三　キム・ヨンサム〔1927―　韓　政治家〕
　◎年表ほか　「金泳三回顧録―民主主義のための私の闘い　3」　九州通訳ガイド協会　2002.4　p287-297

金 泳三　キン・エイゾウ
　⇒"キム・ヨンサム"を見よ

金 玉均　キン・ギョクキン〔1851―1894　朝鮮　政治家〕
　◎年表　「金玉均と日本―その滞日の軌跡　増補新版」（琴秉洞）　緑蔭書房　2001.3　p931-954

金 光圭　キン・コウケイ〔1941―　韓　ドイツ文学〕
　◎年譜（尹相仁ほか）　「金光圭詩集」（金光圭）　土曜美術社　2004.4　p89-94

金 芝河　キン・シカ〔1941―　韓　詩人・劇作家〕
　◎略年譜（金丙鎮）　「傷痕に咲いた花」（金芝河）　毎日新聞社　2004.2　p164-169

金 正日　キン・ショウニチ
　⇒"キム・ジョンイル"を見よ

金 素雲　キン・ソウン
　⇒"キム・ソウン"を見よ

金 大中　キン・ダイチュウ
　⇒"キム・デジュン"を見よ

金 日成　キン・ニッセイ
　⇒"キム・イルソン"を見よ

金 庸　キン・ヨウ〔1924―　中　作家〕
　○書誌（原田真理子）　「文献探索　2006」（文献探索研究会）　2006.11　p356-363

金 笠　キン・リュウ
　⇒"キム・サッカ"を見よ

【ク】

クォン・デ　Cuong De〔1881―1951　ベトナム　皇族〕
　◎参考引用文献　「ベトナムから来たもう一人のラストエンペラー」（森達也）　角川書店　2003.7　p308-309

クドゥス, R.　〔インドネシア　ジャーナリスト〕
　◎参考文献　「母社会のジェンダー―インドネシア　ロハナ・クドゥスとその時代」（前田俊子）　ドメス出版　2006.11　p292-282

クビライ・カーン　Qubilai khān〔1215―1294　モンゴル帝国ハーン〕
　◎参考文献　「クビライ・カーン―元帝国の英傑」（立石優）　学習研究社（学研M文庫　R-た-11-1）　2001.9　p336-337

クリシュナムルティ, J.　Krishnamurti, Jiddu〔1895―1986　印　哲学・宗教家〕
　◎文献　「クリシュナムルティ・スクールの民族誌的研究」（武井敦史）　多賀出版　2003.2　p273-281
　◎関連文献　「白い炎―クリシュナムルティ初期トーク集」（クリシュナムルティ）　コスモス・ライブラリー　2003.4　p279-281
　◎関連文献（大野龍一）　「自由と反逆―クリシュナムルティ・トーク集」（J.クリシュナムルティ）　コスモス・ライブラリー　2004.2　p147-149
　◎関連文献　「片隅からの自由―クリシュナムルティに学ぶ」（大野純一）　コスモス・ライブラリー　2004.12　p401-403
　◎文献　「クリシュナムルティとは誰だったのか―その内面のミステリー」（A.サナト）　コスモス・ライブラリー　2005.4　p383-388
　◎文献（M.ルティエンス）　「既知からの自由」（J.クリシュナムルティ）　コスモス・ライブラリー　2007.6　p173-176

グロスマン, D.　Grossman, David〔1954―　イスラエル　作家〕
　◎略年譜　「死を生きながら―イスラエル1993-2003」（D.グロスマン）　みすず書房　2004.4　p277-282

【ケ】

元暁　ゲンギョウ〔617―686　朝鮮　学僧〕
　◎文献　「元暁仏学思想研究」（金勲）　大阪経済法科大学出版部　2002.5　p212-254

玄奘　ゲンジョウ〔602―664　中　学僧〕
　◎参考文献　「玄奘取経の交通路に関する地理学的研究―CORONA衛星写真と現地踏査を基に」（安田順惠）　東方出版　2006.12　p177-183

乾隆帝　ケンリュウテイ〔1711―1799　中　清朝第6代皇帝〕
　◎注　「乾隆帝―その政治の図像学」（中野美代子）　文藝春秋　2007.4　p249-260

【コ】

高 翔龍　コ・サンリョン〔1939―　韓　民法〕
　◎研究業績一覧　「21世紀の日韓民事法学―高翔龍先生日韓法学交流記念」（加藤雅信ほか）　信山社　2005.11　p498-504

コ

胡 縄　コ・ジョウ〔1918—2000　中　歴史学・哲学〕
　◎著作年表ほか　「中国の改革開放—マルクス主義と中国の国情」（胡縄）　原書房　2005.4　p217-222

高 英姫　コ・ヨンヒ〔1953—　北朝鮮〕
　◎参考文献　「金正日と高英姫—平壌と大阪を結ぶ「隠された血脈」」（鈴木琢磨）　イースト・プレス　2005.4　p310-311

高 銀　コウ・ギン〔1933—　韓　詩人・作家〕
　◎著作一覧(金應教)　「高銀詩選集　いま、君に詩が来たのか」（高銀）　藤原書店　2007.3　p259-258

洪 秀全　コウ・シュウゼン〔1814—1864　中　太平天国の最高指導者〕
　◎年譜　「洪秀全と太平天国」（小島晋治）　岩波書店（岩波現代文庫　学術）　2001.7　p277-281
　◎年譜　「洪秀全と太平天国」（小島晋治）　岩波書店　2002.1　p277-281

黄 翔　コウ・ショウ〔1941—　中　詩人〕
　◎注　「黄翔の詩と詩想—狂飲すれど酔わぬ野獣のすがた」（劉燕子）　思潮社　2003.12　prr

黄 彰輝　コウ・ショウキ〔1914—1988　台　牧師〕
　◎年譜　「台湾人の先覚者黄彰輝」（張瑞雄）　教文館　2007.9　p255-262

江 沢民　コウ・タクミン〔1926—　中　政治家〕
　◎註　「江沢民時代の軍事改革」（平松茂雄）　勁草書房　2004.1　prr

黄 道周　コウ・ドウシュウ〔1585—1646　中　進士〕
　○年譜（河内利治君平）　「大東書学　3」（大東文化大）　2002.3　p45-60

康 有為　コウ・ユウイ〔1858—1927　中　思想家・政治家〕
　◎参考文献　「清朝末期の孔教運動」（蕭橘）　中国書店　2004.12　p205-216

黄 霊芝　コウ・レイシ〔筆名＝国江春菁　1928—　台　作家・俳人〕
　◎略年譜ほか　「黄霊芝物語—ある日文台湾作家の軌跡」（岡崎郁子）　研文出版　2004.2　p267-287

高 祖　コウソ
　⇒劉 邦（りゅう・ほう）を見よ

高 宗　コウソウ〔別名＝李太王　1852—1919　朝鮮　李朝第26代王〕
　◎参考文献　「高宗・閔妃—然らば致し方なし」（木村幹）　ミネルヴァ書房　2007.12　p379-384

【 サ 】

戴 炎輝　サイ・エンキ
　◎「栗生武夫先生・小早川欣吾先生・戴炎輝博士略年譜・著作目録　新版」（吉原丈司）　都筑印書館　2003.9　110,12p　B5
　◎略年譜ほか　「栗生武夫先生・小早川欣吾先生・戴炎輝博士・小林宏先生・山崎丹照先生略年譜・著作目録」（吉原丈司）〔吉原丈司〕　2007.1　p61-86

崔 承喜　サイ・ショウキ〔1911—1969　北朝鮮　舞踊家〕
　◎参考文献　「炎は闇の彼方に—伝説の舞姫崔承喜」（金賛汀）　NHK出版　2002.7　1pb

ザオ, W.　Zao, Wou-Ki〔漢字名＝趙無極　1921—　抽象画家〕
　◎文献　「ザオ・ウーキー展」（ブリヂストン美術館）　ブリヂストン美術館　c2004　p200-215

サーヘニー, B.　Sāhnī, Bhīṣm〔1915—2003　印　作家〕
　◎著作目録(鈴木美和)　「私の兄バルラージ」（ビーシュム・サーヘニー）　大同生命国際文化基金　2002.3　2pb

【 シ 】

施 存統　シー・ツントン
　◎参考文献　「中国近代のリベラリズム」（水羽信男）　東方書店　2007.6　p211-215

始皇帝　シコウテイ〔前259—前210　中　秦31代王〕
　◎参考文献　「始皇帝の地下帝国」（鶴間和幸）　講談社　2001.5　p275-278
　◎すすめ　「始皇帝陵と兵馬俑」（鶴間和幸）　講談社　2004.5　p292-296
　◎参考文献　「始皇帝と彩色兵馬俑展—司馬遷『史記』の世界」（稲畑耕一郎ほか）　TBSテレビ　c2006　p196-197

司馬 遷　シバ・セン〔前145頃—86頃　中　歴史家〕
　◎参考文献ほか　「史記列伝　2」（司馬遷）　中央公論新社（中公クラシックス）　2001.6　p372-383
　◎参考文献　「司馬遷とその時代」（藤田勝久）　東京大学出版会（東洋叢書　8）　2001.10　p262-269
　◎関連文献　「司馬遷の旅」（藤田勝久）　中央公論新社　2003.11　p237-242

謝 康楽　シャ・コウラク
　◎略年譜　「謝康楽文集」（森野繁夫）　白帝社　2003.10　p613-620

謝 霊運　シャ・レイウン〔385—433　中　詩人〕
　◎略年譜　「謝霊運論集」（森野繁夫）　白帝社　2007.12　p358-363

釈迦　シャカ〔本国名＝ガウタマ・スィッダールタ　前463—前383頃　印　仏教〕
　◎文献　「荷車を曳くブッダ—仏教成立の歴史的前提」（フォーラム・サンガ）　杉並けやき出版　2001.12　p252-254
　◎参考文献　「釈迦と十人の弟子たち」（中村晋也）　河出書房新社　2003.2　p195」
　◎参考文献　「ブッダに帰れ！—友愛と非暴力の教え」（道明寺龍雲）　本の泉社　2006.6　p168-174

◎文献 「ブッダと龍樹の論理学—縁起と中道」(石飛道子) サンガ 2007.10 p336-338

釈 聖厳 シャク・セイゲン〔台 学僧〕
◎著作年表 「東アジア仏教の諸問題 聖厳博士古稀記念論集」 山喜房仏書林 2001.3 p1-18f

シャンカラ Śaṅkara〔700?—750? 印 哲学〕
◎参考文献 「シャンカラ」(島岩) 清水書院 2002.4 p238-239

朱 天文 シュ・テンモン〔1956— 台 作家・脚本家〕
◎作品目録(池上貞子) 「荒人手記」(朱天文) 国書刊行会 2006.12 p268-269

許 悔之 シユ・フイチー〔1966— 台 詩人〕
◎年譜(三木直大) 「鹿の哀しみ—許悔之詩集」(許悔之) 思潮社 2007.12 p156-157

周 穎南 シュウ・エイナン
◎著作年表ほか(有川けい) 「文化の旅」(周穎南) 澪標 2005.11 p200-209

周 恩来 シュウ・オンライ〔1898—1976 中 政治家〕
◎参考文献 「毛沢東と周恩来—中国共産党をめぐる権力闘争 1930年〜1945年」(T.キャンペン) 三和書籍 2004.2 p215-228
◎年譜 「人間・周恩来—紅朝宰相の真実」(金鐘) 原書房 2007.8 p363-370

秋 瑾 シュウ・キン〔字=璿卿 1875—1907 中 革命家・婦人解放運動家〕
◎参考引用文献 「競雄女侠伝—秋瑾の生涯」(永田圭介) 編集工房ノア 2004.9 p462-469
◎参考文献 「秋瑾—火焔の女」(山崎厚子) 河出書房新社 2007.12 p240-241

周 作人 シュウ・サクジン〔1885—1967 中 散文家〕
◎参考文献 「周作人と江戸庶民文芸」(呉紅華) 創土社 2005.11 p252-256

周 邦彦 シュウ・ホウゲン〔1056—1121 中 詞人〕
◎参考文献ほか 「北宋末の詞と雅楽」(村越貴代美) 慶應義塾大出版会 2004.8 p299-305

徐 悲鴻 ジョ・ヒコウ〔1894—1953 中 画家〕
○書誌解題(松谷省三) 「東方 269」(東方書店) 2003.7 p22-26

徐 福 ジョ・フク〔秦時代 中 方士〕
◎文献一覧 「徐福論—いまを生きる伝説」(逵志保) 新典社 2004.6 p210-255

蔣 介石 ショウ・カイセキ〔1887—1975 中 軍人・政治家〕
◎注 「蔣介石と南京国民政府—中国国民党の権力浸透に関する分析」(家近亮子) 慶応義塾大学出版会 2002.3 prr

蕭 紅 ショウ・コウ〔1911—1942 中 小説家〕
◎「蕭紅作品及び関係資料目録」(平石淑子) 汲古書院 2003.1 196p B5

章 士釗 ショウ・シショウ〔筆名=弧桐 1881—1973 中 政治家〕
◎文献 「章士釗と近代中国政治史研究」(鐙屋一) 芙蓉書房出版 2002.2 p465-487

焦 桐 ショウ・トウ〔1956— 台 詩人〕
◎作者年譜 「シリーズ台湾現代詩 2 陳義芝・焦桐・許悔之」(林水福ほか) 国書刊行会 2004.2 p289-297
◎年譜(池上貞子) 「完全強壮レシピ—焦桐詩集」(焦桐) 思潮社 2007.12 p116-119

章 炳麟 ショウ・ヘイリン〔1869—1936 中 学者・政治家〕
◎注 「章炳麟と明治思潮—もう一つの近代」(小林武) 研文出版 2006.11 p190-214

葉 歩月 ショウ・ホゲツ〔1930—? 台〕
◎年譜ほか(葉思婉ほか) 「日本統治期台湾文学集成 19」(中島利郎ほか) 緑蔭書房 2003.7 p339-351

松雲 ショウウン〔名=惟政 1544—1610 朝鮮 僧〕
◎年譜 「朝鮮義僧将・松雲大師と徳川家康」(仲尾宏, 曺永禄) 明石書店 2002.7 p391-393

ジンギス-カン
⇒チンギス-ハンを見よ

【 ス 】

スカルノ Sukarno, Achmad〔1901—1970 インドネシア 政治家〕
◎参考文献 「スカルノ インドネシア「建国の父」と日本」(後藤乾一ほか) 吉川弘文館 2001.5 p213-216

【 セ 】

世宗 セイソウ
⇒"セジョン"を見よ

西太后 セイタイコウ〔1835—1908 中 清朝咸豊帝の側室〕
◎参考文献 「西太后—大清帝国最後の光芒」(加藤徹) 中央公論新社 2005.9 p273-277

世宗 セジョン〔1397—1450 朝鮮 李朝第4代王〕
◎典拠文献ほか 「世宗大王の生涯—ハングルを創った国王」(板倉聖宣) 仮説社 2007.8 p118-124

セーニー, S. Seni Sauvapong〔1918— タイ〕
◎作品一覧(吉岡みね子) 「敗者の勝利」(セーニー・サオワポン) 大同生命国際文化基金 2004.12 p231」

セン, A.K. Sen, Amartya Kumar〔1933— 印 経済学〕
◎参考文献 「センの正義論—効用と権利の間で」(若松良樹) 勁草書房 2003.6 p9-21b

◎参考文献　「アマルティア・センの世界―経済学と開発研究の架橋」（絵所秀紀ほか）　晃洋書房　2004.5　p211-233

善導　ゼンドウ〔613―681　中　僧〕
◎文献紹介　「善導の宗教―中国仏教の革新」（佐藤成順）　浄土宗　2006.7　p246-250

【ソ】

蘇　軾　ソ・ショク〔号＝東坡　1036―1101　中　詩人・書家〕
◎年譜　「蘇東坡100選―漢詩をよむ」（石川忠久）　NHK出版（NHKライブラリー）　2001.1　p323-331
◎注　「詩人と造物―蘇軾論考」（山本和義）　研文出版　2002.10　prr

蘇　東波　ソ・トウバ
⇒蘇　軾（そ・しょく）を見よ

宋　教仁　ソウ・キョウジン〔1882―1913　中　革命家〕
◎年譜・研究文献　「宋教仁の研究」（松本英紀）　晃洋書房　2001.3　p287-312
◎注　「宋教仁―清末民初の政治と思想」（片倉芳和）　清流出版　2004.6　prr

宋　桂鉉　ソウ・ケイケン
○著作目録ほか　「朝鮮古代研究　7」（朝鮮古代研究刊行会）　2006.12　p76-78

曹　操　ソウ・ソウ〔字＝孟徳　155―220　中　魏始祖〕
◎参考文献　「曹操　三国志の真の主人公」（堀敏一）　刀水書房　2001.10　p210-216

ソヨルジャブ
◎参考文献　「草原のラーゲリ」（細川呉港）　文藝春秋　2007.3　p458-459

孫　文　ソン・ブン〔1866―1925　中　政治家〕
◎文献案内　「孫文と神戸―辛亥革命から90年　補訂版」（陳徳仁ほか）　神戸新聞総合出版センター　2002.1　p275-282
◎年譜（島田虔次）　「三民主義（抄）―ほか」（孫文）　中央公論新社　2006.5　p421-427

【タ】

戴　季陶　タイ・キトウ
◎文献　「戴季陶の対日観と中国革命」（嵯峨隆）　東方書店　2003.7　p197-202

タゴール，R.　Tagore, Ravīndranāth〔1861―1941　印　詩人・小説家〕
◎年表ほか　「タゴール―詩・思想・生涯」（我妻和男）　麗澤大出版会　2006.6　p327-338

ダライ・ラマ　Dalai Lama
◎文献資料　「14人のダライ・ラマ　下」（G.H.ムリン）　春秋社　2006.10　p35-62b

ダライ・ラマ6世　Dalai Lama VI〔本名＝ツァンヤン・ギャムツォ〈Tshan-dbyans rgya-mtsho〉1683―1707〕
◎参考文献　「ダライ・ラマ六世恋愛彷徨詩集」（ダライ・ラマ六世ツァンヤン・ギャムツォ）　トランスビュー　2007.5　p116-118

ダライ・ラマ14世　Dalai Lama XIV〔本名＝テンジン・ギャツォ（丹増嘉措）〈Tenzin Gyatso〉1935―　政治家・宗教指導者〕
◎略年譜　「ダライ・ラマ自伝」（山際素男）　文藝春秋（文春文庫）　2001.6　p420-425
◎参考文献　「チベット生と死の知恵」（松本栄一）　平凡社　2002.1　p201-202

【チ】

朱　論介　チュ・ノンゲ
◎年譜　「論介―朝鮮のジャンヌダルク」（鄭棟柱）　大阪経済法科大学出版部　2002.5　p223」

チョイトンノ　Caitanya〔1486―1533　印　哲学〕
◎主要文献　「チョイトンノ伝　2　東洋文庫683」（K.コヴィラージュ）　平凡社　2001.1　p414-416

張　愛玲　チョウ・アイレイ〔1921―1995　中→米　作家〕
◎主要文学作品（方蘭）　「半生縁―上海の恋」（張愛玲）　勉誠出版　2004.10　p377」
○論文目録（齋藤匡史）　「東亜経済研究　64.1」（山口大）　2005.7　p77-90

張　説　チョウ・エツ〔667―730　中　政治家〕
◎略年譜　「張説―玄宗とともに翔た文人宰相」（高木重俊）　大修館書店　2003.11　p237-240

張　錯　チョウ・サク
◎年譜（上田哲二）　「遙望の歌―張錯詩集」（張錯）　思潮社　2006.12　p162-165

張　資平　チョウ・シヘイ
○年譜　「長崎県立大学論集　34.4」（長崎県立大）　2001.3　p175-206

張　仲景　チョウ・チュウケイ〔後漢時代　中　医者〕
◎文献　「傷寒論の基本と研究―漢方原典　東洋医学入門必携」（大川清）　明文書房　2006.9　p394-395

張　廉卿　チョウ・レンケイ〔名＝裕釗　1823―1894　中　書家〕
◎文献　「張廉卿の書法と碑学」（魚住和晃）　研文出版　2002.6　p319-323

澄　観　チョウカン〔738―839　中　僧〕
◎参考文献　「澄観華厳思想の研究」（張文良）　山喜房仏書林　2006.1　p253-260

鄭 芝溶　チョン・ジヨン〔1903—　朝鮮　詩人〕
　◎年譜（佐野正人ほか）　「鄭芝溶詩選」（鄭芝溶）
　　花神社　2002.11　p144-148
　◎年譜　「朝鮮最初のモダニスト鄭芝溶」（吉川凪）
　　土曜美術社出版販売　2007.7　p226-234

陳 寅恪　チン・インカク〔1890—1969　中　歴史家〕
　◎参考書目録　「中国知識人の運命　陳寅恪最後の
　　二十年」（陸鍵東）　平凡社　2001.3　p566-567

陳 義芝　チン・ギシ
　◎作者年譜　「シリーズ台湾現代詩 2 陳義芝・焦
　　桐・許悔之」（林水福ほか）　国書刊行会　2004.2
　　p289-297

陳 進　チン・シン〔1907—1998　台　画家〕
　◎参考文献　「陳進展―1907-1998 台湾の女性日本
　　画家生誕100年記念」（渋谷区立松濤美術館ほか）
　　渋谷区立松濤美術館　c2006　p198-205

陳 千武　チン・センブ〔1922—　台　詩人〕
　◎略年譜（三木直大）　「暗幕の形象―陳千武詩集」
　　（陳千武）　思潮社　2006.3　p176-181

チンギス - ハン　Chīngīz Khān〔1162—1227 モン
　ゴル帝国建設者〕
　◎参考文献　「チンギス＝カンの考古学」（白石典之）
　　同成社　2001.1　p218-225
　◎参考文献ほか　「チンギス・カンとモンゴル帝国」
　　（J.P.ルー）　創元社　2003.10　p153-157
　◎参考文献　「チンギス・ハーン祭祀―試みとして
　　の歴史人類学的再構成」（楊海英）　風響社　2004.
　　12　p327-341
　◎参考文献　「チンギス・カン―"蒼き狼"の実像」
　　（白石典之）　中央公論新社　2006.1　p232-229
　◎参考文献　「チンギス・ハン―その生涯、死、そし
　　て復活」（J.マン）　東京書籍　2006.7　p443-439

【 ツ 】

ツォンカパ　Tson kha pa Blo bzan grags pa
　◎文献表　「ツォンカパの中観思想―ことばによる
　　ことばの否定」（四津谷孝道）　大蔵出版　2006.
　　11　p374-385

【 テ 】

鄭 観応　テイ・カンオウ〔1842—1922　中　実業家〕
　◎文献目録　「東アジア「開明」知識人の思惟空間―
　　鄭観応・福沢諭吉・兪吉濬の比較研究」（金鳳珍）
　　九州大学出版会　2004.11　p303-319

鄭 超麟　テイ・チョウリン〔1901—1998　中　政治家〕
　◎著訳目録（長堀祐造）　「初期中国共産党群像
　　2 トロツキスト鄭超麟回憶録」（鄭超麟）　平凡
　　社　2003.2　p316-322

丁 雲　ディン・ユン〔1952—　マレーシア　華文作家〕
　○年譜ほか（丁雲）　「シンガポール 2007.01.238」
　　（日本シンガポール協会）　2007.3　p44-49

ティンサ・モウ・ナイン
　◎参考資料　「ティンサ―ビルマ元首相バ・モオ家の
　　光と影」（根本百合子）　石風社　2007.7　p246」

【 ト 】

杜 牧　ト・ボク〔803—853　中　詩人〕
　○文献目録（高橋未来）　「中唐文学会報 8」（中唐
　　文学会）　2001　p88-112
　○文献目録（高橋未来）　「中唐文学会報 11」（中
　　唐文学会）　2004　p162-168
　◎年表　「杜牧詩選」（松浦友久ほか）　岩波書店
　　2004.11　p417-426

陶 淵明　トウ・エンメイ〔名＝潜　365—427　中
　詩人〕
　◎年譜　「陶淵明集全釈」（田部井文雄,上田武）
　　明治書院　2001.1　p419-426
　◎参考文献ほか　「桃花源記の謎を解く―寓意の詩
　　人・陶淵明」（沼口勝）　NHK出版（NHKブックス）
　　2001.2　p208-225
　○論文目録稿（山田英雄）　「中京大学教養論叢
　　45.2」（中京大）　2004　p399-418
　◎文献目録　「たのしみを詠う陶淵明」（三枝秀子）
　　汲古書院　2005.10　p211-334
　◎関連文献（稀代麻也子）　「陶淵明―詩と酒と田園」
　　（安藤信廣ほか）　東方書店　2006.11　p207-209

陶 行知　トウ・コウチ〔1891—1946　中　社会教育家〕
　◎参考文献　「陶行知の芸術教育論―生活教育と芸
　　術との結合」（李燕）　東信堂　2006.11　p227-239

鄧 散木　トウ・サンボク
　○年譜（佐藤互）　「中国言語文化研究 4」（佛教大）
　　2004.7　p55-75

鄧 小平　トウ・ショウヘイ〔1904—1997　中　政治家〕
　◎年譜　「わが父鄧小平―「文革」歳月 下」（毛毛）
　　中央公論新社　2002.5　p405-432
　◎関連文献　「鄧小平」（矢吹晋）　講談社　2003.8
　　p254-307
　◎参考文献　「巨龍の胎動―毛沢東vs鄧小平」（天児
　　慧）　講談社　2004.11　p402-410

陶 潜　トウ・セン
　⇒陶 淵明（とう・えんめい）を見よ

ドルジェタク
　◎文献　「性と呪殺の密教―怪僧ドルジェタクの闇
　　と光」（正木晃）　講談社　2002.12　p249-251

トンドゥプ, L.
　◎参考文献　「革命中国からの逃走―新疆、チベット、そしてブータン」(S.マンジョ)　柘植書房新社　2007.8　p346-347

【ナ】

ナーガールジュナ
　⇒龍樹(りゅうじゅ)を見よ

【ハ】

白 楽晴　ハク・ガクセイ〔1938―　韓　文芸評論家〕
　◎略歴　「朝鮮半島統一論―揺らぐ分断体制」(白楽晴)　クレイン　2001.6　p303-314

白 居易　ハク・キョイ〔名=楽天　772―846　中　詩人〕
　◎年譜　「白楽天100選―漢詩をよむ」(石川忠久)　NHK出版(NHKライブラリー)　2001.1　p331-340
　○研究(下定雅弘)　「白居易研究年報　3」(白居易研究会)　2002.6　p209-222
　◎注　「源氏物語と白居易の文学」(新間一美)　和泉書院　2003.2　prr
　○研究(下定雅弘)　「白居易研究年報　5」(勉誠出版)　2004.8　p249-286
　○研究紹介(下定雅弘)　「白居易研究年報　7」(勉誠出版)　2006.10　p261-292

薄 少君　ハク・ショウクン
　◎文献　「明代女性の殉死と文学―薄少君の哭夫詩百首」(小林徹行)　汲古書院　2003.12　p255-257

白 楽天　ハク・ラクテン
　⇒白 居易(はく・きょい)を見よ

パール, R.　Pal, Radhabinod〔1886―1967　印　法学〕
　◎引用参考文献　「パール判事―東京裁判批判と絶対平和主義」(中島岳志)　白水社　2007.8　p306-309

范 成大　ハン・セイダイ
　◎略年譜　「呉船録・欖轡録・驂鸞録」(范成大)　平凡社(東洋文庫)　2001.11　p255-259

【ヒ】

費 孝通　ヒ・コウツウ〔1910―2005　中　社会学者・民族学者〕
　◎主要著作ほか　「費孝通―民族自省の社会学」(佐々木衛)　東信堂　2003.10　p122-125
　○著作リスト　「文明21　15」(愛知大)　2005.12　p5-7

閔妃　ビンヒ
　⇒"ミンビ"を見よ

ビン・ラーディン, O.　Bin Laden, Osama〔1957―　イスラム原理主義活動家〕
　◎参考資料　「ウサーマ・ビン・ラーディン　その思想と半生」(石野肇)　成甲書房　2001.11　p248-251
　◎参考文献　「オサマ・ビンラデイン　野望と実像」(M.ポーリーほか)　日本文芸社　2001.11　p202-205
　◎註文献　「聖戦ネットワーク」(P.L.バーゲン)　小学館　2002.3　p316-318

【フ】

馮 夢龍　フウ・ボウリュウ〔1574―1646　中　文学〕
　◎文献目録　「馮夢竜『山歌』の研究」(大木康)　勁草書房　2003.3　p799-804
　◎参考文献　「明代白話小説『三言』に見る女性観」(張軼欧)　中国書店　2007.11　p350-363

溥儀　フギ〔1906―1967　中　宣統帝，後に康徳帝〕
　◎参考文献　「満州国皇帝の秘録―ラストエンペラーと「厳秘会見録」の謎」(中田整一)　幻戯書房　2005.9　p327-328
　◎参考文献　「溥儀―清朝最後の皇帝」(入江曜子)　岩波書店　2006.7　p241-244
　◎参考文献　「昭和天皇とラストエンペラー―溥儀と満州国の真実」(波多野勝)　草思社　2007.6　p242-246

フセイン, S.　Hussein, Saddam〔1937―2006　イラク　政治家・軍人〕
　◎参考文献　「サダム―その秘められた人生」(C.コクリン)　幻冬舎　2003.3　p479-481

ブッダ
　⇒釈迦(しゃか)を見よ

武寧王　ブネイオウ〔462―523　朝鮮　百済第25代王〕
　◎参考文献　「金石文に見る百済武寧王の世界」(蘇鎮轍)　彩流社　2001.12　p199-207

プンツォク, W.
　◎参考文献ほか　「もうひとつのチベット現代史―プンツォク＝ワンギェルの夢と革命の生涯」（阿部治平）　明石書店　2006.4　p508-522

【ホ】

豊 子愷　ホウ・シガイ〔1898―1975　中　漫画家・翻訳家〕
　◎参考文献　「中国文人画家の近代―豊子愷の西洋美術受容と日本」（西槙偉）　思文閣出版　2005.4　p21-32b

茅 盾　ボウ・ジュン〔1896―1981　中　小説家・評論家〕
　◎関係文献　「茅盾研究―「新文学」の批評・メディア空間」（桑島由美子）　汲古書院　2005.2　p307-315

包 拯　ホウ・ジョウ〔999―1062　中　北宋の名臣〕
　◎参考文献　「包公伝説の形成と展開」（阿部泰記）　汲古書院　2004.2　p546-573
　◎参考文献ほか　「包青天奇案―中国版・大岡越前の物語」（有坂正三）　文芸社　2006.12　p238-239

鮑 照　ホウ・ショウ〔414?―466　中　詩人〕
　◎年譜　「鮑参軍詩集」（鈴木敏雄）　白帝社　2001.2　p747-759

朴 世学　ボク・セイガク
　○業績ほか　「エコノミア　52.1」（横浜国立大）　2001.5　p1-8

朴 椿浩　ボク・チンコウ〔1930―　韓　国際法〕
　○業績ほか　「西南学院大学法学論集　33.1-3」（西南学院大）　2001.2　p1-6f

朴 龍喆　ボク・リュウテツ
　◎年譜（李承淳ほか）　「朴龍喆詩選」（朴龍喆）　花神社　2004.12　p118-123

ボコボ, J.C.　Bocobo, Jorge Cleopas〔1886―1965　フィリピン〕
　◎略年譜　「ホルヘ・ボコボ伝―フィリピンの貴重な遺産―精神の貴族」（セリア・ボコボ・オリバー）　彩流社　2002.7　p239-241

ホトクタイ＝セチェン＝ホンタイジ
　◎参考文献　「ホトクタイ＝セチェン＝ホンタイジの研究」（井上治）　風間書房　2002.3　p461-475

ポル・ポト　〔別名＝サロト・サル〈Saloth Sar〉　1925―1998　カンボジア　政治家・軍人〕
　◎参考文献　「ポル・ポト〈革命〉史―虐殺と破壊の四年間」（山田寛）　講談社　2004.7　p222-224

【マ】

馬 建忠　マ・ジエンジョン
　◎引用文献　「馬建忠の中国近代」（岡本隆司）　京都大学術出版会　2007.11　p338-326

マイモニデス　Maimonides, Moses〔1135―1204　哲学〕
　◎略年譜　「マイモニデス伝」（A.J.ヘッシェル）　教文館　2006.7　p338-342

マハティール, M.　Mahathir bin Mohamad〔1925―　マレーシア　政治家〕
　◎参考文献　「マハティールのジレンマ　発展と混迷のマレーシア現代史」（林田裕章）　中央公論新社　2001.11　p245-244
　◎参考文献　「マハティール政権下のマレーシア―「イスラーム先進国」をめざした22年」（鳥居高）　アジア経済研究所　2006.12　prr

マフフーズ, N.　Maḥfūẓ, Najīb〔1911―2006　エジプト　小説家〕
　◎参考文献　「マフフーズ・文学・イスラム―エジプト知性の閃き」（八木久美子）　第三書館　2006.9　p372-377

マホメット
　⇒ムハンマドを見よ

【ミ】

ミトラ, S.K.
　◎共著論文リスト　「MATLABを用いたディジタル信号処理」（S.K.Mitra）　国際情報科学協会　2004.8　p6-7f

閔妃　ミンビ〔1851―1895　朝鮮　高宗の妃〕
　◎参考文献　「高宗・閔妃―然らば致し方なし」（木村幹）　ミネルヴァ書房　2007.12　p379-384

【ム】

ムハンマド　Muhammad Ibn Abd Allāh〔570/1―632　イスラム教の創始者〕
　◎参考文献　「ムハンマド―イスラームの源流をたずねて」（小杉泰）　山川出版社　2002.5　p204-206

【メ】

梅 蘭芳　メイ・ランファン〔1894―1961　中　京劇　俳優〕
　○記事抄録(小生方麻里)　「文献探索 2000」(文献探索研究会)　2001.2　p161-167

メヴラーナ　Mevlana〔本名＝ルーミー〈Rūmī, Jalāl al-dīn Muhammad ibn Muhammad〉1207―1273　ペルシア　神秘主義詩人〕
　◎参考文献　「神秘と詩の思想家メヴラーナ―トルコ・イスラームの心と愛」(E.Yeniterzi)　丸善プラネット　2006.6　p1-5b

【モ】

孟 浩然　モウ・コウネン〔689―740　中　詩人〕
　○研究論著目録(川口喜治)　「山口県立大学国際文化学部紀要 8」(山口県立大)　2002　p79-94

毛 沢東　モウ・タクトウ〔1893―1976　中　政治家〕
　◎参考文献　「毛沢東と林彪―文革の謎林彪事件に迫る」(笠井孝之)　日中出版　2002.1　p361-374
　◎文献　「毛沢東時代の工業化戦略―三線建設の政治経済学」(呉暁林)　御茶の水書房　2002.2　p327-338
　◎参考文献　「田中角栄と毛沢東―日中外交暗闘の30年」(青木直人)　講談社　2002.11　p234-235
　◎文献目録　「毛沢東実践と思想」(近藤邦康)　岩波書店　2003.7　p415-435
　◎参考文献　「毛沢東と周恩来―中国共産党をめぐる権力闘争　1930年～1945年」(T.キャンペン)　三和書籍　2004.2　p215-228
　◎文献　「戦略論大系 7　毛沢東」(戦略研究学会)　芙蓉書房出版　2004.3　p348-350
　◎参考文献　「巨龍の胎動―毛沢東vs鄧小平」(天児慧)　講談社　2004.11　p402-410

蒙 民偉　モウ・ミンイ
　◎参考文献　「同じ釜の飯―ナショナル炊飯器は人口680万の香港でなぜ800万台売れたか」(中野嘉子ほか)　平凡社　2005.1　p275-278

【ヤ】

楊 徳昌　ヤン・ドーチェン〔英語名＝ヤン，エドワード〈Yang, Edward〉1947―2007　台　映画監督〕
　◎参考文献　「エドワード・ヤン」(J.アンダーソン)　青土社　2007.12　p6-7b

【ユ】

庾 信　ユ・シン〔513―581　中　文学〕
　○研究文献目録(樋口泰裕)　「筑波中国文化論叢 21」(筑波大)　2001　p1-13
　◎年譜　「越境する庾信―その軌跡と詩的表象　下巻」(加藤国安)　研文出版　2004.9　p1219-1241
　◎年譜(森野繁夫)　「庾子山詩集」(庾子山)　白帝社　2006.10　p601-605

尹 伊桑　ユン・イサン〔1917―1995　作曲家〕
　◎参考文献ほか　「尹伊桑の音楽語法―韓国の伝統音楽を基層として」(金東珠ほか)　東海大学出版会　2004.9　p159-162

尹 東柱　ユン・ドンジュ〔1917―1945　朝鮮　詩人〕
　◎研究著作目録　「詩人尹東柱への旅―私の韓国・朝鮮研究ノート」(宇治郷毅)　緑蔭書房　2002.1　p64-72
　◎略年譜　「死ぬ日まで天を仰ぎ―キリスト者詩人・尹東柱　新版」(日本キリスト教団出版局)　日本キリスト教団出版局　2005.8　p195-197

【ヨ】

余 光中　ヨ・コウチュウ〔1928―　台　詩人〕
　◎作者年譜　「シリーズ台湾現代詩 3　楊牧・余光中・鄭愁予・白萩」(林水福ほか)　国書刊行会　2004.12　p305-332

楊 牧　ヨウ・ボク〔1940―　台　詩人〕
　◎作者年譜　「シリーズ台湾現代詩 3　楊牧・余光中・鄭愁予・白萩」(林水福ほか)　国書刊行会　2004.12　p305-332

楊 煉　ヨウ・レン〔1955―　詩人〕
　◎著作年表(浅見洋二)　「幸福なる魂の手記―楊煉詩集」(楊煉)　思潮社　2005.3　p238-239

【ラ】

ラマナ・マハルシ
　◎文献　「あるがままに―ラマナ・マハルシの教え」(D.ゴッドマン)　ナチュラルスピリット　2005.12　p412-413

ラマヌジャン，S.　Ramanujan Aiyangar, Srinivasa〔1887―1920　印　数学〕
　◎参考文献　「ラマヌジャン書簡集」(B.C.バーント, R.A.ランキン)　シュプリンガー・フェアラーク東京　2001.6　p417-430

【リ】

李 禹煥　リ・ウカン
　⇒《日本人》"リ・ウファン"を見よ

李 魁賢　リ・カイケン
　◎年譜(李魁賢)　「シリーズ台湾現代詩　1」(林永福ほか)　国書刊行会　2002.12　p320-323

李 玉琴　リ・ギョクキン〔?—2001　中〕
　◎参考文献　「李玉琴伝奇—満洲国最後の〈皇妃〉」(入江曜子)　筑摩書房　2005.2　p291-292

李 垠　リ・キン〔1897—1970〕
　◎参考文献　「英親王李垠伝—李王朝最後の皇太子　新装版」(李王垠伝記刊行会)　共栄書房　2001.8　p323-325

李 香蘭　リ・コウラン
　⇒《日本人》山口 淑子(やまぐち・よしこ)を見よ

李 舜臣　リ・シュンシン〔1545—1598　朝鮮　武将〕
　◎年譜出典(北島万次)　「乱中日記3　壬辰倭乱の記録」(李舜臣)　平凡社　2001.2　p350-369
　◎年譜　「乱中日記—壬申倭乱の記録　3」(李舜臣)　平凡社　2002.2　p350-369

李 商隠　リ・ショウイン〔812—858　中　詩人〕
　◎文献　「李商隠研究」(詹滿江)　汲古書院　2005.12　p323-328

李 清源　リ・セイゲン
　○著作目録ほか(広瀬貞三)　「新潟国際情報大学情報文化学部紀要　7」(新潟国際情報大)　2004.3　p35-55

李 勣　リ・セキ〔?—669　中　唐初の名将〕
　◎参考文献　「李勣—玄の又玄」(川崎敏朗)　文芸社　2001.3　p248-250

李 登輝　リ・トウキ〔1923—　台　政治家〕
　◎参考文献　「検証李登輝訪日—日本外交の転換点」(衛藤征士郎, 小枝義人)　ビイング・ネット・プレス　2001.12　p219-220
　◎参考文献　「李登輝実録—台湾民主化への蒋経国との対話」(李登輝)　産経新聞出版　2006.5　p400-405

李 白　リ・ハク〔701—762　中　詩人〕
　◎年表　「李白詩選」(李白)　岩波書店(ワイド版岩波文庫)　2001.1　p375-383
　◎参考文献　「李太白伝」(岡野俊明)　作品社　2002.9　p282-285

李 敏勇　リ・ビンユウ
　◎年譜(李敏勇)　「シリーズ台湾現代詩　1」(林永福ほか)　国書刊行会　2002.12　p323-326

陸 羽　リク・ウ〔720頃—804　中　茶の研究者〕
　◎参考文献　「茶経詳解—原文・校異・訳文・注解」(布目潮渢)　淡交社　2001.8　p334-338

陸 機　リク・キ〔261—303　中　文人〕
　◎年譜　「陸士衡詩集」(佐藤利行)　白帝社　2001.10　p616-622

劉 禹錫　リュウ・ウシャク〔772—842　中　詩人〕
　○文献目録(石村貴博)　「中唐文学会報　8」(中唐文学会)　2001　p71-87

劉 思復　リュウ・シフク〔1884—1915　中　革命家〕
　◎年表ほか　「中国黒色革命論—師復とその思想」(嵯峨隆)　社会評論社　2001.7　p225-240

劉 邦　リュウ・ホウ〔前247?—前195　中　前漢の創始者〕
　◎文献　「劉邦」(佐竹靖彦)　中央公論新社　2005.5　p516-520

龍樹　リュウジュ〔インド名=ナーガールジュナ〈Nagarjuna〉　150頃—250頃　印　僧〕
　◎文献案内　「龍樹」(中村元)　講談社　2002.6　p454-459

呂 赫若　リョ・カクジャク〔1914—1951　台　作家〕
　◎参考文献　「呂赫若研究—1943年までの分析を中心として」(垂水千恵)　風間書房　2002.2　p329-337

梁 啓超　リョウ・ケイチョウ〔字=卓如　1873—1929　中　啓蒙思想家・政治家〕
　◎文献目録　「梁啓超年譜長編　1」(島田虔次)　岩波書店　2004.1　p33-57b

凌 濛初　リョウ・モウショ〔1580—1644　中　文学〕
　◎文献　「拍案驚奇訳注　1　唐賽児の乱始末記」(古田敬一)　汲古書院　2003.3　p305-308
　◎引用書目　「不倫夫婦の因果応報　拍案驚奇訳注　2」(古田敬一)　汲古書院　2006.6　p185-188

林 亨泰　リン・キョウタイ〔1924—　台　詩人〕
　◎年譜(三木直大)　「越えられない歴史—林亨泰詩集」(林亨泰)　思潮社　2006.12　p152-155

林 彪　リン・ピョウ〔1906—1971　中　軍人・政治家〕
　◎参考文献　「毛沢東と林彪—文革の謎林彪事件に迫る」(笠井孝之)　日中出版　2002.1　p361-374

【ル】

羅 隆基　ルオ・ロンジー〔1896—1965　中　教育家・政治家〕
　◎参考文献　「中国近代のリベラリズム」(水羽信男)　東方書店　2007.6　p211-215

【ロ】

路 寒袖　ロ・カンシュウ
　◎年譜(路寒袖)　「シリーズ台湾現代詩　1」(林永福ほか)　国書刊行会　2002.12　p326-329

盧見曾　ロ・ケンソウ
　○年譜（市瀬信子）　「福山大学人間文化学部紀要4」（福山大）　2004.3　p29-46

老子　ロウシ〔前579頃―前499頃　中　哲学〕
　◎文献　「老子神化―道教の哲学」（菊地章太）　春秋社　2002.6　p201-202
　◎注　「『老子』考索」（澤田多喜男）　汲古書院　2005.7　prr
　◎参考文献　「河上公章句『老子道德經』の研究―慶長古活字版を基礎とした本文系統の考索」（山城喜憲）　汲古書院　2006.2　p669-686
　◎参考文献　「老子」（池田知久）　東方書店　2006.7　p464-466

魯迅　ロジン〔1881―1936　中　小説家〕
　◎参考文献　「魯迅日本という異文化のなかで―弘文学院入学から「退学」事件まで」（北岡正子）　関西大学出版部　2001.3　p417-432
　◎読書ガイドほか　「魯迅事典」（藤井省三）　三省堂　2002.4　p294-317
　◎略年譜　「魯迅　新版」（竹内好）　未来社　2002.5　p199-206
　◎参考文献　「魯迅・明治日本・漱石―影響と構造への総合的比較研究」（潘世聖）　汲古書院　2002.11　p307-312
　◎年譜ほか　「魯迅と日本」（沼野誠介）　文芸社　2004.1　p116-130
　◎参考文献　「漱石と魯迅における伝統と近代」（欒殿武）　勉誠出版　2004.2　p355-365
　◎参考資料　「武者小路実篤と魯迅の比較研究」（楊英華）　雄松堂出版　2004.9　p299-303
　◎注　「魯迅・文学・歴史」（丸山昇）　汲古書院　2004.10　prr
　◎参考文献　「魯迅と仙台」（魯迅・東北大学留学百年史編集委員会）　東北大学出版会　2004.10　p166」
　◎参考文献　「近代の闇を拓いた日中文学―有島武郎と魯迅を視座として」（康鴻音）　日本僑報社　2005.12　p246-250
　◎参考文献ほか　「魯迅探索」（中井政喜）　汲古書院　2006.1　p461-487
　◎参考文献ほか　「魯迅の政治思想―西洋政治哲学の東漸と中国知識人」（高晃公）　日本経済評論社　2007.12　p307-315

西　洋　人

【 ア 】

アイアランド, W.H. Ireland, William Henry〔1777—1835〕
- ◎出版物 「シェイクスピア贋作事件—ウィリアム・ヘンリー・アイアランドの数奇な人生」(P.ピアス) 白水社 2005.9 p3-9b,25-28b

アイゼンハワー, D.D. Eisenhower, Dwight David〔1890—1969 米 軍人・政治家〕
- ◎参考文献 「アイゼンハワー政権の中東政策」(泉淳) 国際書院 2001.6 p282-296

アイヒ, G. Eich, Günter〔1907—1972 独 詩人・放送劇作家〕
- ◎参考文献 「もうひとつの世界—アイヒとヒルデスハイマー」(青地伯水) 松籟社 2005.4 p368-374

アイヒェンドルフ, J.v. Eichendorff, Joseph Karl Benedikt von〔1788—1857〕
- ◎年譜 「ハレとハイデルベルクーアイヒェンドルフ著作選」(J.v.アイヒェンドルフ) 沖積舎 2003.7 p177-182

アイルズ, F.
⇒バークリー, A.を見よ

アインシュタイン, A. Einstein, Albert〔1879—1955 独→米 物理〕
- ◎年譜 「大追跡!!アインシュタインの天才脳」(杉元賢治) 講談社(Kodansha sophia books) 2001.1 p14-20
- ◎参考文献 「アインシュタインと銀河鉄道の夜」(斎藤文一) 新潮社 2001.5 p227-223
- ◎参考文献 「アインシュタインの東京大学講義録—その時日本の物理学が動いた」(杉元賢治) 大竹出版 2001.9 p175-176
- ◎年譜 「大追跡!! アインシュタインの天才脳」(杉元賢治) 講談社 2002.6 p14-20
- ◎参考文献 「アインシュタインとピカソ—二人の天才は時間と空間をどうとらえたのか」(A.ミラー) TBSブリタニカ 2002.11 p449-433
- ◎書目 「アインシュタインの恋 下」(オーヴァーバイ) 青土社 2003.5 p287-291
- ◎文献ほか 「孤独になったアインシュタイン」(佐藤文隆) 岩波書店 2004.2 p181-199
- ◎文献案内 「アインシュタイン相対性理論の誕生」(安孫子誠也) 講談社 2004.2 p251-247
- ◎文献 「アインシュタインの思考をたどる—時空の哲学入門」(内井惣七) ミネルヴァ書房 2004.12 p189-194
- ◎文献 「アインシュタイン16歳の夢」(戸田盛和) 岩波書店 2005.1 p182-183
- ◎註 「アインシュタイン・ショック I」(金子務) 岩波書店 2005.2 p453-485
- ◎文献 「アインシュタイン切手博物館—$E=mc^2$誕生100年」(杉元秀樹ほか) 大竹出版 2005.2 p102-104
- ◎文献 「アインシュタインと21世紀の物理学」(日本物理学会) 日本評論社 2005.3 prr
- ◎関係書ほか 「日本の文化と思想への衝撃」(金子務) 岩波書店 2005.3 p477-484
- ◎文献案内 「$E=mc^2$—世界一有名な方程式の「伝説」」(D.ボダニス) 早川書房 2005.6 p281-267
- ◎文献 「アインシュタイン—物理学・哲学・政治への影響」(P.C.アイヘルブルクほか) 岩波書店 2005.7 p7-30b
- ◎文献ほか 「アインシュタイン26歳の奇蹟の三大業績」(和田純夫) ベレ出版 2005.9 p203-209
- ◎文献 「アインシュタイン奇跡の年1905—Albert Einstein」(J.S.リグデン) シュプリンガーV東京 2005.12 p199-207
- ◎邦訳文献ほか 「時間のない宇宙—ゲーデルとアインシュタイン最後の思索」(P.ユアグロー) 白揚社 2006.7 p276-285
- ◎参考文献 「アインシュタインは語る 増補新版」(A.アインシュタイン) 大月書店 2006.8 p411-416
- ◎年譜 「アインシュタイン—時間と空間の新しい扉へ」(J.バーンスタイン) 大月書店 2007.3 p1-2b
- ◎参考文献 「アインシュタイン丸かじり」(志村史夫) 新潮社 2007.3 p202-203
- ◎参考文献 「アインシュタイン—よじれた宇宙の遺産」(加来道雄) WAVE出版 2007.7 p200-203

アヴィーロワ, L.A. Avilova, Lidiia Alekseevna〔1864—1943〕
- ◎参考資料(尾家順子) 「私のなかのチェーホフ」(L.A.アヴィーロワ) 群像社 2005.2 p224-225

アーヴィング, W. Irving, Washington〔1783—1859 米〕
- ◎主要文献 「ワシントン・アーヴィングとその時代」(斉藤昇) 本の友社 2005.4 p18-29b
- ◎文献(齋藤昇) 「ウォルター・スコット邸訪問記」(アーヴィング) 岩波書店 2006.11 p173-177

アウグスティヌス Augustinus, Aurelius Saint, Bp.of Hippo〔354—430 ヌミディア 教父〕
- ◎文献案内 「アウグスティヌス時代の日常生活 上」(アダルベール・アマン) リトン 2001.6 p8-10
- ◎参考文献 「ヒッポの司教聖アウグスチノの会則—今日の修道共同体の霊性を求めて」(山口正美) サンパウロ 2002.1 p237-239
- ◎文献案内 「アウグスティヌス時代の日常生活 下」(アダルベール・アマン) リトン 2002.1 p8-10
- ◎参考文献(千葉真) 「アウグスティヌスの愛の概念」(H.アーレント) みすず書房 2002.5 p257-261

◎参考文献　「アウグスティヌス」（G.ウィルズ）　岩波書店　2002.10　p189-194
◎読書案内　「アウグスティヌス―〈私〉のはじまり」（富松保文）　NHK出版　2003.11　p120-123
◎参考書目ほか　「アウグスティヌス」（H.チャドウィック）　教文館　2004.2　p207-211
◎文献案内　「アウグスティヌス」（宮谷宣史）　講談社　2004.8　p440-430
◎文献表　「アウグスティヌス伝　下」（P.ブラウン）　教文館　2004.9　p16-33b
◎参考文献　「アウグスティヌスとその時代」（金子晴勇）　知泉書館　2004.11　p271-277
◎年表　「アウグスチヌス・ルター1」（アウグスチヌスほか）　河出書房新社　2005.1　p436-440
◎参考文献　「アウグスティヌスの恩恵論」（金子晴勇）　知泉書館　2006.2　p332-336
◎文献表　「告白録　下」（アウグスティヌス）　教文館　2007.7　p5-22b

アウグストゥス　Augustus, Gaius Octavius〔前63―後14　ローマ帝国初代皇帝〕
◎参考文献　「アウグストゥスの世紀」（P.グリマル）　白水社　2004.2　p12-14b

アーサー王　Arthur〔5―6世紀　英　伝説的な王〕
◎文献　「中世アーサー王物語群におけるアリマタヤのヨセフ像の形成―フランスの聖杯物語」（横山安由美）　渓水社　2002.2　p261-282
◎文献　「図説アーサー王百科」（C.スナイダー）　原書房　2002.3　p312-307
◎参考文献　「アーサー王」（佐藤俊之ほか）　新紀元社　2002.12　p376-377
◎関連文献抄　「ブリタニア列王史―アーサー王ロマンス原拠の書」（ジェフリー・オヴ・モンマス）　南雲堂フェニックス　2007.9　p382-391

アジェ，E.　Atget, Eugéne〔1857―1927　仏　写真家〕
◎年譜　「ウジェーヌ・アジェのパリ」（アンドレアス・クラーゼ）　タッシェン・ジャパン　2002.9　p178-188

アシモフ，I.　Asimov, Isaac〔1920―1992　露→米　SF作家・生化学〕
◎作品一覧（瀬名秀明）　「われはロボット」（I.アシモフ）　早川書房　2004.8　p431-426

アシュベリ，J.　Ashbery, John (Lawrence)〔1927―　米　詩人・評論家〕
◎年譜ほか　「ジョン・アッシュベリー―「可能性への賛歌」の詩」（飯野友幸）　研究社　2005.7　p252-263,275-276

アタナシウス，M.　Athanasius, Magnus〔296頃―373　アレクサンドリアの司教・神学〕
◎参考文献　「アタナシオス神学の研究」（関川泰寛）　教文館　2006.1　p9-15b

アダムス，J.　Adams, Jane〔1860―1935〕
◎注　「福祉に生きた女性先駆者―F・ナイチンゲールとJ・アダムス」（鈴木真理子）　草の根出版会　2004.1　prr

アップダイク，J.　Updike, John Hoyer〔1932―2009　米　作家・詩人〕
◎文献　「ジョン・アップダイク研究―初期作品を中心に」（鈴江璋子）　開文社出版　2003.3　p190-227
◎年譜ほか　「ジョン・アップダイク事典」（J.ドベリス）　雄松堂出版　2006.12　p583-599

アデア，G.　Adair, Gilbert〔1944―　作家・エッセイスト〕
◎著作（青木純子）　「閉じた本」（G.アデア）　東京創元社　2003.9　p188-190

アーデン，E.　Arden, Elizabeth〔1878―1966　加　美容師・実業家〕
◎参考文献　「ヘレナとエリザベス―世界の女性史を塗り替えた、二人の天才企業家の生涯　下」（L.ウッドヘッド）　アーティストハウス　2004.2　p332-325

アトウッド，M.　Atwood, Margaret〔1939―　加　詩人・小説家・批評家〕
◎文献一覧（加藤裕佳子）　「カンバセーション―アトウッドの文学作法」（M.アトウッド）　松籟社　2005.4　p270-265
◎作品リスト　「ほんとうの物語」（M.アトウッド）　大阪教育図書　2005.5　p235-237

アドラー，A.　Adler, Alfred〔1870―1937　墺　心理学〕
◎文献　「アドラーの生涯」（E.ホフマン）　金子書房　2005.8　p14-24b

アトリー，A.　Uttley, Alison〔1884―1976　英　作家〕
◎著書一覧ほか　「アリソン・アトリーの生涯―物語の紡ぎ手」（D.ジャッド）　JULA出版　2006.4　p33-47b
◎参考文献ほか　「アリソン・アトリー」（佐久間良子）　KTC中央出版　2007.4　p129-139

アドルノ，T.W.　Adorno, Theodor Wiesengrund〔1903―1969　独　哲学・美学〕
◎参考文献　「アドルノ、複製技術へのまなざし―〈知覚〉のアクチュアリティ」（竹峰義和）　青弓社　2007.7　p365-388
◎文献目録　「アドルノ伝」（S.ミュラー＝ドーム）　作品社　2007.9　p795-770

アニング，M.　Anning, Mary〔1799―1847〕
◎引用文献ほか　「メアリー・アニングの冒険―恐竜学をひらいた女化石屋」（吉川惣司ほか）　朝日新聞社　2003.11　p1-5b,326-327

アーノルド，M.　Arnold, Matthew〔1822―1888　英　詩人・評論家〕
◎参考文献　「マシュー・アーノルド文学研究」（西原洋子）　国文社　2003.3　p218-220

原注　「マシュー・アーノルド伝」（N.マレー）英宝社　2007.3　p400-365

アフォード, M.　Afford, Max〔1906―1954　作家〕
◎作品リスト　「魔法人形」（M.アフォード）国書刊行会　2003.8　p342」

アフマートヴァ, A.　Akhmatova, Anna Andreevna〔1888―1966〕
◎年譜ほか　「アフマートヴァ詩集」（木下晴世）群像社　2003.1　p252-262

アベグレン, J.C.　Abegglen, James C.〔1926―〕
◎著作リスト（山岡洋一）　「日本の経営―新訳版」（J.C.アベグレン）日本経済新聞社　2004.12　p199-201

アーベル, N.H.　Abel, Niels Henrik〔1802―1829〕
◎著作物ほか　「アーベルとその時代―夭折の天才数学者の生涯」（A.ストゥーブハウグ）シュプリンガー・V東京　2003.1　p569-593
◎訳者ノート（山下純一）　「アーベルの証明―「解けない方程式」を解く」（P.ペジック）日本評論社　2005.3　p207-222

アボット, J.　Abbott, Jeff〔米　作家〕
◎著作リスト（佐藤耕士）　「図書館の親子」（J.アボット）早川書房　2006.3　p504-505

アポローニオス　Apollōnios Rhodios〔叙事詩人〕
◎参考文献　「ヘレニズムの詩とホメーロス―アポローニオス・ロディオス研究」（高橋通男）慶應義塾大出版会　2005.3　p306-311

アマード, J.　Amado, Jorge〔1912―　ブラジル　作家〕
◎全作品　「カカオ」（ジョルジェ・アマード）彩流社　2001.10　p189-190

アミーチス, E.d.　Amicis, Edmondo De〔1846―1908　伊　作家〕
◎目録　「児童文学翻訳作品総覧 5 北欧・南欧編」（川戸道昭ほか）ナダ出版センター　2005.12　p318-349

アームストロング, N.　Armstrong, Neil Alden〔1930―　米　宇宙飛行士〕
◎参照文献　「ファーストマン―ニール・アームストロングの人生　下」（J.R.ハンセン）ソフトバンククリエイティブ　2007.6　p1-18b

アラン　Alain〔1868―1951　仏　哲学〕
◎年譜ほか　「アラン　芸術論集　文学のプロポ」（桑原武夫ほか）中央公論新社　2002.5　p323-337
◎年譜　「アラン初期プロポ集」（アラン）土曜美術社出版販売　2005.12　p382-389

アリ, M.　Ali, Muhammad〔1942―　米　プロボクサー〕
◎原注　「モハメド・アリ　上」（T.ハウザー）岩波書店　2005.4　p481-494
◎注　「モハメド・アリ―アイロニー時代のトリックスター」（C.レマート）新曜社　2007.7　p277-304

アリストクセノス　Aristoxenus〔前375/60―?　希　哲学〕
◎参考文献　「アリストクセノス『ハルモニア原論』の研究」（山本建郎）東海大学出版会　2001.2　p383-389

アリストテレス　Aristotelès〔前384―前322　希　哲学〕
◎参照文献表　「魂について」（アリストテレス）京都大学学術出版会（西洋古典叢書）　2001.6　p268-281
◎文献案内　「アリストテレス入門」（山口義之）筑摩書房　2001.7　p207-210
◎文献　「アリストテレスと形而上学の可能性―弁証術と自然哲学の相補的展開」（千葉恵）勁草書房　2002.2　p411-418
◎文献　「アリストテレスの形而上学―自然学と倫理学の基礎」（坂下浩司）岩波書店　2002.12　p7-13b
◎文献　「アリストテレス」（今道友信）講談社　2004.5　p490-491
◎参考文献　「アリストテレス倫理学入門」（J.O.アームソン）岩波書店　2004.7　p225-226
◎読書案内　「アリストテレス―何が人間の行為を説明するのか?」（高橋久一郎）NHK出版　2005.1　p122-123
◎文献案内（坂下浩司）　「動物部分論・動物運動論・動物進行論」（アリストテレス）京都大学術出版会　2005.2　p541-564

アルキメデス　Archimēdēs〔前287頃―前212頃　希　哲学・数学〕
◎参考文献　「よみがえる天才アルキメデス―無限との闘い」（斎藤憲）岩波書店　2006.3　p129-130

アルジェント, D.　Argento, Dario〔1940―　伊　映画監督〕
◎参考文献　「ダリオ・アルジェント―恐怖の幾何学」（矢澤利弘）ABC出版　2007.3　p1-5b

アルチュセール, L.　Althusser, Louis〔1918―1990　仏　哲学〕
◎略年譜　「未来は長く続く―アルチュセール自伝」（ルイ・アルチュセール）河出書房新社　2002.12　p500-508
◎関連文献（西川長夫）　「再生産について―イデオロギーと国家のイデオロギー諸装置」（L.アルチュセール）平凡社　2005.5　p446-466
◎略年譜ほか　「アルチュセール全哲学」（今村仁司）講談社　2007.10　p342-354

アルチンボルド, G.　Arcimboldi, Giuseppe〔1527頃—1593　伊　画家〕
◎年譜ほか　「ジュゼッペ・アルチンボルド　1527-1593」（W.クリーゲスコルテ）　タッシェン・ジャパン　2002.5　p77-79

アルテ, P.　Halter, Paul〔1955—　仏　作家〕
◎作品リスト　「第四の扉」（ポール・アルテ）　早川書房　2002.5　p210-212

アルトー, A.　Altaud, Antonin〔1896—1948　仏　詩人・俳優〕
◎参考文献　「アントナン・アルトーの帰還」（鈴木創士）　現代思潮新社　2007.7　p170」

アルトマン, R.　Altman, Robert〔1925—2006　米　映画監督〕
◎参考文献　「ロバート・アルトマン—わが映画、わが人生」（D.トンプソン）　キネマ旬報社　2007.7　p78-79b

アルバース, A.　Albers, Annelise〔1899—1994　独→米　テキスタイルデザイナー〕
◎文献　「アニとジョゼフ・アルバースの版画とブラック・マウンテン・カレッジ—Fuji Xerox print collection」　富士ゼロックス　2004.9　p50-51

アルバース, J.　Albers, Josef〔1888—1976　独→米　画家・版画家〕
◎文献　「アニとジョゼフ・アルバースの版画とブラック・マウンテン・カレッジ—Fuji Xerox print collection」　富士ゼロックス　2004.9　p50-51

アルプ, H.　Arp, Hans〔1887—1966　仏　画家・彫刻家〕
◎日本語文献　「ハンス・アルプ展」（アルプ美術館バーンホフ・ローランズエックほか）　東京新聞　2005　p162-163

アルベルティ, L.B.　Alberti, Leon Battista〔1404—1472　伊　芸術理論家〕
◎参考文献　「イタリア・ルネサンス再考—花の都とアルベルティ」（池上俊一）　講談社　2007.4　p305-313

アルマーニ, G.　Armani, Giorgio〔1934—　伊　ファッション・デザイナー〕
◎参考文献　「ジョルジオ・アルマーニ—帝王の美学」（R.モルホ）　日本経済新聞出版社　2007.7　p295

アルレー, C.　Arley, Catherine〔1935—　仏　推理小説作家〕
◎作品リスト（安堂信也）　「わらの女　新版」（C.アルレー）　東京創元社　2006.6　p314-316

アレキサンダー大王　アレキサンダーダイオウ
⇒アレクサンドロスを見よ

アレクサンドル1世　Aleksandr I, Pavlovich Romanov〔1777—1825　露　皇帝〕
◎参考文献　「ロシア皇帝アレクサンドル一世の外交政策—ヨーロッパ構想と憲法」（池本今日子）　風行社　2006.12　p8-21b

アレクサンドル2世　Aleksandr II, Nikolaevich Romanov〔1818—1881　露　皇帝〕
◎文献目録　「テロルと改革—アレクサンドル二世暗殺前後」（和田春樹）　山川出版社　2005.8　p13-26b
◎文献一覧　「ドストエフスキーの死の謎」（E.ラジンスキー）　NHK出版　2007.9　p1-7b

アレクサンドロス　Alexandros〔前356—前323　マケドニア　王〕
◎参考文献　「アレクサンドロス大王　下」（R.レイン・フォックス）　青土社　2001.5　p503-514
◎参考文献　「アレクサンドロス大王」（P.ブリアン）　白水社　2003.2　p1-3b
◎文献　「NHKスペシャル文明の道　1　アレクサンドロスの時代」（NHK「文明の道」プロジェクトほか）　NHK出版　2003.4　p256-259
◎参考文献　「アレクサンドロス大王伝」（C.ルフス）　京都大学学術出版会　2003.9　p480-481
◎参考文献　「アレクサンドロス大王—その戦略と戦術」（B.ボース）　ホーム社　2004.1　p413-424
◎文献　「アレクサンドロス大王の歌—中世ラテン叙事詩」（ガルテールス・デ・カステリオーネ）　南雲堂フェニックス　2005.2　p274-280
◎参考文献　「アレキサンダーに学ぶ100戦100勝の成功法則」（M.F.R.ケッツ・ド・ブリース）　イースト・プレス　2005.3　p172-174
◎参考文献　「アレクサンドロス大王東征を掘る—誰も知らなかった足跡と真実」（E.V.ルトヴェラゼ）　NHK出版　2006.5　p251-253
◎参考文献　「アレクサンドロスの征服と神話」（森谷公俊）　講談社　2007.1　p356-351
◎引用文献　「誰がアレクサンドロスを殺したのか？」（灘波紘二）　岩波書店　2007.4　p351-360

アレティーノ, P.　Aretino, Pietro〔1492—1556　伊　詩人・劇作家〕
◎年譜　「ティツィアーノ《ピエトロ・アレティーノの肖像》」（フランチェスコ・モッツェッティ）　三元社　2001.11　p100-110

アレナス, R.　Arenas, Reinaldo〔1943—1990　キューバ　小説家・詩人〕
○解題&年譜（安藤哲行）　「ユリイカ　33.11」（青土社）　2002.4　p180-192

アレン, W.　Allen, Woody〔1935—　米　俳優・映画監督〕
◎文献　「ウディ・アレンバイオグラフィー」（ジョン・バクスター）　作品社　2002.7　p570-572

アーレント, H.　Arendt, Hannah〔1906—1975　米　政治〕
◎年譜ほか　「ハンナ=アーレント」（太田哲男）　清水書院（Century books）　2001.12　p233-253
◎参考文献　「ハンナ・アーレント、あるいは政治的思考の場所」（矢部久美子）　みすず書房　2002.2　p147-157
◎参考文献ほか　「ハンナ・アーレント入門」（杉浦敏子）　藤原書店　2002.12　p217-208

◎文献一覧　「アーレント＝ハイデガー往復書簡—1925-1975」（U.ルッツ）　みすず書房　2003.8　p8-28b
◎文献目録　「アレントとハイデガー—政治的なものの運命」（D.R.ヴィラ）　法政大学出版局　2004.7　p11-24b
◎文献目録　「アレント政治思想の再解釈」（M.カノヴァン）　未来社　2004.10　p424-440
◎読書案内ほか　「アレント—公共性の復権」（川崎修）　講談社　2005.4　p363-381
◎文献目録　「思索日記　2　1953-1973」（U.ルッツほか）　法政大出版局　2006.5　p28-41b
◎原註　「ハンナ・アーレント—〈生〉は一つのナラティヴである」（J.クリステヴァ）　作品社　2006.8　prr
◎参考文献　「ハンナ・アレントの政治理論—人間的な政治を求めて」（寺島俊穂）　ミネルヴァ書房　2006.8　p249-269
◎参考文献　「現代市民社会論の新地平—〈アレント的モメント〉の再発見」（川原彰）　有信堂高文社　2006.9　p281-292
◎参考文献　「ハンナ・アレント研究—〈始まり〉と社会契約」（森分大輔）　風行社　2007.12　p8-15b

アロン, R.　Aron, Raymond〔1905—1983　仏　政治・社会学〕
◎業績一覧　「レイモン・アロン危機の時代における透徹した警世の思想家」（岩城完之）　東信堂　2001.9　p120-126

アンゲロプロス, T.　Angelopoulos, Théo〔1936—　希　映画監督〕
◎文献　「アンゲロプロスの瞳—歴史の叫び、映像の囁き」（若菜薫）　鳥影社　2005.3　p377-379

アンサルドゥーア, G.　Anzaldúa, Gloria〔1942—2004　米　フェミニスト〕
◎参考文献（吉原令子）　「行動するフェミニズム—アメリカの女性作家と作品」（英米文化学会）　薪水社　2003.11　p242-243

アンセルムス, C.　Anselmus, Cantoriensis〔1033—1109　神学〕
◎参考文献　「神学と科学—アンセルムスの時間論」（瀬戸一夫）　勁草書房　2006.1　p3-33b

アンソール, J.　Ensor, James〔1860—1949　ベルギー　画家〕
◎年譜　「ジェームズ・アンソール　1860-1949—仮面、死、そして海」（ウルリケ・ベックス＝マローニー）　タッシェン・ジャパン　2002.5　p94-95
◎文献ほか　「ジェームズ・アンソール」（J.アンソール）　アプトインターナショナル　c2005　p177-187

アンダースン, F.I.　Anderson, Frederick Irving〔1877—1947　米　作家〕
◎著作リスト　「怪盗ゴダールの冒険」（フレデリック・アーヴィング・アンダースン）　国書刊行会（ミステリーの本棚）　2001.3　p269-273

アンダースン, P.　Anderson, Poul William〔1926—2001　米　SF作家〕
◎邦訳著作リスト（井辻朱美）　「折れた魔剣」（P.アンダースン）　早川書房　2005.6　p444-445

アンティポン　Antiphōn〔前480頃—前411　希　雄弁家〕
◎参考文献　「弁論集」（アンティポン, アンドキデス）　京都大学学術出版会　2002.1　p22-29b

アンデルセン, H.C.　Andersen, Hans Christian〔1805—1875　デンマーク　児童文学〕
◎参考文献　「どうしてこんなに心が痛い?—アンデルセン童話が説く深層心理学」（矢吹省司）　平凡社　2002.2　p234-236
◎参考文献　「アンデルセンの〈詩と真実〉」（藤代幸一）　法政大学出版局　2002.11　p199-203
◎参考文献　「アンデルセン」（J.ヴォルシュレガー）　岩波書店　2005.3　p1-3b
○略歴（M.H.アーバスノット）　「季刊子どもと本　101」（子ども文庫の会）　2005.4　p24-26
◎年譜　「アンデルセンへの旅」（立原えりか）　アートデイズ　2005.8　p168-171
◎年譜・文献　「アンデルセンの生涯　改版」（山室静）　新潮社　2005.12　p270-278
◎目録　「児童文学翻訳作品総覧　5　北欧・南欧編」（川戸道昭ほか）　ナダ出版センター　2005.12　p44-315
◎年譜ほか　「アンデルセン」（安達忠夫）　清水書院　2007.9　p168-187

アンドキデス　Andokidēs〔前440頃—390頃　希　弁論家・政治家〕
◎参考文献　「弁論集」（アンティポン, アンドキデス）　京都大学学術出版会　2002.1　p22-29b

アンドレアス＝ザロメ, L.　Andreas-Salomé, Lou〔1861—1937　独　作家〕
◎書誌（山本尤）　「ルー・ザロメ回想録」（L.アンドレアス・ザロメ）　ミネルヴァ書房　2006.6　p227-230

アンドレーエフ, L.　Andreev, Leonid Nikolaevich〔1871—1919　露　小説家・劇作家〕
◎翻訳作品目録（塚原孝）　「上田敏集　明治翻訳文学全集　〔続〕翻訳家編17」（上田敏）　大空社　2003.7　p271-323

アンベドカー, B.R.　Ambedkar, B.R.
○文献目録（北原秀樹）　「中央学術研究所紀要　31」（中央学術研究所）　2002　p204-214

アンリ, M.　Henry, Michel〔1922—2002　仏　哲学・作家〕
◎参考文献　「現象学と見えないもの—ミシェル・アンリの「生の哲学」のために」（庭田茂吉）　晃洋書房（西洋思想叢書）　2001.11　p7-12b

【 イ 】

イヴァノヴィッチ, J. Evanovich, Janet 〔作家〕
◎作品リスト（穂井田直美）　「気分はフルハウス」（J.イヴァノヴィッチ）　扶桑社　2004.2　p429-430

イエイツ, W.B. Yeats, William Butler 〔1865—1939　アイルランド　詩人・劇作家〕
◎参考文献　「イェイツと夢　死のパラドックス」（木原誠）　彩流社　2001.2　p21-26b
◎参考文献　「イェイツと仮面　死のパラドックス」（木原謙一）　彩流社　2001.6　p13-18b
◎参考文献　「テイオンとハムレット―W.B.イェイツ演劇作品の研究」（岩田美喜）　松柏社　2002.12　p203-209
◎年譜　「塔―イェイツ詩集」（W.B.イェイツ）　思潮社　2003.12　p137-143
◎註　「イェイツ詩研究『クール湖上の白鳥』その他」（伊藤宏見）　北星堂出版　2004.2　prr
◎参考文献　「存在の統一――イェイツの思想と詩の研究」（伊藤宏見）　文化書房博文社　2007.1　p552-542

イェーガー, W. Jäger, Willigis 〔1925―　独　修道士〕
◎著作リストほか　「波即海―イェーガー虚雲の神秘思想と禅」（小林圓照ほか）　ノンブル社　2007.8　p177-189

イエス　Iēsous 〔前7頃—後30頃　キリスト教の始祖〕
◎参考文献　「イエス・キリスト―三福音書による　上」（荒井献）　講談社（講談社学術文庫）　2001.1　p223-235
◎参考文献　「誰がイエスを殺したのか―反ユダヤ主義の起源とイエスの死」（ジョン・ドミニク・クロッサン）　青土社　2001.4　p8-10b
◎文献　「ユダヤ人イエス―決定版」（ダヴィド・フルッサー）　教文館　2001.5　p26-30b
◎参考文献　「ナザレ派のイエス」（前島誠）　春秋社　2001.6　p323-325
◎参考文献　「荒井献著作集　1　イエスその言葉と業」（荒井献）　岩波書店　2001.12　p563-576
◎参考文献　「イエス　その言葉と業―荒井献著作集　1」（荒井献）　岩波書店　2002.4　p563-576
◎文献　「イエス誕生の夜明け―ガリラヤの歴史と人々」（山口雅弘）　日本キリスト教団出版局　2002.6　p267-278
◎原註　「イエス・キリスト―受肉した神の物語」（J.マイルズ）　青土社　2002.11　p12-53b
◎文献　「世紀末のキリスト」（江島泰子）　国書刊行会　2002.11　p10-24b
◎注　「キリストと創造」（C.E.ガントン）　教文館　2003.6　p157-162
◎引用参考文献　「神の子の密室」（小森健太朗）　講談社　2003.7　p257-258
◎注　「イエスとは誰か―宗教・哲学・文学・神学からの50のイエス像」（H.G.ペールマン）　教文館　2003.9　p310-336
◎文献　「ナザレのイエスは神の子か?―「キリスト」を調べたジャーナリストの記録」（L.ストロベル）　いのちのことば社　2004.3　p458-466
◎研究図書　「解説イエス・キリスト―救い主イエス・キリストのすべて」（関栄二）　日本教会新報社　2004.7　p10-12b
◎参考文献　「教会が教えないイエス・キリストのこんな話―等身大のイエス像」（岡本英敏）　近代文芸社　2005.5　p248-250
◎文献表　「イエスとパウロの間」（M.ヘンゲル）　教文館　2005.8　p251-259
◎参考文献　「キリスト神話―偶像はいかにして作られたか」（T.ハーパー）　バジリコ　2007.7　p334-340

イェスペルセン, O. Jespersen, Otto 〔1860—1943〕
◎参考文献（G.スコウ＝ローゼ）　「イェスペルセン自叙伝―ある語学者の一生」（O.イェスペルセン）　文化書房博文社　2002.3　p340-409

イエルムスレウ, L. Hjelmslev, Louis 〔1899—1965〕
◎年譜ほか　「イエルムスレウ―ソシュールの最大の後継者」（S.バディル）　大修館書店　2007.3　p250-249ほか

イーザー, W. Iser, Wolfgang 〔1926―　〕
◎著作（伊藤誉）　「解釈の射程―〈空白〉のダイナミクス」（W.イーザー）　法政大出版局　2006.11　p301-302

イーサリ, C.
◎参考文献　「破壊者のトラウマ―原爆科学者とパイロットの数奇な運命」（小坂洋右）　未來社　2005.8　p181-190

イシェ, F. Icher, François
◎著作リスト（蔵持不三也）　「絵解き中世のヨーロッパ」（F.イシェ）　原書房　2003.12　p257-258

イーストウッド, C. Eastwood, Clint 〔1930―　米　俳優・映画監督〕
◎文献一覧（坂尻昌平）　「クリント・イーストウッド　増補改訂版」（遠山純生）　エスクァイアマガジンジャパン　2005.5　p226-230

イーゼンゼー, J. Isensee, Josef 〔1937―　〕
◎著作一覧　「保護義務としての基本権」（J.イーゼンゼー）　信山社出版　2003.7　p4-42b

イソラ, M. Isola, Maija 〔1927—2001〕
◎参考文献　「マイヤ・イソラ―マリメッコのテキスタイル・デザイン」　ピエ・ブックス　2006.6　p284-285

イッテン, J. Itten, Johannes 〔1888—1967　スイス　画家・美術教育家〕
◎文献　「ヨハネス・イッテン―造形芸術への道」（J.イッテン）　京都国立近代美術館　c2003　p326-327

イーデン, A.　Eden, Anthony〔1897—1977〕
　◎参考文献　「外交による平和―アンソニー・イーデンと二十世紀の国際政治」（細谷雄一）　有斐閣　2005.1　p313-326

イノホサ, J.P.
　◎参考文献　「スペイン ホセ・マリア伝説 アンダルシアの山賊を追って」（永嶺清成）　彩流社　2001.11　p240-241

イリイチ, I.　Illich, Ivan〔1926—2002　社会思想家〕
　◎著作一覧（玉野井芳郎ほか）　「シャドウ・ワーク―生活のあり方を問う」（I.イリイチ）　岩波書店　2006.9　p337-339

インカ・ガルシラーソ・デ・ラ・ベーガ
　◎文献目録（牛島信明）　「インカ皇統記　4」（インカ・ガルシラーソ・デ・ラ・ベーガ）　岩波書店　2006.11　p27-30b

イングヴァール
　◎参考文献　「悲劇のヴァイキング遠征―東方探検家イングヴァールの足跡1036-1041」（M.C.ラーションョン）　新宿書房　2004.12　p226-230

インジ, W.　Inge, William Motter〔1913—1973　米　劇作家〕
　○年表（佐藤信夫）　「アメリカ演劇　11」（法政大学出版局）　1998.5　p109-114

【　ウ　】

ヴァイン, B.
　⇒レンデル, R.を見よ

ヴァリニャーノ, A.　Valignano, Alessandro〔1530—1606　伊　イエスズ会宣教師〕
　◎参考文献　「日本における信仰―ヴァリニャーノの「日本のカテキズモ」と倫理神学的見解」（J.B.ムイベルガー）　サンパウロ　2004.5　p545-589
　◎参考文献（高橋裕史）　「東インド巡察記」（ヴァリニャーノ）　平凡社　2005.1　p433-445

ヴァルガス, F.　Vargas, Fred
　◎著作リスト　「死者を起こせ」（フレッド・ヴァルガス）　東京創元社　2002.6　p325-326

ヴァルザー, M.　Walser, Martin〔1927—　独　小説家〕
　◎年譜ほか　「ドイツ現代文学の軌跡―マルティン・ヴァルザーとその時代」（遠山義孝）　明石書店　2007.3　p273-279

ヴァルザー, R.　Walser, Robert〔1878—1956　スイス　詩人・小説家〕
　◎年譜　「ヴァルザーの詩と小品」（飯吉光夫）　みすず書房　2003.10　p252-254

ヴァールブルク, A.　Warburg, Aby〔1866—1929　独　美学〕
　◎略年譜　「アビ・ヴァールブルク記憶の迷宮」（田中純）　青土社　2001.10　p349-355
　◎参考文献　「残存するイメージ―アビ・ヴァールブルクによる美術史と幽霊たちの時間」（G.ディディ＝ユベルマン）　人文書院　2005.12　p728-676

ヴァレ, J.　Vallee, Jacques〔1939—　〕
　◎著作リスト　「異星人情報局」（J.ヴァレ）　東京創元社　2003.5　p381-382

ヴァレリー, P.　Valéry, Paul Ambroise〔1871—1945　仏　詩人・思想〕
　◎文献書誌　「ポオとヴァレリー―明晰の魔の詩学」（L.D.ヴァインズ）　国書刊行会　2002.10　p26-33b
　◎参考文献ほか（中井久夫）　「若きパルク・魅惑改訂普及版」（P.ヴァレリー）　みすず書房　2003.12　p364-377
　◎書誌的概要（田上竜也）　「未完のヴァレリ―草稿と解説」（P.ヴァレリー）　平凡社　2004.12　p325-350

ヴィオラ, B.　Viola, Bill
　◎参考文献　「ビル・ヴィオラはつゆめ」（B.ヴィオラ）　淡交社　2006.11　p193-198

ヴィクトリア女王　Victoria, Alexandrina〔1819—1901　英　女王〕
　◎参考文献　「ヴィクトリア女王―大英帝国の"戦う女王"」（君塚直隆）　中央公論新社　2007.10　p277-273

ヴィゴツキー, L.S.　Vygotskii, Lev Semyonovich〔1896—1934　露　心理学〕
　◎引用文献　「ヴィゴツキーの新・幼児教育法―幼児の足場づくり」（L.E.バーク, A.ウインスラー）　北大路書房　2001.10　p129-142
　◎参考文献　「ヴィゴツキーの方法―崩れと振動の心理学」（高木光太郎）　金子書房（身体とシステム）　2001.11　p182-184
　◎文献　「ヴィゴーツキー心理学―完全読本　「最近接発達の領域」と「内言」の概念を読み解く」（中村和夫）　新読書社　2004.12　p92-94
　◎参考文献　「児童青年期カウンセリング―ヴィゴツキー発達理論の視点から」（山崎史郎）　ミネルヴァ書房　2005.10　p223-227
　◎引用参考文献　「ヴィゴツキーと教育学」（H.ダニエルズ）　関西大出版部　2006.3　p356-329
　◎参考文献　「ヴィゴツキー障害児発達・教育論集」（L.S.ヴィゴツキー）　新読書社　2006.4　p9-12b
　◎文献目録　「ヴィゴツキー心理学」（柴田義松）　新読書社　2007.6　p256-258

ヴィスコンティ, L.　Visconti, Luchino〔1906—1976　伊　映画監督〕
　○書誌（竹内左知）　「文献探索　2004」（文献探索研究会）　2004.4　p472-476

ウィーダ　Ouida〔1839―1908　英　作家〕
◎目録　「児童文学翻訳作品総覧 1　イギリス編 1」（川戸道昭ほか）　ナダ出版センター　2005.6　p291-307

ウィトゲンシュタイン, L.　Wittgenstein, Ludwig〔1889―1951　墺　分析哲学〕
◎参考文献　「ウィトゲンシュタイン、心、意味―心の社会的概念に向けて」（メレディス・ウィリアムズ）　松柏社（松柏社叢書）　2001.2　p471-476
◎参考文献　「ウィトゲンシュタインのウィーン」（S.トゥールミン, A.ジャニク）　平凡社（平凡社ライブラリー）　2001.3　p480-494
◎参考文献　「論理哲学論」（ウィトゲンシュタイン）　中央公論新社（中公クラシックス）　2001.7　p246-249
◎参考文献（野家啓一）　「ヴィトゲンシュタイン論理哲学論」（L.ヴィトゲンシュタイン）　中央公論新社　2001.7　p246-249
◎文献　「言語ゲームとしての音楽―ヴィトゲンシュタインから音楽美学へ」（矢向正人）　勁草書房　2001.9　p363-370
◎参考文献　「ウィトゲンシュタイン「論理哲学論考」を読む」（野矢茂樹）　哲学書房　2002.4　p282-295
◎参考文献　「天才と才人　ウィトゲンシュタインへのショーペンハウアーの影響」（A.ワイナー）　三和書籍　2003.1　p5-12b
◎参考文献（二木麻里）「ポパーとウィトゲンシュタインとのあいだで交わされた世上名高い一〇分間の大激論」（D.エズモンズほか）　筑摩書房　2003.1　p379-383
◎文献　「いかにしてわたしは哲学にのめりこんだのか」（中村昇）　春秋社　2003.12　p260-267
◎読書案内　「クリプキ―ことばは意味をもてるか」（飯田隆）　NHK出版　2004.7　p121-122
◎読書案内　「ウィトゲンシュタインと精神分析」（J.M.ヒートン）　岩波書店　2004.12　p116-121
◎引用参考文献　「音楽と美の言語ゲーム―ヴィトゲンシュタインから音楽の一般理論へ」（矢向正人）　勁草書房　2005.9　p11-31b
◎著作ほか　「ウィトゲンシュタイン　新装版」（A.J.エイヤー）　みすず書房　2005.10　p8-11b
◎参考文献　「ウィトゲンシュタイン」（飯田隆）　講談社　2005.12　p370-368
◎読書案内　「ウィトゲンシュタイン―「私」は消去できるか」（入不二基義）　NHK出版　2006.5　p122-124
◎文献一覧　「ウィトゲンシュタインにおける言語・論理・世界―『論考』の生成と崩壊」（野村恭史）　ナカニシヤ出版　2006.12　p299-290
◎参考文献　「小林秀雄とウィトゲンシュタイン」（中村昇）　春風社　2007.3　p236-244

ヴィドック, E.F.
◎参考文献　「わが名はヴィドック―犯罪者、警察密偵にして世界初の私立探偵の生涯とフランス革命時代」（J.モートン）　東洋書林　2006.4　p11-16b

ウィーナー, N.　Wiener, Norbert〔1894―1964　米　数学〕
◎参考文献　「情報時代の見えないヒーロー―ノーバート・ウィーナー伝」（F.コンウェイほか）　日経BP社　2006.12　p641-613

ウィニコット, D.W.　Winnicott, Donald Woods〔1896―1971〕
◎著作目録　「ウィニコット用語辞典」（J.エイブラム）　誠信書房　2006.10　p369-408

ウィーラマントリー, C.G.　Weeramantry, C.G.〔1926―　〕
◎著作目録　「国際法から見たイラク戦争―ウィーラマントリー元判事の提言」（C.G.ウィーラマントリー）　勁草書房　2005.3　p252」

ヴィラール・ド・オヌクール　Villard de Honnecourt〔1190頃―1260　仏　建築家〕
◎参考文献　「ヴィラール・ド・オヌクール画帖の研究 2」（藤本康雄）　中央公論美術出版　2001.2　p236-245

ヴィラ＝ロボス, H.　Villa-Lobos, Heitor〔1887―1959　ブラジル　作曲家〕
◎参考文献　「白いインディオの想い出―ヴィラ＝ロボスの生涯と作品」（A.S.シック）　トランスビュー　2004.10　p215-217

ウィリアムズ, B.　Williams, Brian〔1950―　米　画家〕
◎略年譜　「心の原風景―ブライアンの目」（B.ウィリアムズ）　求龍堂　2003.5　p194-197

ウィリアムズ, G.　Williams, Garth〔1912―1993　米　イラストレーター〕
◎作品リスト　「ガース・ウィリアムズ絵本の世界―永遠の物語大草原の小さな家」　ブックグローブ社　2002.5　p118-119

ウィリアムズ, T.　Williams, Tennessee〔1911―1983　米　劇作家〕
◎参考文献ほか　「ぼくがイグアナだったこと―テネシー・ウィリアムズの七つの作品」（市川節子）　南雲堂　2001.3　p415-428
◎Bibliography　「テネシー・ウィリアムズの短編小説の世界―人間のグロテスクな真実と清純な生き方の文化」（岡田春馬）　英宝社　2002.10　p267」

ウィリス, C.　Willis, Connie〔1945―　米　SF作家〕
◎小説作品リスト（大森望）　「犬は勘定に入れません―あるいは、消えたヴィクトリア朝花瓶の謎」（C.ウィリス）　早川書房　2004.4　p539-542
○著作リスト（大森望）　「SFマガジン 45.5」（早川書房）　2004.5　p91-93
◎小説リスト（大森望）　「最後のウィネベーゴ」（C.ウィリス）　河出書房新社　2006.12　p377-380

ヴィリリオ, P.　Virilio, Paul〔1932―　仏　建築家・思想家〕
◎著作一覧（丸岡高弘）　「ネガティヴ・ホライズン―速度と知覚の変容」（P.ヴィリリオ）　産業図書　2003.9　p234-235

ウィルスン, P.　Wilson, F.Paul〔1946―　〕
　◎作品リスト　「異界への扉」(F.ポール・ウィルスン)　扶桑社　2002.7　p555-557

ウィルソン, A.　Wilson, August〔1945―2005　米　劇作家〕
　○年表(天野貴史)　「アメリカ演劇　15」(全国アメリカ演劇研究者会議)　2003.9　p98-103

ウィルソン, H.E.　Wilson, Horace E.〔1843―1927〕
　◎参考文献　「明治五年のプレーボール―初めて日本に野球を伝えた男　ウィルソン」(佐山和夫)　NHK出版　2002.8　p215-217

ウィルソン, T.W.　Wilson, Thomas Woodrow〔1856―1924　米　政治家〕
　◎参考文献　「ウィルソン外交と日本―理想と現実の間1913-1921」(高原秀介)　創文社　2006.2　p9-56b

ウィルバー, K.　Wilber, Ken〔1949―　米　現代思想家〕
　◎参考文献　「ワン・テイスト―ケン・ウィルバーの日記　上」(ケン・ウィルバー)　コスモス・ライブラリー　2002.3　p295-296

ヴィンジ, V.　Vinge, Vernor Steffen〔1944―　米　作家〕
　◎著作リスト　「最果ての銀河船団　下」(ヴァーナー・ヴィンジ)　東京創元社　2002.6　p638」

ヴィント, E.　Wind, Edgar〔1900―1971〕
　◎公刊著作　「シンボルの修辞学」(E.ヴィント)　晶文社　2007.7　p11-27b

ウェイクフィールド, E.G.　Wakefield, Edward Gibbon〔1796―1862　英　政治家〕
　◎文献　「ニュージーランド植民の歴史―イギリス帝国史の一環として」(沢井淳弘)　昭和堂　2003.2　p259-268

ウエイド, H.　Wade, Henry〔1887―1969　英　ミステリー作家〕
　◎著作リスト(小林晋)　「塩沢地の霧」(H.ウエイド)　国書刊行会　2003.2　p356-357

ヴェイユ, S.　Weil, Simone〔1909―1943　仏　哲学〕
　◎著作解題　「シモーヌ・ヴェイユ」(冨原真弓)　岩波書店　2002.12　p13-23b
　◎文献目録ほか　「シモーヌ・ヴェイユの哲学―その形而上学的転回」(M.ヴェトー)　慶應義塾大出版会　2006.5　p359-375

ウェグナー, H.　Wegner, Hans J.〔1914―2007　デンマーク　家具デザイナー〕
　◎文献　「ハンス・ウェグナーの椅子100」(織田憲嗣)　平凡社　2002.10　p197-198

ウェストール, R.　Westall, Robert〔1929―1993　英　作家〕
　◎作品一覧(宮崎駿)　「ブラッカムの爆撃機」(R.ウェストール)　岩波書店　2006.10　p223」

ウェストン, W.　Weston, Walter〔1860―1940　英　登山家〕
　◎年表　「知られざるW・ウェストン」(田畑真一)　信濃毎日新聞社　2001.9　p283-287

ウェスレー, J.　Wesley, John〔1703―1791　英　宗教改革者〕
　◎文献ガイド(大島力ほか)　「キリスト教と人間形成―ウェスレー生誕三〇年記念」(青山学院大学総合研究所キリスト教文化研究センター)　新教出版社　2004.3　p328-349
　◎参考文献　「論集『聖化論の研究』―ウェスレアン・アルミニアニズムの立場より」(小林和夫)　日本ホーリネス教団　2004.10　p458-465
　◎参考文献　「ジョン・ウェスレー」(野呂芳男)　松鶴亭　2005.8　p8-16b
　◎注　「メソジストって何ですか―ウェスレーが私たちに訴えること」(清水光雄)　教文館　2007.3　p240-251

ウェッブ夫妻　Webb〔Webb, Beatrice Potter 1858―1943/Webb, Sidney James, Baron Passfield 1859―1947　英　社会民主主義者〕
　◎文献要覧　「ウェッブ夫妻の生涯と時代　1858～1905年―生誕から共同事業の形成まで」(R.ハリスン)　ミネルヴァ書房　2005.2　p55-57b
　◎参考文献ほか　「ウェッブ夫妻の生涯と思想―イギリスの社会民主主義の源流」(名古忠行)　法律文化社　2005.8　p323-332

ウェーバー, M.　Weber, Max〔1864―1920　独　経済・社会〕
　◎研究史略年譜(橋本直人)　「マックス・ヴェーバーの新世紀―変容する日本社会と認識の転回」(橋本努ほか)　未来社　2000.11　p340-351
　◎参考文献　「ヴェーバー的方法の未来」(鈴木章俊)　日本経済評論社　2001.5　p315-333
　◎文献目録　「ケルゼンとヴェーバー―価値論研究序説」(関口光春)　新泉社　2001.11　p312-324
　◎注　「ウェーバーとワイマール―政治思想史的考察」(雀部幸隆)　ミネルヴァ書房　2002.4　prr
　◎文献　「マックス・ヴェーバーの犯罪―『倫理』論文における資料操作の詐術と「知的誠実性」の崩壊」(羽入辰郎)　ミネルヴァ書房　2002.9　p289-300
　◎文献案内　「マックス・ウェーバー」(安藤英治)　講談社　2003.3　p455-463
　◎文献　「近代音楽のパラドクス―マックス・ウェーバー『音楽社会学』と音楽の合理化」(和泉浩)　ハーベスト社　2003.4　p184-190
　◎文献　「パーソンズとウェーバー」(高城和義)　岩波書店　2003.7　p209-222
　◎文献　「マックス・ヴェーバーとポーランド問題―ヴィルヘルム期ドイツ・ナショナリズム研究序説」(今野元)　東京大学出版会　2003.11　p14-34b
　◎文献　「マックス・ヴェーバーの方法論的合理主義」(矢野善郎)　創文社　2003.12　p6-15b
　◎年表(中村貞二)　「ウェーバー―政治・社会論集」(ウェーバー)　河出書房新社　2005.1　p464-466

ウェブスター, J.　Webster, Alice Jean〔1876—1916　米　作家〕
- ○書誌(酒井正志)　「中京大学教養論叢　42.1」(中京大)　2002.4　p211-263
- ◎目録　「児童文学翻訳作品総覧　7　アメリカ編」(川戸道昭ほか)　ナダ出版センター　2006.3　p414-434

※(ウエフス項の続き)
- ◎引用参考文献　「ウェーバーとヘーゲル、マルクス」(吉田浩)　文理閣　2005.5　p482-486
- ◎読書案内　「マックス・ウェーバー入門」(牧野雅彦)　平凡社　2006.2　p197-206
- ◎文献一覧　「マックス・ウェーバーにおける歴史科学の展開」(犬飼裕一)　ミネルヴァ書房　2007.7　p295-326
- ◎文献　「ヴェーバー社会理論のダイナミクス—「諒解」概念による『経済と社会』の再検討」(松井克浩)　未來社　2007.9　p9-15b
- ◎文献表　「マックス・ウェーバーと妻マリアンネ—結婚生活の光と影」(C.クリューガー)　新曜社　2007.12　p307-301
- ◎文献一覧　「マックス・ヴェーバー—ある西欧派ドイツ・ナショナリストの生涯」(今野元)　東京大出版会　2007.12　p8-33b

ウェブスター, N.　Webster, Noah〔1758—1843　米　辞典編集者〕
- ◎参考文献　「ウェブスター辞書と明治の知識人」(早川勇)　春風社　2007.11　p381-394

ウェーベルン, A.　Webern, Anton von〔1883—1945　墺　作曲家〕
- ◎参考文献　「ヴェーベルン—西洋音楽史のプリズム」(岡部真一郎)　春秋社　2004.5　p94-100b

ウェルギリウス　Vergilius, Maro Publius〔前70—前19　ローマ　詩人〕
- ◎参考文献ほか　「アエネーイス」(ウェルギリウス)　京都大学学術出版会(西洋古典叢書　L007)　2001.4　p656-658

ウェルズ, H.G.　Wells, Herbert George〔1866—1946　英　歴史・小説家〕
- ◎著作目録(H.G.Wells Society)　「ホモ・サピエンス将来の展望—合本版」(H.G.ウェルズ)　新思索社　2006.12　p1-69b

ウェルチ, J.　Welch, John Francis, Jr.〔1935—　米　実業家〕
- ◎年譜　「さよならウェルチ」(J.C.ロウ)　日経BP社　2002.3　p311-315

ヴェルディ, G.　Verdi, Giuseppe〔1813—1901　伊　作曲家〕
- ◎参考文献ほか　「ヴェルディ—書簡による自伝」(アルド・オーベルドルフェル)　河合楽器製作所　2001.5　p508-525
- ◎参考文献ほか　「ヴェルディ—書簡による自伝」(G.ヴェルディ)　河合楽器出版事業部　2002.3　p507-525

ヴェルヌ, J.　Verne, Jules〔1828—1905　仏　小説家〕
- ◎年譜(江口清)　「八十日間世界一周　改版」(J.ヴェルヌ)　角川書店　2004.10　p349-357
- ◎目録　「児童文学翻訳作品総覧　3　フランス・ドイツ編1」(川戸道昭ほか)　ナダ出版センター　2005.9　p406-461
- ○書誌(井上智晴)　「文献探索　2006」(文献探索研究会)　2006.11　p212-227
- ◎参考文献　「ポーからジュール・ヴェルヌ、ランボーへ—冒険物語の系譜をたどる」(高岡厚子)　多賀出版　2007.3　p1-5b

ヴェールホフ, C.v.　Werlhof, Claudia von〔1943—　墺　フェミニスト〕
- ◎著作リスト(加藤耀子ほか)　「自然の男性化性の人工化」(C.v.ヴェールホフ)　藤原書店　2003.12　p323-329

ヴェルレーヌ, P.M.　Verlaine, Paul Marie〔1844—1896　仏　詩人〕
- ◎文献目録　「ヴェルレーヌ自己表現の変遷—『土星びとの歌』から『叡智』まで」(大熊薫)　早美出版社　2001.3　p316-322

ヴェントリス, M.　Ventris, Michael George Francis〔1922—1956　英　考古学〕
- ◎参考図書　「線文字Bを解読した男—マイケル・ヴェントリスの生涯」(A.ロビンソン)　創元社　2005.10　p193-198

ウォー, E.　Waugh, Evelyn Arthur St.John〔1903—1966　英　小説家〕
- ◎参考書目　「イヴリン・ウォー—『一握の塵』のテクスト間相互関連性」(山田麻里)　日本図書センター　2004.2　p163-171

ウォー, H.　Waugh, Hillary〔1920—　米　推理作家〕
- ◎著作リスト　「ながい眠り」(H.ウォー)　東京創元社　2006.1　p320-324

ウォーカー, A.　Walker, Alice Malsenior〔1944—　米　作家〕
- ◎参考文献(永田美喜子)　「行動するフェミニズム—アメリカの女性作家と作品」(英米文化学会)　薪水社　2003.11　p209-210

ウォーカー, K.　Walker, Kenneth〔1882—1966〕
- ◎年譜(安達まみ)　「箱舟の航海日誌」(ウオーカー)　光文社　2007.4　p256-259

ヴォーゲル, E.　Vogel, Ezra F.〔1930—　米　社会学〕
- ◎著作ほか　「ヴォーゲル、日本とアジアを語る」(エズラ・ヴォーゲル, 橋爪大三郎)　平凡社(平凡社新書)　2001.4　p237-239

ウォーターズ, S.　Waters, Sarah〔1966—　〕
- ◎作品リスト　「半身」(S.ウォーターズ)　東京創元社　2003.5　p486

ウォーターハウス, J.W.　Waterhouse, John William〔1849—1917　英　画家〕
◎参考文献　「J・W・ウォーターハウス」(P.トリッピ)　ファイドン　2006.11　p245-246

ウォーナー, L.　Warner, Langdon〔1881—1955　米　東洋美術研究家〕
◎参考文献　「日本の古都はなぜ空襲を免れたか」(吉田守男)　朝日新聞社　2002.8　p231-235

ヴォネガット, K.　Vonnegut, Kurt, Jr.〔1922—2007　米　小説家〕
◎著作リスト(浅倉久志)　「タイムクエイク」(K.ヴォネガット)　早川書房　2003.2　p328-331
◎作品一覧　「国のない男」(K.ヴォネガット)　NHK出版　2007.7　1pb
○邦訳作品解題ほか(永野文香ほか)　「SFマガジン 48.9」(早川書房)　2007.9　p52-60

ウォーホル, A.　Warhol, Andy〔1928—1987　米　画家・映画製作〕
◎Selected bibliography　「アンディ・ウォーホル全版画—カタログ・レゾネ1962-1987 4版〈増補改訂新版〉」(A.ウォーホル)　美術出版社　2003.9　p366-371
◎参考文献　「ウォーホル」(林卓行)　小学館　2006.10　p123」

ウォーラーステイン, I.　Wallerstein, Immanuel Maurice〔1930—　米　社会学・歴史学〕
◎作品紹介　「ウォーラーステイン 知の教科書」(川北稔)　講談社　2001.9　p210-229

ヴォーリズ, W.M.　Vories, William Merrell〔1880—1964　米→日　建築家〕
◎参考文献　「ヴォーリズの西洋館—日本近代住宅の先駆」(山形政昭)　淡交社　2002.7　p317-318
◎書誌情報　「ヴォーリズ評伝—日本に隣人愛を実践したアメリカ人」(奥村直彦)　新宿書房　2005.8　p20-25b

ウォール, J.　Wahl, Jeff〔1946—　〕
◎文献　「ジェフ・ウォール」(T.d.デューヴ)　ファイドン　2006.12　p210-211

ウォルターズ, M.　Walters, Minette〔英　ミステリー作家〕
◎作品リスト　「囁く谺」(ミネット・ウォルターズ)　東京創元社　2002.4　p528-529

ウォルツ, K.N.　Waltz, Kenneth Neal〔1924—　米　国際政治学〕
◎引用文献　「国際政治理論の系譜—ウォルツ、コヘイン、ウェントを中心として」(信夫隆司)　信山社　2004.5　p289-322

ヴォルテール　Voltaire〔1694—1778　仏　作家・啓蒙思想家〕
◎読書案内　「『カンディード』〈戦争〉を前にした青年」(水林章)　みすず書房　2005.7　p157-164
◎年譜　「哲学書簡 哲学辞典」(ヴォルテール)　中央公論新社　2005.10　p473-484

ヴォルフ, M.　Wolf, Markus〔1923—2006〕
◎参考文献　「顔のない男—東ドイツ最強スパイの栄光と挫折」(熊谷徹)　新潮社　2007.8　p212-213

ウォルポール, H.　Walpole, Hugh Seymour〔1884—1941　英　小説家〕
◎著作リスト(倉阪鬼一郎)　「銀の仮面—ミステリーの本棚」(ウォルポール)　国書刊行会　2002.3　p275-282

ウォーレス, A.R.　Wallace, Alfred Russel〔1823—1913　英　博物学〕
◎著作目録(前山隆)　「アマゾン河・ネグロ河紀行」(アルフレッド・ラッセル・ウォーレス)　御茶の水書房　2001.7　p475-477
◎主要著作目録(前山隆)　「アマゾン河・ネグロ河紀行」(A.R.ウォーレス)　御茶の水書房　2002.3　p475-477
◎年譜ほか　「博物学者アルフレッド・ラッセル・ウォーレスの生涯」(P.レイビー)　新思索社　2007.10　p441-454

ウォーレス, I.　Wallace, Irving〔1916—1990　米　小説家〕
◎著作リスト(三橋暁)　「イエスの古文書 下」(I.ウォーレス)　早川書房　2005.3　p394-396

ウナムーノ, M.d.　Unamuno y Jugo, Miguel de〔1864—1936　西　哲学・文学〕
◎文献　「ドン・キホーテの死生観—スペインの思想家ミゲル・デ・ウナムーノ」(J.マシア)　教友社　2003.9　p236-245

ヴラド - ツェペシュ　Vlad III, Țepeș〔1430頃—1476　ルーマニア〕
◎参考文献　「ドラキュラ伯爵—ルーマニアにおける正しい史伝」(N.ストイチェスク)　中央公論新社　2002.10　p314-316

ウルストンクラフト, M.　Wollstonecraft, Mary〔1759—1797　英　女権拡張論者〕
◎原注　「フェミニズムの古典と現代—甦るウルストンクラフト」(E.J.ヨー)　現代思潮新社　2002.2　p233-265
◎参考文献　「近代フェミニズムの誕生—メアリ・ウルストンクラフト」(安達みち代)　世界思想社　2002.8　p261-248

ウルフ, G.　Wolfe, Gene〔1931—　米　作家〕
○主要著作リストほか(柳下毅一郎)　「SFマガジン 45.10」(早川書房)　2004.10　p246-251

ウルフ, T.C.　Wolfe, Thomas Clayton〔1900—1938　米　作家〕
◎書誌ほか　「汝故郷に帰るなかれ—トマス・ウルフの世界」(古平隆)　南雲堂　2000.12　p334-371
○文献目録(古平隆)　「東洋大学大学院紀要 38」(東洋大)　2001　p292-269
○文献目録(古平隆)　「東洋大学大学院紀要 38」(東洋大)　2002.3　p292-269

ウルフ, V. Wolfe, Adeline Virginia〔1882―1941 英 作家・批評家〕
◎年譜ほか 「ヴァージニア・ウルフ」(ルース・ウェブ) ミュージアム図書(大英図書館シリーズ作家の生涯) 2001.4 p118-121
◎基本文献 「ヴァージニア・ウルフ」(N.ニコルソン) 岩波書店 2002.6 p195-197
◎年譜(御輿哲也) 「灯台へ」(V.ウルフ) 岩波書店 2004.12 4pb
◎参考文献 「ダロウェイ夫人」(窪田寛子) ミネルヴァ書房 2006.11 p8-15bほか

ウールリッチ, C. Woolrich, Cornell〔1903―1968 米 推理作家〕
◎全作品リスト(門野集、香野和男) 「コーネル・ウールリッチ傑作短篇集 1 砂糖とダイヤモンド」(コーネル・ウールリッチ) 白亜書房 2002.9 p1-19b
◎著作リストほか 「コーネル・ウールリッチの生涯 下」(F.M.ネヴィンズ) 早川書房 2005.6 p446-351

【エ】

エー, H. Ey, Henri〔1900―1977 仏 精神医学〕
◎業績 「精神医学とは何か―反精神医学への反論」(アンリ・エー) 「新樹会」創造出版 2002.8 p151-177

エイクボーン, A. Ayckbourn, Alan〔1939― 英 劇作家・演出家〕
◎文献ほか 「アラン・エイクボーン―挑戦の軌跡」(出戸一幸) 新水社 2003.1 p269-282

エウリピデス Eurīpidēs〔前485/4/0―前406 希 詩人〕
◎文献 「ディオニュソスの詩学」(チャールズ・シーガル) 国文社 2002.4 p8-16b
◎文献 「エウリピデス悲劇の民衆像―アテナイ市民団の自他認識」(平田松吾) 岩波書店 2002.6 p6-16b

エカテリーナ1世 Ekaterina I, Alekseevna Romanova〔1684―1727 露 皇帝〕
◎参考文献 「ピョートル大帝の妃―洗濯女から女帝エカチェリーナ一世への道」(河島みどり) 草思社 2002.10 p1-2b

エカテリーナ2世 Ekaterina II, Alekseevna Romanova〔1729―1796 露 皇帝〕
◎参考文献ほか 「エカテリーナ二世―十八世紀、近代ロシアの大成者 下」(H.カレール＝ダンコース) 藤原書店 2004.7 p707-681

エカード, M.B. Akard, Martha B.〔1887―1969〕
◎参考文献 「マーサ・B・エカードの冒険―日本の女子教育・福祉に捧げたアメリカ女性宣教師」(青山静子) ドメス出版 2006.9 p254-248

エーコ, U. Eco, Umberto〔1932― 伊 美学・記号論〕
◎年譜 「開かれた作品」(U.エーコ) 青土社 2002.6 p366-369
◎読書案内 「エーコとサッカー」(P.P.トリフォナス) 岩波書店 2004.3 p112-116
◎書誌 「ウンベルト・エーコとの対話」(T.シュタウダー) 而立書房 2007.1 p221-226

エジソン, T.A. Edison, Thomas Alva〔1847―1931 米 発明家〕
◎資料リスト 「起業家エジソン 知的財産・システム・市場開発」(名和小太郎) 朝日新聞社 2001.3 p1-9b
◎読書案内 「エジソン理系の想像力」(名和小太郎) みすず書房 2006.9 p179-186

エックハルト Eckhart〔1260頃―1327 独 神秘家〕
◎年譜ほか 「上田閑照集 7 マイスター・エックハルト」(上田閑照) 岩波書店 2001.11 p1-15b

エッジワース, M. Edgeworth, Maria〔1767―1849 英 作家〕
◎文献ほか 「ラックレント城」(M.エッジワース) 開文社出版 2002.3 p365-384

エッツェル, P.J. Hetzel, Pierre-Jules〔1814―1886〕
◎引用参考文献ほか 「名編集者エッツェルと巨匠たち―フランス文学秘史」(私市保彦) 新曜社 2007.3 p520-499

エーティンガー, F.C. Oetinger, Friedrich Christoph von〔1702―1782 独 神学〕
◎参考引用文献 「ヴュルテンベルク敬虔主義の人間形成論―F.Ch.エーティンガーの思想世界」(三輪貴美枝) 知泉書館 2007.12 p261-273

エプケ, W.F. Ebke, Werner F.
◎著作目録 「経済統合・国際企業法・法の調整―エプケ教授講演集」(山内惟介) 中央大学出版部 2002.5 p9-20b

エプスティーン, S.S. Epstein, Samuel S.
◎著書一覧(伊藤恵子) 「ガンからの警告」(S.S.エプスティーン) リヨン社 2006.10 p294」

エマソン, R.W. Emerson, Ralph Waldo〔1803―1882 米 詩人・哲学〕
◎年譜 「エマソンの精神遍歴―自由と運命」(スティーヴン・E.ウィッチャー) 南雲堂 2001.4 p26-273
◎参考文献 「エマソンと三人の魔女」(吉田とよ子) 勉誠出版 2004.6 p201-205

エミン・パシャ, M. Emin Pasha, Mehmet〔1840―1892 独 アフリカ探検家〕
◎参考文献 「エミン・パシャと〈アフリカ分割〉の時代」(富田正史) 第三書館 2001.4 p336-344

エムシュウィラー, C. Emshwiller, Carol〔1921― 米 作家〕
◎著作リストほか(畔柳和代) 「すべての終わりの始まり」(C.エムシュウィラー) 国書刊行会 2007.5 p352-353

エラスムス, D. Erasmus, Desiderius〔1466—1536 蘭 人文主義者〕
　◎参考文献　「宗教改革の精神　ルターとエラスムスの思想対決」（金子晴勇）　講談社　2001.12　p231-235
　◎参考文献　「エラスムスの思想的境地」（木ノ脇悦郎）　関西学院大出版会　2004.1　p131-133
　◎年譜（渡辺一夫）　「痴愚神礼讃」（エラスムス）　中央公論新社　2006.9　p245-254

エラリー-クイーン Ellery Queen〔Lee, Manfred B. 1905—1971/Dannay, Frederic 1905—1982の共同執筆　米　推理作家〕
　○長篇全解題（南波雅, 小木曽郷平, 羽取慶治ほか）　「ミステリマガジン　47.5」（早川書房）　2002.5　p56-65
　○長篇作品リスト（編集部）　「ハートの4」（E.クイーン）　早川書房　2004.2　p476-479
　◎著作リスト（荻巣康紀ほか）　「エラリー・クイーンPerfect Guide」（飯城勇三ほか）　ぶんか社　2004.12　p209-211
　◎著書目録　「江戸川乱歩全集　25　鬼の言葉」（江戸川乱歩）　光文社　2005.2　p567-570

エリアス, N. Elias, Norbert〔1897—1990 独 社会学〕
　◎参考文献　「エリアス・暴力への問い」（奥村隆）　勁草書房　2001.5　p9-22b
　◎参考文献　「エリアス・暴力への問い」（奥村隆）　勁草書房　2002.3　p9-22b
　◎研究書誌（桂啓壯）　「ノルベルト・エリアスと21世紀」（大平章）　成文堂　2003.12　p216-232

エリアーデ, M. Eliade, Mircea〔1907—1986 米 宗教学〕
　◎年譜（住谷春也）　「エリアーデ幻想小説全集　3」（M.エリアーデ）　作品社　2005.2　p514-541
　◎参考文献　「象徴と芸術の宗教学」（M.エリアーデ）　作品社　2005.9　p295-294

エリオット, G. Eliot, George〔1819—1880 英 小説家〕
　◎文献　「ジョージ・エリオットの時空─小説の再評価」（海老根宏, 内田能嗣）　北星堂書店　2000.6　p320-338
　◎参考文献　「ジョージ・エリオットとドイツ文学・哲学」（渡辺千枝子）　創英社　2003.9　p194-213
　◎参考文献ほか　「ジョージ・エリオットと主語・イメージ・対話」（天野みゆき）　南雲堂　2004.3　p452-486
　○文献書誌（大嶋浩）　「兵庫教育大学研究紀要　29」（兵庫教育大）　2006.9　p59-70

エリオット, T.S. Eliot, Thomas Stearns〔1888—1965 英 詩人・劇作家〕
　◎詩の年表　「三月兎の調べ─詩篇　1909-1917」（T.S.エリオット, クリストファー・リックス）　国文社　2002.11　p45-50
　◎年譜ほか　「午後の遠景─T.S.エリオット研究」（川野美智子）　大阪教育図書　2004.3　p301-310
　◎引用文献　「T.S.エリオットのヴィア・メディア─改宗の詩学」（村田俊一）　弘前大学出版会　2005.6　p343-350
　○業績目録ほか　「名古屋市立大学大学院人間文化研究　6」（名古屋市立大）　2006.12　p195-201

エリオット, W.I.
　○業績リストほか　「関東学院大学文学部紀要　92」（関東学院大）　2001　p223-225

エリクソン, M. Erickson, Milton H.〔1901—1980 心理学〕
　◎文献　「戦略的心理療法─ミルトン・エリクソン心理療法のエッセンス」（J.ヘイリー）　黎明書房　（精神医学選書　第1巻）　2001.1　p239-241
　◎文献　「ミルトン・エリクソンの催眠療法入門─解決志向アプローチ」（W.H.オハンロン, M.マーチン）　金剛出版　2001.5　p231-234
　◎文献　「ミルトン・エリクソン─その生涯と治療技法」（J.K.ザイグ）　金剛出版　2003.7　p182-187

エリザベート, M.H.S.G. Elisabeth, Marie Henriette Stephanie Gisela〔1883—1963 墺 王女〕
　◎参考文献　「エリザベート─ハプスブルク家最後の皇女　下」（塚本哲也）　文藝春秋　2003.6　p353-359

エリセーエフ, S. Elisseeff, Serge〔1889—1975 露→仏　日本学〕
　◎参考文献　「夏目漱石とジャパノロジー伝説─「日本学の父」は門下のロシア人・エリセーエフ」（倉田保雄）　近代文芸社　2007.4　p191-194

エリソン, R.W. Ellison, Ralph Waldo〔1914—1994 米 小説家・評論家〕
　◎参考文献　「アフリカン・アメリカン文学論─「ニグロのイディオム」と想像力」（荒このみ）　東京大学出版会　2004.7　p249-255

エルガー, E. Elgar, Edward William〔1857—1934 英 作曲家〕
　◎参考文献　「エドワード・エルガー希望と栄光の国」（水越健一）　武田書店　2001.6　p219-220

エルキンズ, A. Elkins, Aaron J.〔1935— 米 ミステリー作家〕
　◎著作リスト（秋津知子）　「偽りの名画」（A.エルキンズ）　早川書房　2005.3　p429-431

エルショーフ, P.P. Ershov, Pëtr Pavlovich〔1815—1869 露 作家〕
　◎目録　「児童文学翻訳作品総覧　6　スペイン・ロシア編」（川戸道昭ほか）　ナダ出版センター　2005.12　p726-736

エルンスト, M. Ernst, Max〔1891—1976 独 画家〕
　◎書誌　「マックス・エルンスト　増補新版」（S.アレクサンドリアン）　河出書房新社　2006.9　p79」

エンゲルス, F. Engels, Friedrich〔1820—1895 独 経済・哲学〕
◎文献 「イデオロギー論の基礎」(小林一穂) 創風社 2003.6 p229-232
◎注 「マンチェスター時代のエンゲルス—その知られざる生活と友人たち」(R.ウィトフィールド) ミネルヴァ書房 2003.9 prr
◎文献 「『資本論』第2部の成立と新メガ—エンゲルス編集原稿(1884-1885年・未公表)を中心に」(早坂啓造) 東北大学出版会 2004.4 p302-307
◎年表(渡辺寛) 「エンゲルス—社会・哲学論集」(エンゲルス) 河出書房新社 2005.5 p437-448

エンデ, M. Ende, Michael〔1929—1995 独 児童文学・小説家〕
◎略年譜 「21世紀の〈ものがたり〉—『はてしない物語』創作コンクール記念」(岩波書店編集部) 岩波書店 2002.2 p227-228
◎参考文献 「パン屋のお金とカジノのお金はどう違う?—ミヒャエル・エンデの見た経済・社会」(広田裕之) オーエス出版 2002.3 p233-238
◎ブックガイド 「いのちの樹の下で—エンデとカーソンの道を継ぐ」(子安美知子ほか) 海拓社 2002.3 p198-201
◎参考文献 「エンデを旅する—希望としての言葉の宇宙」(田村都志夫) 岩波書店 2004.12 p1-6b
◎文献一覧 「『モモ』と考える時間とお金の秘密」(境毅) 書肆心水 2005.3 p277-281

エンリケ航海王子 Henrique o Navegador〔1394—1460 ポルトガル 王子〕
◎参考文献 「エンリケ航海王子—大航海時代の先駆者とその時代」(金七紀男) 刀水書房 2004.1 p215-218

【オ】

オイラー, L. Euler, Leonhard〔1707—1783 スイス 数学〕
◎文献ほか 「オイラー—その生涯と業績」(E.A.フェルマン) シュプリンガー・フェアラーク東京 2002.4 p18-19b

オーウェル, G. Orwell, George〔1903—1950 英 小説家・詩人・評論家〕
◎参考文献 「オーウェル研究 ディーセンシィを求めて」(佐藤義夫) 彩流社 2003.2 p11-23b
○書誌 「オーウェル研究 22」(日本オーウェル協会) 2003.4 p26」
◎読書案内 「『動物農場』ことば・政治・歌」(川端康雄) みすず書房 2005.9 p165-166

オーウェン, R. Owen, Robert〔1771—1858 英 社会思想家〕
◎文献ほか 「ロバート・オウエン」(土方直史) 研究社 2003.3 p253-262

オグデン, C.K. Ogden, Charles Kay〔1889—1957 英 言語心理学〕
◎参考文献 「850語に魅せられた天才C.K.オグデン」(相沢佳子) 北星堂書店 2007.11 p280-285

オグルヴィ, D. Ogilvie, David
◎著者年譜(山内あゆ子) 「広告の巨人オグルヴィ語録」(D.オグルヴィ) 海と月社 2007.3 p236-237

オコナー, F. O'Connor, Flannery〔1925—1964 米 小説家〕
◎年譜(横山貞子) 「フラナリー・オコナー全短篇 下」(F.オコナー) 筑摩書房 2003.5 p367-372
◎「日本におけるフラナリー・オコナー文献書誌」(野口肇) 文化書房博文社 2007.1 144p A5
◎年譜(S.フィッツジェラルド) 「存在することの習慣—フラナリー・オコナー書簡集」(F.オコナー) 筑摩書房 2007.3 p339-344

オースティン, J. Austen, Jane〔1775—1817 英 小説家〕
○記事抄録(長谷川なほみ) 「文献探索 2000」(文献探索研究会) 2001.2 p427-429
◎参考文献 「虚構を織る イギリス女性文学 ラドクリフ、オースティン、C・ブロンテ」(惣谷美智子) 英宝社 2002.8 p337-328
◎書誌 「ジェイン・オースティン事典」(P.ポプラウスキー) 鷹書房弓プレス 2003.6 p413-480
◎年譜 「高慢と偏見 下」(J.オースティン) 筑摩書房 2003.8 p308-323
○文献(長谷川なほみ) 「文献探索 2003」(文献探索研究会) 2003.12 p323-326
○書誌(田村道美) 「香川大学教育学部研究報告 第1部 120」(香川大) 2003 p39-52
○翻訳書目(田村道美) 「香川大学教育学部研究報告 第1部 121」(香川大) 2004 p39-54
◎参考文献 「ジェイン・オースティンの手法について—風景描写を中心に」(さとう瑛美子) ブイツーソリューション 2004.4 p52-53
◎参考文献 「ジェイン・オースティンの英語—その歴史・社会言語学的研究」(末松信子) 開文社出版 2004.5 p211-219
○文献探索(長谷川なほみ) 「文献探索 2005」(文献探索研究会) 2006.5 p253-256
○書誌(田村道美) 「香川大学教育学部研究報告 第1部 127」(香川大) 2007 p19-32
◎参考文献 「ジェイン・オースティン—象牙の細工」(中尾真理) 英宝社 2007.1 p298-306
◎引用文献ほか 「ジェイン・オースティンファッション」(P.バード) テクノレヴュー 2007.3 p119-124
◎参考文献(塩谷清人) 「ジェイン・オースティンを学ぶ人のために」(内田能嗣ほか) 世界思想社 2007.9 p285-298

オッカム，W.　Ockham, William〔1285頃―1349頃　英　哲学〕
◎参考文献　「オッカム『大論理学』註解　3」（渋谷克美）　創文社　2001.2　p309-313
◎文献　「オッカム『大論理学』註解　5　第3部3-第3部4」（渋谷克美）　創文社　2003.8　p713-719
◎参考文献（渋谷克美）　「オッカム『大論理学』註解　4　第3部1-第3部2」（オッカム）　創文社　2005.9　p567-570
◎参考文献（渋谷克美）　「オッカム『七巻本自由討論集』注解　1」（W.オッカム）　知泉書館　2007.5　p255-258

オティエノ，W.W.　Otieno, Wambui Waiyaki
◎参考文献　「マウマウの娘―あるケニア人女性の回想」（W.W.オティエノ）　未來社　2007.5　p244-247

オドレール，P.　Haudrere, Philippe
◎主要著作（羽田正）　「フランス東インド会社とポンディシェリ」（P.オドレール）　山川出版社　2006.4　p130-123

オニール，E.G.　O'Neill, Eugene Gladstone〔1888―1953　米　劇作家〕
○年表（石田愛）　「アメリカ演劇　14」（全国アメリカ演劇研究者会議）　2002.7　p103-113

オネゲル，A.　Honegger, Arthur〔1892―1955　スイス　作曲家〕
◎参考文献　「音楽のリパーカッションを求めて―アルチュール・オネゲル《交響曲第3番典礼風》創作」（生島美紀子）　行路社　2007.12　p188-192

オブライエン，F.　O'Brien, Flann〔1911―1966　アイルランド　幻想作家〕
◎長篇リストほか（大澤正佳）　「ハードライフ」（F.オブライエン）　国書刊行会　2005.2　p236-237

オベリン，J.F.　Oberlin, Johann Friedrich〔1740―1826〕
◎文献　「ジャン=フレデリック・オベリン―アルザスの土を耕し心を育んだ生涯」（J.W.カーツ）　桜美林学園　2006.12　p375-379

O.ヘンリー　O.Henry〔本名＝ポーター，ウィリアム・シドニー〈Porter, William Sydney〉　1862―1910　米　作家〕
◎参考文献　「「最後の一葉」はこうして生まれた―O・ヘンリーの知られざる生涯」（斉藤昇）　角川学芸出版　2005.5　p192-195
◎年譜（芹澤恵）　「1ドルの価値賢者の贈り物―他21編」（O.ヘンリー）　光文社　2007.10　p389-392

オーモンドソン，A.O.　Ormondson, A.O.
◎文献　「海にかける虹―大田中将遺児アキコの歳月」（青山淳平）　NHK出版　2003.10　p235-237

オリガス，J.J.　Origas, Jean Jacques〔1937―2003　仏　日本文学研究者〕
○著作目録　「比較文学研究　83」（東大比較文學會）　2004.3　p1-7

オリゲネス　Origenes, Adamantius〔185頃―254頃　希　神学〕
◎文献表　「愛と意志と生成の神―オリゲネスにおける「生成の論理」と「存在の論理」」（土井健司）　教文館　2005.4　p151-162

オールコック，R.　Alcock, Rutherford〔1809―1897　英　外交官〕
◎参考文献　「オールコックの江戸―初代英国公使が見た幕末日本」（佐野真由子）　中央公論新社　2003.8　p263-283

オルコット，L.M.　Alcott, Louisa May〔1832―1888　米　小説家〕
◎参考文献　「若草物語　シリーズもっと知りたい名作の世界1」（高田賢一）　ミネルヴァ書房　2006.2　p10-14b
◎目録　「児童文学翻訳作品総覧　7　アメリカ編」（川戸道昭ほか）　ナダ出版センター　2006.3　p212-271
◎作品ほか　「ルイザ―若草物語を生きたひと」（N.ジョンストン）　東洋書林　2007.3　p12-24

オルソン，V.　Ohlson, Virginia〔1914―　米　看護学〕
◎注記ほか　「バージニア・オルソン物語―日本の看護のために生きたアメリカ人女性」（大石彩乃）　原書房　2004.10　p226-230

オルダースン，W.　Alderson, Wroe〔1898―1965〕
◎注　「オルダースン理論の再検討」（マーケティング史研究会）　同文舘出版　2002.7　prr

オルテガ，J.　Ortega, José〔1883―1955　西　哲学〕
◎年譜ほか　「オルテガ―大衆の反逆」（寺田和夫）　中央公論新社　2002.2　p255-263

オルデンバーグ，H.　Oldenburg, Henry〔1618頃―1677　独〕
◎参考文献　「オルデンバーグ―十七世紀科学・情報革命の演出者」（金子務）　中央公論新社　2005.3　p286-293

オールビー，E.　Albee, Edward Franklin〔1928―　米　劇作家〕
○年表（森瑞樹）　「アメリカ演劇　19」（全国アメリカ演劇研究者会議）　2007.12　p116-120

オレーシャ，Y.　Olesha, Yurii Karlovich〔1899―1960　露　作家〕
◎年譜　「沈黙と夢―作家オレーシャとソヴィエト文学」（岩本和久）　群像社　2003.11　p198-204

【　カ　】

カー，A.H.Z.　Carr, Albert H.Z〔1902―1971　米　思想家・政治経済学〕
◎作品リスト（田中融二）　「誰でもない男の裁判」（A.H.Z.カー）　晶文社　2004.6　p332-334

カー, E.H. Carr, Edward Hallett〔1892—1982 英 歴史学・国際政治学〕
◎著作目録 「誠実という悪徳—E・H・カー1892-1982」（J.ハスラム）現代思潮新社 2007.11 p484-485

カー, J.D. Carr, John Dickson〔別名＝ディクスン, C.〈Dickson, Carter〉 1906—1977 米 推理作家〕
○長編全解題ほか（栗原浩之ほか）「ミステリマガジン 46.4.541」（早川書房）2001.4 p36-71
◎全作品論 「名探偵の肖像」（二階堂黎人）講談社 2002.6 p338-395
◎全作品論 「名探偵の肖像」（二階堂黎人）講談社 2002.6 p338-395

ガイゼル, T.S. Geisel, Theodor Seuss〔1904—1991〕
◎作品一覧 「ドクター・スースの素顔—世界で愛されるアメリカの絵本作家」（J.モーガンほか）彩流社 2007.7 p17-21b

カイパー, A. Kuyper, Abraham〔1837—1920 蘭 改革派神学・政治家〕
◎文献 「近代主義とキリスト教—アブラハム・カイパーの思想」（P.S.ヘスラム）教文館 2002.2 p10-31b

カーヴァー, R. Carver, Raymond〔1938—1988 米 短編小説家〕
◎年表ほか（深谷素子） 「レイ、ぼくらと話そう—レイモンド・カーヴァー論集」（平石貴樹ほか）南雲堂 2004.2 p237-276
◎年譜（W.L.スタル） 「必要になったら電話をかけて」（R.カーヴァー）中央公論新社 2004.7 p375-391

カウツキー, K. Kautsky, Karl Johann〔1854—1938 独 経済学・政治家〕
◎参考文献 「言語としての民族—カウツキーと民族問題」（相田慎一）御茶の水書房 2002.2 p585-600

ガウディ, A. Gaudí y Cornet, Antonio〔1852—1926 西 建築家〕
◎年譜 「ガウディの独り言」（田中裕也）アートダイジェスト（ADコレクションシリーズ）2001.6 p250-251
◎注文献 「ガウディ建築のルーツ」（鳥居徳敏）鹿島出版会 2001.7 p247-253

カウフマン, A. Kaufmann, Arthur〔1923—2001 独 法学〕
○業績ほか（宮沢浩一） 「現代刑事法 4.1」（現代法律出版）2002.1 p90-95
◎著作刊行物目録（上田健二） 「法哲学 2版」（A.カウフマン）ミネルヴァ書房 2006.1 p24-56b

カーク, R. Kirk, Rasahn Roland〔1935—1977 米 ジャズリード奏者〕
◎参考文献 「ローランド・カーク伝—溢れ出る涙」（J.クルース）河出書房新社 2005.2 p287-286

カザルス, P. Cazals, Pablo〔1876—1973 西 チェロ奏者〕
◎略年譜 「カザルス—バッハ没後250年記念 総特集」河出書房新社（Kawade夢ムック）2000.10 p226-227

カシミール, H.B.J. Casimir, H.B.G.〔数学〕
◎参考文献 「絶対カシミール元」（黒川信重, 若山正人）岩波書店 2002.2 p181-184

カーシュ, G. Kersh, Gerald〔1911—1968 露 作家〕
◎著作リスト 「壜の中の手記」（G.カーシュ）晶文社 2002.7 p327-332

ガスカール, P. Gascar, Pierre〔1916—1997 仏 作家〕
◎略年表 「肖像と回想—自伝的交友録」（ピエール・ガスカール）法政大学出版局（叢書・ウニベルシタス 715）2001.9 p1-6b

カステリョ, S. Castellion, Sebastien〔1515—1563 仏 神学〕
◎文献一覧 「セバスティアン・カステリョ—宗教寛容のためのたたかい」（H.R.グッギスベルク）新教出版社 2006.11 p103-119b

カストロ, F. Castro, Fidel〔1926— キューバ 革命指導者〕
◎参考文献 「冒険者カストロ」（佐々木譲）集英社 2002.9 p272-276
◎参考文献 「フィデル・カストロ—世界の無限の悲惨を背負う人」（田中三郎）同時代社 2005.3 p632-633
◎参考文献 「カストロ」（L.コルトマン）大月書店 2005.4 p11b

カーソン, R.L. Carson, Rachel Louise〔1907—1964 米 生物〕
◎ブックガイド 「いのちの樹の下で—エンデとカーソンの道を継ぐ」（子安美知子ほか）海拓社 2002.3 p198-201
◎参考文献 「レイチェル—レイチェル・カーソン『沈黙の春』の生涯」（L.リア）東京書籍 2002.8 p777-753
◎作品目録 「レーチェル・カーソン」（P.ブルックス）新潮社 2004.3 p420-416
◎参考文献 「レイチェル・カーソン—自然への愛」（A.R.クオラティエロ）鳥影社 2006.3 p245-249
◎参考文献ほか 「レイチェル・カーソン」（上岡克己ほか）ミネルヴァ書房 2007.5 p11-18b
◎作品目録 「レイチェル・カーソン 下」（P.ブルックス）新潮社 2007.10 p319-314

カテラン, M. Cattelan, Maurizio〔1960— 伊 現代美術家〕
◎参考文献 「マウリツィオ・カテラン」（F.ボナーミ）ファイドン 2006.6 p158-159

カーデルバッハ, S.
　◎著作目録（山内惟介）　「国際法・ヨーロッパ公法の現状と課題―カーデルバッハ教授講演集」（S.カーデルバッハ）　中央大学出版部　2005.7　p5-10b

ガードナー, H.　Gardner, Howard〔1943―　米　心理学〕
　◎著書一覧ほか　「MI:個性を生かす多重知能の理論」（ハワード・ガードナー）　新曜社　2001.10　p13-33b

ガードナー, M.　Gardner, Martin〔1914―　米　数学〕
　◎出版物目録（ダナ・リチャーズ）　「マーチン・ガードナー・マジックの全て―マーチン・ガードナー・プレゼンツ　続」（マーチン・ガードナー）　東京堂出版　2002.3　p268-289

ガートン, R.　Garton, Ray〔1962―　〕
　◎著者作品一覧　「ライヴ・ガールズ」（レイ・ガートン）　文藝春秋（文春文庫　カ9-1）　2001.7　p440-443

カニグズバーグ, E.L.　Konigsburg, Elaine Lobl〔1930―　米　児童文学作家〕
　◎参考文献ほか　「E.L.カニグズバーグ」（横田順子）　KTC中央出版　2006.10　p130-139

ガネル, J.G.　Gunnell, John G.〔1933―　〕
　◎著作目録　「アメリカ政治理論の系譜」（J.G.ガネル）　ミネルヴァ書房（Minerva人文・社会科学叢書　56）　2001.12　p435-441

カフカ, F.　Kafka, Franz〔1883―1924　チェコ　小説家〕
　◎文献一覧　「新しいカフカ―「編集」が変えるテクスト」（明星聖子）　慶応義塾大学出版会　2002.2　p315-322
　◎略年譜（池内紀）　「カフカ小説全集　6　掟の問題ほか」（F.カフカ）　白水社　2002.8　p623-627
　◎年表　「病者カフカ　最後の日々の記録」（R.ハッカーミュラー）　論創社　2003.5　p178-182
　◎年譜ほか　「カフカ事典」（池内紀ほか）　三省堂　2003.6　p216-227
　◎文献一覧　「開いた形式としてのカフカ文学―『判決』と『変身』を中心に」（高橋行道）　鳥影社　2003.10　p469-481
　◎略年譜　「カフカ彷徨」（井上正篤）　同学社　2003.12　p345-349
　◎略年譜　「カフカの生涯」（池内紀）　新書館　2004.7　p388-399
　◎略年譜　「となりのカフカ」（池内紀）　光文社　2004.8　p214-215
　◎参考文献　「合わせ鏡の世界―カフカにおけるメタフィクションの構造」（時見直洋）　新風舎　2005.1　p50-51
　◎参考文献　「近代の終焉におけるフランツ・カフカと表現主義者たち」（W.ファルク）　梓出版社　2005.2　p760-770
　◎引用書目　「世界戦争の予告小説家カフカ―『変身』と『判決』」（樋口大介）　河出書房新社　2005.4　p266-269
　◎読書案内　「カフカ『断食芸人』〈わたし〉のこと」（三原弟平）　みすず書房　2005.12　p152-155
　◎引用書目　「『変身』ホロコースト予見小説」（樋口大介）　河出書房新社　2006.2　p292-294
　◎参考文献　「カフカの迷宮―小品を読む」（御木達哉）　書肆フローラ　2006.3　p223-225
　◎略年譜（池内紀）　「変身」（F.カフカ）　白水社　2006.3　p142-147
　◎参考文献　「カフカとキルケゴール」（中澤英雄）　オンブック　2006.9　p257-261
　◎年譜　「変身掟の前で―他2編」（カフカ）　光文社　2007.9　p170-173
　◎参考文献　「カフカ入門―世界文学依存症」（室井光弘）　東海大出版会　2007.11　p201-210

カーペンターズ　Carpenters〔カレン・カーペンター/リチャード・カーペンター　米　ポップデュオ〕
　◎文献　「『イエスタデイ・ワンス・モア』の秘密」（土屋唯之）　南雲堂　2002.9　p195-197

カポーティ, T.　Capote, Truman〔1924―1984　米　小説家〕
　◎参考文献ほか　「カポーティ―人と文学」（越智博美）　勉誠出版　2005.12　p287-302
　◎年譜　「トルーマン・カポーティ　下」（G.プリンプトン）　新潮社　2006.8　p446-453

ガミオ, M.　Gamio, Manuel〔1883―1960　メキシコ　人類学〕
　◎引用参考文献　「革命期メキシコ・文化概念の生成―ガミオ-ボアズ往復書簡の研究」（大村香苗）　新評論　2007.2　p314-331

カミュ, A.　Camus, Albert〔1913―1960　仏　小説家〕
　◎注文献　「アルベール・カミュ　上・下」（O.トッド）　毎日新聞社　2001.1　prr
　○自筆略年譜　「慶應義塾大学日吉紀要　フランス語フランス文学　34」（慶応義塾大）　2002.3　p1-2
　◎参考文献　「カミュ「異邦人」を読む―その謎と魅力」（三野博司）　彩流社　2002.11　p272-276
　◎参考引用文献　「カミュ沈黙の誘惑」（三野博司）　彩流社　2003.12　p278-284
　◎読書案内　「カミュ『よそもの』きみの友だち」（野崎歓）　みすず書房　2006.8　p147-154

カーライル, T.　Carlyle, Thomas〔1795―1881　英　思想・歴史〕
　◎書誌ほか　「カーライルの人生と思想」（向井清）　大阪教育図書　2005.3　p233-255

カラヴァッジョ, M.M.　Caravaggio, Michelangelo Merisi da〔1573―1610　伊　画家〕
　◎註　「カラヴァッジョ鑑」（岡田温司ほか）　人文書院　2002.2　prr
　◎文献　「カラヴァッジョ」（T.ウィルソン=スミス）　西村書店　2003.2　p26-27

◎参考文献　「カラヴァッジョ―聖性とヴィジョン」（宮下規久朗）　名古屋大学出版会　2004.12　p15-58b
◎参考文献　「カラヴァッジョ」（宮下規久朗）　小学館　2006.12　p123」
◎文献案内　「カラヴァッジョへの旅―天才画家の光と闇」（宮下規久朗）　角川学芸出版　2007.9　p250-263
◎参考文献　「消えたカラヴァッジョ」（J.ハー）　岩波書店　2007.12　p297-300

カラス, M.　Karas, Maria〔1923―1977　希　ソプラノ歌手〕
◎参考文献　「マリア・カラス」（J.ケスティング）　アルファベータ　2003.7　p390-393
◎参考文献　「マリア・カラス 新装版」（J.ケスティング）　アルファベータ　2007.9　p390-393

カラヤン, H.v.　Karajan, Herbert von〔1908―1989　墺　指揮者〕
◎参考文献　「カラヤンとフルトヴェングラー」（中川右介）　幻冬舎　2007.1　p308-311

カリエール, E.　Carrière, Eugène〔1849―1906　仏　画家・彫刻家〕
◎参考文献　「ロダンとカリエール」（大屋美那ほか）　毎日新聞社　2006　p236-252

カリオストロ, A.　Cagliostro, Alessandro, conte di〔1743―1795　伊　眼科医・錬金術師・魔術師〕
◎参考文献　「山師カリオストロの大冒険」（種村季弘）　岩波書店　2003.3　p1-3b
◎参考文献　「最後の錬金術師カリオストロ伯爵」（I.マカルカン）　草思社　2004.9　p1-10b

カリジェ, A.　Carigiet, Alois〔1902―1985　スイス　絵本作家・挿絵画家〕
◎年譜　「生誕100年記念国際アンデルセン賞画家アロイス・カリジェ展」（NHKサービスセンター）　NHKサービスセンター　c2002　p106-107

ガリレイ, G.　Galilei, Galileo〔1564―1642　伊　物理学・天文学〕
◎出典一覧　「ローマのガリレオ」（W.シーアほか）　大月書店　2005.1　p1-9b
◎参考文献　「ガリレオの迷宮―自然は数学の言語で書かれているか?」（高橋憲一）　共立出版　2006.5　p495-527

カル, S.　Calle, Sophie〔1953―　仏　アーティスト〕
◎文献（中島智恵）　「ソフィ・カル―歩行と芸術」（慶応義塾大学アート・センター）　慶応義塾大学アート・センター　2002.3　p126-149

カルヴァン, J.　Calvin, Jean〔1509―1564　スイス　宗教改革〕
○ブックガイド（藤崎三牧）　「礼拝と音楽 121」（日本基督教団出版局）　2004　p44-47
◎文献　「ジャン・カルヴァン―ある運命」（森井真）　教文館　2005.2　p377-380

カルヴィーノ, I.　Calvino, Italo〔1923―1985　伊　小説家〕
◎主要邦訳作品（米川良夫）　「レ・コスミコミケ」（I.カルヴィーノ）　早川書房　2004.7　p293-295

ガルシア＝マルケス, G.　García Márquez, Gabriel〔1928―　コロンビア　小説家〕
◎年譜（鼓宗）　「愛その他の悪霊について」（G.ガルシア＝マルケス）　新潮社　2007.8　p197-244

カルダー, A.　Calder, Alexander〔1898―1976〕
◎年譜　「カルダー―1898-1976」（ジェイコブ・バール＝テシューヴァ）　タッシェン・ジャパン（タッシェン・アルバムブック・シリーズ）　2001.6　p94-95
◎年譜（小川富之）　「カルダー 1898-1976」（A.カルダー）　タッシェン・ジャパン　2002.2　p94-95

カール大帝　Karl I der Grosse〔742―814　フランク王・神聖ローマ皇帝〕
◎参考文献　「地上の夢 キリスト教帝国 カール大帝の「ヨーロッパ」」（五十嵐修）　講談社　2001.10　p234-235

カルダーノ, G.　Cardano, Gerolamo〔1501―1576　伊　数学・医者〕
◎参考文献　「カルダーノのコスモス―ルネサンスの占星術師」（A.グラフトン）　勁草書房　2007.12　p313-333

カルティエ＝ブレッソン, H.　Cartier-Bresson, Henri〔1908―2004　仏　写真家〕
◎参考文献　「逃げ去るイメージ―アンリ・カルティエ＝ブレッソン」（楠本亜紀）　スカイドア　2001.2　p1-14b
◎文献目録ほか（C.クックマン）　「アンリ・カルティエ＝ブレッソン写真集成」（R.デルピール）　岩波書店　2004.7　p398-427
◎参考文献ほか　「アンリ・カルティエ＝ブレッソン伝」（柏倉康夫）　青土社　2007.12　p251-253

カルナップ, R.　Carnap, Rudolf〔1891―1970　米　論理学〕
◎主要著作（吉田謙二）　「論理的構文論―哲学する方法」（R.カルナップ）　晃洋書房　2007.10　p101-102

ガルブレイス, J.K.　Galbraith, John K.〔1908―2006　米　経済〕
◎原注　「ガルブレイス―闘う経済学者 上」（R.パーカー）　日経BP社　2005.12　p511-468

ガレ, E.　Gallé, Emile〔1846―1904　仏　工芸家〕
◎刊行物ほか　「エミール・ガレ―その陶芸とジャポニスム」（P.ティエボー）　平凡社　2003.7　p260-261
◎参考文献　「エミール・ガレ―創造の軌跡展―フランスの至宝」（日本経済新聞社ほか）　日本経済新聞社　2005　p210-215
◎参考文献　「エミール・ガレ展―フランスの至宝」（日本経済新聞社ほか）　日本経済新聞社　2005　p256-261

◎参考文献　「エミール・ガレとドーム兄弟—フランスからロシア皇帝への贈物　エルミタージュ美術館秘蔵」（D.ラッペ）　アートインプレッション　c2006　p185-186

カレツキ, M.　Kalecki, Michael〔1899—1970　ポーランド　経済〕
◎参考文献　「ケインズとカレツキ—ポスト・ケインズ派経済学の源泉」（鍋島直樹）　名古屋大学出版会　2001.10　p269-294

カーロ, F.　Kahlo, Frida〔1907—1954　メキシコ　画家〕
◎参考文献　「フリーダ・カーロ—歌い聴いた音楽」（上野清士）　新泉社　2007.7　p273-275
◎略年譜　「フリーダ・カーロのざわめき」（森村泰昌ほか）　新潮社　2007.9　p106-109

ガロア, E.　Galois, Evariste〔1811—1832　仏　数学〕
◎主著　「ガロアの時代ガロアの数学2数学編」（弥永昌吉）　シュプリンガー・フェアラーク東京　2002.8　p229-280

ガワー, J.　Gower, John〔1330頃—1408　英　詩人〕
◎文献　「ジョン・ガワー研究」（菅野正彦）　英宝社　2002.2　p201-212

カーン, L.I.　Kahn, Louis I.〔1901—1974　米　建築家〕
◎年譜　「ルイス・カーンとはだれか」（香山寿夫）　王国社　2003.10　p210-222

カンディンスキー, V.　Kandinsky, Vassily〔1866—1944　露　画家〕
◎文献　「抽象芸術論—芸術における精神的なもの　新装版」（カンディンスキー）　美術出版社（カンディンスキー著作集　1）　2000.8　p5-7b

カント, I.　Kant, Immanuel〔1724—1804　独　哲学〕
◎参考文献　「カントの時間論」（中島義道）　岩波書店　2001.1　p15-20b
◎参考文献　「カント—理論哲学と実践哲学」（西英久）　ミネルヴァ書房（Minerva哲学叢書　4）　2001.1　p237-240
◎参考文献　「カント道徳哲学研究序説—自由と道徳性」（保呂篤彦）　晃洋書房　2001.3　p13-19b
◎文献　「カント第三批判と反省的主観性—美学と目的論の体系的統一のために」（門屋秀一）　京都大学学術出版会　2001.9　p185-194
◎文献案内ほか　「カント」（坂部恵）　講談社　2002.2　p461-474
◎文献　「倫理と宗教の間—カントとキェルケゴールに関連して」（宮地たか）　渓水社　2002.3　p225-228
◎文献目録　「カントとシラーにおける構想力」（H.フェガー）　大学教育出版　2002.6　p344-357
◎読書案内　「カント—世界の限界を経験することは可能か」（熊野純彦）　NHK出版　2002.11　p116-123

◎文献案内　「カントを読む　ポストモダニズム以降の批判哲学」（牧野英二）　岩波書店　2003.1　p322-330
◎文献　「近代哲学の射程—有限と無限のあいだ」（円谷裕二）　放送大学教育振興会　2003.3　p240-242
◎文献　「道徳性の逆説—カントにおける最高善の可能性」（倉本香）　晃洋書房　2004.4　p1-7b
◎文献目録（佐藤労）　「近代からの問いかけ—啓蒙と理性批判」（カント研究会ほか）　晃洋書房　2004.5　p23-48b
◎文献表　「道徳の経験—カントからの離陸」（滝浦静雄）　南窓社　2004.10　p181-186
○文献ほか（相原博ほか）　「情況　第三期　5.12別冊」（情況出版）　2004.12　p234-257
◎文献一覧　「ニュートンからカントへ—力と物質の概念史」（松山寿一）　晃洋書房　2004.12　p11-18b
◎文献表　「〈根源的獲得〉の哲学—カント批判哲学への新視角」（山根雄一郎）　東京大学出版会　2005.2　p7-20b
◎引用文献　「カント『判断力批判』と現代—目的論の新たな可能性を求めて」（佐藤康邦）　岩波書店　2005.2　p7-10b
◎文献表　「カントの自我論—理論理性と実践理性の連関」（内田浩明）　京都大学術出版会　2005.2　p254-267
◎文献　「カント超越論的論理学の研究」（山口修二）　渓水社　2005.2　p255-260
◎年譜　「プロレゴーメナ　人倫の形而上学の基礎づけ」（カント）　中央公論新社　2005.3　p365-374
◎参考文献　「カント倫理学の研究—義務論体系としての『道徳形而上学』の再解釈」（松井富美男）　渓水社　2005.9　p286-290
◎文献　「カント美学の根本概念」（金田千秋）　中央公論美術出版　2005.10　p421-429
◎参考文献　「カントの人間哲学—反省的判断論の構造と展開」（太田直道）　晃洋書房　2005.11　p401-409
◎文献一覧　「ニュートンとカント—自然哲学における実証と思弁　改訂版」（松山壽一）　晃洋書房　2006.1　p15-25b
◎文献目録　「カント全集　別巻　カント哲学案内」（I.カント）　岩波書店　2006.3　p427-444
○著作目録ほか　「人文研究　57」（大阪市立大）　2006.3　p1-2
◎文献表　「〈誤謬〉論—カント『純粋理性批判』への感性論的アプローチ」（岩城見一）　萌書房　2006.4　p301-305
○業績一覧　「法政哲学　2」（法政大）　2006.6　p105-109
◎年譜（中山元）　「永遠平和のために　啓蒙とは何か—他3編」（I.カント）　光文社　2006.9　p274-279
◎引用参考文献　「近代の擬態擬態の近代—カントというテクスト・身体・人間」（弘田陽介）　東京大出版会　2007.1　p5-15b

カントール, G. Cantor, Georg Ferdinand Ludwig Philip 〔1845―1918 独 数学〕
　◎文献目録　「現代カント研究 10 理性への問い」（カント研究会）晃洋書房　2007.1　p46-50b
　◎参考文献　「理性の劇場　哲学の歴史7」（加藤尚武）　中央公論新社　2007.7　p693-656

カントール, G. Cantor, Georg Ferdinand Ludwig Philip 〔1845―1918 独 数学〕
　◎参考文献　「集合論の哲学―「カントールのパラダイス」につづく道」（M.タイルズ）　産業図書　2007.12　p247-254

カンペ, J.H. Campe, Joachim Heinrich 〔1746―1818〕
　◎著作リストほか（田尻三千夫）　「新ロビンソン物語」（J.H.カンペ）　鳥影社・ロゴス企画　2006.12　p488-497

カンメラー, P. Kammerer, Paul 〔1880―1926 墺 生物学〕
　◎参考文献　「サンバガエルの謎―獲得形質は遺伝するか」（A.ケストラー）　岩波書店　2002.12　p1-10b

【キ】

キケロ, M.T. Cicero, Marcus Tullius 〔前106―前43 ローマ 雄弁家・哲学〕
　◎年譜　「キケロー選集 11（哲学 4）」（岡道男ほか）　岩波書店　2000.12　p14-18
　◎年譜ほか　「キケロー」（角田幸彦）　清水書院（Century books）　2001.12　p273-286
　◎年譜　「老年について」（キケロー）　岩波書店　2004.1　p9-16b
　◎年譜（中務哲郎）　「友情について」（キケロー）　岩波書店　2004.4　p6-13b
　◎参考文献（大西英文）　「弁論家について　下」（キケロー）　岩波書店　2005.6　p379-383
　◎文献一覧ほか　「キケロー伝の試み―キケローとその時代」（角田幸彦）　北樹出版　2006.3　p255-265
　◎参考文献　「キケローにおける哲学と政治―ローマ精神史の中点」（角田幸彦）　北樹出版　2006.5　prr
　◎参考文献（高橋宏幸）　「キケロー書簡集」（キケロー）　岩波書店　2006.12　p577-578
　◎文献　「キケロ―もうひとつのローマ史」（A.エヴァリット）　白水社　2006.12　p17-22b

ギショネ, P. Guichonnet, Paul 〔1920― 仏 地理・歴史学〕
　◎著作一覧（内田日出海）　「フランス・スイス国境の政治経済史―越境、中立、フリー・ゾーン」（P.ギショネ）　昭和堂　2005.5　p25-26b

キーツ, J. Keats, John 〔1795―1821 英 詩人〕
　○書誌の書誌（斎藤晴恵）　「文献探索 2000」（文献探索研究会）　2001.2　p255-261
　○研究文献（斎藤晴恵）　「文献探索 2001」（文献探索研究会）　2002.7　210-217
　◎年譜　「キーツ―人と文学」（富田光明）　勉誠出版　2005.9　p175-182

ギッシュ, G.W. Gish, George W. 〔1936― 米〕
　○業績ほか　「キリスト教と文化．19」（青山学院大）　2003　p13-17

ギッシング, G. Gissing, George Robert 〔1857―1903 英 小説家・随筆家〕
　◎文献　「ギッシングの世界―全体像の解明をめざして―没後　100年記念」（松岡光治）　英宝社　2003.12　p15-22f
　◎文献一覧ほか　「ギッシングを通して見る後期ヴィクトリア朝の社会と文化―生誕百五十年記念」（松岡光治）　溪水社　2007.11　p476-493

ギブソン, J.J. Gibson, James Jerome 〔1904―1979 米 心理学〕
　◎文献　「ギブソン心理学の核心」（境敦史ほか）勁草書房　2002.7　p187-194
　◎参考文献　「エコロジカルな心の哲学　ギブソンの実在論から」（河野哲也）　勁草書房　2003.6　p7-22b
　◎業績一覧（境淳史）　「ギブソン心理学論集　直接知覚論の根拠」（J.J.ギブソン）　勁草書房　2004.9　p389-394
　◎参考文献　「アフォーダンスの発見―ジェームズ・ギブソンとともに」（E.J.ギブソン）　岩波書店　2006.2　p11-16b
　◎参考文献ほか　「伝記ジェームズ・ギブソン―知覚理論の革命」（E.リード）　勁草書房　2006.11　p11-41b

キプリング, J.R. Kipling, Joseph Rudyard 〔1865―1936 英 小説家・詩人〕
　◎著作目録（加納孝代）　「キプリングの日本発見」（H.コータッツィほか）　中央公論新社　2002.6　p523-524
　◎著作　「ラドヤード・キプリング―作品と批評」（橋本槇矩ほか）　松柏社　2003.6　p365-375
　◎参考文献　「インドから見た大英帝国―キプリングを手がかりに」（北原靖明）　昭和堂　2004.1　p21-25b
　◎文献書誌（桑野佳明）　「キプリング大英帝国の肖像」（橋本槇矩ほか）　彩流社　2005.4　p14-28b
　◎目録　「児童文学翻訳作品総覧　2　イギリス編2」（川戸道昭ほか）　ナダ出版センター　2005.6　p522-558
　◎年譜（金原瑞人ほか）　「プークが丘の妖精パック」（キプリング）　光文社　2007.1　p379-381
　◎引用文献　「もうひとりのキプリング―表象のテクスト」（上石実加子）　松柏社　2007.2　p195-212

ギャスケル, E.C.　Gaskell, Elizabeth Cleghorn〔1810―1865　英　小説家〕
◎参考文献　「エリザベス・ギャスケル―その生涯と作品」(足立万寿子)　音羽書房鶴見書店　2001.4　p363-376
◎関連情報　「ギャスケルの文学―ヴィクトリア朝社会を多面的に照射する」(松岡光治)　英宝社　2001.10　p263-276
◎文献　「ギャスケル小説の旅」(朝日千尺)　鳳書房　2002.9　p277-284
◎「ギャスケル文学の栞―邦文文献目録」(飯島朋子)　飯島朋子　2002.12　65p　B5
◎「ギャスケル文学の栞―邦文文献目録　2版」(飯島朋子)　飯島朋子　2003.7　74p　B5
◎参考引用文献　「ギャスケルのまなざし」(多比羅真理子)　鳳書房　2004.10　p160-157
◎原注　「ひき裂かれた自我―ギャスケルの内なる世界」(F.ボナパルト)　鳳書房　2006.3　p391-404
◎「ギャスケル文学の文献目録」(飯島朋子)　日本図書刊行会　2006.11　103p　B5

キャパ, R.　Capa, Robert〔1913―1954　ハンガリー　報道写真家〕
◎参考文献　「戦争写真家ロバート・キャパ」(加藤哲郎)　筑摩書房　2004.6　2pb

キャプテン・ビーフハート　Captain Beefheart〔1941―　米　歌手〕
◎出典　「キャプテン・ビーフハート」(M.バーンズ)　河出書房新社　2006.2　p400-409

キャロライン(ブラウンシュヴァイクの)　Caroline Amelia Elizabeth of Brunswick〔1768―1821　英　王妃〕
◎参考文献　「キャロライン王妃事件―〈虐げられたイギリス王妃〉の生涯をとらえ直す」(古賀秀男)　人文書院　2006.3　p338-326

キャロル, L.　Carroll, Lewis〔1832―1898　英　小説家・数学〕
◎参考文献　「翻訳の国の「アリス」　ルイス・キャロル翻訳史・翻訳論」(楠本君恵)　未知谷　2001.3　p233-236
◎年譜　「アリスへの不思議な手紙―ルイス・キャロル珠玉のメルヘン」(トマス・ハインド)　東洋書林　2001.5　p194-195
◎参考文献　「ルイス・キャロルの意味論」(宗宮喜代子)　大修館書店　2001.12　p229-234
◎年譜　「アリスへの不思議な手紙―ルイス・キャロル珠玉のメルヘン」(L.キャロル)　東洋書林　2002.2　p194-195
◎文献　「コンピュータの向こうのアリスの国」(稲木昭子, 沖田知子)　英宝社　2002.3　p204-207
◎目録　「児童文学翻訳作品総覧　1　イギリス編1」(川戸道昭ほか)　ナダ出版センター　2005.6　p392-437
◎書誌(門馬義幸)　「ミッシュマッシュ　8」(日本ルイス・キャロル協会)　2006.3　p8-12
◎引用参考文献　「出会いの国の「アリス」―ルイス・キャロル論・作品論」(楠本君恵)　未知谷　2007.4　p268-266
◎年譜ほか　「図説不思議の国のアリス」(桑原茂夫)　河出書房新社　2007.4　p120-127
◎参考文献　(笠井勝子)　「不思議の国ルイス・キャロルのロシア旅行記」(L.キャロル)　開文社出版　2007.5　p212-214
◎参考文献　「スナーク狩り」(L.キャロル)　新書館　2007.8　p157-156

キューブリック, S.　Kubrick, Stanley〔1928―1999　米　映画監督〕
◎参考文献　「キューブリック全書」(D.ヒューズ)　フィルムアート社　2001.11　p380-381
◎ビブリオグラフィ　「キューブリック映画の音楽的世界」(明石政紀)　アルファベータ　2007.7　p24-25b

キュリー, M.　Curie, Marie〔1867―1934　仏　化学・物理〕
◎読書案内　「科学者キュリー」(S.ドライ)　青土社　2005.5　p30-33b
◎年譜　「キュリー夫人伝」(E.キュリー)　白水社　2006.4　p529-531
◎参考文献　「マリー・キュリー―フラスコの中の闇と光」(B.ゴールドスミス)　WAVE出版　2007.5　p233-239
◎年譜　「マリー・キュリー―新しい自然の力の発見」(N.E.パサコフ)　大月書店　2007.9　p1-2b

切り裂きジャック　Jack the Ripper〔英　殺人犯〕
◎伝説　「図説切り裂きジャック」(仁賀克雄)　河出書房新社　2001.5　p80-103
◎参考文献　「切り裂きジャック最終結論」(スティーブン・ナイト)　成甲書房　2001.11　p432-436
◎参考文献　「切り裂きジャック」(P.コーンウェル)　講談社　2003.1　p458-461
◎主要研究書　「切り裂きジャック―闇に消えた殺人鬼の新事実」(仁賀克雄)　講談社　2004.8　p348-351

キリスト
⇒イエスを見よ

ギールケ, O.F.　Gierke, Otto Friedrich von〔1841―1921　独　法学〕
◎引用文献　「オットー・フォン・ギールケの政治思想―第二帝政期ドイツ政治思想史研究序説」(遠藤泰弘)　国際書院　2007.12　p234-240

キルケゴール, S.A.　Kierkegaard, Sören Aabye〔1813―1855　デンマーク　哲学〕
◎文献　「倫理と宗教の間―カントとキェルケゴールに関連して」(宮地たか)　渓水社　2002.3　p225-228
◎年表(谷口龍男)　「キルケゴール　世界の大思想ワイド版12」(キルケゴール)　河出書房新社　2004.9　p532-537

◎業績 「キェルケゴールとキリスト教神学の展望—橋本淳先生退職記念論文集」(松木真一) 関西学院大出版会 2006.3 p323-327
◎参考文献 「カフカとキルケゴール」(中澤英雄) オンブック 2006.9 p257-261
◎論文目録 「キェルケゴーイアナ集成」(大谷長) 創言社 2006.9 p349-356
◎文献 「キルケゴール教会闘争の研究」(大谷愛人) 勁草書房 2007.3 p1166-1169

ギルバート, M. Gilbert, Michael Francis 〔1912—2006 英 ミステリー作家〕
◎著作リスト(森英俊) 「捕虜収容所の死」(M.ギルバート) 東京創元社 2003.5 p359-363
◎著作リスト(加瀬義雄) 「スモールボーン氏は不在」(M.ギルバート) 小学館 2003.9 p276-279

キルパトリック, W.H. Kilpatrick, William Heard 〔1871—1965 米 教育学〕
◎参考文献 「キルパトリック教育思想の研究—アメリカにおけるプロジェクト・メソッド論の形成と展開」(佐藤隆之) 風間書房 2004.4 p335-352

ギルランダイオ, D. Ghirlandaio, Domenico 〔1449—1494 伊 画家〕
○業績(柏木隆夫) 「関西大学哲学 21」(関西大) 2002.3 p247-261

ギレス, P. Gilles, Peter 〔1938— 独 法学〕
◎著作目録(小島武司) 「民事司法システムの将来—憲法化・国際化・電子化—ペーター・ギレス教授講演集」(P.ギレス) 中央大学出版部 2005.10 p185-213

キング, M.L. King, Martin Luther, Jr. 〔1929—1968 米 人種差別撤廃運動家〕
◎参考文献 「マーティン・ルーサー・キング」(M.フレイディ) 岩波書店 2004.2 p243-244

キング, S. King, Stephen 〔1947— 米 怪奇小説家〕
◎補注文献ほか 「スティーヴン・キング 小説作法」(S.キング) アーティストハウス 2001.10 p331-343
◎作品リスト 「アトランティスのこころ 下」(S.キング) 新潮社 2002.4 p312-318

キンドルバーガー, C.P. Kindleberger, Charles Poor 〔1910—2003 米 経済学〕
◎著作リスト 「熱狂、恐慌、崩壊—金融恐慌の歴史」(C.P.キンドルバーガー) 日本経済新聞社 2004.6 p423-424

【ク】

グイッチャルディーニ, F. Guicciardini, Francesco 〔1483—1540 伊 歴史家・政治家〕
◎年譜 「イタリア史 1(第1・2巻)」(F.グイッチャルディーニ) 太陽出版 2001.3 p8-15
◎関係年譜 「イタリア史 3」(F.グイッチャルディーニ) 太陽出版 2002.2 p8-15

クイーン, E.
⇒エラリー-クイーンを見よ

クザーヌス, ニコラウス Cusanus, Nicolaus 〔1401—1464 独 哲学・宗教家〕
◎文献目録 「クザーヌスの世界像」(八巻和彦) 創文社 2001.2 p27-38b
○略年表 「神を観ることについて—他二篇」(クザーヌス) 岩波書店 2002.2 p1-4b

クシュナー, T. Kushner, Tony 〔米 劇作家〕
○年表(岡本太助) 「アメリカ演劇 16」(全国アメリカ演劇研究会議) 2004.10 p120-124

グスタフ3世 Gustav III 〔1746—1792 スウェーデン 王〕
◎参考文献 「北欧悲史—悲劇の国王、女王、王妃の物語」(武田龍夫) 明石書店 2006.11 p197-198

クセノポン Xenophōn 〔前430頃—前355頃 希 軍人・歴史家〕
◎文献リスト 「伝クセノポン「アテーナイ人の国制」の研究」(真下英信) 慶應義塾大学出版会 2001.2 p323-336

クック, T.H. Cook, Thomas H. 〔1947— 〕
◎著作リスト(吉野仁) 「孤独な鳥がうたうとき」(T.H.クック) 文藝春秋 2004.11 p461-462

クックス, A.D. Coox, Alvin D. 〔1924—1999 米 歴史学〕
◎Publications 「クックス博士の歩んだ路」(高橋久志) Hisako Coox 2005.9 p134-94

クッツェー, J.M. Coetzee, J.M. 〔1940— 南アフリカ 小説家〕
◎著作年譜(福島富士男) 「夷狄を待ちながら」(J.M.クッツェー) 集英社 2003.12 p358-359
◎略年譜 「J・M・クッツェーの世界—「フィクション」と「共同体」」(田尻芳樹) 英宝社 2006.9 p287-286

グッドオール, R. Goodall, Reginald 〔1901—1990 英 指揮者〕
◎参考文献 「クライバーが讃え、ショルティが恐れた男—指揮者グッドオールの生涯」(山崎浩太郎) 洋泉社 2002.12 p10-11b

グーテンベルク, J. Gutenberg, Johannes Gensfleisch 〔1400—1468 独 活版印刷発明者〕
◎参考文献ほか 「さまよえるグーテンベルク聖書」(富田修二) 慶応義塾大学出版会 2002.8 p215-234

グドール, J. Goodall, Jane 〔1934— 英 動物行動学〕
◎著作ほか 「森と海からの贈りもの—二人の「自然の使者」から子どもたちへ」(ジェーン・グドール, ジャック・T.モイヤー) TBSブリタニカ 2002.11 p152-155

グノイス, H.　Gneuss, Helmut〔1927―　〕
　◎業績　「英語学史を学ぶ人のために」（H.グノイス）　世界思想社　2003.3　p227-229
クーパー, J.F.　Cooper, James Fenimore〔1789―1851　米　小説家〕
　◎文献　「旅人たちのアメリカ―コベット、クーパー、ディケンズ」（大井浩二）　英宝社　2005.10　p197-206
クライン, M.　Klein, Melanie〔1882―1960　英　精神分析〕
　◎参考文献　「現代クライン派入門―基本概念の臨床的理解」（C.ブロンスタイン）　岩崎学術出版社　2005.5　p225-236
　◎文献　「クライン・ラカンダイアローグ」（B.バゴーインほか）　誠信書房　2006.4　p332-322
　◎参考文献　「臨床現場に生かすクライン派精神分析―精神分析における洞察と関係性」（I.ザルツバーガー・ウィッテンバーグ）　岩崎学術出版社　2007.5　p6-9b
　◎文献ほか　「メラニー・クライン―その生涯と精神分析臨床」（J.スィーガル）　誠信書房　2007.10　p184-191
クラインマン, S.　Kleinman, Sherryl
　◎作品目録　「感情とフィールドワーク」（S.クラインマン）　世界思想社　2006.12　p228-219
クラヴァン, A.　Cravan, Arthur〔1887―1920?〕
　◎参考文献　「詩人とボクサー―アルチュール・クラヴァン伝」（谷昌親）　青土社　2002.10　p310-307
クラウス, L.　Kraus, Lili〔1905―1986　ハンガリー→英　ピアニスト〕
　◎参考文献　「リリー、モーツァルトを弾いて下さい」（多胡吉郎）　河出書房新社　2006.12　p302-303
クラウゼヴィッツ, K.v.　Clausewitz, Karl von〔1780―1831　プロイセン　軍人〕
　◎文献紹介　「クラウゼヴィッツ戦争論　レクラム版」（日本クラウゼヴィッツ学会）　芙蓉書房　2001.7　p13-17b
　◎参考文献　「図解クラウゼヴィッツ「戦争論」入門」（是本信義）　中経出版　2006.10　p254-255
クラーク, A.C.　Clarke, Arthur Charles〔1917―2008　英　SF作家〕
　◎参考文献　「「2001年宇宙の旅」講義」（巽孝之）　平凡社　2001.5　p191-197
　○著作目録（牧真司）　「SFマガジン　42.5.541」（早川書房）　2001.5　p252-233
　◎年譜　「幼年期の終わり」（A.C.クラーク）　光文社　2007.11　p440-448
クラーク, J.B.　Clark, John Bates〔1847―1938〕
　◎参考文献　「富の分配」（J.B.クラーク）　日本経済評論社　2007.7　p484-485

クラーク, W.S.　Clark, William〔1770―1838　米　軍人・探検家〕
　◎参考資料　「ルイス＝クラーク探検―アメリカ西部開拓の原初的物語」（明石紀雄）　世界思想社　2004.12　p242-244
　○文献目録（出村文理）　「文献探索　2006」（文献探索研究会）　2006.11　p118-128
グラス, G.　Glass, Günter〔1927―　独　作家〕
　◎参考文献ほか　「ギュンター・グラスの世界―その内省的な語りを中心に」（依岡隆児）　鳥影社・ロゴス企画　2007.4　p279-300
グラスゴー, E.　Glasgow, Ellen Anderson Gholson〔1873―1945　米　小説家〕
　◎参考文献　「エレン・グラスゴーの小説群―神話としてのアメリカ南部世界」（相本資子）　英宝社　2005.5　p239-249
クラッパー, T.　Crapper, Thomas〔1837―1910〕
　◎参考文献　「トイレになった男―衛生技師トーマス・クラッパー物語」（W.レイバーン）　論創社　2005.3　p207-212
グラバー, T.B.　Glover, Thomas Blake〔1838―1911　英　貿易商人〕
　◎参考文献　「トーマス・B・グラバー始末―明治建国の洋商」（内藤初穂）　アテネ書房　2001.2　p590-594
　◎参考文献　「花と霜―グラバー家の人々」（B.バークガフニ）　長崎文献社　2003.12　p162-163
クラプトン, E.　Clapton, Eric〔1945―　英　ロックギター奏者・歌手〕
　◎ブックガイド（河出書房新社）　「エリック・クラプトン　死ぬまでブルースを歌い続ける　文芸別冊」　河出書房新社　2002.2　p188-189
グラフトン, S.　Grafton, Sue〔1940―　米　ミステリー作家〕
　◎作品リスト　「グラフトンのG―キンジー・ミルホーンの世界」（N.H.コーフマンほか）　早川書房　2002.1　p603-607
　◎長篇作品リスト　「危険のP」（S.グラフトン）　早川書房　2005.5　p540-542
グラムシ, A.　Gramsci, Antonio〔1891―1937　伊　マルクス主義〕
　◎文献案内　「グラムシ・セレクション」（片桐薫）　平凡社（平凡社ライブラリー　392）　2001.4　p342-345
　◎注　「ポスト・アメリカニズムとグラムシ」（片桐薫）　リベルタ出版　2002.11　prr
　◎略年譜　「グラムシ思想探訪―市民的ヘゲモニーの可能性―財団グラムシ研究所『グラムシと20世紀』日本版」（C.ダニエーレほか）　いりす　2005.6　p106-119
　◎年譜　「グラムシ獄舎の思想」（上村忠男）　青土社　2005.8　p4-16b
　◎注　「新グラムシ伝」（片桐薫）　日本評論社　2007.2　p459-485

◎略年譜 「グラムシ思想の探究―ヘゲモニー・陣地戦・サバルタン」(松田博) 新泉社 2007.12 p206-208

クラムリー, J. Crumley, James〔1939― 米 作家〕
◎著作リスト(小鷹信光) 「ファイナル・カントリー」(J.クラムリー) 早川書房 2004.7 p435-436
○邦訳作品全解題 「ミステリマガジン 49.9」(早川書房) 2004.9 p40-43

クランツ, J. Krantz, Judith〔1928― 米 作家〕
◎著作リスト 「恋する宝石 下巻」(ジュディス・クランツ) 新潮社 2002.1 p336」

グランモン, J.M. Grandmont, Jean-Michel〔1939― 仏 経済学〕
◎著作目録 「貨幣と価値―古典派・新古典派貨幣理論の再考察」(J-M.グランモン) 創文社 2001.12 p248-250

グリシャム, J. Grisham, John〔1955― 米 ミステリー作家〕
◎作品リスト 「スキッピング・クリスマス」(ジョン・グリシャム) 小学館 2002.12 p269」

クリスティー, A. Christie, Agatha〔1890―1976 英 推理小説家〕
○全解題(碓井隆司ほか) 「ミステリマガジン 47.1」(早川書房) 2002.1 p26-50
◎略年譜(乾信一郎) 「アガサ・クリスティー自伝 下」(A.クリスティー) 早川書房 2004.10 p531-541
◎「アガサ・クリスティー百科事典」(数藤康雄) 早川書房 2004.11 431p A6

クリスティーナ Christina〔1626―1689 スウェーデン 女王〕
◎参考文献 「北欧悲史―悲劇の国王、女王、王妃の物語」(武田龍夫) 明石書店 2006.11 p197-198

クリステヴァ, J. Kristeva, Julia〔1941― ブルガリア 精神分析・評論家〕
◎著作一覧ほか 「〈母〉の根源を求めて―女性と聖なるもの」(ジュリア・クリステヴァ, カトリーヌ・クレマン) 光芒社 2001.4 p304-307

クリック, B. Crick, Bernard〔1929― 英 政治学〕
◎主要著作 「現代政治学入門」(B.クリック) 講談社 2003.7 p182-184

グリッパンド, J. Grippando, James〔1958― 米 作家〕
◎著作リスト(白石朗) 「汚れた遺産」(J.グリッパンド) 小学館 2003.11 p662」

クリプキ, S.A. Kripke, Saul〔1940― 米 哲学・論理学〕
◎読書案内 「クリプキ―ことばは意味をもてるか」(飯田隆) NHK出版 2004.7 p121-122

グリム, J. Grimm, Jacob Ludwig Karl〔1785―1863 独 言語・民俗伝承〕
◎略年譜 「ミシュレとグリム」(W.ケーギ) 論創社 2004.1 p323-330
○略歴(稲福日出夫) 「沖縄法政研究 8」(沖縄法政研究所) 2005.12 p225-233
◎年譜(稲福日出夫) 「郷土愛について―埋もれた法の探訪者の生涯」(J.グリム) 東洋企画 2006.2 p376-379

グリム兄弟 Grimm〔Grimm, Jacob 1785―1863/Grimm, Wilhelm 1786―1859 独 言語・民俗伝承〕
◎著作ほか 「グリム童話を読む事典」(高木昌史) 三交社 2002.2 p324-382
◎年譜(山田好司) 「グリム兄弟往復書簡集―ヤーコプとヴィルヘルムの青年時代 2 POD版」(グリム) 本の風景社 2003.6 p193-199
◎年譜(山田好司) 「グリム兄弟往復書簡集―ヤーコプとヴィルヘルムの青年時代 3」 本の風景社 2004.7 p189-183
◎参考文献 「本当は恐ろしいグリム童話 〔3〕Deluxe」(桐生操) ベストセラーズ 2005.7 p258-262
◎目録 「児童文学翻訳作品総覧 4 フランス・ドイツ編2」(川戸道昭ほか) ナダ出版センター 2005.9 p550-738
◎著作案内ほか 「グリム童話を読む事典」(高木昌史) エス・ビー・ビー 2006.2 p323-382
◎年譜 「グリム兄弟知られざる人と作品」(B.ラウアー) 淡交社 2006.4 p85-93
◎参考文献ほか 「グリム童話と近代メルヘン」(竹原威滋) 三弥井書店 2006.7 p252-262
◎年譜(山田好司) 「グリム兄弟往復書簡集―ヤーコプとヴィルヘルムの青年時代 5 POD版」(グリム兄弟) 本の風景社 2007.10 p299-305

クリムト, G. Klimt, Gustav〔1862―1918 墺 画家〕
◎年譜ほか 「クリムト」(キャサリン・ディーン) 西村書店 2002.3 p25-26
◎文献 「グスタフ・クリムト 1862-1918―女性の姿をした世界」(ゴットフリート・フリードゥル) タッシェン・ジャパン 2002.6 p238-239
◎参考文献 「グスタフ・クリムト―ドローイング水彩画作品集」(G.クリムト) 新潮社 2007.4 p401-402
◎参考文献 「クリムトとウィーン」(木島俊介) 六耀社 2007.12 p125」

クリュシッポス Chrysippos〔前280頃―前206頃 希 哲学〕
◎著作目録 「初期ストア派断片集 2 クリュシッポス」(クリュシッポス) 京都大学学術出版会 2002.2 p17-30

クリュソストモス, J.　Chrysostomos, Jōhannēs〔347頃―407　説教家・聖書注釈家〕
◎文献表　「聖書解釈としての詩歌と修辞―シリア教父エフライムとギリシア教父クリュソストモス」（武藤慎一）　教文館　2004.1　p14-42b

グリュネバルド, K.
◎著書　「スウェーデン・ノーマライゼーションへの道―知的障害者福祉とカール・グリュネバルド」（K.グリュネバルド）　現代書館　2007.3　p183」

グリーン, A.　Green, Alice Stopford〔1847―1929　英　歴史家〕
◎参考文献　「植民地経験のゆくえ―アリス・グリーンのサロンと世紀転換期の大英帝国」（井野瀬久美恵）　人文書院　2004.3　p440-468

グリーン, G.　Green, Graham〔1904―1991　英　作家〕
◎訳註　「投書狂グレアム・グリーン」（C.ホートリー）　晶文社　2001.7　p349-360
○略歴ほか　「長野大学紀要　24.1」（長野大）　2002.6　p6-7
◎参考文献　「グレアム・グリーンの小説―宗教と政治のはざまの文学」（宮本靖介）　音羽書房鶴見書店　2004.2　p287-289
◎著作目録ほか　「グレアム・グリーン文学事典」（山形和美）　彩流社　2004.9　p546-593
◎著作ほか　「負けた者がみな貰う」（G.グリーン）　早川書房　2004.12　p157-168

グリーン, J.　Green, Julien〔1900―1998　米　作家〕
◎文献　「ジュリアン・グリーン研究序説―『幻を追う人』『モイラ』の読解」（井上三朗）　人文書院　2002.8　p383-387

グリーン, T.H.　Green, Thomas Hill〔1836―1882　英　哲学〕
◎参考文献　「近代日本の思想家とイギリス理想主義」（行安茂）　北樹出版　2007.12　p373-382

グリーンスパン, A.　Greenspan, Alan〔1926―　米　経済専門家〕
◎参考文献　「ドル危機の封印―グリーンスパン―」（米倉茂）　イプシロン出版企画　2007.12　p260-270

クリントン, B.　Clinton, Bill〔1946―　米　政治家〕
◎文献目録　「クリントンの時代―1990年代の米国政治」（藤本一美）　専修大学出版局　2001.8　p217-273

クリントン, H.R.　Clinton, Hillary Rodham〔1947―　米　政治家〕
◎参考文献　「ヒラリーが大統領になる日」（角間隆）　小学館　2001.4　p243-244

グリーンバーグ, C.　Greenberg, Clement〔1909―1994　米　美術評論家〕
◎参考文献（藤枝晃雄）　「グリーンバーグ批評選集」（C.グリーンバーグ）　勁草書房　2005.4　p4-6b

グリーンリーフ, S.　Greenleaf, Stephen〔1942―　米　小説家〕
◎長篇作品リスト　「最終章」（スティーヴン・グリーンリーフ）　早川書房　2002.4　p285-286

クルイロフ, I.A.　Krylov, Ivan Andreevich〔1769―1844　露　寓話作家・劇作家〕
◎目録　「児童文学翻訳作品総覧　6　スペイン・ロシア編」（川戸道昭ほか）　ナダ出版センター　2005.12　p708-723

グルジェフ, G.I.　Gurdjieff, Georges Ivanovitch〔1872―1949　露　神秘学〕
◎参考文献ほか　「覚醒のメカニズム―グルジェフの教えの心理学的解明」（チャールズ・T.タート）　コスモス・ライブラリー　2001.1　p481-506
◎参考文献　「回想のグルジェフ―ある弟子の手記」（C.S.ノット）　コスモス・ライブラリー　2002.1　p397-398
◎参考文献　「グルジェフ伝―神話の解剖」（J.ムア）　平河出版社　2002.3　p596-602
◎参考文献　「グルジェフを求めて―〈第四の道〉をめぐる狂騒」（W.P.パターソン）　コスモス・ライブラリー　2003.2　p179-182

グールド, G.　Gould, Glenn〔1932―1982　加　ピアニスト〕
◎略年譜　「グレン・グールド―バッハ没後250年記念　総特集」　河出書房新社（Kawade夢ムック）2000.4　p222-223
◎文献　「グレン・グールドといっしょにシェーンベルクを聴こう」（渡仲幸利）　春秋社　2001.5　p195-201
◎註　「グレン・グールド論」（宮沢淳一）　春秋社　2004.12　p343-452
◎文献目録　「グレン・グールド発言集」（J.P.L.ロバーツ）　みすず書房　2005.9　p1-7b
◎参考文献　「グールドのシェーンベルク」（G.グールド）　筑摩書房　2007.3　p375-393
◎文献目録　「グレン・グールド、音楽、精神」（G.ペイザント）　音楽之友社　2007.10　p38-40b

グルネ, F.　Grenet, F.
○業績目録　「内陸アジア言語の研究　20」（中央ユーラシア学研究会）　2005.8　p137-146

グルーバー, F.X.　Gruber, Franz Xaver〔1787―1863　墺　作曲家〕
◎文献　「「きよしこの夜」物語」（W.トゥースヴァルトナー）　アルファベータ　2005.12　p177」

クールベ, G.　Courbet, Gustave〔1819―1877　仏　画家〕
◎年譜ほか　「ギュスターヴ・クールベ―ある画家の生涯」（マリー・ルイーゼ・カシュニッツ）　エディションq　2002.2　p145-158
◎参考文献　「クールベ」（J.H.ルービン）　岩波書店　2004.11　p341-344
◎参考文献　「ギュスターヴ・クールベ―1819-1877―最後のロマン派」（F.マザネス）　タッシェン・ジャパン　2007.7　p96」

グルントヴィ, N.F.S. Grundtvig, Nikolai Frederik Severin〔1783―1872 デンマーク 宗教家・詩人〕
◎関連文献 「グルントヴィ―デンマーク・ナショナリズムとその止揚」(H.コック) 風媒社 2007.12 p275-276

クレー, P. Klee, Paul〔1879―1940 スイス 画家・版画家〕
◎文献 「クレー」(ダグラス・ホール) 西村書店 2002.10 p25-28
◎文献目録 「「旅のシンフォニーパウル・クレー展」図録」(酒井忠康ほか) 中日新聞社 c2002 p227-229
◎書籍案内 「クレーの詩」(P.クレー) 平凡社 2004.1 p140-142
◎参考文献 「クレーの天使―変容する魂」(I.リーデル) 青土社 2004.1 p233-234
◎参考文献(後藤純子) 「パウル・クレー―創造の物語」(川村記念美術館) 東京新聞 c2006 p185-188

クレイティアス Kleitias〔前575頃―前550 希 陶画家〕
◎文献目録 「ギリシアの陶画家クレイティアスの研究―紀元前6世紀前半におけるアッティカ黒像式陶器の展開」(平山東子) 中央公論美術出版 2005.4 p322-343

クレオパトラ Kleopatra VII〔前69― 前30 エジプト 女王〕
◎文献 「クレオパトラという記号―歴史、ポリティクス、表象」(M.ヘイマー) ありな書房 2003.7 p242-254
◎参考文献 「クレオパトラ」(C.G.シュエンツェル) 白水社 2007.8 p9-12b

グレゴリウス Gregorius〔538頃―594 司教・歴史家〕
◎参考文献 「歴史書を読む―『歴史十書』のテクスト科学」(佐藤彰一) 山川出版社 2004.3 p176-179

クレチアン・ド・トロワ Chrétien de Troyes〔1130代頃―1185頃 仏 叙事詩人〕
◎文献 「クレチアン・ド・トロワ研究序説―修辞学的研究から神話学的研究へ」(渡邉浩司) 中央大学出版部 2002.12 p355-405

クレットマン, L.
◎参考文献 「若き祖父と老いた孫の物語―東京・ストラスブール・マルセイユ」(辻由美) 新評論 2002.1 p237-241

グレート東郷 〔米 プロレスラー〕
◎参考文献 「悪役レスラーは笑う―「卑劣なジャップ」グレート東郷」(森達也) 岩波書店 2005.11 p245-247

クレペリン, E. Kraepelin, Emil〔1856―1926 独 精神医学〕
◎参考引用文献(影山任佐) 「クレペリン回想録」(E.クレペリン) 日本評論社 2006.11 p254-255

クレーマー, L.F. Kramer, Lois F.〔1891―1976 米 教育者〕
◎参考文献 「愛は決して滅びない―アメリカ人女性ロイス・クレーマーをめぐる人びと」(依田直也ほか) 日本聾話学校 2005.3 p361-363

クレール, R. Clair, René〔1898―1981 仏 映画監督〕
◎書誌 「明るい鏡―ルネ・クレールの逆説」(武田潔) 早稲田大出版部 2006.3 p33-68b

クロイツァー, L. Kreutzer, Leonid〔1884―1953 露 ピアニスト・指揮者・作曲家〕
◎文献目録 「レオニード・クロイツァー―その生涯と芸術」(山本尚志) 音楽之友社 2006.11 p13-14b

グロースマン, V.S. Grossman, Vasilii Semyonovich〔1905―1964 露 小説家〕
◎参照文献ほか 「赤軍記者グロースマン―独ソ戦取材ノート1941-45」(A.ビーヴァー) 白水社 2007.6 p1-12b

クロソウスキー, P. Klossowski, Pierre〔1905―2001 仏 評論家〕
◎著書ほか(兼子正勝) 「生きた貨幣 新装版」(P.クロソウスキー) 青土社 2004.4 p162-163

グロータース, W.A. Grootaers, W.A.〔1911―1999 蘭 言語地理学〕
◎著作目録ほか(田中宣広ほか) 「方言地理学の課題」(佐藤亮一,小林隆,大西拓一郎) 明治書院 2002.5 p499-523

グロタンディーク, A. Grothendieck, Alexander〔1928― 仏 数学〕
◎年譜 「グロタンディーク―数学を超えて」(山下純一) 日本評論社 2003.10 p166-169

グロティウス, H. Grotius, Hugo〔1583―1645 蘭 政治家・法律家・神学・詩人〕
◎文献 「グロティウスの国際政治思想―主権国家秩序の形成」(太田義器) ミネルヴァ書房 2003.10 p10-21b

グロデック, G. Groddeck, Georg Walter〔1866―1934 独 医学・医師〕
◎著作・論文集ほか(野間俊一) 「エスとの対話―心身の無意識と癒し」(G.グロデック) 新曜社 2002.7 p339-334

クローデル, C. Claudel, Camille〔1856―1943 仏 彫刻家〕
◎参考文献 「カミーユ・クローデル―運命の凝縮されたかたち 1864-1943」(高橋幸次ほか) アプトインターナショナル 2006 p142-146

クローデル, P. Claudel, Paul Louis Charles Marie〔1868―1955 仏 詩人・劇作家〕
◎参考文献 「ポール・クローデルの作品における聖徒の交わり」(栗村道夫) サンパウロ(発売) 2000.3 p810-839
◎年譜ほか(渡辺守章) 「繻子の靴 上」(P.クローデル) 岩波書店 2005.10 p375-424,517-525

クーン, A. Kuhn, Annette
　◎読書案内　「家庭の秘密―記憶と創造の行為」（A.クーン）　世界思想社　2007.4　p206-207

クンデラ, M. Kundera, Milan 〔1929―　チェコ　詩人・小説家〕
　◎作品（西永良成）　「生は彼方に」（M.クンデラ）　早川書房　2002.1　p542-544
　◎あとがき（関根日出男）　「冗談」（M.クンデラ）　みすず書房　2002.5　p369-379

【ケ】

ゲイ, P. Gay, Peter 〔1923―　米　歴史学〕
　◎著書リスト（金子幸男）　「小説から歴史へ―ディケンズ、フロベール、トーマス・マン」（P.ゲイ）　岩波書店　2004.9　p217-220

ケイシー, E. Cayce, Edgar Evans 〔1877―1945　米　透視能力者〕
　◎年譜（A.R.スミス）　「奇跡の生涯」（E.ケイシー）　中央アート出版社　2003.2　p478-485

ゲイツ, B. Gates, Bill 〔1955―　米　実業家〕
　◎参考文献　「帝王ビル・ゲイツの誕生　下　世界制覇篇」（S.メインズほか）　中央公論新社　2001.16pb
　◎参考文献　「夢は必ずかなう―物語素顔のビル・ゲイツ」（小出重幸）　中央公論新社　2005.6　p268-270

ケインズ, J.M. Keynes, John Maynard 〔1883―1946　英　経済〕
　◎参考文献　「ケインズ」（R.スキデルスキー）　岩波書店　2001.2　p253-259
　◎参考文献　「ケインズとカレツキ―ポスト・ケインズ派経済学の源泉」（鍋島直樹）　名古屋大学出版会　2001.10　p269-294
　◎文献　「誰がケインズを殺したか―物語で読む現代経済学」（W.カール・ビブン）　日本経済新聞社　2002.2　p323-337
　◎文献　「ケインズの理論―複合的視座からの研究」（平井俊顕）　東京大学出版会　2003.1　p775-815
　◎参考文献　「ケインズの経済思考革命―思想・理論・政策のパラダイム転換」（浅野栄一）　勁草書房　2005.6　p1-5b
　◎参考文献　「一般理論―第二版―もしケインズが今日生きていたら」（G.C.ハーコートほか）　多賀出版　2005.6　p813-869
　◎引用文献ほか　「ケインズ」（西部邁）　イプシロン出版企画　2005.7　p198-204
　◎引用文献　「ケインズ一般理論の論考」（宅和公志）　日本評論社　2005.11　p401-405
　◎年譜　「貨幣改革論　若き日の信条」（ケインズ）　中央公論新社　2005.11　p449-461
　◎参考文献　「経済総体の構造連関―ケインズ派と「古典派」」（佐藤伸明）　晃洋書房　2006.3　p175-182
　◎参照文献　「落日の肖像―ケインズ」（米倉茂）　イプシロン出版企画　2006.3　p283-288
　◎参考文献　「ケインズとケンブリッジ的世界―市場社会観と経済学」（平井俊顕）　ミネルヴァ書房　2007.2　p337-371
　◎参考文献　「ケインズ100の名言」（平井俊顕）　東洋経済新報社　2007.7　p22-33b
　◎引用文献　「ケインズの思想―不確実性の倫理と貨幣・資本政策」（小畑二郎）　慶應義塾大出版会　2007.11　p349-360

ケストナー, E. Kästner, Erich 〔1899―1974　独　児童文学・詩人〕
　◎主な邦訳ほか　「ケストナー文学への探検地図―『飛ぶ教室』『動物会議』の世界へ」（文学教育研究者集団）　こうち書房　2004.11　p228-232
　◎年譜（丘沢静也）　「飛ぶ教室」（E.ケストナー）　光文社　2006.9　p230-234

ゲーテ, A.v. Goethe, August von 〔1789―1830〕
　◎参考文献　「もう一人のゲーテ―アウグストの旅日記」（バイヤー, G.ラデッケ）　法政大学出版局　2001.6　p15-18b

ゲーテ, J.W. Goethe, Johann Wolfgang von 〔1749―1832　独　詩人・小説家〕
　◎参考文献　「知られざるゲーテ　ローマでの謎の生活」（R.ザッペリ）　法政大学出版局　2001.6　p11-18b
　◎原注文献ほか　「ゲーテ先生　生きる知恵を聞かせて」（M.ヴォルフ）　鳥影社　2001.7　p295-302
　◎年譜　「ゲーテとの対話　下」（エッカーマン）　岩波書店（ワイド版岩波文庫）　2001.9　p359-389
　○業績目録ほか　「明治学院論叢　674」（明治学院大）　2002.3　p1-5
　◎年譜（柴田翔）　「ファウスト　上」（J.W.ゲーテ）　講談社　2003.1　p358-371
　◎文献書誌（木村直司）　「ゲーテ全集　14　自然科学論　新装普及版」（J.W.v.ゲーテ）　潮出版社　2003.6　p550-562
　◎文献　「ゲーテとフランス革命」（芳原政弘）　行路社　2003.8　p235-239
　○年譜ほか（大橋学）　「ゲーテ全集　15　書簡　新装版」　潮出版社　2003.11　p449-596
　○文献書誌　「モルフォロギア　26」（ナカニシヤ出版）　2004　p120-123
　◎略年譜（関泰祐）　「ファウスト物語」（ゲーテ）　文元社　2004.2　p277-286
　◎参考文献ほか（高木昌史）　「ゲーテ美術論集成」（J.W.v.ゲーテ）　青土社　2004.9　p265-269
　◎参考文献　「ゲーテとベートーヴェン―巨匠たちの知られざる友情」（青木やよひ）　平凡社　2004.11　p250-251
　◎参考文献ほか　「ゲーテの秘密結社―啓蒙と秘教の世紀を読む」（北原博）　大阪公立大共同出版会　2005.1　p174-181

◎参考文献　「ゲーテと出版者──一つの書籍出版文化史」(S.ウンゼルト)　法政大学出版局　2005.7　p27-36b
◎文献　「シャルロッテ・フォン・シュタイン──ゲーテと親しかった女性」(J.クラウス)　鳥影社・ロゴス企画　2006.4　p302-296
◎参考文献ほか　「ゲーテと読む世界文学」(J.W.v.ゲーテ)　青土社　2006.10　p349-352
◎引用著作一覧　「ファウスト──神話と音楽」(H.J.クロイツァー)　慶應義塾大出版会　2007.4　p1-11b

ゲーデル, K.　Gödel, Kurt〔1906—1978　米　数学〕
◎参考文献　「ゲーデルの世界　その生涯と論理」(J.L.カスティほか)　青土社　2003.1　p213-214
◎参考文献　「ゲーデルの20世紀」(田中一之)　東京大出版会　2006.7　prr
◎邦訳文献ほか　「時間のない宇宙──ゲーデルとアインシュタイン最後の思索」(P.ユアグロー)　白揚社　2006.7　p276-285
◎参考文献　「ロジカル・ディレンマ──ゲーデルの生涯と不完全性定理」(J.W.ドーソン)　新曜社　2006.12　p407-421

ケナン, G.F.　Kennan, George Frost〔1904—　米　外交評論家〕
◎文献　「「封じ込め」構想と米国世界戦略──ジョージ・F・ケナンの思想と行動、1931年-1952年」(鈴木健人)　渓水社　2002.7　p337-354

ケネディ, J.F.　Kennedy, John Fitzgerald〔1917—1963　米　政治家〕
◎参考文献　「秘密工作ケネディ暗殺──天国からのメッセージ──November22.1963　Dallas, Texas」(土田宏)　彩流社　2003.11　p1-4b
◎参考文献　「JFK暗殺──40年目の衝撃の証言」(W.レモンほか)　原書房　2004.6　p355-358
◎参考文献　「ケネディ──時代を変えた就任演説」(S.クラーク)　彩流社　2006.9　p419-424
◎参考文献　「ジョン・F・ケネディ──フォト・バイオグラフィ」(G.ジェンキンズ)　原書房　2006.11　p420-423
◎参考文献ほか　「ケネディ─「神話」と実像」(土田宏)　中央公論新社　2007.11　p263-254

ケネディ家　Kennedy
◎情報源　「ジャッキー、エセル、ジョーン──ケネディ家に嫁いだ女たち」(J.R.タラボレッリ)　集英社　2002.4　p457-505
◎文献　「ブッシュ家とケネディ家」(越智道雄)　朝日新聞社　2003.7　p1-6b

ゲバラ, E.　Guevara Lynch, Ernesto Che〔1928—1967　キューバ　革命家〕
◎年譜ほか　「チェ・ゲバラ伝　新装版」(三好徹)　原書房　2001.1　p356-375
◎出典一覧　「エルネスト　チェ・ゲバラ伝　下」(P.I.タイボ II)　海風書房　2001.7　p575-542
◎引用参考文献　「チェ・ゲバラ―フォト・バイオグラフィ」(I.バリオ)　原書房　2003.12　p419-426
◎略年譜(棚橋加奈江)　「チェ・ゲバラ　モーターサイクル南米旅行日記　増補新版」(E.ゲバラ)　現代企画室　2004.9　p186-188
◎参考文献(広田明子)　「ゲバラ―フォト・ドキュメント　赤いキリスト伝説」(A.アマー)　原書房　2004.10　p209-211
◎参考文献　「チェ・ゲバラ―革命を生きる」(J.コルミエ)　創元社　2004.12　p157」
◎図書案内　「ゲバラ青春と革命」(横堀洋一)　作品社　2005.3　p266-271

ケプラー, J.　Kepler, Johannes〔1571—1620　独　天文〕
◎参考文献　「ケプラー疑惑──ティコ・ブラーエの死の謎と盗まれた観測記録」(J.ギルダーほか)　地人書館　2006.6　p270-281

ケーブル, G.W.　Cable, George Washington〔1844—1925　米　小説家〕
◎書誌　「トウェインとケイブルのアメリカ南部──近代化と解放民のゆくえ」(杉山直人)　彩流社　2007.10　p253-258

ケラー, H.　Keller, Helen Adams〔1880—1968　米　教育家〕
◎参考文献　「わが国の障害者福祉とヘレンケラー──自立と社会参加を目指した歩みと展望」(日本ライトハウス21世紀研究会)　教育出版　2002.10　prr
◎参考文献　「ヘレン・ケラーの急進的な生活─「軌跡の人」神話と社会主義運動」(K.E.ニールセン)　明石書店　2005.1　p279-272

ケリー, J.F.　Kerry, John F.〔1943—　米　政治家〕
◎参考文献　「ジョン・F・ケリー」(越智正雄)　宝島社　2004.7　p205-202

ケルアック, J.　Kerouac, Jack〔1922—1969　米　小説家・詩人〕
◎年譜ほか(中井義幸)　「ザ・ダルマ・バムズ」(J.ケルアック)　講談社　2007.9　p487-497
◎年譜ほか　「世界文学全集　1-01　オン・ザ・ロード」　河出書房新社　2007.11　p1-9b

ゲルギエフ, V.　Gergijev, Valery〔1953—　露　指揮者〕
◎参考文献　「ゲルギエフとサンクトペテルブルグの奇蹟」(J.アードイン)　音楽之友社　2006.1　p18-21b

ケルゼン, H.　Kelsen, Hans〔1881—1973　墺　法哲学〕
◎文献目録　「ケルゼンとヴェーバー──価値論研究序説」(関口光春)　新泉社　2001.11　p312-324
◎文献表ほか　「ケルゼン研究 II」(長尾龍一)　信山社出版　2005.6　p12-17b

ケンプ, M.　Kempe, Margery〔1373頃—1440頃　英　神秘的自伝の作者〕
◎文献　「マージェリー・ケンプ──黙想の旅」(久木田直江)　慶応義塾大学出版会　2003.10　p274-294

ケンペ, R.　Kempe, Rudolf〔1910—1976　独　指揮者〕
　◎参考文献ほか　「指揮者ケンペ　増訂版」（尾埜善司）　芸術現代社　2006.1　p366-370

【 コ 】

コーエン, L.　Cohen, Leonard〔1934—　加　シンガーソングライター〕
　◎作品一覧　「レナード・コーエン伝」（I.B.ナデル）　夏目書房　2005.2　p393-397
コクトー, J.　Cocteau, Jean〔1889—1963　仏　詩人・小説家〕
　◎参考文献　「ジャン・コクト—幻想の美学」（高橋洋一）　平凡社　2003.11　p320-326
　◎参考文献　「コクトー、1936年の日本を歩く」（西川正也）　中央公論新社　2004.11　p222-225
　◎年譜　「恐るべき子供たち」（コクトー）　光文社　2007.2　p253-258
ココ-シャネル
　⇒シャネル、G.を見よ
ゴーゴリ, N.V.　Gogol, Nikolai Vasilievich〔1809—1852　露　小説家〕
　◎年譜(浦雅春)　「鼻外套査察官」（N.V.ゴーゴリ）　光文社　2006.11　p364-368
コジェーヴ, A.　Kojeve, Alexandre〔1902—1968　仏　哲学〕
　◎年譜　「評伝アレクサンドル・コジェーヴ—哲学、国家、歴史の終焉」（D.オフレ）　パピルス　2002.1　p618-644
コジモ1世　Cosimo I de'Medici〔1519—1574　伊　トスカーナ大公〕
　◎文献目録　「近世フィレンツェの政治と文化—コジモ1世の文化政策(1537-60)」（北田葉子）　刀水書房　2003.2　p373-356
ゴダール, J.L.　Godard, Jean-Luc〔1930—　仏　映画監督〕
　◎文献　「ジャン=リュック・ゴダール　改訂2版」（村田信男ほか）　エスクァイアマガジンジャパン　2003.8　1pb
　◎参考文献　「ゴダール伝」（C.マッケイブ）　みすず書房　2007.6　p17-36b
コタンスキ, W.　Kotansky, Wieslaw〔1915—2005　ポーランド　日本語・日本文化研究家〕
　◎業績一覧(松井嘉和)　「古事記の新しい解読—コタンスキの古事記研究と外国語訳古事記」（W.コタンスキ）　錦正社　2004.3　p398-392
ゴーチエ, T.　Gautier, Théophile〔1811—1872　仏　詩人・小説家〕
　○年譜的研究(森宗崇)　「東亜大学経営学部紀要14」（東亜大）　2001.3　p43-59
　◎年譜(井村実名子)　「モーパン嬢　下」（T.ゴーチエ）　岩波書店　2006.11　p1-13b
ゴッホ, V.v.　Gogh, Vincent van〔1853—1890　蘭　画家〕
　◎年譜　「物のまなざし—ファン・ゴッホ論」（ジャン＝クレ・マルタン）　大村書店　2001.1　p180-186
　◎年譜　「ファン・ゴッホの手紙」（二見史郎）　みすず書房　2001.11　p9-15b
　◎参考文献　「ゴッホオリジナルとは何か?—19世紀末のある挑戦」（コルネリア・ホンブルク）　美術出版社　2001.12　p198-208
　◎年譜　「物のまなざし—ファン・ゴッホ論」（J.C.マルタン）　大村書店　2002.1　p180-186
　◎年譜ほか　「ゴッホ—闘う画家」（木下長宏）　六耀社　2002.2　p107-111
　◎参考文献ほか　「ゴッホ展」（北海道立近代美術館）　北海道新聞社　2002　p218-225
　◎参考文献　「ゴッホ」（R.メッツガー）　タッシェン・ジャパン　2003.8　p256
　◎参考文献　「ゴッホ、ミレーとバルビゾンの画家たち」（深谷克典ほか）　飯田画廊　2004　p193-194
　◎参考文献　「ゴッホ展—孤高の画家の原風景　ファン・ゴッホ美術館クレラー＝ミュラー美術館所蔵」（東京国立近代美術館ほか）　NHK　2005　p214-219
　◎参考文献　「ゴッホはなぜゴッホになったか—芸術の社会学的考察」（N.エニック）　藤原書店　2005.3　p343-355
　◎引用参考文献　「青空の憂鬱—ゴッホの全足跡を辿る旅」（吉屋敬）　評論社　2005.4　p268-269
　◎参考文献　「ふたりのゴッホ—ゴッホと賢治37年の心の軌跡」（伊勢英子）　新潮社　2005.7　p298-302
　◎参考文献　「ゴッホ—この世の旅人」（A.J.ルービン）　講談社　2005.10　p498-497
　◎参考文献　「ゴッホ」（圀府寺司）　小学館　2006.3　p123」
　◎Bibliographie　「テオもう一人のゴッホ」（M.A.オザンヌほか）　平凡社　2007.8　p262-258
　◎参考文献　「ゴッホの復活—日本にたどり着いた「ひまわり」の正体」（小林英樹）　情報センター出版局　2007.10　p341」
コッローディ, C.　Collodi, Carlo〔1826—1890　伊　児童文学〕
　◎参考文献　「ピノッキオとは誰でしょうか」（藤澤房俊）　太陽出版　2003.4　p147-150
　◎目録　「児童文学翻訳作品総覧　5　北欧・南欧編」（川戸道昭ほか）　ナダ出版センター　2005.12　p444-457
コトシーヒン, G.K.　Kotoshikhin, Grigorii Karpovich〔?—1667　露　外交官〕
　◎文献　「ピョートル前夜のロシア　亡命ロシア外交官コトシーヒンの手記」（松木栄三）　彩流社　2003.3　p17-23b

ゴドフリー, E.B. Godfrey, Edmund Berry〔1621—1678 英 治安判事〕
◎参考文献 「エドマンド・ゴドフリー卿殺害事件」（J.D.カー） 東京創元社 2007.3 p481-486

コトラー, P. Kotler, Philip〔1931— 米 経営学〕
◎著作一覧 「市場戦略論」（P.コトラーほか） ダイヤモンド社 2004.11 p255-257

コナリー, M. Connelly, Michael〔1956— 米 ミステリー作家〕
◎著作リスト（古沢嘉通） 「暗く聖なる夜 下」（M.コナリー） 講談社 2005.9 p311-313

コフート, H. Kohut, Heinz〔1913—1981 米 精神医学〕
◎引用文献 「現代精神分析における自己心理学—コフートの治療的遺産」（P.モロン） 北大路書房 2007.8 p279-297

ゴフマン, E. Goffman, Erving〔1922—1982 米 社会学〕
◎文献 「「女らしさ」の社会学—ゴフマンの視角を通して」（高橋裕子） 学文社 2002.9 p155-162

コフマン, G.S. Kaufman, George Simon〔1889—1961 米 劇作家〕
○年表（平山友美子） 「アメリカ演劇 13」（法政大学出版局） 2001.5 p37-49

コフマン, S. Kofman, Sarah〔1934—1994 仏 哲学〕
◎作品目録 「サラ・コフマン讃」（F.コランほか） 未知谷 2005.8 p301-323

コーベット, J.S. Corbett, Julian Stafford〔1854—1922 英 海軍史家〕
◎書誌 「コーベット」（高橋弘道） 芙蓉書房出版 2006.10 p306-313

コベット, W. Cobbet, William〔1763—1835 英 文筆家・政治家〕
◎文献 「旅人たちのアメリカ—コベット、クーパー、ディケンズ」（大井浩二） 英宝社 2005.10 p197-206

コベル, J.H. Covell, James Howard〔1896—1943 米 バプテスト宣教師〕
◎参考文献 「コベル先生—横浜からホープベールへ」（渡辺基） 講談社出版サービスセンター 2000.9 p194-197

コペルニクス, N. Copernicus, Nicolaus〔1473—1543 ポーランド 天文〕
◎原註 「コペルニクス的宇宙の生成」（H.ブルーメンベルク） 法政大学出版局 2002.12 p339-370
◎参考文献注解 「誰も読まなかったコペルニクス—科学革命をもたらした本をめぐる書誌学的冒険」（O.ギンガリッチ） 早川書房 2005.9 p380-374

コマール, V. Komar, Vitaly〔1943— 〕
◎文献（林壽美） 「コマール＆メラミッドの傑作を探して」（川村記念美術館） 淡交社 2003.10 p106-111

コメニウス Comenius, Johann Amos〔1592—1670 教育思想家〕
○文献目録（井ノ口淳三ほか） 「紀要 8」（追手門学院大） 2002.1 p111-127

ゴヤ, F.J. Goya y Lucientes, Francisco José de〔1746—1828 西 画家〕
◎参考文献 「ゴヤ」（サラ・シモンズ） 岩波書店（岩波世界の美術） 2001.1 p344-345
◎年譜 「ゴヤロス・カプリチョス—寓意に満ちた幻想版画の世界」（雪山行二） 二玄社（Art & words） 2001.2 p176-177
◎年譜 「ゴヤ ロス・カプリチョス—国立西洋美術館所蔵」（F.ゴヤ） 二玄社 2002.1 p176-177
◎参考文献 「ゴヤとその時代—薄明のなかの宮廷画家」（ジャニス・A.トムリンソン） 昭和堂 2002.2 p290-295
◎年譜 「ゴヤ幻想—『黒い絵』の謎」（小山田義文） 三元社 2002.3 p9-25
◎原註 「ゴヤ 最後のカーニヴァル」（V.I.ソトイキツァほか） 白水社 2003.2 p362-400
◎参考文献 「ゴヤ」（大高保二郎） 小学館 2006.11 p123」

コラーシュ, J. Kolář, Jiří〔1914—2002〕
◎参考文献 「イジー・コラーシュの詩学」（阿部賢一） 成文社 2006.1 p385-405

ゴーリー, E. Gorey, Edward〔1925—2000 米 作家〕
○追悼（浜中利信） 「ミステリマガジン 45.8.533」（早川書房） 2000.8 p10-13
◎著書一覧ほか 「エドワード・ゴーリーの世界」（浜中利信、柴田元幸ほか） 河出書房新社 2002.8 p119-124
◎文献 「どんどん変に……エドワード・ゴーリーインタビュー集成」（E.ゴーリーほか） 河出書房新社 2003.10 p1-4b

コリア, J. Collier, John Henry Noyes〔1901—1980 英 小説家・詩人〕
◎著作リスト（村上啓夫） 「炎のなかの絵」（J.コリア） 早川書房 2006.3 p284-285

コリンズ, M.A. Collins, Max Allan〔1948— 米 作家〕
○作品リストほか（尾之上浩司） 「ミステリマガジン 50.2」（早川書房） 2005.2 p54-61

コル, C. Kold, Christen〔1816—1870 デンマーク 教育者〕
◎文献一覧（清水満） 「コルの「子どもの学校論」—デンマークのオルタナティヴ教育の創始者」（C.コル） 新評論 2007.12 p256-254

コルヴィッツ，K.　Kollwitz, Käthe〔1867—1945　独　画家・版画家・彫刻家〕
◎年譜　「ケーテ・コルヴィッツの日記―種子を粉にひくな」（K.コルヴィッツ）　アートダイジェスト　2003.2　p314-315
◎年譜ほか　「ケーテ・コルヴィッツ―死・愛・共苦」（清眞人ほか）　御茶の水書房　2005.8　p232-239
◎案内　「ケーテ・コルヴィッツの肖像」（志真斗美恵）　續文堂出版　2006.6　p9-11b

コルチャック，J.　Korczak, Janusz〔1878—1942　ポーランド　教育者・児童文学〕
◎作品ほか　「コルチャック子どもの権利の尊重―子どもはすでに人間である」（塚本智宏）　子どもの未来社　2004.6　p162-177
◎参考文献　「決定版コルチャック先生」（近藤二郎）　平凡社　2005.6　p318-314

ゴールディング，W.　Golding, William Gerald〔1911—1993　英　作家〕
◎参考文献ほか　「ゴールディング作品研究」（坂本仁）　鳳書房　2003.3　p380-387

コールデコット，R.　Caldecott, Randolph〔1846—1886　英　挿絵画家〕
◎参考文献　「ランドルフ・コールデコットの生涯と作品―現代絵本の父」（J.バンクストン）　絵本の家　2006.5　p78

コルテス，B.M.　Koltes, Bernard-Marie
◎年譜　「コルテス戯曲選」（石井惠, 佐伯隆幸）　れんが書房新社　2001.12　p203-205

コルテス，H.　Cortés, Hernán〔1485—1547　西　メキシコ征服者〕
◎参考文献　「アステカ帝国と征服者エルナン・コルテス―真実と虚構」（山瀬暢士）　メタ・ブレーン　2005.3　p303-314

ゴールドバーグ，H.S.　Goldberg, Howard S.
○業績ほか　「千葉大学人文研究　36」（千葉大）　2007　p9」

ゴールドマン，W.　Goldman, William〔1931—　米　小説家〕
◎主要作品リスト（瀬名秀明）　「殺しの接吻」（W.ゴールドマン）　早川書房　2004.6　p185-189

コルトレーン，J.　Coltrane, John〔1926—1967　米　ジャズテナーサックス奏者〕
◎参考文献　「ジョン・コルトレーン『至上の愛』の真実」（A.カーン）　音楽之友社　2006.2　p368-364

コルナイ，J.　Kornai, János〔1928—　ハンガリー　経済学〕
◎参考文献　「コルナイ・ヤーノシュ自伝」（J.コルナイ）　日本評論社　2006.6　p19-34b

コールバーグ，L.　Kohlberg, Lawrence〔1927—1987　米　心理〕
◎引用文献ほか　「道徳性を発達させる授業のコツ―ピアジェとコールバーグの到達点」（J.ライマーほか）　北大路書房　2004.7　p263-274

コルバン，A.　Corbin, Alain〔1936—　仏　歴史学〕
◎著作　「感性の歴史家アラン・コルバン」（A.コルバン）　藤原書店　2001.11　p384-381

コルモゴロフ，A.N.　Kolmogorov, Andrei Nikolaevich〔1903—1987　露　数学〕
◎学術論文　「学問と職業としての数学」（A.N.コルモゴロフ）　大竹出版　2003.6　p347-356

コールリッジ，S.T.　Coleridge, Samuel Taylor〔1772—1834　英　詩人〕
◎文献表　「コールリッジと他者―詩に描かれた家族」（藤井佳子）　英宝社　2006.2　p181-188
◎参考書目　「愛の絆―サミュエル・テーラー・コールリッジ夫人の生涯」（M.レフェビュア）　北星堂書店　2006.5　p436-433
◎参考文献ほか　「コウルリッジにおける想像力の体系」（高山信雄）　音羽書房鶴見書店　2006.7　p219-227
◎参考文献　「自然とヴィジョンの詩学―ワーズワス、コールリッジ、エリオット」（宮川清司）　英宝社　2007.5　p237-249

コロレンコ，V.G.　Korolenko, Vladimir Galaktionovich〔1853—1921　露　小説家〕
◎年譜（斎藤徹）　「わが同時代人の歴史　3・4」（V.G.コロレンコ）　文芸社　2006.12　p575-589

コロンブス，C.　Columbus, Christophorus〔1451—1506　伊　航海者〕
◎参考文献　「コロンブス夜話―現代秩序の基を築いた男の実像」（伊東章）　鳥影社　2002.3　p426-427

ゴーン，C.　Ghosn, Carlos〔1954—　仏　実業家〕
◎参考文献　「ウィと言えない「ゴーン改革」―ルポルタージュ」（阿部芳郎）　本の泉社　2005.3　p179-180

ゴンクール，E.　Goncourt, Edmond Louis Antoine Huot de〔1822—1896　仏　作家〕
◎参考文献　「夢見た日本―エドモン・ド・ゴンクールと林忠正」（B.小山‐R）　平凡社　2006.7　p319-309

ゴンクール兄弟　Goncourt〔Goncourt, Edmond Louis Antoine Huot de 1822—1896/Goncourt, Jules Alfred Huot de 1830—1870　仏　作家〕
◎関連年譜（B.リシャール＝小山）　「歌麿」（E.d.ゴンクール）　平凡社　2005.12　p296-304

コンスタン，B.　Constant de Rebecque, Henri Benjamin〔1767—1830　仏　小説家・思想家〕
◎年譜ほか　「バンジャマン・コンスタン―民主主義への情熱」（T.トドロフ）　法政大学出版局　2003.12　p201-221

コンスタンティヌス1世　Constantinus I, Flavius Valerius〔274頃—337　ローマ　皇帝〕
◎参考文献（秦剛平）「コンスタンティヌスの生涯」（エウセビオス）　京大学術出版会　2004.6　p405-420

- ◎参考資料ほか 「コンスタンティヌス―ユーロの夜明け」（大澤武男） 講談社 2006.11 p287-289

コンディヤック, E.B. Condillac, Étienne Bonnot de 〔1715―1780 仏 哲学〕
- ◎文献 「コンディヤックの思想―哲学と科学のはざまで」（山口裕之） 勁草書房 2002.11 p3-5b

コンドラチェフ, N.D. Kondrat'ev, Nikolai Dmitrievich 〔1892―1938 露 経済学〕
- ◎文献 「コンドラチェフと経済発展の動学―コンドラチェフの生涯と経済思想」（ヴィンセント・バーネット） 世界書院 2002.8 p379-394
- ◎文献目録 「コンドラチェフ経済動学の世界―長期景気波動論と確率統計哲学」（岡田光正） 世界書院 2006.4 p335-348

コンドル, J. Conder, Josiah 〔1852―1920 英 建築家〕
- ◎略年譜（山口静一） 「河鍋暁斎」（J.コンドル） 岩波書店 2006.4 p275-290

コンプトン＝バーネット, I. Compton-Burnett, Ivy 〔1892―1969 英 小説家〕
- ◎引用文献ほか 「アイヴィ・コンプトン＝バーネットの世界―権力と悪」（大社淑子） ミネルヴァ書房 2005.6 p278-289

コンラッド, J. Conrad, Joseph 〔1857―1924 英 小説家〕
- ◎参考文献 「流浪の作家ジョウゼフ・コンラッド―その思想形成の遠景と近景」（松村敏彦） 大阪教育図書 2000.12 p237-242
- ◎参考文献 「亡命者ジョウゼフ・コンラッドの世界―コンラッドの中・短編小説」（吉岡栄一） 南雲堂フェニックス 2002.5 p338-345
- ◎年譜ほか（外狩章夫） 「ジョウゼフ・コンラッド」（C.フレッチャー） ミュージアム図書 2002.6 p122-123
- ◎引用参考文献 「コンラッド『闇の奥』の研究―帝国主義と文明と」（杉浦廣治） 成美堂 2003.10 p166-183
- ◎作品案内ほか 「コンラッド―人と文学」（武田ちあき） 勉誠出版 2005.8 p179-254

【サ】

サイード, E.W. Said, Edward W. 〔1935―2003 米 文芸評論家〕
- ◎読書案内 「サイードと歴史の記述」（S.ワリア） 岩波書店 2004.4 p116-119
- ◎読書案内ほか 「エドワード・サイード」（B.アシュクロフトほか） 青土社 2005.10 p255-280
- ◎年譜ほか（大橋洋一） 「サイード自身が語るサイード」（E.W.サイード） 紀伊國屋書店 2006.12 p175-184
- ◎著作一覧（G.ヴィスワナタン） 「権力、政治、文化 下」（E.W.サイード） 太田出版 2007.2 p358-356

サイモン, H.A. Simon, Herbert Alexander 〔1916―2001 米 経営学〕
- ◎参照文献 「サイモン理論と日本の行政―行政組織と意思決定」（橋本信之） 関西学院大出版会 2005.1 p254-257

ザヴィヌル, J. Zawinul, Josef Erich 〔1932―2007 墺 ジャズキーボード奏者〕
- ◎参考文献 「ザヴィヌル―ウェザー・リポートを創った男」（B.グラサー） 音楽之友社 2003.10 p359-355

サヴェジ, L.J. Savage, Leonard Jimmie 〔1917―1971 米 統計学〕
- ◎文献覚書 「サヴェジ氏の思索」（園信太郎） 岩波出版サービスセンター（製作） 2007.8 p221-242

サーク, D. Sirk, Douglas 〔1897―1987 映画監督〕
- ◎ビブリオグラフィ（J.ハリデイ） 「サーク・オン・サーク」（D.サークほか） INFASパブリケーションズ 2006.1 p352-356

ザクスル, F. Saxl, Fritz 〔1890―1948 墺 美術史家〕
- ◎著作目録（松枝到） 「シンボルの遺産」（F.ザクスル） 筑摩書房 2005.2 p423-434

サザーン, R.W. Southern, Richard William 〔1912―2001〕
- ◎業績（上條敏子） 「西欧中世の社会と教会―教会史から中世を読む」（R.W.サザーン） 八坂書房 2007.4 p44-49b

サザーン, T. Southern, Terry 〔1928―1995〕
- ◎著作リスト（松永良平） 「レッド・ダート・マリファナ」（T.サザーン） 国書刊行会 2004.4 p272-273

サッチャー, M. Thatcher, Margaret Hilda 〔1925― 英 政治家〕
- ◎引用文献 「サッチャリズムとブレア政治―コンセンサスの変容，規制国家の強まり，そして新しい左右軸」（小堀真裕） 晃洋書房 2005.5 p249-258

ザッパ, F. Zappa, Frank 〔1940―1993 米 ロック音楽家〕
- ◎参考文献 「大ザッパ論 2」（大山甲日） 工作舎 2001.12 p636-641

サッフォー Sapphō 〔前610頃―前580頃 希 詩人〕
- ◎参考文献 「サッフォー―詩と生涯」（沓掛良彦） 水声社 2006.9 p439-444

ザッヘル＝マゾッホ, L.R. Sacher-Masoch, Leopold von 〔1836―1895 墺 小説家〕
- ◎文献目録 「マゾッホという思想」（平野嘉彦） 青土社 2004.7 p243-247

サティ, E. Satie, Erik〔1866—1925 仏 作曲家〕
◎原注 「エリック・サティ」（A.レエ） 白水社 2004.6 p208-213
◎参考文献 「エリック・サティ覚え書 新装版」（秋山邦晴） 青土社 2005.11 p31-41

サド, D.A.F. Sade, Donatien Alphonse François de〔1740—1814 仏 小説家・哲学〕
◎書誌 「サドにおける言葉と物」（秋吉良人） 風間書房 2001.2 p245-258
◎文献 「堕天使の倫理—スピノザとサド」（佐藤拓司） 東信堂 2002.12 p275-284
◎参考文献 「サド侯爵—新たなる肖像」（C.トマ） 三交社 2006.2 p273-279
◎読書案内 「サド—切断と衝突の哲学」（秋吉良人） 白水社 2007.12 p272-273

サトウ, E.M. Satow, Sir Ernest Mason〔1843—1929 英 外交官〕
◎年譜 「離日 遠い崖 アーネスト・サトウ日記抄 14」（萩原延壽） 朝日新聞社 2001.1 p329-340
◎著作目録ほか 「図説アーネスト・サトウ 幕末維新のイギリス外交官」（横浜開港資料館） 有隣堂 2001.12 p117-121
◎参考文献ほか 「アーネスト・サトウの生涯—その日記と手紙より」（I.C.ラックストン） 雄松堂出版 2003.8 p1-17b

サハロフ, A.D. Sakharov, Andrei Dimitrievich〔1921—1989 露 原子物理学〕
◎注 「ソルジェニーツィンとサハロフ」（R.メドヴェージェフほか） 現代思潮新社 2005.7 prr

サピア, E. Sapir, Edward〔1884—1939 米 言語学・文化人類学〕
○出版案内（E.F.K.Koerner） 「日本エドワード・サピア協会研究年報 15」（日本エドワードサピア協会） 2001.3 p85-90

ザビエル, F. Xavier, Francisco〔1506—1552 西 宣教師〕
◎参考文献 「ザビエルの同伴者アンジロー—戦国時代の国際人」（岸野久） 吉川弘文館（歴史文化ライブラリー 126） 2001.9 p231-232
◎参考文献 「ザビエルの海—ポルトガル「海の帝国」と日本」（宮崎正勝） 原書房 2007.3 p279-284

ザームエル, M.
◎推薦文献ほか 「暗闇の中で—マーリオン・ザームエルの短い生涯1931-1943」（G.アリー） 三修社 2007.7 p213-210

サムス, C.F. Sams, Crawford F.〔1902—1994 米 陸軍准将・軍医〕
◎文献 「日本人の生命を守った男—GHQサムス准将の闘い」（二至林菁） 講談社 2002.3 p313-358

サムナー, W.G. Sumner, William Graham〔1840—1910 米 社会学〕
◎文献目録 「フォークウェイズ 復刻版 現代社会学大系 3」（W.G.サムナー） 青木書店 2005.8 p10-11b

ザメンホフ, L. Zamenhof, Lazarus Ludwig〔1859—1917 ポーランド エスペラント語の創始者〕
◎参考文献ほか 「ザメンホフ—世界共通語を創ったユダヤ人医師の物語」（小林司） 原書房 2005.1 p287-296
◎参考文献 「ザメンホフ通り—エスペラントとホロコースト」（L.C.ザレスキ＝ザメンホフほか） 原書房 2005.1 p438-446

サリエーリ, A. Salieri, Antonio〔1750—1825 伊 作曲家〕
◎参考文献 「サリエーリ—モーツァルトに消された宮廷楽長」（水谷彰良） 音楽之友社 2004.3 p22-27b

サリス, J. Sallis, James〔1944— 米 作家〕
◎著作リスト（鈴木惠） 「ドライブ」（J.サリス） 早川書房 2006.9 p187-189

サリンジャー, J.D. Salinger, Jerome David〔1919— 米 小説家〕
◎邦訳リスト 「『ライ麦畑』をつかまえる！—謎に満ちたホールデンの3日間を解く」（サリンジャー研究会） 青春出版社 2003.5 p184-185
◎引用文献 「『キャッチャー・イン・ザ・ライ』の謎をとく」（野間正二） 創元社 2003.10 p315-310
◎原注 「サリンジャーを追いかけて」（P.アレクサンダー） DHC 2003.10 p329-343
◎引用文献 「サリンジャーなんかこわくない—クラフツマン・サリンジャーの挑戦」（新田玲子） 大阪教育図書 2004.2 p513-520
◎引用文献 「ライ麦畑のミステリー」（竹内康浩） せりか書房 2005.6 p1-3b
◎引用文献 「戦争PTSDとサリンジャー—反戦三部作の謎をとく」（野間正二） 創元社 2005.10 p198-201
◎参考文献ほか 「ライ麦畑でつかまえて」（田中啓史） ミネルヴァ書房 2006.5 p10-18b

サルトル, J.P. Sartre, Jean-Paul〔1905—1980 仏 哲学・小説家〕
◎文献 「〈呼びかけ〉の経験—サルトルのモラル論」（沢田直） 人文書院 2002.5 p286-297
◎参考文献ほか 「新・サルトル講義—未完の思想、実存から倫理へ」（沢田直） 平凡社 2002.5 p231-238
◎読書案内 「サルトル 図解雑学」（永野潤） ナツメ社 2003.8 p245-248
◎参考文献 「サルトル」（D.D.パルマー） 筑摩書房 2003.10 p185-186
◎文献 「サルトルの倫理思想—本来的人間から全体的人間へ」（水野浩二） 法政大学出版局 2004.9 p212-220

◎参考文献 「実存と暴力―後期サルトル思想の復権」(清真人) 御茶の水書房 2004.10 p345-356
◎年表(松浪信三郎ほか) 「サルトル」(サルトル) 河出書房新社 2005.1 p477-482
◎参考文献 「サルトル―「人間」の思想の可能性」(海老坂武) 岩波書店 2005.5 p193-197
◎略年譜(黒川学) 「サルトルの世紀」(B.H.レヴィ) 藤原書店 2005.6 p839-844
◎関連書誌 「世紀の恋人―ボーヴォワールとサルトル」(C.セール=モンテーユ) 藤原書店 2005.6 p343-350
◎関連文献ほか(澤田直) 「サルトル1905-80―他者・言葉・全体性」 藤原書店 2005.10 p303-285
◎読書案内 「サルトル―失われた直接性をもとめて」(梅木達郎) NHK出版 2006.1 p114-116
◎参考文献 「サルトルの文学―倫理と芸術のはざまを奏でる受難曲」(川神傅弘) 関西大出版部 2006.3 p1-12b
◎略年譜 「サルトル」(A.l.コーエン=ソラル) 白水社 2006.6 p175-178

サンガー, M. Sanger, Margaret Higgins 〔1879―1966 米 産児制限運動指導者〕
◎略年譜 「マーガレット・サンガー 嵐を駆けぬけた女性」(E.チェスラー) 日本評論社 2003.5 p1-7b

サンソン, C.H.
◎参考文献 「死刑執行人サンソン―国王ルイ十六世の首を刎ねた男」(安達正勝) 集英社 2003.12 p249-253

サンツォ, L.
○業績目録 「うみ 39.1」(日仏海法学会) 2001.2 p33-58

サン=テグジュペリ, A.d. Saint-Exupéry, Antoine Marie Roger de 〔1900―1944 仏 小説家・飛行士〕
◎年譜 「「星の王子さま」の謎が解けた―サン=テクジュペリが本当に伝えたかったこと」(吉田浩) 二見書房 2001.1 p227-233
◎略歴ほか 「おとなのための星の王子さま」(小島俊明) 筑摩書房 2002.4 p237-243
◎参考文献 「星の王子さまの眠る海」(E.ヴォドワほか) ソニー・マガジンズ 2005.8 p272-273
◎参考文献 「『星の王子さま』の謎」(三野博司) 論創社 2005.9 p198-206
◎参考文献 「「星の王子さま」を読む」(藤田尊潮) 八坂書房 2005.10 p178-184
◎参考文献 「星の王子さま☆学」(片木智年) 慶應義塾大出版会 2005.12 p217-221
◎読書案内 「「星の王子さま」を哲学する」(甲田純生) ミネルヴァ書房 2006.1 p201-206
◎文献一覧 「星の王子さまのプレゼント」(小島俊明) 中央公論新社 2006.2 p243-245
◎著作ほか 「サン=テグジュペリ―大切なことを忘れない「少年力」」(齋藤孝) 大和書房 2006.3 p122-126

◎年譜 「星の王子さまとわたし」(内藤濯) 丸善 2006.3 p225-233
◎年譜 「星の王子さまの世界」(塚崎幹夫) 中央公論新社 2006.4 p210-214
◎年譜(野崎歓) 「ちいさな王子」(A.サン=テグジュペリ) 光文社 2006.9 p167-174

サンテリア, A. Sant' Elia, Antonio 〔1888―1916 伊 建築家〕
◎参考文献(鵜沢隆) 「アントニオ・サンテリア「新都市(チッタ・ヌオーヴァ)」 解説篇」(A.サンテリア) 中央公論美術出版 2007.2 p96-97

サンド, G. Sand, George 〔1804―1876 仏 小説家〕
◎参考文献 「ジョルジュ・サンドの世界―生誕二百年記念出版―十九世紀フランス女性作家」(日本ジョルジュ・サンド研究会) 第三書房 2003.6 p20-24b
◎著作一覧ほか 「ジョルジュ・サンド1804-76―自由、愛、そして自然」(持田明子) 藤原書店 2004.6 p252-261
◎参考文献 「日本におけるジョルジュ・サンド―日本最初の翻訳『緇縷』の謎」(平井知香子) いなほ書房 2004.10 p144-148
◎作品解題ほか(篠沢秀夫) 「愛の妖精」(G.サンド) 中央公論新社 2005.6 p240-246,250-253
◎年譜(加藤節子) 「我が生涯の記 3」(G.サンド) 水声社 2005.8 p285-303

サンファル, N.d. Saint Phalle, Niki de 〔1930―2002 仏 前衛美術家〕
◎参考文献(笠木日南子) 「ニキ・ド・サンファル展」(笠木日南子) 中日新聞社 2006 p144-145

サン・マルタン, L.C. Saint-Martin, Louis Claude de 〔1743―1803 仏 光明派神秘家〕
◎文献 「啓蒙の世紀の神秘思想―サン=マルタンとその時代」(今野喜和人) 東京大出版会 2006.12 p9-23b

【シ】

シイク, A. Szyk, Arthur 〔1894―1951〕
◎参考文献 「アーサー・シイク義憤のユダヤ絵師」(袖井林二郎) 社会評論社 2007.11 p239-247

シィート, L.K. Seat, Leroy 〔1938― 米 キリスト教学〕
○業績ほか 「西南学院大学神学論集 62.1」(西南学院大) 2005.3 p1-6f

シェイクスピア, W. Shakespeare, William 〔1564―1616 英 作家・詩人〕
○業績(鏡味国彦) 「英文学論考 27」(立正大) 2001 p1-6

◎年譜ほか 「ウィリアム・シェイクスピア 日本語版」（D.シェラード） ミュージアム図書 2001 p104-112
◎参考文献 「「ハムレット」への旅立ち」（大井邦雄） 早稲田大学出版部 2001.1 prr
◎参考文献ほか 「赤毛のアンに隠されたシェイクスピア」（松本侑子） 集英社 2001.1 p347-350
◎年譜ほか 「ウィリアム・シェイクスピア」（ドミニク・シェラード） ミュージアム図書（大英図書館シリーズ作家の生涯） 2001.4 p104-112
◎参考文献解題 「ハムレット」（高橋康也, 河合祥一郎） 大修館書店（大修館シェイクスピア双書） 2001.9 p57-78
◎「シェイクスピアを学ぶ人のために 参考文献へのアプローチ」（D.M.バージェロン） 三修社 2001.10 259p 46s
◎注文献 「シェイクスピア喜劇の世界」（N.フライ） 三修社 2001.10 prr
◎参考文献 「シェイクスピアを読み直す」（柴田稔彦） 研究社 2001.10 p205-27
◎注 「シェイクスピア—世紀を超えて」（日本シェイクスピア協会） 研究社 2002.4 prr
◎注文献 「シェイクスピアの文化史—社会・演劇・イコノロジー」（岩崎宗治） 名古屋大学出版会 2002.8 p13-35b
◎書誌（荒井良雄ほか） 「シェイクスピア大事典」（荒井良雄ほか） 日本図書センター 2002.10 p872-913
◎参考文献 「シェイクスピアの墓を暴く女」（大場建治） 集英社 2002.10 p219-222
◎文献 「虚と実の狭間で—シェイクスピアのディスガイズの系譜」（細川真） 英宝社 2003.3 p506-485
◎注 「シェイクスピアの喜劇—逆転の願い」（金城盛紀） 英宝社 2003.5 prr
◎参考書目 「オセロ—シェイクスピアの悲劇 愛の旋律と不協和音」（森本美樹） 文芸社 2003.7 p244-256
◎原注 「シェイクスピアとカーニヴァル バフチン以後」（R.ノウルズ） 法政大学出版局 2003.7 p11-56b
◎参考引用文献 「アメリカン・シェイクスピア—初期アメリカ演劇の文化史」（常山菜穂子） 国書刊行会 2003.11 p6-25b
◎関連文献 「シェイクスピア映画論」（R.ジャクソン） 開文社出版 2004.2 p610-606
◎注 「シェイクスピアとイギリス民衆演劇の成立」（玉泉八州男） 研究社 2004.3 p415-444
○略年譜 「紀要 文学科 94」（中央大） 2004.3 p5-15
◎受容年表 「明治のシェイクスピア《総集編》 1 明治のシェイクスピア」（川戸道昭） 大空社 2004.5 p246-357
◎翻訳文学書目録 「明治のシェイクスピア《総集編》 2 シェイクスピア図絵—附資料と索引」（川戸道昭ほか） 大空社 2004.5 p465-582

◎参考書目 「シェイクスピア喜劇の象徴的技法」（杉井正史） 大阪教育図書 2004.10 p173-197
◎参照文献 「二歩進んだシェイクスピア講義」（S.マッケヴォイ） 大阪教育図書 2004.10 p351-360
◎ブックガイド 「本当はこわいシェイクスピア—〈性〉と〈植民地〉の渦中へ」（本橋哲也） 講談社 2004.10 p225-231
◎参考文献 「ジェンダーの驚き—シェイクスピアとジェンダー」（浜名恵美） 日本図書センター 2004.11 p330-314
◎文献 「シェイクスピアのレトリック」（梅田倍男） 英宝社 2005.2 p193-200
◎参考文献 「シェイクスピア四大悲劇—虚と実」（新井基祐） 大阪教育図書 2005.3 p279-286
◎参考文献 「シェイクスピアは楽しい」（東郷公徳） 上智大 2005.4 p284-285
◎参考文献 「〈シェイクスピアの〉遊びの流儀」（小田島雄志） 講談社 2005.5 p218-220
◎読書案内 「『ロミオとジュリエット』恋におちる演劇術」（河合祥一郎） みすず書房 2005.6 p151-152
◎参考文献 「シェイクスピア演習リポート—『夏の夜の夢』『お気に召すまま』『十二夜』『ソネット集』」（山田玲子） 鷹書房弓プレス 2005.8 p168-174
◎参考文献 「シェイクスピアの文法と語彙—英語史で読むシェイクスピア」（三輪伸春） 松柏社 2005.9 p423-430
◎参考文献 「シェイクスピアと夢」（武井ナヲエ） 南雲堂 2005.10 p263-267
○業績目録ほか 「アカデミア 文学・語学編 79」（南山大） 2006.1 3pf
◎文献 「ハムレット」（青山誠子） ミネルヴァ書房 2006.2 p14-18b
◎文献 「シェイクスピアの驚異の成功物語」（S.グリーンブラット） 白水社 2006.9 p13-27b
◎略年譜（安西徹雄） 「リア王」（W.シェイクスピア） 光文社 2006.9 p276-287
◎参考文献 「シェイクスピアの喜劇における両義性」（赤羽美鳥） 翰林書房 2006.11 p291-296
◎参考書目 「シェイクスピア残酷劇からの誕生—『タイタス・アンドロニカス』の劇作術」（依田義丸） 京都大学術出版会 2006.12 p267-274
◎略年譜（安西徹雄） 「ジュリアス・シーザー」（シェイクスピア） 光文社 2007.1 p214-225
◎参照文献ほか 「テンペスト」（A.セゼールほか） 允スクリプト 2007.1 p364-354
◎Bibliography 「一人旅のハムレット」（西山正容） 大阪教育図書 2007.3 p496-507
◎作品紹介ほか 「シェイクスピアの人間学」（小田島雄志） 新日本出版社 2007.4 p175-189
◎参考資料 「奇想の詩学—シェイクスピア『ソネット集』論」（村松俊子） 鷹書房弓プレス 2007.4 p209-219
◎参考文献 「野球とシェイクスピアと」（佐山和夫） 論創社 2007.4 p175-177

シエイコ　　　　　　　　　　　西　洋　人

◎略年譜　「ヴェニスの商人」（シェイクスピア）光文社　2007.6　p226-237
◎参考資料　「イギリス王政復古期のシェイクスピアと女性演劇人」（山崎順子）　学術出版会　2007.6　p391-409
◎ガイドブック（太田一昭ほか）　「新編シェイクスピア案内」（日本シェイクスピア協会）研究社　2007.7　p219-204
◎参考文献　「リチャード三世は悪人か」（小谷野敦）　NTT出版　2007.10　p236-235
◎参考文献　「じゃじゃ馬たちの文化史—シェイクスピア上演と女の表象」（小林かおり）　南雲堂　2007.11　p388-409

ジェイコブズ, H. Jacobs, Harriet Ann〔1813—1897　米　作家〕
◎参考文献　「ハリエット・ジェイコブズ自伝　女・奴隷制・アメリカ」（H.ジェイコブズ）　明石書店　2001.2　p470-459

ジェイムズ, E. James, Elmore〔1918—1963　米　ギタリスト〕
◎文献　「伝エルモア・ジェイムズ—ギターに削られた命」（S.フランツ）　ブルース・インターアクションズ　2006.7　p143-152b

ジェイムズ, H. James, Henry〔1843—1916　英　作家・評論家〕
◎文献ほか　「ハウエルズとジェイムズ—国際小説に見る相互交流の軌跡」（武田千枝子）　開文社出版　2004.2　p239-258
◎引用文献ほか　「ヘンリー・ジェイムズのアメリカ」（藤野早苗）　彩流社　2004.3　p7-23b
◎参考文献　「ヘンリー・ジェイムズ小説研究」（甲斐二六生）　渓水社　2004.11　p273-277
◎年譜ほか　「ヘンリー・ジェイムズ事典」（R.L.ゲイル）　雄松堂出版　2007.10　p989-1012

ジェイムズ, W. James, William〔1842—1910　米　哲学・心理学〕
◎文献一覧　「裁判官ホームズとプラグマティズム—〈思考の自由市場〉論における調和の霊感」（金井光生）　風行社　2006.2　p455-471
◎参考文献　「心の形而上学—ジェイムズ哲学とその可能性」（沖永宜司）　創文社　2007.2　p29-38b

ジェヴォンズ, W.S. Jevons, William Stanley〔1835—1882　英　経済学・論理学〕
◎参考文献　「ジェヴォンズの経済学」（S.ピアート）　多賀出版　2006.7　p235-246

シェクリイ, R. Sheckley, Robert〔1928—2005　米　SF作家〕
○邦訳作品リスト（編集部）　「SFマガジン　47.11」（早川書房）　2006.11　p62-67

ジェッシー, M.D. Jesse, Mary D.〔1881—1968　米　宣教師〕
◎文献　「根づいた花—メリー・D・ジェッシーと尚絅女学院」（R.L.スティブンス）　キリスト新聞社出版事業部　2003.3　p17-21b

ジェネンズ, C. Jennens, Charles
◎略年表（赤井達哉）　「チャールズ・ジェネンズ—《メサイア》台本作家の知られざる功績」（R.E.スミス）　聖公会出版　2005.3　p160-163

シェパード, R.J. Shephard, Roy J.
◎参考文献　「シェパード老年学—加齢、身体活動、健康」（R.J.シェパード）　大修館書店　2005.8　p284-342

シェパード, S. Shepard, Sam〔1943—　米　劇作家・俳優〕
○年表（東野理実子）　「アメリカ演劇　12」（法政大学出版局）　2000.5　p86-91

ジェファソン, T. Jefferson, Thomas〔1743—1826　米　政治家〕
◎参考資料　「モンティチェロのジェファソン　アメリカ建国の父祖の内面史」（明石紀雄）　ミネルヴァ書房　2003.3　p39-46b

シェフィールド, C. Sheffield, Charles〔英　作家・物理学〕
◎作品リスト　「太陽レンズの彼方へ」（C.シェフィールド）　東京創元社　2005.10　p349-368

シェリー, M.W. Shelley, Mary Wollstonecraft〔1797—1851　英　小説家〕
◎参考文献　「フランケンシュタイン」（久守和子ほか）　ミネルヴァ書房　2006.12　p8-15b

シェリング, F.W.J. Schelling, Friedrich Wilhelm Joseph von〔1775—1854　独　哲学〕
◎文献　「後期シェリングと神話」（山口和子）　晃洋書房　2004.2　p1-15b
◎参考文献　「シェリングの自由論—存在の論理をめぐって」（高尾由子）　北樹出版　2005.7　p267-272
◎著作　「シェリング哲学—入門と研究の手引き」（H.J.ザントキューラー）　昭和堂　2006.7　p16-59b
◎文献ほか　「シェリング」（K.ヤスパース）　行人社　2006.10　p467-470

シェレール, R. Schérer, René〔1922—　仏　哲学〕
◎主要著作ほか　「ドゥルーズへのまなざし」（R.シェレール）　筑摩書房　2003.7　p229-230

ジェンキンス, C.R. Jenkins, Charles Robert
◎年譜（伊藤真）　「告白」（C.R.ジェンキンス）　角川書店　2006.9　p292-298

ジェンドリン, E.T.
○文献研究（田中秀男）　「図書の譜8」（明治大）　2004.3　p56-81

シェーンベルク, A. Schönberg, Arnold〔1874—1951　墺　作曲家〕
◎文献　「グレン・グールドといっしょにシェーンベルクを聴こう」（渡仲幸利）　春秋社　2001.5　p195-201
◎参考文献　「グールドのシェーンベルク」（G.グールド）　筑摩書房　2007.3　p375-393

シオラン, E.M. Cioran, Émile Michel〔1911―1995 仏 思想家〕
　◎原注・略年譜　「異端者シオラン」(P.ボロン) 法政大学出版局　2002.9　p273-314,p1-5b
　◎略年譜(金井裕)　「カイエ―シオラン 1957-1972」(E.M.シオラン)　法政大出版局　2006.9　p13-18b

シクロフスキイ, V.B. Shklovskii, Viktor Borisovich〔1893―1984 露 文芸評論家〕
　◎参考文献　「シクロフスキイ規範の破壊者」(佐藤千登勢)　南雲堂フェニックス　2006.7　p282-292

ジジェク, S. Žižek, Slavoj〔1949― スロベニア 哲学〕
　◎参考文献　「ジジェク自身によるジジェク」(S.ジジェクほか)　河出書房新社　2005.2　p235-237
　◎引用文献　「スラヴォイ・ジジェク」(T.マイヤーズ)　青土社　2005.12　p235-237

シスレー, A. Sisley, Alfred〔1839―1899 英 画家〕
　◎文献　「シスレー―イール=ド=フランスの抒情詩人」(R.コニア)　作品社　2007.4　p186」

シチェドリン, N. Shchedrin, Nikolai〔1826―1889 露 諷刺作家〕
　○略歴　「文化と言語 57」(札幌大)　2002.10　4pf

ジッド, A.
　⇒ジード, A.を見よ

ジード, A. Gide, André〔1869―1951 仏 作家〕
　◎年譜(平岡篤頼)　「ジッドの日記 5 1940～1950」(ジッド)　日本図書センター　2003.2　p383-387
　◎年譜　「アンドレ・ジッド」(C.マルタン)　九州大学出版会　2003.6　p241-248
　◎年譜(中野真帆子)　「ショパンについての覚え書き」(A.ジッド)　ショパン　2006.8　p122-134

シドモア, E.R. Scidmore, Eliza Ruhamah〔1856―1928 米 文筆家〕
　◎年譜　「シドモア日本紀行―明治の人力車ツアー」(エリザ・R.シドモア)　講談社　2002.3　p468-476

シートン, E.T. Seton, Ernest Thompson〔1860―1946 米 作家〕
　◎略歴(佐藤亮一)　「燃えさかる火のそばで―シートン伝」(J.M.シートン)　早川書房　2006.2　p42-44

シナトラ, F. Sinatra, Frank Albert〔1915―1998 米 ポピュラー歌手・映画俳優〕
　◎参考文献　「シナトラ」(三具保夫)　駒草出版　2007.7　p264-265

シニャーフスキイ, A.D. Siniavskii, Andrei Donat'evich〔1925―1997〕
　◎年譜　「プーシキンとの散歩」(A.D.シニャーフスキイ)　群像社　2001.6　p188-194

シフ, J.H.
　◎参考文献　「日露戦争に投資した男―ユダヤ人銀行家の日記」(田畑則重)　新潮社　2005.11　p218-219

シファート, E. Shiffert, Edith Marcombe〔1916― 〕
　◎略年譜　「いつもふたりで―Happy old two」(村松美賀子)　平凡社　2001.12　p154-155

シーボルト, P.F. Siebold, Philipp Franz Jonkheer Balthasar van〔1796―1866 独 医者〕
　◎参考文献　「シーボルトと宇田川榕庵―江戸蘭学交遊記」(高橋輝和)　平凡社　2002.2　p216-225
　◎関連文献　「シーボルトと町絵師慶賀―日本画家が出会った西欧」(兼重護)　長崎新聞社　2003.3　p228-231
　◎文献目録ほか(石山禎一)　「新・シーボルト研究 I」(石山禎一ほか)　八坂書房　2003.5　p300-431
　◎文献　「シーボルトの21世紀」(大場秀章)　東京大学総合研究博物館　2003.11　p169-172
　◎参考文献　「牧野標本館所蔵のシーボルトコレクション」(加藤僖重)　思文閣出版　2003.11　p271-276
　◎参考文献ほか(石山禎一ほか)　「シーボルト日記―再来日時の幕末見聞記」　八坂書房　2005.11　p390-394
　◎参考文献　「歳月―シーボルトの生涯」(今村明生)　新人物往来社　2006.2　p839-845
　◎引用参考文献　「シーボルト、波瀾の生涯」(W.シーボルト)　どうぶつ社　2006.8　p314-317

シモンズ, D. Simmons, Dan〔1948― 作家〕
　◎著作リスト(酒井昭伸)　「イリアム」(D.シモンズ)　早川書房　2006.7　p781-782
　○邦訳作品解題(北原尚彦ほか)　「SFマガジン 47.9」(早川書房)　2006.9　p87-91

シモンズ, D.B. Simmons, Duane B.〔1834―1889〕
　◎文献　「ドクトル・シモンズ―横浜医学の源流を求めて」(荒井保男)　有隣堂　2004.6　p248-249

シャウヴェッカー, D.
　○業績ほか　「独逸文学 51」(関西大)　2007　p3-13

シャガール, M. Chagall, Marc〔1887―1985 露→仏 画家〕
　◎参考文献　「シャガール」(モニカ・ボーム=デュシェン)　岩波書店(岩波世界の美術)　2001.5　p344-345
　◎年譜　「マルク・シャガール 1887-1985」(I.F.ヴァルターほか)　タッシェン・ジャパン　2001.5　p92-95
　◎生涯と作品　「マルク・シャガール 1887-1985」(ヤコブ・バール=テシューヴァ)　タッシェン・ジャパン　2002.6　p272-279
　◎略年譜　「シャガール」(G.ホロンスキー)　西村書店　2003.2　p24-27
　◎参考文献　「マルク・シャガール―ラ・フォンテーヌの『寓話』」　川村記念美術館　2006　p175-177
　◎参考文献　「愛の旅人シャガール展」(朝日新聞社事業本部ほか)　朝日新聞社　2006　p154-155

ジャクレー, P. Jacoulet, Paul〔1872—1921 仏 教育家〕
　◎年譜ほか（木村絵理子）　「ポール・ジャクレー」（P.ジャクレー）　淡交社　2003.5　p155-161

ジャコテ, P. Jaccottet, Philippe〔1925— 仏 詩人〕
　◎著作目録（後藤信幸）　「冬の光に―フィリップ・ジャコテ詩集」（P.ジャコテ）　国文社　2004.1　p220-223

ジャコメッティ, A. Giacometti, Alberto〔1901—1966 スイス 彫刻家〕
　◎日本語文献（江上ゆか）　「アルベルト・ジャコメッティ」（神奈川県立近代美術館ほか）　東京新聞　c2006　p163-168

シャネル, G. Chanel, Gabrielle〔通称＝ココ・シャネル　1883—1971 仏 服飾デザイナー〕
　◎参考文献　「シャネルの真実」（山口昌子）　人文書院　2002.4　p253-255
　◎参考文献　「シャネル―スタイルと人生」（J.ウォラク）　文化出版局　2002.10　p180-181
　◎文献　「CHANEL―COLLECTIONS&CREATIONS」（D.ボット）　講談社　2007.6　p203-204

シャピロ, D. Shapiro, David〔1926— 米 精神病理学〕
　◎著作リスト　「ロールシャッハ色彩論」（D.シャピロ）　大学教育出版　2005.9　p112-114

ジャームッシュ, J. Jarmusch, Jim〔1953— 米 映画脚本家・映画監督〕
　◎文献　「ジム・ジャームッシュ」（遠山純生）　エスクァイアマガジンジャパン　2006.5　p159-156

ジャリ, A. Jarry, Alfred〔1873—1907 仏 劇作家・詩人〕
　◎書誌　「アルフレッド・ジャリ―『ユビュ王』から『フォーストロール博士言行録』まで」（N.アルノー）　水声社　2003.10　p483-494

シャリアピン, F.I. Shaliapin, Fëdor Ivanovich〔1873—1938 露 バス歌手〕
　◎注　「シャリャーピンとバラライカ」（A.ペレサダ）　新読書社　2002.10　p171-183

シャール, R. Char, René〔1907—1988 仏 詩人〕
　◎書誌　「ルネ・シャール全詩集―新装版」（吉本素子）　青土社　2002.8　p544-563
　◎略年表　「激情と神秘―ルネ・シャールの詩と思想」（西永良成）　岩波書店　2006.1　p369-375
　◎略年譜（西永良成）　「ルネ・シャールの言葉」（R.シャール）　平凡社　2007.6　p371-377

シャルダン, J.B.S. Chardin, Jean Baptiste Siméon〔1699—1779 仏 画家〕
　◎年譜ほか　「シャルダン」（ガブリエル・ノートン）　西村書店　2002.3　p25-26

シャルル, C. Charle, Christophe
　◎著作（白鳥義彦）　「「知識人」の誕生―1880-1900」（C.シャルル）　藤原書店　2006.6　p332-334

シャーン, B. Shahn, Ben〔1898—1969 米 画家〕
　◎参考文献　「ベン・シャーン展」（大久保静雄ほか）埼玉県立近代美術館　2006　p119」

ジャンケレヴィッチ, V. Jankélévich, Vladimir〔1903—1985 仏 哲学〕
　◎文献ほか　「ジャンケレヴィッチ―境界のラプソディー」（合田正人）　みすず書房　2003.8　p423-433

ジャンセン, M.B.
　○著作目録　「東方学　102」（東方学会）　2001.7　p102-109

ジャンヌ・ダルク Jeanne d'Arc, St.〔1412—1431 仏 聖女〕
　◎参考文献　「ジャンヌ・ダルク処刑裁判」（高山一彦）　白水社　2002.6　p395-400
　◎参考文献　「ジャンヌ・ダルク復権裁判」（R.ペルヌー）　白水社　2002.6　p357-361
　◎参考文献　「ジャンヌ・ダルク―歴史を生き続ける「聖女」」（高山一彦）　岩波書店　2005.9　p217-225

シャンポリオン, J.F. Champollion, Jean François〔1790—1832 仏 考古学〕
　◎参考文献　「ヒエログリフの謎をとく　天才シャンポリオン、苦闘の生涯」（M.ドヴァシュテール）　創元社　2001.6　p156-157
　◎参考文献　「ナポレオンと言語学者―ロゼッタストーンが導いた天才たちの運命」（D.メイヤーソン）　河出書房新社　2005.3　p278-279

シャンポリオン兄弟〔Champollion, Jean François/ Champollion, Jean Jacques 1778—1867〕
　◎年譜ほか　「シャンポリオン伝　下」（J.ラクチュール）　河出書房新社　2005.1　p464-477

シュー, E. Sue, Eugène〔1804—1857 仏 小説家〕
　◎参考文献　「『パリの秘密』の社会史―ウージェーヌ・シューと新聞小説の時代」（小倉孝誠）新曜社　2004.2　p307-310

シュヴァイツァー, A. Schweitzer, Albert〔1875—1965 仏 神学・音楽・医学〕
　◎文献　「素顔のシュヴァイツァー―ノーベル平和賞の舞台裏」（海老沢功）　近代文芸社　2001.1　p120-121

シュヴァリエ・デオン Chevalier d'Eon
　◎参考文献　「ヴェルサイユ宮殿密謀物語―女装騎士デオンと王妃たち」（川島ルミ子）　大和書房　2007.4　p232-233

シュヴァル
　◎Bibliography　「郵便配達夫シュヴァルの理想宮」（岡谷公二）　河出書房新社（河出文庫）　2001.8　p1-3b

シュヴァンクマイエル, J.　Svankmajer, Jan〔1934
　　― チェコ アニメーション作家〕
　◎年譜　「シュヴァンクマイエルの博物館―触覚芸
　　術・オブジェ・コラージュ集」（くまがいマキ、ペ
　　トル・ホリー）　国書刊行会　2001.4　p162-163
　◎参考文献　「シュヴァンクマイエル展―造形と映
　　像の魔術師」（J.シュヴァンクマイエルほか）〔神
　　奈川県立近代美術館〕〔2005〕p124-131
　◎参考文献　「GAUDIA―造形と映像の魔術師
　　シュヴァンクマイエル―幻想の古都プラハから」
　　（籾山昌夫ほか）　求龍堂　2005.9　p124-131
　◎著作ほか　「ヤン&エヴァ　シュヴァンクマイエル
　　展―アリス、あるいは快楽原則」（E.シュヴァンク
　　マイエロヴァー）　エスクァイアマガジンジャパン
　　2007.8　p138-139

シュウェル, A.　Sewell, Anna〔1820―1878　英〕
　◎目録　「児童文学翻訳作品総覧　1　イギリス編
　　1」（川戸道昭ほか）ナダ出版センター　2005.6
　　p378-390

シュジェール
　◎文献　「サン・ドニ修道院長シュジェール―ルイ六
　　世伝、ルイ七世伝、定め書、献堂記、統治記」（森
　　洋）　中央公論美術出版　2002.12　p350-358

シュタイナー, R.　Steiner, Rudolf〔1861―1925
　　独　哲学・教育〕
　◎参考文献　「シュタイナーの教育名言100選―発想
　　の転換を促す」（吉田武男）　学事出版　2001.2
　　p206-214
　◎年譜　「いかにして超感覚的世界の認識を獲得す
　　るか」（ルドルフ・シュタイナー）筑摩書房（ち
　　くま学芸文庫）2001.10　p267-270
　◎略歴　「ルドルフ・シュタイナーの100冊のノート」
　　（ヴァルター・クーグラー）　筑摩書房　2002.6
　　p151-153
　◎「シュタイナーを学ぶ本のカタログ」（ほんの木）
　　ほんの木　2002.7　254p　A5
　◎全集一覧ほか　「シュタイナー用語辞典」（西川隆
　　範）　風涛社　2002.7　p311-344
　◎参考文献　「京都学派の誕生とシュタイナー―「純
　　粋経験」から大東亜戦争へ」（河西善治）論創社
　　2004.8　p437-454

シュタイン, C.v.　Stein, Charlotte Von〔1742―
　　1827〕
　◎文献　「シャルロッテ・フォン・シュタイン―ゲー
　　テと親しかった女性」（J.クラウス）　鳥影社・ロ
　　ゴス企画　2006.4　p302-296

シュタイン, L.v.　Stein, Lorenz von〔1815―1890
　　独　社会学・法学〕
　◎参考文献　「シュタインの社会と国家―ローレン
　　ツ・フォン・シュタインの思想形成過程」（柴田隆
　　行）　御茶の水書房　2006.8　p23-58b

シュタードラー, E.　Stadler, Ernst〔1883―1914
　　独　文学史家・詩人〕
　◎参考文献　「エルンスト・シュタードラーの抒情詩
　　―ドイツ表現主義抒情詩の先駆け」（三浦安子）
　　同学社　2005.10　p307-316

シュッツ, A.　Schütz, Alfred〔1899―1959　墺→米
　　社会〕
　◎略年譜ほか　「アルフレッド・シュッツ―主観的時
　　間と社会的空間」（森元孝）　東信堂（シリーズ世
　　界の社会学・日本の社会学）2001.1　p150-156
　◎参考文献　「世界の儚さの社会学―シュッツから
　　ルーマンへ」（吉沢夏子）　勁草書房　2002.5
　　p5-13b
　◎文献　「自己と社会―現象学の社会理論と〈発生
　　社会学〉」（西原和久）　新泉社　2003.6　p1-19b
　◎文献　「日常という審級―アルフレッド・シュッ
　　ツにおける他者・リアリティ・超越」（李晟台）
　　東信堂　2005.12　p267-273

シュトラウス, R.　Strauss, Richard〔1864―1949
　　独　作曲家〕
　◎参考資料　「第三帝国のR.シュトラウス―音楽家
　　の〈喜劇的〉闘争」（山田由美子）　世界思想社
　　2004.4　p7-14b

シュトルム, T.　Storm, Theodor〔1817―1888　独
　　詩人・小説家〕
　◎参考文献　「シュトルム・回想と空間の詩学」（加
　　藤丈雄）　鳥影社・ロゴス企画　2006.3　p415-430

シュニトケ, A.　Shnitkje, Alfred〔1934―1998　露
　　作曲家〕
　◎略年譜ほか　「シュニトケとの対話」（アレクサン
　　ドル・イヴァシキン）　春秋社　2002.2　p9-65b

ジュネ, J.　Genet, Jean〔1910―1986　仏　小説家〕
　◎年譜　「ジュネ伝　下」（E.ホワイト）　河出書房
　　新社　2003.12　p360-373
　◎年譜ほか　「ジャン・ジュネ―身振りと内在平面」
　　（宇野邦一）　以文社　2004.3　p257-264

シュピース, W.　Spies, Walter〔1895―1942　独
　　画家〕
　◎参考文献ほか　「バリ島芸術をつくった男―ヴァ
　　ルター・シュピースの魔術的人生」（伊藤俊治）
　　平凡社　2002.1　p206-210
　◎年譜ほか　「バリ、夢の景色―ヴァルター・シュピー
　　ス伝」（坂野徳隆）　文遊社　2004.12　p460-481

シュピーリ, J.　Spyri, Johanna〔1827―1901　スイ
　　ス　小説家〕
　◎目録　「児童文学翻訳作品総覧　4　フランス・
　　ドイツ編2」（川戸道昭ほか）　ナダ出版センター
　　2005.9　p800-838

シュプランガー, E.　Spranger, Eduard〔1882―1963
　　独　哲学・教育〕
　◎参考文献　「シュプランガー教育学の宗教思想的
　　研究」（山邊光宏）　東信堂　2006.3　p263-278

シュペルヴィエル, J. Supervielle, Jules〔1884—1960 仏 詩人〕
◎年譜（永田千奈）　「海に住む少女」（J.シュペルヴィエル）　光文社　2006.10　p184-185

シューベルト, F. Schubert, Franz Peter〔1797—1828 独 作曲家〕
◎参考文献　「シューベルト生涯と作品」（藤田晴子）　音楽之友社　2002.11　p26-27b
◎作品一覧ほか　「シューベルト」（村田千尋）　音楽之友社　2004.4　p34-66b
◎参考文献　「シューベルトのオペラ―オペラ作曲家としての生涯と作品」（井形ちづる）　水曜社　2004.9　p266-270
◎注　「フランツ・シューベルト」（前田昭雄）　春秋社　2004.10　p331-335
◎参考文献　「冬の旅―24の象徴の森へ」（梅津時比古）　東京書籍　2007.11　p377-383

シュミッツ, H. Schmitz, Hermann〔1928— 独 哲学〕
◎文献　「シュミッツ現象学の根本問題―身体と感情からの思索」（梶谷真司）　京都大学学術出版会　2002.12　p300-312

シュミット, C. Schmitt, Carl〔1888—1985 独 公法〕
◎参考文献　「ユンガー＝シュミット往復書簡―1930-1983」（H.キーゼル）　法政大学出版局　2005.3　p1-7b
◎文献一覧　「シュミット・ルネッサンス―カール・シュミットの概念的思考に即して」（古賀敬太）　風行社　2007.4　p1-9b

シュライエルマッハー, F.E.D. Schleiermacher, Friedrich Ernst Daniel〔1768—1834 独 神学〕
◎参考文献　「F・シュライアマハーにおける弁証法的思考の形成」（川島堅二）　本の風景社　2005.5　p355-362
◎引用参考文献　「シュライエルマッハーの思想と教育学―キリスト教的有機体的思想を中心に」（越後哲治）　風間書房　2006.10　p317-323

シュリンク, B. Schlink, Bernhard〔1944— 独 作家〕
◎著作リスト（岩淵達治）　「ゴルディオスの結び目」（B.シュリンク）　小学館　2003.8　p283」

シュルーズベリ, E.H.T.
◎文献ほか　「ハードウィック館のベス―シェイクスピア時代のある女性像」（D.デュラント）　松柏社　2004.6　p398-391

シュルツ, F.
○略歴ほか（江代修）　「ヨーロッパ言語文化研究 25」（岡山大）　2006　p17-30

シュレーダー＝ゾンネンシュターン, F. Schröder-Sonnenstern, Friedrich〔1892—1982 独 画家〕
◎略書誌　「F.S‐ゾンネンシュターン　増補新版」（種村季弘）　河出書房新社　2006.10　p79」

シュワルツマン, L. Shvartsman, Leonid〔1920— 露 アニメーション作家〕
◎主な作品ほか　「チェブラーシカの生みの親レオニード・シュワルツマン原画集」　プチグラパブリッシング　2002.8　p62」

シュンペーター, J.A. Schumpeter, Joseph Alois〔1883—1950 墺→米 経済〕
◎年表　「シュンペーター　企業者精神・新結合・創造的破壊とは何か」（根井雅弘）　講談社　2001.10　p189-201
◎文献目録　「シュムペーターと東アジア経済のダイナミズム―理論と実証」（愛知大学東アジア研究会）　創土社　2002.10　prr
◎参考文献　「資本主義国家の未来」（B.ジェソップ）　御茶の水書房　2005.9　p391-419
◎注　「シュンペーター」（根井雅弘）　講談社　2006.1　p184-200

ショー, B. Shaw, George Bernard〔1856—1950 英 劇作家・社会主義〕
◎注　「ドラマの世界　バーナード・ショー―シェークスピアからワーグナーまで」（清水義和）　文化書房博文社　2002.4　p242-271
○略歴　「外国文学 52」（宇都宮大）　2003　p1-5
◎参考文献　「マイ・フェア・レディーズ―バーナード・ショーの飼い慣らされないヒロインたち」（大江麻里子）　慧文社　2005.6　p161-167
◎資料　「バーナード・ショーへのいざない―生誕150周年記念出版」（日本バーナード・ショー協会）　文化書房博文社　2006.11　p222-241

ジョイス, J. Joyce, James Augustine〔1882—1941 アイルランド　詩人・小説家〕
◎参考文献　「ジェイムズ・ジョイス」（E.オブライエン）　岩波書店　2002.9　p205-206
◎参考文献　「言葉の芸術家ジェイムズ・ジョイス―『ダブリンの人びと』研究」（米本義孝）　南雲堂　2003.3　p333-336
◎略年譜（結城英雄）　「ダブリンの市民」（J.ジョイス）　岩波書店　2004.2　p1-5b
◎参考文献　「ジョイスを読む―二十世紀最大の言葉の魔術師」（結城英雄）　集英社　2004.5　p213-215
◎参考文献　「読解「ユリシーズ」　下」（米本義孝注）　研究社　2004.6　p229-234
◎参考文献（宮田恭子）　「抄訳フィネガンズ・ウェイク」（J.ジョイス）　集英社　2004.6　p662-671
◎注ほか　「ジョイスのパリ時代―『フィネガンズ・ウェイク』と女性たち」（宮田恭子）　みすず書房　2006.6　p286-308

ショウ, N.　Shaw, Nate〔1885—1973〕
◎年譜　「アメリカ南部に生きる―ある黒人農民の世界」（N.ショウ）　彩流社　2006.5　p13-15b

ジョージ4世　George IV〔1762—1830　英　国王〕
◎参考文献　「キャロライン王妃事件―〈虐げられたイギリス王妃〉の生涯をとらえ直す」（古賀秀男）　人文書院　2006.3　p338-326

ショスタコーヴィチ, D.D.　Shostakovich, Dmitri Dmitrievich〔1906—1975　露　作曲家〕
◎略年譜　「ショスタコーヴィチの証言　改版」（ソロモン・ヴォルコフ）　中央公論新社（中公文庫）　2001.6　p554-582
◎文献　「ショスタコーヴィチ―ある生涯」（ローレル・E.ファーイ）　アルファベータ　2002.7　p372-407
◎Bibliography　「ショスタコーヴィチ―ある生涯　改訂新版」（L.E.ファーイ）　アルファベータ　2005.3　p394-429
◎参考資料案内　「ショスタコーヴィチ全作品解読」（工藤庸介）　東洋書店　2006.9　p308-318

ジョセフ, B.　Joseph, Betty〔1917—　〕
◎全著作一覧　「心的平衡と心的変化」（B.ジョセフ）　岩崎学術出版社　2005.7　p298-299

ショパン, F.F.　Chopin, Frédéric François〔1810—1849　ポーランド　作曲家〕
◎参考文献　「ショパンとパリ」（河合貞子）　春秋社　2001.7　p1-3b
◎参考文献　「ショパン―知られざる歌曲」（小坂裕子）　集英社　2002.7　p235-236
◎参考文献　「鷲の刻印　フレデリック・ショパンの運命　下」（藤嶋ミロ）　音楽之友社　2003.4　p276-279
◎参考資料　「ショパンのピアニズム―その演奏美学をさぐる」（加藤一郎）　音楽之友社　2004.2　p345-349
◎作品一覧　「ショパン」（小坂裕子）　音楽之友社　2004.4　p18-24b
◎参考文献　「ショパンの肖像」（石垣優）　東京図書出版会　2005.12　p245-246
◎参考文献　「弟子から見たショパン―そのピアノ教育法と演奏美学」（J.J.エーゲルディンゲル）　音楽之友社　2005.12　p390-412
◎参考文献　「ショパンの響き」（J.J.エーゲルディンゲル）　音楽之友社　2007.8　p380-396

ショパン, K.　Chopin, Kate〔1851—1904　米　小説家〕
◎参考文献（田辺治子）　「行動するフェミニズム―アメリカの女性作家と作品」（英米文化学会）　薪水社　2003.11　p84」

ジョビン, A.C.　Jobim, Antonio Carlos〔1927—1994　ブラジル　作曲家〕
◎参考文献　「三月の水　アントニオ・カルロス・ジョビン・ブック」（岩切直樹）　彩流社　2003.10　p33-23b

ジョブズ, S.　Jobs, Steven Paul〔1955—　米　コンピューター〕
◎原注　「スティーブ・ジョブズ」（J.S.ヤングほか）　東洋経済新報社　2005.11　p1-15b

ジョプリン, S.　Joplin, Scott〔1868—1917　米　作曲家・ピアニスト〕
◎参考文献　「スコット・ジョプリン―真実のラグタイム」（伴野準一）　春秋社　2007.5　p18-19b

ショーペンハウアー, A.　Schopenhauer, Arthur〔1788—1860　独　哲学〕
◎文献　「ショーペンハウアー哲学の再構築」（鎌田康男ほか）　法政大学出版局　2000.10　p262-265
○書誌7（松村要）　「ショーペンハウアー研究7」（日本ショーペンハウアー協会）　2002.6　p152-163
◎参考文献　「天才と才人　ウィトゲンシュタインへのショーペンハウアーの影響」（A.ワイナー）　三和書籍　2003.1　p5-12b
○書誌（松村要）「ショーペンハウアー研究　8」（日本ショーペンハウアー研究会）　2003.6　p113-129
○出典　「生の嘆き―ショーペンハウアー倫理学入門」（M.ハウスケラー）　法政大学出版局　2004.3　p27-32b
○書誌　「ショーペンハウアー研究　9」（ショーペンハウアー協会）　2004.6　p168-176
◎年譜（西尾幹二）　「意志と表象としての世界　II」（ショーペンアウアー）　中央公論新社　2004.9　p333-347
◎年譜　「ショーペンハウアー生涯と思想　ショーペンハウアー全集別巻　新装復刊」（金森誠也ほか）　白水社　2004.10　p501-504
◎文献リスト　「ニヒリズムと無―ショーペンハウアーニーチェとインド思想の間文化的解明」（橋本智津子）　京都大学術出版会　2004.12　p199-204
○書誌（松村要）　「ショーペンハウアー研究　11」（日本ショーペンハウアー協会）　2006.6　p130-139
◎文献案内ほか　「ショーペンハウアー読本」（斎藤智志ほか）　法政大出版局　2007.3　p11-20b

ジョルジュ, Y.　Georges, Yvonne〔?—1928　ベルギー　シャンソン歌手〕
◎作品リストほか　「海の星―イヴォンヌ・ジョルジュを求めて」（篠原一郎）　港の人　2003.7　p3-32b

ジョルジョーネ　Giorgione da Castelfranco〔1478—1510　伊　画家〕
◎註　「絵画の発明―ジョルジョーネ「嵐」解読」（S.セッティス）　晶文社　2002.11　p249-285

ジョン（ソールズベリの）　John of Salisbury〔1115—1180　英　スコラ哲学〕
◎文献　「中世の春―ソールズベリのジョンの思想世界」（柴田平三郎）　慶応義塾大学出版会　2002.5　p5-19b

ジョーンズ, D.W. Jones, Diana Wynne〔1934―　英　児童文学作家〕
- ○主要作品リスト　「ネバーランド　2」（てらいんく）　2005.2　p175-174

ジョーンズ, W.J.
- ○略歴　「文化と言語　57」（札幌大）　2002.10　6pf

ジョンストン, W. Johnston, William〔1925―　〕
- ◎著作一覧　「愛する―瞑想への道」（W.ジョンストン）　南窓社　2004.6　p265-266

ジョンソン, S. Johnson, Samuel〔1709―1784　英　評論家・詩人〕
- ◎略年譜　「ジョンソン博士の言葉」（中野好之）　みすず書房　2002.8　p213-215
- ○文献目録（藤井哲）　「福岡大学研究部論集　A　人文科学編　2.9」（福岡大）　2003.3　p105-221
- ◎参考文献　「スコットランド西方諸島の旅」（S.ジョンソン）　中央大出版部　2006.3　p256-257
- ◎「日本におけるサミュエル・ジョンソンおよびジェイムズ・ボズウェル文献目録―1871-2005」（藤井哲）　ナダ出版センター　2006.6　310p　B5

シラー, F. Schiller, Johann Christoph Friedrich von〔1759―1805　独　劇作家・詩人〕
- ◎年譜（渡邉哲雄）　「仮面と遊戯　フリードリヒ・シラーの世界」（梅沢知之ほか）　鳥影社　2001.7　p245-252
- ◎文献目録　「カントとシラーにおける構想力」（H.フェガー）　大学教育出版　2002.6　p344-357
- ◎文献解題ほか　「シラーの生涯―その生活と日常と創作」（P.ラーンシュタイン）　法政大学出版局　2004.3　p25-38b
- ◎参考文献　「シラーの「非」劇―アナロギアのアポリアと認識論的切断」（青木敦子）　哲学書房　2005.11　p454-476
- ◎文献　「フリードリヒ・シラー美学＝倫理学用語事典序説」（J.ヴェルンリ）　鳥影社・ロゴス企画　2007.1　p275-279
- ◎文献　「「歓喜に寄せて」の物語―シラーとベートーヴェンの『第九』」（矢羽々崇）　現代書館　2007.3　p368-383

シラク, J. Chirac, Jacques〔1932―　仏　政治家〕
- ◎参考文献　「シラクのフランス」（軍司泰史）　岩波書店　2003.9　p1-2b

ジラール, R. Girard, René〔1923―　仏　歴史家・文芸批評家・人類学〕
- ◎注文献　「〈個人〉の行方―ルネ・ジラールと現代社会」（西永良成）　大修館書店　2002.4　p286-295

シルマン, R. Schirrmann, Richard〔1874―1961　ユース・ホステル運動の創始者〕
- ◎参考文献　「リヒャルト・シルマン伝―ユースホステルに託した夢」（佐藤智）　パレード　2006.10　p230-231

シーレ, E. Schiele, Egon〔1890―1918　墺　画家〕
- ◎年譜　「エゴン・シーレ　1890-1918」（R.シュタイナー）　タッシェン・ジャパン　2001.5　p94-95
- ◎年譜　「シーレ」（C.ショート）　西村書店　2001.5　p26」
- ◎参考文献（大久保寛二）　「エーゴン・シーレ日記と手紙　新装版」（E.シーレ）　白水社　2004.8　p289-290
- ◎参考文献　「エゴン・シーレ―欲望の無言劇はかない幻想　1890-1918」（W.G.フィッシャー）　Taschen　c2005　p198-199

シロタ, L. Sirota, Leo〔1855―1965　露　音楽家〕
- ◎文献抄録　「日本を愛したユダヤ人ピアニスト　レオ・シロタ」（山本尚志）　毎日新聞社　2004.11　p251-259

ジン, H. Zinn, Howard〔1922―　米　歴史学〕
- ◎著作（竹内真澄）　「ソーホーのマルクス―マルクスの現代アメリカ批判」（H.ジン）　こぶし書房　2002.9　p127-128

シング, J.M. Synge, John Millington〔1871―1909　アイルランド　劇作家〕
- ◎参考文献　「劇作家シングのフィンランド―悲劇的美の世界」（若松美智子）　彩流社　2003.9　p327-334

ジンメル, G. Simmel, Georg〔1858―1918　独　哲学〕
- ◎文献目録　「ゲオルク・ジンメルと社会学」（居安正ほか）　世界思想社（Sekaishiso seminar）　2001.6　p252-269
- ◎引用参考文献　「ジンメル・つながりの哲学」（菅野仁）　NHK出版　2003.4　p252-254
- ◎引用文献（居安正）　「社会学の根本問題（個人と社会）」（G.ジンメル）　世界思想社　2004.3　p243-246
- ◎文献目録（酒田健一）　「橋と扉　ジンメル著作集　12　新装復刊」（ジンメル）　白水社　2004.10　p4-9b

【ス】

スウィフト, J. Swift, Jonathan〔1667―1745　英　作家〕
- ◎文献目録　「ジョナサン・スウィフトと重商主義」（西山徹）　岡山商科大　2004.3　p261-282
- ◎目録　「児童文学翻訳作品総覧　1　イギリス編　1」（川戸道昭ほか）　ナダ出版センター　2005.6　p157-200
- ◎参考文献　「ガリヴァー旅行記　シリーズもっと知りたい名作の世界5」（木下卓ほか）　ミネルヴァ書房　2006.8　p12-15b

スウェーデンボルグ, E. Swedenborg, Emanuel Svedberg〔1688—1772 スウェーデン 哲学・神学〕
　◎文献目録（山本康彦）　「スウェーデンボルグを読み解く」（日本スウェーデンボルグ協会）　春風社　2007.11　p275-304

スカーレット, R. Scarlett, Roger
　◎解説（浜田知明）　「ビーコン街の殺人」（R.スカーレット）　論創社　2007.12　p253-261

スキナー, B.F. Skinner, Burrhus Frederic〔1904—1990 米 心理学〕
　◎文献　「スキナーの心理学―応用行動分析学（ABA）の誕生」（W.T.オドノヒュー）　二瓶社　2005.12　p282-287

スクーンメーカー, D.E. Schoonmaker, Dora E.〔1851—1934 米 メソジスト監督教会宣教師〕
　◎参考文献ほか　「しなやかに夢を生きる―青山学院の歴史を拓いた人ドーラ・E.スクーンメーカーの生涯」（柳村恵子）　青山学院　2004.11　p318-336

スコット, R. Scott, Ridley〔1937— 英 映画監督〕
　◎作品データ　「リドリー・スコットの世界―The making of his movies」（ポール・M.サモン）　扶桑社　2001.4　p354-358

スコット, W. Scott, Walter〔1771—1832 英 詩人・作家〕
　◎主要作品一覧（内田市五郎ほか）　「ウォルター・スコット伝」（J.G.ロックハート）　彩流社　2001.5　p754-758
　◎略年譜　「湖上の美人」（ウォルター・スコット）　あるば書房　2002.10　p217-219
　◎参考文献　「ウォルター・スコットの歴史小説―スコットランドの歴史・伝承・物語」（樋口欣三）　英宝社　2006.11　p255-264
　◎参考文献　「フィクションとしての歴史―ウォルター・スコットの語りの技法」（米本弘一）　英宝社　2007.5　p294-284
　◎略年譜ほか　「スコット」（松井優子）　勉誠出版　2007.11　p273-294

スーザ, J.P. Sousa, John Philip〔1854—1932 米 作曲家〕
　◎略年譜　「スーザ・マーチ大全―全曲完全解説版」（ポール・E.バイアリー）　音楽之友社　2001.4　p291-299

スタイン, G. Stein, Gertrude〔1874—1946 米 詩〕
　◎参考文献・年譜　「ガートルード・スタイン　20世紀文学の母」（ウィルソン夏子）　未來社　2001.1　p208-218

スタインベック, J.E. Steinbeck, John Ernst〔1902—1968 米 小説家〕
　◎書誌ほか　「スタインベックを読みなおす」（有木恭子, 加藤好文）　開文社出版　2001.3　p461-506
　◎参考文献　「John Steinbeckのcreative process論―The long valleyを中心に」（馬渡美幸）　西日本法規出版　2001.7　p164-169
　◎文献書誌　「スタインベック文学の研究　3　ニューヨーク時代」（中山喜代市）　関西大学出版部　2002.3　p456-478
　◎文献　「John SteinbeckのNon-Teleological Thinkingと語りの構造」（金子淳）　大阪教育図書　2003.2　p197-218
　○略歴ほか　「琉球大学欧米文化論集　48」（琉球大）　2004.3　p7-11f

スターク, F. Stark, Freya Madeline〔1893—1993 英 作家・旅行家〕
　◎参考文献ほか　「情熱のノマド―女性探検家フレイア・スターク　下」（J.F.ジェニス）　共同通信社　2002.6　p309-302

スタージョン, T. Sturgeon, Theodore〔1918—1985 米 SF作家〕
　◎邦訳作品（若島正）　「海を失った男」（T.スタージョンン）　晶文社　2003.7　p365-366

スターリン, I.V. Stalin, Iosif Vissarionovich〔1879—1953 露 政治家〕
　◎参考文献　「スターリンの捕虜たち」（V.カルポフ　長勢了治）　北海道新聞社　2001.3　p351-359
　◎参考文献　「スターリン秘録」（斎藤勉）　産経新聞ニュースサービス　2001.3　p397-409
　◎参考文献　「ヒトラーとスターリン　死の抱擁の瞬間　下」（A.リードほか）　みすず書房　2001.6　p16-23b
　◎参考文献　「磔のロシア―スターリンと芸術家たち」（亀山郁夫）　岩波書店　2002.5　prr
　◎参考文献ほか　「知られざるスターリン」（Z.A.メドヴェージェフ）　現代思潮新社　2003.3　p513-528
　◎参照文献　「熱狂とユーフォリア―スターリン学のための序章」（亀山郁夫）　平凡社　2003.11　p518-508
　◎参照文献　「大審問官スターリン」（亀山郁夫）　小学館　2006.2　p316-319
　◎参考文献　「スターリンと芸術家たち」（B.V.ソコロフ）　鳥影社　2007.12　p645-646

スタール＝ホルスタイン, A.L.G. Staël-Holstein, Anne Louise Germaine〔1766—1817〕
　◎参考文献　「スタール夫人」（佐藤夏生）　清水書院　2005.11　p218-223

スターン, L. Sterne, Laurence〔1713—1768 英 小説家〕
　◎引用文献　「愚者と遊び―スターンの文学世界」（泉谷治）　法政大学出版局　2003.5　p4-9b

スタンダール Stendhal〔1783—1842 仏 小説家〕
　◎年譜　「スタンダール研究」（金子守）　駿河台出版社　2000.3　p455-460
　◎書誌　「〈評伝〉劇作家スタンダール」（鈴木昭一郎）　青山社　2002.3　p51-55b
　◎注　「スタンダール変幻―作品と時代を読む」（日本スタンダール研究会）　慶応義塾大学出版会　2002.6　prr

◎主要著作一覧　「スタンダール氏との旅」(臼田紘)　新評論　2007.3　p249」
◎年譜　「スタンダールの生涯」(V.デル・リット)　法政大出版局　2007.3　p319-335
◎年譜(野崎歓)　「赤と黒　下」(スタンダール)　光文社　2007.12　p625-638
◎Bibliographie　「『赤と黒』と聖書―ジュリアンとイエス物語」(下川茂)　ふくろう出版　2007.12　p151-155

スティーヴンズ, W.　Stevens, Wallace〔1879―1955　米　詩人〕
◎引証文献　「ウォレス・スティーヴンズ―生存のための詩」(古賀哲男)　世界思想社　2007.10　p289-296

スティーヴンスン, N.　Stephenson, Neal〔1959―　〕
◎著作一覧(日暮雅通)　「ダイヤモンド・エイジ」(N.スティーヴンスン)　早川書房　2001.12　p532-533
◎著作一覧(日暮雅通)　「ダイヤモンド・エイジ　下」(N.スティーヴンスン)　早川書房　2006.3　p435-438

スティーヴンスン, R.L.　Stevenson, Robert Louis〔1850―1894　英　詩人・小説家〕
◎目録　「児童文学翻訳作品総覧　1　イギリス編1」(川戸道昭ほか)　ナダ出版センター　2005.6　p309-376
◎年譜　「新アラビア夜話」(R.L.スティーヴンスン)　光文社　2007.9　p298-301

スティグリッツ, J.E.　Stiglitz, Joseph Eugene〔1943―　米　経済学〕
◎参考文献　「非対称情報の経済学―スティグリッツと新しい経済学」(藪下史郎)　光文社　2002.7　p237」

ステノ, N.　Steno, Nicolaus〔1638―1687　デンマーク　解剖学・地質学・鉱物学・神学〕
◎略年譜(山田俊弘)　「プロドロムス―固体論」(N.ステノ)　東海大学出版会　2004.11　p197-198

ステパネク, M.　Stepanek, Mattie J.T.〔1990―　米　詩人〕
◎年譜　「ハートソング―すべての人のこころに歌を」(マティ・ステパネク)　PHP研究所　2002.9　p44-47

ステュアート, J.D.　Steuart, James Denham〔1712―1780　英　経済〕
◎年譜　「ジェイムズ・ステュアートとスコットランド―もうひとつの古典派経済学」(渡辺邦博)　ミネルヴァ書房　2007.4　p256-262

ステルン, D.
⇒ダグー, M.を見よ

ストイコビッチ, D.　Stojkovic, Dragan〔1965―　セルビア　元サッカー選手〕
○文献目録(石川真里)　「文献探索　2001」(文献探索研究会)　2002.7　p504-506

ストウ, H.B.　Stowe, Harriet Beecher〔1811―1896　米　作家〕
◎年譜　「牧師の求婚」(H.B.ストウ)　ドメス出版　2002.12　p566-567
◎目録　「児童文学翻訳作品総覧　7　アメリカ編」(川戸道昭ほか)　ナダ出版センター　2006.3　p196-209
◎参考文献　「アンクル・トムとメロドラマ―19世紀アメリカにおける演劇・人種・社会」(常山菜穂子)　慶應義塾大　2007.3　p1-7b
◎引用文献　「『アンクル・トムの小屋』を読む―反奴隷制小説の多様性と文化的衝撃」(高野フミ)　彩流社　2007.4　p11-19b

ストーカー, B.　Stoker, Bram〔1847―1912　アイルランド　作家〕
◎文献案内　「『ドラキュラ』からブンガク―血、のみならず、口のすべて」(武藤浩史)　慶應義塾大　2006.3　p95-101

ストープス, M.　Stopes, Marie Carmichael〔1880―1958　英　生物学〕
◎原注ほか　「性の革命―マリー・ストープス伝」(J.ローズ)　関西大学出版部　2005.3　p399-414

ストラウド＝ドリンクウォーター, C.　Stroud-Drinkwater, C.
○業績目録ほか　「英文学論叢　47」(京都女子大)　2003　p83-86

ストリンドベリ, A.　Strindberg, Johan August〔1849―1912　スウェーデン　劇作家・小説家〕
◎略史(内田富夫)　「恋の火遊び令嬢ジュリー―ヨーハン・A・ストリンドベリ戯曲」(A.ストリンドベリ)　中央公論事業出版　2005.1　p163-164

ストレイン, J.E.　Strain, J.E.
○経歴　「姫路獨協大学外国語学部紀要　15」(姫路獨協大)　2002.1　p152-154

スナイダー, G.　Snyder, Gary Sherman〔1930―　米　詩人〕
◎年譜(原成吉)　「終わりなき山河」(G.スナイダー)　思潮社　2001.1　p268-297
◎年譜　「終わりなき山河」(ゲーリー・スナイダー)　思潮社　2002.1　p288-297
◎参考文献　「場所を生きる―ゲーリー・スナイダーの世界」(山里勝己)　山と渓谷社　2006.3　p314-321

スピヴァク, G.C.　Spivak, Gayatri Chakravorty〔1942―　文芸評論家〕
◎読書案内ほか　「ガヤトリ・チャクラヴォルティ・スピヴァク」(S.モートン)　青土社　2005.10　p239-268

スピノザ, B.　Spinoza, Baruch de〔1632―1677　蘭　哲学〕
◎年譜・書誌　「スピノザ―実践の哲学」(G.ドゥルーズ)　平凡社　2002.8　p317-314
◎文献　「堕天使の倫理―スピノザとサド」(佐藤拓司)　東信堂　2002.12　p275-284

◎引用参考文献　「スピノザ思想の原画分析　3版」（藤本吉蔵）　政光プリプラン　2004.5　p364-383
◎文献目録　「市民社会思想史　3　理性と愛―スピノザの思想」（大津真作）　高文堂出版社　2004.7　p355-361
◎文献表　「スピノザ形而上学の基本構造」（松田克進）　広島修道大　2006.6　p192-195
◎読書案内　「スピノザ―「無神論者」は宗教を肯定できるか」（上野修）　NHK出版　2006.7　p104-105

スピリアールト, L.　Spilliaert, Léon〔1881―1946　ベルギー　画家〕
◎主要文献　「Léon Spilliaert―レオン・スピリアールト展」（L.スピリアールト）　ブリヂストン美術館　c2003　p219-220

スプルース, R.　Spruce, Richard〔1817―1893　英　植物学〕
◎文献目録（A.R.ウォレス）　「アマゾンとアンデスにおける一植物学者の手記　上」（R.スプルース）築地書館　2004.4　p378-388

スペンサー, E.　Spenser, Edmund〔1552頃―1599　英　詩人〕
◎文献目録　「詩人の詩人スペンサー―日本スペンサー協会20周年論集」（日本スペンサー協会）九州大出版会　2006.8　p419-440

スミス, A.　Smith, Adam〔1723―1790　英　哲学・経済〕
○著作目録ほか　「経済系　206」（関東学院大）2001.1　p166-170
◎参考文献　「アダム・スミスの経済思想―付加価値論と「見えざる手」」（星野彰男）　関東学院大学出版会　2002.3　p11-15b
◎参考文献一覧　「原点探訪アダム・スミスの足跡」（田中秀夫）　法律文化社　2002.11　p169-173
◎文献　「アダム・スミスの制度主義経済学」（田島慶吾）　ミネルヴァ書房　2003.4　p357-373
◎文献　「『国富論』体系再考―商業社会の政治経済学体系」（稲村勲）　御茶の水書房　2003.6　p9-23b
◎文献　「アダム・スミス修辞学・文学講義」（A.スミス）　名古屋大学出版会　2004.12　p14-25b
◎文献　「アダム・スミス」（山崎怜）　研究社　2005.1　p278-289
◎年表（水田洋）　「スミス」（スミス）　河出書房新社　2005.1　p460-467

スミス, E.E.　Smith, Edward Elmer〔1890―1965〕
◎書誌（小隅黎）　「渦動破壊者」（E.E.スミス）　東京創元社　2004.5　p363-365
◎長篇著作リスト（堺三保）　「火星航路SOS」（E.E.スミス）　早川書房　2006.3　p395-396

スミス, M.　Smith, Malcom〔?―2006　豪　法律学〕
○業績ほか　「中央ロー・ジャーナル　3.3」（中央大）　2006.12　p51-54

スミス, W.　Smith, William〔1769―1839　英　地質学〕
◎文献ほか　「世界を変えた地図―ウィリアム・スミスと地質学の誕生」（S.ウィンチェスター）　早川書房　2004.7　p372-366

スミス, W.E.　Smith, W.Eugene〔1918―1978　米　写真家〕
◎写真集ほか　「ユージン・スミス―楽園へのあゆみ」（土方正志）　偕成社　2006.2　p156-157

スモレット, T.G.　Smollett, Tobias George〔1721―1771　英　小説家〕
◎年譜ほか　「スモレットを読む愉しみ」（宮崎孝一）　鳳書房　2001.10　p225-229

スラッファ, P.　Sraffa, Piero〔1898―1983　伊　経済学〕
◎参考文献　「スラッファ経済学研究」（白杉剛）　ミネルヴァ書房　2005.4　p255-262
◎参考文献　「スラッファの謎を楽しむ―『商品による商品の生産』を読むために」（片桐幸雄）　社会評論社　2007.9　p271-273

スレッサー, H.　Slesar, Henry〔1927―2002　米　作家〕
○邦訳全作品（編集部）　「ミステリマガジン　47.8」（早川書房）　2002.8　p71-75

スローター, L.M.
◎参考文献　「アメリカ女性議員の誕生」（森脇俊雅）　ミネルヴァ書房　2001.10　p225-229

スワンウィック, M.　Swanwick, Michael〔1950―　米　作家〕
◎著作リスト（小川隆）　「グリュフォンの卵」（M.スワンウィック）　早川書房　2006.4　p504-511

【セ】

セガン, E.　Séguin, Edouard Onesimus〔1812―1880　仏　精神薄弱児教育家〕
◎著作・文献目録（星野常夫）　「セガン―知的障害教育・福祉の源流　研究と大学教育の実践　4」（清水寛ほか）　日本図書センター　2004.6　p79-101

セギュール夫人　Ségur, Sophie Rostopchine, comtesse de〔1799―1874　仏　小説家〕
◎目録　「児童文学翻訳作品総覧　3　フランス・ドイツ編1」（川戸道昭ほか）　ナダ出版センター　2005.9　p230-248

セクストス・エンペイリコス　Sextos, Empiricos〔200頃―250頃　希　哲学・医者〕
◎文献表　「セクストス・エンペイリコスの懐疑主義思想―古代懐疑主義をめぐる批判と回答」（田中竜山）　東海大学出版会　2004.12　p221-226

セザンヌ, P.　Cézanne, Paul 〔1839—1906 仏 画家〕
◎年譜　「ポール・セザンヌ 1839-1906」（U.ベックス＝マローニー）　タッシェン・ジャパン　2001.10　p94-95
◎参考文献　「セザンヌ 岩波世界の美術」（M.T.ルイス）　岩波書店　2005.1　p341-344
◎参考文献　「セザンヌ受容の研究」（永井隆則）　中央公論美術出版　2007.2　p303-353
◎文献　「ポール・セザンヌ《サント・ヴィクトワール山》」（G.ベーム）　三元社　2007.12　p212-213

セネカ, L.A.　Seneca, Lucius Annaeus 〔前5/4—後65　ローマ　哲学〕
◎読書案内　「セネカ」（P.グリマル）　白水社　2001.1　p1-2
◎参考文献　「ローマの哲人セネカの言葉」（中野孝次）　岩波書店　2003.9　p1-2b
◎年譜　「セネカ哲学全集 1 倫理論集 1」（セネカ）　岩波書店　2005.7　p6-9b
◎参考文献　「セネカ」（角田幸彦）　清水書院　2006.4　p258-270
◎年譜　「倫理論集 2 セネカ哲学全集2」　岩波書店　2006.6　p6-9b
◎参考文献　「ローマ帝政の哲人セネカの世界―哲学・政治・悲劇」（角田幸彦）　文化書房博文社　2007.6　p355-366

セーヘルス, H.　Seghers, Hercules Pietersz 〔1589頃―1635頃　蘭　画家・銅版画家〕
◎書誌略　「日本の美術と世界の美術」（前川誠郎）　中央公論美術出版　2006.8　p247-248

セール, M.　Serres, Michel 〔1930—　仏　思想家〕
◎著作一覧（内藤雅文）　「小枝とフォーマット―更新と再生の思想」（M.セール）　法政大出版局　2006.8　p229-233

セルトー, M.d.　Certeau, Michel de 〔1925—1986〕
◎著作一覧　「歴史と精神分析 科学と虚構の間で」（M.d.セルトー）　法政大学出版局　2003.6　p5-6b

セルバンテス, M.　Cervantes Saavedra, Miguel de 〔1547—1616　西　小説家〕
◎参考文献　「セルバンテスの思想」（A.カストロ）　法政大学出版局　2004.8　p16-35b
◎参考文献　「セルバンテスの芸術」（本田誠二）　水声社　2005.10　p395-408
◎目録　「児童文学翻訳作品総覧 6 スペイン・ロシア編」（川戸道昭ほか）　ナダ出版センター　2005.12　p674-705
◎略年譜ほか（三浦知佐子）　「ドン・キホーテ批評論」（片倉充造）　南雲堂フェニックス　2007.12　p195-204

セルビー, D.　Selby, David 〔1945—　英　教育学〕
◎著作一覧　「グローバル・クラスルーム―教室と地球をつなぐアクティビティ教材集」（D.セルビーほか）　明石書店　2007.12　p307-309

ゼンガー, I.　Saenger, Ingo
◎著作目録（古積健三郎ほか）　「ドイツ・ヨーロッパ民事法の今日的諸問題―ゼンガー教授講演集」（I.ゼンガー）　中央大出版部　2007.10　p5-25b

【 ソ 】

ソウヤー, R.J.　Sawyer, Robert J. 〔1960—　加　SF作家〕
◎著作リスト（堺三保）　「ヒューマン―人類」（R.J.ソウヤー）　早川書房　2005.6　p536-537

ソクラテス　Sōkratēs 〔前469—前399　希　哲学〕
◎参考文献　「饗宴 ソクラテス最後の事件」（柳広司）　原書房　2001.10　p362-363
◎文献表　「ソクラテス研究―ソクラテスの提出した知の整理による、「徳は知である」と自己知の新解釈」（岩間秀幸）　コスモヒルズ　2002.1　p331-335
◎読書案内　「プラトン―哲学者とは何か」（納富信留）　NHK出版　2002.11　p114-117
◎参考文献　「ソクラテスはなぜ死んだのか」（加来彰信）　岩波書店　2004.3　p7-10b
◎文献表　「対話とアポリア」（田中伸司）　知泉書館　2006.1　p240-250
◎参考文献　「ソクラテスの宗教」（M.L.マックフェラン）　法政大出版局　2006.2　p19-38b
◎文献表　「ソクラテスとフィロソフィア―初期プラトン哲学の展開」（中澤務）　ミネルヴァ書房　2007.2　p285-293

ソシュール, F.　Saussure, Ferdinand de 〔1857—1913　スイス　言語学〕
◎書誌　「ソシュール」（J.カラー）　岩波書店　2002.5　p181-185
◎文献　「ソシュール入門―コトバの謎解き」（町田健）　光文社　2003.8　p232-234
◎ブックガイド　「ソシュール 知の教科書」（加賀野井秀一）　講談社　2004.5　p180-197
◎参考文献　「ソシュールのパラドックス」（相原奈津江）　エディット・パルク　2005.5　p266」

ソニエ, M.
◎参考文献　「奴隷商人ソニエ―18世紀フランスの奴隷交易とアフリカ社会」（小川了）　山川出版社　2002.4　p1-7b

ソフォクレス　Sophoklēs 〔前496頃―前406　希　詩人〕
◎参考文献　「アポロンの光と闇のもとに―ギリシア悲劇『オイディプス王』解釈」（川島重成）　三陸書房　2004.5　p267-270

ソーヤー, C.H.　Sawyer, Corinne Holt 〔米　ミステリー作家〕
◎作品リスト　「氷の女王が死んだ」（コリン・ホルト・ソーヤー）　東京創元社　2002.4　p369」

ゾラ, E.　Zola, Emile〔1840—1902　仏　小説家〕
　◎年譜（小倉孝誠）　「いま、なぜゾラか—ゾラ入門」（宮下志朗, 小倉孝誠）　藤原書店　2002.10　p283-290
　◎年譜（小倉孝誠）　「ゾラの可能性—表象・科学・身体」（小倉孝誠ほか）　藤原書店　2005.6　p335-338

ゾルゲ, R.　Sorge, Richard〔1895—1944　独　共産主義者〕
　◎文献　「「ゾルゲ・尾崎」事典—反戦反ファシズムの国際スパイ事件」（古賀牧人）　アピアランス工房　2003.9　p619-627
　◎参考文献　「ゾルゲ・東京を狙え　下　新装版」（G.W.プランゲほか）　原書房　2005.5　p289-294
　◎参考文献　「ゾルゲ—破滅のフーガ」（M.スポルテス）　岩波書店　2005.9　p331-334

ソルジェニーツィン, A.I.　Solzhenitsyn, Aleksandr Isaevich〔1918—2008　露　小説家〕
　◎注　「ソルジェニーツィンとサハロフ」（R.メドヴェージェフほか）　現代思潮新社　2005.7　prr

ソレル, G.　Sorel, Georges〔1847—1922　仏　社会思想家〕
　◎著作一覧　「暴力論　下」（G.ソレル）　岩波書店　2007.11　p1-2b

ソロー, H.D.　Thoreau, Henry David〔1817—1862　米　思想家〕
　◎原注文献　「ヘンリー・ソローの暮らし」（H.S.ソルト）　開文社出版　2001.3　p173-187
　◎文献　「野生の果実—ソロー・ニュー・ミレニアム」（ブラッドレイ・P.ディーン）　松柏社　2002.11　p337-351
　○業績一覧ほか　「英語英文学論叢　53」（九州大）　2003　p3-8f
　◎参考文献　「ウォールデン」（上岡克己）　ミネルヴァ書房　2006.3　p10-13b

ソログープ, F.K.　Sologub, Fyodor K.〔1863—1927　露　詩人・小説家〕
　◎目録　「児童文学翻訳作品総覧　6　スペイン・ロシア編」（川戸道昭ほか）　ナダ出版センター　2005.12　p920-938

ソロス, G.　Soros, George〔1930—　米　投機家〕
　◎参考文献　「ソロス」（M.T.カウフマン）　ダイヤモンド社　2004.6　p486-488

ソーン, J.　Soane, John〔1753—1837　英　建築家〕
　◎文献　「サー・ジョン・ソーン美術館　19世紀」（磯崎新）　六耀社　2004.5　1pb

ソンタグ, S.　Sontag, Susan〔1933—　米　作家・批評家〕
　◎ブックガイド　「スーザン・ソンタグから始まる—ラディカルな意志の彼方へ」（京都造形芸術大）　光村推古書院　2006.11　p190-199

ゾンバルト, W.　Sombart, Werner〔1863—1941　独　経済学〕
　○研究文献（池田浩太郎）　「成城大学経済研究　167」（成城大）　2005.2　p35-61

【タ】

タイユフェール, G.　Tailleferre, Germaine〔1892—1983　仏　作曲家〕
　◎略年譜ほか　「ちょっと辛口—タイユフェール回想録」（ジェルメーヌ・タイユフェール, フレデリック・ロベール）　春秋社　2002.1　p7-25b

ダーウィン, C.R.　Darwin, Charles Robert〔1809—1882　英　博物・進化論〕
　◎参考文献　「ダーウィンの危険な思想　生命の意味と進化」（D.C.デネット）　青土社　2001.1　p15-40b
　◎参考文献　「ダーウィン・ウォーズ　遺伝子はいかにして利己的な神となったか」（A.ブラウン）　青土社　2001.5　p4-9b
　◎原註　「ダーウィンと家族の絆—長女アニーとその早すぎる死が進化論を生んだ」（R.ケインズ）　白日社　2003.12　p611-583
　◎参考文献　「「進化」大全—ダーウィン思想史上最大の科学革命」（C.ジンマー）　光文社　2004.11　p485-476
　◎文献　「ダーウィンと原理主義」（M.W.デイヴィズ）　岩波書店　2006.1　p90-92
　◎参考文献　「ダーウィンのミミズ、フロイトの悪夢」（A.フィリップス）　みすず書房　2006.8　p6-8b
　◎年譜　「ダーウィン—世界を揺るがした進化の革命」（R.ステフォフ）　大月書店　2007.2　p1-2b

ダ - ヴィンチ
　⇒レオナルド - ダ - ヴィンチを見よ

タウト, B.　Taut, Bruno〔1880—1938　独　建築家〕
　◎参考文献　「ブルーノ・タウト」（高橋英夫）　筑摩書房　2005.10　p285-292

タウラー, J.　Tauler, Johannes〔1300頃—1361　独　神秘思想家・説教家〕
　◎文献目録（田島照久）　「タウラー説教集　ドイツ神秘主義叢書4」（J.タウラー）　創文社　2004.4　p10-18b

ダウン, J.L.　Down, John Langdon
　◎年譜（安藤忠）　「ダウン症療育のパイオニア—ジョン・ラングドン・ダウンの生涯」（O.ワード）　あいり出版　2006.5　p209-210

ダグー, M.　d'Agoult, Marie〔筆名＝ステルン, D.　1805—1876　独　著述家〕
　◎参考文献　「マリー・ダグー—19世紀フランス伯爵夫人の孤独と熱情」（坂本千代）　春風社　2005.6　p192-194

ダグラス, F.　Douglass, Frederick〔1817頃—1895　米　奴隷解放論者〕
　◎年譜ほか　「メアリランドへ行こう—フレデリック・ダグラスとその時代」（佐藤晴雄）　武蔵野大出版会　2006.1　p205-227

ターナー, J.M.W.　Turner, Joseph Mallord William 〔1775—1851　英　画家〕
◎年譜ほか　「ターナー―近代絵画に先駆けたイギリス風景画の巨匠の世界」（藤田治彦）六耀社（Rikuyosha art view）2001.2　p115-119

ダヌンツィオ, G.　D'Annunzio, Gabriele 〔1863—1938　伊　詩人・小説家・劇作家〕
◎参考文献　「ダヌンツィオの楽園―戦場を夢見た詩人」（田之倉稔）白水社　2003.9　p1-2b
○受容年表（平山城児）「立教大学日本文学　91」（立教大）2003.12　p78-89

ダメット, M.　Dummett, Michael Anthony Eardley 〔1925—　英　哲学〕
◎文献　「ダメットにたどりつくまで―反実在論とは何か」（金子洋之）勁草書房　2006.4　p7-12b

ダリ, S.　Dali, Salvador 〔1904—1989　西　画家〕
◎参考文献ほか　「ダリ」（クリストファー・マスターズ）西村書店　2002.3　p25-27
◎文献　「ダリ全画集」（ロベール・デシャルヌ, ジル・ネレ）タッシェン・ジャパン　2002.6　p738-739
◎参考文献　「ダリ―岩波世界の美術」（R.ラドフォード）岩波書店　2002.7　p344-345
◎参考文献　「ドガ, ダリ, シャガールのバレエ―美術の身体表現」（ポーラ美術館）ポーラ美術館　2006　p122-124

ダール, R.　Dahl, Roald 〔1916—1990　英　幻想作家〕
◎文献　「集いと語りのデモクラシー―リンゼイとダールの多元主義論」（田村浩志）勁草書房　2002.5　p4-27b
◎年表ほか　「ロアルド・ダール　現代英米児童文学評伝叢書9」（富田泰子）KTC中央出版　2003.11　p136-139
◎年譜ほか　「ロアルド・ダールコレクション　別巻1　ダールさんってどんな人?」（C.ポーリング）評論社　2007.4　p133-140
◎作品　「ロアルド・ダールコレクション　別巻2　「ダ」ったらダールだ!」（R.ダール）評論社　2007.4　p158-161
◎年譜　「「チョコレート工場」からの招待状―ロアルド・ダール」（C.J.シールズ）文溪堂　2007.10　p122-125

タルコフスキー, A.　Tarkovskii, Andrei Arsenievich 〔1932—1986　露　映画監督〕
◎参考文献　「タルコフスキー映画―永遠への郷愁」（馬場広信）みすず書房　2002.9　p277-284
◎参考文献　「聖タルコフスキー　時のミラージュ」（若菜薫）鳥影社　2003.2　p254-256
◎略年譜（坂庭淳史）「雪が降るまえに」（A.タルコフスキー）鳥影社　2007.6　p245-253

タレガ, F.　Tárrega Eixea, Francisco 〔1852—1909　西　作曲家・ギター奏者〕
◎参考文献ほか　「フランシスコ・タレガ」（A.リウス）現代ギター社　2005.9　p346-352

ダレス, E.L.　Dulles, Eleanor Lansing 〔1895—1996〕
◎文献　「エリノア・ランシング・ダレス―アメリカの世紀を生きた女性外交官」（前田真理子）有斐閣　2004.3　p202-211

ダレル, L.　Durrell, Lawrence George 〔1912—1990　英　小説家・詩人〕
○書誌（陸川博）「デルタ　4」（日本ヘンリー・ミラー協会）2001.11　p40-79

ダーレンドルフ, R.　Dahrendorf, Ralf Gustav 〔1929—2009　独→英　社会学〕
◎著作目録（加藤秀治郎ほか）「政治・社会論集―重要論文選　増補版」（R.ダーレンドルフ）晃洋書房　2006.10　p271-274

ダンセイニ, L.　Dunsany, Lord 〔1878—1957　アイルランド　劇作家〕
○邦訳目録（未谷おとほか）「ペカーナロスト7」（西方猫耳教会）2001.8　p137-86
◎著作リスト（中野善夫）「世界の涯の物語」（E.J.ダンセイニ）河出書房新社　2004.5　p370-373

ダンテ　Dante Alighieri 〔1265—1321　伊　詩人〕
◎文献一覧　「ダンテ『神曲』講義」（今道友信）みすず書房　2002.11　p1-5b
◎文献　「ダンテ『神曲』講義　改訂普及版」（今道友信）みすず書房　2004.5　p1-7b
◎参考文献　「ダンテ」（R.W.B.ルイス）岩波書店　2005.2　p213-216
◎bibliographyほか　「ダンテ神曲原典読解語源辞典　3　天国」（福島治）春風社　2005.10　p13-18f

ダンティカ, E.　Danticat, Edwidge 〔1969—　米　作家〕
◎作品（くぼたのぞみ）「アフター・ザ・ダンス―ハイチ, カーニヴァルへの旅」（E.ダンティカ）現代企画室　2003.8　p266」

【チ】

チェイニー, P.　Cheyney, Peter 〔1896—1951　アイルランド　ジャーナリスト・小説家〕
◎著作リスト（杉江松恋）「この男危険につき」（P.チェイニー）論創社　2007.7　p239-250

チェーホフ, A.　Chekhov, Anton Pavlovich 〔1860—1904　露　劇作家〕
◎年譜・年表　「越境する作家チェーホフ―〈孤独〉と〈自由〉を求めた生涯」（牧原純）東洋書店　2004.5　p209-211
◎作品（神西清）「可愛い女・犬を連れた奥さん―他一篇　改版」（A.チェーホフ）岩波書店　2004.9　p1-5b

◎引用参考文献　「演劇のダイナミズム―ロシア史のなかのチェーホフ」（堀江新二）　東洋書店　2004.9　p198-194
◎参考文献　「チェーホフ」（浦雅春）　岩波書店　2004.10　p211-213
◎「日本におけるチェーホフ書誌1902-2004」（中島通昌）　中島通昌　2004.11　235p　A5
◎略年譜　「チェーホフとの恋　チェーホフ・コレクション」（L.A.アヴィーロワ）　未知谷　2005.2　p245-250
◎参考資料（尾家順子）　「私のなかのチェーホフ」（L.A.アヴィーロワ）　群像社　2005.2　p224-225
◎参考文献　「北ホテル48号室―チェーホフと女性たち」（牧原純）　未知谷　2006.3　p174-175

チェリビダッケ, S.　Celibidache, Sergiu〔1912―1996　ルーマニア　指揮者〕
◎年譜　「評伝チェリビダッケ　新装版」（クラウス・ヴァイラー）　春秋社　2001.5　p1-7b

チェン, L.
◎参考文献　「夢想之欠片」（森珪）　桃花社　2004.4　p350-351

チェンバレン, B.H.　Chamberlain, Basil Hall〔1850―1935　英　日本研究〕
◎チェンバレン年譜　「琉球語の文法と辞典―日琉語比較の試み」（B.H.チェンバレン）　琉球新報社　2005.2　p314-324

チボー, G.
◎略歴　「フランス競馬百年史　1900-2000」（G.チボー）　競馬国際文化交流協会　2004　1pf

チャ, T.H.K.　Cha, Theresa Hak Kyung〔1951―1982　米　アーティスト〕
◎文献リスト　「異郷の身体―テレサ・ハッキョン・チャをめぐって」（池内靖子ほか）　人文書院　2006.2　p272-284

チャイコフスキー, P.I.　Chaikovskii, Petr Iliich〔1840―1893　露　作曲家〕
◎参考文献　「チャイコフスキー」（伊藤恵子）　音楽之友社　2005.6　p23b」
◎ブックガイド　「チャイコフスキー―宿命と憧れのはざまで」（宮澤淳一）　東洋書店　2006.6　p61-63

チャスラフスカ, V.　Čáslavská, Věra〔1942―　チェコ　体操選手〕
◎参考文献　「ベラ・チャスラフスカ最も美しく」（後藤正治）　文藝春秋　2004.7　p378-379

チャーチル, J.　Churchill, Jill〔作家〕
◎著作リスト（大津波悦子）　「夜の静寂に」（J.チャーチル）　東京創元社　2004.2　p326-327

チャップリン, C.　Chaplin, Charles〔1889―1977　英　映画俳優・監督〕
◎参考文献　「チャップリン・未公開NGフィルムの全貌」（大野裕之）　NHK出版　2007.3　p363-362
◎文献　「チャップリン暗殺―5.15事件で誰よりも狙われた男」（大野裕之）　メディアファクトリー　2007.11　p314-317

チャドウィック, E.　Chadwick, Edwin〔1800―1890　英　公衆衛生学〕
◎参考文献　「エドウィン・チャドウィック―福祉国家の開拓者」（A.ブランデイジ）　ナカニシヤ出版　2002.2　p270-260

チャベス・フリアス, H.　Chávez Frias, Hugo〔1954―　ベネズエラ　政治家〕
◎参考文献　「反米大統領チャベス―評伝と政治思想」（本間圭一）　高文研　2006.10　p250-251

チャペック, K.　Čapek, Karel〔1890―1938　チェコ　小説家〕
◎原註　「カレル・チャペック」（I.クリーマ）　青土社　2003.8　p345-377
◎年譜（田才益夫）　「カレル・チャペックの愛の手紙」（K.チャペック）　青土社　2006.8　p451-458

チャンドラー, A.D.　Chandler, Alfred Dupont, Jr.〔1918―2007　米　経営史学〕
◎参考文献　「チャンドラー経営史の軌跡―組織能力ベースの現代企業史」（橋本輝彦）　ミネルヴァ書房　2007.12　p199-204

チャンドラー, R.　Chandler, Raymond〔1888―1959　米　探偵小説家〕
○書誌（渡部真喜子）　「文献探索　2004」（文献探索研究会）　2004.4　p591-595
◎参考文献　「フィリップ・マーロウのダンディズム」（出石尚三）　綜合社　2006.9　p251-253
○年譜ほか（編集部）　「ミステリマガジン　52.4」（早川書房）　2007.5　p136-145

チュコーフスキイ, K.　Chukovskii, Kornei Ivanovich〔1882―1969　露　評論家・詩人〕
○翻訳作品年表（岩本憲子）　「Кocтep 21」（カスチョール同人）　2004.3　p52-53

チューリング, A.M.　Turing, Alan Mathison〔1912―1954　英　数学・物理学〕
◎参考文献（星野力）　「甦るチューリング　コンピュータ科学に残された夢」　NTT出版　2002.10　p232-236

チュルゴー, A.R.J.　Turgot, Anne Robert Jacques〔1727―1781　仏　経済学・政治家〕
◎参考文献　「チュルゴーの失脚―1776年5月12日のドラマ　下」（E.フォール）　法政大出版局　2007.9　p9-23b

チョーサー, G.　Chaucer, Geoffrey〔1340頃―1400　英　詩人〕
◎参考文献ほか（笹本長教）　「全訳カンタベリー物語」（G.チョーサー）　英宝社　2002.5　p633-658
◎文献　「チョーサー中世イタリアへの旅」（奥田宏子）　御茶の水書房　2003.7　p116-121
◎参考文献　「Chaucerの曖昧性の構造」（中尾佳行）　松柏社　2004.3　p401-424

385

◎参考文献　「チョーサー研究—作品の構成と意味の研究」（塩見知之）　高文堂出版社　2004.12　p248-252
◎参考文献　「中世ゴシック絵画とチョーサー」（塩見知之）　高文堂出版社　2005.1　p201-204
◎略歴ほか（高橋与四男）　「言語表現と創造」（藤本昌司）　鳳書房　2005.11　p352-353

チョムスキー, N.　Chomsky, Avram Noam〔1928—　米　言語・文明評論家〕
◎参考文献（芦村京）　「チョムスキー入門」（J.C.マーハほか）　明石書店　2004.2　p189-193
◎著作リスト（佐藤雅彦）　「チョムスキー」（D.コグズウェル）　現代書館　2004.5　p173〕
◎文献　「チョムスキーとグローバリゼーション」（J.フォックス）　岩波書店　2004.6　p81-83

チリーダ, E.　Chillida, Eduardo〔1924—2002　西　彫刻家〕
◎参考文献　「エドゥアルド・チリーダ展」（野中朋）　実行委員会　2006　p137-138

【ツ】

ツァハー, H.F.　Zacher, Hans Friedrich〔1928—　〕
◎著作目録（新井誠）　「ドイツ社会法の構造と展開—理論、方法、実践」（H.F.ツァハー）　日本評論社　2005.5　p301-331

ツィンツェンドルフ, N.L.　Zinzendorf, Nicolaus Ludwig〔1700—1760　独　宗教指導者〕
◎文献　「ツィンツェンドルフ—ヘルンフート同胞教団を創った夫妻の物語」（伊藤利男）　鳥影社・ロゴス企画　2006.1　p2-4b

ツヴェターエワ, M.　Tsvetaeva, Marina Ivanovna〔1892—1941　露　詩人〕
◎参考文献　「マリーナ・ツヴェターエワ」（前田和泉）　未知谷　2006.12　p430-432

ツェペシュ伯爵　ツェペシュハクシャク
⇒ヴラッド・ツェペシュを見よ

ツェラーン, P.　Celan, Paul〔1920—1970　独　詩人〕
○書誌（相原勝）　「ツェラーン研究　4」（日本ツェラーン協会）　2002　p156-165
○書誌（相原勝）　「ツェラーン研究　5」（日本ツェラーン協会）　2003　p160-167
○研究文献（相原勝）　「ツェラーン研究　6」（日本ツェラーン協会）　2004　p80-88
○研究文献（相原勝）　「ツェラーン研究　7」（日本ツェラーン協会）　2005　p162-167
○既刊目次　「ツェラーン研究　7」（日本ツェラーン協会）　2005　p169-170
○書誌（相原勝）　「ツェラーン研究　8」（日本ツェラーン協会）　2006　p98-106
◎引用文献（相原勝ほか）　「ツェラーンを読むということ—詩集『誰でもない者の薔薇』研究と注釈」（中央大学人文科学研究所）　中央大出版部　2006.3　p511-539
◎略年譜ほか　「パウル・ツェランへの旅」（関口裕昭）　郁文堂　2006.11　p367-371
○書誌（相原勝）　「ツェラーン研究　9」（日本ツェラーン協会）　2007　p133-140
○研究文献概観（相原勝）　「ドイツ文学　6.1」（日本独文学会）　2007　p219-232
◎略年譜　「評伝パウル・ツェラン」（関口裕昭）　慶應義塾大出版会　2007.10　p465〜473

ツカモト, M.　Tsukamoto, Mary〔?—1998　米　教育家・市民運動家〕
◎参考文献　「アメリカを動かした日系女性—第二次世界大戦中の強制収容と日系人のたたかい」（エリザベス・ピンカートン, メアリー・ツカモト）　琉球新報社　2001.10　p455-457

ツタンカーメン　Tut-ankh-Amen〔在位:前1347—前1339　エジプト　第18王朝の王〕
◎参考文献ほか　「黄金王ツタンカーメンの素顔—世界初のCTスキャン調査」（Z.ハワス）　アケト　2007.7　p158-159

【テ】

デアンドリア, W.L.　DeAndrea, William L.〔1952—1996　米　ミステリー作家〕
◎著作リスト（福井健太）　「ホッグ連続殺人」（W.L.デアンドリア）　早川書房　2005.1　p355-358

テイ, J.　Tey, Josephine〔1896—1952　英　推理小説作家〕
◎作品（堀田碧）　「魔性の馬」（J.テイ）　小学館　2003.3　p365〕

ディーヴァー, J.　Deaver, Jeffery〔1950—　米　作家〕
○長篇全解題（池田真紀子, 渋谷正子, 宝村信二ほか）　「ミステリマガジン　47.11」（早川書房）　2002.11　p76-80

デイヴィス, M.　Davis, Miles〔1926—1991　米　ジャズ・トランペット奏者〕
◎年譜　「マイルス・デイビス—神話の検証」（田中公一朗）　勁草書房　2001.8　p2-3b
◎参考文献　「マイルス・デイヴィス完全入門　ジャズのすべてがここにある」（中山康樹）　ベストセラーズ　2001.9　p218-219
◎参考文献　「マイルス・デイヴィスの真実」（小川隆夫）　平凡社　2002.10　p502-503

デイヴィッドソン, A.　Davidson, Abram〔1923—1993〕
◎著作リスト（殊能将之）　「どんがらがん」（A.デイヴィッドソン）　河出書房新社　2005.10　p427-428

デイヴィドソン, D.　Davidson, Donald〔1917—2003　米　哲学〕
◎読書案内　「デイヴィドソン―「言語」なんて存在するのだろうか」（森本浩一）　NHK出版　2004.5　p117-121

ティエボー, P.　Thiébaut, Philippe〔1952—　仏　学芸員〕
◎刊行物ほか　「エミール・ガレ―その陶芸とジャポニスム」（P.ティエボー）　平凡社　2003.7　p258-259

ディキンスン, E.E.　Dickinson, Emily Elizabeth〔1830—1886　米　詩人〕
◎「日本におけるエミリィディキンスン書誌」（大木剛士）　専修大学出版局　2002.1　474p　A5
◎参考文献　「ディキンスン断章」（野田寿）　英宝社　2003.10　p183-187
◎引用参考文献ほか　「エミリー・ディキンソン―わたしは可能性に住んでいる」（岩田典子）　開文社出版　2005.10　p421-430
◎参考文献　「エミリ・ディキンスンの詩―カルヴァン神学の受容と排除」（嶋田美惠子）　ブイツーソリューション　2007.4　p382-388
◎参考文献ほか　「エミリ・ディキンスン事典」（J.D.エバウェイン）　雄松堂書店　2007.5　p387-412

ディクスン, C.
⇒カー, J.D.を見よ

ディケンズ, C.　Dickens, Charles〔1812—1870　英　小説家〕
◎略年譜　「ニコラス・ニクルビー　上」（チャールズ・ディケンズ）　こびあん書房　2001.4　p516-518
◎参考文献　「小説の迷宮―ディケンズ後期小説を読む」（新野緑）　研究社　2002.7　p466-456
◎略年譜（石塚裕子）　「デイヴィッド・コパフィールド　5」（C.ディケンズ）　岩波書店　2003.3　p1-5b
◎参考文献　「チャールズ・ディケンズ研究―ジャーナリストとして、小説家として」（植木研介）　南雲堂　2004.2　p357-367
◎略年譜（伊藤廣里）　「炉辺のこおろぎ―家庭のおとぎ話」（C.ディケンズ）　近代文芸社　2004.12　p179-188
◎参考文献　「ディケンズの遺産―人間と作品の全体像」（M.スレイター）　原書房　2005.3　p13-14b
◎目録　「児童文学翻訳作品総覧　1　イギリス編1」（川戸道昭ほか）　ナダ出版センター　2005.6　p202-285
◎年譜ほか　「チャールズ・ディケンズ―日本語版―図説」（E.ジェイムズ）　ミュージアム図書（発売）　c2006　p121-125
◎参考文献　「ディケンズの小説とキリストによる救済のヴィジョン」（吉田一穂）　英宝社　2006.5　p223-228
◎参考文献　「ディケンズのジェンダー観の変遷―中心と周縁のせめぎ合い」（田中孝信）　音羽書房鶴見書店　2006.10　p421-408

◎年譜（池央耿）　「クリスマス・キャロル」（C.ディケンズ）　光文社　2006.11　p180-184
◎書誌　「ディケンズ鑑賞大事典」（西條隆雄ほか）　南雲堂　2007.5　p751-755

ディズニー, W.　Disney, Walter Elias（Walt）〔1901—1966　米　アニメーション作家〕
◎参考文献　「ディズニーとは何か」（有馬哲夫）　NTT出版　2001.11　p282-290
◎参考文献　「ディズニー批判序説―盗むディズニー訴えるディズニー」（兜木励悟）　データハウス　2001.12　p266-267
◎文献一覧　「ミッキーマウス―ディズニーとドイツ」（C.ラクヴァ）　現代思潮新社　2002.12　p271-262
◎引用文献ほか　「ディズニー「夢の工場」物語」（有馬哲夫）　日本経済新聞社　2003.8　p302-306
◎参考文献ほか　「ディズニーとライバルたち―アメリカのカートゥン・メディア史」（有馬哲夫）　フィルムアート社　2004.5　p389-378

ティツィアーノ　Tiziano Vecellio〔1477/87—1576　伊　画家〕
◎年譜　「ティツィアーノ《ピエトロ・アレティーノの肖像》」（フランチェスコ・モッツェッティ）　三元社　2001.11　p100-110

ディック, P.K.　Dick, Philip Kindred〔1928—1982　米　SF作家〕
◎年譜　「我が生涯の弁明」（フィリップ・K.ディック）　アスペクト　2001.6　p40-44
◎著作リスト　「あなたをつくります」（P.K.ディック）　東京創元社　2002.3　p408-412
◎年譜（牧真司）　「フィリップ・K・ディック・リポート」（早川書房編集部）　早川書房　2002.11　p234-247
◎書誌（高橋良平）　「ユービックスクリーンプレイ」（P.K.ディック）　早川書房　2003.4　p312-314

ディッシュ, T.M.　Disch, Thomas Michael〔1940—　米　作家〕
◎著作リスト（若島正）　「アジアの岸辺」（T.M.ディッシュ）　国書刊行会　2004.12　p360-363

ディディ=ユベルマン, G.　Didi-Huberman, Georges〔1953—　仏　美術史〕
◎著作リスト（宮下志朗ほか）　「ヴィーナスを開く―裸体、夢、残酷」（G.ディディ=ユベルマン）　白水社　2002.7　p33-35b

ティファニー, C.L.　Tiffany, Charles Lewis〔1812—1902　米　宝石業者〕
◎著作　「日本を愛したティファニー」（久我なつみ）　河出書房新社　2004.10　p229」

ティプトリー, J.　Tiptree, James, Jr.〔1916—1987　米　SF作家〕
○書誌（水澤篤彦）　「文献探索　2006」（文献探索研究会）　2006.11　p442-451

テイヤール・ド・シャルダン, P. Teilhard de Chardin, Pierre〔1881—1955 仏 古生物学・哲学・神学〕
◎参考文献（美田稔）「新訳神の場―内面生活に関するエッセイ」（P.テイヤール・ド・シャルダン）五月書房 2006.11 4pb

テイラー, C. Taylor, Charles〔1931― 加 政治哲学〕
◎著書（田中智彦）「〈ほんもの〉という倫理―近代とその不安」（C.テイラー）産業図書 2004.2 p168-170
◎論文ほか 「人権をひらく―チャールズ・テイラーとの対話」（森田明彦）藤原書店 2005.4 p275-277
◎参考文献 「テイラーのコミュニタリアニズム―自己・共同体・近代」（中野剛充）勁草書房 2007.1 p177-207

テイラー, T. Taylor, Thomas〔1758―1835 プラトン哲学〕
○編年的文献表（三宅浩）「高岡法科大学紀要 13」（高岡法科大）2002.3 p35-40

ディラン, B. Dylan, Bob〔1941― 米 シンガーソングライター〕
◎参考文献 「ボブ・ディランの生涯」（H.スーンズ）河出書房新社 2002.12 p466-463

ティリッヒ, P. Tillich, Paul〔1886―1965 米 宗教哲学〕
◎参考文献 「ティリッヒ宗教芸術論」（石川明人）北海道大 2007.3 p5-13b

ディルセー, S. D'irsay, Stephen
○著作一覧ほか（池端次郎）「大学史研究 22」（大学史研究会編集委員会）2007.3 p24-41

ディルタイ, W. Dilthey, Wilhelm〔1833―1911 独 哲学〕
◎参考文献ほか 「ディルタイと現代―歴史的理性批判の射程」（西村晧ほか）法政大学出版局 2001.3 p19-31b
◎参考文献ほか 「ヴィルヘルム・ディルタイ―精神科学の生成と歴史的啓蒙の政治学」（鈴木政彦）九州大学出版会 2002.2 p6-21b
◎文献 「ディルタイ全集 第3 論理学・心理学論集」（ディルタイ）法政大学出版局 2003.5 p959-974
◎著作年表 「実在と現実―リアリティの消尽点へ向けて」（山本幾生）関西大学出版部 2005.3 p12-17b
◎参考文献（塚本正明）「ディルタイ全集 1」（W.ディルタイ）法政大出版局 2006.12 p771-797

ティルマンス, W. Tillmans, Wolfgang〔1968― 〕
○ブックガイド（清水穣ほか）「美術手帖 56.857」（美術出版社）2004.11 p62-64

ディレイ, D. Delay, Dorothy〔1917―2002 米 バイオリン指導者〕
◎参考文献 「天才を育てる―名ヴァイオリン教師ドロシー・ディレイの素顔」（バーバラ・L.サンド）音楽之友社 2001.11 p1-2b

ディーン, J. Dean, James〔1931―1955 米 映画俳優〕
◎参考文献 「ジェームス・ディーン」（G.ペリィ）バジリコ 2005.8 p234」

ティンダル, W. Tyndale, William〔1494頃―1536 英 宗教改革家・聖書翻訳家〕
◎文献表 「ウィリアム・ティンダル―ある聖書翻訳者の生涯」（デイヴィド・ダニエル）勁草書房 2001.1 p34-45b

テオクリトス Theokritos〔前310頃―前250頃 希 詩人〕
◎文献（古沢ゆう子）「牧歌」（テオクリトス）京大学術出版会 2004.10 p277-279

テオフラストゥス Theophrastos〔前371頃―前287頃 希 哲学〕
◎関連文献 「ジャンキンの悪妻の書―中世のアンティフェミニズム文学伝統」（W.マップ）南雲堂フェニックス 2006.7 p113-124

デオン
⇒シュヴァリエ・デオンを見よ

デカルト, R. Descartes, René〔1596―1650 仏 哲学・数学〕
◎読書案内ほか 「方法序説―ほか」（デカルト）中央公論新社（中公クラシックス）2001.8 p387-400
◎文献一覧 「デカルトにおける〈比例〉思想の研究」（名須川学）哲学書房 2002.2 p485-516
◎参考文献 「デカルト 省察 情念論」（井上庄七ほか）中央公論新社 2002.6 p368-380
◎書誌 「デカルトの数学思想」（佐々木力）東京大学出版会 2003.2 p531-569
◎文献 「近代哲学の射程―有限と無限のあいだ」（円谷裕二）放送大学教育振興会 2003.3 p240-242
◎読書案内 「デカルト 「われ思う」のは誰か」（斎藤慶典）NHK出版 2003.5 p122-124
◎文献表 「観念と存在 デカルト研究1」（村上勝三）知泉書館 2004.8 p231-249
◎注 「疎まれし者デカルト―十八世紀フランスにおけるデカルト神話の生成と展開」（山口信夫）世界思想社 2004.10 p245-276
○著作目録 「香川大学経済論叢 78.3」（香川大）2005.12 p190」
◎参考文献（山田弘明）「省察」（R.デカルト）筑摩書房 2006.3 p258-265
◎邦語文献 「デカルト入門」（小林道夫）筑摩書房 2006.4 p217-219
◎参考文献 「デカルトの暗号手稿」（A.D.アクゼル）早川書房 2006.9 p276-286

デステ, B.　d'Este, Borso〔1413—1471〕
　◎文献目録　「ボルソ・デステとスキファノイア壁画」（京谷啓徳）　中央公論美術出版　2003.2　p231-242

テスラ, N.　Tesla, Nikola〔1856—1943　米　電気工学・発明家〕
　◎参考文献　「テスラ—発明的想像力の謎」（新戸雅章）　工学社　2002.2　p193-194

デゾルグ, T.　Desorgues, Theodore〔1763—1808〕
　◎文献ほか　「革命詩人デゾルグの錯乱—フランス革命における一ブルジョワの上昇と転落」（M.ヴォヴェル）　法政大学出版局　2004.10　p4-10b

テニエール, L.　Tesnière, Lucien〔1893—1954　仏　言語学〕
　◎業績目録　「構造統語論要説」（L.テニエール）　研究社　2007.3　p764-767

デフォー, D.　Defoe, Daniel〔1660—1731　英　小説家〕
　◎目録　「児童文学翻訳作品総覧　1　イギリス編1」（川戸道昭ほか）　ナダ出版センター　2005.6　p110-155
　◎参考文献（増田義郎）　「完訳ロビンソン・クルーソー」（D.デフォー）　中央公論新社　2007.6　p338-339

デフォレスト, C.B.　De Forest, Charlotte Burgio〔1879—1973　米　宣教師〕
　◎註ほか　「C.B.デフォレストの生涯—美と愛の探求」（竹中正夫）　創元社　2003.4　p242-256

デーメル, R.　Dehmel, Richard〔1863—1920　独　抒情詩人〕
　◯文献目録（星野晃一,岩見輝彦）　「城西国際大学紀要　9.2　人文学部」（城西国際大学）　2001.3　p135-160

デューイ, J.　Dewey, John〔1859—1952　米　哲学〕
　◎文献　「デューイ・人間性実現への教育—米国カリキュラム開発を考える」（海谷則之）　春風社　2002.10　p275-280
　◎文献　「デューイ教育学の再構築」（杉浦美朗）　八千代出版　2002.10　p383-386
　◎参考文献　「現代デューイ思想の再評価」（杉浦宏）　世界思想社　2003.6　prr
　◎文献　「ジョン・デューイの政治思想」（小西中和）　北樹出版　2003.12　p343-358
　◎参考文献　「デューイとミードと成瀬仁蔵」（河村望）　人間の科学新社　2004.3　p291-293

デューイ, M.　Dewey, Melvil〔1851—1931　米　図書館員〕
　◎注　「手におえない改革者—メルヴィル・デューイの生涯」（W.A.ウィーガンド）　京都大　2004.9　p411-470

デュカン, M.　Du Camp, Maxime〔1822—1894〕
　◎参考文献ほか　「マクシム・デュ・カン　150年目の旅　展カタログ」（実行委員会）　実行委員会　2001　p279-289

デュ・シャトレ, E.　du Châtelet, Émilie〔1706—1749　仏　数学・物理学〕
　◎参考文献　「火の女シャトレ侯爵夫人—18世紀フランス、希代の科学者の生涯」（辻由美）　新評論　2004.7　p259-262
　◎参考文献　「エミリー・デュ・シャトレとマリー・ラヴワジエ—18世紀フランスのジェンダーと科学」（川島慶子）　東京大学出版会　2005.5　p9-16b

デュシャン, M.　Duchamp, Marcel〔1887—1968　仏　画家〕
　◎年譜　「マルセル・デュシャン　1887-1968」（J.ミンク）　タッシェン・ジャパン　2001.6　p94」
　◎参考文献　「マルセル・デュシャン」（C.トムキンズ）　みすず書房　2003.1　p31-45b
　◎文献リスト　「マルセル・デュシャンと20世紀美術—mirrorical returns」（国立国際美術館ほか）　朝日新聞社　〔2004〕　p191-193

デューターマン, P.T.　Deutermann, Peter T.〔1941—　米　作家〕
　◎著作リスト（阿尾正子）　「闇の狩人を撃て」（P.T.デューターマン）　二見書房　2003.4　p404-405

デュフィ, R.　Dufy, Raoul〔1877—1953　仏　画家〕
　◎主要文献（寺田未緒）　「ラウル・デュフィー美、生きる喜び」（ブレーントラスト）　ラウル・デュフィ出版委員会　2006.4　p108-109

デュボイス, W.E.B.　Du Bois, William Edward Burghardt〔1868—1963　米　著述家〕
　◎参考文献　「W.E.B.デュボイス—人種平等獲得のための闘い」（千葉則夫）　近代文芸社　2003.11　p237-242

デュボス, C.　Du Bos, Charles〔1882—1939　仏　評論家〕
　◎著作一覧　「文学とは何か」（C.デュボス）　有楽出版社　2003.8　p188」

デュマス, M.　Dumas, Marlene〔1953—　画家〕
　◎参考文献　「マルレーネ・デュマス」（D.ボーヘルト）　ファイドン　2006.1　p158-160
　◎文献（東京都現代美術館ほか）　「マルレーネ・デュマス　ブロークン・ホワイト」（M.デュマス）　淡交社　2007.5　p133-135

デューラー, A.　Dürer, Albrecht〔1471—1528　独　画家〕
　◎文献目録　「デューラーと名声—芸術家のイメージ形成」（秋山聰）　中央公論美術出版　2001.2　p321-352
　◎文献ほか　「「絵画論」注解」（A.デューラー）　中央公論美術出版　2001.9　p357-379
　◎年譜　「アルブレヒト・デューラー」（E.ヴィース）　エディションq　2003.9　p336-340
　◎年表ほか　「デューラー《メレンコリア1》—解釈の迷宮　新装版」（H.ベーメ）　三元社　2005.4　p132-136
　◎参考文献　「ヴィッテンベルクの小夜啼鳥—ザックス、デューラーと歩く宗教改革」（藤代幸一）　八坂書房　2006.12　p263-267

デュラス, M.　Duras, Marguerite〔1914—1996　仏　小説家〕
- ◎書誌　「愛について―プルースト、デュラスと」（鈴村和成）　紀伊國屋書店　2001.5　p282-294
- ◎作品（谷口正子）　「外部の世界」（M.デュラス）　国文社　2003.7　p299-304

デュルケム, E.　Durkheim, Émile〔1858—1917　仏　社会・教育〕
- ◎略年譜　「デュルケムの教育論」（J-C.フィユー）　行路社　2001.7　p9-10
- ◎主要著作ほか　「エミール・デュルケム　社会の道徳的再建と社会学」（中島道男）　東信堂　2001.9　p110-137
- ◎文献目録　「デュルケーム宗教学思想の研究」（山崎亮）　未来社　2001.12　p9-17b
- ◎参考文献　「デュルケムと現代教育」（G.ウォルフォード）　同時代社　2003.4　p12-29b
- ◎参考文献　「デュルケム理論と法社会学―社会病理と宗教, 道徳, 法の相互作用」（巻口勇一郎）　信山社出版　2004.5　p386-401
- ◎参考文献　「トクヴィルとデュルケーム―社会学的人間観と生の意味」（菊谷和宏）　東信堂　2005.3　p223-239
- ◎引用参考文献　「「聖」概念と近代―批判的比較宗教学に向けて」（藤原聖子）　大正大学出版会　2005.3　p1-18b
- ◎参考文献　「デュルケームの認識論」（清水強志）　恒星社厚生閣　2007.3　p241-247

デュレンマット, F.　Dürrenmatt, Friedrich〔1921—1990　スイス　劇作家〕
- ◎文献　「フリードリヒ・デュレンマットの喜劇―迷宮のドラマトゥルギー」（増本浩子）　三修社　2003.12　p352-360

デリダ, J.　Derrida, Jacques〔1930—2004　仏　哲学〕
- ◎年譜ほか　「デリダ」（上利博規）　清水書院（Century books）　2001.4　p189-201
- ◎ブックガイド　「デリダ」（林好雄ほか）　講談社　2003.1　p206-227
- ◎参考文献　「ハイデッガーとデリダ　時間と脱構築についての考察」（H.ラパポート）　法政大学出版局　2003.6　p21-30b
- ◎略年譜ほか　「デリダ―脱構築」（高橋哲哉）　講談社　2003.7　p287-308,316-320
- ○年譜ほか（郷原佳以ほか）　「現代思想 32.15」（青土社）　2004.12　p251-256
- ◎参考文献案内（J.D.カプートほか）　「デリダとの対話―脱構築入門」（J.デリダほか）　法政大学出版局　2004.12　p30-46b
- ◎著作目録（鵜飼哲）　「生きることを学ぶ、終に」（J.デリダ）　みすず書房　2005.4　p1-8b
- ◎文献案内　「デリダの遺言―「生き生き」とした思想を語る死者へ」（仲正昌樹）　双風舎　2005.10　p254-255
- ◎書誌　「そのたびごとにただ一つ、世界の終焉 1」（J.デリダ）　岩波書店　2006.1　p17-26
- ◎読書案内　「デリダ―なぜ「脱‐構築」は正義なのか」（斎藤慶典）　NHK出版　2006.9　p122-125
- ◎文献　「デリダと歴史の終わり」（S.シム）　岩波書店　2006.10　p76-79
- ◎読書案内ほか　「ジャック・デリダ」（N.ロイル）　青土社　2006.12　p307-354
- ◎年譜ほか　「イスラームと西洋―ジャック・デリダとの出会い、対話」（M.シェリフ）　駿河台出版社　2007.10　p1-16b
- ◎年譜ほか（郷原佳以ほか）　「ジャック・デリダ1930-2004」　藤原書店　2007.12　p398-381

デルナー, H.　Dörner, Heinrich〔1948—　独　法学〕
- ◎著作目録（野沢紀雅ほか）　「ドイツ民法・国際私法論集」（H.デルナー）　中央大学出版部　2003.4　p7-14b

テレーズ　Thérèse de Lisieux, St.〔1873—1897　仏　修道女〕
- ◎参考文献ほか　「弱さと神の慈しみ―テレーズとともに　改訂」（伊従信子）　サンパウロ　2006.4　p85-91

テンニエス, F.　Tönnies, Ferdinand〔1855—1936　独　社会学〕
- ◎引用参考文献ほか　「フェルディナンド・テンニエス―ゲマインシャフトとゲゼルシャフト」（吉田浩）　東信堂　2003.10　p142-146

【 ト 】

ドイル, A.C.　Doyle, Arthur Conan〔1859—1930　英　小説家〕
- ◎図書リスト　「シャーロック・ホームズの時間旅行」（水野雅士）　青弓社　2000.7　p146-150
- ◎参考文献　「シャーロック・ホームズ遊々学々―シャーロッキアンの悦楽記」（植田弘隆）　透土社　2001.2　p240-241
- ◎参考文献　「シャーロック・ホームズ大事典」（小林司, 東山あかね）　東京堂出版　2001.3　p1002-1012
- ◎参考文献　「シャーロック・ホームズの推理博物館」（小林司, 東山あかね）　河出書房新社　2001.8　p290-302
- ◎参考文献　「シャーロック・ホームズ事件と心理の謎」（ジョン・ラドフォード）　講談社　2001.9　p328-333
- ◎年表ほか　「手塚治虫とコナン・ドイル」（水野雅士）　青弓社　2002.8　p248-266
- ◎参考文献　「シャーロック・ホームズ大百科事典」（J.トレイシー）　河出書房新社　2002.12　p427-430
- ◎ライブラリ（J.レレンバーグほか）　「シャーロック・ホームズ　ワトソンの災厄」（A.ペリーほか）　原書房　2003.11　p379-395

○全作品解題 「ミステリ・マガジン 49.4.578」（早川書房） 2004.4 p38-46
◎「ホームズ、ドイル文献目録 1983年〜2004年増補版」（新井清司ほか） 日本シャーロック・ホームズ・クラブ 2004.12 104p A5
◎文献 「図説シャーロック・ホームズ 増補改訂版」（小林司ほか） 河出書房新社 2005.6 p140-141
◎参考文献ほか（田中喜芳） 「スターク・マンローからの手紙」（A.C.ドイル） 河出書房新社 2006.1 p286-296
◎参考文献 「シャーロック・ホームズとお食事を―ベイカー街クックブック」（J.C.ローゼンブラットほか） 東京堂出版 2006.7 p338-342
◎漢訳小説目録 「漢訳ホームズ論集」（樽本照雄） 汲古書院 2006.9 p325-428

トインビー, A.J. Toynbee, Arnold Joseph 〔1889―1975 英 歴史〕
◎年表ほか（秀村欣二） 「トインビー」（トインビー） 河出書房新社 2005.5 p395-400

トウェイン
⇒マーク・トウェインを見よ

ドゥオーキン, R. Dworkin, Ronald 〔1931― 米 法学〕
◎注文献 「リベラルな共同体―ドゥオーキンの政治・道徳理論」（小泉良幸） 勁草書房 2002.9 p179-217

ドヴォルジャーク, A. Dvořák, Antonin 〔1841―1904 チェコ 作曲家〕
◎作品一覧 「ドヴォルジャーク」（内藤久子） 音楽之友社 2004.10 p4-25b

トゥキュディデス Thoukydidēs 〔前460/-55頃―前400頃 希 歴史家〕
◎文献案内（城江良和） 「歴史 2」（トゥキュディデス） 京都大学学術出版会 2003.1 p472-476
◎参考文献 「ヘロドトスとトゥキュディデス―歴史学の始まり」（桜井万里子） 山川出版社 2006.5 p181-187

トゥサン＝ルヴェルチュール, F.D. Toussaint L'Ouverture, François Dominique 〔1743―1803 ハイチ 政治家〕
◎文献 「ブラック・ジャコバン―トゥサン＝ルヴェルチュールとハイチ革命 増補新版」（C.L.R.ジェームズ） 大村書店 2002.6 p507-520

トゥーマー, J. Toomer, Jean 〔1894―1967 米 詩人〕
◎参考文献 「ジーン・トゥーマーの文学」（寺山佳代子） 北星堂書店 2004.4 p171-173

ドゥリットル, J.H. Doolittle, James Harold 〔1896―1971〕
◎文献 「大空の覇者ドゥリットル 下 欧州・日本本土爆撃」（加藤寛一郎） 講談社 2004.12 p268-271

トゥルゲーネフ, I.S. Turgenev, Ivan Sergeevich 〔1818―1883 露 小説家〕
◎年譜（沼野恭子） 「初恋」（I.S.トゥルゲーネフ） 光文社 2006.9 p180-184

ドゥルーズ, G. Deleuze, Gilles 〔1925―1995 仏 哲学〕
◎注文献ほか 「ドゥルーズ流動の哲学」（宇野邦一） 講談社 2001.4 p257-265
◎年譜・書誌 「スピノザ―実践の哲学」（G.ドゥルーズ） 平凡社 2002.8 p317-314
◎読書案内 「ドゥルーズ―解けない問いを生きる」（桧垣立哉） NHK出版 2002.10 p119-124
◎著作目録（稲村真実ほか） 「無人島」（G.ドゥルーズ） 河出書房新社 2003.6 p317-322
◎書誌 「狂人の二つの体制 1983-1995」（G.ドゥルーズ） 河出書房新社 2004.6 p1-7b
◎著作一覧 「ドゥルーズ―没後10年入門のために」 河出書房新社 2005.10 p191-190
◎読書案内 「ドゥルーズ」（篠原資明） 講談社 2005.12 p266-269
◎読書案内ほか 「ジル・ドゥルーズ」（C.コールブルック） 青土社 2006.2 p283-303

トゥールーズ‐ロートレック
⇒ロートレックを見よ

ドゥルーティ Durruti, Buenaventura 〔1896―1936〕
◎著作 「スペイン革命のなかのドゥルーティ」（A.パス） れんが書房新社 2001.10 p374-379

ドガ, E. Degas, Edgar 〔1834―1917 仏 画家〕
◎参考文献 「ドガ、ダリ、シャガールのバレエ―美術の身体表現」（ポーラ美術館） ポーラ美術館 2006 p122-124

トクヴィル, A.C.H. Tocqueville, Alexis Charles Henri Maurice Clérel de 〔1805―1859 米 歴史・政治家〕
◎参考文献 「トックヴィルを読む」（河合秀和） 岩波書店（岩波セミナーブックス 81） 2001.9 p233-235
◎参考文献 「トクヴィルとデュルケーム―社会学的人間観と生の意味」（菊谷和宏） 東信堂 2005.3 p223-239
◎年譜 「トクヴィル―民主主義の三つの学校」（小山勉） 筑摩書房 2006.4 p442-437
◎文献案内 「トクヴィル」（L.シーデントップ） 晃洋書房 2007.2 p190-193
◎参考文献 「トクヴィル平等と不平等の理論家」（宇野重規） 講談社 2007.6 p190-192

ドストエフスキー, F.M. Dostoevskii, Fedor Mikhailovich 〔1821―1881 露 小説家〕
◎参考文献 「論集・ドストエフスキーと現代」（木下豊房,安藤厚） 多賀出版 2001.2 prr
○文献目録（佐藤徹夫） 「文献探索 2000」（文献探索研究会） 2001.2 p309-321
◎文献批評・解題 「ドストエフスキーその対話的世界」（木下豊房） 成文社 2002.2 p176-258

- ○著作年譜ほか（御子柴道夫）　「千葉大学人文研究 31」（千葉大）　2002.3　p19-37
- ◎「日本におけるドストエフスキー書誌―著者索引編」（佐藤徹夫）　ド翁文庫　2002.4　397p　B5
- ○文献（佐藤徹夫）　「文献探索 2001」（文献探索研究会）　2002.7　p239-249
- ○著作・翻訳（ふじ・とおる）　「文献探索 2001」（文献探索研究会）　2002.7　p389-400
- ○略年譜（神西清）　「ドストエフスキイの生活　小林秀雄全作品11」（小林秀雄）　新潮社　2003.8　p316-341
- ○翻訳作品（榊原貴教）　「翻訳と歴史 18」（ナダ出版センター）　2003.11　p6-20
- ◎参考文献ほか　「ドストエフスキー　父殺しの文学　下」（亀山郁夫）　NHK出版　2004.7　p295-309
- ◎略年譜　「ドストエフスキイの生活　33刷改版」（小林秀雄）　新潮社　2005.4　p252-283
- ◎読書案内　「『悪霊』神になりたかった男」（亀山郁夫）　みすず書房　2005.6　p161-162
- ◎引用参考文献　「小説家が読むドストエフスキー」（加賀乙彦）　集英社　2006.1　p216-217
- ◎参考文献　「ドストエフスキイ『地下室の手記』を読む」（R.ピース）　のべる出版企画　2006.4　p269-265
- ◎略年譜（井桁貞義ほか）　「21世紀ドストエフスキーがやってくる」（大江健三郎ほか）　集英社　2007.6　p347-354
- ◎年譜　「カラマーゾフの兄弟 5 エピローグ別巻」（ドストエフスキー）　光文社　2007.7　p158-167
- ◎参考文献　「『カラマーゾフの兄弟』続編を空想する」（亀山郁夫）　光文社　2007.9　2pb
- ○年譜（近藤大介）　「ユリイカ 39.13.542」（青土社）　2007.11　p198-208
- ◎参考文献　「ドストエフスキー―謎とちから」（亀山郁夫）　文藝春秋　2007.11　p261-262
- ◎年譜ほか（小椋彩）　「鰐―ドストエフスキーユーモア小説集」（F.M.ドストエフスキー）　講談社　2007.11　p330-344
- ◎引用参考文献　「『罪と罰』における復活―ドストエフスキイと聖書」（芦川進一）　河合文化教育研究所　2007.12　p341-364

ドス・パソス, J.　Dos Passos, John Roderigo〔1896―1970　米　小説家〕
- ◎書誌　「ジョン・ドス・パソスを読む」（廣瀬英一）　三重大学出版会　2006.12　p201-214

トッテン, B.　Totten, Bill H.〔1941―　米　実業家〕
- ◎文献　「起業家ビル・トッテン―ITビジネス奮闘記」（砂田薫）　コンピュータ・エージ社　2003.1　p394-396

トッド, E.　Todd, Emmanuel〔1951―　仏　人口学・歴史学・人類学〕
- ◎著作一覧　「世界像革命―家族人類学の挑戦」（エマニュエル・トッド）　藤原書店　2001.9　p214」

ドーデ, A.　Daudet, Alphonse〔1840―1897　仏　小説家・劇作家〕
- ◎目録　「児童文学翻訳作品総覧 3　フランス・ドイツ編1」（川戸道昭ほか）　ナダ出版センター　2005.9　p306-380

トドハンター, I.　Todhunter, Isaac〔1820―1884　英　数学史家〕
- ◎年代順リスト　「確率論史―パスカルからラプラスの時代までの数学史の一断面　改訂版」（アイザック・トドハンター）　現代数学社　2002.12　p510-525

トドロフ, T.　Todorov, Tzvetan〔1939―　仏　文学理論家〕
- ◎書誌　「越境者の思想―トドロフ、自身を語る」（T.トドロフ）　法政大出版局　2006.1　p7-21b

ドニゼッティ, G.　Donizetti, Gaetano〔1797―1848　伊　作曲家〕
- ◎作品目録　「ガエターノ・ドニゼッティ―ロマン派音楽家の生涯と作品　新装限定版」（G.バルブランほか）　昭和音楽大　2005.6　p449-493

ドハティ, P.　Doherty, Paul〔英　推理作家〕
- ◎著作（和爾桃子）　「白薔薇と鎖」（P.ドハティ）　早川書房　2006.3　p272-275

ドビュッシー, C.　Debussy, Claude Achille〔1862―1918　仏　作曲家〕
- ◎参考文献（笠羽映子）　「伝記クロード・ドビュッシー」（F.ルシュール）　音楽之友社　2003.9　p463-457
- ◎参考文献　「ドビュッシー」（松橋麻利）　音楽之友社　2007.5　p52-53b

トマス, D.　Thomas, Dylan Marlais〔1914―1953　英　詩人〕
- ◎略年表（秋國忠教ほか）　「子犬時代の芸術家の肖像」（D.トマス）　京都創元社　2004.8　p284-289
- ◎略年譜（松田幸雄）　「ディラン・トマス全詩集」（D.トマス）　青土社　2005.11　p425-429

トマス・アクィナス　Thomas Aquinas〔1225頃―1274　伊　神学〕
- ◎文献　「トマス・アクィナスの知の哲学―認識と存在について」（宝満和美）　文芸社　2002.11　p113-120
- ◎文献表　「トマス・アクィナスの人間論」（佐々木亘）　知泉書館　2005.1　p21-36b
- ◎参考文献ほか　「トマス・アクィナスにおける「愛」と「正義」」（桑原直己）　知泉書館　2005.2　p33-44b

ド・マン, P.　de Man, Paul〔1919―1983　米　批評家・文学理論家〕
- ◎読書案内　「ポール・ド・マンの思想」（P.ド・マン）　新曜社　2002.8　p242-252
- ◎原注　「ポール・ド・マン―脱構築とイデオロギー批判」（C.ノリス）　法政大学出版局　2004.4　p323-346

ドーミエ, H.V. Daumier, Honoré Victorin〔1808―1879 仏 画家〕
- ◎略年譜 「ドーミエ諷刺画の世界」(喜安朗) 岩波書店 2002.2 p281-300

ドライサー, T. Dreiser, Theodore Herman Albert〔1871―1945 米 小説家〕
- ◎書誌(岡崎清ほか) 「『アメリカの悲劇』の現在」(中大ドライサー研究会) 中央大学出版部 2002.1 p233-248
- ◎参考文献 「シオドア=ドライサー」(岩元巌) 清水書院 2002.5 p232-236
- ◎年譜ほか 「セオドア・ドライサー事典」(K.ニューリン) 雄松堂出版 2007.9 p511-534

トラヴァース, P.L. Travers, Pamela L.〔1899―1996 英 作家〕
- ◎参考文献ほか 「P.L.トラヴァース」(森恵子) KTC中央出版 2006.4 p134-139

ドラキュラ
⇒ヴラッド・ツェペシュを見よ

ドラッカー, P.F. Drucker, Peter Ferdinand〔1909―2005 米 経営〕
- ◎参考文献ほか 「ドラッカーと福沢諭吉―二人の巨人が示した「日本経済・変革の時」」(望月護) 祥伝社 2001.11 p289-290
- ◎著作 「ドラッカーの実践経営哲学」(望月護) PHP研究所 2002.9 p250-251
- ◎著作目録 「歴史の哲学―そこから未来を見るドラッカー名言集」(P.F.ドラッカー) ダイヤモンド社 2003.10 p219-221
- ◎著作目録(上田惇生) 「テクノロジストの条件―ものづくりが文明をつくる」(P.F.ドラッカー) ダイヤモンド社 2005.7 p291-295
- ◎著作一覧ほか(牧野洋) 「ドラッカー20世紀を生きて」(P.ドラッカー) 日本経済新聞社 2005.8 p154-201
- ◎業績一覧(編集部) 「P.F.ドラッカー経営論」(P.F.ドラッカー) ダイヤモンド社 2006.9 p783-785
- ◎年譜 「ドラッカー入門―万人のための帝王学を求めて」(上田惇生) ダイヤモンド社 2006.9 p203-208
- ◎参考文献 「ドラッカーが描く未来社会―知の巨人が予測した21世紀の諸相とは？ポケット解説」(中野明) 秀和システム 2006.12 p218-219
- ◎著作目録 「P.F.ドラッカー―理想企業を求めて」(E.H.イーダスハイム) ダイヤモンド社 2007.5 p233-238

トリュフォー, F. Truffaut, François〔1932―1984 仏 映画監督〕
- ◎出典と註 「トリュフォー、ある映画的人生―増補」(山田宏一) 平凡社 2002.1 p344-355
- ◎参考文献 「フランソワ・トリュフォーの映画誌 山田宏一の映画教室1」(山田宏一) 平凡社 2004.8 p136-137
- ◎参考文献 「フランソワ・トリュフォー」(アントワーヌ・ド・ベックほか) 原書房 2006.3 p37-44b
- ◎文献 「トリュフォーの映画術」(A.ジラン) 水声社 2006.9 p498-499

ドリュ・ラ・ロシェル, P. Drieu la Rochelle, Pierre Eugene〔1893―1945 仏 小説家〕
- ◎文献 「政治的ロマン主義の運命―ドリュ・ラ・ロシェルとフランス・ファシズム」(有田英也) 名古屋大学出版会 2003.9 p6-9b

トールキン, J.R.R. Tolkien, John Ronald Reuel〔1892―1973 英 小説家〕
- ◎参考文献 「トールキン『指輪物語』を創った男」(M.コーレン) 原書房 2001.10 p1-3b
- ◎参考文献 「「中つ国」歴史地図―トールキン世界のすべて」(カレン・ウィン・フォンスタッド) 評論社 2002.2 p206-207
- ◎ブックガイドほか 「指輪物語完全ガイド―J・R・R・トールキンと赤表紙本の世界」(河出書房新社編集部) 河出書房新社 2002.2 p132-143
- ◎検索ガイド 「指輪物語ガイドブック」(I.ローソンほか) イースト・プレス 2002.3 p174-198
- ◯年譜(岡本由希子) 「ユリイカ 34.6 『指輪物語』の世界」(青土社) 2002.4 p210-213
- ◎年表 「「指輪物語」中つ国の歩き方」(柊美郷とファンタジー研究会) 青春出版社 2002.5 p244-245
- ◎年譜 「J.R.R.トールキン―或る伝記 新装版」(H.カーペンター) 評論社 2002.6 p310-313
- ◎注釈 「トールキンによる『指輪物語』の図像世界」(W.G.ハモンド) 原書房 2002.7 p286-302
- ◎参考文献 「指輪の力―隠された『指輪物語』の真実」(J.チャンス) 早川書房 2003.3 p265-270
- ◎参考文献(山下なるや) 「終わらざりし物語 下」(J.R.R.トールキン) 河出書房新社 2003.12 p219-216
- ◎参考文献 「図説トールキンの指輪物語世界―神話からファンタジーへ」(D.デイ) 原書房 2004.2 p1-2b
- ◎参考文献 「指輪物語エルフ語を読む」(伊藤盡) 青春出版社 2004.8 p237-240
- ◎参考文献ほか 「J.R.R.トールキン 現代英米児童文学評伝叢書7」(水井雅子) KTC中央出版 2004.11 p142-147
- ◎関係書目 「トールキンによる福音書―中つ国における〈神の国〉のヴィジョン」(R.C.ウッド) 日本キリスト教団出版局 2006.11 p251-253
- ◎書誌 「トールキンハンドブック」(C.ドゥーリエ) 東洋書林 2007.6 p363-354
- ◎参考文献 「指環物語」(成瀬俊一) ミネルヴァ書房 2007.10 p9-15b

トルストイ, L.N. Tolstoi, Lev Nikolaevich〔1828―1910 露 小説家〕
- ◎略年譜 「トルストイ心の旅路」(佐藤清郎) 春秋社 2001.7 p227-229

◎「トルストイの伝記、評伝及びトルストイの論説語録に関する図書目録」(中尾充夫) 中尾充夫 2003.8 1冊 A5
◎「北御門訳トルストイ文庫目録　北御門訳トルストイ文庫 別冊33」〔磯谷武郎〕 2003 12p A5
◎著作リストほか 「くもの糸—北御門二郎聞き書き」(南里義則) 不知火書房 2005.8 p246-252
◎目録 「児童文学翻訳作品総覧 6 スペイン・ロシア編」(川戸道昭ほか) ナダ出版センター 2005.12 p738-917
◎略年譜 「イワンの馬鹿」(L.N.トルストイ) あすなろ書房 2006.5 p85-102
◎年譜 「イワン・イリイチの死 クロイツェル・ソナタ」(L.N.トルストイ) 光文社 2006.10 p350-358
◎参考文献 「トルストイ家の箱舟」(デイヴィスふみ子) 群像社 2007.1 p370-372

ドルト, F. Dolto, François Marette〔1908—1988 仏 精神分析・心理学〕
◎引用参考文献 「ドルトの精神分析入門」(竹内健児) 誠信書房 2004.7 p273-278

トレヴァ=ローパー, H.R. Trevor-Roper, Hugh Redwald〔1914—2003 英 歴史学〕
◎文献 「イギリス革命論の軌跡—ヒルとトレヴァ=ローパー」(岩井淳ほか) 蒼天社出版 2005.2 p12-13b

トーレス, A.d. Torres, Antonio de〔1817—1892〕
◎文献 「アントニオ・デ・トーレス—ギター製作家—その生涯と作品」(J.L.ロマニリョス) 教育出版センター 2003.9 p319-328

トレスモンタン, C. Tresmontant, Claude〔1925—1997 仏 哲学〕
◎著作目録(道躰章弘) 「現代科学にもとづく形而上学—今日、神の実在の問題はいかに提出されるか」(C.トレスモンタン) 水声社 2003.3 p515-519

ド・レンピツカ, T. De Lempicka, Tamara〔1898—1980 画家〕
◎年譜 「タマラ・ド・レンピツカ 1898-1980」(ジル・ネレ) タッシェン・ジャパン 2002.12 p78-79

トロツキー, L.D. Trotskii, Leon Davidovich〔1879—1940 露 革命家〕
○既刊号目次 「トロツキー研究 51」(トロツキー研究所) 2007.Win. p281-282
◎参考文献 「メキシコ時代のトロツキー—1937-1940年」(小倉英敬) 新泉社 2007.3 p372-376
◎年譜(森田成也) 「レーニン」(トロツキー) 光文社 2007.3 p490-501
◎参考文献 「トロツキーの挽歌」(片島紀男) 同時代社 2007.10 p239-240

ドローネ, S. Delaunay, Sonia〔1895—1979 露 画家〕
◎文献 「ソニア・ドローネ展」(うらわ美術館ほか) 読売新聞社 2002 p146-149

ドン・ファン・デ・アウストリア Don Juan de Austria〔1547—1578 西 軍人〕
◎参考文献 「スペインの貴公子フアンの物語—レパント海戦総司令官の数奇な運命」(西川和子) 彩流社 2007.5 p252

トンプスン, J. Thompson, Jim〔1906—1977 米 推理作家〕
◎長編リスト(三川基好) 「アフター・ダーク」(J.トンプスン) 扶桑社 2001.10 p269-270
◎著作リスト(三川基好) 「深夜のベルボーイ」(J.トンプスン) 扶桑社 2003.3 p265-268
◎長編リスト(中条省平) 「取るに足りない殺人」(J.トンプスン) 扶桑社 2003.9 p285-287
◎単行本一覧(尾之上浩司) 「鬼警部アイアンサイド」(J.トンプスン) 早川書房 2005.5 p172-177
◎書誌(吉野仁) 「ジム・トンプスン最強読本—This world, then the Thompson's works!」(池上冬樹ほか) 扶桑社 2005.6 p327-338

【ナ】

ナイチンゲール, F. Nightingale, Florence〔1820—1910 伊 看護婦〕
◎参考文献ほか 「ナイチンゲール神話と真実」(H.スモール) みすず書房 2003.6 p9-20b
◎注 「福祉に生きた女性先駆者—F・ナイチンゲールとJ・アダムス」(鈴木真理子) 草の根出版会 2004.1 prr
◎参考文献ほか 「真理の探究—抜粋と注解」(M.D.カラブリアほか) うぶすな書院 2005.7 p422-441

ナイト, C. Knight, Clifford〔作家〕
◎著作リスト(森英俊) 「ミステリ講座の殺人」(C.ナイト) 原書房 2007.11 p345-346

ナイポール, V.S. Naipaul, Vidiadhar Surajprasad〔1932— 英 作家〕
○作品案内(板倉厳一郎) 「英語青年 147.6.1831」(研究社) 2001.9 p23-25

ナウエン, H. Nauen, Heinrich〔1880—1941 独 画家〕
◎著作リスト 「ヘンリ・ナウエンのスピリチュアル・メッセージ—レンブラントの名画「放蕩息子の帰郷」をめぐって」(大塚野百合) キリスト新聞社 2004.10 p198-202

ナウマン, N. Naumann, Nelly〔1922—2000 独 日本学・民俗学〕
◎業績一覧 「先の緒—縄文時代の物質・精神文化」(N.ナウマン) 言叢社 2005.3 p348-355

ナベール, J.　Nabert, Jean〔1881—1960〕
　◎参考文献ほか　「省みることの哲学―ジャン・ナベール研究」（越門勝彦）　東信堂　2007.9　p211-213

ナボコフ, V.　Nabokov, Vladimir Vladimirovich〔1899—1977　米　小説家・詩人〕
　◎原注文献　「ナボコフ夫人を訪ねて　現代英米文学の旅」（M.エイミス）　河出書房新社　2001.2　p344-367
　◎年譜　「ナボコフ万華鏡」（富士川義之）　芳賀書店　2001.6　p358-370

ナポレオン1世　Napoléon I, Bonaparte〔1769—1821　仏　皇帝〕
　◎文献目録　「ナポレオン年代記」（J.P.ベルト）　日本評論社　2001.4　p305-307
　◎参考文献　「ナポレオン・ミステリー」（倉田保雄）　文藝春秋　2001.8　p197-196
　◎注文献　「ナポレオンを創った女たち」（安達正勝）　集英社　2001.10　p206-219
　◎参考文献　「ナポレオン伝説とパリ―記憶史への挑戦」（杉本淑彦）　山川出版社　2002.7　p197-198
　◎参考文献　「ナポレオン」（P.ジョンソン）　岩波書店　2003.3　p195-196
　◎参考引用文献　「情念戦争」（鹿島茂）　集英社インターナショナル　2003.10　p1-3b
　◎文献　「ナポレオン戦争―欧州大戦と近代の原点　5」（D.G.チャンドラー）　信山社　2003.12　p253-262
　◎参考文献　「ナポレオンの生涯」（R.デュフレス）　白水社　2004.2　p1-2b
　◎参考文献　「ワーテルロー戦役」（A.A.ノフィ）　コイノニア社　2004.5　p293-297
　◎文献目録　「ナポレオン―英雄の野望と苦悩　下」（E.ルートヴィヒ）　講談社　2004.6　p441-437
　◎参考文献　「ナポレオンは殺された―犯人・殺害方法・動機まで、驚愕の真相」（桐生操）　PHP研究所　2004.6　4pb

ナポレオン3世　Napoléon III〔1808—1873　仏　皇帝〕
　◎参考文献　「怪帝ナポレオン3世―第二帝政全史」（鹿島茂）　講談社　2004.11　p467-474

ナンシー, J.L.　Nancy, Jean-Luc〔1940—　仏　哲学〕
　○著作目録（西山雄二ほか）　「水声通信　2.8」（水声社）　2006.8　p120-130

【 ニ 】

ニィリエ, B.　Nirje, Bengt〔1924—2006　スウェーデン〕
　◎全著作一覧（河東田博）　「ノーマライゼーションの原理―普遍化と社会改革を求めて　新訂版」（B.ニィリエ）　現代書館　2004.5　p162-163

ニコライ　Nikolai〔本名＝カサートキン, イオアン・ドミートリヴィッチ〈Kasatkin, Ioan Dmitrovich〉　1836—1912　露　宣教師〕
　◎略年譜（中村健之介）　「宣教師ニコライの全日記　9　1909年～1911年　覚え書」（ニコライ）　教文館　2007.7　p327-335

ニコライ2世　Nikolai II Aleksandrovich〔1796—1855　露　皇帝〕
　◎参考文献　「甦るニコライ二世　中断されたロシア近代化への道」（H.カレール＝ダンコース）　藤原書店　2001.5　p512-488

ニコライ, F.　Nicolai, Friedrich〔1733—1811〕
　◎主要作品ほか　「ドイツ啓蒙主義の巨人―フリードリヒ・ニコライ」（戸叶勝也）　朝文社　2001.2　p380-393

ニコルソン, B.　Nicholson, Ben〔1894—1982　英　画家〕
　◎文献　「ベン・ニコルソン」（神奈川県立近代美術館ほか）　東京新聞　c2004　p169-171

ニーチェ, F.W.　Nietzsche, Friedrich Wilhelm〔1844—1900　独　哲学〕
　◎参考文献　「ブッダVSニーチェ」（湯田豊）　大東出版社　2001.2　p257-263
　◎参考文献目録　「ニーチェ　第二部」（西尾幹二）　筑摩書房　2001.5　p554-534
　◎文献　「ニーチェ―その思考の伝記」（リュディガー・ザフランスキー）　法政大学出版局（叢書・ウニベルシタス　724）　2001.8　p2-8b
　◎参考文献　「マッハとニーチェ―世紀転換期思想史」（木田元）　新書館　2002.2　p344-352
　◎読書案内　「ニーチェ―どうして同情してはいけないのか」（神崎繁）　NHK出版　2002.10　p118-120
　◎読書案内　「図解雑学ニーチェ」（樋口克己）　ナツメ社　2002.11　p294-297
　◎参考文献　「ニーチェ　闇の中の断絶と光芒」（金輪杉芳）　文芸社　2003.4　p488-492
　◎ブックガイド　「ニーチェ」（清水真木）　講談社　2003.9　p204-218
　◎年譜（西尾幹二）　「悲劇の誕生」（ニーチェ）　中央公論新社　2004.1　p263-273
　◎参考文献　「遊戯の誕生―カント、シラー美学から初期ニーチェへ」（五郎丸仁美）　国際基督教大　2004.4　p391-409
　◎年譜　「ニーチェからの贈りもの　ストレスに悩むあなたに」（U.ミヒェルス＝ヴェンツ）　白水社　2004.8　p149-153
　◎略年譜　「はじめて読むニーチェ」（湯山光俊）　洋泉社　2005.2　p214-216
　◎参考文献　「仏教から読むニーチェ―西欧文明再考」（山崎俊晴）　新風舎　2005.4　p121-127
　◎文献案内（渡邊二郎）　「ニーチェ・セレクション」（F.W.ニーチェ）　平凡社　2005.9　p353-372
　◎読書案内ほか　「フリードリヒ・ニーチェ」（L.スピンクス）　青土社　2006.10　p283-307

ニーバー, R. Niebuhr, Reinhold〔1892―1971 米 神学・文明批評家〕
◎年譜 「アメリカ史のアイロニー」(ラインホールド・ニーバー) 聖学院大学出版会 2002.6 p1-4b
◎文献 「ニーバーとその時代―ラインホールド・ニーバーの預言者的役割とその遺産」(C.C.ブラウン) 聖学院大学出版会 2004.12 p490-499

ニュダール, J. Nydahl, Jens〔1883―1967〕
◎文献 「ドイツの中の《デンマーク人》―ニュダールとデンマーク系少数者教育」(小峰総一郎) 学文社 2007.3 p212-218

ニュートン, I. Newton, Isaac〔1642―1727 英 物理・数学・天文学〕
◎書誌 「ニュートン流率論の変容 コレクション数学史3」(高橋秀裕) 東京大学出版会 2003.8 p287-316
◎文献一覧 「ニュートンからカントへ―力と物質の概念史」(松山壽一) 晃洋書房 2004.12 p11-18b
◎出典 「ニュートンの海―万物の真理を求めて」(J.グリック) NHK出版 2005.8 p318-332
◎文献一覧 「ニュートンとカント―自然哲学における実証と思弁 改訂版」(松山壽一) 晃洋書房 2006.1 p15-25b
◎原注 「ニュートンの宗教」(F.E.マニュエル) 法政大出版局 2007.11 p1-30b

ニュートン, J. Newton, John〔1725―1807 英 讃美歌作家〕
◎参考文献(中澤幸夫) 「「アメージング・グレース」物語―ゴスペルに秘められた元奴隷商人の自伝」(J.ニュートン) 彩流社 2006.12 p275-279

ニューマン, J.H. Newman, John Henry〔1801―1890 英 神学〕
◎文献一覧ほか(長倉禮子) 「J.H.ニューマンの現代性を探る」(岡村祥子ほか) 南窓社 2005.6 p249-257

ニン, A. Nin, Anaïs〔1903―1977 米 小説家〕
○ブックガイド(鵜之口哲尚) 「ブッキッシュ 1.2」(ビレッジプレス) 2002.8 p28-48
○書誌(陸川博) 「文献探索 2003」(文献探索研究会) 2003.12 p429-441

【ネ】

ネイサン, R. Nathan, Robert Gruntal〔1894―1985 米 小説家・詩人〕
◎著作リスト 「ジェニーの肖像」(R.ネイサン) 東京創元社 2005.5 p311-315

ネウストプニー, J.V. Neustupný, Jiří Václav〔1933― 言語学〕
◎文献 「接触場面と日本語教育―ネウストプニーのインパクト」(宮崎里司ほか) 明治書院 2003.9 p413-437

ネクラーソフ, N.A. Nekrasov, Nikolai Alekseevich〔1821―1878 露 詩人〕
◎Bibliography 「ネクラーソフ選詩集―英訳・和訳」(入野田義人) 慶應義塾大学出版会 2001.3 p236-237

ネーゲリ, H.G. Nägeli, Hans Georg〔1773―1836 スイス 音楽教育家〕
◎文献ほか 「近代ドイツ語圏の学校音楽教育と合唱運動―19世紀前半のスイスにおけるH.G.ネーゲリの思想とその活動を中心として」(関口博子) 風間書房 2007.2 p305-312

ネフスキー, N. Nevskii, Nikolai Aleksandrovich〔1892―1938 露 東洋学〕
◎文献目録 「資料が語るネフスキー」(生田美智子) 大阪外国語大 2003.3 p258-265

ネルヴァル, G.d. Nerval, Gérard de〔1808―1855 仏 詩人・小説家〕
◎文献 「夢と狂気 ネルヴァル全集6」(G.d.ネルヴァル) 筑摩書房 2003.3 p613-615
◎文献目録 「ネルヴァルの幻想世界―その虚無意識と救済願望」(井田三夫) 慶應義塾大 2005.7 p1-5bほか
◎参考文献 「ジェラール・ド・ネルヴァル―幻想から神話へ」(田村毅) 東京大出版会 2006.1 p15-17b

ネルソン, H. Nelson, Horatio Nelson, Viscount〔1758―1805 英 海軍軍人〕
◎参考文献 「ネルソン提督大事典」(C.ホワイト) 原書房 2005.7 p461-468

ネルーダ, P. Neruda, Pablo〔1904―1973 チリ 詩人〕
◎年譜(田村さと子) 「ネルーダ詩集」(ネルーダ) 思潮社 2004.8 p148-154

【ノ】

ノヴァーリス Novalis〔1772―1801 独 詩人・小説家〕
◎年譜 「ノヴァーリス全集 1」(青木誠之ほか) 沖積舎 2001.9 p370-381

ノグチ, I. Noguchi, Isamu〔1904―1988 米 彫刻家〕
◎年譜 「イサム・ノグチ空間の研究」(アナ・マリア・トーレス) マルモ出版 2000.7 p310-311
◎参考文献 「夢みる少年―イサム・ノグチ」(柴橋伴夫) 共同文化社 2005.9 p321-324

ノーマン, E.H. Norman, Edgerton Herbert〔1909―1957 加 外交官〕
　◎年譜ほか　「外交官E・H・ノーマン　その栄光と屈辱の日々」（中野利子）　新潮社　2001.11　p7-19b
　◎年譜ほか（中野利子）　「ハーバート・ノーマン―人と業績」（加藤周一）　岩波書店　2002.1　p301-323

ノリス, F. Norris, Frank〔1870―1902 米 小説家〕
　◎参考文献ほか　「フランク・ノリス　作品と評論」（高取清）　彩流社　2003.5　p7-24b

ノール, H. Nohl, Hermann〔1879―1960 独 哲学・美学・教育学〕
　◎参考文献　「ヘルマン・ノール教育学の研究―ドイツ改革教育運動からナチズムへの軌跡」（坂越正樹）　風間書房　2001.2　p191-207

【ハ】

バー, H.S. Burr, Harold Saxton
　◎論文目録（神保圭志）　「生命場の科学―みえざる生命の鋳型の発見　新版」（H.S.バー）　日本教文社　2006.6　p1-8b

バイアット, A.S. Byatt, Antonia Susan〔1936― 英 小説家・批評家〕
　○関連文献（飯島朋子）　「文献探索　2005」（文献探索研究会）　2006.5　p21-30

ハイエク, F.A. Hayek, Friedrich August von〔1899―1992 墺 経済〕
　◎References　「ハイエクの経済学」（G.R.スティール）　学文社　2001.9　p253-258
　◎参考文献　「ハイエクのポリティカル・エコノミー―秩序の社会経済学」（S.フリートウッド）　法政大出版局　2006.2　p7-15b
　◎参考文献　「ハイエクと現代リベラリズム―「アンチ合理主義リベラリズム」の諸相」（渡辺幹雄）　春秋社　2006.9　p13-22b
　◎文献　「フリードリヒ・フォン・ハイエクのウィーン―ネオ・リベラリズムの構想とその時代」（森元孝）　新評論　2006.11　p235-247
　◎参考文献　「ハイエクの政治思想―市場秩序にひそむ人間の苦境」（山中優）　勁草書房　2007.3　p7-16b
　◎参考文献ほか　「ハイエク・自生的秩序の研究―経済と哲学の接点」（山崎弘之）　成文堂　2007.12　p13-18f

パイク, G. Pike, Graham〔1952― 教育学〕
　◎著作一覧　「グローバル・クラスルーム―教室と地球をつなぐアクティビティ教材集」（D.セルビーほか）　明石書店　2007.12　p307-309

ハイスミス, P. Highsmith, Patricia〔1921―1995 米 推理小説家〕
　◎作品リスト　「死者と踊るリプリー」（P.ハイスミス）　河出書房新社　2003.12　p534-536

ハイゼンベルク, W. Heisenberg, Werner Karl〔1901―1976 独 物理〕
　◎参考文献　「そして世界に不確定性がもたらされた―ハイゼンベルクの物理学革命」（D.リンドリー）　早川書房　2007.10　p277-283

ハイデガー, M. Heidegger, Martin〔1889―1976 独 哲学〕
　◎邦語文献表（斎藤元紀ほか）　「〈対話〉に立つハイデッガー」（ハイデッガー研究会）　理想社　2000.12　p5-50
　◎参考文献　「言葉の二十世紀」（斧谷彌守一）　筑摩書房（ちくま学芸文庫）　2001.2　p291-299
　◎参考文献　「ハイデガーと現代の思惟の根本問題」（吉本浩和）　晃洋書房（人間存在論叢書）　2001.3　p231-235
　◎関連文献ほか（岡山敬二）　「ハイデガー　思想読本3」（木田元）　作品社　2001.8　p168-185
　◎著作ほか　「ハイデガー本45―西洋哲学のハードコアを読み解く」（木田元）　平凡社（Best selection）　2001.8　p344-358
　◎参考文献　「ハイデガー」（木田元）　岩波書店（岩波現代文庫　G67）　2001.11　p237-241
　◎文献年表　「政治と哲学―〈ハイデガーとナチズム〉論争史の一決着　下」（中田光雄）　岩波書店　2002.4　p489-509
　◎略年譜ほか　「芸術作品の根源」（M.ハイデガー）　平凡社　2002.5　p213-222
　◎文献　「ハイデガーの言語哲学―志向性と公共性の連関」（古荘真敬）　岩波書店　2002.6　p3-7b
　◎文献　「「現」そのロゴスとエートス―ハイデガーへの応答」（安部浩）　晃洋書房　2002.7　p6-12b
　◎注　「政治哲学の起源―ハイデガー研究の視角から」（小野紀明）　岩波書店　2002.7　prr
　◎ブックガイドほか（村岡晋一）　「ハイデガーの知88」（木田元）　新書館　2002.8　p222-241
　◎読書案内　「ハイデガー―存在の謎について考える」（北川東子）　NHK出版　2002.10　p104-108
　◎年譜（原佑）　「存在と時間　III」（ハイデガー）　中央公論新社　2003.6　p311-341
　◎参考文献　「ハイデッガーとデリダ　時間と脱構築についての考察」（H.ラパポート）　法政大学出版局　2003.6　p21-30b
　◎文献一覧　「アーレント＝ハイデガー往復書簡―1925-1975」（U.ルッツ）　みすず書房　2003.8　p8-28b
　◎文献ほか　「ハイデガー入門」（G.フィガール）　世界思想社　2003.11　p200-210
　○文献（狩集日出男）　「現代科学論叢　33・34」（現代科学研究会）　2003　p16-18
　◎文献目録　「アレントとハイデガー―政治的なものの運命」（D.R.ヴィラ）　法政大学出版局　2004.7　p11-24b

◎読書案内　「ハイデガーとナチス」（J.コリンズ）岩波書店　2004.11　p114-118
◎文献　「存在論的メディア論—ハイデガーとヴィリリオ」（和田伸一郎）　新曜社　2004.12　p330-343
◎文献表　「芸術と技術—ハイデッガーの闘い」（秋富克哉）　創文社　2005.2　p15-18b
◎著作年表　「実在と現実—リアリティの消尽点へ向けて」（山本幾生）　関西大学出版部　2005.3　p18-34b
◎参考文献　「後期ハイデガー存在論の研究—存在の中へ」（桑野耕三）　北樹出版　2005.7　p779-803
◎引用文献　「存在の問いと有限性—ハイデッガー哲学のトポロギー的究明」（稲田知己）　晃洋書房　2006.3　p13-22b
◎参考文献　「ハイデガー『哲学への寄与』解読」（鹿島徹ほか）　平凡社　2006.3　p287-291
◎読書案内ほか　「マルティン・ハイデガー」（T.クラーク）　青土社　2006.6　p291-325
◎参考文献　「現象学の基底—「客観性」とは何か？」（金子淳人）　世界書院　2006.9　p405-419
◎参考文献　「存在と共同—ハイデガー哲学の構造と展開」（轟孝夫）　法政大出版局　2007.5　p20-24b
◎文献案内　「ハイデッガー『存在と時間』の現在—刊行80周年記念論集」（徳富克哉ほか）　南窓社　2007.12　p247-251

ハイドン, J.　Haydn, Franz Joseph〔1732—1809　墺　作曲家〕
◎註　「ハイドン交響曲」（中野博詞）　春秋社　2002.6　p240-252

ハイネ, H.　Heine, Heinrich〔1797—1856　独　詩人〕
○書誌（高池久隆）　「ドイツ文学 108」（日本独文学会）　2002.3　p234-261
◎参考文献　「歌の翼にあなたを乗せて—ハイネと女性たち」（立川希代子）　近代文芸社　2003.9　p232-235

ハインライン, R.A.　Heinlein, Robert Anson〔1907—1988　米　SF作家〕
◎著作リスト（三村美衣）　「銀河市民」（R.A.ハインライン）　早川書房　2005.5　p470」

ハインリヒ獅子公　Heinrich der Löwe〔1129—1195　ザクセン大公〕
◎参考文献ほか　「ザクセン大公ハインリヒ獅子公—中世北ドイツの覇者」（K.ヨルダン）　ミネルヴァ書房　2004.1　p17-22b

ハーヴァード, J.　Harvard, John〔1607—1638　ハーバード大学基金寄贈者〕
◎参考文献　「ジョン・ハーヴァードの時代史」（森良和）　学文社　2004.3　p238-243

パウエル, C.E.B.　Powell, C.E.B.
○業績目録ほか　「甲南女子大学英文学研究 42」（甲南女子大）　2006　p3-5

ハウエルズ, W.D.　Howells, William Dean〔1837—1920　米　小説家〕
◎文献ほか　「ハウエルズとジェイムズ—国際小説に見る相互交流の軌跡」（武田千枝子）　開文社出版　2004.2　p239-258

バウシュ, P.　Bausch, Pina〔1940—2009　独　振付師・舞踊家〕
◎作品ほか　「ピナ・バウシュ中毒」（楠田枝里子）　河出書房新社　2003.10　p258-263

ハウフ, W.　Hauff, Wilhelm〔1802—1827　独　詩人・小説家〕
◎目録　「児童文学翻訳作品総覧 4　フランス・ドイツ編2」（川戸道昭ほか）　ナダ出版センター　2005.9　p740-797

バウマン, Z.　Bauman, Zygmunt〔1925—　英　社会学〕
◎主要著作　「政治の発見」（ジグムント・バウマン）　日本経済評論社　2002.10　p307-308

パウロ　Paulos〔?—62頃　タルソス　伝道者〕
◎参照文献　「パウロの言語哲学」（清水哲郎）　岩波書店　2001.2　p280-286
◎参考文献　「聖パウロ」（E.トロクメ）　白水社　2004.11　p1-2b
◎文献案内　「パウロとペテロ」（小河陽）　講談社　2005.5　p244-245
◎文献一覧　「残りの時—パウロ講義」（G.アガンベン）　岩波書店　2005.9　p7-12b
◎参考文献　「聖パウロ—神から生まれた月足らずの子」（A.ドッコー）　女子パウロ会　2006.5　p357-359

パウンド, E.　Pound, Ezra Loomis〔1885—1972　英　詩人〕
◎関連年譜　「詩人たちの世紀—西脇順三郎とエズラ・パウンド」（新倉俊一）　みすず書房　2003.5　p296-301
◎関連年譜（新倉俊一）　「ピサ詩篇」（E.パウンド）　みすず書房　2004.7　p247-251
◎年譜（遠藤朋之）　「記憶の宿る場所—エズラ・パウンドと20世紀の詩」（土岐恒二ほか）　思潮社　2005.10　p218-233

パーカー, R.B.　Parker, Robert〔1932—　米　推理作家〕
◎著作リスト（奥村章子）　「束縛」（R.B.パーカー）　早川書房　2003.4　p412-414
◎著作リスト　「湖水に消える」（R.B.パーカー）　早川書房　2005.10　p371-375
◎著作リスト（S･T）　「冷たい銃声」（R.B.パーカー）　早川書房　2005.12　p315-318
◎長篇作品リスト　「笑う未亡人」（R.B.パーカー）　早川書房　2007.5　p369-374

パーキンス, J.　Perkins, John
◎履歴書　「エコノミック・ヒットマン—途上国を食い物にするアメリカ」（J.パーキンス）　東洋経済新報社　2007.12　p13-16b

バーク, J.L.　Burke, James Lee〔1936―　米　ミステリー作家〕
◎作品リスト　「燃える天使」（J.L.バーク）　角川書店　2002.7　p477-478

バクスター, R.　Baxter, Richard〔1615―1691　英　神学〕
◎文献案内ほか　「ピューリタン牧師バクスター――教会改革と社会形成」（梅津順一）　教文館　2005.1　p309-316

ハクスリー, J.S.　Huxley, Julian Sorell〔1887―1975〕
◎参考文献　「J・S・ハクスリーの思想と実践」（笹原英史）　専修大出版局　2006.3　p6-12b

バークリー, A.　Berkeley, Anthony〔別名＝アイルズ, F.〈Iles, Francis〉　1893―1971　推理作家〕
◎著作リスト　「ジャンピング・ジェニイ」（アントニイ・バークリー）　国書刊行会（世界探偵小説全集31）　2001.7　p347-350
◎著作リスト　「被告の女性に関しては」（F.アイルズ）　晶文社　2002.6　p372-374
◎著作リスト　「被告の女性に関しては」（F.アイルズ）　晶文社　2002.6　p372-374
◎著作リスト（富塚由美）　「絹靴下殺人事件」（A.バークリー）　晶文社　2004.2　p314-317

バークリ, G.　Berkeley, George〔1685―1753　英　哲学・聖職者〕
◎参考文献　「バークリ―観念論・科学・常識」（戸田剛文）　法政大出版局　2007.12　p3-9b

ハシェク, J.　Hašek, Jaroslav〔1883―1923　チェコ　小説家・ジャーナリスト〕
◎略年譜　「不埒な人たち――ハシェク風刺短編集」（飯島周）　平凡社　2002.1　p251-254

バージェス, M.　Burgess, Melvin〔1954―　英　作家〕
◎作品リスト（井上朱美）　「ブラッドタイド」（M.バージェス）　東京創元社　2005.3　p509-510

ハーシュマン, A.O.　Hirschman, Albert Otto〔1915―　政治経済学〕
◎参考文献　「可能性の政治経済学―ハーシュマン研究序説」（矢野修一）　法政大学出版局　2004.10　p347-361

バシュラール, G.　Bachelard, Gaston〔1884―1962　仏　哲学・科学史〕
◎参考文献　「ベルクソンとバシュラール」（M.カリウ）　法政大学出版局　2005.4　p1-5b
◎年譜　「原初からの問い――バシュラール論考」（及川馥）　法政大出版局　2006.9　p17-19

パース, C.S.　Paz, Charles Sanders〔1839―1914　米　哲学〕
◎参考文献　「パースの思想―記号論と認知言語学」（有馬道子）　岩波書店　2001.2　p223-237
◎文献目録　「パースの生涯」（J.ブレント）　新書館　2004.12　p653-663

パスカル, B.　Pascal, Blaise〔1623―1662　仏　哲学〕
◎読書案内ほか　「パスカル　パンセ II」（前田陽一ほか）　中央公論新社　2001.10　p377-389
◎参考文献　「秩序と侵犯―パスカルにおける計算機体験の意味」（永瀬春男）　岡山大学文学部　2002.1　p170-176
◎参考文献　「パスカル―痛みとともに生きる」（田辺保）　平凡社　2002.11　p212-213
◎文献案内　「パスカル考」（塩川徹也）　岩波書店　2003.2　p11-15b
◎年表（松浪信三郎）　「パスカル」（パスカル）　河出書房新社　2005.1　p431-436
◎読書案内　「『パンセ』数学的思考」（吉永良正）　みすず書房　2005.6　p144-146

バスティアニーニ, E.　Bastianini, Ettore〔1922―1967　伊　バリトン歌手〕
◎参考文献　「君の微笑み―エットレ・バスティアニーニ―がんと闘い、歌に生きたその生涯と芸術」（M.ボアーニョ）　フリースペース　2003.5　p238-239

パステルナーク, B.　Pasternak, Boris Leonidovich〔1890―1960　露　小説家〕
◎年譜抄（工藤正広）　「晴れよう時　1956-1959」（B.パステルナーク）　未知谷　2004.3　p173-184

ハーストン, Z.N.　Hurston, Zora Neale〔1891―1960　米　小説家〕
◎引証文献　「ゾラ・ニール・ハーストンの研究　解き放たれる彼ら」（前川裕治）　大学教育出版　2001.3　p7-15b
◎年表（星かおりほか）　「ハーストン、ウォーカー、モリスン―アフリカ系アメリカ人女性作家をつなぐ点と線」（松本昇ほか）　南雲堂フェニックス　2007.10　p328-347

パストン家
◎参考文献　「中世の家族―パストン家書簡で読む乱世イギリスの暮らし」（フランシス・ギース, ジョゼフ・ギース）　朝日新聞社　2001.7　p15-18b

バーセルミ, D.　Barthelme, Donald〔1931―1989　米　雑誌編集者・小説家〕
◎作品一覧ほか　「ポストモダン・バーセルミ―「小説」というものの魔法について」（三浦玲一）　彩流社　2005.10　p463-465

パゾリーニ, P.P.　Pasolini, Pier Paolo〔1922―1975　伊　詩人・小説家〕
◎年表（石田美紀ほか）　「パゾリーニ・ルネサンス」（大島渚ほか）　とっても便利出版部　2001.6　p171-212

パーソンズ, T.　Parsons, Talcott〔1902―1979　米　社会〕
◎著作目録　「社会構造とパーソナリティ　新版」（タルコット・パーソンズ）　新泉社　2001.3　p18-20b
◎参照文献　「パーソンズ―医療社会学の構想」（高城和義）　岩波書店　2002.1　p223-228

◎著作目録　「宗教の社会学─行為理論と人間の条件第三部」（タルコット・パーソンズ）　勁草書房　2002.12　p17-33b
◎著作目録(富永健一ほか)　「人間の条件パラダイム─行為理論と人間の条件第四部」（T.パーソンズ）　勁草書房　2002.12　p13-29b
◎文献　「パーソンズとウェーバー」（高城和義）　岩波書店　2003.7　p209-222
◎文献　「パーソンズ・ルネッサンスへの招待─タルコット・パーソンズ生誕百年を記念して」（富永健一ほか）　勁草書房　2004.3　prr
◎文献　「近代性論再考─パーソンズ理論の射程」（進藤雄三）　世界思想社　2006.4　p214-240

バタイユ, G.　Bataille, Georges〔1897─1962　仏　思想〕
◎参考文献　「歴史と瞬間─ジョルジュ・バタイユにおける時間思想の研究」（和田康）　渓水社　2004.1　p302-306
◎書誌　「ジョルジュ・バタイユの《不定形》の美学」（江澤健一郎）　水声社　2005.8　p377-390
◎読書案内　「バタイユ─消尽」（湯浅博雄）　講談社　2006.5　p391-397
◎年譜(中条省平)　「マダム・エドワルダ　目玉の話」（G.バタイユ）　光文社　2006.9　p160-165

パタースン, R.N.　Patterson, Richard North〔1947─　〕
◎著作リスト(後藤由季子)　「サイレント・ゲーム」（R.N.パタースン）　新潮社　2003.3　p510」
◎著作リスト(東江一紀)　「ダーク・レディ　下巻」（R.N.パタースン）　新潮社　2004.9　p373」

ハチスン, F.　Hutcheson, Francis〔1694─1746　英　哲学〕
◎文献一覧　「ハチスン・ヒューム・スミス─経済学の源流」（W.L.テーラー）　三恵社　2007.12　p187-192

バック, P.　Buck, Pearl〔1892─1973　米　小説家〕
◎著作一覧ほか　「パール・バック伝─この大地から差別をなくすために　下巻」（ピーター・コン）　舞字社　2001.10　p337-381

ハッチャー, M.
◎文献　「蒼海の財宝」（H.エドワーズ）　東洋出版　2003.7　p412-414

ハットン, J.　Hutton, James〔1726─1797　英　化学・地質学〕
◎参考文献　「ジェイムズ・ハットン─地球の年齢を発見した科学者」（J.レプチェック）　春秋社　2004.10　p1-13b

バッハ, C.P.E.　Bach, Carl Philipp Emanuel〔1714─1788　独　作曲家〕
◎参考文献　「エマヌエル・バッハ　音楽の近代を切り拓いた〈独創精神〉」（久保田慶一）　東京書籍　2003.9　p144-152

バッハ, J.S.　Bach, Johann Sebastian〔1685─1750　独　作曲家〕
◎参考文献　「バッハの鍵盤音楽」（デイヴィッド・シューレンバーグ）　小学館　2001.7　p688-710
◎参考文献　「バッハ＝カンタータの世界　1」（クリストフ・ヴォルフ, トン・コープマン）　東京書籍　2001.9　p365-369
◎参考文献　「バッハ＝カンタータの世界　2」（クリストフ・ヴォルフ, トン・コープマン）　東京書籍　2002.3　p384-385
◎参考文献　「ピアノ教師バッハ─教育目的から見た《インヴェンションとシンフォニア》の演奏法」（村上隆）　音楽之友社　2004.2　p220-221
◎文献　「ヨハン・ゼバスティアン・バッハ─学識ある音楽家」（C.ヴォルフ）　春秋社　2004.12　p101-111b
◎基本文献　「バッハの街─音楽と人間を追い求める長い旅へのガイド」（M.ペッフォルト）　東京書籍　2005.8　p57」
◎文献一覧　「『マタイ福音書』によるカンタータ　1」（礒山雅）　東京書籍　2006.1　p151-157
◎参照文献　「バッハ『ゴルトベルク変奏曲』世界・音楽・メディア」（小沼純一）　みすず書房　2006.2　p176-177
◎文献表　「神には栄光人の心に喜び─J.S.バッハその信仰と音楽」（H.ヴェアテマン）　日本キリスト教団出版局　2006.2　p115-117
◎文献表　「J.S.バッハ─時代を超えたカントール」（川端純四郎）　日本キリスト教団出版局　2006.10　p265-267
◎文献一覧　「音楽は対話である─モンテヴェルディ、バッハ、モーツァルトを巡る考察　改訂2版」（N.アーノンクール）　アカデミア・ミュージック　2006.11　p328-330

バッハオーフェン, J.J.　Bachofen, Johann Jakob〔1815─1887　スイス　法律家〕
◎年譜　「バッハオーフェン─母権から母方オジ権へ」（石塚正英）　論創社　2001.11　p280-283
◎年譜ほか(吉原達也)　「母権制序説」（J.J.バハオーフェン）　筑摩書房　2002.5　p275-284

パッペンハイム, B.　Pappenheim, Bertha〔1859─1936〕
◎参考文献　「フロイトのアンナO嬢とナチズム─フェミニスト・パッペンハイムの軌跡」（田村雲供）　ミネルヴァ書房　2004.10　p8-14b

パーディー, G.I.　Purdy, George Irwin〔1907─2000〕
◎略年譜　「終わりのない夏─ジョージ・アイ・パーディーの生涯」（トーマス・コールドウェル）　KTC中央出版　2001.9　p206」

ハーディ, J.K.　Hardie, James Keir〔1856─1915〕
◎参考文献　「ケア・ハーディ─イギリス労働党の形成者」（名古忠行）　名古忠行　2006.11　p183-186

ハーディ, T.　Hardie, Thomas〔1840—1928　英　作家・詩人〕
◎年譜ほか　「曙光—ハーディ小説の主題と形式」（藤井繁）日本図書刊行会　2001.3　p317-331
◎参考文献　「失われた〈故郷〉　D・H・ロレンスとトマス・ハーディの研究」（川辺武芳）英宝社　2001.8　p592-594
◎引用文献　「『ダーバヴィル家のテス』とヤヌスの神話」（安達秀夫）文化書房博文社　2001.11　p173-176
◎Bibliography　「十九世紀英詩人とトマス・ハーディ」（森松健介）中央大学出版部　2003.3　p22-27b
◎年譜（井出弘之）「テス　下」（T.ハーディ）筑摩書房　2004.7　p409-425
◎参考文献　「トマス・ハーディ全小説を読む」（森松健介）中央大学出版部　2005.9　p1-6b
◎参考文献　「テクストたちの交響詩—トマス・ハーディ14の長篇小説」（森松健介）中央大出版部　2006.3　p13-20b
◎引用文献ほか　「進化論の文学—ハーディとダーウィン」（清宮倫子）南雲堂　2007.1　p361-385
◎書誌ほか（船水直子ほか）「トマス・ハーディ全貌—日本ハーディ協会創立五〇周年記念論集」（日本ハーディ協会）音羽書房鶴見書店　2007.10　p782-812

バディウ, A.　Badiou, Alain〔1937— 〕
◎著作一覧（黒田昭信ほか）「哲学宣言」（A.バディウ）藤原書店　2004.3　p200-209

バーディン, J.F.　Bardin, John Franklin〔1916—1981　米　作家〕
◎作品リスト　「殺意のシナリオ」（J.F.バーディン）小学館　2003.12　p282」
◎著作リスト（今本渉）「死を呼ぶペルシュロン」（J.F.バーディン）晶文社　2004.4　p285」

ハート, C.G.　Hart, Carolyn G.
◎著作リスト　「手紙と秘密」（C.G.ハート）早川書房　2006.2　p412-414

バード, I.L.　Bird, Isabella Lucy〔1831—1904　英　旅行家〕
◎解説　「バード　日本紀行—新異国叢書　III　3」（I.L.バード）雄松堂出版　2002.8　p333-376

パトチカ, J.　Patočka, Jan〔1907—1977〕
○著作一覧　「思想　1004」（岩波書店）2007.12　p223-227

バトラー, J.　Butler, Judith〔1956—　米　哲学〕
◎読書案内ほか　「ジュディス・バトラー」（S.サリー）青土社　2005.12　p261-281

バトラー, S.　Butler, Samuel〔1835—1902　英　作家〕
◎参考文献　「マイドー、倫敦—エッセー、評論、サミュエル・バトラー研究」（山田章則）熊本日日新聞　2004.2　p307-309

バートン, R.　Barton, Richard F.〔1821—1890　英　探検家・東洋学〕
◎年譜　「アラブに憑かれた男たち—バートン, ブラント, ダウティ」（トマス・ジョゼフ・アサド）法政大学出版局（イスラーム文化叢書　4）　2001.10　p11-14b

バートン, V.L.　Burton, Virginia Lee〔1909—1968　米　絵本作家〕
◎参考文献　「ヴァージニア・リー・バートン—『ちいさいおうち』の作者の素顔」（B.エルマン）岩波書店　2004.3　p128-132

バナッハ, S.　Banach, Stefan〔1892—1945　ポーランド　数学〕
◎著作一覧ほか　「バナッハとポーランド数学」（R.カウージャ）シュプリンガーV東京　2005.12　p11-14b

バーナード, C.I.　Barnard, Chester Irving〔1886—1961　米　実業家・経営〕
◎参考文献　「初期アメリカ経営管理思想における解釈学的特性と物語性の研究」（小濱純）雄松堂出版　2005.12　p1-7b
◎参考文献　「バーナードの組織理論と方法」（丸山祐一）日本経済評論社　2006.10　p283-288

バーナード, R.　Bernard, Roord
○略歴ほか　「総合政策論叢　13」（島根県立大）2007.3　p149-150

バーニンガム, J.　Burningham, John〔1936—　英　絵本作家〕
◎著作一覧ほか　「ジョン・バーニンガムわたしの絵本、わたしの人生」（J.バーニンガム）ほるぷ出版　2007.9　p221-225

バーネット, F.E.H.　Burnett, Frances Eliza Hodgson〔1849—1924　米　作家〕
◎注　「大胆不敵な女・子ども　『小公女』『秘密の花園』への道」（廉岡糸子）燃焼社　2003.2　p184-193
◎目録　「児童文学翻訳作品総覧　7　アメリカ編」（川戸道昭ほか）ナダ出版センター　2006.3　p348-411
◎年譜（土屋京子）「秘密の花園」（バーネット）光文社　2007.5　p498-501

バーネット, W.R.　Burnett, William Riley〔1899—1982　米　作家〕
◎著作リスト（小鷹信光）「リトル・シーザー」（W.R.バーネット）小学館　2003.7　p269-273

ハーネマン, S.　Hahnemann, Samuel Friedrich Christian〔1755—1843　独　医師〕
◎資料リスト　「ハーネマン—ある医療反逆者と彼の学説、ホメオパシーの冒険的な運命」（M.グンペルト）ホメオパシー出版　2005.9　p231-233

パノフスキー, E.　Panofsky, Erwin〔1892—1968　米　美術史〕
◎著作目録　「イコノロジー研究　下」（E.パノフスキー）筑摩書房　2002.11　p319-313

ハーバー, F.　Haber, Fritz〔1868—1934　独　化学〕
◎参考引用文献　「毒ガス開発の父ハーバー—愛国心を裏切られた科学者」(宮田親平)　朝日新聞社　2007.11　p231-235

ハーバーマス, J.　Habermas, Jürgen〔1929—　独　哲学・社会〕
◎年譜ほか　「ハーバーマス」(小牧治, 村上隆夫)　清水書院(Century books)　2001.3　p209-219
◎文献案内　「認識と関心　復刊」(ユルゲン・ハーバーマス)　未来社　2001.5　p404-406
◎読書案内　「ハーバーマス　コミュニケーション行為」(中岡成文)　講談社　2003.7　p293-297
◎参考文献　「討議倫理学の意義と可能性」(朝倉輝一)　法政大学出版局　2004.2　p235-246
◎文献案内　「ハーバーマス」(J.G.フィンリーソン)　岩波書店　2007.10　p1-8b
◎文献　「ハーバーマスと教育」(野平慎二)　世織書房　2007.10　p201-213

ハプスブルク家　Habsburg
◎参考文献　「ハプスブルク家かく戦えり—ヨーロッパ軍事史の一断面」(久保田正志)　錦正社　2001.9　p475-479
◎参考文献　「ハプスブルク家の食卓」(関田淳子)　集英社　2002.1　p259-261
◎基本文献ほか　「ハプスブルクとハンガリー」(E.H.バラージュ)　成文社　2003.7　p386-390
◎文献　「ハプスブルク・オスマン両帝国の外交交渉—1908-1914」(藤由順子)　南窓社　2003.10　p217-225
◎参考文献　「ハプスブルク家の宮殿」(小宮正安)　講談社　2004.4　p238-236
◎参考文献　「ハプスブルクをつくった男」(菊池良生)　講談社　2004.8　p234-233
◎注　「ハプスブルクの文化革命」(山之内克子)　講談社　2005.9　p223-238
◎参考文献　「ハプスブルク文化紀行」(倉田稔)　NHK出版　2006.5　p231-235
◎参考文献　「ハプスブルクの実験—多文化共存を目指して　増補改訂」(大津留厚)　春風社　2007.6　p208-212

バフチン, M.　Bakhtin, Mikhail Mikhailovich〔1895—1975　露　文芸〕
◎原注　「ミハイル・バフチン　対話の原理」(T.トドロフ)　法政大学出版局　2001.10　p373-387
◎著作目録　「バフチン—〈対話〉そして〈解放の笑い〉　新版」(桑野隆)　岩波書店　2002.11　p1-5b
◎注　「バフチンと全体主義　20世紀ロシアの文化と権力」(桑野隆)　東京大学出版会　2003.6　prr

パーマストン, H.J.T.　Palmerston, Henry John Temple, 3rd Viscount〔1784—1865　英　政治家〕
◎参考文献　「パクス・ブリタニカのイギリス外交—パーマストンと会議外交の時代」(君塚直隆)　有斐閣　2006.11　p289-297

ハーマン, J.G.　Hamann, Johann Georg〔1730—1788　独　思想家〕
◎参考文献(川中子義勝)　「北方の博士・ハーマン著作選　下　ソクラテス追憶録美学提要訳注」(J.G.ハーマン)　沖積舎　2002.3　p568-574
◎年譜ほか　「ヨーハン・ゲオルク・ハーマン　根元的な啓蒙を目指して」(O.バイアー)　教文館　2003.4　p343-355

ハミルトン, A.　Hamilton, Alexander〔1755—1804　米　政治家〕
◎文献　「アレグザンダー・ハミルトン伝—アメリカを近代国家につくり上げた天才政治家　上」(R.チャーナウ)　日経BP社　2005.9　p480-494

ハミルトン, E.　Hamilton, Edmond〔1904—1977　米　作家〕
◎作品リスト(野田昌宏)　「彗星王の陰謀・惑星タラスト救出せよ!」(E.ハミルトン)　東京創元社　2005.3　p476-477
◎作品リスト(伊藤民雄)　「鉄の神経お許しを他全短編」(E.ハミルトン)　東京創元社　2007.1　p567-596

ハミルトン, P.　Hamilton, Patrick〔1904—1962　英　小説家〕
◎作品(大石健太郎)　「二つの脳を持つ男」(P.ハミルトン)　小学館　2003.11　p349-350

ハラウェイ, D.J.　Haraway, Donna Jean〔1944—　米　フェミニズム〕
◎書誌(高橋透)　「サイボーグ・ダイアローグズ」(D.J.ハラウェイほか)　水声社　2007.3　p263-265

パラーディオ, A.　Palladio, Andrea〔1508—1580　伊　建築家〕
◎註　「完璧な家—パラーディオのヴィラをめぐる旅」(W.リプチンスキ)　白水社　2005.6　p8-18b

バラード, J.G.　〔1930—2009　英国　SF作家〕
◎読書案内　「J.G.バラードの千年王国ユーザーズガイド」(J.G.バラード)　白揚社　2003.6　p419-423

パラニューク, C.　Palahniuk, Chuck〔1962—　米　作家〕
◎著作リスト(柳下毅一郎)　「サバイバー」(C.パラニューク)　早川書房　2005.2　2pb

パラント, G.　Palante, Georges〔1862—1925　仏　社会学〕
◎年譜ほか(渡邊淳也)　「個人と社会の対立関係」(G.パラント)　三恵社　2005.8　p156-158

バリー, J.M.　Barrie, James Matthew〔1860—1937　英国　劇作家・作家〕
◎目録　「児童文学翻訳作品総覧　2　イギリス編 2」(川戸道昭ほか)　ナダ出版センター　2005.6　p560-593
◎年譜　「ピーター・パンがかけた魔法—J・M・バリ」(S.B.アラー)　文溪堂　2005.9　p154-156

ハリスン, H. Harrison, Harry
◎翻訳書リスト（浅倉久志）　「銀河遊撃隊」（H.ハリスン）　早川書房　2005.3　p329-332

バリンジャー, B.S. Ballinger, Bill Sanborn〔1912―1980　米　作家〕
◎著作リスト（仁賀克雄）　「煙の中の肖像」（B.S.バリンジャー）　小学館　2001.6　p273-275

バルザック, H. Balzac, Honoré de〔1799―1850　仏　小説家〕
◎参考文献　「バルザック『人間喜劇』研究　1」（道宗照夫）　風間書房　2001.2　p647-684
◎文献　「バルザックとこだわりフランス―ちょっといい旅」（柏木隆雄）　恒星出版　2003.3　p368-371
◎参考文献　「バルザックとその時代」（伊藤幸次）　渡辺出版　2004.4　p6-16b
◎年譜（石井晴一）　「ゴリオ爺さん　33刷改版」（バルザック）　新潮社　2005.1　p518-523
◎年譜　「谷間の百合　32刷改版」（バルザック）　新潮社　2005.2　p575-580

バルテュス Balthus〔1908―2001　仏　画家〕
◎年譜　「バルテュス　新装復刊」（阿部良雄、與謝野文子）　白水社　2001.5　p5-7b
◎註（北代美和子）　「バルテュスとの対話」（C.コスタンティーニ）　白水社　2003.2　p227-240
◎略年譜　「バルテュスの優雅な生活」（S.クロソフスカ・ド・ローラほか）　新潮社　2005.9　p114-121

バルト, K. Barth, Karl〔1886―1968　スイス　神学〕
◎年譜　「ローマ書講解　下」（カール・バルト）　平凡社（平凡社ライブラリー　401）　2001.7　p569-572
◎文献　「カール・バルトと反ナチ闘争　1933-1945年―ユダヤ人問題を中心に　上巻」（エーバーハルト・ブッシュ）　新教出版社　2002.8　p1-20b
◎文献　「カール・バルトにおける神学と歴史」（大島末男）　麗澤大学出版会　2003.9　p191-210
◎略年譜　「悦ばしき神学―カール・バルト『ローマ書講解』を読む」（富岡幸一郎）　五月書房　2004.8　p308-315

バルト, R. Barthes, Roland〔1915―1980　仏　文学〕
○年譜ほか（桑田光平）　「ロラン・バルト　ユリイカ12月臨時増刊」（青土社）　2003.12　p211-229
◎年表（渡辺諒）　「文学のユートピア―1942-1954　ロラン・バルト著作集1」（R.バルト）　みすず書房　2004.9　p14-17f
◎年譜（下澤和義）　「現代社会の神話―1957」（R.バルト）　みすず書房　2005.2　p10-13b
◎年表（塚本昌則）　「記号学への夢―1958-1964　ロラン・バルト著作集4」（R.バルト）　みすず書房　2005.8　p14-17
◎年表（吉村和明）　「批評をめぐる試み―1964　ロラン・バルト著作集5」（R.バルト）　みすず書房　2005.12　p10-13f
◎読書案内ほか　「ロラン・バルト」（G.アレン）　青土社　2006.4　p241-270
◎年表（中地義和）　「ロマネスクの誘惑―1975-1977」（R.バルト）　みすず書房　2006.12　p12-15f

ハルトゥーニアン, H. Harootunian, Harry D.〔1929―　米　日本近代文化史〕
◎著作目録（梅森直之）　「近代による超克―戦間期日本の歴史・文化・共同体　下」（H.ハルトゥーニアン）　岩波書店　2007.6　p7-13b

ハルブ, A.P.A. Halbout, Augustin Pierre Adolphe〔1864―1945〕
◎年譜　「ハルブ神父の生涯―よみがえる明治の宣教師」（広瀬敦子）　サンパウロ　2004.12　p390-392

パルメニデス Parmenidēs〔前515頃―?　希　哲学〕
◎参考文献　「パルメニデス　新装版」（井上忠）　青土社　2004.9　p10-26b

バルラハ, E. Barlach, Ernst〔1870―1938　独　彫刻家・版画家〕
◎略年譜　「バルラハ―神と人を求めた芸術家」（小塩節）　日本キリスト教団出版局　2002.8　p149-150
◎参考文献　「エルンスト・バルラハ―ドイツ表現主義の彫刻家」（池田祐子）　朝日新聞社　c2006　p274-276

パレツキー, S. Paretsky, Sara〔1947―　米　作家〕
◎長篇リスト（山本やよい）　「ウィンディ・ストリート」（S.パレツキー）　早川書房　2006.6　p450-451

ハロウェル, J.H. Hallowell, John Hamilton〔1913―1991〕
◎著作目録（山口晃）　「モラルとしての民主主義」（J.H.ハロウェル）　慶應義塾大出版会　2006.2　p214-216

バロウズ, W.S. Burroughs, William Seward〔1914―1997　米　小説家〕
◎文献　「たかがバロウズ本。」（山形浩生）　大村書店　2003.2　p423-439

バロッチ, F. Barocci, Federigo〔1535頃―1612　伊　画家〕
◎文献一覧　「フェデリコ・バロッチとカップチーノ会―慈愛の薔薇と祈りのヴィジョン」（甲斐教行）　ありな書房　2006.2　p599-617

ハロッド, R.F. Harrod, Roy Forbes〔1900―1978　英　経済〕
◎文献　「資本主義経済の不安定性と分配問題―理論と実証　3版」（岩田年浩）　学文社　2003.3　p210-221
◎参考文献　「科学が明らかにした投資変動の予測力」（岩田年浩）　学文社　2004.3　p273-284
◎参考文献　「科学が明らかにした投資変動の予測力　2版」（岩田年浩）　学文社　2006.3　p290-302

ハーン, L. Hearn, Lafcadio 〔日本名=小泉八雲 1850—1904 小説・英文〕
◎参考文献 「ギリシア幻想紀行—ラフカディオ・ハーン生誕地巡礼」(池野誠) 山陰文芸協会 2001.3 p199-200
◎年譜 「雪おんな」(Lafcadio Hearn, 昭和レトロ商品博物館) クレイン 2002.3 p60-62
◎略年譜 「ラフカディオ・ハーン—日本のこころを描く」(河島弘美) 岩波書店 2002.7 p3-5b
◎注文献 「ハーンの轍の中で—ラフカディオ・ハーン外国人教師英文学教育」(G.ヒューズ) 研究社 2002.10 prr
◎年表 「日本の面影—ラフカディオ・ハーンの世界」(山田太一) 岩波書店 2002.10 p363-373
◎参考文献 「神々の国—ラフカディオ・ハーンの生涯 日本編」(工藤美代子) 集英社 2003.4 p342-344
○年譜(横山純子) 「へるん 40」(八雲会) 2003.6 p68-71
◎年譜ほか 「小泉八雲日本の心」(L.ハーン) 彩図社 2003.8 p241-253
○略歴ほか 「文学論藻 78」(東洋大) 2004.2 p3-5
◎年譜ほか 「ラフカディオ・ハーン—植民地化・キリスト教化・文明開化」(平川祐弘) ミネルヴァ書房 2004.3 p353-360
◎作品解説ほか 「ラフカディオ・ハーン没後100周年記念誌—とやまから未来に伝えるハーンの心」(ラフカディオ・ハーン没後100年記念誌編集委員会) 記念事業富山実行委員会 2005.6 p96-100,102-105
◎参考文献 「ラフカディオ・ハーン—近代化と異文化理解の諸相」(西川盛雄) 九州大学出版会 2005.7 prr
◎略年譜(池田雅之) 「新編日本の怪談」(L.ハーン) 角川学芸出版 2005.7 p345-349
○新収リスト 「北の文庫 42」(北の文庫の会) 2005.8 p37-42
◎年譜 「教育者ラフカディオ・ハーンの世界—小泉八雲の西田千太郎宛書簡を中心に」(島根大学附属図書館) ワン・ライン 2006.11 p472-481

ハーン, O. Hahn, Otto 〔1879—1968 独 化学・物理学〕
◎年表 「オットー・ハーン—科学者の義務と責任とは」(K.ホフマン) シュプリンガー・ジャパン 2006.9 p277-286

バンカー, E. Bunker, Edward 〔1938—2005〕
◎著作リスト(池田真紀子) 「エドワード・バンカー自伝」(E.バンカー) ソニー・マガジンズ 2003.2 p511」

バンサン, G. Vincent, Gabrielle 〔1928—2000 ベルギー 絵本作家・画家〕
◎ブックリスト 「絵本作家ガブリエル・バンサン」(今江祥智ほか) BL出版 2004.10 p191-190

◎文献 「昔話・絵本の再発見—マーシャ・ブラウンとガブリエル・バンサンを中心に」(小澤靖夫) 古今社 2005.5 p287-293

バーンズ, R. Burns, Robert 〔1759—1796 英 詩人〕
◎年譜ほか(照山顕人) 「ロバート・バーンズ詩集」(ロバート・バーンズ研究会) 国文社 2002.10 p524-534

バーンスタイン, L. Bernstein, Leonard 〔1918—1990 米 指揮者〕
◎作品リストほか 「レナード・バーンスタイン」(ポール・マイヤーズ) アルファベータ(叢書・20世紀の芸術と文学) 2001.7 p228-231
◎年譜ほか 「レナード・バーンスタイン—情熱の指揮者」(エヴリン・レニック) ヤマハミュージックメディア 2002.4 p165-184
◎参考文献 「バーンスタイン—愛を分かちあおう」(ひのまどか) リブリオ出版 2002.11 p277-278

バーンスティン, B. Bernstein, Basil 〔1924—2000 英 社会学〕
○業績ほか(久富善之) 「教育と社会研究 11」(一橋大) 2001 p73-76

ハンター, J. Hunter, John 〔1728—1793 英 外科医・解剖学〕
◎参考文献 「解剖医ジョン・ハンターの数奇な生涯」(W.ムーア) 河出書房新社 2007.4 p367-368

ハント, P. Hunt, Peter 〔1945— 英 児童文学〕
○文献解題(ピーター・ハント文献研究プロジェクト) 「白百合女子大学児童文化研究センター研究論文集 別冊特集」(白百合女子大) 2004.3 p27-58

ハントケ, P. Handke, Peter 〔1942— 墺 作家・劇作家・映画脚本家〕
◎参考文献 「夢のありかを求めて—ペーター・ハントケ論」(斎藤松三郎) 鳥影社 2001.10 p143-147
◎文献表 「ペーター・ハントケの演劇—劇作品から見たハントケ像」(狩野智洋) 学習院大 2004.11 p268-302

ハンニバル Hannibal 〔前247—前183 カルタゴ 将軍〕
◎参考文献ほか 「ハンニバル—地中海世界の覇権をかけて」(長谷川博隆) 講談社 2005.8 p226-237

ハンパテ・バー, A.
◎著作リスト 「アフリカのいのち—大地と人間の記憶あるプール人の自叙伝」(A.ハンパテ・バー) 新評論 2002.9 p488-490

【 ヒ 】

ピアジェ, J.　Piaget, Jean〔1896—1980　スイス　心理〕
◎文献　「ピアジェ思想入門―発生的知の開拓」(市川功)　晃洋書房　2002.5　p11-15b
◎参考文献　「欲望としての知識　フロイトとピアジェについての論考」(H.G.ファース)　誠信書房　2003.2　p183-186
◎文献　「発生的地理教育論―ピアジェ理論の地理教育論的展開」(斎藤毅)　古今書院　2003.3　p205-216
◎文献　「子どもたちが発明する算数―ピアジェの構成論にもとづく教育」(C.カミイほか)　大学教育出版　2003.5　p273-278
◎引用文献ほか　「道徳性を発達させる授業のコツ―ピアジェとコールバーグの到達点」(J.ライマーほか)　北大路書房　2004.7　p263-274
◎訳書目録ほか　「ジャン・ピアジェ―発生的心理学とは何か、発生的認識論とは何か？　子どもは、どのようにしておとなになるのか？　21世紀への知」(白井桂一)　西田書店　2004.12　p275-277
◎引用参考文献　「子どもの遊びと発達　1　ピアジェの構成論と物と関わる遊び」(C.カミイ)　大学教育出版　2007.10　p193-194

ピアス, P.　Pearce, Philippa〔1920—2006　英　児童文学作家〕
◎参考文献ほか(大利かおり)　「フィリパ・ピアス」(大利かおりほか)　KTC中央出版　2004.1　p132-139

ピアノ, R.　Piano, Renzo〔1937—　伊　建築家〕
◎参考文献　「レンゾ・ピアノ・ビルディング・ワークショップ―全作品集　Volume1」(P.ブキャナン)　ファイドン　2005.11　p234-237

ピエロ・デッラ・フランチェスカ　Piero della Francesca〔1416頃—1492　伊　画家〕
◎参考文献　「ピエロ・デッラ・フランチェスカ」(マリリン・アロンバーグ・レーヴィン)　岩波書店　2004.2　p342-344
◎参考文献　「ピエロ・デッラ・フランチェスカ」(石鍋真澄)　平凡社　2005.4　p401-408

ヒエロニムス　Hieronymus, Eusebius Sofronius〔340頃—420　聖職者〕
◎参考文献　「「聖ヒエロニムス」図像研究――聖者表現のさまざまなかたちと意味」(久保尋二)　すぐ書房　2005.6　p9-10b

ビオン, W.R.　Bion, Wilfred Ruprecht〔心理〕
◎年譜ほか(森茂起)　「ビオン臨床入門」(J.シミントンほか)　金剛出版　2003.1　p226-234
◎文献ほか　「ビオンへの道標」(M.ハフシ)　ナカニシヤ出版　2003.9　p169-181
◎著作リスト　「「愚かさ」の精神分析―ビオン的観点からグループの無意識を見つめて」(ハフシ・メッド)　ナカニシヤ出版　2004.11　p187-189

ピカソ, P.　Picasso, Pablo Ruiz y〔1881—1973　西　画家〕
◎年譜ほか　「パブロ・ピカソ　1881-1973」(I.F.ヴァルターほか)　タッシェン・ジャパン　2001.9　p90-96
◎参考文献(須藤哲生)　「明治学院論叢　680」(明治学院大)　2002.3　p47-51
◎参考文献　「アインシュタインとピカソ―二人の天才は時間と空間をどうとらえたのか」(A.ミラー)　TBSブリタニカ　2002.11　p449-433
◎参考文献　「ピカソの戦争―《ゲルニカ》の真実」(R.マーティン)　白水社　2003.12　p245-247
◎主要文献　「ピカソ展―幻のジャクリーヌ・コレクション」(高知県立美術館ほか)　東京新聞　c2004　p165-168
◎参考文献　「ピカソ展―躰とエロス　パリ・国立ピカソ美術館所蔵」(大高保二郎)　産経新聞社　2004　p214-217
◎参考文献　「ピカソと闘牛」(須藤哲生)　水声社　2004.4　p299-302
◎参考文献　「ピカソ5つのテーマ」(ポーラ美術館)　ポーラ美術館　2006　p156-158
◎ブックガイド　「ピカソ」(齋藤孝)　大和書房　2006.6　p125-122
◎参考文献　「ピカソ」(関直子)　小学館　2006.9　p123」

ピグー, A.C.　Pigou, Arthur Cecil〔1877—1959　英　経済学〕
◎参考文献ほか　「ピグーの思想と経済学―ケンブリッジの知的展開のなかで」(本郷亮)　名古屋大出版会　2007.11　p5-27b

ビークマン, I.　Beeckman, I.
○医学書一覧(本間栄男)　「哲学・科学史論叢　4」(東京大)　2002　p1-43

ビゴー, G.　Bigot, George〔1860—1927　仏　画家〕
◎参考文献　「ビゴーが見た日本人　風刺画に描かれた明治」(清水勲)　講談社　2001.9　p242-243
◎紹介のあゆみ　「明治の面影・フランス人画家ビゴーの世界」(清水勲)　山川出版社　2002.9　p174-175
◎参考文献　「ビゴーが見た明治ニッポン」(清水勲)　講談社　2006.12　p246-248

ピサロ, C.　Pissarro, Camille〔1830—1903　仏　画家〕
◎参考文献　「ピサロ砂の記憶―印象派の内なる闇」(有木宏二)　人文書館　2005.11　p1-13b

ビショップ, E.　Bishop, Elizabeth〔1911—1979　米　詩人〕
◎年譜　「エリザベス・ビショップ詩集」(小口未散)　土曜美術社出版(世界現代詩文庫　32)　2001.2　p151-155

ビスマルク, O.　Bismarck, Otto, Fürst von〔1815—1898　独　政治家〕
　◎参考文献　「ビスマルク」（加納邦光）　清水書院（Century books）　2001.8　p212-242

ビゼー, G.　Bizet, Georges〔1838—1875　仏　作曲家〕
　◎参考文献　「ビゼー——劇場に命をかけた男」（ひのまどか）　リブリオ出版　2007.12　p257-259

ヒックス, U.K.　Hicks, Ursula Kathleen
　◎研究業績ほか　「財政学の系譜と課題」（能勢哲也）　多賀出版　2002.4　p122-128

ヒッチコック, A.　Hitchcock, Alfred Joseph〔1899—1980　米　映画監督〕
　◎読書案内　「ヒッチコック『裏窓』ミステリの映画学」（加藤幹郎）　みすず書房　2005.6　p147-153

ヒッチコック, R.　Hitchcock, Romyn
　◎著作目録　「ロマイン・ヒッチコック——滞日二か年の足跡　社団法人橿原考古学協会研究成果」（上田宏範）　橿原考古学協会　2006.11　p113-114

ヒトラー, A.　Hitler, Adolf〔1889—1945　独　政治家〕
　◎参考文献　「ヒトラー全記録　20645日の軌跡」（阿部良男）　柏書房　2001.5　p1-21b
　◎参考文献　「ヒトラーとスターリン　死の抱擁の瞬間　下」（A.リードほか）　みすず書房　2001.6　p16-23b
　◎参考文献　「ヒトラーの共犯者　12人の側近たち　下」（G.クノップ）　原書房　2001.7　p1-5b
　◎参考文献　「ヒトラーの脳との対話　上」（R.シーゲル）　草思社　2001.9　p214-211
　◎注文献　「ヒトラーの秘密の生活」（L.マハタン）　文藝春秋　2002.3　p423-474
　◎参考文献　「ヒトラーをめぐる女たち」（E.シャーケ）　TBSブリタニカ　2002.3　p346-344
　◎参考文献　「ヒトラー——ある《革命家》の肖像」（M.ハウスデン）　三交社　2002.4　p326-316
　◎参考文献　「国防軍とヒトラー　1918-1945　2　新装版」（J.ウィーラー=ベネット）　みすず書房　2002.4　p21-33b
　◎参考文献　「アメリカはなぜヒトラーを必要としたのか」（菅原出）　草思社　2002.7　p1-11b
　◎重要書籍50冊　「アドルフ・ヒトラー五つの肖像」（G.クノップ）　原書房　2004.3　p1-3b
　○書誌（塚野晶子）　「文献探索　2004」（文献探索研究会）　2004.4　p488-496
　◎参考文献　「ヒトラー——最期の12日間」（J.フェスト）　岩波書店　2005.6　p207-212
　◎参考文献　「ヒトラーの青年時代」（藤村瞬一）　刀水書房　2005.10　p238-232
　◎原注　「アドルフ・ヒトラーの一族——独裁者の隠された血筋」（W.シュトラール）　草思社　2006.3　p309-300
　◎参考文献　「ヒットラー我が生涯——戦争と芸術と」（永峯清成）　新人物往来社　2007.10　p515-517
　◎参考文献　「ヒトラー暗殺」（F.ムーアハウス）　白水社　2007.10　p1-6b

ビートルズ　Beatles〔ジョン・レノン/ポール・マッカートニー/ジョージ・ハリスン/リンゴ・スター　英　ロックグループ〕
　◎文献　「ビートルズ」（アラン・コズィン）　アルファベータ（叢書・20世紀の芸術と文学）　2001.3　p222-225
　◎参考文献　「ビートルズ日本盤よ、永遠に——60年代の日本ポップス文化とビートルズ」（恩蔵茂）　平凡社　2003.8　p269-270
　◎Bibliography　「ジョン・レノン——アメリカでの日々」（G.ジュリアーノ）　WAVE出版　2003.11　p331-330
　◎参考文献　「ビートルズの歴史——ポピュラー音楽と社会」（I.イングリス）　日本経済評論社　2005.6　p360-348
　◎文献　「ビートルズとは何だったのか」（佐藤良明）　みすず書房　2006.2　p156-158
　◎参考文献　「ビートルズと旅するインド、芸能と神秘の世界」（井上貴子）　柘植書房新社　2007.8　p258-260

ビナード, A.　Binard, Arthur〔1967—　米　詩人〕
　◎初出一覧　「空からやってきた魚」（A.ビナード）　草思社　2003.7　2pb

ビュイッソン, F.E.　Buisson, Ferdinand-Édouard〔1841—1932　仏　教育家〕
　◎参考文献ほか　「フェルディナン・ビュイッソンの教育思想——第三共和政初期教育改革史研究の一環として」（尾上雅信）　東信堂　2007.8　p244-250

ヒューズ, H.　Hughes, Howard Robard〔1905—1976　米　企業家・飛行家・映画プロデューサー〕
　◎参考文献　「ハワード・ヒューズヒコーキ物語」（藤田勝啓）　イカロス出版　2005.3　p291-294

ヒューズ, L.　Hughes, Langston〔1902—1967　米　詩人〕
　◎参考文献ほか　「ラングストン・ヒューズ事典」（H.オストロム）　雄松堂出版　2006.11　p555-569

ヒューズ, T.　Hughes, Ted〔1930—1998　英　詩人〕
　◎目録　「児童文学翻訳作品総覧　1　イギリス編1」（川戸道昭ほか）　ナダ出版センター　2005.6　p287-289

ビュスタモント, J.M.　Bustamante, Jean-Marc〔1952—　〕
　◎略年譜ほか　「ジャン=マルク・ビュスタモント——Private crossing」（横浜美術館, 山口県立美術館）　淡交社　2002.8　p146-150

ピュタゴラス　Pythagoras〔前580?—前500?　希　哲学〕
　◎参考文献　「謎の哲学者ピュタゴラス」（左近司祥子）　講談社　2003.10　p234」

ビューヒナー, G.　Büchner, Georg〔1813—1837　独　劇作家〕
　◎年譜(中村英雄)　「ゲオルク・ビューヒナー全集　新装新版」(G.ビューヒナー)　河出書房新社　2006.5　p513-540
　◎略年譜(岩淵達治)　「ヴォイツェク・ダントンの死・レンツ」(G.ビューヒナー)　岩波書店　2006.10　p1-5b

ヒューム, D.　Hume, David〔1711—1776　英　哲学〕
　◎文献　「我々はなぜ道徳的か—ヒュームの洞察」(神野慧一郎)　勁草書房　2002.3　p7-11b
　◎引用文献　「デイヴィッド・ヒュームの政治学」(犬塚元)　東京大学出版会　2004.12　p289-307
　◎研究案内　「ヒューム読本」(中才敏郎)　法政大学出版局　2005.4　p277-301
　◎文献表　「ヒュームの懐疑論」(久米暁)　岩波書店　2005.12　p5-8b
　◎文献一覧　「ハチスン・ヒューム・スミス—経済学の源流」(W.L.テーラー)　三恵社　2007.12　p187-192

ヒューリック, R.v.　Gulik, Robert Hans van〔1910—1967〕
　○全作品解題(和爾桃子)　「ミステリマガジン48.11.573」(早川書房)　2003.11　p99-103
　◎作品一覧(和爾桃子)　「北雪の釘」(R.v.ヒューリック)　早川書房　2006.11　p186-187

ビュルガー, G.A.　Bürger, Gottfried August〔1747—1794　独　詩人〕
　◎目録　「児童文学翻訳作品総覧　4　フランス・ドイツ編2」(川戸道昭ほか)　ナダ出版センター　2005.9　p528-548

ビュルドー, G.　Burdeau, Georges〔1905—1988〕
　◎著作目録ほか　「ビュルドーの政治学原論—フランス正統派政治学理論の研究」(櫻井陽二)　芦書房　2007.2　p338-346

ピョートル大帝　Pëtr I Alekseevich〔1672—1725　露　皇帝〕
　◎参考文献　「ピョートル大帝の妃—洗濯女から女帝エカチェリーナ一世への道」(河島みどり)　草思社　2002.10　p1-2b

ピラネージ, G.　Piranesi, Giovanni Battista〔1720—1778　伊　銅版画家〕
　◎参考文献　「ローマ散策展—part 2　ピラネージのみた夢」(静岡県立美術館ほか)　静岡県立美術館　c2004　p98-99

ヒル, C.　Hill, Christopher〔1912—2003　英　歴史〕
　◎文献　「イギリス革命論の軌跡—ヒルとトレヴァ＝ローパー」(岩井淳ほか)　蒼天社出版　2005.2　p12-13b

ヒル, O.　Hill, Octavcia〔1838—1912　英　ナショナルトラスト創設者〕
　◎参考文献　「英国住宅物語—ナショナルトラストの創始者オクタヴィア・ヒル伝」(E.モバリー・ベル)　日本経済評論社　2001.9　p370-372
　◎文献　「オクタヴィア・ヒルのオープン・スペース運動—その思想と活動」(中島直子)　古今書院　2005.10　p221-229

ヒル, R.　Hill, Reginald〔1936—　英　推理作家〕
　◎長篇著作リスト(松下祥子)　「死の笑話集」(R.ヒル)　早川書房　2004.11　p651-652

ヒルガード, E.　Hilgard, Ernest Ropiequet〔1904—2001　米　心理学〕
　◎参考文献　「ヒルガードの心理学」(R.L.アトキンソン)　ブレーン出版　2002.5　p1391-1486
　◎参考文献　「ヒルガードの心理学」(Smith, EE)　ブレーン出版　2005.11　p941-1003

ヒルデガルト　Hildegard, Saint〔1098—1179　独　修道女〕
　◎文献　「ビンゲンのヒルデガルト—中世女性神秘家の生涯と思想」(H.シッペルゲス)　教文館　2002.5　p205-211

ヒルデスハイマー, W.　Hildesheimer, Wolfgang〔1916—1991　西独　小説家・劇作家〕
　◎参考文献　「もうひとつの世界—アイヒとヒルデスハイマー」(青地伯水)　松籟社　2005.4　p368-374

ヒルトン家　Hilton
　◎参考文献　「ヒルトン家の華麗なる一族　下　夢見る男たち」(J.オッペンハイマー)　アスペクト　2007.3　p233-235

ビルロート, A.C.T.　Billroth, Albert Christian Theodor〔1829—1894　墺　外科医〕
　◎文献　「近代外科のパイオニアビルロートの生涯—大作曲家ブラームスとの交流」(武智秀夫)　考古堂書店　2003.10　p178-182

ピンダロス　Pindaros〔前518頃—前438頃　希　抒情詩人〕
　◎文献　「祝勝歌集・断片選」(ピンダロス)　京都大学学術出版会(西洋古典叢書　G021)　2001.9　p491-493
　◎文献　「ピンダロス研究—詩人と祝勝歌の話者」(安西真)　北海道大学図書刊行会　2002.5　p9-15f

ピンチョン, T.　Pynchon, Thomas〔1937—　米　幻想作家〕
　◎参考文献　「トマス・ピンチョン　無政府主義的奇跡と宇宙」(木原善彦)　京都大学学術出版会　2001.1　p231-237

【 フ 】

ファウラー, C.　Fowler, Christopher〔1953—　英　作家〕
　◎著作リスト(大津波悦子)　「白昼の闇」(C.ファウラー)　東京創元社　2006.6　p235-236

ファウルズ, J. Fowles, John〔1926—2005 英 小説家〕
- ◎参考文献 「ジョン・ファウルズの小説と映画―小説と映像の視点」(チャールズ・ガラード) 松柏社 2002.2 p187-197
- ◎参考文献 「魔術師の遍歴―ジョン・ファウルズを読む」(板倉厳一郎) 松柏社 2005.3 p387-376

ファージョン, E. Farjeon, Eleanor〔1881—1965 英 童話作家〕
- ◎参考文献 「エリナー・ファージョン ファンタジー世界を読み解く」(川越ゆり) ラボ教育センター 2001.5 p1-6b
- ◎年表ほか 「エリナー・ファージョン―現代英米児童文学評伝叢書 3」(白井澄子) KTC中央出版 2002.12 p134-139

ファノン, F. Fanon, Frantz〔1925—1961 精神科医〕
- ◎文献案内 「フランツ・ファノン」(海老坂武) みすず書房 2006.6 p330-339

ファーブル, J.H. Fabre, Jean Henri〔1823—1915 仏 昆虫〕
- ◎略年譜(中田耕市) 「ヤン・ファーブル」 淡交社 2001.5 p116-128
- ◎著作一覧ほか(松原秀一) 「発明家の仕事 ファーブル博物記6」(H.ファーブル) 岩波書店 2004.10 p297-302,1-3b
- ◎参考文献(奥本大三郎) 「ファーブル昆虫記 1下」(J.H.ファーブル) 集英社 2005.12 p283-281
- ◎参考文献(奥本大三郎) 「完訳ファーブル昆虫記 2上」(J.H.ファーブル) 集英社 2006.3 p311-309
- ◎年表 「ファーブル巡礼」(津田正夫) 新潮社 2007.5 p282-292

ファヨール, H. Fayol, Henri〔1841—1925 仏 経営学〕
- ◎参考文献 「アンリ・ファヨールの世界」(J.L.ポーセル) 文眞堂 2005.4 p383-390

ファラデー, M. Faraday, Michael〔1791—1867 英 物理学・科学〕
- ◎年図 「わたしもファラデ―たのしい科学の発見物語」(板倉聖宣) 仮説社 2003.11 p187-182
- ○書誌(大森一彦) 「文献探索 2004」(文献探索研究会) 2004.4 p329-352
- ◎年譜 「マイケル・ファラデー―科学をすべての人に」(C.A.ラッセル) 大月書店 2007.12 p1-2b

ファン・エイク, J. Van Eyck, Jan〔1390頃—1440 画家〕
- ◎文献 「アルノルフィーニの婚約―中世の結婚とファン・エイク作〈アルノルフィーニ夫妻の肖像〉の謎」(エドウィン・ホール) 中央公論美術出版 2001.8 p208-211
- ◎参考文献 「ファン・エイク」(元木幸一) 小学館 2007.1 p123」

ファンタン=ラトゥール, H. Fantin-Latour, Ignace Henri Joseph Théodore〔1836—1904 仏 画家〕
- ◎文献 「近代芸術家の表象―マネ、ファンタン=ラトゥールと1860年代のフランス絵画」(三浦篤) 東京大出版会 2006.9 p33-55b

フィチーノ, M. Ficino, Marsilio〔1433—1499 伊 哲学〕
- ◎参考文献 「内なる惑星―ルネサンスの心理占星学」(トマス・ムーア) 青土社 2002.1 p8-13b

フィッシャー, F. Fischer, Frieda〔1874—1945 独 美術史家〕
- ◎略年譜・文献(安藤勉) 「明治日本美術紀行―ドイツ人女性美術史家の日記」(F.フィッシャー) 講談社 2002.7 p228-233

フィッシャー, I. Fisher, Irving〔1867—1947 米 経済学・統計学〕
- ◎文献 「アーヴィング・フィッシャーの経済学―均衡・時間・貨幣をめぐる形成過程」(中路敬) 日本経済評論社 2002.10 p203-216

フィッシャー, R.A. Fisher, Ronald Aylmer〔1890—1962 英 統計学・遺伝学〕
- ◎参考文献 「R.A.フィッシャーの統計理論―推測統計学の形成とその社会的背景」(芝村良) 九州大学出版会 2004.2 p161-176

フィッツジェラルド, S. Fitzgerald, Francis Scott Key〔1896—1940 米 小説家〕
- ◎年表ほか 「スコット・フィッツジェラルド―自己愛にみるロマンス」(照山雄彦) 英宝社 2004.6 p225-233

フィヒテ, J.G. Fichte, Johann Gottlieb〔1762—1814 独 哲学〕
- ◎参考文献 「ヘーゲルのフィヒテ批判と一八〇四年の『知識学』」(ルートヴィヒ・ジープ) ナカニシヤ出版 2001.3 p195-198
- ◎参考文献 「イエナの悲劇―カント、ゲーテ、シラーとフィヒテをめぐるドイツ哲学の旅」(石崎宏平) 丸善(丸善ブックス) 2001.5 p203-206
- ◎文献一覧 「フィヒテ論攷―フィヒテ知識学の歴史的原理の展開」(本田敏雄) 晃洋書房 2002.3 p1-3b
- ◎文献 「自由の根源的地平―フィヒテ知識学の人間形成論的考察」(池田全之) 日本図書センター 2002.11 p255-260
- ◎文献 「フィヒテ知識学の根本構造」(中川明才) 晃洋書房 2004.4 p1-9b

フィールディング, H. Fielding, Henry〔1707—1754 英 小説家・劇作家〕
- ○著作目録ほか 「桜文論叢 52」(日本大) 2001.2 p5-7f

フィロン Philon Alexandrinus〔哲学〕
- ◎参考文献ほか(土岐健治) 「観想的生活・自由論」(フィロン) 教文館 2004.5 p1-6b
- ◎著作一覧 「世界の創造」(アレクサンドリアのフィロン) 教文館 2007.7 p6-7b

ブーヴィエ, N. Bouvier, Nicolas 〔1929―1998 スイス 作家・写真家〕
- ◎年譜（高橋啓）　「ブーヴィエの世界」（N.ブーヴィエ）　みすず書房　2007.6　p268-284

ブーヴレス, J. Bouveresse, Jacques 〔1940―　仏 哲学〕
- ◎著作ほか　「アナロジーの罠―フランス現代思想批判」（J.ブーヴレス）　新書館　2003.7　p212-215

フェヌロン, F.d.S. Fénelon, François de Salignac de la Mothe 〔1651―1715 仏 宗教家・作家〕
- ◎目録　「児童文学翻訳作品総覧 3 フランス・ドイツ編1」（川戸道昭ほか）　ナダ出版センター　2005.9　p218-227

フェネル, F. Fennell, Frederick 〔1914―　米 指揮者〕
- ◎年表　「MUSIC!―フレデリック・フェネル、語る」（磯田健一郎, 古園麻子）　音楽之友社　2002.4　p244-247

フェノロサ, E.F. Fenollosa, Ernest Francisco 〔1853―1908 米 哲学・美学〕
- ◎年譜（山口静一）　「フェノロサ美術論集」（E.F.フェノロサ）　中央公論美術出版　2004.5　p296-303

フェラーズ, B.F. Fellers, Bonner F. 〔1896―1973 米 軍人〕
- ◎参考文献　「陛下をお救いなさいまし―河井道とボナー・フェラーズ」（岡本嗣郎）　集英社　2002.5　p313-316

フェリーニ, F. Fellini, Federico 〔1920―1973 伊 映画監督〕
- ◎年譜ほか　「フェデリコ・フェリーニ―夢と幻想の旅人」（川本英明）　鳥影社　2005.6　p245-255

フェリペ4世 Felipe IV 〔1605―1665 西 王〕
- ◎参考文献　「浮気な国王フェリペ四世の宮廷生活」（佐竹謙一）　岩波書店　2003.3　p7-11b

フェルマー, P.d. Fermat, Pierre de 〔1601―1665 仏 数学〕
- ◎参考文献　「フェルマーの大定理―整数論の源流」（足立恒雄）　筑摩書房　2006.9　p325-334

フェルミ, E. Fermi, Enrico 〔1901―1954 米 物理学〕
- ◎年譜　「エンリコ・フェルミ―原子のエネルギーを解き放つ」（D.クーパー）　大月書店　2007.7　p1-3b

フェルメール, J. Vermeer, Johannes 〔1632―1675 蘭 画家〕
- ◎参考文献　「フェルメール―デルフトの眺望」（アンソニー・ベイリー）　白水社　2002.2　p12-15b
- ◎参考文献　「フェルメール」（尾崎彰宏）　小学館　2006.7　p123」
- ◎文献　「フェルメール「牛乳を注ぐ女」とオランダ風俗画展―アムステルダム国立美術館所蔵」（国立新美術館ほか）　東京新聞　2007　p226-233
- ◎参考文献　「私はフェルメール―20世紀最大の贋作事件」（F.ウイン）　ランダムハウス講談社　2007.9　p311-314
- ◎参考文献　「牛乳を注ぐ女―画家フェルメールの誕生」（小林頼子）　ランダムハウス講談社　2007.10　p163」

フォイエルバッハ, L.A. Feuerbach, Ludwig Andreas 〔1804―1872 独 哲学〕
- ◎日本語文献目録　「フォイエルバッハ―自然・他者・歴史」（フォイエルバッハの会ほか）　理想社　2004.3　p4-7b

フォークナー, W. Faulkner, William Harrison 〔1897―1962 米 小説家〕
- ◎引用文献　「フォークナーの前期作品研究―身体と言語」（田中敬子）　開文社出版　2002.9　p286-272
- ○著作目録ほか　「商学論究 50.4」（関西学院大）　2003.3　p179-181
- ◎引用文献　「小説における作者のふるまい―フォークナー的方法の研究」（平石貴樹）　松柏社　2003.5　prr
- ◎文献一覧　「迷宮としてのテクスト―フォークナー的エクリチュールへの誘い」（林文代）　東京大学出版会　2004.5　p7-18b
- ◎参考書目　「フォークナーの文体―文学テクストの言語学的アプローチ」（四方田敏）　文化書房博文社　2004.11　p221-223
- ○業績ほか　「人文論集 44」（早稲田大）　2006.2　p1-8b
- ◎著作一覧ほか　「ウィリアム・フォークナー事典」（R.W.ハンブリン）　雄松堂出版　2006.6　p515-531
- ◎参考文献ほか　「ウィリアム・フォークナーの詩の世界―楽園喪失からアポクリファルな創造世界へ」（小山敏夫）　関西学院大出版会　2006.11　p303-350

フォーゲラー, H. Vogeler, Heinrich 〔1872―1942 独 画家・版画家・工芸家〕
- ◎年譜　「ハインリッヒ・フォーゲラー伝」（S.ブレスラー）　土曜美術社出版販売　2007.6　p202-205

フォーサイス, P.T. Forsyth, Peter Taylor 〔1848―1921 神学〕
- ◎著作目録ほか　「フォーサイス オンデマンド版」（大宮溥）　日キリスト教団出版局　2006.2　p239-253

フォスター, A.D. Foster, Alan Dean 〔1946―　米 作家〕
- ◎翻訳書リスト　「スター・ウォーズ崩壊の序曲」（アラン・ディーン・フォスター）　ソニー・マガジンズ　2002.3　p451-452

フォスター, A.J.
- ◎文献　「アフリカのろう者と手話の歴史―A・J・フォスターの「王国」を訪ねて」（亀井伸孝）　明石書店　2006.12　p250-242

409

フォースター, E.M.　Forster, Edward Morgan〔1879―1970　英　小説家〕
　◎参考文献　「E.M.フォースターの姿勢」（小野寺健）　みすず書房　2001.9　p1-6b
　◎文献抄　「20世紀西洋人のモラル―『インドへの道』注釈」（林節雄）　北星堂書店　2006.2　p511-512
　◎参考文献　「E・M・フォースターのためらい―「儚さ」と「永遠」のはざまで」（山本洋子）　現代図書　2007.3　p183-184

フォッシー, D.　Fossey, Dian〔1932―1985　米　動物学〕
　◎参考文献ほか　「動物研究者ダイアン・フォッシー」（柴田都志子）　理論社　2004.5　p198-202

フォード, H.　Ford, Henry〔1863―1947　米　実業家〕
　◎参考文献　「ヘンリー・フォード著作集―20世紀の巨人事業家　下巻」（豊土栄）　創英社　2000.12　p753-754

フォール, E.　Faure, Elie〔1873―1937〕
　◎年譜　「ルネサンス美術　美術史3」（E.フォール）　国書刊行会　2004.10　p400-403

フォールズ, H.　Faulds, Henry〔1843―1930　英　医療宣教師〕
　◎参考文献ほか　「指紋を発見した男―ヘンリー・フォールズと犯罪科学捜査の夜明け」（C.ビーヴァン）　主婦の友社　2005.5　p287-275

フォルスター, G.　Forster, Georg〔1754―1794〕
　◎文献　「ゲオルク・フォルスター」（ウルリヒ・エンツェンスベルガー）　関西大学出版部　2002.3　p361-366

フォーレ, G.　Fauré, Gabriel Urbain〔1845―1924　仏　作曲家〕
　◎参考文献ほか　「フォーレの歌曲とフランス近代の詩人たち」（金原礼子）　藤原書店　2002.2　p565-596

フォレスター, C.S.　Forester, Cecil Scott〔1899―1966　英　作家〕
　◎著作リスト（村上和久）　「終わりなき負債」（C.S.フォレスター）　小学館　2004.1　p259-263

フォレット, M.P.　Follett, Mary Parker〔1868―1933　政治学・経営学〕
　◎参考文献　「初期アメリカ経営管理思想における解釈学的特性と物語性の研究」（小濱純）　雄松堂出版　2005.12　p1-7b

フォンタナ, L.　Fontana, Lucio〔1899―1966　伊　画家・彫刻家〕
　◎文献　「アフロ・ブッリ・フォンタナ―イタリア抽象絵画の巨匠」（ふくやま美術館, 国立国際美術館）　ふくやま美術館　2002　p184-188

フクヤマ, F.　Fukuyama, Francis〔1952―　米　政治学〕
　◎文献　「デリダと歴史の終わり」（S.シム）　岩波書店　2006.10　p76-79

ブグロー, W.　Bouguereau, Adolphe William〔1825―1905　仏　画家〕
　◎年譜　「ウィリアム・ブグローの生涯」（マリウス・ヴァション）　東洋出版　2001.5　p155-161

フーコー, M.　Foucault, Michel〔1926―1984　仏　哲学〕
　◎参考文献　「フーコーの権力論と自由論―その政治哲学的構成」（関良徳）　勁草書房　2001.4　p7-20b
　◎ブックガイドほか　「フーコー」（桜井哲夫）　講談社（講談社選書メチエ　208）　2001.5　p188-202
　◎読書案内　「フーコ―知と権力」（桜井哲夫）　講談社　2003.6　p322-325
　◎略年譜　「はじめて読むフーコー」（中山元）　洋泉社　2004.2　p215-217
　◎読書案内　「フーコーとクィア理論」（T.スパーゴ）　岩波書店　2004.2　p99-103
　◎参考文献　「フーコーの投機体験―『これはパイプでない』探求」（鈴木繁夫）　渓水社　2005.3　p434-440
　◎参考文献　「フーコーの振り子―科学を勝利に導いた世紀の大実験」（A.D.アクセル）　早川書房　2005.10　p221-225
　◎読書案内　「フーコー―他のように考え、そして生きるために」（神崎繁）　NHK出版　2006.3　p122-123
　◎参照文献ほか　「生と権力の哲学」（檜垣立哉）　筑摩書房　2006.5　p239-245
　◎読書案内　「ミシェル・フーコー」（S.ミルズ）　青土社　2006.8　p207-232
　◎年譜　「フーコー・ガイドブック」（小林康夫）　筑摩書房　2006.11　p248-326
　◎文献案内　「フーコー　1冊でわかる」（G.ガッティング）　岩波書店　2007.2　p1-9b
　◎参考文献　「フーコーと法―統治としての法の社会学に向けて」（A.ハントほか）　早稲田大出版局　2007.4　p223-231

ブザン, T.　Buzan, Tony〔1942―　英　著述家〕
　◎著作一覧ほか　「ザ・マインドマップ―脳の力を強化する思考技術」（T.ブザンほか）　ダイヤモンド社　2005.11　p310-318

プーシキン, A.S.　Pushkin, Aleksandr Sergeevich〔1799―1837　露　詩人・小説家〕
　○研究業績ほか　「人文社会科学研究　40」（早稲田大）　2000.3　p223-230
　◎原注　「プーシキン伝」（H.トロワイヤ）　水声社　2002.12　p755-768
　◎文献　「プーシキンとロシア・オペラ」（田辺佐保子）　未知谷　2003.12　p212-214

フジモリ, A.　Fujimori, Alberto〔1936―　ペルー　政治家〕
　◎参考文献　「フジモリ時代のペル―救世主を求める人々、制度化しない政治」（村上勇介）　平凡社　2004.8　p577-537

ブース, J.W.　Booth, John Wilkes〔1838—1865　米　俳優〕
　◎文献目録　「マンハント―リンカーン暗殺犯を追った12日間」(J.L.スワンソン)　早川書房　2006.10　p517-502

プチャーチン, E.V.　Putyatin, Evfimii Vasilievich〔1804—1883　露　海軍将官〕
　◎参考文献　「プチャーチン提督―150年の航跡」(上野芳江)　東洋書店　2005.6　p63」

プーチン, V.　Putin, Vladimir Vladimirovich〔1952―　露　政治家〕
　◎参考文献　「ドキュメントプーチンのロシア」(山内聰彦)　NHK出版　2003.8　p389」
　◎文献ほか　「帝政民主主義国家ロシア―プーチンの時代」(中村逸郎)　岩波書店　2005.4　p1-8b

フッサール, E.　Husserl, Edmund〔1859—1938　独　哲学〕
　◎文献　「フッサール現象学の理路―『デカルト的省察』研究」(工藤和男)　晃洋書房(西洋思想叢書)　2001.2　p8-18b
　◎年譜ほか　「哲学的思考―フッサール現象学の核心」(西研)　筑摩書房　2001.6　p384-386
　◎文献表　「像と平面構成―フッサール像意識分析の未開の新地　1」(伊院院令子)　晃洋書房　2001.7　p7-14b
　◎文献　「奥行の生と世界―フッサール主観性理論の研究」(林克樹)　晃洋書房　2002.12　p12-20b
　◎参考文献　「フッサールの現象学的還元　1890年代から『イデーンI』まで」(堀栄造)　晃洋書房　2003.2　p2-9b
　◎引用文献　「経験の構造―フッサール現象学の新しい全体像」(貫成人)　勁草書房　2003.8　p9-16b
　◎文献　「フッサールの現象学」(D.ザハヴィ)　晃洋書房　2003.12　p5-20b
　◎参考文献　「存在から生成へ―フッサール発生的現象学研究」(山口一郎)　知泉書館　2005.10　p11-14b
　◎年譜ほか　「哲学的思考―フッサール現象学の核心」(西研)　筑摩書房　2005.10　p439-441
　◎参考文献　「フッサールの脱現実化的現実化」(堀栄造)　晃洋書房　2006.8　p1-11b
　◎文献表　「フッサール現象学における多様体論」(信木晴雄)　人文書院　2007.7　p203-211
　◎参考文献　「フッサール相互主観性の研究」(石田三千雄)　ナカニシヤ出版　2007.9　p266-256
　◎文献表　「衝動の現象学―フッサール現象学における衝動および感情の位置づけ」(稲垣諭)　知泉書館　2007.10　p15-25b
　◎文献目録　「フッサール哲学における発生の問題」(J.デリダ)　みすず書房　2007.11　p283-288

ブッシュ, G.W.　Bush, George W., Jr.〔1946―　米　政治家〕
　◎出典リスト　「幸運なる二世　ジョージ・ブッシュの真実」(J.H.ハットフィールド)　青山出版社　2001.4　p461-406
　◎文献　「「ジョージ・ブッシュ」のアタマの中身―アメリカ「超保守派」の世界観」(森孝一)　講談社　2003.3　p195-199

ブッシュ, V.　Bush, Vannevar〔1890—1974　米　電気工学〕
　◎参考文献　「科学大国アメリカは原爆投下によって生まれた―巨大プロジェクトで国を変えた男」(歌田明弘)　平凡社　2005.7　p457-463

ブッシュ家　Bush
　◎文献　「ブッシュ家とケネディ家」(越智道雄)　朝日新聞社　2003.7　p1-6b

プッチーニ, G.　Puccini, Giacomo〔1858—1924　伊　作曲家〕
　◎参考文献　「オペラ蝶々夫人のことが語れる本」(金子一也)　明日香出版社　2004.4　p227-235
　◎作品一覧　「プッチーニ」(南條年章)　音楽之友社　2004.8　p18-22b
　◎略年譜(M.G.バヨーニ)　「評伝プッチーニ―その作品・人・時代」(W.ウィーヴァーほか)　音楽之友社　2004.12　p333-356
　◎文献　「ジャコモ・プッチーニ―生涯と作品」(J.バッデン)　春秋社　2007.3　p84-92b
　◎参考文献　「プッチーニが語る自作オペラの解釈と演奏法」(L.リッチ)　音楽之友社　2007.9　p348-349

ブッツァーティ, D.　Buzzati, Dino〔1906—1972　伊　小説家〕
　◎年譜(関口英子)　「神を見た犬」(ブッツァーティ)　光文社　2007.4　p396-399

ブッリ, A.　Burri, Alberto〔1915—1995　伊　画家〕
　◎文献　「アフロ・ブッリ・フォンタナ―イタリア抽象絵画の巨匠」(ふくやま美術館,国立国際美術館)　ふくやま美術館　2002　p184-188

ブニュエル, L.　Buñuel, Luis〔1900—1983　西　映画監督〕
　◎年譜(杉浦勉)　「ルイス・ブニュエル著作集成」(L.ブニュエル)　思潮社　2006.6　p376-381

ブーニン, I.A.　Bunin, Ivan Alekseevich〔1870—1953　露　詩人・小説家〕
　◎年譜　「呪われた日々・チェーホフのこと　ブーニン作品集5」(I.A.ブーニン)　群像社　2003.7　p366-375

ブーバー, M.　Buber, Martin〔1878—1965　墺　宗教哲学〕
　◎参考文献　「ブーバーを学ぶ人のために」(平石善司)　世界思想社　2004.1　prr
　◎参考文献ほか　「マルティン・ブーバー研究―教育論・共同体論・宗教論」(稲村秀一)　渓水社　2004.12　p264-269
　◎参考文献　「ブーバー-ロジャーズ対話―解説つき新版」(R.アンダーソンほか)　春秋社　2007.3　p1-11b
　◎参考文献　「ブーバー対話論とホリスティック教育―他者・呼びかけ・応答」(吉田敦彦)　勁草書房　2007.3　p1-20b

フーヘル, P.　Huchel, Peter〔1903—1981　独　詩人・ジャーナリスト〕
◎文献　「フーヘル研究―詩集のツィクルス構造と「徴」・「ことば」・少数民族形象」（杉浦謙介）雄松堂出版　2005.1　p407-427

フラー, B.　Fuller, Richard Buckminster〔1895—1983　米　技術家・建築家〕
◎資料ほか　「バックミンスター・フラーの世界　21世紀エコロジー・デザインの先駆」（J.ボールドウィン）　美術出版社　2001.11　p322-331

フラー, M.　Fuller, Margaret〔1810—1850　米　ジャーナリスト〕
◎参考文献（上野和子）　「行動するフェミニズム―アメリカの女性作家と作品」（英米文化学会）薪水社　2003.11　p46-47

フラ・アンジェリコ　Fra Angelico〔1387—1455　伊　画家〕
◎原註　「フラ・アンジェリコ　神秘神学と絵画表現」（G.ディディニコベルマン）　平凡社　2001.5　p380-341

フライ, N.　Frye, Northrop〔1912—1991　加　批評家〕
◎著作リスト　「力に満ちた言葉―隠喩としての文学と聖書」（ノースロップ・フライ）　法政大学出版局（叢書・ウニベルシタス　726）　2001.7　p419-422

フライ, R.　Fry, Roger Eliot〔1866—1934　英　画家・美術評論家〕
◎参考引用文献　「ロジャー・フライの批評理論―知性と感受性の間で」（要真理子）　東信堂　2005.2　p194-211

プライス, G.R.
◎参考文献　「破壊者のトラウマ―原爆科学者とパイロットの数奇な運命」（小坂洋右）未來社　2005.8　p181-190

ブライヒャー, K.
◎主要著作ほか　「企業発展の経営学―現代ドイツ企業管理論の展開」（山縣正幸）　千倉書房　2007.1　p261-287

プライン, M.　Pruyn, Mary Putnam〔1820—1885〕
◎参考文献　「ヨコハマの女性宣教師―メアリー・P・プラインと「グランドママの手紙」」（安部純子）EXP　2000.12　p294-299

プラヴィ, M.　Prawy, Marcel〔1911—2003　墺　音楽学・オペラ評論家〕
◎経歴　「Mr.オペラ―ウィーン・オペラの主は語る―オペラ界の表・裏舞台　20世紀から新世紀に」（マルセル・プラヴィ）　文化書房博文社　2002.11　p366-368

ブラウニング, R.　Browning, Robert〔1812—1889　英　詩人〕
◎著書目録　「ブラウニング詩作品研究への手引き」（アーサー・シモンズ）　クォリティ出版　2000.6　p435-448

ブラウン, D.　Brown, Dan〔1964—　米　作家〕
◎参考資料　「ダ・ヴィンチ・コード・デコーデッド」（M.ラン）　集英社　2006.4　p235-237
◎参考文献　「ダ・ヴィンチ・コード実証学―現地取材で解明された、小説の裏側」（M.F.エトシュゴワン）　イースト・プレス　2006.6　p237-238

ブラウン, D.B.　Brown, Donald Beckman〔1905—1980　米〕
◎年譜　「図説ドン・ブラウンと昭和の日本―コレクションで見る戦時・占領政策」（横浜国際関係史研究会）　有隣堂　2005.8　p115-119

ブラウン, G.M.　Brown, George Mackay〔1921—1996　英　詩人・小説家〕
◎Select bibliography　「島に生まれ、島に歌う―スコットランド・オークニーの詩人自叙伝」（G.M.ブラウン）　あるば書房　2003.9　p222-225

ブラウン, M.　Brown, Marcia〔1918—　米　画家・児童文学〕
◎文献　「昔話・絵本の再発見―マーシャ・ブラウンとガブリエル・バンサンを中心に」（小澤靖夫）古今社　2005.5　p287-293

ブラウン, P.R.　Brown, Peter Robert Lamont〔1935—　アイルランド　古典学〕
◎著作　「古代から中世へ」（P.R.ブラウン）　山川出版社　2006.4　p139-141

ブラウン, R.M.　Brown, Rita Mae〔1944—　米　作家〕
◎長篇作品リスト（茅律子）　「新聞をくばる猫」（R.M.ブラウンほか）　早川書房　2005.7　p478-479
◎長篇リスト（茅律子）　「散歩をこよなく愛する猫」（R.M.ブラウン）　早川書房　2007.2　p442-443

ブラウン, T.　Brown, Trisha〔1936—　米　舞踊家〕
◎文献　「トリシャ・ブラウン―思考というモーション」（T.ブラウンほか）　ときの忘れもの　2006.3　p110-111

ブラウン, V.　Braun, Volker〔1939—　独　作家〕
◎年譜（浅岡泰子ほか）　「本当の望み―フォルカー・ブラウン作品集」（V.ブラウン）　三修社　2002.7　p247-251

ブラーエ, T.　Brahe, Tycho〔1546—1601　デンマーク　天文学〕
◎参考文献　「ケプラー疑惑―ティコ・ブラーエの死の謎と盗まれた観測記録」（J.ギルダーほか）地人書館　2006.6　p270-281

プラス, S.　Plath, Sylvia〔1932—1963　米　詩人〕
◎略年表　「湖水を渡って―シルヴィア・プラス詩集」（高田宜子, 小久江晴子）　思潮社　2001.8　p96-100
◎参考文献　「シルヴィア・プラスの愛と死」（井上章子）　南雲堂　2004.2　p275-278
◎略年表　「シルヴィア」（K.モーゼス）　ランダムハウス講談社　2004.12　p1-3b

◎書誌 「シルヴィア・プラス―父の娘、母の娘」（木村慧子） 水声社 2005.6 p301-312
◎年譜ほか（上杉裕子ほか） 「シルヴィア・プラス愛と名声の神話」（高市順一郎） 思潮社 2007.9 p246-258

ブラックモア, R. Blackmore, Ritchie〔1945― 英 ギタリスト〕
◎参考文献 「リッチー・ブラックモア伝―ブラック・ナイト」（J.ブルーム） シンコーミュージック・エンタテイメント 2007.12 p27-28b

ブラッサイ Brassai〔本名＝ハラッシュ, ギューラ〈Halász, Gyula〉 1899―1984 仏 写真家・詩人〕
◎文献ほか 「ブラッサイ写真集成」（ブラッサイ） 岩波書店 2005.8 p303-314
◎欧文書誌ほか 「ブラッサイ パリの越境者」（今橋映子） 白水社 2007.3 p20-24b

ブラッドベリ, R. Bradbury, Ray Douglas〔1920― 米 SF作家〕
○年譜（牧眞司） 「SFマガジン 47.1」（早川書房） 2006.1 p63-85

プラトン Platōn〔前427―前347 希 哲学〕
◎文献表 「藤澤令夫著作集 4 プラトン『パイドロス』註解」（藤澤令夫） 岩波書店 2001.2 p40-49
◎参考文献 「プラトン初期対話篇研究」（上田徹） 東海大学出版会 2001.11 p236-241
◎参考文献 「ソフィストと哲学者の間―プラトン『ソフィスト』を読む」（納富信留） 名古屋大学出版会 2002.2 p11-28b
◎文献表 「プラトンを読むために」（T.A.スレザーク） 岩波書店 2002.5 p9-15b
◎参照文献 「プラトン批判期対話篇の研究」（上岡宏） 北樹出版 2002.6 p199-200
◎読書案内 「プラトン―哲学者とは何か」（納富信留） NHK出版 2002.11 p114-117
◎引用文献 「魂と世界―プラトンの反二元論的世界像」（瀬口昌久） 京都大学学術出版会 2002.12 p349-364
◎参照文献表 「ピレボス」（プラトン） 京都大学術出版会 2005.6 p284-291
◎参考文献 「プラトンの政治哲学―政治的倫理学に関する歴史的・体系的考察」（R.K.マオラー） 風行社 2005.8 p28-38b
◎参考文献 「プラトン形而上学の探求」（松浦明宏） 東北大出版会 2006.4 p8-13b
◎文献表 「ソクラテスとフィロソフィア―初期プラトン哲学の展開」（中澤務） ミネルヴァ書房 2007.2 p285-293
◎参照文献 「プラトンのミュートス」（國方栄二） 京都大学術出版会 2007.2 p318-329

ブラマンテ, D. Bramante, Donato d'Angelo〔1444―1514 伊 建築家・画家〕
◎文献 「ブラマンテ―ルネサンス建築の完成者」（アルナルド・ブルスキ） 中央公論美術出版 2002.2 p299-311

ブラームス, J. Brahms, Johannes〔1833―1897 独 作曲家〕
◎文献 「近代外科のパイオニアビルロートの生涯―大作曲家ブラームスとの交流」（武智秀夫） 考古堂書店 2003.10 p178-182
◎参考文献ほか 「ヨハネス・ブラームスの思い出」（天崎浩二ほか） 音楽之友社 2004.2 p6-7b
◎参考文献 「ブラームスと私」（天崎浩二ほか） 音楽之友社 2004.10 p8-10b

フランク, A. Frank, Anne〔1929―1945 独 「アンネの日記」作者〕
◎参考文献 「『アンネの日記』もう一つの真実」（ローレンス・グレイヴァー） 平凡社 2001.3 p369-372
◎文献 「アンネ・フランクの生涯」（キャロル・アン・リー） DHC 2002.9 p22-29b
◎文献 「永遠のアンネ・フランク」（M.ハイル） 集英社 2003.10 p210-213

フランクリン, B. Franklin, Benjamin〔1706―1790 米 政治家・科学〕
◎年譜（渡邊利雄） 「フランクリン自伝」（フランクリン） 中央公論新社 2004.12 p377-382

フランクル, V.E. Frankl, Victor Emil〔1905―1997 墺 精神医学〕
◎参考文献 「フランクルを学ぶ人のために」（山田邦男） 世界思想社 2002.5 prr
◎参考文献 「人生があなたを待っている―〈夜と霧〉を越えて 1」（H.クリングバーグ） みすず書房 2006.6 p1-7b

ブランショ, M. Blanchot, Maurice〔1907―2003 仏 評論家・小説家〕
◎書誌 「レヴィナスとブランショ―〈他者〉を揺るがす中性的なもの」（上田和彦） 水声社 2005.8 p307-313
○著作一覧 「思想 999」（岩波書店） 2007.7 p121-129
◎参考文献ほか 「異議申し立てとしての文学―モーリス・ブランショにおける孤独、友愛、共同性」（西山雄二） 御茶の水書房 2007.9 p327-351

フランソワ, S. François, Samson〔1924―1970 仏 ピアニスト〕
◎参考文献 「サンソン・フランソワ ピアノの詩人」（J.ロワ） ヤマハミュージックメディア 2001.3 p137-158

プランタン, C. Plantin, Christophe〔1520頃―1589 仏 製本・印刷・出版〕
◎文献ほか 「印刷革命がはじまった―グーテンベルクからプランタンへ プランタン＝モレトゥス

博物館展」（印刷博物館）　凸版印刷印刷博物館　2005.4　p194-199

フランチェスコ（アッシジの）　Francesco d'Assisi〔1181—1226　伊　修道士〕
◎年譜ほか　「アッシジのフランチェスコ」（川下勝）　清水書院　2004.12　p208-218
◎年譜ほか（三森のぞみ）　「アッシジのフランチェスコ―ひとりの人間の生涯」（C.フルゴーニ）　白水社　2004.12　p235-257

フランツ・ヨーゼフ1世　Franz Joseph I〔1830—1916　墺　皇帝〕
◎文献解題　「フランツ・ヨーゼフとハプスブルク帝国」（スティーヴン・ベラー）　刀水書房（人間科学叢書 32）　2001.9　p306-311

ブランド, C.　Brand, Christianna〔1907—1988　英　探偵小説家〕
◎著作リスト　「はなれわざ」（C.ブランド）　早川書房　2003.6　p510-511

ブラント, W.S.　Blunt, Wilfrid Scawen〔1840—1922　英　詩人〕
◎年譜　「アラブに憑かれた男たち―バートン，ブラント，ダウティ」（トマス・ジョゼフ・アサド）　法政大学出版局（イスラーム文化叢書 4）　2001.10　p11-14b

フーリエ, C.　Fourier, François Marie Charles〔1772—1837　仏　社会主義〕
◎参考文献　「シャルル・フーリエ伝　幻視者とその世界」（J.ビーチャー）　作品社　2001.5　p9-18b

フリース, W.　Fliess, Wilhelm〔1858—1928〕
◎文献目録　「フロイトフリースへの手紙―1887-1904」（ジェフリー・ムセイエフ・マッソン）　誠信書房　2001.8　p560-583

フリーダン, B.　Friedan, Betty Naomi Goldstein〔1921—2006　米　女性解放運動家・作家〕
◎参考文献（寺沢恵美子）　「行動するフェミニズム―アメリカの女性作家と作品」（英米文化学会）　薪水社　2003.11　p117-118

プリチャード, H.　Hesketh-Prichard, Hesketh Vernon〔1876—1922　英　作家〕
◎作品リスト（戸川安宣）　「ノヴェンバー・ジョーの事件簿」（H.プリチャード）　論創社　2007.11　p320-321

フリードリヒ, C.D.　Friedrich, Caspar David〔1774—1840　独　画家〕
◎参考文献　「C.D.フリードリヒ―《画家のアトリエからの眺め》―視覚と思考の近代」（仲間裕子）　三元社　2007.3　p6-12b

フリートレンダー, S.　Friedlaender, Salomo〔筆名＝ミュノーナ〈Mynona〉 1871—1946　哲学・作家〕
◎年譜　「スフィンクス・ステーキ―ミュノーナ短篇集」（ミュノーナ）　未知谷　2005.5　p186-189

ブリューゲル, P.　Brueghel, Pieter〔1530頃―1569　フランドル　画家〕
◎年譜　「ピーター・ブリューゲル物語―絞首台の上のカササギ」（ヨーン・フェレメレン）　エディションq　2001.5　p428-429

ブリュネ, J.　Brunet, Jules〔1838—1911　仏　軍人〕
◎参考文献　「大君の刀―ブリュネが持ち帰った日本刀の謎」（合田一道）　北海道新聞社　2007.2　p205-206

ブルーア, J.　Brewer, John〔1947—　〕
◎著作　「スキャンダルと公共圏」（J.ブルーア）　山川出版社　2006.4　p186-187

プルーヴェ, J.　Prouvé, Jean〔1901—1984　仏　建築家〕
◎主要文献　「ジャン・プルーヴェ」（ヴィトラ・デザインミュージアム）　TOTO出版　2004.12　p386-387

ブルガーコフ, M.A.　Bulgakov, Mikhail Afanas'evich〔1891—1940　露　作家〕
◎年譜・作品解題（石原公道）　「ブルガーコフ　作家の運命」（V.サハロフ）　群像社　2001.8　p269-248
◎年譜（町田清朗）　「モルヒネ―ブルガーコフ短篇集」（M.A.ブルガーコフ）　未知谷　2005.9　p262-270

ブルクハルト, J.　Burckhardt, Jakob〔1818—1897　スイス　美術史〕
◎年譜ほか　「ブルクハルト―イタリア・ルネサンスの文化 II」（柴田治三郎ほか）　中央公論新社　2002.4　p417-424
◎年譜（高木昌史）　「美のチチェローネ―イタリア美術案内」（J.ブルクハルト）　青土社　2005.11　p224-227

ブルース, J.　Bruce, James〔1730—1794　英　探検家〕
◎参考文献　「表象のエチオピア」（高知尾仁）　東京外国語大　2006.3　p340-359

プルースト, M.　Proust, Marcel〔1871—1922　仏　小説家〕
◎注文献　「プルースト的冒険　偶然・反復・倒錯」（湯沢英彦）　水声社　2001.3　p363-381
◎参考文献　「音楽家プルースト―『失われた時を求めて』に音楽を聴く」（ジャン・ジャック＝ナティエ）　音楽之友社　2001.4　p235-239
◎書誌　「愛について―プルースト、デュラスと」（鈴村和成）　紀伊國屋書店　2001.5　p282-294
◎参考文献ほか　「評伝プルースト　下」（J.タディエ）　筑摩書房　2001.9　p537-541
◎戦前翻訳作品　「事典プルースト博物館」（P.ミシェル＝チリエ）　筑摩書房　2002.8　p501-509
◎年譜　「プルーストを読む―『失われた時を求めて』の世界」（鈴木道彦）　集英社　2002.12　p235-247
◎注　「プルースト的エクリチュール」（川中子弘）　早稲田大学出版部　2003.3　p371-418

◎引用参考文献　「聖堂の現象学―プルーストの『失われた時を求めて』にみる」（黒岩俊介）　中央公論美術出版　2006.1　p372-378
◎書誌　「プルーストの想像世界」（中村栄子）　駿河台出版社　2006.11　p266-267

ブルック，J.　Brooke, James〔1803―1868〕
◎参考文献　「ボルネオの白きラジャ―ジェームズ・ブルックの生涯」（三浦暁子）　NTT出版　2006.10　p4-7b

ブルックス，T.　Brooks, Terry〔1941―　米　作家〕
◎著作リスト（清水ふみほか）　「シャナラの剣　下」（T.ブルックス）　扶桑社　2004.11　p382-385

ブルックナー，A.　Bruckner, Anton〔1824―1896　墺　作曲家〕
◎文献　「アントン・ブルックナー魂の山嶺」（田代櫂）　春秋社　2005.11　p12-13b

フルティガー，A.　Frutiger, Adrian〔1928―　スイス　書体デザイナー〕
◎略歴　「活字の宇宙」（アドリアン・フルティガー）　朗文堂（朗文堂タイポグラフィ双書　1）　2001.4　p253-255

ブルデュー，P.　Bourdieu, Pierre〔1930―2002　仏　社会〕
◎主要単行書　「ピエール・ブルデュー　1930-2002」（加藤晴久）　藤原書店　2002.6　p290-293
○ブックリスト　「iichiko 75」（日本ベリエールアートセンター）　2002.7　p122-127
◎参考文献　「ブルデューとルーマン―理論比較の試み」（A.ナセヒ）　新泉社　2006.11　p3-30b
◎文献一覧　「リフレクシヴ・ソシオロジーへの招待―ブルデュー、社会学を語る」（P.ブルデュー）　藤原書店　2007.1　p342-406

フルトヴェングラー，W.　Furtwängler, Wilhelm〔1886―1954　独　指揮者〕
◎参考文献　「フルトヴェングラー幻の東京公演」（横田庄一郎）　朔北社　2002.4　p344-349
◎出典文献　「フルトヴェングラ―悪魔の楽匠　上」（S.H.白川）　アルファベータ　2004.11　p1-8b
◎参考文献　「カラヤンとフルトヴェングラー」（中川右介）　幻冬舎　2007.1　p308-311
◎参考文献　「ヴィルヘルム・フルトヴェングラー　権力と栄光―未公開手記「私は屈服しなかった」収録！」（G.ジュファン）　音楽之友社　2007.7　p409-411

ブルーナ，D.　Bruna, Dick〔1927―　蘭　絵本作家〕
◎絵本リスト　「ブルーナミュージアム　ミッフィーのすべてがわかる」　白泉社　2001.3　p110-113
◎全作品リストほか（講談社）　「ディック・ブルーナ―ぼくのこと、ミッフィーのこと」（D.ブルーナ）　講談社　2005.4　p132-142

ブルネル，I.K.　Brunel, Isambard Kingdom〔1806―1859　英　造船・土木技術者〕
◎参考文献　「ブルネルの生涯と時代―産業革命を演出した快男児イザムバード・キングダム・ブルネル」（R.A.ブキャナン）　LLP技術史出版会　2006.10　p319」

ブルネレスキ，F.　Brunelleschi, Filippo〔1377―1446　伊　建築家・発明家〕
◎参考文献ほか　「天才建築家ブルネレスキ―フィレンツェ・花のドームはいかにして建設されたか」（R.キング）　東京書籍　2002.7　p253-243

ブルーノ，G.　Bruno, Giordano〔1548―1600　伊　哲学〕
◎参考文献　「ジョルダーノ・ブルーノと大使館のミステリー」（J.ボッシー）　影書房　2003.3　p15-26b

ブルバキ，N.　Bourbaki, Nicolas〔主に仏の数学者集団の筆名〕
◎参考文献　「ブルバキ―数学者達の秘密結社」（M.マシャル）　シュプリンガー・フェアラーク東京　2002.12　p242-248

フルフォード，R.C.　Fulford, Robert C.〔米　治療家〕
◎文献　「サトル・オステオパシー―伝説のオステオパス　ロバート・フルフォード博士に学ぶ叡智」（S.コモー）　たにぐち書店　2004.7　p245-252

フルブライト，J.W.　Fulbright, James William〔1905―1995　米　政治家〕
◎年譜　「権力の驕りに抗して」（J.W.フルブライト）　日本経済新聞社　2002.5　p195-198

フルベッキ　Verbeck, Guido Fridolin〔1830―1898　蘭　宣教師〕
◎参考文献（村瀬寿代）　「新訳考証日本のフルベッキ―無国籍の宣教師フルベッキの生涯」（W.E.グリフィス）　洋学堂書店　2003.1　p462-467

ブルボン家　Bourbon
◎参考文献　「聖なる王権ブルボン家」（長谷川輝夫）　講談社　2002.3　p262-263

プルマン，P.　Pullman, Philip〔1946―　英　作家〕
◎年譜　「「ライラ」からの手紙―フィリップ・プルマン」（M.S.ユアン）　文溪堂　2007.3　p131-133

ブルーワン，K.　Bruen, Ken〔1951―　〕
◎作品（直井明）　「酔いどれ故郷にかえる」（K.ブルーワン）　早川書房　2005.5　p359-361

ブレア，T.　Blair, Tony〔1953―　英　政治家〕
◎参考文献　「構造改革ブレア流」（藤森克彦）　TBSブリタニカ　2002.6　p1-16b
◎参考文献　「ブレアのイラク戦争―イギリスの世界戦略」（梅川正美ほか）　朝日新聞社　2004.12　p213-216
◎引用文献　「サッチャリズムとブレア政治―コンセンサスの変容、規制国家の強まり、そして新しい左右軸」（小堀真裕）　晃洋書房　2005.5　p249-258

ブレイク, **J.C.**　Blake, James Carlos
　◎著作リスト（加賀山卓朗）　「荒ぶる血」（J.C.ブレイク）　文藝春秋　2006.4　p378」

ブレイク, **W.**　Blake, William 〔1757—1827　英　詩人・画家〕
　◎参考文献　「ブレイク修正される女—詩と絵の複合芸術」（今泉容子）　彩流社　2001.1　p7-13b
　◎参考文献　「ブレイク伝」（P.アクロイド）　みすず書房　2002.2　p14-20b
　◎参考文献（松島正一）　「ブレイク詩集—対訳」（ブレイク）　岩波書店　2004.6　p7-8

ブレイズ, **W.**　Blades, William 〔1824—1890　英　印刷者・書誌学〕
　◎著作（高橋勇）　「書物の敵」（W.ブレイズ）　八坂書房　2004.10　p199-202

フレーゲ, **F.L.G.**　Frege, Friedrich Ludwig Gottlob 〔1848—1925　独　数学・論理学・哲学〕
　◎参考文献　「フレーゲの理論哲学」（田畑博敏）　九州大学出版会　2002.2　p303-311
　◎文献案内　「フレーゲ入門—生涯と哲学の形成」（野本和幸）　勁草書房　2003.9　p11-15b

ブーレーズ, **P.**　Boulez, Pierre 〔1925—　仏　作曲家・指揮者〕
　◎略年譜　「ブーレーズ—シュフネール書簡集　1954-1970」（P.ブーレーズ）　音楽之友社　2005.4　p12-15b

プレスリー, **E.A.**　Presley, Elvis Aaron 〔1935—1977　米　ポピュラー歌手・映画俳優〕
　◎参考文献　「ELVISを夢見て—日本の中のプレスリー伝説」（鈴木一彰）　愛育社　2005.4　p271-272
　◎参考文献　「エルヴィス・プレスリー」（B.A.メイソン）　岩波書店　2005.7　p215-219
　◎参考文献　「エルヴィス、最後のアメリカン・ヒーロー」（前田絢子）　角川学芸出版　2007.7　p219-222
　◎参考文献　「エルヴィス伝—復活後の軌跡1958-1977」（P.グラルニック）　みすず書房　2007.12　p9-21b

フレデリック, **H.**　Frederic, Harold 〔1856—1898　米　小説家・新聞記者〕
　◎参考文献　「ハロルド・フレデリックの人生と長編小説—詐欺師の系譜」（久我俊二）　慧文社　2005.9　p161-168

ブレヒト, **B.**　Brecht, Bertolt 〔1898—1956　独　劇作家・詩人〕
　◎略年譜（岩淵達治）　「肝っ玉おっ母とその子どもたち」（B.ブレヒト）　岩波書店　2004.4　p1-24b
　◎年表（石黒英男）　「転換の書—メ・ティ」（B.ブレヒト）　績文堂出版　2004.11　p20-51b
　◎年譜　「ブレヒト作業日誌　上　新装改訂版」（ブレヒト）　河出書房新社　2007.9　p609-619

ブレヒビュール, **B.**　Brechbuhl, Beat 〔1939—　〕
　◎略歴ほか　「ベアト・ブレヒビュール詩集」（B.ブレヒビュール）　土曜美術社出版販売　2003.3　p150-153

フレーベル, **F.**　Fröbel, Friedrich Wilhelm August 〔1782—1852　独　教育〕
　◎文献　「フレーベル生涯と活動」（R.ボルトほか）　玉川大出版部　2006.12　p1-5b
　◎文献リスト　「ペスタロッチー・フレーベル事典　増補改訂版」（日本ペスタロッチー・フレーベル学会）　玉川大出版部　2006.12　p445-466

フロイト, **S.**　Freud, Sigmund 〔1856—1939　墺　精神分析〕
　◎参考文献ほか　「精神分析学入門　2」（フロイト）　中央公論新社（中公クラシックス　W8）　2001.7　p369-388
　◎文献目録　「フロイト　フリースへの手紙—1887-1904」（ジェフリー・ムセイエフ・マッソン）　誠信書房　2001.8　p560-583
　◎参考文献　「フロイト思想のキーワード」（小此木啓吾）　講談社　2002.3　prr
　◎著作年表　「新版—精神分析事典」（R.シュママほか）　弘文堂　2002.3　p556-566
　◎文献　「こころの秘密—フロイトの夢と悲しみ—Sigmund Freud」（佐々木承玄）　新曜社　2002.4　p286-283
　◎注　「ラカン、フロイトへの回帰—ラカン入門」（P.ジュリアン）　誠信書房　2002.5　p247-272
　◎注　「精神分析の終焉—フロイトの夢理論批判」（G.ポリツェル）　三和書籍　2002.6　prr
　◎参考文献　「欲望としての知識　フロイトとピアジェについての論考」（H.G.ファース）　誠信書房　2003.2　p183-186
　◎参考文献　「フロイトの失語症論—言語、そして精神分析の起源」（V.D.グリーンバーグ）　青土社　2003.8　p6-13b
　◎文献解題　「フロイト　2」（P.ゲイ）　みすず書房　2004.8　p752-824
　◎文献　「フロイトと作られた記憶」（P.モロン）　岩波書店　2004.8　p90-94
　◎読書案内　「ウィトゲンシュタインと精神分析」（J.M.ヒートン）　岩波書店　2004.12　p116-121
　○年表（飯田宮子）　「東京立正女子短期大学紀要　33」（東京立正女子短大）　2005　p124-146
　◎文献　「援助者のためのフロイト入門」（村本邦子）　三学出版　2005.1　p1-7b
　◎研究書　「フロイト＝ラカン」（新宮一成ほか）　講談社　2005.5　p242-245
　◎参考文献　「性倒錯の構造—フロイトラカンの分析理論　増補新版」（藤田博史）　青土社　2006.5　p243-252
　◎参考文献ほか　「狼男の言語標本—埋葬語法の精神分析　付・デリダ序文《Fors》」（N.アブラハムほか）　法政大出版局　2006.7　p271-272

◎参考文献　「ダーウィンのミミズ、フロイトの悪夢」（A.フィリップス）　みすず書房　2006.8　p6-8b
◎文献一覧　「「精神分析的子ども」の誕生―フロイト主義と教育言説」（下司晶）　東京大出版会　2006.12　p1-32b
◎参考文献（小林司）　「マンガフロイト入門―精神分析の創始者」（R.アッピグナネッセイ）　講談社　2007.8　p181-182
◎年譜（中山元）　「幻想の未来文化への不満」（フロイト）　光文社　2007.9　p430-436
◎参考文献　「フロイト―視野の暗点」（L.ブレーガー）　里文出版　2007.10　p584-570

ブローク, A.A.　Blok, Aleksandr Aleksandrovich〔1880―1921　露　詩人〕
◎年譜　「『十二』の詩人アレクサンドル・ブローク」（鈴木積）　ティプロ出版　2003.8　p13-31b

フロスト, R.L.　Frost, Robert Lee〔1874―1963　米　詩人〕
◎略年譜ほか　「フロストの仮面劇」（ロバート・フロスト）　近代文芸社　2002.4　p143-147
◎文献目録　「フロストの『西に流れる川』の世界―新たな抒情を求めて」（藤本雅樹）　国文社　2003.1　p266-268

ブロック, F.L.　Block, Francesca Lia〔米　作家・詩人〕
○全解題（小木曽郷平ほか）　「ミステリマガジン 48.1」（早川書房）　2003.1　p19-27
◎著作リスト　「人魚の涙天使の翼」（F.L.ブロック）　主婦の友社　2003.12　1pb

ブロック, M.　Bloch, Marc〔1886―1944　仏　歴史家〕
◎主要著作ほか　「マルク・ブロックを読む」（二宮宏之）　岩波書店　2005.3　p1-7b

ブロッホ, H.　Broch, Hermann〔1886―1951　墺　作家〕
◎年譜・引用出典　「ヘルマン・ブロッホの生涯」（P.M.リュツェラー）　法政大学出版局　2002.10　p397-422,p17-27b
◎参考文献（菊盛英夫）　「夢遊の人々　下」（H.ブロッホ）　筑摩書房　2004.10　p668-669

ブローティガン, R.　Brautigan, Richard〔1935―1984　米　小説家〕
◎参考文献　「リチャード・ブローティガン」（藤本和子）　新潮社　2002.4　p261-265

プロティノス　Plōtinos〔204/205―269/270　哲学〕
◎年譜　「エネアデス〈抄〉2」（プロティノス）　中央公論新社　2007.11　p337-340

ブローデル, F.　Braudel, Fernand〔1902―1985　仏　歴史家〕
◎著作一覧ほか（浜名優美）　「ブローデル伝」（P.ディクス）　藤原書店　2003.2　p685-679

◎小伝ほか（浜名優美）　「入門・ブローデル」（I.ウォーラーステインほか）　藤原書店　2003.3　p228-250
◎参考文献（浜田道夫）　「開かれた歴史学―ブローデルを読む」（I.ウォーラーステインほか）　藤原書店　2006.4　p312-306
◎著作一覧　「日常の歴史　ブローデル歴史集成3」（F.ブローデル）　藤原書店　2007.9　p757-725

フロベール, G.　Flaubert, Gustave〔1821―1880　仏　小説家〕
◎参考文献　「サロメ誕生　フローベール, ワイルド」（工藤庸子）　新書館　2001.5　p243」
◎読書案内　「『感情教育』歴史・パリ・恋愛」（小倉孝誠）　みすず書房　2005.7　p164-165

フロム, E.　Fromm, Erich〔1900―1980　独→米　社会心理〕
◎文献一覧　「エーリッヒ・フロム―希望なき時代の希望」（出口剛司）　新曜社　2002.10　p9-20b

ブロムホフ, J.
◎文献　「ティツィア―日本へ旅した最初の西洋婦人」（R.ベルスマ）　シングルカット社　2003.7　p234-238

ブロンテ, A.　Brontë, Anne〔1820―1849　英　小説家〕
◎参考文献　「アン・ブロンテ―二十一世紀の再評価」（大田美和）　中央大出版部　2007.11　p21-35b

ブロンテ, C.　Brontë, Charlotte〔1816―1855　英　小説家〕
◎参考文献　「シャーロット・ブロンテ論」（中岡洋）　開文社出版　2001.10　p509-530
◎参考文献　「虚構を織る　イギリス女性文学　ラドクリフ、オースティン、C・ブロンテ」（惣谷美智子）　英宝社　2002.8　p337-328
◎年譜　「ジェイン・エア　下」（C.ブロンテ）　光文社　2006.11　p582-584
◎参考文献　「シャーロット・ブロンテの世界―父権制からの脱却　増補版」（白井義昭）　彩流社　2007.5　p281-267

ブロンテ, E.　Brontë, Emily Jane〔1818―1848　英　小説家〕
◎参考文献　「「嵐が丘」の謎を解く」（廣野由美子）　創元社　2001.4　p275-285
◎文献　「『嵐が丘』を読む」（中岡洋）　開文社出版　2003.10　p409-420
○書誌（山田尚子）　「文献探索　2004」（文献探索研究会）　2004.4　p561-564

ブロンテ姉妹　Brontë〔Brontë, Charlotte/ Brontë, Emily Jane/ Brontë, Anne　英　小説家〕
○映画の文献（飯島朋子）　「文献探索　2000」（文献探索研究会）　2001.2　p24-33
◎年譜　「ブロンテ文学の栞―邦文文献目録　下」（飯島朋子）　飯島朋子　2003.1　p50-53
◎「ブロンテ文学の栞―邦文文献目録　2版」（飯島朋子）　飯島朋子　2004.1-3　3冊　B5

◎書誌 「ブロンテ姉妹を学ぶ人のために」(中岡洋ほか) 世界思想社 2005.2 p10-22b
◎「ブロンテ文学の文献目録」(飯島朋子) 日本図書刊行会 2005.4 293p B5
◎補助的資料 「ブロンテ家の人々 下」(J.バーカー) 彩流社 2006.10 p123-126b

フンデルトヴァッサー, F. Hundertwasser, Friedensreich〔1928—2000 墺 画家・建築家〕
◎文献ほか 「フンデルトヴァッサー建築—自然と調和する人間味あふれる建築をめざして 」 タッシェン・ジャパン 2003.4 p304-311

フンボルト, A.v. Humboldt, Alexander, Freiherr von〔1769—1859 独 自然地理・外交官〕
◎年譜 「新大陸赤道地方紀行 上」(アレクサンダー・フォン・フンボルト) 岩波書店(17・18世紀大旅行記叢書 第2期 第9巻) 2001.12 p509-516

フンボルト, K.W. Humboldt, Karl Wilhelm von〔1767—1835 独 言語学・外交官〕
◎略年譜 「フンボルトの言語研究—有機体としての言語」(斉藤渉) 京都大学学術出版会 2001.3 p294-297

【 へ 】

ベイカー, C. Baker, Chesney H.(Chet)〔1929—1988 米 ジャズトランペット奏者・歌手〕
◎参考文献 「チェット・ベイカー—その生涯と音楽」(J.ドフォルク) 現代図書 2005.9 p285」

ベイカー, J. Baker, Josephine〔1906—1975 歌手・舞踊家〕
◎引用文献 「歌姫あるいは闘士—ジョゼフィン・ベイカー」(荒このみ) 講談社 2007.6 p295-297

ペイター, W. Pater, Walter〔1839—1894 英 批評家〕
〇略歴ほか 「大みか英語英文学研究 8」(茨城キリスト教大) 2004.10 p131-134

ベイリー, A. Bailey, Alice A.〔1880—1949 英 神秘主義〕
◎著書一覧 「アリス・ベイリーを読む—エソテリシズムの死生観」(土方三羊) アルテ 2007.8 p185-187

ペイン, T. Paine, Thomas〔1737—1809 米 思想家・著述家〕
◎年表 「トマス・ペイン—国際派革命知識人の生涯」(M.フィルプ) 未來社 2007.7 p230-237

ベヴァリッジ, W.H.B. Beveridge, William Henry Beveridge, 1st Baron, of Tuggal〔1879—1963 英 法律・経済学〕
◎参考文献 「ベヴァリッジの経済思想—ケインズたちとの交流」(小峯敦) 昭和堂 2007.2 p424-448

ペキンパー, S. Peckinpah, Sam〔1925—1984 米 映画監督〕
◎書誌ほか(深川一之) 「サム・ペキンパー」(遠山純生) エスクァイアマガジンジャパン(EM books vol.10) 2001.9 p200-207

ヘクスト, H. Hext, Harrington〔1862—1960 英 作家〕
◎著作リスト(高田朔) 「テンプラー家の惨劇」(H.ヘクスト) 国書刊行会 2003.5 p325-331

ベケット, S. Beckett, Samuel〔1906—1989 仏 小説家・劇作家〕
◎参考文献 「ベケット伝 下巻」(J.ノウルソン) 白水社 2003.6 p32-52b
◎文献 「ベケット巡礼」(堀真理子) 三省堂 2007.3 p322-337

ヘーゲル, G.W.F. Hegel, Georg Wilhelm Friedrich〔1770—1831 独 哲学〕
◎略年譜ほか(栗原隆) 「ヘーゲルを学ぶ人のために」(加藤尚武) 世界思想社 2001.1 p282-298
◎文献 「ヘーゲルの悲劇思想」(小川真人) 勁草書房 2001.2 p5-21b
◎参考文献 「ヘーゲルのフィヒテ批判と一八〇四年の『知識学』」(ルートヴィヒ・ジープ) ナカニシヤ出版 2001.3 p195-198
◎年譜ほか 「ヘーゲル 法の哲学 II」(藤野渉ほか) 中央公論新社 2001.12 p449-460
◎参考文献 「ヘーゲル哲学と無の論理」(高山守) 東京大学出版会 2001.12 p9-13b
◎参考文献 「ヘーゲル—〈他なるもの〉をめぐる思考」(熊野純彦) 筑摩書房 2002.3 p10-17b
◎原注 「深い謎—ヘーゲル、ニーチェとユダヤ人」(Y.ヨベル) 法政大学出版局 2002.3 p277-308
◎文献目録 「自己の水脈—ヘーゲル「精神現象学」の方法と経験」(片山善博) 創風社 2002.4 p284-288
◎略歴 「精神の哲学者ヘーゲル」(岩佐茂ほか) 創風社 2003.4 p1-7b
◎文献 「ヘーゲル哲学体系への胎動—フィヒテからヘーゲルへ」(山内広隆) ナカニシヤ出版 2003.10 p315-318
〇日本語文献目録(山口誠一) 「ヘーゲル哲学研究 10」(ヘーゲル研究会) 2004 p211-154
◎文献紹介 「ヘーゲル 知の教科書」(今村仁司ほか) 講談社 2004.3 p258-259
◎略年譜ほか(大北恭宏) 「論理科学 エンツュクロペディー1」(ヘーゲル) 文芸社 2004.4 p745-764
◎読書案内 「ヘーゲル—生きてゆく力としての弁証法」(栗原隆) NHK出版 2004.9 p119-122
◎文献一覧 「ヘーゲル『精神現象学』を読む」(寄川条路) 世界思想社 2004.11 p131-134
〇文献目録(山田有希子) 「ヘーゲル哲学研究 11」(日本ヘーゲル学会) 2005 p201-196
◎出典一覧 「ヘーゲル「新プラトン主義哲学」注解」(山口誠一ほか) 知泉書館 2005.1 p131-140

◎引用参考文献　「ウェーバーとヘーゲル、マルクス」（吉田浩）　文理閣　2005.5　p482-486
◎参考文献　「ヘーゲルの未来―可塑性・時間性・弁証法」（C.マラブー）　未來社　2005.7　p339-347
◎文献一覧　「『資本』の方法とヘーゲル論理学」（角田修一）　大月書店　2005.8　p263-266
◎参考文献　「意識の歴史と自己意識―ヘーゲル『精神現象学』解釈の試み」（飛田満）　以文社　2005.9　p1-12b
○文献目録（山田有希子）　「ヘーゲル哲学研究 12」（日本ヘーゲル学会）　2006　p218-213
◎文献案内　「初期ヘーゲル哲学の軌跡―断片・講義・書評」（寄川条路）　ナカニシヤ出版　2006.1　p159-162
◎著作目録（滝口清栄）　「ヘーゲルの国家論」（加藤尚武ほか）　理想社　2006.2　p269-283
◎参考文献　「使えるヘーゲル―社会のかたち、福祉の思想」（福吉勝男）　平凡社　2006.6　p191-196
○文献目録（竹島尚仁）　「ヘーゲル哲学研究 13」（日本ヘーゲル学会）　2007　p225-217
◎文献　「ヘーゲルを「活用」する!―自分で考える道具としての哲学」（鷲田小彌太）　彩流社　2007.10　p204-205
◎文献案内　「自然法と国家学講義―ハイデルベルク大学1817・18年」（G.W.F.ヘーゲル）　法政大出版局　2007.11　p52-56b

ベーコン, F.　Bacon, Francis〔1909―1992　英　画家〕
◎年譜ほか　「フランシス・ベイコン《磔刑》―暴力的な現実にたいする新しい見方」（J.ツィンマーマン）　三元社　2006.2　p130-134

ベーコン, F.　Bacon, Francis〔1561―1626　英　哲学・政治〕
◎文献　「顧問官の政治学―フランシス・ベイコンとルネサンス期イングランド」（木村俊道）　木鐸社　2003.2　p9-32b
◎参照文献（川西進）　「ニュー・アトランティス」（ベーコン）　岩波書店　2003.12　p122-125
◎引用文献　「フランシス・ベイコン著『エッセイ』の文体研究」（西岡啓治）　西日本法規出版　2004.3　p117-119
◎年表（服部英次郎）　「ベーコン」（ベーコン）　河出書房新社　2005.1　p480-482

ベスター, A.　Bester, Alfred〔1913―1987　米　SF作家〕
◎著作リスト（中村融）　「願い星、叶い星」（A.ベスター）　河出書房新社　2004.10　p383

ペスタロッチ, J.H.　Pestalozzi, Johann Heinrich〔1746―1827　スイス　教育〕
◎文献　「人間性尊重教育の思想と実践―ペスタロッチ研究序説」（福田弘）　明石書店　2002.11　p283-292
◎参考文献　「ペスタロッチと人権―政治思想と教育思想の連関」（乙訓稔）　東信堂　2003.1　p278-285
◎略年譜　「日本のペスタロッチーたち」（中野光）　つなん出版　2005.2　p213-217
◎文献リスト　「ペスタロッチー・フレーベル事典増補改訂版」（日本ペスタロッチー・フレーベル学会）　玉川大出版部　2006.12　p445-466

ヘッシェル, A.J.　Heschel, Abraham Joshua〔1907―1972〕
◎略年譜　「幸せが猟犬のように追いかけてくる―A.J.ヘッシェルの生涯と思想」（森泉弘次）　教文館　2001.10　p233-245

ヘッセ, H.　Hesse, Hermann〔1877―1962　独　詩人・小説家〕
◎年譜　「自然が語る―ヘルマン・ヘッセの世界」（丹治信義）　渓水社　2002.2　p243-246
◎年譜　「ヘッセの水彩画」（ヘルマン・ヘッセ）　平凡社　2004.9　p104-105
◎年譜（松永美穂）　「車輪の下で」（H.ヘッセ）　光文社　2007.12　p300-303

ヘッセ, K.　Hesse, Konrad〔1919―2005〕
◎著作目録（初宿正典）　「ドイツ憲法の基本的特質」（K.ヘッセ）　成文堂　2006.10　p497-506

ベッテルハイム, B.J.　Bettelheim, Bernard Jean〔1811―1870　宣教師・医者〕
◎原注　「ベッテルハイム―琉球伝道の九年間」（照屋善彦）　人文書院　2004.9　p286-335

ペッテンコーフェル, M.　Pettenkofer, Max Joseph von〔1818―1901　独　衛生学・化学〕
◎略年譜　「知られざる科学者ペッテンコーフェル―環境医学の創始者」（K.ヴィーニンゲル）　風人社　2007.2　p304-307

ヘップバーン, A.　Hepburn, Audrey〔1929―1993　米　映画女優〕
◎出典　「エレガントな女性になる方法―オードリー・ヘップバーンの秘密」（M.ヘルスターン）　集英社　2005.12　3pb

ペテロ　Petros〔?―67/4頃　聖人〕
◎文献案内　「パウロとペテロ」（小河陽）　講談社　2005.5　p244-245

ベートーヴェン, L.v.　Beethoven, Ludwig van〔1770―1827　独　作曲家〕
◎文献　「ベートーヴェン〈不滅の恋人〉の謎を解く」（青木やよひ）　講談社（講談社現代新書　1538）　2001.1　p252-253
◎参照文献　「西洋音楽演奏史論序説―ベートーヴェン　ピアノ・ソナタの演奏史研究」（渡辺裕）　春秋社　2001.6　p95-105b
◎文献略記　「ベートーヴェンの日記」（M.ソロモン）　岩波書店　2001.10　p1-5b
◎参考文献　「ジャズの起源はベートーベンにある」（田幸正邦）　東京図書出版会　2002.7　p226-228
◎参考文献　「第九「初めて」物語」（横田庄一郎）　朔北社　2002.11　p277-281
◎文献（沼屋讓）　「わが不滅の恋人よ」（L.v.ベートーヴェン）　日本図書刊行会　2003.7　p54-56

- ◎参考文献 「ゲーテとベートーヴェン―巨匠たちの知られざる友情」（青木やよひ） 平凡社 2004.11 p250-251
- ◎参考文献 「ベートーヴェンの『第九交響曲』―〈国歌〉の政治史」（E.ブッフ） 鳥影社 2004.12 p382-368
- ◎参考文献 「ベートーヴェン〈不滅の恋人〉の探究―決定版」（青木やよひ） 平凡社 2007.1 p300-302
- ◎文献 「「歓喜に寄せて」の物語―シラーとベートーヴェンの『第九』」（矢羽々崇） 現代書館 2007.3 p368-383
- ◎参考文献 「ベートーヴェンの精神分析」（福島章） 河出書房新社 2007.4 p246-242
- ◎原註ほか 「第九―世界的讃歌となった交響曲の物語」（D.ヒルデブラント） 法政大出版局 2007.12 p490-477

ペトラルカ, F. Petrarca, Francesco 〔1304―1374 伊 詩〕
- ◎参考文献・略年譜 「ペトラルカ―生涯と文学」（近藤恒一） 岩波書店 2002.12 p235-236,p7-11b
- ◎著作目録ほか（池田廉） 「凱旋」（F.ペトラルカ） 名古屋大学出版会 2004.6 p14-31b
- ◎略年譜（近藤恒一） 「ペトラルカ＝ボッカッチョ往復書簡」（F.G.ペトラルカほか） 岩波書店 2006.12 p1-10b

ベネディクト, R. Benedict, Ruth Fulton 〔1887―1948 米 文化人類学〕
- ◎原註 「マーガレット・ミードとルース・ベネディクト―ふたりの恋愛が育んだ文化人類学」（H.ラプスワー） 明石書店 2002.7 p648-696

ベネディクトゥス Benedictus a Nursia, St. 〔480頃―543 キリスト教の聖人〕
- ◎文献 「聖ベネディクトゥス―危機に立つ教師」（坂口昂吉） 南窓社 2003.7 p247-252

ベネディッティ＝ミケランジェリ, A. Benedetti-Michelangeli, Arturo 〔1920―1995〕
- ◎Bibliographie 「ミケランジェリ―ある天才との綱渡り」（C.ガーベン） アルファベータ 2004.6 p223-234

ベーベル, A. Bebel, August 〔1840―1913〕
- ◎年譜ほか 「ベーベルの女性論再考」（昭和女子大学女性文化研究所） 御茶の水書房 2003.3 p6-28b

ヘボン, J.C. Hepburn, James Curtis 〔日本名＝平文 1815―1911 医療宣教師〕
- ◎参考書類 「算学者伊能佐一親子とドクトル・ヘボンの交遊譚話（ものがたり）―横浜随想」（伊藤信夫） 新読書社 2002.3 p219
- ◎略年譜ほか 「ヘボン物語―明治文化の中のヘボン像」（村上文昭） 教文館 2003.10 p271-289
- ◎参考文献 「ヘボン博士の愛した日本」（杉田幸子） いのちのことば社フォレストブックス 2006.3 p153-155

ヘミングウェイ, E. Hemingway, Ernest Miller 〔1899―1961 米 小説家〕
- ◎注文献 「ヘミングウェイのジェンダー　ヘミングウェイ、テクスト再読」（N.R.カムリーほか） 英宝社 2001.7 prr
- ◎文献 「ヘミングウェイと女たち」（石一郎） 南雲堂 2002.11 p237-240
- ◎Works Cited 「欲望を読む―作者性、セクシュアリティ、そしてヘミングウェイ」（D.モデルモグ） 松柏社 2003.6 p382-361
- ○研究（千葉義也ほか） 「ヘミングウェイ研究 4」（日本ヘミングウェイ協会） 2003 p79-115
- ◎書誌（千葉義也ほか） 「ヘミングウェイ研究 5」（日本ヘミングウェイ協会） 2004 p97-153
- ◎書誌（千葉義也） 「ヘミングウェイ研究 6」（日本ヘミングウェイ協会） 2005 p111-177
- ◎年譜ほか 「ヘミングウェイの言葉」（今村楯夫） 新潮社 2005.7 p180-190
- ◎参考文献 「ヘミングウェイ・ヒロインたちの肖像」（日下洋右） 彩流社 2005.10 prr
- ◎参考文献ほか 「ヘミングウェイ　人と文学」（島村法夫） 勉誠出版 2005.11 p219-231
- ○書誌（千葉義也） 「ヘミングウェイ研究 7」（日本ヘミングウェイ協会） 2006.6 p77-106
- ◎年譜（高見浩） 「武器よさらば」（E.ヘミングウェイ） 新潮社 2006.6 p544-545
- ◎基本文献（千葉義也） 「アーネスト・ヘミングウェイの文学」（今村楯夫） ミネルヴァ書房 2006.11 p10-27b
- ○書誌（千葉義也） 「ヘミングウェイ研究 8」（日本ヘミングウェイ協会） 2007.8 p79-107
- ◎年譜 「武器よさらば　下」（ヘミングウェイ） 光文社 2007.8 p301-303
- ◎引用文献 「ヘミングウェイとスペイン内戦の記憶―もうひとつの作家像」（船山良一） 彩流社 2007.11 p10-16b

ヘラー, H. Heller, Hermann 〔1891―1933 独 国法学〕
- ◎参照文献 「ヘルマン・ヘラーと現代―政治の復権と政治主体の形成」（山口利男） 風行社 2002.8 p255-277

ペリー, M.C. Perry, Matthew Calbraith 〔1794―1858 米 遣日特派大使・海軍軍人〕
- ◎参考文献 「ペリー提督　海洋人の肖像」（小島敦夫） 講談社 2005.12 p218-222
- ◎参考文献 「ペリーを訪ねて」（中野昌彦） 東京図書出版会 2006.4 p259-281
- ◎参考文献 「ペリー提督の機密報告書―コンフィデンシャル・レポートと開国交渉の真実」（今津浩一） ハイデンス 2007.10 p213-219

ベル, G. Bell, Gertrude Margaret Lowthian 〔1868―1926 英 アラブ事情専門家・考古学〕
- ◎参考書目ほか 「荒野に立つ貴婦人―ガートルード・ベルの生涯と業績」（田隅恒生） 法政大学出版局 2005.7 p11-18b

ベール, P. Bayle, Pierre〔1647—1706 仏 懐疑論的哲学〕
◎略年譜 「ピエール・ベール伝」(P.デ・メゾー) 法政大学出版局 2005.3 p8-11b

ベルクソン, H.L. Bergson, Henri Louis〔1859—1941 仏 哲学〕
◎参考文献 「ベルクソンの記憶力理論—『物質と記憶』における精神と物質の存在証明」(石井敏夫) 理想社 2001.4 p207-210
◎年譜 「ベルグソン—哲学的直観ほか」(坂田徳男ほか) 中央公論新社 2002.7 p233-243
◎読書案内 「ベルクソン—人は過去の奴隷なのだろうか」(金森修) NHK出版 2003.9 p103-107
◎文献 「ベルクソンと自我—自我論を通して生命と宇宙,道徳と宗教を問う」(伊藤淑子) 晃洋書房 2003.11 p196-201
◎参考文献 「ベルクソンとバシュラール」(M.カリウ) 法政大学出版局 2005.4 p1-5b
◎年表(松浪信三郎) 「ベルグソン」(ベルグソン) 河出書房新社 2005.5 p419-422
◎文献リスト 「未知なるものへの生成—ベルクソン生命哲学」(守永直幹) 春秋社 2006.2 p1-6b
◎著作解題 「ベルクソン読本」(久米博ほか) 法政大出版局 2006.4 p277-311
◎文献案内 「ベルクソン—〈あいだ〉の哲学の視点から」(篠原資明) 岩波書店 2006.10 p188-195
◎文献 「ベルクソン聴診する経験論」(杉山直樹) 創文社 2006.10 p11-18b
◎「ベルクソン書誌—日本における研究の展開」(郡司良夫) 金沢文圃閣 2007.1 256p A5

ベルジャーエフ, N.A. Berdiaev, Nikolai Aleksandrovich〔1874—1948 露 哲学〕
◎文献 「ベルジャーエフ哲学の基本理念—実存と客体化」(R.レスラー) 行路社 2002.6 p229-234

ベルジュイス, M. Velthuijs, Max〔蘭 絵本作家〕
◎作品リスト 「かえるでよかった—マックス・ベルジュイスの生涯と仕事」(J.リンデルス) セーラー出版 2007.9 p224-229

ヘルダー, J.G. Herder, Johann Gottfried von〔1744—1803 独 哲学〕
◎参考文献 「追体験の試み—ヘルダーの『シェイクスピア論』並びにワーズワース研究」(鈴木孝夫) 英宝社 2006.2 p195-213
◎参考文献 「ロゴスからポエジーへ—ヘルダーにおけるロゴスの諸相」(三村利恵) アテネ社 2006.12 p219-226

ヘルダーリン, F. Hölderlin, Johann Christian Friedrich〔1770—1843 独 詩人〕
○研究文献ほか(高橋秀誠ほか) 「ドイツ文学 107」(日本独文会) 2001.10 p155-191
◎文献ほか(武田竜弥) 「省察」(F.ヘルダーリン) 論創社 2003.11 p302-324
◎注ほか 「ヘルダリーン愛の肖像—ディオーティマ書簡」(小磯仁) 岩波書店 2004.7 p283-327
○業績表 「言語文化論究 20」(九州大) 2005.2 p107-108
◎年譜ほか 「ヘルダーリン全集 4 新装版」 河出書房新社 2007.7 p702-709ほか

ベルツ, E. Bälz, Erwin von〔1849—1913 独 医者〕
◎文献ほか 「ベルツ日本文化論集」(エルヴィン・ベルツ) 東海大学出版会 2001.4 p633-638
◎業績ほか 「エルヴィン・ベルツ」(G.ヴェスコヴィ) 文芸社 2001.5 p153-161

ベルナール, S. Bernhardt, Sarah〔1844—1923 仏 女優〕
◎参考文献 「ベル・エポックの肖像—サラ・ベルナールとその時代」(高橋洋一) 小学館 2006.1 p259」

ヘルバルト, J.F. Herbart, Johann Friedrich〔1776—1841 独 哲学・心理学〕
◎参考文献ほか 「初期ヘルバルトの思想形成に関する研究—教授研究の哲学的背景を中心として」(杉山精一) 風間書房 2001.3 p8-51b

ベルベーロワ, N. Berbérova, Nína Nikoláevna〔1901—1993 露 作家・批評家〕
◎主要著作 「亡命文学論—徹夜の塊」(沼野充義) 作品社 2002.2 p150-151

ベルメール, H. Bellmer, Hans〔1902—1975 仏 美術家〕
◎bibliographie 「ハンス・ベルメール 増補新版」(S.アレクサンドリアン) 河出書房新社 2006.6 p91」

ペレケーノス, G.P. Pelecanos, George P.〔1957— 米 ミステリー作家〕
○長篇全解題(高橋知子ほか) 「ミステリマガジン 51.10」(早川書房) 2006.10 p24-27

ペレック, G. Perec, Georges〔1936—1982 仏 記録作家〕
○書誌 「水声通信 2.4.6」(水声社) 2006.4 p121-123

ペロー, C. Perrault, Charles〔1628—1703 仏 詩人・童話作家〕
◎目録 「児童文学翻訳作品総覧 3 フランス・ドイツ編1」(川戸道昭ほか) ナダ出版センター 2005.9 p112-216

ペロー, M. Perrot, Michelle〔1928— 仏 歴史学〕
◎著作一覧(持田明子) 「歴史の沈黙—語られなかった女たちの記録」(M.ペロー) 藤原書店 2003.8 p561-558

ベロー, S. Bellow, Saul〔1915—2005 米 小説家〕
◎参考文献 「ソール・ベロー研究—ベローの文学とアメリカ社会」(坂口佳世子) 成美堂 2003.11 p283-287
◎参考文献 「ソール・ベローの物語意識」(片渕悦久) 晃洋書房 2007.12 p5-17b

ベロウ, N.　Berrow, Norman
　◎作品リスト（森英俊）「魔王の足跡」（N.ベロウ）国書刊行会　2006.1　p369-370

ペロス, G.　Perros, Georges〔1923―1978　仏　詩人・批評家〕
　◎参考文献　「魔法の石板―ジョルジュ・ペロスの方へ」（堀江敏幸）　青土社　2003.12　p285-288

ヘロドトス　Hērodotos〔前485頃―前425頃　希　歴史家〕
　◎参考文献　「アジアの原像　歴史はヘロドトスとともに」（前田耕作）　NHK出版　2003.5　p239-240
　◎参考文献　「ヘロドトスとトゥキュディデス―歴史学の始まり」（桜井万里子）　山川出版社　2006.5　p181-187
　◎文献　「ヘロドトス」（藤縄謙三）　学燈社　2006.6　p13-27b

ベンザー, S.　Benzer, Seymour〔1921―2007　米　分子遺伝学〕
　◎参考文献　「時間・愛・記憶の遺伝子を求めて　生物学者シーモア・ベンザーの軌跡」（J.ワイナー）　早川書房　2001.12　p7-17b

ベンサム, J.　Bentham, Jeremy〔1748―1832　英　法律・倫理〕
　◎参考文献ほか　「ベンサム」（永井義雄）　研究社　2003.3　p274-280
　◎参考文献　「ベンサムの幸福論」（西尾孝司）　晃洋書房　2005.2　p1-5b
　◎参考文献　「社会統治と教育―ベンサムの教育思想」（小松佳代子）　流通経済大出版会　2006.9　p157-166
　◎参考文献　「世界の立法者、ベンサム―功利主義法思想の再生」（戒能通弘）　日本評論社　2007.4　p261-269

ベンヤミン, W.　Benjamin, Walter〔1892―1940　独　哲学〕
　◎年譜・著書目録　「ドイツ悲哀劇の根源」（W.ベンヤミン）　講談社　2001.2　p496-499
　◎文献　「ベンヤミンのアレゴリー的思考」（山口裕之）　人文書院　2003.2　p310-315
　◎原註　「歴史の天使　ローゼンツヴァイク、ベンヤミン、ショーレム」（S.モーゼス）　法政大学出版局　2003.2　p1-15b
　◎参照文献　「痕跡の光学―ヴァルター・ベンヤミンの「視覚的無意識」について」（前川修）　晃洋書房　2004.2　p221-232
　◎参考文献　「モダン・マルクス主義のシンクロニシティ―平林初之輔とヴァルター・ベンヤミン」（菅本康之）　彩流社　2007.1　p327-350
　◎文献　「ベンヤミンの迷宮都市―都市のモダニティと陶酔経験」（近森高明）　世界思想社　2007.3　p266-257

ヘンリー8世　Henry VIII〔1491―1547　英　王〕
　◎参考文献　「王妃の闘い―ヘンリー八世と六人の妻たち」（ダイクストラ好子）　未知谷　2001.6　p315-317

ペンローズ, E.T.　Penrose, Edith Tilton〔1914―1996　英　経済学〕
　◎参考文献　「日本企業の組織行動研究―企業成長の組織的課題」（孟勇）　専修大出版局　2007.2　p221-226

【 ホ 】

ポー, E.A.　Poe, Edgar Allan〔1809―1849　米　詩人・小説家〕
　◎引用文献　「ポーと雑誌文学―マガジニストのアメリカ」（野口啓子、山口ヨシ子）　彩流社　2001.3　p15-21b
　◎年表　「明治の翻訳ミステリー―翻訳編　2　ミステリー小説の成立　復刻版」（川戸道昭、榊原貴教）　五月書房（明治文学復刻叢書）　2001.7　p273-284
　◎文献書誌　「ポオとヴァレリー―明晰の魔の詩学」（L.D.ヴァインズ）　国書刊行会　2002.10　p26-33b
　◎目録　「児童文学翻訳作品総覧　7　アメリカ編」（川戸道昭ほか）　ナダ出版センター　2006.3　p132-193
　◎年譜　「黒猫　モルグ街の殺人―他6編」（E.A.ポー）　光文社　2006.10　p208-214
　◎参考文献　「ポーからジュール・ヴェルヌ、ランボーへ―冒険物語の系譜をたどる」（高岡厚子）　多賀出版　2007.3　p1-5b
　◎引用文献　「後ろから読むエドガー・アラン・ポー―反動とカラクリの文学」（野口啓子）　彩流社　2007.5　p16-24b

ボアズ, F.　Boas, Franz〔1858―1942　米　文化人類学〕
　◎引用参考文献　「革命期メキシコ・文化概念の生成―ガミオ-ボアズ往復書簡の研究」（大村香苗）　新評論　2007.2　p314-331

ポイカート, D.　Peukert, Detlev J.K.〔1950―1990　ナチズム研究〕
　◎著作目録（木村靖二ほか）　「ナチス・ドイツ―ある近代の社会史―ナチ支配下の「ふつうの人びと」の日常　改装版」（D.ポイカー）　三元社　2005.9　p32-33b

ホイジンガ, J.　Huizinga, Johan〔1872―1945　蘭　歴史家〕
　◎参考文献　「中世の秋　2」（ホイジンガ）　中央公論新社（中公クラシックス）　2001.5　p439-441

ホイットマン, W. Whitman, Walt 〔1819—1892 米 詩人〕
◎注ほか 「ウォルト・ホイットマンの世界」（田中礼） 南雲堂 2005.5 p321-330
◎年譜 「ホイットマンと19世紀アメリカ」（吉崎邦子ほか） 開文社出版 2005.5 p321-327
◎年譜（飯野友幸） 「おれにはアメリカの歌声が聴こえる―草の葉（抄）」（ホイットマン） 光文社 2007.6 p181-184

ボウエン, E. Bowen, Elizabeth Dorothea Cole 〔1899—1973 英 作家〕
◎略年譜（太田良子） 「あの薔薇を見て―ボウエン・ミステリー短編集」（E.ボウエン） ミネルヴァ書房 2004.8 p333-335

ボーヴォワール, S.d. Beauvoir, Simone de 〔1908—1986 仏 作家・批評家〕
◎引照文献 「ボーヴォワール―女性知識人の誕生」（T.モイ） 平凡社 2003.8 p603-586
◎関連書誌 「世紀の恋人―ボーヴォワールとサルトル」（C.セール＝モンテーユ） 藤原書店 2005.6 p343-350

ホーガン, J.P. Hogan, James Patrick 〔1941— 英 SF作家〕
◎著作リスト 「揺籃の星 下」（J.P.ホーガン） 東京創元社 2004.7 p381-382

ホーキング, S.W. Hawking, Stephen William 〔1942— 英 物理学〕
◎参考文献 「ホーキング虚時間の宇宙―宇宙の特異点をめぐって」（竹内薫） 講談社 2005.7 p225-229

ホークス, J. Hawkes, John Clendennin Burne, Jr. 〔1925—1998 米 小説家〕
◎著作リスト 「ジョン・ホークス作品集 3 ブラッド・オレンジ」（迫光） 彩流社 2001.10 p346」

ボザンケ, B. Bosanquet, Bernard 〔1848—1923 哲学〕
◎参考文献 「イギリス理想主義の政治思想―バーナード・ボザンケの政治理論」（芝田秀幹） 芦書房 2006.2 p314-332

ボース, R.B. Bose, Rash Behari 〔1886—1945〕
◎引用文献 「中村屋のボース―インド独立運動と近代日本のアジア主義」（中島岳志） 白水社 2005.4 p1-6b

ボズウェル, J. Boswell, James 〔1740—1795 英 伝記〕
〇文献目録（藤井哲） 「福岡大学研究部論集 A 人文科学編 2.9」（福岡大） 2003.3 p105-221
◎「日本におけるサミュエル・ジョンソンおよびジェイムズ・ボズウェル文献目録―1871-2005」（藤井哲） ナダ出版センター 2006.6 310p B5

ボストン, L.M. Boston, Lucy Maria 〔1892—1990 英 童話作家〕
◎著作一覧ほか（立花美乃里ほか） 「メモリー―ルーシー・M・ボストン自伝」（L.M.ボストン） 評論社 2006.5 p468-469

ホーソーン, N. Hawthorne, Nathaniel 〔1804—1864 米 小説家〕
◎年表 「蜘蛛の呪縛―ホーソーンとその親族」（グロリア・C.アーリッヒ） 開文社出版 2001.9 p9-12f
◎参考文献ほか 「ホーソーンの作品における女性像」（山本典子） 渓水社 2001.9 p189-194
◎注文献 「緋文字の断層」（斎藤忠利） 開文社出版 2001.10 prr
◎参考文献 「セイレムは私の住み処―ナサニエル・ホーソーン伝」（E.H.ミラー） 近代文芸社 2002.5 p534-519
◎参考文献 「アレゴリー解体―ナサニエル・ホーソーン作品試論」（増永俊一） 英宝社 2004.3 p215-235
◎文献一覧 「ホーソーン・《緋文字》・タペストリー」（入子文子） 南雲堂 2004.12 p481-465
◎年譜 「ホーソーンの軌跡―生誕200年記念論集」（川窪啓資） 開文社出版 2005.5 p361-316
◎参考文献（齊藤昇） 「わが旧牧師館への小径」（N.ホーソーン） 平凡社 2005.12 p138-140
◎目録 「児童文学翻訳作品総覧 7 アメリカ編」（川戸道昭ほか） ナダ出版センター 2006.3 p96-129
◎年譜ほか 「ナサニエル・ホーソーン事典」（R.L.ゲイル） 雄松堂出版 2006.6 p744-769

ポター, B. Potter, Beatrix 〔1866—1943 英 絵本作家〕
◎年譜 「ピーターラビットの世界―ヴィクトリア＆アルバート美術館所蔵原画を中心として―世界巡回展 出版100年記念」（ブレーントラスト） 「ピーターラビットの世界展」カタログ委員会 c2002 p106-111
◎文献 「ピーターラビットと歩くイギリス湖水地方―ワーズワース＆ラスキンを訪ねて」（伝農浩子） JTBパブリッシング 2005.4 p204-205
◎「Beatrix Potter collection文献目録―大東文化大学図書館・英米文学科所蔵」 大東文化大 2006.3 18p A4
◎年譜 「「ピーターラビット」の丘から―ビアトリクス・ポター」（M.S.ユアン） 文溪堂 2006.12 p122-125
◎出版物ほか 「ミス・ポターの夢をあきらめない人生―"ピーターラビット"の生みの親」（伝農浩子） 徳間書店 2007.9 p140-142
◎参考文献 「ビアトリクス・ポター―ピーターラビットと大自然への愛」（L.リア） ランダムハウス講談社 2007.11 p630-623

ボッカッチョ, G. Boccaccio, Giovanni〔1313—1375 伊 詩人・人文〕
◎略年譜(近藤恒一) 「ペトラルカ=ボッカッチョ往復書簡」(F.G.ペトラルカほか) 岩波書店 2006.12 p1-10b

ホック, E.D. Hoch, Edward D.〔1930—2008 米 推理小説家〕
◎チェックリスト(木村仁良) 「怪盗ニックを盗め」(E.D.ホック) 早川書房 2003.8 p388-399
◎チェックリスト(木村二郎) 「怪盗ニックの事件簿」(E.D.ホック) 早川書房 2003.11 p307-318
◎チェックリスト(木村仁良) 「怪盗ニック対女怪盗サンドラ」(E.D.ホック) 早川書房 2004.7 p405-416
◎作品集ほか(木村仁良) 「サム・ホーソーンの事件簿 5」(E.D.ホック) 東京創元社 2007.6 p446-460

ホッグ, J. Hogg, James〔1770—1835 英 詩人・小説家〕
◎引用文献 「エトリックの羊飼い、或いは、羊飼いのレトリック」(高橋和久) 研究社 2004.8 p334-344

ボッティチェリ, S. Botticelli, Sandro〔1445—1510 伊 画家〕
◎参考文献 「ボッティチェッリ全作品」(高階秀爾ほか) 中央公論美術出版 2005.11 p322-323
◎読書案内 「『ヴィーナスの誕生』視覚文化への招待」(岡田温司) みすず書房 2006.4 p157-164

ホッファー, E. Hoffer, Eric〔1902—1983 米 社会思想家〕
◎文献ほか 「エリック・ホッファー・ブック」(作品社編集部) 作品社 2003.10 p207-212

ホッブズ, T. Hobbes, Thomas〔1588—1679 英 哲学・政治〕
◎文献 「ホッブズからヘーゲルへ—全体論の可能性」(高橋一行) 信山社(SBC学術文庫69) 2001.1 p229-236
◎年表(水田洋) 「ホッブズ」(ホッブズ) 河出書房新社 2005.1 p513-514
◎文献目録 「ホッブズ政治と宗教—『リヴァイアサン』再考」(梅田百合香) 名古屋大学出版会 2005.10 p15-29b
◎参考文献ほか 「ホッブズ」(田中浩) 清水書院 2006.4 p213-222

ボーデルシュヴィング, F.v. Bodelschwingh, Friedrich von〔1877—1946〕
◎参考文献 「福祉の町ベーテル—ヒトラーから障害者を守った牧師父子の物語」(橋本孝) 五月書房 2006.3 p215-217

ボテロ, F. Botero, Fernando〔1932— コロンビア 画家・彫刻家〕
◎参考文献 「フェルナンド・ボテロ」(M.ハンシュタイン) タッシェン・ジャパン 2007.6 p96」

ボテロ, J. Bottéro, Jean〔1914— 仏 歴史学〕
◎著作一覧 「最古の宗教—古代メソポタミア」(ジャン・ボテロ) 法政大学出版局(りぶらりあ選書) 2001.9 p5-6b

ボードリヤール, J. Baudrillard, Jean〔1929—2007 仏 社会学〕
◎主要著作(宇京頼三) 「ハイパーテロルとグローバリゼーション」(J.ボードリヤールほか) 岩波書店 2004.9 p133-134
◎略年譜ほか 「ボードリヤールという生きかた」(塚原史) NTT出版 2005.4 p237-242
◎読書案内ほか 「ジャン・ボードリヤール」(R.J.レイン) 青土社 2006.4 p235-261

ボードレール, C.P. Baudelaire, Charles Pierre〔1821—1867 仏 詩人〕
◎略年譜 「ボードレール—魂の原風景」(中堀浩和) 春風社 2001.3 p303-331
◎書誌 「ボードレールの迷宮」(堀田敏幸) 沖積舎 2001.7 p272-278
◎原注 「ボードレール伝」(H.トロワイヤ) 水声社 2002.12 p347-361
◎註 「シャルル・ボードレール」(C.ピショワほか) 作品社 2003.2 p785-858
◎略年表 「迷宮の誘惑・ボードレール」(堀田敏幸) 沖積舎 2006.9 p316-319

ホーナング, E.W. Hornung, Ernest William〔1866—1921 英 小説家〕
◎参考文献(住田忠久) 「最後に二人で泥棒を—ラッフルズとバニーIII」(E.W.ホーナング) 論創社 2005.3 p276-277

ボヌフォワ, Y. Bonnefoy, Yves〔1923— 仏 詩人〕
◎書誌ノート(阿部良雄) 「ありそうもないこと—存在の詩学」(Y.ボヌフォア) 現代思潮新社 2002.8 p385-358
◎参考文献ほか 「フランス現代詩の風景—イヴ・ボヌフォワを読む」(小倉和子) 立教大学出版会 2003.3 p241-210

ポパー, K.R. Popper, Karl Raimund〔1902—1994 英 科学哲学〕
◎著作目録 「哲学と現実世界—カール・ポパー入門」(ブライアン・マギー) 恒星社厚生閣 2001.2 p157-160
◎文献目録(井上一夫ほか) 「批判的合理主義 2 応用的諸問題」(ポパー哲学研究会) 未来社 2002.8 p334-376
◎参考文献(二木麻里) 「ポパーとウィトゲンシュタインとのあいだで交わされた世上名高い一〇分間の大激論」(D.エズモンズほか) 筑摩書房 2003.1 p379-383
◎文献抄録 「果てしなき探求—知的自伝 下」(K.R.ポパー) 岩波書店 2004.3 p3-16b

ホフマン, E.T.A. Hoffmann, Ernst Theodor Amadeus〔1776―1822 独 小説家〕
　◎参考文献ほか　「ロマン主義の自我・幻想・都市像―E.T.A.ホフマンの文学世界」（木野光司）　関西学院大学出版会　2002.3　p386-405
　◎読書案内　「ホフマンと乱歩―人形と光学器械のエロス」（平野嘉彦）　みすず書房　2007.2　p128-132

ホーマンズ, G.C. Homans, George Caspar〔1910―1989 米 社会学〕
　◎参考文献　「交換の社会学―G・C・ホーマンズの社会行動論」（橋本茂）　世界思想社　2005.3　p278-288

ボーム, L.F. Baum, Lyman Frank〔1856―1919 米 作家〕
　◎定番四〇篇（巽孝之）　「オズのふしぎな魔法使い」（L.F.ボーム）　松柏社　2003.9　p256-259

ホームズ, A. Holmes, Arthur〔1890―1965 英 岩石学〕
　◎精選文献　「地質学者アーサー・ホームズ伝―地球の年齢を決めた男」（C.ルイス）　古今書院　2003.6　p278-283

ホームズ, O.W. Holmes, Oliver Wendell〔1841―1935〕
　◎文献一覧　「裁判官ホームズとプラグマティズム―〈思考の自由市場〉論における調和の霊感」（金井光生）　風行社　2006.2　p455-471

ホメーロス　Homēros〔前750頃―前700頃 希 詩人〕
　◎参考文献　「ホメロス」（ジャクリーヌ・ド・ロミーイ）　白水社（文庫クセジュ　838）　2001.4　p1-3
　◎参考文献　「イーリアス　上」（ホメーロス）　平凡社　2003.7　p588-590
　◎参考文献ほか（沓掛良彦）　「ホメーロスの諸神讃歌」（ホメーロス）　筑摩書房　2004.7　p482-486
　◎参考文献　「ヘレニズムの詩とホメーロス―アポローニオス・ロディオス研究」（高橋通男）　慶應義塾大出版会　2005.3　p306-311
　◎参考文献　「自修ホメーロス―イーリアス第22巻」（長谷部英吾）　リーベル出版　2005.12　p51-60

ボーモント, F. Beaumont, Francis〔1584/85―1616 英 劇作家〕
　◎作品一覧表　「フランシス・ボーモント　ぴかぴかすりこぎ団の騎士」（大井邦雄）　武田書房　2006.6　p46-69

ホラティウス　Horatius Flaccus, Quintus〔前65―8 ローマ 詩人〕
　◎年表　「ホラティウス人と作品」（鈴木一郎）　玉川大学出版部　2001.12　p194-198

ボーランド, J. Borland, John〔1913―1976 英 作家〕
　◎作品一覧（尾之上浩司）　「紳士同盟」（J.ボーランド）　早川書房　2006.6　p188-190

ポランニー, K. Polanyi, Karl〔1886―1964 ハンガリー 経済学・歴史学〕
　◎参照文献　「カール・ポランニーの社会哲学―「大転移」以後」（佐藤光）　ミネルヴァ書房　2006.4　p299-313

ボリーバル, S. Bolívar, Simón〔1783―1830 独立運動指導者〕
　◎略年譜　「シモン・ボリーバル―ラテンアメリカ独立の父」（神代修）　行路社　2001.11　p207-216

ホール, S. Hall, Stuart〔1932― 英 文化理論〕
　◎読書案内ほか　「スチュアート・ホール」（J.プロクター）　青土社　2006.2　p225-255

ボルカー, P. Volcker, Paul A.〔1927― 〕
　◎参考文献　「ポール・ボルカー」（J.トリスター）　日本経済新聞社　2005.1　p208-210

ポルシェ, F. Porsche, Ferdinand〔1875―1951 墺 技師〕
　◎参考文献　「ポルシェの生涯―その時代とクルマ」（三石善吉）　グランプリ出版　2007.10　p189-190

ボルタンスキー, C. Boltanski, Christian〔1944― 仏 インスタレーション作家〕
　◎註ほか　「クリスチャン・ボルタンスキ―死者のモニュメント」（湯沢英彦）　水声社　2004.7　p291-309

ボルツマン, L. Boltzmann, Ludwig〔1844―1906 墺 物理学〕
　◎文献　「ボルツマンの原子　理論物理学の夜明け」（D.リンドリー）　青土社　2003.3　p306-310

ポルトマン, A. Portmann, Adolf〔1897―1982 スイス 動物学〕
　◎著作目録　「生物学から人間学へ―ポルトマンの思索と回想　新装版」（A.ポルトマン）　新思索社　2006.3　p298-300

ボルノー, O.F. Bollnow, Otto Friedrich〔1903―1991 独 哲学・教育学〕
　◎参考文献　「ヤスパース教育哲学序説―ボルノーからヤスパースへ―自己生成論の可能性」（豊泉清浩）　川島書店　2001.10　p345-361

ホルバイン, H. Holbein, Hans〔1497―1543 独 画家〕
　◎略号一覧　「ホルバインの生涯」（海津忠雄）　慶應義塾大出版会　2007.11　p329-334

ボルヒェルト, W. Borchert, Wolfgang〔1921―1947 独 詩人・小説家〕
　◎参考文献　「ヴォルフガング・ボルヒェルト―その生涯と作品」（加納邦光）　鳥影社・ロゴス企画　2006.7　p1-4b

ボルヘス, J.L. Bórges, Jorge Luis〔1899―1986 アルゼンチン 詩人・小説家〕
　◎訳注文献（竹村文彦）　「ボルヘスの「神曲」講義」（J.L.ボルヘス）　国書刊行会　2001.5　p131-164
　◎編者注ほか　「ボルヘス、文学を語る―詩的なるものをめぐって」（鼓直）　岩波書店　2002.2　p179-210

ホルヘハ／ポルムベスク, C. Porumbescu, Ciprian 〔1853—1883〕
◎文献目録　「ボルヘス伝」（平野幸彦）　白水社　2002.8　p5-12b

ホルヘ・パドロン, J. Jorge Padrón, Just 〔1943—　西　詩人・作家〕
◎著作ほか　「地獄の連環」（フスト＝ホルヘ・パドロン）　澪標　2001.9　p123-126

ポルムベスク, C. Porumbescu, Ciprian 〔1853—1883〕
◎参考文献　「遙かなる望郷のバラード―チプリアン・ポルムベスク正伝」（竹内祥子）　ショパン　2001.3　p192-193

ホーレー, F. Hawley, Frank 〔1906—1961　英　教育者〕
◎参考文献ほか　「書物に魅せられた英国人―フランク・ホーレーと日本文化」（横山学）　吉川弘文館　2003.10　p185-197

ホロヴィッツ, V. Horowitz, Vladimir 〔1904—1989　米　ピアニスト〕
◎年譜ほか　「ウラディーミル・ホロヴィッツ―あるピアニストの神話」（パトリック・ブリュネル）　ヤマハミュージックメディア　2001.3　p126-145
◎年譜　「ホロヴィッツの夕べ　新装版」（デヴィッド・デュバル）　青土社　2001.5　p401-405

ポロック, J. Pollock, Jackson 〔1912—1956　米　画家〕
◎年譜ほか　「ジャクソン・ポロック―1912-1956」（L.エマリング）　タッシェン・ジャパン　2006.9　p92-96
◎文献　「ジャクソン・ポロック　新版」（藤枝晃雄）　東信堂　2007.6　p237-246

ボワイエ, R. Boyer, Regis 〔1932—　仏〕
◎主著一覧　「ヴァイキングの暮らしと文化」（R.ボワイエ）　白水社　2001.11　p4b

ホワイト, G. White, G
○邦文書誌（大森一彦）　「文献探索　2003」（文献探索研究会）　2003.12　p104-109

ポワンカレ, J.H. Poincaré, Jules Henri 〔1854—1912　仏　数学〕
◎文献　「アインシュタイン、特殊相対論を横取りする」（J.ラディック）　丸善　2005.9　p191-194

ボーンスタイン, K. Bornstein, Kate
◎参考文献　「隠されたジェンダー」（K.ボーンスタイン）　新水社　2007.9　p256-258

ボンヘッファー, D. Bonhoeffer, Dietrich 〔1906—1945　独　神学〕
◎参考文献　「服従と抵抗への道―ボンヘッファーの生涯　新版」（森平太）　新教出版社　2004.11　p1-5b
◎参考文献　「告白と抵抗―ボンヘッファーの十字架の神学」（森野善右衛門）　新教出版社　2005.11　p247-250
◎文献目録　「キリストの現実に生きて―ナチズムと戦い抜いたボンヘッファー神学の全体像」（鈴木正三）　新教出版社　2006.3　p396-405
◎参考文献　「ボンヘッファーとその時代―神学的・政治学的考察」（宮田光雄）　新教出版社　2007.5　p412-416

【 マ 】

マイヨール, A. Maillol, Aristide 〔1861—1944　仏　彫刻家〕
◎引用文献・出典　「マイヨール」（氷見野良三）　グラフ社　2001.11　p273-270

マインツ, R. Mayntz, Renate 〔1929—　〕
◎引用文献目録　「社会制御の行政学　マインツ行政社会学の視座」（原田久）　信山社　2000.11　p214-221

マーカー, R.E. Marker, Russell E. 〔1902—1995〕
◎略年譜ほか　「ピル誕生の仕掛け人―奇才化学者ラッセル・マーカー伝」（内林政夫）　化学同人　2001.9　p240-249

マキァヴェリ, N.B. Machiavelli, Niccolò Bernardo dei 〔1469—1527　伊　政治家〕
◎参考文献（服部文彦）　「君主論」（マキアヴェリ）　中央公論新社（中公クラシックス）　2001.4　p240-243
◎文献　「君主論」（マキアヴェッリ）　岩波書店（ワイド版岩波文庫　190）　2001.8　p1-3b
◎参考文献　「マキアヴェッリ―転換期の危機分析」（ルネ・ケーニヒ）　法政大学出版局（叢書・ウニベルシタス　730）　2001.11　p9-13b
◎研究史　「マキァヴェッリ全集　補巻　研究、年譜・年表、索引」（N.マキァヴェッリ）　筑摩書房　2002.3　p175-205
◎参考文献　「マキアヴェリ、イタリアを憂う」（澤井繁男）　講談社　2003.9　p232-234
○著作ほか（大久保歩）　「文献探索　2004」（文献探索研究会）　2004.4　p385-396
◎年表（佐々木毅）　「君主論」（N.マキアヴェッリ）　講談社　2004.12　p204-208
◎文献　「マキァヴェッリの拡大的共和国―近代の必然性と「歴史解釈の政治学」」（厚見恵一郎）　木鐸社　2007.3　p437-496

マキャモン, R.R. McCammon, Robert R. 〔1952—　米　作家〕
◎作品案内（二宮馨）　「魔女は夜ささやく　下」（R.R.マキャモン）　文藝春秋　2003.8　p378-391

マキリップ, P.A. McKillip, Patricia Ann 〔1948—　米　ファンタジー作家〕
◎著作リスト（井辻朱美）　「影のオンブリア」（P.A.マキリップ）　早川書房　2005.3　p397-398

マクガハン, J.　McGahern, John〔1934—2006　アイルランド　小説家〕
　◎著作リスト　「小道をぬけて」（J.マクガハン）　国書刊行会　2007.5　p275-276
マクシェーン, M.　McShane, Mark〔1930—　作家〕
　◎著作リスト（小山正）　「雨の午後の降霊会」（M.マクシェーン）　東京創元社　2005.5　p237-240
マクタガート, J.M.　M'Taggart, John M.Ellis〔1866—1925　英　哲学〕
　◎文献案内　「時間は実在するか」（入不二基義）　講談社　2002.12　p306-311
マーク-トウェイン　Mark Twain〔1835—1910　米　小説家〕
　◎書誌　「マーク・トウェイン—研究と批評　1」（井川真砂）　南雲堂　2002.4　p119-121
　◎単行本邦訳一覧（野川浩美）　「マーク・トウェイン新研究—夢と晩年のファンタジー　マーク・トウェインコレクション20」（有馬容子）　彩流社　2002.4　p273-289
　◎書誌（井川真砂）　「マーク・トウェイン研究と批評　2」（南雲堂）　2003.4　p114-117
　◎翻訳書（大久保博）　「王子と乞食」（M.トウェイン）　角川書店　2003.5　p526」
　◎書誌（井川眞砂）　「マーク・トウェイン研究と批評　3」（日本マークトウェイン協会）　2004.4　p111-117
　◎文献　「旅行記作家マーク・トウェイン—知られざる旅と投機の日々」（飯塚英一）　彩流社　2006.1　p243-247
　◎目録　「児童文学翻訳作品総覧　7　アメリカ編」（川戸道昭ほか）　ナダ出版センター　2006.3　p274-345
　◎書誌　「トウェインとケイブルのアメリカ南部—近代化と解放民のゆくえ」（杉山直人）　彩流社　2007.10　p253-258
マクドナルド, G.　Macdonald, George〔1824—1905　英　小説家・詩人〕
　◎作品（中村妙子）　「北風のうしろの国」（G.マクドナルド）　早川書房　2005.9　p486-488
マクファースン, C.B.　Macpherson, Crawford Brough〔1911—　〕
　◎参考文献　「現代世界と民主的変革の政治学—ラスキマクファースンミリバンド」（小松敏弘）　昭和堂　2005.10　p404-418
マクフィー, C.　McPhee, Colin〔1901—1964　加　作曲家〕
　◎参考文献　「魅せられた身体—旅する音楽家コリン・マクフィーとその時代」（小沼純一）　青土社　2007.12　p314-321
マクベイン, E.　McBain, Ed〔1926—2005　米　小説家〕
　◎著作リスト（早川書房編集部）　「エド・マクベイン読本」（直井明）　早川書房　2000.11　p342-351
　◎著作リスト　「マネー、マネー、マネー」（エド・マクベイン）　早川書房　2002.9　p290-294
　◎著作リスト　「ミステリマガジン　47.12」（早川書房）　2002.12　p156-159
　◎著作リスト　「ミステリマガジン　50.10」（早川書房）　2005.10　p52-56
　◎全作品リスト　「最後の旋律」（E.マクベイン）　早川書房　2006.5　p238-243
マグリット, R.　Magritte, René〔1898—1967　ベルギー　画家〕
　◎年譜ほか　「ルネ・マグリット　1898-1967」（J.ムーリ）　タッシェン・ジャパン　2001.5　p210-214
　◎参考文献　「フーコーの投機体験—『これはパイプでない』探求」（鈴木繁夫）　渓水社　2005.3　p434-440
　◎bibliographie　「ルネ・マグリット　増補新版」（R.パスロン）　河出書房新社　2006.5　p90-91
マクルーハン, H.M.　McLuhan, Herbert Marshall〔1911—1980　加　社会学〕
　◎参考文献　「メディアの予言者　マクルーハン再発見」（服部桂）　廣済堂出版　2001.5　p231」
　◎文献目録ほか　「マクルーハン」（W.テレンス・ゴードン）　筑摩書房（ちくま学芸文庫ヒ4-1）　2001.12　p147-214
　◎文献　「マクルーハンの贈り物—インターネット時代のメディアを読み解く」（中田平）　海文堂出版　2003.8　p179-180
マザッチオ　Masaccio, Tomasso Guidi〔1401—1428　伊　画家〕
　◎参照文献　「マザッチオ—ルネサンス絵画の創始者」（佐々木英也）　東京大学出版会　2001.12　p329-336
マシャード・デ・アシス, J.M.　Machado de Assis, Joaquim Maria〔1839—1908　ブラジル　作家・詩人〕
　◎作品　「ドン・カズムーロ」（マシャード・デ・アシス）　彩流社　2002.2　p377-378
マーシャル, A.　Marshall, Alfred〔1842—1924　英　経済〕
　◎参考文献　「マーシャル国際経済学」（斧田好雄）　晃洋書房　2006.9　p209-213
　◎参考文献　「マーシャルと歴史学派の経済思想」（西沢保）　岩波書店　2007.3　p609-635
　◎参考文献　「経済の法則とは何か—マーシャルと現代」（J.サットン）　麗澤大出版会　2007.10　p214-221
マーシュ, N.　Marsh, Ngaio〔1899—1982　英　探偵小説作家〕
　◎全作品（岩佐薫子）　「アレン警部登場」（N.マーシュ）　論創社　2005.4　p279-281
　◎著作リスト　「道化の死」（N.マーシュ）　国書刊行会　2007.11　p378-380
マシュラー, T.　Maschler, Tom〔1933—　英　編集者〕
　◎ブックガイド（麻生九美）　「パブリッシャー—出版に恋をした男」（T.マシュラー）　晶文社　2006.9　p386-390

マスターズ, E.L.　Masters, Edgar Lee〔1869—1950　米　詩人〕
◎著作ほか（岸本茂和）　「スプーンリバー詞花集―完訳」（E.L.マスターズ）　朝日出版社　2004.2　p529-533

マズロー, A.H.　Maslow, Abraham Harold〔1908—1970　米　心理学〕
◎文献リスト　「完全なる経営」（A.H.マズロー）　日本経済新聞社　2001.12　p429-437
◎文献　「マズローの人間論―未来に贈る人間主義心理学者のエッセイ」（E.ホフマン）　ナカニシヤ出版　2002.4　p261-260

マゼラン, F.　Magellan, Ferdinand〔1480頃—1521　ポルトガル　航海者〕
◎史料　「マゼランと初の世界周航の物語」（伊東章）　鳥影社　2003.7　p351」
◎文献　「マゼラン―世界分割を体現した航海者」（合田昌史）　京都大学術出版会　2006.3　p359-376

マッカイ, B.　Mackaye, Benton〔1879—1975〕
◎参考文献　「21世紀の環境創造を考える―ベントン・マッカイの地域思想―自然保全と共生する都市を目指して」（奥田孝次）　鹿島出版会　2004.7　p377-382

マッカーサー, D.　MacArthur, Douglas〔1880—1964　米　陸軍軍人〕
◎参考文献　「マッカーサー伝説」（工藤美代子）　恒文社　2001.11　p297-299
◎主要文献（福島鋳郎）　「図説マッカーサー」（袖井林二郎ほか）　河出書房新社　2003.10　p142-147
◎参考文献ほか　「マッカーサーの二千日　改版」（袖井林二郎）　中央公論新社　2004.7　p401-409,420-433
◎参考文献　「國破れてマッカーサー」（西鋭夫）　中央公論新社　2005.7　p573-587

マッギン, C.　McGinn, Colin〔1950—　英　哲学〕
◎著作リスト　「意識の〈神秘〉は解明できるか」（コリン・マッギン）　青土社　2001.8　p263」

マッハ, E.　Mach, Ernst〔1838—1916　墺　物理学・哲学〕
◎著作目録ほか　「思想史のなかのエルンスト・マッハ―科学と哲学のあいだ」（今井道夫）　東信堂　2001.11　p227-233
◎参考文献　「マッハとニーチェ―世紀転換期思想史」（木田元）　新書館　2002.2　p344-352

マップ, W.　Map, Walter〔1140頃—1205　英　詩人・聖職者〕
◎関連文献　「ジャンキンの悪妻の書―中世のアンティフェミニズム文学伝統」（W.マップ）　南雲堂フェニックス　2006.7　p113-124

マティス, H.　Matisse, Henri〔1869—1954　仏　画家〕
◎参考文献　「アンリ・マチスの「誕生」―画家と美術評論の関係の解明」（大久保恭子）　晃洋書房　2001.4　p8-29b
◎同時代文献　「マティス展」（田中正之ほか）　読売新聞東京本社　2004　p245-259

マーティン, G.R.R.　Martin, George R.R.〔1948—　米　SFファンタジー作家〕
○著作リスト（酒井昭伸）　「SFマガジン 45.12」（早川書房）　2004.12　p84-88

マードック, I.　Murdoch, Iris〔1919—1999　英　小説家〕
◎邦訳著書（小沢瑞穂）　「作家が過去を失うとき―アイリスとの別れ 1」（J.ベイリー）　朝日新聞社　2002.10　p233-234
◎引用文献　「ロレンスとマードック―父性的知と母性的知」（野口ゆり子）　彩流社　2004.5　p219-226

マートン, T.　Merton, Thomas〔1915—1968　米　詩人・司祭・社会評論家〕
◎参考文献　「トマス・マートンの詩と霊性」（木鎌安雄）　南窓社　2003.2　p257-268

マハン, A.T.　Mahan, Alfred Thayer〔1840—1914　米　海軍軍人・歴史家〕
◎参考文献　「マハン」（山内敏秀）　芙蓉書房出版　2002.3　p336-338

マヤコフスキイ, V.V.　Mayakovskii, Vladimir Vladimirovich〔1893—1930　露　詩人〕
◎文献　「新版マヤコフスキイ・ノート」（水野忠夫）　平凡社　2006.12　p605-598

マーラー, G.　Mahler, Gustav〔1860—1911　墺　作曲家・指揮者〕
◎参考文献　「マーラーと世紀末ウィーン」（渡辺裕）　岩波書店　2004.2　p237-245
◎作品一覧　「マーラー」（村井翔）　音楽之友社　2004.6　p16-21b
◎参考文献　「マーラー交響曲のすべて」（C.フロロス）　藤原書店　2005.6　p447-454

マラルメ, S.　Mallarmé, Stéphane〔1842—1898　仏　詩人〕
◎書誌　「マラルメ伝―絶対と日々」（J.L.ステンメッツ）　筑摩書房　2004.10　p12-30b
◎書誌　「マラルメの想像的宇宙」（J.P.リシャール）　水声社　2004.12　p703-719
◎参考文献　「生成するマラルメ」（柏倉康夫）　青土社　2005.11　p1-16b

マリア　Maria〔紀元前後　イエス・キリストの母〕
◎注　「聖母のルネサンス―マリアはどう描かれたか」（石井美樹子）　岩波書店　2004.9　prr
◎参考文献　「聖女の条件―万能の聖母マリアと不可能の聖女リタ」（竹下節子）　中央公論新社　2004.11　p305-306

マリア（マグダラの）　Maria Magdalena 〔1世紀〕
　◎参考文献　「マグダラのマリア―エロスとアガペーの聖女」（岡田温司）　中央公論新社　2005.1　p238-239
　◎参考文献　「イエスが愛した聖女―マグダラのマリア」（M.マイヤー）　日経ナショナルジオグラフィック社　2006.12　p1-10b

マリアス, J.　Marias, Javier 〔1951―　西　作家〕
　◎主要作品(有本紀明)　「白い心臓」（J.マリアス）　講談社　2001.10　p416-418

マリアテギ, J.C.　Mariátegui, José Carlos 〔1894―1930　ペルー　革命家・思想家〕
　◎文献　「アンデスからの暁光―マリアテギ論集」（小倉英敬）　現代企画室　2002.5　p272-281

マリー・アントワネット　Marie Antoinette Josèphe Jeanne 〔1755―1793　仏　国王ルイ16世の妃〕
　◎参考文献　「ルイ十七世の謎と母マリー・アントワネット―革命、復讐、DNAの真実」（D.キャドベリー）　近代文芸社　2004.9　p15-22b
　◎参考図書　「マリー・アントワネット―ロココの花嫁　ベルサイユへの旅路」（ケーラー鹿子木美恵子）　叢文社　2005.5　p277-279

マリヴォー, P.C.　Marivaux, Pierre Carlet de Chamblain de 〔1688―1763　仏　劇作家〕
　◎年表(佐藤実枝)　「マリヴォー戯曲選集」（P.C.マリヴォー）　早稲田大出版部　2006.10　p3-44b

マリー・ド・レンカルナシオン　Marie de l'Incarnation 〔1599―1672〕
　◎文献目録(門脇輝夫)　「修道女が見聞した17世紀のカナダ―ヌーヴェル・フランスからの手紙」（マリー・ド・レンカルナシオン）　東信堂　2006.9　p11-13b

マリノウスキー, B.　Malinowski, Bronislaw Kasper 〔1884―1942　人類学〕
　◎文献　「未開社会における犯罪と慣習　新版」（B.マリノウスキー）　新泉社　2002.4　p268-269

マリー・ルイーゼ　Marie Louise 〔1791―1847　仏皇帝ナポレオン1世の第2皇后〕
　◎参考文献　「マリー・ルイーゼ―ナポレオンの皇妃からパルマ公国女王へ」（塚本哲也）　文藝春秋　2006.4　p481-483

マルクス, K.H.　Marx, Karl Heinrich 〔1818―1883　独　哲学・経済〕
　◎参考文献　「マルクスを読む」（植村邦彦）　青土社　2001.2　p296-312
　◎ブックガイド　「マルクス　思想読本2」（今村仁司）　作品社　2001.5　p178-184
　◎参考文献　「ポスト現代のマルクス　マルクス像の再構成をめぐって」（的場昭弘）　御茶の水書房　2001.9　prr
　◎文献表　「イデオロギー論の再構築―マルクスの読解から」（渡辺憲正）　青木書店（シリーズ現代批判の哲学）　2001.10　p213-218
　◎文献目録　「マルクス事典　復刊」（テレル・カーヴァー）　未来社　2002.5　p11-14b
　◎原注　「『共産党宣言』はいかに成立したか」（M.フント）　八朔社　2002.7　p197-215
　◎参考文献(竹内真澄)　「ソーホーのマルクス―マルクスの現代アメリカ批判」（H.ジン）　こぶし書房　2002.9　prr
　◎文献　「イデオロギー論の基礎」（小林一穂）　創風社　2003.6　p229-232
　◎文献　「『資本論』第2部の成立と新メガ―エンゲルス編集原稿(1884-1885年・未公表)を中心に」（早坂啓造）　東北大学出版会　2004.4　p302-307
　◎文献目録　「フェミニズムと経済学―ボーヴォワール的視点からの『資本論』再検討」（青柳和身）　御茶の水書房　2004.6　p1-11b
　◎読書案内　「マルクス―いまコミュニズムを生きるとは?」（大川正彦）　NHK出版　2004.11　p116-123
　◎参考文献　「資本と時間の政治経済学」（守健二）　八朔社　2004.11　p277-283
　◎参考文献　「マルクスだったらこう考える」（的場昭弘）　光文社　2004.12　p250-251
　◎参考文献　「ポートレートで読むマルクス―写真帖と告白帖にみるカール・マルクスとその家族」（大村泉ほか）　極東書店　2005.4　p347-357
　◎年表(渡辺寛)　「マルクス―経済学・哲学論集」（マルクス）　河出書房新社　2005.5　p515-526
　◎読書案内　「マルクスに誘われて」（的場昭弘）　亜紀書房　2006.2　p254-256
　◎年譜ノート　「カール・マルクス」（吉本隆明）　光文社　2006.3　p159-181
　◎参考文献　「マルクスのアクチュアリティ―マルクスを再読する意味」（植村邦彦）　新泉社　2006.10　p255-267
　◎参考文献　「マルクス経済学と現代資本主義」（G.デュメニル）　こぶし書房　2006.11　p174-178
　◎参考文献　「『資本論』を読む」（伊藤誠）　講談社　2006.12　p472-477
　◎参照文献　「近代の〈逸脱〉―マルクス主義の総括とパラダイム転換」（千石好郎）　法律文化社　2007.1　p235-241
　◎参照引用文献　「個人主義と共同体主義の両面的乗り超え―マルクス説の整序と補正の試み」（元田厚生）　梓出版社　2007.2　p423-431
　◎引用文献　「『資本論』と産業革命」（松石勝彦）　青木書店　2007.8　p364-386

マルコ・ポーロ　Marco Polo 〔1254―1324　伊　旅行家・商人〕
　◎註(F.アヴリル)　「全訳マルコ・ポーロ東方見聞録―『驚異の書』fr.2810写本」（M.ポーロ）　岩波書店　2002.3　p216-222

マルサス, T.R.　Malthus, Thomas Robert 〔1766―1834　英　経済〕
　◎参考文献　「マルサス人口論争と「改革の時代」」（森下宏美）　日本経済評論社(現代経済政策シリーズ　10)　2001.11　p229-236

マルチノ

◎文献 「マルサス理論の歴史的形成」(永井義雄) 昭和堂 2003.6 p15-16f
◎引用文献 「マルサス勤労階級論の展開—近代イングランドの社会・経済の分析を通して 増補版」(柳田芳伸) 昭和堂 2005.6 p8-11b

マルチノウ, H.
○書誌覚書(秋山恭子) 「文献探索 2003」(文献探索研究会) 2003.12 p6-13

マルティ, J. Martí y Pérez, José julián〔1853—1895 キューバ 革命家・詩人〕
◎略年譜 「カリブの太陽正義の詩—「キューバの使徒ホセ・マルティ」を語る」(シンティオ・ヴィティエール、池田大作) 潮出版社 2001.8 p444-445

マルティネ, A. Martinet, André〔1908—1999 仏 言語学〕
◎著書論文一覧 「共時言語学 新装復刊」(A.マルティネ) 白水社 2003.6 p315-340

マルブランシュ, N. Malebranche, Nicolas de〔1638—1715 仏 哲学〕
◎文献ほか(村上龍介) 「形而上学と宗教についての対話」(N.マルブランシュ) 晃洋書房 2005.3 p5-6b,295-306
◎文献案内 「マルブランシュ—マルブランシュとキリスト教的合理主義」(F.アルキエ) 理想社 2006.2 p259-270

マルロー, A. Malraux, André〔1901—1976 仏 小説家〕
◎参考文献 「アンドレ・マルローの日本」(A.テマン) TBSブリタニカ 2001.11 p315-305
◎略年譜 「聞こえない部屋—マルローの反美学」(J.F.リオタール) 水声社 2003.12 p166-170
◎参考文献 「アンドレ・マルロー伝」(中野日出男) 毎日新聞社 2004.9 p234-236
◎参考文献 「マルロー・芸術論序章までの歩み—小説「アルテンブルグのくるみの木」におけるニーチェの影」(奥田温知) 千代田文庫 2004.10 p172-173
◎年表(平岡篤頼) 「マルロー サルトル」(マルロー) 河出書房新社 2005.5 p431-438

マレー, E.J. Marey, Étienne Jules〔1830—1904 仏 生理学〕
◎書誌ほか 「表象と倒錯—エティエンヌ=ジュール・マレー」(松浦寿輝) 筑摩書房 2001.3 p297-308

マレーヴィチ, K.S. Malevich, Kazimir Severinovich〔1878—1935 露 画家〕
◎文献 「マレーヴィチ考—「ロシア・アヴァンギャルド」からの解放にむけて」(大石雅彦) 人文書院 2003.4 p730-760

マロ, H.H. Malot, Hector Henri〔1830—1907 仏 小説家〕
◎目録 「児童文学翻訳作品総覧 3 フランス・ドイツ編1」(川戸道昭ほか) ナダ出版センター 2005.9 p250-304

マーロウ, C. Marlowe, Christopher〔1564—1593 英 劇作家・詩人〕
○出会う(向真実) 「文献探索 2004」(文献探索研究会) 2004.4 p542-546

マーロウ, P. Marlowe, Philip
◎参考文献 「フィリップ・マーロウのダンディズム」(出石尚三) 綜合社 2006.9 p251-253

マロリー, T. Malory, Thomas〔1416頃—1471 英 小説家〕
◎文献一覧 「トマス・マロリーのアーサー王伝説—テキストと言語をめぐって」(中尾祐治) 中部大 2005.3 p68-76

マン, H. Mann, Heinrich〔1871—1950 独 作家〕
◎参考文献 「若きマン兄弟の確執」(三浦淳) 知泉書館 2006.3 p9-16b

マン, T. Mann, Thomas〔1875—1955 独 作家〕
◎参考文献 「黙示録を夢みるとき トーマス・マンとアレゴリー」(小黒康正) 鳥影社 2001.2 p241-230
◎文献 「トーマス・マン—神話とイロニー」(洲崎惠三) 溪水社 2002.2 p343-360
◎参考文献 「トーマス・マンと一九二〇年代—『魔の山』とその周辺」(友田和秀) 人文書院 2004.5 p282-286
◎参考文献 「トーマス・マン物語 1」(K.ハープレヒト) 三元社 2005.3 p21-37b
○研究文献目録(高橋慶男ほか) 「ビブリア 123」(天理図書館) 2005.5 p144-99
◎参考文献 「「青年の国」ドイツとトーマス・マン—20世紀初頭のドイツにおける男性同盟と同性愛」(福元圭太) 九州大学出版会 2005.11 p12-28b
○略年譜 「山口大学独仏文学 27」(山口大) 2005.12 p1-6f
◎引用文献 「トーマス・マンとクラウス・マン—《倒錯》の文学とナチズム」(奥田敏広) ナカニシヤ出版 2006.1 p314-305
◎参考文献 「若きマン兄弟の確執」(三浦淳) 知泉書館 2006.3 p9-16b
○文献目録(高橋慶男ほか) 「ビブリア 126」(天理大出版部) 2006.10 p128-106
◎年譜(岸美光) 「ヴェネツィアに死す」(マン) 光文社 2007.3 p158-164
○目録(高橋慶男ほか) 「ビブリア 128」(天理大出版部) 2007.10 p144-104

マンスフィールド, K. Mansfield, Katherine〔1888—1923 ニュージーランド 小説家〕
◎書誌ほか 「マンスフィールド事典」(大澤銀作) 文化書房博文社 2007.10 p362-384

マンスフィールド, M. Mansfield, Michael Joseph〔1903—2001 米 政治家〕
◎注 「マイク・マンスフィールド—米国の良心を守った政治家の生涯 下」(D.オーバードファー) 共同通信社 2005.12 p331-420

マンデラ, N.　Mandela, Nelson Rolihlahla 〔1918―
　　南アフリカ　黒人解放運動指導者〕
　◎参考文献　「マンデラ　闘い・愛・人生」（A.サン
　　プソン）　講談社　2001.7　1pb
マンデリシュターム, O.E.　Mandel'shtam, Osip
　　Emil'evich 〔1891―1938　露　詩人〕
　◎邦訳一覧　「言葉の建築術」（鈴木正美）　群像社
　　（マンデリシュターム研究　1）　2001.11　p238」
　◎年譜ほか　「マンデリシュターム読本」（中平耀）
　　群像社　2002.1　p469-490
マンハイム, K.　Mannheim, Karl 〔1893―1947
　　ハンガリー　社会〕
　◎文献ほか　「カール・マンハイム―時代を診断す
　　る亡命者」（沢井敦）　東信堂　2004.4　p158-173
　◎年譜（高橋徹ほか）　「イデオロギーとユートピ
　　ア」（K.マンハイム）　中央公論新社　2006.2
　　p457-464
マンフォード, L.　Mumford, Lewis 〔1895―1990
　　米　建築評論家〕
　◎年譜ほか　「ライト=マンフォード往復書簡集―
　　1926-1959」（F.L.ライト）　鹿島出版会　2005.6
　　p12-19b
マンロー, N.G.　Munro, Neil Gordon 〔1863―1942〕
　◎略年表ほか　「海を渡ったアイヌの工芸―英国人
　　医師マンローのコレクションから―財団法人アイ
　　ヌ文化振興・研究推進機構アイヌ工芸品展」（アイ
　　ヌ文化振興・研究推進機構）　アイヌ文化振興・研
　　究推進機構　2002.4　p164-179
　◎文献ほか　「アイヌの信仰とその儀式」（B.Z.セ
　　リグマン, N.G.マンロー）　国書刊行会　2002.9
　　p250-253
　○書誌（出村文理）　「文献探索　2005」（文献探索
　　研究会）　2006.5　p206-214
　◎「ニール・ゴードン・マンロー博士書誌―帰化英
　　国人医師・人類学研究者」（出村文理）　出村文理
　　2006.6　303p　B5

【 ミ 】

ミケランジェロ　Michelangelo, Buonarroti 〔1475―
　　1564　伊　彫刻家・画家〕
　◎参考文献　「ミケランジェロ」（アンソニー・ヒ
　　ューズ）　岩波書店（岩波世界の美術）　2001.9
　　p342-345
　◎文献　「庭園の牧神―ミケランジェロとイタリ
　　ア・ルネサンスの詩的起源」（ポール・バロルス
　　キー）　法政大学出版局（叢書・ウニベルシタス
　　717）　2001.10　p11-13b
　◎ノーツ　「システィナ礼拝堂とミケランジェロ」
　　（R.キング）　東京書籍　2004.8　p423-388
　◎参照文献　「システィーナ礼拝堂天井画―イメー
　　ジとなった神の慈悲　図版・資料篇」（若山映子）
　　東北大学出版会　2005.11　p73-88

ミシュレ, J.　Michelet, Jules 〔1798―1874　仏
　　歴史〕
　◎略年譜　「ミシュレとグリム」（W.ケーギ）　論創
　　社　2004.1　p323-330
ミショー, H.　Michaux, Henri 〔1899―1984　ベル
　　ギー→仏　詩人・画家〕
　◎文献　「アンリ・ミショー　ひとのかたち」（東京
　　国立近代美術館）　平凡社　2007.7　p126」
ミース・ファン・デル・ローエ, L.　Mies van der Rohe,
　　Ludwig 〔1886―1969　独　建築家〕
　◎文献　「ミースという神話―ユニヴァーサル・ス
　　ペースの起源」（八束はじめ）　彰国社　2001.2
　　p331-332
　◎参考文献　「評伝ミース・ファン・デル・ローエ」
　　（F.シュルウ）　鹿島出版会　2006.4　p366-369
ミッチェル, G.　Mitchell, Gladys 〔1901―1983　英
　　ミステリー作家〕
　◎著作リスト　「ソルトマーシュの殺人―世界探
　　偵小説全集　28」（G.ミッチェル）　国書刊行会
　　2002.7　p326-331
　◎著作リスト（好野理恵）　「月が昇るとき」（G.ミッ
　　チェル）　晶文社　2004.9　p358-363
ミットフォード家　Mitford
　◎参考文献　「ミットフォード家の娘たち―英国
　　貴族美しき六姉妹の物語」（M.S.ラベル）
　　講談社　2005.3　p613-616
ミード, G.H.　Mead, George Herbert 〔1863―1931
　　米　社会心理・哲学〕
　◎文献目録（加藤一己ほか）　「G.H.ミード　プラグ
　　マティズムの展開」（G.H.ミード）　ミネルヴァ書
　　房　2003.12　p75-83b
　◎文献　「G・H・ミードの社会理論―再帰的な市民
　　実践に向けて」（徳川直人）　東北大出版会　2006.
　　11　p357-385
ミード, M.　Mead, Margaret 〔1901―1978　米
　　人類学〕
　◎原註　「マーガレット・ミードとルース・ベネディ
　　クト―ふたりの恋愛が育んだ文化人類学」（H.ラ
　　プスワー）　明石書店　2002.7　p648-696
ミューア, J.　Muir, John 〔1838―1914　米　博物〕
　◎参考図書　「ジョン・ミューア自然と共に歩いた
　　人生」（J.コーネル）　ネイチャーゲーム研究所
　　2007.9　p105-106
ミュシャ, A.M.　Mucha, Alphonse Marie 〔1860―
　　1939　チェコ　画家・装飾美術家〕
　◎参考文献　「ミュシャ展―ミュシャ財団秘蔵　プラ
　　ハからパリへ華麗なるアール・ヌーヴォーの誕生」
　　（日本テレビ放送網）　日本テレビ放送網　2004
　　p198-199
ミュノーナ
　⇒フリートレンダー, S.を見よ

ミュンツァー, T. Münzer, Thomas〔1480代末頃―1525 独 急進的宗教改革者〕
◎文献 「トーマス・ミュンツァーと黙示録的終末観」（木塚隆志） 未来社 2001.1 p10-16b

ミラー, A. Miller, Arthur〔1915―2005 米 劇作家〕
◎年譜ほか 「アーサー・ミラー」（有泉学宙） 勉誠出版 2005.10 p188-207
○年表（竹島達也） 「アメリカ演劇 17」（全国アメリカ演劇研究者会議） 2005.12 p126-131

ミラー, H. Miller, Henry〔1891―1980 米 作家〕
◎年譜 「南回帰線」（H.ミラー） 講談社 2001.1 p544-551
◎書誌（室岡博） 「この世で一番幸せな男―ヘンリー・ミラーの生涯と作品」（M.V.ディアボーン） 水声社 2004.1 p439-447
◎略年譜（松田憲次郎）「ヘンリー・ミラー・コレクション 2 南回帰線」（H.ミラー） 水声社 2004.3 p385-388
○書誌（陸川博） 「文献探索 2006」（文献探索研究会） 2006.11 p154-186

ミリュコフ, P.N. Milyukov, Pavel Nikolaevich〔1859―1943 露 歴史家・政治家〕
◎参考文献 「不滅の敗者ミリュコフ―ロシア革命神話を砕く」（鈴木肇） 恵雅堂出版 2006.12 p182-184

ミル, J.S. Mill, John Stuart〔1806―1873 英 思想・経済〕
◎参考文献 「ヴィクトリア時代の経済像―企業家・労働・人間開発そして大学・教育拡充」（西岡幹雄ほか） 萌書房 2002.4 p9-13b
◎年表（水田洋） 「ミル」（ミル） 河出書房新社 2005.5 p463-465
◎年譜（山岡洋一） 「自由論」（J.S.ミル） 光文社 2006.12 p264-266

ミルズ, C.W. Mills, Charles Wright〔1916―1962 米 社会学〕
◎文献目録 「社会学的想像力のために―歴史的特殊性の視点から」（伊奈正人ほか） 世界思想社 2007.11 p307-326

ミルトン, J. Milton, John〔1608―1674 英 詩人〕
◎参考文献 「ミルトンの詩想 『失楽園』を中心に」（白鳥正孝） 鷹書房弓プレス 2001.2 p177-186
◎参考文献 「ミルトン ラドロウ城の仮面劇コウマス」（大川明） 朝日出版社 2004.12 p334-336

ミルハウザー, S. Millhauser, Steven〔1943― 米 作家〕
◎作品（柴田元幸） 「マーティン・ドレスラーの夢」（S.ミルハウザー） 白水社 2002.7 p280-281

ミルワード, P. Milward, Peter〔1925― 神父〕
◎著書ほか 「愛と無―自叙伝の試み」（P.ミルワード） 人文館 2007.2 p397-416

ミルン, A.A. Milne, Alan Alexander〔1882―1956 英 作家〕
◎年表ほか 「A.A.ミルン―現代英米児童文学評伝叢書 4」（谷本誠剛ほか） KTC中央出版 2002.10 p124-127
◎文献 「くまのプーさん英国文学の想像力」（安達まみ） 光文社 2002.11 p277-278
◎詳しく知りたい読者のために 「『くまのプーさん』を英語で読み直す」（D.チータム） NHK出版 2003.11 p277-282
○書誌ほか（横田順子） 「ユリイカ 36.1.488」（青土社） 2004.1 p216-231
◎参考文献 「ウィニーの物語―世界で一番有名なクマ」（V.シュシケヴィッチ） 文芸社 2007.11 p162-163

ミレー, J.F. Millet, Jean-François〔1814―1875 仏 画家〕
◎年譜・文献 「ボストンと山梨のミレー」 山梨県立美術館 c2002 p128-135
◎参考文献 「ゴッホ、ミレーとバルビゾンの画家たち」（深谷克典ほか） 飯田画廊 2004 p193-194

ミレット, K. Millett, Katharine Murray (Kate)〔1934― 米 女性解放運動家・作家・彫刻家〕
◎参考文献（須田理恵） 「行動するフェミニズム―アメリカの女性作家と作品」（英米文化学会） 薪水社 2003.11 p143-144

ミレル, Z. Miler, Zdeněk〔1921― チェコ イラストレーター〕
◎作品年表 「ズデネック・ミレル原画集―クルテクの生みの親」（Z.ミレル） プチグラパブリッシング 2005.3 p62-63

ミロ, J. Miró, Joan〔1893―1983 西 画家〕
◎文献ほか（森美樹） 「ミロ展 1918-1945」 中日新聞社 c2002 p179-193

ミントン, D.J. Minton, D.J.
○業績ほか 「関東学院大学文学部紀要 105」（関東学院大） 2005.12 p197-200

【ム】

ムア, G. Moore, George Augustus〔1852―1933 アイルランド 文学〕
◎年譜ほか 「ジョージ・ムア評伝―芸術に捧げた生涯」（安達正） 鳳書房 2001.7 p246-251

ムージル, R. Musil, Robert〔1880―1942 墺 小説家・劇作家〕
◎略年譜 「ムージル書簡集」（円子修平） 国書刊行会 2002.7 p535-538
◎文献 「可能性感覚―中欧におけるもうひとつの精神史」（大川勇） 松籟社 2003.2 p466-480

◎略年譜(堀田真紀子)　「ムージル・エッセンス—魂と厳密性」(R.ムージル)　中央大学出版部　2003.5　p499-503
◎参考文献　「物語と不在—十九世紀オーストリア小説とムージル」(原研二)　東洋出版　2005.9　p353-377

ムッサート, A. Mussato, Albertino〔1261—1329　伊　文学・歴史家・政治家〕
◎文献　「エケリニス—ヨーロッパ初の悲劇」(土居満寿美)　アリーフ一葉舎　2000.5　p135-155

ムーニエ, E. Mounier, Emmanuel〔1905—1950　仏　人格主義哲学〕
◎参考文献ほか　「エマニュエル・ムーニエ、生涯と思想—人格主義的・共同体的社会に向かって」(高多彬臣)　青弓社　2005.12　p187-193

ムラヤマ, M.K. Murayama, M.K.〔1939—　米　応用言語学・比較文化〕
○業績一覧ほか(八代京子)　「麗澤経済研究 13.1」(麗澤大)　2005.3　p229-234

ムーン, E. Moon, Elizabeth〔1945—　〕
◎長篇作品リスト(東茅子)　「栄光への飛翔」(E.ムーン)　早川書房　2005.8　p588-590

ムンク, E. Munch, Edvard〔1863—1944　ノルウェー　画家〕
◎年譜　「エドヴァール・ムンク 1863-1944」(ウルリヒ・ビショフ)　タッシェン・ジャパン　2002.4　p94-96
◎参考文献　「ムンク伝」(S.プリドー)　みすず書房　2007.8　p19-23b

【 メ 】

メイエルホリド, V.E. Meierkholid, Vsevolod Emilievich〔1874—1940　露　俳優・演出家〕
◎年表ほか(浦雅春ほか)　「メイエルホリド・ベストセレクション」(諫早勇一ほか)　作品社　2001.8　p386-424

メイプルソープ, R. Mapplethorpe, Robert〔1946—1989　米　写真家〕
◎論争年譜　「メイプルソープ」(パトリシア・モリズロー)　新潮社　2001.3　p381-385

メーザー, J. Möser, Justus〔1720—1794　独　評論家・歴史家〕
◎引用文献　「ユストゥス・メーザーの世界」(坂井栄八郎)　刀水書房　2004.12　p255-250

メスナー, J. Messner, Johannes〔1891—1984　法哲学〕
○著作(山田秀)　「社会と倫理 18」(南山大)　2005　p75-123

メディチ家 Medici
◎参考文献　「メディチ家と音楽家たち ルネサンス・フィレンツェの音楽と社会」(米田潔弘)　音楽之友社　2001.2　p11-15b
◎文献解題　「メディチ家はなぜ栄えたか」(藤沢道郎)　講談社(講談社選書メチエ 209)　2001.3　p269-273
◎参考文献　「メディチ君主国と地中海」(松本典昭)　晃洋書房　2006.10　p213-220

メーテルリンク, M. Maeterlinck, Maurice Polydore Marie Bernard〔1862—1949　ベルギー　劇作家・詩人〕
◎目録　「児童文学翻訳作品総覧 5 北欧・南欧編」(川戸道昭ほか)　ナダ出版センター　2005.12　p352-416

メニイ, Y. Meny, Yves
◎著作(岡村茂)　「フランス共和制の政治腐敗」(Y.メニイ)　有信堂高文社　2006.4　p303-304

メーヌ・ド・ビラン Maine de Biran〔1766—1824　仏　哲学・政治家〕
◎引用文献　「メーヌ・ド・ビラン—受動性の経験の現象学」(中敬夫)　世界思想社　2001.2　p399-402
◎註　「モーベルテュイ、テュルゴ、メーヌ・ド・ビラン言語表現の起源をめぐって」(R.グリムズリ)　北樹出版　2002.3　p167-174
◎参考文献ほか　「〈現われ〉とその秩序—メーヌ・ド・ビラン研究」(村松正隆)　東信堂　2007.3　p252-256
◎文献目録　「メーヌ・ド・ビラン研究—自我の哲学と形而上学」(佐藤国郎)　悠書館　2007.3　p406-409

メビウス, A.F. Möbius, August Ferdinand〔1790—1868　独　天文学・数学〕
◎参考文献　「メビウスの帯」(C.A.ピックオーバー)　日経BP社　2007.4　p289-298

メラミッド, A. Melamid, Alexander〔1945—　〕
◎文献(林壽美)　「コマール&メラミッドの傑作を探して」(川村記念美術館)　淡交社　2003.10　p106-111

メランヒトン, P. Melanchthon, Philipp〔1497—1560　独　神学・宗教改革者・教育者〕
◎文献一覧　「ルターとメランヒトンの教育思想研究序説」(菱刈晃夫)　渓水社　2001.2　p311-332

メーリアン, M.S. Merian, Maria Sibylla〔1647—1717　スイス　画家〕
◎参考文献ほか　「情熱の女流「昆虫画家」—メーリアン波乱万丈の生涯」(中野京子)　講談社　2002.1　p229-237

メリメ, P. Mérimée, Prosper〔1803—1870　仏　小説家〕
◎参考文献　「メリメの『カルメン』はどのように作られているか—脱神話のための試論」(末松寿)　九州大学出版会　2003.4　p131-139

メルヴィル, H. Melville, Herman 〔1819—1891 米 小説家〕
- ◎書誌 「英語青年 147.10」（研究社） 2002.1 p627-628
- ◎全著作解題（大和田俊之） 「ユリイカ 34.5」（青土社） 2002.4 p143-157
- ◎略年譜（八木敏雄） 「白鯨 下」（メルヴィル） 岩波書店 2004.12 p1-5b
- ◎読書案内 「『白鯨』アメリカン・スタディーズ」（巽孝之） みすず書房 2005.7 p165-166

メルツァー, D. Meltzer, Donald 〔1922—2004〕
- ◎参考文献 「入門メルツァーの精神分析論考―フロイト・クライン・ビオンからの系譜」（S.F.キャセッセ） 岩崎学術出版社 2005.10 p127-129

メルロ＝ポンティ, M. Merleau-Ponty, Maurice 〔1908—1961 仏 哲学〕
- ◎参考文献 「自然の現象学―メルロ＝ポンティと自然の哲学」（加國尚志） 晃洋書房 2002.3 p239-240
- ◎参考文献 「メルロ＝ポンティあるいは哲学の身体」（B.スィシェル） サイエンティスト社 2003.3 p301-298
- ◎略年譜 「メルロ＝ポンティ―可逆性」（鷲田清一） 講談社 2003.7 p311-329
- ◎文献 「メルロ＝ポンティとレヴィナス―他者への覚醒」（屋良朝彦） 東信堂 2003.12 p230-234
- ◎読書案内 「メルロ＝ポンティ―哲学者は詩人でありうるか?」（熊野純彦） NHK出版 2005.9 p110-115

メンデルスゾーン, F. Mendelssohn-Bartholdy, Felix 〔1809—1847 独 作曲家〕
- ◎文献 「メンデルスゾーンのスコットランド交響曲」（星野宏美） 音楽之友社 2003.2 p469-483

メンデルスゾーン, F. Mendelssohn Hensel, Fanny 〔1805—1847 独 ピアニスト・作曲家〕
- ◎参考文献 「もう一人のメンデルスゾーン―ファニー・メンデルスゾーン＝ヘンゼルの生涯」（山下剛） 未知谷 2006.6 p225-223

メンモ, A. Memmo, Andrea 〔1729—1793〕
- ◎参考文献 「ヴェネツィアの恋文―十八世紀、許されざる恋人たちの物語」（A.ディ・ロビラン） 早川書房 2004.6 p356-360

【 モ 】

モア, T. More, Thomas 〔1478—1535 英 社会思想〕
- ◎参考文献ほか 「トマス・モア」（J.ガイ） 晃洋書房 2007.3 p11-20b

モイヤー, J.T. Moyer, Jack T. 〔1929—2004 米 海洋生物学〕
- ◎主な著作ほか 「森と海からの贈りもの―二人の「自然の使者」から子どもたちへ」（ジェーン・グドール, ジャック・T.モイヤー） TBSブリタニカ 2002.11 p156-159

モーガン, K.Z. Morgan, Karl Ziegler 〔1908— 〕
- ◎文献 「原子力開発の光と影―核開発者からの証言」（K.Z.モーガン） 昭和堂 2003.2 p26-29b

モース, E.S. Mauss, Edward Sylvester 〔1838—1925 米 動物学〕
- ◎Bibliography 「モースのスケッチブック―新異国叢書 III 5」（中西道子） 雄松堂出版 2002.10 p3-13b

モーセ Mōšeh 〔前1350頃—前1250頃 ヘブライ 予言者・立法者〕
- ◎参考文献（遠藤ゆかり） 「モーセの生涯」（T.レーメル） 創元社 2003.7 1pb
- ◎文献表 「モーセ―歴史と伝説」（E.オットー） 教文館 2007.9 p13-15b

モーゼス, K. Moses, Kate 〔1962— 〕
- ◎略年表（北代美和子） 「シルヴィア」（K.モーゼス） ランダムハウス講談社 2004.12 p1-3b

モーダーゾーン＝ベッカー, P. Modersohn-Becker, Paula 〔1876—1907 独 画家〕
- ◎参考文献 「パウラ・モーダーゾーン＝ベッカー―表現主義先駆けの女性画家」（佐藤洋子） 中央公論美術出版 2003.4 p249-254
- ◎参考文献 「パウラ・モーダーゾーン＝ベッカー展」（宮城県美術館ほか） 美術館連絡協議会 2005 p217-224

モーツァルト, W.A. Mozart, Wolfgang Amadeus 〔1756—1791 墺 作曲家〕
- ◎注文献 「モーツァルト 最後の年」（H.C.R.ランドン） 中央公論新社 2001.2 p331-375
- ◎参考文献 「モーツァルト」（P.ゲイ） 岩波書店 2002.6 p189-193
- ◎参考文献 「モーツァルトをめぐる人たち」（石井清司） ヤマハミュージックメディア 2002.10 p277-278
- ◎文献 「モーツァルト―その天才、手紙、妻、死」（豊田泰） 文芸社 2002.11 p332-341
- ◎参考文献 「モーツァルトのシンフォニー―コンテクスト・演奏実践・受容 II」（N.ザスラウ） 東京書籍 2003.9 p32-66b
- ◎注 「モーツァルト魔法のオペラ」（A.パラディ） 白水社 2005.6 p444-474
- ◎参考文献 「モーツァルトとダ・ポンテ―ある出会いの記録」（R.ブレッチャッハー） アルファベータ 2006.12 p389-395
- ◎参考文献 「モーツァルト全作品事典」（N.ザスローほか） 音楽之友社 2006.12 p411-413

モネ, C.　Monet, Claude〔1840―1926　仏　画家〕
　◎年譜　「モネ―〈睡蓮〉への歩み」（六人部昭典）　六耀社（Rikuyosha art view）　2001.3　p113-115
　◎参考文献　「モネ」（C.ラックマン）　岩波書店　2003.12　p342-344
　◎参考文献　「モネ」（島田紀夫）　小学館　2006.3　p123」

モーパッサン, G.　Maupassant, Henri René Albert Guy de〔1850―1893　仏　小説家〕
　◎略年譜（高山鉄男）　「脂肪のかたまり」（モーパッサン）　岩波書店　2004.3　p1-5b
　◎参考文献　「フランス小説『女の一生』を斬る―小説文の成り立ちを探る」（吉田広）　大阪経法大出版部　2004.4　p186-187

モブツ・セセ・セコ　Mobutu Sese Seko Kuku Ngbendu Wa Za Banga〔1930―1997　コンゴ　政治家・軍人〕
　◎参考文献　「モブツ・セセ・セコ物語―世界を翻弄したアフリカの比類なき独裁者」（井上信一）　新風舎　2007.5　p484-486

モーム, W.S.　Maugham, William Somerset〔1874―1965　英　小説家・詩人・劇作家〕
　◎年譜（行方昭夫）　「人間の絆 中」（W.S.モーム）　岩波書店　2001.11　p1-12b
　◎略年譜（行方昭夫）　「月と六ペンス」（モーム）　岩波書店　2005.7　p1-12b
　◎略年譜（行方昭夫）　「サミング・アップ」（W.S.モーム）　岩波書店　2007.2　p1-13b

モラン, E.　Morin, Edgar〔1921―　仏　社会学〕
　◎主要著作（宇京頼三）　「ハイパーテロルとグローバリゼーション」（J.ボードリヤールほか）　岩波書店　2004.9　p134-135

モランディ, G.　Morandi, Giorgio〔1890―1964　伊　画家・銅版画家〕
　◎文献　「モランディとその時代」（岡田温司）　人文書院　2003.9　p362-369

モリエール　Molière〔1622―1673　仏　劇作家〕
　◎参考文献　「愛と死の神話―モリエールの『ドン・ジュアン』」（金光仁三郎）　審美社　2006.4　p222-227

モリス, W.　Morris, William〔1834―1896　英　詩人・社会主義〕
　◎参考図書　「ウィリアム・モリスの庭―デザインされた自然への愛」（J.ハミルトン）　東洋書林　2002.5　p273-275
　◎年譜（五島茂ほか）　「ユートピアだより」（モリス）　中央公論新社　2004.5　p383-392
　◎参考文献　「ウィリアム・モリス」（名古忠行）　研究社　2004.6　p243-248
　◎略年譜　「モリスの愛した村―イギリス・コッツウォルズ紀行」（斎藤公江）　晶文社　2005.4　p234-248
　◎文献　「イギリスの社会とデザイン―モリスとモダニズムの政治学」（菅靖子）　彩流社　2005.12　p59-74b

モリスン, T.　Morrison, Toni〔1931―　米　作家〕
　◎著作一覧ほか　「トニ・モリスン事典」（E.A.ボーリュー）　雄松堂出版　2006.6　p327-350
　◎参考文献ほか　「ビラヴィド」（吉田廸子）　ミネルヴァ書房　2007.7　p11-21

モリゾ, B.　Morisot, Berthe〔1841―1895　仏　画家〕
　◎参考文献　「ベルト・モリゾ―ある女性画家の生きた近代」（坂上桂子）　小学館　2006.1　p263」
　◎参考文献　「モリゾ」（坂上桂子）　小学館　2006.8　p123」
　◎文献目録　「黒衣の女ベルト・モリゾ―1841-95」（D.ボナ）　藤原書店　2006.9　p384-386

モリニエ, P.　Molinier, Pierre〔1900―1976　仏　画家〕
　◎作品カタログほか　「モリニエ、地獄の一生涯」（P.プチ）　人文書院　2000.11　p296-243
　◎参考文献ほか　「ピエール・モリニエ画集　新装復刻版」（P.モリニエ）　エディシオン・トレヴィル　2007.11　p77」

モーリャック, F.　Mauriac, François〔1885―1970　仏　小説家・詩人〕
　◎参考文献　「フランソワ・モーリャック―二十世紀の良心　ヒューマニストとしての軌跡」（柏原紀久子）　燃焼社　2005.3　p265-264

モール, W.　Mole, William〔本名＝ヤンガー, W.〈Younger, William Anthony〉　1917―1961　英　詩人・推理作家〕
　◎著作リスト（川出正樹）　「ハマースミスのうじ虫」（W.モール）　東京創元社　2006.8　p332-333

モルトケ, H.　Moltke, Helmuth, Graf von〔1800―1891　プロシア　軍人〕
　◎参考文献　「モルトケ」（片岡徹也）　芙蓉書房出版　2002.3　p331-332

モロー, G.　Moreau, Gustave〔1826―1898　仏　画家〕
　◎年譜ほか　「ギュスターヴ・モロー―絵の具で描かれたデカダン文学」（鹿島茂）　六耀社（Rikuyosha art view）　2001.5　p113-119
　○書誌（後藤怜）　「文献探索 2004」（文献探索研究会）　2004.4　p419-427
　◎参考文献　「ギュスターヴ・モロー―フランス国立ギュスターヴ・モロー美術館所蔵」（島根県立美術館ほか）　東京新聞　c2005　p240-241
　◎参考文献（藤田尊潮）　「ギュスターヴ・モロー―自作を語る画文集・夢を集める人」（G.モロー）　八坂書房　2007.2　p137」

モンゴメリ, L.M.　Montgomery, Lucy Maud〔1874
　　—1942　加　児童文学〕
　◎参考文献ほか　「赤毛のアンに隠されたシェイク
　　スピア」（松本侑子）　集英社　2001.1　p347-350
　○記事抄録（今野智子）　「文献探索　2000」（文献
　　探索研究会）　2001.2　p234-245
　◎参考文献　「赤毛のアンA to Z—モンゴメリが
　　描いたアンの暮らしと自然」（奥田実紀）　東洋書
　　林　2001.12　p259-262
　◎年譜　「エミリー 下」（モンゴメリ）　偕成社
　　2002.4　p261-264
　◎年表ほか　「L.M.モンゴメリ　現代英米児童文学
　　評伝叢書2」（桂宥子）　KTC中央出版　2003.4
　　p128-131
モンティ・パイソン　Monty Python〔英　コメディ
　　グループ〕
　◎参考文献　「モンティ・パイソン研究入門」（M.ラ
　　ンディ）　白夜書房　2006.4　p162-169
モンテヴェルディ, C.　Monteverdi, Claudio〔1567
　　—1643　伊　作曲家〕
　◎文献一覧　「音楽は対話である—モンテヴェルデ
　　ィ、バッハ、モーツァルトを巡る考察　改訂2版」
　　（N.アーノンクール）　アカデミア・ミュージック
　　2006.11　p328-330
モンテスキュー, C.　Montesquieu, Charles Louis de
　　Secondat, Baron de la Brède et de〔1689—1755
　　仏　哲学・政治〕
　◎参考文献　「政治と歴史—モンテスキュー・ヘーゲ
　　ルとマルクス　新訂版」（L.アルチュセール）　紀
　　伊國屋書店　2004.6　p139-141,188-190,191-200
　◎年表（根岸国孝）　「モンテスキュー」（モンテス
　　キュー）　河出書房新社　2005.1　p556-562
モンテッソーリ, M.　Montessori, Maria〔1870—1952
　　伊　医学・教育〕
　◎参考文献　「「モンテッソーリ教育」で子どもの
　　才能が見つかった！—自分を見失わない人間を育
　　てる、一歳からの幼児教育　親の目から見た、モ
　　ンテッソーリの「子どもの家」」（坂井泉ほか）
　　中央アート出版社　2003.4　p218-220
　◎参考文献　「モンテッソーリ教育思想の形成過程
　　—「知的革命」の援助をめぐって」（早田由美子）
　　勁草書房　2003.4　p7-13b
　◎注　「マリア・モンテッソーリと現代—子ども・
　　平和・教育」（前之園幸一郎）　学苑社　2007.8
　　prr
モンテーニュ, M.E.　Montaigne, Michel Eyquem de
　　〔1533—1592　仏　モラリスト〕
　◎文献案内　「モンテーニュ」（ピーター・バーク）
　　晃洋書房　2001.1　p127-132
　◎年譜　「エセー 3 社会と世界」（モンテーニュ）
　　中央公論新社　2003.3　p483-492
　◎年表（松浪信三郎）　「モンテーニュ 上」（モン
　　テーニュ）　河出書房新社　2005.1　p385-390
　◎年譜ほか　「モンテーニュ」（大久保康明）　清水
　　書院　2007.3　p197-211

モンテマヨール, J.　Montemayor, Jorge de〔1520頃
　　—1561　西　小説家〕
　◎参考文献（本田誠二）　「ディアナ物語」（J.d.モ
　　ンテマヨール）　南雲堂フェニックス　2003.10
　　p458-466
モンフォール, S.d.　Montfort, Simon de Earl of Le-
　　icester〔1208—1265　英　貴族〕
　◎文献　「シモン・ド・モンフォールの乱」（朝治啓
　　三）　京都大学学術出版会　2003.12　p473-486
モンロー, M.　Monroe, Marilyn〔1928—1962　米
　　映画女優〕
　◎文献　「追憶マリリン・モンロー」（井上篤夫）
　　集英社（集英社文庫）　2001.8　p318-321
　◎参考文献　「マリリン・モンロー大研究」（まつも
　　とよしお）　文芸社　2002.7　prr
　◎参考文献　「アメリカでいちばん美しい人—マリ
　　リン・モンローの文化史」（亀井俊介）　岩波書店
　　2004.12　p1-4b

【 ヤ 】

ヤイスマン, M.　Jeismann, Michael
　◎主要著作　「国民とその敵」（M.ヤイスマン）
　　山川出版社　2007.6　p138-139
ヤウレンスキー, A.　Yawlensky, Alexej von〔1864
　　—1941　露　画家〕
　◎略年譜　「画家ヤウレンスキー　ロシアへの郷愁」
　　（佃堅輔）　美術倶楽部　2001.3　p241-247
ヤコブソン, R.　Jakobson, Roman〔1896—1982
　　言語学〕
　◎年譜ほか　「ヤーコブソン—現象学的構造主義
　　新装復刊」（E.ホーレンシュタイン）　白水社
　　2003.6　p245-263
ヤスパース, K.　Jaspers, Karl〔1883—1969　独
　　哲学〕
　◎参考文献　「ヤスパース教育哲学序説—ボルノー
　　からヤスパースへ—自己生成論の可能性」（豊泉
　　清浩）　川島書店　2001.10　p345-361
　◎参考文献　「ヤスパースと三人の神学者たち
　　—キリスト教教育哲学の断片」（深谷潤）
　　渓水社　2002.10　p187-208
　◎年表（重田英世）　「ヤスパース」（ヤスパース）
　　河出書房新社　2005.5　p514-520
ヤマウチ, W.
　◎参考文献（稲木妙子）　「行動するフェミニズム—
　　アメリカの女性作家と作品」（英米文化学会）
　　薪水社　2003.11　p169-170
ヤマモト, H.
　◎参考文献（稲木妙子）　「行動するフェミニズム—
　　アメリカの女性作家と作品」（英米文化学会）
　　薪水社　2003.11　p169-170

ヤーン, L.
  ◎参考文献 「リリ・ヤーンの手紙―1900年ケルン生まれ-1944年アウシュヴィッツにて死去」(M.デリー) シュプリンガー東京 2006.2 p1-7b

ヤング, B. Young, Brigham 〔1801―1877 米 モルモン教会指導者〕
  ◎参考文献 「ユタ州とブリガム・ヤング―アメリカ西部開拓史における暴力・性・宗教」(高橋弘) 新教出版社 2007.3 p291-296

ヤンセン, H. Janssen, Horst 〔1929―1995 独 画家〕
  ◎年譜ほか 「画狂人ホルスト・ヤンセン―北斎へのまなざし」(H.ヤンセン) 平凡社 2005.3 p130-134

ヤンソン, T. Jansson, Tove 〔1914―2001 フィンランド 童話作家〕
  ◎童話年表 「ムーミン童話の仲間事典」(渡部翠) 講談社 2005.4 p148-149
  ◎参考文献 「ようこそ!ムーミン谷へ―ムーミン谷博物館コレクション」(M.キヴィ) 講談社 2005.7 p97-99
  ◎著作リストほか 「ムーミンのふたつの顔」(冨原眞弓) 筑摩書房 2005.7 p198-206
  ◎引用について 「ムーミンパパの「手帖」―トーベ・ヤンソンとムーミンの世界」(東宏治) 青土社 2006.12 p282-285

【 ユ 】

ユークリッド Euclid 〔前300頃 希 数学〕
  ◎文献 「数学の創造者―ユークリッド原論の数学」(B.アルトマン) シュプリンガー・フェアラーク東京 2002.11 p306-313

ユゴー, V. Hugo, Victor Marie 〔1802―1885 仏 詩人・小説家〕
  ◎年譜 「ヴィクトル・ユゴー文学館 10 クロムウェル・序文, エルナニ」(ヴィクトル・ユゴー) 潮出版社 2001.1 p381-395
  ◎参考書籍 「レ・ミゼラブル―十九世紀のフランス物語」(戸村文彦) 文芸社 2001.7 p392-394
  ◎年表 「大地は美しいドレスを身につける……―日本語・フランス語対訳―大詩人から小さな子どもたちへ―ヴィクトル・ユゴー詩集」(ヴィクトル・ユゴー) 梨の木舎 2002.11 p28-29
  ◎参考文献 「「レ・ミゼラブル」を読みなおす 新装版」(稲垣直樹) 白水社 2007.10 p159-163

ユスティニアヌス帝 Justinianus I, Flavius Anicius 〔482―565 ビザンツ 皇帝〕
  ◎参考文献 「皇帝ユスティニアヌス」(P.マラヴァル) 白水社 2005.2 p1-5b

ユスティノス Justinus 〔?―165頃 キリスト教の護教家・聖人〕
  ◎文献表 「教父ユスティノス―キリスト教哲学の源流」(柴田有) 勁草書房 2006.6 p13-17b

ユダ Ioudas 〔イエスの十二使徒の一人〕
  ◎参考文献 「ユダの謎解き」(W.クラッセン) 青土社 2007.2 p8-24b
  ◎参考文献 「ユダとは誰か―原始キリスト教と『ユダの福音書』の中のユダ」(荒井献) 岩波書店 2007.5 p1-3b

ユトリロ, M. Utrillo, Maurice 〔1883―1955 仏 画家〕
  ◎Bibliographieほか 「ユトリロ展 1904-1951」(ジャン・ファブリス, 中村隆夫) アート・ライフ c2002 p118-128

ユンガー, E. Jünger, Ernst 〔1895―1998 独 小説家・評論家〕
  ◎参考文献 「ユンガー=シュミット往復書簡―1930-1983」(H.キーゼル) 法政大学出版局 2005.3 p1-7b

ユング, C.G. Jung, Carl Gustav 〔1875―1961 スイス 精神病理〕
  ◎ブックガイド 「ユング」(山中康裕) 講談社(講談社選書メチエ 206) 2001.3 p178-189
  ◎文献 「ユングとタロット―元型の旅」(サリー・ニコルズ) 新思索社 2001.4 p617-624
  ◎参考文献 「タオこころの道しるべ」(ジーン・シノダ・ボーレン) 春秋社 2001.6 p2-6b
  ◎参考文献 「ユングとチベット密教―こころと魂の癒し」(ラドミラ・モアカニン) ビイング・ネット・プレス 2001.7 p212-216
  ◎推薦文献 「ユングの生涯とタオ」(D.ローゼン) 創元社 2002.3 p257-252
  ◎原注 「ユングとフェミニズム―解放の元型」(D.S.ウェーア) ミネルヴァ書房 2002.6 p165-179
  ◎参考文献 「超図説目からウロコのユング心理学入門―心のタイプ論、夢分析から宗教、錬金術まで」(M.ハイド) 講談社 2003.4 p182-186
  ◎注 「ユング派カウンセリング入門」(大住誠) 筑摩書房 2003.10 p215-218
  ◎参考文献 「やさしくわかる夢分析―ユング心理学で解き明かす深層心理」(山根はるみ) 日本実業出版社 2003.12 p224-226
  ◎註 「無意識と出会う アクティヴ・イマジネーションの理論と実践1」(老松克博) トランスビュー 2004.5 p211-224
  ◎参考文献 「ユングのタイプ論―フォン・フランツによる劣等機能ヒルマンによる感情機能」(M.L.v.フランツほか) 創元社 2004.7 p274-275
  ◎文献 「ユングの宗教論―キリスト教神話の再生」(高橋原) 専修大学出版局 2005.10 p5-17b
  ◎著作ほか 「ユング―こころの秘密を探る「ヴィジョン力」」(齋藤孝) 大和書房 2006.3 p122-126

【 ヨ 】

ヨアキム・デ・フローリス Joachim de Floris 〔1130頃―1202 伊 文献学・歴史哲学〕
◎文献一覧 「中世の預言とその影響―ヨアキム主義の研究」（M.リーヴス） 八坂書房 2006.10 p19-24b

吉田＝クラフト, B. Yoshida＝Krafft, Barbara 〔1927―2003〕
◎著作目録ほか（吉田秀和） 「日本文学の光と影―荷風・花袋・谷崎・川端」（B.吉田＝クラフト） 藤原書店 2006.11 p436-424

ヨセフ Joseph 〔聖母マリアの夫・イエスの養父〕
◎参考文献 「「弱い父」ヨセフ―キリスト教における父権と父性」（竹下節子） 講談社 2007.8 p210-211

ヨハネ23世 Joannes XXIII 〔1881―1963 ローマ教皇〕
◎年譜 「ヨハネ二十三世魂の日記」（石川康輔） ドン・ボスコ社 2000.12 p12-16

ヨングハンス
◎参考文献 「名古屋大学最初の外国人教師―ヨングハンス先生とローレツ先生」（加藤鉦治） 名古屋大学大学史資料室 2002.3 p57-58

【 ラ 】

ライス, C. Rice, Condoleezza 〔1954― 米 国際政治学〕
◎参考資料 「プライドと情熱―ライス国務長官物語」（A.フェリックス） 角川学芸出版 2007.7 p283-292

ライト, F.L. Wright, Frank Lloyd 〔1867―1959 米 建築〕
◎文献紹介 「フランク・ロイド・ライト 大地に芽生えた建築」（富岡義人） 丸善 2001.1 p109-108
◎年譜 「フランク・ロイド・ライトとはだれか」（谷川正己） 彰国社 2001.6 p193-201
◎参考文献 「フランク・ロイド・ライトのモダニズム」（三沢浩） 彰国社 2001.6 p302-297
◎参考文献 「フランク・ロイド・ライトの日本―浮世絵に魅せられたもう一つの顔」（谷川正己） 光文社 2004.9 p236-233
◎参考文献 「フランク・ロイド・ライトのランドスケープデザイン」（C.E.Aguar） 丸善 2004.12 p372-374
◎参照文献 「フランク・ロイド・ライトの建築遺産」（岡野真） 丸善 2005.1 p145-146
◎年譜ほか 「ライト＝マンフォード往復書簡集―1926-1959」（F.L.ライト） 鹿島出版会 2005.6 p12-19b
◎文献ほか（水上優） 「フランク・ロイド・ライトと武田五一―日本趣味と近代建築」（ふくやま美術館） ふくやま美術館 2007.1 p179-191
◎参考文献 「未完の建築家フランク・ロイド・ライト」（A.L.ハクスタブル） TOTO出版 2007.5 p352-355

ライト, W.H. Wright, Willard Huntington 〔別名＝ヴァン・ダイン, S.S.〈Van Dine, S.S.〉 1888―1939 米 推理小説家〕
◎著作概観（小杉健太朗） 「ファイロ・ヴァンスの犯罪事件簿」（S.S.ヴァン・ダイン） 論創社 2007.8 p251-255

ライト兄弟 Wright 〔Wright, Wilbur 1867―1912／Wright, Orville 1871―1948 米 発明家〕
◎参考文献 「ライト兄弟の秘密」（原俊郎） 叢文社 2002.10 2pb
◎文献 「風に舞うライト兄弟の生涯」（斎藤潔） 斎藤潔 2003.7 p328-331

ライトマン, A. Lightman, Alan P. 〔1948― 米 天体物理学〕
◎著作リスト（朝倉久志） 「アインシュタインの夢」（A.ライトマン） 早川書房 2002.4 p163-164

ライヒ＝ラニツキ, M. Reich-Ranicki, Marcel 〔1920― 独 文芸評論家〕
◎著作目録ほか 「わがユダヤ・ドイツ・ポーランド―マルセル・ライヒ＝ラニツキ自伝」（マルセル・ライヒ＝ラニツキ） 柏書房 2002.3 p485-489

ライプニッツ, G.W. Leibniz, Gottfried Wilhelm von 〔1646―1716 独 哲学・数学〕
◎文献 「ライプニッツ術―モナドは世界を編集する」（佐々木能章） 工作舎 2002.10 p310-307
◎読書案内 「ライプニッツ なぜ私は世界にひとりしかいないのか」（山内志朗） NHK出版 2003.1 p114-117
◎参考文献 「ライプニッツ 普遍数学の夢」（林知宏） 東京大学出版会 2003.3 p255-277
◎文献 「ライプニッツの哲学―論理と言語を中心に 増補改訂版」（石黒ひで） 岩波書店 2003.7 p7-16b
◎文献 「ライプニッツの認識論―懐疑主義との対決」（松田毅） 創文社 2003.12 p7-18b
◎年譜（清水富雄） 「モナドロジー・形而上学叙説」（ライプニッツ） 中央公論新社 2005.1 p237-244
◎参考文献（高田博行ほか） 「ライプニッツの国語論―ドイツ語改良への提言」（G.W.ライプニッツ） 法政大出版局 2006.3 p141-146

ライプホルツ, G. Leibholz, Gerhard 〔1901―1982 独 公法〕
◎略年譜 「ライプホルツとその時代」（竹内重年） 竹内重年 2004.3 p221-232

ラヴェル, M.J.　Ravel, Maurice〔1875—1937　仏　作曲家〕
◎Bibliography　「モーリス・ラヴェル―ある生涯」（ベンジャミン・イヴリー）　アルファベータ　2002.10　p204-217
◎原注　「ラヴェル―新装版」（V.ジャンケレヴィッチ）　白水社　2002.10　p257-277

ラヴクラフト, H.P.　Lovecraft, Howard Philips〔1890—1937　米　怪奇小説作家〕
◎参考文献　「クトゥルフ神話ガイドブック―20世紀の恐怖神話」（朱鷺田祐介）　新紀元社　2004.8　p297-298
◎参考文献　「図解クトゥルフ神話」（森瀬繚）　新紀元社　2005.12　p288-289
◎参考図書　「エンサイクロペディア・クトゥルフ」（D.ハームズ）　新紀元社　2007.3　p322-342

ラヴローフ, P.L.　Lavrov, Pëtr Lavrovich〔1823—1900　露　革命家・哲学〕
◎文献目録　「ラヴローフのナロードニキ主義歴史哲学―虚無を超えて」（佐々木照央）　彩流社　2001.11　p71-100b

ラヴワジエ, M.A.　Lavoisier, Marie-Anne-Pierrette〔1758—1836　仏　化学〕
◎参考文献　「エミリー・デュ・シャトレとマリー・ラヴワジエ―18世紀フランスのジェンダーと科学」（川島慶子）　東京大学出版会　2005.5　p9-16b

ラカン, J.　Lacan, Jacques Marie〔1901—1981　仏　精神分析〕
◎著作目録　「ジャック・ラカン伝」（エリザベト・ルディネスコ）　河出書房新社　2001.7　p526-567
◎注　「ラカン、フロイトへの回帰―ラカン入門」（P.ジュリアン）　誠信書房　2002.5　p247-272
◎文献リスト　「ラカンと政治的なもの」（Y.スタヴラカキス）　吉夏社　2003.2　p339-325
◎読書案内ほか　「ラカン―鏡像段階」（福原泰平）　講談社　2005.4　p331-356
◎研究書　「フロイト＝ラカン」（新宮一成ほか）　講談社　2005.5　p242-245
◎文献　「ラカンとポストフェミニズム」（E.ライト）　岩波書店　2005.9　p76-82
◎文献　「クライン‐ラカンダイアローグ」（B.バゴーインほか）　誠信書房　2006.4　p332-322
◎年譜　「ラカン」（P.ヒル）　筑摩書房　2007.2　p221-243

ラクー＝ラバルト, P.　Lacque-Labarthe, Philippe〔1940—　仏　哲学〕
○著作一覧　「環　29」（藤原書店）　2007.Spr.　p381」

ラーゲルレーヴ, S.O.L.　Lagerlöf, Selma Ottiliana Lovisa〔1858—1940　スウェーデン　小説家〕
◎目録　「児童文学翻訳作品総覧　5　北欧・南欧編」（川戸道昭ほか）　ナダ出版センター　2005.12　p418-442
◎参考引用文献　「『ニルス』に学ぶ地理教育―環境社会スウェーデンの原点」（村山朝子）　ナカニシヤ出版　2005.12　p159-164

ラシーヌ, J.B.　Racine, Jean Baptiste〔1639—1699　仏　劇作家〕
◎年譜ほか　「ラシーヌ劇の神話力」（小田桐光隆）　上智大学　2001.1　p9-37b
◎参考文献　「ラシーヌ、二つの顔」（山中知子）　人文書院　2005.2　p439-441

ラスカー‐シューラー, E.　Lasker-Schüler, Else〔1876—1945　独　詩人〕
◎年譜ほか　「評伝エルゼ・ラスカー・シューラー―表現主義を超えたユダヤ系ドイツ詩人」（松下たえ子）　慶應義塾大出版会　2007.11　p334-344

ラスキ, H.J.　Laski, Harold Joseph〔1893—1950　英　政治〕
◎参考文献　「現代世界と民主的変革の政治学―ラスキマクファースンミリバンド」（小松敏弘）　昭和堂　2005.10　p404-418

ラスキン, J.　Ruskin, John〔1819—1900　英　批評家・画家〕
◎年譜　「ヴェネツィアの薔薇―ラスキンの愛の物語」（M.ロヴリック）　集英社　2002.1　p88-92
◎「ラスキン文庫収蔵品目録―御木本隆三コレクション」（人見伸子）　ラスキン文庫　2004.2　79p　B5

ラスプーチン, G.E.　Rasputin, Grigorii Efimovich〔1871—1916　露　神秘家〕
◎参考文献　「真説ラスプーチン　下」（E.ラジンスキー）　NHK出版　2004.3　p5-15b

ラッグ, H.O.　Rugg, Harold Ordway〔1886—1960　米　教育学〕
◎参考文献ほか　「ハロルド・ラッグ社会科カリキュラム成立過程の研究」（溝上泰）　風間書房　2007.11　p297-305

ラッセル, B.　Russell, Bertrand Arthur William〔1872—1970　英　哲学・数学〕
◎年表（市井三郎）　「ラッセル」（ラッセル）　河出書房新社　2005.1　p409-415
◎読書案内　「ラッセルのパラドクス―世界を読み換える哲学」（三浦俊彦）　岩波書店　2005.10　p205-208
◎書誌（秋山安永）　「九州国際大学教養研究　12.3」（九州国際大）　2006.3　p111-132

ラッセル, E.　Russell, Elizabeth〔1836—1928　米　宣教師〕
◎参考文献　「長崎活水の娘たちよ―エリザベス・ラッセル女史の足跡」（白浜祥子）　彩流社　2003.12　p259-261

ラッフィ, U.
◎著作一覧（田畑賀世子）　「古代ローマとイタリア」（U.ラッフィ）　ETS　2003　p211-216

ラ・トゥール, G.d.　La Tour, Georges de〔1593—1652　仏　画家〕
◎参考文献　「ジョルジュ・ド・ラ・トゥール展―光と闇の世界」(読売新聞東京本社事業部)　読売新聞東京本社　2005　p177-185
◎参考文献　「ジョルジュ・ド・ラ・トゥール―再発見された神秘の画家」(J.P.キュザンほか)　創元社　2005.2　p197」
◎参考文献　「夜の画家ジョルジュ・ド・ラトゥール」(B.フェルテ)　二玄社　2005.3　p132-133

ラドクリフ=ブラウン, A.R.　Radcliffe-Brown, Alfred Reginald〔1881—1955　英　社会人類学〕
◎著作目録　「未開社会における構造と機能　新版」(ラドクリフ=ブラウン)　新泉社　2002.4　p10-14b

ラドラム, R.　Ludlum, Robert〔1927—2001　米　スリラー作家〕
◎作品リスト(山本光伸)　「メービウスの環　下」(R.ラドラム)　新潮社　2005.1　p515-517

ラバン, R.　Laban, Rudolf von〔1879—1958　舞踊理論家〕
◎年譜(日下四郎)　「ルドルフ・ラバン―新しい舞踊が生まれるまで」(R.ラバン)　大修館書店　2007.3　p293-295

ラファエッロ　Raffaello Santi〔1483—1520　伊　画家〕
◎参考文献　「ラファエッロ―幸福の絵画」(アンリ・フォション)　平凡社(平凡社ライブラリー)　2001.10　p184-186

ラファティ, R.A.　Lafferty, Raphael Aloysius〔1914—2002　米　SF作家〕
○全著作目録(牧眞司)　「SFマガジン　43.8」(早川書房)　2002.8　p89-80

ラフォルグ, J.　Laforgue, Jules〔1860—1887　仏　詩人〕
◎註ほか　「ラフォルグはアンチ・フェミニストか」(宮内侑子)　青山社　2003.6　p203-226

ラブレー, F.　Rabelais, François〔1494頃—1553　仏　小説家・医師〕
◎文献　「ラブレーの宗教―16世紀における不信仰の問題」(L.フェーヴル)　法政大学出版局　2003.5　p221-277b

ラム, C.　Lamb, Charles〔1775—1834　英　随筆家〕
◎略譜　「エリア随筆抄」(チャールズ・ラム)　みすず書房　2002.3　p217-218
◎年表　「チャールズ・ラムの手紙―「エリア随筆」への萌芽」(C.ラム)　英宝社　2003.4　p288-290

ラムズフェルド, D.　Rumsfeld, Donald〔1932—　米　政治家〕
◎出典　「ラムズフェルド―百戦錬磨のリーダーシップ」(J.A.クレイムズ)　KKベストセラーズ　2003.2　3pb

ラーレンツ, K.　Larenz, Karl〔1903—1993　独　民法学・法哲学〕
◎引用文献　「ラーレンツの類型論」(伊藤剛)　信山社出版　2001.12　p4-14b

ランキン, I.　Rankin, Ian〔1960—　英　作家〕
○長編全解題(花田美也子ほか)　「ミステリマガジン　49.1」(早川書房)　2004.1　p8-11
◎作品リスト　「血の流れるままに」(I.ランキン)　早川書房　2007.6　p549-550

ランキン, J.　Rankin, Jeannette〔1880—1973　米　平和運動家〕
◎参考文献　「一票の反対―ジャネット・ランキンの生涯」(大蔵雄之助)　麗澤大学出版会　2004.8　p251-252

ランサム, A.　Ransom, Arthur〔1884—1967　英　児童文学作家〕
◎年表ほか　「アーサー・ランサム―現代英米児童文学評伝叢書　5」(松下宏子)　KTC中央出版　2002.10　p124-129

ランジュラン, G.　Langelaan, George〔1908—1972　英　作家〕
◎ビブリオグラフィー(三橋曉)　「蠅」(G.ランジュラン)　早川書房　2006.1　p273-274

ランズデール, J.R.　Lansdale, Joe R.〔1951—　米　作家〕
○全著作(尾之上浩司)　「ミステリマガジン　47.10」(早川書房)　2002.10　p58-65
◎著作一覧(尾之上浩司)　「モンスター・ドライヴィン」(J.R.ランズデール)　東京創元社　2003.2　p245-249
◎作品リスト(佳多山大地)　「ボトムズ」(J.R.ランズデール)　早川書房　2005.3　p470」

ランダウアー, G.　Landauer, Gustav〔1870—1919　独　政治家〕
◎著作一覧(大窪一志)　「レボルツィオーン―再生の歴史哲学」(G.ランダウアー)　同時代社　2004.11　p223-225

ランバス, W.R.　Lambuth, Walter Russel〔1854—1921　米　医療宣教師〕
◎略年譜(池田裕子)　「ウォルター・ラッセル・ランバス―Prophet and pioneer」(W.W.ピンソン)　関西学院　2004.11　p322-325
◎主要著作ほか(山内一郎)　「キリストに従う道―ミッションの動態　ヴァンダビルト大学コール・レクチャー」(W.R.ランバス)　関西学院　2004.11　p220-229

ランボー, A.　Rimbaud, Jean Nicolas Arthur〔1854—1891　仏　詩人〕
◎略年譜ほか　「ランボー全集」(A.ランボー)　青土社　2006.9　p1189-1206
◎参考文献　「ランボーと父フレデリック」(C.H.L.ボーディナム)　いろは館　2006.10　p263-268

◎読書案内 「ランボー『地獄の季節』詩人になりたいあなたへ」（野村喜和夫） みすず書房 2007.7 p136-139

ランボー, V. Rimbaud, Vitalie〔1825—1907〕
◎原注 「ヴィタリー・ランボー—息子アルチュールへの愛」（C.ジャンコラ） 水声社 2005.12 p401-407

【 リ 】

リー, R.E. Lee, Robert Edward〔1807—1870 米 軍人・教育者〕
◎参考文献 「The Old man—ヴァージニアにて、リーの最後の手紙」（樋口正昭） 樋口正昭 2006.4 p196-197

リー, T. Lee, Tanith
◎著書リスト（中村融） 「悪魔の薔薇」（T.リー） 河出書房新社 2007.9 p365-369

リーヴィット, H. Leavitt, Henrietta Swan〔1868—1921 米 天文学〕
◎参考文献 「リーヴィット—宇宙を測る方法」（G.ジョンソン） WAVE出版 2007.11 p189-190

リオタール, J.F. Lyotard, Jean François〔1924—1998 仏 哲学〕
◎書誌 「聞こえない部屋—マルローの反美学」（J.F.リオタール） 水声社 2003.12 p171-172
◎文献 「リオタールと非人間的なもの」（S.シム） 岩波書店 2005.1 p78-81

リカードウ, D. Ricardo, David〔1772—1823 英 経済学〕
◎参考文献 「リカードウ価格論の研究」（佐藤滋正） 八千代出版 2006.10 p263-276
◎参考文献 「リカードの経済理論—価値・分配・成長の比較静学分析動学分析」（福田進治） 日本経済評論社 2006.12 p261-270

リゲティ, G. Ligeti, György Sándor〔1923—2006 ハンガリー 作曲家〕
◎参考文献 「ジェルジ・リゲティ論—音楽における現象学的空間とモダニズムの未来」（神月朋子） 春秋社 2003.2 p305-323
◎参考文献 「リゲティ、ベリオ、ブーレーズ—前衛の終焉と現代音楽のゆくえ」（沼野雄司） 音楽之友社 2005.9 p177-188

リゴー, J. Rigaut, Jacques〔1898—1929 仏 詩人〕
◎年譜 「自殺総代理店」（J.リゴー） エディション・イレーヌ 2007.11 p93-102

リシツキー, E. Lissitzky, El〔1890—1941 露 画家・デザイナー・建築家〕
◎参考文献 「エル・リシツキー構成者のヴィジョン」（寺山祐策） 武蔵野美大出版局 2005.10 p230-231

リシュリュー, A.J. Richelieu, Armand Jean du Plessis, Cardinal et Duc de〔1585—1642 仏 政治家〕
◎参考文献 「宰相リシュリュー」（小島英記） 講談社 2003.6 p340-338

リスト, F. List, Friedrich〔1789—1846 独 経済学〕
◎略年譜 「晩年のフリードリッヒ・リスト—ドイツ関税同盟の進路」（諸田實） 有斐閣 2007.4 prr

リタ Rita da Cascia
◎参考文献 「聖女の条件—万能の聖母マリアと不可能の聖女リタ」（竹下節子） 中央公論新社 2004.11 p305-306

リーチ, B. Leach, Bernard Howell〔1887—1979 英 陶芸家〕
◎年譜（水尾比呂志） 「バーナード・リーチ日本絵日記」（B.リーチ） 講談社 2002.10 p344-354
◎参考文献 「バーナード・リーチの生涯と芸術—「東と西の結婚」のヴィジョン」（鈴木禎宏） ミネルヴァ書房 2006.3 p11-53b
◎参考文献 「バーナード・リーチ展」（兵庫陶芸美術館） 兵庫陶芸美術館 2006.3 p168-173

リチャーズ, E.H. Richards, Ellen Henrietta (Swallow)〔1842—1911 米 化学〕
◎略年譜 「環境教育の母—エレン・スワロウ・リチャーズ物語」（E.A.ヴェアほか） 東京書籍 2004.2 p84-85

リチャード3世 Richard III〔1452—1485 英 王〕
◎参考文献 「リチャード三世は悪人か」（小谷野敦） NTT出版 2007.10 p236-235

リチャードソン, M.E. Richardson, Marion Elaine〔1892—1946〕
◎年譜・文献 「20世紀前半の英国における美術教育改革の研究—マリオン・リチャードソンの理論と実践」（直江俊雄） 建帛社 2002.2 p349-354,360-370

リッケルト, H. Rickert, Heinrich〔1863—1936 独 哲学〕
◎文献一覧 「真理・価値・価値観」（九鬼一人） 岡山商科大 2003.3 p183-195

リッチー, J. Ritchie, Jack〔1922—1983 米 推理作家〕
◎著書リスト 「ダイアルAを回せ」（J.リッチー） 河出書房新社 2007.9 p324-325

リッチ, M. Ricci, Matteo〔1552—1610 伊 イエズス会士〕
◎年譜 「利瑪竇—天主の僕として生きたマテオ・リッチ」（J.ベジノ） サンパウロ 2004.4 p229-233

リッチモンド, T.J.
◯研究業績ほか 「奈良産業大学紀要 17」（奈良産業大） 2001.12 p157-158

リット, T. Litt, Theodor〔1880―1962 独 哲学・教育学〕
◎参考文献 「リットの教育哲学」(西方守) 専修大出版局 2006.7 p225-242

リデル, H. Riddell, Hannah〔1855―1932 英 宣教師〕
◎参考文献 「「性の隔離」と隔離政策―ハンナ・リデルと日本の選択」(猪飼隆明) 熊本出版文化会館 2005.11 p276-277
◎参考文献 「ハンナ・リデルと回春病院」(猪飼隆明) 熊本出版文化会館 2005.11 p268-269

リード, H. Read, Herbert Edward〔1893―1968 英 芸術批評家・詩人〕
◎参考文献ほか 「ハーバート・リードの美学―形なきものと形」(D.シスルウッド) 玉川大出版部 2006.3 p5-42b

リートフェルト, G.T. Rietveld, Gerrit Thomas〔1888―1964 蘭 建築家〕
◎関連文献 「「職人であり続けたオランダ人デザイナー、リートフェルトのイスと家」展」(宇都宮美術館ほか) キュレイターズ 〔2004〕p136-139

リトル, A. Little, Alicia
◎文献案内 「纏足の発見―ある英国女性と清末の中国」(東田雅博) 大修館書店 2004.12 p235-237

リトル, C. Little, Conyth
◎著作リスト(森英俊) 「記憶をなくして汽車の旅」(C.リトル) 東京創元社 2007.8 p269-270

リパッティ, D. Lipatti, Dinu〔1917―1950 ルーマニア ピアニスト〕
◎参考文献 「ディヌ・リパッティ―伝説の天才ピアニスト―夭折の生涯と音楽」(畠山陸雄) ショパン 2007.6 p232-233

リヒター, G. Richter, Gerhardt〔1932― 独 画家〕
◎略年譜ほか(林寿美) 「ゲルハルト・リヒター」(金沢21世紀美術館ほか) 淡交社 2005.9 p158-167

リーフェンシュタール, L. Riefenstahl, Leni〔1902―2003 独 映画監督〕
◎参考文献 「美の魔力―レーニ・リーフェンシュタールの真実」(瀬川裕司) パンドラ 2001.8 p324-326
◎参考文献(R.ローター) 「レーニ・リーフェンシュタール 美の誘惑者」 青土社 2002.10 p1-14b

リュシアス Lȳsiās〔前459頃―前380以後? 希 雄弁家〕
◎参照文献 「弁論集」(リュシアス) 京都大学学術出版会(西洋古典叢書) 2001.7 p481-484

リリウオカラーニ Liliuokalani, Lydia Kamekeha〔1838―1917 独立ハワイ 女王〕
◎参考引用文献 「ハワイ王朝最後の女王」(猿谷要) 文藝春秋 2003.1 p253-258

リルケ, R.M. Rilke, Rainer Maria〔1875―1926 独 詩人〕
◎年譜ほか 「リルケ」(星野慎一, 小磯仁) 清水書院(Century books) 2001.2 p210-233
◎参考文献 「このように読めるリルケ―響きつづけるグラスであるがいい」(加藤泰義) 朝日出版社 2001.10 p12-16
◯文献目録(岩本晃代) 「敍説 II 04」(花書院) 2002.8 p151-158
◎文献目録 「昭和詩の抒情―丸山薫・〈四季派〉を中心に」(岩本晃代) 双文社出版 2003.1 p327-351
◎参考文献(富岡近雄) 「新訳リルケ詩集」(R.M.リルケ) 郁文堂 2003.6 p511-512

リンカーン, A. Lincoln, Abraham〔1809―1865 米 政治家〕
◎文献 「リンカーンの世紀―アメリカ大統領たちの文学思想史」(巽孝之) 青土社 2002.2 p10-15b
◎注 「正義のリーダーシップ―リンカンと南北戦争の時代」(本間長世) NTT出版 2004.6 p276-299
◎文献目録 「マンハント―リンカーン暗殺犯を追った12日間」(J.L.スワンソン) 早川書房 2006.10 p517-502
◎参考文献 「戦争指揮官リンカーン―アメリカ大統領の戦争」(内田義雄) 文藝春秋 2007.3 2pb

リンゼイ, A.D. Lindsay, Alexander Dunlop, Baron of Birker〔1879―1931 英 社会哲学〕
◎文献 「集いと語りのデモクラシー―リンゼイとダールの多元主義論」(田村浩志) 勁草書房 2002.5 p4-27b

リンドグレーン, A.A.E. Lindgren, Astrid Anna Emilia〔1907―2002 スウェーデン 童話作家〕
◎作品 「遊んで、遊んで、遊びました―リンドグレーンからの贈りもの」(K.ユンググレーン) ラトルズ 2005.11 p110-111
◎略年譜 「遊んで遊んで―リンドグレーンの子ども時代」(C.ビヨルク) 岩波書店 2007.7 p82-87
◎略年譜 「アストリッド・リンドグレーン―愛蔵版アルバム」(J.フォシェッル) 岩波書店 2007.11 p264-265

【ル】

ルイス, C.S. Lewis, Clive Staples〔1898―1963 英 批評〕
◎参考文献ほか 「ナルニア国をつくった人 C.S.ルイス物語」(M.コーレン) 日本基督教団出版局 2001.9 p135-144
◎著作目録 「ナルニア国の父C・S・ルイス」(M.ホワイト) 岩波書店 2005.11 p11-27b

◎文献 「ナルニア国フィールドガイド」（C.ドゥーリエ） 東洋書林 2006.1 p361-371
◎読書案内ほか 「ナルニア国の秘密の扉—「ナルニア国物語」がまるまるわかる!!」（岸野あき恵ほか） 近代映画社 2006.3 p162-174
◎年譜 「「ナルニア国」への扉—C・S・ルイス」（B.ゴームリー） 文溪堂 2006.4 p147-149
◎参考文献 「ナルニア国物語解読—C.S.ルイスが創造した世界」（安藤聡） 彩流社 2006.4 p23-26b
◎引用文献ほか 「C.S.ルイスのリーディングのレトリック—ロゴスとポイエマの統合」（B.L.エドワーズ） 彩流社 2007.2 p43-61b

ルイス, G.H. Lewes, George Henry 〔1817—1878 英 著作家・評論家〕
○書誌（大嶋浩） 「兵庫教育大学研究紀要 31」（兵庫教育大） 2007.9 p57-69

ルイス, M. Lewis, Meriwether 〔1774—1809 米 軍人・探検家〕
◎参考資料 「ルイス=クラーク探検—アメリカ西部開拓の原初的物語」（明石紀雄） 世界思想社 2004.12 p242-244

ルイス, P. Louÿs, Pierre 〔1870—1925 仏 詩人・小説家〕
◎年譜ほか 「エロスの祭司—評伝ピエール・ルイス」（沓掛良彦） 水声社 2003.2 p483-529

ルイス, W.A. Lewis, W.Arthur 〔1915— 〕
◎著書 「国際経済秩序の発展」（W.アーサー・ルイス） 文化書房博文社 2001.1 p97-98

ルイス・デ・メディナ, J.G. Ruiz de Medina, Juan G.
◎業績（清水紘一） 「イエズス会士とキリシタン布教」（J.G.ルイス・デ・メディナ） 岩田書院 2003.3 p323-321

ルイ9世 Louis IX, le Saint 〔1214—1270 仏 国王〕
◎参考文献 「聖王ルイ」（ジャック・ル・ゴフ） 新評論 2001.11 p1161-1176
◎参考文献 「聖王ルイの世紀」（A.サン=ドニ） 白水社 2004.12 p1-3b
◎文献資料 「聖王ルイ—西欧十字軍とモンゴル帝国」（J.d.ジョワンヴィル） 筑摩書房 2006.11 p482-477

ルイ14世 Louis XIV le Grand 〔1638—1715 仏 国王〕
◎参考文献 「ルイ14世—作られる太陽王」（P.バーク） 名古屋大学出版会 2004.8 p14-30b

ルイ17世 Louis XVII 〔1785—1795 仏 国王〕
◎参考文献 「ルイ十七世の謎と母マリー・アントワネット—革命、復讐、DNAの真実」（D.キャドベリー） 近代文芸社 2004.9 p15-22b

ル=グウィン, U.K. Le Guin, Urshula Kroeber 〔1929— 米 SF・児童ファンタジー作家〕
◎邦訳作品（青木由紀子） 「ファンタジーと言葉」（U.K.ル=グウィン） 岩波書店 2006.5 p333-334
◎作品リスト 「夜の言葉—ファンタジー・SF論」（U.K.ル=グウィン） 岩波書店 2006.5 p330-332
○年譜（吉岡公美子） 「ユリイカ 38.9.523臨増」（青土社） 2006.8 p207-213

ル・クレジオ, J.M. Le Clézio, Jean Marie Gustave 〔1940— 仏 小説家〕
◎略年譜ほか 「ル・クレジオ—地上の夢」 思潮社 2006.10 p244-252

ル・コルビュジエ Le Corbusier 〔本名=ジャンヌレ, シャルル・エドゥアール〈Jeanneret, Charles Edouard〉 1887—1965 仏 建築家・画家〕
◎文献リスト 「ル・コルビュジエ 建築・家具・人間・旅の全記録」 エクスナレッジ 2002.7 p228-233
◎参考文献 「ル・コルビュジエの宗教建築と「建築的景観」の生成」（千代章一郎） 中央公論美術出版 2004.2 p273-286
◎著作リスト 「知られざるル・コルビュジエを求めて」（佐々木宏） 王国社 2005.5 p202-218
◎情報源 「ル・コルビュジエのインド」（彰国社） 彰国社 2005.6 p156」
◎参考文献 「ル・コルビュジエ—終わりなき挑戦の日々」（J.ジャンジェ） 創元社 2006.2 p157-158
◎Bibliography 「ル・コルビュジエ—機械とメタファーの詩学」（A.ツォニス） 鹿島出版会 2007.3 p238-239
○略年譜（暮沢剛巳） 「美術手帖 59.895」（美術出版社） 2007.6 p44-47
◎参考文献 「ル・コルビュジエを見る—20世紀最高の建築家、創造の軌跡」（越後島研一） 中央公論新社 2007.8 p206-210
◎参考文献 「愛と哀しみのル・コルビュジエ」（市川智子） 彰国社 2007.10 p208-209

ルシュディ, S. Rushdie,(Ahmed)Salman 〔1947— 英 作家〕
◎参考文献 「サルマン・ルシュディの文学—「複合的自我」表象をめぐって」（大熊榮） 人文書院 2004.10 p352-345

ルシュール, F. Lesure, François 〔1923—2001 仏 音楽学〕
◎著作 「伝記クロード・ドビュッシー」（F.ルシュール） 音楽之友社 2003.9 p456」

ルーズベルト, F.D. Roosevelt, Franklin Delano 〔1882—1945 米 政治家〕
◎参考文献 「検証・真珠湾の謎と真実 ルーズベルトは知っていたか」（秦郁彦） PHP研究所 2001.8 p266-269

ルソー, H.J.F. Rousseau, Henri Julien Fêlix〔1844—1910 仏 画家〕
  ◎年譜ほか 「アンリ・ルソー 1844-1910」(コルネリア・スタベノフ) タッシェン・ジャパン 2002.4 p94-96
  ◎参考文献 「ルソーの見た夢、ルソーに見る夢―アンリ・ルソーと素朴派、ルソーに魅せられた日本人美術家たち」(世田谷美術館ほか) 東京新聞 c2006 p214-223
  ◎参考文献 「アンリ・ルソー楽園の謎」(岡谷公二) 平凡社 2006.10 p301-306

ルソー, J.J. Rousseau, Jean-Jacques〔1712—1778 仏 哲学〕
  ◎参考文献 「誇り高き市民―ルソーになったジャン=ジャック」(小林善彦) 岩波書店 2001.8 p237-238
  ◎年譜 「不平等論―その起源と根拠」(ジャン=ジャック・ルソー) 国書刊行会 2001.10 p11-14b
  ◎参考文献 「ルソーを読む英国作家たち―「新エロイーズ」をめぐる思想の戦い」(鈴木美津子) 国書刊行会 2002.7 p18-27b
  ◎書誌ほか 「ルソーの音楽思想」(内藤義博) 駿河台出版社 2002.10 p404-440
  ◎注 「ルソーの啓蒙哲学―自然・社会・神」(川合清隆) 名古屋大学出版会 2002.11 p3-19b
  ◎文献 「ルソーの経済哲学」(B.フレーデン) 日本経済評論社 2003.6 p245-254
  ◎参考文献 「ルソー」(D.モルネ) ジャン・ジャック書房 2003.10 p289-295
  ◎参考資料 「「むすんでひらいて」とジャン・ジャック・ルソー」(西川久子) かもがわ出版 2004.10 p159」
  ◎年表(平岡昇) 「ルソー」(ルソー) 河出書房新社 2005.1 p639-647
  ◎年譜(小林善彦ほか) 「人間不平等起原論・社会契約論」(ルソー) 中央公論新社 2005.6 p413-428
  ◎参考文献 「ルソーの政治思想」(根本俊雄) 東信堂 2007.10 p205-210

ルター, M. Luther, Martin〔1483—1546 独 宗教改革者〕
  ◎文献一覧 「ルターとメランヒトンの教育思想研究序説」(菱刈晃夫) 渓水社 2001.2 p311-332
  ◎参考文献 「マルティン・ルター―ひとつの運命」(リュシアン・フェーヴル) キリスト新聞社 2001.10 p348-353
  ◎参考文献 「宗教改革の精神 ルターとエラスムスの思想対決」(金子晴勇) 講談社 2001.12 p231-235
  ◎原注文献 「青年ルター 1」(E.H.エリクソン) みすず書房 2002.8 p1-7b
  ◎参考文献 「宗教改革著作集 4 ルターとその周辺 2」教文館 2003.3 p369-373
  ◎文献案内ほか 「マルチン・ルター―原典による信仰と思想」(徳善義和) リトン 2004.5 p211-223

ル・タコン, F. Le Tacon, François〔1939— 仏〕
  ◎刊行物ほか 「エミール・ガレ―その陶芸とジャポニスム」(P.ティエボー) 平凡社 2003.7 p260-261

ルートヴィヒ2世 Ludwig II〔1845—1886 バイエルン 王〕
  ◎年譜 「美と狂気の王ルートヴィヒ2世」(マルタ・シャート) 講談社 2001.2 p222-226

ルドゥテ, P.J. Redoute, Pierre Joseph〔1759—1840〕
  ◎図版集目録 「バラの画家ルドゥテ」(C.レジェ) 八坂書房 2005.7 p4-7b

ルードルフ, v.E. Rudolf von Ems〔1200頃—1254頃 独 叙事詩人〕
  ◎参考文献ほか 「善人ゲールハルト―王侯・騎士たち・市民たち」(R.v.エムス) 慶應義塾大出版会 2005.4 p344-347

ルドルフ2世 Rudolf II〔1552—1612 神聖ローマ皇帝〕
  ◎参考文献 「魔術の帝国―ルドルフ二世とその世界 下」(R.J.W.エヴァンズ) 筑摩書房 2006.1 p382-369

ルドルフ4世 Rudolf IV〔1339—1365〕
  ◎参考文献 「ハプスブルクをつくった男」(菊池良生) 講談社 2004.8 p234-233

ルドン, O. Redon, Odilon〔1840—1916 仏 画家〕
  ◎文献 「オディロン・ルドン 光を孕む種子」(本江邦夫) みすず書房 2003.7 p5-9b

ルナール, J. Renard, Jules〔1864—1910 仏 小説家〕
  ◎目録 「児童文学翻訳作品総覧 3 フランス・ドイツ編1」(川戸道昭ほか) ナダ出版センター 2005.9 p382-404

ルノワール, J. Renoir, Jean〔1894—1979 仏 映画監督〕
  ◎注文献 「ジャン・ルノワール 越境する映画」(野崎歓) 青土社 2001.4 p235-246

ルノワール, P.A. Renoir, Pierre August〔1841—1919 仏 画家〕
  ◎参考文献 「ルノワール」(賀川恭子) 小学館 2006.6 p123」

ルービンシュタイン, H. Rubinstein, Helena〔1870—1965 ポーランド 実業家〕
  ◎参考文献 「美を求める闘い―ヘレナ・ルービンシュタイン、エリザベス・アーデン、エスティー・ローダー」(D.ブルヒャルト) 青土社 2003.6 p239-240
  ◎参考文献 「ヘレナとエリザベス―世界の女性史を塗り替えた、二人の天才企業家の生涯 下」(L.ウッドヘッド) アーティストハウス 2004.2 p332-325

ルブラン, M.　Leblanc, Maurice〔1864—1941 仏　探偵小説家〕
　◎作品リスト　「怪盗紳士ルパン」（M.ルブラン）　早川書房　2005.9　p333-336
　◎出版目録（住田忠久）　「戯曲アルセーヌ・ルパン」（F.クロワッセ）　論創社　2006.11　p431-490

ルーベンス, P.P.　Rubens, Peter Paul〔1577—1640 フランドル　画家〕
　◎文献　「リュベンス」（K.L.ベルキン）　岩波書店　2003.6　p342-344
　◎参考文献　「ペーテル・パウル・ルーベンス—絵画と政治の間で」（中村俊春）　三元社　2006.8　p56-74b

ルーマン, N.　Luhmann, Niklas〔1927—1998 独　社会学・法社会学〕
　◎文献　「ルーマンの社会理論」（馬場靖雄）　勁草書房　2001.6　p5-16b
　◎参考文献　「意味の歴史社会学—ルーマンの近代ゼマンティク論」（高橋徹）　世界思想社　2002.2　p229-238
　◎参考文献　「世界の儚さの社会学—シュッツからルーマンへ」（吉沢夏子）　勁草書房　2002.5　p5-13b
　◎文献　「貨幣論のルーマン—〈社会の経済〉講義」（春日淳一）　勁草書房　2003.5　p5-9b
　◎文献　「リスク論のルーマン」（小松丈晃）　勁草書房　2003.7　p6-24b
　◎参考文献　「教育現象のシステム論」（石戸教嗣）　勁草書房　2003.10　p7-15b
　◎参考文献　「教育人間論のルーマン—人間は〈教育〉できるのか」（田中智志ほか）　勁草書房　2004.6　prr
　◎引用文献　「ルーマン社会の理論の革命」（長岡克行）　勁草書房　2006.9　p11-25b
　◎参考文献　「ブルデューとルーマン—理論比較の試み」（A.ナセヒ）　新泉社　2006.11　p3-30b
　◎参考文献　「ルーマン・システム理論何が問題なのか—システム理性批判」（G.シュルテ）　新泉社　2007.3　p5-14b

ルメートル, F.　Lemaître, Frédérick〔1800—1876 仏　俳優〕
　◎文献　「快優伝説—ル メートル＝マケール問題」（高木勇夫）　叢文社　2006.4　p228-229

ルメートル, G.　Lemaitre, Georges Edouard〔1894—1966 ベルギー　天文学〕
　◎参考文献　「ビッグバンの父の真実」（J.ファレル）　日経BP社　2006.10　p279-273

ルーメル, K.　Luhmer, Klaus S.J.〔1916— 独　神父〕
　◎年譜ほか（赤羽孝久ほか）　「ルーメル神父来日68年の回想」（K.ルーメル）　学苑社　2004.9　p205-251

ルンゲ, P.O.　Runge, Philipp Otto〔1777—1810 独　画家〕
　◎年譜ほか　「ルンゲ《ヒュルゼンベック家の子どもたち》—ロマン主義の芸術作品における無垢なものへの省察について」（J.トレーガー）　三元社　2003.12　p112-121

ルンメル, K.　Rummel, Kurt〔1878—1953〕
　◎著作目録ほか　「ルンメル原価計算論研究」（西田芳次郎）　同文舘出版　2003.1　p153-155

【レ】

レイ, M.　Ray, Man〔1890—1976 米　画家・写真家〕
　◎bibliographie　「マン・レイ　増補新版」（S.アレクサンドリアン）　河出書房新社　2006.8　p86-87
　◎年譜ほか　「マン・レイ自伝　セルフ・ポートレイト」（M.レイ）　文遊社　2007.11　p556-564

レイン, R.W.　Lane, Rose Wilder〔1886—1968 米　ジャーナリスト・作家〕
　◎本ほか　「大草原のバラ—ローラの娘ローズ・ワイルダー・レイン物語」（W.アンダーソン）　東洋書林　2006.6　p329-320

レヴィ＝ストロース, C.　Lévi-Strauss, Claude〔1908— 仏　社会人類学〕
　◎読書案内ほか　「レヴィ＝ストロース—構造」（渡辺公三）　講談社　2003.6　p310-328
　◎注　「レヴィ＝ストロース斜め読み」（出口顯）　青弓社　2003.10　prr
　◎主要著作目録　「レヴィ＝ストロース『神話論理』の森へ」（渡辺公三ほか）　みすず書房　2006.4　p1-19b

レヴィナス, E.　Levinas, Emmanuel〔1906—1995 仏　倫理〕
　◎読書案内　「レヴィナス—何のために生きるのか」（小泉義之）　NHK出版　2003.3　p104-107
　◎文献　「メルロ＝ポンティとレヴィナス—他者への覚醒」（屋良朝彦）　東信堂　2003.12　p230-234
　◎書誌　「レヴィナスとブランショ—〈他者〉を揺るがす中性的なもの」（上田和彦）　水声社　2005.8　p307-313
　◎文献目録　「レヴィナスと政治哲学—人間の尺度」（J.F.レイ）　法政大出版局　2006.12　p5-16b
　◎文献一覧　「レヴィナスと現れないものの現象学—フッサール・ハイデガー・デリダと共に反して」（関根小織）　晃洋書房　2007.1　p1-4b

レオトー, P.　Léautaud, Paul〔1872—1956 仏　劇評家・随筆家〕
　◎文献　「ポール・レオトーの肖像」（菅野賢治）　水声社　2001.9　p349-352

レオナルド‐ダ‐ヴィンチ　Leonardo da Vinci〔1452―1519　伊　画家・彫刻家・建築家・科学者〕
◎参照文献　「レオナルド・ダ・ヴィンチ解剖図集　新装」（松井喜三）　みすず書房　2001.4　p58-59
◎参考文献　「レオナルド・ダ・ヴィンチ」（S.B.ヌーランド）　岩波書店　2003.7　p169-173
◎参考文献　「レオナルド・ダ・ヴィンチという神話」（片桐頼継）　角川書店　2003.12　p240-247
◎文献　「レオナルド・ダ・ヴィンチ―全絵画作品・素描集 1452-1519」（F.ツォルナー）　タッシェン・ジャパン　2004.8　p683-689
◎文献目録　「レオナルドの手稿、素描・素画に関する基礎的研究　資料篇」（裾分一弘）　中央公論美術出版　2004.11　p237-262
◎参考文献　「「モナ・リザ」ミステリー―名画の謎を追う」（北川健次）　新潮社　2004.12　p187-188
◎参考文献　「レオナルド・ダ・ヴィンチの世界像」（田中英道）　東北大学出版会　2005.3　p295-299
◎参考文献ほか　「ルネサンスの工学者たち―レオナルド・ダ・ヴィンチの方法試論」（B.ジル）　以文社　2005.6　p385-401
◎参考文献　「ダ・ヴィンチ謎のメッセージ」（青井伝）　廣済堂出版　2005.10　p250-253
◎文献　「モンナリーザ」（G.パッランティ）　一藝社　2005.12　p175-178
◎参考文献　「モナ・リザの罠」（西岡文彦）　講談社　2006.4　p184-187
◎推奨参考文献　「モナ・リザと数学―ダ・ヴィンチの芸術と科学」（B.アータレイ）　化学同人　2006.5　p318-319
◎文献目録　「建築家レオナルド―日本語版 2 新装」（C.ペドレッティ）　学芸図書　2006.8　p494-500
◎推奨参考図書　「レオナルド・ダ・ヴィンチ―芸術と科学を越境する旅人」（M.ケンプ）　大月書店　2006.11　p26-28b
◎参考文献　「レオナルド・ダ・ヴィンチ」（池上英洋）　小学館　2007.2　p123」
◎参考文献　「レオナルド・ダ・ヴィンチへの誘い―美と美徳・感性・絵画科学・想像力」（山岸健）　三和書籍　2007.3　p315-316
◎参考文献　「レオナルド・ダ・ヴィンチと受胎告知」（岡田温司ほか）　平凡社　2007.4　p129-134ほか
◎参考文献　「「モナ・リザ」は聖母マリア―レオナルド・ダ・ヴィンチの真実」（高草茂）　ランダムハウス講談社　2007.5　p457-454
◎参考文献　「ダ・ヴィンチ天才の仕事」（D.ロレンツォほか）　二見書房　2007.5　p236-237
◎参考文献　「レオナルド・ダ・ヴィンチの世界」（池上英洋）　東京堂出版　2007.5　p451-437

レオンチェフ, K.　Leontiev, Konstantin Nikolaevich〔1831―1891　露　宗教思想家・文学〕
◎年譜　「ロシア「保守反動」の美学―レオンチエフの生涯と思想」（高野雅之）　成文社　2007.6　p219-227

レッシング, D.　Lessing, Doris〔1919―　英　小説家〕
◎作品リスト（山本章子）　「ラブ・アゲイン」（D.レッシング）　アストラル　2004.4　p526-527

レッシング, G.E.　Lessing, Gotthold Ephraim〔1729―1781　独　劇作家・評論家〕
◎引用参考文献　「レッシング―啓蒙精神の文芸と批評」（渡辺直樹）　同学社　2002.10　p495-507

レナード, E.　Leonard, Elmore(John)〔1925―　米　スリラー小説作家〕
◎著作リスト（直井明）　「身元不明者89号」（E.レナード）　東京創元社　2007.3　p396-398

レーニン, V.I.　Lenin, Vladimir Iliich〔1870―1924　露　政治家〕
◎文献ほか　「レーニン　下」（R.サーヴィス）　岩波書店　2002.8　p5-26b
◎年表（川内唯彦ほか）　「レーニン」（レーニン）　河出書房新社　2005.1　p515-529
◎注　「レーニン革命ロシアの光と影」（上島武ほか）　社会評論社　2005.6　prr
◎参考文献　「レーニンとは何だったか」（H.カレール＝ダンコース）　藤原書店　2006.6　p657-651
◎年譜（角田安正）　「帝国主義論」（V.I.レーニン）　光文社　2006.10　p294-299

レノン, J.　Lennon, John〔1940―1980　英　シンガーソングライター〕
◎著作ほか　「ジョン・レノン全仕事」（ザ・ビートルズ・クラブ）　プロデュース・センター出版局　2001.6　p289-302
◎Bibliography　「ジョン・レノン―アメリカでの日々」（G.ジュリアーノ）　WAVE出版　2003.11　p331-330

レビット, T.　Levitt, Theodore〔1925―2006　米　経営学〕
◎業績　「T.レビットマーケティング論」（T.レビット）　ダイヤモンド社　2007.11　p624-625

レペ, C.M.d.　L'Epee, Charles-Michel de〔1712―1789〕
◎参考文献　「世界最初のろう学校創設者ド・レペ―手話による教育をめざして」（中野善達ほか）　明石書店　2005.6　p191-188

レーベンフック, A.v.　Leeuwenhoek, Antoni van〔1632―1723〕
◎著作一覧ほか　「レーベンフックの手紙」（C.ドーベル）　九州大学出版会　2004.1　p389-424

レーボー, L.　Reybaud, Louis〔1799―1879　仏〕
◎注　「19世紀パリ・オデッセイ―帽子屋パチュロとその時代」（高木勇夫）　叢文社　2004.6　p194-211

レム, S.　Lem, Stanislaw〔1921―2006　ポーランド　作家〕
○著作リストほか（芝田文乃）　「SFマガジン 45.1」（早川書房）　2004.1　p75-83
○邦訳作品リスト（牧眞司）　「SFマガジン 47.8」（早川書房）　2006.8　p61-58

レーモンド, A.　Raymond, Antonin〔1888—1976　米　建築家〕
　◎文献ほか　「A・レーモンドの建築詳細」(三沢浩)　彰国社　2005.4　p227-228
　◎著書ほか　「アントニン・レーモンドの建築」(三沢浩)　鹿島出版会　2007.9　p23-25b
　◎参考文献　「アントニン＆ノエミ・レーモンド―建築と暮らしの手作りモダン　2版」(A.レーモンド)　美術館連絡協議会　2007.11　p99-102

レンズーリ, J.S.　Renzulli, Joseph S.〔1936—　米　教育学〕
　◎著作リスト　「個性と才能をみつける総合学習モデル―SEM」(J.S.レンズーリ)　玉川大学出版部　2001.8　p185-187

レンツ, J.M.R.　Lenz, Jakob Michael Reinhold〔1751—1792　独　劇作家〕
　◎参考文献　「劇作家J.M.R.レンツの研究」(佐藤研一)　未来社　2002.2　p14-30b

レンデル, R.　Rendell, Ruth〔1930—　英　犯罪小説家〕
　◎長篇著作リスト(茅律子)　「心地よい眺め」(R.レンデル)　早川書房　2003.8　p409-412

レンブラント, H.R.　Rembrandt Harmenszoon van Rijn〔1606—1669　蘭　画家〕
　◎参考文献　「レンブラントとレンブラント派―聖書、神話、物語」(幸福輝)　NHK　2003　p209-210
　◎参考文献　「レンブラントと和紙」(貫田庄)　八坂書房　2005.2　p265-270
　◎参考文献　「レンブラント　岩波世界の美術」(M.ヴェステルマン)　岩波書店　2005.3　p342-345

【ロ】

ローウィ, R.　Loewy, Raymond〔1893—1986　米　インダストリアル・デザイナー〕
　◎年表ほか　「レイモンド・ローウィ―20世紀デザインの旗手　開館25周年・リニューアル記念特別展」(たばこと塩の博物館)　たばこと塩の博物館〔2004〕　p155-161
　◎略年譜(海野弘)　「レイモンド・ローウィ―消費者文化のためのデザイン」(G.ポーター)　美術出版社　2004.11　p165-166

ローエル, P.
　◎作品解説ほか　「ラフカディオ・ハーン没後100周年記念誌―とやまから未来に伝えるハーンの心」(記念誌編集委員会)　記念事業富山実行委員会　2005.6　p101,106

ロジャーズ, C.R.　Rodgers, Carl Ranson〔1902—1987　米　心理学〕
　◎主要著作論文ほか　「カール・ロジャーズ」(B.ソーン)　コスモス・ライブラリー　2003.2　p213-220
　◎著作目録ほか　「ロジャーズが語る自己実現の道　ロジャーズ主要著作集3」(C.R.ロジャーズ)　岩崎学術出版社　2005.7　p357-365
　◎文献　「ロジャーズを読む　改訂」(久能徹ほか)　岩崎学術出版社　2006.5　p211-219
　◎文献目録　「カール・ロジャーズ静かなる革命」(C.R.ロジャーズ)　誠信書房　2006.9　p332-380
　◎参考文献　「人間尊重の心理学―わが人生と思想を語る　新版」(C.R.ロジャーズ)　創元社　2007.2　p327-316
　◎参考文献　「ブーバー-ロジャーズ対話―解説つき新版」(R.アンダーソンほか)　春秋社　2007.3　p1-11b

ローゼ, R.P.　Lohse, Richard Paul〔1902—1971　スイス　画家〕
　◎年譜ほか(山本政幸ほか)　「リヒャルト・パウル・ローゼの構成的造形世界―スイス派、ニューグラフィックデザイン運動の旗手」(R.P.ローゼ)　中央公論美術出版　2004.1　p217-233

ロセッティ, C.　Rosseti, Christina Georgina〔1830—1894　英　詩人〕
　◎文献ほか　「モード」(C.ロセッティ)　渓水社　2004.2　p112-116

ローゼンツヴァイク, F.　Rosenzweig, Franz〔1886—1929　独　宗教哲学〕
　◎原註　「歴史の天使　ローゼンツヴァイク、ベンヤミン、ショーレム」(S.モーゼス)　法政大学出版局　2003.2　p1-15b

ローゼンバーグ＝オルシーニ, J.　Rosenberg-Orsini, Justine〔1737—1791〕
　◎参考文献　「ヴェネツィアの恋文―十八世紀、許されざる恋人たちの物語」(A.ディ・ロビラン)　早川書房　2004.6　p356-360

ローソン, S.　Rowson, Susanna Haswell〔1762?—1824　米　作家・女優・教育者〕
　◎年譜　「シャーロット・テンプル」(S.ローソン)　渓水社　2003.7　p230-233

ロダーリ, G.　Rodari, Gianni〔1920—1980　伊　児童文学〕
　◎年譜(関口英子)　「猫とともに去りぬ」(G.ロダーリ)　光文社　2006.9　p282-285

ロダン, A.　Rodin, François Auguste René〔1840—1917　仏　彫刻家〕
　◎参考文献(R.マッソンほか)　「ロダン事典」(フランス国立ロダン美術館)　淡交社　2005.4　p426-431
　◎参考文献ほか　「ロダンと花子―ヨーロッパを翔けた日本人女優の知られざる生涯」(資延勲)　文芸社　2005.10　p268-281
　◎参考文献　「ロダンの系譜」(山田真規子)　美術館連絡協議会　c2006　p100-103
　◎参考文献　「ロダンとカリエール」(大屋美那ほか)　毎日新聞社　2006　p236-252

ロチ, P. Loti, Pierre〔1850—1923 仏 小説家〕
◎注文献 「ピエール・ロチ 珍妙さの美学」(遠藤文彦) 法政大学出版局 2001.4 p197-213

ロッカン, S. Rokkan, Stein〔1921—1979 ノルウェー 政治社会学〕
◎著作リスト 「市民・選挙・政党・国家—シュタイン・ロッカンの政治理論」(白鳥浩) 東海大学出版会 2002.3 p360-384

ロック, I. Rock, Irvin〔1922—1995 米 心理学〕
◎引用文献 「知覚は問題解決過程—アーヴィン・ロックの認知心理学」(吉村浩一) ナカニシヤ出版 2001.1 p185-195

ロック, J. Locke, John〔1632—1704 英 哲学〕
◎文献 「近代立憲主義思想の原像—ジョン・ロック政治思想と現代憲法学」(愛敬浩二) 法律文化社 2003.1 p237-253
◎「田中正司文庫目録」(横浜市立大学学術情報センター) 横浜市立大学学術情報センター 2003.11 15,113p A4
◎文献索引 「ロック宗教思想の展開」(妹尾剛光) 関西大学出版部 2005.3 p651-675
◎註ほか 「アメリカ革命とジョン・ロック」(大森雄太郎) 慶應義塾大出版会 2005.4 p339-393
◎研究文献目録 「ジョン・ロック研究 新増補」(田中正司) 御茶の水書房 2005.11 p1-7b
◎参照文献(M.ゴルディ) 「ロック政治論集」(J.ロック) 法政大出版局 2007.6 p388-397

ロックウェル, N. Rockwell, Norman〔1894—1978 米 イラストレーター〕
◎参考文献 「ノーマン・ロックウェル—1894-1978—アメリカで最も愛される画家」(K.A.マーリング) タッシェン・ジャパン 2007.9 p96」

ロックハイマー, F.R. Lockheimer, F.Roy
○業績 「政経研究 44.2」(日本大) 2007.12 p663-670

ロートマン, Y.M. Lotman, Yurii Mikhailovich〔1922—1993 露 文芸学・記号学〕
◎書誌 「ロートマンの文化記号論入門—言語・文学・認知」(E.アンドリューズ) 而立書房 2005.4 p200-213

ロートレアモン, C. Lautréamont, Comte de〔本名=デュカス, I.〈Ducasse, Isidore Lucien〉1846—1870 仏 詩人〕
◎書誌 「ロートレアモン全集—イジドール・デュカス」(石井洋二郎) 筑摩書房 2001.3 p1-9b
○年譜(築山和也) 「現代詩手帖 46.3」(思潮社) 2003.3 p90-93
◎略年譜(石井洋二郎) 「ロートレアモン全集」(I.デュカス) 筑摩書房 2005.2 p489-491

ロートレック, H.d.T. Lautrec, Henri Marie Raymond de Toulouse-〔1864—1901 仏 画家〕
◎文献ほか 「ロートレック」(エドワード・ルーシー=スミス) 西村書店 2002.10 p23-27
◎参考文献 「ロートレック—世紀末の闇を照らす」(C.フレーシュほか) 創元社 2007.3 p190」

ロバーツ, K. Roberts, Keith〔1935— 英 作家〕
○著作解題・目録(牧眞司) 「SFマガジン 42.7.543」(早川書房) 2001.7 p84-93

ロバーツ, N. Roberts, Nora〔別名=ロブ, J.D.〈Robb, J.D.〉1950— 米 ロマンス作家〕
◎作品リスト 「恋人たちの航路—シーサイド・トリロジー・スペシャル」(N.ロバーツ) 扶桑社 2004.7 p522-524
◎作品リスト(清水はるか) 「情熱の赤いガラス」(N.ロバーツ) 扶桑社 2005.5 p596-599

ロブ=グリエ, A. Robbe-Grillet, Alain〔1922—2008 仏 小説家・シナリオ作家〕
◎書誌 「難解物語映画—アラン・ロブ=グリエ・フィルムスタディー」(中川邦彦) 高文堂出版社 2005.4 p384-385

ロープシン Ropshin〔1879—1925〕
◎略年譜(工藤正廣) 「蒼ざめた馬 漆黒の馬」(ロープシン) 未知谷 2006.12 p304-308

ローマー, S. Rohmer, Sax〔1883頃—1959 英 大衆小説作家・オカルティスト〕
◎長篇著作リスト(嵯峨静江) 「怪人フー・マンチュー」(S.ローマー) 早川書房 2004.9 p253-254

ローマックス, A. Lomax, Alan〔1915—2002 米 民謡研究者〕
◎ビブリオグラフィ(R.D.コーエン) 「アラン・ローマックス選集—アメリカン・ルーツ・ミュージックの探究1934-1997」(A.ローマックス) みすず書房 2007.9 p19-21b

ロマノフ家 Romanov
◎参考文献 「よみがえるロマノフ家」(土肥恒之) 講談社 2005.3 p238-240

ロラン, R. Rolland, Romain〔1866—1944 仏 小説家〕
◎略年譜ほか 「ロマン・ロランの風景」(杉田多津子) 武蔵野書房 2003.10 p278-285

ローランサン, M. Laurencin, Marie〔1885—1956 仏 画家〕
◎文献 「マリー・ローランサン 1883-1956」(東京都庭園美術館ほか) 共同通信社 2003.3 p174-188
◎参考文献 「マリー・ローランサン展図録」(富山県立近代美術館ほか) 富山県立近代美術館 c2006 p95-96

ローリング, J.K. Rowling, Joanne Kathleen〔1965— 英 児童文学作家〕
◎参考文献 「ハリー・ポッターで読む伝説のヨーロッパ魔術」(冬木亮子) 冬青社 2001.9 p25-254
◎文献 「小説「ハリー・ポッター」入門」(フィリップ・ネル) 而立書房 2002.4 p147-166
◎参考引用資料 「ハリー・ポッターの魔法ガイドブック—「炎のゴブレット」対応版」(七会静) 主婦と生活社 2002.10 p156-158

◎引用文献 「小説「ハリー・ポッター」探求」（P.ビュルヴェニヒ） 而立書房 2004.1 p229-244
◎参考文献 「成長するハリー・ポッター—日本語ではわからない秘密」（D.チータム） 洋泉社 2005.10 p213-217
◎履歴ほか 「ハリー・ポッター大事典—1巻から6巻までを読むために」（寺島久美子） 原書房 2005.12 p668-674

ロールズ, J. Rawls, John〔1921—2002 米 哲学〕
◎著作目録ほか 「ロールズの憲法哲学」（大日方信春） 有信堂高文社 2001.4 p6-12b
◎参考文献 「正義の経済哲学—ロールズとセン」（後藤玲子） 東洋経済新報社 2002.6 p441-456
◎読書案内 「ロールズ—正義の原理」（川本隆史） 講談社 2005.12 p296-299
◎文献一覧 「リベラリズムとは何か—ロールズと正義の論理」（盛山和夫） 勁草書房 2006.6 p9-19b
◎文献 「ロールズのカント的構成主義—理由の倫理学」（福間聡） 勁草書房 2007.2 p281-291
◎文献一覧 「ロールズ誤解された政治哲学—公共の理性をめざして」（堀巌雄） 春風社 2007.6 p464-489
◎参考文献 「リベラル・コミュニタリアン論争」（S.ムルホールほか） 勁草書房 2007.7 p441-445

ロルフ, F. Rolfe, Frederick William〔1860—1913 英 小説家〕
◎年譜 「コルヴォー男爵—フレデリック・ロルフの生涯」（河村錠一郎） 試論社 2005.12 p233-242

ローレツ, A.v.
◎参考文献 「名古屋大学最初の外国人教師—ヨングハンス先生とローレツ先生」（加藤鉦治） 名古屋大学大学史資料室 2002.3 p57-58

ロレンス, D.H. Lawrence, David Herbert〔1885—1930 英 小説家・詩人〕
◎参考文献 「D.H.ロレンスの小説—シンボル、神話、時間」（豊国孝） 共同文化社 〔2001〕p277-286
◎文献一覧 「D・H・ロレンス批評地図 フェミニズムからバフチンまで」（K.ブラウン） 松柏社 2001.7 p34-78b
◎参考文献 「失われた〈故郷〉 D・H・ロレンスとトマス・ハーディの研究」（川辺武芳） 英宝社 2001.8 p592-594
◎参考文献 「D.H.ロレンスの思想と文学—反発する近代的自我」（岡山勇一） 松山大 2002.3 p176-184
◎参考文献 「D・H・ロレンス事典」（P.ポプラウスキー） 鷹書房弓プレス 2002.4 p13-18b
◎註 「ロレンス 精神の旅路 クリステヴァを通して読む」（野口ゆり子） 彩流社 2002.5 prr
◎作品リストほか（大平章ほか） 「ロレンス文学鑑賞事典」（大平章ほか） 彩流社 2002.9 p380-486
◎年譜 「D.H.ロレンス短篇全集 1」（D.H.ロレンス） 大阪教育図書 2003.1 p390-392

◎参考文献 「D・H・ロレンス—詩と自然」（飯田武郎） 松柏社 2003.3 p187-196
◎文献一覧ほか（小川享子ほか） 「ロレンス研究—『白孔雀』」（D.H.ロレンス研究会） 朝日出版社 2003.3 p456-354
◎文献 「D・H・ロレンスとモダニズムの作家たち」（鈴木俊次ほか） 英宝社 2003.9 p156-164
◎文献一覧（小川京子ほか） 「ロレンス研究—『越境者』」（D.H.ロレンス研究会） 朝日出版社 2003.12 p470-410
◎参考文献 「ロレンスの声—話し言葉と書き言葉」（平嶋順子） 大阪教育図書 2004.3 p199-200
◎引用文献 「ロレンスとマードック—父性的知と母性的知」（野口ゆり子） 彩流社 2004.5 p219-226
◎年譜（河野哲二） 「D.H.ロレンス絵画作品集」（D.H.ロレンス） 創元社 2004.9 p386-393, 397-401
◎参考文献 「D.H.ロレンスの作品と時代背景」（倉持三郎） 彩流社 2005.1 p543-563
◎翻訳書（増口充） 「初稿チャタレー卿夫人の恋人」（D.H.ロレンス） 彩流社 2005.5 p446-449
◎年譜 「D.H.ロレンス短篇全集 3」（D.H.ロレンス） 大阪教育図書 2005.9 p452-454
◎年譜 「D・H・ロレンス短篇全集 5」 大阪教育図書 2006.1 p429-431
◎参考文献 「ロレンスの文学と思想—太陽とともに」（吉村治郎） 開文社出版 2006.12 p168-170
◎文献 「『チャタレー夫人の恋人』裁判—日米英の比較」（倉持三郎） 彩流社 2007.3 p303-309
◎参考文献 「二十一世紀からロレンスを読む」（古我正和） 大阪教育図書 2007.4 p251-256
◎注 「D・H・ロレンスと退化論—世紀末からモダニズムへ」（加藤洋介） 北星堂書店 2007.6 p232-248
◎参考文献 「キーワードで読むロレンス—「関係性」の視点から」（鈴木俊次） 鷹書房弓プレス 2007.11 p6-19b
◎年譜ほか 「ロレンス」（倉田雅美） 勉誠出版 2007.12 p181-200

ロングフェロー, C.A. Longfellow, Charles Appleton〔1844—1893〕
◎参考文献（山田久美子） 「ロングフェロー日本滞在記—明治初年、アメリカ青年の見たニッポン」（C.A.ロングフェロー） 平凡社 2004.1 p398-396

ロンドン, J. London, Jack〔1876—1916 米 小説家〕
◎主要書誌ほか（辻井栄滋） 「二十世紀最大のロングセラー作家—ジャック・ロンドンって何者?」（辻井栄滋） 丹精社 2005.5 1pb
◎年譜 「野生の呼び声」（ロンドン） 光文社 2007.9 p227-230

【ワ】

ワイエス, A. Wyeth, Andrew〔1917―2009 米 画家〕
- ◎参考文献 「アンドリュー・ワイエス水彩・素描展―丸沼芸術の森所蔵」(常葉美術館ほか) 丸沼芸術の森 2006 p126-129

ワイルダー, L.I. Wilder, Laura Ingalls〔1867―1957 米 小説家〕
- ◎注文献 「ローラ・インガルス・ワイルダー伝 2版」(J.E.ミラー) リーベル出版 2001.10 p454-406
- ◎参考文献ほか 「ローラ・インガルス・ワイルダー」(磯部孝子) KTC中央出版 2004.12 p134-139

ワイルド, O. Wilde, Oscar Fingal O'Flahertie Wills〔1856―1900 英 作家〕
- ◎参考文献 「オスカー・ワイルド 長くて、美しい自殺」(M.ノックス) 青土社 2001.3 p359-370
- ◎文献案内 「深淵の旅人たち―ワイルドとF・M・フォードを中心に」(河内恵子) 慶應義塾大出版会 2004.12 p265-281
- ◎参考文献 「オスカー・ワイルドの曖昧性―デカダンスとキリスト教的要素」(鈴木ふさ子) 開文社出版 2005.3 p339-326
- ◎目録 「児童文学翻訳作品総覧 2 イギリス編2」(川戸道昭ほか) ナダ出版センター 2005.6 p439-521
- ◎「書誌から見た日本ワイルド受容研究 明治編」(佐々木隆) イーコン 2006.11 180p A5
- ◎年譜(仁木めぐみ) 「ドリアン・グレイの肖像」(O.ワイルド) 光文社 2006.12 p440-443
- ◎「書誌から見た日本ワイルド受容研究 大正編」(佐々木隆) イーコン 2007.11 203p A5

ワーグナー, R. Wagner, Wilhelm Richard〔1813―1883 独 作曲家〕
- ◎文献案内 「ヴァーグナーとインドの精神世界」(カール・スネソン) 法政大学出版局(叢書・ウニベルシタス 728) 2001.7 p237-253
- ◎参考文献 「ワーグナー事典―作品・用語解説事典」(三光長治, 高辻知義, 三宅幸夫) 東京書籍 2002.3 p843-854
- ◎註 「ヴァーグナーのオペラの女性像」(三宅新三) 鳥影社 2003.3 prr
- ◎引用参照文献 「コジマの日記―リヒャルト・ワーグナーの妻 1 1869.1~1870.5」(C.ワーグナー) 東海大出版会 2007.1 p617-610

ワグネル, G. Wagener, Gottfried〔1831―1892 独 化学・工芸家〕
- ◎参考文献 「近代窯業の父ゴットフリート・ワグネルと万国博覧会」(愛知県陶磁資料館学芸課) 愛知県陶磁資料館 2004.3 p140-141

ワシントン, G. Washington, George〔1732―1799 米 軍人・政治家〕
- ◎註 「将軍ワシントン」(D.ヒギンボウサム) 木鐸社 2003.10 p169-195

ワーズワース, W. Wordsworth, William〔1770―1850 英 詩人〕
- ◎参考文献ほか 「ワーズワス田園への招待」(出口保夫) 講談社(講談社+α新書) 2001.4 p233-238
- ◎参考文献 「ワーズワスと禅の思想」(深澤幸雄) 京都修学社 2003.4 p173-177
- ◎年譜 「ワーズワスと英国湖水地方―『隠士』三部作の舞台を訪ねて」(山田豊) 北星堂書店 2003.9 p419-422
- ◎参考文献 「追体験の試み―ヘルダーの『シェイクスピア論』並びにワーズワース研究」(鈴木孝夫) 英宝社 2006.2 p195-213
- ◎参考文献 「自然とヴィジョンの詩学―ワーズワス、コールリッジ、エリオット」(宮川清司) 英宝社 2007.5 p237-249

ワトー, J.A. Watteau, Jean Antoine〔1684―1721 仏 画家〕
- ◎参考文献 「ヴァトー《シテール島への船出》―情熱と理性の和解 新装版」(J.ヘルト) 三元社 2004.5 p154-155

ワトソン, I. Watson, Ian〔1943― 英 作家〕
- ◎著作リスト(大森望) 「スロー・バード」(I.ワトスン) 早川書房 2007.6 p417-420,426-430

ワトソン, J.D. Watson, James Dewey〔1928― 米 分子生物学〕
- ◎著書目録 「著作から見たジェームズ・D・ワトソン―人間性と名著誕生秘話」(Friedberg, EC) 丸善 2005.7 p193-199

ワトソン, S. Watson, Sheila〔1909―2007 加 作家〕
- ○年譜ほか(W.Sheila Watson) 「川村英文学 8」(川村学園女子大) 2003 p17-33

ワトソン, T.J. Watson, Thomas John〔1874―1956 米 実業家〕
- ◎参考文献 「貫徹の志トーマス・ワトソン・シニア―IBMを発明した男」(K.メイニー) ダイヤモンド社 2006.11 p504-505

ワルラス, L. Walras, Léon〔1834―1910 経済学〕
- ◎参考文献 「ワルラスの経済思想」(A.B.ルベイロ) 慶應義塾大出版会 2006.3 p339-347

ワレンバーグ, R. Wallenberg, Raoul〔1912―1947〕
- ◎使用文献 「ユダヤ人を救った外交官ラウル・ワレンバーグ」(ベルント・シラー) 明石書店 2001.2 p288-290

原綴索引

【 A 】

Abbott, Jeff →アボット, J.
Abd al-Jabbar →《東》アブドゥル・ジャッバール
Abegglen, James C. →アベグレン, J.C.
Abel, Niels Henrik →アーベル, N.H.
Abū Qurra, Theōdūrus →《東》アブー・クッラ
Adair, Gilbert →アデア, G.
Adams, Jane →アダムス, J.
Adler, Alfred →アドラー, A.
Adorno, Theodor Wiesengrund →アドルノ, T.W.
Afford, Max →アフォード, M.
Ahmad, Eqbal →《東》アフマド, E.
Akard, Martha B. →エカード, M.B.
Akhmatova, Anna Andreevna →アフマートヴァ, A.
Alain →アラン
Albee, Edward Franklin →オールビー, E.
Albers, Annelise →アルバース, A.
Albers, Josef →アルバース, J.
Alberti, Leon Battista →アルベルティ, L.B.
Alcock, Rutherford →オールコック, R.
Alcott, Louisa May →オルコット, L.M.
Alderson, Wroe →オルダースン, W.
Aleksandr I, Pavlovich Romanov →アレクサンドル1世
Aleksandr II, Nikolaevich Romanov →アレクサンドル2世
Alexandros →アレクサンドロス
al-Ghazālī →《東》ガザーリー
Ali, Muhammad →アリ, M.
Allen, Woody →アレン, W.
Altaud, Antonin →アルトー, A.
Althusser, Louis →アルチュセール, L.
Altman, Robert →アルトマン, R.
Amado, Jorge →アマード, J.
Ambedkar, B.R. →アンベドカル, B.R.
Amichai, Yehuda →《東》アミハイ, Y.
Amicis, Edmondo De →アミーチス, E.d.
Andersen, Hans Christian →アンデルセン, H.C.
Anderson, Frederick Irving →アンダースン, F.I.
Anderson, Poul William →アンダースン, P.
Andokidēs →アンドキデス
Andreas-Salomé, Lou →アンドレアス=ザロメ, L.
Andreev, Leonid Nikolaevich →アンドレーエフ, L.
Angelopoulos, Théo →アンゲロプロス, T.
Anning, Mary →アニング, M.
Anselmus, Cantoriensis →アンセルムス, C.
Antiphōn →アンティポン
Anzaldúa, Gloria →アンサルドゥーア, G.
Apollōnios Rhodios →アポローニオス
Archimēdēs →アルキメデス
Arcimboldi, Giuseppe →アルチンボルド, G.
Arden, Elizabeth →アーデン, E.

Arenas, Reinaldo →アレナス, R.
Arendt, Hannah →アーレント, H.
Aretino, Pietro →アレティーノ, P.
Argento, Dario →アルジェント, D.
Aristotelès →アリストテレス
Aristoxenus →アリストクセノス
Arley, Catherine →アルレー, C.
Armani, Giorgio →アルマーニ, G.
Armstrong, Neil Alden →アームストロング, N.
Arnold, Matthew →アーノルド, M.
Aron, Raymond →アロン, R.
Arp, Hans →アルプ, H.
Arthur →アーサー王
Ashbery, John (Lawrence) →アシュベリ, J.
Asimov, Isaac →アシモフ, I.
Assad, Hafez al →《東》アサド
Atget, Eugéne →アジェ, E.
Athanasius, Magnus →アタナシウス, M.
Atwood, Margaret →アトウッド, M.
Augustinus, Aurelius Saint, Bp.of Hippo →アウグスティヌス
Augustus, Gaius Octavius →アウグストゥス
Austen, Jane →オースティン, J.
Avilova, Lidiia Alekseevna →アヴィーロワ, L.A.
Ayckbourn, Alan →エイクボーン, A.

【 B 】

Bach, Carl Philipp Emanuel →バッハ, C.P.E.
Bach, Johann Sebastian →バッハ, J.S.
Bachelard, Gaston →バシュラール, G.
Bachofen, Johann Jakob →バッハオーフェン, J.J.
Bacon, Francis →ベーコン, F.
Bacon, Francis →ベーコン, F.
Badiou, Alain →バディウ, A.
Bailey, Alice A. →ベイリー, A.
Baker, Chesney H. (Chet) →ベイカー, C.
Baker, Josephine →ベイカー, J.
Bakhtin, Mikhail Mikhailovich →バフチン, M.
Ballinger, Bill Sanborn →バリンジャー, B.S.
Balthus →バルテュス
Bälz, Erwin von →ベルツ, E.
Balzac, Honoré de →バルザック, H.
Banach, Stefan →バナッハ, S.
Bardin, John Franklin →バーディン, J.F.
Barlach, Ernst →バルラハ, E.
Barnard, Chester Irving →バーナード, C.I.
Barocci, Federigo →バロッチ, F.
Barrie, James Matthew →バリー, J.M.
Barth, Karl →バルト, K.
Barthelme, Donald →バーセルミ, D.
Barthes, Roland →バルト, R.
Barton, Richard F. →バートン, R.
Bastianini, Ettore →バスティアニーニ, E.

453

Bataille, Georges →バタイユ, G.
Baudelaire, Charles Pierre →ボードレール, C.P.
Baudrillard, Jean →ボードリヤール, J.
Baum, Lyman Frank →ボーム, L.F.
Bauman, Zygmunt →バウマン, Z.
Bausch, Pina →バウシュ, P.
Baxter, Richard →バクスター, R.
Bayle, Pierre →ベール, P.
Beatles →ビートルズ
Beaumont, Francis →ボーモント, F.
Beauvoir, Simone de →ボーヴォワール, S.d.
Bebel, August →ベーベル, A.
Beckett, Samuel →ベケット, S.
Beeckman, I. →ビークマン, I.
Beethoven, Ludwig van →ベートーヴェン, L.v.
Bell, Gertrude Margaret Lowthian →ベル, G.
Bellmer, Hans →ベルメール, H.
Bellow, Saul →ベロー, S.
Benedetti-Michelangeli, Arturo →ベネディッティ=ミケランジェリ, A.
Benedict, Ruth Fulton →ベネディクト, R.
Benedictus a Nursia, St. →ベネディクトゥス
Benjamin, Walter →ベンヤミン, W.
Bentham, Jeremy →ベンサム, J.
Benzer, Seymour →ベンザー, S.
Berbérova, Nína Nikoláevna →ベルベーロワ, N.
Berdiaev, Nikolai Aleksandrovich →ベルジャーエフ, N.A.
Bergson, Henri Louis →ベルクソン, H.L.
Berkeley, Anthony →バークリー, A.
Berkeley, George →バークリ, G.
Bernard, Roord →バーナード, R.
Bernhardt, Sarah →ベルナール, S.
Bernstein, Basil →バーンスティン, B.
Bernstein, Leonard →バーンスタイン, L.
Berrow, Norman →ベロウ, N.
Bester, Alfred →ベスター, A.
Bettelheim, Bernard Jean →ベッテルハイム, B.J.
Beveridge, William Henry Beveridge, 1st Baron, of Tuggal →ベヴァリッジ, W.H.B.
Bigot, George →ビゴー, G.
Billroth, Albert Christian Theodor →ビルロート, A.C.T.
Bin Laden, Osama →《東》ビン・ラーディン, O.
Binard, Arthur →ビナード, A.
Bion, Wilfred Ruprecht →ビオン, W.R.
Bird, Isabella Lucy →バード, I.L.
Bishop, Elizabeth →ビショップ, E.
Bismarck, Otto, Fürst von →ビスマルク, O.
Bizet, Georges →ビゼー, G.
Blackmore, Ritchie →ブラックモア, R.
Blades, William →ブレイズ, W.
Blair, Tony →ブレア, T.
Blake, James Carlos →ブレイク, J.C.
Blake, William →ブレイク, W.
Blanchot, Maurice →ブランショ, M.

Bloch, Marc →ブロック, M.
Block, Francesca Lia →ブロック, F.L.
Blok, Aleksandr Aleksandrovich →ブローク, A.A.
Blunt, Wilfrid Scawen →ブラント, W.S.
Boas, Franz →ボアズ, F.
Boccaccio, Giovanni →ボッカッチョ, G.
Bocobo, Jorge Cleopas →《東》ボコボ, J.C.
Bodelschwingh, Friedrich von →ボーデルシュヴィング, F.v.
Bolívar, Simón →ボリーバル, S.
Bollnow, Otto Friedrich →ボルノー, O.F.
Boltanski, Christian →ボルタンスキー, C.
Boltzmann, Ludwig →ボルツマン, L.
Bonhoeffer, Dietrich →ボンヘッファー, D.
Bonnefoy, Yves →ボヌフォワ, Y.
Booth, John Wilkes →ブース, J.W.
Borchert, Wolfgang →ボルヒェルト, W.
Bórges, Jorge Luis →ボルヘス, J.L.
Borland, John →ボーランド, J.
Bornstein, Kate →ボーンスタイン, K.
Bosanquet, Bernard →ボザンケ, B.
Bose, Rash Behari →ボース, R.B.
Boston, Lucy Maria →ボストン, L.M.
Boswell, James →ボズウェル, J.
Botero, Fernando →ボテロ, F.
Bottéro, Jean →ボテロ, J.
Botticelli, Sandro →ボッティチェリ, S.
Bouguereau, Adolphe William →ブグロー, W.
Boulez, Pierre →ブーレーズ, P.
Bourbaki, Nicolas →ブルバキ, N.
Bourbon →ブルボン家
Bourdieu, Pierre →ブルデュー, P.
Bouveresse, Jacques →ブーヴレス, J.
Bouvier, Nicolas →ブーヴィエ, N.
Bowen, Elizabeth Dorothea Cole →ボウエン, E.
Boyer, Regis →ボワイエ, R.
Bradbury, Ray Douglas →ブラッドベリ, R.
Brahe, Tycho →ブラーエ, T.
Brahms, Johannes →ブラームス, J.
Bramante, Donato d'Angelo →ブラマンテ, D.
Brand, Christianna →ブランド, C.
Brassai →ブラッサイ
Braudel, Fernand →ブローデル, F.
Braun, Volker →ブラウン, V.
Brautigan, Richard →ブローティガン, R.
Brechbuhl, Beat →ブレヒビュール, B.
Brecht, Bertolt →ブレヒト, B.
Brewer, John →ブルーア, J.
Broch, Hermann →ブロッホ, H.
Brontë →ブロンテ姉妹
Brontë, Anne →ブロンテ, A.
Brontë, Charlotte →ブロンテ, C.
Brontë, Emily Jane →ブロンテ, E.
Brooke, James →ブルック, J.
Brooks, Terry →ブルックス, T.
Brown, Dan →ブラウン, D.

Brown, Donald Beckman　→ブラウン, D.B.
Brown, George Mackay　→ブラウン, G.M.
Brown, Marcia　→ブラウン, M.
Brown, Peter Robert Lamont　→ブラウン, P.R.
Brown, Rita Mae　→ブラウン, R.M.
Brown, Trisha　→ブラウン, T.
Browning, Robert　→ブラウニング, R.
Bruce, James　→ブルース, J.
Bruckner, Anton　→ブルックナー, A.
Brueghel, Pieter　→ブリューゲル, P.
Bruen, Ken　→ブルーワン, K.
Bruna, Dick　→ブルーナ, D.
Brunel, Isambard Kingdom　→ブルネル, I.K.
Brunelleschi, Filippo　→ブルネレスキ, F.
Brunet, Jules　→ブリュネ, J.
Bruno, Giordano　→ブルーノ, G.
Buber, Martin　→ブーバー, M.
Büchner, Georg　→ビューヒナー, G.
Buck, Pearl　→バック, P.
Buisson, Ferdinand-Édouard　→ビュイッソン, F.E.
Bulgakov, Mikhail Afanas'evich　→ブルガーコフ, M.A.
Bunin, Ivan Alekseevich　→ブーニン, I.A.
Bunker, Edward　→バンカー, E.
Buñuel, Luis　→ブニュエル, L.
Burckhardt, Jakob　→ブルクハルト, J.
Burdeau, Georges　→ビュルドー, G.
Bürger, Gottfried August　→ビュルガー, G.A.
Burgess, Melvin　→バージェス, M.
Burke, James Lee　→バーク, J.L.
Burnett, Frances Eliza Hodgson　→バーネット, F.E.H.
Burnett, William Riley　→バーネット, W.R.
Burningham, John　→バーニンガム, J.
Burns, Robert　→バーンズ, R.
Burr, Harold Saxton　→バー, H.S.
Burri, Alberto　→ブッリ, A.
Burroughs, William Seward　→バロウズ, W.S.
Burton, Virginia Lee　→バートン, V.L.
Bush　→ブッシュ家
Bush, George W., Jr.　→ブッシュ, G.W.
Bush, Vannevar　→ブッシュ, V.
Bustamante, Jean-Marc　→ビュスタモント, J.M.
Butler, Judith　→バトラー, J.
Butler, Samuel　→バトラー, S.
Buzan, Tony　→ブザン, T.
Buzzati, Dino　→ブッツァーティ, D.
Byatt, Antonia Susan　→バイアット, A.S.

【 C 】

Cable, George Washington　→ケーブル, G.W.
Cagliostro, Alessandro, conte di　→カリオストロ, A.
Caitanya　→《東》チョイトンノ
Caldecott, Randolph　→コールデコット, R.
Calder, Alexander　→カルダー, A.
Calle, Sophie　→カル, S.
Calvin, Jean　→カルヴァン, J.
Calvino, Italo　→カルヴィーノ, I.
Campe, Joachim Heinrich　→カンペ, J.H.
Camus, Albert　→カミュ, A.
Cantor, Georg Ferdinand Ludwig Philip　→カントール, G.
Capa, Robert　→キャパ, R.
Čapek, Karel　→チャペック, K.
Capote, Truman　→カポーティ, T.
Captain Beefheart　→キャプテン・ビーフハート
Caravaggio, Michelangelo Merisi da　→カラヴァッジョ, M.M.
Cardano, Gerolamo　→カルダーノ, G.
Carigiet, Alois　→カリジェ, A.
Carlyle, Thomas　→カーライル, T.
Carnap, Rudolf　→カルナップ, R.
Caroline Amelia Elizabeth of Brunswick　→キャロライン（ブラウンシュヴァイクの）
Carpenters　→カーペンターズ
Carr, Albert H.Z　→カー, A.H.Z.
Carr, Edward Hallett　→カー, E.H.
Carr, John Dickson　→カー, J.D.
Carrière, Eugène　→カリエール, E.
Carroll, Lewis　→キャロル, L.
Carson, Rachel Louise　→カーソン, R.L.
Cartier-Bresson, Henri　→カルティエ=ブレッソン, H.
Carver, Raymond　→カーヴァー, R.
Casimir, H.B.G.　→カシミール, H.B.J.
Čáslavská, Vera　→チャスラフスカ, V.
Castellion, Sebastien　→カステリョ, S.
Castro, Fidel　→カストロ, F.
Cattelan, Maurizio　→カテラン, M.
Cayce, Edgar Evans　→ケイシー, E.
Cazals, Pablo　→カザルス, P.
Celan, Paul　→ツェラーン, P.
Celibidache, Sergiu　→チェリビダッケ, S.
Certeau, Michel de　→セルトー, M.d.
Cervantes Saavedra, Miguel de　→セルバンテス, M.
Cézanne, Paul　→セザンヌ, P.
Cha, Theresa Hak Kyung　→チャ, T.H.K.
Chadwick, Edwin　→チャドウィック, E.
Chagall, Marc　→シャガール, M.
Chaikovskii, Petr Iliich　→チャイコフスキー, P.I.
Chamberlain, Basil Hall　→チェンバレン, B.H.
Champollion, Jean François　→シャンポリオン, J.F.
Chandler, Alfred Dupont, Jr.　→チャンドラー, A.D.
Chandler, Raymond　→チャンドラー, R.
Chanel, Gabrielle　→シャネル, G.
Chaplin, Charles　→チャップリン, C.
Char, René　→シャール, R.
Chardin, Jean Baptiste Siméon　→シャルダン, J.B.S.
Charle, Christophe　→シャルル, C.
Chaucer, Geoffrey　→チョーサー, G.

Chávez Frías, Hugo →チャベス・フリアス, H.
Chekhov, Anton Pavlovich →チェーホフ, A.
Chevalier d'Eon →シュヴァリエ・デオン
Cheyney, Peter →チェイニー, P.
Chillida, Eduardo →チリーダ, E.
Chīngīz Khān →《東》チンギス‐ハン
Chirac, Jacques →シラク, J.
Chomsky, Avram Noam →チョムスキー, N.
Chopin, Frédéric François →ショパン, F.F.
Chopin, Kate →ショパン, K.
Chrétien de Troyes →クレチアン・ド・トロワ
Christie, Agatha →クリスティー, A.
Christina →クリスティーナ
Chrysippos →クリュシッポス
Chrysostomos, Jōhannēs →クリュソストモス, J.
Chukovskii, Kornei Ivanovich →チュコーフスキイ, K.
Churchill, Jill →チャーチル, J.
Cicero, Marcus Tullius →キケロ, M.T.
Cioran, Émile Michel →シオラン, E.M.
Clair, René →クレール, R.
Clapton, Eric →クラプトン, E.
Clark, John Bates →クラーク, J.B.
Clark, William →クラーク, W.S.
Clarke, Arthur Charles →クラーク, A.C.
Claudel, Camille →クローデル, C.
Claudel, Paul Louis Charles Marie →クローデル, P.
Clausewitz, Karl von →クラウゼヴィッツ, K.v.
Clinton, Bill →クリントン, B.
Clinton, Hillary Rodham →クリントン, H.R.
Cobbet, William →コベット, W.
Cocteau, Jean →コクトー, J.
Coetzee, J.M. →クッツェー, J.M.
Cohen, Leonard →コーエン, L.
Coleridge, Samuel Taylor →コールリッジ, S.T.
Collier, John Henry Noyes →コリア, J.
Collins, Max Allan →コリンズ, M.A.
Collodi, Carlo →コッローディ, C.
Coltrane, John →コルトレーン, J.
Columbus, Christophorus →コロンブス, C.
Comenius, Johann Amos →コメニウス
Compton-Burnett, Ivy →コンプトン=バーネット, I.
Conder, Josiah →コンドル, J.
Condillac, Étienne Bonnot de →コンディヤック, E.B.
Connelly, Michael →コナリー, M.
Conrad, Joseph →コンラッド, J.
Constant de Rebecque, Henri Benjamin →コンスタン, B.
Constantinus I, Flavius Valerius →コンスタンティヌス1世
Cook, Thomas H. →クック, T.H.
Cooper, James Fenimore →クーパー, J.F.
Coox, Alvin D. →クックス, A.D.
Copernicus, Nicolaus →コペルニクス, N.
Corbett, Julian Stafford →コーベット, J.S.

Corbin, Alain →コルバン, A.
Cortés, Hernán →コルテス, H.
Cosimo I de'Medici →コジモ1世
Coudenhove-Kalergi, Mitsuko →《日》クーデンホーフ光子
Courbet, Gustave →クールベ, G.
Covell, James Howard →コベル, J.H.
Crapper, Thomas →クラッパー, T.
Cravan, Arthur →クラヴァン, A.
Crick, Bernard →クリック, B.
Crumley, James →クラムリー, J.
Cuong De →《東》クォン・デ
Curie, Marie →キュリー, M.
Cusanus, Nicolaus →クザーヌス, ニコラウス

【 D 】

d'Agoult, Marie →ダグー, M.
Dahl, Roald →ダール, R.
Dahrendorf, Ralf Gustav →ダーレンドルフ, R.
Dalai Lama →《東》ダライ・ラマ
Dalai Lama VI →《東》ダライ・ラマ6世
Dalai Lama XIV →《東》ダライ・ラマ14世
Dali, Salvador →ダリ, S.
D'Annunzio, Gabriele →ダヌンツィオ, G.
Dante Alighieri →ダンテ
Danticat, Edwidge →ダンティカ, E.
Darwin, Charles Robert →ダーウィン, C.R.
Daudet, Alphonse →ドーデ, A.
Daumier, Honoré Victorin →ドーミエ, H.V.
Davidson, Abram →デイヴィッドスン, A.
Davidson, Donald →デイヴィドソン, D.
Davis, Miles →ディヴィス, M.
De Forest, Charlotte Burgio →デフォレスト, C.B.
De Lempicka, Tamara →ド・レンピツカ, T.
de Man, Paul →ド・マン, P.
Dean, James →ディーン, J.
DeAndrea, William L. →デアンドリア, W.L.
Deaver, Jeffery →ディーヴァー, J.
Debussy, Claude Achille →ドビュッシー, C.
Defoe, Daniel →デフォー, D.
Degas, Edgar →ドガ, E.
Dehmel, Richard →デーメル, R.
Delaunay, Sonia →ドローネ, S.
Delay, Dorothy →ディレイ, D.
Deleuze, Gilles →ドゥルーズ, G.
Derrida, Jacques →デリダ, J.
Descartes, René →デカルト, R.
Desorgues, Theodore →デゾルグ, T.
d'Este, Borso →デステ, B.
Deutermann, Peter T. →デューターマン, P.T.
Dewey, John →デューイ, J.
Dewey, Melvil →デューイ, M.
Dick, Philip Kindred →ディック, P.K.

Dickens, Charles →ディケンズ, C.
Dickinson, Emily Elizabeth →ディキンスン, E.E.
Didi-Huberman, Georges →ディディ=ユベルマン, G.
Dilthey, Wilhelm →ディルタイ, W.
D'irsay, Stephen →ディルセー, S.
Disch, Thomas Michael →ディッシュ, T.M.
Disney, Walter Elias（Walt）→ディズニー, W.
Doherty, Paul →ドハティ, P.
Dolto, François Marette →ドルト, F.
Don Juan de Austria →ドン・ファン・デ・アウストリア
Donizetti, Gaetano →ドニゼッティ, G.
Doolittle, James Harold →ドゥリットル, J.H.
Dörner, Heinrich →デルナー, H.
Dos Passos, John Roderigo →ドス・パソス, J.
Dostoevskii, Fedor Mikhailovich →ドストエフスキー, F.M.
Douglass, Frederick →ダグラス, F.
Down, John Langdon →ダウン, J.L.
Doyle, Arthur Conan →ドイル, A.C.
Dreiser, Theodore Herman Albert →ドライサー, T.
Drieu la Rochelle, Pierre Eugene →ドリュ・ラ・ロシェル, P.
Drucker, Peter Ferdinand →ドラッカー, P.F.
Du Bois, William Edward Burghardt →デュボイス, W.E.B.
Du Bos, Charles →デュボス, C.
Du Camp, Maxime →デュカン, M.
du Châtelet, Émilie →デュ・シャトレ, E.
Duchamp, Marcel →デュシャン, M.
Dufy, Raoul →デュフィ, R.
Dulles, Eleanor Lansing →ダレス, E.L.
Dumas, Marlene →デュマス, M.
Dummett, Michael Anthony Eardley →ダメット, M.
Dunsany, Lord →ダンセイニ, L.
Duras, Marguerite →デュラス, M.
Dürer, Albrecht →デューラー, A.
Durkheim, Émile →デュルケム, E.
Durrell, Lawrence George →ダレル, L.
Dürrenmatt, Friedrich →デュレンマット, F.
Durruti, Buenaventura →ドゥルーティ
Dvořák, Antonin →ドヴォルジャーク, A.
Dworkin, Ronald →ドゥオーキン, R.
Dylan, Bob →ディラン, B.

【 E 】

Eastwood, Clint →イーストウッド, C.
Ebke, Werner F. →エプケ, W.F.
Eckhart →エックハルト
Eco, Umberto →エーコ, U.
Eden, Anthony →イーデン, A.
Edgeworth, Maria →エッジワース, M.
Edison, Thomas Alva →エジソン, T.A.
Eich, Günter →アイヒ, G.
Eichendorff, Joseph Karl Benedikt von →アイヒェンドルフ, J.v.
Einstein, Albert →アインシュタイン, A.
Eisenhower, Dwight David →アイゼンハワー, D.D.
Ekaterina I, Alekseevna Romanova →エカテリーナ1世
Ekaterina II, Alekseevna Romanova →エカテリーナ2世
Elgar, Edward William →エルガー, E.
Eliade, Mircea →エリアーデ, M.
Elias, Norbert →エリアス, N.
Eliot, George →エリオット, G.
Eliot, Thomas Stearns →エリオット, T.S.
Elisabeth, Marie Henriette Stephanie Gisela →エリザベート, M.H.S.G.
Elisseeff, Serge →エリセーエフ, S.
Elkins, Aaron J. →エルキンズ, A.
Ellery Queen →エラリー・クイーン
Ellison, Ralph Waldo →エリソン, R.W.
Emerson, Ralph Waldo →エマソン, R.W.
Emin Pasha, Mehmet →エミン・パシャ, M.
Emshwiller, Carol →エムシュウィラー, C.
Ende, Michael →エンデ, M.
Engels, Friedrich →エンゲルス, F.
Ensor, James →アンソール, J.
Ephraim →《東》エフライム
Epstein, Samuel S. →エプスティーン, S.S.
Erasmus, Desiderius →エラスムス, D.
Erickson, Milton H. →エリクソン, M.
Ernst, Max →エルンスト, M.
Ershov, Pëtr Pavlovich →エルショーフ, P.P.
Euclid →ユークリッド
Euler, Leonhard →オイラー, L.
Eurīpidēs →エウリピデス
Evanovich, Janet →イヴァノヴィッチ, J.
Ey, Henri →エー, H.

【 F 】

Fabre, Jean Henri →ファーブル, J.H.
Fanon, Frantz →ファノン, F.
Fantin-Latour, Ignace Henri Joseph Théodore →ファンタン=ラトゥール, H.
Faraday, Michael →ファラデー, M.
Farjeon, Eleanor →ファージョン, E.
Faulds, Henry →フォールズ, H.
Faulkner, William Harrison →フォークナー, W.
Faure, Elie →フォール, E.
Fauré, Gabriel Urbain →フォーレ, G.
Fayol, Henri →ファヨール, H.
Felipe IV →フェリペ4世
Fellers, Bonner F. →フェラーズ, B.F.

Fellini, Federico →フェリーニ, F.
Fénelon, François de Salignac de la Mothe →フェヌロン, F.d.S.
Fennell, Frederick →フェネル, F.
Fenollosa, Ernest Francisco →フェノロサ, E.F.
Fermat, Pierre de →フェルマー, P.d.
Fermi, Enrico →フェルミ, E.
Feuerbach, Ludwig Andreas →フォイエルバッハ, L.A.
Fichte, Johann Gottlieb →フィヒテ, J.G.
Ficino, Marsilio →フィチーノ, M.
Fielding, Henry →フィールディング, H.
Fischer, Frieda →フィッシャー, F.
Fisher, Irving →フィッシャー, I.
Fisher, Ronald Aylmer →フィッシャー, R.A.
Fitzgerald, Francis Scott Key →フィッツジェラルド, S.
Flaubert, Gustave →フロベール, G.
Fliess, Wilhelm →フリース, W.
Follett, Mary Parker →フォレット, M.P.
Fontana, Lucio →フォンタナ, L.
Ford, Henry →フォード, H.
Forester, Cecil Scott →フォレスター, C.S.
Forster, Edward Morgan →フォースター, E.M.
Forster, Georg →フォルスター, G.
Forsyth, Peter Taylor →フォーサイス, P.T.
Fossey, Dian →フォッシー, D.
Foster, Alan Dean →フォスター, A.D.
Foucault, Michel →フーコー, M.
Fourier, François Marie Charles →フーリエ, C.
Fowler, Christopher →ファウラー, C.
Fowles, John →ファウルズ, J.
Fra Angelico →フラ・アンジェリコ
Francesco d'Assisi →フランチェスコ（アッシジの）
François, Samson →フランソワ, S.
Frank, Anne →フランク, A.
Frankl, Victor Emil →フランクル, V.E.
Franklin, Benjamin →フランクリン, B.
Franz Joseph I →フランツ・ヨーゼフ1世
Frederic, Harold →フレデリック, H.
Frege, Friedrich Ludwig Gottlob →フレーゲ, F.L.G.
Freud, Sigmund →フロイト, S.
Friedan, Betty Naomi Goldstein →フリーダン, B.
Friedlaender, Salomo →フリートレンダー, S.
Friedrich, Caspar David →フリードリヒ, C.D.
Fröbel, Friedrich Wilhelm August →フレーベル, F.
Fromm, Erich →フロム, E.
Frost, Robert Lee →フロスト, R.L.
Frutiger, Adrian →フルティガー, A.
Fry, Roger Eliot →フライ, R.
Frye, Northrop →フライ, N.
Fujimori, Alberto →フジモリ, A.
Fukuyama, Francis →フクヤマ, F.
Fulbright, James William →フルブライト, J.W.
Fulford, Robert C. →フルフォード, R.C.
Fuller, Margaret →フラー, M.
Fuller, Richard Buckminster →フラー, B.
Furtwängler, Wilhelm →フルトヴェングラー, W.

【 G 】

Galbraith, John K. →ガルブレイス, J.K.
Galilei, Galileo →ガリレイ, G.
Gallé, Emile →ガレ, E.
Galois, Evariste →ガロア, E.
Gamio, Manuel →ガミオ, M.
Gandhi, Mohandas Karamchand →《東》ガンジー, M.K.
García Márquez, Gabriel →ガルシア＝マルケス, G.
Gardner, Howard →ガードナー, H.
Gardner, Martin →ガードナー, M.
Garton, Ray →ガートン, R.
Gascar, Pierre →ガスカール, P.
Gaskell, Elizabeth Cleghorn →ギャスケル, E.C.
Gates, Bill →ゲイツ, B.
Gaudí y Cornet, Antonio →ガウディ, A.
Gautier, Théophile →ゴーチエ, T.
Gay, Peter →ゲイ, P.
Geisel, Theodor Seuss →ガイゼル, T.S.
Genet, Jean →ジュネ, J.
George IV →ジョージ4世
Georges, Yvonne →ジョルジュ, Y.
Gergijev, Valery →ゲルギエフ, V.
Ghālib, Mīrzā Asadullāh Khān →《東》ガーリブ, M.A.K.
Ghirlandaio, Domenico →ギルランダイオ, D.
Ghosn, Carlos →ゴーン, C.
Giacometti, Alberto →ジャコメッティ, A.
Gibson, James Jerome →ギブソン, J.J.
Gide, André →ジード, A.
Gierke, Otto Friedrich von →ギールケ, O.F.
Gilbert, Michael Francis →ギルバート, M.
Gilles, Peter →ギレス, P.
Giorgione da Castelfranco →ジョルジョーネ
Girard, René →ジラール, R.
Gish, George W. →ギッシュ, G.W.
Gissing, George Robert →ギッシング, G.
Gitai, Amos →《東》ギタイ, A.
Glasgow, Ellen Anderson Gholson →グラスゴー, E.
Glass, Günter →グラス, G.
Glover, Thomas Blake →グラバー, T.B.
Gneuss, Helmut →グノイス, H.
Godard, Jean-Luc →ゴダール, J.L.
Gödel, Kurt →ゲーデル, K.
Godfrey, Edmund Berry →ゴドフリー, E.B.
Goethe, August von →ゲーテ, A.v.
Goethe, Johann Wolfgang von →ゲーテ, J.W.
Goffman, Erving →ゴフマン, E.
Gogh, Vincent van →ゴッホ, V.v.
Gogol, Nikolai Vasilievich →ゴーゴリ, N.V.

Goldberg, Howard S. →ゴールドバーグ, H.S.
Golding, William Gerald →ゴールディング, W.
Goldman, William →ゴールドマン, W.
Goncourt →ゴンクール兄弟
Goncourt, Edmond Louis Antoine Huot de →ゴンクール, E.
Goodall, Jane →グドール, J.
Goodall, Reginald →グッドオール, R.
Gorey, Edward →ゴーリー, E.
Gould, Glenn →グールド, G.
Gower, John →ガワー, J.
Goya y Lucientes, Francisco José de →ゴヤ, F.J.
Grafton, Sue →グラフトン, S.
Gramsci, Antonio →グラムシ, A.
Grandmont, Jean-Michel →グランモン, J.M.
Green, Alice Stopford →グリーン, A.
Green, Graham →グリーン, G.
Green, Julien →グリーン, J.
Green, Thomas Hill →グリーン, T.H.
Greenberg, Clement →グリーンバーグ, C.
Greenleaf, Stephen →グリーンリーフ, S.
Greenspan, Alan →グリーンスパン, A.
Gregorius →グレゴリウス
Grenet, F. →グルネ, F.
Grimm →グリム兄弟
Grimm, Jacob Ludwig Karl →グリム, J.
Grippando, James →グリッパンド, J.
Grisham, John →グリシャム, J.
Groddeck, Georg Walter →グロデック, G.
Grootaers, W.A. →グロータース, W.A.
Grossman, David →《東》グロスマン, D.
Grossman, Vasilii Semyonovich →グロースマン, V.S.
Grothendieck, Alexander →グロタンディーク, A.
Grotius, Hugo →グロティウス, H.
Gruber, Franz Xaver →グルーバー, F.X.
Grundtvig, Nikolai Frederik Severin →グルントヴィ, N.F.S.
Guevara Lynch, Ernesto Che →ゲバラ, E.
Guicciardini, Francesco →グイッチァルディーニ, F.
Guichonnet, Paul →ギショネ, P.
Gulik, Robert Hans van →ヒューリック, R.v.
Gunnell, John G. →ガネル, J.G.
Gurdjieff, Georges Ivanovitch →グルジェフ, G.I.
Gustav III →グスタフ3世
Gutenberg, Johannes Gensfleisch →グーテンベルク, J.

【 H 】

Haber, Fritz →ハーバー, F.
Habermas, Jürgen →ハーバーマス, J.
Habsburg →ハプスブルク家
Hahn, Otto →ハーン, O.
Hahnemann, Samuel Friedrich Christian →ハーネマン, S.
Halbout, Augustin Pierre Adolphe →ハルブ, A.P.A.
Hall, Stuart →ホール, S.
Hallowell, John Hamilton →ハロウェル, J.H.
Halter, Paul →アルテ, P.
Hamann, Johann Georg →ハーマン, J.G.
Hamilton, Alexander →ハミルトン, A.
Hamilton, Edmond →ハミルトン, E.
Hamilton, Patrick →ハミルトン, P.
Handke, Peter →ハントケ, P.
Hannibal →ハンニバル
Haraway, Donna Jean →ハラウェイ, D.J.
Hardie, James Keir →ハーディ, J.K.
Hardie, Thomas →ハーディ, T.
Harootunian, Harry D. →ハルトゥーニアン, H.
Harrison, Harry →ハリスン, H.
Harrod, Roy Forbes →ハロッド, R.F.
Hart, Carolyn G. →ハート, C.G.
Harvard, John →ハーヴァード, J.
Hašek, Jaroslav →ハシェク, J.
Haudrere, Philippe →オドレール, P.
Hauff, Wilhelm →ハウフ, W.
Hawkes, John Clendennin Burne, Jr. →ホークス, J.
Hawking, Stephen William →ホーキング, S.W.
Hawley, Frank →ホーレー, F.
Hawthorne, Nathaniel →ホーソーン, N.
Haydn, Franz Joseph →ハイドン, J.
Hayek, Friedrich August von →ハイエク, F.A.
Hearn, Lafcadio →ハーン, L.
Hegel, Georg Wilhelm Friedrich →ヘーゲル, G.W.F.
Heidegger, Martin →ハイデガー, M.
Heine, Heinrich →ハイネ, H.
Heinlein, Robert Anson →ハインライン, R.A.
Heinrich der Löwe →ハインリヒ獅子公
Heisenberg, Werner Karl →ハイゼンベルク, W.
Heller, Hermann →ヘラー, H.
Hemingway, Ernest Miller →ヘミングウェイ, E.
Henrique o Navegador →エンリケ航海王子
Henry VIII →ヘンリー8世
Henry, Michel →アンリ, M.
Hepburn, Audrey →ヘップバーン, A.
Hepburn, James Curtis →ヘボン, J.C.
Herbart, Johann Friedrich →ヘルバルト, J.F.
Herder, Johann Gottfried von →ヘルダー, J.G.
Hērodotos →ヘロドトス
Heschel, Abraham Joshua →ヘッシェル, A.J.
Hesketh-Prichard, Hesketh Vernon →プリチャード, H.
Hesse, Hermann →ヘッセ, H.
Hesse, Konrad →ヘッセ, K.
Hetzel, Pierre-Jules →エッツェル, P.J.
Hext, Harrington →ヘクスト, H.
Hicks, Ursula Kathleen →ヒックス, U.K.
Hieronymus, Eusebius Sofronius →ヒエロニムス
Highsmith, Patricia →ハイスミス, P.

Hildegard, Saint　→ヒルデガルト
Hildesheimer, Wolfgang　→ヒルデスハイマー, W.
Hilgard, Ernest Ropiequet　→ヒルガード, E.
Hill, Christopher　→ヒル, C.
Hill, Octacvia　→ヒル, O.
Hill, Reginald　→ヒル, R.
Hilton　→ヒルトン家
Hirschman, Albert Otto　→ハーシュマン, A.O.
Hitchcock, Alfred Joseph　→ヒッチコック, A.
Hitchcock, Romyn　→ヒッチコック, R.
Hitler, Adolf　→ヒトラー, A.
Hjelmslev, Louis　→イエルムスレウ, L.
Hobbes, Thomas　→ホッブズ, T.
Hoch, Edward D.　→ホック, E.D.
Hoffer, Eric　→ホッファー, E.
Hoffmann, Ernst Theodor Amadeus　→ホフマン, E.T.A.
Hogan, James Patrick　→ホーガン, J.P.
Hogg, James　→ホッグ, J.
Holbein, Hans　→ホルバイン, H.
Hölderlin, Johann Christian Friedrich　→ヘルダーリン, F.
Holmes, Arthur　→ホームズ, A.
Holmes, Oliver Wendell　→ホームズ, O.W.
Homans, George Caspar　→ホーマンズ, G.C.
Homēros　→ホメーロス
Honegger, Arthur　→オネゲル, A.
Horatius Flaccus, Quintus　→ホラティウス
Hornung, Ernest William　→ホーナング, E.W.
Horova, Fuku　→《日》ホロヴァー, フク
Horowitz, Vladimir　→ホロヴィッツ, V.
Howells, William Dean　→ハウエルズ, W.D.
Huchel, Peter　→フーヘル, P.
Hughes, Howard Robard　→ヒューズ, H.
Hughes, Langston　→ヒューズ, L.
Hughes, Ted　→ヒューズ, T.
Hugo, Victor Marie　→ユゴー, V.
Huizinga, Johan　→ホイジンガ, J.
Humboldt, Alexander, Freiherr von　→フンボルト, A.v.
Humboldt, Karl Wilhelm von　→フンボルト, K.W.
Hume, David　→ヒューム, D.
Hundertwasser, Friedensreich　→フンデルトヴァッサー, F.
Hunt, Peter　→ハント, P.
Hunter, John　→ハンター, J.
Hurston, Zora Neale　→ハーストン, Z.N.
Hussein, Saddam　→《東》フセイン, S.
Husserl, Edmund　→フッサール, E.
Hutcheson, Francis　→ハチスン, F.
Hutton, James　→ハットン, J.
Huxley, Julian Sorell　→ハクスリー, J.S.

【 I 】

Ibn Battūta　→《東》イブン・バットゥータ
Ibn Taghrībirdī　→《東》イブン・タグリービルディー
Ibrāhīm　→《東》イブラーヒーム
Icher, François　→イシェ, F.
Iēsous　→イエス
Illich, Ivan　→イリイチ, I.
Inge, William Motter　→インジ, W.
Ioudas　→ユダ
Ireland, William Henry　→アイアランド, W.H.
Irving, Washington　→アーヴィング, W.
Isensee, Josef　→イーゼンゼー, J.
Iser, Wolfgang　→イーザー, W.
Isola, Maija　→イソラ, M.
Itten, Johannes　→イッテン, J.

【 J 】

Jaccottet, Philippe　→ジャコテ, P.
Jack the Ripper　→切り裂きジャック
Jacobs, Harriet Ann　→ジェイコブズ, H.
Jacoulet, Paul　→ジャクレー, P.
Jäger, Willigis　→イェーガー, W.
Jakobson, Roman　→ヤコブソン, R.
James, Elmore　→ジェイムズ, E.
James, Henry　→ジェイムズ, H.
James, William　→ジェイムズ, W.
Jankélévich, Vladimir　→ジャンケレヴィッチ, V.
Janssen, Horst　→ヤンセン, H.
Jansson, Tove　→ヤンソン, T.
Jarmusch, Jim　→ジャームッシュ, J.
Jarry, Alfred　→ジャリ, A.
Jaspers, Karl　→ヤスパース, K.
Jeanne d'Arc, St.　→ジャンヌ・ダルク
Jefferson, Thomas　→ジェファソン, T.
Jeismann, Michael　→ヤイスマン, M.
Jenkins, Charles Robert　→ジェンキンス, C.R.
Jennens, Charles　→ジェネンズ, C.
Jespersen, Otto　→イェスペルセン, O.
Jesse, Mary D.　→ジェッシー, M.D.
Jevons, William Stanley　→ジェヴォンズ, W.S.
Joachim de Floris　→ヨアキム・デ・フローリス
Joannes XXIII　→ヨハネ23世
Jobim, Antonio Carlos　→ジョビン, A.C.
Jobs, Steven Paul　→ジョブズ, S.
John of Salisbury　→ジョン（ソールズベリの）
Johnson, Samuel　→ジョンソン, S.
Johnston, William　→ジョンストン, W.
Jones, Diana Wynne　→ジョーンズ, D.W.

460

Joplin, Scott →ジョプリン, S.
Jorge Padrón, Just →ホルヘ・パドロン, J.
Joseph →ヨセフ
Joseph, Betty →ジョセフ, B.
Joyce, James Augustine →ジョイス, J.
Jung, Carl Gustav →ユング, C.G.
Jünger, Ernst →ユンガー, E.
Justinianus I, Flavius Anicius →ユスティニアヌス帝
Justinus →ユスティノス

【 K 】

Kafka, Franz →カフカ, F.
Kahlo, Frida →カーロ, F.
Kahn, Louis I. →カーン, L.I.
Kalecki, Michael →カレツキ, M.
Kammerer, Paul →カンメラー, P.
Kandinsky, Vassily →カンディンスキー, V.
Kant, Immanuel →カント, I.
Karajan, Herbert von →カラヤン, H.v.
Karas, Maria →カラス, M.
Karl I der Grosse →カール大帝
Kästner, Erich →ケストナー, E.
Kaufman, George Simon →コフマン, G.S.
Kaufmann, Arthur →カウフマン, A.
Kaufmann, Tohko →《日》カウフマン 東子
Kautsky, Karl Johann →カウツキー, K.
Keats, John →キーツ, J.
Keller, Helen Adams →ケラー, H.
Kelsen, Hans →ケルゼン, H.
Kempe, Margery →ケンプ, M.
Kempe, Rudolf →ケンペ, R.
Kennan, George Frost →ケナン, G.F.
Kennedy →ケネディ家
Kennedy, John Fitzgerald →ケネディ, J.F.
Kepler, Johannes →ケプラー, J.
Kerouac, Jack →ケルアック, J.
Kerry, John F. →ケリー, J.F.
Kersh, Gerald →カーシュ, G.
Keynes, John Maynard →ケインズ, J.M.
Kierkegaard, Sören Aabye →キルケゴール, S.A.
Kilpatrick, William Heard →キルパトリック, W.H.
Kindleberger, Charles Poor →キンドルバーガー, C.P.
King, Martin Luther, Jr. →キング, M.L.
King, Stephen →キング, S.
Kipling, Joseph Rudyard →キプリング, J.R.
Kirk, Rasahn Roland →カーク, R.
Klee, Paul →クレー, P.
Klein, Melanie →クライン, M.
Kleinman, Sherryl →クラインマン, S.
Kleitias →クレイティアス
Kleopatra VII →クレオパトラ
Klimt, Gustav →クリムト, G.

Klossowski, Pierre →クロソウスキー, P.
Knight, Clifford →ナイト, C.
Kofman, Sarah →コフマン, S.
Kohlberg, Lawrence →コールバーグ, L.
Kohut, Heinz →コフート, H.
Kojeve, Alexandre →コジェーヴ, A.
Kolář, Jiří →コラーシュ, J.
Kold, Christen →コル, C.
Kollwitz, Käthe →コルヴィッツ, K.
Kolmogorov, Andrei Nikolaevich →コルモゴロフ, A.N.
Koltes, Bernard-Marie →コルテス, B.M.
Komar, Vitaly →コマール, V.
Kondrat'ev, Nikolai Dmitrievich →コンドラチェフ, N.D.
Konigsburg, Elaine Lobl →カニグズバーグ, E.L.
Korczak, Janusz →コルチャック, J.
Kornai, János →コルナイ, J.
Korolenko, Vladimir Galaktionovich →コロレンコ, V.G.
Kotansky, Wieslaw →コタンスキ, W.
Kotler, Philip →コトラー, P.
Kotoshikhin, Grigorii Karpovich →コトシーヒン, G.K.
Kraepelin, Emil →クレペリン, E.
Kramer, Lois F. →クレーマー, L.F.
Krantz, Judith →クランツ, J.
Kraus, Lili →クラウス, L.
Kreutzer, Leonid →クロイツァー, L.
Kripke, Saul →クリプキ, S.A.
Krishnamurti, Jiddu →《東》クリシュナムルティ, J.
Kristeva, Julia →クリステヴァ, J.
Krylov, Ivan Andreevich →クルイロフ, I.A.
Kubrick, Stanley →キューブリック, S.
Kuhn, Annette →クーン, A.
Kundera, Milan →クンデラ, M.
Kushner, Tony →クシュナー, T.
Kuyper, Abraham →カイパー, A.

【 L 】

La Tour, Georges de →ラ・トゥール, G.d.
Laban, Rudolf von →ラバン, R.
Lacan, Jacques Marie →ラカン, J.
Lacque-Labarthe, Philippe →ラクー=ラバルト, P.
Lafferty, Raphael Aloysius →ラファティ, R.A.
Laforgue, Jules →ラフォルグ, J.
Lagerlöf, Selma Ottiliana Lovisa →ラーゲルレーヴ, S.O.L.
Lamb, Charles →ラム, C.
Lambuth, Walter Russel →ランバス, W.R.
Landauer, Gustav →ランダウアー, G.
Lane, Rose Wilder →レイン, R.W.
Langelaan, George →ランジュラン, G.

Lansdale, Joe R. →ランズデール, J.R.
Larenz, Karl →ラーレンツ, K.
Lasker-Schüler, Else →ラスカー・シューラー, E.
Laski, Harold Joseph →ラスキ, H.J.
Laurencin, Marie →ローランサン, M.
Lautréamont, Comte de →ロートレアモン, C.
Lautrec, Henri Marie Raymond de Toulouse- →ロートレック, H.d.T.
Lavoisier, Marie-Anne-Pierrette →ラヴワジエ, M.A.
Lavrov, Pëtr Lavrovich →ラヴローフ, P.L.
Lawrence, David Herbert →ロレンス, D.H.
Le Clézio, Jean Marie Gustave →ル・クレジオ, J.M.
Le Corbusier →ル・コルビュジエ
Le Guin, Urshula Kroeber →ル=グウィン, U.K.
Le Tacon, François →ル・タコン, F.
Leach, Bernard Howell →リーチ, B.
Léautaud, Paul →レオトー, P.
Leavitt, Henrietta Swan →リーヴィット, H.
Leblanc, Maurice →ルブラン, M.
Lee, Robert Edward →リー, R.E.
Lee, Tanith →リー, T.
Leeuwenhoek, Antoni van →レーベンフック, A.v.
Leibholz, Gerhard →ライプホルツ, G.
Leibniz, Gottfried Wilhelm von →ライプニッツ, G.W.
Lem, Stanislaw →レム, S.
Lemaître, Frédérick →ルメートル, F.
Lemaitre, Georges Edouard →ルメートル, G.
Lenin, Vladimir Iliich →レーニン, V.I.
Lennon, John →レノン, J.
Lenz, Jakob Michael Reinhold →レンツ, J.M.R.
Leonard, Elmore (John) →レナード, E.
Leonardo da Vinci →レオナルド・ダ・ヴィンチ
Leontiev, Konstantin Nikolaevich →レオンチェフ, K.
L'Epee, Charles-Michel de →レペ, C.M.d.
Lessing, Doris →レッシング, D.
Lessing, Gotthold Ephraim →レッシング, G.E.
Lesure, François →ルシュール, F.
Levinas, Emmanuel →レヴィナス, E.
Lévi-Strauss, Claude →レヴィ=ストロース, C.
Levitt, Theodore →レビット, T.
Lewes, George Henry →ルイス, G.H.
Lewis, Clive Staples →ルイス, C.S.
Lewis, Meriwether →ルイス, M.
Lewis, W.Arthur →ルイス, W.A.
Ligeti, György Sándor →リゲティ, G.
Lightman, Alan P. →ライトマン, A.
Liliuokalani, Lydia Kamekeha →リリウオカラーニ
Lincoln, Abraham →リンカーン, A.
Lindgren, Astrid Anna Emilia →リンドグレーン, A.A.E.
Lindsay, Alexander Dunlop, Baron of Birker →リンゼイ, A.D.
Lipatti, Dinu →リパッティ, D.
Lissitzky, El →リシツキー, E.
List, Friedrich →リスト, F.
Litt, Theodor →リット, T.
Little, Alicia →リトル, A.
Little, Conyth →リトル, C.
Locke, John →ロック, J.
Lockheimer, F.Roy →ロックハイマー, F.R.
Loewy, Raymond →ローウィ, R.
Lohse, Richard Paul →ローゼ, R.P.
Lomax, Alan →ローマックス, A.
London, Jack →ロンドン, J.
Longfellow, Charles Appleton →ロングフェロー, C.A.
Loti, Pierre →ロチ, P.
Lotman, Yurii Mikhailovich →ロートマン, Y.M.
Louis IX, le Saint →ルイ9世
Louis XIV le Grand →ルイ14世
Louis XVII →ルイ17世
Louÿs, Pierre →ルイス, P.
Lovecraft, Howard Philips →ラヴクラフト, H.P.
Ludlum, Robert →ラドラム, R.
Ludwig II →ルートヴィヒ2世
Luhmann, Niklas →ルーマン, N.
Luhmer, Klaus S.J. →ルーメル, K.
Luther, Martin →ルター, M.
Lyotard, Jean François →リオタール, J.F.
Lȳsiās →リュシアス

【 M 】

MacArthur, Douglas →マッカーサー, D.
Macdonald, George →マクドナルド, G.
Mach, Ernst →マッハ, E.
Machado de Assis, Joaquim Maria →マシャード・デ・アシス, J.M.
Machiavelli, Niccolò Bernardo dei →マキャヴェリ, N.B.
Mackaye, Benton →マッカイ, B.
Macpherson, Crawford Brough →マクファースン, C.B.
Maeterlinck, Maurice Polydore Marie Bernard →メーテルリンク, M.
Magellan, Ferdinand →マゼラン, F.
Magritte, René →マグリット, R.
Mahan, Alfred Thayer →マハン, A.T.
Mahathir bin Mohamad →《東》マハティール, M.
Maḥfūẓ, Najīb →《東》マフフーズ, N.
Mahler, Gustav →マーラー, G.
Maillol, Aristide →マイヨール, A.
Maimonides, Moses →《東》マイモニデス
Maine de Biran →メーヌ・ド・ビラン
Malebranche, Nicolas de →マルブランシュ, N.
Malevich, Kazimir Severinovich →マレーヴィチ, K.S.
Malinowski, Bronislaw Kasper →マリノウスキー, B.

Mallarmé, Stéphane →マラルメ, S.
Malory, Thomas →マロリー, T.
Malot, Hector Henri →マロ, H.H.
Malraux, André →マルロー, A.
Malthus, Thomas Robert →マルサス, T.R.
Mandela, Nelson Rolihlahla →マンデラ, N.
Mandel'shtam, Osip Emil'evich →マンデリシュターム, O.E.
Mann, Heinrich →マン, H.
Mann, Thomas →マン, T.
Mannheim, Karl →マンハイム, K.
Mansfield, Katherine →マンスフィールド, K.
Mansfield, Michael Joseph →マンスフィールド, M.
Map, Walter →マップ, W.
Mapplethorpe, Robert →メイプルソープ, R.
Marco Polo →マルコ・ポーロ
Marey, Étienne Jules →マレー, E.J.
Maria →マリア
Maria Magdalena →マリア（マグダラの）
Marias, Javier →マリアス, J.
Mariátegui, José Carlos →マリアテギ, J.C.
Marie Antoinette Josèphe Jeanne →マリー・アントワネット
Marie de l'Incarnation →マリー・ド・レンカルナシオン
Marie Louise →マリー・ルイーゼ
Marivaux, Pierre Carlet de Chamblain de →マリヴォー, P.C.
Mark Twain →マーク・トウェイン
Marker, Russell E. →マーカー, R.E.
Marlowe, Christopher →マーロウ, C.
Marlowe, Philip →マーロウ, P.
Marsh, Ngaio →マーシュ, N.
Marshall, Alfred →マーシャル, A.
Martí y Pérez, José julián →マルティ, J.
Martin, George R.R. →マーティン, G.R.R.
Martinet, André →マルティネ, A.
Marx, Karl Heinrich →マルクス, K.H.
Masaccio, Tomasso Guidi →マザッチオ
Maschler, Tom →マシュラー, T.
Maslow, Abraham Harold →マズロー, A.H.
Masters, Edgar Lee →マスターズ, E.L.
Matisse, Henri →マティス, H.
Maugham, William Somerset →モーム, W.S.
Maupassant, Henri René Albert Guy de →モーパッサン, G.
Mauriac, François →モーリャック, F.
Mauss, Edward Sylvester →モース, E.S.
Mayakovskii, Vladimir Vladimirovich →マヤコフスキイ, V.V.
Mayntz, Renate →マインツ, R.
McBain, Ed →マクベイン, E.
McCammon, Robert R. →マキャモン, R.R.
McGahern, John →マクガハン, J.
McGinn, Colin →マッギン, C.
McKillip, Patricia Ann →マキリップ, P.A.

McLuhan, Herbert Marshall →マクルーハン, H.M.
McPhee, Colin →マクフィー, C.
McShane, Mark →マクシェーン, M.
Mead, George Herbert →ミード, G.H.
Mead, Margaret →ミード, M.
Medici →メディチ家
Meierkhoild, Vsevolod Emilievich →メイエルホリド, V.E.
Melamid, Alexander →メラミッド, A.
Melanchthon, Philipp →メランヒトン, P.
Meltzer, Donald →メルツァー, D.
Melville, Herman →メルヴィル, H.
Memmo, Andrea →メンモ, A.
Mendelssohn Hensel, Fanny →メンデルスゾーン, F.
Mendelssohn-Bartholdy, Felix →メンデルスゾーン, F.
Meny, Yves →メニイ, Y.
Merian, Maria Sibylla →メーリアン, M.S.
Mérimée, Prosper →メリメ, P.
Merleau-Ponty, Maurice →メルロ＝ポンティ, M.
Merton, Thomas →マートン, T.
Messner, Johannes →メスナー, J.
Mevlana →《東》メヴラーナ
Michaux, Henri →ミショー, H.
Michelangelo, Buonarroti →ミケランジェロ
Michelet, Jules →ミシュレ, J.
Mies van der Rohe, Ludwig →ミース・ファン・デル・ローエ, L.
Miler, Zdeněk →ミレル, Z.
Mill, John Stuart →ミル, J.S.
Miller, Arthur →ミラー, A.
Miller, Henry →ミラー, H.
Millet, Jean-François →ミレー, J.F.
Millett, Katherine Murray（Kate） →ミレット, K.
Millhauser, Steven →ミルハウザー, S.
Mills, Charles Wright →ミルズ, C.W.
Milne, Alan Alexander →ミルン, A.A.
Milton, John →ミルトン, J.
Milward, Peter →ミルワード, P.
Milyukov, Pavel Nikolaevich →ミリュコフ, P.N.
Minton, D.J. →ミントン, D.J.
Miró, Joan →ミロ, J.
Mitchell, Gladys →ミッチェル, G.
Mitford →ミットフォード家
Möbius, August Ferdinand →メビウス, A.F.
Mobutu Sese Seko Kuku Ngbendu Wa Za Banga →モブツ・セセ・セコ
Modersohn-Becker, Paula →モーダーゾーン＝ベッカー, P.
Mole, William →モール, W.
Molière →モリエール
Molinier, Pierre →モリニエ, P.
Moltke, Helmuth, Graf von →モルトケ, H.
Monet, Claude →モネ, C.
Monroe, Marilyn →モンロー, M.
Montaigne, Michel Eyquem de →モンテーニュ, M.E.

Montemayor, Jorge de　→モンテマヨール, J.
Montesquieu, Charles Louis de Secondat, Baron de la Brède et de　→モンテスキュー, C.
Montessori, Maria　→モンテッソーリ, M.
Monteverdi, Claudio　→モンテヴェルディ, C.
Montfort, Simon de Earl of Leicester　→モンフォール, S.d.
Montgomery, Lucy Maud　→モンゴメリ, L.M.
Monty Python　→モンティ・パイソン
Moon, Elizabeth　→ムーン, E.
Moore, George Augustus　→ムア, G.
Morandi, Giorgio　→モランディ, G.
More, Thomas　→モア, T.
Moreau, Gustave　→モロー, G.
Morgan, Karl Ziegler　→モーガン, K.Z.
Morin, Edgar　→モラン, E.
Morisot, Berthe　→モリゾ, B.
Morris, William　→モリス, W.
Morrison, Toni　→モリスン, T.
Mōšeh　→モーセ
Möser, Justus　→メーザー, J.
Moses, Kate　→モーゼス, K.
Mounier, Emmanuel　→ムーニエ, E.
Moyer, Jack T.　→モイヤー, J.T.
Mozart, Wolfgang Amadeus　→モーツァルト, W.A.
M'Taggart, John M.Ellis　→マクタガート, J.M.
Mucha, Alphonse Marie　→ミュシャ, A.M.
Muhammad Ibn Abd Allāh　→《東》ムハンマド
Muir, John　→ミューア, J.
Mumford, Lewis　→マンフォード, L.
Munch, Edvard　→ムンク, E.
Munro, Neil Gordon　→マンロー, N.G.
Münzer, Thomas　→ミュンツァー, T.
Murayama, M.K.　→ムラヤマ, M.K.
Murdoch, Iris　→マードック, I.
Musil, Robert　→ムージル, R.
Mussato, Albertino　→ムッサート, A.

【 N 】

Nabert, Jean　→ナベール, J.
Nabokov, Vladimir Vladimirovich　→ナボコフ, V.
Nägeli, Hans Georg　→ネーゲリ, H.G.
Naipaul, Vidiadhar Surajprasad　→ナイポール, V.S.
Nancy, Jean-Luc　→ナンシー, J.L.
Napoléon I, Bonaparte　→ナポレオン1世
Napoléon III　→ナポレオン3世
Nathan, Robert Gruntal　→ネイサン, R.
Nauen, Heinrich　→ナウエン, H.
Naumann, Nelly　→ナウマン, N.
Nekrasov, Nikolai Alekseevich　→ネクラーソフ, N.A.
Nelson, Horatio Nelson, Viscount　→ネルソン, H.
Neruda, Pablo　→ネルーダ, P.
Nerval, Gérard de　→ネルヴァル, G.d.

Neustupný, Jiří Václav　→ネウストプニー, J.V.
Nevskii, Nikolai Aleksandrovich　→ネフスキー, N.
Newman, John Henry　→ニューマン, J.H.
Newton, Isaac　→ニュートン, I.
Newton, John　→ニュートン, J.
Nicholson, Ben　→ニコルソン, B.
Nicolai, Friedrich　→ニコライ, F.
Niebuhr, Reinhold　→ニーバー, R.
Nietzsche, Friedrich Wilhelm　→ニーチェ, F.W.
Nightingale, Florence　→ナイチンゲール, F.
Nikolai　→ニコライ
Nikolai II Aleksandrovich　→ニコライ2世
Nin, Anaïs　→ニン, A.
Nirje, Bengt　→ニィリエ, B.
Noguchi, Isamu　→ノグチ, I.
Nohl, Hermann　→ノール, H.
Norman, Edgerton Herbert　→ノーマン, E.H.
Norris, Frank　→ノリス, F.
Novalis　→ノヴァーリス
Nydahl, Jens　→ニュダール, J.

【 O 】

O.Henry　→O.ヘンリー
Oberlin, Johann Friedrich　→オベリン, J.F.
O'Brien, Flann　→オブライエン, F.
Ockham, William　→オッカム, W.
O'Connor, Flannery　→オコナー, F.
Oetinger, Friedrich Christoph von　→エーティンガー, F.C.
Ogden, Charles Kay　→オグデン, C.K.
Ogilvie, David　→オグルヴィ, D.
Ohlson, Virginia　→オルソン, V.
Oldenburg, Henry　→オルデンバーグ, H.
Olesha, Yurii Karlovich　→オレーシャ, Y.
O'Neill, Eugene Gladstone　→オニール, E.G.
Origas, Jean Jacques　→オリガス, J.J.
Origenes, Adamantius　→オリゲネス
Ormondson, A.O.　→オーモンドソン, A.O.
Ortega, José　→オルテガ, J.
Orwell, George　→オーウェル, G.
Otieno, Wambui Waiyaki　→オティエノ, W.W.
Ouida　→ウィーダ
Owen, Robert　→オーウェン, R.

【 P 】

Paine, Thomas　→ペイン, T.
Pal, Radhabinod　→《東》パール, R.
Palahniuk, Chuck　→パラニューク, C.
Palante, Georges　→パラント, G.

Palladio, Andrea →パラーディオ, A.
Palmerston, Henry John Temple, 3rd Viscount →パーマストン, H.J.T.
Panofsky, Erwin →パノフスキー, E.
Pappenheim, Bertha →パッペンハイム, B.
Paretsky, Sara →パレツキー, S.
Parker, Robert →パーカー, R.B.
Parmenidēs →パルメニデス
Parsons, Talcott →パーソンズ, T.
Pascal, Blaise →パスカル, B.
Pasolini, Pier Paolo →パゾリーニ, P.P.
Pasternak, Boris Leonidovich →パステルナーク, B.
Pater, Walter →ペイター, W.
Patočka, Jan →パトチカ, J.
Patterson, Richard North →パタースン, R.N.
Paulos →パウロ
Paz, Charles Sanders →パース, C.S.
Pearce, Philippa →ピアス, P.
Peckinpah, Sam →ペキンパー, S.
Pelecanos, George P. →ペレケーノス, G.P.
Penrose, Edith Tilton →ペンローズ, E.T.
Perec, Georges →ペレック, G.
Perkins, John →パーキンス, J.
Perrault, Charles →ペロー, C.
Perros, Georges →ペロス, G.
Perrot, Michelle →ペロー, M.
Perry, Matthew Calbraith →ペリー, M.C.
Pestalozzi, Johann Heinrich →ペスタロッチ, J.H.
Pëtr I Alekseevich →ピョートル大帝
Petrarca, Francesco →ペトラルカ, F.
Petros →ペテロ
Pettenkofer, Max Joseph von →ペッテンコーフェル, M.
Peukert, Detlev J.K. →ポイカート, D.
Philon Alexandrinus →フィロン
Piaget, Jean →ピアジェ, J.
Piano, Renzo →ピアノ, R.
Picasso, Pablo Ruiz y →ピカソ, P.
Piero della Francesca →ピエロ・デッラ・フランチェスカ
Pigou, Arthur Cecil →ピグー, A.C.
Pike, Graham →パイク, G.
Pindaros →ピンダロス
Piranesi, Giovanni Battista →ピラネージ, G.
Pissarro, Camille →ピサロ, C.
Plantin, Christophe →プランタン, C.
Plath, Sylvia →プラス, S.
Platōn →プラトン
Plōtinos →プロティノス
Poe, Edgar Allan →ポー, E.A.
Poincaré, Jules Henri →ポワンカレ, J.H.
Polanyi, Karl →ポランニー, K.
Pollock, Jackson →ポロック, J.
Popper, Karl Raimund →ポパー, K.R.
Porsche, Ferdinand →ポルシェ, F.
Portmann, Adolf →ポルトマン, A.
Porumbescu, Ciprian →ポルムベスク, C.
Potter, Beatrix →ポター, B.
Pound, Ezra Loomis →パウンド, E.
Powell, C.E.B. →パウェル, C.E.B.
Prawy, Marcel →プラヴィ, M.
Presley, Elvis Aaron →プレスリー, E.A.
Proust, Marcel →プルースト, M.
Prouvé, Jean →プルーヴェ, J.
Pruyn, Mary Putnam →プライン, M.
Puccini, Giacomo →プッチーニ, G.
Pullman, Philip →プルマン, P.
Purdy, George Irwin →パーディー, G.I.
Pushkin, Aleksandr Sergeevich →プーシキン, A.S.
Putin, Vladimir Vladimirovich →プーチン, V.
Putyatin, Evfimii Vasilievich →プチャーチン, E.V.
Pynchon, Thomas →ピンチョン, T.
Pythagoras →ピュタゴラス

【 Q 】

Qubilai khān →《東》クビライ・カーン

【 R 】

Rabelais, François →ラブレー, F.
Racine, Jean Baptiste →ラシーヌ, J.B.
Radcliffe-Brown, Alfred Reginald →ラドクリフ=ブラウン, A.R.
Raffaello Santi →ラファエッロ
Ramanujan Aiyangar, Srinivasa →《東》ラマヌジャン, S.
Rankin, Ian →ランキン, I.
Rankin, Jeannette →ランキン, J.
Ransom, Arthur →ランサム, A.
Rasputin, Grigorii Efimovich →ラスプーチン, G.E.
Ravel, Maurice →ラヴェル, M.J.
Rawls, John →ロールズ, J.
Ray, Man →レイ, M.
Raymond, Antonin →レーモンド, A.
Read, Herbert Edward →リード, H.
Redon, Odilon →ルドン, O.
Redoute, Pierre Joseph →ルドゥテ, P.J.
Reich-Ranicki, Marcel →ライヒ=ラニツキ, M.
Rembrandt Harmenszoon van Rijn →レンブラント, H.R.
Renard, Jules →ルナール, J.
Rendell, Ruth →レンデル, R.
Renoir, Jean →ルノワール, J.
Renoir, Pierre August →ルノワール, P.A.
Renzulli, Joseph S. →レンズーリ, J.S.
Reybaud, Louis →レーボー, L.

Ricardo, David →リカードウ, D.
Ricci, Matteo →リッチ, M.
Rice, Condoleezza →ライス, C.
Richard III →リチャード3世
Richards, Ellen Henrietta (Swallow) →リチャーズ, E.H.
Richardson, Marion Elaine →リチャードソン, M.E.
Richelieu, Armand Jean du Plessis, Cardinal et Duc de →リシュリュー, A.J.
Richter, Gerhardt →リヒター, G.
Rickert, Heinrich →リッケルト, H.
Riddell, Hannah →リデル, H.
Riefenstahl, Leni →リーフェンシュタール, L.
Rietveld, Gerrit Thomas →リートフェルト, G.T.
Rigaut, Jacques →リゴー, J.
Rilke, Rainer Maria →リルケ, R.M.
Rimbaud, Jean Nicolas Arthur →ランボー, A.
Rimbaud, Vitalie →ランボー, V.
Rita da Cascia →リタ
Ritchie, Jack →リッチー, J.
Robbe-Grillet, Alain →ロブ=グリエ, A.
Roberts, Keith →ロバーツ, K.
Roberts, Nora →ロバーツ, N.
Rock, Irvin →ロック, I.
Rockwell, Norman →ロックウェル, N.
Rodari, Gianni →ロダーリ, G.
Rodgers, Carl Ranson →ロジャーズ, C.R.
Rodin, François Auguste René →ロダン, A.
Rohmer, Sax →ローマー, S.
Rokkan, Stein →ロッカン, S.
Rolfe, Frederick William →ロルフ, F.
Rolland, Romain →ロラン, R.
Romanov →ロマノフ家
Roosevelt, Franklin Delano →ルーズベルト, F.D.
Ropshin →ロープシン
Rosenberg-Orsini, Justine →ローゼンバーグ=オルシーニ, J.
Rosenzweig, Franz →ローゼンツヴァイク, F.
Rosseti, Christina Georgina →ロセッティ, C.
Rousseau, Henri Julien Fêlix →ルソー, H.J.F.
Rousseau, Jean-Jacques →ルソー, J.J.
Rowling, Joanne Kathleen →ローリング, J.K.
Rowson, Susanna Haswell →ローソン, S.
Rubens, Peter Paul →ルーベンス, P.P.
Rubinstein, Helena →ルービンシュタイン, H.
Rudolf II →ルドルフ2世
Rudolf IV →ルドルフ4世
Rudolf von Ems →ルードルフ, v.E.
Rugg, Harold Ordway →ラッグ, H.O.
Ruiz de Medina, Juan G. →ルイス・デ・メディナ, J.G.
Rummel, Kurt →ルンメル, K.
Rumsfeld, Donald →ラムズフェルド, D.
Runge, Philipp Otto →ルンゲ, P.O.
Rushdie, (Ahmed) Salman →ルシュディ, S.
Ruskin, John →ラスキン, J.
Russell, Bertrand Arthur William →ラッセル, B.
Russell, Elizabeth →ラッセル, E.

【S】

Sacher-Masoch, Leopold von →ザッヘル=マゾッホ, L.R.
Sade, Donatien Alphonse François de →サド, D.A.F.
Saenger, Ingo →ゼンガー, I.
Sāhnī, Bhīṣm →《東》サーヘニー, B.
Said, Edward W. →サイード, E.W.
Saint Phalle, Niki de →サンファル, N.d.
Saint-Exupéry, Antoine Marie Roger de →サン=テグジュペリ, A.d.
Saint-Martin, Louis Claude de →サン・マルタン, L.C.
Sakharov, Andrei Dimitrievich →サハロフ, A.D.
Salieri, Antonio →サリエーリ, A.
Salinger, Jerome David →サリンジャー, J.D.
Sallis, James →サリス, J.
Sams, Crawford F. →サムス, C.F.
Sand, George →サンド, G.
Sanger, Margaret Higgins →サンガー, M.
Śaṅkara →《東》シャンカラ
Sant' Elia, Antonio →サンテリア, A.
Sapir, Edward →サピア, E.
Sapphō →サッフォー
Sartre, Jean-Paul →サルトル, J.P.
Satie, Erik →サティ, E.
Satow, Sir Ernest Mason →サトウ, E.M.
Saussure, Ferdinand de →ソシュール, F.
Savage, Leonard Jimmie →サヴェジ, L.J.
Sawyer, Corinne Holt →ソーヤー, C.H.
Sawyer, Robert J. →ソウヤー, R.J.
Saxl, Fritz →ザクスル, F.
Scarlett, Roger →スカーレット, R.
Schelling, Friedrich Wilhelm Joseph von →シェリング, F.W.J.
Schérer, René →シェレール, R.
Schiele, Egon →シーレ, E.
Schiller, Johann Christoph Friedrich von →シラー, F.
Schirrmann, Richard →シルマン, R.
Schleiermacher, Friedrich Ernst Daniel →シュライエルマッハー, F.E.D.
Schlink, Bernhard →シュリンク, B.
Schmitt, Carl →シュミット, C.
Schmitz, Hermann →シュミッツ, H.
Schönberg, Arnold →シェーンベルク, A.
Schoonmaker, Dora E. →スクーンメーカー, D.E.
Schopenhauer, Arthur →ショーペンハウアー, A.
Schröder-Sonnenstern, Friedrich →シュレーダー=ゾンネンシュターン, F.
Schubert, Franz Peter →シューベルト, F.
Schumpeter, Joseph Alois →シュンペーター, J.A.

Schütz, Alfred →シュッツ, A.
Schweitzer, Albert →シュヴァイツァー, A.
Scidmore, Eliza Ruhamah →シドモア, E.R.
Scott, Ridley →スコット, R.
Scott, Walter →スコット, W.
Seat, Leroy →シィート, L.K.
Seghers, Hercules Pietersz →セーヘルス, H.
Séguin, Edouard Onesimus →セガン, E.
Ségur, Sophie Rostopchine, comtesse de →セギュール夫人
Selby, David →セルビー, D.
Sen, Amartya Kumar →《東》セン, A.K.
Seneca, Lucius Annaeus →セネカ, L.A.
Seni Sauvapong →《東》セーニー, S.
Serres, Michel →セール, M.
Seton, Ernest Thompson →シートン, E.T.
Sewell, Anna →シュウェル, A.
Sextos, Empiricos →セクストス・エンペイリコス
Shahn, Ben →シャーン, B.
Shakespeare, William →シェイクスピア, W.
Shaliapin, Fëdor Ivanovich →シャリアピン, F.I.
Shapiro, David →シャピロ, D.
Shaw, George Bernard →ショー, B.
Shaw, Nate →ショウ, N.
Shchedrin, Nikolai →シチェドリン, N.
Sheckley, Robert →シェクリイ, R.
Sheffield, Charles →シェフィールド, C.
Shelley, Mary Wollstonecraft →シェリー, M.W.
Shepard, Sam →シェパード, S.
Shephard, Roy J. →シェパード, R.J.
Shiffert, Edith Marcombe →シファート, E.
Shklovskii, Viktor Borisovich →シクロフスキイ, V.B.
Shnitkje, Alfred →シュニトケ, A.
Shostakovich, Dmitri Dmitrievich →ショスタコーヴィチ, D.D.
Shvartsman, Leonid →シュワルツマン, L.
Siebold, Philipp Franz Jonkheer Balthasar van →シーボルト, P.F.
Simmel, Georg →ジンメル, G.
Simmons, Dan →シモンズ, D.
Simmons, Duane B. →シモンズ, D.B.
Simon, Herbert Alexander →サイモン, H.A.
Sinatra, Frank Albert →シナトラ, F.
Siniavskii, Andrei Donat'evich →シニャーフスキイ, A.D.
Sirk, Douglas →サーク, D.
Sirota, Leo →シロタ, L.
Sisley, Alfred →シスレー, A.
Skinner, Burrhus Frederic →スキナー, B.F.
Slesar, Henry →スレッサー, H.
Smith, Adam →スミス, A.
Smith, Edward Elmer →スミス, E.E.
Smith, Malcom →スミス, M.
Smith, W.Eugene →スミス, W.E.
Smith, William →スミス, W.

Smollett, Tobias George →スモレット, T.G.
Snyder, Gary Sherman →スナイダー, G.
Soane, John →ソーン, J.
Sōkratēs →ソクラテス
Sologub, Fyodor K. →ソログープ, F.K.
Solzhenitsyn, Aleksandr Isaevich →ソルジェニーツィン, A.I.
Sombart, Werner →ゾンバルト, W.
Sontag, Susan →ソンタグ, S.
Sophoklēs →ソフォクレス
Sorel, Georges →ソレル, G.
Sorge, Richard →ゾルゲ, R.
Soros, George →ソロス, G.
Sousa, John Philip →スーザ, J.P.
Southern, Richard William →サザーン, R.W.
Southern, Terry →サザーン, T.
Spenser, Edmund →スペンサー, E.
Spies, Walter →シュピース, W.
Spilliaert, Léon →スピリアールト, L.
Spinoza, Baruch de →スピノザ, B.
Spivak, Gayatri Chakravorty →スピヴァク, G.C.
Spranger, Eduard →シュプランガー, E.
Spruce, Richard →スプルース, R.
Spyri, Johanna →シュピーリ, J.
Sraffa, Piero →スラッファ, P.
Stadler, Ernst →シュタードラー, E.
Staël-Holstein, Anne Louise Germaine →スタール=ホルスタイン, A.L.G.
Stalin, Iosif Vissarionovich →スターリン, I.V.
Stark, Freya Madeline →スターク, F.
Stein, Charlotte Von →シュタイン, C.v.
Stein, Gertrude →スタイン, G.
Stein, Lorenz von →シュタイン, L.v.
Steinbeck, John Ernst →スタインベック, J.E.
Steiner, Rudolf →シュタイナー, R.
Stendhal →スタンダール
Steno, Nicolaus →ステノ, N.
Stepanek, Mattie J.T. →ステパネク, M.
Stephenson, Neal →スティーヴンスン, N.
Sterne, Laurence →スターン, L.
Steuart, James Denham →ステュアート, J.D.
Stevens, Wallace →スティーヴンズ, W.
Stevenson, Robert Louis →スティーヴンスン, R.L.
Stiglitz, Joseph Eugene →スティグリッツ, J.E.
Stojkovic, Dragan →ストイコビッチ, D.
Stoker, Bram →ストーカー, B.
Stopes, Marie Carmichael →ストープス, M.
Storm, Theodor →シュトルム, T.
Stowe, Harriet Beecher →ストウ, H.B.
Strain, J.E. →ストレイン, J.E.
Strauss, Richard →シュトラウス, R.
Strindberg, Johan August →ストリンドベリ, A.
Stroud-Drinkwater, C. →ストラウド=ドリンクウォーター, C.
Sturgeon, Theodore →スタージョン, T.
Sue, Eugène →シュー, E.

Sukarno, Achmad →《東》スカルノ
Sumner, William Graham →サムナー, W.G.
Supervielle, Jules →シュペルヴィエル, J.
Svankmajer, Jan →シュヴァンクマイエル, J.
Swanwick, Michael →スワンウィック, M.
Swedenborg, Emanuel Svedberg →スウェーデンボルグ, E.
Swift, Jonathan →スウィフト, J.
Synge, John Millington →シング, J.M.
Szyk, Arthur →シイク, A.

【 T 】

Tagore, Ravīndranāth →《東》タゴール, R.
Tailleferre, Germaine →タイユフェール, G.
Tarkovskii, Andrei Arsenievich →タルコフスキー, A.
Tárrega Eixea, Francisco →タレガ, F.
Tauler, Johannes →タウラー, J.
Taut, Bruno →タウト, B.
Taylor, Charles →テイラー, C.
Taylor, Thomas →テイラー, T.
Teilhard de Chardin, Pierre →テイヤール・ド・シャルダン, P.
Tesla, Nikola →テスラ, N.
Tesnière, Lucien →テニエール, L.
Tey, Josephine →テイ, J.
Thatcher, Margaret Hilda →サッチャー, M.
Theokritos →テオクリトス
Theophrastos →テオフラストゥス
Thérèse de Lisieux, St. →テレーズ
Thiébaut, Philippe →ティエボー, P.
Thomas Aquinas →トマス・アクィナス
Thomas, Dylan Marlais →トマス, D.
Thompson, Jim →トンプスン, J.
Thoreau, Henry David →ソロー, H.D.
Thoukydidēs →トゥキュディデス
Tiffany, Charles Lewis →ティファニー, C.L.
Tillich, Paul →ティリッヒ, P.
Tillmans, Wolfgang →ティルマンス, W.
Tiptree, James, Jr. →ティプトリー, J.
Tiziano Vecellio →ティツィアーノ
Tocqueville, Alexis Charles Henri Maurice Clérel de →トクヴィル, A.C.H.
Todd, Emmanuel →トッド, E.
Todhunter, Isaac →トドハンター, I.
Todorov, Tzvetan →トドロフ, T.
Tolkien, John Ronald Reuel →トールキン, J.R.R.
Tolstoi, Lev Nikolaevich →トルストイ, L.N.
Tönnies, Ferdinand →テンニエス, F.
Toomer, Jean →トゥーマー, J.
Torres, Antonio de →トーレス, A.d.
Totten, Bill H. →トッテン, B.

Toussaint L'Ouverture, François Dominique →トゥサン=ルヴェルチュール, F.D.
Toynbee, Arnold Joseph →トインビー, A.J.
Travers, Pamela L. →トラヴァース, P.L.
Tresmontant, Claude →トレスモンタン, C.
Trevor-Roper, Hugh Redwald →トレヴァ=ローパー, H.R.
Trotskii, Leon Davidovich →トロツキー, L.D.
Truffaut, François →トリュフォー, F.
Tson kha pa Blo bzan grags pa →《東》ツォンカパ
Tsukamoto, Mary →ツカモト, M.
Tsvetaeva, Marina Ivanovna →ツヴェターエワ, M.
Turgenev, Ivan Sergeevich →トゥルゲーネフ, I.S.
Turgot, Anne Robert Jacques →チュルゴー, A.R.J.
Turing, Alan Mathison →チューリング, A.M.
Turner, Joseph Mallord William →ターナー, J.M.W.
Tut-ankh-Amen →ツタンカーメン
Tyndale, William →ティンダル, W.

【 U 】

Unamuno y Jugo, Miguel de →ウナムーノ, M.d.
Updike, John Hoyer →アップダイク, J.
Utrillo, Maurice →ユトリロ, M.
Uttley, Alison →アトリー, A.

【 V 】

Valéry, Paul Ambroise →ヴァレリー, P.
Valignano, Alessandro →ヴァリニャーノ, A.
Vallee, Jacques →ヴァレ, J.
Van Eyck, Jan →ファン・エイク, J.
Vargas, Fred →ヴァルガス, F.
Velthuijs, Max →ベルジュイス, M.
Ventris, Michael George Francis →ヴェントリス, M.
Verbeck, Guido Fridolin →フルベッキ
Verdi, Giuseppe →ヴェルディ, G.
Vergilius, Maro Publius →ウェルギリウス
Verlaine, Paul Marie →ヴェルレーヌ, P.M.
Vermeer, Johannes →フェルメール, J.
Verne, Jules →ヴェルヌ, J.
Victoria, Alexandrina →ヴィクトリア女王
Villa-Lobos, Heitor →ヴィラ=ロボス, H.
Villard de Honnecourt →ヴィラール・ド・オヌクール
Vincent, Gabrielle →バンサン, G.
Vinge, Vernor Steffen →ヴィンジ, V.
Viola, Bill →ヴィオラ, B.
Virilio, Paul →ヴィリリオ, P.
Visconti, Luchino →ヴィスコンティ, L.
Vlad III, Ţepeş →ヴラッド・ツェペシュ
Vogel, Ezra F. →ヴォーゲル, E.

Vogeler, Heinrich →フォーゲラー, H.
Volcker, Paul A. →ボルカー, P.
Voltaire →ヴォルテール
Vonnegut, Kurt, Jr. →ヴォネガット, K.
Vories, William Merrell →ヴォーリズ, W.M.
Vygotskii, Lev Semyonovich →ヴィゴツキー, L.S.

【 W 】

Wade, Henry →ウエイド, H.
Wagener, Gottfried →ワグネル, G.
Wagner, Wilhelm Richard →ワーグナー, R.
Wahl, Jeff →ウォール, J.
Wakefield, Edward Gibbon →ウェイクフィールド, E.G.
Walker, Alice Malsenior →ウォーカー, A.
Walker, Kenneth →ウォーカー, K.
Wallace, Alfred Russel →ウォーレス, A.R.
Wallace, Irving →ウォーレス, I.
Wallenberg, Raoul →ワレンバーグ, R.
Wallerstein, Immanuel Maurice →ウォーラーステイン, I.
Walpole, Hugh Seymour →ウォルポール, H.
Walras, Léon →ワルラス, L.
Walser, Martin →ヴァルザー, M.
Walser, Robert →ヴァルザー, R.
Walters, Minette →ウォルターズ, M.
Waltz, Kenneth Neal →ウォルツ, K.N.
Warburg, Aby →ヴァールブルク, A.
Warhol, Andy →ウォーホル, A.
Warner, Langdon →ウォーナー, L.
Washington, George →ワシントン, G.
Waterhouse, John William →ウォーターハウス, J.W.
Waters, Sarah →ウォーターズ, S.
Watson, Ian →ワトソン, I.
Watson, James Dewey →ワトソン, J.D.
Watson, Sheila →ワトソン, S.
Watson, Thomas John →ワトソン, T.J.
Watteau, Jean Antoine →ワトー, J.A.
Waugh, Evelyn Arthur St.John →ウォー, E.
Waugh, Hillary →ウォー, H.
Webb →ウェッブ夫妻
Weber, Max →ウェーバー, M.
Webern, Anton von →ウェーベルン, A.
Webster, Alice Jean →ウェブスター, J.
Webster, Noah →ウェブスター, N.
Weeramantry, C.G. →ウィーラマントリー, C.G.
Wegner, Hans J. →ウェグナー, H.
Weil, Simone →ヴェイユ, S.
Welch, John Francis, Jr. →ウェルチ, J.
Wells, Herbert George →ウェルズ, H.G.
Werlhof, Claudia von →ヴェールホフ, C.v.
Wesley, John →ウェスレー, J.

Westall, Robert →ウェストール, R.
Weston, Walter →ウェストン, W.
White, G →ホワイト, G.
Whitman, Walt →ホイットマン, W.
Wickramasinghe, Martin →《東》ウィクラマシンハ, M.
Wiener, Norbert →ウィーナー, N.
Wilber, Ken →ウィルバー, K.
Wilde, Oscar Fingal O'Flahertie Wills →ワイルド, O.
Wilder, Laura Ingalls →ワイルダー, L.I.
Williams, Brian →ウィリアムズ, B.
Williams, Garth →ウィリアムズ, G.
Williams, Tennessee →ウィリアムズ, T.
Willis, Connie →ウィリス, C.
Wilson, August →ウィルソン, A.
Wilson, F.Paul →ウィルスン, P.
Wilson, Horace E. →ウィルソン, H.E.
Wilson, Thomas Woodrow →ウィルソン, T.W.
Wind, Edgar →ヴィント, E.
Winnicott, Donald Woods →ウィニコット, D.W.
Wittgenstein, Ludwig →ウィトゲンシュタイン, L.
Wolf, Markus →ヴォルフ, M.
Wolfe, Adeline Virginia →ウルフ, V.
Wolfe, Gene →ウルフ, G.
Wolfe, Thomas Clayton →ウルフ, T.C.
Wollstonecraft, Mary →ウルストンクラフト, M.
Woolrich, Cornell →ウールリッチ, C.
Wordsworth, William →ワーズワース, W.
Wright →ライト兄弟
Wright, Frank Lloyd →ライト, F.L.
Wright, Willard Huntington →ライト, W.H.
Wyeth, Andrew →ワイエス, A.

【 X 】

Xavier, Francisco →ザビエル, F.
Xenophōn →クセノポン

【 Y 】

Yawlensky, Alexej von →ヤウレンスキー, A.
Yeats, William Butler →イエイツ, W.B.
Yoshida=Krafft, Barbara →吉田=クラフト, B.
Young, Brigham →ヤング, B.

【Z】

Zacher, Hans Friedrich　→ツァハー, H.F.
Zamenhof, Lazarus Ludwig　→ザメンホフ, L.
Zao, Wou-Ki　→《東》ザオ, W.
Zappa, Frank　→ザッパ, F.
Zawinul, Josef Erich　→ザヴィヌル, J.
Zinn, Howard　→ジン, H.
Zinzendorf, Nicolaus Ludwig　→ツィンツェンドルフ, N.L.
Žižek, Slavoj　→ジジェク, S.
Zola, Emile　→ゾラ, E.

中西　裕（なかにし・ゆたか）1950年・東京都生。
日本図書館文化史研究会・日本出版学会・日本図書館情報学会・
日本図書館協会・日本シャーロック・ホームズ・クラブ 各会員
昭和女子大学教授(図書館副館長)・元早稲田大学図書館司書
以下著編書・論文
『書誌年鑑2001-2008』(8冊)『日本雑誌総目次要覧』(2005)
『ホームズ翻訳への道―延原謙評伝』(日本古書通信社 2009)
「シャーロック・ホームズと南方熊楠」(「ユリイカ 12.12」1980)
「早稲田大学図書館における和書遡及入力」(「現代の図書館 29.2」1991)
「小寺謙吉と小寺文庫寄贈の経緯」(「早稲田大学図書館紀要 35」1991)
「天岩屋神話と謡曲「絵馬」」(「学苑 817」2008)
「最近の書誌図書関係文献」(「レファレンスクラブ」HP、2008.2― 毎月連載)

人物書誌索引 2001-2007

2009年9月25日　第1刷発行

編　集／中西　裕
発行者／大高利夫
発行所／日外アソシエーツ株式会社
　　　　〒143-8550 東京都大田区大森北1-23-8 第3下川ビル
　　　　電話(03)3763-5241(代表)　FAX(03)3764-0845
　　　　URL http://www.nichigai.co.jp/
発売元／株式会社紀伊國屋書店
　　　　〒163-8636 東京都新宿区新宿3-17-7
　　　　電話(03)3354-0131(代表)
　　　　ホールセール部(営業)　電話(03)6910-0519

©Yutaka NAKANISHI 2009
電算漢字処理／日外アソシエーツ株式会社
印刷・製本／株式会社平河工業社

不許複製・禁無断転載　《中性紙北越淡クリームラフ書籍使用》
〈落丁・乱丁本はお取り替えいたします〉
ISBN978-4-8169-2210-7　　Printed in Japan, 2009

本書はディジタルデータでご利用いただくことができます。詳細はお問い合わせください。

人物レファレンス事典　郷土人物編

B5・2分冊　セット定価99,750円（本体95,000円）　2008.8刊

古代～現代までに、日本各地で活躍した郷土の人物9.3万人について、その人物が収載されている事典名（県別百科事典・地方人物事典など111種/129冊）と、簡潔な経歴を収録。収録者の7割はシリーズ既刊に未掲載の人物。

新訂増補 人物レファレンス事典

古代～現代の各時代で活躍した日本人について、その人物が収載されている事典名（人物事典、百科事典、歴史事典など）と、簡潔な経歴を収録した総索引。

古代・中世・近世編

A5・2分冊　セット定価84,000円（本体80,000円）　1996.9刊

19種77冊の事典に収録された、幕末までの日本史に登場する61,905人を収録。

古代・中世・近世編Ⅱ（1996-2006）

A5・2分冊　セット定価84,000円（本体80,000円）　2007.7刊

1996～2006年に刊行された31種38冊の事典に収録された、幕末までの日本史上に登場する67,382人を収録。「新訂増補人物レファレンス事典　古代・中世・近世編」の追補版。

明治・大正・昭和（戦前）編

A5・2分冊　セット定価92,400円（本体88,000円）　2000.7刊

72種194冊の事典に収録された、明治維新から戦前に活躍した日本人47,146人を収録。

昭和（戦後）・平成編

A5・2分冊　セット定価100,800円（本体96,000円）　2003.6刊

1945年以降に活躍した日本人65,382人を収録。

現代物故者事典 2006～2008

A5・920頁　定価19,950円（本体19,000円）　2009.3刊

2006～2008年に新聞・雑誌で報じられた訃報を徹底調査し、各分野の9,340人を収録した物故者事典。さかのぼって調査することが難しい物故者の没年月日、享年、死因と経歴がわかる。巻末に2003～2005年版の補遺（220人収録）付き。

主題書誌索引 2001-2007

中西裕 編　B5・約900頁　予価33,600円（本体32,000円）　2009.11刊予定

2001～2007年に発表された、特定の主題やテーマに関する書誌・文献目録を一覧できるツール。事項名、団体・機関名、地名などを見出しのもと40,000件の書誌を総覧。単行書だけでなく、巻末など図書の一部に掲載されたもの、雑誌記事として発表されたものも収録。

データベースカンパニー
日外アソシエーツ

〒143-8550　東京都大田区大森北1-23-8
TEL.(03)3763-5241　FAX.(03)3764-0845　http://www.nichigai.co.jp/